Human Resource Development

Talent Development

Jon M. Werner

7th Edition

인적자원개발론

인재육성을 위한 HRD 이론과 실제

차종석 · 류종현 · 류충렬 · 박형근 | 옮김

CENGAGE 한 경 사

Andover · Melbourne · Mexico City · Stamford, CT · Toronto · Hong Kong · New Delhi · Seoul · Singapore · Tokyo

CENGAGE

***Human Resource Development: Talent Development*, 7th Edition**

Jon M. Werner

Original edition © 2017 South Western, a part of Cengage Learning.
Human Resource Development: Talent Development, 7th Edition by Jon M. Werner
ISBN: 9781337296533

This edition is translated by license from South Western, a part of Cengage Learning, for sale in Korea only.

ISBN-13: 978-89-6844-183-7

Cengage Learning Korea Ltd.
14F YTN Newsquare 76 Sangamsan-ro
Mapo-gu Seoul 03926 Korea
Tel: (82) 2 330 7000
Fax: (82) 2 330 7001

Cengage Learning is a leading provider of customized learning solutions with office locations around the globe, including Singapore, the United Kingdom, Australia, Mexico, Brazil, and Japan.
Locate your local office at: **www.cengage.com**

Cengage Learning products are represented in Canada by Nelson Education, Ltd.

To learn more about Cengage Learning Solutions, visit **www.cengageasia.com**

Printed in Korea
Print Number: 01 Print Year: 2019

차례

12장 | 관리자 개발 457

13장 | 조직 개발과 변화 500

저자 머리말

종업원들의 능력과 동기부여는 기업 성과에 매우 중요하다. 이 변함없는 진리를 반영하듯이 최근 경영 환경 변화에 대응하기 위해 기업들은 HRD(*Human Resource Development*)에 많은 관심을 보이고 있다. HRD가 기업 성과에 긍정적이라는 과학적인 근거는 있지만, 기업경영의 글로벌화와 인력구성의 다양화와 같은 복잡하고 새로운 차원의 이슈가 부각되면서 기존의 HRD 노력이 기업 성과에 여전히 효과적이라고 장담하기는 어렵다. 기업 교육을 책임지고 있는 담당자가 최신의 HRD 내용이나 운영 방법에 대해 충분한 지식과 정보를 갖고 있지 않다면, 그 기업의 HRD 노력은 성공하지 못할 것이다.

그러나 다행스럽게도 HRD와 관련된 이론, 연구, 실무적 경험에 대한 정보는 점차적으로 증가되고 있다. 또한, 여러 형태의 HRD 노력들이 '인재 육성(*talent development*)' 개념을 중심으로 통합되고 있는데, 이번에 새롭게 개정된 교재(7판)는 이러한 통합적 접근을 강조하였다. 이 교재는 학생, HRD 전문가, 경영자, 관리자들이 인재 육성을 위한 통합적 지식과 경험을 학습할 수 있도록 저술되었다. 이러한 지식과 경험이 기업현장에 잘 활용된다면 종업원 개인과 조직의 효과성은 모두 극대화될 것이다.

본서의 독자 및 특징

본서는 경영학, 공공행정학, 교육학 그리고 기타 훈련/개발 관련 학문 분야의 학부 과정 또는 대학원 과정에 사용될 수 있는 교재이다. 개정된 7판은 다음과 같은 특징을 내포하고 있다.

- ATD(*Association for Talent Development*)의 역량 연구에서 정의한 HRD의 모든 영역(오리엔테이션, 스킬훈련, 경력 개발, 조직 개발)을 포괄하고 있다.
- 인재 육성을 위한 성공적인 HRD의 토대가 되는 개념, 프로세스, 프로그램에 대한 명확한 설명을 제공한다.
- 개념과 이론들이 어떻게 실무적으로 연결되는지를 다양한 기업 사례를 통해 보여준다.
- 현장 관리자와 HRD 전문가의 공동 역할(*shared role*)에 초점을 둔다.
- HRD 분야의 현 수준을 반영하기 위해 기업 교육의 현실과 최근 연구 결과를 혼용해서 설명한다.

본서의 내용 체계

본서에 대한 독자의 학습과 관심을 증진시키기 위해 다음과 같은 다양한 형태의 세부 내용을 구성하고 있다.

- 각 장을 시작하면서 학습 목표와 도입 질문을 제시한다.
- 각 장을 시작하면서 핵심 용어를 나열하였다.
- 각 장의 도입부에 본문 내용과 관련된 도입 사례를 제시한다.
- 독자가 내용을 더 잘 이해하도록 관련 그림과 표, 예시, 사례를 삽입하였다.
- 각 장을 마무리하면서 사례의 이슈와 본문 내용이 어떻게 관련되는지를 도입 사례로 돌아가기에서 보여준다.
- 각 장의 마지막에 본문 내용에 대해 깊이 생각하고 논의할 기회를 제공하기 위해 토의문제을 제시한다.

또한, 경영자 및 HRD 전문가들이 갖고 있는 관점을 제시할 뿐만 아니라 기업의 다양한 사례들을 제공하여 이론적 개념에 대한 이해도를 높이고 기업성과와 연관성을 보여주고 있다.

본서(7판)의 새로운 점

본서(7판)는 HRD 분야의 최신 연구와 이론을 새롭게 반영하였으며, 2012년 이후 발생한 실무 프로그램들을 포함하였다. 그 결과 1,280개의 새로운 자료가 추가로 활용되었으며, 각 장별로 다음과 같은 새로운 내용들이 추가되었다.

- **1장**: 인재 육성, HRD 분야의 윤리적 딜레마, 학습 전문가의 자격증
- **2장**: 동기부여 사례, 종업원 행동의 영향 요인에 대한 최근 연구
- **3장**: IBM의 학습과 개발에 대한 사례, 개인 학습 스타일과 선호도, 기술변화가 학습에 미치는 영향에 관한 논의
- **4장**: 도입 사례, 역량과 요구 분석 활동에 관한 논의, 기술 발전에 따른 변화
- **5장**: 훈련 및 HRD 개입을 설계하는 데 적용되는 특정 훈련 주제 및 접근 방법
- **6장**: HRD 프로그램 실행 방법, 경험적/성찰적 학습
- **7장**: HRD 평가에 대한 주주의 관점, 커크패트릭의 확장된 평가 모형, HRD 효과성을 소통하기 위한 ROI와 효용 분석의 활용
- **8장**: 오리엔테이션과 사회화의 내용, 효과적인 테크놀로지 사용
- **9장**: 다양한 형태의 기능과 기술 훈련

- **10장**: 코칭과 성과 관리의 연관성, 주제들에 대한 새로운 프레임워크
- **11장**: 경력 개발과 고용 관계의 변화, 새로운 모델의 경력 개발, 팀 기반의 경력 개발, 학습 포트폴리오, 경력 개발에서 개인의 역할
- **12장**: 관리 업무의 속성, 전략 경영 및 글로벌 경영 개발, 역량 중심의 경영 교육, 기업 윤리 교육, 변혁적 리더십과 경험적 접근 중심의 리더십 개발
- **13장**: 조직 개발의 개념, 변화 관리, 조직 개발의 효과성
- **14장**: 인력 다양성에 대한 도입 사례, 다양성 훈련 및 다양성 요구에 대한 효과적 관리

기존 6판 교재에서 학생들과 실무자들이 유용하고 의미 있게 간주한 내용들은 그대로 유지하면서 동시에 정교한 서술, 통합적 접근, 이론과 실무의 균형 부분에서 좀 더 개선하였다.

끝으로 이 새로운 교재(7판)를 사용하는 독자들의 질문, 코멘트, 제안은 언제든지 환영한다. 저자 대표 존 워너(*Jon Werner*)의 연락처는 wernerj@uww.edu이다.

역자 머리말

인사관리 분야는 인적자원관리(HRM)과 인적자원개발(HRD)로 구분할 수 있다. 전통적으로 HRM 분야는 학문적으로나 실무적으로 많은 발전이 있었지만, HRD 분야는 상대적으로 학문적 연구가 미흡하고 기업현장의 역량도 부족한 편이다. 이는 HRD 분야의 연구 주제가 여전히 다양하고, 실무자가 학습해야 할 역량도 광범위하다는 의미이다.

이 책의 역자들은 국내 기업의 HRD 노력이 여전히 단기적이고 전략적이지 못하다는 생각을 하고, HRD 분야의 학문적 연구 결과를 체계적으로 잘 정리하면서 실무적인 도움도 줄 수 있는 교재가 절실함을 공감하던 중에서 존 워너(*Jon Werner*)의 "*Human Resource Development – Talent Development* (7e)"를 만나게 되었다.

이 책의 장점 몇 가지를 정리하면 다음과 같다. 첫째, 기존 HRD 관련 교재들이 주로 교육학 중심에서 접근하였다면, 이 책은 경영학 중심에서 접근한다. 둘째, 개별 HRD 노력에 대한 소개뿐만 아니라 모든 프로그램을 통합적으로 접근하는 프레임워크를 제시한다. 셋째, 기업성과와 연관성을 고려하면서 전략적인 관점에서 접근한다. 넷째, 4차 산업혁명 시대에 부합하는 인재 육성 관점에서 접근한다. 다섯째, HRD의 학문적인 연구 결과를 바탕으로 다양한 프로그램과 관련 사례들을 풍부하게 소개한다.

역자들은 교수, 대기업 연수원장, 임원 그리고 HRD 컨설턴트로 일하면서 번역 작업을 시작하였다. 번역은 제2의 창작이라는 어려운 작업이었지만, 각자 맡은 부분을 번역하고 세미나를 통해 함께 토론하는 과정을 거쳤다. 또한 다른 사람이 번역한 부분을 서로 돌려가면서 교정하는 과정을 통해 전체적인 일관성과 통일성을 높였다. 원본의 내용을 충실히 따르면서 역자들의 학문적, 실무적 경험을 바탕으로 HRD 분야의 ABC(*Academy, Business, Consulting*)의 전문 지식을 집대성하고자 노력하였다.

끝으로 "Human Resource Management: Talent Development"가 역서로 나오기까지 번역 출판에 대한 깊은 애정을 갖고 오랫동안 기다려 주신 도서출판 한경사의 이계남 사장님과 관계자 여러분께 진심으로 감사드린다. 특히, 교정할 때마다 번역의 오류나 개선점을 지적하여 준 편집실의 노고에 경의를 표하는 바이다.

이 책이 독자들의 HRD 지식과 역량을 향상시키는데 도움이 되기를…

2018년 7월 옮긴이 일동

1부
인적자원개발의 기초

1장 인적자원개발 입문

2장 종업원 행동에 대한 이해

3장 학습과 HRD

1장 | 인적자원개발 입문

학습 목표

이 장을 읽고 나면 당신은…

1. 인적자원개발(HRD)을 정의할 수 있다.
2. 인적자원개발 분야의 주요 역사적 사건들을 설명할 수 있다.
3. 인적자원개발(HRD)과 인적자원관리(HRM)를 구분할 수 있다.
4. 인적자원개발의 주요 기능들을 확인하고 설명할 수 있다.
5. 인적자원개발이 조직의 전략과 목표에 어떻게 연결될 수 있는지 설명할 수 있다.
6. 인적자원개발 전문가의 다양한 역할과 역량을 규명할 수 있다.
7. 인적자원개발 전문가들이 직면하고 있는 최근 도전 요소를 언급할 수 있다.
8. 훈련과 인적자원개발 프로세스의 주요 단계를 설명할 수 있다.

핵심 용어

강사/퍼실리테이터
개인 개발
개인 개발 및 경력 카운슬러
경력 개발
경력 계획
경력 관리
고성과 작업 시스템
관리자 대상의 훈련과 개발
도제훈련
동직(同職)길드
성과 컨설턴트(코치)
스킬 훈련
신입사원 오리엔테이션
역량
연구원
인간관계
인적자원개발(HRD)
인적자원관리(HRM)
조직 개발(OD)
조직 변화 관리자
조직 설계 컨설턴트
카운슬링
코칭
학습조직화
학습 프로그램 전문가
(또는 교수 설계 전문가)
훈련과 개발(T&D)
ASTD
HR 시스템 설계 및 개발자
HR 전략 조언가

도입 사례

어떤 은행이 다른 은행과 차이가 나는 것은 무엇 때문인가? 리더십, 전략, 마케팅과 비교해서 조직의 크기와 자원은 얼마나 중요한가? 2015년 1월 기준으로, 태국의 카시콘 은행(*Kasikorn Bank*)은 방콕과 태국 전역에 1,100개의 지점과 14개의 해외 사무실에 2만 명 이상의 종업원을 고용하고 있다. K-Bank는(일반적으로 이렇게 불리고 있음) 그들 스스로를 "K-Excellence"라고 부르는 밝은 녹색의 로고로 브랜드 마케팅을 추진하여 태국 전역에 잘 알려져 있다. 그 은행은 사명 선언문을 통해 그들의 목표를 다음과 같이 밝히고 있다. "우리들은 고객, 주주, 종업원 그리고 사회에 최적의 혜택을 제공하기 위해 기술과 인적자원을 조화롭게 결합함으로써 고객의 요구에 대응하여 세계 수준의 다양한 재무적 서비스를 제공하는 강한 금융기관이 될 것이다(2013년 연차보고서, p. 1)." 그들의 리더십 팀은 그들의 사업 전략과 인적자원관리 전략과 강한 연계를 촉진해왔다. 이러한 촉진책의 일부로써, 경영진은 무엇보다도, 승계 계획, 경력 개발, 훈련, 성과 관리, 그리고 보상 시스템의 활용을 포함하는 '인적자원 자본(*human resouce capital*)' 또는 '인재 개발(*talent development*)'을 추진하는 것에 대하여 적극적으로 지원해왔다. 또한 그들이 'HR 로드맵'이라 부르는 HR 전략 수립에 경영진의 적극적인 참여가 있었다.

질문: 만일 당신이 K-Bank 리더십 팀의 일원이라면, 은행 종업원과 관련하여 어떠한 형태의 인적자원 이슈가 강조될 것이라 생각하는가? 관리자들을 훈련하기 위해서는 어떤 형태의 훈련 프로그램이 적합할 것이라고 생각하는가? 종업원들을 훈련하기 위해서는 어떤 형태의 프로그램이 적합하다고 생각하는가? 왜 그러한가? 형식적 훈련 이외에 당신이 포함시키고자 하는 다른 것이 있는가(예: 다른 형태의 개발 기회)? 이런 모든 것이 그 은행이 추구하는 사업 전략 속으로 어떻게 녹아들어갈 것인가?

출처: Personal communications with Mr. Somkiat Sirichatchai, Kasikorn Bank Board of Directors, and Dr. Schwin Dhammanungune, Former Director, Kasikorn Bank; Annual Report (2013). Accessed on January 2, 2015 at: http://www.kasikornbank.com/EN/Investors/FinanInfoReports/FinancialReportsAnnual/2013_AR_ENALL.pdf; Wonglimpiyarat, J. (2014). Competition and challenges of mobile banking: A systematic review of major bank models in the Thai banking industry. Journal of High Technology Management Research, 25(2), 123–131; Kasikorn Bank (2015). Company background. Accessed on January 2, 2015 at: http://www.kasikornbank.com/EN/AboutUs/CompanyBackground/Pages/CompanyBackground. aspx

도입

다음과 같은 경험을 한 적이 있는가?

- 신입사원들이 그들의 일을 할 수 있도록 훈련시킨 적이 있는가(형식적 또는 무형식적)?
- 다른 사람에게 새로운 기술을 사용하는 방법을 가르친 적이 있는가? 예를 들어, 효과적인 파워포인트 프레젠테이션 방법, 무선 인터넷 연결 방법, 또는 안드로이드 태블릿, 아이팟처럼 손에 쥐고 쓸 수 있는 기기의 사용 방법 등을 가르친 적이 있는가?
- 신입사원들을 위한 오리엔테이션 세션에 참여한 적이 있는가? 예를 들면, 다양성 훈련, 성희롱 인식 및 예방 교육, 또는 경력 개발 등 회사가 지원하는 훈련 프로그램에 참여한 적이 있는가?
- 로프 코스나 다른 아웃도어 학습 체험 등 체험적 훈련 경험을 한 적 있는가?
- 경력 계획 프로젝트나 직업적 소양진단설문 같은 평가 설문지를 완성해본 적이 있는가?
- 조직 문화를 변화시켜 좀 더 수평적이며 팀 중심적인 조직 구조로 바꾸는 방법을 찾는 조직 차원의 변화 노력에 참여한 적이 있는가?

만일 앞의 질문 중 하나라도 '예'라고 응답했으면 당신은 어떤 형태로든지 인적자원개발(*HRD, human resource development*)에 참여한 적이 있는 것이다. 조직은 그 조직의 구성원만큼만 우수하다고 이야기한다. 학교, 소매상점, 정부 산하조직, 레스토랑, 제조 공장 등 어떤 크기 또는 어떤 형태의 조직에도 최소한 한 가지의 공통점이 있다. 그 공통점은 조직은 반드시 역량 있고 동기부여된 종업원을 고용하고 싶어 한다는 것이다.[1] 기업들이 빠르고 역동적인 글로벌 경제의 도전과 맞서 싸우면서 이러한 필요성은 더욱 높아지고 있다. 경쟁에서 살아남기 위해 많은 기업들은 전략의 필수적인 부분에 종업원의 교육, 훈련, 개발을 포함하고 있다. ATD(*Association for Talent Development*)(이전에는 ASTD *American Society for Training and Development*)의 추정에 의하면 미국의 기업들은 종업원 학습과 개발에 2012년에 1,642억 달러를 사용하였고, 2013년의 1인당 교육비는 더욱 증가한 것으로 보고되었다.[2] 대기업의 인적자원 관리자들은 그들이 다루어야 할 기능적 영역에서의 훈련과 개발을 가장 중요하게 여기고 있다. 인적자원 관리자들의 우선순위는 훈련과 개발 다음으로 모집과 선발, 생산성과 품질, 승계 계획, 종업원 직무 만족, 보상, 글로벌화, 그리고 다양성 순이었다.[3] 미국연방준비위원회 전 위원장 앨런 그린스펀(*Alan Greenspan*)은 다음과 같이 주장했다. "미국뿐만 아니라 전 세계적으로 국가의 부를 결정하는 핵심적인 요소는 그 나라 국민의 지식과 기술 수준이다. 오늘날 경제를 성장시키기 위한 지식은 과거보다 훨씬 더 복잡해져서 그 어느 때보다도 폭넓고 깊어지고 있다. 미국의 교육은 형식적이든 무형식적이든, 국가 경제를 효과적으로 성장시키는 데 적합한 지식과 기술을 공급하고 있다고 확신한다."[4]

인적자원개발이란 무엇인가? 하나의 출발점으로 리차드 스완슨(*Richard Swanson*)은 인적자원개발을 "성과를 향상시킬 목적으로 훈련(*training*), 개발(*development*), 그리고 조직 개발(*organization development*)을 통해서 인간의 전문 지식이나 기술을 개발하거나 촉발하기 위한 프로세스"라고 정의한 바 있다.[5] 학습(*learning*)

은 인적자원개발 노력의 핵심이다. 오늘날의 중요한 초점은 작업 현장의 학습과 성과(*workplace learning and performance*)이다.[6] 제이콥스(*Jacobs*)와 박(*Park*)은 작업 현장 학습을 "현재와 미래의 직무 요건에 맞추기 위해 필요한 역량을 습득할 목적으로 훈련 프로그램이나 교육, 개발 과정, 또는 어떤 유형의 경험적 학습 활동에 개인들이 참여하는 프로세스"라고 정의했다.[7] 이 책에서는 **인적자원개발**(*HRD, human resource development*)을 "상위 시스템 또는 조직의 성과와 지속성을 지원하기 위한 학습 개입 활동(*learning interventions*)을 통해 개인들의 가치와 신념을 형성하고(*shaping*), 필요한 지식, 스킬 및 능력 그리고 태도를 서서히 불어넣는(*instilling*) 프로세스"라고 정의한다.[8] 대부분의 경우, HRD는 조직 구성원에게 현재와 미래의 직무 요구에 부응하기 위해 필요한 스킬을 학습할 기회를 제공하는 조직의 체계적이고 계획적인 활동들을 포함한다.

광범위하게 정의하면, HRD는 사람들의 "지식, 전문성, 생산성, 그리고 만족의 향상을 추구하며, 이러한 추구의 목적은 개인이나 그룹/팀의 혜택을 위한 것일 수도 있고, 개별 조직, 공동체, 국가 또는 궁극적으로 인간세계 전체의 이익을 위한 것"이다.[9] HRD 활동들은 한 종업원이 조직에 합류했을 때 시작되며, 그 종업원이 임원인지 생산 라인의 노동자인지에 상관없이 그의 직장 경력 전반에 걸쳐 계속된다. HRD 프로그램들은 반드시 직무 변화에 대응하고 자원의 효율적이며 효과적인 사용을 보장하기 위해서 조직의 장기 계획이나 전략과 통합되어야 한다. 요약하면, 훈련과 개발(T&D) 활동들이 HRD의 주요 부분을 구성하지만, 코칭, 경력 개발, 팀 빌딩, 그리고 조직 개발 같은 활동들도 HRD의 구성 요소들이다.

최근 인재 관리(*talent management*)와 인재 개발(*talent development*)이란 용어가 많은 관심을 받고 있다.[10] ASTD가 ATD로 이름을 변경한 이유도 이 분야가(그리고 그 조직도) '단지' 훈련과 개발보다는 더 많은 무언가라는 것을 강조하기 위해서이다.[11] 데이비드 맥과이어(*David McGuire*)는 인재 개발이란 용어를 성과 관리 프로세스의 일부분으로 나누고 있다.[12] 토마스 가라반(*Thomas Garavan*)과 동료들은 인재개발을 더욱 넓게 설명한다. 주로 "조직의 전략적 목표를 달성하기 위해 현재와 미래의 인재 공급을 보장하고 개발 활동들이 조직의 인재 관리 프로세스에 부합하도록 전사 인재 풀을 위한 개발 전략을 계획, 선택, 실행하는 것"으로 정의한다(p. 6).[13] 알 아리스(*Al Ariss*)와 동료들은 HRM 실무, 승계 계획, 그리고 핵심 인재 관리를 위한 새로운 용어로 사용하는 것을 포함하여, 인재 관리라는 용어가 사용되는 다양한 방법을 제시한다.[14] 이러한 주제는 계속해서 더 연구되고 분류될 것이라서, 이 책에서 소개되는 HRD에 관한 내용은 효과적인 인재 관리와 개발에 관한 주요 시사점을 제공할 것이다.[15]

이번 장에서는 HRD 영역 내 주요한 사건들의 역사를 살펴볼 것이다. HRM과 HRD의 관계에 대해서 논할 것이고, HRD의 조직 구조, 기능, 역할, 역량, 그리고 프로세스를 살펴볼 것이다. 또한 HRD와 HRM 전문가들을 위한 자격제도와 교육을 논할 것이다. 다음으로 HRD 전문가들이 직면하고 있는 몇 가지 중요한 도전 과제들을 기술할 것이고, 마지막으로 HRD 노력 전반에 관한 시스템이나 프로세스 체계를 제시할 것이다.

1. HRD 분야의 발전

HRD라는 용어는 1980년대부터 상용되기 시작했다. 그러나 그 개념은 그보다 훨씬 이전에 나타났다. 용어의 현대적 정의를 이해하기 위해서는 이 분야의 역사를 짧게 살펴보는 것이 필요하다.

1.1 초기 도제 훈련 프로그램

스완슨(*Swanson*)과 홀톤(*Holton*)이 HRD 역사의 대부분을 설명해주고 있다.[16] 이 논의는 HRD의 시초라고 할 수 있는 18세기 **도제 훈련**(*apprenticeship training*) 프로그램에서부터 시작될 것이다. 이 시기에는 숙련된 장인에 의해 운영되는 작은 상점들이 가구, 의복, 신발 등 거의 모든 가정용품을 생산했다. 공예품 상점 주인들은 그들 상품에 대한 수요 증가에 부응하기 위해서 추가로 노동자들을 고용해야 했다. 직업학교나 기술학교가 없던 시절이었기에 상점 주인들은 종업원들을 직접 교육하거나 훈련시켜야 했다. 당시 임금을 거의 받지 못하던 훈련생 또는 실습생들은 그들 주인의 공예 기술을 학습했고 대개 거래에 능숙해질 때까지 수년 동안 그 상점에서 일했다. 도제 제도는 상품의 숙련된 거래에 한정되지 않고 물리학자, 교육자, 변호사들의 훈련에도 활용되었다. 심지어 1920년대 후반까지도 법률사무소에서 도제 학습을 받은 사람이 주 정부 주관 시험을 통과한 후 법률업무를 담당하기도 했다.[17]

모든 필요한 기술을 마스터한 견습생들은 독립 자영상인(*yeoman*)으로 간주되었고 이들은 그들 주인을 떠나서 그들 자신의 공예 상점을 설립할 수 있었다. 그러나 그들 대부분은 자신의 상점을 시작하는 데 필요한 장비를 구매할 여력이 없어 주인과 함께 일하게 되었다. 독립 자영상인들의 수가 증가함에 따라 이들을 다루기 위해 주인은 개인적 네트워크인 프랜차이즈를 만들었다. 이러한 프랜차이즈를 통해서 생산품질, 임금 수준, 노동 시간, 도제 평가절차 등을 규제할 수 있게 되었다.[18] 이러한 동업자 조합들은 그들 공동체 사회에서 정치적 사회적 힘을 갖게 되었고 독립 자영상인들이 독립적인 상점을 개설하기 어렵게 만들었다. 그러나 독립 자영상인들은 독립 자영상인 단체(*yeomanries*)이라고 불리는 분리된 길드를 형성함으로써 주인들의 **동직길드**(*craft guilds*)에 대항할 힘을 갖게 되었고, 보다 좋은 노동 조건과 높은 임금을 위한 협상에서 집단적인 목소리를 낼 수 있었다. 독립 자영상인 단체는 노동조합의 전신이다.[19]

1.2 초기 직업 교육 프로그램

1809년 드윗 클린턴(*DeWitt Clinton*)이라는 사람이 뉴욕시에서 최초로 인정받은 직업 훈련학교로 알려진 사설 직업학교를 설립했다.[20] 이 직업학교의 목적은 범죄 경력을 갖고 있거나 실업 상태에 있는 비숙련의 젊은이들에게 직업적 훈련을 제공하는 것이었다. 특히 중서부에 위치한 몇몇 주에서 직업학교의 수가 증가했는데, 그 이유는 직업학교가 사회문제에 대한 공적 해결책이었기 때문이다. 즉, 잘못된 길을 들어선 젊은 층을 위한 해결책이었다. 이러한 초기 직업 훈련 방식은 직업 교육의 전형으로 자리잡았다.

1.3 초기 공장 학교

1800년대 후반 산업혁명의 도래와 함께 기계가 장인들의 도구를 대체하게 되었다. 과학적 관리 원칙들은 보다 유용하고 효율적인 생산 시스템으로써 기계의 역할을 중요하다고 인정하게 되었다. 특히 기계를 사용하는 반쯤 숙련된 노동자가 소형 공예 상점의 숙련된 노동자보다 더욱 생산성을 높일 수 있게 되었다. 요즘 우리가 아는 공장의 시작이었다.

공장의 등장은 기계와 비숙련 노동자들을 사용하여 생산성을 증가시키는 것을 가능하게 하였다. 또한 공장의 등장은 엔지니어와 기계운전자, 그리고 기계장치를 설계하고, 조립하고, 수리하는 숙련된 기계공학자들의 수요를 만들어냈다. 공장의 수가 빠르게 증가함으로써 숙련된 노동자에 대한 수요는 곧 직업학교 졸업자들의 공급을 앞지르게 되었다. 이러한 수요에 부응하기 위하여 기계 작동과 기계운전자를 위한 훈련 프로그램이 만들어졌고 이러한 프로그램들을 '공장 학교'라 부르게 되었다.[21]

첫 번째로 서류상 나타난 공장 학교는 1872년 뉴욕의 신문 인쇄기 제조 업체인 호 앤 컴퍼니(*Hoe and Company*)이다. 이것은 곧 웨스팅하우스(*Westinghouse*, 1888년), 제너럴 일렉트릭(*General Electric*)과 볼드윈 로코모티브(*Baldwin Locomotive*, 1901년), 인터내셔널 하베스터(*International Harvester*, 1907년), 포드(*Ford*), 웨스턴 일렉트릭(*Western Electric*), 굿이어(*Goodyear*), 내셔널 캐시 레지스터(*National Cash Register*) 등으로 이어졌다.[22] 공장 학교 프로그램들은 초기 도제식 프로그램과 비교하여 훈련 기간이 짧고 특정 직무를 수행하는 데 필요한 기술만 훈련한다는 점에서 차이가 난다.

1.4 초기 미숙련 노동자와 비숙련 노동자를 위한 훈련 프로그램

도제식 프로그램과 공장 학교들이 숙련된 노동자들을 위한 훈련을 제공하였고, 극소수의 회사들이 비숙련자와 반숙련자들을 위한 프로그램을 제공했다. 이러한 시도는 두 가지의 중요한 역사적 사건 이후에 변화되었다. 첫 번째 사건은 1913년 헨리 포드에 의한 모델 T의 도입이었다. 모델 T는 조립 라인을 사용하여 대량 생산된 첫 번째 자동차였다. 이러한 방식에서 몇몇 과업을 수행하기 위해서는 반숙련 노동자의 훈련만이 필요했다.

새로운 조립 라인은 생산 비용을 상당히 줄여주었다. 그리고 포드는 차량의 가격을 낮추었고, 모델 T를 일반 대중들이 구매할 수 있도록 만들었다. 모델 T에 대한 수요의 증가로 포드사는 더 많은 조립 라인을 만들어야 했고, 이로 인해서 더 많은 훈련 기회를 제공해야 했다. 이 시기에 자동차 시장에 참여한 대부분의 다른 자동차 제조회사들도 조립 라인 프로세스를 사용했고 결과적으로 반숙련자를 위한 훈련 프로그램들이 확산되었다.

또 다른 중요한 역사적 사건은 세계 1차 대전의 발발이었다. 군사장비의 대규모 수요에 맞추기 위해 많은 비군수품 생산 공장들이 기계를 재설치해야 했고, 반숙련자들을 포함한 노동자들을 재교육해야 했다. 예를 들어, 미국 선박협회는 전투함을 만들기 위한 선박 제조 노동자들의 훈련을 조율하는 책임을 맡고 있었다. 훈련 프로세스를 촉진하기 위해서 훈련 담당 임원 찰스 알렌(*Charles Allen*)은 선박위원회에 의해 제공되는 모든 훈련 프로그램에 "보여주고(*show*), 말하고(*tell*), 실행하고(*do*), 체크하기(*check*)"로 불리는 4단계 교수 방법을 도입하였다.[23] 이 기법은 이후 직무 교수 훈련법(*JIT, job instruction training*)이라 명명되었고, 오늘날에도 여전히 기본적인 직무 훈련 프로그램에 사용되고 있다.

1.5 인간관계 운동

공장 시스템의 바람직하지 못한 부산물 중 하나가 어린이를 포함한 비숙련 노동자에 대한 고용의 증가였다. 이들 비숙련 노동자들은 건강에 해로운 근무조건, 장시간 노동, 저임금 등에 자주 노출되었다. 형편없는 근무조건은 전 국가적인 반 공장 캠페인을 자극시켰다. 메리 파커 폴레(*Mary Parker Follett*)와 릴리안 길브레스(*Lillian Gilbreth*)가 주도한 반 공장 캠페인은 더욱 인간적인 노동 조건을 옹호하는 '**인간관계**(*human relations*)' 운동을 촉발시켰다. 인간관계 운동은 노동자에 대해 공장 기계 속의 톱니바퀴 같은 단순한 존재가 아니라 인간으로서 보다 복잡하고 현실적인 존재로 이해하게 되는 계기를 제공해주었다.

인간관계 운동은 직무에서 인간행동의 중요성을 강조했다. 이러한 움직임은 체스터 버나드(*Chester Barnard*)에 의해 주도되었다. 그는 뉴저지의 벨(*Bell*) 전화회사의 사장으로 1938년 "경영자의 역할(*The Function of the Executive*)"이라는 책을 출간함으로써 이러한 움직임에 영향을 미쳤다.[24] 버나드는 조직을 전통적 관리 기법과 행동과학적 원칙들을 통합한 사회적 구조로 묘사하였다.

이러한 움직임은 2차 세계 대전을 배경으로 1940년대까지 지속되었다. 아브라함 매슬로우(*Abraham Maslow*)는 인간의 욕구에 관한 이론을 책으로 내면서 사람들은 경제적 이익과 비경제적 이익 모두에 의해 동기부여될 수 있다고 주장했다.[25] 그는 인간의 욕구는 낮은 단계에서 높은 단계로 정렬된다고 제안하고 저차원 욕구(기본적 생존)와 고차원의 욕구(심리적 안정)의 차이를 구분하였다. 이러한 이론들은 노동자들의 다양한 욕구와 욕망이 작업 현장에서 중요한 동기부여의 원천이 될 수 있다는 개념을 더욱 강화시켰다.

1.6 훈련 전문직종의 등장

2차 세계대전의 발발과 함께 산업계는 다시 한 번 전쟁 지원을 위해서 공장장비의 재설치를 요청받았다. 1차 세계대전에서와 같이, 이러한 요구는 대기업과 노동조합 내에 새로운 훈련 프로그램을 만들도록 하였다. 연방 정부는 전체 방위 산업에 걸쳐 훈련 프로그램을 조율하기 위하여 산업훈련부(*TWI, Training Within Industry*)를 설립하였다. 또한, 이 산업훈련부는 자체 개발한 프로그램들을 각자의 공장에서 가르칠 수 있도록 여러 회사의 강사들을 훈련시켰다. 전쟁이 종료되는 시기에는 산업훈련부(TWI)에서 23,000명의 강사를 훈련했고 16,000개의 공장, 노동조합, 단체들로부터 파견된 감독자들에게 2만 건 이상의 자격증을 수여했다.[26]

많은 방위사업 관련 회사들은 그들 자체의 훈련 부서를 TWI에 의해 양성된 강사를 채용하여 운영했다. 이 훈련 부서들은 전 조직에 걸쳐 훈련을 계획하고 조직했으며 조율하였다. 1942년 ASTD(*American*

Society for Training Directors)가 이러한 새롭게 등장한 전문직종 내의 기준을 만들기 위해 형성되었다.[27] 그 당시에 ASTD의 정회원이 되기 위한 필요조건은 단과대학 또는 종합대학의 학위에 훈련 부서 또는 연관된 분야에서의 2년간의 경험을 갖고 있거나 학위가 없으면 훈련 부서에서의 5년간의 경험이 필요했다. 훈련 부서에서 일하거나 대학에 다니는 사람은 준회원 자격이 주어졌다.

1.7 인적자원개발(HRD)의 등장

1960년대와 1970년대 사이 전문적 훈련자(*trainer*)들은 그들의 역할이 훈련 강의실을 넘어 확장된다는 것을 깨닫게 되었다. 많은 조직에서 종업원 몰입을 향한 움직임은 훈련자들에게 종업원들에 대한 코칭과 카운슬링의 역할까지 요구하게 되었다. 훈련과 개발(*T&D, Training & Development*) 역량들은 코칭, 집단 프로세스 촉진 그리고 문제 해결과 같은 대인 관계 기술을 포함하는 수준으로 확장되었다. 종업원 개발에 대한 이러한 부가적 강조점은 ASTD 스스로 기관의 명칭을 **ASTD**(*American Society for Training and Development*)로 변경하도록 영감을 주었다.

1980년대에는 T&D 분야에 영향을 주는 커다란 변화가 있었다. 1970년대 말에서 1980년대 초에 개최된 몇몇 ASTD 전국적 컨퍼런스에서는 대부분의 토의가 이러한 급속히 확장되는 전문 직업에 관해 집중되었다. 그 결과로 ASTD는 이러한 성장과 변화를 반영하여 인적자원개발이라는 용어를 공식적으로 인정하게 되었다. 1980년대 말과 1990년대 초 레오나르드(*Leonard*)와 제스 내들러(*Zeace Nadler*) 같은 영향력 있는 저자들의 책이 HRD 영역을 정의하고 명확히 하는 데 기여하였다.[28] 나아가 1990년대부터는 HRD의 전략적 역할을 강조하는 노력들(즉, 어떻게 HRD가 조직의 목표와 목적을 연결시키며 지원할 수 있는지)이 이루어졌다.[29] 그 결과가 ASTD에서도 조직을 **고성과 작업 시스템**(*high performance work systems*)으로 간주하고, 대부분의 훈련과 HRD 노력의 목적이 조직의 성과 개선(*performance improvement*)에 있음을 강조하고 있다.[30] 2014년 봄, ASTD는 명칭을 'ATD(*Association for Talent Development*)'로 변경하였다. 2014년 미국 내 125개 지부와 5,000명의 국제적 회원들을 포함하여 120여 개 이상의 나라에 대략 40,000명 이상의 회원들을 보유하고 있다.[31] 최근에 HRD(ATD 내부에서)에서 강조되는 것들을 다음 절부터 좀 더 자세하게 논의할 것이다. 그러나 우선 HRM과 HRD의 관계에 대한 논의가 필요해 보인다.

2. HRM과 HRD/훈련의 관계

어떤 조직에서는 HRD/훈련이 독립된 기능이나 부서로 존재한다. 그러나 대부분의 조직에서는 훈련이나 HRD가 인적자원관리(HRM) 부서의 일부이다.[32] **인적자원관리**(*HRM, human resource management*)는 종업원의 목표와 욕구는 물론 조직의 목표와 전략을 최상으로 달성하기 위하여 종업원을 효과적으로 선발하고 활용하는 것으로 정의될 수 있다. 여기서 강조할 점은 HRM에 대한 책임은 인적자원 전문가와 조직의 라인 관리자 간에 상호 공유(*shared*)되어야 한다는 것이다. HRM의 기능이 어떻게 수행되는가는 조

그림 1.1 대규모 HRM 부문의 조직도

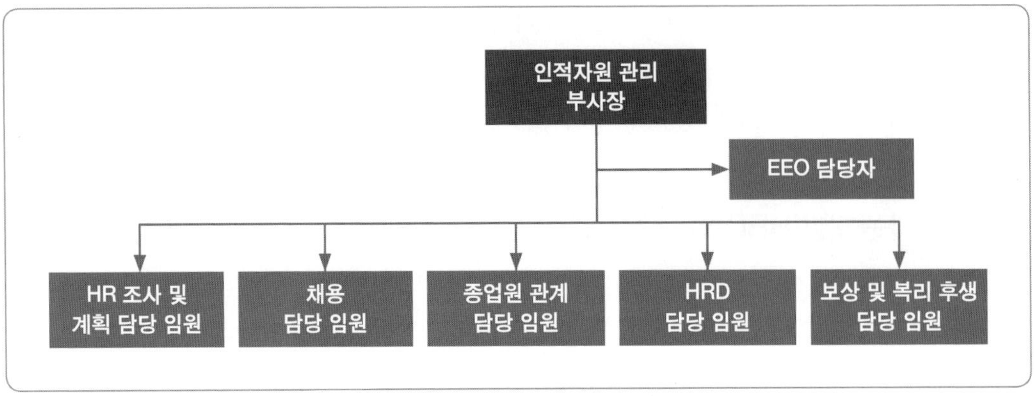

직에 따라 다양하다. 어떤 조직은 고도로 전문화된 스태프들로 구성된 중앙집권화된 HRM 부서를 갖고 있는 반면, 어떤 조직은 HRM 기능이 분권화되어 운영된다.[33]

HRM의 기능을 가장 이해하기 쉬운 방법은 〈그림 1.1〉에 묘사된 것처럼 한 명의 부사장에 의해 통제되는 HRM 부문이 수행하는 활동들을 검토해보는 것이다. HRM의 기능은 주기능과 부수적 기능으로 나뉠 수 있다. 주기능(*primary functions*)은 종업원을 채용하고, 유지하고, 개발하는 과정에 직접적으로 포함되는 기능들이다. 부수적 기능(*secondary functions*)은 일반 관리 활동을 위한 지원이나 조직의 구조를 변화시키거나 결정하는 기능들이다. 이들 기능에 대해 아래에 상세히 설명한다.

- **인적자원 계획** 활동은 경영 전략의 변화가 미래의 인적자원 요구에 어떻게 영향을 미칠지를 예측하는 기능이다. 이 활동들은 외부 시장의 수요가 급격히 변화할수록 매우 중요하다. HR 계획 수립자들은 반드시 조직의 운영 계획, 프로그램, 그리고 실행 방안 등의 계획을 지속적으로 수립해야 한다.
- **평등한 고용 기회** 활동은 각종 차별적인 정책, 절차, 관행 등을 예방함으로써 조직의 법적 책임과 도덕적 책임 모두를 만족시키기 위한 것이다. 이것은 고용, 훈련, 평가, 그리고 종업원 보상 등에 영향을 미치는 결정들을 포함한다.
- **종업원 채용(모집과 선발)** 활동은 현재 또는 미래의 결원에 대비해서 역량 있는 지원자를 찾아내고, 선발과 배치 결정을 위해 지원자들을 진단 및 평가하는 기능이다.
- **보상과 복리후생** 행정업무는 공정한 내부 임금 구조와 경쟁력 있는 복리후생 제도뿐만 아니라 개인, 팀 또는 조직의 성과에 연계된 인센티브 제도를 만들고 유지하는 것이다.
- **종업원(노무) 관계** 활동은 종업원들이 그들의 문제점이나 불만 사항을 전달할 수 있는 커뮤니케이션 시스템을 포함한다. 노조가 존재하는 조직에서 노무 관계 활동은 계약 협상과 집행뿐만 아니라 각 노조와의 실무관계를 개발하는 것을 포함한다.
- **건강, 안전, 보안** 활동은 안전하고 건강한 직무 환경을 촉진하는 것을 추구한다. 이러한 활동으로는 안전에 관한 훈련, 종업원 지원 프로그램, 건강과 복지증진 프로그램 등이 포함된다.

- HRD 활동은 조직 구성원들이 현재 또는 미래의 직무 요건에 적합한 기술과 역량을 갖출 수 있도록 보장하기 위한 것이다. 이 활동이 이 책에서 주로 다루는 내용이다.

2.1 부가적 HRM 기능들

HRM 조직에 의해 공유될 수 있는 여타 기능들은 다음과 같다.

- **조직/직무 설계** 활동은 부서 간의 관계와 조직화 그리고 직무 정의에 관한 것이다.
- **성과 관리와 성과 평가 시스템**은 조직 전반에 걸친 성과 평가 기준을 만들고 관리하는 것이다.
- **조사와 정보 시스템**(인적자원 정보 시스템 포함)은 명확한 인적자원 의사 결정을 위해 필요하다.

2.2 라인 권한과 스태프 권한

조직 구조의 주요 요소 중 하나가 자원을 활용하고 의사 결정을 위한 권한을 관리자나 단위 조직에 위임하는 것이다. 라인 권한(*line authority*)이란 상품과 서비스의 생산에 직접적으로 책임을 갖는 관리자들이나 조직 단위에 주어지는 권한을 말한다. 스태프 권한(*staff authority*)이란 라인 조직에 조언하거나 컨설팅을 제공하는 조직 단위에 주어지는 권한을 말한다. 전통적으로 HRD를 포함한 HRM 기능 조직들은 스태프 권한을 가지고 있다. 일반적으로 상품과 서비스 문제와 관련되어 있을 때 라인 권한은 스태프 권한보다 우월하다. 예를 들어, 몇몇 훈련 참가대상자들에게 그들의 감독자가 출장을 명령하여 훈련 세션에 불참한 경우를 가정해보자. 이런 경우 HRD 관리자나 훈련 담당자가 개입해서 이들 종업원들이 훈련에 참가할 수 있게 업무를 재조정하도록 감독자들을 강제할 수 있는가? 답은 '아니오'이다. 다만, 'HRD 관리자들과 스태프들은 반드시 조직의 구성원들이 현재와 미래의 직무 요구에 부응하는 역량을 확실하게 갖출 수 있도록 최대한 노력할 필요가 있다.' 때로는 조직 전반에 걸쳐 HRD 프로그램과 프로세스의 목표와 가치에 대한 보다 심층적인 공감을 얻기 위해서는 조직 개발과 같은 다른 종류의 개입을 필요로 한다.

3. HRD 기능들

인적자원개발은 위에서 언급한 것처럼 독립 부서가 될 수도 있고, 또는 HRM 부서의 주요 기능 중 하나가 될 수도 있다. 1898년 ASTD가 후원하고 패트 맥라간(*Pat McLagan*)이 수행한 연구에서 HRD 기능이 효과적이 되기 위해 필요한 HRD의 역할과 역량을 밝혀냈다.[34] 이 ASTD 연구는 보다 전통적인 훈련과 개발에 경력 개발과 조직 개발 기능을 포함하는 계기를 만들었다. 이 연구에서는 HRM과 HRD의 기능 사이의 관계를 '인적자원 바퀴(*human resource wheel*)'로 묘사했다. 맥라간이 밝힌 인적자원바퀴의 세 가지 주요 HRD 기능은 (1) 훈련과 개발, (2) 경력 개발, (3) 조직 개발이다.

3.1 훈련과 개발(T&D)

훈련과 개발(*T&D, training and development*)은 개인의 지식, 기술, 태도의 변화 또는 개선에 초점을 맞춘다. 훈련(*training*)은 태도 변화 역시 포함하지만(예로 성희롱 예방교육), 일반적으로 종업원들에게 특정 과업이나 직무를 수행하는 데 필요한 지식과 기술을 포함한다. 반면 개발 활동(*developmental activities*)들은 종업원들이 그들의 현재 직무를 수행하기 위한 능력을 증가시킴과 동시에 앞으로 맡게 될 업무를 준비하는 장기적인 관점을 갖고 있다.[35]

T&D 활동은 신입사원이 입사할 때 대개 오리엔테이션이나 스킬 훈련 형태로 시작된다. **신입사원 오리엔테이션**(*employee orientation*)은 신입사원이 조직의 중요한 가치와 기준을 학습하고, 과업수행 관계를 정립하고, 그들의 직무 내에서 어떤 역할을 담당해야 하는지를 학습하는 프로세스이다. HRD 스태프와 채용 담당자는 일반적으로 오리엔테이션 프로세스를 디자인하고 과정 전반을 진행하고, 최초의 기술 훈련을 시작하는 데 있어서 업무를 서로 공유한다. **스킬 훈련**(*skills training*) 프로그램들은 신입사원들에게 특정 기술이나 특정 영역의 지식을 가르치기 때문에 범위가 한정적이다.

일단 신입사원이 그들의 직무에 능숙해지면 HRD 활동들은 특히 코칭이나 카운슬링 같은 개발 활동에 좀 더 집중해야 한다. **코칭**(*coaching*) 프로세스를 통해서 개인들은 그들의 행동에 대한 책임을 받아들이고, 직무와 관련된 많은 문제도 다루게 되며, 상위 수준의 성과를 달성하고 유지할 수 있도록 동기부여된다. 코칭은 종업원들을 개인적인 목표와 조직의 목표 모두를 달성하는 데 있어서 파트너로 대우하는 것을 포함한다. **카운슬링**(*counseling*) 기법은 조직의 목표를 성취하는 데 방해가 될 수도 있는 개인적인 문제를 다룸으로써 종업원들에게 도움을 준다.

HRD 전문가들은 또한 관리자들과 감독자들이 그들 직책을 효과적으로 수행하는 데 필요한 지식과 기술을 확실하게 갖출 수 있도록 **관리자 대상의 훈련과 개발**(*management training and development*) 프로그램들을 설계하는 책임을 갖고 있다. 이러한 프로그램들로 감독자 훈련, 직무 순환, 세미나, 그리고 대학 프로그램 등이 있다.

3.2 경력 개발

경력 개발(*career development*)은 "상대적으로 독특한 이슈, 주제, 과업 등에 의해 특징 지워지는 일련의 단계를 통해서 개인들이 지속적으로 발전하는 과정"이다.[36] 경력 개발은 경력 계획과 경력 관리라는 두 가지의 뚜렷한 프로세스로 구분된다.[37] **경력 계획**(*career planning*)은 때로는 타인이나 카운슬러의 도움을 받아 개인들이 자신의 현실적인 경력 계획을 수립하기 위해서 자신의 기술과 능력을 평가하는 행동들을 포함한다. **경력 관리**(*career management*)는 경력 계획을 달성하기 위해 필요한 단계를 밟아가는 것으로 일반적으로 조직이 종업원의 경력 개발을 장려하는 것에 초점을 맞춘다. 경력 개발과 T&D 활동 간에는 강한 상관관계가 있다. 경력 계획은 조직의 훈련 프로그램을 통해 부분적으로 수행될 수 있다.

3.3 조직 개발

조직 개발(*OD, organization development*)은 행동과학적 개념을 적용한 계획된 개입 활동을 통해서 조직의 효과성과 조직 구성원의 웰빙(*well-being*) 수준을 향상시키는 프로세스라고 정의할 수 있다.[38] OD는 거시적인 조직 변화(*macro organizational changes*)와 미시적인 조직 변화(*micro organizational changes*) 모두를 강조한다. 거시적 변화는 궁극적으로 조직 전반의 효과성을 개선하기 위한 것인데 반해서 미시적 변화는 개인이나 소규모 집단, 팀 단위를 대상으로 한다. 예를 들면, 많은 조직은 업무 성과, 보상 시스템, 보고 절차 등 근본적 변화를 필요로 하는 종업원 참여 프로그램들을 도입함으로써 조직의 효과성을 개선하는 방안을 찾고자 한다.

OD 개입 활동에 참가한 HRD 전문가의 역할은 일반적으로 변화 관리자(*change agent*)이다. 변화를 촉진하기 위해서 때로는 라인 관리자들과 함께 조직이 필요로 하는 변화에 효과적으로 사용될 수 있는 전략에 관한 컨설팅과 조언이 필요하다. HRD 전문가들은 실질적인 변화 프로세스를 계획하고 수행하는 데 책임 있는 직원들의 회의를 진행하는 방법 등으로 개입 전략을 직접적으로 수행할 수도 있다.

3.4 수정된 '학습과 성과 바퀴'

최근에 ASTD/ATD는 HRD 전문가들에게 필요한 기술 또는 역량과 HRD에 영향을 미치는 또 다른 트렌드 연구를 지원했다.[39] 이 연구의 일부로써 폴 번달(*Paul Bernthal*)과 동료들은 〈그림 1.2〉에 있는 수정된 '학습과 성과 바퀴'를 개발했다. 이 바퀴 모형에 대해 몇 가지 추가설명이 필요하다. 첫 번째로 사업 전략(*business strategy*)이 모든 HRD 노력의 중앙에 위치해야 한다는 것이다. 두 번째로 우 상단 바퀴살은 앞부분에서 설명했듯이 전통적인 인적자원관리 기능들에 대해 이야기한다. 세 번째로 우 하단 바퀴살은 판매, 생산, 재무 같은 다른 조직 부문(*disciplines*)이 어떻게 조직의 성과에 주요한 동인이 되는지를 보여주고 있다. 마지막으로 이 책의 목적상 가장 중요한 원의 좌측은 확장된 인적자원개발의 관점을 보여주고 있다. 이전에 맥라간에 의해 제시된 것처럼 훈련과 개발, 경력 관리, 조직 변화 및 개발 관리 등의 핵심 기능을 볼 수 있다. 그러나 훈련과 개발을 우선시하기보다는 학습과 성과에 대한 강조를 확인할 수 있다. 조직의 변화 관리, 조직의 지식 관리 등의 기능들이 HRD 영역에서 전통적으로 볼 수 있던 기능들 보다 훨씬 더 폭넓게 다루어지고 있는 것을 확인할 수 있다. 이 확장된 바퀴 모형은 HRD가 무엇이며, HRD가 다른 기능들과 어떻게 조화를 이루는지에 대한 아주 뛰어난 그림을 보여준다. 또한 이 바퀴 모형은 이 영역에서 조사와 실행에 의해 부가된 가치뿐만 아니라 HRD의 한계점에 대한 계속적인 논의를 보완해준다.[40]

3.5 전략적 관리와 HRD

전략적 관리(*strategic management*)는 조직이 장기적으로 성과를 향상시키고, 외부 환경에 적절히 대응해서 최고의 경쟁력 수준을 달성하기 위한 관리자들의 의사 결정과 행동의 집합을 의미한다.[41] 전략적 관리

그림 1.2 학습과 성과 바퀴

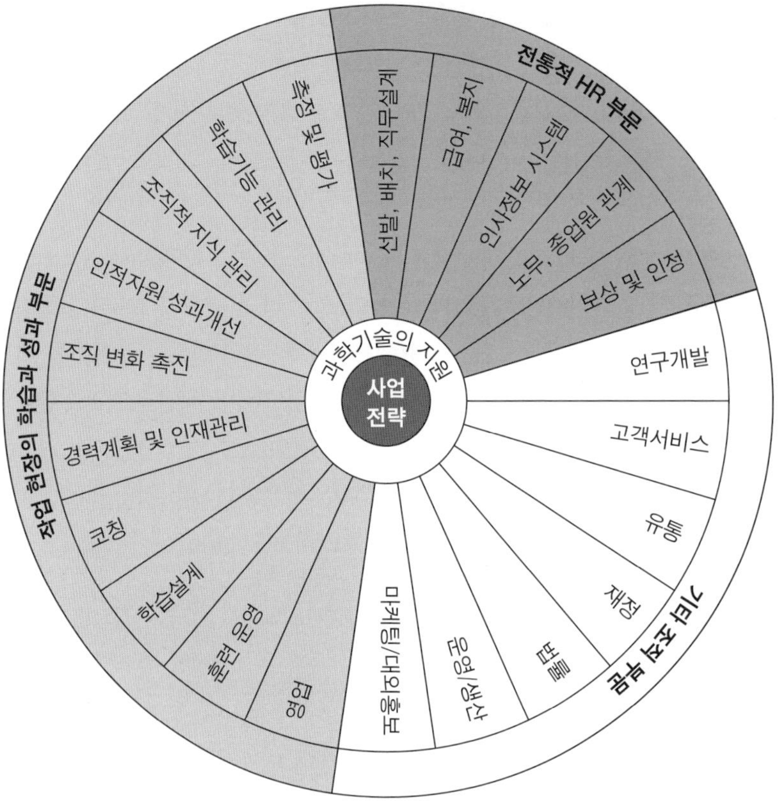

출처: Davis, P., Naughton, J., & Rothwell, W. (2004). "New roles and new competencies for the profession." *T&D*, 58(4), 26–36. Copyright © April 2004 from T&D by Davis, P., Naughton, J., & Rothwell, W. Reprinted with permission of American Society for Training & Development.

는 전략 수립, 전략수행 및 통제를 포함하는 분명한 몇 개의 프로세스를 수반하고 있다. 전략 수립 또는 공식화 단계에서는 최고 경영진은 현재의 미션, 목표, 전략, 정책, 프로그램, 테크놀로지, 노동력, 그리고 다른 자원들이 유용한 것인지를 반드시 먼저 평가해야 한다. 그리고 최고 경영진은 기회 또는 위협 요소가 될지도 모르는 외부 환경의 여타 측면을 평가하고 모니터링해야 한다. 마지막으로 이러한 평가 결과를 토대로 경영진은 변경되거나 업데이트되어야 할 전략적 요인(예를 들면, 미션, 테크놀로지, 생산품 구성 등)을 반드시 밝혀내야 한다.

지난 35년 동안 전략적 인적자원관리(*strategic human resource management*)에 관련된 관심, 조사, 활동 등이 매우 증가되었다.[42] 조직의 전략적 요구와 HRM의 더욱 밀접한 통합이 강조되고 있다. 이렇게 통합되기 위해서는 두 가지 형태의 일관성이 필요하다. 첫째 조직이 직면하고 있는 외부 환경과 조직의 전략적 계획 사이에 외적 일관성(*external alignment*)이 필요하다. 둘째, 조직 내부적으로는 내적 일관성(*internal alignment*)이 필요하다. 다시 말해서, 해당 조직의 전략은 그 조직을 특징짓는 미션, 목표, 신념, 가치 등과 반드시 정렬되어야 한다.[43] 게다가 조직을 구성해주는 다양한 하위 시스템 사이에도 정렬이 존재해야 한다. 여기서 다루어져야 할 영역은 다음과 같다.

- 관리 관행: 직원들이 어떻게 관리되고 대우받는가? (예: 직원들이 얼마나 자주 의사 결정 과정에 참여하는가?)
- 조직 구조: 조직이 어떠한 구조로 설계되어 있는가? (예: 조직의 관리상 위계가 얼마나 수평적인가?)
- 인적자원 시스템: 직원들의 선발, 훈련, 보상, 평가 등이 어떻게 이루어지는가? (예: 개인, 팀, 조직의 성과와 보상이 어떻게 밀접하게 연계되어 있는가?)
- 기타 업무 관행과 시스템: (예: 테크놀로지나 정보 시스템이 업무 프로세스를 촉진하는데 어느 정도 수준으로 사용되고 있는가?)

이런 접근 방식의 가치는 조직을 하나의 전체 시스템으로 볼 수 있다는 데 있다. 조직의 목표를 달성하기 위해서는 조직 전체 부분이 반드시 하나로 통합되어 작동해야 한다. 고성과 업무 시스템의 바람직한 결과물들은 고객과 직원 만족도, 직장 생활의 수준 등의 향상뿐만 아니라, 생산성, 품질, 유연성 등의 증가와 납기의 단축 등이 있다.[44] 하나의 예로 델타 항공(*Delta Airlines*)은 종업원의 헌신과 몰입을 북돋우는 몇 개의 차별화된 관행을 사용한다. 부루스 카우프만(*Bruce Kaufman*)은 이러한 '헌신 모형(*commitment model*)'이 1970년 이후 어떻게 개발되고 발전되었으며, 이 항공사가 매우 격변하는 항공 산업 환경에서 효과적으로 적응할 수 있었는지를 설명해주고 있다.[45]

HRD 전문가들이 직면하는 최근의 도전(또는 기회) 요소는 그들 조직에서 보다 선략적인 역할을 수행해야 하는 것이다. 보다 정렬된 또는 '전략적으로 통합된 HRD'를 향한 움직임에 많은 진전이 있었다.[46] 특히 HRD 담당 임원과 전문가들은 세 가지 주요 방법으로 HRD에 대한 전략적 능력을 보여주어야 한다. (1) 조직의 전략적 관리 프로세스에 직접 참여함으로써, (2) 전략적 관리와 계획에 관련된 개념과 방법에 대해 라인 관리자들을 대상으로 훈련과 교육을 제공함으로써, (3) 조직의 전략과 목표에 정렬된 훈련을 전 직원에게 제공함으로써 가능하다.[47]

첫째, HRD 임원들은 전략 수립 단계에서 정보, 아이디어, 의견 제시 등을 통해 기여하며, 조직의 HRD 전략과 전사 전략과의 일관성을 유지해야 한다. HRD 전략은 다음 질문에 답을 내놓아야 한다. 조직의 HRD 목표, 전략, 정책, 그리고 프로그램이 명확하게 설정되어 있는가? 모든 HRD 활동이 조직의 미션, 목표, 정책, 그리고 내적·외적 환경과 일치하고 있는가? 종업원 개인과 직무 사이에 적합성을 개선한다는 의미에서 HRD의 기능이 얼마나 잘 작동하고 있는가? 회사의 성과를 개선하고 평가하는 데 사용되는 개념과 기법은 적합한가? 캘리포니아 산 호세(*San Jose, California*)에 있는 시스코 시스템의 글로벌 훈련 담당 임원인 톰 캘리(*Tom Kelly*)는 HRD 분야에 극적인 변화가 있었다고 이야기한다. 그것은 조직 내에서 실질적으로 전략적 파트너십을 발휘할 수 있는 기회이다.[48]

둘째, HRD 전문가들의 전략적 역할은 효과적인 전략적 관리를 지원하는 교육과 훈련 프로그램을 제공하는 것이다. 전략적 관리의 개념과 방법을 훈련함으로써 라인 관리자들이 오늘날 극도의 경쟁적 환경에서 필요한 글로벌 마인드를 개발하는 데 도움을 준다. 이러한 이슈들은 조직의 관리자 개발 프로그램의 일부로 제공된다. HRD 전문가들을 대상으로 한 조사에서 대략 50%의 조직들이 전략적 계획 수립 훈련을 제공하는 것으로 나타났다.[49] 관리자 교육에 전략적 관리 이슈를 매우 강조하고 있다. 점점 전략적 HR 이슈를 강조하고 있으며, 이러한 이슈가 조직의 전략과 성과에 어떻게 연결되는지를 보여주고 있다.[50]

마지막으로 HRD 전문가들이 설계하고 운영하는 모든 훈련 노력들은 조직의 전략과 목표와 명확하게 연결되어야 한다. 비록 이것이 당연해 보일지 몰라도, 훈련 프로그램들과 조직의 전략 사이에 연결이 전혀 명확하지 않은 경우가 있다. 극단적인 예로써, 의료용품 제조회사 베콘(*Becton*), 디킨슨 앤 컴퍼니(*Dickinson and Company*)는 그 사업의 비즈니스 쇠퇴기에 대응하기 위해서 1983년에 주요사업의 구조조정을 단행했다. 구조조정 이전에 그 회사는 특별히 관리자들을 대상으로 많은 양의 교육과 훈련 기회를 제공했다. 그러나 구조조정 이후에는 이러한 교육과 훈련 프로그램들을 전혀 제공하지 않았다.[51] 몇몇 사람들은 회사가 재무적으로 어려울 때 훈련 프로그램을 가장 먼저 폐지 또는 삭감하는 이유가 최고 의사 결정자들이 훈련과 손익의 연결점을 찾는데 실패했기 때문이라고 이야기한다.[52]

반면, IBM은 노스 캐롤라이나(*North Carolina*)주의 롤리(*Raleigh*)시에 인적자원센터를 개설했다. 이 센터의 목적은 50만 명 이상의 현직과 퇴직 IBM 종업원들에게 정보와 고품질의 서비스를 제공하기 위한 것이었다. 서비스센터 종업원을 도와주기 위해 다양한 정보기술이 접목되었다. 조직의 인트라넷 망에 연결된 웹사이트(HR INFO라 부른다), 전화 추적 시스템, 그리고 인적자원 정보 시스템이 포함된다. 이러한 정보 시스템으로 종업원들과 관리자들이 일부 인사 업무 처리(급여 변경, 주소 변경 등)는 물론 HR 관련 정보의 검색과 열람을 사용할 수 있었다. 그러나 이러한 노력이 성공한 핵심 요인은 훈련이었다. 밥 곤잘레스(*Bob Gonzales*)에 의하면, 고객과 최초의 접점인 고객 서비스 직원들을 제대로 훈련시킨 것이 센터의 성공에 결정적이었다고 한다.[53] 고객 서비스 직원들은 신중하게 선발되었고 3주간의 집중적인 훈련을 받았다. 3주간의 훈련은 강의와 역할 연기, 그리고 경험 있는 직원과의 파트너 관계 등이 포함되었다. 새로운 프로그램이 나올 때마다 추가적인 훈련이 제공된 것은 물론이고 종업원들의 경력에 따라 단기 재교육 과정도 제공되었다. 이 사례는 어떻게 훈련이 조직의 전략과 목표에 연결될 수 있는지를 보여준다(이 사례에서는 중앙집권형 HR 서비스센터로의 전환). 7장에서 논의하겠지만, 조직은 HRD 전문가들에게 그들의 노력이 조직의 유용성과 재무적 성공에 공헌할 것이라는 것을 증명해주기를 점점 더 기대하고 있다. 전략적 HRD의 중요성에 대한 관심이 증가되어서 HRD 프로그램과 개입 활동을 위한 강력한 비즈니스 사례를 만들려는 움직임이 있다.[54] 이것이 〈그림 1.2〉에서 제시된 '학습과 성과 바퀴'의 중앙에 사업 전략이 자리 잡게 되는 이유이다.

3.6 HRD에서 감독자의 역할

감독자들은 많은 HRD 프로그램과 프로세스를 실행하는 데 중요한 역할을 한다. 이 책을 통해 강조하듯이, 많은 조직은 오리엔테이션, 훈련, 코칭, 경력 개발 등의 HRD 프로그램과 프로세스를 실행에 옮길 때 라인 감독자들에게 의존한다.[55] 특별히 규모가 작은 조직에서는 훈련 부서가 없을 수도 있고 (심지어 HR 부서가 없을 수도 있음), 따라서 대부분의 HRD 노력은 감독자들과 관리자들에게 전적으로 의존한다.

3.7 HRD 기능의 조직 구조

HRM과 마찬가지로 HRD 기능(*HRD function*)은 조직의 전략을 지원할 수 있도록 설계되어야 한다. 〈그림 1.3〉은 HRM 부서 안에서 어떻게 HRD 기능이 조직화될 수 있는지를 상세하게 묘사했다. 선택적으로 〈그림 1.4〉는 다양한 지역적 판매 조직에서는 어떻게 HRD 기능이 조직화될 수 있는지를 보여준다. 이 예에서는 경영층이나 임원의 개발을 제외하고는 훈련 활동들이 분권화되어 있고, 기타 HRD 활동들은 중앙집권화되어 있다. 적어도 대기업의 HR 부서는 HR 주제에만 특화되지는 않고 좀 더 다기능적인 역할을 수행한다.[56]

그림 1.3 대규모 HRD 부서의 조직도

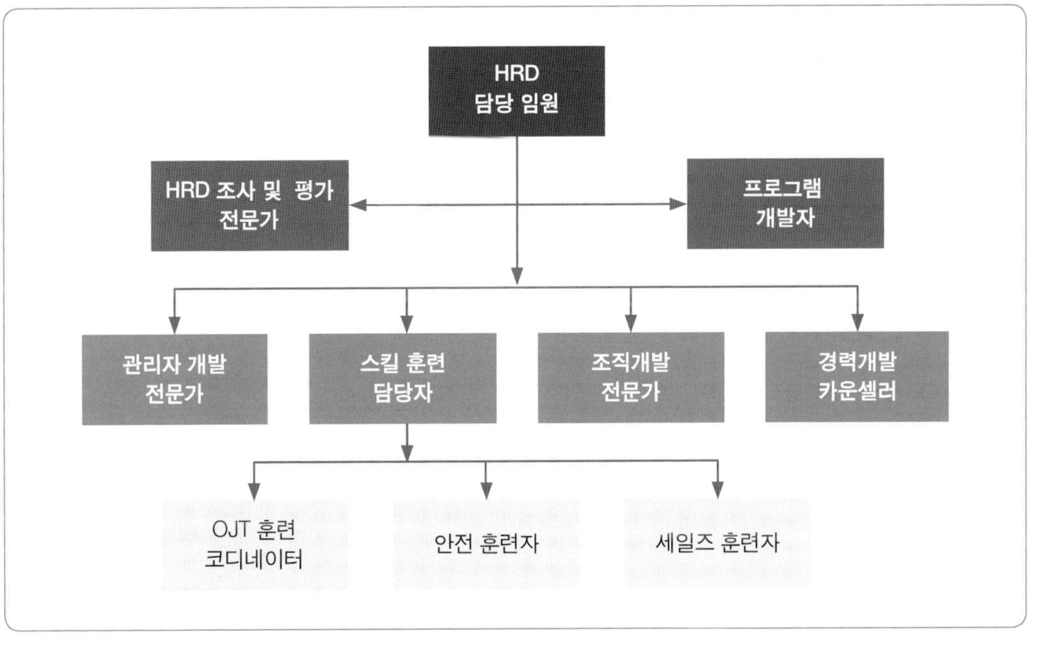

그림 1.4 다지역 세일즈 조직에서의 HRD 부서 조직도

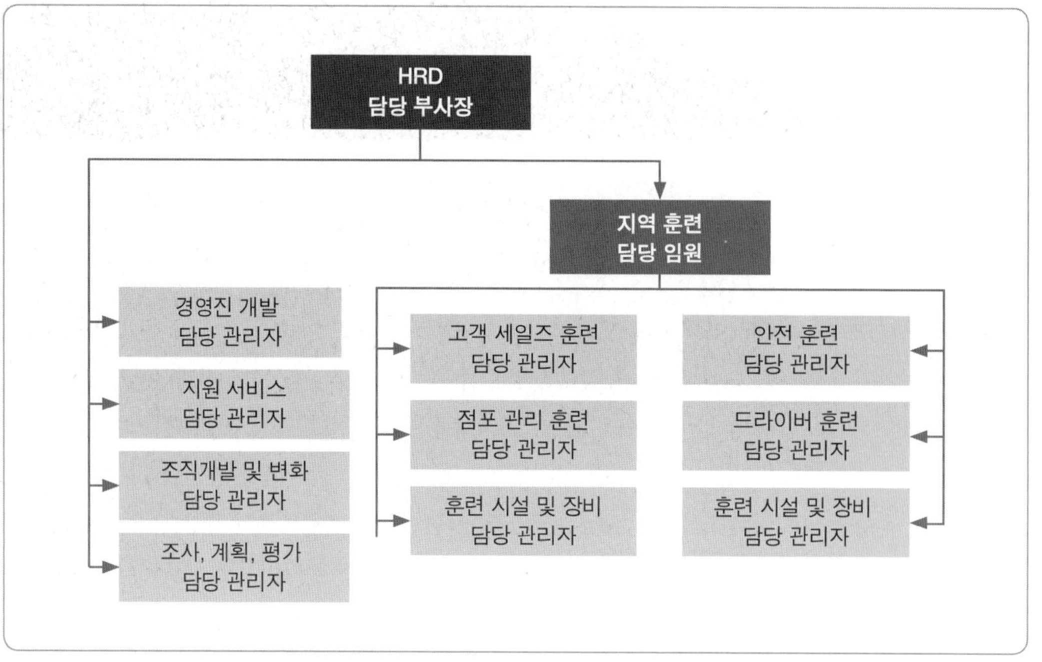

4. HRD 전문가의 역할과 역량

HRD 전문가는 반드시 폭넓고 다양한 기능적 역할을 수행해야 한다. 하나의 기능적 역할은 구체적인 과업 활동이고 특정 직무에서 기대되는 결과를 산출하는 것이다(예를 들면, 강의실의 훈련자 또는 교수 설계자). 이러한 다양한 역할을 수행하기 위해서 HRD 전문가는 여러 가지 상이한 스킬과 **역량**(competencies)을 보유할 필요가 있다. 번달(Bernthal)과 동료들은 '미래의 지도 그리기(*Mapping the Future*)' 연구에서, 모든 HRD 전문가에게 필요한 기본적인 역량의 세 가지 영역을 설명하고 있다(그림 1.5).[57] 이들 세 가지 영역은 개인, 대인 관계, 비즈니스/경영으로 구분된다. HRD 전문가는 특정 분야의 전문성을 개발할 때 이러한 기본적인 역량을 사용한다. 전문성 영역은 피라미드의 중간에 보이고 있다(그리고 〈그림 1.2〉의 학습과 성과 바퀴에서 HRD를 설명하고 있는 용어들과 대응된다). 2013년에 아네손(Arneson)과 동료들은 개선된 훈련과 개발 역량을 제시했다. 10개의 영역은 성과 개선, 교수 설계, 강의 훈련, 학습 테크놀로지, 학습 효과 평가하기, 학습 프로그램 관리하기, 통합된 핵심 인재 관리, 코칭, 지식 경영, 그리고 변화 관리이다.[58] 이것은 〈그림 1.2〉에 제시한 역량들을 크게 개선한 것이다.

〈그림 1.5〉에서 피라미드 상단에는 HRD 전문가들을 위한 학습 전략가, 비즈니스 파트너, 프로젝트 관리자, 그리고 특정 분야 전문가라는 네 가지 핵심 역할이 있다. 학습 전략가(learning strategist)는 HRD 계획이 조직의 전략과 목표를 어떻게 지원할 수 있는지에 대한 의사 결정을 한다. 비즈니스 파트너(business partner)는 HRD 계획이 어떻게 수행되고 평가되는지를 결정하는데, 타 부서 관리자들과 함께 하

그림 1.5 2004년 ASTD 역량 모델

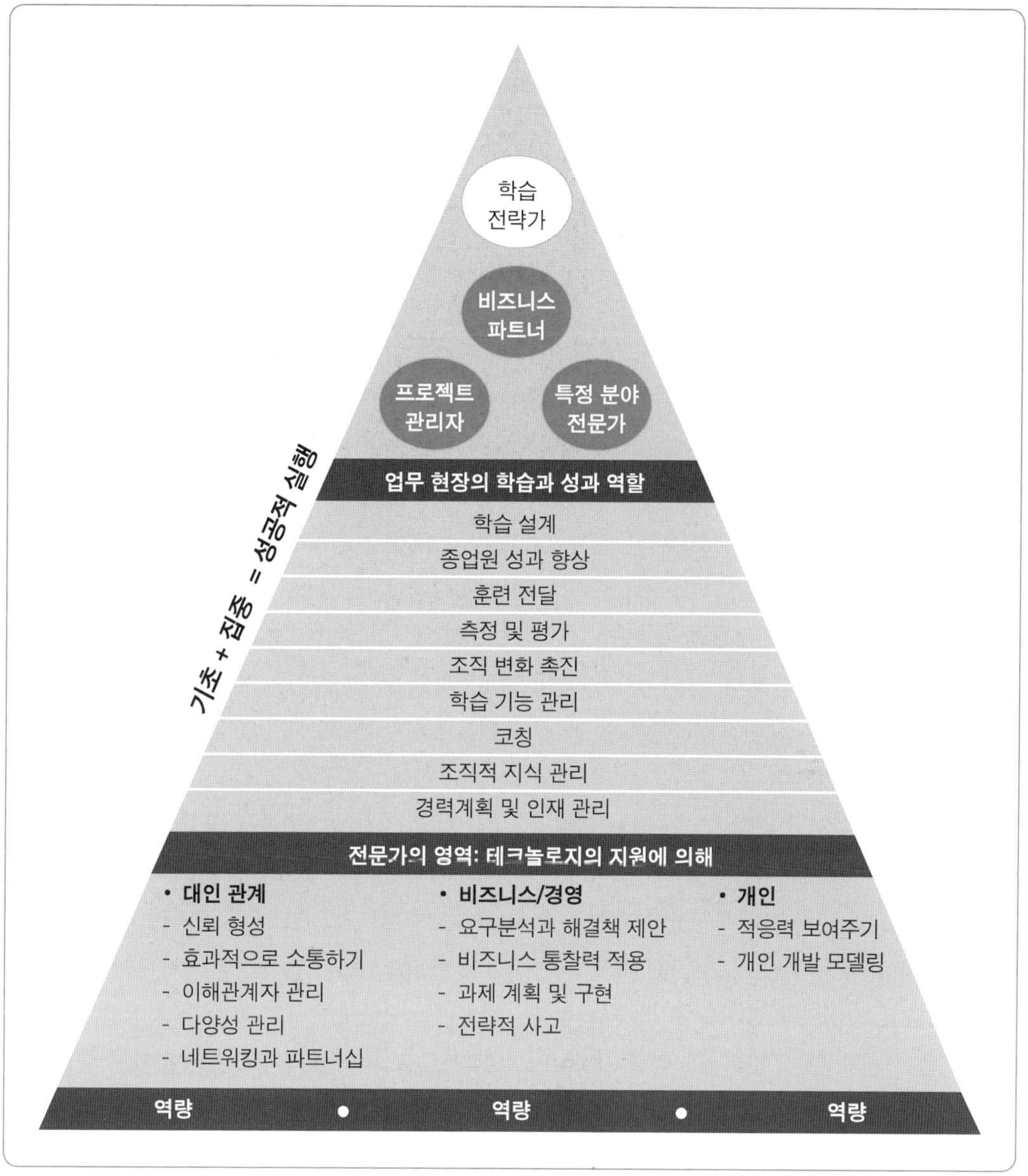

출처: Davis, P., Naughton, J., & Rothwell, W. (2004). "New roles and new competencies for the profession." *T&D*, 58(4), 26–36.

는 것을 말한다. 프로젝트 관리자(*project manager*)는 하나의 HRD 프로젝트에 대해 매일매일 계획하고, 예산을 배정하고, 평가하는 것을 포함한다. 그에 반해 특정 분야 전문가(*professional specialist*)는 그의 특정 분야에 대한 전문성을 제공한다(예를 들면, 설계, 개발, 강의, HRD 계획에 대한 평가 등). HRD 관리자들과 임원들은 대부분 학습 전략가와 비즈니스 파트너 역할을 담당하게 될 것이다. 다음 절에서는 두 유형의 HRD 전문가(HRD 임원/관리자와 HRD 전문가) 역할에 대해 간단하게 논의할 것이다.

4.1 HRD 임원/관리자

HRD 임원/관리자는 모든 HRD 활동에 대해 우선적 책임을 진다. 과거에는 이러한 사람들이 훈련 담당 임원(*training director*)으로 불리곤 했다. 오늘날은 이러한 사람들을 최고학습책임자(*CLO, chief learning officer*)로 부르고 있다.[59] 직책에 상관없이 이들은 조직의 목표와 전략과 HRD 프로그램들을 반드시 통합해야 하고, 만일 경영자 개발 프로그램이 존재하면 그 프로그램에서 리더십 역할을 담당해야 한다. 만일 조직에 HRM과 HRD 담당 임원이 둘 다 존재하면 HRD 담당 임원은 HRM 임원과 업무적으로 아주 밀접하게 협업해야 한다. HRD 임원은 때로는 CEO와 다른 최고 경영자들에게 조언자 역할을 해야 한다.[60] 이 역할의 결과물은 중장기 계획과 전략, 정책, 예산할당 계획 등을 포함한다.

HRD 임원의 중요한 과업 중 하나가 구성원들에게 현재와 미래의 직무 요구에 필요한 역량을 확보해주는 수단으로써 HRD의 가치를 증진시키는 것이다. 만일 상급 관리자들이 HRD의 가치를 이해하지 못한다면, 상급 관리자들의 HRD 노력에 대한 헌신과 어려운 시기에 교육비 지출의 정당화를 기대하기 어려울 것이다. 역사적으로도 재무적으로 어려운 시기에는, HRD 프로그램은 비용 절감 노력의 주요 목표가 되어 왔다. 만일 HRD 담당 임원이 HRD 비용 지출과 조직적 효과성(이익을 포함) 사이의 명확한 관계를 설명하지 못한다면, HRD 프로그램들은 필요한 지원을 받지 못할 수도 있다. 예를 들어, 스트레스 관리에 관한 프로그램을 제공하기를 원하는 HRD 담당 임원이 새로운 장비를 구입하기를 원하는 라인 관리자와 어떻게 다툴 수 있는가? 대답은 명확하다. 담당 임원은 그러한 프로그램을 제공함으로써 조직이 얻게 되는 이점을 증명해야 한다. 하나의 사례를 제시하자면, HRD 임원에게 평가 데이터는 강력한 수단이 된다.

조직이 글로벌 경제 변화에 대응하기 위해서 HRD 담당 임원의 역할은 더욱 중요시 되어 왔다. HRD 담당 임원에 대한 시급한 도전은 예측할 수 없는 변화의 시기에 HRD의 새로운 역할을 재정립하는 것이다. IBM의 이전 교육 부서장인 잭 보우셔(*Jack Bowsher*)에 따르면, HRD 담당 임원이 리엔지니어링, 품질 개선, 전략적 계획 등에 깊이 관여하게 되면, 그들은 한편으로는 작업 현장의 학습과 성과, 그리고 다른 한편으로는 회사의 성과와 수익성의 연결점을 찾고자 노력하게 된다.[61] HRD 담당 임원은 오늘날의 도전적 사업 환경에서 관리 도구로써 HRD 프로그램과 프로세스의 신뢰성을 확보할 아주 중요한 직책이라고 할 수 있다. 샐러리 닷컴(*Salary.com*)은 2014년에 미국의 HRD 및 훈련 담당 임원들의 급여 중간값이 16만 6천 달러 이상이었다고 추정했다.[62]

4.2 HRD 전문가 역할과 결과물

조직이 새로운 외부 환경의 도전에 대응하면서, HRD 전문가들이 수행해야 하는 역할 또한 변한다. HRD 전문가들은 여러 가지 역할을 수행해야 하는데, 그 중 아홉 개를 아래에 기술해 놓았다.[63]

HR 전략 조언가(*HR strategic advisor*)는 전략적 의사 결정자들과 조직의 전략과 성과 목표에 직접적으로 영향을 미치는 HRD 이슈에 관해서 상담한다. 이러한 상담의 결과로는 인사 전략 계획서, 전략적 계획 수립 교육과 훈련 프로그램이 포함된다.

HR 시스템 설계 및 개발자(*HR systems designer and developer*)는 조직의 성과에 영향을 미치는 인사관리 시스템의 설계와 개발에서 인사 담당 관리자들을 도와준다. 결과물에는 인사관리 프로그램 설계, 개입 전략, 인사관리 프로그램들의 수행 등이 포함된다.

조직 변화 관리자(*organization change agent*)는 조직혁신에 사용될 변화 전략을 설계하고 실행할 때, 관리자들에게 조언한다. 결과물에는 효율적인 업무팀 구성, 품질 관리, 개입 전략, 실행, 그리고 변화 보고서 등이 포함된다.

조직 설계 컨설턴트(*organization design consultant*)는 업무 시스템 설계와 효율적인 인적자원 활용에 관해서 관리자들에게 조언한다. 결과물은 개입 전략, 업무 설계 대안들, 그리고 실행 계획 등이 포함된다.

학습 프로그램(또는 교수 설계) 전문가(*learning program specialist (or instructional designer)*)는 학습 요구를 밝혀내고, 적절한 학습 프로그램을 설계하고 개발한다. 그리고 학습 자료와 학습 보조 자료를 개발한다. 결과물은 프로그램의 목표, 수업 계획, 개입 전략 등이 포함된다.

강사/퍼실리테이터(*instructor/facilitator*)는 학습 자료를 보여주고 구조화된 학습 경험을 이끌고 촉진한다. 결과물은 교수 방법과 기법, 학습 프로그램 그 자체가 포함된다.

개인 개발 및 경력 카운슬러(*individual development and career counselor*)는 개별 직원들의 현실적인 경력 개발을 위하여 그들의 역량과 목표를 평가하는 데 도움을 준다. 결과물은 평가 세션, 워크숍 진행, 경력 안내 등이 포함된다.

성과 컨설턴트(코치)(*performance consultant (or coach)*)는 라인 관리자들에게 개인과 그룹의 성과를 향상시키기 위해 설계된 적절한 개입 전략을 조언한다. 결과물은 개입 전략, 코칭 계획, 실행 계획 등이 포함된다.

테크놀로지 훈련자 취업 공고

다음의 온라인 취업 공고를 참고하십시오.

테크놀로지 훈련자 직책 후보자를 찾습니다. 각 훈련자는 특정 사이트에 대한 책임을 집니다. 각 개인은 새로운 테크놀로지를 위한 교육 요구 및 설계 자료를 밝혀내기 위해 요구 분석을 수행할 책임이 있습니다. 당신이 성장하는 회사에서 새로운 기회를 찾고 있다면 아래 내용이 당신이 수행할 역할입니다!

책임:

- 회사 내 사용자들의 요구를 분석하고 이에 따라 테크놀로지 교육 프로그램을 계획한다.
- 강의실 훈련, 온라인 학습, 멀티미디어 프로그램 및 기타 컴퓨터 기반 교수 기법을 개발하기 위해 훈련 관리자와 함께 계획을 수립한다.
- 사용자를 위한 훈련 자료와 교육 과정을 조직화하고 만들어낸다. 테크놀로지 부서에서 제공하는 응용 프로그램을 사용하여 일상적인 기능을 수행할 수 있도록 사용자에게 적절한 교육 및 기법을 제공한다.

출처: The Select Group (2014). Accessed on January 2, 2015 at: http://www.selectgroup.com/hot-jobs/?uid=6789.

연구원(*researcher*)은 HRD 활동의 전반적 효과를 평가하고 그 평가 결과를 그들 조직에 전달하기 위하여 HRD의 실무와 프로그램에 대해 적절한 통계 기법을 활용하여 측정한다. 결과물은 조사 설계, 조사 결과 시사점과 제언, 보고서 등이다.[64]

일반적으로 알려져 있는 HRD 직무로는 교수 설계자, 변화 관리자, 경영자 코치, 그리고 멀티미디어 전문가 등이 있다.[65] 예를 들어, "테크놀로지 훈련자 취업 공고" 박스를 참조하기 바란다.

5. 조직과 HRD 전문가들에 대한 도전

오늘날 기업들은 많은 도전에 직면하고 있다. ASTD 연구에 의하면, HRD에 영향을 미치는 여덟 가지의 직장 트렌드가 존재한다.[66] 이러한 직장 트렌드는 〈그림 1.6〉에 설명되어 있다. 또한 마이클 히트(*Michael Hitt*)와 동료들은 새로운 경쟁 환경의 주요한 두 가지 특징으로 글로벌화의 심화와 인터넷으로 대변되는 테크놀로지 혁명을 들고 있다.[67] 그들은 조직이 이러한 외부 환경의 불확실성과 격변을 다루기 위해서 선택할 수 있는 몇 가지의 행동을 제시했다. 이러한 행동에는 종업원의 스킬개발, 새로운 테크놀로지의 효과적 사용, 새로운 조직 구조의 개발, 학습과 혁신을 조성하는 문화 만들기 등이 포함된다. 이러한 방법들은 HRD 영역에서 다루어야 할 것들이 상당히 많음을 의미한다. 이러한 측면에서 HRD 영역에서 다루어야 할 도전적인 내용으로 다음의 여섯 가지를 이야기할 수 있다. (1) 글로벌 경제상황에서의 경쟁하기, (2) 기술 격차 줄이기, (3) 작업 현장의 다양성 증가시키기, (4) 개인의 평생 학습 욕구

그림 1.6 최근 직장 트렌드

1. **급변한 시기, 과감한 조치:** 불확실한 경제 여건으로 인해 조직은 성장하고 수익을 올릴 수 있는 방법을 재고해야 한다.
2. **불분명한 경계 – 삶 또는 일?** 새로운 조직 구조는 직원 및 HRD 전문가의 업무 특성을 변화시키고 있다.
3. **작은 세상과 줄어듦:** 글로벌 커뮤니케이션 기술은 사람들이 연결하고 의사소통하는 방식을 변화시키고 있다.
4. **새로운 얼굴, 새로운 기대:** 직장의 다양성이 계속해서 증가하고 있다.
5. **일을 민첩하게 하고 빨리하기:** 변화의 속도가 빨라지면 적응력이 뛰어난 직원과 더 민첩한 조직이 필요하다.
6. **보안에 대한 경고!** 보안에 대한 우려와 정부가 안전장치를 제공할 수 있는 능력에 대한 우려는 전 세계적으로 개인적인 불안 수준을 증가시켰다.
7. **온라인에서의 삶과 일:** 기술, 특히 인터넷은 사람들이 일하고 살아가는 방식을 변화시키고 있다.
8. **높은 윤리적 기대치:** 대기업에서조차 최고 수준의 윤리적인 붕괴사고는 직원의 충성도, 신뢰 및 보안 감각을 흔들어 놓는다.

출처: Based on K. Colteryahn, & P. Davis (2004). Eight trends you need to know. *T&D*, 58(1), January, 28–36; Neirotti, P., & Paolucci, E. (2013). Why do firms train? Empirical evidence on the relationship between training and technological and organizational change. *International Journal of Training & Development*, 17(2), 93–115; Cascio, W. F. (2014). Investing in HRD in uncertain times now and in the future. *Advances in Developing Human Resources*, 16(1), 108–122.

맞추기, (5) 조직 학습 촉진하기, (6) 윤리적 딜레마 다루기이다. 이러한 도전들과 HRD에 미치는 영향은 다음 절에서 간략하게 다루고 이후의 장에서 더욱 자세하게 다룰 예정이다.

5.1 격변하는 글로벌 경제에서의 경쟁

기업들이 점점 더 격변하는 글로벌 경제에서 경쟁함으로써 많은 조직이 고등 교육을 받고 훈련된 노동자들이 사용할 수 있는 새로운 테크놀로지들을 도입하고 있다.[68] 오늘날 미국에서는 모든 일자리의 반 이상이 고등학교 이상의 교육 수준을 요구한다. 그러므로 점점 더 세분화된 시장에서 성공하기 위해서는 높은 수준의 지식을 갖춘 종업원들을 채용해야 한다. 글로벌 경제에서 경쟁하는 것은 새로운 도전에 적응하도록 노동자들을 훈련하고 교육하는 이상의 것이 필요하다. 인력을 재교육하는 것 이외에, 성공적인 회사들은 품질 개선 프로세스를 시작할 것이며, 변화 추진 프로그램(예로 높은 수준의 몰입 프로그램들)을 도입할 것이다. 문화가 다른 국가에서 사업하고 커뮤니케이션을 잘하기 위해서는 직원들이 문화적 민감성에 대해 학습해야 한다.[69] 관리자들을 글로벌 리더로 양성시키는 것이 많은 조직에서 중요한 도전이다.[70] 글로벌 수준으로 경쟁력 있는 관리자로 개발하는 것에 대해서는 12장에서 보다 자세히 논의될 것이다.[71] 하나의 예로써, TRW 기업은 리더십 개발 프로그램을 글로벌 리더십 이슈에 집중하여 개편했다. 그들은 미래 지도자들이 그들의 글로벌 경영을 감당할 수 있도록 강의실 수업과 현장 액션 러닝을 결합하여 사용했다.[72] 추가적으로, 고용주들은 종업원들을 관리하는 새로운 방법을 실행에 옮기고 있다.

5.2 스킬 격차 줄이기

앞에서 언급했듯이, 기업들이 글로벌 경제에서 성공하기 위해서는 반드시 고등 교육을 받은 종업원을 채용해야 한다. 그러나 미국에서는 공교육 시스템의 상당 부분이 개혁될 필요가 있다. 오늘날 고등학교 학생들의 거의 30%가 졸업에 실패한다. 그리고 고용주들은 회사에 입사하는 젊은 성인들의 많은 수가 직무 필요요건에 충족하지 못한다는 사실에 직면한다. 비록 미국이 세계에서 가장 높은 삶의 수준을 보유한 국가 중의 하나이지만, 고용 실태 조사를 위한 업존연구소(*Upjohn Institute*)는 시간제 노동자의 25~40%가 기본적인 스킬이 부족한 상태라고 보고하고 있다.[73]

이러한 기술 격차는 미국 회사들에 중대한 결과를 초래한다.[74] 훈련생들이 운영 매뉴얼을 읽지 못하고 이해하지 못한다면 어떻게 새로운 장비의 작동 방법을 학습할 수 있겠는가? 게다가 신입사원들이 기본적인 수학을 이해하지 못한다면, 어떻게 컴퓨터에 의해 통제되는 기계들을 다루는 방법을 학습할 수 있겠는가?[75]

산업계에서는 공교육 혁신에 대한 관심이 높다. 로스엔젤레스 공교육 시스템은 고용주들에게 보증제도를 제공하고 있다. 만일 고등학교 졸업자 중에서 누구라도 작문과 컴퓨터 작동과 같은 기본적 스킬이 부족한 것으로 밝혀지면, 학교에서 기업주에게 비용청구 없이 졸업생을 재교육시키는 기회를 제공한다.

다른 산업화된 국가들은 이러한 기술 격차를 해결하기 위해 제도적 변화를 추진했다. 예를 들어, 미국의 가장 큰 경쟁자인 일본과 독일은 대부분의 고용주들에게 필요한 기본적인 기술을 학생들에게 더 잘 가르치는 교육시스템을 갖추고 있다. 특히 독일은 직업 교육과 산학협력 프로그램을 강조한다. 그렇게 함으로써 학령기에 도달한 어린이들은 그들의 공식 교육으로 직무 실습 프로그램을 시작할 수 있다. 이러한 접근법들이 9장에서 상세하게 다룰 것이다.

5.3 인력 다양성 증가시키기

직장에서 인력구성은 점점 더 다양해지고 있다. 이러한 다양성 추세는 계속될 것이다.[76] 이러한 추세는 인력의 50대 이상의 비율이 점점 증가하는 것뿐만 아니라 인종, 민족, 성별의 다양성의 증가를 포함하고 있다.[77] 다양성을 효과적으로 관리하는 것은 포춘지 선정 100대 기업의 리스트에 선정되는 다섯 가지의 조직 특성의 하나이다.[78] 최근 연구 결과에 따르면, 다양성 관련하여 우수한 조직의 주가가 단기적으로 높게 나타났다.[79] 다양성 이슈는 HRD 전문가에게 몇 가지 시사점을 제공한다. 첫째, 문화적 차이와 언어 차이뿐만 아니라 끊임없이 남아있는 인종, 민족, 그리고 다른 편견에 대해 효율적으로 다룰 필요가 있다. 둘째, 직무현장의 여성 인력의 지속적 증가와 함께 조직은 여성인력이 상위 직급으로 승진을 할 수 있는 기회를 제공해야 하며, 성희롱 방지를 위한 안전장치를 마련해야 한다. 셋째, 인력의 고령화는 젊은 직원과 고령 직원 모두의 학습 욕구를 인식하고 HRD 프로그램을 개발할 필요가 있다.

5.4 평생 학습의 요구

모든 조직이 직면하고 있는 급격한 환경 변화로 인해 종업원들의 경력 전반에 걸쳐 이러한 변화에 대응하기 위한 학습 활동은 지속되어야 한다.[80] 평생 학습에 대한 이러한 요구는 정부와 사회 전체적으로는 물론이고, 조직에서도 HRD에 대한 지속적인 투자의 필요성을 증대시킨다. 평생 학습은 각각의 직원들에게 서로 다른 의미로 받아들여질 것이다. 예를 들어, 미숙련 노동자들에게는 그들의 역량을 습득하게 도와주는 기초적인 기술 훈련이 될 것이고, 전문가 수준의 직원들에게는 계속 교육의 혜택이 될 것이다. 또한, 자격증을 소지한 직원들에게는 그들의 자격 유지를 위한 계속적인 교육 코스 중 하나가 될 것이다. 관리자들에게는 새로운 경영관리 접근법을 다루는 경영 세미나에 참석하는 것이다.

모든 유형의 직원을 위한 폭넓은 범위의 학습 기회를 제공하는 것이 HRD 전문가에게는 하나의 도전 요소가 될 것이다. 이러한 도전에 대응하기 위한 하나의 방법이 멀티미디어 학습센터(*multimedia learning centers*)를 설립하는 것이다(때로는 조직의 인트라넷상에). 이러한 센터는 개별 학습자의 독특한 요구에 맞추어 다양한 교수 방법을 제공할 수 있다. 개인별 진단은 직원들의 수행 능력의 차이를 결정할 수 있고, 선호하는 학습 스타일을 밝혀 낼 수 있다. 예를 들어, 스스로 동기부여된 직원들이 계산하는 것에 부족함을 확인하고는 자신의 속도에 맞게 비디오를 통한 상호 학습을 통해 훈련할 수 있다. 멀티미디어 학습센터는 영상통화 학습 방법을 통해 수천 마일 떨어져 있는 직원들도 기술적이고 전문적인 세미나에 참석할 수 있게 한다. 이와 같이 멀티미디어나 다른 어떤 학습 방법을 사용하든지 조직은 반드시 모든 직원들을 위하여 평생 학습 기회를 제공해야 한다.

5.5 조직 학습의 촉진

"제5경영(*The Fifth Discipline*)"의 저자 크리스 아지리스(*Chris Argyris*), 리차드 벡하드(*Richard Beckhard*), 피터 센게(*Peter Senge*) 같은 조직 개발 학자들은 만일 조직이 계속해서 근본적인 변화를 추진하고자 한다면, 조직은 반드시 학습, 적응, 변화할 수 있어야 한다는 것을 주장한다.[81] HRD 임원들을 대상으로 한 설문 조사에 의하면 응답자의 94%가 조직이 **학습조직화**(*learning organization*)되는 것이 중요하다고 인식하고 있는 것으로 나타났다.[82] 13장에서는 조직이 학습조직의 원칙을 채택하는 데 사용될 수 있는 광의의 조직 혁신 방법에 대해 논의할 것이다.

비록 이러한 원칙이 조직 수준에서 강조되지만, 집단이나 개인 수준에서도 시사점이 있다. HRD 전문가들에게 하나의 도전은 전통적인 훈련 프로그램으로부터 세 가지를 강조하는 프로그램으로의 전환을 촉진하는 것이다. (1) 학습 원칙과 기법, (2) 학습이 성과에 어떻게 연결되는지, 그리고 (3) 학습과 근본적 변화 사이의 관계이다.[83] 이러한 전환을 위해서는 HRD 전문가들은 학습 이론에 대한 탄탄한 이해를 바탕으로 **개인 개발**(*individual development*)을 발전시키는 학습 기법을 개발할 수 있어야 한다.

5.6 윤리적 딜레마 다루기

최근의 비즈니스 스캔들은 기업체, 정부, 사회 그리고 직업 교육에 대한 질문을 제기한다.[84] 엔론(*Enron*), 월드컴(*WorldCom*), 타이코(*Tyco*) 그리고 기타 회사들의 비윤리적 정책들이 어떻게 그렇게 오랫동안 지속될 수 있었는가? 정부와 법이 조치할 수 있는 영역과 한계는 무엇인가(Sarbanes-Oxley Act와 같은)?[85] 경영교육(*business education*)이 학생들과 대학 졸업생들 사이에서 윤리와 윤리적 행동에 대한 이해를 높이기 위해 무엇을 할 수 있는가?[86]

윤리적 이슈와 딜레마는 HRD 분야에서도 제기된다. 예를 들어, 당신이 어떤 조직을 위해 컨설팅 서비스 제공을 요청받았다고 가정해보자. 컨설팅 과정에서 당신은 고용한 관리자가 그 기관을 폐쇄하기 위한 합리적 근거를 찾고 있다는 사실을 알게 되었다. 어떻게 대응할 것인가? 이러한 경우에 HRD 전문가들을 도와줄 윤리적 원칙과 지침이 있는가? 특히 과거 10여 년간에는 이러한 이슈들을 다루기 위한 노력들이 있었어야 했다. HRD 아카데미 부속 위원회에서 이러한 이슈들을 포함하는 17페이지짜리 보고서를 만들었다.[87] 글로벌 HRD의 윤리강령 관련 어려운 이슈들을 다루고 있는 책자뿐만 아니라 티모시 해처(*Timothy Hatcher*)가 지은 유용한 책자도 있다.[88] 이 책에서는 이러한 윤리적 이슈에 대한 다양한 포인트를 다룬다.

ATD 윤리 강령

'윤리 강령(Code of Ethics)'은 개인이 자기 관리, 직장 내 학습 및 성과 관리 전문가가 될 수 있도록 지침을 제공한다. 고객과 고용주는 개인적 성실성, 전문 역량, 건전한 판단력 및 재량에 관한 기준을 최대 가능한 수준으로 기대해야 한다. 전문가를 위해서 전문가에 의해 개발된, 이 '윤리 강령'은 직장 내 학습 및 성과 관리 전문가로서의 의무를 그들 스스로와 전문가들, 그리고 사회에 대해 공개적으로 선언한 것이다. 내용은 다음과 같다.

- 각 개인의 권리와 존엄성을 인정한다.
- 인간의 잠재력을 개발한다.
- 나의 고용주, 고객, 학습자에게 최고 수준의 교육, 훈련, 개발 서비스를 제공한다.
- 모든 저작권법과 나의 직위를 규율하는 법규를 준수한다.
- 직장 내 학습 및 성과 관리 분야에 대한 적절한 지식과 역량에 대한 정보를 제공한다.
- 나의 전문성을 실천하는데 비밀과 성실성을 유지한다.
- 동료를 지원하고 그들의 전문성을 개발하는데 방해하는 행동은 하지 않는다.
- 나 스스로 윤리적이고 정직한 방식으로 행동한다.
- 직장 내 학습 및 성과 관리에 대한 대중의 인식을 향상시킨다.
- 공정하고 정확하게 나의 직장 내 학습 및 성과 관리 관련 인증, 자격, 경험 및 능력을 표현한다.
- 전문성의 지속적인 성장에 기여한다.

출처: Association for Talent Development (ATD). Accessed on November 19, 2014 at: http://www.astd.org/About/Mission-and-Vision

6. HRD 프로세스를 위한 체계

HRD 프로그램들과 개입 전략들은 조직 내부에서 광범위한 이슈와 문제들을 다루는 데 사용된다. 이런 프로그램과 개입 전략들은 신입사원들을 사회화시키는 데 사용되고, 스킬과 지식을 제공해주며, 개인들과 집단들이 더욱 효과적이 되도록 도움을 준다.

시스템 이론에 입각해서 HRD 개입 전략은 요구 분석, 설계, 실행, 평가라는 4단계 또는 순서를 활용해서 설계되어야 한다고 주장한다. 기억하기 쉽게 이 프로세스는 'A DImE' 체계(*assess, design, implement, and evaluate*)라고 부르기로 한다. 이 책에서는 이 4단계 프로세스 접근법을 HRD 활동들을 설명하는 데 사용할 것이다(그림 1.7 참조).[89]

6.1 요구 분석 단계

HRD 개입 활동들은 조직 내부의 어떤 차이점이나 요구를 해결하는 데 사용된다. 직원들의 낮은 성과와 같은 현재의 문제점이나 조직 운영 방식의 변화에 대한 요구는 새로운 도전이다(예: 새로운 법률의 제정 또는 경쟁의 강화). 예를 들어, 평등고용기회 위원회(EEOC)는 다트 에너지(*Dart Energy Corp.*)사와 와이오밍에 있는 두 개의 관련 기업을 상대로 소송을 제기했다. EEOC는 이 회사들이 히스패닉, 흑인, 그리고 아

그림 1.7 훈련과 HRD 프로세스 모형

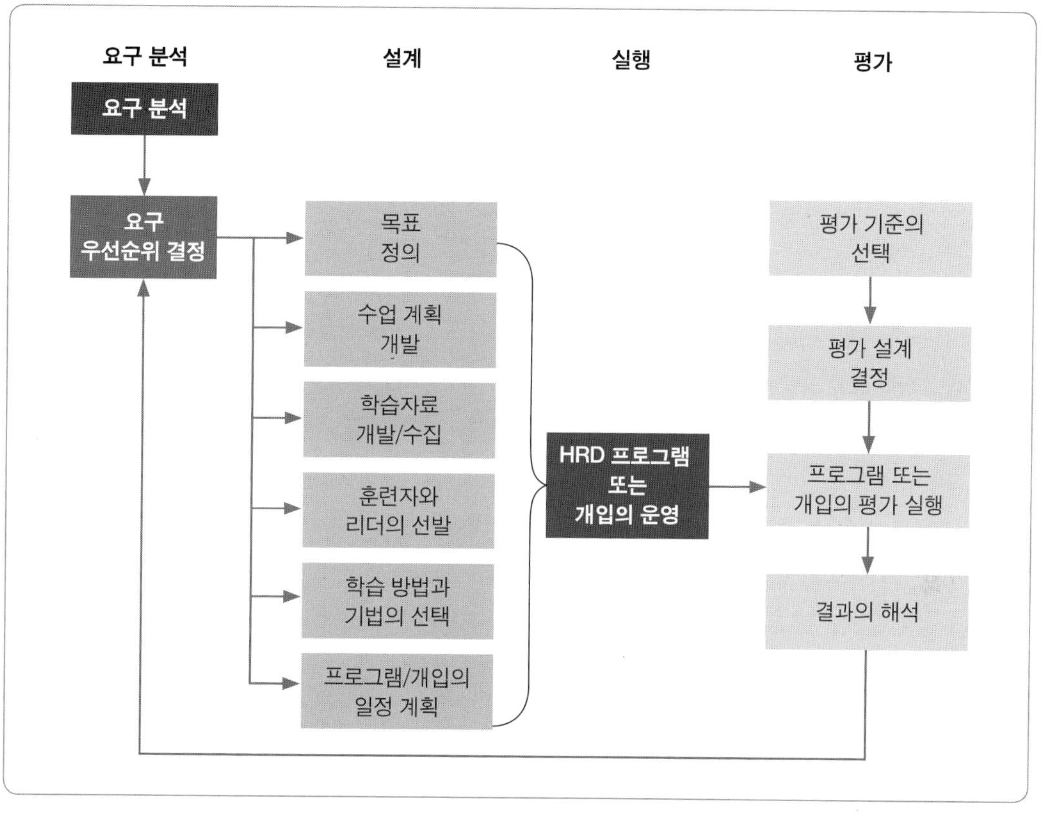

메리카 인디언 직원에 대하여 인종 및 민족의 출신에 따른 괴롭힘 및 보복을 가했다고 주장한다. 이 소송은 2014년 12월 연방 판사가 12명의 현직 및 퇴직 직원에게 120만 달러를 지급하도록 결정하고, 회사가 광범위한 고용 차별 교육을 제공해야 하며, 3년 동안 괴롭힘, 차별 및 보복 문제를 모니터링하도록 요구한 끝에 종료되었다.[90] 요구 사항을 파악하기 위해 조직, 조직 환경, 직무 과업 및 직원 성과를 조사해야 한다. 이러한 조사에서 나온 정보는 다음과 같은 결정을 내리는 데 사용된다.

- HRD 노력에 대한 우선순위 설정
- 구체적인 훈련 및 HRD 목표 정의
- 평가 기준 수립

6.2 설계 단계

두 번째 단계는 HRD 프로그램과 개입 활동을 설계하는 것이다. 만일 개입 활동이 어떤 형태의 훈련이나 개발 프로그램을 포함하면, 다음의 활동들이 이 단계에서 진행된다.

- 프로그램의 구체적인 목표 설정
- 프로그램을 위한 적합한 교수 계획안 개발
- 학습자들이 사용할 학습 자료 개발 또는 수집
- 프로그램을 강의할 사람 선정
- 가장 적합한 운영 방법 선택
- 프로그램의 일정 계획 결정

요구 분석 단계에서 확인된 이슈들을 HRD 프로그램을 위한 명확한 목표로 바꿔주는 것이 중요하다. 이것은 해당 HRD 프로그램에서 무엇이 행해질 것인가에 관해 명확한 교수 계획을 수립하는 것을 도와준다. HRD 프로그램을 강의할 적당한 사람을 선발하는 것도 중요한 의사 결정이다. 만일 그 조직이 정규직으로 HRD 전문가들을 고용하고 있다면, 선택은 전문가들의 전문성과 업무 스케줄에 달려 있다. 그러나 만일 조직이 HRD 전문가를 고용하고 있지 않다면 선택은 관리자, 감독자, 동료, 또는 외부의 컨설턴트 등을 포함하는 다른 사람들에 의존할 것이다. 이러한 사람들을 활용하는 것은 그들의 참여 의사, 능력, 그리고 훈련 가능성 측면의 많은 이슈를 만들어낸다.

또한, 설계 단계는 프로그램 내용의 개발과 선택을 포함하고 있다. 이것은 프로그램에 가장 적합한 세팅(예: OJT, 강의실 수업, 온라인, 또는 몇몇 방식의 조합 등), 학습을 촉진할 기법(예: 강의식, 토의식, 롤플레이, 시뮬레이션 등), 그리고 프로그램을 전달하는데 사용될 보조자료(예: 워크북, 직무 자료, 프레젠테이션, 웹 기반 또는 웹 활용 자료, 필름, 비디오, 파워포인트 프레젠테이션 등)를 선택하는 것을 의미한다. 이러한 결정과 관련하여 프로그램을 회사 내에서 개발할 것인지 또는 외부의 공급자로부터 일부 또는 전부를 구매할 것인지의 이슈가 있다.

프로그램의 일정 계획을 수립하는 것도 생각처럼 쉽지 않다. 관련 이슈로는 참가자 예정자들에게 공지할 시간 여유, 프로그램의 길이와 장소, 참가자들의 근무일정 대체 가능성, 그리고 잠재적 갈등 요소(예: 휴가일정, 바쁜 기간, 시설 사용 가능 여부 등) 등이 존재한다.

요구 분석 결과 조직이 직면한 이슈나 문제의 이상적인 해결 방안이 훈련이 아닌 것으로 판명될 수도 있다. 몇몇 관리자들의 업무관행이 바뀔 필요가 있거나, 인적자원관리 업무(예: 직원선발과 보상 등)의 변화가 필요할 수 있다. 또한 훈련 이외에 다른 유형의 HRD 개입 방법이 필요할 수도 있다. 예로써 업무 조직 구조의 변화나 품질 관리에 대한 관점의 변화, 프로세스 리엔지니어링 등이 필요할 수도 있다. 이러한 HRD 개입 방법들은 교수 설계가 필요 없을 수도 있다. 그러나 경력 개발이나 조직 개발 개입 방법과 함께 다른 설계 이슈가 발생할 수 있다.

6.3 실행 단계

요구 분석과 설계 단계의 목표는 효과적인 HRD 프로그램과 개입 방법을 실행에 옮기는 것이다. 즉, 프로그램과 개입 방법은 반드시 가장 적합한 수단 또는 방법으로(설계 단계에서 결정된) 전달되거나 실행되어야 한다는 의미이다. 어떤 HRD 프로그램을 전달한다는 것은 수많은 실행과제를 내포하고 있다. 예를 들어, 그 프로그램을 계획한 대로 집행하는 것이고, 학습을 향상시키기 위해서 환경을 조성하는 것이고, 발생할지도 모를 문제점들을 해결하는 것이다(장치가 준비되어 있지 않거나, 참가자 사이에 갈등이 발생하거나 등).

6.4 평가 단계

프로그램 평가는 훈련과 HRD 프로세스의 마지막 단계이다. 이 단계는 HRD 개입 활동의 효과성을 측정하는 단계이다. 이 단계는 중요하지만 가끔 중요성이 강조되지 않는다. 효과적인 평가는 참가자의 프로그램에 대한 반응과 참가자들이 얼마나 학습했는지, 그들이 학습한 것을 작업 현장에 돌아가서 활용하는지, 그리고 그 프로그램이 조직의 효과성을 개선했는지 등에 대한 정보를 제공해준다. HRD 전문가들은 다양한 '하드 데이터(*hard data*)'와 '소프트 데이터(*soft data*)'를 이용해서, 즉 교육생의 반응은 물론 핵심인 경제적 효과를 활용해서 그들의 노력이 성공적이었다는 증거를 확보할 필요가 있다. 이러한 평가 정보는 관리자들이 다음과 같은 향후 HRD 노력에 대한 의사 결정을 할 때 유용하다.

- 미래의 프로그램에서 특정한 기법이나 벤더를 계속해서 사용할 것인가?
- 미래에 특정한 프로그램을 제공할 것인가?
- 예산과 자원을 재할당할 것인가?
- 문제 해결을 위해서 훈련이 아닌 HR 또는 관리적 접근법을 사용할 것인가(예: 직원의 추가 선발 또는 직무 기준 변경)?

HRD 프로그램이 개인과 조직의 효과성을 증진시킨다는 증거를 갖는 것은 대단히 중요하다. 이러한 정보를 확보한다면, HRD 관리자들은 자신들의 행동에 대한 효과성 논쟁이나 조직의 자원을 놓고 힘겨루기를 할 때, 다른 부문의 관리자들에게 논리적으로 주장할 수 있다.

7. 이 책의 구성

이 책은 HRD의 기초, 체계, 그리고 적용이라는 세 개의 부로 구성되었다. 우리가 이 책에서 전달하고자 하는 이미지는 새로운 집이나 다른 구조물을 짓는 것이다. 1부는 1장부터 3장까지이고 건물의 기초가 되는 내용이다. 1부는 독자들이 HRD의 프로세스와 조직에서 실행되는 HRD의 다양한 방법에 대해 탐색하기 전에 기본이 되는 개념에 대해 확실한 토대를 가질 수 있도록 한다. 지금까지 학습한 것처럼, 1장은 HRD 전반에 대한 개관으로 훈련과 교육, 경력 개발, 그리고 조직 개발 등 HRD의 주요 3대 영역을 포함한다. 모든 HRD 노력들은 학습과 행동에서의 변화를 초래하려고 시도하기 때문에, 왜 작업 현장의 사람들이 그들 방식대로 행동하고, 그들이 어떻게 학습하는지를 이해하는 것은 매우 중요하다. 2장에서는 작업 현장에서의 행동에 영향을 미치는 주요 요인들을 탐색하고, 3장에서는 사람들이 어떻게 학습하고, 학습에 영향을 미치는 요인이 무엇이며, 학습 효과를 극대화하는 방법이 무엇인지에 대해 집중적으로 다룬다.

이 책의 2부는 4장, 5장, 6장 및 7장을 포함한다. 이들 장에서는 HRD와 훈련 프로세스가 기술된다. 주로 요구 분석, 설계, 실행, 평가의 활동에 대해서 다룰 것이다. 이들 장의 내용은 〈그림 1.7〉에서 볼 수 있는 체계에 기반을 두고 있고, 이 책의 핵심 또는 주요 내용을 제공해준다. 4장은 HRD를 위한 요구 분석의 중요성과 요구 분석을 수행하는 데 사용하는 방법을 다룬다. 5장은 요구 분석으로부터 얻어진 정보를 바탕으로 HRD 개입 방법을 설계하는 것에 집중한다. 5장에서 논의될 활동들은 프로그램의 목표와 내용을 수립하는 것과, 교수/훈련자를 선발하는 것, HRD 방법과 매체의 선택, 그리고 프로그램을 운영하는 데 포함되는 실무적인 이슈 등을 포함한다. 6장에서는 실행 이슈를 강조하면서, 전통적인 강의실 훈련 및 테크놀로지를 통해 훈련 콘텐츠를 제공하는 데 사용하는 다양한 유형의 훈련 방법을 설명한다. 7장은 HRD 노력에 대한 평가의 중요성을 설명하고, HRD 프로그램에 대한 의사 결정이 의미 있고 정확한 정보를 기반으로 하고 있는지 평가할 수 있는 방법을 시연함으로써 HRD 프로세스에 대한 논의를 마친다. HRD 프로세스의 모든 단계에서 테크놀로지의 중요성이 커지고 있기 때문에 테크놀로지가 HRD가 수행되는 방식에 어떤 영향을 미치는지를 2부의 각 장에서 자세히 설명하였다.

3부는 인적자원개발, 즉 HRD 실제 적용에 관련된 특정 주제를 다룬다. 선택할 수 있는 방법이 너무 많기 때문에 이상한 나라의 앨리스(*Alice in Wonderland*)처럼 느껴질 수 있다. 즉, 토끼 굴에 빠졌을 때, 앨리스는 선택할 수 있는 많은 문을 발견한다! 선택된 HRD 주제와 방법을 다루고, 이들 주제는 이번 장의 앞부분에서 설명한 새로운 학습 바퀴 모형 모두에 잘 맞는다.

8장, 9장, 10장, 11장은 오리엔테이션에서 경력 개발에 이르기까지 개인 수준의 종업원 개발 이슈에 중점을 둔다. 8장에서는 사회화 과정, 직원 및 조직의 효율성에 대한 사회화 과정의 중요성, 그리고 성공적인 사회화를 촉진하기 위해 오리엔테이션 프로그램에 대해 설명한다. 9장에서는 종업원들이 효과적으로 업무를 수행하고 조직의 성공에 기여하는 데 필요한 구체적 스킬(예: 어휘력, 테크놀로지 및 대인 관계 기술)을 보유하는 방법을 포함하여 스킬 훈련 프로그램에 대해 설명한다. 10장에서는 종업원 개발 프로세스로써의 코칭의 중요성에 대해 설명하고 감독자 및 라인 관리자가 코칭의 중요한 책무를 어떻게 성공적으로 수행할 수 있는지 설명한다. 마지막으로, 11장은 조직 구성원이 직장생활 전반을 통하여 조직의 요구와 그들 자신의 요구를 충족시킬 수 있도록 준비하는 하나의 방법으로 경력 개발에 초점을 맞춘다.

마지막 세 장은 HRD의 거시적 문제를 주로 다룬다. 12장에서는 효과적인 관리자가 되기 위해 개인을 어떻게 개발할 수 있는지에 대해 논의한다. 13장에서는 HRD를 활용하여 조직 문제를 진단하는 방법, 개인, 집단 및 조직의 효율성을 개선하기 위한 개입 전략을 수립하고 구현하는 방법 등, 조직이 변화를 준비하는 방법에 대해 설명한다. 14장은 인력이 점차 다양해짐에 따라 직면하는 과제에 대해 논의하고, HRD가 이러한 과제를 해결하고 모든 구성원의 완전한 참여라는 목표를 달성하는 데 있어 수행할 수 있는 역할에 대해 설명한다.

도입 사례로 돌아가기

지난 10년 간 거의 모든 조직과 마찬가지로 K-Bank는 격렬한 경제 및 정치 발전 속에서 직원 성장과 발전을 도모하는 데 많은 어려움을 겪었다. 그들이 직면 한 많은 문제점들이 이 장에서 언급되었다.

요약

이 장에서는 인적자원개발을 조직의 성과와 지속 가능성을 지원하기 위해서 개인의 가치와 신념을 형성하고 학습 개입을 통해 필요한 지식, 기술 및 능력, 그리고 태도를 변화시키는 프로세스로 정의했다. 다음으로 인적자원개발 분야의 형성에 기여한 몇 가지 역사적 사건이 강조되었다. 초기 훈련 프로그램(예: 도제)들은 숙련된 훈련에 초점을 맞추었다. 20세기로 접어 들면서 반숙련 근로자를 훈련시키는 데 더욱 중점을 두었다. 오늘날 알고 있는 훈련 부서는 2차 대전 중 많은 대기업에 소개되었다. 전문적인 훈련자의 등장으로 인해 전문가협회(ASTD; 지금은 ATD)가 설립되었다. 이것은 ASTD가 학계와 협력하여 공식적으로 인적자원개발(HRD)의 전문성을 인정한 1980년대에 최고조에 달했다.

HRD는 대규모 인적자원관리 시스템의 일부로 훈련 및 개발, 경력 개발, 조직 개발 프로그램 및 프로세스를 포함한다. HRD 관리자와 직원은 조직 전체에 대한 HRD 프로그램과 프로세스를 조정하기 위해 라인 관리자와 협력 관계를 형성해야 한다. 효과적인 HRD 전문가는 여러 가지 역량을 갖추어야 하며 여러 가지 역할을 수행할 수 있어야 한다. 이러한 역할은 HRD 전문가가 격변의 시기에 조직이 당면한 문제점을 해결할 수 있도록 도움을 줄 것이다. 이러한 도전 과제에는 인력의 다양성 증대, 글로벌 경제에서의 경쟁, 기술 격차 해소, 평생 학습의 필요성 충족, 학습조직 만들기, 윤리적 딜레마 문제 해결 등이 포함된다. 효과적인 HRD 노력을 촉진하기 위해 HRD 프로세스 체계, 즉 A DImE(평가, 설계, 실행, 평가)가 제시되었다.

토의문제

1. 감독자들은 HRD 책임이 있는가? 그렇다면 이러한 책임을 HRD 전문가와 어떻게 조율하는가?
2. HRD 관리자에게 필요한 HRD 기술 또는 역량은 무엇이라고 생각하는가? 이러한 기술과 역량은 어떻게 습득되는가?
3. 약 1,000명의 직원으로 구성된 조직의 HRD 전문가가 효과적이기 위해 갖추어야 하는 자질은 무엇이라고 생각하는가? 10,000명의 직원을 고용한 조직의 경우 어떻게 대답이 달라질 수 있는가? 자신의 답변을 옹호해보시오.
4. 자신이 잘 알고 있는 조직의 HRD 노력을 간략하게 설명하시오. 성공적이었는가? 왜 성공적이라 생각하는가? 그렇지 않다면 실패의 원인은 무엇이라 생각하는가?
5. 한 관리자가 "HRD가 더 전략적이 되어야 한다"고 말했다. 이 말은 무엇을 의미하며, HRD 전문가는 "전략적 HRD를 수행하기 위해 무엇을 할 수 있는가?"
6. 이 장에서 논의된 HRD 전문가들의 도전 과제 중에서 당신의 현재 또는 미래의 근무 환경에 직접적인 영향을 미칠 수 있는 과제가 있는가? HRD에 영향을 미치는 또 다른 도전은 무엇이라고 보는가?

미주

1. Gold, J., & Thorpe, R. (2008). 'Training, it's a load of crap!': The story of the hairdresser and his 'Suit.' *Human Resource Development International*, 11(4), 385–399; Kusluvan, S., Kusluvan, Z., Ilhan, I., & Buyruk, L. (2010). The human dimension: A review of human resources management issues in the tourism and hospitality industry. *Cornell Hospitality Quarterly*, 51(2), 171–214; Nijssen, M., & Paauwe, J. (2012). HRM in turbulent times: How to achieve organizational agility? *International Journal of Human Resource Management*, 23(16), 3315–3335; Awais Bhatti, M., Ali, S., Mohd Isa, M. F., & Mohamed Battour, M. (2014). Training transfer and transfer motivation: The influence of individual, environmental, situational, training design, and affective reaction factors. *Performance Improvement Quarterly*, 27(1), 51–82.

2. ASTD (2014). *2013 state of the industry report*. Alexandria, VA: Author; ASTD (2014). *2014 state of the industry report*. Alexandria, VA: Author.

3. Langbert, M. (2000). Professors, managers, and human resource education. *Human Resource Management*, 39, 65–78.

4. Greenspan, A. (2004). The critical role of education in the nation's economy. Remarks at the Greater Omaha Chamber of Commerce 2004 Annual Meeting, Omaha,Nebraska, February 20. Retrieved June 1, 2007 from http://www.federalreserve.gov/boarddocs/speeches/2004/200402202/default.htm

5. Swanson, R. A. (2007). Defining intergalactic human resource development (HRD). *Human Resource Development International*, 10(4), 455–457.

6. Hamlin, B., & Stewart, J. (2011). What is HRD? A definitional review and synthesis of the HRD domain. *Journal of European Industrial Training*, 35(3), 199–220.

7. Jacobs, R. L., & Park, Y. (2009). A proposed conceptual framework of workplace learning: Implications for theory development and research in human resource development. *Human Resource Development Review*, 8(2), 133–150.

8. Wang, G. G., Sun, J. Y., Werner, J. M., Gilley, J. W., & Gilley, A. (2015). Re-conceptualizing the definition of HRD: A gateway to new research frontiers. Paper presented at the 2015 Academy of Human Resource Development International Conference, St. Louis, MS, February.

9. McLean, G. N., & McLean, L. (2001). If we can't define HRD in one country, how can we define it in an international context? *Human Resource Development International*, 4(3), 313–326.

10. Douthitt, S., & Mondore, S. (2013). Creating a business-focused HR function with analytics and integrated talent management. *People & Strategy*, 36(4), 16–21; Dries, N. (2013). The psychology of talent management: A review and research agenda. *Human Resource Management Review*, 23(4), 272–285; Gallardo-Gallardo, E., Dries, N., & González-Cruz, T. F. (2013). What is the meaning of 'talent' in the world of work? *Human Resource Management Review*, 23(4), 290–300; Ross, S. (2013). How definitions of talent suppress talent management. *Industrial and Commercial Training*, 45(3), 166–170; Vaiman, V., & Collings, D. G. (2013). Talent management: advancing the field. *International Journal of Human Resource Management*, 24(9), 1737–1743.

11. Bingham, T. (2014, May 14). ASTD's transition to ATD. Accessed on January 1, 2014 at: https://www.td.org/Publications/Blogs/ATD-Blog/2014/05/Answering- Questions-About-the-Transition-of-ASTD-to-ATD; Castellano, S. (2014). Opening solutions to talent development. *T+D*, 68(8), 66–69.

12. McGuire, D. (2014). *Human resource development*. Thousand Oaks, CA: Sage.

13. Garavan, T. N., Carbery, R., & Rock, A. (2012). Mapping talent development: Definition, scope and architecture. *European Journal of Training and Development*, 36(1), 5–24.

14. Al Ariss, A., Cascio, W. F., & Paauwe, J. (2014). Talent management: Current theories and future research directions. *Journal of World Business*, 49(2), 173–179.

15. Collings, D. G. (2014). Toward mature talent management: Beyond shareholder value. *Human Resource Development Quarterly*, 25(3), 301–319.

16. Swanson, R. A., & Holton, E. F. (2009). *Foundations of human resource development* (2nd ed.). San Francisco, CA: Berrett-Koehler.

17. Steinmetz, C. S. (1976). The history of training. In R. L. Craig (Ed.), *Training and development handbook* (pp. 1–14). New York: McGraw-Hill.

18. Hodges, H. G., & Ziegler, R. J. (1963). *Managing the industrial concern*. Boston, MA: Houghton Mifflin.

19. Forbath, W. E. (1985). The ambiguities of free labor: Labor and the law in the gilded age. *Wisconsin Law Review*, 767–800; Miller, V. A. (1987). The history of training. In R. L. Craig (Ed.), *Training and development handbook* (pp. 3–18). New York: McGraw-Hill.

20. Nadler, L., & Nadler, Z. (1989). *Developing human resources*. San Francisco, CA: Jossey-Bass.

21. Pace, R. W., Smith, P. C., & Mills, G. E. (1991). *Human resource development*. Englewood Cliffs, NJ: Prentice Hall.

22. Steinmetz (1976), *supra* note 17.

23. Miller (1987), *supra* note 19.

24. Barnard, C. (1938). *The functions of the executive*. Cambridge, MA: Harvard University Press.

25. Maslow, A. H. (1943). A theory of human behavior. *Psychological Review*, 50, 370–396.

26. Miller (1987), *supra* note 19.

27. Nadler & Nadler (1989), *supra* note 20.

28. Nadler & Nadler (1989), *supra* note 20; Nadler, L. (Ed.) (1990). *The handbook of human resource development* (2nd ed.). New York: Wiley.

29. Gilley, J. W., & Maycunich, A. (1998). *Strategically integrated HRD: Partnering to maximize organizational performance*. Reading, MA: Perseus Books; Grieves, J. (2003). *Strategic human resource development*. Thousand Oaks, CA: Sage; Yorks, L. (2005). *Strategic human resource development*. Mason, OH: South-Western; Anderson, V. (2009). Desperately seeking alignment: Reflections of senior line managers and HRD executives. *Human Resource Development International*, 12(3), 263–277; Kormanik, M., & Shindell, T. (2009). Perspectives on HRD scholar-practitioners: Current issues, strategic possibilities, and next steps. *Advances in Developing Human Resources*, 11(4), 536–547.

30. Parry, S. B. (2000). *Training for results: Key tools and techniques to sharpen trainers' skills*. Alexandria, VA: The American Society for Training and Development; Willmore, J. (2004). The future of performance. *T&D*, 58(8), 26–31; Kirby, J. (2005, July–August). Toward a theory of high performance. *Harvard Business Review*, 83(7/8), 30–39; Messersmith, J., & Guthrie, J. (2010). High- performance work systems in emergent organizations: Implications for firm performance. *Human Resource Management*, 49(2), 241–264; Mitchell, R., Obeidat, S., & Bray, M. (2013). The effect of strategic human resource management on organizational performance: The mediating role of high-performance human resource practices. *Human Resource Management*, 52(6), 899–921.

31. ASTD (2014). About ATD. Accessed on November 19, 2014 at: http://www.astd.org/About.

32. Werner, J. M. (2014). Human resource management# human resource management: So what is it? *Human Resource Development Quarterly*, 25(2), 127–139.

33. Reichel, A., & Lazarova, M. (2013). The effects of outsourcing and devolvement on the strategic position of HR departments. *Human Resource Management*, 52(6), 923–946; Chaudhuri, S., & Bartlett, K. R. (2014). The relationship between training outsourcing and employee commitment to organization. *Human Resource Development International*, 17(2), 145–163.

34. McLagan, P. A. (1989). Models for HRD practice. *Training and Development Journal*, 41(9), 49–59.

35. Ketter, P. (2006). Training versus development. *T&D*, 60(5), 78; Kraiger, K. (2014). Looking back and looking forward: Trends in training and development research. *Human Resource Development Quarterly*, 25(4), 401–408.

36. Greenhaus, J. H. (1987). *Career management* (p. 9). Hinsdale, IL: Dryden Press.

37. Sullivan, S. E., & Baruch, Y. (2009). Advances in career theory and research: A critical review and agenda for future exploration. *Journal of Management*, 35, 1542–1571.

38. Beckhard, R. (1969). *Organization development: Strategies and models*. Reading, MA: Addison-Wesley; Alderfer, C. P. (1977). Organization development. *Annual Review of Psychology*, 28, 197–223; Beer, M., & Walton, E. (1990). Developing the competitive organization: Interventions and strategies. *American Psychologist*, 45, 154–161.

39. Bernthal, P. R., Colteryahn, K., Davis, P., Naughton, J., Rothwell, W. J., & Wellins, R. (2004). *Mapping the future: Shaping new workplace learning and performance competencies*. Alexandria, VA: The American Society for Training and Development.

40. Mabey, C. (2003). Reframing human resource development. *Human Resource Development Review*, 2(4), 430–452; Ruona, W. E. A., & Gibson, S. K. (2004). The making of twenty-first-century HR: An analysis of the convergence of HRM, HRD, and OD. *Human Resource Management*, 43(1), 49–66; van der Veen, R. (2006). Human resource development: Irreversible trend or temporary fad? *Human Resource Development Review*, 5(1), 3–7; Kahnweiler, W. M. (2009). HRD as a profession: Current status and future directions. *Human Resource Development Quarterly*, 20, 219–229; McLean, G. N. (2010). Human resource development scholar as rebel. *Human Resource Development Quarterly*, 21, 317–320.

41. Wheelen, T. L., & Hunger, J. D. (1986). *Strategic management and business policy* (2nd ed.). Reading, MA: Addison-Wesley; Daft, R. L. (1995). *Understanding management*. Fort Worth, TX: Dryden Press; Hambrick, D. C., & Fredrickson, J. W. (2005). Are you sure you have a strategy? *Academy of Management Executive*, 19, 51–62; Bungay, S. (2011). How to make the most of your company's strategy. *Harvard Business Review*, 89(1/2), 132–140.

42. Dyer, L. (1984). Studying strategy in human resource management: An approach and an agenda. *Industrial Relations*, 23(2), 156–169; Schuler, R. S. (1992). Strategic human resources management: Linking the people with the strategic needs of the business. *Organizational Dynamics*, 21, 18–32; Ulrich, D. (1997). *Human resource champions*. Boston, MA: Harvard Business School Press; Bamberger, P., & Meshoulam, I. (2000). *Human resource strategy: Formulation, implementation, and impact*. Thousand Oaks, CA: Sage; Quinn, R. W., & Brockbank, W. (2006). The development of strategic human resource professionals at BAE Systems. *Human Resource Management*, 45(3), 477–494; Mello, J. A. (2011). *Strategic human resource management* (3rd ed.). Mason, OH: South-Western Cengage Learning; Thite, M. (2012). Strategic global human resource management: Case study of an emerging Indian multinational. *Human Resource Development International*, 15, 239–247; Sikora, D. M., & Ferris, G. R. (2014). Strategic human resource practice implementation: The critical role of line management. *Human Resource Management Review*, 24(3), 271–281.

43. Van Buren, M. E., & Werner, J. M. (1996). High- performance work systems. *Business & Economic Review*, 43–1, 15–23; Den Hartog, D. N. & Verburg, R. M. (2004). High-performance work systems, organisational culture and firm effectiveness. *Human Resource Management Journal*, 14(1), 55–78; Chuang, C., & Liao, H. (2010). Strategic human resource management in service context: Taking care of business by taking care of employees and customers. *Personnel Psychology*, 63(1), 153–196; Heneman, H. G., & Milanowski, A. T. (2011). Assessing human resource practices alignment: A case study. *Human Resource Management*, 50(1), 45–64.

44. Van Buren & Werner (1996), *supra* note 44.

45. Kaufman, B. E. (2013). Keeping the commitment model in the air during turbulent times: Employee involvement at Delta Air Lines. *Industrial Relations*, 52 (Suppl s1), 343–377.

46. Rothwell, W. J., & Kazanas, H. C. (2004). *The strategic development of talent* (2nd ed.). Amherst, MA: HRD Press; Chatman, J., O'Reilly, C., & Chang, V. (2005). Cisco Systems: Developing a human capital strategy. *California Management Review*, 47(2), 137–167; Gubbins, C., Garavan, T., Hogan, C., & Woodlock, M. (2006). Enhancing the role of the HRD function: The case of a health services organisation. *Irish Journal of Management*, 27(1), 171–206; Svensson, L., Randle, H., & Bennich, M. (2009). Organising workplace learning: An inter-organisational perspective. *Journal of European Industrial Training*, 33(8/9), 771–786; Alagaraja, M. (2013). HRD and HRM perspectives on organizational performance: A review of literature. *Human Resource Development Review*, 12(2), 117–143; Alagaraja, M. (2013). Mobilizing organizational alignment through strategic human resource development. *Human Resource Development International*, 16(1), 74–93.

47. Anderson (2009), *supra* note 30; Torraco, R. L., & Swanson, R. A. (1995). The strategic roles of human resource development. *Human Resource Planning*, 18(4), 10–29; Anderson, C. (2013). Promote better alignment for better impact. *Chief Learning Officer*, 12(3), 44–46; Carter, L. (2014). Drive business strategy by integrating talent decisions. *T+D*, 68(6), 76–77.

48. Ellis, K., & Gale, S. F. (2001). A seat at the table. *Training*, 38(3), 90–97.

49. Industry Report. (1996). Who's learning what? *Training*, 33(10), 55–66.

50. Fulmer, R. M., Stumpf, S. A., & Bleak, J. (2009). The strategic development of high potential leaders, *Strategy & Leadership*, 37(3), 17–22.

51. Williamson, A. D. (1995). *Becton Dickinson (C): Human resource function*. Boston, MA: Harvard Business School, Case 9-491154.

52. Watad, M., & Ospina, S. (1999). Integrated managerial training: A program for strategic management development. *Public Personnel Management*, 28, 185–196; Watad, M., & Ospina, S. (2010). HR tackles budget cuts by sharpening focus of L&D. *People Management*, 9; Watad, M., & Ospina, S. (2009). Gaining support for employee training during a time of budget cuts. *ABA Bank Marketing*, 41(7), 3; Lipp, D. (2013). Train during the boom and the bust. *Chief Learning Officer*, 12(9), 50.

53. Gonzales, B., Ellis, Y. M., Riffel, P. J., & Yager, D. (1999). Training at IBM's human resource center: Linking people, technology, and HR processes. *Human Resource Management*, 38, 135–142.

54. Phillips, J. J. (1996). How much is the training worth? *Training & Development*, 50(4), 20–24; Ketter, P. (2006). Investing in learning: Looking for performance. *T&D*, 60(12), 30–33; Willyerd, K., & Pease, G. A. (2011). How does social learning measure up? *T&D*, 65(1), 32–37.

55. Cohen, J. (2013). The nature of learning being facilitated by frontline managers. *Human Resource Development International*, 16(5), 502–518; Pederson, L. S., Dresdow, S., & Benson, J. (2013). Significant tasks in training of job-shop supervisors. *Journal of Workplace Learning*, 25(1), 23–36.

56. Marques, J. F. (2006). The new human resource department: A cross-functional unit. *Human Resource Development Quarterly*, 17(1), 117.

57. Bernthal et al. (2004), *supra* note 40.

58. Arneson, J., Rothwell, W., & Naughton, J. (2013). Training and development competencies redefined to create competitive advantage. *T&D*, 67(1), 42–47; Rothwell, W. J., Arneson, J., & Naughton, J. (2013). *ASTD competency study: The training & development profession redefined*. Alexandria, VA: ASTD Press.

59. Santora, F. R. (2005). The training director's role. *Training*, 42(12), 50; see *Chief Learning Officer* Magazine at: http://www.clomedia.com/. Accessed on January 12, 2011.

60. Pontefract, D. A. N. (2013). Dear C-Suite: We don't do training. *Chief Learning Officer*, 12(11), 40–43.

61. Gonzales et al. (1999), *supra* note 54.

62. Salary.com (2014). Accessed on December 30, 2014 at: http://www1.salary.com/Top-Training-Executive-salary.html.

63. McLagan, P. (1996). Great ideas revisited. *Training & Development*, 50(1), 60–65.

64. Gray, D. E., Iles, P., & Watson, S. (2011). Spanning the HRD academic-practitioner divide: Bridging the gap through mode 2 research. *Journal of European Industrial Training*, 35(3), 247–263; Wang, G. G. (2011). The human resource development scholar as a disciplined rebel. *Human Resource Development Quarterly*, 22(1), 1–5.

65. Kiser, K. (1999, August). Hot jobs. *Training*, 36(8), 28–35.

66. Bernthal et al. (2004), *supra* note 40; Colteryahn, K., & Davis, P. (2004). Eight trends you need to know. *T&D*, 58(1), 28–36.

67. Hitt, M. A., Keats, B. W., & DeMarie, S. M. (1998). Navigating in the new competitive landscape: Building strategic flexibility and competitive advantage in the 21st century. *Academy of Management Executive*, 12, 22–42.

68. Neirotti, P., & Paolucci, E. (2013). Why do firms train? Empirical evidence on the relationship between training and technological and organizational change. *International Journal of Training & Development*, 17(2), 93–115; Nijssen, M., & Paauwe, J. (2012). HRM in turbulent times: How to achieve organizational agility? *International Journal of Human Resource Management*, 23(16), 3315–3335; Sheehan, M. (2014). Investment in training and development in times of uncertainty. *Advances in Developing Human Resources*, 16(1), 13–33.

69. Thite, M. (2012), *supra* note 43; Hassi, A. (2012). Islamic perspectives on training and professional development. *Journal of Management Development*, 31(10), 1035–1045; Marques, J. (2012). Making Buddhism work @ work: The transformation of a religion into a seasoned ethical system. *Journal of Management Development*, 31(6), 537–549.

70. Dotlich, D. L., & Noel, J. L. (1998). *Action learning: How the world's top companies are re-creating their leaders and themselves*. San Francisco, CA: Jossey-Bass; Black, J. S., & Gregersen, H. B. (2000). High impact training: Forging leaders for the global frontier. *Human Resource Management*, 39(2/3), 173–184; Terry, J. (2007). Motivating a multicultural workforce. *Industrial and Commercial Training*, 39(1), 59–64.

71. Brewster, C., & Suutari, V. (2005). Global HRM: Aspects of a research agenda. *Personnel Review*, 34(1), 5–21; Kohonen, E. (2005). Developing global leaders through international assignments: An identity construction perspective. *Personnel Review*, 34(1), 22–36.

72. Neary, D. B., & O'Grady, D. A. (2000). The role of training in developing global leaders: A case study at TRW Inc. *Human Resource Management*, 39(2/3), 185–193; Neary, D. B. (2002). Creating a company-wide, on-line, performance management system: A case study at TRW Inc. *Human Resource Management*, 41(4), 491–498; "TRW and RNLI launch rescues" (2003). *Human Resource Management International Digest*, 11(7), 26–28.

73. Sorohan, E. G. (1995). High-performance skill survey. *Training & Development*, 49(5), 9–10.

74. Davenport, R. (2006, February). Eliminate the skills gap. *T&D*, 60(2), 26–33; Galagan, P. (2009). Bridging the skills gap—Part I. *Public Manager*, 38(4), 61–67; Carnevale, A. P., & Smith, N. (2013). Workplace basics: The skills employees need and employers want (Editorial). *Human Resource Development International*, 11, 491–501; Kochan, T., Finegold, D., & Osterman, P. (2012). Who can fix the "middle-skills" gap? *Harvard Business Review*, 90(12), 81–90; Vidal-Salazar, M. D., Hurtado-Torres, N. E., & Matías- Reche, F. (2012). Training as a generator of employee capabilities. *International Journal of Human Resource Management*, 23(13), 2680–2697.

75. Judy, R. W., & D'Amico, C. (1997). *Workforce 2020: Work and workers in the 21st century*. Indianapolis, IN: Hudson Institute; Wentling, R. M. (2004). Factors that assist and barriers that hinder the success of diversity initiatives in multinational corporations. *Human Resource Development International*, 7(2), 165–180; Pitts, D., & Wise, L. (2010). Workforce diversity in the new millennium: Prospects for research. *Review of Public*

Personnel Administration, 30(1), 44–69.

76. Gordon, E. E. (2005, January). The 2010 crossroad. *Training*, 42(1), 33–35; Koc-Menard, S. (2009). Training strategies for an aging workforce. *Industrial & Commercial Training*, 41(6), 334–338.

77. Joyce, K. (2003). Lessons for employers from *Fortune*'s "100 Best." *Business Horizons*, 46(2), 77–84; Fortune (2010). Top companies: Most diverse. Accessed on July 16, 2010 at: http://money.cnn.com/magazines/fortune/bestcompanies/2010/minorities/index.html.

78. Jayne, M. E. A., & Dipboye, R. L. (2004). Leveraging diversity to improve business performance: Research findings and recommendations for organizations. *Human Resource Management*, 43(4), 409–424; Shoobridge, G. E. (2006). Multi-ethnic workforce and business performance: Review and synthesis of the empirical literature. *Human Resource Development Review*, 5(1), 92–137; Pitts, D. (2009). Diversity management, job satisfaction, and performance: Evidence from U.S. federal agencies. *Public Administration Review*, 69(2), 328–338.

79. Cook, A. & Glass, C. (2014), Do diversity reputation signals increase share value? *Human Resource Development Quarterly*, 25(4), 471–491.

80. Lifelong learning (2006). *T&D*, 60(10), 52–54; Jarvis, P. (2010). Inquiry into the future of lifelong learning. *International Journal of Lifelong Education*, 29(4), 397–400; Billett, S., & Choy, S. (2013). Learning through work: Emerging perspectives and new challenges. *Journal of Workplace Learning*, 25(4), 264–276.

81. Senge, P. M. (1990). The fifth discipline: The art & practice of the learning organization. New York: Doubleday; Senge, P. M., Kleiner, A., Roberts, C., Roth, G., Ross, R., & Smith, B. (1999). The dance of change: The challenges to sustaining momentum in learning organizations. New York: Doubleday/Currency; Mol, C., & Van Dam, N. (2013). Turn education into a lifelong experience. *Chief Learning Officer*, 12(8), 58; Warhurst, R. P. (2013). Learning in an age of cuts: managers as enablers of workplace learning. *Journal of Workplace Learning*, 25(1), 37–57.

82. Gephart, M. A., Marsick, V. J., Van Buren, M. E., & Spiro, M. S. (1996). Learning organizations come alive. *Training & Development*, 50(12), 35–45.

83. Argyris, C. (1994). The future of workplace learning and performance. *Training & Development*, 48(5), S36–S47.

84. Beggs, J. M., Lund Dean, K., Gillespie, J., & Weiner, J. (2006). The unique challenges of ethics instruction. *Journal of Management Education*, 30(1), 5–10.

85. Henry, D. (2007, January 29). Not everyone hates Sarbox. *Business Week*, 4019, 37; Manzi, J. (2007, May 14); McCraw, H., Moffeit, K., & O'Malley, J. (2009). An analysis of the ethical codes of corporations and business schools. *Journal of Business Ethics*, 87(1), 1–13; Ardichvili, A. (2013). The role of HRD in CSR, sustainability, and ethics: A relational model. *Human Resource Development Review*, 12(4), 456–473; Hess, M. F., & Broughton, E. (2014). Fostering an ethical organization from the bottom up and the outside in (Editorial). *Business Horizons*, 57(4), 541–549; Kim, T., Park, J.-Y., & Kolb, J. A. (2014). Examining the AHRD standards on ethics and integrity using a multiple ethical paradigms approach. *Human Resource Development Review*, 13(3), 293–313.

86. Lund Dean, K., & Beggs, J. M. (2006). University professors and teaching ethics: Conceptualizations and expectations. *Journal of Management Education*, 30(1), 15–44; Tomlinson, E. C. (2009). Teaching an interactionist model of ethics: Two brief case studies. *Journal of Management Education*, 33(2), 142–165; Gosen, J., & Werner, J. (2015). Growing up morally: An experiential classroom unit on moral development. *Electronic Journal of Business Ethics and Organization Studies*, 20 (forthcoming). Academy of Human Resource Development (1999). Standards on ethics and integrity. Accessed on January 1, 2015 at: http://c.ymcdn.com/sites/ahrd.site-ym.com/resource/resmgr/ethics_standards.pdf.

87. Hatcher, T. (2002). *Ethics and HRD: A new approach to leading responsible organizations*. Cambridge, MA: Perseus; Russ-Eft, D., & Hatcher, T. (2003). The issue of international values and beliefs: The debate for a global HRD code of ethics. *Advances in Developing Human Resources*, 5(3), 296–307; Hatcher, T. (2006). An examination of the potential of human resource development (HRD) to improve organizational ethics. In J. R. Deckop (Ed.), *Human resource management ethics* (pp. 87–110). Greenwich, CT: Information Age; Keep, J. (2007). Fitness to practice: Can well-balanced, supported HRD practitioners better deal with ethical and moral conundrums? *Human Resource Development International*, 10(4), 465–473; Ardichvili, A., & Jondle, D. (2009). Integrative literature review: Ethical business cultures: A literature review and implications for HRD. *Human Resource Development Review*, 8(2), 223; Craft, J. L. (2010). Making the case for ongoing and interactive organizational ethics training. *Human Resource Development International*, 13(5), 599–606.

88. Goldstein, I. L. (1974). *Training: Program development and evaluation*. Monterey, CA: Brooks/Cole. Another popular acronym is "ADDIE," which stands for analysis, design, development, implementation, and evaluation, cf., Roberts, P. B. (2006). Analysis: The defining phase of systematic training. *Advances in Developing Human Resources*, 8(4), 476–491. For alternatives to a systems approach to HRD, see McClernon, T. (2006). Rivals to systematic training. *Advances in Developing Human Resources*, 8(4), 442–459; Yawson, R. M. (2013). Systems theory and thinking as a foundational theory in human resource development—A myth or reality? *Human Resource Development Review*, 12(1), 53–85. EEOC (2014, December 2). Well servicing companies to pay $1.2 million to settle EEOC suit for race harassment, retaliation. Accessed on December 30, 2014 at: http://eeoc.gov/eeoc/newsroom/release/12-2-14.cfm.

89. Goldwasser, D. (2001). Beyond ROI. *Training*, 38(1), 82–87; Bassi, L., & McMurrer, D. (2007). Maximizing your return on people. *Harvard Business Review*, 85(3), 115–123.

90. Clinard, H. (1979, August). Interpersonal communication skills training. *Training and Development Journal*, 33(8), 34–38.

2장 | 종업원 행동에 대한 이해

학습 목표

이 장을 읽고 나면 당신은…

1. 종업원 행동에 영향을 미치는 주요 외부 요인과 내부 요인에 대해 파악할 수 있다.
2. 종업원의 행동으로 인해 발생할 수 있는 두 가지 결과 유형을 설명하고, 그것들이 미래의 행동에 어떻게 영향을 줄 수 있는지 파악할 수 있다.
3. 관리자의 리더십과 기대가 종업원 행동에 어떻게 영향을 미칠 수 있는지 파악할 수 있다.
4. 동료와 조직이 종업원 행동에 미치는 영향을 인식할 수 있다.
5. 동기부여를 정의하고 업무 현장에서 동기부여를 이해하는 주요 접근 방법을 파악할 수 있다.
6. 지식, 스킬 및 능력, 그리고 태도가 종업원 행동에 어떻게 영향을 미치는지 파악할 수 있다.

핵심 용어

강화 이론
결과 기대
공정성 이론
규범
기대감
기대 이론
능력
다운사이징
동기부여
리더십
목표 설정 이론
보상

보상 구조
사회적 태만
사회적 학습 이론
수단성
스킬
신뢰
욕구
유의성
응집력
자기암시 예언
자기 효능감
조직 문화

지식
직무 설계
직무 확대
집단 사고
집단 역학
최종 결과물
태도
팀워크
행동 모델링
행동 수정
행동 의도 모델
효과의 법칙

도입 사례

UTC(*United Technologies Corporation*)은 코네티컷주 하트 포드에 본사가 있는 포춘(*Fortune*) 50대 기업 중 하나이다. 2015년에는 전 세계적으로 21만 2천 명이 넘는 직원이 근무했다. 주요 자회사로는 프랫 앤 휘트니(*Pratt & Whitney* — 제트 엔진), 캐리어(*Carrier* — 공조 시스템), 오티스(*Otis* — 엘리베이터), 해밀톤 선스트랜드(*Hamilton Sundstrand* — 항공 및 산업 장비)과 시코르스키(*Sikorsky* — 헬리콥터)가 있다. 1990년 이래로, 미국 이외 지역의 인력은 크게 늘리고, 미국 내 인력은 대폭 감소시켜왔다. 2014년 매출의 62%가 미국 이외 지역에서 발생했다. UTC의 전 CEO인 조지 데이비드(*George David*)는 "우리는 시장 접근을 위해 근본적으로 해외에서 일자리를 창출하고, 이를 통해 글로벌 시장 리더십을 확보하여 회사를 더욱 강하게 만들어서 미국 내 일자리를 보장해야 한다"고 하였다. 나중에 그는 "우리는 누구에게도 직업을 보장할 수는 없지만, 만일 실직할 경우 더 유리한 조건에서 스스로 다시 일어날 수 있는 기회를 제공해야 한다"고 강조했다. UTC의 제도 중 하나는 직원들이 입학한 학부 또는 대학원 과정의 학비를 지원해주는 것이다.

자회사인 프랫 앤 휘트니는 글로벌 항공 우주 시장의 흥망 성쇠에 크게 영향을 받았다. 과거에는 코네티컷에서 근무했던 많은 미국인 직원이 수년 동안 해고를 당했다. 이러한 변화의 가운데서 도전적인 과제는 "직원의 기술과 사기를 어떻게 유지하는가"이다.

질문: 대규모 인력 감축 중에 직원 교육과 육성 노력을 하는 것에 대해 어떻게 생각하는가? 구조조정 중인데, 직원이 수업료 환급 프로그램을 이용할 것이라고 생각하는가? 대학 수업을 듣고 있을 때 해고된 직원들은 어떻게 되는가? 프랫 앤 휘트니와 UTC는 이러한 환경에서 학비 지원에 대한 약속을 유지할 수 있는가?

출처: Key facts (2015). UTC. Accessed on January 3, 2015 at http://www.utc.com/Our-Company/Pages/Key-Facts. aspx; George David (1995). Remarks on restructuring. National Press Club, December 14, 1995.

도입

다음과 같은 질문을 해본 적이 있는가?

- 동료직원이 왜 그렇게 행동을 하는가?
- 왜 사람들은 다른 사람들의 기대치에 부응하며 (또는 부응하지 않으며) 살려고 하는가?
- 왜 관리자들은 개별 하위 직원들과 다른 관계를 형성하는가?
- 왜 어떤 팀은 다른 팀보다 신뢰와 응집력이 더 강한가?
- 동기부여가 종업원들의 행동에 어떤 영향을 미치는가?
- 종업원의 행동에 영향을 끼치는 다양한 요인들을 이해하는 데 도움이 되는 일반적인 프레임워크나 모델이 있는가?

HRD 개입의 중요한 목적은 종업원과 조직이 목표를 달성할 수 있도록 돕는 데 있다. 처음 들으면, 이 목적이 상대적으로 명확하고 이견이 없어 보이나, 다양한 이해관계자(*multiple stakeholder*)들이 생기면 이 목적을 이행하는 것이 쉽지만은 않다.[1] 이해관계자들 간에 이견이 생기는 것은 당연하다. HRD 전문가들은 경력 개발 활동, 멘토링, 공식 트레이닝, 교육기회 제공 등 여러 프로그램을 제공하고 개인 개발을 지원하는 HRD 개입을 통해 종업원들이 개인 목표를 달성할 수 있도록 돕는다. 조직의 목표와 관련해서 볼 때 영리조직이든 비영리조직이든 HRD 프로그램 대부분의 궁극적인 목표는 조직 성과를 증진(*improve organizational performance*)시키는 것이다. HRD 노력들이 조직 성과를 산출하는 유일한 요인은 아니겠지만, 조직이 성공하기 위해서는 매우 중요하다.[2] 무엇보다, 대부분의 HRD 개입 활동이 중요하게 생각하는 부분은 종업원의 행동을 바꾸는 것(*change employee behavior*)이다. 즉, 종업원들이 성공적인 성과를 내는 데 필요한 스킬과 행동 요인을 제공하는 것은 종업원과 조직의 목표를 최대로 달성하기 위함이다. 그래서 HRD 분야는 종업원의 행동에 대한 이해에 초점을 두고 있다. 행동을 변화시키기 위해서는 그 사람이 왜 그런 행동을 하는지를 알아야 한다. 이렇게 알게 된 점을 기반으로 조직 성과에서 문제점들을 정확하게 진단하고, 성과를 창출하는데 효과적인 요소들을 파악하고, 바람직한 행동을 양성하는 HRD 프로그램을 만들 수 있다. 사람들의 행동 원인을 파악하는 것은 쉽지 않다. 행동에 영향을 끼치는 요소는 다양하고, 복잡하고, 명확히 알아내기 힘들기 때문이다. 하지만 HRD 프로그램이 효과적이려면 종업원의 행동에 대한 철저한 이해가 중요하다. 2장의 목적은 종업원들의 행동에 영향을 주는 요인과 함축적인 의미를 소개하는 데 있다. 조직행동이나 응용심리학에 대한 사전지식을 갖고 있는 독자들은 이번 2장을 통해 HRD 이슈들과 조직행동의 주제들을 연결해볼 수 있는 좋은 기회가 될 것이다.

1. 종업원 행동 모델

〈그림 2.1〉에 나와 있는 종업원 행동 모델은 종업원 행동에 영향을 주는 요소와 요소들 간의 관계를 나타내고 있다. 두 개의 범주로 구분해보면 (1) 외부 요인(*external forces*), 즉 외부 환경(조직 외부에 해당)과 업무 환경(조직 내부에 해당)에서 발견되는 리더십, 조직 구조, 동료 관계, 그리고 성과로 인한 결과(칭찬 등)와 관련된 내용들과 (2) 내부 요인(*internal forces*), 즉 종업원의 내면적 속성에 해당하는 동기부여, 태도, 그리고 KSAs(지식, 스킬 및 능력)와 관련된 내용들이다. 이 모델은 외부 요인과 내부 요인이 상호작용하거나 통합되어 특정 행동을 하게 만든다고 보고, 종업원 행동은 개인적이거나 조직적인 결과를 얻는데 직접적인 관계가 있다고 설명한다. 일부 사례에서는 한두 가지의 대표적인 요인들로 행동 원인을 이해할 수 있지만, 대부분은 여러 가지 요인들의 조합 속에서 행동 패턴을 더 잘 이해할 수 있다.

이 모델을 HRD 분야에서 소개하는 타당한 이유가 있다. 이 책에서는 종업원 행동과 관련된 모든 원인을 파악하려는 것이 아니라, HRD 프로그램을 설계하고, 실행할 때 중요한 부분에만 초점을 둘 것이다. 따라서 이번 장에서는 이 모델에 포함되는 개념들만 집중해서 설명하고자 한다.

그림 2.1 종업원 행동 모델

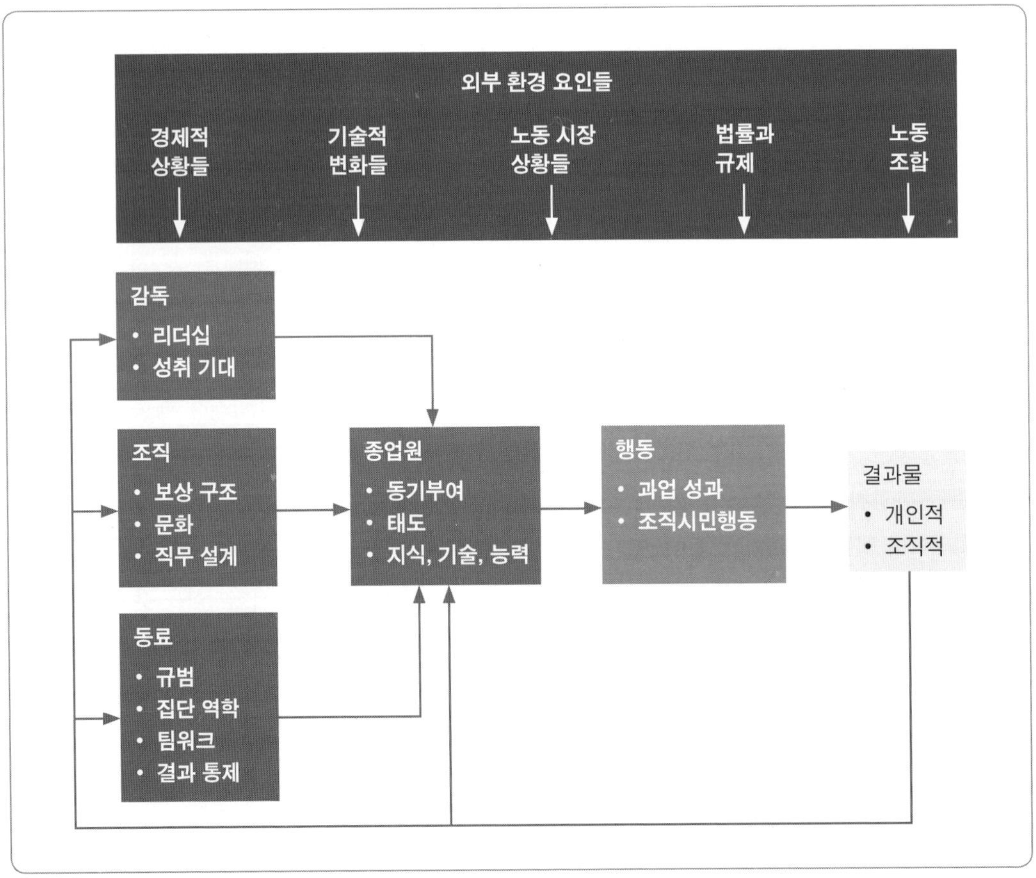

1.1 종업원 행동의 주요 범주

HRD 노력이 주로 종업원 행동을 변화시키는 데 목적을 둔다면, 어떤 행동을 변화시켜야 하는지가 첫 번째 질문일 것이다. 최근 연구에 따르면, 개인 성과는 다차원적인 측면이 있다.[3] 다양한 개인 성과들이 확인되었지만, 개인의 과업 성과(보통 task performance라고 함)를 내는데 중심이 되는 행동과 과업 성과를 내는데 중심이 되지는 않지만 팀, 부서, 또는 전체 조직을 효과적으로 운영하는 데 있어 필수적인 행동으로 구분할 필요가 있다.[4] 훈련 노력의 대부분은 첫 번째 행동 범주, 즉 해당 과업을 성공적으로 수행하는 데 직접적으로 관련된 행동에 주로 관심을 두고 있다. 하지만 두 번째 행동 범주에 해당하는 행동은 다른 명칭, 예를 들어, 조직시민행동(*organizational citizenship behaviors*) 또는 맥락수행(*contextual performance*)으로 불리기도 한다.[5] 이 행동들의 주요 특징은 집단 속에서 조직 효과성에 기여한다는 점이다.[6] 예를 들어, 혁신적이고 주도적인 문화를 심으려는 HRD 노력은 두 번째 범주에 속하는 행동에 집중한다.

비슷한 측면에서, 협동과 팀워크를 고취시키는 팀 빌딩 노력 또한 조직시민행동을 강조한다. 또한, 코칭이나 멘토링 노력은 조직 전체에는 도움이 될 수 있지만, 해당 직무에서 꼭 요구되는 행동은 아니다.[7] 이 장의 뒷편에서 언급되는 동기부여 주제는 종업원들이 공식적인 직무 요구 이상의 것을 할 수 있도록 하는 데 중요하다. 대니얼 카츠(*Daniel Katz*)가 오래 전에 저술한 대로 "미리 규정된 행동의 청사진에만 의존하는 조직은 매우 취약한 시스템이다."[8] 인적자원개발의 시스템 관점을 이 책에서 언급하면서 종업원 행동의 중요한 두 가지 측면을 주목할 필요가 있다.

2. 종업원 행동의 외부 요인들

2.1 외부 환경 요인들

종업원 행동은 조직 외부로부터, 즉 외부 환경으로부터 분명히 영향을 받는다. 외부 환경 요인(*external environment factors*)으로는 일반적인 경제 상황(물가상승율, 실업률 등), 다양한 법률, 정부 규제, 규제 기관도 포함되고, 1장에서 언급한 경쟁 조직의 움직임이나 세계적인 기술 동향도 포함된다. 〈그림 2.1〉의 모델은 조직과 내부의 단위 조직들에 영향을 미치는 일반적인 요인들을 보여준다.[9] 비록 좋은 근무 환경과 구성원들이 동기부여가 잘 되어 있는 조직이더라도, 경기 침체나 급격한 기술 변화와 같은 외부 환경 요인들에 의해 부정적인 영향을 받을 수 있다. 외부 환경 요인들은 조직을 축소해야 하는 결과를 초래할 수도 있다. 예를 들어, **다운사이징**(*downsizing*)은 비용 절감을 위해 인력 규모를 줄이는 조직의 자발적인 행동이다. 지난 30여년 동안 AT&T, 보잉, 듀폰, IBM, 제록스, 유나이티드 테크놀로지스(*United Technologies*)를 비롯한 수많은 기업에서 인력 규모를 축소하는 일이 발생해왔다. 다운사이징이 매우 광범위하게 자주 실행되었지만, 아직까지 이런 조치가 사업적인 측면의 장기적인 효과성과 관련 있다는 증거는 없다. 웨인 카시오(*Wayne Cascio*)가 한 해 3% 이상을 다운사이징한 기업들을 대상으로 한 연구에서 재무적인 성과(ROA 기준)와 다운사이징의 관련성을 보여주지 못하고 있다.[10] 오히려, 스페인 기업들의 사례연구에서는 다운사이징과 기업 성과 간에 부정적인 관계를 발견하였다.[11] ASTD의 설문 조사에서도 다운사이징을 했던 기업들의 조직 성과나 제조/서비스 품질, 종업원 만족도 등이 다운사이징을 하지 않은 기업들보다도 낮게 나타났다.[12] 케니드 디뮤즈(*Kenneth DeMeuse*)와 동료들이 수행한 연구에서도 다운사이징 기업이 재무적인 건강을 회복하는 데 수년이 걸리는 것으로 나타났다.[13] 후속 연구에서는 다운사이징을 한 조직이 다운사이징을 하지 않은 경쟁 조직의 재무 성과를 따라 잡는 데에 3년이 걸리는 것으로 나타났다.[14]

기업들이 비록 다운사이징이나 구조조정 중이어도 인력에 대한 투자는 지속적으로 해나가야 한다. 이것은 다운사이징 이후 남은 인력들에게 어떤 책임을 수행해야 할지에 대해 교육하는 것이며, 또한 해고보다는 재교육을 선택하는 기업에서 더욱 필요하다.[15] 예를 들어, 사우스웨스트 항공, 구글, 애플 등은 해고를 최소화하는 노력을 함으로써 좋은 평가를 받고 있다.[16] 앞서 언급한 ASTD 연구에서도 조직과 개인의 성과를 강조한 기업이 최고의 성과를 올려 왔다. 특별한 세 가지 관행들이 '고성과 업무 환경'으로서 공통적으로 발견된다. 이는 코칭과 멘토링, 개인 개발, 다차원 피드백이다. 이런 과업들이 체계적으로 활용되는 기업들의 성과가 그렇지 못한 기업들에 비해서 약 3배 정도 높은 것으로 나타난다.[17] 다운사이징이 인적자원개발에 지대한 영향을 미치고 있고, 반대로 HRD 노력이 조직의 다운사이징의 효과성에 중요한 영향을 미치는 것은 명확하다.[18] 저명한 HRD 학자인, 웨너 버크(*Warner Burke*)는 그렇기 때문에 조직의 HRD 전문가들이 소속 기업의 다운사이징 방향을 수정하는 데에 보다 적극적인 역할을 해야 한다고 주장한다.[19] 물론, 이 과정에는 다양한 이해관계자들의 요구를 충족시키려는 도전적인 측면도 있고, 경영자나 HRD 담당자, 남은 직원들에게 윤리적인 딜레마를 야기시킬 수도 있다.[20]

표 2.1 종업원 행동 영향 요인들

업무 환경 요인들	
요인	**이슈**
최종 결과물	결과물 형태 동기부여 효과
감독자	리더십 성과 기대
조직	보상 구조 조직 문화 직무 설계
동료 및 팀	최종 결과물에 대한 통제 규범 집단 역학 팀워크/신뢰/응집력

2.2 업무 환경 요인들

외부 환경 요인들뿐 아니라, 조직 내부 요인들도 종업원 행동에 영향을 미친다. 종업원 행동에 영향을 미치는 네 가지 업무 환경(*work environment*)은 최종 결과물, 감독자, 조직 자체의 특성, 동료들이다. 〈표 2.1〉에서 이 내용을 언급하고 있다.

2.2.1 최종 결과물

최종 결과물(*outcomes*)은 종업원 행동의 결과로 발생하는 것을 말한다. 최종 결과물은 개인 차원일 수도 있고 조직 차원일 수도 있다. 개인 차원 최종 결과물(*personal outcomes*)은 개인들에게 가치가 있는 급여, 인정, 정서 등이다. 조직 차원 최종 결과물(*organizational outcomes*)은 조직에게 가치가 있는 팀워크, 생산성, 제품 품질 등이다. 조직 최종 결과물은 구성원들의 집단적인 협업을 통해서 궁극적으로 조직이 달성해내는 결과물이다. 최종 결과물은 긍정적이고 바람직한 것만을 언급하는 것은 아니다. 공포, 혐오로 인한 결과로 발생하는 행동들도 포함한다. 당황, 강제된 행동, 급여나 특권의 박탈, 소외 등은 종업원 행동의 바람직하지 않은 최종 결과물들이다.

〈그림 2.1〉은 종업원 행동과 최종 결과물의 관계를 보여준다. 물론 개인적 그리고 조직적인 최종 결과물들에 영향을 미치는 요인들이 다르지만, 여기서는 종업원 개인 행동에 영향을 미치는 최종 결과물들에 초점을 둔다. 그렇지만, 조직적인 최종 결과물이 역으로 종업원 행동에도 영향을 미칠 수 있다는 것을 숙지할 필요가 있다(이렇게 되면 〈그림 2.1〉의 배열 순서가 반대로 되어야 함). 예를 들어, 이 장의 후반부에 언급될 동기부여 이론들에 의하면 최종 결과물에 대한 종업원 인지도(*employee perceptions*)는 행동의 중요한 결정 요인이다. 여기에는 두 가지 대표 이론이 있다.

1. **기대 이론**(*expectancy theory*)에 따르면, 사람은 가치 있는 최종 결과물을 가져올 수 있다고 인지되는 행동들을 한다. 만일 종업원들이 조직에 대한 어떤 의무를 완수한 후에, 약속된 최종 결과물을 받지 못한다면, 종업원들은 성과와 기대했던 최종 결과물과의 연관성을 낮게 보게 되고, 결과적으로 다른 행동들을 하게 된다. 또한, 최종 결과물을 기대했던 만큼 제공받지 못하면, 종업원들은 최종 결과물의 가치 판단을 조정하고 다른 행동을 하거나, 회사를 떠나게 된다.[21]
2. **공정성 이론**(*equity theory*)에 따르면, 사람은 최종 결과물의 가치를 인식할 때 다른 사람이 받을 최종 결과물과 비교한다. 종업원이 불공정하다고 인식하면, 그들은 그 불공정성을 낮추기 위해서 그들의 성과나 인지를 바꾼다. 또한, 최종 결과물은 종업원들에게 피드백의 한 형태로 작용한다. 예를 들어, 성과급과 인정은 그들이 적절한 성과를 냈고, 조직은 그들이 낸 성과를 가치 있게 보고 있다는 것을 종업원들에게 알려주는 것이다.[22]

HRD 분야에서 최종 결과물과 최종 결과물에 대한 인지가 왜 그렇게 중요한지에 대해서 잠깐 생각해볼 필요가 있다. 만일 종업원들이 훈련 프로그램에 참여하는 것이 가치 있는 최종 결과물을 가져오지 않는다고 생각하면, 그들은 결석하거나 참여도가 떨어지거나 배운 것을 현장에서 잘 사용하려고 하지 않을 것이다. 또한, 회사 교육에 참여하는 것이 추가적인 개인 노력만 요구되고 별다른 최종 결과물이 주어지지 않는다면, 교육에 참여하지 않는 사람에 비해서 불공정하다고 인식하게 될 것이다. 그렇게 되면, 교육 프로그램 참여도는 떨어진다.

관심을 유발하는 최종 결과물은 종업원들에게 훈련 개발의 필요성을 높여준다. 예를 들어, 환자에게 무례하게 대하는 간호사에 대해서 어떤 불쾌한 최종 결과물(책임자로부터의 질책 등)도 주어지지 않는다면, 그 간호사는 자신의 잘못된 행동을 고치겠다고 생각하지 않을 것이다. 유사하게 만일 자신의 전공 분야의 최근 트렌드를 공부하지 않는 대학 교수가 여전히 강의를 잘하는 것으로 인정받는다면, 그 교수는 더 이상의 자기 개발 노력을 하지 않을 것이다.

그러므로, 관리자는 부하들의 성과에 대해 줄 수 있는 최종 결과물이 무엇이고, 부하들이 그 최종 결과물을 어떻게 보고 있는지를 이해하는 것이 중요하다. 이런 지식은 교육 요구를 파악할 때나, 교육 참여를 독려할 때나, 교육에서 배운 것을 현장에서 적용하도록 유인할 때 역시 유용하다.

2.2.2 감독자와 리더십

직속 상사는 종업원들에게 업무와 책임을 부여하고, 목표를 설정하고, 평가와 피드백을 하고, 보상 및 훈육을 하는 역할을 한다. 자율팀 방식의 조직 운영이 활성화되어, 개인의 자율성이 중요해졌다 해도, 감독자의 역할은 조직 성공에 매우 중요한 역할을 한다.[23] 감독자가 부하 직원에게 미치는 영향력은 다양하고 복잡하지만, 중요한 두 가지 개념은 자기암시 예언과 리더십이다.

자기암시 예언(*self-fulfilling prophecy*), 또는 피그말리온 효과(*Pygmalion effect*)에 대한 연구에 의하면, 직속 상사가 부하에게 갖고 있는 기대가 부하들의 행동에 영향을 미친다. 학교 대상의 실험 연구에서 이러한 자기암시 예언이 입증되었다. 즉, 사람들이 기대한 성과를 현실화하기 위해 지속적으로 노력하는 것을 통해 기대한 성과만큼 현실이 되는 것이다.[24] 만일 직속 상사나 교육자가 부하 직원이나 학생들에게 좋은 성과를 기대한다면, 이 기대가 부하 직원이나 학생들의 자기 기대를 높이고 노력을 더 하게 해서, 마침내 성과를 달성하게 한다. 반대로 부하나 학생들의 성과를 낮게 기대한다면 낮은 성과를 달성할 가능성이 높다.[25] 도브 에덴(*Dov Eden*)과 동료들이 연구한 바에 따르면, 관리자의 성과 기대가 올라갈수록 부하들의 성과 달성 수준도 상승하는 것으로 나타났다.[26] 이런 사실이 관리자와 HRD 전문가들에게 주는 의미는 명확하다. 도전적이면서 달성 가능한 기대가 가져올 효과가 상당하다는 것을 인지하면서 그들 자신의 기대를 명확히 하고, 그것을 지속적으로 의사소통하는 것이 중요하다. 이런 효과는 새로운 멤버가 팀에 합류했을 때 기존 팀 멤버(*team member*)들의 기대를 통해서도 효과를 나타낼 수 있다.[27] 또한 이런 감독자 기대는 코칭 프로세스에서도 중요한 역할을 하는데, 이에 대해서는 10장에서 자세히 이야기하도록 하자. 현재 일부 인재 관리 프로그램들에서 종업원들에게 '높은 잠재력'이 있다고 보는 것이 유행하고 있다.[28] 코틀러(*Kotler*)는 '높은 잠재력'에 대한 기대가 양날의 검이 될 수 있다는 우려를 제기한다. 이렇게 인식된 개인이 실제 업무 피드백에 더 부정적으로 반응할 수 있다.[29]

관리자의 리더십도 종업원 행동에 중요한 영향을 미친다. **리더십**(*leadership*)은 목표를 달성하기 위해서 그룹의 활동들을 조정하고 지시하는 비강제적인 영향력의 사용을 의미한다.[30] 리더십에 대해서는 연구자들만큼이나 다양한 정의와 이론들이 존재한다.[31] 여기서는 관리자의 리더십이 부하 행동에 영향을 미치는 대표적인 두 가지 이론을 소개한다.

첫 번째는, 로버트 하우스(*Robert House*)가 주장한 목표-경로(*path-goal*) 이론이다.[32] 이 이론에 의하면, 리더의 역할은 목적을 명확히 하고, 구성원들이 목적을 달성할 수 있는 경로를 밝혀주는 데 있다. 이것이 된다면, 구성원들의 동기부여나 직무 만족, 업무 성과는 증대될 것이라고 본다.[33]

두 번째는 조지 그레인(*George Graen*)이 주장한 리더-구성원 교환(LMX) 이론이다. 이 이론에 따르면 관리자들은 부하들 각자와 서로 다른 수준의 관계성을 맺으려고 한다는 것이다.[34] 이에 대한 초기 연구에서는 관리자와 높은 수준의 관계를 맺는 내부 집단(*in-group*) 직원들과 낮은 수준의 관계를 맺는 외부 집단(*out-group*) 직원들이라는 극단적인 두 그룹으로 구분하였다. 내부 집단에 속한 구성원들은 그들의 상사를 존경하고, 신뢰하고, 호감을 갖고, 많은 영향을 받는 경향을 보인다. 외부 집단에 속한 구성원들은 그 반대의 경향을 보인다. 내부 집단에 속한 구성원들은 외부 집단에 속한 구성원들보다 높은 직무 만족, 높은 성과, 낮은 이직률, 보다 바람직한 경력 결과들을 보여준다.[35] LMX 관련 후속 연구에서는 리더들이 모든 멤버들과 리더십 교환을 향상시키는 데에 초점을 맞춘다.[36] 그레인(*Graen*)과 울빈(*Uhl-Bien*)이 주장한대로, 지금은 내 멤버가 누구인지를 구분하는 것이 중요한 것이 아니고, 내 멤버들과 파트너로서 1:1 관계성에 주목하고 그 관계성을 어떻게 발전시킬 것인가가 중요하다.[37] 관리자들은 부하들과 개별적인 관계성이 효과적일 수 있도록 노력해야 한다.[38] LMX에 대한 최근 연구에서는 관리자들이 조직의 지원을 인식하는 정도를 연구한다. 얼더전(*Erdogen*)과 엔더즈(*Enders*)의 연구에서는 조직으로부터 보다 많은 지원을 받은 관리자일수록 직무 만족과 업무 성과 간의 연관성이 높다는 것을 보여준다.[39] 따라서, 후원적인 조직 문화가 관리자와 부하 간의 건강한 관계 형성에 중요한 역할을 한다고 볼 수 있다. 베주이젠(*Bezuijen*)과 동료들의 연구에 의하면, LMX가 학습 행동에도 상당한 영향을 미치는 것으로 나타났다.[40] 캉가스(*Kangas*)는 리더가 부임 첫 해에 형성하게 되는 리더-구성원 간 교환 관계의 질에 경영자 개발 개입이 미치는 영향력에 대해서 언급했다.[41] 발러리 앤더슨(*Valerie Anderson*)은 리더와 구성원 간 관계의 질이 관리자가 코칭 활동에 참여한 정도에 영향을 미친다는 사실을 발견했다. 앤더슨은 리더 중심의 리더십 이론에서 리더와 구성원 간 관계에 대한 보다 상호적이고 협력적인 리더십 이론으로의 전환을 제안한다.[42] 왈룸바(*Walumbwa*)와 동료들에 의해서 리더십 교환에 대한 통합 이론이 제안되었고 검증되었다.[43]

많은 리더십 이론들이 관리자와 종업원 행동 간의 직접적인 관련성에 대해 주장하고 있다. 부하들은 관리자들을 관찰하면서 적절하거나 부적절한 행동이 무엇인지를 판단한다. 만일 그들의 상사가 교육 훈련이 중요하지 않고 별 효과가 없다고 말한다면, 부하들은 바로 교육 참여에 대한 열정이 없어지거나, 몰입도가 떨어질 것이다. 반대로, 관리자가 늘 새로운 기술이나 지식을 습득하는 것이 중요하고, 부하들의 이런 행동들에 대해 보상하거나 칭찬한다면, HRD 노력들은 더 효과적이 될 것이고, 이는 궁극적으로 관리자나 직원들, 조직 전체적으로 유용한 것이 될 것이다. 리더십은 또한 경영자 개발의 핵심이다. 많은 조직에서 경영자 개발 프로그램(12장에서 논의될 예정)으로 리더십 스킬을 향상시킬 수 있는 방안들에 대해 교육하고 있다.

과업을 완수하는데 팀 활동이 중요한 조직에서는 감독자가 사용할 수 있는 영향력이 팀 멤버나 팀 리더에 의해서 통제받을 수 있다. 팀 멤버 간에 어떤 관계를 교환하는가에 따라서 팀 응집력, 동료에 대한 만족감, 전반적인 직무 만족, 개인과 조직 성과 등에 중요한 영향을 미친다.[44] 자율 관리팀의 역학 관계는 전통적인 감독자와 부하 간의 관계보다는 복잡하지만, 기대와 리더십의 영향력은 비슷하다.

2.2.3 조직

조직(*organization*)은 보상 구조, 문화, 직무 설계 등을 통해 종업원 행동에 영향을 미친다. **보상 구조**(*reward structure*)는 보상의 **유형**(*types of rewards*)(물질적, 사회적)과 보상 배분(*distributed*) 방식(만인 평등, 공헌도나 필요에 의한 차등), 보상 배분 기준(*criteria*)(결과, 행동, 연공이나 정년 보장)에 초점을 맞춘다.[45]

또한, **보상**(*rewards*)은 금전적인 보너스나 승진과 같은 유형의 것뿐만 아니라, 인정이나 소속감과 같은 무형의 것도 포함된다. 보상 시스템은 당연히 구성원들이 가치 있다고 생각하는 최종 결과물로 구성되어야 한다. 앞서 최종 결과물에 대해서 논의한 대로 동기부여 이론들은 보상 시스템 설계의 토대가 된다. 즉, 동기부여 이론을 통해서 왜 어떤 보상 제도는 실패하는가에 대한 이유를 설명할 수 있다. 기대이론과 강화 이론이 시사하는 것처럼, 종업원들은 자신들이 보상받을 수 있는 행동들을 하는 경향이 있다. 만일 경영자가 보상 시스템을 무분별하게 설계하고 운영한다면, 이는 의도하지 않았지만, 종업원들에게 바람직하지 않은 행동들을 하라고 부추기는 꼴이다(주도성의 결여, HRD 프로그램의 참여 저조 등). 또한, 보상 시스템이 종업원을 통제하는 메커니즘으로 작동된다면, 종업원들의 동기부여와 성과에 부정적일 것이다.[46]

그러므로, 관리자와 HRD 전문가들은 조직의 보상 제도가 의도하는 바를 정확하게 이해하고, 이것이 실행되었을 때 종업원들이 어떻게 반응할지에 대해 이해하는 것이 중요하다. 저성과 문제들이 단지 보상 시스템을 수정하는 것으로 해결될 수도 있다. 또한, 구성원들이 HRD 프로그램에 참여하는 주요 이유가 그들이 가치 있다고 생각하는 보상들(승진, 급여 인상, 바람직한 업무 부여 등)을 얻기 위한 것이라는 점을 이해할 필요가 있다. 경영자 개발 프로그램에서는 보상을 효과적으로 배분하는 방법을 알려주는 것도 중요한 교육 주제가 될 수 있다. 어떤 경우에는 HRD 프로그램에 참여하는 것도 하나의 보상이라고 볼 수 있다.

조직 문화 역시 개인 행동에 강한 영향을 미친다. **조직 문화**(*organizational culture*)는 조직 구성원들에 의해서 공유된 가치, 신념, 규범, 행동 관행 등에 대한 집합체이며, 구성원들의 행동을 가이드한다.[47] 조직 문화에 대한 이해가 높은 구성원은 특정 조직 사건에 대해 정확하게 이해하고, 어떤 기대를 해야 하는지를 알고, 새로운 상황에서 어떤 행동을 해야 하는지를 판단할 수 있다. 강한 문화를 가진 조직은 자사의 문화 속성을 가진 개인을 선발하여 그들의 문화가 확산되길 바란다(예를 들어, 사우스웨스트 항공은 재미있고, 팀 중심적인 태도를 가진 사람을 선발하려는 노력을 하고 있음). 또한 채용된 직원들이 자사의 규범과 가치를 익혀서 성공적으로 사회화되기를 원한다.

조직 문화가 어떻게 개인 행동에 영향을 미치는지를 생각해보자. 만일 한 조직에서 높은 수준의 품질 기준을 가지고 업무를 수행하는 문화를 장려한다면, 구성원들은 지속적으로 품질 향상을 위한 활동이나 교육 참여 등에 높은 관심을 갖게 될 것이고, 적극적으로 HRD 프로그램에 참여하여 품질 향상을 위한 새로운 스킬이나 지식을 적극 습득하려고 할 것이다. 또한, 다양성이 중요한 조직(다양한 배경에서 나오는 의견들이 교환되고, 모든 구성원들이 대등하게 참여하는 분위기)에서는 조직 목표 달성을 위해 많은 사람들의 자발적 참여와 수용이 중요한 행동 양식으로 간주될 것이다. 조직 문화가 HRD

에 주는 시사점은 명확한데, 그것은 HRD가 조직 문화를 활성화하고 확산시키는 중요한 도구이며, 조직 문화에 따라서 HRD의 내용이나 중요성, 수용성 등에 영향을 받을 수 있다.[48]

직무 설계(*job design*)는 생산성 향상이나 종업원의 업무 환경 개선을 위해 직무 구성 요소의 개발이나 변화(수행 과업의 종류나 업무 책임 범위)를 주는 것이다. 해크먼(*Hackman*)과 올드햄(*Oldham*)이 제안한 것처럼, 직무에 종업원들의 성장 욕구나, 업무 책임감, 의미성, 결과에 대한 지식 등이 내포되어 있을 때 구성원들은 보다 만족하고, 생산성도 높아진다. 직무 설계에 대해서는 상당히 많은 연구와 관심이 집중되어 왔다.[49] HRD에 대한 시사점은 두 가지 측면이다. 첫째는, 직무를 구성하는 방식이 종업원의 행동과 태도에 영향을 줄 수 있다는 점이다. 둘째는, 종업원의 성과나 태도를 향상시키기 위해서는 종업원을 바꾸기보다는 직무를 바꾸는 것에 초점을 둬야 한다는 점이다. 직무 설계는 13장에서 조직 개발 측면에서 더 논의가 될 것이다.

2.2.4 동료 및 팀

동료, 특히 팀 구성원들은 행동에 강력한 영향을 미칠 수 있다. 첫째, 동료는 특정 종업원이 가치있게 여기는 어떤 결과를 통제하고, 종업원의 행동에 영향을 주기 위해 이러한 결과를 이용할 수 있다. 예를 들어, 한 종업원이 동료들이 중요시하는 방식으로 행동하면, 그들은 그를 인정하고 친절하게 대응함으로써, 그러한 행동을 보상하거나 강화하게 된다. 반대로 부적절한 행동을 한다면, 동료들은 모욕, 배타주의 또는 위협을 통해 원하는 결과를 보류하거나 그 종업원을 처벌할 수도 있다. 이는 팀원들이 행동과 성과에 대해 서로 책임을 공유하고, 보상이 팀 성과에 의해 결정되는 상황에서 특히 그렇다.

둘째, 작업 집단 내에 수립된 적절한 행동에 대한 비공식적인 규칙인 **규범**(*norm*)은 종업원의 적절한 행동에 대한 가이드라인으로 작용한다.[50] 규범은 어떤 행동이 기대되는지에 대한 분명한 메시지를 보내고 종업원들이 일반적인 패턴과 다른 방식으로 행동하도록 이끌 수 있다.

셋째, HRD 프로그램은 종종 종업원 집단에 적용되고 종업원들은 새로 습득한 행동을 집단 상황에서 수행하기 때문에 HRD 전문가는 집단 행동 역학에 대해 이해해야 한다. **집단 역학**(*group dynamics*)은 그룹 속에서 직원이 상호작용하며 행동하는 방식에 영향을 미친다. 집단사고 및 사회적 태만과 같은 역학은 집단 내 개인들이 이루어내는 성과가 그들 각자 행동하는 방식과 다를 수 있음을 보여준다.[51] **집단사고**(*groupthink*)는 집단 합의에 대한 요구가 지나치게 강하여 구성원이 현실적인 대안을 평가하지 못하고 잘못된 결정을 내리는 경우에 발생한다. **사회적 태만**(*social loafing*)은 집단 구성원의 규모가 커짐에 따라 구성원 각자의 노력을 줄이는 현상이다. 사회적 태만 및 집단사고와 같은 집단역학의 함축적 의미는 집단이라는 상황 속에서 개인이 행동하는 방식이 달라질 수 있다는 점이다. HRD를 설계하고 실행할 때에는 집단역학이 학습 과정을 방해하지 않도록 주의해야 한다. **팀워크**(*teamwork*)는 개인 행동에 대한 동료의 영향력을 증폭시킨다. 팀워크에서 중요한 두 가지는 신뢰와 응집력이다. **신뢰**(*trust*)는 다른 사람(또는 사람들의 집단)이 당신에게 호의적으로 행동할 것이라는 기대와 관련이 있다. 그런데 상대방이 당신의 기대를 충족시키지 못할 수도 있기 때문에 신뢰에 대한 취약성이나 위험이 존재한다. 그러나 학문적 연구에 따르면, 개인 간의 신뢰와 종업원 성과(조직시민운동 포함), 문제 해결 및 협력 간의 강력한 연관성을 보여준다.[52] **응집력**(*cohesiveness*)은 함께 있으려고 하는 구성원의 마음가짐과 집단의 일부로 존재하려는 구성원의 의지이다. 팀 구성원들의 높은 상호 의존성을 감안할 때, 팀이 서로 협력하고 성공하기 위해서는 서로를 신뢰하고 응집력을 느껴야 한다.

마찬가지로, 배운 것들을 실제 업무 상황에 전이하는 활동을 계획할 때에 집단이나 팀 역학이 고려되어야 한다. 관리자 및 팀 리더는 의사소통, 신뢰 및 응집력 수준뿐만 아니라 잠재적으로 해를 끼칠 수 있는 집단역학을 모니터링하고, 교육 및 개발 활동에서 배운 것을 실제로 작업 현장에 적용할 때 발생하는 문제를 해결하는 행동을 해야 한다.[53] 동료 또는 팀원들을 학습 과정에서 참가자 또는 강사로 참여시키는 것은 새로 습득한 기술에 대한 수용력을 높이고 그들이 작업 현장에서 그 기술을 사용할 수 있는 가능성을 높일 수 있다. 마찬가지로 관리자는 교육 및 새로운 방법과 기술을 사용하는 것에 대한 종업원 태도에 주의를 기울여야 한다.

3. 동기부여: 종업원 행동에 대한 근원적 내부 영향력

동기부여(*motivation*)는 인간 행동의 가장 기본적인 요소 중 하나이다. 동기부여 이론은 노력이 어떻게 생성되고 어떤 경로로 이동되는지를 설명한다. 테리 미첼(*Terry Mitchell*)은 일의 동기부여에 대한 많은 정의를 "목표 지향적인 자발적 행동의 강도, 방향 및 지속성을 유발하는 심리적 과정"이라고 종합했다.[54]

이 정의는 몇 가지 중요한 점을 시사한다. 첫째, 일하는 동기는 우선 무엇보다 자발적인 행동(*voluntary behavior*)으로 이해된다. 직원들이 선택의 여지가 없다고 느끼는 상황임에도 직원의 행동에는 자신이 취한 행동이 어떤 결과를 낼지에 대한 인식이 선행되어 있다.

둘째, 동기부여는 행동에 영향을 미치는 프로세스를 갖고 있다.

- **활력을 일으키기**(*energizing*) — 노력을 만들어내고 이끌어내기
- **방향성**(*direction*) — 중요한 행동에 노력을 더 많이하기
- **지속성**(*persistence*) — 어떤 행동을 수행하는 것을 계속하거나 멈추기

셋째, 모든 사람들은 독특한 필요, 욕구, 태도 및 목표를 가지고 있기 때문에 직장에서의 동기부여는 보통 개별적인 현상이다. 대부분의 동기부여 이론은 개인 간의 차이를 인식하고 개인적인 동기부여 과정에 개인 차이가 어떤 영향을 미치는지 설명하는 요소들을 포함한다.

동기부여를 잘 이해하는 것은 HRD 및 인재 관리(*talent management*)에 중요하다.[55] 많은 HRD 프로그램과 프로세스의 성공 여부는 부분적으로 개인이 참여하고 배우도록, 그리고 성과 향상을 위해 배운 것을 사용하도록 동기부여하는 것에 달려 있다. 사람이 훈련 수업에 참석하기로 선택을 하지만, 막상 직무 수행에서는 배운 것을 사용하는데 실패하는 이유는 동기부여 측면의 이슈들 때문이다.[56] 동기부여

표 2.2 동기부여 이론의 접근 방법

접근 방법:	이론:
욕구 기반 안전, 힘, 동기부여 추구와 같은 근본적인 욕구	매슬로우의 욕구 단계 이론 알더퍼의 존재, 관계 및 성장(ERG) 이론 허즈버그의 2요인 이론
인지적 과정 동기부여는 의식적인 생각, 믿음, 판단에 의해 제어되는 과정	기대 이론 목표 설정 이론 사회적 학습 이론 공정성 이론
비인지적 동기부여는 행동과 외부 사건과의 상호작용으로 설명되는데, 이 때 내부적인 사고 과정이나 필요에 소구되지 않음	강화 이론

를 염두에 두고 설계된 프로그램은 이러한 문제를 해결할 수 있다. 또한 동기부여 이론은 성과 문제의 원인을 진단하는 데 유용하며 종종 이러한 문제를 해결하기 위해 HRD 프로그램을 설계하거나 선택하는 기초 역할을 한다. 직원 참여(*engagement*) 또는 '일에 대한 열정(*work passion*)'과 같은 개념에 대한 최근 연구는 직원 동기부여 주제를 다루는 것이다.[57]

업무 향상을 위한 동기부여 이론은 풍부하다. 일부 이론은 공통적인 과정과 구조를 공유하지만, 동기부여에 대한 포괄적이고 널리 수용되는 설명은 없다.[58] 일반적으로 동기부여를 설명하는 접근법은 욕구 기반, 인지적 과정, 비인지적의 세 가지 범주로 분류할 수 있다. <표 2.2>에서 이 내용을 언급하고 있다. 이제 다양한 동기부여 이론을 설명한 후에 동기부여의 진단 모델을 사용하여 이러한 이론들을 통합하도록 하자.[59]

3.1 동기부여의 욕구 기반 이론들

몇몇 동기부여 이론은 욕구의 개념에 뿌리를 두고 있다. **욕구**(*needs*)란 생리적 또는 심리적으로 불균형 상태 또는 결핍한 상태이며 이러한 상태는 행동을 만들어내거나 어떤 방향으로 이끌어간다. 헨리 머레이(*Henry Murray*)가 주장하길, 사람은 공격, 친교, 자율 및 성취와 같은 많은 욕구를 경험한다고 한다.[60] 욕구는 내부적인 상태이지만 환경의 영향을 받을 수 있다. 예를 들어, 도입 사례처럼 글로벌 경제의 영향력과 조직 내 해고 가능성은 직원들의 직업 안정성에 대한 두려움을 느끼게 하고, 직원들의 신분안정에 대한 욕구를 고조시키고, 그 결과로 배우거나 교육의 기회에 참여하려는 동기를 저하시키게 된다.

욕구는 욕구 활성화(*need activation*)와 욕구 만족(*need satisfaction*)의 조합을 통해 행동을 유발하는 것으로 알려져 있으며 <그림 2.2>에 묘사되어 있다. 어떤 사람이 심리적 또는 생리적 균형 유지에 필요한 것이 부족할 때 욕구가 활성화된다. 활성화된 욕구는 긴장감을 느끼게 한다. 긴장감은 외로움과 불안감과 같은 일반적인 감정일 수도 있다. 긴장감은 불편하기 때문에, 사람은 긴장감을 줄이기 위한 방법을 모색할 것이다. 그 사람은 긴장감을 효과적으로 줄이고 그 욕구를 충족시킬 때까지 계속해서 다른 행동을 수행할 것이다.

오직 활성화된 욕구만이 동기부여를 일으킬 수 있다. 왜냐하면 활성화된 욕구만이 줄이고자 하는

그림 2.2 욕구 활성화-욕구 만족 프로세스

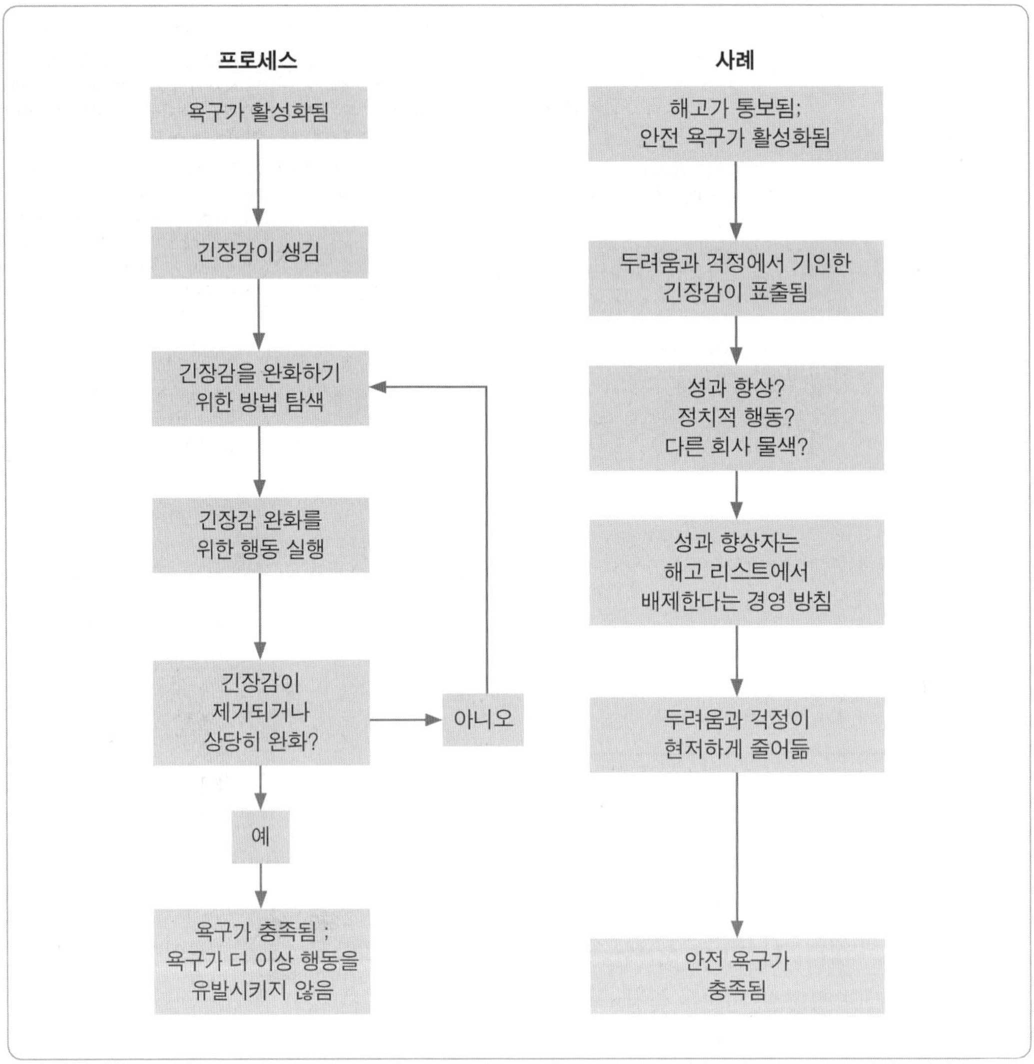

긴장감을 만들어내기 때문이다. 일단 욕구가 충족되면 긴장감은 사라지고 욕구는 더 이상 느껴지지 않는다.

대표적인 욕구 기반 동기부여 이론은 매슬로우(*Maslow*)의 욕구 단계 이론(*need hierarchy theory*)과 알더퍼(*Alderfer*)의 존재, 관계 및 성장(*ERG, existence, relatedness, and growth*) 이론이다.[61] 이들의 주장에 의하면, 욕구는 어떤 특정한 패턴으로 나타나는데, 생존에 중요한 욕구들이 다른 심리적이나 사회적인, 즉 존중이나 소속감 같은 욕구들보다 선행되어 충족되어야 한다. 현재 활성화된 욕구가 충족되면 그 다음으로 가장 강력한 욕구들이 느껴지고 관련 행동을 유발한다.

매슬로우의 욕구 단계에는 생리적(생존), 안전과 보안, 사랑, 지위와 존중, 자기 실현과 같은 다섯 가지 범주의 욕구가 있다. 알더퍼의 ERG 이론은 매슬로우의 욕구 단계 구조를 존재, 관련성(관계성) 및 성장이라는 세 가지 욕구 수준으로 축약했다. 매슬로우의 욕구 단계 이론과는 다르게 ERG 이론에서는 사람이 현재 활성화된 욕구를 충족시키려는 노력에 좌절감을 느낀다면 이전에 만족시켜야 하는 하위 단계의 욕구가 활성화되어 행동을 유발할 수 있다고 주장했다.

또 다른 욕구 기반 동기부여 이론은 허즈버그(*Herzberg*)의 2요인 이론(*two-factor theory*)이다.[62] 허즈버그는 사람들이 생존(*survival*)에 중점을 두는 것과 개인적인 성장(*growth*)에 초점을 맞추는 두 가지 기본 욕구가 있다고 주장한다. 그는 작업장에서 생존 욕구를 충족시키는 요소들, 즉 위생 요인들(*hygiene factors*)은 직무 만족을 제공할 수 없으며 불만을 예방할 뿐이라고 한다. 반대로, 성장 욕구를 만족시키는 동기 요인들(*motivator factors*)은 직무 만족에 대한 감정을 만들어낼 수 있지만, 그러한 요인의 부재가 반드시 불만으로 이어지는 것은 아니다. 2요인 이론에 따르면 종업원은 위생 요인이 존재하는지 확인을 하고 그러한 요인에 의한 불만족을 막기 위해 동기가 부여될 수 있고, 그 후에 직무 만족을 만들어내려는 동기부여 요인을 추가해야 한다. 이와 관련된 전략을 **직무 확대**(*job enrichment*)라고 한다.

욕구 단계 이론은 이해하기 쉽고 직관적으로 호소하기 때문에 경영자와 학생들에게 인기가 있다. 그것들은 합리적으로 보이지만 불행히도, 욕구 단계 이론은 사람들이 정확하게 식별하고 설명하기 어려운 내적인 심리 상태를 측정해야 하기 때문에 검증하기가 어렵다. 매슬로우의 이론에 대한 대부분의 연구가 그것을 지지하는 데 실패하였고, 이러한 연구의 많은 부분들은 적절히 수행되지 못했다.[63] ERG 이론을 테스트하기 위해 일부 연구가 진행되었지만 강력하게 지지할만한 증거가 부족한 상태이다.[64] 욕구는 존재한다. 하지만, 그것들 사이의 관계를 설명하는 일반적인 단계 구조는 명확하게 확립되지 못하였다.[65] 관련하여 오코너(*O'Conner*)와 야발레(*Yballe*)는 매슬로우의 이론에 대한 탁월한 리뷰와 충동과 욕구를 이해하는 데 있어 실용적인 방법을 알려준다.[66]

앞서 언급한 문제들은 2요인 이론에도 존재한다. 허즈버그의 초기 연구는 직무 만족에 영향을 주는 두 가지 요소가 있다는 개념을 지지하였다.[67] 그러나 이후 연구자들은 다른 방법을 사용하여 이러한 같은 결과를 만들어내지 못하였다.[68] 직원들의 동기부여를 위한 직무 충실화를 직원 동기부여의 한 방법으로서 여기는 것에 대해 지지하지만, 2요인 이론에 대한 논란의 여지는 있다.[69]

동기부여의 욕구 기반 이론이 행동을 유발할 수 있는 영향력의 범주에 대한 통찰력을 제공하기는 하지만 검증하고 적용하는 데는 한계가 있다. 욕구 이론은 동기에 대한 설명을 독립적으로 하기에 충분하지 못하다. 그럼에도 불구하고, 직무 충실화나 성취 동기부여(*achivement motivation*) 훈련과 같은 욕구 기반 이론에 기반을 둔 HRD 프로그램은 여러 조직에서 성공적으로 활용되고 있다.

3.2 동기부여 인지 과정 이론들

우리의 의식적인 생각이 행동 방식에 어떤 역할을 한다는 것을 부인하는 사람은 거의 없을 것이다. 인지 과정 이론은 동기부여가 사람의 사고와 신념(또는 인식)에 근거한다. 이 이론들은 때로는 과정

(process) 이론으로 일컬어지는데, 그러한 이론들이 행동을 촉발시키고, 지시하고, 제어하는 생각과 결정의 과정을 설명하고 있기 때문이다.

동기부여 인지 이론은 HRD와 직접적인 관련이 있다. 대부분의 HRD 프로그램에는 직원의 생각, 신념 및 태도에 영향을 줌으로써 직원 행동을 변화하려는 시도가 있다. HRD의 중심에 있는 학습은 종종 인지 과정으로 간주된다. 직원의 사고와 신념이 행동에 어떻게 영향을 미치는지 이해한다면 HRD 프로그램을 더 잘 설계하고 실행할 수 있다. 다음에서 기대 이론, 목표 설정 이론, 사회적 학습 이론, 공정성 이론 등 네 가지 동기부여 이론을 검토한다.

3.2.1 기대 이론

빅터 브룸*(Victor Vroom)*이 처음 제안한 기대 이론*(expectancy theory)*은 동기부여가 의식적인 선택 과정이라고 가정한다.[70] 이 이론에 따르면, 사람들은 그들이 원하는 결과를 산출할 수 있다고 믿는 활동에 자신의 노력을 기울일 것을 선택한다. 참여할 활동에 대한 결정은 기대감, 수단성 및 유의성과 같은 세 가지 믿음의 조합을 기반으로 작동한다.

기대감*(expectancy)*은 과업에 노력을 기울이는 것이 성공적인 성취를 가져올지에 대한 믿음을 의미한다. 다른 말로 하면, 높은 기대감을 가진 사람들은 노력이 증가하면 성과가 향상될 것이라고 믿지만, 낮은 기대감을 가진 사람들은 자신이 아무리 노력하더라도 성과가 향상되지 않을 것이라고 생각한다. 다른 조건들이 동일할 때에, 사람들은 높은 기대감을 가지고 있는 과업에 참여한다.

수단성*(instrumentality)*은 과업 수행과 최종 결과가 연결된 것이라고 개인이 인식하는 판단이다. "내가 이 일을 성공적으로 수행하면, 내가 원하는 것(또는 내가 원하지 않는 것)을 얻게 될 것인가?"라는 물음이라고 할 수 있다. 수단성의 범위는 매우 넓다. 수단성은 강한 긍정적 관계(과업 수행이 특정한 결과를 가져올 것이라는 믿음)부터 관련 없음(과업 수행과 특정한 결과 간에는 관계 없다는 믿음), 그리고 강한 부정적 관계(과업 수행은 특정한 결과를 방해한다는 믿음)까지의 범위를 갖고 있다.

기대 이론의 세 번째 믿음은 **유의성***(valence)*이다. 유의성은 사람이 특정한 결과에 부여하는 가치를 의미한다. 유의성은 매우 긍정적인 값(높은 가치에 해당하는 결과), 0(사람이 중요하게 생각하지 않는 결과), 매우 부정적인 값(사람이 원치 않는 결과)을 갖고 있다.

기대 이론은 직원들이 참여할 행동과 과업을 결정할 때 이러한 세 가지 믿음에 근거하여 판단한다는 이론이다. 구체적으로 직원들은 다음과 같은 믿음에 근거하여 행동할 것이다.

- 성공적으로 수행할 수 있다는 믿음(높은 기대감)
- 원하는 결과(높은 유의성)를 얻을 수 있다는 믿음(높은 수단성)
- 원하지 않는 결과(부정적 유의성)를 피할 수 있다는 믿음(부정적 수단성)

〈그림 2.3〉은 이 과정을 그림으로 보여준다. 예를 들어, 버스 회사의 관리자가 안전하게 운전하는 버스기사에게 더 많은 휴가를 줘서 버스기사들이 더 안전하게 운전하도록 동기를 부여한다고 가정해

그림 2.3 기대 이론 도식화

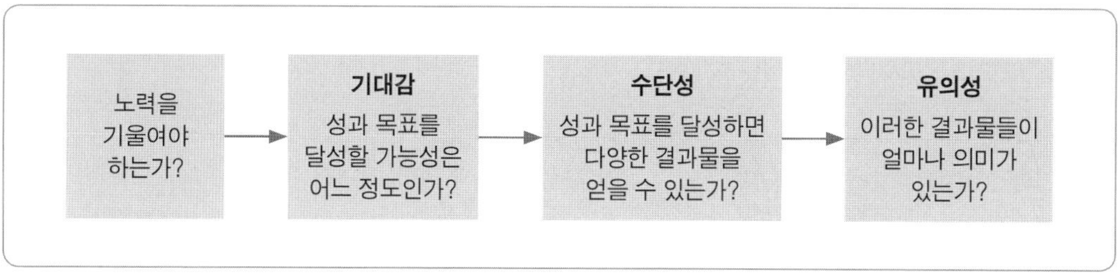

보자. 이러한 조치가 더 안전하게 운전하도록 동기부여할지 아닐지의 여부는 다음과 같은 버스기사의 생각에 달려있다.

1. 버스기사는 관리자가 원하는 수준으로 자신의 안전 기록을 향상시킬 수 있다고 생각한다(기대감).
2. 버스기사는 자신의 안전 기록이 원하는 수준으로 개선되면 관리자가 더 많은 휴가를 제공할 것이라고 생각한다(수단성).
3. 버스기사는 더 많은 휴가를 갖는 것을 중요하게 생각한다(유의성).

사람들이 기대 이론대로 행동하는지에 대한 실증적 연구는 기대 이론의 예측을 지지하고 있고, 검증하는 경험적 연구는 그 예측을 뒷받침해 오고 있다.[71] 이러한 연구에서의 방법론적 문제로 인해 이 이론의 예측력이 과소 평가되었을 수도 있다.[72] 기대 이론은 복잡하기 때문에 우리의 행동 선택을 정확하게 설명하는지를 검증하기 위해서는 더 많은 연구가 필요하다.[73] 그러나 기대 이론은 HRD와 많은 관련이 있다. 이 이론은 성과 문제를 진단할 수 있는 방법을 제시하고, 문제점들을 극복할 수 있는 방법을 제안한다. 또한, 기대 이론은 HRD 프로그램의 설계와 효과성에 영향을 준다. 예를 들어, 기대 이론에 따르면, 직원들이 HRD 프로그램의 결과가 다음과 같이 나타난다고 믿지 않는다면, 그들은 HRD 프로그램에 참석하여 배우려는 동기가 부여되지 않는다.

1. 프로그램에서 제시되는 새로운 기술 또는 정보를 배운다.
2. 프로그램에 참여하고 배운 새로운 기술이 업무 성과 향상에 도움이 된다.
3. 그렇게 하면 원하는 성과를 얻거나, 원치 않는 결과를 피하는 데 도움이 된다.

기대 이론의 관점으로 종업원 행동을 이해하면, 관리자와 HRD 전문가는 구성원들이 적절한 판단을 내릴 수 있도록 프로그램을 설계하고 마케팅할 수 있으며, 결과적으로 그들이 배운 것을 다시 적용하도록 동기부여할 수 있다. 이를 위한 몇 가지 방법으로는 다음과 같은 것들이 있다. 매력적인 장소에서 HRD 프로그램을 개최하고, 직장에서 교육에 참여하는 직원에게 유급 휴가를 제공하며, 재미 있고 즐거운 프로그램을 설계하고, 프로그램이 효과적이라는 증거를 제공하며, 교육성과가 좋을 경우 인센티브, 승진 및 기타 바람직한 결과를 제공하는 것 등이다.[74]

3.2.2 목표 설정 이론

인지 과정 이론의 두 번째 동기부여 이론은 **목표 설정 이론**(*goal-setting theory*)이다. 목표 설정 이론은 성과 목표가 동기부여에 중요한 역할을 한다는 것이다. 이 이론은 목표가 종업원의 노력을 촉구하고 관심을 집중시키며 지속성을 높이고 종업원의 업무 수행 전략에 영향을 미칠 수 있다고 설명한다.[75] 목표는 개인의 의도에 영향을 미치는데, "개인이 몰입하는 목표에 대한 인지적 표현이다"라고 정의할 수 있다.[76] 이러한 몰입은 목표가 달성될 때까지 또는 목표를 변경하거나 거부하기로 결정하기까지 종업원의 행동에 계속 영향을 준다.

목표 설정은 과업 동기부여(*work motivatiion*)와 관리 이론(*management theories*)에서 최고로 지지되고 있는 이론이다.[77] 이 연구에 따르면 구체적이고 어렵고 종업원이 수용한 목표는 쉽고 모호한 목표(예: "최선을 다하다") 또는 존재하지 않는 목표보다 더 높은 성과를 만들어낸다. 또한 피드백의 존재가 목표 설정의 효율성을 향상시킨다.[78] 이러한 연구 결과는 집단목표 설정에 유용하게 적용된다.[79]

목표 설정 이론이 어떤 조건에서 잘 작동하는지를 이해하기 위해서는 더 많은 연구가 필요하다.[80] 예를 들어, 자기주장 강화 훈련의 효과성에 관한 연구에서는 훈련 프로그램이 끝나는 시점에서 훈련생의 절반에게 훈련 중에 주어진 목표를 추적하도록 했다. 이 훈련생들은 4주 동안 매주 훈련 과정에서 배운 핵심 포인트를 갖고 목표를 설정하도록 지시받았다. 이 훈련생들의 목표를 달성하는 과정을 추적하기 위한 점검표도 제공되었다. 흥미롭게도 훈련 직후에는 목표 설정 하에서 훈련받은 훈련생들은 훈련에 대하여 좋지 않은 반응을 보였다. 그러나 4주 후 추적 관찰에서는 목표 설정 상태에서 훈련받은 훈련생의 반응이 더 좋아졌다. 더 중요한 것은 목표를 설정한 훈련생들이 목표를 설정하지 않은 훈련생보다 교육 내용의 상당 부분을 더 오랫동안 기억하고 역할 연기 실습에서 더 자기주장적인 행동을 보였다는 것이다. 이 연구의 핵심 포인트는 이미 검증된 훈련 프로그램에도 목표 설정 조건을 추가하는 것이 더욱 효과적이라는 것이다.[81]

목표 설정은 많은 HRD 프로그램에서 필수적인 사항이다. 목표 설정은 참가자가 프로그램에서 바라는 교육결과를 이해하고 성공적인 결과를 얻을 수 있도록 동기를 부여한다.[82] 종업원들이 HRD 프로그램에서 배운 것을 사용하여 성과를 향상시키기 위해 상사와 함께 목표에 대해 논의하는 것이 도움이 된다. 예를 들어, 경력 개발 프로세스의 핵심 요소는 경력 목표를 설정하는 것인데,[83] 목표 설정 이론에 따르면 경력 목표를 수립한 종업원은, 특히 목표가 구체적이고 도전적이고 목표를 향한 진전에 대한 정기적인 피드백을 동반할 경우, 경력을 더욱 발전시켜 나가게 된다. 경력 개발 프로그램은 종업원들이 목표를 수립하고 개인과 조직이 정기적인 피드백 메커니즘을 수립하도록 도와준다.

3.2.3 사회적 학습 이론

알버트 반두라(*Albert Bandura*)는 세 번째 인지 동기부여 이론에 해당하는 **사회적 학습 이론**(*social learning theory*)을 개발했다.[84] 반두라는 결과와 자기 효능감에 대한 기대가 개인 성과에 영향을 준다고 주장한다(그림 2.4 참조). **결과 기대**(*outcome expectation*)(기대 이론의 '수단성' 개념과 유사함)는 주어진 행동을 수행하면 주어진 결과로 이어질 것이라는 믿음이다. **자기 효능감**(*self-efficacy*)은 "지정된 유형의 성과를 달성하는 데 필요한 행동 과정을 구성하고 실행하는 능력에 대한 사람들의 판단"으로 정의할 수 있다. 자신이 가지고 있는 기술이 아닌, "자신이 가진 기술로 무엇을 할 수 있는지에 대한 판단"에 관한 것이다.[85] 자기 효능감을 다르게 말하면 특정 작업이나 활동을 성공적으로 수행할 수 있는 가능성에 대한 판단이다. 반두라는 "사람들이 자신의 행동으로 원하는 효과를 창출할 수 있다고 믿지 않는다면, 어려움을 겪으면서 행동할 인센티브가 거의 없다"고 한다.[86] 자기 효능감 개념은 가변성이 있으며 과거 성취, 다른 사람 관찰, 언어적 설득 및 생리적 상태에 영향을 받을 수 있다.[87]

사회적 학습 이론에서는 사람의 자기 효능감 기대치가 다음의 사항들을 결정할 것이라고 예측한다.

1. 행동이 수행될 것인가, 아닌가?
2. 얼마나 많은 노력을 기울일 것인가?
3. 얼마나 오랜 기간 그러한 행동을 계속할 것인가?

반두라는 특정 과제에 대해 높은 자기 효능감을 가진 사람들이 도전에 집중하고 이를 완성하는 데 더 많은 노력을 기울임으로써 성공적인 성과 달성의 가능성을 높인다고 주장하였다. 특정 업무에 대한 자기 효능감이 낮은 사람들은 장애물과 단점에 집중하고 그 결과로 성공 가능성이 줄어든다. 자기 효능감은 업무 수행과 밀접한 관련이 있음을 보여준다.[88] 또한, 자기 효능감은 훈련 프로그램의 성과와 관련이 높다.[89] 즉, 자기 효능감은 HRD 성과와 밀접한 관련이 있다. 종업원들의 자기 효능감 기대치가 낮으면 성과를 향상시키고자 하는 시도를 하지 않을 것이다. 그들은 성과를 향상시키려고 시도하더라도 높은 자기 효능감을 가진 사람들의 수준으로 노력하지 않을 것이다. 따라서 강사 및 감독자는 훈련생의 자기 효능감에 대한 긍정적인 판단뿐만 아니라 결과 기대치를 높일 수 있는 방법으로 행동해야 한다.[90]

HRD와 관련이 깊은 사회적 학습 이론은 대부분의 행동이 다른 사람들을 관찰함으로써 학습된다는 것을 제안하는데 이러한 과정을 모델링(*modeling*)이라 한다. 다른 사람들의 행동과 그 결과를 관찰함으로

그림 2.4 자기 효능감과 성과의 관계 모델

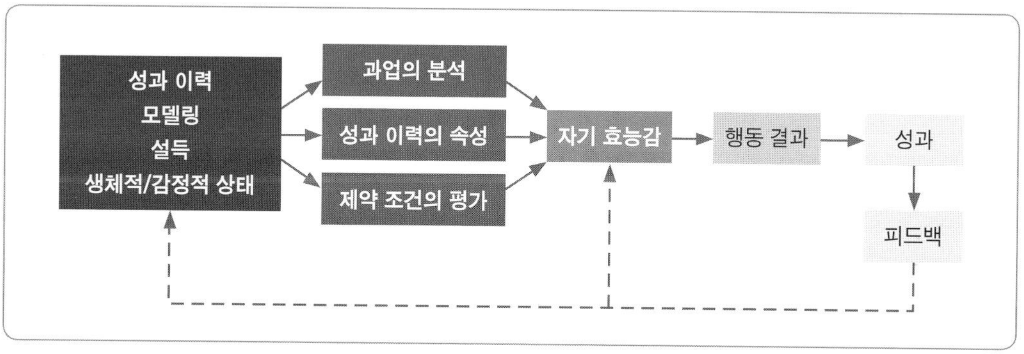

출처: *Academy Of Management Review* by Gist, M. E., Mitchell, T. R. Copyright 2005 by ACAD OF MGMT. Reproduced with permission of ACAD OF MGMT in the format textbook via Copyright Clearance Center.

써 개인은 새로운 행동을 배우고 특정 행동을 스스로 수행할지 여부를 결정한다. 모델링은 또한 HRD에 적용되어 **행동 모델링**(*behavior modeling*)('행동시연 기반 교육'이라고도 함)으로 알려진 교육 방식에서 큰 성공을 거두었다.[91] 행동 모델링 교육에서 훈련생에게 배워야 할 행동의 구성 요소에 대해 알려주고, 행동을 수행하는 방법을 보여주는 영화 또는 비디오 테이프를 보여준다. 그런 다음 훈련생은 다른 사람들의 피드백을 통해 행동을 연습하게 된다. 그리고 마침내 행동 수정을 위한 사회적 강화를 받는다.

3.2.4 공정성 이론

네 번째 인지적 동기부여 이론인 공정성 이론은 공정하게 대우받고자 하는 욕구와 공정하게 대우받았는지에 대한 사람들의 인식에 의해 동기부여가 영향을 받는다는 것이다. 과업 동기부여의 이론으로서, 그것은 세 가지 가정에 기초한다.

1. 사람들은 조직에 기여한 대가로 무엇을 받는 것이 공정한 것인지에 대한 믿음을 갖게 된다.
2. 사람들은 그들이 받는 수익 및 기여를 다른 사람들의 수익 및 기여와 비교하여 공정성을 결정한다.
3. 불공정하게 대우받았다고 믿는 사람들은 긴장감을 경험할 것이며, 긴장감을 줄일 방법을 찾도록 동기를 부여받게 된다.[92]

공정성 이론에 따르면 공정한 대우를 받는 종업원(공정하다는 판단)은 현재의 성과와 행동 패턴을 계속 유지하도록 동기부여된다. 반면에, 불공정한 대우의 희생자라고 생각하는 종업원은 불공정에 대한 자신의 감정을 줄이는 방법을 모색하게 되는데, 이러한 개인이 불공정에 대한 감정을 줄이는 데는 최소한 다섯 가지 방법이 있다.

1. 공헌이나 보상에 대하여 인지적으로 왜곡하기(*distorting*)("그녀가 나보다 뛰어난게 틀림없어")
2. 자신의 공헌이나 보상을 비교 대상자가 변화(*perceived rival to change*)시키도록 영향력을 행사하기(예를 들어, 생산성을 떨어트리도록 설득)
3. 자신의 공헌이나 보상을 변경하기(*changing*)(더 열심히 일하거나 또는 더 적게 기여)
4. 비교대상을 바꾸어 다른 사람과 자신을 비교하기(*comparing*)
5. 상황을 떠나기(*leaving*)(이직 또는 퇴직 요청)[93]

일반적으로 사람들은 노력이 가장 적게 드는 방법으로 불공정성을 줄이는 노력을 하게 된다. 〈그림 2.5〉는 이 과정을 설명하고 있다.

공정성 이론에 의한 설명력은 실증 연구에 의해 지지되고 있는가? 사람들은 자신들이 덜 보상받고 있다고 믿고 있는 상황에서 어떤 반응을 보일 것인지에 대해서는 설명력이 있다. 그러나 사람들이 과도하게 보상받고 있다고 믿고 있는 상황에서 어떻게 반응할 것인지에 대해서는 설명력이 떨어진다.[94] 또한, 과도 보상이나 과소 보상에 대한 인식 정도에 대해서도 개인 차이가 많이 존재한다는 점을 많은 연구들에서 지적하고 있다.[95]

그림 2.5 공정성 이론에 대한 그림 설명

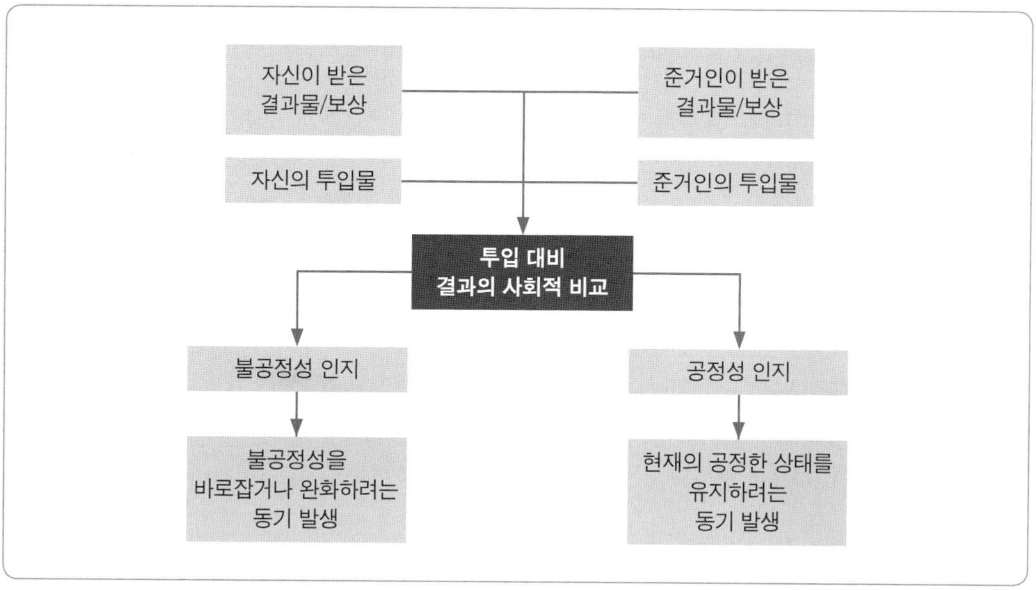

공정성 이론은 HRD 프로그램을 어떻게 인식하는지 그리고 어떻게 반응하는지를 이해하는 데 분명한 시사점을 준다. 일부 조직에서는 HRD 프로그램에 참여하는 것이 좋은 성과에 대한 보상이거나 저조한 성과에 대한 처벌로 인식된다. 또한, 어떤 종업원들이 HRD 프로그램에 포함될 것인지에 대한 결정에는 부작용이 있을 수 있다. 예를 들어, 공정성 이론에 따르면 부당하게 HRD 프로그램에서 제외된 것으로 인식하는 종업원(예: 경영 능력 개발 세미나)은 불공정성을 경험하게 된다.[96] 결과적으로 종업원들은 직무 수행 노력을 줄이거나 조직에 대한 헌신을 줄임으로서 인식된 불공정성을 줄이려고 할 것이다. 종업원들은 기존 조직을 떠나 자신의 재능이 더 인정받는 곳으로 이동할 수도 있다. 이런 일이 발생하지 않도록 관리자는 HRD 프로그램에 대한 선택 기준을 명확히 하고 종업원들에게 피드백하여 교육에 대한 참여 결정이 공정했음을 보여주어야 한다.

공정성 이론은 종업원들이 직업에 대해 배운 기술이나 지식을 사용하는지 여부를 판단하는 데도 도움을 준다. 예를 들어, 종업원이 새로운 기술이나 지식의 적용을 고용주와의 교환을 위한 투입물로 간주하는 경우, 그러한 투입물의 대가로 회사는 특정 보상을 제공할 것으로 기대할 수 있다. 그러나 새로운 기술이나 지식이 부족한 다른 종업원이 자신과 동일한 대우를 받는다면 불공정성을 완화하는 방법으로 자신이 투입한 새로운 기술이나 지식을 사용하지 않을 수도 있다.

3.3 강화 이론: 비인지적 동기부여 이론

마지막으로 소개하는 동기부여 이론인 **강화 이론**(*reinforcement theory*)은 행동주의에 뿌리를 두고 있다. 행동주의(*behaviorism*)는 욕구나 사고와 같은 관측되지 않는 내면적 힘을 언급하지 않고 인간 행동을 설명한다.[97] "행동 주의자는 직접 관찰할 수 있는 것에만 초점을 맞춤으로써 행동을 설명한다. 즉, 행동 자체와 그 행동에 영향을 준 환경적인 사건들에 초점을 둔다. 즉, 강화 이론에서는 행동은 결과의 함수이다. 긍정적인 결과를 발생시키는 행동은 더 많이 일어나고(강화(*reinforcement*)라고 불리는 과정), 부정적인 결과가 따르는 행동은 덜 발생한다는 '**효과의 법칙**(*law of effect*)'에 근거한다.[98] 강화 이론에 따르면 관리자나 강사는 종업원의 행동에 수반되는 결과를 통제함으로 종업원의 행동에 영향을 줄 수 있다.

강화 이론은 **행동 수정**(*behavior modification*)으로 알려진 기법을 사용함으로써 실제로 적용될 수 있다. 행동 수정은 종업원의 행동을 제어하기 위한 네 가지 선택 방법을 제시한다.

1. **긍정적인 강화**(*positive reinforcement*)란 즐거운 결과가 따라오는 행동의 빈도를 늘리는 것을 말한다.
2. **부정적인 강화**(*negative reinforcement*)에서는 행동이 수행된 후에 나타나는 뭔가 불쾌한 결과들을 제거함으로써 행동의 빈도를 증가시킨다.
3. **소멸**(*extinction*)은 그것을 강화하고 있는 결과를 제거함으로써 행동의 빈도를 줄이려고 한다.
4. **처벌**(*punishment*)은 행동 직후 불리한 결과가 나타나게 함으로써 행동 빈도를 줄이려고 한다.

행동에 따르는 결과의 유형 외에도 결과가 행동과 연계되는 방식(강화 계획이라고 함)은 행동 수정이 효과적으로 적용될 수 있는 부분이다.

강화 이론은 많은 연구에서 강력한 지지를 얻고 있으며, 일과 관련된 행동을 이해하는 데 도움이 된다.[99] 또한, 강화 이론은 HRD에 강한 영향을 미쳐왔다. 계획된 강의와 컴퓨터 기반 훈련에 대한 몇 가지 접근법 등의 교수법은 강화 이론에서 상당한 도움을 받았다. 강사 및 관리자는 또한 행동 수정 기법의 방법들을 사용하여 종업원들이 직장에서 배우도록 하고, 배운 것을 실무에서 사용할 수 있도록 동기를 부여할 수 있다.[100] 엄격한 행동주의 이론가들은 앞서 다루었던 기법들의 사상이나 필요성을 강조하지 않기 때문에 그 접근법이 협소해질 수 있다. 효과적인 HRD 전문가는 동기부여에 대한 보다 전체적이거나 통합된 접근 방식을 갖고 있어야 한다.[101] 이 부분에서 독자들은 코마닉(*Kormanik*)과 로코(*Rocco*)의 강화에 대한 내적 통제와 외적 통제 인식에 관한 고찰을 검토해보길 바란다. 교실에서의 동기부여에 대한 매혹적인 사례연구로는 레비(*Levy*)의 연구를 참조하길 바란다.[102]

3.4 동기부여 요약

지금까지 살펴보았듯이 동기부여를 설명하는 이론들은 다양하다.[103] 각 이론은 종업원 행동에 대한 이해를 높여주며, 실증 연구에 의해 지지되고 있다(목표 설정, 강화 이론, 사회적 학습 이론 및 기대 이론에 대한 지지가 가장 강력함). 또한 각 이론은 HRD 프로그램의 설계 및 운영에 중요한 통찰을 제공한다.

동기부여를 이해하기 위한 다양한 접근에 대해 간략하게 설명하는 것은 불완전하며, 이론 간의 복잡성과 상호 관계를 설명하는 데 한계가 있다. 기대 이론이나 강화 이론과 같은 일부 이론은 동기부여 현상에 대해 유사한 예측을 만들어내기도 한다.[104] 또한 연구자들은 여러 이론을 보다 포괄적인 모델

그림 2.6 와그너-홀렌벡의 통합적 동기부여 모형

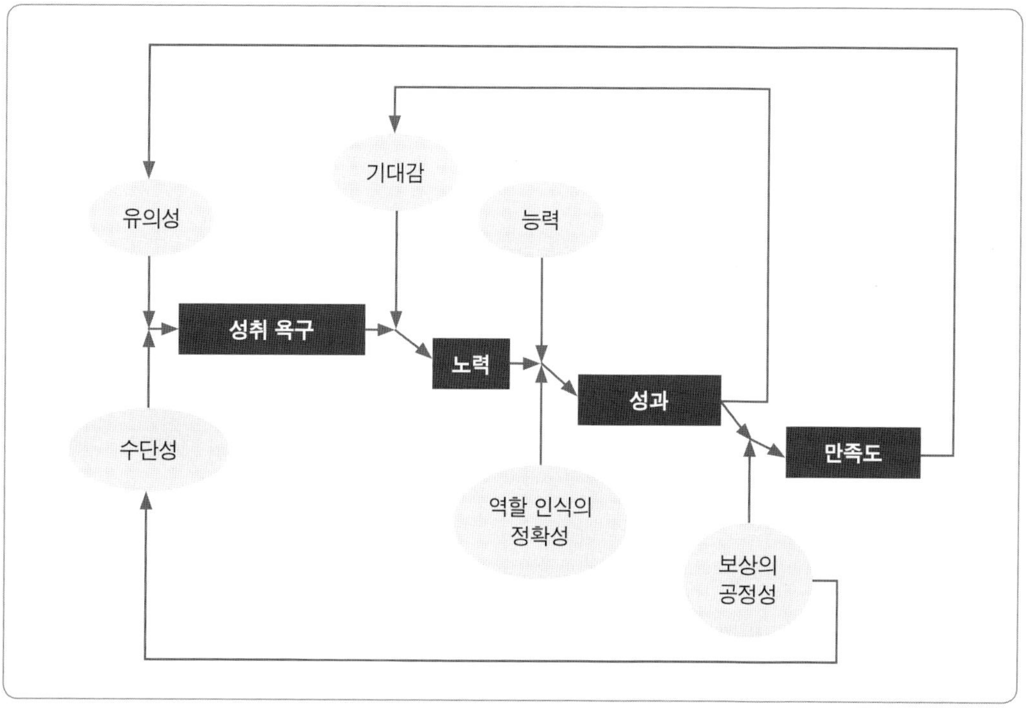

출처: Wagner, J. A., III, and Hollenbeck, J. R. (1995). *Management of organizational behavior* (2nd ed.). Englewood Cliffs, NJ: Prentice-Hall.

(예: 기대 이론과 공정성 이론을 결합한 포터 롤러 모델(*Porter-Lawler model*))로 통합하고자 했다. 존 와그너(*John Wagner*)와 존 홀렌벡(*John Hollenbeck*)도 여러 가지 동기부여 모델을 통합하였는데,[105] 그들의 통합적 동기부여 모형은 〈그림 2.6〉에서 볼 수 있다. 이 모델에서는 성취 욕구, 노력, 성과, 그리고 만족도라는 종업원들의 네 가지 과업의 결과가 중요하다(모형의 중앙에 위치한 박스에 해당한다). 기대 이론은 종업원의 동기부여와 성과에 미치는 영향을 설명하는 가장 중요한 프레임워크이다. 그러나 앞서 설명한 다른 이론들도 이 과정이 어떻게 전개되는지에 대한 이해를 높이는 데 사용된다.

예를 들어, 유의성, 수단성 및 기대감은 기대 이론에서 언급되었다. 그러나 다양한 욕구 이론은 유의성(*valences*)을 이해하는 데 도움을 줄 수 있다. 즉, 사람들이 가치 있다고 생각하고 원하는 것이 무엇인지를 알려준다. 마찬가지로, 강화 이론과 사회적 학습 이론은 종업원들이 믿기에 그들이 원하는 것으로 이끌어 주는 것이 무엇인지를 이해하는 데 도움을 준다. 즉, 수단성(*instrumentality*) 믿음과 관련된 이해를 높여준다. 다양한 형태의 강화 모델링을 통한 대리 학습(사회적 학습 이론에 의해 제안됨)도 믿음을 이끌어낸다. 이러한 요소들이 결합되어 종업원들 입장에서 성취 지향적 욕구를 만들어낸다. 기대 이론에 의해 제시된 바와 같이, 그렇게 되면 이것은 기대감(*expectancy*)(자신의 노력이 성공적인 결과로 이어질 것이라는 믿음)과 상호작용하여 높은 수준의 노력을 산출하게 된다. 노력은 정확한 역할 인식뿐만 아니라 충분

한 능력을 수반해야 한다. 목표 설정 이론은 수행해야 할 과업이 무엇인지, 어떤 수준인지, 그 수행의 책임은 누구에게 있는지에 대한 지침을 제공한다. 노력, 능력 및 정확한 역할 인식이 모두 준비되면, 개인은 높은 수준의 성과를 산출할 것이다. 이 모델의 최종 변수인 만족도는 성과뿐만 아니라 보상이 공정하게 제공되었다고 인식할 때 따라온다. 공정성 이론은 보상의 공정성에 대해 어떻게 인식하고 있는지를 이해하는 데 유용한 프레임워크이다. 마지막으로, 통합적 모형은 화살표가 유의성, 수단성 및 기대감으로 다시 돌아가는 관계를 보여주고 있다. 이것은 종업원의 동기부여와 업무 수행의 역동적인 관계를 보여준다. 즉 동기부여와 업무 수행은 시간에 따라 변화할 수 있다는 것이다. 동기부여가 강한 사람도 유의성, 수단성 또는 기대감이 떨어지면, 동기부여가 약해질 수 있다. 반면에 이들 중 하나의 요인이 향상되거나 증가하면 동기부여 노력, 수행 성과 및 만족도가 다시 높아질 수 있다. 이 모델은 다양한 동기 이론을 효과적으로 통합하고 있기 때문에 동기부여 현상을 전체적으로 이해하는 데 유용한 도구이다.

지금까지의 논의는 종업원 행동에서 동기부여의 중요성을 이해하고, HRD에서 동기부여 이론을 다양하게 적용할 수 있도록 도와준다.

4. 종업원 행동에 영향을 주는 기타 내부 요인들

종업원의 행동에 영향을 미치는 기타 내부 요인들에는 태도와 지식, 스킬 및 능력(KSAs)이 포함된다. 이러한 각 요소에 대해서 알아보도록 하자.

4.1 태도

태도(*attitudes*)는 과업 행동 모델을 설명할 때 두 번째로 중요한 내부 영향 요소이다(그림 2.1 참조). 생각이 행동에 영향을 미칠 수 있다는 점은 태도가 종업원 행동에 영향력이 있음을 의미한다. 교육 평가, 관리개발 및 조직 개발 부분에서 HRD는 종업원 태도를 변화시키거나, 태도를 핵심적인 요소로 간주한다. 예를 들어, HRD 프로그램을 평가하는 일반적인 방법 중 하나는 프로그램 및 그 내용에 대한 종업원의 태도를 평가하는 것이다.

태도란 무엇인가? 태도는 "어떤 자극하는 대상에 대한 호불호와 같은 일반적인 느낌"을 의미한다.[106] 태도는 사람이든, 장소이든, 사건이든, 아이디어든 간에 특정 대상과 관련하여 항상 유지된다. 그리고 그 대상에 대한 자신의 느낌이나 감정을 나타낸다. 태도는 시간적으로 안정적이며 변화가 쉽지 않다.[107]

HRD에서 특히 관심이 있는 부분은 태도와 행동 사이의 관계이다. 상식적으로 태도가 행동을 유발한다고 생각하지만 현상은 더욱 복잡하다. 태도가 다른 영향 없이 행동에 직접적으로 영향을 미친다면, 행동은 태도와 일관성을 갖고 있다. 그러나 항상 그런 것만은 아니다. 태도는 행동을 예측하는 데 사용될 수 있지만, 그러한 예측은 단지 부분적으로만 타당할 뿐이다. 태도와 행동 사이의 직접적인 관계를 증명하려는 연구자들은 상당한 좌절감을 경험해왔다.

그림 2.7 행동 의도 모델

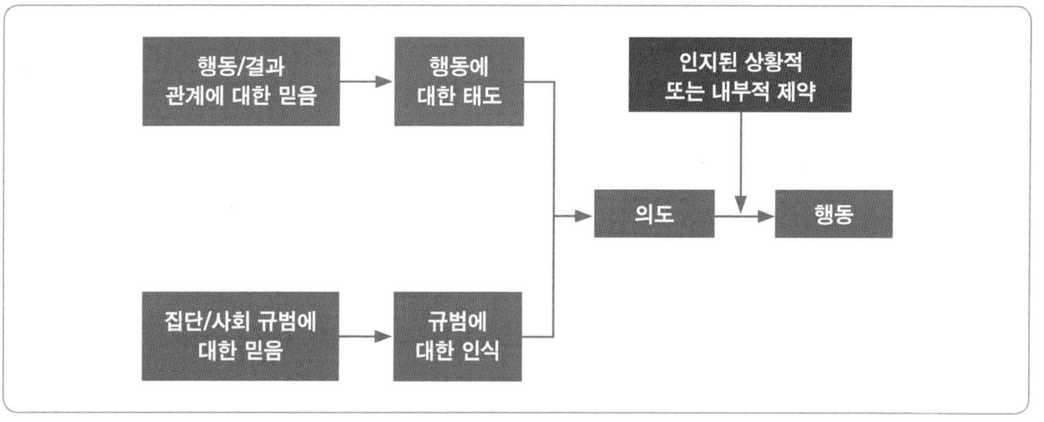

출처: From Organizational Behavior 5th edition by Hellriegel/Slocum/Woodman. © 1989.

지난 30년간의 연구에 따르면, 태도와 행동의 관계는 단순하거나 직접적인 것이 아니다. 이 관계를 일반적으로 설명하는 모델 중 하나가 **행동 의도 모델**(*behavior intentions model*)이다.[108] 이 모델은 어떤 행동 방식에 대한 사회적 압박에 대한 인식(주관적 규범이라고도 불리는)과 태도의 결합이 개인 의도에 영향을 미친다고 주장한다. 이러한 의도는 행동에 직접적인 영향을 준다(그림 2.7 참조).[109] 태도와 주관적 규범이 서로 상충될 때 두 요인 중 강한 것이 개인 의도를 결정한다. 행동 의도 모델에 따르면, 태도가 개인의 의도에 영향을 주는 경우에만 행동에 영향을 주는 것으로 보인다.

행동 의도 모델이 HRD 분야에 도움을 주는 점은 HRD 프로그램의 효과성을 측정할 때이다(7장 참조). 종업원이 HRD 프로그램에서 배운 것을 실제로 적용할지 아닐지를 결정하는 태도만을 측정하면 효과성을 완전하게 진단할 수는 없다. 행동 의도 모델에서 제시하는 의도는 태도를 통합하고 행동에 직접적으로 영향을 미치는 개념이기 때문에 학습 효과성을 검증하기 위해서는 훈련생의 의도를 측정하는 것이 더 유용하다. 이것이 직무 행동의 실제 변화를 평가하는 것을 완전히 대체할 수는 없지만, 행동 의도 모델은 태도만 측정할 때보다는, 의도들이 프로그램 효과성에 대한 더 좋은 지표가 될 수 있음을 시사한다.[110]

태도는 HRD 프로그램의 중요한 요소이다. 레이 노에(*Ray Noe*)는 스킬 평가 피드백에 대한 태도와 경력/직무 태도가 학습 동기에 직접적인 영향을 미칠 수 있다고 주장한다.[111] 실증 테스트 결과, 이러한 요인들이 실제로 교육에서의 동기부여와 학습에 영향을 미친다는 것을 보여준다.[112] 프로그램 훈련생의 태도가 그 훈련의 효과성에 미치는 영향력을 명백하게 이해하는 것은 HRD 프로그램을 보다 효과적으로 설계하는데 새로운 통찰력을 제공할 것이다.[113]

4.2 지식, 스킬 및 능력

종업원 행동 모델(그림 2.1)에 포함된 세 번째이자 마지막 내부 요인은 종업원의 지식, 스킬 및 능력(KSAs)이다. KSAs는 종업원 성과에 중요한 영향을 미친다. 다른 상황들이 같은 조건하에서 종업원들이 업무를 수행할 수 있는 KSAs가 부족하다면, 그들은 아마도 뒤떨어질 것이다. 거의 모든 HRD 프로그램은 종업원의 KSAs를 개선하거나 갱신하는 데 중점을 둔다. KSAs가 일반적으로 쉽게 나타나는 특성이지만, 이러한 요인들을 정밀하게 정의하기는 어려울 수 있다. 개념에 대한 정의는 사람에 따라 다를 수 있다. 인간의 능력에 대한 선도적 연구자인 에드윈 플리쉬만(*Edwin Fleishman*)은 **능력**(*abilities*)을 어떤 업무의 수행과 관련된 일반적인 역량이라고 정의한다.[114] 능력은 유전적 요소와 경험적 요소의 상호작용을 통해 시간이 지남에 따라 발전하며 오랫동안 지속된다. **스킬**(*skills*)은 정신운동의 활동으로 종종 분류가 된다(반면에 능력은 보다 인지적인 요소이다). 스킬은 일반적으로 일부 작업의 수행을 분명하고 쉽게 할 수 있는 용이성과 정확성 측면에서 측정된다.[115] 마지막으로, **지식**(*knowledge*)이란 특정 주제와 관련된 요소 또는 원칙을 이해하는 것으로 정의된다.

일반적인 지능, 구두 이해력, 수치 능력 및 귀납적 추론을 포함하여 100가지가 넘는 다양한 유형의 능력이 분류되어 왔다.[116] 일반적인 힘과 같은 일부 유형의 능력들은 하위 범주(폭발력, 역동성 및 정적 능력 포함)로 분류된다.[117] 연구자들은 특정 작업을 수행하는 데 필요한 능력을 설명할 수 있는 분류 체계를 개발해왔다. 분류 체계는 HRD 전문가들이 훈련이 필요한 종업원을 선별하여 배정하고, 서로 다른 수준의 기술을 가진 개인들의 적절한 학습 전략을 선택하고, 훈련 프로그램을 설계할 때에 필요한 부분과 교육내용을 구체화하는 데 도움을 준다. HRD 전문가가 종업원을 선택하여 교육 프로그램에 배정하고, 서로 다른 스킬의 개인에게 적절한 학습 전략을 적용하고, 또한 교육 프로그램을 설계하고 교육 요구 사항 및 내용을 구체화하는 데 도움이 된다. 플리쉬만과 동료들은 HRD에 적용될 하나의 분류법을 개발했다.[118] 교육의 필요성 평가는 4장에서 자세하게 논의될 것이다.

지식, 스킬 및 능력뿐만 아니라 동기부여, 태도는 종업원의 행동을 설명하고 HRD를 이해하고 적용하는데 아주 중요하다. 종업원 행동에 영향을 주는 것은 이러한 요소들과 앞서 설명한 외부 영향 요소들 간의 조합이다.

도입 사례로 돌아가기

프랫 앤 휘트니(*Pratt & Whitney*)와 UTC는 공인된 교육 기관에서 대학 과정을 수강하려는 직원들에게 수업료 및 교재비의 100%를 지원하는 직원 장학생 프로그램을 설계했다. UTC 웹사이트에 따르면 "직원들은 자신의 직무와 관련성 여부와 상관없이 자신의 분야에서 학위를 취득할 수 있다"고 되어 있다.

출처: Employee Scholars Program (2015). Accessed on January 3, 2015 at http://www.utc.com/Careers/Why-Work-at-UTC/Pages/Employee-Scholar-Program.aspx.

요약

HRD 개입은 궁극적으로 종업원 행동을 변화시키려는 시도이기 때문에 종업원 행동에 영향을 미치는 요인들을 이해하는 것이 중요하다. 이 장에서는 이러한 논의를 도와주는 종업원 행동 모델을 사용하여 관련 요인들을 제시했는데, 그 요인들은 HRD에 직접 관련이 있다. 이 모델에는 종업원 행동에 영향을 주고, 상호작용하는 두 가지 요인으로 분류된다. (1) 외부 환경 요인(경제, 정부 및 경쟁 문제)과 업무 환경의 요인(예: 결과, 관리자, 조직 및 동료), 그리고 (2) 동기, 능력 및 태도를 포함한 내부 요인이다.

특정 방식의 행동으로 산출된 결과물은 다시 종업원 행동에 대한 외부 영향력이 된다. 개인 성과(임금이나 인정과 같은 성과)와 조직 성과(생산성이나 이익과 같은 성과)는 종업원이 HRD 프로그램에 참석하고 배운 내용을 업무에 적용하도록 동기를 부여할 수 있다. 기대 이론 및 강화 이론과 같은 동기 이론은 결과가 종업원 행동에 어떻게 영향을 미치는지를 설명하고 있다.

관리자는 리더십과 기대감을 통해서도 종업원 행동에 영향을 미친다. 관리자는 리더십(비강제적인 영향력)을 사용하여 종업원의 성과, 태도 및 동기에 영향을 줄 수 있다. 리더-멤버 교환 이론에 따르면, 상사가 신뢰, 존중, 우정으로 대우하는 종업원은 그렇지 않은 종업원보다 만족을 더 느끼며 업무를 잘 수행한다. 자기암시 예언(피그말리온 효과)에 대한 연구에 따르면 관리자가 갖고 있는 종업원에 대한 기대는 관리자가 종업원과 상호작용하는 방식에 영향을 주고, 종업원의 실적은 그러한 기대에 부응하도록 한다.

종업원 행동에 영향을 미치는 업무 환경의 두 가지 요소는 동료들과 조직 자체이다. 동료들은 집단 규범, 집단 역동성 및 팀워크를 통해 영향을 주고 가치 있는 결과를 제어한다. 조직은 문화, 보상 구조 및 업무 방식을 포함하여 여러 가지 측면에서 종업원 행동에 영향을 미친다.

종업원 행동에 영향을 미치는 주요 내부 요소 중 하나는 동기부여이다. 동기부여는 자발적인 행동의 지속성에 활기를 주고, 방향성을 제공하고, 이끌어가는 심리적 과정으로 정의된다. 동기부여 이론은 행동을 설명하는 데 있어 몇 가지 다른 요인들을 사용하는데, 욕구(매슬로우의 욕구 단계, 알더퍼의 ERG 이론, 허즈버그의 2요인 이론), 인지(기대 이론, 목표 설정 이론, 사회적 학습 이론, 공정성 이론), 그리고 행동의 결과(강화 이론) 등을 포함한다. 이 이론들 각각은 HRD 프로그램을 개발하고 운영하는 데 활용될 수 있다. 와그너-홀렌벡의 동기부여 및 성과에 관한 통합적 모형은 다양한 이론을 결합하여 만든 것으로 동기부여와 업무 수행 문제를 진단하는 유용한 도구이다.

태도와 KSAs는 행동의 중요한 내부 요소이기도 한다. 능력이 없다면(어떤 업무들을 수행하는 데 필요한 역량), 동기부여와 상관없이 주어진 업무를 수행할 수 없다. 신념, 느낌 및 행동 성향을 내포하는 태도는 의도를 통해 간접적으로 행동에 영향을 준다. 행동 의도 모델에 따르면, 태도는 의도를 형성하는 사회적 압력에 대한 인식과 결합하여 행동에 직접적으로 영향을 미친다. 연구 결과에 따르면, 종업원의 태도와 능력 모두 HRD 프로그램의 효과성에 영향을 준다.

HRD 전문가 및 관리자는 종업원 행동을 이해하고 영향을 미치는 업무를 담당하고 있다. 여기서 소개한 개념과 이론이 보여주듯이, 종업원 행동에 대한 다양한 설명이 가능하다. 학습 현장에서 이러한 이론을 적용하려면 나름의 판단과 수정이 필요하다. 이러한 점에서 HRD 개입을 설계하고 전달하는 것은 과학이면서 동시에 예술이라 할 수 있다.

토의문제

1. 외부 환경 요소가 종업원 행동에 영향을 미칠 수 있는 방법을 적어도 세 가지 설명하시오. 당신이 조직 다운사이징의 성공 가능성을 평가하는 팀과 함께 작업하는 HRD 전문가라면, HRD 권장 사항을 작성할 때 어떤 요소들을 고려하겠는가? 즉, HRD에 대해 알고 있는 것을 바탕으로 볼 때에 HRD 전문가는 다운사이징 작업의 성공 또는 실패 가능성에 어떻게 영향을 미칠 수 있는가?
2. 직장에서 경험한 문제를 하나 선택하여, 이 장에 제시된 종업원 행동 모델을 사용하여 그 문제의 원인을 규명해보시오. 가능한 구체적으로 설명해보시오.
3. 당신이 중소기업 은행의 채용 부서 관리자라고 가정해보시오. 최근에 당신 부서에서 채용 담당 직원이 동기부여가 되지 않은 것처럼 보인다. 모집 성과는 지금까지 평균 이상이었지만 지난 2주 동안은 평균 이하로 떨어졌다. 기대 이론에 의하면 종업원의 성과가 떨어지는 원인을 어떻게 설명할 수 있는가? 공정성 이론으로 설명할 수 있는 것은 무엇인가? 공정성과 기대 이론에 대한 지식을 바탕으로 채용 담당 종업원의 성과를 향상시키는 데 도움이 되는 두 가지 조언을 제안해보시오.
4. 전기/설비 대기업의 HRD 관리자라고 가정해보시오. 분기 보고서는 작년과 같은 분기에 경영 능력 개발 프로그램 참여율이 25% 감소한 것으로 나타났다. 회사에서 근무하는 관리자의 수는 변하지 않았으며 회사의 이익은 안정적이었다. 당신은 이미 이러한 프로그램을 매력적인 오프라인 장소(회의센터)에서 운영하고 있고, 이 프로그램에 참여하는 것은 종업원의 연말 성과 평가에 포함된다. 동기부여 이론에 대한 지식을 사용하여 왜 참여율이 떨어지는지 세 가지 이유를 제시해보시오. 조사 결과, 그 이유가 맞는 원인으로 밝혀지면 참여율을 높이기 위해 무엇을 할 수 있는가?
5. 동기부여 이론에 대한 이해도를 높이기 위해 욕구 기반 이론과 인지 기반 이론들에 대해 비교하고 대조해보시오.
6. 치킨 가공 공장의 HRD 관리자가 조언을 구하러 왔다. 공장의 모든 종업원이 최근에 안전 교육 프로그램을 완료했지만 사고율은 개선되지 않았다. 특히, 관리자는 안전 수칙(고글, 미끄럽지 않은 신발 등)을 일관되게 착용하지 않으며, 안전 절차를 따르지 않고 있음을 발견했다. 태도 및 감독자 기대에 대한 지식을 사용하여 종업원의 행동을 설명할 수 있는 두 가지 이유를 제시해보시오. 당신의 가설이 사실이라면 HRD 관리자로서 어떻게 상황을 개선할 수 있는가?
7. 왜 자기 효능감이 낮은 사람들이 높은 사람들보다 학습 능력이 떨어진다고 생각하는가?

낮은 자기 효능감을 해결하기 위해 무엇을 할 수 있는가?

8. 직장에서 동료들이 종업원의 행동에 영향을 미칠 수 있는 세 가지 방법을 간략하게 제시해보시오.

9. 직장이나 학교에서 요구한 일(예: 보고서 작성 또는 시험 공부)을 할 때 동기부여가 되지 않았을 때를 회상해보시오. 두 가지 동기부여 이론을 사용하여 왜 동기부여 부족이 발생했는지를 설명해보시오.

미주

1. Nickols, F. W. (2005). Why a stakeholder approach to evaluating training. *Advances in Developing Human Resources*, 7(1), 121–134; Gumbus, A. (2005). Introducing the balanced scorecard: Creating metrics to measure performance. *Journal of Management Education*, 29(4), 617–630; Laplume, A. O., Sonpar, K., & Litz, R. A. (2008). Stakeholder theory: Reviewing a theory that moves us. *Journal of Management*, 34, 1152–1189; Wallenborn, M. (2010). Vocational education and training and human capital development: Current practice and future options. *European Journal of Education*, 45, 181–198; Collings, D. G. (2014). Toward mature talent management: Beyond shareholder value. *Human Resource Development Quarterly*, 25(3), 301–319.

2. Ellis, K., & Gale, S. F. (2001). A seat at the table. *Training*, 38(3), March, 90–97; Willmore, J. (2004). The future of performance. *T&D*, 58(8), 27–31; Bassi, L., & McMurrer, D. (2007). Maximizing your return on people. *Harvard Business Review*, 85(3), 115–123; Simonin, B. L., & Ozsomer, A. (2009). Knowledge processes and learning outcomes in MNCs: An empirical investigation of the role of HRM practices in foreign subsidiaries. *Human Resource Management*, 48, 505–530; Potosky, D. (2010). Goal orientation, learning self-efficacy, and climate perceptions in a post-acquisition corporate context. *Human Resource Development Quarterly*, 21, 273–289; Alagaraja, M. (2013). HRD and HRM perspectives on organizational performance: A review of literature. *Human Resource Development Review*, 12(2), 117–143.

3. Campbell, J. P., McCloy, R. A., Oppler, S. H., & Sager, C. E. (1993). A theory of performance. In N. Schmitt & W. C. Borman (Eds), *Personnel selection in organizations* (pp. 35–70). San Francisco, CA: Jossey-Bass; Werner, J. M. (2000). Implications of OCB and contextual performance for human resource management. *Human Resource Management Review*, 10, 3–24; Hoffman, B. J., Blair, C. A., Meriac, J. P., & Woehr, D. J. (2007). Expanding the criterion domain? A quantitative review of the OCB literature. *Journal of Applied Psychology*, 92, 555–566; Gavino, M. C., Wayne, S. J., & Erdogan, B. (2012). Discretionary and transactional human resource practices and employee outcomes: The role of perceived organizational support. *Human Resource Management*, 51(5), 665–686; Rubin, R. S., Dierdorff, E. C., & Bachrach, D. G. (2013). Boundaries of citizenship behavior: Curvilinearity and context in the citizenship and task performance relationship. *Personnel Psychology*, 66(2), 377–406.

4. Murphy, K. R., & Shiarella, A. H. (1997). Implications of the multidimensional nature of job performance for the validity of selection tests: Multivariate frameworks for studying test validity. *Personnel Psychology*, 50, 823–854.

5. Organ, D. W. (1988). *Organizational citizenship behavior: The Good Soldier syndrome*. Lexington, MA: Lexington Books; Tompson, H. B., & Werner, J. M. (1997). The impact of role conflict/facilitation on core and discretionary behaviors: Testing a mediated model. *Journal of Management*, 23, 583–601; Borman, W. C., & Motowidlo, S. J. (1993). Expanding the criterion domain to include elements of contextual performance. In N. Schmitt & W. C. Borman (Eds), *Personnel selection in organizations* (pp. 71–98). San Francisco, CA: Jossey-Bass; Stone-Romero, E. F., Alvarez, K., & Thompson, L. F. (2009). The construct validity of conceptual and operational definitions of contextual performance and related constructs. *Human Resource Management Review*, 19, 104–116; Culbertson, S. S.,&Mills, M. J. (2011). Negative implications for the inclusion of citizenship performance in ratings. *Human Resource Development International*, 14(1), 23–38; Rurkkhum, S.,&Bartlett, K. R. (2012). The relationship between employee engagement and organizational citizenship behaviour in Thailand. *Human Resource Development International*, 15(2), 157–174.

6. Organ, D. W. (1997). Organizational citizenship behavior: It's construct clean-up time, *Human Performance*, 10(2), 85–97; Organ, D. W., Podsakoff, P. M., & Mackenzie, S. B. (2006). *Organizational citizenship behavior: Its nature, antecedents, and consequences*, Second edition. Thousand Oaks, CA: Sage.

7. *Ibid.*; Werner (2000), *supra* note 3.

8. Katz, D. (1964). The motivational basis of organizational behavior. *Behavioral Science*, 9, 131–133.

9. Heneman, H. G., III, Schwab, D., Fossum, J., & Dyer, L. (1989). *Personnel/human resource management* (4th ed.). Homewood, IL: Irwin.

10. Cascio, W. F. (2005). Strategies for responsible restructuring. *Academy of Management Executive*, 19(4), 39–50.

11. Munoz-Bullon, F., & Sanchez-Bueno, M. J. (2010). Downsizing implementation and financial performance. *Management Decision*, 48, 1181–1197.

12. Bassi, L. J., & Van Buren, M. E. (1997). Sustaining high performance in bad times. *Training & Development*, 51(6), 32–41.

13. DeMeuse, K. P., Bergmann, T. J., Vanderheiden, P. A., & Roraff, C. E. (2004). New evidence regarding organizational downsizing and a firm's financial performance: A long-term analysis. *Journal of Managerial Issues*, 16(2), 155–177.

14. DeMeuse, K. P., & Guangrong, D. (2013). Organizational downsizing: Its effect on financial performance over time. *Journal of Managerial Issues*, 25(4), 324–344.

15. Nelson, D. L., & Burke, R. J. (1998). Lessons learned. *Canadian Journal of Administrative Sciences*, 15, 372–381; Mishra, K. E., Spreitzer, G. M., & Mishra, A. K. (1998). Preserving employee morale during downsizing. *Sloan Management Review*, 39, Winter, 83–95.

16. Galagan, P. (2010). The biggest losers: The perils of extreme downsizing. *T&D*, 64(11), 27–29.

17. Bassi & Van Buren (1997), *supra* note 12.

18. Bragger, J. D., Kutcher, E. J., Menier, A., Sessa, V. I., & Sumner, K. (2014). Giving nonselective downsizing a performance review. *Human Resource Development Review*, 13(1), 58–78.

19. Burke, W. W. (1997). The new agenda for organization development. *Organizational Dynamics*, 26, Summer, 7–20; see also Tyler, M., & Wilkinson, A. (2007). The tyranny of corporate slenderness: 'Corporate anorexia' as a metaphor for our age. *Work Employment & Society*, 21, 537–549.

20. Hyo-Sook, K. (2009). Examining the role of informational justice in the wake of downsizing from an organizational relationship management perspective. *Journal of Business Ethics*, 88, 297–312; Shook, L., & Roth, G. (2011). Downsizings, mergers, and acquisitions. *Journal of European Industrial Training*, 35(2), 135–153.

21. Mitchell, T. R. (1974). Expectancy models of satisfaction, occupational preference, and effort: A theoretical, methodological, and empirical appraisal. *Psychological Bulletin*, 81, 1053–1077; Wildes, V. J. (2008). Should I stay or should I go? Motivation to work in foodservice. *Journal of Foodservice Business Research*, 11, 286–294.

22. Campbell, J. P., & Pritchard, R. D. (1976). Motivation theory in industrial and organizational psychology. In M. D. Dunnette (Ed.), *Handbook of industrial and organizational psychology* (63–130). Chicago, IL: Rand McNally; Bonache, J., Sanchez, J. I., & Zarraga-Oberty, C. (2009). The interaction of expatriate pay differential and expatriate inputs on host country nationals' pay unfairness. *International Journal of Human Resource Management*, 20, 2135–2149.

23. Mohrman, S. A., Cohen, S. G., & Mohrman, A. M., Jr. (1995). *Designing team-based organizations: New forms for knowledge work.* San Francisco, CA: Jossey-Bass; Torka, N., Schyns, B., & Looise, J. K. (2010). Direct participation quality and organisational commitment: The role of leadermember exchange. *Employee Relations*, 32, 418–434.

24. Rubie-Davies, C., Hattie, J., & Hamilton, R. (2006). Expecting the best for students: Teacher expectations and academic outcomes. *British Journal of Educational Psychology*, 76(3), 429–444; Reynolds, D. (2007). Restraining Golem and harnessing Pygmalion in the classroom: A laboratory study of managerial expectations and task design. *Academy of Management Learning & Education*, 6, 475–483; Karcher, M. J., Davidson, A. J., Rhodes, J. E., & Herrera, C. (2010). Pygmalion in the program: The role of teenage peer mentors' attitudes in shaping their mentees' outcomes. *Applied Developmental Science*, 14, 212–227; Karakowsky, L., DeGama, N., & McBey, K. (2012). Facilitating the Pygmalion effect: The overlooked role of subordinate perceptions of the leader. *Journal of Occupational and Organizational Psychology*, 85(4), 579–599; Sorhagen, N. S. (2013). Early teacher expectations disproportionately affect poor children's high school performance. *Journal of Educational Psychology*, 105(2), 465–477.

25. Eden, D. (1984). Self-fulfilling prophecy as a management tool: Harnessing Pygmalion. *Academy of Management Review*, 9, 64–73; Carmeli, A., & Waldman, D. A. (2010). Leadership, behavioral context, and the performance of work groups in a knowledge-intensive setting. *Journal of Technology Transfer*, 35, 384–400.

26. Eden, D., & Ravid, G. (1982). Pygmalion versus selfexpectancy: Effects of instructor and self-expectancy on trainee performance. *Organizational Behavior and Human Performance*, 30, 351–364; Eden, D., & Shani, A. B. (1982). Pygmalion goes to boot camp: Expectancy, leadership, and trainee performance. *Journal of Applied Psychology*, 67, 194–199.

27. Chen, G., & Klimoski, R. J. (2003). The impact of expectations on newcomer performance in teams as mediated by work characteristics, social exchanges, and empowerment. *Academy of Management Journal*, 46(5), 591–607; Rink, F. A., & Ellemers, N. (2009). Temporary versus permanent group membership: How the future prospects of newcomers affect newcomer acceptance and newcomer influence. *Personality and Social Psychology Bulletin*, 35, 764–775.

28. Dries, N. (2013). The psychology of talent management: A review and research agenda. *Human Resource Management Review*, 23(4), 272–285.

29. Kotlyer, I. (2013). The double edge sword of "high potential" expectations. *Europe's Journal of Psychology*, 9(3), 581–596.

30. Jago, A. G. (1982). Leadership: Perspectives in theory and research. *Management Science*, 22, 315–336.

31. Derue, D. S., Nahrgang, J. D., Wellman, N. E. D., & Humphrey, S. E. (2011). Trait and behavioral theories of leadership: An integration and meta-analytic test of their relative validity. *Personnel Psychology*, 64(1), 7–52.

32. House, R. J. (1971). A path-goal theory of leader effectiveness. *Administrative Science Quarterly*, 16, 321–338; House, R. J. (1996). Path-goal theory of leadership: Lessons, legacy, and a reformulated theory. *Leadership Quarterly*, 7(3), 323–352; Hannah, S. T., & Lester, P. B. (2009). A multilevel approach to building and leading learning organizations. *Leadership Quarterly*, 20, 34–48.

33. Al-Gattan, A. A. (1985). Test of the path-goal theory of leadership in the multinational domain. *Group and Organizational Studies*, 10, 425–429; Schriesheim, C., & DeNisi, A. (1981). Task dimensions as moderators of the effects of instrumental leadership: A two-sample replicated test of path goal leadership theory. *Journal of Applied Psychology*, 66, 587–589; Jackson, E. M., Rossi, M. E., Hoover, E. R., & Johnson, R. E. (2012). Relationships of leader reward behavior with employee behavior: Fairness and morale as key mediators. *Leadership & Organization Development Journal*, 33(7), 646–661; Yukl, G. (2012). Effective leadership behaviors: What we know and what questions need more attention? *Academy of Management Perspectives*, 26(4), 66–85.

34. Dansereau, F., Graen, G. B., & Haga, W. (1975). A vertical dyad linkage approach to leadership in formal organizations. *Organizational Behavior and Human Performance*, 13, 46–78; Graen, G. B., & Uhl-Bien, M. (1995). Relationship-based approach to leadership: Development of Leader-Member Exchange (LMX) theory of leadership over 25 years: Applying a multi-level multidomain perspective. *Leadership Quarterly*, 6, 219–247; Davis, W. D., & Gardner, W. L. (2004). Perceptions of politics and organizational cynicism: An attributional and leader-member exchange perspective. *Leadership Quarterly*, 15, 439–465; Ma, L., & Qu, Q. (2010). Differentiation in leader-member exchange: A hierarchical linear modeling approach. *Leadership Quarterly*, 21, 733–744.

35. Vecchio, R. P., & Godbell, B. C. (1984). The vertical dyed linkage model of leadership: Problems and prospects. *Organizational Behavior and Human Performance*, 34, 5–20; Ferris, G. R. (1985). Role of leadership in the employee withdrawal process: A constructive replication. *Journal of Applied Psychology*, 70, 777–781; Wakabayashi, M., & Graen, G. B. (1984). The Japanese career progress study: A 7-year follow-up. *Journal of Applied Psychology*, 69, 603–614.

36. Derler, A., & Weibler, J. (2014). The ideal employee: context and leaders' implicit follower theories. *Leadership & Organization Development Journal*, 35(5), 386–409.

37. Graen & Uhl-Bien (1995), *supra* note 34, p. 229; Zhang, Z., Waldman, D. A., & Wang, Z. (2012). A multilevel investigation of leader-member exchange, informal leader emergence, and individual and team performance. *Personnel Psychology*, 65(1), 49–78.

38. Zhang, Z., Wang, M. O., & Shi, J. (2012). Leader-follower congruence in proactive personality and work outcomes: The mediating role of leader-member exchange. *Academy of Management Journal*, 55(1), 111–130.

39. Erdogan, B., & Enders, J. (2007). Support from the top: Supervisors' perceived organizational support as a moderator of leader-member exchange to satisfaction and performance relationships. *Journal of Applied Psychology*, 92(2), 321–330.

40. Bezuijen, X. M., van Dam, K., van den Berg, P. T., & Thierry, H. (2010). How leaders stimulate employee learning: A leader-member exchange approach. *Journal of Occupational and Organizational Psychology*, 83, 673–693.

41. Kangas, H. M. (2013). The development of the LMX relationships after a newly appointed leader enters an organization. *Human Resource Development International*, 16(5), 575–589.

42. Anderson, V. (2013). A Trojan Horse? The implications of managerial coaching for leadership theory. *Human Resource Development International*, 16(3), 251–266.

43. Walumbwa, F. O., Cropanzano, R., & Goldman, B. M. (2011). How leader-member exchange influences effective work behaviors: Social exchange and internal-external efficacy perspectives. *Personnel Psychology*, 64(3), 739–770.

44. Seers, A., Petty,M. M., & Cashman, J. F. (1995). Teammember exchange under team and traditional management: A naturally occurring quasi-experiment. *Group and Organization Management*, 20, 18–38; Murphy, S. M., Wayne, S. J., Liden, R. C., & Erdogan, B. (2003). Understanding social loafing: The role of justice perceptions and exchange relationships. *Human Relations*, 56(1), 61–84; Taggar, S., & Ellis, R. (2007). The role of leaders in shaping formal team norms. *Leadership Quarterly*, 18, 105–120; Banks, G. C., Batchelor, J. H., Seers, A., O'Boyle, E. H., Pollack, J. M., & Gower, K. (2014). What does team-member exchange bring to the party? A meta-analytic review of team and leader social exchange. *Journal of Organizational Behavior*, 35(2), 273–295.

45. Pearce, J. L., & Peters, R. H. (1985). A contradictory norms view of employer-employee exchange. *Journal of Management*, 11, 19–30; Von Glinow, M. A. (1985). Reward strategies for attracting, evaluating, and retaining professionals. *Human Resource Management*, 24(2), 191–206; Heneman, R. L., & Werner, J. M. (2005). *Merit pay: Linking pay to performance in a changing world*, Second edition. Greenwich, CT: Information Age Publishing; Beersma, B., Hollenbeck, J. R., Conlon, D. E., Humphrey, S. E., Moon, H., & Ilgen, D. R. (2009). Cutthroat cooperation: The effects of team role decisions on adaptation to alternative reward structures. *Organizational Behavior & Human Decision Processes*, 108(1), 131–142.

46. Deci, E. L., & Porac, J. (1978). Cognitive evaluation theory and the study of human motivation. In M. R. Lepper & D. Greene (Eds), *The hidden costs of rewards*. Hillsdale, NJ: Erlbaum; Deci, E. L., & Ryan, R. M. (2008). Facilitating optimal motivation and psychological well-being across life's domains. *Canadian Psychology*, 49, 14–23.

47. Schein, E. H. (1985). *Organizational culture and leadership*. San Francisco, CA: Jossey-Bass.

48. Zheng, W., Qu, Q., & Yang, B. (2009). Toward a theory of organizational cultural evolution. *Human Resource Development Review*, 8, 151–173.

49. Hackman, J. R., & Oldham, G. R. (1980). *Work redesign*. Reading, MA: Addison- Wesley; Loher, B. T., Noe, R. A., Moeller, N. L., & Fitzgerald, M. P. (1985). A meta-analysis of the relation of job characteristics to job satisfaction. *Journal of Applied Psychology*, 70, 280–289.

50. Feldman, D. C. (1984). The development and enforcement of norms. *Academy of Management Review*, 9, 47–53; Korte, R. F. (2009). How newcomers learn the social norms of an organization: A case study of the socialization of newly hired engineers. *Human Resource Development Quarterly*, 20, 285–306.

51. Latane, B., Williams, K., & Harkins, S. (1979). Many hands make light the work: The causes and consequences of social loafing. *Journal of Personality and Social Psychology*, 37, 822–832; Janis, I. (1982). *Groupthink* (2nd ed.). Boston, MA: Houghton Mifflin; Jassawalla, A., Sashittal, H., & Malshe, A. (2009). Students' perceptions of social loafing: Its antecedents and consequences in undergraduate business classroom teams. *Academy of Management Learning & Education*, 8, 42–54; Goncalo, J. A., Polman, E., & Maslach, C. (2010). Can confidence come too soon? Collective efficacy, conflict and group performance over time. *Organizational Behavior and Human Decision Processes*, 113(1), 13–24.

52. For a review, see Whitener, E. M., Brodt, S. E., Korsgaard, M. A., & Werner, J. M. (1998). Managers as initiators of trust: An exchange relationship framework for understanding managerial trustworthy behavior. *Academy of Management Review*, 23, 513–530. For a fascinating classroom exercise concerning the impact of ability, benevolence, and integrity on perceived trustworthiness, see Mayer, R. C., & Norman, P. M. (2004). Exploring attributes of trustworthiness: A classroom exercise. *Journal of Management Education*, 28, 224–249. For the notion of a "high-trust culture," see Lowe, G. (2006, October). High trust workplaces support service excellence. *Canadian Government Executive*, 7, 26–28. Accessed on January 4, 2015 at http://www.grahamlowe.ca/documents/155/CGE%20high%20trust%20workplaces%20Oct-06.pdf.

53. Silberstang, J., & London, M. (2009). How groups learn: The role of communication patterns, cue recognition, context facility, and cultural intelligence. *Human Resource Development Review*, 8, 327–349.

54. Mitchell, T. R. (1982). Motivation: New directions for theory, research, and practice. *Academy of Management Review*, 7, 80–88.

55. Ankli, R. E., & Palliam, R. (2012). Enabling a motivated workforce: Exploring the sources of motivation. *Development and Learning in Organizations*, 26(2), 7–10; Panagiotakopoulos, A. (2013). The impact of employee learning on staff motivation in Greek small firms: the employees' perspective. *Development and Learning in Organizations*, 27(2), 13–15; Ryan, J. C. (2014), The work motivation of research scientists and its effect on research performance. *R&D Management*, 44(4), 355–369.

56. Siti Fardaniah Abdul, A., & Shamsuddin, A. (2011). Stimulating training motivation using the right training characteristic. *Industrial and Commercial Training*, 43(1), 53–61; Grohmann, A., Beller, J., & Kauffeld, S. (2014). Exploring the critical role of motivation to transfer in the training transfer process. *International Journal of Training & Development*, 18(2), 84–103.

57. Zigarmi, D., Nimon, K., Houson, D., Witt, D., & Diehl, J. (2009). Beyond engagement: Toward a framework and operational definition for employee work passion. *Human Resource Development Review*, 8, 300–326; Shuck, B., & Wollard, K. (2010). Employee engagement and HRD: A seminal review of the foundations. *Human Resource Development Review*, 9, 89–114; DU_Press. (2014). *Passion at work: Cultivating worker passion as a cornerstone of talent development*. Retrieved from: http://dupress.com/articles/worker-passion-employee-behavior/; Shuck, B., Ghosh, R., Zigarmi, D., & Nimon, K. (2013). The jingle jangle of employee engagement further exploration of the emerging construct and implications for workplace learning and performance. *Human Resource Development Review*, 12(1), 11–35; Saks, A. M., & Gruman, J. A. (2014), What do we really know about employee engagement? *Human Resource Development Quarterly*, 25(2), 155–182.

58. Pinder, C. C. (1984). *Work motivation: Theory, issues, and applications*. Glenview, IL: Scott, Foresman; Evans, M. G. (1986). Organizational behavior: The central role of motivation. *Journal of Management*, 12, 203–222; Ilgen, D. R., & Klein, H. J. (1988). Individual motivation and performance: Cognitive influences on effort and choice. In J. P. Campbell & R. J. Campbell (Eds), *Productivity in organizations*. San Francisco, CA: Jossey-Bass; Katzell, R. A., & Thompson, D. E. (1990). Work motivation: Theory and practice. *American Psychologist*, 45, 144–153; Steel, P., & König, C. (2006). Integrating theories of motivation. *Academy of Management Review*, 31(4), 889–913.

59. Wagner, J. A., III, & Hollenbeck, J. R. (1995). *Management of organizational behavior* (2nd ed.). Englewood Cliffs, NJ: Prentice Hall.

60. Murray, H. (1938). *Explorations in personality*. New York: Oxford University Press.

61. Maslow, A. H. (1943). A theory of human behavior. *Psychological Review*, 50, 370–396; Maslow, A. H. (1954). *Motivation and personality*. New York: Harper & Row; Maslow, A. H. (1968). *Toward a psychology of being* (2nd ed.). New York: Van Nostrand Reinhold; Alderfer, C. P. (1969). An empirical test of a new theory of human needs. *Organizational Behavior and Human Performance*, 4, 143–175; Alderfer, C. P. (1972). *Existence, relatedness, and growth*. New York: Free Press.

62. Herzberg, F. H. (1966). *Work and the nature of man*. Cleveland, OH: World Publishing.

63. Wahba, M. A., & Bridwell, L. G. (1976). Maslow reconsidered: A review of research on the need hierarchy. *Organizational Behavior and Human Performance*, 15, 121–140; Mitchell, V. F., & Moudgill, P. (1976). Measurement of Maslow's need hierarchy. *Organizational Behavior and Human Performance*, 16, 334–349; Kaur, A. (2013). Maslow's need hierarchy theory: Applications and criticisms. *Global Journal of Management and Business Studies*, 3(10), 1061–1064; Veenhoven, R. (2013). Need theory. *Encyclopedia of Quality of Life and Well-Being Research*, 4293–4295.

64. Alderfer (1972), *supra* note 61; though see Arnolds, C., & Boshoff, C. (2002). Compensation, esteem valence and job performance: An empirical assessment of Alderfer's ERG theory. *International Journal of Human Resource Management*, 13(4), 697–719.

65. Though see Kenrick, D. T., Griskevicius, V., Neuberg, S. L., & Schaller, M. (2010). Renovating the pyramid of needs: Contemporary extensions built upon ancient foundations. *Perspectives on Psychological Science*, 5, 292–314; Haivas, S., Hofmans, J., & Pepermans, R. (2014). "What motivates you doesn't motivate me": Individual differences in the needs satisfaction-motivation relationship of Romanian volunteers. *Applied Psychology: An International Review*, 63(2), 326–343; Rahman, H., & Nurullah, S. M. (2014). Motivational need hierarchy of employees in public and private commercial banks. *Central Europe Business Review*, 3(2), 44–53.

66. O'Conner, D., & Yballe, L. (2007). Maslow revisited: Constructing a road map of human nature. *Journal of Management Education*, 31(6), 738–756.

67. Herzberg, F. H., Mausner, B., & Snyderman, B. B. (1959). *The motivation to work*. New York: Wiley.

68. See Pinder, C. C. (1984). *Work motivation: Theory, issues, and applications*. Glenview, IL: Scott, Foresman; Caston, R. J., & Braito, R. (1985). A specification issue in job satisfaction research. *Sociological Perspectives*, April, 175–197.

69. Sharp, T. P. (2008). Job satisfaction among psychiatric registered nurses in New England. *Journal of Psychiatric and Mental Health Nursing*, 15, 374–378; Lundberg, C., Gudmundson, A., & Andersson, T. D. (2010). Herzberg's two-factor theory of work motivation tested empirically on seasonal workers in hospitality and tourism. *Tourism Management*, 30, 890–899; Ghazi, S. R., Shahzada, G., & Khan, M. S. (2013). Resurrecting Herzberg's two-factor theory: An implication to the university teachers. *Journal of Educational and Social Research*, 3(2), 445–451; Malik, M. E., & Naeem, B. (2013). Towards understanding controversy on Herzberg theory of motivation. *World Applied Sciences Journal*, 24(8), 1031–1036.

70. Vroom, V. H. (1964). *Work and motivation*. New York: Wiley.

71. Mitchell (1974), *supra* note 21; Wanous, J. P., Keon, T. L., & Latack, J. C. (1983). Expectancy theory and occupational/organizational choice: A review and test. *Organizational Behavior and Human Performance*, 32, 66–86; Chiang, C. F., & Jang, S. (2008). An expectancy theory model for hotel employee motivation. *International Journal of Hospitality Management*, 27, 313–322; Glock, S., & Krolak-Schwerdt, S. (2013). Changing outcome expectancies, drinking intentions, and implicit attitudes toward alcohol: A comparison of positive expectancy-related and health-related alcohol warning labels. *Applied Psychology: Health and Well-Being*, 5(3), 332–347.

72. Behling, O., & Starke, F. A. (1973). The postulates of expectancy theory. *Academy of Management Journal*, 16, 373–388; Mitchell (1974), *supra* note 21; Van Eerde, W., & Thierry, H. (1996). Vroom's expectancy models and workrelated criteria: A meta-analysis. *Journal of Applied Psychology*, 81, 575–586.

73. See Landy, F. J., & Becker, L. J. (1987). Motivational theory reconsidered. In L. Cummings & B. Staw (Eds), *Research in organizational behavior* (Vol. 9). Greenwich, CT: JAI Press; Kanfer, R. (1990). Motivation theory and industrial and organizational psychology. In M. D. Dunnette & L. M. Hough

(Eds), *Handbook of industrial and organizational psychology* (2nd ed., Vol. 1, pp. 75–170). Palo Alto, CA: Consulting Psychologists Press; Newton, J. D., Newton, F. J., & Ewing, M. T. (2014). The dimensional salience solution to the expectancy-value muddle: An extension. *Psychology & Health*, 29(12), 1458–1475.

74. Isaac, R., Zerbe, W., & Pitt, D. (2001). Leadership and motivation: The effective application of expectancy theory. *Journal of Managerial Issues*, 13(2), 212–226; Oberstein, S., & Alleman, J. (2003). *Beyond free coffee & donuts: Marketing training and development*. Alexandria, VA: ASTD; Choo, S., & Bowley, C. (2007). Using training and development to affect job satisfaction within franchising. *Journal of Small Business and Enterprise Development*, 14, 339–352; Spence, S. (2012). Marketing your training without breaking the budget-Part 1. *Training & Development*, 39(6), 20–21; Spence, S. (2013). Marketing your training without breaking the budget-Part 2. *Training & Development*, 40(1), 24–25.

75. Locke, E. A. (1968). Toward a theory of task motivation and incentives. *Organizational Behavior and Human Performance*, 3, 157–189; Locke, E. A., Shaw, K. N., Saari, L. M., & Latham, G. P. (1981). Goal setting and task performance: 1969–1980. *Psychological Bulletin*, 90, 125–152.

76. Katzell, R. A., & Thompson, D. E. (1990). Work motivation: Theory and practice. *American Psychologist*, 45, 144–153.

77. Pinder, C. C. (1984), *supra* note 58; Miner, J. B. (2003). The rated importance, scientific validity, and practical usefulness of organizational behavior theories. *Academy of Management Learning and Education*, 2, 250–268; Locke, E. A., & Latham, G. P. (2004). What should we do about motivation theory? Six recommendations for the 21st Century. *Academy of Management Review*, 29, 388–403; Latham, G. P., Borgogni, L., & Petitta, L. (2008). Goal setting and performance management in the public sector. *International Public Management Journal*, 11, 385–403; Taing, M. U., Smith, T., Singla, N., Johnson, R. E., & Chang, C.-H. (2013). The relationship between learning goal orientation, goal setting, and performance: A longitudinal study. *Journal of Applied Social Psychology*, 43(8), 1668–1675; Locke, E. A., & Latham, G. P. (2013). *New developments in goal setting and task performance*. New York: Routledge.

78. Locke et al. (1981), *supra* note 74; Mento, A. J., Steele, R. P., & Karren, R. J. (1987). A meta-analytic study of the effects of goal setting on task performance: 1966–1984. *Organizational Behavior and Human Performance*, 39, 52–83; Ilies, R., & Judge, T. A. (2005). Goal regulation over time: The effects of feedback and affect. *Journal of Applied Psychology*, 90, 453–467.

79. Kleingeld, A., van Mierlo, H., & Arends, L. (2011). The effect of goal setting on group performance: A metaanalysis. *Journal of Applied Psychology*, 96(6), 1289–1304.

80. Wexley, K. N., & Baldwin, T. T. (1986). Posttraining strategies for facilitating positive transfer: An empirical exploration. *Academy of Management Journal*, 29, 503–520; Latham, G. (2004). The motivational benefits of goal-setting. *Academy of Management Executive*, 18(4), 126–129; Latham, G. P., & Locke, E. A. (2007). New developments in and directions for goal-setting research. *European Psychologist*, 12, 290–300; Morelli, G., & Braganza, A. (2012). Goal setting barriers: a pharmaceutical sales force case study. *International Journal of Human Resource Management*, 23(2), 312–332; Varela, O., Burke, M., & Michel, N. (2013). The development of managerial skills in MBA programs: A reconsideration of learning goals and assessment procedures. *Journal of Management Development*, 32(4), 435–452; Rowland, C., & Hall, R. (2014). Management learning, performance and reward: theory and practice revisited. *The Journal of Management Development*, 33(4), 342–356; Mawritz, M. B., Folger, R., & Latham, G. P. (2014). Supervisors' exceedingly difficult goals and abusive supervision: The mediating effects of hindrance stress, anger, and anxiety. *Journal of Organizational Behavior*, 35(3), 358–372.

81. Werner, J. M., O'Leary-Kelly, A. M., Baldwin, T. T., & Wexley, K. N. (1994). Augmenting behavior-modeling training: Testing the effects of pre- and post-training interventions. *Human Resource Development Quarterly*, 5, 169–183. See also Wexley & Baldwin (1986), *supra* note 79.

82. Johnson, S. K., Garrison, L. L., Hernez-Broome, G., Fleenor, J. W., & Steed, J. L. (2012). Go for the goal(s): Relationship between goal setting and transfer of training following leadership development. *Academy of Management Learning & Education*, 11(4), 555–569; Noordzij, G., van Hooft, E. A. J., van Mierlo, H., van Dam, A., & Born, M. P. (2013). The effects of a learning-goal orientation training on self-regulation: A field experiment among unemployed job seekers. *Personnel Psychology*, 66(3), 723–755.

83. Peterson, S. (2009). Career decision-making self-efficacy, integration, and the likelihood of managerial retention in governmental agencies. *Human Resource Development Quarterly*, 20, 451–475; Sung, Y., Turner, S. L., & Kaewchinda, M. (2013). Career development skills, outcomes, and hope among college students. *Journal of Career Development*, 40(2), 127–145.

84. Bandura, A. (1977). *Social learning theory*. Englewood Cliffs, NJ: Prentice Hall.

85. Bandura, A. (1986). *Social foundations of thought and action* (p. 391). Englewood Cliffs, NJ: Prentice Hall.

86. Bandura, A. (2008). An agentic perspective on positive psychology (p. 167). In S. J. Lopez (Ed.), *Positive psychology: Exploring the best in people* (Vol. 1, pp. 167–196). Westport, CT: Greenwood Publishing.

87. Bandura, A. (1977). Self-efficacy: Toward a unifying theory of behavior change. *Psychological Bulletin*, 84, 122–147; Bandura, A. (2000). Cultivating self-efficacy for personal and organizational effectiveness. In E. Locke (Ed.), *Handbook of principles of organizational behavior* (pp. 120–136). Oxford, UK: Blackwell; Sitzmann, T., & Yeo, G. (2013). A meta-analytic investigation of the withinperson self-efficacy domain: Is self-efficacy a product of past performance or a driver of future performance? *Personnel Psychology*, 66(3), 531–568.

88. Bandura, A., & Cervone, D. (1983). Self-evaluation and selfefficacy mechanisms governing the motivational effects of goal systems. *Journal of Personality and Social Psychology*, 45, 1017–1028; Locke, E. A., Frederick, E., Lee, C., & Bobko, P. (1984). Effects of self-efficacy, goals, and task strategies on task performance. *Journal of Applied Psychology*, 69, 241–251; Brief, A. P., & Hollenbeck, J. R. (1985). An exploratory study of self-regulating activities and their effects on job performance. *Journal of Occupational Behavior*, 6, 197–208; Bandura, A., & Cervone, D. (1987). Differential engagement of selfreactive influences in cognitive motivation. *Organizational Behavior and Human Decision Processes*, 38, 92–113; Frayne, C. A., & Latham, G. P. (1987). The application of social learning theory to employee self-management of attendance. *Journal of Applied Psychology*, 72, 387–392; Stajkovic, A., & Luthans, F. (1998). Self-efficacy and work-related performance: A meta-analysis. *Psychological Bulletin*, 124(2), 240–261. A more detailed discussion of the implications of selfefficacy for work behavior is provided by

Gist, M. E., & Mitchell, T. R. (1992). Self-efficacy: A theoretical analysis of its determinants and malleability. *Academy of Management Journal*, 17, 183–211; Potosky, D. (2010). Goal orientation, learning self-efficacy, and climate perceptions in a post-acquisition corporate context. *Human Resource Development Quarterly*, 21, 273–289.

89. Gist, M. E., Schwoerer, C., & Rosen, B. (1989). Effects of alternative training methods on self-efficacy and performance in computer software training. *Journal of Applied Psychology*, 74, 884–891; Gist, M. E., Stevens, C. K., & Bavetta, A. G. (1991). Effects of self-efficacy and posttraining interventions, on the acquisition and maintenance of complex interpersonal skills. *Personnel Psychology*, 44, 884–891; Tannenbaum, S. I., Mathieu, J., Salas, E., & Cannon-Bowers, J. (1991). Meeting trainees' expectations: The influence of training fulfillment on the development of commitment, self-efficacy, and motivation. *Journal of Applied Psychology*, 76, 759–769; Mathieu, J. E., Martineau, J. W., & Tannenbaum, S. I. (1993). Individual and situational influences on the development of selfefficacy: Implications for training effectiveness. *Personnel Psychology*, 46, 125–147; Combs, G., & Luthans, F. (2007). Diversity training: Analysis of the impact of self-efficacy. *Human Resource Development Quarterly*, 18(1), 91–120; Wurtz, O. (2014). An empirical investigation of the effectiveness of pre-departure and in-country crosscultural training. *International Journal of Human Resource Management*, 25(14), 2088–2101.

90. Williams, D. M. (2010). Outcome expectancy and selfefficacy: Theoretical implications of an unresolved contradiction. *Personality and Social Psychology Review*, 14, 417–425.

91. Goldstein, A. P., & Sorcher, M. (1974). *Changing supervisor behavior*. Elmsford, NY: Pergamon Press; Decker, P. J., & Nathan, B. R. (1985). *Behavior modeling training: Principles and applications*. New York: Praeger; Baldwin, T. T. (1992). Effects of alternative modeling strategies on outcomes of interpersonal-skills training. *Journal of Applied Psychology*, 77, 147–154; Taylor, P., Russ-Eft, D., & Chan, D. (2005). A meta-analytic review of behavior modeling training. *Journal of Applied Psychology*, 90(4), 692–709; Hess, P. W. (2007). Enhancing leadership skill development by creating practice/feedback opportunities in the classroom. *Journal of Management Education*, 31, 195–213; Rosen, M. A., Salas, E., Davlas, D, Jensen, R., Fu, D., & Lampton, D. (2010). Demonstration-based training: A review of instructional features. *Human Factors*, 52, 596–609; Kim, Y. (2012). Behavior modeling, In W. J. Rothwell and R. K. Prescott (Eds), *The encyclopedia of human resource management: Short entries*. San Francisco, CA: Pfeiffer/Wiley; Kempster, S., & Parry, K. (2014). Exploring observational learning in leadership development for managers. *Journal of Management Development*, 33(3), 164–181.

92. Adams, J. S. (1963). Toward an understanding of inequity. *Journal of Abnormal and Social Psychology*, 67, 422–436; Carrell, M. R., & Dittrich, J. E. (1978). Equity theory: The recent literature, methodological considerations, and new directions. *Academy of Management Review*, 3, 202–210.

93. Campbell, J. P., & Pritchard, R. D. (1976). Motivation theory in industrial and organizational psychology. In M. D. Dunnette (Ed.), *Handbook of industrial and organizational psychology* (63–130). Chicago, IL: Rand McNally.

94. *Ibid.*; Pinder (1984), *supra* note 58; Mowday, R. T. (1979). Equity theory predictions of behavior in organizations. In R. D. Steers & L. W. Porter (Eds), *Motivation and work behavior* (2nd ed.). New York: McGraw-Hill; Huseman, R. C., Hatfield, J. D., & Miles, E. W. (1987). A new perspective on equity theory: The equity sensitivity construct. *Academy of Management Review*, 12, 222–234; Taylor, S. G., Kluemper, D. H., & Sauley, K. S. (2009). Equity sensitivity revisited: Contrasting unidimensional and multidimensional approaches. *Journal of Business and Psychology*, 24, 299–314.

95. Allen, R., & White, C. (2002). Equity sensitivity theory: A test of responses to two types of under-reward situations. *Journal of Managerial Issues*, 14(4), 435–451; Blakely, G., Andrews, M., & Moorman, R. (2005). The moderating effects of equity sensitivity on the relationship between organizational justice and organizational citizenship behaviors. *Journal of Business & Psychology*, 20(2), 259–273; Shore, T., Sy, T., & Strauss, J. (2006). Leader responsiveness, equity sensitivity, and employee attitudes and behavior. *Journal of Business & Psychology*, 21(2), 227–241; Bolino, M. C., & Turnley, W. H. (2008). Old faces, new places: Equity theory in cross-cultural contexts. *Journal of Organizational Behavior*, 29, 29–50; Buzea, C. (2014). Equity theory constructs in a Romanian cultural context. *Human Resource Development Quarterly*, 25(4), 421–439.

96. Lacey, M. Y., & Groves, K. (2014). Talent management collides with corporate social responsibility: Creation of inadvertent hypocrisy. *Journal of Management Development*, 33(4), 399–409; Malik, A. R., & Singh, P. (2014). 'High potential' programs: Let's hear it for 'B' players. *Human Resource Management Review*, 24(4), 330–346.

97. Skinner, B. F. (1953). *Science and human behavior*. New York: Macmillan; Skinner, B. F. (1974). *About behaviorism*. New York: Knopf; Watson, J. B. (1913). Psychology as the behaviorist views it. *Psychology Review*, 20, 158–177.

98. Thorndike, E. L. (1913). *The psychology of learning: Educational psychology* (Vol. 2). New York: Teachers College Press.

99. Campbell, J. P. (1971). Personnel training and development. *Annual Review of Psychology*, 22, 565–602; Stajkovic, A. D., & Luthans, F. (1997). A meta-analysis of the effects of organizational behavior modification on task performance, 1975–95. *Academy of Management Journal*, 40(5), 1122–1149; Stajkovic, A. D., & Luthans, F. (2003). Behavioral management and task performance in organizations: Conceptual background, meta-analysis, and test of alternative models. *Personnel Psychology*, 56(1), 155–194; Rubin, R. S., Bommer, W. H., & Bachrach, D. G. (2010). Operant leadership and employee citizenship: A question of trust? *Leadership Quarterly*, 21, 400–408; Wei, L., & Yazdanifard, R. (2014). The impact of positive reinforcement on employees' performance in organizations. *American Journal of Industrial and Business Management*, 4(1), 9–12.

100. A more complete discussion of how reinforcement theory has been applied to HRD can be found In Latham, G. P. (1989). Behavioral approaches to the training and learning process. In I. L. Goldstein & Associates (Eds), *Training and development in organizations* (pp. 256–295). San Francisco, CA: Jossey-Bass. See also Daniels, A. C., & Daniels, J. E. (2006). Positive reinforcement: Misunderstood and misused. *T&D*, 60(3), 16–17.

101. Chiang, F. F. T., & Birtch, T. A. (2012). The performance implications of financial and non-financial rewards: An Asian Nordic comparison. *Journal of Management Studies*, 49(3), 538–570; Ertmer, P. A., & Newby, T. J. (2013). Behaviorism, cognitivism, constructivism: Comparing critical features from an instructional design perspective. *Performance Improvement Quarterly*, 26(2), 43–71; Wilches, G. G., & Jeffrey, S. (2014). The role of rewards and recognition in increasing customer oriented citizenship behaviors. *Academy of Management Proceedings*, 1, doi:10.5465/AMBPP.2014.14039abstract.

102. Levy, S. (2007). An inquiry into motivation using the case of Phaedrus' Demonstrator. *Journal of Management Education*, 31, 797–811; Kormanik, M. B., & Rocco, T. S. (2009). Internal versus external control of reinforcement: A review of the locus of control construct. *Human Resource Development Review*, 8, 463–483.

103. Steers, R. M., Mowday, R. T., & Shapiro, D. L. (2004). The future of work motivation theory. *Academy of Management Review*, 29, 379–387; Backhaus, K. (2012). Alternative approaches to understanding motivation and leadership. *Organization Management Journal*, 9(3), 147.

104. Vecchio, R. P. (1991). *Organizational behavior* (2nd ed.). Hinsdale, IL: Dryden Press.

105. Wagner & Hollenbeck (1995), *supra* note 59, p. 172.

106. Fishbein, M., & Ajzen, I. (1975). *Belief attitude, intention, and behavior* (p. 216). Reading, MA: Addison-Wesley.

107. Staw, B. M., & Ross, J. (1985). Stability in the midst of change: A dispositional approach to job attitudes. *Journal of Applied Psychology*, 70, 469–480.

108. Ajzen, I., & Fishbein, M. (1977). Attitude-behavior relations: A theoretical analysis and review of empirical research. *Psychological Bulletin*, 84, 888–918; Ajzen, I., & Fishbein, M. (1980). *Understanding attitudes and predicting social behavior.* Englewood Cliffs, NJ: Prentice Hall; Fishbein, M., & Ajzen, I. (1975). *Belief attitude, intention, and behavior.* Reading, MA: Addison-Wesley; Hurtz, G. M., & Williams, K. J. (2009). Attitudinal and motivational antecedents of participation in voluntary employee development activities. *Journal of Applied Psychology*, 94, 635–653.

109. Webb, T., & Sheeran, P. (2006). Does changing behavioral intentions engender behavior change? A meta-analysis of the experimental evidence. *Psychological Bulletin*, 132(2), 249–268.

110. Gollwitzer, P. M. (1999). Implementation intentions: Strong effects of simple plans. *American Psychologist*, 54, 493–503; Budworth, M.-H., Latham, G. P., & Manroop, L. (2014). Looking forward to performance improvement: A field test of the feedforward interview for performance management. *Human Resource Management*. doi: 10.1002/hrm.21618

111. Noe, R. A. (1986). Trainee's attributes and attitudes: Neglected influences on training effectiveness. *Academy of Management Review*, 11, 736–749.

112. Noe, R. A., & Schmitt, N. (1986). The influence of trainee attitudes on training effectiveness: Test of a model. *Personnel Psychology*, 39, 497–523; Peters, S., Barbier, M., Faulx, D., & Hansez, I. (2012). Learning and motivation to transfer after an e-learning programme: Impact of trainees' motivation to train, personal interaction and satisfaction. *Innovations in Education and Teaching International*, 49(4), 375–387.

113. Klein, H. J., Noe, R. A., & Wang, C. W. (2006). Motivation to learn and course outcomes: The impact of delivery mode, learning goal orientation, and perceived barriers and enablers. *Personnel Psychology*, 59, 665–702; Sahinidis, A. G., & Bouris, J. (2007). Employee perceived training effectiveness relationship to employee attitudes. *Journal of European Industrial Training*, 32, 63–76; Zoogah, D. B. (2010). Why should I be left behind? Employees' perceived relative deprivation and participation in development activities. *Journal of Applied Psychology*, 95, 159–173; Yamkovenko, B., & Holton, E. (2010). Toward a theoretical model of dispositional influences on transfer of learning: A test of a structural model. *Human Resource Development Quarterly*, 21, 381–410; Ko, J., & Smith-Walter, A. (2013). The relationship between HRM practices and organizational performance in the public sector: Focusing on mediating roles of work attitudes. *International Review of Public Administration*, 18(3), 209–231; Punia, B. K., & Kant, S. (2013). A review of factors affecting training effectiveness vis-à-vis managerial implications and future research directions. *International Journal of Advanced Research in Management and Social Sciences*, 2(1), 151–164.

114. Fleishman, E. A. (1972). On the relation between abilities, learning, and human performance. *American Psychologist*, 27, 1017–1032.

115. Goldstein, I. L. (1991). Training in work organizations. In M. D. Dunnette & L. M. Hough (Eds), *The handbook of industrial and organizational psychology* (2nd ed., Vol. 2, pp. 507–619). Palo Alto, CA: Consulting Psychologists Press.

116. See Guilford, J. P. (1967). *The nature of human intelligence.* New York: McGraw-Hill; Dunnette (1976), *supra* note 116; Fleishman, E. A. (1975). Toward a taxonomy of human performance. *American Psychologist*, 30, 1127–1149.

117. Fleishman, E. A., & Mumford, M. D. (1988). The ability requirement scales. In S. Gael (Ed.), *The job analysis handbook for business, government, and industry.* New York: Wiley.

118. *Ibid.*; see also Fleishman, E. A. (1967). Development of a behavior taxonomy for describing human tasks: A correlational-experimental approach. *Journal of Applied Psychology*, 51, 1–10; Fleishman, E. A. (1972). On the relation between abilities, learning, and human performance. *American Psychologist*, 27, 1017–1032; Fleishman, E. A., & Quaintance, M. K. (1984). *Taxonomies of human performance: The description of human tasks.* Orlando, FL: Academic Press; Richardson, K. W., Aghazadeh, F., & Harvey, C. M. (2010). The efficacy of using a taxonomic approach in predicting performance of Navy tasks. *Human Factors and Ergonomics in Manufacturing & Service Industries*, 20, 443–450.

3장 | 학습과 HRD

학습 목표

이 장을 읽고 나면 당신은…

1. 학습을 정의하고 적어도 학습 원칙에 대해 세 가지 이상을 열거할 수 있다.
2. 학습을 극대화하기 위해 고려해야 할 세 가지 범주의 이슈를 설명할 수 있다.
3. 학습자의 학습에 영향을 미치는 몇 가지 개인적 특성(예 능력, 성격)을 확인하고 토의할 수 있다.
4. 학습을 극대화하기 위해 사용될 수 있는 훈련 설계 이슈를 확인하고 토의할 수 있다.
5. 훈련의 유지와 전이에 영향을 주는 요인과 이들 요인이 학습을 극대화하기 위해 사용될 수 있는 방법에 대해서 확인하고 토의할 수 있다.
6. 다양한 개인적 차이점이 학습 과정에 영향을 주는 방식에 대해서 토의할 수 있다.
7. HRD 개입 전략에 성인 학습 이론이 어떤 가치가 있는지 토의할 수 있다.
8. 학습 스타일, 학습 전략 및 개념적 선호의 역할에 대해 설명할 수 있다.
9. HRD에 중요한 의미를 가지는 수업심리학과 인지심리학의 시사점을 이야기할 수 있다.

핵심 용어

과업 분석
과업 순서 정하기
과잉 학습
노인학
동일한 요소
물리적 충실도
방해
부분 과업 달성
선언적 지식
성격
수업심리학
수행할 수 있는 기회
실습
심리적 충실도
심적 실습
안드라고지
연상
의도적인 실습
인지 자원 배분 이론
인지적 구조
자료의 의미성
전문가적 성과
절차적 지식
접근성
지속적인 학습 환경
최초 학습의 수준
페다고지
학습
학습 곡선
학습 모드
학습 스타일
학습 전략
행동 실습
효과의 법칙
훈련 가능성
훈련 설계
훈련 전이
훈련 전이 분위기

도입 사례

주요 글로벌 조직들은 조직 자체의 변화와 혁신 능력을 배양하기 위해 종업원의 학습과 개발을 어떻게 활용하고 있는가? IBM에서는 이 질문에 대한 답이 여러 가지 형태로 나타났다. 아주 오랜 기간 동안, IBM 임원들은 종업원의 학습 및 개발에 대한 강력한 의지를 가지고 있었다. 1장에서 언급했듯이, 이러한 의지는 기업의 전략과 학습 및 개발 기능을 정렬하기 위한 노력이 포함된다. 과학기술의 변화가 급속히 진행될수록 학습 및 개발 노력이 이러한 변화에 뒤처지지 않도록 하는 것이 중요하다. IBM은 '학습 및 개발 프로그램의 생태계', 즉 '종업원 및 관리자를 위한 형식 및 무형식 학습 기회'를 제공하기 위해 적극적으로 노력해왔다. 예상대로 IBM은 학습을 위한 과학기술에 많은 투자를 했으며 광범위한 학습 관리 시스템(LMS)을 운영한다.

IBM이 해결해야 할 인력 학습 및 개발 요구에 관한 네 가지 핵심 이슈들은 다음과 같다.

1. 학습의 주요 영역, 즉 종업원이 더 발전시켜야 할 지식, 스킬, 태도는 무엇인가?
2. IBM의 신입사원에게, 예를 들어, 취업 후 2년 동안은 어떤 유형의 학습을 시켜야 하는가? 새로운 관리자와 임원을 위해 특별히 어떤 학습을 제공해야 하는가?
3. 모든 종업원이 주기적으로 자기 계발을 할 수 있도록 장려하기 위해 할 수 있는 일은 무엇인가?
4. 이러한 학습 및 개발 노력의 가치 또는 효과를 어떻게 측정할 수 있는가?

질문: 당신이 IBM의 학습 및 개발 기능을 담당하는 팀의 일원이라면 어떤 사항을 권고할 것인가?

출처: Gitsham, M. (2012). Experiential learning for leadership and sustainability at IBM and HSBC. *Journal of Management Development*, 31(3), 298–307; Dodgson, M., Gann, D. M., & Phillips, N. (2013). Organizational learning and the technology of foolishness: The case of virtual worlds at IBM. *Organization Science*, 24(5), 1358–1376; Mihelich, M. (2014). Change is a way of life, learning at IBM. *Chief Learning Officer*, 13(2), 28–29.

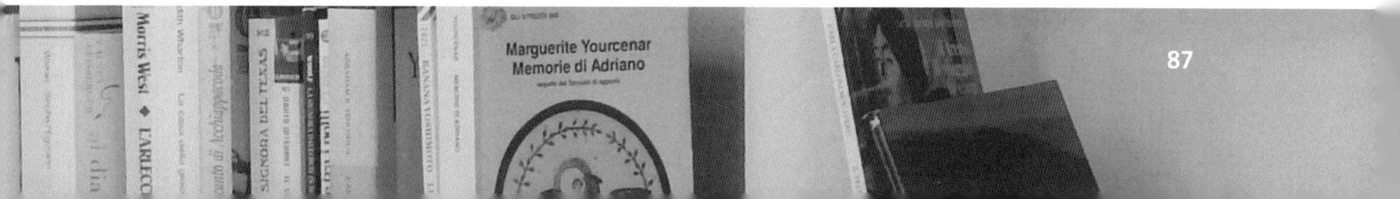

도입

다음 진술에 동의하는가(참), 동의하지 않는가(거짓)?

- 학습이 일어나기 위해 고려해야 할 가장 중요한 변수는 개별 학습자가 학습할 내용에 대해서 학습할 충분한 능력을 가지고 있는가이다.
- 일반적으로 사람들은 새로운 자료를 학습하는 데 필요한 충분한 시간을 갖고 있으면, 최대로 학습하고 기억한다.
- 무언가를 과잉 학습하는 것은 일반적으로 시간 낭비이므로 피해야 한다.
- 훈련이 효과적이라면 직무 환경에서 지원이 있는지 없는지는 전혀 중요하지 않다.
- 훈련자는 훈련 전달 방법의 유형을 훈련생의 특성과 항상 일치시키려는 노력을 해야 한다.
- 성인 학습자는 일반적으로 강의 스타일의 훈련 방식에 잘 적응한다.

학습은 모든 HRD 노력의 핵심이다.[1] 마이클 에콜스(*Michael Echols*)는 인종, 문화, 성별, 나이 및 기타 요소와 관련된 직장의 다양성이 증가되면, 조직이 그러한 다양성과 관련된 학습 이슈에 관여하는 것이 중요하다고 강조하며, 다양성을 '학습의 필수 요소'라고 주장한다.[2] 그러나 스테이시 해리스(*Stacey Harris*)는 "학습은 가장 벅찬 비즈니스 과제다"라고 말한다.[3] 전문적인 도구를 사용하는 목공 과정의 견습생 교육이든지, 관리자에게 리더십을 가르치는 리더십 워크숍이든지, 공장 직원이 새로운 안전 절차를 이해하고 따르게 하거나 자신의 경력 개발을 촉진하기 위한 노력이든지, 모든 학습의 목표는 학습 참여자(*through learning*)들의 행동, 지식 또는 태도를 변화시키는 것이다. 학습의 과정과 효과적인 학습 환경을 조성하는 방법을 숙지하고 있는 관리자와 HRD 전문가는 보다 효과적인 HRD 개입(*intervention*)을 설계하고 실행할 수 있다. 위스콘신주 북동부의 한 공익사업기관은 봉사 대상 지역에 수많은 '학습센터'를 설립했기 때문에 '훈련 투자의 리더'로 인정받았다.[4] 건설 및 광산 장비 제조 업체인 캐터필라(*Caterpillar Inc.*)는 최근 성장의 핵심적인 이유를 학습으로 설명하고 있다. 캐터필라의 CEO인 짐 오웬스(*Jim Owens*)는 "학습은 위대한 회사가 되려는 우리에게 필수적이다"고 이야기한다.[5] 머서 컨설팅 회사의 CEO인 마이클 번스(*Michele Burns*)는 "학습은 고용 유지에서 매우 중요하다. 우리는 학습과 관련된 투자가 가치가 있다고 생각하며, 어떤 종류의 직원 설문 조사에서도 모든 직원이 배우고 성장할 의사가 있음을 표현하고 있다"고 이야기한다.[6]

기업 대학과 기타 학습센터의 성장으로 많은 기업에서는 최고학습책임자(*CLO, chief learning officer*)라는 새로운 직책이 경영진 내에 생겨나고 있다. 이는 단순히 훈련 책임자 직책의 이름만 바꾼 것이 아니다. 최고학습책임자는 개인과 조직의 전략적 목표를 동등하게 강조하며, 강의식 훈련뿐만 아니라 다양한 형태의 학습 전달 방법을 효과적으로 활용할 수 있어야 한다.[7] 1장에서 언급했듯이, 이제 HRD 전문가를 인증하는 제도로 '학습 및 성과에 대한 공인 전문가(CPLP)'가 있다. ATD(ASTD)는 '직장 학습 전문가'라는 용어 사용을 포함하여 하나의 전문 분야로서 강조해야 할 용어의 처음과 중간에 **학습**(*learning*)을 가장 중요하게 위치시키고 있다.[8]

이 장의 목적은 학습을 정의하고 HRD에 중요한 학습 관련 이슈를 제시하는 것이다. 이 장에서 다루는 주제는 학습과 수업(*instruction*)의 관계, 학습을 극대화하는 방법, 학습 과정에서 나타나는 다양한 개인 차이와 상황적 요인을 인식하고 다루는 것이다.[9] 과학기술 및 e-러닝(*e-learning*)과 관련된 이슈는 이 장의 마지막 부분에서 논의될 것이다.

1. 학습과 수업

학습(*learning*)은 환경과 상호작용으로 인해 발생하는 행동, 인지 또는 감정(*affect*)의 영구적인 변화로 정의된다. 이러한 정의는 몇 가지 측면에서 중요하다. 첫째, 학습은 새로운 무엇인가를 습득(회의진행 기술)하거나 이미 존재하는 것을 변경하는 것(군인이 소총을 더 정확하게 쏘는 것)과 같은 '변화(*change*)'에 초점이 맞추어진다는 것이다. 둘째, 학습이 제대로 이루어졌다고 이야기할 수 있기까지는 학습으로 인한 변화가 오래 지속(*long-lasting*)되어야 한다. 만일, 관리 업무 초보자가 교육 과정의 두 번째 날에 워드 프로세싱 프로그램에서 매크로 작업 방법을 배웠지만, 교육 4일 후에 다시 기억할 수 없다면, 학습은 이루어지지 않았다고 할 수 있다. 셋째, 학습의 초점은 행동(*behavior*), 인식(*cognitions*), 감정(*affect*)이나 혹은 이 세 가지의 조합을 포함할 수 있다. 학습 결과는 스킬 향상(전신주 올라가기), 인지적인 것(학술연구비 신청 절차) 또는 정서적인 것(더욱 안전에 주의를 기울임)이 될 수 있다. 마지막으로 학습은 개인이 환경과 상호작용한 결과(*individual's interaction with the environment*)로 발생한다. 학습에는 신체 성숙이나 일시적인 상태(피로나 마약 같은)로 인한 행동의 변화는 포함되지 않는다.

연구자들은 행동주의 및 인지주의와 같은 다양한 관점에서 학습을 연구했으며, 그들은 실험에서 인간과 동물을 모두 사용했다. 두 가지 주요 접근 방식이 사용되었다. 한 가지 방식은 기호를 식별하거나 무의미한 음절 쌍(bix, rik, moc)을 연결하는 것과 같이 사람들이 간단한 작업을 어떻게 배우는지를 연구하는 것이다. 이런 연구 방식의 목표는 모든 종류의 상황에서 학습에 적용되는 기본 원칙을 확인하는 것이다. 다른 접근 방식은 사람들이 독서 및 수학과 같은 복잡한 과제를 어떻게 학습하는가에 초점을 맞추고 있다. 이 접근법은 일반적인 원칙을 찾고자 하지만, 다수의 연구자들은 학습이 학습된 것과 분리될 수 없다고 보기 때문에, 다양한 학습 결과에 다양한 학습 원리가 적용될 수 있다고 믿고 있다.[10]

1.1 기본적 학습 원칙의 탐색

첫 번째 접근 방식과 관련하여, 지난 100년 이상에 걸친 연구를 통해 학습을 지배하는 많은 원칙들이 발견되었다. 학습 이론의 초석은 '**연상**(*association*)'의 개념이다. '연상'은 두 가지 인식이 짝을 이루는 과정이다('1다스'와 '12개'). 하나에 대한 생각은 다른 것에 대한 생각을 불러일으킨다.[11] '연상' 학습에 영향을 미치는 세 가지 원칙은 다음과 같다.

1. **연관성**(*contiguity*) — 함께 경험되는 대상들은 서로 연관되어 있는 경향이 있다.[12] 예를 들어, 외국어로 어휘를 배울 때, 새 단어를 그 의미의 그림(독일어 단어 Katze와 고양이 그림)과 연결하는 것과 관련된다.
2. **효과의 법칙**(*law of effect*) — 2장에서 논의된 바와 같이, 효과의 법칙은 즐거운 결과를 야기할 수 있는 행동은 자꾸 반복될 수 있다는 것을 말한다.[13] 예를 들어, 어려운 상황에서 범인 체포에 성공한 경찰관을 그 상사가 인정해준다면, 그 경찰관은 인정받은 것과 사용했던 체포 방법을 연관시키고 장래 어려운 체포 상황에서도 인정받았던 방법을 사용하게 될 것이다.
3. **실습**(*practice*) — 연상과 관련된 사건들을 반복하면 연상의 힘이 강화된다. 예를 들어, 누군가가 절벽을 타는 횟수를 반복할수록, 그 사람은 절벽타기에 더 익숙해질 것이다. 그러나 단순한 반복 실습만으로는 강력한 연관성을 보장하기에 충분하지 않다. 실습의 효과는 즐거운 결과를 얻을 수 있을 때 강화될 수 있다.

게슈탈트(*Gestalt*) 심리학자라고 알려진 연구자 그룹은 학습에 대한 연상 관점의 대안을 제시한다. 이 연구자들은 학습이 시행착오나 사실과 아이디어의 연관성에 의한 것이 아니라 통찰의 형태로 갑자기 발생한다고 주장한다('깨달음의 순간' 또는 '아하! 체험'이라고 함).[14] 통찰(*insight*)은 경험을 어느 순간 재개념화하여 새로운 아이디어를 얻거나 문제에 대한 해결책을 발견하는 것으로 볼 수 있다. 예를 들어, 퍼즐을 풀기 위한 학습은 갑작스런 번득임의 지속적인 형태로 진행될 수 있다. 이 번득임들 속에서 새로운 아이디어가 퍼즐을 푸는 데 더욱 기여할 수 있다.

학습 기제로서의 우연한 통찰에 의문이 제기하기도 한다. 일부 비평가들은 사람들이 어떤 환경 속에서 배운 것을 다른 환경으로 단순히 옮겨 가는 것일 뿐이라고 '통찰'을 설명하려고 한다.[15] 이것이 사실이라면 통찰은 사람들이 배우는 방법에 특히 유용한 모델이 아닐 수도 있다. 즉, 상당한 학습이 실제로 갑작스런 통찰을 통해 발생할 수 있지만, 이러한 사실은 효과적인 학습 경험을 설계하는 데 별로 도움이 되지 않을 수 있다. HRD 프로그램 설계자가 관심을 갖는 행동(예: 새로운 규정이나 절차를 배우는 것)의 대부분은 이와 다르게 구조적 방법으로 배우게 된다. 또한, 체험 학습을 지지하는 사람들(이 장의 후반부에서 제시되는 데이비드 콜브(*David Kolb*)의 견해)은 많은 경험적인 실습과 시뮬레이션이 통찰력을 증진시키는 데 탁월하다고 주장한다.[16] 따라서 5장과 6장에서 더 논의되겠지만, 학습에 대한 이러한 접근법이 가지는 가치는 채택된 특정 HRD 방법뿐만 아니라 얻을 수 있는 특정 목표에 의해 결정된다.

1.2 훈련 설계에서 학습 원칙의 한계

불행히도 훈련 설계를 개선하는 면에서는 이러한 일반 학습 원칙들은 생각보다 도움이 되지 않는다. 이러한 원칙들을 입증하는 많은 연구가 엄격하게 통제된 실험실 환경에서 수행되었기 때문에 이 결과들을 실제 훈련 환경에 직접 적용하기에는 무리가 있다.

로버트 가네(*Robert Gagné*)는 "육군 훈련 및 학습 원칙"이라는 대표적인 논문에서 교육 효과를 높이기 위한 학습 원칙이 제한적인 효과가 있다는 것을 보여주었다.[17] 가네는 '실습과 강화'의 학습 원칙이 포격(모터 스킬), 레이더 세트 켜기(절차 작업), 복잡한 전자 장비의 오작동 진단(문제 해결)의 세 가지 군사 작업의 성과를 향상시키는 데 실패했음을 보여주었다. 가네는 선도적인 학습 원칙에 의존하기보다는 다음 세 가지 원리를 사용하여 훈련을 개선할 수 있다고 주장했다.

1. **과업 분석**(*task analysis*) — 모든 작업을 일련의 고유한 구성 요소 작업으로 분석할 수 있다.
2. **부분 과업 달성**(*component task achievement*) — 전체 작업을 올바르게 수행해서 성과를 내려면 각 구성 요소 과업을 완전히 완료해야 한다.
3. **과업 순서 정하기**(*task sequencing*) — 전체 과업을 시도하기 전에 각 구성 과업이 적절한 순서로 학습되도록 학습 상황을 조정해야 한다.[18]

1.3 수업 및 인지 심리학의 영향

1960년대에 발전한 **수업심리학**(*instructional psychology*)은 학습 효과를 극대화하기 위해 학습 환경을 어떻게 구성할지에 대하여 적극적으로 연구하는 분야가 되었다. 전통적인 학습 이론가들은 학습 상황에서 일어나는 일들을 기술하는 데 초점을 맞추었지만, 수업심리학 이론가들은 학습이 일어나기 전에 해야 할 일에 초점을 맞추고 있다.[19] 로버트 글레이저(*Robert Glaser*)는 '인적 역량 획득에 초점을 맞추기' 위한 다음의 네 가지 구성 요소를 수업심리학의 특징이라고 했다.

1. 달성할 학습 목표(*learning goal*)를 기술한다.
2. 학습자의 초기 상태(*initial state*)(학습자가 학습 전에 알고 있거나 수행할 수 있는 것)를 분석한다.
3. 학습자가 역량을 향상시킬 수 있는 조건(*conditions*)(수업 방법, 학습 순서, 학습 자료)을 확인한다.
4. 학습 개선 정도를 파악하고, 대안적 방법을 사용해야 하는지 여부를 결정하기 위하여 학습 과정을 평가하고 모니터링(*assess and monitor*)한다.[20]

1970년대 이후, 수업심리학(다른 심리학의 대부분도)은 인간을 정보 처리자로 설명하는 인지심리학(*cognitive psychology*)의 용어, 방법론, 모델 등을 채택함으로써 인지심리학의 발전에 크게 영향을 받았다.[21] 인지심리학의 주요 목표는 사람들을 움직이게 하는 방법에 대한 모델과 이론을 개발하는 것이다. 이러한 방법론과 이론은 학습과 같은 인지 과정이 지능적인 행동을 유발하는 방법에 대하여 통합적으로 이해할 수 있게 해준다.[22] 인지심리학의 근간이 되는 사상 중 하나는 "인지적 행동의 기초를 이루고 유발하는 메커니즘의 고정된 시스템"으로 정의되는 **인지적 구조**(*cognitive architecture*) 개념이다.[23] 이러한 구조는 인간이 정보를 처리하고 주변의 세계를 이해하는 과정을 결정하게 된다.

수업심리학, 인지심리학, 그리고 성인 학습에 관한 연구에 대한 다양한 검토는 독자들이 이 분야의 발전 방향성을 탐색하고, 향후 HRD 및 교육 방법의 개선에 적용해 갈 수 있는 좋은 기회를 제공할 것이다.[24] 수업심리학과 인지심리학을 활용하면, HRD 프로그램을 통한 학습을 극대화할 수 있다. 과업의 성격이 단순 작업에서 보다 복잡한 정신 프로세스로 지속적으로 변화되면서, 이 분야의 연구 결과는 향후 효과적인 HRD 노력에 도움이 될 것이다. 윌리암 호웰(*William Howell*) 및 낸시 쿠크(*Nancy Cooke*)와 같은 연구자들은 정보 처리 모델과 수업심리학 개념을 교육에 어떻게 적용할 수 있는지 보여주었다.[25]

2. 학습 극대화

위에 제시된 학습의 정의는 학습자 내부와 환경 요소 사이의 상호작용의 결과로서 사람들이 기술과 지식을 습득하고 행동을 변화시킨다는 것을 명확히 한다. 이번 절에서는 학습에 영향을 미치는 요인을 제시하고 학습 결과에 대해 알아보고자 한다. 학습을 극대화하는 세 가지 주요 영역으로 주로 학습자 특성, 학습 설계, 훈련 전이(표 3.1 참조) 등이 강조될 것이다.

2.1 학습자 특성

학습자의 개인적 특성은 그 학습자가 새로운 과업과 정보를 배우는 방법에 영향을 미친다. 그러한 세 가지 특성은 훈련 가능성, 성격, 태도이다.

2.1.1 훈련 가능성

훈련 가능성(*trainability*)은 작업 환경과 본인의 능력 및 동기부여 수준을 연계하여 배우려고 하는 학습자의 자발성에 초점을 둔다.[26] 이를 표시하는 간단한 공식은 다음과 같다.

$$\text{훈련 가능성} = f(\text{동기부여} \times \text{능력} \times \text{작업 환경에 대한 인식})$$

이 공식은 학습자가 동기부여와 능력을 모두 갖추고 있어야 함을 보여준다. 둘 중 하나라도 부족하면 학습이 발생하지 않는다. 이 방정식은 또한 하나의 요소가 매우 높은 수준이라고 해서 그 요소가 다른 요소를 대체할 수 없음을 보여준다. 또한, 직원들이 새로운 지식이나 기술을 습득하려고 할 때 작업 환경에서 학습의 노력이 거의 지지를 받지 못하면 새로운 지식이나 기술을 배우고 사용할 가능성이 현저히 줄어들게 된다. 따라서 훈련 가능성은 개별 학습자의 역할뿐만 아니라, HRD 활동에서 제시된 것을 사용하도록 학습자가 요청받는 작업 환경의 역할 또한 중요하다.

훈련 가능성은 HRD에서 아주 중요하다.[27] 직원들이 참여하려는 동기가 적거나, 잘 하려는 준비가 안 되어 있는 프로그램에 직원들을 배정하는 것은 시간과 자원을 낭비하는 것이다. 능력이 부족한 학습자는 학습에 더 오랜 시간이 소요되므로 훈련 기간 및 훈련 비용을 증가시킨다. 사실, 그러한 학습자는 조직이 원하는 수준까지 배울지 못할 수도 있다.

이를 증명하기 위해 당신이 사무실 장비 회사의 서비스 기술자를 대상으로 본인들이 서비스 중인 장비의 판매 기술을 가르치기 위해 설계된 교육 프로그램에 참여하고 있다고 가정해보자. 판매를 위해 구두 의사소통 및 대인 관계 기술이 필요하다. 기술자가 이 두 가지 기술이 모두 부족하면 효과적으로 판매하는 학습이 어려울 수 있다. 기술자는 열심히 배우고 노력하기를 원하겠지만, 이 낮은 수준의 능력은 학습을 방해한다. 마찬가지로 기술자가 의사소통 능력은 뛰어나지만 판매를 하는 것이 유쾌하지 않다고 생각하거나 판매를 배우는 것이 자신의 개인적 목표를 달성하는 데 도움이 되지 않는다고 생각한다면 판매 기술을 배우려고 하지 않을 것이다. 많은 연구에서 능력과 학습 간에 명확한 관계가 있음이 나타났으며,[28] 이는 동기부여뿐만 아니라 작업 환경에 대한 인식에도 똑같이 적용된다.[29, 30]

일정 기간 동안, 연구자들은 학습 전 동기부여(*pretraining motivation*)에 대한 개념을 연구했는데,[31] 연구 결과는 다음과 같다.

- 학습자가 훈련을 인식하는 방법(교정 vs. 발전 또는 불쾌한 과제 vs. 기회)은 학습 수준, 효능감, 불안감 및 공정성에 대한 인식에 영향을 미친다.[32]
- 개인이 자신의 능력(고정된 특질 또는 획득 가능한 기술)을 보는 방식은 불안 수준, 자기 효능 인식, 서술적(사실적) 지식의 학습에 영향을 미친다.[33]
- 훈련 전에 업무에서 부정적인 사건을 경험하면 학습자의 학습 동기 및 훈련 수행이 향상될 수 있다.[34]
- 훈련에 참여하고 배우고자 하는 동기를 증가시킬 수 있는 많은 요인들이 발견되었다. 조사된 요인으로는 훈련 결정에 대한 참여 정도, 훈련 참여의 혜택(직무 수행 능력 향상 및 경력 향상 기회), 지원 인식(작업 환경에서 학습된 교육 내용에 대한 쉬운 적용) 등이 포함된다.[35]
- 조직의 특성(교육 참여에 관한 정책 및 지침)은 인적자원개발 활동 참여와 관련이 있다.[36]

표 3.1 학습 극대화와 관련된 이슈

학습자 특성
훈련 가능성
동기부여
개인 능력
작업 환경에 대한 인식
개성과 태도
훈련 설계
실습의 조건
행동 실습
집중 학습 대 분산 학습 세션
전체 대 부분 학습
과잉 학습
결과에 대한 피드백
과업 순서정하기
학습 결과의 유지
학습 자료의 의미성
초기 학습 수준
방해
훈련 전이
동일 요소
일반 원리
자극 다양성
근무 환경에서의 지원
수행할 수 있는 기회
학습 전이 분위기

이러한 연구 결과는 학습자들이 HRD 활동에 참여하고 학습 동기를 높일 수 있는 방법을 제시한다는 점에서 중요하다. 예를 들어, 제시되는 가치에 대해서 학습자가 확실하게 인식하면, 학습자들은 훈련을 기회로써, 학습자들이 갖고 있는 이슈를 다룰 수 있는 방법으로써, 뛰어난 성과를 달성할 수 있

는 기회로써 인식하게 될 것이다. 또한 학습자는 훈련 참여를 통해 학습한 내용을 조직 내 작업 환경에서 손쉽게 사용할 수 있다고 인식해야 한다.[37] 그러나 학습자가 받는 교육을 스스로 선택하게 할 때 생길 수 있는 잠재 위험(*downfall*)에 대한 흥미로운 연구 결과는 "참여의 위험" 박스를 참조하라.

참여의 위험

2시간짜리 스킬 기반 교육 세션에 참여하기로 했다고 가정해보자. 교육장에 입실하면서 교육 주제가 적힌 네 개의 꾸러미를 받았다. 네 개 주제 중 하나가 '인사고과와 피드백'이다. 당신은 이 주제를 선택할 수도 있고, 선택하지 않을 수도 있다. 연구 질문은 다음과 같다. 훈련 전 학습 동기와 훈련 후 학습 결과가 훈련 주제의 선택권을 부여하는지에 따라 달라질 수 있는가? 더 나아가 어떤 선택권도 받지 못한 학습자들, 즉 교육장에 들어와서 선택의 여지없이 '인사고과와 피드백'을 수강한 학습자들의 결과는 다른가?

인디애나 대학의 연구자들이 이러한 연구문제를 다루었다. 다른 유사한 학습자들에 대한 사전 테스트를 통해 잠재적인 훈련 내용에 대한 학습자의 선호도에서 인사고과가 평균적으로 평가된다는 것을 발견했다. 영리한 조작을 통해 일부 학습자들은 주제 시트에서 다른 옵션(인사고과가 아닌 선택항목)을 보았다. 예비 테스트 결과 대부분의 학습자들이 인사고과보다 다른 주제들이 더 유리하게 보였다(따라서 학습자들은 선호하는 연수 주제로 인사고과를 선택하지 않을 것이다). 다른 학습자들은 모든 다른 옵션들이 인사고과보다 상당히 낮게 평가 된 패킷을 받았다. (인사고과는 선호하는 훈련주제로 선택될 가능성이 높다.) 진정한 다수결 투표를 통해(아무 속임수도 없는), 인사고과 주제는 항상 훈련 내용으로 '선정'되었다.

연구원들이 발견한 것은 훈련전 동기는 자신이 선택한 훈련을 받은 사람들이 가장 높았으며, 그렇지 않은 선택의 여지가 없는 사람들이 가장 낮았다. 훈련에서 다루어지는 내용에 대한 학습에서는, '선택권을 받은' 조건의 사람들은 '선택권을 받지 않은 조건'의 사람들보다 더 많은 것을 배웠다. 그러나 다소 놀랍게도 학습 주제와 관련하여 선택의 여지가 없는 사람들의 학습이 가장 효과적이었다.

학습자에게 선택권을 부여하는 것이 좋을 것이라는 자연스러운 기대를 감안할 때, 이 연구는 훈련 상황에서 선택을 허용할 때 잠재적인 위험이 있을 수 있는지에 대한 질문을 제기한다. 즉, 모든 학습자들이 자신이 선택한 연수를 받는 것이 실무적으로 또는 물리적으로 가능하지 않을 수 있다. 그렇다면 사실상 참여의 위험이 있을 수 있다. 자신이 선택한 훈련 주제를 받지 못하면 선택의 여지가 없는 것보다 훈련에 대한 동기가 떨어지고 결과가 악화될 수 있다. 학습자 동기부여는 훈련 가능성의 중요한 측면이다(이 연구에서는 학습자의 인지 능력이 측정되고 통계적으로 제어되어 사전 훈련 동기에 대한 세 가지 선택 조작의 효과를 강조한다). 선택과 참여는 일반적으로 훈련 상황에서 좋은 일이지만, 이 프로젝트는 학습자의 기대치를 높이고 충족시키지 못하게 하는 잠재적인 위험을 보여준다. 동일한 교육 프로그램이 학습과 동기부여 결과에서 다른 결과를 나타냈으며, 이러한 결과는 학습자들에게 어떻게 제시되었는지에 따라 다르다.

출처: From Baldwin, T. T., Magjuka, R. J., & Loher, B. T. (1991). The perils of participation: Effects of choice of training on trainee motivation and learning. *Personnel Psychology*, 44, 51–66.

능력과 학습에 대한 사전 업무 지식의 영향에 대한 실험 연구에서 일반적인 인지 능력(즉, 지능)은 업무 지식의 획득에 직접적인 영향을 미치고 있지만, 이전 업무 지식이 후속 업무 지식의 획득에 거의 영향을 주지 않는 것으로 나타났다.[38] 이러한 결론은 복잡한 직무를 가르치기 위해 고안된 프로그램에 참여하는 학습자는 사전 업무 지식보다는 인지 능력이 중요함을 시사한다.

훈련 가능성 테스트는 학습자가 동기부여와 학습 능력을 모두 갖출 수 있도록 하는 데 사용할 수 있는 한 가지 방법이다. 이 접근법은 훈련을 위한 후보자의 동기부여 및 관련 능력을 측정하고 훈련 가능성이 충분한 사람만 훈련하도록 선택하는 데 초점을 둔다. 예를 들어, 군 연구원들은 전투 훈련에서 성공을 예측하기 위해 동기부여 및 성격 요인을 측정하기 위한 설문지를 작성했다. 설문지는 독립성, 사교성, 전투 부대에서 근무하는 동기 등을 측정했다. 설문지 응답과 다른 예측변수의 조합은 훈련 성공과 밀접한 관련이 있었다.[39]

학습자의 학습 가능성에 대한 또 다른 접근법은 후보자가 훈련 프로그램의 일부를 완료하고 훈련의 나머지 기간 동안 그들이 얼마나 잘 수행할 것인지의 예측변수로서 해당 기간 동안 그들의 업무 성과를 사용하는 것이다. 예를 들어, 아더 시겔(*Arthur Siegel*)은 미니어처 훈련 및 평가 테스트라는 방법을 제안했다. 이 훈련에서는 미 해군 신병 팀이 중요한 작업 샘플을 교육받고 이러한 작업을 수행할 수 있는지 테스트했다. 11개의 훈련 및 평가 모듈을 사용하여 이 접근법은 해군이 일반적으로 수행한 테스트보다 여러 작업의 성공에 대한 더 나은 예측결과를 산출했다.[40] 제조 환경에서 BMW는 사우스 캐롤라이나주 그레이어(*Greer, South Carolina*)에 최초의 미국 자동차 제조 시설을 개설했을 때 비슷한 접근 방식을 취했다. 사우스 캐롤라이나에 회사를 유치하기 위해 주 정부 공무원은 관대한 세금 인센티브를 제공했다. 또한, 국가는 BMW의 사양에 맞는 훈련 시설을 만들기로 합의했으며, BMW의 잠재적인 직원을 모집하고 훈련시키기 위해 협력했다. 학습자가 훈련을 끝내자 BMW는 새 공장의 초기 1,500명 중에서 고용되기를 희망하는 사람만 선택했다. BMW는 품질과 팀워크에 대한 강한 의지를 가진 동료를 찾고 있다고 말하면서, 이 절차를 통해 회사는 주립 대학의 기술 대학 시스템이 실시하는 엄격한 교육 프로그램을 이수한 가장 적합한 직원들을 선발할 수 있었다. 이 공장(Z3 승용차 포함)에서 제작된 자동차의 품질과 성공은 공장 건물과 직원의 계속적인 확장뿐만 아니라 이 '훈련 후 선발' 전략이 성공적이었음을 보여준다.[41] 마찬가지로 문헌연구를 통해서, 훈련 가능성에 대한 업무 테스트의 사용에 관한 검토를 하는 메타 분석에 따르면 그러한 테스트가 훈련되지 않은 지원자에 대한 훈련 및 직무 수행의 성공을 예측한다고 한다. 또한, 훈련 가능성 테스트는 고령 근로자의 교육 성공을 예측하는 데 효과적이었다.[42]

2.1.2 성격과 태도

훈련 가능성의 정의에서 명시적으로 언급되지는 않았지만, 학습자의 성격과 태도 또한 학습에 영향을 줄 수 있다(2장 참조). 레이 노에(*Ray Noe*)는 경력 탐색과 직무 몰입에 대한 종업원의 태도는 학습과 직업에 대한 적응에 영향을 미친다고 주장한다.[43] 다른 연구 결과에 따르면 직무몰입, 훈련에 대한 기대, 학습자의 자신감은 모두 훈련 성공과 관련이 있다.[44]

성격(*personality*)은 행동의 일관된 양식을 설명하는 안정된 개인적 특성의 집합이다.[45] 종업원 학습과 관련된 성격 특성에는 통제성, 성취 욕구, 활동, 독립성 및 사교성이 포함된다.[46] 머레이 배릭(*Murray Barrick*)과 마이클 마운트(*Michael Mount*)는 외향성(*extraversion*)과 경험에 대한 개방성(*openness to experience*)이라는 두 가지 성격의 차원이 훈련 성공의 유효한 예측 변수임을 발견했다.[47] 조셉 마토키오(*Joseph Martocchio*)와 제인 웹스터(*Jane Webster*)는 개인의 인지적 유희성(*cognitive playfulness*)(부분적으로는 자발성, 상상력, 탐구적인 접근 방식이 개인의 업무 수행 및 학습에 미치는 영향)이 학습, 기분 및 훈련 만족에 영향을 미친다는 사실을 발견했다.[48] 그들은 또한 낮은 수준의 인지적 유희성을 가진 개인이 높은 수준의 인지적 유희성을 가진 개인보다 긍정적인 피드백에 의해 더 많은 영향을 받는다는 것을 발견했다. 훈련 성공에 대한 성격 특성의 영향에 대한 추가 연구가 진행됨에 따라, 비싼 교육이나 장기간의 훈련 및 기타 HRD 프로그램에 학습자들을 보내기 전에 선정 과정에서 관련된 성격특성을 측정하는 것이 유용할 수 있다.[49]

요약하면 HRD 프로그램에 앞서 학습자의 관련 능력, 동기 및 성격을 평가하는 것은 학습이 성공할 가능성을 극대화하는데 중요할 수 있다. 학습을 극대화하기 위한 이러한 접근법은 학습자의 초기 상태를 아는 것이 교육의 중요한 부분이라는 글래서(*Glaser*)의 생각을 반영한다.[50]

2.2 훈련 설계

훈련 설계(*training design*)는 학습 환경을 조정하여 학습을 극대화하는 것을 말한다. 훈련 설계에는 (1) 학습에 영향을 미치는 실습 조건, (2) 학습 결과를 유지하는 데 영향을 미치는 요인들이 포함된다.

이 주제에 관한 연구가 1970년 이전에 실시되었지만 수업심리학에 대한 연구가 새로운 관심을 불러일으켰다. 다음 절에 설명하는 내용이 효과적인 교육 프로그램을 설계하는 데 도움이 될 수 있지만, 모든 결과들이 모든 상황에서 적용되는 것은 아니다. 이전의 전통적인 학습 원리에 대한 가네(*Gagné*)의 주장을 생각해보자. 철저한 업무 분석을 수행하고 무엇을 배울지 명확하게 명시하는 것(과업 분석은 4장에서 자세히 논의)을 대신할 방법은 없다.

2.2.1 실습 조건

실습과 학습에 관련하여 여섯 가지 이슈가 있다. 즉, 행동 실습, 집중 대 분산 실습 세션, 전체 대 부분 학습, 과잉 학습, 결과에 대한 피드백 및 작업 순서가 포함된다.

행동 실습(*active practice*)은 학습자에게 반복적으로 과제를 수행하거나 학습된 지식을 사용할 수 있는 기회가 제공되어야 한다고 주장한다.[51] 예를 들어, 구급 요원이 '사고로 손상된 차량에서 승객을 구출하기 위한 기구'를 어떻게 사용하는지 배우는 경우, 훈련 세션에서는 구급 요원이 '그 기구'를 작동할 수 있는 여러 상황이 포함되어야 한다.

연구자들은 **심적 실습**(*mental practice*)(즉, 명백한 신체 운동이 없는 경우의 인지 리허설)도 과제 수행 능력을 향상시킬 수 있는지를 탐구했다. 한 메타 분석에 따르면 심적 실습은 인지적 업무와 육체적 업

나 강조해야 할 점은 훈련자가 각각의 학습 스타일에 대해 고유한 교육적 접근 방식을 항상 추구해야 한다는 것이 아니라, 훈련을 통해서 다양한 개인의 학습 스타일에 관계없이 학습을 촉진할 수 있는 교육적 개입 전략을 포함시켜야 한다는 것이다.[145]

5.2 학습 전략

콜브의 학습 모드와 마찬가지로 **학습 전략**(*learning strategies*)은 "학습하는 동안 학습자가 몰입하는 행동과 생각"을 의미한다.[146] 학습 전략은 학습자가 새로운 자료를 이해하고, 개념을 구성하여 풍부하게 하거나 연습하는데 사용하는 기법이고 학습자의 동기와 감정에 영향을 미친다.[147] 니모닉 장치(자료의 의미를 높이기 위해 앞에서 먼저 논의됨)의 사용은 일종의 **학습 전략**으로 볼 수 있다.[148] 학습 전략은 다양한 범주로 그룹화될 수 있다.

1. **리허설 전략**(예: 목록에 있는 항목 반복하기; 본문에 밑줄 긋기; 메모 복사하기)
2. **정교화 전략**(예: 이미지 만들기; 새로운 자료의 메모 작성하기, 비유 만들기, 요약하기)
3. **조직화 전략**(예: 학습할 정보의 그룹화 또는 순서 정하기; 논문의 개요 만들기; 자료의 위계 만들기)
4. **이해력 모니터링 전략**(예: 자기 질문)
5. **정서적 전략**(예: 경계력 증가; 이완; 테스트 불안감을 줄이는 방법 찾기)[149]

HRD 분야에서는 학습 방법 프로그램에 학습 전략을 적용하고 있다. 학습 방법 프로그램은 모든 학습 상황에서 효과적으로 학습하는 데 필요한 기술을 학습자에게 제공하려는 학습이다.[150] 조직과 환경의 역동적인 특성을 감안할 때 이제는 개인이 일상생활 속에서 학습하는 것이 필요해졌다. 학습 방법(*learning to-learn*) 프로그램은 학습 프로세스를 향상시키고 개인을 더욱 독립적으로 만드는 것을 목표로 한다. 이 프로그램은 주어진 자료의 성격과 학습 상황의 요구에 효과적으로 대처하는 데 필요한 학습 전략을 선택하는 데 중점을 둔다. 직원들이 다양한 학습 전략을 습득하여 숙련되면, 직원들은 분명히 형식적인 학습 기회(예; 훈련 프로그램)와 비형식적인 학습 기회(예; 문제 해결 회의)를 통해 많은 혜택을 볼 수 있다.

5.3 지각적 선호

개인이 학습 상황에서 찾는 정보의 유형과 정보를 처리하는 방식에 대해 선호하는 방식을 가지고 있는 것처럼 개인이 정보를 획득하기 위해 사용하는 감각 채널에 대한 선호도 존재한다. 예를 들어, 어떤 사람이 당신에게 길의 방향을 물어보면, 그 사람은 방향을 적어서 주거나, 지도로 그려서 주거나, 말로 설명해주거나 또는 이 세 가지 방법을 조합해서 알려주기를 원할 수 있다.

웨인 제임스(*Wayne James*)와 마이클 갈브레이스(*Michael Galbraith*)는 일곱 가지 지각적 선호(*perceptual preferences*)를 제안한다.

1. **글자**(읽기 및 쓰기)
2. **시각자료**(그래프 및 차트)
3. **청각자료**(귀로 듣기, 즉 청취)
4. **상호작용**(토론, 질문하기)
5. **촉각/조작**(만지기와 같은 실습)
6. **운동/정신 운동**(역할 놀이, 신체 활동)
7. **후각**(냄새 또는 맛에 아이디어)[151]

닐 플레밍(*Neil Fleming*)은 VARK 설문지를 개발했다. VARK 설문지는 "학습 상황에서 정보를 획득하고, 전달하는 방법"을 측정하는 척도이다. 이 설문지는 온라인에서 구할 수 있으며 여러 언어로 되어 있다. 이 척도로 측정하는 네 가지 선호도는 시각(V *visual*), 청각(A *aural*), 읽기/쓰기(R *read/write*) 및 운동 감각(K *kinesthetic*)이다. 플레밍은 그의 연구에서 남성은 운동 감각을 선호하고 여성은 읽기/쓰기를 더 선호한다는 결과를 확인했다. 학생들과(일반적으로 운동 감각을 선호하고) 교사 또는 교수(읽기와 쓰기에 대한 선호도가 더 높음) 사이에도 차이가 있는 것으로 나타났다.[152]

다른 연구에 따르면, 성인 대다수는 시각 자료를 선호한다. 여성은 가능한 모든 정보원에서 정보를 얻을 수 있는 반면, 남성은 한정된 정보원에 집중하는 경향이 있다.[153] 또한 플레밍의 학생과 교사의 차이에 대한 연구 결과와 유사하게, 텔레비전과 영화를 더 보거나 컴퓨터 게임을 더 많이 하는 사람들은 이전 세대와는 다른 지각 선호도를 가질 수 있으며 다양한 방법으로 훈련받아야 할 수도 있다고 주장한다.[154]

지각 선호의 의미는 강사가 가능한 학습자 선호도에 맞추기 위해 자료와 기법을 적용해야 함을 의미한다. 예를 들어, 트럭 운전자를 위한 고급 안전 교육에 대한 연구에서는 운동감각 대 청각의 관점에서 개인에게 초점을 맞추어 진행했다. 훈련은 영상을 포함한 강의법과 실습을 포함한 시뮬레이션 접근법 중 하나로 제공되었다. 청각적 선호를 가진 학습자는 강의를 통해 더 많이 배웠지만, 운동감각 선호를 가진 사람은 실습을 통해 더 많이 배운다. 그 반대 또한 입증되었다. 즉, 선호도와 훈련 방법이 일치하지 않을 때, 훈련 성취도와 학습자의 태도는 상당히 낮다.[155] 지각 선호에 관한 연구의 또 다른 시사점은 여러 지각적 채널을 사용하여 학습자가 학습 효율성을 높이도록 훈련시키는 것이 바람직하다는 것이다.

최근 여러 수준의 교육자들이 학생들의 학습을 돕기 위해 '개념 지도(*concept maps*)'를 사용하고 있다. 본질적으로, 개념 지도는 주요 학습 포인트를 시각적으로 묘사한 것이다.[156] 시각적 선호가 강한 학습자는 개념지도와 같은 시각 교습 보조 도구를 사용하면 도움이 될 것이다.

6. 수업심리학과 인지심리학

앞서 논의한 것처럼, 수업심리학은 학습 원칙을 극대화하고 학습을 최대화하는 기법을 밝혀내는 데 초점을 둔다. 수업심리학의 네 가지 영역에서의 발전은 HRD 분야의 다양한 노력을 보다 효과적으로 만드는 데 기여하고 있다.

6.1 절차적 기술 학습을 위한 ACT*/ACT-R 접근법

카네기 멜론 대학(*Carnegie-Mellon University*)의 존 앤더슨(*John Anderson*)과 동료들은 학생들에게 대수 방정식 및 컴퓨터 프로그래밍과 같은 복잡한 절차적 기술을 수행하는 방법을 효과적으로 지도할 수 있는 교육용 컴퓨터 프로그램을 개발했다.[157] 이 프로그램의 기저를 이루는 이론은 학습 과정이 학습 자료에 관계없이 동일하다고 가정하는 ACT* 이론(*ACT* theory*)이다. ACT* 이론은 학습자가 무엇을 해야 할지(**선언적 지식** *declarative knowledge*)에서 그것을 수행하는 방법을 아는 것(**절차적 지식** *procedural knowledge*)으로 진전함에 따라 발생하는 변화에 중점을 둔다.[158]

선언적 지식에서 절차적 지식으로 진전하는 것이 성과에 중요하다. 예를 들어, 효과적인 판매 프레젠테이션을 만드는 단계를 이해한 사람이라고 해서 실제로 성공적으로 판매하는 것은 아니다. 그것은 무엇을 해야 하는지를 배운 것이고, 실제로 그것을 달성하는 것은 또 다른 일이다.

컴퓨터 학습 프로그램 개발에는 모델 추적(*model tracing*)이라고 하는 교육 기법이 사용된다. 이 접근법은 학습 내용에 관련된 문제를 해결하는 이상적인 방법이 있다고 가정하는 것에서 출발하다. 이상적인 방법은 일반적으로 만들어지는 실수 유형들로부터 도출된다. 그런 다음 작업을 수행하기 위한 모든 정확하고 잘못된 규칙을 포함하는 학습 모델이 개발되며, 이 학습 모델에는 프로세스의 각 단계 종료 후에 학생의 지식이 어떻게 변하는 지에 대한 가정이 포함된다.

문제 해결 과정에서 학습자는 실천을 통해 배운다. 학습 프로그램은 학습자가 문제를 파악하고 오류를 즉시 바로 잡도록 도와준다. 교사는 도달해야 할 목표를 안내하고 구체적인 사항을 채워줌으로써 학습자가 기억하기 쉽게 해준다. 교사는 학습 과정을 통해 학생을 효과적으로 안내한다.

ACT* 접근법은 지능형 컴퓨터 보조 학습 프로그램의 특징을 갖는다. 이 방법을 사용하는 회사의 한 예로 캠벨 수프(*Campbell Soup Company*)사가 있다. 갬벨 수프사에는 컴퓨터 기반 요리기구인 쿠커(*Cooker*)의 유지 보수 어드바이저가 있다.[159] 캠벨사의 식품 가공 공장에서는 식품을 위생처리 하는데 거대한 쿠커를 사용한다. 쿠커의 고장은 공장의 다른 모든 작업을 방해하기 때문에 비용이 많이 든다. 쿠커는 복잡한 시스템이기 때문에 엔지니어와 기계 기술자가 장비를 설치, 작동 및 유지 보수하도록 교육하는 것은 쉽지 않다. 이 시스템을 가장 잘 알고 있는 기술자가 은퇴할 즈음에 회사는 그가 44년 동안 습득한 많은 지식을 온전히 전수할 수 있는 지능형 개인 교습 소프트웨어 프로그램을 개발했다.

쿠커 유지 보수 어드바이저는 문답 형식을 사용하는 대화형 시스템이다. 엔지니어 및 유지 보수 기술자는 이 시스템을 훈련할 때 사용하고 현장 훈련(OJT) 시에도 보조적으로 사용한다. 쿠커 유지 보수 어드바이저를 사용함으로써 비용과 시간을 절약하고, 회사 직원 모두가 전문가의 조언과 경험을 활용할 수 있는 장점이 있다.

앤더슨은 또 다른 버전의 ACT*로 ACT-R(R은 합리적(*rational*)을 의미)을 개발했다. ACT-R은 하나의 이론을 테스트하는 데 사용된 시뮬레이션 모델에 대해서 지속적으로 연구하고 기술을 개발해서 추가된 새로운 이론까지 포함한다. ACT-R은 ACT*와 동일한 가정과 기본 예측을 많이 공유하지만 선언적 지식이 절차적 지식이 되는 방법과 인간이 얻은 절차 지식을 계속 미세 조정하는 방법에 대한 새로운 결과를 반영하도록 일부 개념과 프로세스가 수정되었다.[160]

ACT*와 ACT-R 접근법은 절차적 기술 습득에 중점을 둔다. 오늘날 조직에서 사용되는 기술 중 많은 부분이 본질적으로 절차적(예: 장비를 사용하는 적절한 방법)이라는 점을 감안하면 이 기술은 특히 컴퓨터 보조 HRD 교육 프로그램 개발에서 좋은 방안이 될 수 있다.

6.2 자기 행동 조절 학습

전문가가 초보자보다 더 빨리, 더 높은 수준으로 성과를 만드는 것은 무엇 때문인가? 연구 결과에 따르면 전문가는 경험을 통해 자기 조절 및 통제 전략(*self-regulation and control strategies*)을 개발하기 때문이다. 이러한 전략을 사용함으로써 전문가들은 문제가 얼마나 어려운지 정확하게 판단하고, 충분한 시간을 할당하며, 진행 상황을 평가하고 결과를 예측하여서 성과를 모니터링할 수 있다.[161]

전문 인력 양성은 HRD의 중요한 목표이며, 이 목표를 달성하는 한 가지 방법은 학습자에게 자기 조절 및 통제 스킬(*self-regulatory and control skill*)을 가르치는 것이다. 예를 들어, 학생들이 자신의 성과를 모니터링하는 데 사용할 수 있는 전략을 배우는 상보적 교수법(*reciprocal teaching*)이라는 기술을 기반으로 한 독해 프로그램이 개발되었다. 이 프로그램에서는 질문하기, 명료화, 요약 및 예측과 같은 학습 기법을 학습자가 개별적으로 적용하고, 교사는 단지 코치 역할을 담당함으로써, 이 학습 집단은 자신의 학습에 대한 책임을 공유하게 된다.[162]

비록 이 연구는 어린 학생을 대상으로 수행되었지만 그러한 접근법은 조직의 교육에서도 효과적이었다. 행동 모델링과 같은 HRD 접근법은 이미 이 전략의 핵심 요소를 사용하고 있다. 예를 들어, 행동 모델링 세션의 학습자가 학습한 행동을 연습할 때, 그들이 보여준 성과의 적절성과 개선 방법에 대해서 학습자 상호 간에 피드백과 코칭을 받는 방법을 사용한다.[163] 유사한 프로그램이 일반적인 문제 해결 및 사고 능력을 향상시키기 위해 개발되었다.[164]

6.3 전문가 및 탁월한 성과

모든 유형의 학습은 개인을 '초보자' 수준의 학습에서 좀 더 높은 수준의 전문 지식에 이르는 '전문가' 지위 수준까지 끌어올리기 위한 노력이다.[165] 최근의 연구는 전문가 또는 예외적인 성과에 대한 주제를 다루고 있다. 사람의 성과를 가장 높은 수준으로 올리고 계속되게 하는 요인은 무엇인가? 아마도 가장 의미 있는 연구 결과는 "전문가의 성과는 타고난 능력과 역량의 결과라는 이제까지의 공통된 믿음에 반하는 것이다. 분야가 다른 최근 연구 결과에 따르면 전문가적 성과는 복잡한 스킬과 생리학적 적응 방법의 습득에 주로 영향을 받는 것으로 나타났다."[166]

전문가적 성과(*expert performance*)란 "한 분야를 대표하는 과업에서 일관되게 우수한 성과"로 정의된다.[167] 이러한 방식으로 전문가적 성과를 정의하게 되면 전문가가 필요에 따라 높은 수준의 성과를 안정적으로 보여줄 수 있다는 가정을 얻게 된다. 이러한 가정은 실험실 조건에서 연구를 가능하게 하고, 주의 깊은 관찰과 확고한 결론을 얻을 수 있게 해준다. 체스, 의료 진단, 회계감사, 운동 수행, 음악, 타이핑, 교각건설, 물리학 등 폭넓은 영역의 전문가들을 대상으로 한 연구가 진행되었다. 연구 결과 다음과 같은 시사점들이 도출되었다.

- 탁월한 능력과 성과는 주로 최적의 환경 조건 하에서 얻어진다. 타고난 능력의 우수한 수준은 전문가 수준의 성과를 위한 충분한 (또는 심지어 필요한) 조건이 아니다. 예를 들어, IQ는 체스와 음악 분야의 전문가들 사이의 실적과는 상관이 미약하다.
- 탁월한 성과는 의도적인 실습을 통해 획득되며, 그 실습은 적어도 10년 이상 일관되게 수행된 것이다. **의도적인 실습**(*deliberate practice*)은 "성과를 개선하고자 하는 목표에 의해 동기부여되는 노력 활동"이며 학습 및 기술 습득을 위한 최상의 기회를 제공한다.[168] 의도적인 실습은 오랜 기간 동안 개발된 방법과 기법을 사용하여 선생이나 코치의 지도하에 종종 수행된다. 예를 들어, 앤더스 에릭슨(*Anders Ericsson*)은 전문가 수준의 바이올리니스트들은 20세까지 평균적으로 5,000시간 동안 충실한 연습을 했다고 설명한다.[169]
- 최고 수준의 성과를 달성할 수 있을 만큼 충분히 오랜 기간 매일 의도적인 실습을 하는 것은 본질적으로 즐거운 것은 아니다. 특히 실습 자체가 즐거움이 아니라면 매우 높은 동기를 유지해야 한다.
- 시간이 지남에 따라 의도적인 실습은 높은 수준의 성과에 기여하는 해부학적 및 생리학적 적응을 유도한다. 이것은 의도적인 실습 활동에 의해 극도의 요구가 이루어지면서 동시에 신체를 발달시키는 어린이 및 청소년에게 특히 그러하다.
- 의도적 실습에 관해서 한 사람에게 필요한 사항을 가정해보면, 최고 수준의 성과를 달성하는 데 필요한 오랜 기간 동안 한 사람이 용인할 수 있는 최대 실습 시간은 4시간 정도로서, 하루에 휴식 시간을 제외한 한 시간씩 4번 정도 실습하는 것이다. 전문가들은 자신의 삶을 구조화하여 아마추어나 초보자들보다 더 자주 (낮잠의 형태로) 잠을 자고 있다.
- 전문가적 성과는 고도로 자동화되어(의식적 인식 없이도) 있는 것으로 받아들여져 왔지만, 연구 결과에 따르면 전문가적 성과는 계획, 추론 및 예측에 의해 촉진되는 것으로 나타났다. 예를 들어, 테니스 선수는 서버가 공을 치기 전에 서버 팔뚝의 움직임과 공의 토스 방향을 보고 공이 날아올 것을 예측하고 움직임으로써 되받아칠 준비를 한다.
- 전문가는 일반적으로 제한된 영역의 전문가이다.

- 개인이 최고 성과 수준을 달성할 수 있는 연령은 전문 분야에 따라 다르지만 대개 20대, 30대, 40대에서 발생한다. 개인이 연습을 시작하는 나이와 실제로 매주 보내는 시간의 차이로 인해 성과와 총 연습 시간에 큰 차이가 생긴다.[170]

모든 종류의 업무에서 모든 직원에게 최상의 성과를 기대하는 것은 현실적이지 않다. 그럼에도 불구하고 효과적인 조직은 핵심 직책에서 주요 구성원에 의한 매우 높은 수준의 성과를 요구한다. 예외적인 성과에 대한 연구는 그러한 성과가 어떻게 획득되고 유지될 수 있는지에 대한 많은 통찰력을 제공한다. 또한 더 높은 수준의 성과에 도달할 수 있는 아이디어를 제공할 수도 있다.

HRD에 대한 시사점은 작업장에서 의도적인 실습을 할 수 있는 기회와 관련이 있다. 정상적인 근로 조건은 학습 및 개선을 위한 기회를 제공하지만, 이러한 기회는 이상적이지 않으며 높은 수준의 성과로 이어질 가능성은 거의 없다. 이에 대한 한 가지 설명은 작업장에서의 성과에 영향을 미치는 요소(예: 외부의 사회적 및 금전적 보상에 의해 동기부여된, 주어진 수준에서의 신뢰할 수 있는 생산)가 의도적인 실습을 촉진하는 요인과 크게 다르다는 것이다.[171] 따라서 예외적인 성과가 개발되고 유지될 것으로 예상되는 경우에는 정기적으로 의도적인 실습이 이루어져야 한다. 이 연구의 두 번째 의미는 과제 분석과 훈련 방법 개발에 관한 것이다. 예를 들어, "전문가적 수행자와 그들의 전담 교사와 코치에 대해서 연구하면, 오랜 기간 동안 많은 분야에서 축적된 최적의 교육 및 특수 교육에 대한 지식에 대해서 새로운 아이디어로 얻게 될 것이다."[172]

6.4 가네의 수업 이론

가네(또는 가네-브리그스 *Gagné-Briggs*)의 수업 이론(*theory of instruction*)은 사람들의 학습 내용과 학습 방법에 초점을 맞춘다.[173] 이 이론은 다양한 학습 결과가 여러 가지 방법으로 학습된다고 주장한다. 즉, 모든 것을 배우는 가장 좋은 하나의 방법은 없다는 것이다. 이 이론의 두 가지 주요 구성 요소는 학습 결과의 분류법(학습된 내용)과 이를 가르치는 데 필요한 기술이다. 가네는 인간의 업무 수행 능력을 다섯 가지 범주로 나눌 수 있다고 제안했다. 각각의 범주는 학습, 유지, 전이를 극대화하기 위한 다른 조건의 집합을 필요로 한다. 다섯 가지 범주는 다음과 같다.

1. **구두 정보** 또는 선언적 지식은 사실이나 아이디어와 같은 것을 진술하거나 선언할 수 있는 능력을 포함한다. 권리 장전 또는 장애 미국인 협정 등의 낭독은 언어 정보의 예이다.
2. **지적 스킬**은 때로는 절차적 지식이라고 하며 작업을 수행하기 위해 따라야 할 규칙, 개념 및 절차이다. 지적 기능은 단순할 수도 있고 복잡할 수도 있다. 영어 문법은 지적인 기술의 예이다.
3. **인지 전략** 또는 전략적 지식은 학습, 사고 및 기억을 제어하는 데 사용되는 기술이다. 인지 전략을 통해 우리는 업무 수행에 필요한 절차적 지식과 언어 정보를 결정할 수 있다. 예를 들어, IRS 대리인은 특정 세금 감사를 위해 감사 방법을 선택할 때 인지 전략을 사용한다.

표 3.3 학습 이벤트와 다섯 가지 역량 유형별 학습 방식

역량 유형					
학습 이벤트	**구두 정보**	**지적 스킬**	**인지 전략**	**태도**	**동작 스킬**
1. 주의 집중	자극 변화 주기, 감각 모드의 변화 (모두 동일)		예상되는 해법의 일반적 특성을 명확히 하기	원하는 행동 선택 사례 제시	예상 실적 데모 제시
2. 학습자에게 목표 알려주기	대답할 구두 질문의 종류 표시	예상 실적에 대한 설명 및 사례 제공	업무 전략과 관련 지적 능력의 회상	관련 정보, 기술 및 인간 모델 식별의 회상	하위 루틴과 파트 스킬의 회상 촉진
3. 전제 조건의 회상 촉구	조직화된 정보 상황에 대한 회상	관련 규칙 및 개념 회상	새로운 문제 제시	현재 인간 행동의 선택을 보여주는 인간 모델 제시	도구를 포함한 성과를 위한 외부 자극 제공
4. 자극 자료 제시	명제 형식으로 정보 제공	규칙과 개념의 현재 예시	새로운 솔루션에 대한 프롬프트와 힌트 제공	모델의 행동 선택과 모델에 의해 수용된 강화에 대한 관찰을 제공	성과 달성에 대한 피드백 제공
5. 학습지도 제공	보다 의미 있는 문맥에 대한 구술 링크 제공	규칙 또는 개념의 적절한 결합과 순서화를 위한 언어적 단서 제공	문제 해결 방법 요청	실제 상황이나 시뮬레이션 상황에서 행동 선택을 표시하도록 학습자에게 요청	성과의 실행 요구
6. 성과 극대화	학습자 자신의 단어로 정리 요청 (의역)	새로운 예제에 규칙이나 개념을 적용하도록 학습자에게 요청	문제 해결의 독창성 확인	행동 선택의 직접 또는 간접 강화 제공	성과의 정확도와 시기에 대한 피드백 제공
7. 피드백 제공	정보 진술의 정확성 확인	규칙 또는 개념 적용의 정확성 확인	학습자가 새로운 해결책 제시	학습자는 실제 또는 시뮬레이션 상황에서 개인 행동을 원하는 대로 선택	학습자가 총 스킬의 성과 실행
8. 성과 평가	학습자는 말로 표현 된 형태로 정보를 다시 구술	학습자가 규칙이나 개념의 적용을 보여주기	다양한 사회 문제 해결 기회 제공	행동 선택을 위한 다양한 상황 제공	학습자는 기술 연습 지속
9. 정보 보존과 전이 강화	추가 정보 영역에 대한 구두 링크 제공	일정 간격으로 다양한 사례를 포함한 리뷰 제공			

출처: Gagne, R. M., & Wager, W. W. *Principles of Instructional Design* (4th ed.). © 1992 Wadsworth, a part of Cengage Learning, Inc. Reproduced by permission. www.cengage.com/permissions.

4. **태도**는 우리가 몇 가지 행동 중에서 어떤 것을 선택할지에 영향을 미칠 수 있는 마음의 내부 상태이다(2장의 논의를 상기해보라). 태도는 다른 사람들로부터 사실을 듣는 것만으로는 학습되지 않는다. 예를 들어, 원자력에 대한 당신의 태도가 누군가가 당신에게 그것이 좋거나 나쁘다고 말하면 변화할 것인가? 태도의 대상에 관한 강화 또는 개인적인 경험과 같은 부가적인 것이 학습이 일어나기 위해 필요하다. 그럼에도 불구하고 태도는 종종 변화에 매우 저항적이다.
5. **동작 스킬**은 우리 몸을 사용하여 무언가를 조작하는 것을 포함한다. 글쓰기, 케이크를 얼리기, 접시 트레이의 균형잡기 등은 동작 스킬의 예이다. 동작을 연습함으로써 운동 기능을 습득할 수 있고, 또 연습함으로써 동작의 품질이 향상된다.

e-러닝에서 학습은 어디에 있는가?

과학기술의 발전은 인적자원개발 분야에 큰 영향을 미치고 있다. 인터넷의 발전은 광대역에 대한 접근을 증가시켰으며, 그 결과로 훨씬 많은 잠재 고객이 원거리 학습(또는 'e-러닝')을 이용할 수 있게 되었다. 예를 들어, 구글(Google)과 기타 인터넷 검색 엔진으로 인해 정보 검색이 훨씬 빨라지고 강력하게 되었다. 훈련 공급 업체와 컨설턴트들은 그들의 제품과 서비스를 웹상에서 운영할 가능성이 훨씬 더 높아지고 있다. 이제 모든 훈련 과정이 온라인으로 제공되며 토론은 코스 관리 시스템(예: D2L(Desire to Learn) 또는 블랙보드(Blackboard))을 통해 진행된다. 때로는 '웹 2.0' 애플리케이션이라고 불리는 인터넷 기반 협업이 확산되어 현재 'e-러닝 2.0'에 대한 전문 지식이 필요하게 되었다. 애플의 아이팟, MP3 플레이어, 태블릿, 컴퓨터 등을 통해 학습자에게 교육 컨텐츠를 제공하는 방법으로 팟캐스트가 증가하고 있다. 온라인 소셜 위키백과사전 위키피디아(Wikipedia)에서 볼 수 있듯이 오픈 소싱의 또 다른 예로는 'wiki', 즉 "웹 브라우저를 통해 여러 개의 연결된 웹 페이지를 만들고 편집할 수 있는 웹사이트"를 사용하는 방법이 있다. 또 다른 예로는 'MOOCs(massive open online courses)'의 급속한 성장, 온라인 학습 시스템의 사용 증가, 다이나믹 출판(dynamic publishing)의 증가 등이 있다.

그러나 HRD 내에서 과학기술의 사용이 어지러울 정도의 성장하고 있지만, 오페리텔(Operitel Corporation)사의 전 CLO(Chief Learning Officer)였던 게리 우딜(Gary Woodill)과 같은 작가는 실제로 온라인에서 학습이 실제로 이루어지는지에 대해 의문을 제기했다. 요구분석, 설계, 실행, 평가 관련 이슈에 부적절한 주의를 기울이는 것에 관해서 많은 비판이 제기되고 있다. 이 과학기술 이슈는 4, 5, 6, 7장에서(1장에서 제시한 HRD 프로세스 모델에서 네 가지 주요 단계가 각각 서로 관련되어 있기 때문에) 보다 자세히 논의된다. 미리 경고를 하자면, 과학기술 기반의 HRD 강좌나 프로그램들은 좋은 것, 나쁜 것, 그리고 부실한 것이 있을 수도 있다. 상당한 진전이 있었지만, 과학기술을 통해 이루어지는 학습의 양을 극대화하는 방법에 관해서는 여전히 많은 것을 학습해야 한다.

출처: This is the title of a white paper written by Gary Woodill. Accessed on January 12, 2015 at http://www.operitel.com/lib/pdf/wp_elearning_analysis.pdf

가네(Gagné)에 따르면, 이 다섯 가지 범주는 다음과 같은 이유로 서로 다르기 때문에 중요하다. 첫째, 인간의 선호에 따라 다르고, 둘째, 접근성과 강화 같은 일반적인 조건의 유행에도 불구하고 학습을 위한 요구 사항이 다르며, 셋째, 학습의 효과(지속적인 학습)가 서로 다르다는 점이다.[174]

가네와 그의 동료들은 주어진 과제의 성공적인 수행에는 이러한 범주 중 하나 이상의 학습이 필요하다고 주장한다. 각 범주의 기능을 가르치는 데 가장 적합한 기법이 무엇인지에 관한 연구가 계속되고 있다. 〈표 3.3〉은 이러한 작업을 요약해서 제시한다. 표의 왼쪽 열에 나열된 학습 이벤트는 교수 설계에 사용되어야 하는 9단계 학습 이벤트이다. 표의 해당 항목에는 학습 결과의 다섯 가지 범주 각각에 대해 각 단계를 구현하기 위해 취해야 하는 조치가 나열되어 있다. 가네의 이론은 HRD 전문가가 교육 프로그램의 효율성을 향상시킬 수 있는 방법을 찾을 수 있는 풍부한 아이디어를 제공해준다. 이것은 '자유 형식의 수업을 보다 신뢰할 수 있는 것'으로 바꾸는 데 도움이 되는 '고전적 훈련'으로 인용된다.[175] 로버트 가네는 인적자원개발 아카데미에서 'HRD 학술원 명예의 전당'에 헌액된 소수의 인물 중 한 명이다.[176]

도입 사례로 돌아가기

IBM은 직원과 관리자의 학습 및 개발에 상당한 투자를 유지하고 있으며, 학습 관리 시스템(LMS)을 통해 사용 가능한 광범위한 컨텐츠를 가지고 있다.

출처: Mihelich, M. (2014). Change is a way of life, learning at IBM. *Chief Learning Officer*, 13(2), 28–29.

요약

학습 과정을 이해하고 학습을 극대화할 수 있는 방법은 HRD 프로그램을 설계하고 실행하는 데 중요한 문제이다. 학습은 환경과의 상호작용의 결과로 발생하는 행동 또는 인지의 비교적 영구적인 변화이다. 학습 과정에 대한 전통적 연구는 연관성, 효과의 법칙, 실천이라는 세 가지의 학습 원칙을 밝혀냈다. 비록 이러한 원칙들이 학습 과정에 대한 이해를 향상시키지만, 학습을 극대화하는 프로그램을 설계하는 데는 충분하지 않다.

학습자의 특성은 학습 과정에서 중요한 역할을 한다. 학습자의 학습 정도에 영향을 미치는 세 가지의 학습자 특성은 훈련 가능성, 성격, 태도이다. 훈련 가능성은 동기, 능력, 작업 환경의 조합이다. 훈련 가능성 수준이 높을수록 학습자가 더 많이 배울 가능성이 높다. 통제 위치와 학습자의 태도와 같은 몇 가지 성격 특성 또한 학습에 영향을 미치는 것으로 나타났다.

학습 설계 이슈, 특히 실습 조건에 대한 지식 또한 학습을 극대화하는 데 사용되어야 한다. 이러한 조건에는 행동 실습, 집중 대 분산 학습 세션, 전체 대 부분 학습, 과잉 학습, 결과에 대한 피드백 및 작업 순서가 포함된다. 일반적으로 학습자의 학습은 과잉 학습, 피드백, 오랜 시간에 걸친 분산 실습 세션에 의해 개선되며, 이러한 방법 사이에 충분한 여유 시간이 있으면 더욱 개선된다.

직원이 학습하는 정보나 스킬은 그 직원이 직장에서 그 정보를 유지하거나 사용하지 않으면 조직에 거의 가치가 없다. 학습 내용의 유지는 자료의 의미성, 최초 학습의 수준, 방해 등의 요인에 의해 영향을 받는다. 작업 환경으로의 훈련 전이에 영향을 미치는 요소에는 동일 요소, 일반 원칙, 자극 다양성, 작업 환경에서의 지원이 포함된다.

분명한 것은 모든 학습자가 똑같지 않다는 것이다. 학습자 간의 개인차는 학습 과정에 영향을 준다. 우선, 훈련 프로그램을 설계할 때 고려해야 할 사실은 사람들마다 학습의 속도가 다르다는 것이다. 둘째, 사람마다 지능 수준이나 학습 스타일이 다르듯이 사람들은 다양한 교육 방법을 사용하여 학습할 수 있다. 셋째, 많은 고정관념과 달리 노년층은 젊은 성인과 마찬가지로 학습할 수 있지만 종종 다른 방식으로 학습한다. 마지막으로, 최근의 수업심리 연구는 HRD에 대한 상당한 가능성을 보여준다. ACT*/ACT-R 접근법, 자기 조절, 전문가적 성과, 가네의 학습 이론에 대한 연구들은 학습을 극대화하는 교육 접근 방식을 설계하는데 창조적인 방안을 제시해준다.

과학기술의 발전은 훈련과 기타 HRD 개입이 수행되는 방식에 혁신을 가져오고 있다. 과학기술의 발전이 학습에 대한 통제권을 학습자에게 더 많이 부여하는 긍정적인 면이 있지만, 설계 측면에서는 과학기술 기반 프로그램을 통해 발생할 수 있는 학습의 양에 큰 영향을 미친다. 과학기술 문제는 앞으로의 장에서 자세히 다루어진다.

이 장을 읽었으니 도입부에 있는 참 또는 거짓 질문에 대한 답은 그대로 인가, 아니면 변경했는가?

토의문제

1. 페다고지와 안드라고지 접근법을 비교하고 대조해서 설명하시오. 지역 병원장이 당신에게 직원들의 성희롱에 대한 인식을 높이고 참가자들이 성희롱 고충을 처리할 수 있는 방법을 강구하는 프로그램을 설계하도록 요청했다고 가정하시오. 어느 원칙이 (어떤 접근법이) 유용하다고 생각하는가? 당신이 선택한 것에 대해 논리적으로 설명하시오.
2. HRD 프로그램 또는 개입의 효과성에서 훈련 가능성이 갖는 역할을 설명하시오. 직원의 훈련 가능성을 평가하는 데 사용할 수 있는 옵션을 간략하게 설명하시오.
3. 로버트 가네와 다른 사람들은 전통적 학습 원칙(연관성 및 연상)이 효과적인 훈련 프로그램을 설계하기에 충분하지 않다고 주장했다. 이러한 주장을 뒷받침하는 논거를 제시하시오. 이러한 문제의 해결 방안으로 수업심리학 및 인지심리학 연구는 무엇을 제안하는가? 이 해결 방안에 동의하는가? 당신의 대답을 뒷받침하시오.
4. 소수의 HRD 전문가가 실습이 학습 및 유지에 중요한 역할을 한다는 것에 동의하지 않는다. 실습 조건에 대한 지식을 활용한다고 하면, 당신은 새로운 자동차 에어컨의 설치 훈련에서 가장 효과적이라고 생각되는 실습

방식은 무엇이라고 생각하는가? 새로운 감독자를 대상으로 미국 장애인법(*U.S. Americans with Disabilities Act*)과 같은 법률을 준수하도록 교육하는 경우에는 어떠한가?

5. 훈련의 작업 현장 전이 여부에 영향을 주는 요인을 밝히고 토론하시오. 전이를 보장하는 데 가장 중요한 두 가지 요인은 무엇인가? 당신의 선택을 뒷받침하시오.
6. 고령 근로자에 대한 공통적인 고정관념은 학습을 어렵게 생각한다는 것이다. 노년학 분야의 연구가 이러한 고정관념을 지지하거나 반증하는가? 설명하시오. 고령 근로자를 효과적으로 훈련하기 위해 관리자가 따라야 할 두 가지 시사점 또는 권장 사항은 무엇인가?
7. 데이비드 콜브와 다른 사람들의 연구에 따르면 개인들은 다양한 학습 스타일을 가지고 있다고 한다. 수렴형 학습 스타일을 가진 관리자와 분산형 학습 스타일을 가진 관리자는 학습 방식이 어떻게 다른가? 관리자에게 부하 직원에게 피드백을 제공하는 방법을 가르치기 위해 훈련 세션을 진행한다고 가정하시오. 두 가지 스타일의 관리자가 참여할 예정이다. 두 사람이 당신이 제시한 자료를 확실히 알 수 있도록 스타일 차이를 다루기 위해 무엇을 할 수 있는가?
8. 학습 전략은 학습자가 새로운 자료를 실습하고 구조화하며 풍부하게 하고 이해하는 데 사용된다. 이 장에서 논의된 학습 전략 중에서 당신이 사용한 두 가지를 선택하시오. 각각에 대해 어떻게 적용했는지 그리고 그것이 어떻게 효과적으로 학습하는 데 도움이 되었는지를 밝히시오.
9. 감독자와 동료는 종종 강사역할을 요청받는다. 그들은 다른 사람들을 가르치고 있는 자료에 대해서는 전문가일지 모르지만, 다른 사람들이 어떻게 학습하는지에 대해서는 초보자이다. 이 장에서 제시한 내용을 토대로 다른 사람들을 훈련시키는 관리자와 동료들이 학습에 대해 알아야 할 세 가지가 무엇이라고 생각하는가? 각각에 대해 열거하고 그것이 중요하다고 생각하는 이유를 설명하시오.

미주

1. Bingham, T., & Jeary, T. (2007). Communicating the value of learning. *T&D*, 61(5), 80–84; Daley, B., Conceição, S., Mina, L., Altman, B., Baldor, M., & Brown, J. (2010). Integrative literature review: Concept mapping: A strategy to support the development of practice, research, and theory within human resource development. *Human Resource Development Review*, 9, 357–384; Billett, S., & Choy, S. (2013). Learning through work: Emerging perspectives and new challenges. *Journal of Workplace Learning*, 25(4), 264–276.

2. Echols, M. E. (2013). Diversity as a learning imperative. *Chief Learning Officer*, 12(8), 10; see also Grund, C., & Martin, J. (2012). Determinants of further training—evidence for Germany. *International Journal of Human Resource Management*, 23(17), 3536–3558; Backes-Gellner, U., & Veen, S. (2013). Positive effects of ageing and age diversity in innovative companies—large-scale empirical evidence on company productivity. *Human Resource Management Journal*, 23(3), 279–295; Lazazzara, A., Karpinska, K., & Henkens, K. (2013). What factors influence training opportunities for older workers? Three factorial surveys exploring the attitudes of HR professionals. *International Journal of Human Resource Management*, 24(11), 2154–2172; Li, M., Mobley, W. H., & Kelly, A. (2013). When do global leaders learn best to develop cultural intelligence? An investigation of the moderating role of experiential learning style. *Academy of Management Learning & Education*, 12(1), 32–50; Bausch, S., Michel, A., & Sonntag, K. (2014). How gender influences the effect of age on self-efficacy and training success. *International Journal of Training & Development*, 18(3), 171–187.

3. Harris, S. (2011). Learning is the most daunting business challenge. *People & Strategy*, 34(4), 10–11; see also Gregory, E. M. (2011). Moving toward adaptive learning. *People & Strategy*, 34(4), 9–10.

4. McMurrer, D. P., Van Buren, M. E., & Woodwell, W. H., Jr. (2000). Making the commitment. *Training & Development*, 54(1), 41–48.

5. Bingham, T., & Galagan, P. (2008). Learning is a powerful tool. *T&D*, 62(1), 31–37; see also Anderson, M. C., & Arvin, C. (2003). Caterpillar University dashboard: Measuring—and maximizing—the business value of learning. In L. Schmidt (Ed.), *Implementing training scorecards*. Alexandria, VA: ASTD Press; Glynn, C. E. (2008). Building a learning infrastructure. *T&D*, 62(1), 38–43.

6. Bingham, T., & Galagan, P. (2010). Trial by fire. *T&D*, 64(9), 36–42.

7. Baldwin, T. T., & Danielson, C. (1998, September–October). Executive briefing: Management development. *Business Horizons*, 2–4; Gordon, J. (2005). CLO: A strategic player? *Training*, 82(4), 14–19; Israelite, L., Greenberg, D., & Curtin, J. (2011). A look ahead: Learning in 2011. *Chief Learning Officer*, 10(1), 18–21; Bakke, D. (2013). How do people learn best? *Chief Learning Officer*, 12(4), 50; Kuehner-Hebert, K. (2013). There's no business like the learning business. *Chief Learning Officer*, 12(5), 22–25; Platter, M. (2014). Three trends shaping learning. *Chief Learning Officer*, 13(6), 44–47.

8. Biech, E. (Ed.) (2008). *ASTD handbook for workplace learning professionals*. Alexandria, VA: ASTD Press.

9. McNamara, T. K., Parry, E., Lee, J., & Pitt-Catsouphes, M. (2012). The effect of training on organizational performance: Differences by age composition and cultural context. *International Journal of Human Resource Management*, 23(6), 1226–1244; Lee, H. S., & Anderson, J. R. (2013). Student learning: What has instruction got to do with it? *Annual Review of Psychology*, 64(1), 445–469; Lukic, D., Margaryan, A., & Littlejohn, A. (2013). Individual agency in learning from incidents. *Human Resource Development International*, 16(4), 409–425; Noe, R. A., Tews, M. J., & Marand, A. D. (2013). Individual differences and informal learning in the workplace. *Journal of Vocational Behavior*, 83(3), 327–335; Ort, A. (2014). Embrace differences when training intergenerational groups. *T&D*, 68(4), 60–65.

10. Gagné, R. M., & Glaser, R. (1987). Foundations in learning research. In R. M. Gagné (Ed.), *Instructional technology: Foundations*. Hillsdale, NJ: Erlbaum.

11. Anderson, J. R.,&Bower, G. H. (1973). *Human associative memory*. Washington, DC: Winston.

12. James, W. (1890). *Principles of psychology*. New York: Holt, Rinehart and Winston.

13. Thorndike, E. L. (1913). *The psychology of learning: Educational psychology* (Vol. 2). New York: Teachers College Press.

14. Kohler, W. (1927). *The mentality of apes*. New York: Harcourt Brace Jovanovich; Wertheimer, M. (1959). *Productive thinking*. New York: Harper & Row; Vergon, T. R. (2013). *A journey of epiphanies: Learning leadership*. Lulu.com; Blakeley, K., & Higgs, M. (2015). Responsible leadership development—crucible experiences and power relationships in a global professional services firm. *Human Resource Development International*, in press.

15. Gagné, R. M. (1985). *The conditions of learning and theory of instruction* (4th ed.). New York: Holt, Rinehart and Winston.

16. Gentry, J. W., & Burns, A. C. (1997). Thoughts about the measurement of learning: The case for guided learning and associated measurement issues. *Developments in Business Simulation & Experiential Learning*, 24, 241–246.

17. Gagné, R. M. (1962). Military training and principles of learning. *American Psychologist*, 17, 83–91.

18. *Ibid*.

19. Bruner, J. S. (1966). *Toward a theory of instruction*. New York: Norton.

20. Glaser, R. (1982). Instructional psychology: Past, present, and future. *American Psychologist*, 37, 292–305.

21. Resnick, L. B. (1981). Instructional psychology. *Annual Review of Psychology*, 32, 659–704.

22. Lord, R. M., & Maher, K. J. (1991). Cognitive theory in industrial and organizational psychology. In M. D. Dunnette & L. M. Hough (Eds), *Handbook of industrial and organizational psychology* (2nd ed., Vol. 2, pp. 1–62). Palo Alto, CA: Consulting Psychologists Press, p. 4.

23. Newell, A., Rosenbloom, P. S., & Laird, J. E. (1989). Symbolic architectures for cognition. In M. Posner (Ed.), *Foundations of cognitive science* (pp. 93–131). Cambridge, MA: MIT Press.

24. Gagné, R. M., & Dick, W. (1983). Instructional psychology. *Annual Review of Psychology*, 34, 261–295; Pintrich, P. R., Cross, D. R., Kozma, R. B., & McKeachie, W. J. (1986). Instructional psychology. *Annual Review of Psychology*, 37, 611–651; Pintrich, P. R., Cross, D. R., Kozma, R. B., & McKeachie, W. J. (1986). Instructional psychology. *Annual Review of Psychology*, 37, 611–651; Glaser, R., & Bassok, M. (1989). Learning theory and the study of instruction. *Annual Review of Psychology*, 40, 631–666; Weiss, H. M. (1990). Learning theory and industrial and organizational psychology. In M. D. Dunnette & L. M. Hough (Eds), *Handbook of industrial and organizational psychology* (2nd ed., Vol. 1, pp. 171–221). Palo Alto, CA: Consulting Psychologists Press; Ericsson, K. A., & Lehman, A. C. (1996). Expert and exceptional performance: Evidence of maximal adaptation to task constraints. *Annual Review of Psychology*, 47, 273–305; Healy, A. F., & McNamara, D. S. (1996). Verbal learning and memory: Does the modal model still work? *Annual Review of Psychology*, 47, 143–172; Merriam, S. B., Caffarella, R. S., & Baumgartner, L. M. (2007). *Learning in adulthood: A comprehensive guide* (3rd ed.). San Francisco, CA: Jossey-Bass; Merriam, S. B., & Bierema, L. L. (2014). *Adult learning: Linking theory and practice*. San Francisco, CA: Wiley.

25. Howell, W. C., & Cooke, N. J. (1989). Training the human information processor: A review of cognitive models. In I. L. Goldstein and associates (Eds.). *Training and development in organizations* (pp. 121–182). San Francisco, CA: Jossey-Bass; May, G. L., & Kahnweiler, W. M. (2000). The effect of a mastery practice design on learning and transfer in behavior modeling training. *Personnel Psychology*, 53, 353–373; Gorman, C. A., & Rentsch, J. R. (2010). Evaluating frame-of-reference rater training effectiveness using performance schema accuracy. *Journal of Applied Psychology*, 94, 1336–1344.

26. Maier, N. R. F. (1973). *Psychology in industrial organizations* (4th ed.). Boston, MA: Houghton Mifflin; Noe, R. A. (1986). Trainee's attributes and attitudes: Neglected influences on training effectiveness. *Academy of Management Review*, 11, 736–749; Wong, L.,&Gerras, S. (2008, June 25). All-volunteer Army: An ongoing experiment. *USA Today*, p. 9a.

27. Wolfson, N. E., Cavanagh, T. M., & Kraiger, K. (2014). Older adults and technology-based instruction: Optimizing learning outcomes and transfer. *Academy of Management Learning & Education*, 13(1), 26–44.

28. McGehee, W. (1948). Cutting training waste. *Personnel Psychology*, 1, 331–340; Taylor, R. K., & Tajen, C. (1948). Selection

for training: Tabulating equipment operators. *Personnel Psychology*, 1, 341–348; Taylor, C. W. (1952). Pretesting saves training costs. *Personnel Psychology*, 5, 213–239; Gordon, L. V. (1955). Time in training as a criterion of success in radio code. *Journal of Applied Psychology*, 39, 311–313; Neel, R. G., & Dunn, R. E. (1960). Predicting success in supervisory training programs by the use of psychological tests. *Journal of Applied Psychology*, 44, 358–360; Downs, S. (1970). Predicting training potential. *Personnel Management*, 2, 26–28; Gordon, M. E., & Klieman, L. S. (1976). The predication of trainability using a work sample test and an aptitude test: A direct comparison. *Personnel Psychology*, 29, 243–253; Roth, P. L., Buster, M. A., & Bobko, P. (2011). Updating the trainability tests literature on Black-White subgroup differences and reconsidering criterion-related validity. *Journal of Applied Psychology*, 96(1), 34–45; Sutton, A., & Watson, S. (2013). Can competencies at selection predict performance and development needs? *Journal of Management Development*, 32(9), 1023–1035.

29. Eden, D., & Ravid, G. (1982). Pygmalion versus selfexpectancy: Effects of instructor and self-expectancy on trainee performance. *Organizational Behavior and Human Performance*, 30, 351–364; Eden, D., & Shani, A. B. (1982). Pygmalion goes to boot camp: Expectancy, leadership, and trainee performance. *Journal of Applied Psychology*, 67, 194–199; Reber, R. A., & Wallin, J. A. (1984). The effects of training, goal setting, and knowledge of results on safe behavior: A component analysis. *Academy of Management Journal*, 27, 544–560; Wexley, K. N., & Baldwin, T. T. (1986). Posttraining strategies for facilitating positive transfer: An empirical exploration. *Academy of Management Journal*, 29, 503–520; Hicks, W. D., & Klimoski, R. J. (1987). Entry into training programs and its effects on training outcomes: A field experiment. *Academy of Management Journal*, 30, 542–552; see also Gegenfurtner, A., Veermans, K., Festner, D., & Gruber, H. (2009). Motivation to transfer training: An integrative literature review. *Human Resource Development Review*, 8, 403–423; Brown, T. C., McCracken, M., & Hillier, T. L. (2013). Using evidencebased practices to enhance transfer of training: assessing the effectiveness of goal setting and behavioural observation scales. *Human Resource Development International*, 16(4), 374–389.

30. Peters, L. H., O'Connor, E. J., & Eulberg, J. R. (1985). Situational constraints: Sources, consequences, and future considerations. In G. Ferris & K. Rowland (Eds), *Research in personnel and human resource management* (Vol. 3, pp. 79–114). Stamford, CT: JAI Press; Morrell, D. L., & Korsgaard, M. A. (2011). Training in context: Toward a person-by-situation view of voluntary training. *Human Resource Development Quarterly*, 22(3), 323–342.

31. Werner, J. M., O'Leary-Kelly, A. M., Baldwin, T. T., & Wexley, K. N., (1994). Augmenting behavior-modeling training: Testing the effects of pre- and post-training interventions. *Human Resource Development Quarterly*, 5, 169–183; Cannon-Bowers, J. A., Rhodenizer, L., Salas, E., & Bowers, C. A. (1998). A framework for understanding pre-practice conditions and their impact on learning. *Personnel Psychology*, 51, 291–320; Narayan, A., Steele-Johnson, D., Delgado, K. M., & Cole, P. A. (2007). Differential effects of pretraining influences on readiness to change. *Journal of Psychology*, 141(1), 47–60; Mesmer-Magnus, J., & Viswesvaran, C. (2010). The role of pretraining interventions in learning: A meta-analysis and integrative review. *Human Resource Management*, 20, 261–282; Grossman, R., Salas, E., Pavlas, D., & Rosen, M. (2013). Using instructional features to enhance demonstration-based training in management education. *Academy of Management Learning & Education*, 12(2), 219–243; Walsh, B. M., Bauerle, T. J., & Magley, V. J. (2013). Individual and contextual inhibitors of sexual harassment training motivation. *Human Resource Development Quarterly*, 24(2), 215–237.

32. Martocchio, J. J. (1992). Microcomputer usage as an opportunity: The influence of context in employee training. *Personnel Psychology*, 45, 529–552; Quiñones, M. A. (1995). Pretraining context effect: Training assignment as feedback. *Journal of Applied Psychology*, 80, 226–238; Mohammed, S., & Billings, R. S. (2002). The effect of selfefficacy and issue characteristics on threat and opportunity categorization. *Journal of Applied Social Psychology*, 32, 1253–1275.

33. Martocchio, J. J. (1994). Effects of ability on anxiety, selfefficacy, and learning in training. *Journal of Applied Psychology*, 79, 819–825; Bell B. S., & Kozlowski, S. W. J. (2008). Active learning: Effects of core training design elements on self-regulatory processes, learning, and adaptability. *Journal of Applied Psychology*, 93, 296–316; Shantz, A., & Latham, G. P. (2012). Transfer of training: Written self-guidance to increase self-efficacy and interviewing performance of job seekers. *Human Resource Management*, 51(5), 733–746.

34. Smith-Jentsch, K. A., Jentsch, F. G., Payne, S. C., & Salas, E. (1996). Can pretraining experiences explain individual differences in learning? *Journal of Applied Psychology*, 81, 110–116; Holt, D. T., & Crocker, M. (2000). Prior negative experiences: Their impact on computer training outcomes. *Computers & Education*, 35, 295–308.

35. Mathieu, J. E., Tannenbaum, S. I., & Salas, E. (1992). The influences of individual and situational characteristics on measures of training effectiveness. *Academy of Management Journal*, 35, 828–847; Clark, C. S., Dobbins, G. H., & Ladd, R. T. (1993). Exploratory field study of training motivation. *Group & Organization Management*, 18, 292–307; Noe, R. A., & Wilk, S. L. (1993). Investigation of the factors that influence employees' participation in development activities. *Journal of Applied Psychology*, 78, 291–302.

36. Maurer, T. J., & Tarulli, B. A. (1994). Investigation of perceived environment, perceived outcome, and person variables in relationship to voluntary development activity by employees. *Journal of Applied Psychology*, 79, 3–14; Moon, S. Y., & Na, S.-I. (2009). Psychological and organizational variables associated with workplace learning in small and medium manufacturing businesses in Korea. *Asia Pacific Education Review*, 10, 327–336.

37. Hurtz, G. M., & Williams, K. J. (2009). Attitudinal and motivational antecedents of participation in voluntary employee development activities. *Journal of Applied Psychology*, 94, 635–653; Gadeceau, J.-F. (2012). Selection for participation in training and its potential effect on transfer: Encouraging good practice. *International Journal of Training & Development*, 16(2), 137–144.

38. Ree, M. J., Carretta, T. R., & Teachout, M. S. (1995). Role of ability and prior job knowledge in complex training performance. *Journal of Applied Psychology*, 80, 721–730.

39. Tubiana, J. H., & Ben-Shakhar, G. (1982). An objective group questionnaire as a substitute for a personal interview in the prediction of success in military training in Israel. *Personnel Psychology*, 35, 349–357.

40. Siegel, A. I. (1983). The miniature job training and evaluation approach: Additional findings. *Personnel Psychology*,

36, 41–56; Kelly, R., & Israelski, E. (1988). Development and validation of minicourses in the telecommunication industry. *Journal of Applied Psychology*, 73(4), 721–726; Higuera, L. A. Z., & Riera, M. C. (2004). Validation of a trainability test for young apprentices. *European Psychologist*, 9, 56–63; Roth et al. (2011), *supra* note 29.

41. Kinzer, A. (1995). BMW Manufacturing Corp. and South Carolina: An exciting partnership. *South Carolina Business*, 15, 26–29; BMW plant in US (1995, March/April). *Presidents & Prime Ministers* 4(2), 23–31; Panke: Quality, training are keys at S. C. plant (1999, November 22). *Automotive News* 74(5849), 26; BMW weighs another expansion of U.S. plant (2000, January 17). *Automotive News*, 74(5857), 22.

42. Robertson, I., & Downs, S. (1979). Learning and prediction of performance: Development of trainability testing in the United Kingdom. *Journal of Applied Psychology*, 64, 42–50; Robertson, I. T., & Downs, S. (1989). Work-sample tests of trainability: A meta-analysis. *Journal of Applied Psychology*, 74, 402–410.

43. Noe (1986), *supra* note 27.

44. Ryman, D. H., & Biersner, R. J. (1975). Attitudes predictive of driving training success. *Personnel Psychology*, 28, 181–188; Noe, R. A., & Schmitt, N. (1986). The influence of trainee attitudes on training effectiveness: Test of a model. *Personnel Psychology*, 39, 497–523; Maurer & Tarulli (1994), *supra* note 37; Patrick, J., Smy, V., Tombs, M. & Shelton, K. (2012), Being in one's chosen job determines pre-training attitudes and training outcomes. *Journal of Occupational and Organizational Psychology*, 85, 245–257.

45. Barondes, S. (2012). *Making sense of people: Decoding the mysteries of personality*. Upper Saddle River, NJ: Pearson.

46. Baumgartel, H., Reynolds, M., & Pathan, R. (1984). How personality and organizational-climate variables moderate the effectiveness of management development programmes: A review and some recent research findings. *Management and Labour Studies*, 9, 1–16; Tubiana & Ben-Shakhar (1982), *supra* note 40.

47. Barrick, M. R., & Mount, M. K. (1991). The big-five personality dimensions and job performance: A metaanalysis. *Personnel Psychology*, 44, 1–26; see also Esfandagheh, F. B., Harris, R., & Oreyzi, H. R. (2012). The impact of extraversion and pre-training self-efficacy on levels of training outcomes. *Human Resource Development International*, 15(2), 175–191.

48. Martocchio, J. J., & Webster, J. (1992). Effects of feedback and cognitive playfulness on performance in microcomputer software training. *Personnel Psychology*, 45, 553–587; Huang, R. T., Jang, S. J., Machtmes, K., & Deggs, D. (2012). Investigating the roles of perceived playfulness, resistance to change and self-management of learning in mobile English learning outcome. *British Journal of Educational Technology*, 43(6), 1004–1015.

49. Rowold, J. (2007). The impact of personality on trainingrelated aspects of motivation: Test of a longitudinal model. *Human Resource Development Quarterly*, 18, 9–31; Hong, J. C., Hwang, M. Y., Lu, C.-H., Cheng, C.-L., Lee, Y.-C., & Lin, C.-L. (2009). Playfulness-based design in educational games: A perspective on an evolutionary contest game. *Interactive Learning Environments*, 17, 15–35; Sitzmann, T., Brown, K. G., Ely, K., Kraiger, K., & Wisher, R. A. (2009). A cyclical model of motivational constructs in web-based courses. *Military Psychology*, 21, 534–551.

50. Glaser, R. (1984). Education and thinking: The role of knowledge. *American Psychologist*, 39, 93–104.

51. Gordon, J. (2006). Straight talk: Practice, practice, practice. *Training*, 43(12), 5.

52. Driskell, J. E., Copper, C., & Moran, A. (1994). Does mental practice enhance performance? *Journal of Applied Psychology*, 79, 481–492.

53. Briggs, G. E., & Naylor, J. C. (1962). The relative efficiency of several training methods as a function of transfer task complexity. *Journal of Experimental Psychology*, 64, 505–512; Naylor, J. C., & Briggs, G. E. (1963). The effect of task complexity and task organization on the relative efficiency of part and whole training methods. *Journal of Experimental Psychology*, 65, 217–224; Dail, T., & Christina, R. (2004). Distribution of practice and metacognition in learning and long-term retention of a discrete motor task. *Research Quarterly for Exercise & Sport*, 75(2), 148–155; Arthur, W., Day, E. A., Villado, A. J., Boatman, P. R., Kowollik, V., Bennett, W., & Bhupatkar, A. (2010). The effect of distributed practice on immediate posttraining, and long-term performance on a complex command-and-control simulation task. *Human Performance*, 23, 428–445.

54. Willingham, D. T. (2002, Summer). Allocating student time: "Massed" versus "distributed" practice. *American Educator*, 26(2). Accessed on January 15, 2015 at http://www.aft.org/newspubs/periodicals/ae/summer2002/willingham.cfm

55. Myers, C. B., & Myers, S. M. (2007). Assessing assessment: The effects of two exam formats on course achievement and evaluation. *Innovative Higher Education*, 31, 227–236.

56. Holding, D. H. (1965). *Principles of training*. London: Pergamon Press.

57. Arthur, W., Day, E. A., Villado, A. J., Boatman, P. R., Kowollik, V., Bennett, W., & Bhupatkar, A. (2010). The effect of distributed practice on immediate posttraining, and long-term performance on a complex command-andcontrol simulation task. *Human Performance*, 23(5), 428–445.

58. Kauffeld, S., & Lehmann-Willenbrock, N. (2010). Sales training: Effects of spaced practice on training transfer. *Journal of European Industrial Training*, 34(1), 23–37.

59. Kanfer, R., Ackerman, P. L., Murtha, T. C., Dugdale, B., & Nelson, L. (1994). Goal setting, conditions of practice, and task performance: A resource allocation perspective. *Journal of Applied Psychology*, 79, 826–835.

60. Gagné (1962), *supra* note 18.

61. Blum, M. L., & Naylor, J. C. (1968). *Industrial psychology*. New York: Harper & Row; Naylor & Briggs (1963), *supra* note 54.

62. McGehee, W., & Thayer, P. W. (1961). *Training in business and industry*. New York: Wiley.

63. Goldstein, I. L. (1986). *Training in organizations: Needs assessment, development, and evaluation* (2nd ed.). Pacific Grove, CA: Brooks-Cole.

64. Fitts, P. M. (1965). Factors in complex skill training. In R. Glaser (Ed.), *Training research in education*. New York: Wiley.

65. Atwater, S. K. (1953). Proactive inhibition and associative facilitation as affected by degree of prior learning. *Journal of Experimental Psychology*, 46, 400–404; Mandler, G. (1954). Transfer of training as a function of response overlearning. *Journal of Experimental Psychology*, 47, 411–417; Schendel, J. D.,

& Hagman, J. D. (1982). On sustaining procedural skills over a prolonged retention interval. *Journal of Applied Psychology*, 67, 605–610; Hagman, J. D., & Rose, A. M. (1983). Retention of military tasks: A review. *Human Factors*, 25, 199–213; Driskell, J. Willis, R., & Copper, C. (1992). Effect of overlearning on retention. *Journal of Applied Psychology*, 77(5), 615–622; Lansdale, M., & How, T. T. (1996). An analysis of errors in the learning, overlearning, and forgetting of sequences. *Quarterly Journal of Experimental Psychology*, 49A(2), 341–356.

66. Willingham, D. T. (2004, Spring). Practice makes perfect—But only if you practice beyond the point of perfection. *American Educator*, 28(1). Accessed on January 13, 2015 at: http://www.aft.org/newspubs/periodicals/ae/spring2004/willingham.cfm.

67. Thorndike, E. L. (1927). The law of effect. *American Journal of Psychology*, 39, 212–222; Wexley, K. N., & Thornton, C. L. (1972). Effect of verbal feedback of test results upon learning. *Journal of Educational Research*, 66, 119–121.

68. Kluger, A. N., & DeNisi, A. (1996). The effects of feedback interventions on performance: A historical review, a metaanalysis, and a preliminary feedback intervention theory. *Psychological Bulletin*, 119, 254–284.

69. Ilgen, D. R., Fisher, C. D., & Taylor, M. S. (1979). Consequences of individual feedback on behavior in organizations. *Journal of Applied Psychology*, 64, 349–371; Kazbour, R. R., McGee, H. M., Mooney, T., Masica, L., & Brinkerhoff, R. O. (2013). Evaluating the impact of a performance-based methodology on transfer of training. *Performance Improvement Quarterly*, 26(1), 5–33.

70. Wexley & Thornton (1972), *supra* note 68; Martocchio & Webster (1992), *supra* note 49; Martocchio, J. J., & Dulebohn, J. (1994). Performance feedback effects in training: The role of perceived controllability. *Personnel Psychology*, 47, 357–353; for a more complete discussion of feedback and how it affects performance, see Taylor, M. S., Fisher, C. D., & Ilgen, D. R. (1984). Individuals' reactions to performance feedback in organizations: A control theory perspective. In K. M. Rowland & G. R. Ferris (Eds), *Research in personnel and human resource management* (Vol. 2). Greenwich, CT: JAI Press; and Kluger & DeNisi (1996), *supra* note 69.

71. Gagné (1962), *supra* note 18; Gagné, R. M., Wagner, W. W., Golas, K.,& Keller, J. M. (2005). *Principles of instructional design* (5th ed.). Belmont, CA: Wadsworth.

72. Clancey, W. J. (1987). *Knowledge based tutoring*. Cambridge, MA: MIT Press; Mioduser, D., Venezky, R. L., & Gong, B. (1998). The Weather Lab: An instruction-based assessment tool built from a knowledge-based system. *Journal of Computers in Mathematics and Science Teaching*, 17, 239–263; Decker, P. J. (1980). Effects of symbolic coding and rehearsal in behavior modeling training. *Journal of Applied Psychology*, 65, 627–634; Decker, P. J. (1982). The enhancement of behavior modeling training of supervisory skills by the inclusion of retention processes. *Personnel Psychology*, 32, 323–332.

73. Robinson, P. (2005). Cognitive complexity and task sequencing: Studies in a componential framework for second language task design. *IRAL: International Review of Applied Linguistics in Language Teaching*, 43(1), 1–32; Robinson, P. (2007). Criteria for classifying and sequencing pedagogical tasks. In M. del Pilar Garcia Mayo (Ed.), *Investigating tasks in formal language learning*. Clevedon, UK: Multilingual Matters Ltd; Paas, F., & van Gog, T. (2009). Principles for designing effective and efficient training of complex cognitive skills. *Review of Human Factors and Ergonomics*, 5, 166–194; Bingham, C. B., & Davis, J. P. (2012). Learning sequences: Their existence, effect, and evolution. *Academy of Management Journal*, 55(3), 611–641.

74. McGehee & Thayer (1961), *supra* note 63; Cannon-Bowers, J., & Bowers, C. (2010). Synthetic learning environments: On developing a science of simulation, games, and virtual worlds for training. In S. W. J. Kozlowski & E. Salas (Eds), *Learning, training, and development in organizations*. New York: Routledge/Taylor & Francis Group.

75. Yeatts, J. (1988). Variables related to recall of the English Bible: Comprehensibility, structural importance, meaningfulness, interest, specificity of denotation and abstractness-concreteness. *Journal for the Scientific Study of Religion*, 27(4), 593–608.

76. Kim, S. (2007). Memory upgrades. *Discover*, 28(1), 73–78.

77. Carpenter, S. K., Pashler, H., Wixted, J. T., & Vul, E. (2008). The effects of test on learning and forgetting. *Memory & Cognition*, 36, 438–448.

78. Bourne, L. E., & Ekstrand, B. R. (1973). *Psychology: Its principles and meanings*. Hinsdale, IL: Dryden Press; Boutin, A., & Blandin, Y. (2010). Cognitive underpinnings of contextual interference during motor learning. *Acta Psychologica*, 135, 233–239.

79. Alvarez, K., Salas, E., & Garofano, C. M. (2004). An integrated model of training evaluation and effectiveness. *Human Resource Development Review*, 3(4), 385–416; Saks, A. M., & Belcourt, M. (2006). An investigation of training activities and transfer of training in organizations. *Human Resource Management*, 45(4), 629–648; Aguinis, H., & Kraiger, K. (2009). Benefits of training and developments for individuals and teams, organizations, and society. *Annual Review of Psychology*, 60, 451–474; Burke, L. A., & Saks, A. M. (2009). Accountability in training transfer: Adapting Schlenker's model of responsibility to a persistent but solvable problem. *Human Resource Development Review*, 8, 382–402; Taylor, P. J., Taylor, H., & Russ-Eft, D. F. (2009). Transfer of management training from alternative perspectives. *Journal of Applied Psychology*, 94, 104–121; Yamkovenko, B., & Holton, E. (2010). Toward a theoretical model of dispositional influences on transfer of learning: A test of a structural model. *Human Resource Development Quarterly*, 21, 381–410; Bates, R., Holton III, E. F., & Hatala, J. P. (2012). A revised learning transfer system inventory: Factorial replication and validation. *Human Resource Development International*, 15(5), 549–569; Yelon, S. L., Ford, J. K., & Golden, S. (2013). Transfer over time: Stories about transfer years after training. *Performance Improvement Quarterly*, 25(4), 43–66; Saks, A. M., Salas, E., & Lewis, P. (2014). The transfer of training, Editorial. *International Journal of Training & Development*, 18(2), 81–83.

80. Garavaglia, P. (1995). *Transfer of training: Making training stick*, INFO-LINE, No. 9512. Alexandria, VA: American Society for Training and Development; Wouters, P., Paas, F., & van Merriënboer, J. J. G. (2010). Observational learning from animated models: Effects of studying practicing alternation and illusion of control on transfer. *Instructional Science*, 38, 89–104; Blume, B. D., Ford, J. K., Baldwin, T. T., & Huang, J. L. (2010). Transfer of training: A meta-analytic review. *Journal of Management*, 36, 1065–1105.

81. Baldwin, T. T. (1992). Effects of alternative modeling strategies on outcomes of interpersonal skills training. *Journal* *of Applied Psychology, 77*, 147–154; Simon, S. J., & Werner, J. M. (1996). Computer training through behavior modeling, self-paced, and instructional approaches: A field experiment. *Journal of Applied Psychology, 81*, 648–659; Lorenzet, S. J., Salas, E., & Tannenbaum, S. I. (2005). Benefiting from mistakes: The impact of guided errors on learning, performance, and self-efficacy. *Human Resource Development Quarterly, 16*, 301–322.

82. Baldwin (1992), *supra* note 82.

83. Baldwin, T. T., & Ford, J. K. (1988). Transfer of training: A review and directions for future research. *Personnel Psychology, 41*, 63–103.

84. Grossman, R., & Salas, E. (2011). The transfer of training: What really matters. *International Journal of Training & Development, 15*(2), 103–120.

85. Thorndike, E. L., & Woodworth, R. S. (1901). (I) The influence of improvement in one mental function on the efficiency of other functions. (II) The estimation of magnitudes. (III) Functions involving attention, observation, and discrimination. *Psychological Review, 8*, 247–261, 384–395, 553–564; Awais Bhatti, M., & Kaur, S. (2010). The role of individual and training design factors on training transfer. *Journal of European Industrial Training, 34*(7), 656–672; van der Locht, M., van Dam, K., & Chiaburu, D. S. (2013). Getting the most of management training: The role of identical elements for training transfer. *Personnel Review, 42*(4), 422–439; Awais Bhatti, M., Ali, S., Mohd Isa, M. F., & Mohamed Battour, M. (2014). Training transfer and transfer motivation: The influence of individual, environmental, situational, training design, and affective reaction factors. *Performance Improvement Quarterly, 27*(1), 51–82.

86. Berkowitz, D., & Donnerstein, E. (1982). External validity is more than skin deep: Some answers to criticisms of laboratory experiments. *American Psychologist, 37*, 245–257; Machin, M. A. (2003). Examining a nonprescriptive approach to fatigue management in coach drivers. *Australian Journal of Psychology, 55* (Suppl), 136; Jenkins, D. P., Stanton, N. A., Salmon, P. M., & Walker, G. H. (2011). A formative approach to developing synthetic environment fidelity requirements for decision-making training. *Applied Ergonomics, 42*(5), 757–769.

87. Hendrikson, G., & Schroeder, W. (1941). Transfer of training to hit a submerged target. *Journal of Educational Psychology, 32*, 206–213.

88. Goldstein (1986), *supra* note 64; Billing, D. (2007, April). Teaching for transfer of core/key skills in higher education: Cognitive skills. *Higher Education, 53*(4), 483–516; McMillan, W. J. (2010). Teaching for clinical reasoning—Helping students make the conceptual links. *Medical Teacher, 32*, E436–E442.

89. Ellis, H. C. (1965). *The transfer of learning*. New York: Macmillan; Kazdin, A. E. (1975). *Behavior modification in applied settings*. Homewood, IL: Dorsey Press; Wasserman, E. A., Young, M. E., & Cook, R. G. (2004). Variability discrimination in humans and animals. *American Psychologist, 59*(9), 879–890; Neuringer, A., & Jensen, G. (2010). Operant variability and voluntary action. *Psychological Review, 117*, 972–993.

90. Shore, B., & Sechrest, L. (1975). Concept attainment as a function of positive instances presented. *Journal of Educational Psychology, 52*, 303–307; Baldwin, T. T. (1987). *The effect of negative models on learning and transfer from behavior modeling: A test of stimulus variability*. Presented at the Academy of Management, New Orleans, LA.

91. Harrison, P. (2011). Learning culture, line manager and HR professional practice. *Journal of European Industrial Training, 35*(9), 914–928; Simosi, M. (2012). The moderating role of self-efficacy in the organizational culture-training transfer relationship. *International Journal of Training & Development, 16*(2), 92–106; Homklin, T., Takahashi, Y., & Techakanont, K. (2014). The influence of social and organizational support on transfer of training: Evidence from Thailand. *International Journal of Training & Development, 18*(2), 116–131.

92. Huczynski, A. A., & Lewis, J. W. (1980). An empirical study into the learning transfer process in management training. *Journal of Management Studies, 17*, 227–240; Sims, H., & Manz, C. C. (1982). Modeling influences on employee behavior. *Personnel Journal, 61*(1), 45–51; Wexley, K. N., & Baldwin, T. T. (1986). Management development. *Journal of Management, 12*, 277–294; Lancaster, S., Lee Di, M., & Cameron, R. (2013). Supervisor behaviours that facilitate training transfer. *Journal of Workplace Learning, 25*(1), 6–22; Ellström, E., & Ellström, P.-E. (2014). Learning outcomes of a work-based training programme. *European Journal of Training and Development, 38*(3), 180–197.

93. Rouiller, J. Z., & Goldstein, I. L. (1993). The relationship between organizational transfer climate and positive transfer of training. *Human Resource Development Quarterly, 4*, 377–390.

94. Tracey, J. B., Tannenbaum, S. I., and Kavanagh, M. J. (1995). Applying trained skills on the job: The importance of the work environment. *Journal of Applied Psychology, 80*, 239–252; Tracey, J. B., & Tews, M. J. (2005). Construct validity of a general training climate scale. *Organizational Research Methods, 8*(4), 353–374; Kim, J. H., & Callahan, J. L. (2013). Finding the intersection of the learning organization and learning transfer. *European Journal of Training and Development, 37*(2), 183–200.

95. Nikolova, I., Van Ruysseveldt, J., De Witte, H., & Syroit, J. (2014). Work-based learning: Development and validation of a scale measuring the learning potential of the workplace (LPW). *Journal of Vocational Behavior, 84*(1), 1–10; Nikolova, I., Van Ruysseveldt, J., De Witte, H., & Van Dam, K. (2014). Learning climate scale: Construction, reliability and initial validity evidence. *Journal of Vocational Behavior, 85*(3), 258–265.

96. Martin, H. J. (2010). Workplace climate and peer support as determinants of training transfer. *Human Resource Development Quarterly, 21*, 87–104.

97. Marx, R. D. (1982). Relapse prevention for managerial training: A model for maintenance of behavioral change. *Academy of Management Review, 7*, 433–441.

98. Burke, L. A., & Baldwin, T. T. (1999). Workforce training transfer: A study of the effect of relapse prevention training and transfer climate. *Human Resource Management, 38*, 227–242.

99. Hutchins, H. M., & Burke, L. A. (2006). Has relapse prevention received a fair shake? A review and implications for future transfer research. *Human Resource Development Review, 5*(1), 8–24; Rahyuda, A., Syed, J., & Soltani, E. (2014). The role of relapse prevention and goal setting in training transfer enhancement. *Human Resource Development Review, 13*(4), 413–436.

100. Leifer, M. S., & Newstrom, J. W. (1980). Solving the transfer of training problem. *Training and Development Journal, 34*(8), 42–46; Michalak, D. F. (1981). The neglected half of training. *Training and Development Journal, 35*(5), 22–28.

101. Ford, J. K., Quiñones, M. A., Sego, D. J., and Sorra, J. S. (1992). Factors affecting the opportunity to perform trained tasks on the job. *Personnel Psychology, 45*, 511–527.

102. Lim, D. H., & Johnson, S. D. (2002). Trainee perceptions of factors that influence learning transfer. *International Journal of Training and Development*, 6(1), 36–48.

103. Gegenfurtner et al. (2009), *supra* note 30.

104. Hutchins, H. M., Burke, L. A., & Berthelsen, A. M. (2010). A missing link in the transfer problem? Examining how trainers learn about training transfer. *Human Resource Management*, 49, 599–618.

105. Drewitt, T. (2008, October). Improving the transfer of learning. *Training Journal*, 57–60.

106. Choi, W., & Jacobs, R. L. (2011). Influences of formal learning, personal learning orientation, and supportive learning environment on informal learning. *Human Resource Development Quarterly*, 22(3), 239–257; Crouse, P., Doyle, W., & Young, J. D. (2011). Workplace learning strategies, barriers, facilitators and outcomes: A qualitative study among human resource management practitioners. *Human Resource Development International*, 14(1), 39–55; Li, L., Gray, D. E., John Lockwood, A., & Buhalis, D. (2013). Learning about managing the business in the hospitality industry. *Human Resource Development Quarterly*, 24(4), 525–559; Torunn Bjørk, I., Tøien, M., & Sørensen, A. L. (2013). Exploring informal learning among hospital nurses. *Journal of Workplace Learning*, 25(7), 426–440; Devins, D., & Gold, J. (2014). Re-conceptualising talent management and development within the context of the low paid. *Human Resource Development International*, 17(5), 514–528; Froehlich, D., Segers, M., & Van den Bossche, P. (2014). Informal workplace learning in Austrian banks: The influence of learning approach, leadership style, and organizational learning culture on managers' learning outcomes. *Human Resource Development Quarterly*, 25(1), 29–57.

107. Thompson, K. (2014). Is "formal" informal learning the new shape of organisational learning? *Training Zone*, November 10.

108. Carliner, S. (2013). A dozen ways to promote informal learning. *Chief Learning Officer*, 12(10), 34–47.

109. Kostiuk, P., & Follmann, D. (1989, April). Learning curves, personal characteristics, and job performance. *Journal of Labor Economics*, 7(2), 129–146; Weiler, J. A., Bellebaum, C., & Daum, I. (2008). Aging affects acquisition and reversal of reward-based associative learning. *Learning & Memory*, 15, 190–197; Anzanello, M. J., & Fogliatto, F. S. (2011). Learning curve models and applications: Literature review and research directions. *International Journal of Industrial Ergonomics*, 41, 573–383.

110. Cronbach, L. J. (1967). How can instruction be adapted to individual differences? In R. M. Gagné (Ed.), *Learning and individual differences*. Columbus, OH: Charles E. Merrill; Cronbach, L. J., & Snow, R. E. (1977). *Aptitudes and instructional methods*. New York: Irvington.

111. Vroom, V. H. (1964). *Work and motivation*. New York: Wiley.

112. Gagne, F., & St. Pere, F. (2002). When IQ is controlled, does motivation still predict achievement? *Intelligence*, 30, 71–100; Yeo, G. B., & Neal, A. (2004). A multilevel analysis of effort, practice, and performance: Effects of ability, conscientiousness, and goal orientation. *Journal of Applied Psychology*, 89, 231–247; Seijts, G., & Crim, D. (2009). The combined effects of goal type and cognitive ability on performance. *Motivation and Emotion*, 33, 343–352.

113. Terborg, J. R. (1977). Validation and extension of an individual differences model of work performance. *Organizational Behavior and Human Performance*, 18, 188–216.

114. For example, Kanfer, R., & Ackerman, P. L. (1989). Motivation and cognitive abilities: An integrative/aptitudetreatment interaction approach to skill acquisition. *Journal of Applied Psychology*, 74, 657–690; Kanfer, R. (1990). Motivation theory and industrial and organizational psychology. In M. D. Dunnette & L. M. Hough (Eds), *Handbook of industrial and organizational psychology* (2nd ed., Vol. 1, pp. 75–170). Palo Alto, CA: Consulting Psychologists Press.

115. Unless otherwise noted, the ideas presented in this section are drawn from Kanfer and Ackerman (1989) and Kanfer (1990), both *supra* note 115.

116. Anderson, J. R. (1993). Problem solving and learning. *American Psychologist*, 48, 35–44.

117. Kanfer & Ackerman (1989), *supra* note 115; Kanfer et al. & (1994), *supra* note 60; Mitchell, T. R., Hopper, H., Daniels, D., George-Falvy, J., & James, L. R. (1994). Predicting selfefficacy and performance during skill acquisition. *Journal of Applied Psychology*, 79, 506–517; see also reviews by Kanfer (1990), *supra* note 115; Ackerman, P. L. (1992). Predicting individual differences in complex skill acquisition: Dynamics of ability determinants. *Journal of Applied Psychology*, 77, 598–614; Ackerman, P. L., & Humphreys, L. G. (1992). Individual differences theory in industrial and organizational psychology. In M. D. Dunnette & L. M. Hough (Eds), *Handbook of industrial and organizational psychology* (2nd ed., Vol. 1, pp. 223–282). Palo Alto, CA: Consulting Psychologists Press; Myors, B., & Marshall, K. (2005). An aptitude-treatment interaction between learning style and method of training: Implications for on-line learning. *Australian Journal of Psychology*, 57, 140; Loh, V., Griffin, B., Andrews, S., & Hesketh, B., (2006). Learning from errors in a dynamic decision-making task: An attribute-treatment interaction approach. *Australian Journal of Psychology*, 58 (Suppl), 82–83; Seufert, T., Schultze, M., & Brunken, R. (2009). Memory characteristics and modality in multimedia learning: An aptitude-treatment interaction study. *Learning & Instruction*, 19, 28–42. Note: DeShon, R. P., Brown, K. G., & Greenis, J. L. (1996). Does self-regulation require cognitive resources? Evaluation of resource allocation models of goal setting. *Journal of Applied Psychology*, 81, 595–608, questioned the idea that selfregulatory processes necessarily use attentional resources that could otherwise be devoted to task performance; Brown, T. C., & Warren, A. M. (2014). Evaluation of transfer of training in a sample of union and management participants: A comparison of two self-management techniques. *Human Resource Development International*, 17(3), 277–296.

118. Knowles, M. S. (1970). *The modern practice of adult education: Andragogy versus pedagogy*. New York: Association Press; Kosova, B. (2010). Andragogical reflections on teachers' lifelong education and learning. *New Education Review*, 20, 173–182; Burholt, V., Nash, P., Naylor, D., & Windle, G. (2010). Training older volunteers in gerontological research in the United Kingdom: Moving towards an andragogical and emancipatory agenda. *Educational Gerontology*, 9, 753–780.

119. Dailey, N. (1984). Adult learning and organizations. *Training & Development Journal*, 38, 66–68.

120. *Ibid*.

121. Knowles, M. S., & Associates (1984). *Andragogy in action: Applying modern principles of adult learning*. San Francisco, CA: Jossey-Bass.

122. Sommer, R. F. (1989). Teaching writing to adults: Strategies and concepts for improving learner performance.

San Francisco: Jossey-Bass; Campos, J. (2014). *The learnercentered classroom*. TD at Work, August; Preparing training for the learner. (2014). *T&D*, 68(8), 23.

123. Caudron, S. (2000). Learners speak out. *Training and Development*, 54(4), 52–57.

124. Davenport, J., & Davenport, J. A. (1985). A chronology and analysis of the andragogy debate. *Adult Education*, 35, 152–159; Blondy, L. C. (2007). Evaluation and application of andragogical assumptions to the adult online learning environment. *Journal of Interactive Online Learning*, 6, 116–130.

125. Newstrom, J. W., & Lengnick-Hall, M. L. (1991). One size does not fit all. *Training and Development Journal*, 45(6), 43–48; Samaroo, S., Cooper, E., & Green, T. (2013). Pedandragogy: A way forward to self-engaged learning. *New Horizons in Adult Education and Human Resource Development*, 25(3), 76–90.

126. Knowles, M. S. (1970). *supra* note 120; Knowles & Associates (1984), *supra* note 123.

127. Phillips, N. (2005, June). Forced learning theory. *Training*, 42(6), 46; Holton III, E. F., & Swanson, L. (2009). Toward development of a generalized instrument to measure andragogy. *Human Resource Development Quarterly*, 20, 169–193; McGuire, D., & Gubbins, C. (2010). The slow death of formal learning: A polemic. *Human Resource Development Review*, 9, 249–265; Caminotti, E., & Gray, J. (2012). The effectiveness of storytelling on adult learning. *Journal of Workplace Learning*, 24(6), 430–438; Cohen, M., & Billsberry, J. (2014). The use of marking rubrics in management education: Issues of deconstruction and andragogy. *Journal of Management Education*, 38(3), 352–358.

128. Kuchinke, K. P. (1999). Adult development toward what end? A philosophical analysis of the concept as reflected in the research, theory, and practice of Human Resource Development. *Adult Education Quarterly*, 49, Summer, 148–162; Sleezer, C. M. (2004). The contribution of adult learning theory to human resource development (HRD). *Advances in Developing Human Resources*, 6(2), 125–128; Yang, B. (2004). Can adult learning theory provide a foundation for human resource development? *Advances in Developing Human Resources*, 6(2), 129–145; Clifford, J., & Thorpe, S. (2007). *Workplace learning & development: Delivering competitive advantage for your organization*. London, UK: Kogan Page; Merriam, Caffarella & Baumgartner (2007), *supra* note 25; Merriam & Beirema (2014), *supra* note 25; Watkins, K. E., & Marsick, V. J. (2014). Adult education & human resource development: Overlapping and disparate fields. *New Horizons in Adult Education and Human Resource Development*, 26(1), 42–54.

129. Newstrom & Lengnick-Hall (1991), *supra* note 127, p. 46.

130. Sims, R. M. (2006). Five strategies for cracking the code of adult learning. *Training*, 43(1), 40–41; Shinkareva, O. N., & Benson, A. D. (2007). The relationship between adult students' instructional technology competency and selfdirected learning ability in an online course. *Human Resource Development International*, 10, 417–435; Michel, N., Cater III, J. J., & Varela, O. (2009). Active versus passive teaching styles: An empirical study of student learning outcomes. *Human Resource Development Quarterly*, 20, 397–418.

131. Merriam Caffarella & Baumgartner (2007), *supra* note 25.

132. Elias, P. K., Elias, M. F., & Robbins, M. A. (1987). Acquisition of word-processing skills by younger, middleage, and older adults. *Psychology and Aging*, 2, 340–348; Martocchio (1994), *supra* note 34; Webster, J., & Martocchio, J. J. (1993). Turning work into play: Implications for microcomputer software training. *Journal of Management*, 19, 127–146.

133. Warr, P., & Bunce, D. (1995). Trainee characteristics and the outcomes of open learning. *Personnel Psychology*, 48, 348–374.

134. Sterns, H. L. (1986). Training and retraining adult and older adult workers. In J. E. Birren, P. K., Robinson, & J. E., Livingston (Eds), *Age, health, and employment*. Englewood Cliffs, NJ: Prentice Hall; Maurer, T. J., Barbeite, F. G., Weiss, E. M., & Lippstreu, M. (2008). New measures of stereotypical beliefs about older workers' ability and desire for development: Exploration among employees age 40 and older. *Journal of Managerial Psychology*, 23, 395–418; Claes, R., & Heymans, M. (2008). HR professionals' views on work motivation and retention of older workers: A focus group study. *Career Development International*, 13, 95–111; Van Dalen, H. P., Henkens, K., & Schippers, J. (2009). Dealing with older workers in Europe: A comparative survey of employers' attitudes and actions. *Journal of European Social Policy*, 19, 47–60; Ng, T. W. H., & Feldman, D. C. (2012). Evaluating six common stereotypes about older workers with meta-analytical data. *Personnel Psychology*, 65(4), 821–858.

135. Beck, V. (2014). Employers' views of learning and training for an ageing workforce. *Management Learning*, 45(2), 200–215; Wolfson et al. (2014), *supra* note 28.

136. Manheimer, R. J. (1998). The promise and politics of older adult education. *Research on Aging*, 20(4), 391–414; Fishman, S. M. (2010). Older-learner programs in Ohio: Policy and practice implications. *Educational Gerontology*, 36, 654–675.

137. Moseley, J. L., & Dessinger, J. C. (2007). *Training older workers and learners: Maximizing the performance of an aging workforce*. San Francisco, CA: Pfeiffer; Capelli, P., & Novelli, B. (2010). Managing the older worker: How to prepare for the new organizational order. Boston, MA: Harvard Business Press; Williams van Rooij, S. (2012). Training older workers: Lessons learned, unlearned, and relearned from the field of instructional design. *Human Resource Management*, 51(2), 281–298; Lisican, E. (2013). Learning and the older worker. *Chief Learning Officer*, 12(8), 26–39.

138. Pashler, H., McDaniel, M., Rohrer, D., & Bjork, R. (2009). Learning styles: Concepts and evidence. *Psychological Science in the Public Interest*, 9(3), 105–119; Felder, R. M. (2010). Are learning styles invalid? (Hint: No!). *On-Course Newsletter*, September 27, pp. 1–7; Evans, C., & Cools, E. (2011). Applying styles research to educational practice. *Learning and Individual Differences*, 21, 249–254; Rohrer, D., & Paschler, H. (2012). Learning styles: Where's the evidence? *Medical Education*, 46, 630–635; Waters, R. J. (2012). Learning style instruments: Reasons why research evidence might have a weak influence on practitioner choice. *Human Resource Development International*, 15(1), 119–129; Kirschner, P. A., & van Merriëmboer, J. J. G. (2013). Do learners really know best? Urban legends in education. *Educational Psychologist*, 48(3), 169–183; Galagan, P. (2014). Learning styles: Going, going, almost gone. *T&D*, 68(1), 22–23; Stuart, A. (2014). A blended approach to safety training: Student experiences of safe work practices and safety culture. *Safety Science*, 62, 409–417.

139. Kolb, D. A. (1984). *Experiential learning*. Englewood Cliffs, NJ: Prentice Hall, p. 66.

140. Hall, E. (2005). Learning styles: Is there an evidence base for this popular idea? *Education Review*, 19(1), 49–56;

Holtbrügge, D., & Mohr, A. T. (2010). Cultural determinants of learning style preferences. *Academy of Management Learning & Education*, 9, 622–637.

141. Kolb, D. A. (2014). Kolb learning style inventory, version 4. Accessed on January 13, 2015 at http://www.haygroup.com/leadershipandtalentondemand/ourproducts/item_details.aspx?itemid=118&type=2.

142. Kolb, A. Y., & Kolb, D. A. (2005). Learning styles and learning spaces: Enhancing experiential learning in higher education. *Academy of Management Learning & Education*, 4(2), 193–212; Berings, M. G., Berings, M. C., Poell, R. F., & Simons, P. R. J. (2005). Conceptualizing onthe-job learning styles. *Human Resource Development Review*, 4(4), 373–400; Okanlawon, A. (2006). Learning types in relation to teaching and careers. *Training & Management Development Methods*, 20, 331–340; Kolb, A. Y., & Kolb, D. A. (2010). Learning to play, playing to learn: A case study of a ludic learning space. *Journal of Organizational Change Management*, 23(1), 26–50.

143. Eurich, N. P. (1990). *The learning industry: Education for adult workers*. Lawrenceville, NJ: Princeton University Press.

144. Yeo, R. K. (2008). How does learning (not) take place in problem-based learning activities in workplace contexts? *Human Resource Development International*, 11, 317–330.

145. Kolb, D. A. (2014). Becoming an experiential management educator. Keynote address to the Management Education and Development Division, Academy of Management, Philadelphia, PA, August 4; Werner, J. M. (2014). But learning styles are still relevant! *T&D*, 68(2), 5.

146. Weinstein, C. E., & Mayer, R. F. (1986). The teaching of learning strategies. In M. C. Wittrock (Ed.), *Handbook of research on teaching* (3rd ed., pp. 315–327). New York: Macmillan.

147. Weinstein, C. E., & Meyer, D. K. (1994). Learning strategies, teaching and testing. In T. Husen and T. M. Postlethwaite (Eds), *The international encyclopedia of education* (2nd ed.). Oxford: Pergamon Press, pp. 3335–3340; Birenbaum, M. (2007). Assessment and instruction preferences and their relationship with test anxiety and learning strategies. *Higher Education*, 53, 749–768; Selcuk, G. S., Sahin, M., & Acikgoz, K. U. (2011). The effects of learning strategy instruction on achievement, attitude, and achievement motivation in a physics course. *Research in Science Education*, 41, 39–62; Kuhl, T., Schiter, K., & Gerjets, P., & Gemballa, S. (2011). Can differences in learning strategies explain the benefits of learning from static and dynamic visualizations? *Computers & Education*, 56, 176–187.

148. Kim (2007), *supra* note 77.

149. Weinstein & Mayer (1986), *supra* note 150.

150. Cornford, I. (2002). Learning-to-learn strategies as a basis for effective lifelong learning. *International Journal of Lifelong Education*, 21(4), 357–368; Demirel, M. (2009). Implications of lifelong learning on educational institutions. *Cypriot Journal of Educational Services*, 4, 199–211; Crick, R. D., Haigney, D., Huang, S., Coburn, T., & Goldspink, C. (2013). Learning power in the workplace: the effective lifelong learning inventory and its reliability and validity and implications for learning and development. *International Journal of Human Resource Management*, 24(11), 2255–2272.

151. James, W., & Galbraith, M. W. (1985). Perceptual learning styles: Implications and techniques for the practitioner. *Lifelong Learning*, January, 20–23.

152. VARK Research & Statistics. Accessed on January 15, 2015 at http://vark-learn.com/introduction-to-vark/researchstatistics/; Leite, W. L., Svinicki, M., & Shi, Y. (2010). Attempted validation of the scores of the VARK: Learning styles inventory with multitrait-multimethod confirmatory factor analysis models. *Educational and Psychological Measurement*, 70, 323–329; Dobson, J. L. (2010). A comparison between learning style preferences and sex, status, and course preference. *Advances in Physiology Education*, 34, 197–204.

153. Darley, W. K., & Smith, R. E. (1995). Gender differences in information processing strategies: An empirical test of the selectivity model in advertising response. *Journal of Advertising*, 24, 41–56; Meyers-Levy, J. (1989). Gender differences in information processing: A selectivity interpretation. In P. Cafferata & A. M. Tybout (Eds), *Cognitive and affective responses to advertising*. Lexington, MA: Lexington.

154. Caudron, S. (1997). Can Generation Xers be trained? *Training & Development*, 51, 20–24; Zemke, R., Raines, C., & Filipczak, B. (1999, November). Generation gaps in the classroom. *Training*, 48–54.

155. Dunn, R.,& Ingham, J. (1995, Summer). Effects of matching and mismatching corporate employees' perceptual preferences and instructional strategies on training achievement and attitudes. *Journal of Applied Business Research*, 11(3), 30–37.

156. Chei-Chang, C. (2009). Effects of concept mapping strategy on learning performance in business and economics statistics. *Teaching in Higher Education*, 14(1), 55–69; Chin, D., Dohmen, I., Cheng, B., Oppezzo, M., Chase, C., & Schwartz, D. (2010). Preparing students for future learning with teachable agents. *Educational Technology Research & Development*, 58(6), 649–669.

157. Lewis, M. W., Milson, R., & Anderson, J. R. (1988). Designing and intelligent authoring system for high school mathematics ICAI: The teacher apprentice project. In G. Kearsley (Ed.), *Artificial intelligence and instruction: applications and methods*. New York: Addison-Wesley; Anderson, J. R., Farrell, R., & Sauers, R. (1984). Learning to program in LISP. *Cognitive Science*, 8, 87–129.

158. Anderson, J. R. (1983). *The architecture of cognition*. Cambridge, MA: Harvard University Press; Anderson (1993), *supra* note 117.

159. Eurich (1990), *supra* note 146.

160. The reader is referred to Anderson, J. R. (1993). *Rules of the mind*. Hillsdale, NJ: Erlbaum, for a detailed discussion of the ACT-R.

161. Brown, A. L. (1978). Knowing when, where, and how to remember: A problem of metacognition. In R. Glaser (Ed.), *Advances in instructional psychology* (Vol. 1). Hillsdale, NJ: Erlbaum; Simon, D. P., & Simon, H. A. (1978). Individual differences in solving physics problems. In R. S. Siegler (Ed.), *Children's thinking: What develops?* Hillsdale, NJ: Erlbaum; Miyake, N., & Norman, D. A. (1979). To ask a question one must know enough to know what is known. *Journal of Verbal Learning and Verbal Behavior*, 18, 357–364; Larkin, J. H., McDermott, J., Simon, D. P., & Simon, H. A. (1980). Models of competence in solving physics problems. *Cognitive Science*, 4, 317–345; Chi, M. T. H., Glaser, R., & Rees, E. (1982). Expertise in problem solving. In R. J. Sternberg (Ed.), *Advances in the psychology of human intelligence* (Vol. 1). Hillsdale, NJ: Erlbaum.

162. Brown, A. L., & Palinscar, A. S. (1984). Reciprocal teaching of comprehension fostering and monitoring activities.

Cognitive Instruction, 1(2), 175–177; Brown, A. L., & Palinscar, A. S. (1988). Guided, cooperative learning and individual knowledge acquisition. In L. B. Resnick (Ed.), *Knowing, learning and instruction: Essays in honor of Robert Glaser*. Hillsdale, NJ: Erlbaum.

163. Werner et al. (1994), *supra* note 32.

164. Nickerson, R. S., Perkins, D. N., & Smith, E. E. (1985). *The teaching of thinking*. Hillsdale, NJ: Erlbaum; Sternberg, R. J. (1986). *Intelligence applied*. San Diego, CA: Harcourt Brace Jovanovich.

165. Germain, M.-L., & Tejeda, M. J. (2012). A preliminary exploration on the measurement of expertise: An initial development of a psychometric scale. *Human Resource Development Quarterly*, 23(2), 203–232; Lampert, M., Loef Franke, M., Kazemi, E., Ghousseini, H., Turrou, A. C., Beasley, H., Cunard, A., & Crowe, K. (2013). Keeping it complex: Using rehearsals to support novice teacher learning of ambitious teaching. *Journal of Teacher Education*, 64(3), 226–243; Toker, S., & Moseley, J. L. (2013). The mental model comparison of expert and novice performance improvement practitioners. *Performance Improvement Quarterly*, 26(3), 7–32; Baker, J., & Young, B. (2014). 20 years later: Deliberate practice and the development of expertise in sport. *International Review of Sport and Exercise Psychology*, 7(1), 135–157; Werner, J. M., Yin, L. R., & Kumta, S. (2015). Promoting innovative management education: Lessons from the art and science of improv. Paper submitted to the Academy of Management conference, August.

166. Sitzmann, T., Kraiger, K., Stewart, D., & Wisher, R. (2006). The comparative effectiveness of web-based and classroom instruction: A meta-analysis. *Personnel Psychology*, 59, 623–664; Orvis, K. A., Fisher, S. L., & Wasserman, M. E. (2009). Power to the people: Using learner control to improve trainee reactions and learning in web-based instructional environments. *Journal of Applied Psychology*, 94, 960–971; Minhong, W., Weijia, R., Jian, L., & Yang, S. H. (2010). A performance-oriented approach to e-learning in the workplace. *Journal of Educational Technology & Society*, 13(4), 167–179; Nagel, L., & Kotzé, T. G. (2010). Supersizing e-learning: What a CoI survey reveals about teaching presence in a large online class. *The Internet and Higher Education*, 13, 45–51.

167. Ericsson, K. A., & Charness, N. (1994). Expert performance: Its structure and acquisition. *American Psychologist*, 49, 725–747.

168. Ericsson & Lehman (1996), *supra* note 25, p. 277.

169. Ericsson, K. A. (2013). Training history, deliberate practice and elite sports performance: An analysis in response to Tucker and Collins review—What makes champions? *British Journal of Sports Medicine*, 47(9), 533–535.

170. Ericsson & Charness (1994), *supra* note 170; Ericsson Lehman (1996), *supra* note 25.

171. Ericsson, K. A., Krampe, R. T., & Tesch-Romer, C. (1993). The role of deliberate practice in the acquisition of expert performance. *Psychological Review*, 100, 363–406; Alderson, D. (2010). Developing expertise in surgery. *Medical Teacher*, 32, 830–836; Baron, R. A., & Henry, R. A. (2010). How entrepreneurs acquire the capacity to excel: Insights from research on expert performance. *Strategic Entrepreneurship Journal*, 4, 49–65; Marzano, R. J. (2010). What teachers gain from deliberate practice. *Educational Leadership*, 68, 82–85.

172. Ericsson & Charness (1994), *supra* note 170, p. 745.

173. Gagné et al. (2005), *supra* note 65; Gagné, R. M. (1972). Domains of learning. *Interchange*, 3, 1–8; Gagné, R. M., & Briggs, L. J. (1979). *Principles of instructional design* (2nd ed.). New York: Holt, Rinehart and Winston; Gagné, R. M. (1984). Learning outcomes and their effects: Useful categories of human performance. *American Psychologist*, 39, 377–385.

174. Gagné (1984), *supra* note 176, p. 384.

175. Zemke, R. (1999). Toward a science of training. *Training*, 36(7), July, 32–36.

176. HRD Scholar Hall of Fame (2015). Accessed on January 13, 2015 at http://www.ahrd.org/?hall_of_fame_2.

2부
인적자원개발의 체계

4장 | HRD 요구 분석

학습 목표

이 장을 읽고 나면 당신은…

1. 요구 분석을 수행하는 목적과 장점에 대해 설명할 수 있다.
2. 전략/조직 분석을 수행하는 목적을 이야기할 수 있으며, 전략/조직 분석이 다루고자 하는 네 가지 이슈를 설명할 수 있다.
3. 과업 분석을 수행하는 데 사용되는 5단계를 설명할 수 있다.
4. 당신이 선택한 하나의 직무에 대하여 과업 분석을 수행할 수 있다.
5. 훈련과 HRD 프로그램을 계획하고 개발하는 데 있어서 개인적 수행 결핍과 개발 요구를 밝혀내는 것의 중요성을 설명할 수 있다.
6. 개인 분석을 위한 데이터 수집을 위해서 다양한 자원을 활용하는 것의 장·단점을 논의할 수 있다.
7. 훈련과 HRD 요구의 우선순위 결정의 중요성을 설명할 수 있다.

핵심 용어

개인 분석
과업 분석
과업상세서
분석적 요구
시간 표집법
역량
요구 분석
자극-반응-피드백 방법
전략 및 조직 분석
준법 요구
중요사건 기록법(CIT)
직무-책임-과업 방법
직무 기술서
직무 명세서
직무 목록 질문지
직무 분석
진단적 요구
360도 성과 평가

도입 사례

HRD 프로그램은 조직의 성공을 위한 핵심 요소이며, 특히 서비스 산업인 경우에 더욱 그렇다. 예를 들어, 대만의 한 호텔 프랜차이즈는 고위 관리자에게 부하 직원의 훈련 요구 분석에 참여하도록 했다. 처음에 학습참가자, 감독자, 관리자들의 동료 및 부하 직원으로부터 데이터를 수집하였다(360도 피드백 설문 조사를 통해). 이후에 고위 관리자들은 관리 역량 리스트(즉, 해당 호텔 체인의 효과적인 관리자의 속성)을 작성하도록 요청받았다.

질문: 당신이 이 호텔 체인에서 일하는 HRD 전문가라고 가정해보라. 첫째, 360도 피드백 조사의 결과와 관련하여 그들에게 무엇을 하도록 권하고 싶은가? 즉, 이러한 다양한 출처에서 얻은 데이터를 가장 효과적으로 활용할 수 있는 방법은 무엇인가? 둘째, 어떤 유형의 역량을 호텔 관리자가 갖추어야 한다고 생각하는가? 마지막으로 이 호텔 체인의 교육 프로그램을 통해 관리자들의 역량을 어떻게 효과적으로 증진시킬 수 있는가?

도입

새로운 관리개발 프로그램을 도입하기 위한 다음의 이유들에 대해서 어떻게 생각하는가?

- "대기업들 모두 이 프로그램을 사용하고 있는 것을 보라. 이 프로그램은 우리 회사에도 필요하다."
- "우리 회사는 이 프로그램을 시행하기 위해 Z 교수에게 의뢰할 것이다. 모든 사람이 Z 교수가 매우 뛰어나다고 이야기하지 않는가?"
- "우리는 관리자들에게 그들이 원하는 주제가 무엇인지 목록을 작성하도록 요청했다. 심지어 세 번째 항목까지도. 우리는 그들이 제안한 모든 것을 포함시켰다."
- "2주 안에 관리자 훈련 프로그램을 구입해야 한다면, 여기에 그 일을 잘할 수 있는 회사가 있다."
- "컨설팅 회사가 이 프로그램을 몇 년 동안 성공적으로 운영해왔다고 이야기하고 있다."
- "컨설팅 회사가 만일 우리 회사가 시간과 돈을 충분히 사용한다면, 그들의 프로그램을 우리 회사에 맞춤형으로 해주겠다고 한다."

앞서 언급한 이 문장들에 대해 부정적인 시각으로 볼 것을 기대한다. 앞서 열거된 새로운 프로그램을 시작하는 이유들이 어떤 문제가 있는지 알 수 있겠는가? 놀라운 점은 이런 유형의 의견이 HRD 전문가들에 의해 언급되고 있다는 것이다.[1] 더 놀라운 점은 아직도 HRD 전문가들이나 관리자들이 쉽게 이러한 행동에 빠져든다는 것이다. 즉, 상사의 의중을 따르기 위해서, 스타 강사라는 이유로, 또는 구색을 맞추기 위해 훈련 프로그램을 도입한다는 것이다.[2] 강사 존 밀러(*John G. Miller*)는 다음과 같이 강조했다. "유행을 따르지 마라. '모든 사람들이 그것을 하고 있다', '이 저자의 책이 지금 뜨고 있다' 등이 프로그램을 구입할 이유는 아니다. 유혹에 저항하라. 이러한 이유로 훈련이나 다른 어떤 형태의 HRD 개입에 관심을 보이는 것은 개인, 팀, 조직의 성과를 개선하는 것과는 관계가 없다."[3]

궁극적으로 HRD의 목표는 다음의 세 가지를 통해서 조직의 효과성을 개선하는 것이다.

1. 현재의 문제를 해결함으로써(고객 불만의 증가 등)
2. 예측되는 문제를 예방함으로써(숙련된 기술자들의 부족 등)
3. 많은 혜택을 받을 개인이나 조직을 참석대상으로 포함시킴으로써

요약하면, HRD는 조직의 요구를 성공적으로 다루는 것이 효과적이다. 그렇다면 어떻게 그러한 요구를 찾아낼 수 있는가? 대답은 요구 분석(*needs assessments*)을 수행하는 것이다. 1장에서 논의한 것처럼, HRD 개입은 4단계의 접근법을 사용해서 설계되고 운영된다. 요구 분석, 설계, 실행, 그리고 평가(그림 4.1 참조)이다. 〈그림 4.1〉의 체계는 교수체제 설계(*ISD, instructional systems design*) 접근법이라고 명명된다.[4] 이 장의 목적은 이 접근법의 첫 번째 단계인 요구 분석을 다루며, HRD 프로그램과 활동을 설계, 실행, 평가하기 위해서 얼마나 다양한 요구 분석 노력이 활용되는지를 논의할 것이다. 각 단계는 서로 다른 단계와 연결되어 있고 통합되어 있다.[5]

요구 분석의 정의와 목적

요구 분석(*needs assessments*)은 조직의 HRD 필요점을 찾아내고 명확하게 규명하는 프로세스이다.[6] 그것은 HRD와 훈련 프로세스의 출발점이다. 요구 분석에서는 다음의 정보를 밝혀낸다.

- 조직의 목표와 효과성
- 종업원의 스킬과 현재 직무를 효과적으로 수행하기 위해 요구되는 스킬과의 차이 또는 격차
- 현재의 스킬과 미래의 직무를 성공적으로 수행하기 위해 필요한 스킬과의 차이 또는 격차
- HRD 활동이 실행될 수 있는 조건들

이러한 정보를 가지고 있으면, HRD 전문가들은 어느 곳에서 어떤 종류의 프로그램이 필요한지, 누가 그러한 프로그램에 포함되어야 하는지, 그러한 프로그램들이 효과적으로 작동하는데 어떤 장애물이 존재하는지 등을 알 수 있게 된다. 또한 평가 프로세스에 도움이 되는 기준들도 수립될 수 있다. 따

그림 4.1 훈련과 HRD 프로세스 모형

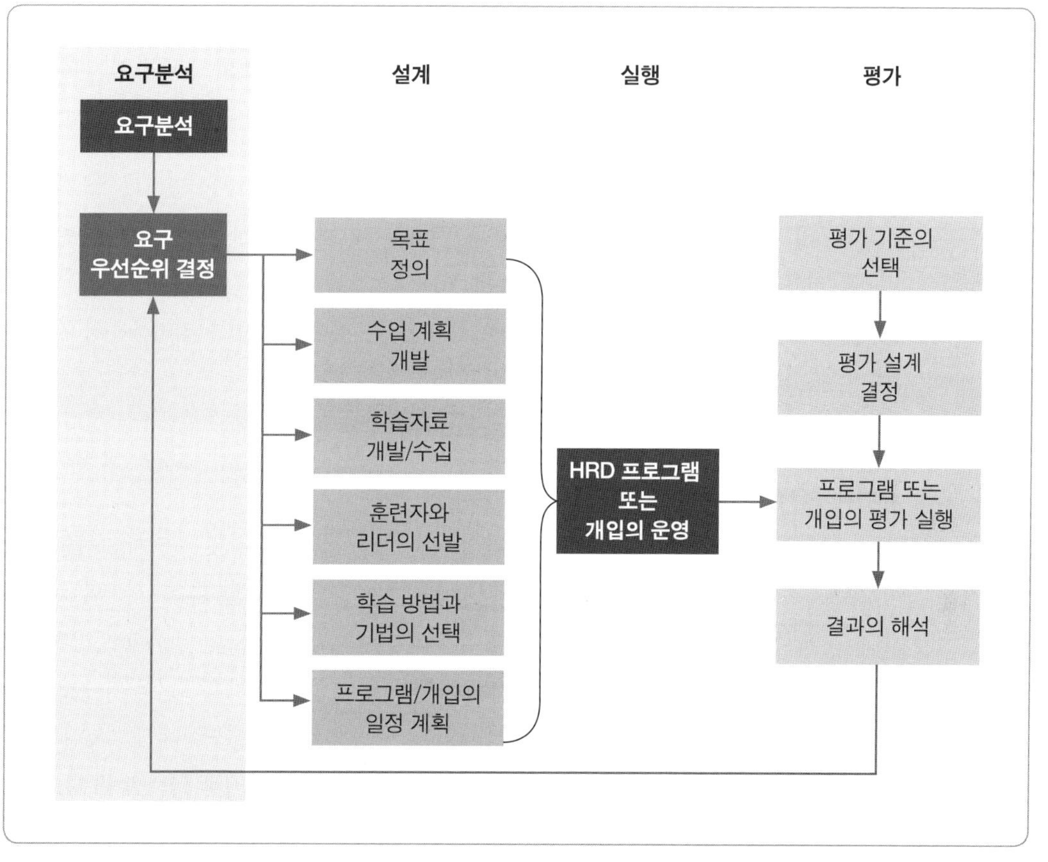

라서 요구 분석이 효과적인 HRD 노력에 매우 중요하다는 것은 분명하다.

그러나 이러한 중요성에도 불구하고, 많은 조직들은 요구 분석을 필요한 만큼 충분히 하지 않는다. 조직이 직면한 경쟁 압력 때문에 요구 분석의 수행을 어렵게 만든다.[7] 때로는 요구 분석을 수행하는 방법을 찾는 행동이 구성원들 간에 갈등을 일으키기도 한다.[8] 요구 분석은 수행되지 못하는 이유들은 다음과 같다.

1. **요구 분석은 어렵고 시간이 많이 걸릴 수 있다.** 완벽한 요구 분석은 조직의 여러 수준에서 다양한 요인을 분석하는 것이 포함된다.
2. **연구 조사보다는 행동에 가치를 둔다.** 관리자들은 예비적 행동을 하기보다는 그들의 한정된 자원을 HRD 프로그램들을 개발하고, 습득하고, 전달하는데 집중하고자 한다.
3. **조직에 필요한 것이 무엇인지에 대해서 구체적이고, 이미 알려진 정보가 존재하기 때문에 별도의 요구 분석이 불필요하다는 잘못된 가정을 한다.** 앞서 지적했듯이, 유행하는 상품, 상사의 요구, 경쟁자나 선도 기업들이 사용하는 프로그램들을 따라 하고 싶은 유혹이 있다.

4. **요구 분석을 위한 지원이 부족하다.** 이것은 투자효과성에 대한 입증이 부족하거나 HRD 전문가들이 경영층에게 요구 분석의 필요성을 납득시키지 못하기 때문이다. 요구 분석의 이점을 문서화하는 것과 요구 분석을 잘 하고 있는 분야(예: 의료 진단, 엔지니어링 검사)의 사례를 수집하여 인용하는 것 등이 요구 분석 수행에 대한 지원을 이끌어내는 방법이다.[9]

비록 정확한 요구 분석 정보 없이 조직의 효과성을 개선하는 것이 가능할 수는 있어도, 반드시 결과까지 보장해주지는 않는다. 만일 한정된 자원이 조직의 문제를 해결하지 못한 프로그램에 사용되었다고 한다면, 노력은 실패하고 자원만 사용한 꼴이다. 게다가, 본래의 문제는 여전히 남아있다.

요구 분석에 대한 다른 접근법을 논의하기 전에, '요구(*need*)'라는 용어가 무엇을 의미하는지 자세히 검토하도록 하자.

훈련 또는 HRD 요구란 무엇인가

요구(*need*)의 개념은 조직이 발생하기를 기대하는 것과 실제 발생한 것의 차이 또는 격차(*gap*)를 말한다.[10] 예를 들어, 해상운송 부서의 감독자가 고객의 주문을 탁송하기 위해서 평균적으로 적하와 재적재에 소요되는 시간을 24시간이내로 유지하도록 임무를 부여받았는데, 실제로 그의 부서에서는 평균적으로 36시간이 소요되고 있다면 차이 또는 격차가 존재하게 된다. 또한, 용의자를 최소한의 물리력을 사용하여 체포하는 것이 경찰관에 대한 기대치인데, 실제로는 어느 경찰관이 용의자에게 과도한 물리력을 사용했다는 이유로 불만이 접수되었다면, 이 경우에도 차이 또는 격차가 존재함을 보여준다. 이러한 차이점들이 훈련 또는 HRD 요구의 기초가 될 수도 있다.

이러한 의미에서 요구 탐색은 기준치 이하의 성과를 개선하는데 집중된다. 몇몇 사례의 경우, 코칭이나 스킬 훈련과 같은 HRD 개입이 차이 또는 격차를 줄이는 데 필요하다. 그러나 때로는 다른 HRM 전략(보상 체계를 개선하거나 채용 관행을 변경하는 것과 같은), 또는 관리 행동(기계의 교체 또는 노동조합과 새로운 근무조건을 협상하는 것과 같은)이 더 적합한 해결책이 될 수도 있다. 밝혀진 모든 요구가 훈련이나 광의의 HRD 활동인 팀 빌딩 또는 조직 개발에 의해서 해결되어야 한다는 것은 아니다.[11]

로버트 브링커호프(*Robert Brinkerhoff*)는 요구 분석에서는 성과의 차이에만 집중하는 것이 지나치게 제한적이라고 주장하면서 새로운 관점을 제안하였다.[12] **진단적 요구**(*diagnostic needs*)는 현재의 문제를 강조하기보다는 효과적인 성과를 이끌어내고, 성과 문제를 예방하는 측면을 강조한다. 진단적 요구는 성과에 영향을 미칠지도 모르는 다른 요인들을 연구함으로써 찾아 낼 수 있다. 진단적 요구의 목표는 어떻게 효과적인 성과가 획득될 수 있는가를 결정하는 것이다. 예를 들면, 리사 해리슨(*Lisa Harrison*)과 동료들은 노스 캐롤라이나(*North Carolina*)의 공중 보건 노동자들을 대상으로 수행된 훈련 요구 분석을 실시한 바 있다.[13] 그 요구 분석의 목적은 공중 보건 노동자들을 응급 상황에 선행해서 필요한 핵심 역량을 찾아내는 것이었다. 한편, **분석적 요구**(*analytic needs*)는 과업을 수행하는데 새롭거나 더 좋은 방법을 찾아낸다. 이러한 분석적 요구는 일반적으로 직관, 통찰력, 또는 전문가의 고찰에 의해서 발견된다. 여기에 다른 형태의 요구로 준법 요구가 있다. **준법 요구**(*compliance needs*)는 법률에 의해 주어진 요구이다. 그들은 안전훈련, 식품취급, 또는 보건 규제 관련 법규와 같은 권한이 부여된 훈련 프로그램들을 포함한다. 어떤 HRD 개입은 주로 법적 권한에 의거하여 촉발된다는 것을 인식하는 것이 중요하다. 왜냐하면 이러한 사실은 그러한 개입이 어떻게 인식되는지 그리고 어떻게 실행될 것인지에 영향을 미칠 수 있기 때문이다.[14]

이처럼 요구에 대한 논의는 HRD가 사전 대책을 강구하며(*proactive*) 미래 지향적이 되어야 한다는 점을 강조한다. 분석적 또는 진단적 관점에서 요구를 다룬다는 것은 문제를 예방하고 성과와 생산성을 향상시킨다는 점에서 예방적이다. 이러한 개념은 전사적 품질관리와 학습조직에 대한 최근의 관심처럼, 지속적 개선과 일치된다. 이러한 관점은 성과의 차이만이(또는 준법 요구만이) 훈련과 HRD 요구의 기본이라는 반응적(*reactive*) 접근법과 분명하게 대비가 된다. 미흡한 실행을 수정할 뿐만 아니라 효과적인 성과를 유지하고 개선하는 방법에 집중함으로써 HRD 활동들이 여러 가지 유형의 요구를 고려한다면, HRD가 분명 조직에 도움되는 기능을 할 것이다.[15]

로저 카우프만(*Roger Kaufman*)은 HRD 전문가들이 왜 요구 분석을 꼭 해야 하는지에 대해 의미 있는 언급을 하였다. 그는 요구 분석을 제대로 하지 않으면, 위험한 일이 초래될 수 있다고 경고한다.[16] 예를 들어, 단지 개인적 성과 이슈에만 집중하여 분석할 경우, 집단이나 조직의 이슈에 대해서는 전체적으로 검토되지 않게 된다. 개인들에게 그들의 훈련 요구로 무엇이 필요한지를 묻는 질문지를 보낸다고 하자. 그러나 만일 응답이 제대로 이루어지지 않았다면, 그들의 답변은 조직의 중요 결과와 아무런 관계가 없을 가능성이 높다. 카우프만은 '주관적 의견(*soft data*)'에 집중한 요구 분석뿐만 아니라 일방적으로 '객관적 자료(*hard data*)'에만 집중한 요구 분석에 대해서도 비판적이다. 카우프만과 일부 학자들(다나 게인스 로빈슨 *Dana Gains Robinson*, 제임스 로빈슨 *James Robinson*)은 HRD 전문가들은 항상 조직의 성과에 초점을 두어야 한다고 강조한다.[17] 뉴질랜드에 있는 운송 산업에 관한 연구에서는 훈련 요구 분석에 대한 이해도와 인지된 조직의 효과성 사이에 유의한 상관관계($r = 0.43$)가 있는 것으로 나타났다.[18] 그러나 불행하게도 HRD 전문가들이 희망하는 것처럼 요구 분석이 자주, 제대로 수행되지 못하는 현실이다.[19] 예를 들어, 다양성 훈련 프로그램의 경우 일반적으로 착수 단계의 요구 분석이 부족(*lack*)한 것으로 나타난다.[20] 반면, 로리안 로버슨(*Loriann Roberson*), 캐롤 쿨릭(*Carol Kulik*), 그리고 몰리 페퍼(*Molly Pepper*) 등은 요구 분석이 어떻게 다양성 훈련 프로그램의 효과성을 향상시켰는지를 보여준다.[21] 몰리 담(*Molly Dahm*)과 그의 동료들은 다양성 훈련의 착수 단계에 사용될 수 있는 '조직의 다양성 요구 분석 도구'를 개발했다.[22] 앨리슨 대츠너(*Alison Dachner*)와 동료들은 NASA의 우주 미션과 같은 역동적인 환경에서 훈련 요구를 파악하는 새로운 접근 방법을 제시했다.[23]

표 4.1 요구 분석의 수준

수준	측정 대상
전략 및 조직	조직의 어느 부분에 훈련이 필요한지와 훈련이 어떠한 조건에서 실행될 것인지?
과업	해당 직무를 효과적으로 수행하기 위해서는 무엇이 반드시 행해져야 하는지?
개인	누가 훈련을 받아야 하는지? 그들은 어떤 종류의 훈련을 필요로 하는지?

요구 분석의 수준

모든 분석이나 평가 노력은 분명한 전략을 가지고 시작되어야 한다. 즉, 조직이 요구 분석 노력을 통해서 달성하고자 하는 것이 무엇인지, 그리고 어떻게 요구 분석이 조직의 전략과 인적자원 계획 수립과 연결되는지 알고 있어야 한다.[24] 일단 전체를 아우르는 중요한 요구 분석 전략이 수립되면, 조직은 조직의 요구가 발생할 수 있는 다양한 수준에서 요구 분석 작업을 한다. 효과적인 HRD 노력을 위해서는 조직 분석, 과업 분석, 개인 분석이라는 세 가지 수준에서 분석이 반드시 수행되어야 한다.[25] 각 수준의 분석은 조직의 다른 측면을 측정한다(표 4.1 참조). **전략 및 조직 분석**(*strategic/organizational analysis*)은 조직의 어느 부분에서 훈련이 필요하고, 어떠한 조건하에서 훈련이 실행될 것인지를 알려 준다. **과업 분석**(*task analysis*)은 직무를 수행하거나 또는 하나의 프로세스를 완벽하게 끝마치려면 무엇이 반드시 행해져야 하는지를 설명해준다. **개인 분석**(*person analysis*)은 누가 훈련이 필요한지, 또 그들은 어떠한 훈련을 해야 하는지를 이야기한다. 오늘날은 점점 종업원의 업무 수행에 필요한 핵심 역량에 중점을 둔다.

1. 전략 및 조직 분석

조직 수준의 요구 분석인 조직 분석은 조직의 어느 부분에 훈련과 HRD 노력이 필요한지와 훈련과 HRD 노력이 어떤 조건하에서 수행되어야 하는지를 결정하기 위해서 조직의 특징들을 잘 이해하기 위한 프로세스이다. 카비타 굽타(*Kavita Gupta*)와 동료들은 이러한 유형의 분석을 전략 분석이라고 부른다.[26] 예를 들면, 스콧 페이퍼(*Scott Paper*)라는 회사는 종업원의 사기가 낮아서 문제가 있는 단체급식 회사를 인수했다. 강도 높은 요구 분석 프로세스가 진행되었고, 그 결과 해결책으로 단체급식 사업부내에서 승계 프로그램과 관리자 개발 프로그램을 실행하게 되었다. 4년 이내에 품질결함은 상당히 줄어들었고, 정시 배달율은 98%까지 높아졌다. 공장의 생산량도 35% 증가되었다. 이 사례에서 강조하고 싶은 사항은 그들이 수행한 조직 분석(전반적 요구 분석의 한부분으로서)은 성공적 HRD 노력의 원동력일 뿐만 아니라 실제 개발 프로그램의 내용도 제공하였다는 점이다.[27] 마이클 에콜스(*Michael Echols*)는 "측정 지표가 없으면, 올바른 변화가 일어나고 있는지 알 수 없다"고 했다.[28]

1.1 전략 및 조직 요구 분석의 구성 요소

이러한 유형의 분석은 조직과 조직이 달성하는 것들에 대하여 전사적인 시스템 관점을 필요로 한다. 조사해야 할 조직의 특징으로는 조직의 목적과 목표, 보상 시스템, 계획 수립 시스템, 위임통제 시스템, 그리고 의사소통 시스템 등이 포함된다. 어윈 골드스타인(*Irwin Goldstein*)에 따르면, 조직 분석은 다음의 네 가지를 명확히 해야 한다.

1. 조직의 목표
2. 조직의 자원
3. 조직의 문화
4. 환경적 제약요건[29]

1.1.1 조직의 목표

조직의 목표와 전략을 이해하는 것은 조직 효과성을 규명하기 위한 출발점이다. 조직의 목표를 달성하는 부문에서는 훈련 노력이 필요하지 않지만, 개선 기회나 잠재적 문제점들을 발견하기 위한 모니터링은 필요하다. 효과적인 부문의 모습은 벤치마킹 모델로 사용될 수 있고, 다른 부문에 아이디어나 노하우를 제공할 수도 있다. 목표를 달성하지 못하는 부문은 더 상세히 조사되어야 하고, HRD 또는 새로운 경영 기법의 도입을 고려해야 한다.[30]

1.1.2 조직의 자원과 핵심 역량

조직이 보유하고 있는 자원과 강점 또는 핵심 역량을 규명하는 것은 HRD 요구를 수립하는데 매우 중요하다. 사용 가능한 예산의 많고 적음은 HRD 노력의 중요한 영향 요인이다.[31] 또한, 교육 시설, 개인별 교육자료, 조직 내의 전문가 여부 등에 대해 알고 있는 것은 HRD를 어떻게 운영할 것인지에 영향을 준다. 자원의 이용 가능성 여부는 HRD 프로그램을 설계하고 운영할 때 고려되는 대안 선택에 영향을 미치고, HRD 요구에 대한 우선순위 결정에도 영향을 미친다. 예를 들어, 조직 내에 강의실이나 회의실이 없다면, 그러한 시설을 필요로 하는 HRD 프로그램 결정에 많은 어려움을 겪을 것이고, 비용도 많이 들 것이다. 이러한 경우 호텔이나 컨퍼런스센터 같은 외부 장소를 사용하거나 또는 회사 근무가 끝난 이후에 사내 식당을 이용할 수도 있다. 더욱 중요한 것으로, 만일 주요 인적자원의 역량이 부족하다면, HRD 임원 또는 경영층의 의사 결정과 행동은 더 힘들어질 것이다.[32]

1.1.3 조직 문화와 분위기

조직 문화와 분위기는 모든 HRD 개입의 성공에 중요한 영향을 미친다.[33] 만일 조직 분위기가 HRD에 우호적이지 않다면, 프로그램을 설계하고 운영하는 것이 어려울 것이다. 예를 들어, 만일 관리자들과 종업원들이 서로를 신뢰하지 않는다면, 종업원들은 훈련 프로그램 전체일정을 참여하지 않을 수도 있다. 구조조정 시기에 일반적으로 볼 수 있는 사례로, 상위 관리자와 중간 관리자 사이에 신뢰 문제가 있으면, 중간 관리자들이 훈련 노력에 협조하지 않거나 저항할 가능성이 높다. 이러한 경우 훈련의 효과성은 심각하게 감소된다. 3장에서 논의된 것처럼, 조직의 훈련 전이(*transfer of training*) 분위기는 HRD 프로그램을 통해 습득한 스킬을 작업 현장에서도 사용할지에 많은 영향을 준다.[34]

1.1.4 환경적 제약요건

환경적 제약요건은 조직이 직면한 법률적, 사회적, 정치적, 경제적 이슈를 포함한다. 이러한 제약 요건은 조직 SWOT(*strengths, weaknesses, opportunities, and threats*) 분석의 위협 요인에 해당한다.[35] 특정 유형의 HRD 프로그램에 대한 수요가 이러한 제약요건에 의해 영향을 받을 수 있다. 예를 들어, 미국 대법원은 성희롱과 관련된 많은 사례에 대하여 다루었다.[36] 두 건의 사례에서는 성희롱에 관한 감독자 대상의 교육이 부적합했거나 실시되지도 않은 것으로 나타났다.[37] 2014년도에 미국 평등고용기회 위원회(*the U.S. Equal Employment Opportunity Commission*)는 성희롱에 관한 7,000건 이상의 불만을 접수했고, 사건 해결로 3,500만 달러 이상의 보상을 받았다.[38] 법적인 문제는 HRD에서 중요한 이슈임을 잊지 말아야 한다.[39]

법적 이슈에 대한 지식이 많으면, HRD 노력이 법을 준수하도록 하고 문제의 소지를 사전에 제거할 수 있다. 예를 들어, 종업원들이 훈련 프로그램에 어떻게 배정될 것인지를 결정할 때, 그 프로그램이 특정 직무에 입문하기 위한 필수 과정이라면, 평등고용기회 위원회의 지침을 반드시 고려할 것이다. 경쟁의 심화로 인한 경제적 이슈 또한 HRD 프로그램에 영향을 미칠 것이다. 만일 경비 절감의 수단으로 종업원을 감축하기로 결정한다면, 남아 있는 직원들이 퇴직한 직원들의 업무를 수행할 수 있도록 준비하는 훈련 프로그램이 제공되어야 한다.

1.2 전략/조직 분석의 장점

이미 논의했지만, 조직 분석은 HRD가 필요한 부문과 HRD 활동에 영향을 미치게 될 조직 및 환경 요인을 밝혀 준다. 이러한 지식은 조직의 전략 및 미션과 HRD 프로그램의 연계성을 강화해준다. HRD 활동과 조직의 전략의 관련성에 대하여 운영 관리자와 종업원들에게 커뮤니케이션하는 것은 HRD 프로그램의 중요성을 명확하게 해준다. 이러한 소통은 HRD에 대한 지원을 촉진할 뿐만 아니라 훈련 참가자의 동기를 강화시켜준다.[40]

이러한 연관성을 확립하기 위한 방법은 조직 분석과 전략 계획 수립 프로세스를 연결하는 것인데, 이를 통해 많은 정보들이 획득된다. 전략 계획은 조직 분석에 유용한 정보의 원천이 되고, HRD 노력은 전략 계획을 실행에 옮기는 주요한 수단이다. 예를 들어, 보험회사가 고객에 대한 서비스를 확대하고자 하는(예: 연금 관리 서비스) 전략적 결정을 했다면, 현재의 종업원들은 연금 계획의 성공적 운영을 위해 새로운 서비스 분야에 대한 훈련이 필요하다. 카네베일(*Canevale*), 가이너(*Gainer*), 그리고 빌레(*Villet*)는 전략과 인적자원관리 관련 이슈를 분석할 때 사용될 수 있는 질문지 목록을 개발했다.[41] 여기서 다루어야 할 전략적 이슈로는 산업, 경쟁자, 기술, 규제, 그리고 경영 철학을 포함하고, 인적자원관리 이슈로는 다음의 다섯 가지가 있다.

1. 현재 인적자원의 강점과 약점
2. 새로운 조직 전략에 적합한 인사 정책의 변화 방향
3. 조직 전략의 변화에 부합하는 훈련과 HRD의 방향
4. 조직 전략에 적합한 훈련과 HRD 운영 체계
5. 조직의 전략적 관리에 대한 HRD의 공헌도를 보여주는 HRD 평가 방법

1.3 전략/조직 분석의 방법

전략/조직 분석 방법은 개별 조직에 따라 다르다. 여기서 분석되는 것들은 인적자원 목록, 스킬 목록, 조직 분위기 측정 자료, 효율성 지표 등이다. 이들 자료 중 효율성 지표 같은 것은 많은 조직에서 정상적인 관리 절차의 일부로 지속적으로 모니터링되고 있으며, 언제든지 이용 가능하다. 페르디난드 테소로(*Ferdinand Tesoro*)와 잭 투슨(*Jack Tootson*)은 현존하는 조직의 측정 지표들을 훈련과 성과 개선 노력의 기초 자료로 사용할 수 있는 가이드라인을 제시했다.[42] 조직 분위기와 같은 측정 지표는 종업원 대상으로 설문 조사를 요구할 수 있다. 이러한 설문 조사는 조직에서 직접 설계하거나 외부 도움을 받을 수도 있다. 예를 들어, 사회 조사 전문기관(*Institute for Social Research*)은 신뢰성과 타당성이 입증된 두 가지 측정 도구를 개발했다(조직 진단 도구와 미시간 조직진단 설문지).[43] 국제 통신 서비스 업체의 관리자들에 대한 한 연구에서는 리더십 역량을 규명하기 위해 이러한 설문 조사를 사용하였다.[44]

조직 분석 수행 중에 필요한 일곱 가지 질문은 다음과 같다.

1. 훈련의 목표 또는 기준으로 제공되어야 조직의 구체화인 목표는 무엇인가?
2. 조직의 여러 계층에서 훈련 목표에 전념하고 있는가?
3. 조직의 여러 계층이나 참여 조직이 훈련 요구 분석을 시작할 때부터 프로그램 개발에 참여하는가?
4. 조직의 핵심 인물들이 학습자들의 행동을 받아들일 자세가 되어 있고, 적절한 행동의 모델을 보여줄 준비가 되어 있는가?
5. 학습자들이 학습한 행동을 자신의 업무 현장에서 보여주면 보상을 받는가?
6. 실제로는 다른 유형의 해결책이 필요한 조직적 문제나 갈등을 해결하기 위한 방편으로 훈련이 사용되고 있지는 않는가?
7. 종업원들이 훈련받는 중에 경영진은 조직과 원활한 업무를 위해 필요한 자원을 기꺼이 지원하고 있는가?[45]

조직 분석은 효과적인 HRD 노력의 중요한 요소이다. 완벽한 조직 분석을 주기적으로 수행하는 것이 최선이지만, 자원과 시간의 제약으로 쉽지는 않다. 최소한 HRD 관리자와 전문가는 조직에서 이미

수집한 정보를 활용하여 조직 환경, 목표 및 효율성을 지속적으로 모니터링해야 한다.[46] 환경이 점점 더 격변하고 경쟁이 더욱 치열해지기 때문에 이러한 노력은 더 필요하다.

로스앤젤레스 지역의 지방 정부는 조직의 인적자원 관리자들을 위해 자체적인 요구 분석 프로세스를 확립했다.[47] 외부 및 내부 도전에 대한 분석(즉, 조직 분석)은 지방 정부의 리더들이 더욱 적극적인 전략적 파트너(*strategic partner*) 역할을 하도록 한다.[48] 전략적 HRM 훈련을 시행하기 전에 요구 분석이 철저하게 이루어졌다. HR 전문가들이 보유해야 할 중요한 스킬과 역량이 분명해졌다. 그 다음에는 HR 전문가들이 이러한 전략적 역량에 대해 현재 보유한 수준이 비교되었다. 중요하게 평가된 역량으로 고객과 조직 환경에 대한 이해, 높은 수준의 직업윤리와 커뮤니케이션 스킬 등이 있다. 역량별 중요성과 현재 수준을 비교하여 훈련에서 강조할 것을 찾았다. 예를 들어, 의사 결정 능력이 매우 중요한데, 현재 수준은 매우 낮아서, 로스엔젤레스 지방 정부는 이것을 HR 훈련의 전략적 추진 과제로 도출했다. 이 예시는 전략/조직 분석이 해당 조직의 요구에 적합한 훈련과 HRD 프로그램을 수립하는 방법을 보여준다.[49]

2. 과업 분석

과업 분석(*task analysis*)(때때로 운영 분석이라 부름)은 종업원들이 최선의 성과를 달성하기 위해 꼭 배워야 할 구체적인 직무 또는 직무의 집합에 관한 자료를 수집하는 것이다.[50] 과업 분석의 결과물은 다음과 같다. 일반적으로 성과에 대한 적합한 기준, 이러한 기준을 달성하기 위한 과업 수행 방법, 그리고 종업원들이 그 기준을 맞추기 위해서 갖추어야 할 지식, 스킬 및 능력, 그리고 다른 특징(KSAOs)이다.

〈표 4.2〉는 과업 분석에서 사용되는 다양한 자료의 원천을 열거하고 있다. 여기에는 직무 기술서, 직무 관찰하기, 직무에 대해 질문하기, 직무에 대한 문헌 고찰 등이 포함된다.[51] 과업 분석의 목적에 대해서는 일반적으로 동일한 견해를 갖고 있지만, 과업 분석의 수행 방법에 대해서는 여러 견해가 있다. 이 책에서는 여러 연구자들이 주장한 접근 방법들을 5단계 프로세스로 통합하였다.

1. 전반적인 직무 기술서를 개발한다.
2. 과업을 분석한다.
   a. 과업에서 무엇이 수행되어야 하는지 기술한다.
   b. 과업에서 무엇이 실제로 수행되었는지 기술한다.
3. 그 직무를 수행하는 데 필요한 KSAOs를 기술한다.
4. 훈련을 통해서 혜택 볼 수 있는 영역을 밝혀낸다.
5. 훈련을 통해서 혜택 볼 수 있는 영역의 우선순위를 정한다.[52]

표 4.2 과업 요구 분석에 필요한 자료

직무 관련 자료 수집 방법	HRD/훈련 요구 분석에시사점
1. 직무 기술서	직무의 개요를 전형적인 업무와 책무로 기술한다. 반드시 모든 것을 포함할 필요는 없다. 수행의 차이를 정의하는 데 도움을 준다.
2. 직무 명세서 또는 과업 분석	각 각의 직무를 위해 필요한 구체적인 과업들의 목록을 만든다. 직무 기술보서다는 좀더 자세히, 세분화 수준은 현재 직무를 담당하고 있는 사람의 지식, 스킬 및 능력, 그리고 기타 속성을 판단할 수 있을 정도로 만든다.
3. 성과 기준	해당 직무의 과업에 대한 목표와 기준들, 이들 목표와 기준으로 과업을 판단한다. 기본이 되는 데이터를 포함한다.
4. 직무를 수행함	구체적인 과업을 결정하기에 가장 효과적인 방법, 그러나 심각한 제한점을 가지고 있다. 직무의 수행 요구 수준이 높으면 높을수록 성과와 실제적인 결과 사이에는 더 큰 격차가 존재한다.
5. 직무 사례 관찰	
6. 직무 관련 문헌 고찰 타산업 연구 전문 잡지 서류 정부 자료 석·박사 논문	직무 구조의 비교 분석에 아마도 유용하다. 그러나 어느 특정한 조직의 직무 구조의 독특한 면이나, 특정한 수행 조건에 관해서는 현실과 괴리감이 있다.
7. 직무에 관해 질문하기 직무 수행자의 직무 감독자의 직무 상위 관리자의 직무	
8. 훈련위원회 또는 컨퍼런스	몇 가지 다른 관점에서의 정보제공은 종종 훈련의 필요점 또는 HRD와 훈련을 통해 바라는 점을 나타낸다.
9. 운영 문제 분석 고장 시간 보고서 낭비 수리 지연 배달 품질 관리	과제 간섭, 환경 요인 등에 대한 시사점이다.
10. 카드 분류	훈련의 중요성에 의해 분류된 방법 기술서이다.

출처: Academy of Management Review by Moore, M. L., & Dutton, P. Copyright 2005 by ACAD OF MGMT. Reproduced with permission of ACAD OF MGMT in the format Textbook via Copyright Clearance Center.

2.1 과업 분석 프로세스

단계 1: 전반적인 직무 기술서

과업 분석 프로세스의 첫 번째 단계는 해당 직무 또는 분석될 직무 전체에 대한 전반적인 설명을 하는 것이다. **직무 기술서**(*job description*)는 직무를 수행할 때 포함되는 주요 활동과 이러한 활동이 수행되는 조건에 대한 서술이다. 일부 조직에서는 직무 기술서가 잘 활용되고, 정기적으로 갱신되고 있다. 이렇게만 된다면, HRD 전문가들은 직무 기술서를 얻어서 검토할 수 있다. 그러나 직무 기술서가 갱신되지 않는다면, 직무 분석을 실시하는 것이 필요하게 된다.

직무 분석(*job analysis*)은 직무를 구성하는 주요 요소들을 밝혀내기 위해서 직무를 체계적으로 연구하는 것이다. 가엘(*Gael*), 게이트우드(*Gatewood*), 필드(*Field*), 배릭(*Barrick*) 등이 제시한 직무 분석 과정에는 일반적으로 직무 수행을 관찰하는 것, 직무 수행자와 감독자에게 직무와 과업, 작업 조건, 그리고 KSAOs 등을 질문하기, 직무의 결과물을 검사하기, 그리고 그 직무에 관한 문헌을 검토하기 등이 포함된다.[53] 직무 분석의 결과, 과업(*task*)에 해당하는 부분은 직무 기술서라고 하고, KSAOs에 해당하는 부분은 **직무 명세서**(*job specification*)라고 부른다. 그러나, 과업과 KSAOs 부분 모두를 합쳐서 일반적으로 직무 기술서라고도 한다.

만일 현재의 직무 기술서를 그대로 사용할 경우에도 직무가 수행되는 과정은 관찰할 필요는 있다(직접 관찰하는 것은 검증의 기회를 제공해주며, 이 검증은 HRD 전문가에게 종업원들이 직면하게 되는 과업과 근무 조건에 관한 보다 분명한 아이디어를 제공해줄 것이다).

단계 2: 과업 분석

과업 상세서(*task identification*)은 직무 내에서 수행된 행동에 집중한다. 과업 분석 단계에서는 직무에 대한 다음의 내용들이 기술된다.

- 직무 내 주요 과업
- 각 과업이 수행되는 방법(즉, 수행의 기준)
- 수행의 변동성(과업이 매일의 활동에서 실제로 어떻게 수행되는가)

수행의 기준과 변동성 모두 효과적인 요구 분석에 중요하다. 비록 수행 기준은 해야 할 것(*what should be done*)을 기술하지만, 수행의 변동성에 대한 정보는 실제 행한 결과(*what is done*)를 보여준다. 이것은 HRD 전문가들이 바로잡아야 할 차이와 훈련이 끝나고 나면 학습자들이 반드시 할 수 있어야 할 것을 찾아낼 수 있게 해준다. 훈련 목표를 개발하는데 둘 다 중요하다.

과업 분석 방법은 다섯 가지가 있다.

1. 자극-반응-피드백 방법
2. 시간 표집법

3. 중요사건기록법
4. 직무 목록 질문지 방법
5. 직무-책무-과업 분석 방법

자극-반응-피드백 방법(*stimulus-response-feedback method*)은 각 과업을 세 개의 부분으로 나눈다.[54] 첫 번째는 자극 또는 신호로 이것을 신호로 종업원들은 특정한 행동을 수행할 시간이라는 것을 알게 된다. 두 번째는 반응 또는 행동으로 종업원이 수행하는 것이다. 세 번째는 종업원의 행동이 얼마나 잘 수행되었는지에 대한 피드백이다. 예를 들면, 프랜치 프라이가 완성되었다는 버저의 신호가 있을 때(자극), 패스트푸드 종업원은 조리용 기름통에서 프라이 바구니를 들어 올리고 배수 선반위로 바구니를 올려놓아야 한다(행동). 바구니가 제자리에 있는지 또는 떨어져 있는지가 행동이 잘 수행되었는지에 대한 피드백이다. 또 다른 예로, 학생들에게 경력에 대해 안내하는 임무를 수행하는 선생님에게는 "학생의 학문적 목표에 대해 응답할 필요성"이 자극이 될 것이고, "학생에게 선택 가능한 경력 경로를 제공하는 것"이 반응이 될 것이다.[55]

이러한 과업 분석 방법을 통해서 하나의 직무에 속한 과업들을 설명해주는 자극, 행동, 피드백의 목록이 만들어 진다. 감독관, 직무 관련자 또는 숙련된 분석가에 의해 직접 관찰될 수 있는 비교적 단순한 업무에 적합하다.[56]

시간 표집법(*time sampling*), 두 번째 과업 분석 방법인 시간 표집법은 훈련된 관찰자가 종업원 행동의 속성과 빈도를 관찰하여 기록하는 것이다. 무작위 시간 간격으로 관찰함으로써, 직무에 대해 보다 명확하게 이해되고 기록된다. 요즘은 과학기술의 발달로 이전보다 이러한 작업을 훨씬 쉽게 수행할 수 있다.[57]

중요사건 기록법(*CIT, critical incident technique*)은 존 플래나간(*John Flanagan*)이 개발한 과업 분석 방법이다.[58] 이 기법은 직무와 친숙한 종업원들에게 그들이 일정 기간(예: 1년) 동안 보아온 특별히 효과적이거나 또는 특별히 비효과적인 사건을 찾아내 기록하게 하는 것이다. 이러한 작업은 개인적으로 또는 집단적으로 진행될 수 있다. 각각의 사건에 대해 관찰자들은 사건이 발생한 환경과 그 당시의 구체적인 행동을 묘사하고 왜 그 사건이 효과적이거나 비효과적이었는지 그 이유를 찾아낸다. 좋은 성과와 좋지 못한 성과 모두에 무엇이 고려되어야 하는지를 알게 되는 것이 이 기법의 결과이다. 레이첼 루이스(*Rachel Lewis*)와 동료들은 이 기법을 이용해서 의료건강 서비스업 관리자들의 역량 목록을 개발했다.[59] 로보트 카디(*Robert Cardy*)와 셀바라얀(*T. T. Selvarajan*)은 비윤리적 업무행동을 찾아내기 위해 주요사건 기록법을 활용한 흥미 있는 결과를 보여준다. 여기서 나온 비윤리적 행동으로는 사기, 비용 계정 추가하기, 그리고 회사 자산의 오남용 등이 있다.[60]

직무 목록 질문지(*job inventory questionnaire*)는 네 번째 과업 분석 방법이다. 직무에 숙달한 사람들에게 직무의 모든 과업을 밝혀내기 위해서 질문지를 사용하여 과업목록을 개발한다. 이렇게 만들어진 과업 목록을 감독자와 실제 직무 수행자에게 전달하고 각각의 과업에 대해 과업의 중요성과 과업 수행에 필요한 시간을 평가하게 한다. 이 기법은 많은 사람으로부터 정보 획득이 가능하고, 각각의 과업에 대해 숫자로 된 정보를 제공한다. 각각의 과업은 측정 지표를 계산하는데 사용될 수 있으며, 통계로 분석될 수 있다. 윈프레드 아더(*Winfred Arthur*)와 동료들은 팀 수준의 업무에 초점을 맞춘 세 가지의 과업 분석 척도를 개발했다. 세 가지 척도는 모두 신뢰도가 있으며, 팀 단위 훈련 활동에 활용될 수 있다.[61]

직무-책무-과업 방법(*job-duty-task method*)은 다섯 번째 과업 분석 방법이다. 이 방법은 직무를 구성하는 하위 과업들의 리스트를 구성하여, 하위 과업별로 요구되는 책무, 그리고 각 하위 과업을 수행하기 위해 필요한 지식, 스킬 및 능력, 그리고 다른 특징(KSAOs)을 규명한다.[62]

이 다섯 가지 방법은 직무 정보를 제공하고 평가할 수 있는 직무 전문가(즉, 현재 직무를 맡고 있는 자 또는 감독자)와 훈련받은 관찰자가 필요하다. 직무에 대한 보다 완벽한 이해를 위해서는 한 가지 이상의 방법을 사용하는 것이 바람직하다. 물론 어떤 방법을 선택할 지는 직무의 특징과 활용 가능한 시간과 자원에 달려있다. 중요사건 기록법이나 직무 목록법 같은 방법들은 조직의 다양한 계층(감독자, 관리자, 종업원 등)이 참여하기 때문에 전반적인 HRD 활동에 대한 몰입이나 책임 의식을 높여준다.[63]

모든 과업 진술서는 직무 수행의 중요성, 빈도, 난이도 등의 관점에서 평가되어야 한다.[64] 여기까지 작업이 이루어지고 나면 과업 분석의 다음 단계는 과업을 수행하는데 필요한 특성을 밝혀내는 것이다.

단계 3: 직무를 성공적으로 수행하기 위한 조건을 밝혀내기

성공적으로 과업을 수행하기 위해서는 요구 KSAOs를 보유하는 것이 필요하다. HRD 전문가들은 반드시 KSAOs를 명시해야 하는데 그 이유는 종업원들이 교육훈련 기간 중에 개발하고 습득해야 할 역량들(표 4.3 참조)이기 때문이다.

완벽한 직무 분석에서는 이러한 정보를 직무 명세서에 포함할 것이다. 만일 이러한 정보를 사용할 수 없거나, 최신의 것이 아니라면, HRD 전문가들은 감독자, 현재 직무 수행자, 다른 전문가에게 질문을 통해서, 그리고 적절한 문헌 검토를 통해서 이러한 요인들을 찾을 수 있을 것이다. KSAOs에 대해 명확

표 4.3 지식, 스킬 및 능력, 그리고 다른 특징(KSAOs)의 정의

구분	정의
지식	대개 사실적인 또는 절차적인 본질에 대해서, 과업의 성공적인 수행을 준비하기 위해서 방대한 양의 정보를 이해하는 것이다.
스킬	구체적인 과업 수행 시의 능숙함이나 역량의 개인적인 수준; 역량의 수준은 보통은 숫자적 용어로 표현된다.
능력	개인이 처음으로 과업을 시작할 때 보유하고 있는 보다 일반적이고 지속되는 기질 또는 능력, 예를 들면, 신체적 또는 정신적 기능을 수행하기 위한 힘
다른 특징	개성, 흥미, 그리고 태도를 포함한다.

출처: From Gatewood/Field/Barrick. Human Resource Selection, 7th edition. Copyright 2011 South-Western, a part of Cengage Learning, Inc.

하게 문서로 작성되어야 하며, 그리고 직무의 중요도, 학습의 난이도, 직무의 습득 기회 등의 기준에 따라 평가되어야 한다.[65]

직무 수행에 필요한 KSAOs에 관한 정보가 있을 때 HRD 프로그램의 초점을 결정할 수 있다. 일부 KSAOs가(예를 들어, 구두 또는 문서 커뮤니케이션 스킬, 또는 안전 절차에 대한 지식) 어떤 직무에서나 중요한 일반 역량이라면, 모든 종업원에게 제공되는 HRD 프로그램에서 개발되고 운영되어야 한다.

단계 4: 훈련 또는 HRD로부터 가장 큰 혜택을 볼 수 있는 영역을 밝혀내기

이 단계에서의 초점은 어떤 과업과 능력이 HRD 프로그램에 포함되어야 하는가를 결정하는 것이다. 과업(*tasks*)의 우선순위뿐만 아니라 KSAOs(*knowledge, skills, abilities, and other characteristics*)의 우선순위도 반드시 검토되어야 한다. 과업의 우선순위는 중요성, 습득 소요시간, 습득 용이성 관점에서 검토되어야 한다. KSAOs의 우선순위는 중요성, 학습 난이도, 직무에서의 획득 기회 측면에서 평가되어야 한다. 가장 높은 평가를 받은 과업과 KSAOs가 HRD 프로그램에 우선적으로 포함되어야 한다.

우선순위를 평가할 때는 균형적인 시각이 필요하다. 예를 들어, 습득 소요시간과 학습 용이성에서 높은 평가를 받은 과업은 반드시 훈련 프로그램에 포함되는 것으로 간주된다. 그런데 만일 그 과업이 직무 성과의 중요도 측면에서 낮게 평가되었다면, 그 과업의 습득을 위한 훈련 노력과 시간이 가치가 없을지도 모른다(또는 비용이 적게 소요되는 훈련 방법이 사용될 수도 있다). 또한 모든 문제가 HRD 프로그램으로 해결되지 않을 수도 있다는 점을 기억할 필요가 있다. 특정 이슈나 상황은 다른 방식의 인사정책이나 관리 프로그램이 더 효과적일 수 있다.

단계 5: 훈련 요구의 우선순위 정하기

단계 4에서 어떤 과업과 KSAOs가 훈련을 통해서 효과를 볼 수 있을지가 결정된다. 그 다음으로 이들 과업과 KSAOs 중에서 어느 것을 첫 번째로 다룰 것인지 우선순위를 정해야 한다. 단계2와 3에서 행해진 우선순위를 다시 한 번 검토해 봄으로써 우선순위 결정 프로세스를 효과적으로 진행할 수 있다. 이 장의 마지막 부분에서 훈련 요구의 우선순위에 관해 세부적으로 논의할 것이다.

2.2 과업 분석의 예시: 텍사스 인스트루먼트

텍사스 인스트루먼트(*TI, Texas Instrument*)는 훈련자 양성(*train-the-trainer*) 프로그램을 개발하기 위해 과업 분석을 수행했는데, 이 사례는 이번 장에서 논의한 과업 분석 프로세스를 자세히 보여준다.[66] TI의 교육/훈련 부서에서는 교육 요구를 결정하고 새로운 엔지니어를 훈련하기 위해 효과적이고 효율적인 프로그램을 제공해야했다. 컨설턴트는 다음의 정보를 결정하기 위해서 5곳의 TI 지사의 부서장 및 직원과의 회의를 시작으로 프로그램 개발에 착수했다.

- 부서의 미션
- 인지된 훈련 요구
- 직원 개발에 대한 현재 및 이전의 노력
- 각 지점 내의 역할, 책임 및 팀 배치

이와 같은 조직 분석을 통해서 관련된 중요한 이슈를 확인한 후, 교육/훈련 부서는 이 정보를 활용하여 최고 관리자를 설득하고 다음의 5단계 접근 방식으로 과업 분석을 시작했다.

1. 일반적인 과업 목록을 작성한다.
2. 직원 설문 조사를 실시한다.
3. 강의실을 관찰한다.
4. 구조화된 인터뷰를 진행한다.
5. 최종 보고서를 준비하여 발표한다.

과업 목록(*list of tasks*)은 회사 기술 보고서 및 ATD 우수 모델(*Models for Excellence*) 연구를 비롯한 훈련 과정에 관한 문헌을 검토하여 개발되었다. TI 관리자는 초기의 과업 목록을 검토한 후, 몇가지 항목을 추가하고, 다른 과업진술서를 재작성했다. 이 목록은 다섯 가지 영역의 책임으로 구분되어 검토 및 보완을 직원에게 요청하였다. 이 단계는 모든 전문가가 자신의 관점에서 과업을 정의할 수 있는 정보를 제공하고 결과적으로 훈련자가 수행해야 할 117가지 항목의 과업 목록이 만들어졌다.

직원 설문 조사(*staff survey*)를 위해, 모든 부서 구성원들은 과업들이 나열된 설문지를 받았고 각 문항에 (1) 직무에 대한 중요성 및 (2) 관련 교육에 대한 관심도를 기준으로 평가하도록 요청받았다. 각 문항별로 중요성과 관심도에 대한 평균 평점 점수가 산출되었다. 설문결과는 다섯 곳의 TI 지점에 차이가 있는지 여부를 검토하였다(결과에 차이는 없었다).

훈련 과정 진행에 대한 추가정보를 제공하기 위해 기존 강사와 신규 강사 대상으로 강의실 관찰(*classroom observations*)이 진행되었다. 관찰자 팀은 1시간 동안 강사를 관찰했고 각 강사와 만나 피드백을 제공했다. 설문 조사 결과와 강의실 관찰 결과의 일관성을 확보하기 위해 각 지점의 직원들이 구조화된 인터뷰(*structured interviews*)에 참여했다. 이를 통해 교육훈련 부서는 각 지점에 대한 추가 정보를 수집하고 이전에 수집한 데이터의 유효성을 검토하였다. 인터뷰 결과는 다른 자료원천의 데이터와 일관성을 보여주었다.

마지막 단계는 최종 보고서(*final report*) 작성이었다. 최종 보고서는 조사 결과에 검토 의견, 자료 수집 방법에 대한 기초 데이터, 그리고 경영진 요약으로 구성되었다. 경영진 요약은 과업 목록 다섯 개 영역별로 훈련에 필요한 강점과 권장 사항이 포함되었다.

TI의 요구 분석은 모든 계층의 정보제공과 참여가 가능하였기에 성공적이었다.[67] 결과적으로 교육/훈련 부서는 직감만을 사용하는 것이 아니라 탄탄한 사실 정보를 기반으로 훈련 요구를 도출하고 운선순위를 정할 수 있었다.

이 사례는 과업 분석에 대한 몇 가지 중요한 사실을 보여준다.

1. 관리자, 감독자 및 직원으로부터의 의견수렴은 요구 분석에 대한 지원을 보장하고 훈련에 대한 지원을 확보해준다.
2. 다양한 자료 수집 방법은 고유한 정보를 제공할 뿐만 아니라 분석가가 결과를 확인하고 불일치를 식별하여 해결할 수 있도록 한다.
3. 과업의 우선순위는 어떤 과업이 훈련으로 혜택을 볼 수 있는지, 어떤 과업이 먼저 교육되어야 하는지에 대한 정량적 분석을 가능하게 한다.
4. 성과의 격차에만 집중하는 것이 아니라 폭넓은 관점에서 요구 사항을 도출하면 훈련 요구 사항을 더 잘 이해할 수 있고, 교육/훈련 프로그램에 대한 지원을 확보할 수 있다.

2.3 보잉사의 과업 분석 방법

ATD의 벤치마킹 포럼(*Benchmarking Forum*)에서는 CAD-CAM 소프트웨어를 사용하게 될 엔지니어들을 참여시킨 보잉사(*Boeing Corporation*)의 과업 분석 방법을 우수한 사례로 소개하고 있다.[68] 이 접근법은 문제 해결, 불확실성 대처, 리스크 최소화를 위한 CAD-CAM 전문가의 사고 프로세스를 평가하는 것이었다. 분석은 원래 자동화된 지식 기반 시스템을 구축하기 위해 고안된 '지식 분석 및 설계 지원(KADS)'이라는 시스템을 사용하여 수행되었다. 먼저 엔지니어들의 사고 프로세스를 확인하여, HRD 분석가는 과정 개발자와 협력하여 CAD-CAM 학습 목표 및 훈련 과정 커리큘럼을 정의할 수 있었다.

2.4 과업 분석 요약

과업 분석은 직무를 수행하는 개인보다는 직무에 초점을 맞춘다. 과업 분석 및 조직 분석의 결과는 조직에 대한 전반적 이해 및 조직 내에서 수행되는 직무에 대한 정보를 제공하며, 이 두 가지 분석의 결과는 HRD 노력을 계획하고 개발하기 위한 기반을 제공한다. HRD 학자인 리차드 스완슨(*Richard Swanson*)은 "성과 개선을 위한 분석(*Analysis for Improving Performance*)"이라는 책에서 우리가 언급한 방식과 유사한 과업 분석 방법을 소개한다.[69] 그는 추가적으로 절차적 과업 분석, 시스템 과업 분석 및 지식 과업 분석의 세 가지 다른 형태의 분석 방법에 대한 광범위한 의견을 제시한다. 오늘날 직업과 조직의 성격이 많이 바뀌면서 과업 분석은 이러한 요구를 충족시켜야 한다. 이러한 아이디어를 추구하는 데 관심이 있는 독자는 스완슨의 연구는 물론 마리셀 메디나(*Maricel Medina*)와 동료가 제시한 과업 분석 자동화에 관한 연구를 참조하기 바란다.[70]

3. 개인 분석

개인 분석(*person analysis*)은 개별 종업원의 훈련 요구를 파악하기 위해 이루어진다. 일반적으로 각 개인이 주요 과업을 얼마나 잘 수행하느냐에 초점이 있다. 그러나 이 프로세스는 일반적인 HRD 요구와 구체적인 요구 모두를 포함할 정도로 범위가 넓다. 정기적으로 종업원의 과업 수행을 관찰할 수 있는 사람이 개인 분석을 수행하기에 가장 적합하다. 따라서 개인 분석에는 종업원과 그 종업원의 직속상사가 주로 포함된다. 개인의 업무 특성에 따라 그 개인의 동료, 고객, 부하 등이 개인 수준의 요구를 찾아내는 데 참여할 수도 있다. 사실상 **360도 성과 평가**(*360-degree performance appraisal*)라 불리는 방법이 종업원의 업무 성과에 대한 전반적인 이해를 위해 주로 사용된다. 이 방법은 이번 장의 후반부에서 논의할 것이다. 어떤 자료원천이 사용되는가와 상관없이 종업원들의 스킬과 훈련 요구 평가에 대한 그들의 응답이 중요하다.[71]

개인 분석에서는 직속 상사의 역할이 특히 중요하다. 그들은 종업원의 업무 수행을 관찰할 수 있는 위치에 있을 뿐만 아니라, 업무 수행을 관찰하는 것이 그들의 책임이다. 또한 많은 조직에서는 HRD 프로그램에 참가하기 위해서는 직속 상사의 추천과 지원이 필요하다. 많은 개인 분석 방법들이 적절하게 진행되기 위해서는 상사가 효과적이어야 한다.

개인 분석을 위한 자료원천으로는 성과 평가, 직접 관찰, 테스트, 질문지, 그리고 중요 사건 기록법 등이 있다.[72] 켄드라 리(*Kendra Lee*)는 HRD 개입 시행 전, 시행 과정 중, 시행 후에 진단적 스킬 평가를 사용하는 것을 추천한다. 이것은 종업원의 행동 변화를 측정하기 위한 도구(*metrics*)를 제공한다. 그리고 "저항 없이 종업원의 변화를 창조하는 비밀의 도구"가 될 수 있다.[73] 게다가, 조직에 채용된 신규 인력들의 선발 프로세스에서 수집된 정보 또한 개인들이 가진 훈련 요구를 파악하는 데 사용될 수 있다.

3.1 개인 분석의 구성 요소

개인 분석의 자료원천이 어떤 방식이든지, 효과적인 개인 분석은 요약 개인 분석과 진단 개인 분석이라는 두 개의 요소로 구성된다.[74] 요약 개인 분석(*summary person analysis*)은 개별 종업원 업무 성과에 대한 전반적인 내용을 포함한다. 진단 개인 분석(*diagnostic person analysis*)은 종업원의 업무 성과에 대한 원인을 찾아내는 것이다. 효과적인 업무 수행자들에 대한 분석은 종업원의 성과를 개선하기 위한 아이디어의 원천이 될 수 있다. 반면에, 효과적이지 못한 업무 수행자들의 분석은 개선을 위해 필요한 개입이(HRD나 또 다른 수단으로) 무엇인지를 찾아준다.

3.2 개인 분석 과정에서의 성과 평가

성과 평가(*performance appraisal*)는 개인 분석 자료를 수집하는데 유용한 도구이다.[75] 그러나 평가가 주로 부정적인 것에 집중하는 경향으로 인해서 그들의 잠재력 파악에 유용하지 못할 수도 있다.[76] 성과 평가

그림 4.2 개인 분석 과정에서의 성과 평가 모델

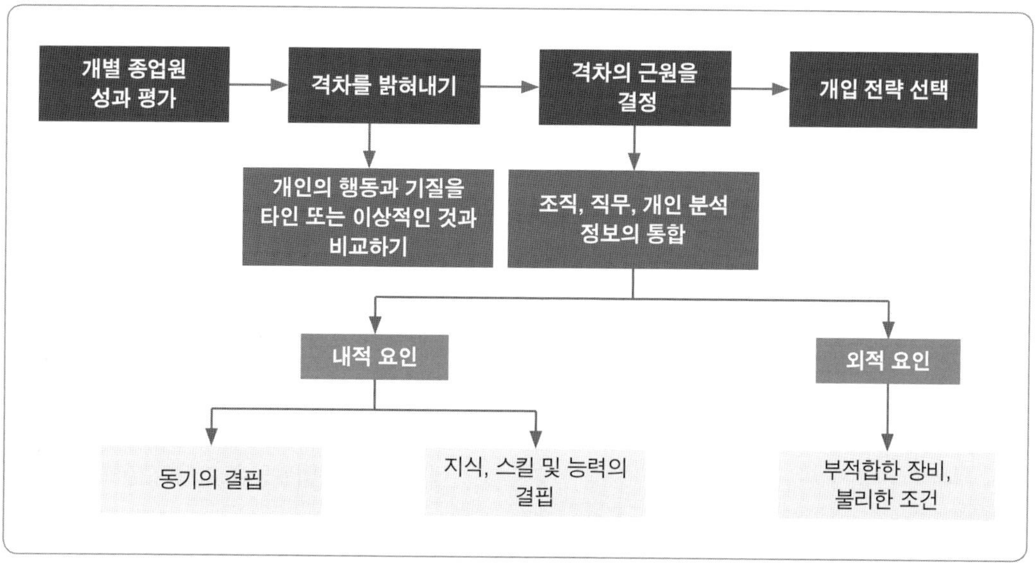

출처: From Herbert, G. R., & Doverspike, D. (1990). Performance appraisal in the training needs analysis process: A review and critique. *Public Personnel Management*, 19(3), 254. Reprinted by permission.

결과만으로 유일하게 개인 분석 정보의 원천으로 생각하는 것은 단편적인 시각이다. 실제로는 요구 분석에서 성과 평가 결과를 활용하기 위해서는 다른 다양한 정보원천에 접근하여 의사 결정을 할 필요가 있다.[77] 개인 분석 과정에서 성과 평가의 모델은 다음과 같은 단계로 시작한다(그림 4.2).

1. 완전하고 정확한 성과 평가를 실행하거나, 접근한다.
2. 종업원의 현재 행동이나 기질과 효과적인 업무 수행에 필요한 행동이나 기질과의 차이를 찾아낸다.
3. 그 차이의 근원을 찾아낸다.
4. 차이를 극복할 적절한 개입을 선택한다.[78]

이러한 과정에서 두 가지 추가적인 설명이 필요하다. 첫째, 성과 평가 결과의 정보가 반드시 완전하고 정확하다고 가정해서는 안 된다. 많은 성과 평가들은 평가 프로세스가 미흡하거나 또는 평가 과정의 오류로 인하여 결함이 있게 마련이다.[79] 조직의 평가 프로세스를 관찰해보면 평가의 질을 판단할 수 있다. 둘째, 성과 또는 스킬의 차이가 나는 원인은 다양할 수 있다. 2장에서 다룬 종업원 행동에 관한 이해를 바탕으로 보면, 원인은 종업원 내부(동기 또는 태도 같은) 또는 환경(지원의 부족, 노후한 장비, 또는 방해가 되는 업무 규칙 같은)에 있다. 그러므로 원인을 제대로 밝혀내기 위해서는 조직 분석, 과업 또는 직무 분석, 개인의 스킬 또는 능력 검사로부터 확보한 모든 정보의 통합 노력이 필요하다.[80]

불행하게도, 성과 평가와 개인 분석을 실행하는 상황은 다음과 같은 잠재적 문제점들을 갖고 있어 기대만큼 이상적이지 못하다.

1. 전체 조직 수준에서 고려할 때, 엄청난 비용이 소요되고 복잡하다.
2. 인과 관계에서 작용하는 평가의 오류와 편견이 존재하기 때문에 관리자의 판단 능력에 대해 의문을 갖게 된다.
3. 평가 시스템은 식별할 수 있는 모든 영역의 성과를 포함해야 한다.
4. 성과 평가 자료를 요구 분석에 사용하고자 하는 의도는 평가 시스템을 개발, 운영, 시행하기 전에 반드시 먼저 구체화되어야 한다.
5. 평가자들은 정확한 성과 평가를 할 수 있도록 동기부여되어야 한다.
6. 관리자 또는 훈련 전문가는 밝혀진 부족한 점을 개선할 수 있는 구체적인 교육/훈련 활동과 연결지을 수 있어야 한다.[81]

종업원의 상사가 성과 평가를 시행하는 것으로 가정하고 논의를 진행해왔다. 이것은 실제로 가장 흔한 경우이다. 평가 원천에 대한 종업원들의 선호도 조사에 의하면, 종업원들은 그들의 상사에 의해서 평가받는 것을 가장 선호하는 것으로 나타났다.[82] 그러나 종업원과 상사는 모두 탑다운 방식의 성과 평가 시스템에 종종 불만을 표현한다.[83] 컨퍼런스 보드(*Conference Board*) 출신의 데이비드 델(*David Dell*)은 "수평적 조직 구조, 횡단적인 근무 환경의 변화는 탑다운 방식의 성과 평가가 적합하지 않다는 것을 의미한다"고 주장한다.[84]

성과 평가 관련 정보를 모으기 위해, 360도 성과 평가(*360-degree performance appraisal*)를 사용하는 관행은 조직들에게 더욱 널리 퍼지게 되었다.[85] 에드워드(*Edwards*)와 이웬(*Ewen*)은 포춘지 선정 1,000개 회사의 대부분은 개발 피드백 목적을 위해 360도 성과 평가 방식을 사용한다고 보고한다.[86] 이러한 접근은 부하, 동료, 상사, 고객, 내·외부 공급자, 그리고 자기 평가까지 전방위적 관점의 피드백을 제공한다.[87]

성과 평가에서 동료, 부하, 그리고 고객의 평가 자료를 사용하는 주된 장점은 이 종업원들을 각기 다른 관점에서 관찰한다는 것이다. 이러한 다양한 관점은 다른 자료 원천들에서 제공하지 못하는 정보를 제공해준다. 예를 들어, 종업원들의 시민 의식이나 팀 행동에 대한 평가는 상사들보다는 동료들이 더 좋은 위치에 있다. 왜냐하면 상사들보다는 동료들이 일상적인 접촉이 많기 때문이다.[88] 또한, 동료들의 평가는 다른 출처로부터 얻은 정보에 대한 확인과 입증을 가능하게 한다. 그리고 관리자의 근무성적을 평정하고 관리자의 개발 요구를 분석하는 데 동료와 부하를 참여시키는 것은 잠재적 장점이 있다. 관리자들이 동료나 부하의 피드백에 대해 중요하게 여기게 만들고, 또한 보다 지원적인 업무 환경을 창조하기 위해 관리자들이 새로운 스킬과 지식을 사용하도록 자극할 것이다.[89]

360도 피드백을 조사한 연구는 확정적 결론을 내놓지는 않는다.[90] 관리적 목적으로 평가가 시행되었다면, 동료나 자기 평가는 상사 평가보다 관대하다는 보고가 많고, 그것이 사실이라는 증거도 일부 있다. 연구자들은 또한 다양한 평가 원천에서의 개인적 차이(예: 인종, 평가자의 능력, 직무 지식 등)의 영향 정도를 조사하고 있다.[91] 뿐만 아니라 종업원과 관리자가 상사 이외 다른 평가원천에서 나온 결과를 어느 정도까지 받아들이는지에 대한 연구도 필요하다.[92]

여기서 중요한 질문은 '다양한 원천의 평가가 어느 정도 동일한 결과를 보이는가'이다. 평가 원천들 사이에 동의를 얻지 못하는 것이 반드시 나쁜 것은 아니니다.[93] 서로 다른 평가원천 사이의 동의 부족이 보여주는 것은(즉, 부하가 상사가 하지 않은 행동에 대해 관찰하고 평가하는 것) 긍정적인 측면이 있다. 그러나 동의 부족이 평가자의 오류이거나 각 원천의 고유한 편견에 기인한 것이라고 하면, 동의 부족은 잠재적 문제와 정보의 부족을 의미한다. 이에 관한 두 개의 메타 분석 연구는 동의 정도에 관한 몇 가지 정보를 제공해준다. 첫 번째 연구는 자기 평가와 상사 평가, 동료 평가와 상사 평가, 동료 평가와 자기 평가 간의 동의 정도에 대해 조사했는데, 이들 다양한 평가자들 사이에 평균적인 상관관계가 있는 것으로 나타났다.[94] 동료와 상사의 평가가 가장 높은 수준의 동의($r=0.62$)를 보여주었고, 자기 평가와 동료 평가의 상관관계($r=0.36$)와 자기 평가와 상사 평가의 상관관계($r=0.35$)가 낮게 나타났다. 두 번째 연구는 상사와 동료의 성과 평가에 대한 신뢰도를 메타 분석했는데, 상사 평가가 동료 평가보다 평가자 간 신뢰도가 높은 것으로 나타났다.[95]

요구 분석 관점에서 보면, 성과 평가 문헌에서 지적하는 잠재적인 문제점은 주로 관리적 목적의 성과 평가에 집중되어 있다는 것이다. 설문 조사 결과에 따르면 평가가 행정적 목적보다 개발(*developmental*) 목적으로 시행될 때, 동료 평가와 상향 평가에 대해 긍정적인 것으로 나타났다.[96] 예를 들어, 동료들은 평가 결과가 급여 결정이나 해고결정에 사용된다고 하면 서로의 성과 평가를 하는데 정직하게 평가하기를 꺼려한다. 그러나 단지 개발 목적으로 사용된다고 하면 기꺼이 정직하게 평가하려고 할 것이다.

전반적으로 보면, 360도 성과 평가는 요구 분석과 개인의 성과를 향상시키기 위한 도구로써의 잠재력을 갖고 있다.[97] 또한 조직들은 그것을 활용하고 있다. HRD 실무자들은 360도 성과 평가 정보를 개인 분석의 원천(*element*)으로 사용해야 한다. 그러나 반드시 주의 해서 사용해야 한다. 수집된 정보를 검증하고 모니터링하여 다양한 원천에서 얻은 정보의 품질이 HRD 요구 사항을 정확하게 파악할만큼 충분한지를 확인할 필요가 있다.

3.3 개발 요구

개인 분석 자료는 개발 요구(*developmental needs*)를 정의하는데 사용될 수 있고, 개발 요구는 정기적인 성과 평가 과정에서 찾아낼 수 있다. 개발 요구의 주된 목적은 종업원 개인의 지식, 스킬 및 능력을 향상시키고 유지하는 것이다. 그러나 개발 요구 정보는 종업원들의 미래 직무를 준비시킴으로써 종업원 경력 개발에도 중요하다. 이것에 관해서는 11장에서 좀더 논의할 것이다.

스킬 목록은 개인들의 훈련 요구를 결정하는 데 도움을 줄 수 있다. 스킬 목록은 종업원의 교육, 훈련, 경험, 자격증, 성과 검토서, 추천의견 등을 검토함으로써 그들의 KSAOs를 평가한다. 대부분의 조직은 이들 정보를 쉽게 검색할 수 있는 인적자원 정보 시스템(*HRIS, human resource information system*)을 사용한다.[98] 이러한 정보들은 전통적으로 상위 직책으로 승진하기 위한 준비 정도를 평가하는 데 사용되지만, 훈련 요구를 분석하는 데도 사용될 수 있다. 몇몇 조직은 이러한 정보를 분석하여 그들의 인적자원을 개발하기 위한 전략을 개발한다. 예를 들어, 만일 조직이 새로운 스킬을 요구하는 변화를 고민한다면, 현재의 스킬 목록이 새로운 훈련이나 기타 HRD 프로그램을 개발하는 데 필요한 정보를 제공해줄 수 있다.

3.4 정보의 원천으로서 종업원

훈련 요구를 위한 또 다른 정보의 원천은 종업원 자신들이다. 종업원들의 훈련 요구에 대한 평가가 정확하다는 두 개의 연구가 있다.[99]

맥에너리(*McEnery*)와 맥에너리(*McEnery*)는 200명의 관리자와 전문가들을 위한 훈련 요구에 대해 자기 평가와 상사 평가를 비교하였다.[100] 그들은 비록 자기 평가가 상사 평가보다 관대하기는 하지만, 오히려 자기 평가가 후광오류(즉, 평가를 진행하면서 각 각의 항목을 분리해서 평가하지 않고 전반적인 인상에 의해 평가하는 것을 허용하는 것)를 적게 보여준다는 것을 발견했다. 그들은 또한 상사와 자기 평가의 원천이 서로 연관되지 않는다는 것을 발견했다. 그리고 상사 평가보다 자기 평가가 성과 평가 항목들에 대해 더욱 차별적이라는 것을 발견했다. 그들은 훈련 요구의 자기 평가가 훈련 요구 분석 과정에 유용하고 타당한 것이라고 결론 내렸다. 포드(*Ford*)와 노에(*Noe*)는 관리 수준, 기능, 그리고 훈련의 유용성에 대한 태도가 모두 훈련 요구의 자기 평가에 작지만 의미 있는 효과를 준다는 것을 발견했다. 그들은 이 이슈를 검토하기 위해 추가적인 조사 연구가 필요하다고 결론지었다.[101]

두 연구에서 종합해보면, 훈련 요구에 대한 자기 평가가 요구 분석의 유용한 부분이 될 수 있지만, HRD 전문가들은 그 타당성을 확보하기 위해 다차원적인 요구 분석 정보를 사용할 수 있을 정도로 현명해야 함을 시사한다.

3.5 '벤치마크' 개인 분석 도구

개인 분석 자료를 수집하는 하나의 방법은 같은 이해관계 집단인 특정 사람들(예로써, 사무직 노동자 또는 감독자)을 위한 도구를 설계하는 것이다. 이것은 특별히 조직의 HRD 전략이 특정 범주에 속한 종업원들을 위한 학습을 목표로 하는 경우에 유용하다. '창조적 리더십센터(*The Center for Creative Leadership*)'에서 벤치마크로 관리자(*managers*)들의 학습 요구를 찾아내는 데 사용된 특화된 개인 분석 도구를 개발했다.[102]

경영진들이 성장하고, 학습하고, 그리고 그들의 경력을 개발하는 방법에 관해 창조적인 리더십센터에서 수행한 연구가 벤치마크를 위한 원동력을 제공했다.[103] 이 연구는 핵심적인 개발 기회, 이러한 기회로부터 학습할 교훈들, 그리고 경영진의 성공 또는 실패의 원인들을 밝혀냈다.[104] 벤치마크 분석 도구는 두 개의 섹션으로 나뉘어져 있다. 섹션 1은 경영진들이 핵심적인 개발 기회로부터 학습할 교훈들에 초점을 두고 있으며, 16개의 평가 기준이 갖고 있다(예: 자원의 풍부함, 팀 지향성, 그리고 자기 인식). 섹션 2는 경영진의 실수를 야기하는 결점에 초점을 두고 있으며, 여섯 개의 평가 기준을 갖고 있다(예: 마무리의 미흡, 과도한 의존성).[105]

감독자는 벤치마크 분석 도구를 활용하여 관리자를 평가하고, 그 결과로 관리자의 강점과 약점 프로파일을 만들게 되고, 그 프로파일은 관리자의 미래 개발 계획을 수립할 때 사용된다. 벤치마크 분석 도구에 대한 타당성과 심리적 속성에 대한 연구는 고무적으로 인정받고 있으며, 계속해서 정교하게 만드는 노력을 통해서 이것은 관리자 개발을 위한 가치 있는 도구로 발전되고 있다.[106] 벤치마크 도구 개발과 같은 노력은 프로그램 및 참가자 결정을 위한 정확하고 의미 있는 기반을 제공함으로써 HRD의 효율성을 향상시킬 수 있다.

4. 역량 모델링

첸(*Chen*)과 나퀸(*Naquin*)은 **역량**(*competency*)을 성공적인 직무 성과를 가능하게 하는 근본적인 직무 관련 개인 특성(예: 기술, 지식, 태도, 신념, 동기 및 특성)으로 정의했으며, 여기서 '성공'은 조직의 전략적 목적과 연관되어 있다.[107] 따라서 역량은 KSAOs와 관련된 내용 또는 직무 기술서의 직무 명세서 부분에 대한 연장 또는 확장으로 이해할 수 있다. 그레고리 스티븐스(*Gregory Stevens*)는 HRD에서 역량 및 역량 모델링의 개발 및 사용에 대한 검토 연구를 수행했다.[108] 마이클 캠피온(*Michael Campion*)과 동료들은 역량 모델링을 위한 20가지 모범 사례 목록을 제시했다.[109] 최근의 다른 연구들은 다양한 환경에서 요구 분석 노력의 일환으로 역량을 사용하는 것에 대한 유용한 지침을 제공해준다.[110] 프랜차이즈 호텔에서 관리자 교육 프로그램을 개발하는데 역량 기반 요구 분석을 사용한 첫 사례도 있다.[111] HRD와 HRD 개입을 위한 요구 분석에 역량을 활용하려는 최근의 노력에 상당한 관심이 있지만, 스티븐스는 개념적 명확성과 방법론적인 엄격성의 부족에 관한 주의를 지적한다.[112] 역량 및 역량 모델링은 현재의 요구 분석 노력에 가치를 부여하고 있지만, HRD의 다른 부분들과 마찬가지로 역량 기반 학습프로그램의 성공도 정확한 측정 및 실행이 중요하다.

5. HRD 요구의 우선순위

요구 분석을 통해서 여러 가지 요구가 도출되면, 경영진과 HRD 담당자들은 이들에 대해 우선순위를 정해야 한다. 어느 조직에서나 HRD를 위해 활용할 수 있는 자원은 한정되어 있다. 시설사용료, 장비, 교재, 행정 직원, 여비, 컨설턴트 비용 등을 포함해서 HRD에 사용될 필요한 자원이 무엇인지에 대한 결정이 내려져야 한다. 이 과정의 핵심적인 질문은 '다양한 선택 대안별 투자 대비 잠재적 혜택 또는 수익이 무엇인가?'이다. HRD 요구의 우선순위를 정할 때는 예상되는 조직 성과에 미치는 영향력을 항상 중요시해야 한다.[113]

5.1 우선순위 정하기에 참석

HRD 요구의 우선순위를 정할 때는 조지 내 다양한 사람들이 포함되는 것이 좋다. 왜냐하면 HRD 프로그램은 조직의 특정 영역 또는 전사적인 영역을 지원하는 것이기 때문에, 영역별 대표자들이 의사결정에 참여해야 한다. HRD 부서는 정기적으로 종업원들로부터 아이디어를 얻기 위해 노력한다. 그리고 이러한 정보는 진행중인 프로그램을 개선하고 보완하는데 사용될 수 있으며, 미래의 프로그램 개발을 위한 수요 예측에도 사용될 수 있다. 이러한 정보들은 HRD 프로그램이 조직과 종업원들을 연결해주고 있다는 인식을 갖게 한다. HRD 의사 결정에 주위의 많은 사람을 포함시킴으로써, 조직 내 더 많은 사람들이 HRD 노력에 대해 긍정적인 태도를 갖게 될 것이다.

5.2 HRD 자문위원회

지속적으로 종업원의 요구를 알아내고, 요구의 우선순위를 결정하는 한 가지 방법은 HRD 자문위원회를 만드는 것이다. 이 위원회의 역할은 정기적으로 모여 요구 분석 및 평가 자료를 검토하고, 제공될 HRD 프로그램의 형태와 내용에 대해서 조언하는 것이다. 자문위원회는 조직 내 여러 부서에서 온 다양한 멤버들로 구성된다. 이렇게 함으로써 HRD 요구에 대한 다양한 관점을 반영하고, 조직 전체로부터 폭넓은 지원을 받을 수 있다.[114] 또한 조직은 자문위원 및 기타위원회에서 자발적으로 참여하는 직원을 인정해야 한다. 이것은 회의로 인해 담당 업무에서 벗어날 수 있음을 인정하는 것이다.

이와 관련된 예시가 미시간주 랜싱에 있는 제너럴 모터스 공장 사례이다. 이 공장의 프레스 공정에서 자동차 기술의 주요 변화에 대응하지 못하고, 생산 수준이나 비용 목표를 충족시키지 못하고 있었다. 3명의 훈련 전문가(이 중 1명은 미국 자동차 노동조합의 직원), 1명의 감독자 그리고 2명의 시간제 근무자로 요구 분석 팀이 구성되었다. 이 팀은 이 공정 분야의 문제 및 가능한 원인을 확인하고, 이러한 문제와 관련된 데이터를 계획, 수집 및 분석한 다음, 그 결과를 담당 지역의 경영자와 종업원들에게 보고했다. 최종적으로 훈련 해결 방안(예: 통계적 공정 통제의 모든 생산 작업자 훈련)과 비훈련 해결 방안(예: 각각의 프레스를 위한 금형의 컬러를 다르게 함)으로 구성된 아홉 가지 해결 방안이 제안되었다. 이 중에서 가장 효과적인 방안은 통계적 공정 통제의 작업자를 훈련시키는 것이었다. 이 훈련 과정은 사내 강사를 활용하는 것이기 때문에 비용도 최소화되었다. 두 명의 시간제 근로자가 다음과 같이 말했다. "결과는 품질이 개선되고 스크랩 비율이 30% 감소했다. 그 가치는 첫 해에 50만 2,825달러의 비용 절감이었고, 혜택은 재정 절감과 개선에 따른 근로자의 자부심이었다."[115]

6. HRD 프로세스 모델에 대한 논쟁

철저한 요구 분석은 HRD 또는 훈련 프로그램의 기본적인 토대이다. 다음 장들에서는 HRD 프로그램의 설계(5장)와 실행(6장), 그리고 그 프로그램이 어느 정도 효과적인지를 평가하는데(7장)에 초점을 맞출 것이다. 분명한 점은 의미 있는 학습과 변화가 일어나기 위해서는 이러한 네 단계가 서로 통합되고 조정될 필요가 있다는 것이다.[116]

끝으로 몇 가지 주의 사항이 있다. 이 장은 〈그림 4.1〉에서 보여주는 교육 체계 설계(또는 A DImE) 모델에 기반을 두고 있으며, 1970년대부터 인적자원개발 분야의 지배적인 모델이다.[117] 그러나 이 모델 또한 강력한 비판을 받고 있다.[118] 이러한 비판은 "ISD에 대한 공격(*Attack on ISD*)" 사례로 요약될 수 있다. 고든(*Gordon*)과 젬케(*Zemke*)가 쓴 이 기사는 후에 격렬한 독자 반응을 일으켜 "Training Magazine" 편집자는 11개 독자 편지를 포함한 "ISD의 역습(*Counterattack of ISD*)"이라는 제목의 기사를 출판하였다.[119] 이러한 비판과 반격에 대해 생각해볼 부분이 있다. 이 장에서 언급한 대로 광범위한 요구 분석을 수행하는 것이 불가능할 수 있다. 이전에 언급한 젬케의 논문과 젬케 및 앨리슨 로제트(*Allison Rossett*)의 후속 논문은 이에 대한 유용한 지침을 제공한다.[120] 다린 하트리(*Darin Hartley*)는 신속하면서도 철저한 과업 분석 모델을 설명하는 "현실적인 직무 분석"이라는 책을 썼다.[121] 후안 산체스(*Juan Sanchez*)와 에드워드 레빈(*Edward Levine*)은 역량 모델링을 사용하여 전통적인 직무 분석을 보완할 것을 권한다.[122] 키아 티전스(*Kea Tijdens*)와 동료들은 유럽에서 160개 직업에 대한 직무와 스킬 활동을 측정하기 위한 인터넷 기반의 방법에 대해 설명했다.[123] 마지막으로 컨설턴트 잭 아스가(*Jack Asgar*)는 이 장에서 설명한 분석 방법을 수행할 수 없을 때나 핵심적인 이슈를 파악하기 위해 다음과 같은 질문을 해볼 것을 제안한다.

- 운영상의 문제점은 무엇인가? ("요구하는 훈련은 무엇인가?"라고 묻지 말고)
- 인간 행동이 운영상의 문제를 야기했는가? 그렇다면 현재 행동과 원하는 성과를 기술하시오.
- 직원이 정신차리면 제대로 수행할 수 있는가? 최근에 그들이 제대로 수행한 적이 있는가?
- 관리자는 직원들에게 원하는 성과를 요구하고 있는가? 그렇지 않다면 훈련이 끝난 후에 새로운 행동이 직장에서 강화될 것이라는 확신은 무엇인가?
- 현재의 성과가 문제라는 것을 보여주는 증거는 무엇인가? 문제가 해결되었다는 구체적인 징후는 무엇인가(예: 특정 기술을 사용하는 직원을 발견함)?
- 이 운영 문제에 어떤 다른 이슈가 관련될 수 있는가?
- 이 분석에 근거하면 훈련이 필요한가? 그렇다면 어떤 기술을 습득해야 하는가?
- 훈련이 필요하다면 관리자는 훈련 전, 도중, 후에 훈련 과정에 적극적으로 참여할 의지가 있는가?[124]

HRD 전문가를 대상으로 실시한 설문 조사에서 응답자의 78% 이상이 교육 체계 설계가 미래에 더욱 중요해질 것이라고 한다.[125] 요구 분석 노력이 누락되거나 부적절한 경우 많은 일이 잘못될 수 있기 때문이다. IBM 전 HRD 임원이었던 잭 보우셔(*Jack Bowsher*)는 "Training Magazine"의 "Attack" 기사에 대한 답변으로 "훈련을 주말 동안에만 하면 된다고 하는 사람들은 건물 완공 속도를 올리기 위해서 청사진 없이 건설하려는 건축가 같다. 지름길로 가는 모든 과정에는 자격을 못 갖춘 사람들이 있다. 나는 내 업무가 '빠르고 쉬운' 과정에 의존하기를 원하지 않는다"라고 했다.[126]

ISD에 대한 공격

HRD 분야의 저명한 인물들은 지난 30여 년간 인적자원개발 분야를 주도해 온 시스템 모델 및 교육 체계 설계(ISD) 접근법과 관련하여 심각한 문제를 제기했다. 모델과 관련하여 제기된 문제는 다음의 네 가지이다.

1. 이 모델은 오늘날의 훈련 요구를 충족시키기에는 너무 오래 걸리고 다루기 힘들다.
2. 거기에 '거기'가 존재하지 않는다(설명은 아래 참조).
3. 안내한 대로 사용했는데 나쁜 결과가 나왔다.
4. 그것은 틀린 세계관에 매달린다.

첫 번째 비난과 관련한 것으로, 요구 분석의 전체 프로세스가 '빠른 세상'에서 사용하기에 너무 오래 걸린다는 주장이다. 90일 후에 훈련이 필요하다고 요청받으면, HRD 전문가들은 요구 분석을 하는데 최소 90일 정도의 시간이 필요하다고 말한다. 문제가 발행할 가능성이 높다. 가장 큰 문제는 훈련 부서의 관료적 시스템인데, 관리자의 신속한 대응 요청에 대해 느리고 성가신 대응을 한다는 것이다. Educational Testing Service의 프레드 니콜스(Fred Nickols)는 "ISD는 시간이 너무 오래 걸리며, 비용이 너무 많이 들고, 시간이 지나면 훈련을 통해 활용하려는 기회는 사라져 버린다"고 말했다.

둘째, ISD 모델은 '프로세스' 모델이다. 즉, 효과적인 교육을 수행할 수 있는 프로세스에 중점을 둔다. 따라서 일관된 결과를 산출하기 위해서 교수 계획을 수립하는 순차적 방법이다. 문제는 훈련에서 다루고자 하는 문제를 해결했는지가 아니라 프로세스의 모든 단계가 진행되었는지에 중점을 두는 경우에 발생한다. 훈련의 궁극적인 목적은 '프로세스 외부에 있는' 조직이 가치 있는 것을 성취하는 것이다. "좋은 교육을 언제 개발했는지 어떻게 알 수 있는가?"라는 질문을 해보아야 한다. 니콜스는 "일련의 프로세스를 사용하여 개발되었기 때문에 훌륭한 교육"이라고 답한다면, 그 교육 상품은 아마도 별로 가치가 없을 것이라고 제언한다.

ISD 모델에 대한 세 번째 비난은 의도한 대로 사용하더라도 제한적이거나 불완전한 해결책을 제공한다는 것이다. 교육의 주된 초점은 구체적인 말로 표현된 행동 목표 또는 인지적 목표를 달성하는 데 있다. 태도와 감정은 종종 무시되거나 최소화된다. 옴니컴 어오시에이츠(OmniCom Associates)의 다이앤 가예스키(Diane Gayeski)는 다음과 같이 말한다. "나와 함께 일하는 경영진은 직원들이 미리 결정된 일련의 단계를 암기하고 실행하는 것보다 창의적이고 회복력이 높은 인력으로 성장하는 데 더 관심이 있다. 그러나 학습자들에게 학습내용을 주입식으로 떠먹일 때 우리들은 무심코 '무능력한' 학습자를 만들 수도 있다. '과정이 끝나면 모두 똑같은 방식으로 행동하는 법을 알게 될 것이다.'"

마지막으로 ISD 모델이 제대로 작용하는 경우는 직무가 잘 정의되고, HRD 전문가들이 학습자들이 훈련을 마친 후에 알고 실천해야 할 내용을 명확히 나열할 수 있을 때이다. 니콜스는 이와 같이 명확하게 나열된 업무를 '예시적인' 업무라고 말한다. 그러나 현실에서는 수많은 업무가 무엇을 어떻게 할지 예견하기 어려운 '구성된' 업무다. ISD 모델에서 성과 차이는 결국 잘 정의된 업무에 대한 예상 결과와 현실의 획득된 결과의 차이이다. 현실의 구조화된 업무를 담당할 때, "다음에 해야 할 일을 생각할 때마다 문제에 봉착하다면, 필요한 핵심 역량은 문제 해결 능력이다"라고 니콜스는 말한다.

출처: Gordon, J., & Zemke, R. (2000). "The attack on ISD." *Training*, 37(4), 42–53.

6.1 정보통신기술에 따른 요구 분석의 변화

e-러닝에 관한 100개 이상의 논문을 검토한 결과 요구 분석과 관련된 두 가지 문제점이 발견되었다. (1) 실질적인 문제 또는 e-러닝의 필요성을 밝혀내지 못했으며, (2) 일부 문제 또는 필요성이 확인되었을 때조차도, 완전히 분석하지 못했다.[127] 따라서 e-러닝에 그렇게 고무될 필요는 없다. 이번 장의 나머지 부분에서는 모든 HRD 개입을 설계, 실행, 평가할 때 1부의 1, 2, 3장의 내용이 얼마나 중요한지 강조할 것이다.[128] 1,000개가 넘는 e-러닝 프로그램 공급 업체(웹사이트 www.brandon-hall.com에 목록 열거됨) 대상의 조사에서 모든 업체들은 혁신적인 기술 또는 서비스를 강조했다. 그러나 사이트의 약 7%만이 학습 이론, 교수 설계, 성인교육학, 또는 교수법에 대해 언급한 점은 실망스러운 일이다![129] 인터넷, 팟캐스팅, 모바일 학습과 같은 최신 정보기술을 활용해 얻을 수 있는 긍정적 측면을 모두 고려하더라도, 1, 2, 3장에서 강조된 HRD 원칙이 제대로 반영되는 것이 무엇보다 중요하다. 또한, 종업원이나 학습자의 변화에 대한 저항(13장 내용)이 요구 분석을 위한 새로운 소프트웨어의 실행을 방해할 수도 있다.[130]

긍정적인 측면에서, 요구 분석의 효율적 수행을 위해 정보통신기술은 상당한 잠재력을 갖고 있다. 설문 조사는 인터넷을 통해(또는 조직 내부의 인트라넷을 사용하여) 쉽게 수행할 수 있으며, 데이터를 수집하고 분석하는 프로세스도 아주 빨라졌다.[131] 벤치마킹 대상 또는 다른 주요 조직을 통해 KSAOs를 수집하는 데도 정보통신기술이 사용될 수 있다. 예를 들어, 테레사 머프레이(*Theresa Murphrey*)와 킴 두리(*Kim Dooley*)는 온라인 학습 프로그램인 Centra™를 사용하여 e-러닝 전문가들의 필요 역량에 대한 데이터를 수집했다.[132] 정보통신기술은 직원들이 이미 알고 있거나 할 수 있는 것, 즉 현재 수준의 KSAOs를 파악하는 데 사용될 수도 있다. 예를 들어, 조안 해리스-보울스비(*JoAnn Harris-Bowlsbey*)와 제임스 삼손(*James Sampson, Jr.*)은 경력 상담사가 인터넷을 통해 경력 상담 서비스의 필요성을 평가할 수 있는 방법을 제안한다.[133] 루돌프 다큰(*Rudolph Darken*)은 훈련 시뮬레이터의 과제 분석 및 설계를 안내하기 위해 학습 이론(예: 블룸(*Bloom*) 및 가네(*Gagné*))의 새로운 사용을 제시했다.[134]

특히, 요구 분석에 대한 활용도가 높은 기술은 모바일 또는 무선 테크놀로지이다. 여기에는 와이파이(*Wi-Fi*)와 같은 무선 전송 시스템과 스마트 폰, 아이팟(*iPads*), 태블릿 PC와 같은 모바일 제품, 그리고 이메일, 인터넷, 팟캐스트(*Podcast*)와 같은 모바일 제품에서 실행되는 컴퓨터 응용 프로그램의 기능이 포함된다.[135] 다이앤 가예스키(*Diane Gayeski*)는 요구 분석 프로세스의 속도를 높이기 위해 디지털 카메라가 있는 PDA(*personal digital assistant*)를 사용하는 등 여러 가지 이슈에 대해 설명했다.[136] 크리스토퍼 시브레그츠(*Christopher Seebregts*)와 동료들은 농촌 지역에서 설문 조사 또는 인터뷰를 수행하기 위해 Palm™ Pilot의 사용법에 대해 설명한다.[137] 이러한 응용 프로그램은 매년 증가하고 있다![138]

도입 사례로 돌아가기

조직 분석은 최고 경영자 및 인사 담당 임원의 인터뷰를 통해 이 호텔 체인에서 수행되었다. 과업 분석은 도입 사례에서 설명한 역량 모델링을 통해 수행되었다. 전체적인 요구 분석 노력의 일환으로 이 체인의 관리자에 대한 데이터를 수집하는 데 사용된 360도 피드백 설문 조사가 개인 분석에 포함되었다.

출처: Horng, J. S., & Lin, L. (2013). Training needs assessment in a hotel using 360 degree feedback to develop competency-based training programs. Journal of Hospitality and Tourism Management, 20, 61–67.

요약

이 장은 HRD 프로세스 모델의 요구 분석 단계에 집중했다. 요구 분석은 기본적으로 조직, 과업, 개인이라는 세 가지 수준에서 수행된다. 전략 또는 조직 수준의 요구 분석은 다음과 같은 질문에 답하는 것이다. 조직 내에서 훈련과 HRD의 요구가 있는 곳은 어디인가? 훈련과 HRD가 어떠한 조건과 상황에서 실행되어야 하는가? 그리고 훈련과 HRD가 어떻게 팀이나 조직의 성과와 연계되어 있는가? 전략 또는 조직 수준의 요구 분석은 조직 목표를 달성하기 위한 조직 효과성에 초점을 맞춘다. 또한 조직의 자원, 훈련을 위한 분위기, 그리고 기타 환경적 제약 등에 초점을 맞춘다. 조직 분석의 목적은 조직이 무엇을 달성하려고 하는지와 효과성을 높이기 위해서 어느 곳에 HRD 노력이 필요한지, 그리고 어떤 잠재적 문제점이 있는지 등을 이해하는 것이다.

과업 분석은 다음과 질문에 답하는 것이다. 어떤 과업과 KSAOs가 훈련에 반드시 포함되어야 하는가? 이 분석은 다음의 다섯 단계로 실시된다. (1) 직무를 기술하고, (2) 직무별 수행되는 과업들을 찾아내고, (3) 직무를 수행하는 데 필요한 KSAOs를 밝혀내고, (4) 훈련으로부터 혜택을 받을 수 있는 영역을 찾아내서, (5) 우선순위를 결정한다.

개인 분석은 다음의 질문에 답하는 것이다. 누가 훈련받을 필요가 있는가? 왜 훈련을 받는가? 개인의 과업 성과 격차와 개발 필요점이 훈련 프로그램의 내용을 제시해주어야 한다. 이 정보는 어떤 종업원이 HRD 프로그램에 반드시 참석해야 하는지를 알려 줄 것이다.

HRD 자원이 한정적이기 때문에 훈련 요구의 우선순위를 정하는 것이 필요하다. 이러한 우선순위의 방향은 자원이 조직 목표에 최대한의 영향을 줄 수 있도록 한다. 가능하다면, 많은 구성원들이 요구 우선순위 결정 과정에 참여하도록 한다.

마지막으로, 정보통신기술이 어떻게 요구 분석 단계에 도움이 될 수 있는지 논의했다. e-러닝 공급자들이 요구 분석 방법들이나 여타 HRD 원칙들을 충분히 활용하고 있지 않는 점에 대해서도 언급했다.

토의문제

1. 요구 분석 정보가 효과적인 HRD 프로그램의 개발과 운영에 중요한 이유는 무엇인가?
2. 조직 수준의 요구 분석과 전략 계획과의 관계는 무엇인가? HRD 프로그램을 조직의 전략 계획에 어떠한 방식으로 연계하면, HRD 프로그램을 개발하고 제공하기 위해 필요한 자원에 대한 요청을 정당화할 수 있는가?
3. 시 경찰서에서 파견 근무에 대한 과업 분석을 수행해달라는 요청을 받았다고 가정해보시오. 이 과업을 분석하는 데 가장 적합한 방법은 무엇인가? 그 이유를 설명하시오.
4. 개인 요구 분석을 수행할 때 성과 평가 정보를 사용하는 장·단점에 대해 간략하게 설명하시오. HRD 전문가가 개인 분석에서 얻은 정보의 가치를 높이기 위해 성과 평가를 사용해야 한다고 생각하는가? 당신의 선택 이유를 설명하시오.
5. 개인 요구 분석 정보의 한 가지 중요한 원천은 개발 필요에 대한 잠재적인 학습자의 의견이다. 개인 요구 분석의 일부로 그러한 자기 보고식 자료에 의존할 때의 장·단점은 무엇인가?
6. 직원의 지식, 스킬 및 능력, 그리고 다른 특징(KSAOs)에 대한 논의와 직원에 대한 역량 모델링 논의를 비교하시오. 직원 역량은 KSAOs와 유사한가? 이 용어들 사이에 어떤 차이점이 있는가? 역량이 HRD 개입 전략을 수립하는 데 도움이 되는가?
7. HRD 요구가 일단 규명되면 우선 순위를 정해야 하는가? 우선 순위 결정 과정에서 다양한 조직 구성원이 참여하도록 하는 것의 장점은 무엇인가?
8. 많은 조직에서 요구 분석이 자주 수행되지 않는 이유는 무엇인가? HRD 전문가가 HRD 프로그램을 선택하고 시행하기 전에 어떻게 하면 관리자 또는 경영진이 요구 분석에 필요한 시간과 자원을 허락하도록 설득할 수 있는가?
9. "ISD에 대한 공격"에 대한 당신의 생각은 무엇인가? 당신이 요구 분석을 수행하고자 하는 HRD 전문가라면, 이 문제들 각각에 어떻게 대응할 것인가?

미주

1. Mitchell, W. S., Jr. (1984). Wanted: Professional management training needs analysis. *Training and Development Journal*, 38(10), 68.

2. *Ibid.*; Gordon, J. (2006). Your resistance is futile. *Training*, 43(9), 6.

3. Miller, J. G. (2008, August). QBQ Quicknotes—Training do's and do not's. *The Flip Chart*. ASTD Memphis Chapter Newsletter, p. 2.

4. Roytek, M. A. (2010). Enhancing instructional design efficiency: Methodologies employed by instructional designers. *British Journal of Educational Technology*, 41, 170–180; American Society for Training and Development (2010). *Instructional system design: Today and in the future*. Alexandria, VA: ASTD; ATD Designing learning certificate (2015). Accessed on February 7, 2015 at https://www.td.org/Education/Programs/Designing-Learning-Certificate.

5. Kirkpatrick, J., & Hawk, L. (2006). Curricula and evaluation: Maximizing results. *T&D*, 60(6), 61–62; Van Erde, W., Tang, K. C. S., & Talbot, G. (2008). The mediating role of training utility in the relationship between training needs assessment and organizational effectiveness, *International Journal of Human Resource Management*, 19(1), 63–73; Albu, E. (2010). Embedding quality systems into the training cycle. *T&D*, 64(8), 76–77.

6. Ford, J. K. (2014). Advances in training research and practice: An historical perspective. In J. K. Ford (Ed.), *Improving training effectiveness in work organizations* (pp. 1–16). New York: Psychology Press.

7. Zemke, R. (1998). How to do a needs assessment when you think you don't have time, *Training*, 35(3), 38–44; Barbazette, J. (2006). *Training needs assessment: Methods, tools, and techniques*. San Francisco, CA: Pfeiffer; Altschuld, J. W., & Kumar, D. D. (2010). *Needs assessment: An overview*. Thousand Oaks, CA: Sage; Iqbal, M. Z., & Khan, R. A. (2011). The growing concept and uses of training needs assessment, *Journal of European Industrial Training*, 35(5), 439–466; Esteban-Lloret, N. N., Aragón-Sánchez, A., & Carrasco-Hernández, A. (2014). Institutional and competitive drivers on managers' training and organizational outcomes. *BRQ Business Research Quarterly*, 17(4), 242–258.

8. Katz, D. (2010). Trainers as mediators: Facilitating team collaboration. *T&D*, 64(9), 72–73; Schwarz, R. (2011). Using facilitative skills in different roles. In R. M. Schwarz, A. S. Davidson, M. S. Carlson, & S. C. McKinney (Eds.), *The skilled facilitator fieldbook: Tips, tools, and tested methods for consultants, facilitators, trainers, and coaches* (pp. 27–32). San Francisco, CA: Jossey-Bass.

9. Rossett, A. (1990). Overcoming obstacles to needs assessment. *Training*, 36(3), 36, 38–40; Prewitt, V. (2009). Are they being served? *T&D*, 63(9), 52–55; Rossett, A. (2009). *First things fast: A handbook for performance analysis* (2nd ed.). San Francisco: Pfeiffer; Muller, N., & Roberts, V. (2010). Seven cures to skipping the needs assessment. *T&D*, 64(3), 32–34.

10. Bates, R. A., Holton, E. F. III, & Naquin, S. S. (2000). Largescale performance-driven training needs assessment: A case study. *Public Personnel Management*, 29(2), 249–267; Dubois, D., & Rothwell, W. (2004). Competency-based or a traditional approach to training? *T&D*, 58(4), 46–57; Chevalier, R. (2008). Performance analysis for business results. *Training*, 45(1), 42.

11. Stetar, B. (2005). Training: It's not always the answer. *Quality Progress*, 38(3), 44–49; Massey, K. B., & Campbell, N. (2013). Human resource management: Big problem for small business? *Entrepreneurial Executive*, 18, 77–88.

12. Brinkerhoff, R. O. (1986). Expanding needs analysis. *Training and Development Journal*, 40(2), 64–65; Naess, P. (2009). Up-front assessment of needs. In T. Williams, K. Samset, & K. Sunnevåg (Eds.), *Making essential choices with scant information* (pp. 85–105). Basingstoke, UK: Palgrave MacMillan.

13. Harrison, L. M., Davis, M. V., MacDonald, P. D. M., Alexander, L. K., Cline, J. S., Alexander, J. G., Rothney, E. E., Rybka, T. P., & Stevens, R. H. (2005). Development and implementation of a public health workforce training needs assessment survey in North Carolina. *Public Health Reports*, 120, 28–34.

14. Cekada, T. L. (2006). User/task analysis: Its approach and implications. *Training & Management Development Methods*, 20, 1–5; Machles, D. (2007). Why safety training may not be the answer. *Occupational Health & Safety*, 76(4), 92; Sinclair, R. R., Martin, J. E., & Sears, L. E. (2010). Labor unions and safety climate: Perceived union safety values and retail employee safety outcomes. *Accident Analysis & Prevention*, 42, 1477–1487; Buckner, G. E., Hindman, H. D., Huelsman, T. J., & Bergman, J. Z. (2014). Managing workplace sexual harassment: The role of manager training. *Employee Responsibilities and Rights Journal*, 26(4), 257–278.

15. Roehling, M. V., & Wright, P. M. (2006). Organizationally sensible versus legal-centric approaches to employment decisions. *Human Resource Management*, 45(4), 605–628; Gupta, K., Sleezer, C. M., & Russ-Eft, D. F. (2007). *A practical guide to needs assessment* (2nd ed.). San Francisco, CA: Pfeiffer; Bozarth, J. (2008). *From analysis to evaluation: Tools, tips, and techniques for trainers*. San Francisco, CA: Pfeiffer; Cekada, T. L. (2010). Training needs assessment: Understanding what employees need to know. *Professional Safety*, March, 28–33; Ayers, D. F. (2011). A critical realist orientation to learner needs. *Adult Education Quarterly*, 61(4), 341–357; Carlisle, J., Ramudu, B., & Fish, A. (2011). Training needs of nurses in public hospitals in Australia. *Journal of European Industrial Training*, 35(7), 687–701.

16. Kaufman, R. (1997). Needs assessment basics. In R. Kaufman, S. Thiagarajan, & P. MacGillis (Eds.), *The guidebook for performance improvement* (pp. 107–129). San Francisco, CA: Pfeiffer/Jossey-Bass.

17. Robinson, D. G., & Robinson, J. C. (1998). *Moving from training to performance*. San Francisco: Berrett-Koehler; Cifalino, A., & Baraldi, S. (2009). Training programs and performance measurement: Evidence from healthcare organizations. *Journal of Human Resource Costing & Accounting*, 13, 294–315.

18. van Eerde, W., Tang, K. C. S., & Talbot, G. (2008). The mediating role of training utility in the relationship between training needs assessment and organizational effectiveness. *International Journal of Human Resource Management*, 19, 63–73.

19. Mathews, B. P., Ueno, A., Kekale, T., Repka, M., Pereira, Z. L., & Silva, G. (2001). Quality training: Needs and evaluation—Findings from a European survey. *Total Quality Management*, 12, 483–490; Dierdorff, E. C., & Surface, E. A. (2008). Assessing training needs: Do work experience and capability matter? *Human Performance*, 21(1), 28–48; Williams, T., & Samset, K. (2010). Issues in front-end decision making on projects. *Project Management Journal*, 41(2), 38–49.

20. Hite, L., & McDonald, K. (2006). Diversity training pitfalls and possibilities: An exploration of small and mid-size US organizations. *Human Resource Development International*, 9(3), 365–377.

21. Roberson, L., Kulik, C. T., & Pepper, M. B. (2003). Using needs assessment to resolve controversies in diversity training design. *Group & Organization Management*, 28(1), 148–174; Ford, R. L. (2004). Needs assessment helps ensure effective diversity training. *Public Relations Tactics*, 11(7), July, 6.

22. Dahm, M. J., Willems, E. P., Ivancevich, J. M., & Graves, D. E. (2009). Development of an organizational diversity needs analysis (ODNA) instrument. *Journal of Applied Social Psychology*, 39, 283–318; see also Chavez, C. I., & Weisinger, J. Y. (2008). Beyond diversity training: A social infusion for cultural inclusion. *Human Resource Management*, 47, 331–350.

23. Dachner, A. M., Saxton, B. M., Noe, R. A., & Keeton, K. E. (2013). To infinity and beyond: Using a narrative approach to identify training needs for unknown and dynamic situations. *Human Resource Development Quarterly*, 24(2), 239–267.

24. Reed, J., & Vakola,M. (2006). What role can a training needs analysis play in organizational change? *Journal of Organizational Change Management*, 19, 393–407; Zula, K. J., & Chermack, T. J. (2007). Human capital planning: A review of literature and implications for human resource development. *Human Resource Development Review*, 6, 245–262; Billé, C. (2008).What's your assessment strategy? *Training*, 45(8), 14.

25. McGehee, W., & Thayer, P. W. (1961). *Training in business and industry*. New York: Wiley.

26. Gupta et al. (2007), *supra* note 15.

27. Sahl, R. J. (1992). Succession planning drives plant turnaround. *Personnel Journal*, 71(9), 67–70; Stringer, R. A., &

Cheloha, R. S. (2003). The power of a development plan. *Human Resource Planning*, 26(4), 10–17; Rothwell, W. J. (2010). *Effective succession planning: Ensuring leadership continuity and building talent from within* (4th ed.). New York: AMACOM.

28. Echols, M. E. (2013). Why measure? *Chief Learning Officer*, 12(4), 10.

29. Goldstein, I. L. (1986). *Training in organizations: Needs assessment, development, and evaluation* (2nd ed.). Pacific Grove, CA: Brooks-Cole.

30. Bailey, A., & Gillis, L. (2011). *Making the connection: Effective ways to link training needs to organizational goals*. Ottawa, CA: Center for Workplace Skills.

31. Clardy, A. (2008). Human resource development and the resource-based model of core competencies: Methods for diagnosis and assessment. *Human Resource Development Review*, 7, 387–407.

32. Anderson, V. (2009). Desperately seeking alignment: Reflections of senior line managers and HRD executives. *Human Resource Development International*, 12, 263–277.

33. Sleezer, C. M. (1993). Tried and true performance analysis. *Training & Development*, 47(11), 52–54; Sleezer, C. M., Kelsey, K. D., & Wood, T. E. (2008). Three reflections on assessing safety training needs: A case study. *Performance Improvement Quarterly*, 21, 103–118.

34. Rouiller, J. Z., & Goldstein, I. L. (1993). The relationship between organizational transfer climate and positive transfer of training. *Human Resource Development Quarterly*, 4, 377–390; Tracey J. B., Tannenbaum, S. I., & Kavanagh, M. J. (1995). Applying trained skills on the job: The importance of the work environment. *Journal of Applied Psychology*, 80, 239–252; Chiaburu, D. S., Van Dam, K., & Hutchins, H. M. (2010). Social support in the workplace and training transfer: A longitudinal analysis. *International Journal of Selection and Assessment*, 18, 187–200.

35. Pearce, C. (2007). Ten steps to carrying out a SWOT analysis. *Nursing Management*, 14(2), 25; Belcourt, M., & McBey, K. (2010). *Strategic human resource planning* (4th ed.). Toronto, Canada: Nelson Education; Helms, M. M., & Nixon, J. (2010). Exploring SWOT analysis—Where are we now?: A review of academic research from the last decade. *Journal of Strategy and Management*, 3, 215–251.

36. Belton, R. (1998). Employment law: A review of the 1997 term decisions of the Supreme Court. *Employee Rights and Employment Policy Journal*, 2(2), 267–315; Walsh, D. J. (2009). Small change: An empirical analysis of the effect of Supreme Court precedents on Federal Appeals Court decisions in sexual harassment cases, 1993–2005. *Berkeley Journal of Employment and Labor Law*, 30, 461–525.

37. *Burlington Industries, Inc. v. Ellerth*, 118 S. Ct. 2257 (1998); *Faragher v. City of Boca Raton*, 118 S. Ct. 2275 (1998).

38. Equal Employment Opportunity Commission (2015). Retrieved February 7, 2015 at http://www.eeoc.gov/eeoc/statistics/enforcement/sexual_harassment_new.cfm.

39. Hirsh, E., & Kmec, J. A. (2009). Human resources structures: Reducing discrimination or raising rights awareness? *Industrial Relations*, 48, 512–532.

40. Robinson & Robinson (1998), *supra* note 17.

41. Carnevale, A. P., Gainer, L. J., & Villet, J. (1991). *Training in America: The organization and strategic role of training*. San Francisco, CA: Jossey-Bass.

42. Tesoro, F., & Tootson, J. (2000). *Implementing global performance measurement systems: A cookbook approach*. San Francisco, CA: Jossey-Bass/Pfeiffer.

43. Huse, E. F., & Cummings, T. G. (1985). *Organization development and change* (3rd ed.). Mason, OH: Cengage Learning.

44. Wickramasinghe, V., & De Zoyza, N. (2009). An assessment of managerial competency needs: Empirical evidence from a Sri Lankan telecommunication service provider. *International Journal of Human Resource Management*, 20, 2547–2567.

45. Goldstein, I. L. (1986). *Training in organizations: Needs assessment, development and evaluation* (2nd ed., p. 36). Pacific Grove, CA: Brooks-Cole; Goldstein, I. L., Macey, W. H., & Prien, E. P. (1981). Needs assessment approaching for training development. In H. Meltzer & W. R. Nord (Eds.), *Making organizations more humane and productive: A handbook for practitioners*. New York: Wiley-Interscience.

46. Zemke (1998), *supra* note 7.

47. Gorman, P., McDonald, B., Moore, R., Glassman, A., Takeuchi, L., & Henry, M. J. (2003). Custom needs assessment for strategic HR training: The Los Angeles County experience. *Public Personnel Management*, 32(4), 475–495.

48. Ulrich, D. (1997). *Human resource champions*. Boston, MA: Harvard Business School Press.

49. See also Patton, W. D., & Pratt, C. (2002). Assessing the training needs of high-potential managers. *Public Personnel Management*, 31, 465–484; Machnik, L. K., Hammitt, W. E., Rodgers, E. B. D., & Wright, B. A. (2008). Planning for workforce succession among National Park Service advanced-level natural resource program managers: A gap analysis. *Society & Natural Resources*, 21, 50–62.

50. Moore & Dutton (1978), *supra* note 42.

51. *Ibid.*; Sostrin, J. (2013). *Beyond the job description: How managers and employees can navigate the true demands of the job*. New York: Palgrave Macmillan.

52. Campbell, J. P. (1988). Training design for performance improvement. In J. P. Campbell & R. J. Campbell (Eds.), *Productivity in organizations*. San Francisco: Jossey-Bass; Goldstein, I. L. (1993). *Training in organizations: Needs assessment, development, and evaluation* (3rd ed.). Pacific Grove, CA: Brooks-Cole; Goldstein, I. L., Macey, W. H., & Prien, E. P. (1981). Needs assessment approaching for training development. In H. Meltzer & W. R. Nord (Eds.), *Making organizations more human and productive: A handbook for practitioners*. New York: Wiley-Interscience; McGehee, W., & Thayer, P. W. (1961). *Training in business and industry*. New York: Wiley; Wexley, K. N., & Latham, G. P. (2002). *Developing and training human resource in organizations* (3rd ed.). Upper Saddle River, NJ: Prentice Hall.

53. Gael, S. (Ed.). (1988). *The job analysis handbook for business, industry and government* (vols. I & II). New York: Wiley; Gatewood, R. D., Field, H. S., & Barrick, M. (2011). *Human resource selection* (7th ed.). Mason, OH: Cengage Learning.

54. Miller, R. B. (1962). Task description and analysis. In R. M. Gagne (Ed.), *Psychological principles in systems development*. New York: Holt, Rinehart and Winston.

55. Deterline, W. A. (1968). *Instructional technology workshop*. Palo Alto, CA: Programmed Teaching; Mills, G. E., Pace, R. W., & Peterson, B. D. (1988). *Analysis in human resource training and organizational development*. Reading,MA: Addison-Wesley.

56. Wexley & Latham (2002), *supra* note 53; Carl, D. R. (2009). Cue representation and situational awareness in task analysis. *Performance Improvement Quarterly*, 22, 115–132.

57. Robinson, M. A. (2009). Work sampling: Methodological advances and new applications. *Human Factors and Ergonomics in Manufacturing & Service Industries*, 20, 42–60.

58. Flanagan, J. C. (1954). The critical incident method. *Psychological Bulletin*, 51, 327–358; Patrick, J., James, N., Ahmed, A., & Halliday, P. (2006). Observational assessment of situation awareness, team differences and training implications. *Ergonomics*, 49, 393–417; Curtis, E., Wikaire, E., Kool, B., Honey, M., Kelly, F., Poole, P., Barrow, M., Airini, Ewen, S., & Reid, P. (2015). What helps and hinders indigenous student success in higher education health programmes: A qualitative study using the Critical Incident Technique. *Higher Education Research & Development*, 34(3), 486–500.

59. Lewis, R., Yarker, J., Donaldson-Feilder, E., Flaxman, P., & Munir, F. (2010). Using a competency-based approach to identify the management behaviors required to manage workplace stress in nursing: A critical incident study. *International Journal of Nursing Studies*, 47, 307–313.

60. Cardy, R. L., & Selvarajan, T. T. (2006). Beyond rhetoric and bureaucracy: Using HRM to add ethical value. In J. R. Deckop (Ed.), *Human resource management ethics* (pp. 71–85). Greenwich, CT: Information Age Publishing.

61. Arthur Jr., W., Edwards, B., Bell, S., Villado, A., & Bennett Jr., W. (2005). Team task analysis: Identifying tasks and jobs that are team based. *Human Factors*, 47(3), 654–669.

62. Mills, G. E., Pace, R. W., & Peterson, B. D. (1988). *Analysis in human resource training and organization development*. Reading, MA: Addison-Wesley; Bluestein, P. (1993). A model for developing standards of care of the chiropractic paraprofessional by task-analysis. *Journal of Manipulative and Physiological Therapeutics*, 16, 228–234.

63. Cureton, J. H., Newton, A. F., & Tesolowski, D. G. (1986). Finding out what managers need. *Training and Development Journal*, 40(5), 106–107; Campbell (1988), *supra* note 53.

64. Goldstein, Macey & Prien (1981), *supra* note 53.

65. *Ibid.*; Castellano, S. (2014). What's in a job? *T&D*, 68(1), 14.

66. Wircenski, J. L., Sullivan, R. L., & Moore, P. (1989). Assessing training needs at Texas Instruments. *Training and Development Journal*, 43(4), 61–63.

67. *Ibid.*

68. Overmyer-Day, L., & Benson, G. (1996). Training success stories. *Training & Development*, 50(6), 24–29.

69. Swanson, R. A. (2007). *Analysis for improving performance* (2nd ed.). San Francisco, CA: Berrett-Koehler.

70. Medina, M., Sherry, L.,&Feary, M. (2010). Automation for task analysis for next generation air traffic management systems. *Transportation Research, Part C*, 18, 921–929.

71. Bell, B., & Ford, J. K. (2007). Reactions to skill assessment: The forgotten factor in explaining motivation to learn. *Human Resource Development Quarterly*, 18(1), 33–62; Weissbein, D. A., Huang, J. L., Ford, J. K., & Schmidt, A. M. (2011). Influencing learning states to enhance trainee motivation and improve training transfer. *Journal of Business and Psychology*, 26, 423–435.

72. Moore & Dutton (1978), *supra* note 52.

73. Lee, K. (2010). Use diagnostic skills assessments. *Training*, 47(2), 22.

74. McGehee, W., & Thayer, P. W. (1961). *Training in business and industry*. New York: Wiley; Sims, R. R. (2006). *Human resource development: Today and tomorrow*. Charlotte, NC: Information Age Publishing.

75. Gray, G. R., & Hall, M. E. (1997). Training practices in state government agencies. *Public PersonnelManagement*, 26(2), 187–202; Azzone, G., & Palermo, T. (2011). Adopting performance appraisal and reward systems: A qualitative analysis of public sector organizational change. *Journal of Organizational Change Management*, 24, 90–111.

76. Galagan, P. (2007). The positive payoff. *T&D*, 61(11), 41–43.

77. Herbert, G. R., & Doverspike, D. (1990). Performance appraisal in the training needs analysis process: A review and critique. *Public Personnel Management*, 19(3), 253–270.

78. *Ibid.*

79. Werner, J. M. (1994). Dimensions that make a difference: Examining the impact of in-role and extrarole behaviors on supervisory ratings. *Journal of Applied Psychology*, 79, 98–107; London, M., Mone, E. M., & Scott, J. C. (2004). Performance management and assessment: Methods for improved rater accuracy andemployee goal setting.*Human ResourceManagement*, 43(4), 319–336; Palmer, J. K., & Loveland, J.M. (2008). The influence of group discussion on performance judgments: Rating accuracy, contrast effects, and halo. *Journal of Psychology*, 142(2), 117–130.

80. Herbert & Doverspike (1990), *supra* note 78.

81. *Ibid.*, p. 255.

82. Gosselin, A., Werner, J. M., & Hallé, N. (1997). Ratee preferences concerning performance management and appraisal. *Human Resource Development Quarterly*, 8, 315–333.

83. HR execs dissatisfied with their performance appraisal systems. (2000, January). *HR Focus*, 77(1), 2; Cook, J., & Crossman, A. (2004). Satisfaction with performance appraisal systems: A study of role perceptions. *Journal of Managerial Psychology*, 19(5), 526–541; Lilley, D., & Hinduja, S. (2007). Police officer performance appraisal and overall satisfaction. *Journal of Criminal Justice*, 35, 137–150; Brown, M., Hyatt, D., & Benson, J. (2010). Consequences of the performance appraisal experience. *Personnel Review*, 39, 375–396.

84. HR execs. (2000, January), *supra* note 84.

85. Bracken, D. W., Timmreck, C. W., & Chruch, A. H. (Eds.). (2001). *The handbook of multisource feedback: The comprehensive resource for designing and implementing MSF processes*. San Francisco, CA: Jossey-Bass; Birkinshaw, J. (2013). Would your employees recommend you? *MIT Sloan Management Review*, 55(1), 96–95; Manning, T. (2013). 360 degree assessments of team role behaviours in different contexts. *Industrial and Commercial Training*, 45(7), 397–405.

86. Edwards, M. R., & Ewen, A. J. (1996). *360 degree feedback*. New York: American Management Association.

87. London, M., & Smither, J. W. (1995). Can multi-source feedback change perceptions of goal accomplishment self-evaluation, and performance-related outcomes? Theory-based applications and directions for research. *Personnel Psychology*, 48, 803–804.

88. Werner, J. M. (2000). Implications of OCB and contextual performance for human resource management. *Human Resource*

Management Review, 10, 3–24; Hoffman, B., Lance, C. E., Bynum, B., & Gentry, W. A. (2010). Rater source effects are alive and well after all. *Personnel Psychology*, 63, 119–151.

89. Cardy, R. L., & Dobbins, G. H. (1994). *Performance appraisal: Alternative perspectives*. Mason, OH: Cengage Learning; Smither, J. W., London, M. (Eds.). (2009). *Performance management: Putting research into practice*. San Francisco, CA: Jossey-Bass.

90. Atwater, L. E., Brett, J. F., & Charles, A. C. (2007). Multisource feedback: Lessons learned and implications for practice. *Human Resource Management*, 46(2), 285–307; Eckert, R., Ekelund, B. Z., Gentry, W. A., & Dawson, J. F. (2010). "I don't see me like you see me, but is that a problem?" Cultural influences on rating discrepancy in 360-degree feedback instruments. *European Journal of Work and Organizational Psychology*, 19, 259–278; Hensel, R., Meijers, F., van der Leeden, R., & Kesselss, J. (2010). 360 degree feedback: How many raters are needed for reliable ratings on the capacity to develop competencies, with personal qualities as developmental goals? *International Journal of Human Resource Management*, 21, 2813–2830.

91. Murphy, K. R., & Cleveland, J. N. (1991). *Performance appraisal*. Boston, MA: Allyn and Bacon; Harris, M. M., & Schaubroeck, J. (1988). A meta-analysis of self-manager, self-peer, and peer-manager ratings. *Personnel Psychology*, 41, 43–62.

92. Borman, W. C., White, L. A., & Dorsey, D. W. (1995). Effects of rate task performance and interpersonal factors on supervisor performance ratings. *Journal of Applied Psychology*, 80, 168–177; London, M., & Smither, J. W. (1995). Can multi-source feedback change perceptions of goal accomplishment self-evaluation, and performancerelated outcomes? Theory-based applications and directions for research. *Personnel Psychology*, 48, 803–839; Maurer, T. J., & Tarulli, B. A. (1996). Acceptance of peer/upward performance appraisal systems: Role, work context factors, and beliefs about managers' developmental capacity. *Human Resource Management*, 35(2), 217–241; Maurer, T. J., & Tarulli, B. A. (1996). Acceptance of peer/upward performance appraisal systems: Role, work context factors, and beliefs about managers' developmental capacity. *Human Resource Management*, 35(2), 217–241; Mount, M. K., Sytsma, M. R., Hazucha, J. F., & Holt, K. E. (1997). Rater-ratee race effect in developmental performance ratings of managers. *Personnel Psychology*, 50, 51–70; Gosselin et al. (1997), *supra* note 83; Kok-Yee, N., Koh, C., Ang, S., Kennedy, J. C., & Kim-Yin, C. (2011). Rating leniency and halo in multisource feedback ratings: Testing cultural assumptions of power distance and individualismcollectivism. *Journal of Applied Psychology*, 96(5), 1033–1044.

93. Hassan, S., & Rohrbaugh, J. (2009). Incongruity in 360-degree feedback ratings and competing managerial values: Evidence from a public agency setting. *International Public Management Journal*, 12, 421–449; Fleenor, J. W., Smither, J. W., Atwater, L. E., Braddy, P. W., & Sturm, R. E. (2010). Self-other rating agreement in leadership: A review. *Leadership Quarterly*, 21, 1005–1034.

94. Harris, & Schaubroeck (1988), *supra* note 92.

95. Viswesvaran, C., Ones, D. S., & Schmidt, F. L. (1996). Comparative analysis of the reliability of job performance ratings, *Journal of Applied Psychology*, 81, 557–560.

96. Bettenhausen, K. L., & Fedor, D. B. (1997). Peer and upward appraisals. *Group & Organization Management*, 22(2), 236–263; Carson, M. (2006). Saying it like it isn't: The pros and cons of 360-degree feedback. *Business Horizons*, 49, 395–402; Van den Bossche, P., & Segers, M. (2010). Transfer of training: The role of feedback in supportive social networks. *International Journal of Training and Development*, 14, 81–94.

97. Rao, T. V., & Rau, R. (2005). *Power of 360 degree feedback*. San Francisco, CA: Pfeiffer; Hoffman, B. J., Gorman, C. A., Blair, C. A., Meriac, J. P., Overstreet, B., & Atchley, E. K. (2012). Evidence for the effectiveness of an alternative multisource performance rating methodology. *Personnel Psychology*, 65(3), 531–563; Semeijn, J. H., Van Der Heijden, B. I. J. M., & Van Der Lee, A. (2014). Multisource ratings of managerial competencies and their predictive value For managerial and organizational effectiveness. *Human Resource Management*, 53(5), 773–794.

98. Ngai, E. W. T., & Wat, F. K. T. (2006). Human resource information systems: A review and empirical analysis. *Personnel Review*, 35(3), 297–314; Beulen, E. (2009). The contribution of a global service provider's Human Resource Information System (HRIS) to staff retention in emerging markets: Comparing issues and implications in six developing countries. *Information Technology & People*, 22, 270–288; Marler, J. H., & Fisher, S. L. (2013). An evidence-based review of e-HRM and strategic human resource management. *Human Resource Management Review*, 23(1), 18–36.

99. Ford, J. K., & Noe, R. A. (1987). Self-assessed training needs: The effects of attitude toward training,managerial level, and function. *Personnel Psychology*, 40, 39–53; McEnery, J., & McEnery, J. M. (1987). Self-rating in management training needs assessment: A neglected opportunity? *Journal of Occupational Psychology*, 60, 49–60.

100. McEnery & McEnery (1987), *supra* note 100.

101. Ford & Noe (1987), *supra* note 100.

102. McCauley, C. D., Lombardo, M. M., & Usher, C. J. (1989). Diagnosing management development needs: An instrument based on how managers develop. *Journal of Management*, 15, 389–403.

103. McCall, M. W., Jr., Lombardo, M. M., & Morrison, A. M. (1988). *The lessons of experience: How successful executives develop on the job*. Lexington, MA: Lexington Books; McCall, M. W., Jr. (2004). Leadership development through experience. *Academy of Management Executive*, 18, 127–130.

104. McCall, M. W., & Lombardo, M. M. (1983, February). What makes a top executive? *Psychology Today*, 26–31; Lindsey, E. H., Homes, V., & McCall, M. W. (1987). *Key events in executives' lives* (Technical Report No. 32). Greensboro, NC: Center for Creative Leadership; DeRue, D. S., & Wellman, N. (2009). Developing leaders via experience: The role of developmental challenge, learning orientation, and feedback availability. *Journal of Applied Psychology*, 94, 859–875.

105. McCauley, Lombardo & Usher (1989), *supra* note 103.

106. *Ibid*.

107. Chen, H.-C., & Naquin, S. S. (2006). An integrative model of competency development, training design, assessment center, and multi-rater assessment. *Advances in Developing Human Resources*, 8, 265–282.

108. Stevens, G. W. (2013). A critical review of the science and practice of competency modeling. *Human Resource Development Review*, 12(1), 86–107.

109. Campion, M. A., Fink, A. A., Ruggeberg, B. J., Carr, L., Phillips, G. M., & Odman, R. B. (2011). Doing competencies well: Best practices in competency modeling. *Personnel Psychology*, 64(1), 225–262.

110. Kock, H., & Per-Erik, E. (2011). Formal and integrated strategies for competence development in SMEs. *Journal of*

European Industrial Training, 35(1), 71–88; Shah, H., & Gopal, R. (2012). Training needs analysis for bus depot managers at GSRTC. *European Journal of Training and Development*, 36(5), 527–543; Redmond, E. (2013). Competency models at work: The value of perceived relevance and fair rewards for employee outcomes. *Human Resource Management*, 52(5), 771–792; Wu, J.-L. (2013). The study of competency-based training and strategies in the public sector: Experience from Taiwan. *Public Personnel Management*, 42(2), 259–271.

111. Horng, J. S., & Lin, L. (2013). Training needs assessment in a hotel using 360 degree feedback to develop competencybased training programs. *Journal of Hospitality and Tourism Management*, 20, 61–67.

112. Stevens (2013), *supra* note 109.

113. Robinson & Robinson (1998), *supra* note 17.

114. Lindenberg, S. (2014). Advisory groups can help L&D initiatives. *T&D*, 68(9), 28–30; Heathfield, S. M. (2015). Training transfer case study. Accessed on February 6, 2015 at http://humanresources.about.com/od/trainingtransfer/fl/training-transfer-case-study.htm.

115. Finison, K., & Szedlak, F. (1997). General Motors does a needs analysis. *Training & Development*, 51(5), 103–104.

116. Wimms, A. A. S. (2009). Program development and evaluation: What are we missing? *Training*, 46(1), 45.

117. Dubois & Rothwell (2004), *supra* note 10; Roberts, P. B. (2006). Analysis: The defining phase of systematic training. *Advances in Developing Human Resources*, 8(4), 476–491; Molenda, M. (2010). Origins and evolution of instructional system design. In K. H. Silber & W. R. Foshay (Eds.), *Handbook of improving performance in the workplace*, Vol. 1: *Instructional design and training delivery*. Hoboken, NJ: John Wiley & Sons.

118. Gordon, J., & Zemke, R. (2000). The attack on ISD, *Training*, 37(4), 42–53; Zemke (2001). ISD R. I.P.: Revisited. *Training*, 38(5), 32; Ruark, B. E. (2008). ISD model building: From tabula rasa to apple peel. *Performance Improvement*, 47(7), 24–30; Weinstein, M. G., & Shuck, B. (2011). Social ecology and worksite training and development: Introducing the social in instructional system design. *Human Resource Development Review*, 10(3), 286–303.

119. Letters: The counterattack of ISD (2000). *Training*, 37(6), 18–23; see also Rosenberg, M. (2004, May 10). Is Instructional System Design dead? Why there are better questions to ask. *Learning Solutions Magazine*. Accessed on February 6, 2015 at http://www.learningsolutionsmag.com/articles/303/is-instructional-system-design-dead-whythere-are-better-questions-to-ask.

120. Zemke (1998), *supra* note 7; Zemke, R., & Rossett, A. (2002). A hard look at ISD. *Training*, 39(2), 26–34.

121. Hartley, D. E. (1999). *Job analysis at the speed of reality*. Amherst, MA: HRD Press; Hartley, D. E. (2004). Job analysis at the speed of reality. *T&D*, 58(9), 20–22.

122. Sanchez, J. I., & Levine, E. L. (2009). What is (or should be) the difference between competency modeling and traditional job analysis? *Human Resource Management Review*, 19, 53–63; Sanchez, J. I., & Levine, E. L. (2012). The rise and fall of job analysis and the future of work analysis. *Annual Review of Psychology*, 63(1), 397–425.

123. Tijdens, K. G., De Ruijter, J., & De Ruijter, E. (2012). Measuring work activities and skill requirements of occupations. *European Journal of Training and Development*, 36(7), 751–763.

124. Speedy needs assessment (1998). *Training*, 35(7), 13.

125. American Society for Training and Development (2010), *supra* note 4.

126. Bowsher, J. E. (2000). Letters: The counterattack of ISD. *Training*, 37(6), 21.

127. Romiszowski, A. J. (2004). How's the e-learning baby? Factors leading to success or failure of an education technology innovation. *Education Technology*, 44(1), 5–27.

128. West, B. (2006). Online, it's all about design. *Training*, 43(3), 76; Lin, C.-C., Zheng,M., & Lin, R. C.-P. (2011). Re-examining the critical success factors of e-learning from the EU perspective. *International Journal of Management in Education*, 5, 44–62.

129. Woodill, G. (2004). Where is the learning in e-learning? Accessed on February 6, 2015 at http://www.operitel.com/lib/pdf/wp_elearning_analysis.pdf.

130. Jones, S. (2009). Implementing software for managing organizational training and development. *International Journal of Commerce & Management*, 19, 260–277.

131. Behar-Horenstein, L. S., Garvan, C. W., Catalanotto, F. A., & Hudson-Vassell, C. N. (2014). The role of needs assessment for faculty development initiatives. *Journal of Faculty Development*, 28(2), 75–86; SurveyMonkey (2015). Wikipedia. Accessed of February 7, 2015 at http://en.wikipedia.org/wiki/SurveyMonkey.

132. Murphrey, T. P., & Dooley, K. E. (2006). Determining e-learning competencies: Using Centra™ to collect focus group data. *Quarterly Review of Distance Education*, 7(1), 75–82.

133. Harris-Bowlsbey, J., & Sampson, J. (2005). Use of technology in delivering career services worldwide. *Career Development Quarterly*, 54(1), 48–56.

134. Darken, R. P. (2009). Identifying the limits of training system effectiveness through taxonomies of human performance. *Theoretical Issues in Ergonomic Science*, 10, 231–243.

135. Han-Chieh, C., & Tin-Yu, W. (2008). Mobile e-learning for next generation communication environment. *International Journal of Distance Education Technologies*, 6(4), 1–13; Mahmoud, S. S. (2008). A proposed model for distributing e-courses content through mobile technology architectures. *Proceedings of World Academy of Science: Engineering & Technology*, 39, 274–289; American Society for Training and Development (2009). *Transforming learning with Web 2.0 technologies*. Alexandria, VA: ASTD Press.

136. Gayeski, D. (2004). Goin' mobile. *T&D*, 58(11), 46–51.

137. Seebregts, C. J., Zwarenstein, M., Mathews, C., Fairall, L., Fisher, A. J., Sebregts, C., Mukoma, W., & Klepp, K.-I. (2009). Handheld computers for survey and trial data collection in resource-poor settings: Development and evaluation of PDACT, a Palm™Pilot interviewing system. *International Journal of Medical Informatics*, 78, 721–731.

138. Coné, J. (2013). Look before you LEAP into mobile learning. *T&D*, 67(6), 40–45; Gilbert, S. (2013). Mobile learning 101. *T&D*, 67(7), 30–34; Marler & Fisher (2013), *supra* note 99; Morrison, C. (2013). Growth in mobile learning brings design and delivery challenges. *T&D*, 67(8), 19; Lepicki, T., & Boggs, A. (2014). Needs assessments to determine training requirements. In J. W. Altschuld & R. Watkins (Eds.), Needs assessment: Trends and a view toward the future. *New Directions for Evaluation*, 144, 61–74; Watkins, R., & Altschuld, J. M. (2014). A final note about improving needs assessment research and practice. In J. W. Altschuld & R. Watkins (Eds.), Needs assessment: Trends and a view toward the future. *New Directions for Evaluation*, 144, 105–114.

5장 | HRD 프로그램 설계

학습 목표

이 장을 읽고 나면 당신은…

1. 특정 프로그램 또는 HRD 개입을 위한 훈련 목표를 로버트 메이거가 제시한 세 가지 기준에서 설명할 수 있다.
2. 조직 외부에서 HRD 프로그램을 확보할 수 있는 방법을 제시할 수 있다.
3. HRD 프로그램의 사내 개발과 외부 구매의 상대적 이점을 비교할 수 있다.
4. 사내에서 주도하는 HRD 프로그램 설계에 필요한 활동들을 열거할 수 있다.
5. 다양한 유형의 훈련 자료를 비교하고 어떻게 준비할지를 이야기할 수 있다.
6. HRD 프로그램의 일정 계획에 영향을 주는 제약 요소들을 파악하고, 해결할 수 있는 방안을 제시할 수 있다.

핵심 용어

교수 계획
내용 전문가(SME)
컴퓨터 기반 훈련
학습 관리 시스템
훈련 매뉴얼
훈련 방법
훈련자 양성 프로그램
훈련자의 역량
훈련 프로그램의 목표

도입 사례

로크웰 콜린스(*Rockwell Collins*)는 전자제어 및 통신장비 제조 업체이다. 2001년 이 회사는 로크웰 인터내셔널(*Rockwell International*)사로부터 분리되어 독립 상장회사가 되었다. 본사는 아이오와(*Iowa*)주 시더 래피즈(*Cedar Rapids*)에 있으며 세계적으로 20,000명 이상의 종업원을 고용하고 있다. 이들 중 대략 7,000명 가량의 종업원이 시더 래피즈 본사 조직과 캘리포니아(*California*), 플로리다(*Florida*), 텍사스(*Texas*), 멕시코(*Mexico*)의 영업조직에서 일하고 있다. 또한 로크웰 콜린스는 전 세계적으로 서비스 지점을 보유하고 있을 뿐만 아니라 유럽과 아시아, 남아메리카, 아프리카에 자회사를 보유하고 있다.

로크웰 콜린스는 종업원 훈련과 개발에 오랫동안 많은 노력을 기울여 왔다. 그러나 1998년까지 로크웰 콜린스의 모든 훈련은 강의실 수업을 통해 진행되었다. 회사에 속한 12명의 훈련자(*trainer*)들이 이러한 훈련의 많은 부분을 담당했다. 여기서 나타난 문제점은 본사인 시더 래피즈가 아닌 다른 지역에서 일하는 종업원들은 대부분 훈련 참여가 어렵다는 점이다. 같은 연도에, 훈련에 참여하기로 등록한 종업원들 중 28%가 참석하지 않았고, 대부분의 등록취소 이유가 '현업 요구' 때문이었다. 더 많은 수의 종업원들에게 더 많은 훈련 과정을 제공하기 위하여 로크웰 콜린스의 학습 개발 조직은 훈련 프로그램 운영 방법을 변화시킬뿐만 아니라 외부업체(*outside training vendor*)들을 더 많이 활용하는 방안을 고려했다.

질문: 만약 당신이 로크웰 콜린스의 학습 개발 조직의 관리자라면, 훈련 프로그램의 효과성과 유용성을 개선하기 위하여 어떤 노력을 할 것인가? 또한 훈련을 설계하고 진행할 때 어떤 점들을 중요시할 것인가? 더군다나, 누가 훈련을 제공할지를(예를 들어, 회사 내부 인력 혹은 외부 업체) 결정할 때 어떤 판단 기준을 가져야 하는가? 마지막으로, 어떻게 당신의 의견을 최고 경영진들에게 설득시킬 것인가?

도입

HRD 요구 분석이 완성되면, HRD 전문가는 다음과 같은 이슈 또는 질문들을 마주하게 된다.

- 요구 분석에서 나온 이슈가 HRD 개입이나 훈련으로 해결될 수 있는가?
- 만약 그렇다면, 어떻게 요구 분석의 결과를 특정 훈련이나 HRD 개입으로 전환시킬 수 있는가?
- 만약 훈련이 필수적이라면, 이 프로그램을 '회사 내부 개발(*make*)' 혹은 '외부 업체로부터 구입(*buy*)' 중 어느 것으로 결정할 것인가?
- 만약 훈련자가 필요하다면, 누가 효과적인 훈련자가 될 수 있는가?
- 프로그램 혹은 개입을 계획하는데 최적의 방법은 무엇인가?
- 훈련 방법과 자료는 어떻게 선택하고 준비해야 하는가?
- 훈련 혹은 HRD 개입을 위해 ICT기술을 효과적으로 사용하는 방법은 무엇인가?[1]
- 훈련을 준비하는 데 있어서 고려해야 할 일정 계획의 문제점은 무엇인가?

이 장에서는 HRD 프로세스의 2번째 단계인 '훈련과 HRD 프로그램 설계'에 대해 논의하고자 한다. 최근 훈련 프로그램 설계 이슈에 대한 논의는 첨단 ICT기술 분야에 종사하는 사람들뿐만 아니라 소방관, 지게차 운전자, 헬스케어 종사자, 관리자, 외과의사, 건축가, 디자이너, 도서관 사서 등 다양한 직종에서 다루어져 왔다.[2] 효과적인 HRD 관행을 갖고 있는 조직은 훈련과 HRD 프로세스의 첫 단계인 요구 분석의 결과로 다음과 같은 정보를 갖게 될 것이다.

1. 훈련 또는 HRD 프로그램이 어디에 필요한지
2. 어떤 종류의 훈련 또는 HRD 프로그램이 필요한지
3. 누가 훈련받아야 하는지
4. 어떤 조건하에서 훈련이 진행될 것인지

또한, 조사된 요구들은 우선순위가 정해질 것이고, 그 결과 경영진과 HRD 담당자는 어떤 프로그램 혹은 이슈가 관심과 자원이 필요한지 알게 될 것이다. 앞서 언급했듯이, 요구 분석은 조직 구조 변화나, 인센티브, 채용, 또는 다른 경영관리 시스템과 같은 비훈련적 개입(*non-training intervention*)의 필요성을 인식하게 되는 기회가 될 수도 있다. 앤드류 제퍼슨(*Andrew Jefferson*)과 동료들이 언급했듯이, 훈련 프로그램이 직원들의 낮은 근무의욕, 불분명한 기대, 또는 인정과 보상의 결여와 같은 여타 경영의 문제점들을 해결하는 만병통치약은 아니다.[3]

우리는 몇 사례를 통해 요구 분석 결과 도출된 자료의 효용성이 제한적이라는 것을 알고 있다. 효과적인 훈련 프로그램을 설계하는 것이 어려울지 모르지만, 여하튼 HRD 실무자들은 즉각적으로 대응하고, 최선의 차선책을 찾는 노력이 필요하다. 따라서 가능한 요구 분석을 시행하고 HRD 요구의 우선순위를 정하는 것에 대해 경영진을 설득하는 데 시간과 노력을 집중해야 한다.[4]

요구 분석 결과를 갖고 효과적인 HRD 프로그램 설계 이슈로 옮겨갈 수 있다. 반 덴 아커(*Van den Akker*)는 HRD 프로그램 설계에서 다루어져야 할 아홉 가지의 주제와 질문을 제안했다.

- 목표: 학습을 위한 목표는 무엇인가?
- 내용: 무엇이 학습될 것인가?
- 활동: 학습자들은 어떻게 학습하는가?
- 학습 자료와 자원: 학습자들은 무엇을 가지고 학습하는가?
- 그룹화: 학습자들은 누구와 함께 학습하는가?
- 장소: 어디서 학습하는가?
- 시간: 언제 학습하는가?
- 훈련자의 역할: 훈련자는 어떻게 학습을 촉진하고 도와줄 것인가?
- 평가: 학습 성과는 어떻게 평가될 것인가?[5]

이번 장(5장)과 다음 두 개의 장(6장, 7장)에서는 이러한 이슈들에 대해 보다 상세히 다루게 될 것이다. 이번 장에서는 HRD 프로그램 설계에 포함되는 여섯 가지의 주요 활동에 대해 소개한다.

1. 목표 설정
2. 훈련자 또는 업체의 선정
3. 교수 계획의 개발
4. 프로그램 방법론과 기술적인 방법(적절한 테크놀로지의 사용 등)의 선정
5. 학습 자료 준비하기
6. 프로그램 일정 계획하기[6]

〈그림 5.1〉은 이런 활동들이 훈련과 HRD 프로세스 모델에서 어디에 위치하는지를 보여준다. 프로그램 설계를 시작할 때 오랜 시간이 소요될 수 있음을 강조할 필요가 있다.[7] HRD 전문가들은 여러가지 중요한 업무들을 이 설계 프로세스를 통하여 동시에 달성해야 한다. 이런 업무들은 "HRD 프로그램 설계를 위한 HRD 전문가의 일곱 가지 책임 활동들" 박스에 제시되어 있다. 이번 장에서는 위에 언급한 여섯 개의 활동의 실용적인 측면에 초점이 있지만, 로널드 심스(*Ronald Sims*)가 주장하는 일곱 가지 책임 활동들은 설계 노력의 결과로 만들어지는 모든 프로그램의 성공에 필수적이다. 독자들은 새로운 HRD 사업을 계획할 때 이러한 책임 활동들에 집중할 필요가 있다.[8]

훈련의 필요성이 파악되었다면, HRD 전문가 혹은 관리자는 반드시 그 필요성을 일련의 목표로 전환시켜야 한다. 목표는 '참가자가 HRD 프로그램 또는 개입에 참가한 결과로, 무엇을 배우고 또는 무엇을 할 수 있을지에 대한 기대'를 정의하는 것이다. 관리자와 HRD 전문가들은 목표를 정의하기 전에, 프로그램을 스스로 설계할지, 또는 프로그램 전체 또는 일부분을 구매할지(즉, 훈련자로 활동할 컨설턴트를 영입할지, 프로그램의 학습 자료를 구매할지) 등에 대하여 결정하고 싶은 유혹에 빠진다. 외부

그림 5.1 훈련과 HRD 프로세스 모델

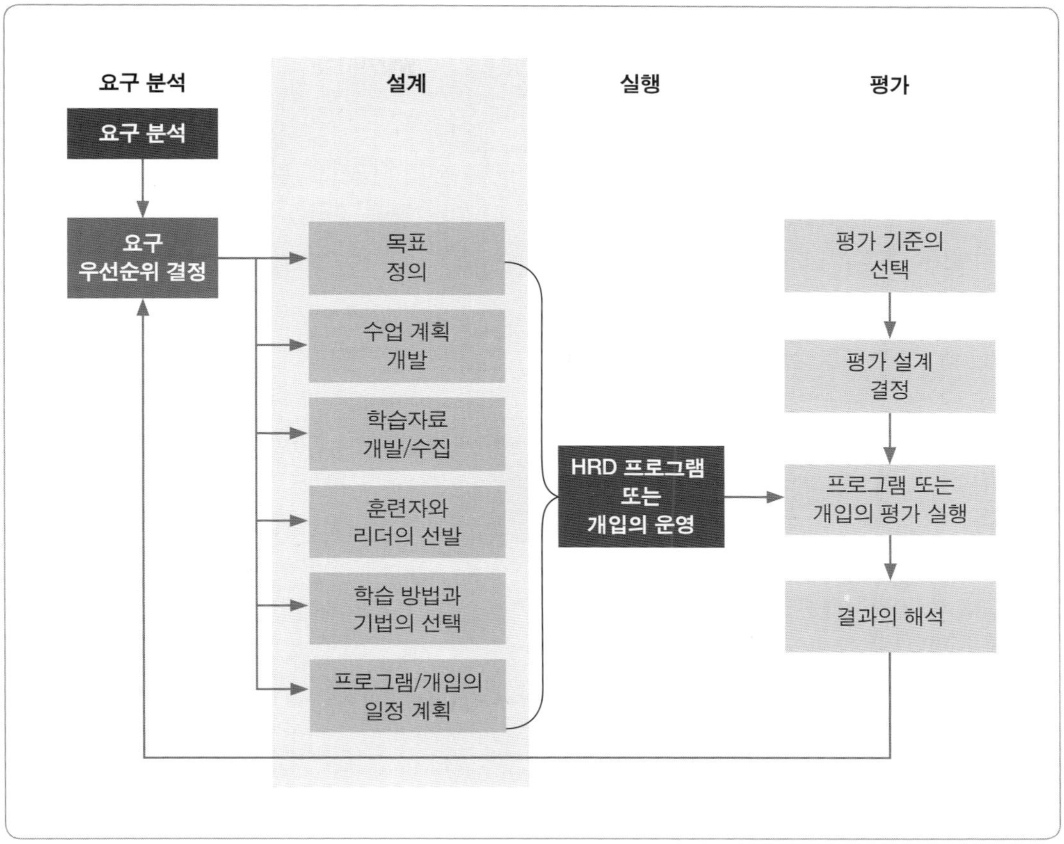

구매의 경우 목표를 조직 스스로 정의하기보다는 외부 업체가 개발해주는 것이 일반적이다. 그러나 프로그램을 자체 개발할지 외부에서 구매할지 결정하기 전에, 조직이 스스로 먼저 HRD 목표를 분명히 정의한다면 프로그램의 성공 가능성은 더 높아진다. HRD 전문가 또는 경영진이 프로그램을 통해 무엇을 달성하고 싶은지 명확하게 정의하지 않았다면, 그들이 어떤 프로그램을 구매할지를 과연 알 수 있겠는가?

HRD 요구 분석 기술서(*statements of HRD needs*)는 종종 구체적인 프로그램으로 사용할 수 있을 만큼 상세하지 않다. 그보다 HRD 요구는 현안 문제를 기술하거나 문제의 원인에 대한 진단을 포함한다. 반면, 목표는 다음 세 가지를 반드시 포함해야 한다. (1) 기대되는 구체적인 성과(*performance*)를 포함한 HRD 프로그램의 결과(*outcome*), (2) 결과가 수행될 조건, (3) 목표가 달성되었는지를 판단할 수 있는 기준이다.

HRD 프로그램 설계를 위한 HRD 전문가의 일곱 가지 책임 활동들

로널드 심스(Ronald Sims) 교수는 훈련과 개발을 주도적으로 계획하기 위해서는 반드시 핵심적인 종업원의 역량(혹은 4장에서 설명한 KSAOs)을 강조해야 한다고 주장한다. 이를 위해서 HRD 전문가들은 다음과 같은 활동을 책임져야 한다.

1. 조직 목표를 달성하고, 높은 수준의 성과(performance)에 도달하는 데 필요한 종업원의 KSAOs의 종류와 단계를 밝혀야 한다.
2. 학습에 적합한 조직 구조와 조건, 분위기를 만들고 유지해야 한다.
3. 프로그램 설계를 수행하는데 필요한 자원을 제공해야 한다.
4. 업무 현장의 학습뿐만 아니라 업무 현장 외 학습 방법을 파악하고 제공해야 한다.
5. 개별 성과의 다양한 차원(dimensions)에 대해 개인적 지원과 피드백을 제공해야 한다.
6. '중심축이 되는(pivotal)' KSAOs의 보유자로서 학습자의 롤 모델과 멘토로 봉사해야 한다.
7. 개인의 학습 스타일, 능력, 그리고 일과 생활 환경 등을 고려한 효율적인 학습 프로세스를 개발해야 한다.

이런 종류의 활동들은 (특히 2, 3번) 최고 경영진들의 적극적인 지원과 몰입 없이는 불가능하다. 그러나 조직과 종업원들의 고성과에 초점을 둔다면, HRD 전문가들은 모든 HRD 과제를 조직의 전략적 목적과 목표에 일치시키는 노력을 해야 한다. 이런 활동들은 다른 설계 이슈들과 반드시 함께 검토되고 진행되어야 한다.

출처: Reinventing training and development by Ronald R. Sims. Copyright © 1998 by Quorum Books. Reproduced by permission of ABC-CLIO, LLC.

1. HRD 개입의 목표

훈련 또는 HRD 개입의 목표를 정의하는 것은 HRD 전문가들이 요구 분석을 마친 후에 반드시 수행해야 하는 것이다.[9] 로버트 메이거(*Robert Mager*)는 목표를 "당신이 학습자들이 유능하다고 생각하기 전에, 학습자들이 보여주기를 바라는 성과에 대한 설명"이라 정의했다.[10] HRD 또는 **훈련 프로그램의 목표**(*training program objectives*)는 HRD 프로그램의 의도와 원하는 결과(*result*)를 기술한다. 그 결과는 강의, 역할극, 코칭 등 많은 방법을 통해서 달성될 수 있지만, 이런 방법들이 목표에서는 구체적으로 표현되지 않는다. 그보다 목표는 구체화된 결과(*outcome*)를 달성하는데 어떤 방법을 사용해야 하는지에 대한 근거(*basis*)를 제공할 수 있다.

목표는 성공적인 훈련 혹은 HRD 프로그램에 필수적이다. 프로그램 내용과 방법을 정하는 근거를 제공할 뿐만 아니라, 목표는 프로그램의 성공을 판단할 수 있게 하고, 프로그램에 노력과 집중을 기울일 수 있게 한다.[11] 즉, 목표는 프로그램이 어디쯤 가고 있고, 그 프로그램이 원하던 결과에 도달했는지를 구별할 수 있게 한다. 메이거(*Mager*)는 이에 대해서 "만약 당신이 어디로 가는지 확신하지 못한다면, 어딘가 다른 곳에 도달할 것이고, 심지어는 도달했는지조차 모를 수도 있다"고 표현했다.[12] 7장에서 다률 측정과 평가의 이슈는 설계 단계의 분명한 목표 정의와 관련이 깊다. 분명한 목표가 없다면, 학습이 잘 진행되지도 않을 것이고, 평가도 불가능할 것이다. 예를 들어, 한 연구는 중국 제조업 회사를 대상으로 훈련이 회사 성과에 미치는 영향에 대해 조사했다.[13] 훈련의 효과성은 기업의 훈련 비용 대비 생산성을 비교하는 것뿐만 아니라 훈련 목표에 대한 인지 정도로 측정되었다. 잭(*Jack*)과 패트리샤 필립(*Patricia Phillips*)은 목표가 효과적이기 위해서는 반드시 조직의 중요한 결과물(예: 반응, 학습, 적용, 영향, 투자수익률)과 연관성이 있어야 한다고 강조했다.[14]

요구 분석 자료는 부족한 점과 새롭게 도전해야 할 문제를 드러내 주기 때문에 프로그램의 목표를 정의하는 데 유용하다. 예를 들어, 한 중개 회사의 요구 분석 결과로 많은 중개인들이 고객의 미래에 대한 두려움과 걱정에 무감각하다는 것을 자료로부터 확인했다고 가정하면, 훈련 프로그램은 학습자들의 고객에 대한 감수성과 고객에 대한 지원 역량을 끌어올리는 방향으로 설계될 것이다. 이 프로그램의 목표는 구체적인 결핍, 고객의 선호, 걱정, 그리고 그 밖의 요구 분석에서 드러난 점들을 반영하여 결정되어야 한다.

메이거(*Mager*)는 유용한 목표들은 세 가지 중요한 특징을 포함한다고 주장한다. 즉, 목표는 (1) 학습자가 달성할 수 있는 성과, (2) 학습자들이 성과를 산출하기 위한 조건, 그리고 (3) 성공 여부를 판단할 수 있는 기준들을 포함해야 한다.[15]

프로그램 목표에 대한 예를 들어보자.

- 선적 포장 명세서가 주어지면, 학습자는 선적에 포함되지 않은 모든 품목을 명세서에서 정확하게 찾아낸다.
- 표준적인 병원 장비가 주어지면, (강의실 내에서 무작위로 선정해서) 학습자는 한 번 만에 실수하지 않고 환자의 팔에서 10cc의 피를 뽑아낼 수 있다.
- 완료된 대출신청서의 정보를 활용하여, 고객이 은행이 정한 자동 대출 후보의 기준에 맞는지를 문서로 확인한다.

표 5.1 유용한 목표의 세 가지 속성

성과 (performance)	목표는 항상 학습자가 무엇을 할 수 있을 것으로 기대되는지 또는 학습자가 능숙하다고 여겨지기 위해 무엇을 창조해야 하는지를 말해준다. 목표는 때론 특정 행동의 산출물 또는 결과를 기술하기도 한다. 예시: "신제품 제안을 위한 제품 프로파일을 작성한다."
조건 (conditions)	목표는 성과가 발생할 중요한 조건들을 기술한다. 예시: "제품 제안과 관련하여 모든 사용 가능한 공학적 자료가 주어지면, 학습자는 제품 프로파일을 작성할 것이다."
기준 (criteria)	가능하다면 언제나, 목표는 학습자가 얼마나 잘 수행하는지를 설명할 수 있는 수용 가능한 성과의 기준을 밝혀준다. 예시: "제품 프로파일은 반드시 시장 진입에 적절한 모든 상업적 특징들을 최소한 세 가지 주요 제품 사용에 대한 설명을 포함하여 기술되어야 한다."

출처: Mager, R. F. (1984). *Preparing Instructional Objectives* (3rd ed.). The Center for Effective Performance, Inc., 1100 Johnson Ferry Road, Suite 150, Atlanta, GA 30342. www.cepworldwide.com. 800-558-4237. Reprinted with permission.

- 훈련 종료 후에, 학습자들은 조직의 차별방지 정책의 모든 중요 사항들에 대해 정확하게 파악해서 설명한다.

타인으로부터 직접적으로 관찰될 수 있는 행동(환자에게 주사를 놓는다든가 심폐소생술을 실시하는 것)에 대한 목표를 기술하는 것은 보이지 않는 행동(미술작품의 수준 판단, 또는, 치명적인 힘의 사용 여부 등)의 목표를 기술하는 것보다 쉽다. 한편, 폭넓고 관찰 불가능한 목표를 다룰 때에는 관찰 가능한 행동으로 구체화하는 것이 중요하다.[16] 즉, 그림의 수준이 높은지를 판단하기 위한 목표는 "그림이 지니고 있는 가치를 보여주는 특징들을 말로 열거함으로써 그 수준이 높은지 아닌지 판단할 수 있다"고 기술될 수 있다.

많은 경우 종업원에게 성과 또는 학습 목표를 단순히 제시하는 것만으로도 원하는 결과를 이끌어낼 수 있다.[17] 때로는 사람들이 자신에 대한 기대치와 기대치를 달성할 수 있는 방법에 대해 한 번도 명확하게 설명받지 못해서 성과 기준에 미치지 못한 경우도 있다. 분명한 목표는 이러한 정보를 제공하고, 종업원의 성과 달성에 대한 조직의 기대를 나타낸다.

목표를 명확하게 기술하는 것은 어려운 일이지만, 효과적인 HRD 설계의 핵심이다. 〈표 5.2〉에는 효과적인 프로그램 목표를 작성할 때 고려해야 할 필수적인 이슈들을 열거해놓았다. 목표를 작성할 때 다음과 같은 질문들을 해볼 수 있다.

- 당신의 중요한 의도가 드러나 있는가(당신이 학습자가 행하기를 바라는 점과 관련하여)?
- 학습자의 성과에 영향을 미치는 모든 조건을 고려하여 기술하였는가?
- 학습자의 성과가 수용 가능한 수준이기 위해서는 어떻게 수행해야 하는지 기술하였는가?[18]

표 5.2 유용한 목표 개발을 위한 가이드라인

1. 목표는 당신이 의도하는 학습자의 성취에 대한 것으로 단어, 상징, 그림, 그리고 도표 등의 집합이다.
2. 목표는 당신이 잘 기술하는만큼 당신의 의도를 전달한다. 목표를 달성하거나 성취했을 때 학습자가 무엇을 **하게 될지**, 이 행동의 중요한 조건은 무엇인지, 그리고 그 성취에 대한 판단 기준은 무엇인지를 전달한 것이다.
3. 유용한 목표를 설정하기 위해, 아래의 질문에 답을 찾을 때까지 초안을 고쳐나가라.
   - 학습자들이 할 수 있기를 바라는 점이 무엇인가?
   - 어떤 중요한 제한점이나 조건 하에서 학습자들이 수행하기를 바라는 것인가?
   - 학습자들이 얼마나 잘 수행해야 만족할 수 있는가?
4. 중요한 결과나 의도에 대하여 따로따로 문장을 적어라. 당신의 의도를 충분히 소통할 수 있을 만큼 많이 적어라.
5. 만약 당신이 기술한 목표를 학습자들에게 전달한다면, 이후에 특별히 따로 할 게 없을 것이다. 왜인가? 이는 대다수의 종업원들이 이미 요구하는 바를 할 줄 아는 경우가 많고, 이제 무엇을 원하는지를 알았기 때문에 그들의 능력을 충분히 보여주고 싶어 할 것이기 때문이다.

출처: Mager, R. F. (1984). Preparing Instructional Objectives (3rd ed.). The Center for Effective Performance, Inc., 1100 Johnson Ferry Road, Suite 150, Atlanta, GA 30342. www.cepworldwide.com, 800-558-4237. Reprinted with permission.

교육 과정이나 훈련 프로그램을 설계할 때에 의미 없는 문장을 사용하여 목표를 기술하는 경우가 많다(메이거(*Mager*)는 이를 '횡설수설 목표'라고 불렀다).[19] 예를 들어, 이 책을 읽은 뒤 '훈련 시스템 혹은 프로세스 모델에 대한 전반적으로 이해하라'고 요구할 수 있다. 비록 이것이 매우 중요한 목표로 적절할지라도, 이것이 목표로 주어졌을 때 발생 가능한 문제점은 무엇인가? (힌트: 만약 설명하기 어렵다면, 〈표 5.1〉과 〈표 5.2〉를 참조하라.) 효과적인 행동 목표는 학습자에게 원하는 바를 명확하게 빼놓지 않고 기술하는 것이다. 위의 예시에서, '전반적으로 이해하라'는 부분은 과연 무엇을 의미하는가? 학습 목표가 되기 위해서는 반드시 실질적인 의미를 갖도록 한다.

또 다른 예시로, 아래의 두 문장을 보자. 어떤 문장이 목표로 더 낫다고(보다 구체적인 면에서) 생각하는가?

1. 적어도 두 개의 컴퓨터 언어로 수학적 평균을 계산하는 프로그램을 작성하고 검증할 수 있다.
2. 컴퓨터 프로그래밍의 기술과 원리에 대해 토론하고 논의할 수 있다.[20]

메이거의 선택은 첫 번째 문장이다. 왜냐하면 이 문장이 의도된 결과, 즉 학습자가 할 수 있을 것으로 기대되는 것을 분명하게 표현하기 때문이다. 두 번째 문장은 훈련 프로그램이나 과정에 대한 설명에 좀 더 가깝다. 이 문장은 이 분야에서 학습자가 어떤 역량을 보여야 하는지에 대해 분명하게 보여주지 않는다.

끝으로 몇 가지 조언을 하고자 한다. 첫 번째로, 지난 50년간 행동 목표는 HRD 전문가들을 매우 효과적으로 도와주었다. 왜냐하면, 행동 목표가 학습자들이 훈련 종료 후에 기대되는 것에 정확하게 집중했기 때문이다.[21] 이런 특별한 집중 없이는 아무런 실질적인 결과도 산출하지 못하는 혼란스러운 훈련이 되기 쉽다. 그러나 이미 4장에서 언급했듯이 점점 더 많은 수의 HRD 개입이 태도나 감정의 변화를 다루고 있다. 예를 들면, 다양성 관리 또는 종업원의 정서지능(*emotional intelligence*) 같은 주제를 다룬다.[22] 레오나드(*Leonard*)와 제스 내들러(*Zeace Nadler*)가 말했듯이, 태도를 변화시키는 노력들이 모든 훈련과 학습 노력 중에서 가장 논란이 많다.[23] 불가능하지는 않지만, 감정이나 태도를 다루는 개입의 행동 목표를 작성하는 것은 훨씬 더 어렵다. 따라서 독자들은 지식과 스킬 훈련에서 태도와 감정의 변화를 도모하는 훈련으로 이동할수록 좋은 목표를 작성하기가 더욱 어려워진다는 것을 알아야 한다.

두 번째로, 길고 자세한 행동 목표 작성에 대한 고집은 전통적인 ISD 모델을 비난하는 사람들에 의해 비판받고 있다(4장 "ISD에 대한 공격"을 참고하라). 이는 길고 자세한 행동 목표 작성은 다수의 목표 작성으로 인하여 지루하고 불필요함을 느끼게 한다. 데이비드 메릴(*M. David Merril*)은 "800개의 행동 목표를 작성하는 것은 ISD를 잘못 이해한 것이다. 그렇지만 대안이 있는가? 주제를 분명히 하지 않을 것인가? 아니면 당신이 그것을 어떻게 할지를 정의하지 않을 것인가? 나도 대안은 없다. 다만, 우리는 더 좋은 스킬을 사용해서 ISD를 더욱 효율적으로 사용할 필요가 있다"고 말한다.[24]

세 번째로, 에릭 데이(*Eric Day*)와 그의 동료들은 "통합적인 훈련 설계 행렬(*integrative training design matrix*)"을 제안했다.[25] 이 행렬은 목표들을 중요한 설계와 평가 관련 의사 결정에 연결짓는다. 이 행렬의 독특한 특징은 이 책 3장에서 강조되었던 학습의 주요 원리들인 전이, 실행, 모델링, 그리고 유의미화 등을 묶어준다는 점이다.[26]

또 다른 접근법으로 대니 랭돈(*Danyy Langdon*)은 '프로포마(*proformas*)'라는 용어를 사용하여 '목표 그 이상으로 나아가는 개념'을 제시하고 있다.[27] 랭돈이 주장하는 핵심 포인트는 목표들이 개인의 성과에 영향을 줄 수 있는 조직 내에서 발생하는 모든 문제를 명확히 하지는 못한다는 것이다. 이 접근법은 투입(*input*), 프로세스(*process*), 산출(*output*), 결과(*consequence*), 조건(*conditions*), 피드백(*feedback*)과 같은 여섯 개의 이슈들을 강조한다. 랭돈은 훈련 과정에서 발생하는 이슈와 훈련에 관심있는 다양한 당사자들로부터 받게 되는 지속적인 피드백을 강조한다. 이러한 접근법은 훈련 및 학습자 행동이 역동적인 조직적 맥락(*dynamic organizational context*)에서 일어나는 것을 강조한다. 즉, 동적인 조직맥락에서 발생하는 훈련과 행동은 더욱 장려된다.[28] 단순히 목표를 기술하는 것에서는 프로포마(*proformas*)를 발전시킬 수 없다. 그렇지만 목표를 기술함으로써 조직 내에서 훈련과 이슈들이 어떻게 상호작용(*interact*)하면서 원하는 조직의 결과물을 만들 수 있을지에 대해서 다양한 세부 사항을 발견할 수 있다. 이런 이슈들이 이미 4장에서 논의한 전략적/조직적 분석에서 언급되었음에도 불구하고, 랭돈은 이런 사안들이 프로그램 목표를 만들 때 다시금 고려될 필요가 있음을 밝혔다.

2. HRD 프로그램 자체 설계 또는 외부 구입 결정

관리자나 HRD 전문가는 프로그램의 목표를 수립한 다음에는 프로그램의 개발과 운영에 관한 여러 가지 결정을 내려야 한다. 중요한 결정 중 하나가 바로 프로그램을 조직 내부에서 자체적으로 설계할 것인지 혹은 외부의 벤더로부터 구매할 것인지 혹은 이 둘을 함께 조합해서 사용할 것인지에 대한 것이다.[29]

훈련자는 새로운 프로그램을 자체 설계하기 위해 다양한 자료 원천들을 활용할 수 있고, 외부 벤더를 활용할 경우에는 다음과 같은 다양한 서비스를 제공받을 수도 있다.

- 요구 분석 수행 서비스
- 내부 직원들의 프로그램 설계 및 실행 지도
- 조직 맞춤형 프로그램 설계
- 연습 문제, 워크북, 소프트웨어, 영상 자료 등의 보조적 훈련 자료 제공
- 기존에 설계된 프로그램 제공
- 내부 내용 전문가의 교수법 개선을 위한 훈련자 양성 프로그램 제공[30]

최근에는 많은 수의 HRD 프로그램과 자료, 컨설팅이 존재하며, 그 수는 점점 증가하고 있다. 또한 많은 컨설팅 회사, 교육 기관, 전문가 단체, 노동조합, 출판사, 정부 기관들, 그리고 비영리 지역사회 기

반 업체들이 관심 있는 조직들에게 훈련 프로그램과 정보를 제공한다. ATD(*Association for Talent Development*)뿐만 아니라 "T&D" 잡지도 외부의 교육훈련 벤더를 탐색하는데 유용한 채널이다.

〈표 5.3〉은 외부 구매 결정할 때 고려해야 할 요인들이다. 예를 들어, 소규모의 제조회사가 요금 청구(*billing operation*) 업무를 전산화한다고 가정하자. 필요한 훈련의 특성을 고려할 때, 이 회사의 경영진은 외부 벤더와 계약할 가능성이 높다. 왜냐하면 (1) 회사 내부에 그런 프로그램을 설계할 전문가가 없을 것이고, (2) 경영진이 그런 프로그램을 설계할 시간적 여유가 없을 것이며, (3) 이 회사가 HRD 전문가나 HRD 부서를 갖고 있을 가능성이 적기 때문이다.

일반적으로 HRD 개입을 필요로 하는 사람의 수가 적을 경우, 교육훈련은 외부 업체에게 맡길 가능성이 높다. 즉, 그 교육훈련 프로그램을 필요로 하는 사람들을 조직 외부로 보냄을 의미한다. 이런 경우 회사는 주로 교육비를 지원하거나 전문성 개발을 위해 필요 자원을 제공한다.

조직의 결정에 영향을 미치는 또 다른 요인에는 개인적 계약(*personal contracts*)이나 과거 외부 벤더와의 경험, 벤더와의 지리적 근접성, 지역 경제 상황, 그리고 훈련 실행에 따른 정부의 우대정책 등이 있다.[31]

한 조직이 프로그램 전체 혹은 프로그램의 일부를 외부로부터 도입하기로 결정했다면, 벤더가 정해져야 한다. 벤더를 결정하는 합리적인 방법은 벤더의 상품 혹은 역량과 조직의 요구 및 목적을 비교하는 것이다. 이 결정에 대한 기준은 조직마다 다를 수 있지만 다음과 같은 것들을 포함한다.

1. **비용**(*cost*): 프로그램의 내용과 질 대비 가격
2. **자격**(*credentials*): 벤더의 전문성을 보여줄 수 있는 자격증, 학위 혹은 전문성 관련 문서
3. **배경**(*background*): 특정 분야에서의 경험과 업력

표 5.3 HRD 프로그램 도입시 고려할 요소들

전문성(expertise)	조직 내에서 HRD 프로그램을 설계하고 실시하기 위해 필요한 KSAOs가 부족할 경우이다.
적시성(timeliness)	프로세스를 진행시키는데 외부 업체를 고용하는 편이 더 시기 적절할 경우이다.
학습자의 수(number of trainees)	일반적으로 학습자가 많을수록 조직이 스스로 프로그램을 제작하고자 하는 경우가 많다. 적은 수의 학습자를 위해서는 HRD 부서는 외부 업체에 그들을 위탁할 가능성이 높다.
주제(subject matter)	주제가 매우 민감하고 기업비밀인 경우, HRD 부서는 종업원을 훈련자로 활용하여 프로그램을 운영할 것이다.
비용(cost)	HRD 부서는 다른 부분을 고려하면서도 항상 비용을 따져야 한다.
HRD의 크기 (size of HRD)	HRD 부서의 크기는 설계와 실행 역량, 또는 스킬 훈련의 실행 능력을 평가하는데 매우 중요하다.
'x'요인('x' factor)	때로는 전혀 관련 없는 상황들이 외부 업체를 통해 스킬 훈련을 진행하는 것을 더 선호되게 만들기도 한다.

출처: Carnevale, P., Gainer, L. J., Villet, J., & Holland, S. L. (1990). *Training Partnerships: Linking Employers and Providers* (p. 6). Alexandria, VA: American Society for Training and Development.

4. **경험**(*experience*): 벤더의 우선순위 고객, 그런 고객들과의 성공 여부, 업계 평판
5. **철학**(*philosophy*): 조직의 철학과 벤더의 철학 비교
6. **운영 방법**(*delivery method*): 사용된 훈련 방법과 기술
7. **내용**(*content*): 프로그램 또는 자료에 담긴 주제들
8. **실제 상품**(*actual product*): 외양, 샘플, 혹은 프로그램의 사전 검증 가능 여부
9. **결과**(*results*): 기대되는 성과
10. **지원**(*support*): 실행과 후속 조치 관련
11. **제안 요청서**(*RFP, request for proposal*): 조직의 제안 요청서에서 나타나는 요구 사항과 벤더가 제공하는 바가 서로 일치하는지 대한 판단[32]

이 요소들 중 일부는 특정 관리자들에게 특히 더 중요하다. 예를 들면, 일부 관리자들은 최고 수준의 훈련 전문가들하고만 일하고 싶어 한다. 이런 경우는 그 관리자들은 벤더의 경험과 과거 고객리스트에 높은 비중을 둘 것이다. 반면 어떤 관리자들은 소위 '스타(*star power*)'라는 것에 휘둘리기도 한다. 벤더가 독보적인 전문가라거나(예를 들면, 전략적 인적자원관리로 유명한 데이브 울리치(*Dave Ulrich*) 교수와 같이) 유명한 영화 또는 TV 스타라는 점(배우 존 클리즈(*John Cleese*)는 교육훈련 영상물에 많이 출연했다)에 중점을 두는 것이다.

최근 ATD의 설문에 따르면, 훈련 비용 중에서 27%는 외부 자원을 활용하는 데 사용되었다.[33] 훈련 영역에서 외부 자원 활용에 대한 연구 결과는 더 많은 정보를 제공한다.[34] 가이니(*Gainey*)와 클라스(*Klaas*)는 훈련 관리자 대상으로 훈련과 개발을 위한 외부 벤더 활용에 대해 설문 조사를 했다. 그 조사 결과 관리자들은 보통 훈련 아웃소싱에 예산의 25% 정도를 활용하는 것으로 드러났다. 외부 벤더가 수행하는 훈련 주제로는 경영층 개발 27%, 기술 훈련 23%, 컴퓨터 훈련 14% 정도로 조사되었다. 이렇게 아웃소싱을 통해 진행된 훈련에 대한 만족도는 전반적으로 매우 높았지만, 단지 29%만이 아웃소싱의 결과로 비용을 절감했다고 응답했다. 또한 벤더와 신뢰를 쌓고 지속적인 소통관계를 유지하는 것이 아웃소싱의 성공 요인으로 드러났다. 이러한 결과를 바탕으로 가이니와 클라스는 단순히 비용을 줄이려는 목적이 아니라 "훈련의 전문성을 획득하고, 전반적인 훈련의 설계와 운영 수준을 향상시키기 위한" 목적으로 아웃소싱을 실시하는 것이 바람직하다고 주장한다.[35]

요약하면, 외부의 교육훈련 업체들은 조직에게 훈련과 HRD 프로그램을 설계하고 개발하는데 폭넓은 선택의 기회를 제공한다. 조직이 적은 수의 학습자만을 보유하거나, 조직의 HRD 담당 부서가 작거나, 프로그램의 내용이 특별히 회사의 고유한 것들과 관련된 것이 아닐 때, 외부 업체의 프로그램을 선택할 가능성이 높다. 물론, 큰 규모의 HRD 부서를 갖춘 조직에서도 HRD 프로그램의 다양성을 갖추기 위하여 정기적으로 외부 벤더들을 활용한다. 조직의 규모와 관계없이, 조직이 외부 업체의 훈련 프로그램이나 서비스를 도입하기로 결정했다면, 가장 먼저 요구 분석을 해야 현명한 결정을 내릴 수 있다.

3. 훈련자 선정

한 조직이 자체적으로 교육 프로그램을 설계하려고 결정했다거나 또는 외부 업체로부터 구입하기로 결정했다면, 훈련자(*trainer*)가 반드시 선정되어야 한다. 만일 조직 규모가 크고, 전문성과 역량을 보유한 훈련 담당 인력들을 보유하고 있다면 훈련자를 선정하기는 쉽다. **훈련자의 역량**(*training competency*)은 훈련 프로그램을 설계하고 실행하는데 필요한 다양한 지식과 기술을 말한다. 효과적인 훈련자는 자신의 지식을 분명하게 전달하고, 다양한 교수법을 사용하며, 원활한 대인 관계 기술을 보유하고, 그리고 타인의 학습 동기를 자극할 수 있는 사람이다.

내용 전문가(*SME, subject matter expert*)란 특정 주제에 대한 전문성을 갖고 있는 사람이다. 예를 들어, IT 전문가는 새로운 기술 활용에 관해 타인을 훈련하도록 요청받을 수 있다. 이런 경우 임시 훈련자(*accidental trainer*)라는 표현을 사용한다.[36] 그러나 내용 전문가라는 사실만으로는 그 사람이 유능한 훈련자가 되는 것은 아니다. 대학 교수들을 포함하여 많은 전문가들은 무능한 훈련자가 되기도 한다. 그렇기에 내용 전문가는 반드시 타인을 교육할 수 있는 능력을 갖춰야 한다. 효과적인 훈련 프로그램의 설계 및 실행 능력이 부족한 훈련자라면 주제에 적합하지 않은 특정 교수법에 너무 매달리는 모습을 보일 수 있다(CPR과 같은 응급처치 방법을 가르칠 때 강의 방식만을 사용하는 경우). 또는 대인 관계 능력이 부족한 훈련자는 학습 동기를 부여하는데 실패할 수 있다. 예를 들어, ATD의 최신 연구에 따르면 훈련자가 교수나 퍼실리테이터처럼 더 높은 수준의 전문성을 갖추고 있을 때 훈련의 효과성이 더욱 높다고 한다.[37] 그러나 또 다른 조사에서는 165명의 기술 훈련자들(ATD 회원)은 다양한 교수 역량에 대한 자신들의 능력을 중간 정도로 평가했다.[38]

또는, 특정 주제에 대한 전문성이 떨어지는 훈련자의 경우 교재나 다른 훈련 자료에 너무 매달리고, 중요한 개념을 설명하지 못하며, 그 개념을 일과 연관 짓지 못하는 경향이 있다. 외부 벤더와 계약하는 것과 마찬가지로, 자격이 부족한 훈련자는 다음과 같은 방법을 사용할 수 있다.

1. 조직 내부 내용 전문가들과 함께 숙련된 훈련자들로 구성된 교수팀(*instructional team*)을 만든다.[39]
2. 컴퓨터 교육이나 온라인 교수프로그램과 같은 사람이 개입하지 않는 훈련 기법을 활용한다.
3. 조직 내부에서 훈련 스킬이 부족한 내용 전문가를 찾아내어 이들을 유능한 훈련자로 양성하는 훈련자 양성 프로그램을 활용한다.

3.1 훈련자 양성 프로그램

훈련자 양성 프로그램(*train-the-trainer programs*)의 목적은 교육 프로그램의 설계와 실행을 위해 교수지식과 스킬을 갖춘 내용 전문가(SME)를 양성하는 데 있다. 훈련자 양성 프로그램은 지역 전문가협회, 대학, 그리고 컨설턴트를 통해서 이뤄질 수 있다. 이런 프로그램들은 하나의 훈련 기법(행동 모델링과 같은)부터 전체 훈련 프로그램을 어떻게 설계하는지에 대한 종합적인 이해를 다루는 과정까지 포함한다. 후자의 경우 다양한 교육 상황에서 효과적으로 활용할 수 있는 다양한 훈련 방법과 기법을 제시한다.[40] DDI(*Development Dimension International*)와 같은 몇몇 훈련 업체들은 이런 훈련자 양성 프로그램을 제공한다. 이런 프로그램은 클라이언트 조직의 종업원들이 스스로 사내 교육 프로그램을 운영할 수 있도록 교육하고, 자격증을 발부한다.

몇몇 조직들은 자체 훈련자 양성 프로그램을 설계한다. 이런 경우는 계속해서 숙련된 훈련자에 대한 요구가 있는 조직이거나, 또는 고용주가 특정 훈련 방식을 강조할 때이다. 이런 프로그램들은 다음과 같은 주제를 포함해서 이번 장에서 다루는 다양한 이슈들에 초점을 두어야 한다.

1. 학습자의 목표와 교수 계획 개발
2. 훈련 자료의 선정과 준비
3. 훈련 보조자료 선정 및 사용(예: MS사의 파워포인트 슬라이드, 비디오, 이미지 변환기)
4. 다양한 훈련 방법 및 기법의 선정과 활용

훈련자 양성 프로그램을 설계하는 것이 불가능할 때, 일부 조직들은 설계와 진행 과정의 다양한 요소들을 포함하는 훈련 매뉴얼을 개발해왔다. 이런 매뉴얼은 훈련자 양성 프로그램을 진행하기에 충분한 수의 내용 전문가(SME)를 보유하고 있지 않거나, 잠재적 훈련자가 서로 다른 지역에 있을 경우 유용하다. 예를 들어, 매사추세츠주의 알렉산더 컨설팅그룹(*Alexander Consulting Group*)의 훈련센터는 기술 훈련과 재무 훈련의 대부분을 분야별 전문가(SME)를 통해 제공하고 있다. 이 전문가들은 요청받은 과정을 교육하는 데 필요한 전문성은 갖추고 있었지만, 종종 효과적인 훈련 과정을 설계하고 운영하는 데 필요한 스킬이 부족하여 이 그룹에서는 훈련자를 위한 자기주도적 훈련자 가이드(*self-directed Instructor's Guide*)를 만들었다. 이 가이드는 요구 분석 실행 방법, 얻은 정보를 과정목표와 과정내용으로 전환하는 방법, 그리고 적절한 교수법 및 보조자료 선정 방법 등에 대한 정보와 기법을 담고 있다. 내용 전문가들이 자기주도적 훈련자 학습을 마친 뒤, 학습자들의 반응은 매우 긍정적이었다. 90%의 내용 전문가들이 그들이 훈련자가 되기 위한 준비를 하는데 이 가이드가 큰 도움을 주었다고 답했다.[41]

그 어떤 HRD 노력들보다도, 적합한 훈련자를 선정하는 일이 정말 중요한 결정이다. 조직의 요구에 완벽하게 맞춘 훈련 프로그램이 설계되더라도, 무능하고 동기부여가 떨어지며, 흥미를 갖지 못한 훈련자가 교육을 담당하면 실패하게 된다. 이 주제에 대해서 아주 뛰어난 책을 일레인 비치(*Elaine Biech*)가 썼다.[42] 최상의 훈련자는 훈련자로서 필요한 역량을 갖추고 있으면서 특정 분야에 대하여 해박한 전문성을 갖추고 있는 사람이다. 만약 훈련자가 전문 지식을 갖고 있지 못하면, 효과적인 교육 프로그램을 만들기 위해서 설계 단계에서 분야별 내용 전문가와 함께 일을 함으로써, 훈련내용과 훈련 과정의 설계 및 전달을 효과적으로 수행할 수 있다. 밥 모서(*Bob Mosher*)는 훈련의 내용이 적합하고 최신의 것일 때에는 사업 전문가(*BME, business matter expert*)가 훈련자 선정 논의에 포함되어야 한다고 주장한다.[43] 또한 사라 보에헬(*Sarah Boehle*)은 내용 전문가에게 도움을 요청할 필요가 있는 훈련자들을 위한 유용한 가이드라인을 제시하였다.[44] 또한, 건강, 안전, 응급처치, 위기 대처 훈련을 수행하기 위해서 동료나 공동 작업자를 훈련시키기 위한 훈련자 양성 프로그램들이 개발되어 왔다.[45] 예를 들어, 미국 간호사협회(*American Nurse Association*)는 간호사-훈련자(*nurse-trainers*)에게 "병원 간호사를 위한 혈액을 통한 감염 방지(*protecting nurses from blood borne hazards in the workplace*)"라는 이름의 수업을 제공한다. 이 교육 과정을 마친 뒤에, 간호사-훈련자는 그들의 일터에서 이 주제에 대한 교육 활동을 실시할 수 있다.[46]

3.2 교수 계획 준비

프로그램 목표는 훈련 또는 HRD 프로그램의 이상적인 결과를 강조하는데 필수적이지만, 이런 목표 진술만으로는 훈련의 내용과 기법, 기술, 자료 등을 결정하는데 부족하다. 프로그램 목표를 실행 가능한 훈련 세션으로 전환시키기 위해 **교수 계획**(*lesson plan*)을 개발해야 한다.

교수 계획은 실제 훈련 내용의 전달을 위한 훈련자 안내서이다. 교수 계획을 만들기 위해서는 훈련자가 사전에 어떤 내용을 다룰 것이고, 각 부분에 대해 얼마나 많은 시간을 투자할 것인지를 결정해야 한다.[47] 교수 계획은 아래의 사항을 분명하게 밝혀야 한다.

- 수업에서 다룰 내용
- 교수 활동의 순서
- 훈련 매체의 선정 및 설계
- 체험적 활동(*experiential exercise*)의 선정 및 개발
- 각 활동에 대한 시간 계획
- 활용할 교수법 선정
- 평가 항목의 수와 종류[48]

어떤 조직들은 훈련 목표를 정의하고 교수 계획을 만드는 역할을 담당하는 프로그램 설계자를 따로 두고 있다. 대학에서 교육학 분야의 교수 설계를 전공한 사람들이 담당자로 주로 고용된다.[49] 이런 프로그램 설계자들이 제공하는 도움들은 훈련 기술을 충분히 갖추지 못한 내용 전문가들에게 큰 도움이 된다. 어떤 조직에서는 훈련자 양성 프로그램 안에 교수 계획 개발 시간을 따로 두고 있다. 예를 들자면, 뉴 인바이런먼트(*New Environment Inc.*)라는 조직이 위험폐기물 관리 및 응급상황 대처(*HAZWOPER, Hazard Waste Operations and Emergency Response*)에 대한 훈련자 양성 프로그램을 5일간 실시하는데, 이 과정에는 조직에 돌아갔을 때 어떻게 교육을 할 것인지에 대한 비디오 영상과 완벽한 교수 계획을 포함한다.[50]

훈련자를 보조하기 위해 표준화된 교수 계획이 필요하다. 〈그림 5.2〉는 내들러(*Nadler*)와 내들러(*Nadler*)가 제안한 일반적인 형식을 보여준다. 또한, 〈그림 5.3〉은 경험적 팀 빌딩 훈련 프로그램을 위해 완성된 교수 계획의 예시이다. 이 예시에서 볼 수 있듯이, 교수 계획은 주말 동안의 전체 프로그램을 실시하는 데 있어 각 활동에 얼마나 시간을 투자할지 등을 보여주는 일종의 청사진이다. 캐롤 섬너(*Carol Sumner*)는 경험적 수업 활동의 실례를 제공하고 있는데, 수업시간에 학생들의 능동적이고 직접적인 참여

그림 5.2 일반적인 교수 계획 템플릿

프로그램 제목:

이 수업의 목표:

필요한 준비사항:

1. 물리적 환경
2. 장비 및 자료
3. 훈련자
4. 학습자

시간	주요 주제	교수 활동	훈련 활동	교수 전략

출처: Nadler, L., & Nadler, Z. (1994). *Designing training programs: The critical events model* (2nd ed., p. 145). Houston, TX: Gulf Publishing.

그림 5.3 경험적 팀 빌딩 훈련에 대한 교수 계획 샘플(Richard J. Wagner, Trainer).

시간	활동
금요일 저녁	
6~7:30p.m.	저녁 식사
7:30~9:00 p.m.	프로그램 소개 및 사전 설문지 작성. 최초 체험 활동 – 조용한 생일 축하. 그룹 멤버들에게 이야기하지 않고 생일(월 및 날짜) 순서대로 정렬하시오. 액티비티 도중 일어난 일과 그룹이 직면 한 문제를 어떻게 처리했는지에 대한 토론. 콜브의 체험학습모델(활동, 리뷰/토론, 이론 개발 및 일반화)을 프레젠테이션하고 이것이 주말 동안 팀워크를 개발하는 데 어떻게 사용되는지 설명하시오. 주말 계획과 묵상회(retreat)를 위한 목표 중 일부에 대한 토론.
토요일	
7~8 a.m.	아침 식사
8~9 a.m.	이슈를 기록하기 위해 플립 차트를 사용하여 묵상회를 위한 그룹의 목표에 대한 브레인스토밍 세션. 그룹이 직장에서 접하게 되는 문제를 밝히고 하나의 팀으로서 함께 일하는 것이 어떻게 이러한 이슈를 해결할 수 있는지에 대한 초기 토론을 진행한다.

그림 5.3 (계속)

시간	활동
8~9 a.m.	체험 활동 — 마블 옮기기. 그룹에게 하나의 마-블을 출발 지점에서 40피트 떨어진 하나의 통으로 옮기고, 마블을 2~3피트 길이의 플라스틱 파이프 여러 개를 사용하여 통으로 가져 오도록 지시하시오. 참가자들은 마블을 뒤로 움직일 수 없으며, 이 일을 끝내기 위해 그룹으로 일해야 한다.
9~10 a.m.	그룹 구성원이 작업을 어떻게 완수했는지, 발생한 문제는 무엇이었고, 이러한 문제를 어떻게 해결했는지 등에 대한 토론. 중요한 이슈는 그들의 문제 해결 스킬이 직장에서 직면 한 문제와 어떻게 관련되어 있는지, 그리고 이러한 문제 중 일부를 예견하고 해결하기 위해 할 수 있는 일이 무엇이었는지에 대한 논의이다.
10~10:30 a.m.	휴식
10:30~12:00 p.m.	두 그룹으로 활동하는 체험 활동. 눈가리고 다각형 만들기. 그룹 멤버는 눈을 가리고 로프를 사용하여 사각형을 만들도록 지시한다. 그룹 저글링. 그룹 멤버들은 먼저 패턴을 설정 한 후 패턴에 따라서 원 주위로 공을 전달한다. 처음에는 속도를 높여가고, 이후에는 하나 이상의 공을 사용한다. 모두 배에 타기. 모두 동시에 2×2 플랫폼에 타야 한다. 각 그룹에게 각각의 활동을 시도하도록 하고 후속 활동을 계획하게 한다.
12~1 p.m.	점심 식사
1~2 p.m.	오전 활동과 오후 활동을 성공적으로 하기 위해 해야 할 일에 대한 토론.
2~3:30 p.m.	두 그룹으로 활동하는 체험 활동. 트롤리. 동시에 스키에 약 6명이 올라가는 그룹 스키의 종류. 그룹은 이 트롤리를 사용하여 전 멤버가 약 40피트 이동해야 한다. 핫 스텝. 그룹은 몇 개의 로프와 기타 제공된 장비만 사용하여 원 안에 들어가지 않고 10피트 원형의 중심에 있는 하나의 캔에서 다른 캔으로 물을 옮길 수 있어야 한다.
3:30~4 p.m.	휴식
4~5 p.m.	팀워크의 개념과 그 날의 활동들이 그룹 회원들에게 효과적인 팀이 작동하는 방법에 대해 알게 하는데 얼마나 도움이 되었는지를 검토하고 토론한다.
5~7 p.m.	저녁 식사
저녁 이후 활동	NASA의 달 생존게임, 실내 활동.
일요일 아침	
8~9 a.m.	아침 식사
9~10 a.m.	NASA의 달 생존게임 활동에 대한 검토 및 토론. 프로그램 기간 동안 검토된 팀워크 개념을 사용하여 활동이 어떻게 이루어 졌는지에 초점을 맞춘다.
10~12 p.m.	조직의 특정 문제에 초점을 맞춘 팀워크에 대한 최종 토론. 훈련자가 이 토론을 촉진할 것이지만 부사장이 이슈를 개발하는 데 있어서 리더가 될 것이다.

의 장점을 보여주고 있다.[51]

롤리(*Raleigh*)시(市)의 퍼스트 시티즌 은행(*First Citizen Bank*)은 새로운 지점의 직원들의 대다수를 교육하기 위하여 온라인 교수 계획을 세웠다.[52] 은행 임원에 따르면, 이 프로그램은 과거의 강의실 수업에 비하여 융통성 있고 효율적인 특징을 보였다(300개가 넘는 지점들에 종업원들이 각각 퍼져있어 강의실 수업으로 훈련했다면 거의 1년이 걸렸을 것이다). 다른 예시로 크로스테크(*CrossTec Corporation*)사는 SchoolVue v.9.0라는 소프트웨어 프로그램을 개발했다. 이는 교사나 훈련자가 각각의 교실을 연결하여 사용하는 것을 가능하게 했다.[53] 이 소프트웨어의 특징은 훈련자가 각 세션마다 상호 소통이 가능한 교수 계획을 만들 수 있게 했다는 점이다.

지금까지 논의는 훈련자를 먼저 선정하고, 그 다음으로 교수 계획을 준비하는 것에 초점을 맞춰왔다. 이것은 논리적으로 타당하며, 특히 훈련자가 교수 계획을 세우는데 참여할 때 더욱 그렇다. 그러나 때로 HRD 개입은 (일반적인 교수 계획을 포함하여) 훈련자가 선정되기 전에 미리 설계되기도 한다. 특히 큰 조직일수록 그럴 가능성이 높다. 이러한 경우에도 훈련자는 전반적인 교수 계획을 수정하거나 조정하여 운영할 HRD 프로그램을 각 상황에 맞게 만들어야 한다. 완벽한 교수 계획을 개발하는 것은 어렵고 시간이 많이 드는 일이다. 그러나 이는 성공적인 훈련과 교수 활동에 중심이 되는 부분이라는 점을 알아야 한다.[54]

4. 훈련 방법과 매체 선정

지금까지는 훈련 프로그램의 설계와 실행의 사전 단계에 대하여 논의하였다. 그 다음 단계는 적합한 **훈련 방법**(*training methods*)을 선정하는 일이다.[55] ATD의 2014 산업 보고서에 따르면 훈련자 주도의 프로그램이 가장 일반적인 교수 방법이다(표 5.4 참조). 이 통계에 따르면 형식 학습의 68.8%의 시간은 훈련자 주도로 이루어진다. 또한, 그 중 54.6%가 면대면의 실시간 학습이다. 웹 기반 자기 학습 프로그램과 가상(온라인) 교실수업은 크게 성장했다. ATD의 설문에 따르면 모든 형식 학습 시간 중 38%가 이런 테크놀로지를 통해 이뤄졌다.[56] 일반적으로 다뤄진 훈련 내용의 유형은 〈표 5.5〉와 같다. 주로 다뤄진 내용은 다음과 같다. 법적 준수 및 의무, 관리 및 감독, 전문직 혹은 구체적 사업 관련, 고객 서비스, 신입사원 오리엔테이션이다. 이 여섯 개의 분야를 합치면 58.7%의 교육 내용을 포함한다.

훈련을 분류하는 또 다른 방법은 학습자들에게 기대 또는 요구되는 활동의 정도이다. 강의법과 영상물 시청 방법은 가장 수동적인 형태의 훈련 방법이다.[57] 그러나 야외 훈련이나 역할극, 게임, 시뮬레이션과 같은 경험 기반의 방법은 학습자에게 많은 활동이나 행동을 요구한다. 컴퓨터 기반 교수법이나 화상회의 기법들은 이 두 극단 사이 어딘가에 위치한다.

훈련에 대한 접근방식은 크게 두 개의 범주로 구분된다. 바로 종업원의 일상적인 일터에서 발생하는 직장 내 훈련 방법(*on-the-job method*)과 직장 외의 공간에서 따로 이뤄지는 강의실 훈련 방법(*classroom*

표 5.4 훈련 방법에 따른 형식 학습 시간 비율

방법	비율
훈련자 주도 강의실 프로그램	54.62
훈련자 주도 온라인 프로그램	9.33
훈련자 주도 원격 프로그램 (위성, 비디오)	4.92
자기주도, 온라인 (네트워크 연결)	17.89
자기주도, 네트워크로 연결되지 않은 (CD-ROM)	3.15
자기주도, 인쇄물	4.74
컴퓨터 기술을 사용하지 않는 경우(DVD, 음성 CD)	1.75
기타 방법	2.13

출처: 2014 *State of the industry report*. Alexandria, VA: ATD, p. 27.

표 5.5 학습 내용 영역별 분류

종류	비율
준법 및 의무 (안전, 보안 등)	11.5
관리 및 감독	11.5
전문직 혹은 구체적 산업	10.8
프로세스, 절차, 사업 방법	9.1
고객 서비스	8.2
신입사원 오리엔테이션	7.6
세일즈	7.1
IT, 정보 시스템	7.0
생산 지식	6.9
경영자 개발	6.8
대인 관계 기술(커뮤니케이션, 팀워크 등)	6.7
기본 스킬	5.5
기타	1.3

출처: 2014 *State of the industry report*. Alexandria, VA: ATD, p. 27.

method)이다(컨퍼런스 룸이나 강의실에서). 그러나 이런 방식이 완벽하게 구분되지는 않는다. 몇몇 훈련들은 혼합된 형태로 이루어진다. 예를 들어, **컴퓨터 기반 훈련**(*CBT, computer-based training*)은 회사의 강의실이나 사물실 및 작업 현장은 물론 종업원의 집에서도 컴퓨터를 통해 가능하다.[58] 이런 특정 훈련 방법들은 대부분 6장에서 다뤄질 것이다(훈련 실행 부분에서). 6장에서 훈련 방법을 다루는 것은 최근 활용되고 있는 다양한 방법에 대해 자세히 설명할 수 있기 때문이다. 그러나 어떤 훈련 방법 혹은 매체가 선정되어야 할지에 대한 결정은 이 '설계(*design*)' 단계에서 이루어진다.

여러 가지 훈련 방법과 매체들 중에서, 교육 효과를 극대화할 수 있는 최적의 방법을 어떻게 선정할 수 있는가? 이를 위해서는 다양한 요인들이 고려되어야 한다.

1. **프로그램의 목표:** 가장 중요한 요인이다.[59] 어떤 방법들은 분명히 다른 방법들에 비하여 특정 목표를 성취하는 데 있어 유리하다. 예를 들어, 만약 목표가 대인 관계 기술을 개선하는 것이라면, 비디오 시청, 역할 연기, 또는 행동 모델링과 같은 능동적인 방법들이 강의나 컴퓨터 기반 훈련 방법보다는 더 좋을 것이다.
2. **가능한 시간과 돈:** 제시된 훈련 목표를 달성하기 위하여 필요한 돈과 시간이 충분하다면 문제가 없지만, 대부분의 조직에서는 최소의 비용으로 최대한 빨리 교육 프로그램을 설계하고 실시할 것을 요구한다. 대립되는 요구가 있을 경우에도 비용을 고려하여 특정 방법만을 선택하게 한다.[60] 예를 들어, 정교한 기계 장치를 고치는 기술자들을 훈련하는 프로그램을 설계할 경우, 상호 교류가 가능한 컴퓨터 기반의 프로그램이 가장 최적일 것이다. 하지만, 비용을 고려하여 HRD 전문가들은 아마 전통적인 수업 방법(강의, 토론, 참고 교재 등)과 현장 훈련(OJT)을 결합한 방법에 만족할 것이다.
3. **다른 자원의 활용 가능성:** 어떤 방법은 효과적인 교육 내용 전달을 위하여 고도로 훈련된 훈련자나 정교한 장비 혹은 시설을 필요로 한다. 여기서도 장·단점을 비교해서 비용을 적게 사용하는 대체 가능한 방법을 선택해야 한다.
4. **학습자의 특성과 선호:** 학습자의 준비도와 다양성을 고려해야 한다.[61] 컴퓨터 기반 훈련과 같은 방법은 꽤 높은 수준의 문장 이해력(*literacy*)을 요구한다. 만약 문장 이해력이 문제가 된다면, 독해와 작문이 덜 요구되는 DVD나 영상과 같은 방법을 사용할 수 있다. 또한, 개인들은 학습 유형이 서로 다르기 때문에, 어떤 훈련 방법들이 어떤 이들에게는 더 잘 맞을 수도 있고, 아닐 수도 있다. 예를 들어, 로날드 심스(*Ronald Sims*)는 어떤 프로그램을 설계하더라도, 훈련자는 반드시 3장에서 언급한 학습의 원리, 그중에서도 특히 데이비드 콜브(*David Kolb*)의 학습 유형에 주의를 기울여야 한다고 주장한다.[62]

끝으로, 훈련 방법과 매체의 선정을 위해서는 프로그램 설계자가 다양한 HRD 방법에 대한 풍부한 지식을 갖고 있고, 올바른 의사 결정을 할 수 있는 판단력을 갖고 있어야 한다. HRD 전문가들은 반드시 모든 가능한 방법을 확인해보고, 의문이 들 때에는 경험이 있는 동료, 교수 설계자, 그리고 컨설턴트와 상의해보아야 한다.

5. 훈련 자료 준비

훈련 방법이 선정된 다음 단계는 훈련을 자체적으로 준비하는지 구매하는지에 따라서 필요한 자료를 준비하거나 구매하는 것이다. 만약 외부 업체로부터 훈련 프로그램을 구매했다면, 교재, 읽을 자료, 그리고 영상과 같은 훈련 자료들은 아마 구매한 프로그램 안에 포함되어 있을 것이다. 프로그램을 직접 설계하는 경우에는 자료를 준비해야 한다. 만약 새 프로그램이 지난번에 진행했던 프로그램과 유사하면, 과거의 자료를 단순히 현재의 프로그램에 맞게 수정할 수 있다. 요즘은 인터넷을 통하여 많은 정보를 쉽게 얻을 수 있다. 예를 들어, 고용노동부(여기서는 미국의 고용노동부인 *OSHA(Occupational Safety and Health Administration)*)에서는 최근 기업 교육을 위한 다양한 자료들을 인터넷 서비스를 통해 무료로 제공하고 있다.[63]

다양한 종류의 훈련 자료들이 사용되지만, 여기서는 프로그램 공지와 프로그램 개요, 훈련 매뉴얼/교재에 대해 설명하고자 한다.

5.1 프로그램 공지

프로그램 공지란 훈련 대상자에게 훈련에 대한 정보를 알리는 것이다. 이 공지는 반드시 프로그램의 목적, 언제, 어디서 프로그램이 진행되는지, 그리고 어떻게 참여할 수 있는지에 대한 정보를 담아야 한다. 이때 충분한 시간을 두고 공지가 이뤄져야 종업원들이 그들의 시간을 조정하고 필요한 양식을 작성해 제출할 수 있다. 일반적으로 공지는 종업원 개인들에게 메일을 통해 전해지거나 감독자, 조합 간사, 사보, 또는 회사의 인트라넷을 통해 전달된다. 어떤 조직에서는 훈련 기회를 알리는 게시판을 만들거나 전자메일 시스템을 활용하기도 한다. 또 어떤 조직에서는 훈련 기회를 알리는 공지문을 주기적으로 발송한다.

5.2 프로그램 개요

프로그램 개요는 프로그램의 목표, 내용, 요구 사항을 담고 있는 문서이다. 일반적으로 프로그램 시작 때 제공되며, 학습 목표나 범위, 필요한 도구나 자료, 학습자의 자격 사항, 잠정적인 강의일정에 대한 정보를 담고 있다.

프로그램 개요는 시간 엄수, 출석, 업무 습관, 수업 참여도, 그리고 타 학습자에 대한 예의 등을 포함하는 행동 기대 사항(*behavioral expectations*)을 설정하기 위해 사용될 수 있다. 이런 기대 사항들은 매우 분명하게 설명되어야 한다. 예를 들어, 만약 모든 훈련의 내용이 연속적으로 이어진다면, 이를 학습자에게 분명히 밝혀야 한다. 이에 따라 출석은 매우 중요한 기본 조건이라는 것을 밝히고, 만약 출석이 불가능할 경우 처음부터 새로 시작해야 한다는 점을 명확히 밝혀야 한다.

5.3 훈련 매뉴얼/교재

대부분의 훈련자들은 기본적인 교수 자료, 읽을 자료, 연습 문제, 자기 평가 등의 용도로 훈련 매뉴얼이나 교재에 크게 의존한다. 몇 개의 자료들은 모듈로 조직화되고, 각 모듈은 훈련 프로그램을 여러 개의 세션으로 구성하기도 한다. 교재(*textbooks*)는 주제에 대하여 폭넓게 다루는 반면 훈련 매뉴얼은 간결하고 단순하게 다룬다. 교재를 활용하기로 결정한 경우, 훈련자들은 주로 출판업자들과 계약관계를 맺으며 각각의 모듈을 분리해서 구매할 수 있는지, 다른 훈련자들은 그 매뉴얼을 얼마나 유용하다고 하는지, 그 모듈을 각 조직에 맞게 수정하기 쉬운지 등을 고려해야 한다.[64] 또한, 구매 가격은 훈련 매뉴얼을 직접 만드는 비용과 비교하여 결정되어야 한다. 예를 들어, 센게이지 러닝(*Cengage Learning*)은 교육자와 훈련자가 필요로 하는 부분을 선택할 수 있도록 할 뿐만 아니라, 원본 자료를 맞춤형 교재로 만들 수 있는 적극적인 주문서비스를 제공한다.[65] 킴 카메론(*Kim Cameron*)과 동료들은 일반적인 경영 서적이 특정한 관점이나 개념만을 전달하기 위해 쓰이는 경우에 대해 언급한 바 있다.[66] 이러한 점 역시 구매 결정에서 고려되어야 한다.

훈련 매뉴얼(*training manuals*)은 조직 내에서 특정한 출판 소프트웨어를 통해 손쉽게 제작될 수 있다. 제작 비용에는 내용 설계와 작성을 위해 투자된 직원의 시간, 장비의 비용, 인쇄 비용 등이 포함된다. 출판 소프트웨어와 레이저 프린터를 사용할 수 있을 경우, 양질의 훈련 매뉴얼을 쉽게 만들 수 있다. 하지만, 훈련 매뉴얼에 대한 수요가 많지 않은 경우, 시중에서 판매되는 훈련 매뉴얼을 구매하는 편이 비용 측면에서 유리할 수 있다.

끝으로 저작권 이슈에 대해 주의해야 할 필요가 있다. 자료를 만들기 위하여 저작권자의 허락 없이 마음대로 자료를 도용하는 경우 저작권 위반이다.[67] 안타깝게도, HRD 전문가와 강의자들을 포함하여 실제 현장에서는 다른 자료로부터 함부로 정보를 복사하는 행동이 굉장히 빈번하다. 예를 들어, 어떤 사람이 교수이자 컨설턴트라고 해보자. 그 교수는 우연히 한 학생이 직장에서 가져온 자료를 보게 되고, 그 자료가 자신이 수년전에 다른 기업에게 제공한 자료라는 점을 알게 되었다. 그러나 그 학생은 그의 고용주가 그 자료에 대해서 사용허가를 받지 않았다는 사실을 알지 못한다. "모두가 그렇게 한다고 해서 그것이 옳은 행동은 아니다"라는 사실을 알아야 한다. 저작권 이슈에 더 관심 있는 독자들은 플랑시네 워드(*Francine Ward*)가 만든 CD-ROM과 책을 참고하기 바란다.[68]

6. HRD 프로그램 일정

훈련이나 HRD 프로그램의 일정을 짜는 일은 다른 의사 결정에 비하여 간단해 보이지만 실제로는 그렇지 않다. 조직 구성원들은 바쁘고, 일정이 빡빡하며, 예측할 수 없는 환경에서 일한다. 이런 점은 HRD 일정 수립을 어렵게 한다. HRD 프로그램 일정 짜기의 가장 큰 목표는 참여자들(훈련자나 학습자 모두)이 모두 가능한 시간이면서, 참석시 교육에만 집중할 수 있도록 하는 것이다. 이러한 관점에서 HRD 전문가들이 고려해야 할 문제점들에 대해 여기서 논의하고자 한다. 이런 논의들은 참여자가 반드시 참여해야 하는 프로그램들의 일정을 정할 때도 도움이 된다. 반대로, CD-ROM이나 자기 보속 학습(*self-paced instruction*)과 같이 개인별로 이루어지는 방법들은 언제 어디서나 원할 때 가능하다는 장점이 있다.

6.1 근무시간 내 훈련 일정

프로그램 일정에 대한 가장 좋은 선택은 정규 근무시간 내에 진행되는 것이다. 이 방식은 외부 문제(교통의 문제, 가족 관계, 개인적 일)를 피하고, 종업원들에게 교육이 중요하다는 점을 알려 줄 수 있다. 정규 근무시간 내에 프로그램 일정을 정할 때, HRD 담당자들은 주중의 어느 요일에 할지, 어떤 시간에 할지 등을 결정하기 위해 근무시간 중에서 가장 바쁜 시간은 언제인지, 언제 회의가 있는지, 언제 출장을 가는지 등을 파악해야 한다.

어떤 요일(*day of the week*)에 교육할지를 고민할 때, 종업원들은 월요일, 금요일, 휴일 근처와 같은 요일에 휴가를 선호한다는 점을 고려할 필요가 있다. 종업원들은 그들의 주말이나 휴일을 늘리고 싶어 할 것이기 때문에 이런 날들은 가능하다면 훈련 날짜에서 피해야 한다.

하루 중 어떤 시간(*time of day*)에 교육할지는 또 다른 문제이다. 하루의 시작에 배치된 훈련 프로그램은 아마 지치고 피곤한 참가자들이 대다수를 차지할 것이다. 점심시간에 배치된 프로그램은 아마 프로그램 진행 중에 종업원들이 점심을 먹을 수 있게 하거나, 점심을 제공하거나, 프로그램 이후/이전에 점심을 먹도록 요구해야 한다. 오후에 진행되는 프로그램들은 대부분의 사람들의 신체 리듬이 가장 낮은 시간에 진행된다. 그 결과 사람들은 느릿느릿 행동하고, 덜 집중하게 된다. 이런 문제들을 고려하여 프로그램은 적극적인 참여, 휴식시간, 소정의 간식과 음료(특히 대다수의 학습자들은 카페인이 포함된 음료를 선호한다)를 포함해야 한다. 또한 하루 일과가 끝나는 시점에는 집중력을 잃기 쉽고, 개인적인 사정이나 가족 문제를 이유로 빨리 집에 돌아가고자 한다. 훈련자들은 위와 같은 사안을 최대로 고려하여 일정을 결정해야 한다.

또한, 여타 근무시간 제한 요인들이 개별 단위 조직과 직무에 따라서 존재한다. 예를 들어, 일이 가장 바쁜 시간, 회의 시간, 출장 계획 등이 조직과 직무에 따라 다를 것이다. 연중, 월 중, 주 중, 하루 중 부서가 가장 바쁜 기간(*peak work hours*)에 교육일정을 배치하는 것은 잠재적인 갈등을 야기할 수 있다. 예를 들어, 회계사에게 세무 감사 시기(*tax season*)에 교육을 한다면 대부분 참석이 어려울 것이다. 또한 교육 일정을 계획하기 전에 참여자들에게 회의(*staff meetings*) 일정이 있는지, 출장이 있는지, 다른 특별한 요구 사항이 있는지 등을 확인하기 위하여 관리자와 연락해 봐야 한다. 이런 정보들은 훈련자가 최선의 훈련 일정을 정하고, 잠재적인 갈등에 대비한 상황적 계획을 수립하는 데 도움이 된다.

6.2 근무 시간 외 훈련 일정

앞서 논의한 조직 내의 장애 요인들을 피하기 위해 HRD 프로그램은 근무 시간 이후 혹은 주말 동안에 행해지기도 한다. 하지만 이 방법도 한계가 있다. 근무 일자를 늘리는 것은 종업원들을 곤란하게 할 수 있고, 특히 가족에 대한 책임이나 다른 개인적 용무가 있을 경우 더욱 어렵다. 아무리 종업원이 훈련 프로그램에 대해서 사전에 알고 있다고 해도, 그 때 가정에 일이 발생하면 결국 훈련에 참가할 수 없게 된다. 또 다른 문제는 피로이다. 종업원들은 한 주간의 근무로 인해 신체적으로는 물론 정신적으로도 지쳐있다. 예를 들어, 종업원의 요청에 따라서 EBDGD(*Electric Boat Division of General Dynamics*)에서는 감독자 훈련 프로그램을 오후 4시부터 자정까지 근무하는 교대조 근로자들을 위해 자정부터 새벽 2시까지 열렸다. 그러나 훈련 프로그램의 참석율은 현저히 낮았고, 참여한 사람들도 2시간의 수업동안 심한 피로를 경험했다. 이로 인해 회사는 더 이상 자정에 훈련 프로그램을 진행하지 않게 되었다.

만약 근무시간 이후의 프로그램이나 주말 프로그램이 가능하더라도, 많은 종업원은 그들의 여가시간을 포기하고 싶지 않을 것이다. 이런 점을 고려하여 일부 조직들은 초과수당, 야근수당, 인사 가점 부여, 훈련시간 만큼의 여가시간 제공(예를 들어, 훈련을 리조트에서 진행) 등의 유인책을 제공하기도 한다.

6.3 수강 등록

훈련 프로그램 운영에서 가장 골치 아픈 부분 중 하나가 등록 문제이다. 어떻게 훈련에 참여할 수 있는지, 누가 출장이나 식사 같은 문제를 책임지는지, 만약 훈련에 대한 일정 조정이 필요한 경우 어떻게 해야 하는지 등의 문제를 모든 참여자와 관리자에게 알려야 한다. 다행히도, 현재는 이메일과 인터넷을 통해 이 과정을 보다 쉽게 진행할 수 있다. 또한 다수의 인적자원 정보 시스템(*human resource information systems*)을 통해서 훈련 등록을 관리하고 그 과정을 체크할 수도 있다. 이런 컴퓨터 프로그램들과 다른 테크놀로지 사용을 통해 다양한 HRD 프로그램을 사용하여 등록을 관리할 수 있다. 이런 프로그램 중 하나로 레그온라인(*RegOnline*)을 들 수 있고, 이 프로그램은 다양한 행사에 대한 참석 등록을 돕는다.[69] 관련하여 수요가 많은 회사에서는 **학습 관리 시스템**(*LMS, learning management system*) 개발을 생각해봐야 한다.[70] 이 부분에 대해서는 "테크놀로지가 HRD 설계에 어떤 영향을 미치는가?" 박스에서 자세히 설명할 것이다.

e-러닝(*e-learning*)이 다양한 장점들을 가지고 있음에도 불구하고, 여전히 학습을 위한 좋은 환경을 만들기 위한 노력은 필요하다. 3장에서 논의한 학습 이론의 유형이 e-러닝 환경 하에서는 대부분 설명되지 않는다.[71] 피드백과 소통, 실습의 기회는 전통적인 강의실 환경과 온라인 환경과는 크게 다르다. 체르 핑림(*Cher Ping Lim*)은 온라인 학습 설계를 위하여 다음과 같은 실질적인 조언을 했다.

- 학습자들이 온라인 학습을 위한 적절한 학습 전략을 개발할 수 있도록 도와라.
- 학습자들이 온라인 학습 구조를 잘 이해하고, 학습 구조 상 어디쯤 위치하는지 파악할 수 있도록 '미리보기 수첩(*advance organizer*)'을 제공하라.
- 적절한 질문, 포인트, 그리고 전문 지식 제공을 통하여 온라인 토론을 활성화하라.

테크놀로지가 HRD 설계에 어떤 영향을 미치는가?

빌 웨스트(Bill West)는 "온라인, 그것은 설계가 전부다"라고 적었다.[72] 이는 좀 과장일수는 있겠지만, 다음과 같은 결론에 이르게 한다. e-러닝(e-learning)에 대한 초점이 일터에서의 학습과 성과를 높이기 위하여 테크놀로지를 어떻게 활용하는가가 아니라, 가장 최신의 테크놀로지 혹은 어플리케이션에 주로 맞춰지고 있다는 것이다. 테크놀로지는 일터로부터 떨어져 있는 학습장에 직접 출석하는 것보다 훈련 내용에 훨씬 빠르게 접근할 수 있게 해준다. 테크놀로지의 활용을 위한 기반 시설(infrastructure)이 한 번 갖춰지면, 테크놀로지를 통하여 훈련하는 것이 전통적 교실 기반 훈련 보다 훨씬 저렴해 질 수 있다. 또한 온라인 혹은 CD-ROM 기반의 훈련은 학습자가 스스로 훈련 속도와 프로세스를 조절할 수 있다는 장점이 있다.[73] 조직들은 그들의 온라인 학습 프로그램을 운영하기 위하여 학습 관리 시스템을 점점 더 많이 활용하고 있다.[74] 이런 이유들 때문에, 테크놀로지 기반의 훈련 방법들이 꾸준히 증가하고 있다(블렌디드 러닝; 전통적 강의실 수업이 테크놀로지 요소와 결합된 학습으로 6장에서 다루어짐).

- 다양한 활동을 제공하고, 학습자들이 이러한 활동을 통해 그들의 목적지에 도달할 수 있는 안내 지침서를 제공하라.[75]

e-러닝은 계속 늘어나고 있다. 예를 들어, 종업원의 모바일 기기에 어플리케이션을 설치하여 실행하는 모바일 학습은 점점 증가한다.[76] 동시에, 〈표 5.4〉에서 보듯이, 전통적인 수업 역시 사라지지 않고 있다. 도전적인 것은 어떻게 모든 가능한 학습 환경에서 학습과 성취를 극대화할 것인가이다.[77] 실행에 대해 다루는 6장에서 이 점에 대해 다룰 것이다. 클리브 쉐퍼드(*Clive Shepherd*)는 HRD 전문가들이 효과적

표 5.6 온라인 학습 설계와 실행을 위한 학습 전문가들의 요구 스킬

클리브 쉐퍼드(Clive Shepherd)는 성공적인 e-러닝 프로그램을 제공하기 위하여 직장 내 학습 전문가들이 갖춰야 할 네 가지 핵심 스킬을 제시했다.

1. **전략적 스킬(strategic skills):** (a) e-러닝에 대한 전반적인 전략 수립, (b) e-러닝 활용 관련 조직의 SWOT 분석, (c) 기술적 인프라 구축, (d) e-러닝 전략의 마케팅, (e) 모든 프로그램(원격, 블렌디드 러닝, 그리고 전통적 방법)의 효과성 평가
2. **과정 설계 스킬:** (a) 학습 요구 분석, (b) 목표 대상의 특성 분석, (c) 개입 단계별 효과적인 방법 선택, (d) 각각의 방법을 효과적으로 운영하기에 적절한 매체 선정
3. **내용 개발 스킬:** (a) 내용 개발 프로세스 전반에 대한 프로젝트 관리 기술, (b) 내용 설계 (c) 평가용 내용을 포함하여 글로 표현될 내용과 음성으로 표현될 내용 준비, (d) 내용 구축을 위한 편집 지원 프로그램 사용하기 (e) 내용 검증 및 수정
4. **퍼실리테이션 스킬:** (a) 생중계 온라인 세션 퍼실리테이터, (b) 가상 환경에서의 학습 개입 방안 수립(예: 학습 관리 시스템 활용), (c) 온라인상의 학습 활동 개발 및 퍼실테이터, (d) 강의실 환경에서 테크놀로지를 효과적으로 사용하기

출처: Clive Shepherd (2009, September). Master the new media. *E.Learning Age*, p. 12.

으로 학습을 설계하고 전자기기를 통해 전달하기 위해 필요한 네 개의 핵심 스킬을 제시했다. 바로 '전략적 스킬(*strategic skills*), 과정 설계 스킬(*curriculum design skills*), 내용 개발 스킬(*content creation skills*), 퍼실리테이션 스킬(*facilitation skills*)'이다(표 5.6 참고).[78] 전략적 스킬은 모든 학습 유형에 대해 1장과 4장에서 언급하였고, 과정 설계와 내용 개발 스킬은 이번 장에서 다루었으며, 퍼실리테이션 스킬은 6장에서 다룰 것이다. 그리고 HRD의 테크놀로지를 적용할 때 '시간의 필요(*need of the hour*)'는 4장과 5장의 요구 분석과 프로그램 설계에서 다루었다. 테크놀로지에 관심 깊은 사람들은 이런 관점을 잘 이해하는 것이 바람직할 것이다.[79]

도입 사례로 돌아가기

로크웰 콜린스 회사는 그들의 훈련 노력에 대한 대대적인 정비 작업을 실시했다. 이러한 정비 작업은 회사 내 여덟 개의 '학습학교'를 만드는 것으로 발전되었다. 훈련 운영을 위한 새로운 방법도 실용화되었다.

출처: Fister, S. (2000). Reinventing training at Rockwell Collins. *Training*, April, 64–70; Purington, C., Butler, C., & Gale, S. F. (2003). *Built to learn: The true story of how Rockwell Collins became a true learning organization*. New York: AMACOM; Rockwell Collins Career Development (2015). Accessed on February 14, 2015 at http://www.rockwellcollins.com/Careers/Career_Development.aspx.

요약

이 장에서는 훈련과 개발 프로그램의 설계와 관련된 중요한 활동들에 대해 설명했다. 조직이 훈련 요구를 도출한 다음 단계는 훈련 또는 HRD 개입을 위한 목표를 개발하는 것이다. 훈련자 혹은 프로그램 개발팀은 훈련 목표를 개발할 책임이 있다. 훈련 목표는 프로그램에서 원하는 결과를 명확히 정의한 것이다. 이러한 정보는 훈련 실행을 위해 완전하고 순차적인 가이드를 제공하는 교수 계획으로 전환된다. 잘 기술된 훈련 프로그램 목표는 적절한 훈련 방법과 매체를 선택하는 것뿐만 아니라 프로그램의 성공을 평가하는 데 도움을 준다.

다음으로는 프로그램을 외부 업체로부터 구입할지, 혹은 사내에서 직접 개발할지를 결정해야 한다. 만일 사내에서 개발하기로 결정했다면, 훈련자가 반드시 선발되어야 한다. 이때 조직 내에 내용 지식을 보유한 전문 훈련자가 있다면 문제가 없지만, 그렇지 않다면 내용 전문가를 찾아내서 훈련자 양성 프로그램에 보내야 할 것이다.

직장 내 훈련, 강의실, 그리고 컴퓨터 기반 훈련이라는 기본이 되는 세 가지 훈련 방법이 있다. 각각의 방법은 특정 상황에 맞는 여러 가지의 기법을 갖고 있다. 훈련자는 학습자의 학습을 최대화할 수 있도록 학습 기법, 학습 자료, 그리고 테크놀로지의 활용 등 최선의 조합을 선택할 필요가 있다. 일단 프로그램이 설계되면, 다음 단계는 가능한 잠재적 갈등 요소를 최대한 줄이는 최선의 일정 계획을 수립하는 것이다.

토의문제

1. 효과적인 HRD 또는 훈련 프로그램 목표의 세 가지 필수적 특징은 무엇인가? 각각은 왜 그렇게 중요한가? 로버트 메이거(*Robert Mager*)와 다른 사람들이 권고한 원칙을 따르거나 따르지 않은 목표를 가지고 있었던 훈련이나 교실 경험에 대해 토론하시오.
2. 효과적인 HRD 개입에 있어서 행동 목표와 수업 계획이 중요한 이유는 무엇인가? HRD 프로그램의 설계, 실행, 평가에서 학습 목표의 역할은 무엇인가? 학습자에게 학습 목표는 어떤 의미가 있는가?
3. 학습자의 동료를 잠재적인 훈련자로 사용할 때의 상대적인 장점을 설명하시오. 동료가 효과적인 훈련자인지 확인하려면 어떻게 해야 하는가?
4. HRD 프로그램을 외부 벤더로부터 구매하는 것에 비해서 사내에서 개발하는 것이 유리한 점은 무엇인가?
5. 훈련 프로그램을 작업 현장에서 진행하면 어떤 이점이 있는가? 현장을 이탈해서 한다면 어떤 이점이 있는가?
6. 온라인 학습이나 훈련 프로그램과 관련하여 어떤 경험을 했는가? 전통적인 강의실 학습에서 온라인 토론이나 기타 웹 기반 응용 프로그램을 사용하는 경우와 같이 향상된 과학기술을 활용한 학습방법에 대해 어떻게 생각하는가? 당신의 관점에서, 효과적인 학습 및 훈련 기회를 제공하기 위해 과학기술을 어떻게 효과적으로 사용할 수 있는가?
7. 아침 일찍 편성된 교육 세션이나 수업에 참석하는 것에 대해 어떻게 생각하는가? 점심 식사 후라면? 그러한 세션이 효과적이기 위해서 훈련자는 무엇을 할 수 있는가?

미주

1. Brown, O., Jepchumba, L., & Gaceri, P. (2013). For us it was a learning experience. *European Journal of Training and Development*, 37(7), 615–634; Haber, G. (2013). Considering culture in instructional design. *Chief Learning Officer*, 12(8), 4–5.

2. Buckman, J. M. (2004). Training methods. *Fire Engineering*, 157(4), 16–18; Lester, S. E., & Robson, A. K. R. (2007). Lesson plans in surgical training. *Clinical Otolaryngology*, 32(3), 207–208; Bloom, S. (2009). Gamebased learning: Using video game design for safety training. *Professional Safety*, July, 18–21; Gaye, P. A., & Nelson, D. (2009). Effective scale-up: Avoiding the same old traps. *Human Resources for Health*, 7(2). Accessed on February 11, 2015 at www.human-resources-health.com/content/7/1/2; Posner, J. (2009). Hi-tech logistics. *Training*, 46(7), 36–38; Schneider, J. W. (2009). Boosting business with employee training and development. *Building Design & Construction*, 50(3), 33; Guo, J., Huang, Q., & Lu, X. (2014). Design and implementation of a subject librarian training program for university libraries in China. *Reference & User Services Quarterly*, 54(2), 43–51; Sharma, H. (2014). Importance and performance of managerial training in Indian companies—an empirical study. *Journal of Management Development*, 33(2), 75–89.

3. Jefferson, A. M., Pollock, R. V. H., & Wick, A. W. (2009). *Getting your money's worth from training & development*. San Francisco, CA: Pfeiffer.

4. Stanley, T. L. (2010). Good training programs don't just happen. *Supervision*, 71(4), 24–26; Dahiya, S., & Jha, A. (2011). Training need assessment: A critical study. *International Journal of Information Technology and Knowledge Management*, 4(1), 263–267.

5. Van den Akker, J. (2003). Curriculum perspectives: Between ideals and outcomes. In B. Fraser & K. Tobin (Eds.), *International handbook of science education* (Vol. 1, pp. 421–427). Lappia, J. H. (2011). Towards design guidelines for work related learning arrangements. *Journal of European Industrial Training*, 35(6), 573–588.

6. Hansen, J. W. (2006). Training design: Scenarios of the future. *Advances in Developing Human Resources*, 8(4), 492–499; Dobbs, R. L (2006). Development phase of systematic training:

New technology lends assistance. *Advances in Developing Human Resources*, 8(4), 500–513; Freyens, B., & Martin, M. (2007). Multidisciplinary knowledge transfer in training multimedia projects. *Journal of European Industrial Training*, 31(9), 680–705; Wick, C., Pollock, R., & Jefferson, A. (2010). *The six disciplines of breakthrough learning: How to turn training and development into business results* (2nd ed.). San Francisco, CA: Pfeiffer; Lassk, F. G., Ingram, T. N., Kraus, F., & Mascio, R. D. (2012). The future of sales training: Challenges and related research questions. *Journal of Personal Selling & Sales Management*, 32(1), 141–154.

7. Gustafson, J. (2006). Delivering training at the speed of learning. *Training*, 43(7), 7; Price, T. A. (2008). Planning training programmes to support business initiatives: A model for business and training partnership. *Human Resource Development International*, 11, 427–434; Russell, L. R., Kinuthia, W. L., Lokey-Vega, A., Tsang-Kosma, W., & Madathany, R. (2013). Identifying complex cultural interactions in the instructional design process: A case study of a cross-border, cross-sector training for innovation program. *Educational Technology Research and Development*, 61(4), 707–732.

8. Swanson, R. A., & Holton, E. F. III (2009). *Foundations of human resource development* (2nd ed.). San Francisco, CA: Berrett-Koehler.

9. Duguay, S. M., & Korbut, K. A. (2002). Designing a training program which delivers results quickly! *Industrial and Commercial Training*, 34(6), 223–228; Lucier, K. H. (2008). A consultative training program: Collateral effects of a needs assessment. *Communication Education*, 57, 482–489.

10. Mager, R. F. (1984). *Preparing instructional objectives* (3rd ed.). Atlanta, GA: Center for Effective Performance.

11. *Ibid.*; Kirkpatrick, J., & Hawk, L. (2006). Curricula and evaluation: Maximizing results. *T & D*, 60(6), 61–62; Dysvik, A., & Kuvaas, B. (2014). Self-determination theory and workplace training and development. In M. Gagne (Ed.), *The Oxford handbook of work engagement, motivation, and self-determination theory* (pp. 218–230). New York: Oxford University Press.

12. As cited in Guilbert, J.-J. (2002). The ambiguous and bewitching power of knowledge, skills and attitudes leads to confusing statements of learning objectives. *Education for Health*, 15(3), 362–369.

13. Ng, Y. C., & Siu, N. N. Y. M. (2004). Training and enterprise performance in transition: Evidence from China. *International Journal of Human Resource Management*, 15(4/5), June/August, 878–894.

14. Phillips, J. J., & Phillips, P. P. (2008). *Beyond learning objectives: Develop measurable objectives that link to the bottom line.* Alexandria, VA: ASTD Press; Phillips, J. J., & Phillips, P. P. (2010). The power of objectives: Moving beyond learning objectives. *Performance improvement*, 49(6), 17–24.

15. Mager (1984), *supra* note 10.

16. *Ibid.*; Sharpe, C. (1998). *Write better behavioral objectives.* Alexandria, VA: ASTD Press; Laurel, D. S. (2008). *Jump-start your learning objectives.* Alexandria, VA: ASTD Press.

17. Mager (1984), *supra* note 10; Bezuijen, X. M., van Dam, K., van den Berg, P. T., & Thierry, H. (2010). How leaders stimulate employee learning: A leader-member exchange approach. *Journal of Occupational & Organizational Psychology*, 83, 673–693.

18. Mager (1984), *supra* note 10; Belilos, C. (1997). Demystifying training design: Defining effective training objectives. Accessed on February 11, 2015 at: http://www.easytraining.com/training.htm; Ivy, J. W., & Schreck, K. A. (2008). A behavioral approach to training day care workers. *International Journal of Behavioral Consultation & Therapy*, 4, 227–238.

19. Mager (1984), *supra* note 10.

20. Marger (1984), *supra* note 10.

21. Mager, R. F. (1962). *Preparing objectives for programmed instruction.* San Francisco, CA: Fearon.

22. Bray, T. (2006). *The training design manual: The complete practical guide to creating effective and successful training programmes.* London: Kogan Page.

23. Nadler, L., & Nadler, Z. (1994). *Designing training programs: The critical events model* (2nd ed.). Houston, TX: Gulf Publishing.

24. Zemke, R., & Rossett, A. (2002). A hard look at ISD. *Training*, 39(2), 32.

25. Day, E. A., Blair, C., Daniels, S., Kligyte, V.,&Mumford, M. D. (2006). Linking instructional objectives, to the design of instructional environments: The integrative training design matrix. *Human Resource Management Review*, 16(3), 376–395.

26. Goodman, J. S., & Wood, R. E. (2009). Faded versus increasing feedback, task variability trajectories, and transfer of training. *Human Performance*, 22, 64–85.

27. Langdon, D. (1999). Objectives? Get over them. *Training & Development*, 53(2), 54–58.

28. Langdon, D. G. (2010). Mind the performance. *Performance Improvement*, 49(8), 7–13; The language of work proforma (2015). Performance International. Accessed on February 14, 2015 at http://www.performanceinternational.com/process-steps/proforma/.

29. Sims, R. R. (1998). *Reinventing training and development.* Westport, CT: Quorum Books; Sims, R. R. (2006). *Human resource development: Today and tomorrow.* Charlotte, NC: Information Age Publishing; Wu, J. L. (2013). The study of competency-based training and strategies in the public sector experience from Taiwan. *Public Personnel Management*, 42(2), 259–271.

30. Carnevale, A. P., Gainer, L. J., Villet, J., & Holland, S. L. (1990). *Training partnerships: Linking employers and providers.* Alexandria, VA: American Society for Training and Development; Everett, J. (2000). When training professionals begin to manage vendors: Lessons from Apple computer. In M. C. Anderson (Ed.), *Building learning capability through outsourcing: Twelve case studies from the real world of training* (pp. 57–73). Alexandria, VA: ASTD Press; Abudi, G. (2015). Criteria for selecting a training vendor. Accessed on February 14, 2015 at: http://www.ginaabudi.com/criteria-selecting-training-vendor/; 12 tips for choosing a training vendor. Tero International, Inc. Accessed on February 14, 2015 at: http://www.tero.com/outsourcetips.html

31. Carnevale et al. (1990), *supra* note 32.

32. *Ibid.*

33. ATD (2014). *2014 State of the industry.* Alexandria, VA: ATD.

34. Gainey, T. W., & Klaas, B. S. (2002). Outsourcing the training function: Results from the field. *Human Resource Planning*, 25(1), 16–22; Gainey, T. W., & Klaas, B. S. (2003). The outsourcing of training and development: Factors impacting client satisfaction. *Journal of Management*, 29(2), 207–229; Gainey, T. W., & Klaas, B. S. (2005). Outsourcing relationships between firms and their training providers: The role of trust. *Human*

Resource Development Quarterly, 16, 7–25; Susomrith, P., & Brown, A. (2013). Motivations for HR outsourcing in Australia. *International Journal of Human Resource Management*, 24(4), 704–720.

35. Gainey & Klaas (2002), *supra* note 36, p. 22.

36. Dumas, M. A., & Wile, D. E. (1992). The accidental trainer: Helping design instruction. *Personnel Journal*, June, 106–110; Weiss, E. (1997). *The accidental trainer*. San Francisco, CA: Jossey-Bass; Bartlett, K. R. (2003). Accidental trainers versus HRD professionals. *Human Resource Development Quarterly*, 14, 231–234.

37. McLagan, P. (1989). *Models for excellence: The conclusions and recommendations of the ASTD training and development competency study*. Alexandria, VA: ASTD.

38. Williams, S. W. (1999). Improving technical training: The effectiveness of technical subject matter experts as trainers. In K. Peter Kuchinke (Ed.), *Academy of Human Resource Development: Vol. 1. 1999 Conference proceedings* (pp. 588–595). Baton Rouge, LA: AHRD; Williams, S. W. (2001). The effectiveness of subject matter experts as technical trainers. *Human Resource Development Quarterly*, 12(1), 91–97.

39. Lin, Y.-C., & Jacobs, R. L. (2008). The perceptions of human resource development professionals in Taiwan regarding their working relationships with subject matter experts (SMEs) during the training design process. *Human Resource Development International*, 11, 237–252.

40. Training the trainer (2015). American Management Association Seminar #8507. Accessed on February 11, 2015 at http://www.amanet.org/training/seminars/Training-the-Trainer.aspx.

41. Dumas & Wile (1992), *supra* note 39.

42. Biech, E. (2009). *ASTD's ultimate train the trainer: A complete guide to training success*. Alexandria, VA: ASTD Press.

43. Mosher, B. (2014). Engage the BME in learning design. *Chief Learning Officer*, 13(1), 12.

44. Boehle, S. (2007). Subject matter expert trouble? *Training*, 44(4), 28–30.

45. McClellan, P., & Pater, R. (2004). The power of training trainers. *Occupational Health & Safety*, 73(7), 96–100; Carruth, A. K., Pryor, S., Cormier, C., Bateman, A., Matzke, B., & Gilmore, K. (2010). Evaluation of a school-based trainthe-trainer intervention program to teach first aid and risk reduction among high school students. *Journal of School Health*, 80(9), 453–460.

46. Train-the-trainer workshops in full gear. (2003). *The American Nurse*, 35(2), March/April, 11.

47. Morrison, G. R., Ross, S. M., Kalman, H. K., & Kemp, J. E. (2011). *Designing effective instruction* (6th ed.). Hoboken, NJ: John Wiley & Sons.

48. Gilley, J. W., & Eggland, S. A. (1989). *Principles of human resource development*. Reading, MA: Addison-Wesley; Crawford, D., (2008). 'Think training camp.' *Credit Union Magazine*, 74(12), 42–45; Schultz, J. R. (2008). Helping ease the transition. *Quality Progress*, 41(5), 53–58.

49. Rothwell, W. J., & Kazanas, H. C. (2008). *Mastering the instructional design process: A systematic approach* (4th ed.). San Francisco, CA: Pfeiffer/Wiley; Fortney, K. S., & Yamagata-Lynch, L. C. (2013). How instructional designers solve workplace problems. *Performance Improvement Quarterly*, 25(4), 91–109.

50. HAZWOPER Program. (2004). *Occupational Health & Safety*, 73(11), 82; New Environment, Inc. (2015). Accessed on February 11, 2015 at http://www.newenv.com/hazwoper_train-the-trainer.htm.

51. Sumner, C. (2007). Training: Illustrating the benefits. *Teaching Business & Economics*, 11(1), 18–19.

52. Bills, S. (2004). N. C.'s first citizens e-training. *American Banker*, 169(108), June 7, 18.

53. CrossTec Corporation (2015). CrossTec SchoolVue: Classroom management. Accessed on February 12, 2015 at http://www.crosstecsoftware.com/educational/schoolvue.html.

54. Pass, S. (2006). Charting the effects of improving instruction: College seniors learning to write lesson plans. *Performance Improvement*, 45(4), 30–37; Himmelspach, J. (2009, August 10). Teachers study workplace; businesses receive benefits. *Grand Rapids Business Journal*, 27(33), 1; Baker, D. F. (2014). When moral awareness isn't enough: Teaching our students to recognize social influence. *Journal of Management Education*, 38(4), 511–532.

55. Chatzimouratidis, A., Theotokas, I., & Lagoudis, I. N. (2012). Decision support systems for human resource training and development. *International Journal of Human Resource Management*, 23(3), 662–693.

56. ATD (2014), *supra* note 35.

57. Naish, R. (2009, March). The value of video. *E. Learning Age*, pp. 8–9; Werner, J. M., Yin, L. R., & Kumta, S. (2015). Promoting innovative management education: Lessons from the art and science of improv. Paper submitted to the Academy of Management conference, August.

58. Walters, G. (2009, September). Full speed ahead. *E. Learning Age*, pp. 18–19.

59. Tajudin, A., Noor, N. M., & Mustapha, R. M. R. (2014). The role of design factors in influencing training transfer among small businesswomen. *International Journal of Management Excellence*, 3(2), 432–435.

60. Coetzer, A., Redmond, J., & Jalleh, S. (2012). Decision making regarding access to training and development in medium-sized enterprises. *European Journal of Training and Development*, 36(4), 426–447.

61. McKinlay, J. W., Grogan, S., Sedakat, P., & McKinlay, C. J. (2010). The learner as facilitator: moving outside the "same old cage." *Journal of European Industrial Training*, 34(8/9), 790–804; Bell, S. T., Towler, A. J.,&Fisher, D. M. (2011). A multilevel examination of the influence of trainee-trainer gender dissimilarity and trainee-classroom gender composition dissimilarity on trainee knowledge acquisition. *Human Resource Development Quarterly*, 22(3), 343–372.

62. Sims (1998), *supra note* 29; Sims, R. R. (2006), *supra* note 29; see also Schultz (2008), *supra* note 51, and Fragoulis, I, Valkanos, E., & Florou, P. (2008). Trainees' perceptions of the quality and effectiveness of in-house education and training techniques. *Training & Management Development Methods*, 22(4), 45–63; Kolb, D. A. (2014). Becoming an experiential management educator. Keynote address, Management Education and Development Division, Academy of Management conference, Philadelphia, August 4.

63. OSHA releases training materials from grant recipients (2010). *Safety & Health*, 182(1), 15–16; OSHA (2015). Training and reference materials library. Accessed on February 14, 2015 at https://www.osha.gov/dte/library/materials_library.html.

64. McCullough, R. C. (1987). To make or buy. *Training and Development Journal*, 41(1), 25–26.

65. Cengage Learning Custom Solutions (2015). Accessed on February 12, 2015 at http://www.cengage.com/custom/customers.html.

66. Cameron, K. S., Ireland, R. D., Lussier, R. N., New, J. R., & Robbins, S. P. (2003). Management textbooks as propaganda. *Journal of Management Education*, 27(6), 711–729; see also Jowett, G. S., & O'Donnell, V. (2006). *Propaganda and persuasion* (4th ed.). Thousand Oaks, CA: Sage.

67. Berti, J. (2009). Copyright infringement and protection in the Internet age. *IT Professional*, 11(6), 42–45.

68. Ward, F. (2007). *Staying legal: A guide to copyright and trademark use*. Alexandria, VA: ASTD Press.

69. RegOnline (2015). Retrieved February 12, 2015 at https://www.regonline.com/.

70. Zhang, P., & Bhattacharyya, S. (2008). Students' views of a learning management system: A longitudinal qualitative study. *Communications of AIS*, 23, 351–374; Cordivari, R. (2010). From training company to learning organization. *T&D*, 64(1), 60–63; Cascio, W. F. (2014). Leveraging employer branding, performance management and human resource development to enhance employee retention. *Human Resource Development International*, 17(2), 121–128; Read, N., & Shetty, D. (2014). Using e-learning creatively for tools training. *Training & Development*, 41(5), 16–17.

71. Woodill, G. (2004). Where is the learning in e-learning? Accessed on February 11, 2015 at http://www.operitel.com/lib/pdf/wp_elearning_analysis.pdf; Allen, M. (2014). The return of serious design. *Chief Learning Officer*, 13(7), 30–33; Beam, C. (2014). *The accidental instructional designer: Learning design for the digital age*. Alexandria, VA: ASTD Press; Hall, B. (2014). A brief history of learning technology. *Chief Learning Officer*, 13(5), 16; Tips for designing e-learning to meet CPE standards. (2014). *T+D*, 68(4), 21.

72. West, B. (2006, March). Online, it's all about design. *Training*, 43(3), 76.

73. DeRouin, R. E., Fritzsche, B. A.,&Salas, E. (2004). Optimizing e-learning: Research-based guidelines for learner-controlled training. *Human Resource Management*, 43(2/3), 147–162; London, M., & Hall, M. J. (2011). Unlocking the value of Web 2.0 technologies for training and development: The shift from instructor-controlled, adaptive learning to learner-driven, generative learning. *Human Resource Management*, 50(6), 757–775; Hughes, M. G., Day, E. A., Wang, X., Schuelke, M. J., Arsenault, M. L., Harkrider, L. N., & Cooper, O. D. (2013). Learner-controlled practice difficulty in the training of a complex task: Cognitive and motivational mechanisms. *Journal of Applied Psychology*, 98(1), 80.

74. Factors that contribute towards improving learning effectiveness using a specific learning management system (LMS) at the Military Academy (MA): A demonstration. (2010). *Campus-Wide Information Systems*, 27(5), 318–340.

75. Lim, C. P. (2004). Engaging learners in online learning environments. *TechTrends*, 48(4), 16–23.

76. Woodill, G. (2010). Getting started with mobile learning. *T&D*, 64(12), 76–77; Ellis, R. K. (2013). Mobile learning booms in global markets. *T&D*, 67(12), 12; Gilbert, S. (2014). E-learning design with ease. *T&D*, 68(7), 70–71.

77. Sitzmann, T., Kraiger, K., Stewart, D., & Wisher, R. (2006). The comparative effectiveness of web-based and classroom instruction: A meta-analysis. *Personnel Psychology*, 59, 623–664; Johnson, R. D., Gueutal, H., & Falbe, C. M. (2009). Technology, trainees, metacognitive activity and e-learning effectiveness. *Journal of Managerial Psychology*, 24, 545–566; Piskurich, G. (2009). Training with the punches. *T&D*, 63(4), 96; Passion, V., & Gotsill, G. (2010). Learning lessons as a team. *T&D*, 64(8), 58–61; Porcaro, D., & Carrier, C. (2014). Ten guiding principles for designing online modules that involve international collaborations. *International Journal of Education and Development using ICT*, 10(2), 142–150.

78. Shepherd, C. (2009, September). Master the new media. *E.Learning Age*, p. 12.

79. Kaplan-Mor, N., Glezer, C., & Zviran, M. (2011). A comparative analysis of end-user training methods. *Journal of Systems and Information Technology*, 13(1), 25–42; Krompho, S., & Porrawatpreyakorn, N. (2013). Identifying factors influencing hybrid self-regulated and collaborative learning: Toward an end-user training framework. In *Advances in Information Technology* (pp. 120–130). Berlin, Germany: Springer International.

6장 | HRD 프로그램 실행

학습 목표

이 장을 읽고 나면 당신은…

1. 훈련 전달에 대한 세 가지의 포괄적 접근법과 장·단점을 기술할 수 있다.
2. 강의실 훈련의 다섯 가지 주요 범주와 장·단점을 기술할 수 있다.
3. 훈련 전달 방법 중 자기 보속 훈련 접근법의 장·단점을 기술할 수 있다.
4. 다양한 훈련 기법들이 각각 다른 상황 하에서 언제 더 또는 덜 효과적인지를 판별할 수 있다.
5. 하나의 훈련 주제 또는 모듈의 퍼실리테이터로서 전문성을 개발할 수 있다.
6. HRD 프로그램을 제공하고 개선하기 위한 테크놀로지 사용 방법을 기술할 수 있다.
7. 훈련 내용을 전달하기 위해 테크놀로지를 효과적으로 사용하는 전문성을 개발할 수 있다.
8. HRD 프로그램을 실행하는데 필요한 활동들을 이해하고 설명할 수 있다.

핵심 용어

강의 기법
강의실 훈련
동적 매체
블렌디드 러닝
비즈니스 게임
사례연구 기법
시청각 기법/매체
인바스켓 훈련
인트라넷
인트라넷 기반 훈련(IBT)
정적 매체
지능형 컴퓨터 이용 학습(ICAI)
직무 순환
직무지도훈련(JIT)
컴퓨터 기반 훈련(CBT)
컴퓨터 이용 학습(CAI)
텔레커뮤니케이션
토의 방식
행동 모델링
현장 훈련(OJT)
화상회의
e-러닝

도입 사례

당신이 규모가 크고 꾸준히 성장하는 부동산 컨설팅 기업의 '최고지식책임자(*Chief Knowledge Officer*)'라고 생각해보자. 콜리어스 인터내셔널(*Colliers International*)사는 15,000명 이상의 종업원이 근무하고 있다. 당신에게 전 세계 480개 사무실에 있는 직원들을 훈련하는 임무가 주어졌다. 이 훈련에서 상품 지식, 비즈니스 스킬, 그리고 행동 코칭(*behavioral coaching*)에 집중하기로 결정했다. 콜리어스사는 어떻게 관리자들을 훈련하고 개발할 수 있는가? 이에 대한 대책으로 기업 대학인 콜리어스 대학을 설립하였다.

질문: 만약 당신이 콜리어스 대학의 책임자라면, 어떤 유형의 학습 기회를 강조할 것인가? 강조하고자 하는 특정한 방법이 있는가? 왜 그 방법인가? 테크놀로지 기반 학습을 어느 정도까지 강조할 것인가? 학습자가 훈련을 선택할 때 어느 정도 자율성을 부여할 것인가? 훈련 과정에 최고 경영층을 참여시킬 것인가?

출처: Colliers International (2015). Accessed on February 16, 2015 at: http://www.colliers.com/en-us/about#.VODGrDF_n1

도입

이 장을 시작하면서, 다음의 문장들이 참(T)인지 거짓(F)인지 생각해보라.

- 어떤 새로운 기술을 배우는 가장 좋은 방법은 작업 현장에서 배우는 것이다.
- 강의 기법은 훈련 목적을 달성하기에 가장 좋지 않은 방법이다.
- 효과적인 그룹 토의를 촉진시키는 질문을 개발하는 것은 비교적 쉬운 일이다.
- PC의 발표 슬라이드에는 많은 독특한 효과(소리, 그림 등)를 넣는 것이 좋다.
- 훈련자가 학습자에게 사례연구를 시키는 것은 훈련자 입장에서 강의를 하지 않고 시간 보내기 좋은 방법이다.
- 컴퓨터 기반 훈련은 다양한 HRD 전달 방법들에서 가장 많이 사용되는 것이다.

이 장은 훈련 및 HRD 프로세스의 세 번째 단계에 해당한다. 즉, 훈련과 HRD 프로그램의 실행이다. HRD 프로그램의 효과적 전달을 위해서는 상당한 준비와 창의력과 유연성이 요구된다.[1] 앞 장의 요구

그림 6.1 훈련 및 HRD 프로세스

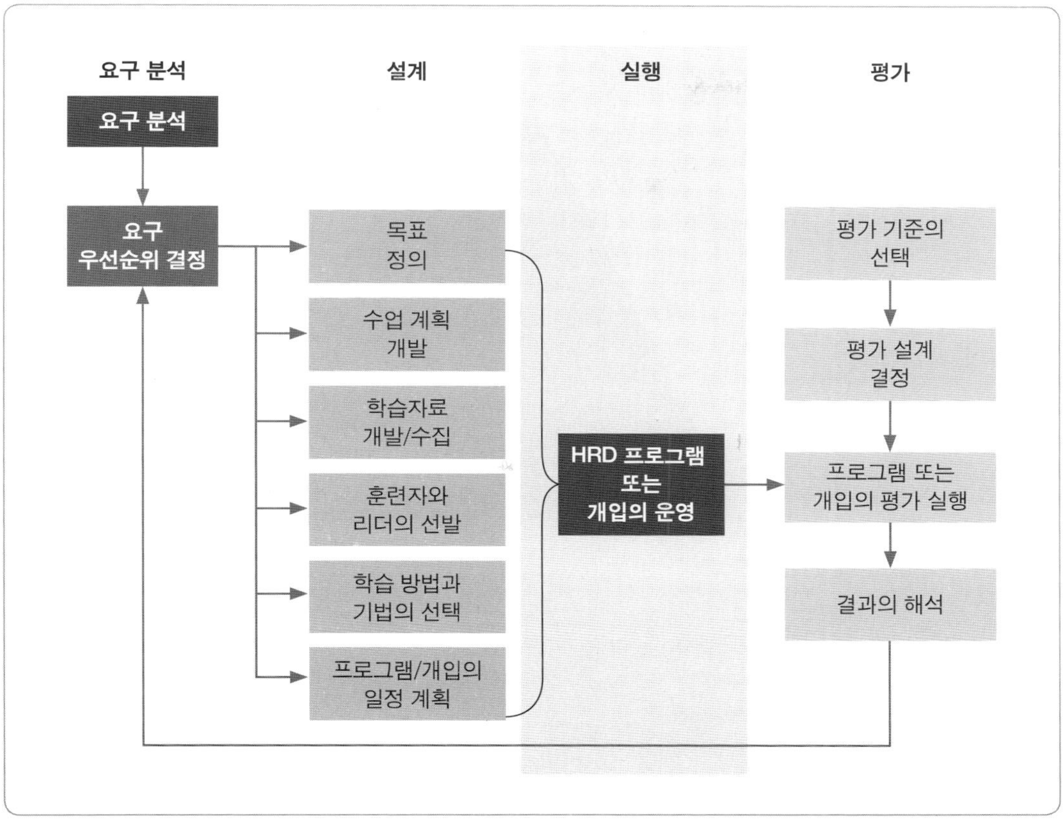

분석과 설계의 이슈도 이러한 관점에서 논의되었다. 〈그림 6.1〉은 이런 활동들이 훈련과 HRD 프로세스 모델 안에서 적절히 위치하고 있음을 보여준다.

효과적 전달 혹은 실행은 훈련 요구가 정확하게 파악되고, 학습 목표가 명확화될 때 가능하다. 5장에서 밝혔듯이 학습 목표는 프로그램의 설계뿐만 아니라 프로그램 전달 방식의 선정과 훈련 방식에 큰 영향을 미친다. 이 장에서는 훈련을 실행하는 데 사용 가능한 방법들에 대하여 집중적으로 살펴볼 것이다.[2] 이런 방법은 기존의 강의실 수업과 같은 방식을 대체하는 기술(즉, 온라인 강의)일 수도 있고, 강의실 환경을 보조하는 기술이 될 수도 있다. 기술의 발전과 관련된 내용은 이번 장의 뒷부분에서 자세히 다룰 것이다.

훈련 전달 방식

3장에서 종업원의 성과에 있어서 전문가와 초보자 수준의 차이에 대해 논의했다. 훈련은 특정 분야에서 학습자의 전문성을 향상시키는 것이 목적이다. 어떤 훈련 방법을 선택할 때 학습자의 현재 전문성

그림 6.2 적절한 훈련 방식 선택을 위한 학습 피라미드

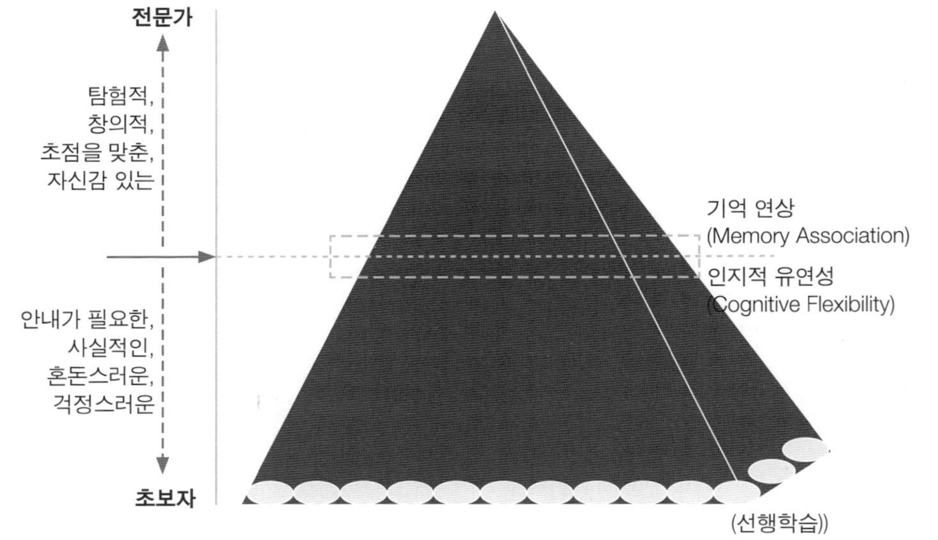

출처: Yin, L. R. (2011). Learning pyramid. Accessed February 21, 2011 at: http://facstaff.uww.edu/yinl/Learning-Pyramid-Explained.htm.

수준(*current level of expertise*)을 고려하는 것이 중요하다. 〈그림 6.2〉는 학습 피라미드를 보여준다. 피라미드의 가장 바닥 부분은 학습의 전제 조건인 기본적인 기술과 학습을 위해 필요한 지식들을 의미한다.[3] 초보 학습자는 쉽게 헷갈리거나 당황할 수 있고, 그렇기에 초보 학습자는 더 많은 지도 혹은 강의 위주의 훈련 방식이 필요하다. 반대로, 전문가 수준의 학습자들은 더 창의적이고 자신감을 갖게 된다. 그러므로 훈련 방식이 실험적이고 탐구적인 방식이 적합하다.[4] 〈그림 6.2〉의 중간 화살표는 학습자가 지도가 많이 필요한 수준에서 탐구적인 학습 방식으로 넘어가는 수준을 의미한다.[5]

경험 중심의 학습법은 강의 중심의 학습법보다 많은 시간이 필요하기 때문에, 많은 사람들에게 적용되지는 않는다(그림 6.2의 위쪽으로 갈수록 좁아지는 피라미드형 구조). 이 그림은 3장에서 배운 선언적 지식(*declarative knowledge*)과 절차적 지식(*procedural knowledge*)의 구분과도 관련된다. 대부분의 경우에 학습자는 먼저 '무엇을 할지(*what to do*)(선언적 지식)'를 배운 다음, '어떻게 할지(*how to do it*)(절차적 지식)'를 배우게 된다. 효과적인 훈련 및 HRD 프로그램은 학습자가 피라미드 상에서 어디에 위치하는지를 파악한 다음에 전문성을 더 향상시키는 방향으로 필요한 지원을 해야 한다. 대부분의 경우 강의와 경험 방식 둘 다 사용된다. 예를 들어, 조직에서는 수업, 토의, 사례 분석, 행동 모델링, 역할 연기, 시뮬레이션 등을 혼합하여 사용한다. 이런 혼합적 접근은 학습자들이 각각 서로 다른 수준일 때 유용하다. 훈련 전달의 방법들에 대해서는 다음 절에서 설명하도록 하고, 먼저 훈련 방법을 선택할 때는 다음과 같은 점을 중요시해야 한다.

표 6.1 훈련 방법과 기법

방법	기법
현장 훈련 (OJT)	직무지도훈련 직무 순환 코칭 멘토링
강의실 수업	강의 컨퍼런스/토의 시청각 정적 매체(설명자료, 책) 동적 매체(DVD, 비디오, 필름) 통신(위성 전송, 인터넷) 경험적 기법 사례연구 비즈니스 게임 역할 연기 행동 모델링 컴퓨터 기반 훈련(강의실 기반) 네트워크화된 컴퓨터 연구실/강의실
자기 보속 학습	종이 기반 훈련 워크북(프로그램화된 수업) 컴퓨터 기반 훈련(비강의실 기반) 컴퓨터 이용 학습(멀티미디어, CD-ROM) 인터넷/인트라넷 지능형 컴퓨터 이용 학습

1. 프로그램의 목표(5장에서 다룸)
2. 학습자들의 현재 전문성 수준에 대한 명시적 고려
3. 활용 가능한 자원(인적자원과 기술자원 모두)[6]

훈련 방법은 업무 현장에서 이루어지는 현장 훈련(*OJT, on-the-job training*) 혹은 업무에서 벗어나 이뤄지는지 Off-JT(*off-the-job training*)로 크게 구분된다.[7] OJT 방식을 먼저 논의한 다음에 Off-JT 방식으로 이뤄지는 강의실 접근법(컨퍼런스 룸 혹은 강의실)에 대해 다룰 것이다. 하지만, 훈련 방식의 세 번째 분류는 자기 보속 학습(*self-paced learning*) 혹은 개별화 접근을 포함한다. 예를 들어, 컴퓨터 기반 훈련은 업무 현장에서 이뤄질 수도 있고, 컴퓨터가 갖춰진 강의실 환경에서도 가능하다. 최근 컴퓨터 기반 훈련(CBT)의 급격한 성장은 다양한 상황에서 자기 보속 학습 방식을 가능하게 한다(예를 들어, 인터넷 기반 학습, 원격 학습, 또는 CD-ROM). 〈표 6.1〉은 이 장에서 논의될 OJT, 강의실 환경에서의 교육, 자기 보속 학습의 방법과 기법을 보여준다.

1. 현장 훈련 방법

현장 훈련(*OJT, On-the-job Training*)는 학습자의 일상적인 업무 현장(책상이나 기계 등)에서 행해지는 모든 교육을 말하며, 훈련의 가장 일반적인 형태이다. 대부분의 종업원들은 직장에서 최소한의 훈련이나 코칭을 받는다. 사실상 종업원과 관리자 간에 일어나는 일대일 학습은 어떤 유형이건 간에 모두 OJT로 분류된다. 일반적으로 무형식 학습(*informal learning*)에서 배우는 것이 형식 학습(*formal learning*)을 통해 배우는 것보다 크다고 한다.[8] OJT는 조직 내에 다양한 업무를 수행할 스킬을 갖춘 인력들이 부족해지자 이를 보완하기 위해 촉진되었다.[9] 또한 태국의 한 제조 업체의 조사 결과에 따르면, 공식 교육을 적게 받은 종업원에게 상대적으로 더 많은 OJT 기회를 제공한다고 한다.[10] 불행하게도 대부분의 OJT는 특정한 구조나 계획, 고려가 없이 무형식적으로 실행된다. 이런 무형식적 노력은 매우 바쁜 관리자가 새로 고용된 종업원에게 "저기 조(*Joe*) 옆에 가서 앉아"라고 말하는 것으로 끝나는 경우도 있다.[11] 이런 무형식 OJT는 "실수 확률을 높이고, 생산성을 떨어뜨리며, 훈련 효과를 감소시킨다"는 연구 결과가 있다.[12] 왜 이런 일이 발생하는가?

구조화된 OJT 프로그램은 적절한 교수법을 교육받은 전담 훈련자를 통해 가능하다. OJT의 실태를 조사한 결과에 따르면 (1) 관리자, 동료, 그리고 낮은 비율로 HRD 담당자들이 구조화된 OJT 프로그램을 진행했고, (2) 대부분의 조직들은 OJT 훈련자들에게 훈련자-훈련 프로그램을 제공했으며, (3) 최고 경영진들은 일반적으로 구조화된 OJT 프로그램을 지원했다.[13] 한국의 거대 생명보험회사에서 실시한 조(*Cho*)의 연구에 따르면, 구조화된 OJT 절차를 활용하는 훈련을 받은 훈련자의 자기 효능감과 조직 헌신도가 그렇지 않은 자보다 더욱 높게 나타났다.[14]

형식적인 OJT에는 강의실 훈련에 비해 두 가지 장점이 있다. 첫째, OJT는 학습의 전이를 촉진시킨다. 학습자가 학습한 결과를 실제 업무 환경에서 즉각 행동으로 옮길 수 있는 기회가 많다. 학습 환경이 업무 환경과 같기 때문에 학습의 전이가 촉진된다(3장의 물리적 동일성(*physical fidelity*) 개념 참조). 둘째, OJT는 훈련 비용이 저렴하다. 추가적인 훈련 시설이 더 필요하지 않다. 예를 들어, 하드록카페(*Hard Rock Cafe*)는 거의 모든 훈련을 직장 내에서 진행한다. 관리자들은 대부분의 훈련을 새로운 업무 수행의 시작 시점에 실시하는데, 이 때 직무 보조서(*job aid*)가 주로 활용되고, 이런 자료들은 긴 설명문보다는 그래프와 간략한 주요 항목들로 구성되어 있다. 이 레스토랑의 젊은 직원들은 이런 방식에 긍정적인 반응이다.[15]

그러나 OJT에도 몇 가지 한계점이 있다. 먼저, 업무 장소에 학습을 저해하는 물리적인 제한이나 소음과 같은 산만한 요소들이 있을 수 있다. 이러한 경우는 대부분 직무가 갖는 일반적인 속성이기 때문에 해결하기가 어렵다. 둘째, 훈련 과정에 값비싼 장비를 사용하는 것은 비용 문제를 발생시키거나 생산 계획에 차질을 야기할 수 있다. 셋째, 고객이 있을 때 OJT를 실시하는 것이 고객에게 불편을 주고, 서비스 질을 떨어뜨릴 수 있다. 넷째, 거대한 장비를 필요로 하거나 화학물질을 사용하는 OJT는 근처에서 일하는 다른 사람들의 안전을 해칠 수 있다. 이런 네 가지 문제점들을 줄이기 위해서는 훈련자가 미리 예방책을 갖고 있어야 한다.

많은 경우 OJT는 Off-JT와 혼합되어 사용된다.[16] 예를 들어, KLM 로얄 더치 에어라인(*Royal Dutch Airlines*)은 신입 승무원에 실시하는 고객 서비스 훈련은 처음에는 강의실 기반의 훈련 방법을 사용한다. 그러나 이후 훈련들은 시범 비행 중에 실시된다. 학습자들은 숙련된 승무원들 앞에서 서비스 전달 기술을 시연해야 한다.[17] 영국에서 이루어진 OJT 사례연구에 따르면, OJT가 체계적인 방식으로 행해질 때 가장 효과가 좋다. 체계적인 방식이란 최고 경영진의 분명한 지원이 있고, 일선 관리자들이 OJT에 충실한 것을 말한다. 그리고 복잡한 직무에서는 강의실 기반 학습, 컴퓨터 기반 학습, 그리고 OJT가 혼합 되었을 때 훨씬 더 효과적이었다.[18] 스완 푸드 컴퍼니(*Schwan Food Company*)는 신입 관리자 대상의 고객 서비스 훈련을 위해 구조화된 OJT를 3박 4일간 강의실 훈련과 결합하여 진행했다.[19] IT 전문가 대상의 형식

훈련과 자격 과정의 프로그램을 실시할 때 OJT는 보충적인 훈련으로 추천된다.[20]

OJT에는 적어도 네 가지 종류로 분류될 수 있는데, 바로 직무지도훈련(JIT), 직무 순환, 코칭, 그리고 멘토링이다. JIT과 직무 순환은 이 장에서 다룰 것이고, 코칭과 멘토링은 이후 다른 장에서 다룰 것이다.[21] 인턴십 또한 OJT의 한 종류가 될 수 있다.[22]

1.1 직무지도훈련(JIT)

직무지도훈련(*JIT, job instruction training*)은 특정 직무를 담당하고 있는 종업원을 훈련하기 위해 훈련자가 사용하는 일련의 지도 과정을 의미한다. 이것은 일종의 OJT이다.[23] JIT 프로그램의 내용은 간결한 것이 특징이다. 〈표 6.2〉는 훈련자가 학습자를 준비시키고, 과업을 보여주고, 실습하게 한 뒤, 사후검토를 제공하는 4단계 과정을 보여준다.[24] 학습자에 대한 준비(*preparing the workers*)는 학습자에게 무엇이 기대되는지 알려주는 단계이다. 이 단계는 종업원에게 참조할 수 있는 훈련 매뉴얼, 지침서 등의 직무 보조서를 제공하는 과정을 포함한다. 과업 보여주기(*presenting the task*)는 학습자가 과업을 이해하고 그대로 수행할 수 있도록 전달되어야 한다. 훈련자는 과정을 반복하기 전에 그 업무를 상세히 설명한다. 실습 시간(*practice time*)은 특정한 기술을 습득하는데 매우 중요하다. 마지막으로 훈련자는 사후 검토를 실시해야 한다. 이 과정은 학습자가 발전하는 것을 확인하는 과정이다. 사후 검토 기간 동안에 훈련자는 적절한 시기에 코칭 기법을 사용한다.

표 6.2 직무지도훈련(JIT)

단계 1: 학습자를 준비시키기

a. 학습자를 편안하게 만든다.
b. 학습자가 알고 있는 것을 확인한다.
c. 동기부여 한다.
d. 과업을 준비한다.

단계 2: 과업을 보여주기

a. 말하기
b. 보여주기
c. 설명하기
d. 시범 보이기

단계 3: 실습하기

a. 학습자가 과업을 수행하도록 한다.
b. 학습자가 과업의 단계를 설명하도록 한다.
c. 수행 행동에 대해 피드백을 준다.
d. 올바른 행동에 대해 강화해준다.

단계 4: 사후 검토

a. 학습자가 자신의 과업을 수행하게 한다.
b. 학습자가 질문하도록 한다.
c. 주기적으로 수행행동을 관찰한다.
d. 점차적으로 훈련을 줄여간다.

출처: From Wexley, K. N., & Latham, G. P. (2002). *Developing and training human resources in organizations*, 3e. Reprinted with permission of Pearson Education, Inc., Upper Saddle River, NJ.

예를 들어, 컴민스 엔진컴퍼니(*Cummins Engine Company*)는 JIT 기법과 일본의 카이젠(*continuous improvement, Kaizen*) 철학을 결합하여 'Just Do It Training(JDIT)'을 만들었다. 이 JDIT 기법은 기본 원리에 대한 강의로 시작하고, 개선이 필요한 직무를 밝혀나간다. 이 개선 과정은 다음의 다섯 가지 단계로 구성된다. (1) 실제 업무 과정을 관찰하고, 문제를 밝힌다. (2) 가능한 개선 사항들에 대해 브레인스토밍 한다. (3) 각각의 개선 선택 안에 대해 분석한다. (4) 개선안을 실행한다. (5) 결과를 분석하고 수정한다.[25] 이 기법에서 훈련자의 역할은 학습자를 안내하고 잠재적인 문제점을 발견하게 하며, 스스로 가능한 해결책을 찾도록 돕는 것이다. 훈련자는 학습 과정에 피드백과 강화를 제공한다.

JIT의 성공은 훈련자가 자신의 스타일을 훈련 과정에 녹여낼 수 있는 능력에 달려있다. 특히 훈련자가 학습자의 동료이거나 관리자일 때, 훈련자는 훈련의 시작에 앞서 학습자의 훈련 요구를 분석해야 한다. 만약 훈련 자료가 너무 어렵거나 너무 쉽다면, OJT 훈련자는 학습자의 요구 수준에 맞게 자료나 기법을 수정할 필요가 있다. 일단 학습자가 업무를 수행할 수 있다고 이야기하면, 그들이 자발적으로 업무를 수행하도록 허락해야 한다. 그러나 훈련자나 관리자는 주기적으로 학습자의 업무 행동을 체크하고, 질문하며, 모든 것이 잘 수행되고 있는지를 확인해야 한다. 우바니악(*Urbaniak*)은 "모든 걸 떠나서, 학습자를 자유롭게 하되 잊어버리지는 마라"고 조언했다.[26]

1.2 직무 순환

지금까지는 직무와 관련된 스킬을 개발시키기 위한 기법들(*techniques*)을 다루었다. **직무 순환**(*job rotation*)도 이와 같은 의도를 갖고 있는 기법으로 학습자들이 지도를 받기보다는 관찰과 수행을 통해 학습할 것을 기대한다. 순환은 말 그대로 특정 기간 동안 서로 다른 역할이나 부서에서 일련의 과업을 수행하는 것을 의미한다.[27] 이 과제를 수행하는 동안, 학습자들은 안내, 훈련, 평가의 책임을 담당하는 감독자에게 관리 받는다. 전체 훈련 기간 동안 학습자는 해당 부서가 어떻게 일하는지, 핵심 역할, 규범, 절차는 무엇인지 등을 배우게 된다. 훈련 기간이 끝날 때, 그 동안 축적된 평가 결과는 학습자의 준비 정도를 측정하고, 그 사람이 어떤 부서에서 일하게 될지를 결정하는 데 활용된다. 직무 순환에 대한 덴마크의 한 연구에 따르면, 대략 20%의 기업이 시급제 근무자(*hourly employee*)들에게 직무 순환을 실시하고, 6%의 기업이 연봉제 근무자(*salaried employee*)들에게 직무 순환을 실시한다고 한다.[28] 일부 학자들은 직무 순환이 종업원들을 동기부여하고 흥미를 이끌어내는 방법이라고 주장하지만, 이 연구에서는 직무 순환이 서로 다른 직무를 관통하는 종업원의 특별한(*unique*) 능력에 대한 정보를 얻는 데 유용하다고 한다. 많은 종업원들의 직무 순환 계획을 수립하는데 사용 가능한 지침서가 존재한다.[29]

직무 순환이 적용되는 훈련 대상은 주로 신입사원들이다. 이 기법의 목적은 신입사원들이 향후 성공적인 관리자가 되기 위해 필요한 조직의 직무 지식을 학습하기 위한 것이다. 예를 들어, 트리뷴컴퍼니(*Tribune Company*)는 형식적 직무 순환 프로그램을 IT 담당자들에게 실시하여 다양한 직군을 경험하고 미래 성장을 준비하도록 한다.[30] 직무 순환은 간호사들에게 경력 개발의 수단으로 자주 사용된다.[31] 스페인의 화학 산업체에서 진행된 연구에 따르면, 직무 순환은 조직의 학습 역량 수준과 긍정적 관계가 있는 것으로 나타났다.[32] 경제학자 산드라 블랙(*Sandra Black*)과 리사 린치(*Lisa Lynch*)는 직무 순환과 같은 직무 실습이 미국의 생산성 증가를 설명한다고 주장한다.[33] 한편 "HR 매거진(*HR Magazine*)"의 한 논문은 인사 담당자에게는 직무 순환 프로그램을 잘 적용하지 않으면서 재무, 생산관리, 마케팅 담당자에게는 직무 순환 프로그램을 자주 활용한다는 점을 언급하고 있다.[34] 헤이그룹(*Hay Group*)의 하비 레스닉(*Harvey*

Resnick)은 이러한 현상에 대하여 "구두장이 아들이 맨발로 다니는 격"이라고 지적했다.[35]

OJT 프로그램의 다른 두 가지 형식인 코칭과 멘토링은 일대일 교수에 해당한다.[36] 코칭은 일반적으로 종업원과 그 종업원의 감독관 또는 상사 사이에서 일어난다. 또한 코칭은 종업원이 효과적인 성취를 지속하고 수행 상에서 나타나는 문제점을 개선 하도록 돕는 것에 초점을 맞춘다. 멘토링은 대개 상위 관리자와 신입 종업원과 짝을 이뤄서 진행된다. 멘토링의 목적은 신입 종업원에게 필요한 지원을 제공하고, 요령을 터득하도록 도우며, 책임의 증가에 대비할 수 있도록 준비시키는 데 있다. 이런 기법들은 10장과 11장에서 각각 다룰 것이다.

2. 강의실 훈련 기법

강의실 훈련(*class training*) 기법은 일반적인 업무 환경에서 벗어나서 시행된다. 그렇기에 강의실은 작업 공간에서 벗어난 곳이라면 어느 곳이라도 가능하다. 예를 들어, 사내 식당이나 회의실도 강의실이 될 수 있다. 다수의 기업들이 훈련을 진행하기에 적합한 공간이면 어디든지 활용하는 편이지만, 대기업들(맥도날드(*McDonalds'*)와 필스버리(*Pillsbury*)와 같은)은 대개 독립적인 훈련 기관을 갖고 있다. 이런 훈련 기관들은 기업 대학(*corporate university*)이라고 불리며 증가하는 추세이다. 맥도날드는 이 기관을 "햄버거 대학(*Hamburger U*)"이라고 한다. 이런 기업 대학들은 다양한 범주의 스킬과 내용을 다루는 교육 과정을 운영한다. 델 컴퓨터(*Dell Computer*)는 이러한 기관을 델 대학(*Dell University*)이라고 부른다.

작업 공간을 떠나서 훈련하는 것은 OJT와 비교할 때 여러 장점이 있다. 먼저, 강의실 환경은 비디오, DVD, 강의, 토의, 역할 연기, 시뮬레이션과 같은 다양한 교수 기법을 사용할 수 있다. 두 번째로, 수업에 집중하고 학습 효과를 높이기 위한 방향으로 강의식 환경을 설계하고 관리할 수 있다. 세 번째, 강의실 환경은 OJT에 비하여 훨씬 많은 수의 학습자들을 수용할 수 있다. 이는 더 효율적인 훈련을 가능하게 한다. 반면, 두 가지 잠재적 문제점이 있다. 바로 비용의 증가(장소나 장비 대관을 위한 비용과 이동 경비 등)와 업무 환경과 학습 환경이 다름으로 인한 학습 전이의 어려움이다.

강의실 훈련 기법의 다섯 가지 주된 분류는 다음과 같다.

1. 강의
2. 토의
3. 시청각 자료
4. 경험적 방법
5. 컴퓨터 기반 훈련(강의실 기반)

2.1 강의 기법

강의 기법(*lecture approach*)은 내용 전문가(SME)가 학습자들에게 필요한 정보를 구두로 발표하는 방식을 포함한다. 강의는 오랜 기간 인기 있는 훈련 기법으로 사용되고 있다. 예를 들어, 최근 ATD에서 발표한 바에 따르면 54.6%의 모든 형식 학습이 훈련자 중심의 강의실 훈련 형태였다.[37] 강의 기법이 인기 있는 이유는 강의가 다수의 학습자에게 단시간에 정보를 전달하는 데 효율적인 방식이기 때문이다. 특히 PPT, 그래프, 지도, 인쇄물 등의 시각 자료와 함께 강의가 진행될 경우, 강의는 이론이나 개념, 절차, 다른 정보를 전달하기에 매우 효과적인 방식이 된다.

한편 강의 기법은 일방향적인 전달 방식에 대한 비판이 있다. 강의 기법이 전통적인 조직의 권위에 귀속되며, 수동적이고 지루함과 같은 부정적 행동을 강화시켜 개별적 훈련과 학습의 전이에는 효과적이지 않다.[38] 또 다른 비판으로, 숙련된 강사가 인지적 지식을 효과적으로 전달하고 의사소통할 수 있다고 해도, 강의 기법 자체로는 태도와 행동의 변화를 촉진하는데 한계가 있다는 점이다.[39] 또한 강의 기법은 학습자들의 학습 동기를 먼저 이끌어낼 수 있어야 하는데, 강의 기법이 단독으로 사용될 때 강의 자체로 학습자들의 반응을 이끌어내기가 어렵다.

강의 기법에는 학습자들 간에 생각을 공유하기 어렵다는 단점도 있다. 학습자들은 대화가 없기 때문에 의미 있는 하나의 공통 관점을 갖기 어려울 것이다. 또한 많은 사람들은 강의 기법을 싫어한다. 단적인 예로 지식 획득을 위한 훈련 기법 9가지에 대한 훈련 담당자의 선호도 조사에서 강의 기법은 9위를 차지했다.[40] 또 다른 설문에서는 17%의 응답자만이 강의가 효과적인 훈련 전달 기법이라고 답했다.[41]

그러나 실증적인 연구 결과는 위와 같은 부정적인 평가와 다른 경향이 있다. 한 메타 분석 결과에 따르면, 강의 기법은 독자적으로 사용되든지, 토의나 역할 연기와 같이 사용되든지 항상 긍정적인 학습 효과를 제공한다.[42] 역할 연기와 강의 기법은 기술 훈련 과정에서 동등하게 효과적인 것으로 밝혀졌다.[43] 치의학 수업에서 강의 기법을 사용한 경우와 상호 교류적인 수업 프로그램을 사용한 경우를 비교했을 때, 학습 효과에 특별한 차이를 보이지 않았다.[44]

마지막으로 고령의 학습자의 업무에 대한 강의, 모델링, 능동적 참여 효과의 메타 분석 결과에서도 세 방법 모두가 학습과 스킬 획득에 있어 긍정적이고 통계적으로 유의미한 영향을 주는 것으로 밝혀졌다.[45]

앞서 언급한 결과들은 어떤 강의 기법이 효과적이고 그 효과성을 개선하기 위해서는 어떤 방식이 필요한지에 대한 후속 연구의 필요성을 시사한다.[46] 지금으로서는 두 가지 점은 분명하다. 첫째, 흥미로운 강의는 재미없는 강의에 비하여 그 효과가 크다.[47] 따라서 훈련자들은 자신의 강의를 최대한 흥미롭게 만들도록 노력해야 한다. 일부 숙련된 훈련자들은 30세 이하의 젊은 직원들이 특히 재미없거나 지루한 강의에 쉽게 질린다고 말한다.[48] 둘째, 토의, 비디오, 역할 연기와 같은 방식으로 강의를 보충하는 것이 효과적이다. 특히 추상적인 개념이나 절차적인 부분을 강의할 때 이런 보충자료가 큰 도움이 된다. 이러한 조합은 자료 내용과 상호작용을 촉진하고 쌍방향 소통을 증가시킨다.[49]

2.2 토의 방식

토의 방식(*discussion method*)은 훈련자와 학습자 간의 쌍방향 소통과 학습자 간의 소통을 포함한다. 능동적인 참여가 장려되기 때문에, 토의 방식을 통해 학습자는 피드백, 개념의 명확화, 의견 교류의 기회를 얻게 된다. 이런 의견 교류를 통한 토의 기법은 일방적인 강의 기법의 한계점을 극복할 수 있다. 토의 진행자 사이에서 공감하는 격언이 있다. 바로 "토론이 스스로 잘 진행될 것으로 기대하지 마라"이다. 즉, 토의 방식의 성공은 훈련자가 토의를 시작하고 이끌어가는 능력에 달려있다. 성공적인 토의를 위해 훈련자는 다음과 같은 유형의 질문들을 사용할 수 있다.

- 직접적인 질문(*direct questions*)은 매우 한정된 답을 유도한다. (예: 이 사례에서 누가 핵심 인물인가?)
- 반영적인 질문(*reflective questions*)은 다른 사람이 한 발언을 의도한 방향으로 이해하고 있는지 확인하기 위하여 사용된다. (예: 음… 그래서 당신은 그 관리자가 자신의 행동 목적과 조직의 전략을 긴밀히 연결하는데 실패했다고 생각하는가?)
- 개방형 질문(*open-ended questions*)은 학습자들이 특정 주제를 이해하기 위한 과제를 제시하는데 사용한다. (예: 그런데 만약 그 관리자가 효과적으로 일해왔다면, 왜 이 사례의 마지막 부분에서 제시된 것처럼 이렇게 많은 문제가 나타나게 되었는가?)

마이클 마쿼드(*Michael Marquardt*)는 직접적 질문이나 반영적 질문보다 창의력을 향상시키는 개방형 질문을 많이 사용할 것을 조언한다.[50] 좋은 질문은 다음과 같은 특징을 갖고 있다. (1) 개념을 명확하게 만들고, (2) 논리적이고 비판적인 사고를 돕고, (3) 새로운 방식으로 생각하고 고민할 수 있도록 자극하고, (4) 가정에 도전하고, (5) 자기만의 해결책 만들어야 한다.

토의를 중재하는 것은 단순히 참여자에게 질문을 하는 것 이상을 요구한다. 훈련자는 반드시 학습자가 그들의 답변이 강화될 수 있도록 확신을 주어야 한다. 이를 위해서는 설사 학습자의 답변이 그 시점에서 원하는 답이 아니더라도 모든 의견에 대해 인정하고 존중하는 모습을 보여야 한다. 또한 훈련자들은 반드시 모든 사람에게 의견을 개진할 기회를 주고 특정 참여자가 토의를 지배하는 일이 없도록 중재해야 한다. 큰 규모의 강의실에서 토의를 중재하는 것은 쉽지 않다. 큰 규모의 집단에서는 모든 개인이 발언할 기회가 제공되지 못하고, 일부 참석자들은 참여하기를 꺼리거나 쑥스러워 할 가능성이 있다. 큰 규모의 강의실에서는 소규모 토의 그룹을 구성하여 생각을 공유하도록 하는 것이 참여 기회를 증진시킬 수 있다.

토의 방법에도 몇 가지 한계점이 있다. 첫째, 토의 프로세스를 관리하기 위해서는 훈련된 퍼실리테이터가 필요하다.[51] 토의를 퍼실리테이팅하는 스킬은 빠르게 습득되는 스킬이 아니다. 회의를 진행하기 전에 훈련받은 퍼실리테이터가 철저히 준비하여 많은 연습을 해야 한다. 둘째, 의미 있는 토의가 되기 위해서는 충분한 시간이 주어져야 한다. 셋째, 의미 있는 토의가 되기 위해서는 학습자들이 공통된 관심사를 갖고 있어야 한다. 이러한 한계점을 극복하기 위해서는 토의 전에 읽을 자료를 미리 제공해야 한다. 물론, 학습자들이 자료를 읽을 충분한 시간을 확보하고 그들 스스로 토의를 위한 준비를 할 자세

를 갖고 있을 때 가능하다.[52]

일반적으로 대부분의 훈련자와 학습자들은 잘 준비된 토의가 전통적인 강의 기법보다 훨씬 재미있고 활력 있다는 것을 알고 있다. 물론, 이 토의 방법이 효과적으로 작동하기 위해서는 적절한 시간, 동기부여, 그리고 자원이 필요하다. 이러한 사실은 훈련 전달의 모든 방법에 적용된다.[53] 코머(*Comer*)와 레나간(*Lenaghan*)은 온라인 토의를 효과적으로 이끄는 방법에 대한 지침을 제공하고 있다.[54]

2.3 시청각 매체

강의와 토의 방식은 모두 현상의 역학관계와 복잡성을 설명하는데 한계가 있다. **시청각 기법/매체**(*audio-visual methods/media*)는 다양한 매체를 통해 훈련 자료를 보여주는 장점이 있다. 시청각 매체는 복잡한 현상을 다른 방식에서는 불가능할 만큼 자세하게 보여줄 수 있다. 시청각 기법은 정적 매체, 동적 매체, 텔레커뮤니케이션 세 가지로 분류할 수 있다.[55]

2.3.1 정적 매체

정적 매체(*static media*)는 일반적으로 글과 그림을 모두 사용하는 삽화(*fixed illustration*)를 의미한다. 이는 인쇄된 자료(*printed materials*), 슬라이드, OHP(*overhead transparencies*)를 포함한다. 학습자는 유인물, 표, 안내서, 참고문헌, 교과서와 같은 인쇄된 자료들을 보관하고 이를 훈련 기간 전, 중, 후에 참고할 수 있다(인쇄된 자료를 선정하고 준비하는 일에 대해서는 5장에서 다뤘다). 슬라이드(*slides*)는 인쇄된 자료와 비슷한 방식으로 사용되지만, 컴퓨터나 사진을 통해 얻은 이미지를 화면에 띄우면서 토의에 공통 주제를 제시하는 데 사용할 수 있다. 이미지 변환기기(*document camera*)를 통해 종이 자료를 화면에 띄울 수 있게 되면서, 강의실 내 모든 사람들이 동시에 자료를 볼 수 있다. 또한 슬라이드는 오디오 테이프나 디지털 영상과 동시에 사용될 수 있다.[56] 이를 위해 필요한 기기 설정은 특별히 훈련된 전문가 없이도 가능하지만, 최소한 컴퓨터, 프로젝터, 또는 테이프 재생기 등의 장비들을 작동시키고 모니터하기 위한 누군가는 필요하다. 〈표 6.3〉은 교육 전달의 개선을 위한 슬라이드의 효과적인 사용 방법을 보여준다. 특히 시각적 학습자는 강의와 토의가 양질의 슬라이드와 함께 제공될 때 학습 효과가 높아진다. 맥코믹(*McCormick*)과 그레이(*Gray*)는 교육 수준이 낮은 참가자들에게 기업 교육을 촉진하기 위하여 콜라병을 시각 자료로 사용한 예시를 보고 하였다.[57]

컴퓨터를 통해 만든 슬라이드의 사용은 널리 사용되고 있다. 특히 마이크로소프트(*Microsoft*)의 파워포인트(*PowerPoint*) 프로그램이 주로 사용되고, 애플(*Apple*)사의 키노트(*Keynote*), 프레지(*Prezi*), 코렐 프레젠테이션(*Corel Presentations*) X3 역시 슬라이드를 만들 수 있는 프로그램이다.[58] 누군가는 "발표 슬라이드를 잘 준비하는 능력이 회사에서 살아남는 기술이 되었다"고 말한다.[59] 그러나 너무 멋있고 화려한 슬라이드를 만드는 것은 역효과도 있다. 최근 "파워포인트가 얼마나 당신을 멍청하게 만드는가?"라는 글이 충격을 주었다.[60] 또 하나의 예로 2000년에 미 합동 참모 본부의 의장인 휴 셸톤(*Hugh Shelton*) 장군은 모든 미

표 6.3 프리젠테이션 슬라이드를 위한 지침

준비

1. 하나의 슬라이드에 하나의 중요한 아이디어 또는 컨셉을 나타낸다.
2. 제한적인 숫자의 키워드 또는 단어를 사용하라(슬라이드 한 장에 6줄, 1줄에 6단어 이하).
3. 글자와 그림은 크게 해서 보일 수 있게 하라(강의실의 맨 뒤에서도 읽을 수 있도록).
4. 당신의 슬라이드가 잘 디자인되었는가?
5. 당신의 슬라이드가 재미있고 주제에 적합한가? 색상, 다른 글씨체, 그래픽, 그리고 그림을 사용하라(특히 시각 학습자를 위해서).
6. 당신의 슬라이드를 프리젠테이션에 추가적으로 사용하는가?
7. 프리젠테이션과 슬라이드 두 가지 모두 핵심 포인트를 청중에게 효과적으로 커뮤니케이션하고 있는가?
8. 슬라이드를 작성하고 사용할 때, 최신의 기술을 적절하게 활용하고 있는가?
9. 만일 MS의 파워포인트(또는 유사한 소프트웨어)를 사용한다면, 추가적 효과(소리, 음악, 클립아트, 비디오 클립, 특별 그래픽)를 프리젠테이션에 첨가 또는 제거하는가?
10. 시청각 또는 컴퓨터 장비를 사전에 준비하고, 적절하게 사용되도록 확인하라.

프리젠테이션

11. 당신의 프리젠테이션을 위한 명확한 개요를 갖고 있어라.
12. 스크린을 보지 말고 청중을 보라.
13. 모든 사람이 발표자와 스크린을 볼 수 있도록 조명과 좌석 배치를 확인하라.
14. 정보는 포인터로 표시해 가면서 강조하라. 그러나 스크린 위에 표시하지 말고, 슬라이드 위에 또는 만일 마우스를 사용하면 컴퓨터 슬라이드 위에 표시하라.
15. 각 슬라이드에 당신이 말하고자 하는 것을 스크립트로 적어라. 그러나 중요 항목을 슬라이드에 나타난 그대로 읽는 것은 피하라.
16. 단계적 공개를 통하여 속도를 조절하라. 예를 들면, 당신이 핵심 주제를 토의할 준비가 되었을 때, 청중에게 핵심 주제를 공개하라.
17. 중요한 음성적 요점을 강조할 때는 스크린을 덮어라(또는 암막 처리).
18. 효과를 높이기 위해서는 2대의 프로젝터를 활용하라(여러 가지 매체를 사용할 때)
19. 칠판에 판서, 슬라이드의 암막처리, 또는 플립 차트의 사용 등으로 대중의 몰입을 확보하라.

출처: Kearsley, G. (1984). *Training and technology* (p. 19). Reading, MA: Addison-Wesley; Beaver, H. D. (2000, June). Visual aids: How much is too much? *ABA Banking Journal*, 92(6), 80; Eyre, M. (2000, July). The presenter's toolkit. *Management*, 47(6), 11-12; Abram, S. (2004, March). PowerPoint: Devil in a red dress. *Information Outlook*, 8(3), 27-28; Buss, W. C. (2006, March). Stop death by PowerPoint. *T&D*, 60(3), 20-21; Collinge, J. (2009, October). Technology tools, *Training Journal*, 74, 71; Anderson, C., & Duarte, N. (2013). How to give a killer presentation. *Harvard Business Review*, 91(6), 121-125.

군에서 슬라이드를 만들 때 파워포인트의 불필요한 부가기능을 피하고 최대한 간결하게 보고할 것을 명령했다.[61] 이는 모든 이메일 보고가 미군의 컴퓨터 통신 대역폭을 너무 많이 사용해서 본부와 현장 간의 의사소통을 느리게 한 것이 원인으로 작용했다. 이런 이유로 〈표 6.3〉에서(특히 6번, 9번 강조점에서) 모든 슬라이드 쇼는 전반적인 프리젠테이션으로부터 정보를 빼내기보다는 정보를 더해야 한다고 강조하고 있다.[62] 이는 프로젠테이션이 인터넷을 통해서 점점 더 많이 전달되면서 중요해지고 있다.[63]

2.3.2 동적 매체

어떤 현상의 동적인 연속을 보여주는 기법이 바로 **동적 매체**(*dynamic media*)이다. 이는 CDs, DVDs, 영상, 영화, 오디오카세트를 포함한다. 동적 매체의 장점은 이런 자료들이 다양한 장소에 있는 종업원들에게 전달될 수 있다는 것이다. HRD 담당자들은 도서관, 전문 학회, 소매점 등을 통해서 말 그대로 수천 개의 영화, 영상, DVDs를 구할 수 있다.[64] 많은 훈련 벤더들은 훈련 DVDs나 영상의 판매/대여를 제공한다. 또한, 많은 조직들은 낮은 가격에 스스로 영상을 제작할 수도 있다. 일례로, 사우스웨스트 에어라인(*Southwest Airlines*)은 종업원에게 작업 절차와 회사 운영에 대해 소개함과 동시에 재미 중심의 조직 문화를 고취시키고 팀 정신을 함양하기 위한 9분짜리 랩(*Rap*) 동영상을 만들었다. 트래블러스 인슈런스 컴퍼니(*Travelers Insurance Company*)는 영상을 만들고 전사에 위성방송을 통해 이를 송출하는 2천만 달러 규모의 교육센터를 운영한다.[65] 전 훈련 프로그램은 단편의 영상이나 영화를 통해 자기주도적으로 이뤄진다. 영상이나 DVD 클립은 e-러닝(*e-learning*)과 게임 기반 프로그램에서 점점 더 많이 사용되고 있다.[66]

효과적인 DVD나 영상은 단순히 인쇄물을 나눠주거나 정적인 발표를 하는 것보다 매체로서의 장점을 보인다. 그렇지만, 많은 영상들이 기존 전통적인 강의의 재생산물과 거의 다르지 않다. 단순히 장비를 갖추고 마치 회사의 "스티븐 스필버그(*Steven Spielberg*)"가 된 것 같은 열의를 보이는 것만으로는 실질적인 훈련 영상을 만드는데 부족하다.[67] 영화나 영상을 만드는 것은 계획(스토리보딩), 제작준비(캐스팅, 팀원모집, 장비 선정, 세트 준비 등을 모두 포함하여), 영상 촬영, 편집, 배급과 같은 여러 활동을 포괄한다.[68] 경험이 부족한 HRD 담당자들은 노련한 HRD 담당자들에게 회사 영상/영화의 제작, 혹은 제작 지원에 대해 자문을 구할 필요가 있다.

HRD 담당자들은 TV와 영화를 보고 자란 젊은 세대가 실제로 이런 형태의 프리젠테이션을 더 선호할 것이라고 생각한다. 그러나 이 기법의 잠재적 문제점은 훈련자가 영상제작에 너무 의존하고 훈련 내용에는 관심을 쏟지 않을 수 있다는 것이다. 이런 영상물에 대한 지나친 의존은 학습자들에게 영상물을 학습 자료라기보다는 일종의 오락이라고 간주하게 할 수 있다. 이러한 관점에서 로버트 맥스(*Robert Marx*)와 피터 프로스트(*Peter Frost*)는 '기업 교육에서 영상물의 신중한 사용'에 대한 유용한 지침서를 만들었다.[69] 이것에 따르면, 잘 선정된 영상물은 특정한 학습 목표나 학습 결과물과 긴밀히 연결된다. 더욱이 초기 1~15분 사이 영상의 스틸컷은 학습자들이 집중하는 것을 도와준다.[70]

영상 혹은 DVDs는 행동 모델링 훈련에서 시각자료로 사용된다. 역할 연기를 녹화한 뒤 그 영상을 보면서 그룹 구성원들에게 의견을 묻는 것이다. 예를 들어, 영업 훈련 프로그램은 학습자들이 강의실 내 활동에서 스스로 어떻게 계약을 체결하는지 관찰할 수 있도록 영상녹화 시간을 포함할 것이다. 또한 이런 방식을 통해 훈련자는 적절한 행동에 대해 긍정적인 피드백을 줄 수 있다. 이 기법의 한계점은 학습자가 카메라 앞에서 매우 부담스러워 할 수 있고, 심지어는 이에 화를 낼 수 있다는 점이다. 이를 극복하기 위해 훈련자는 프로그램 진행 동안 후원적이면서 안전한 환경을 만들도록 노력해야 한다.

2.3.3 텔레커뮤니케이션

텔레커뮤니케이션(*telecommunication*)을 통해서 다양한 지역에 훈련 프로그램을 전송하는 것이 위성, 케이블, 광섬유 네트워크 등의 실용화를 통해 실현 가능해졌다. ITV(*instructional television*) 혹은 인터액티브 TV(*interactive TV*)를 통하여 강의와 회의 목적으로 다양한 지역을 연결하는 것이 가능해지면서, 모든 과목들이 TV를 통해 방송 가능해졌다. 예를 들어, 대학들은 학사나 석사 과정에서 점점 더 많이 방송을 통한 수업을 진행하고 있다.[71]

텔레커뮤니케이션 기술은 회의나 훈련 프로그램 진행을 서로 떨어진 지역에서도 가능하게 한다.[72] 원격 회의(*teleconferencing*) 또는 **화상 회의**(*videoconferecing*)라고 불리는 이 기술은 시스코(*Cisco*), 블랙스톤 그룹(*Blackstone Group*), 스위스 리(*Swiss Re*) 등에서 사용되고 있다.[73] 대학들은 원격 회의 기술을 통하여 그들의 학생과 기업 고객을 참여시키는 이점을 얻고 있다. 원격 회의 기술은 기업의 훈련자, 여행, 그리고 설비에 드는 비용을 줄이고 멀리 떨어진 지역에서도 훈련을 가능하게 해준다.[74] 데이케어서비스(*Day Care Services*)의 노스 캐롤라이나(*North Carolina*) 사무소는 전통적인 강의실 수업 훈련과 원격 교육에 들어가는 평균적인 비용을 비교하는 실험을 했다. 그 결과 원격 교육이 강의 계획과 자료 제작에 들어가는 비용이 더 많지만, 전통적인 강의실 수업이 훈련자, 여행, 전달에는 더 많은 비용이 들어서 두 방식이 평균적으로는 비슷한 것으로 밝혀졌다.[75] 그 이후 연구 주제로 어떤 원격 교육 방식이 훈련자와 학습자 간의 상호작용에 보다 긍정적인지에 대해 관심을 갖게 되었다.[76]

컴퓨터 회의는 다른 훈련 기술들만큼 널리 사용되는 기술은 아니다. 또한 기업들은 보통 사업 운영에 우선적으로 통신망(*communication network*)을 사용하지만, 사실 이 통신망은 훈련의 도구로써 무궁무진한 잠재력을 가지고 있다. 컴퓨터 네트워크는 초기 설치 비용이 높고 컴퓨터 언어를 읽고 쓸 줄 아는 능력이 필요하여 저소득층과 교육 수준이 낮은 사람들을 소외시킴에도 불구하고 국가적으로 성인을 훈련하기 위해서 사용되곤 했다.[77] 화상 회의 기술의 비용이 급격히 감소하면서 이 기술을 점점 더 많이 사용되게 되었고, 이제는 중소기업에서도 자주 사용하고 있다.[78]

TV, 영화, 화상회의와 같은 시청각 훈련 방법에 대한 연구 결과는 이런 방식들이 강의와 같은 방식들보다는 효과적이라고 밝힌다.[79] 그러나 케네스 브라운(*Kenneth Brown*)의 연구팀의 조사 결과에 따르면, 학생들의 성취도는 대규모의 강의일수록, 영상 강의일수록 떨어진다.[80] 따라서 가능한 다양한 선택지 중에서 가장 적절한 시청각 자료를 각각의 HRD 프로그램에 적용해야 한다. 키어스레이(*Kearsley*)는 적절한 매체 선정을 위한 다섯 가지 제안을 했다.

1. 강의 목표 달성을 위한 기준, 조건, 수행에 필요한 매체의 속성을 파악하라.
2. 특정한 매체를 사용해야 하거나 사용할 수 없게 하는 학생의 특성을 파악하라.
3. 특정 매체를 선호하거나 사용할 수 없게 하는 학습 환경의 특성을 파악하라.
4. 어떤 매체가 사용 가능한지 결정하는 실질적 고려 요소를 파악하라.
5. 매체를 사용하는데 필요한 경제적 요인, 조직적 요인을 파악하라.[81]

이 목록은 학습 측면과 실무적인 측면에서 고려해야 할 사안들을 모두 담고 있다. 로스웰(*Rothwell*)과 칸자나스(*Kazanas*)는 적절한 시청각 매체의 선정을 위해 다음과 같은 질문을 제시한다.

1. 교수를 계획하고 시범 강의를 하는데 얼마만큼의 시간을 쓸 수 있는가?
2. 어떤 장비가 교수를 설계하고 전달하는데 사용 가능한가?
3. 어떤 매체를 통해 교수 설계자가 강의를 준비할 수 있는가? 직원의 기술이 특정 매체를 사용하는데 도움이 되는가?
4. 기업이 교수를 설계하고 개발하는데 얼마나 많은 금액을 투자하고자 하는가?[82]

더 다양한 시청각 매체에 대하여 궁금한 독자들은 다른 참고문헌들에서 도움을 얻을 수 있다.[83]

2.4 경험적 기법

지금까지 설명한 훈련 방법은 주로 훈련 내용의 발표, 전달에 초점을 두었다. 영상과 강의와 같은 기법들에서 학습자는 주로 수동적이며 정보를 수용하는 사람으로 가정되었다.[84] 그러나 데이비드 콜브(*David Kolb*)와 같은 경험적 기법(*experiential method*)의 옹호자들은 효과적인 학습은 학습자 스스로의 능동적인 참여와 경험이 중요함을 주장한다. 케이스(*Keys*)와 볼프(*Wolfe*)는 이런 관점을 다음과 같이 요약했다.

> 경험주의자들은 효과적인 학습이 참여자들의 지식, 믿음, 스킬에 도전하는 능동적인 경험이라고 믿는다. 참여자들이 새로운 개념, 스킬, 행동을 시험해보고 활용할 수 있도록 하는 도전적이면서도 심리적으로 안정적인 환경을 인위적으로 만들어 제공함으로써 학습이 성취될 수 있다. 경험적인 강사들은 학습자들이 학습 상황에 따라 적용되거나 적용되지 않는 다양한 지식과 학습 방법을 학습장으로 가지고 온다는 점을 인정한다.[85]

경험적 훈련 기법은 주로 사례연구, 시뮬레이션, 역할 연기, 행동 모델링 등을 통해 이뤄진다.[86] 이런 기법들은 〈그림 6.2〉 수직선상에서 탐험적 측면에서 속한다.

2.4.1 사례연구 기법

사례연구 기법(*case study method*)은 문제나 의사 결정에 직면한 조직의 사람에 관한 이야기(이것을 사례라고 한다)를 제공하여 학습자들이 논리적 분석 능력과 문제 해결 능력을 개발할 수 있도록 도와준다. 사례들은 실제 조직의 인물들을 포함하는 실제 사건에 바탕을 두거나, 가상의 인물을 배경으로 한다. 사례연구는 일반적으로 경영학, 행정학, 법학, 사회학과 같은 전공 분야의 대학 교재나 수업에서 사용된다. 하버드 대학은 사례연구 기법을 사용하는데 선구자적 역할을 하였다.[87] 사례들은 단지 문서 자료뿐만 아니라 영상, DVD 등 다양한 매체를 통해 전달될 수 있다.[88]

예를 들어, 스티브 레비(*Steve Levy*)는 "파이드로스의 시위대(*Phaedrus' Demonstrator*)"라는 서면으로 된 사례를 개발했다. 이 사례는 대학교 강사에게 한 학기 수업 동안 상대적 등급이 아닌 설명적인 피드백을 제공하는 것이 동기부여 효과가 있음을 시사한다.[89] 조지 케스터(*George Kester*)는 "강의실의 야만인(*Babarians in the Classroom*)"이라는 재무 관리 사례를 멀티미디어 기법을 통하여 제공하였다.[90] 각 사례는 그 내용과 복잡성이 서로 다르지만, 학습자들은 상황을 분석하고 스스로 해결책을 제시하기에 충분한 만큼의 정보를 제공받아야 한다. 문제를 해결할 때, 학습자들은 일반적으로 다음과 같은 합리적 문제 해결 과정을 요구받는다.

1. 중요한 요인 다시 말하기
2. 사실로부터 추론하기
3. 문제 정의하기
4. 대안적 해결 방안을 개발하고 그 효과를 설명하기
5. 행동 방침을 결정하고 지원하기

개인별로 혹은 소그룹으로 사례를 연구하고, 분석 결과는 일반적으로 다른 사람들 앞에서 발표하게 된다. 사례연구 기법의 지지자들은 경영 상황에서의 이런 형태의 문제 해결 경험이 학생들이 배워야 할 개념을 제공하고, 의사소통 기술을 늘리고, 이론과 실제의 연결 고리를 찾는 데 도움이 된다고 말한다.[91] 또한 사례를 통해 학생들이 서로 다른 추론, 문제, 대안에 대하여 공유하고 토의하면서 배울 수 있다고 주장한다. 이를 통해 얻게 된 통찰력은 학생들의 분석력을 개발하고, 새로운 정보를 통합하는 능력을 향상시켜준다.[92]

사례연구 기법에 대한 비판도 있다. 바로 사례연구가 집단사고(*group think*)를 유발할 수 있고, 너무 과거에 집중하여, 훈련자의 교수 역할을 제한하며, 학습자들이 일반화를 이끌어내는 능력을 저해시키고, 학습자의 수동성을 강화시키고, 양질의 소통보다는 양적인 소통에 집중한다는 것이다.[93] 앤드류(*Andrew*)와 노엘(*Noel*)은 사례 기법이 복잡한 현실을 반영하지 못하고, 직접적인 연계성이 떨어지며, 정보를 수집하고 정제하는 능력을 저해시킨다고 주장하였다.[94] 또한 학습자들은 배우고자 하는 개념과 사건을 큰 그림에서 보지 못하고 세부적인 부분에 갇힐 수 있다.

아지리스(*Argyris*)는 사례연구의 경우 학습자들이 주어진 가정과 상황에 의문을 품지 못하기 때문에 학습 과정을 저해할 수 있으며, 학습자들이 훈련자와 퍼실리테이터에게 의지하는 경향이 있다고 주장한다.[95] 또한, 아지리스는 학습자들이 방어적인 태도를 버리고 편안함을 느낄 수 있도록 훈련자들이 도와서 그들의 행동에 일관성이 나타날 수 있게 만들어야 한다고 말한다. 반면 버거(*Berger*)는 아지리스의 비판에 대해 그가 사례연구 기법을 적절하게 정의하지 않았고, 그의 연구에는 방법론적인 결함이 있다고 반박했다.[96]

사례연구의 장·단점에 대해서는 여러 가지 주장을 할 수 있지만, 그런 주장들을 입증해줄 만한 실증적 연구는 많지 않다.[97] 최신 몇몇 연구들이 이러한 논의를 계속하고 있을 뿐이다.[98]

사례연구 기법을 사용하는 훈련자는 반드시 명확한 기대치와 명백한 지침을 제공해야 한다. 더불어, 훈련자는 사례연구를 활용할 때 토의 기법을 효과적으로 사용하여 학습자들이 주어진 가정에 의문을 던지게 하고, 가장 실질적인 답을 내릴 수 있는 다양한 판단 기준을 제시해야 한다. 사례 토의는 반드시 '옳은' 정답을 찾는 것이 아니라 가능한 대안을 논리적이고 이성적으로 개발하는 것이 핵심이다. 이 경우 강의 노트를 제공하는 것은 사례를 판단하는 관점을 제한할 수 있기 때문에 지양되어야 한다.[99]

사례연구 기법의 변형된 형태로 문제 기반 학습(*problem-based learning*)을 이야기할 수 있다.[100] 이러한 형태가 바로 '살아있는 사례(*living case*)'이다. 이는 현실 사례(*real time case*)라고 불리기도 하는데, 학습자들이 스스로 혹은 속한 조직이 처한 사례를 분석하는 기법이다.[101] 이는 앞서 언급한 '액션 러닝(*action learning*)'과 비슷한 개념이다.[102] 맥윌리암스(*McWilliams*)와 나하바니(*Nahavani*)는 기업 윤리를 가르치는 방식으로 액션 러닝에 사례를 사용하였다.[103]

오시그웨(*Osigweh*)는 사례연구 기법의 사용자들이 중요시해야 할 요인들을 제시하였다.

- 구체적인 교수 목표
- 사례연구의 목표
- 특정 사례 또는 사건의 특징(즉 사례의 내용)
- 학습자의 특성
- 교수 시기
- 일반적 환경 요인 (강의실 크기, 과정의 수준 등)
- 훈련자의 개인특성 및 교수법 특성[104]

2.4.2 비즈니스 게임과 시뮬레이션

사례연구와 비슷하게, **비즈니스 게임**(*business game*)은 문제 해결 능력과 의사 결정 능력을 개발하는데 목적이 있다. 그러나 이 기법은 주로 경영 의사 결정에 초점을 둔다. 가트너 그룹(*Gartner Group*)은 기업 내에서 게임 기반 학습이 증가할 것이라 예측했다.[105] 슈만(*Schumann*)과 연구진은 경영학 강좌에서 도덕적 딜레마를 소개하고 토의를 할 수 있게 하는 컴퓨터 기반 시뮬레이션을 제안하기도 했다.[106] 헌(*Hurn*)은 문화적 인식을 촉진하기 위한 시뮬레이션 방법을 연구했다.[107]

비즈니스 게임의 대표적인 예로는 창조적 리더십센터(*center for creative leadership*)에서 만든 '유리 회사 바라보기(*Looking Glass, Inc.*)'가 있다.[108] 이 게임에서 참여자들은 허구의 유리 제조 회사에서 의사 결정을 내리는 역할 연기를 진행한다. 또한 현실적인 자료를 참고하여 다양한 결정을 내릴 수 있다. 3일 간의 유리 회사 프로그램은 각각 하루마다 시뮬레이션, 피드백 주기, 피드백에서 강조된 기술 강화를 위한 연습을 진행한다.[109] 마틴 마리에타(*Martin Marietta*)사는 '유리 회사 바라보기'를 임원 개발 프로그램으로 활용했다.[110] '유리 회사 바라보기' 개발사는 시뮬레이션에서 나타나는 학습자들의 활동이 실제 경영 현장의 관리자의 행동과 유사하다는 점을 보고했고, 적어도 단기에서는 이 프로그램이 효과적임을 강조

2.4.4 행동 모델링

사회적 학습 이론(2장 참조)에 따르면, 우리의 행동 패턴은 타인을 관찰함으로써 학습된다고 한다. 사회적 학습 이론은 **행동 모델링**(*behavior modeling*)의 토대를 형성한다. 조직 내에서, 종업원들은 모든 종류의 행동(어떤 것은 일과 관련되어 있고, 어떤 것은 일과 관련 없는)을 역할 모델이 되는 감독자, 관리자, 노조 간부, 그리고 동료들을 관찰함으로써 학습한다. 정상적인 조건이라면, 이들 역할 모델들은 개인의 행동 형성에 엄청난 영향을 준다.

이 기법에서 학습자들은 한 모델이 목표한 행동을 올바르게(대개 비디오나 DVD 속에서) 수행하는 것을 관찰한다. 그러고 나서, 행동의 핵심 요소에 대해 토의하고, 역할 연기법을 통해 목표 행동을 연습하고, 그리고 그들이 보여준 행동에 대한 피드백을 받고, 다시 강화하게 된다. 이 학습법은 앞서 현장 훈련에서 다룬 직무지도훈련(JIT)과 매우 유사한 측면이 많다. 행동 모델링은 대인 관계 기술 훈련에 폭넓게 사용되며, 많은 관리자 훈련 프로그램에 일반적으로 포함된다. 피터 헤스(*Peter Hess*)는 대학교 강의실에서 리더십 스킬을 개발하기 위해서 행동 모델링을 활용하였다.[129] 훈련 기법으로써 행동 모델링은 효과적이라는 조사 결과가 있다. 이러한 내용은 관리자 개발(12장)에서 보다 상세하게 다루어질 것이다.[130]

2.4.5 야외 교육

'로프 코스(*ropes course*)' 같은 야외 교육(*outdoor education*)은 직원과 경영진 모두가 흥미를 갖고 있다.[131] 때로는 '황야 탐험 프로그램(*wilderness adventure programs*)'이라 불리기도 하는 이들 프로그램으로 오리엔티어링, 래프팅, 또는 짚라인 같은 야외 게임들이 있다.[132] 이러한 프로그램은 '낮은 로프' 또는 '높은 로프' 요소를 포함하고 있다. 낮은 로프 코스는 대체로 물리적 위험을 제한하지만, 높은 로프 코스는 높은 위험 요소를 갖고 있다. 낮은 로프 코스는 실내(그림 5.3에 완성된 수업 계획의 예 참조)에서도 시행될 수 있다. 두 가지 유형의 코스는 모두 그룹 문제 해결과 팀 빌딩에 초점을 맞추고 있다. 이러한 코스들이 작업 팀의 기능과 성과에 전반적으로 영향을 미친다는 연구 결과가 있지만, 지금까지의 실증적인 연구 결과는 명확하지 않다.[133] 이러한 프로그램을 계획하는 사람들은 훈련을 위해 설정된 목표와 프로그램을 연계시키고, 프로그램 종료 후 평가를 시행해야 한다. 관심 있는 독자는 "경험적 교육에 관한 저널(*Journal of Experimental Education*)"이나 이 주제에 관련된 책에서 최근 이슈들을 살펴보기 바란다.[134] 그린 토마스(*Glyn Thomas*)는 리더들이 그들의 퍼실리테이터, 교사, 그리고 리더로서의 역할에 균형감을 갖기 위해 야외 교육 체험에 도전할 필요가 있다고 제시한다.[135] 스콧 윌리암스(*Scott Williams*)와 동료들은 야외 훈련의 성공을 측정할 수 있는 다양한 지침을 제공하고 있다.[136] 마크 위버(*Mark Weaver*)의 말을 명심할 필요가 있다. "너무 자주, 재미있고, 매력적인 방법론을 사용하면 작업 현장의 이슈로의 전이를 불가능하게 한다."[137] HRD 전문가들은 철저한 요구 분석과 진단을 통해 이러한 프로그램들의 포함 여부를 결정해야 한다.[138]

2.4.6 경험적 방법에 대한 요약

훈련과 강의실 환경에서 매우 다양한 경험적 방법들이 사용되고 있다. 그러나 최근에는 즉흥연기, 고전 문학, 음악, 시, 그리고 시각 예술 등을 도입하려는 많은 시도가 있다.[139] 또한, 전통적인 강의실 수업에 프로젝트 기반 학습, 팀 학습, 강의실형 실습(즉, 강의실 밖에서 강의실의 학습 원칙을 적용하는 것), 그리고 기타 서비스 학습 기회를 보충하려는 광범위한 노력이 존재한다.[140] 이러한 흐름은 강의실 학습이지만 강의, 토의, 사례연구를 넘어서는 다양한 방법들을 접목시키려는 노력이 강화되고 있음을 시사한다. 예를 들면, 니나 콜(*Nina Cole*)은 노조가 있는 캐나다 기업의 감독자들을 대상으로 공정한 교육훈련 기회를 제공하는 방법에 대해 훈련을 실시했다. 훈련 세션은 약 20%의 강의, 50%의 모델링과 역할 연기법, 그리고 30%의 그룹 토의로 이루어졌다. 4시간씩 5일 동안 진행된 세션에 참여한 감독자들은 사후 평가 측정에서 훈련에서 배운 스킬을 제대로 실현할 수 있었다.[141]

이처럼 전통적 강의실 수업 방법에 새로운 시도를 하는 것은 어떻게 강의실 환경에서 학습이 일어날 수 있고, 또 일어나야 하는지에 대하여 근본적인 질문을 던지는 비판적이고 반성적인 접근태도 때문이다.[142] 이러한 접근은 지속되어야 할 건강한 논쟁이라고 본다. 그러한 목적으로, 오스터(*Auster*)와 윌리(*Wylie*)는 그들이 명명한 "강의실 내에서 능동 학습을 창조하는" 체계적인 접근 방법을 제안했다.[143] 그들은 수업 계획과 준비를 강조했다. 이러한 준비에는 학습에 참여한 학습자들의 학습 스타일을 파악하는 것도 포함된다. 또한, 앞서 논의한 강의실 학습 방법뿐만 아니라, 기타 방법(예: 학습자의 발표, 토의, 그리고 집단 작업)을 포함한 광범위한 학습 전달 방법을 제안했다. 이러한 방법들은 어떤 강의실에서나 사용할 수 있는 우수한 접근법으로 학습의 총량을 높일 수 있을 것으로 간주된다.

끝으로 대부분의 경험적 방법들은 학습자들이 주제에 대해 갖고 있는 개인적이며 직접적인 경험을 증가시키려고 한다. 그러나 반두라(*Bandura*)의 사회적 학습 이론(2장에서 논의)에 따르면, 많은 학습이 타인을 관찰함으로써, 즉 다양한 경험적 학습을 통해서 이루어진다.[144] 즉, 우리는 스스로의 실수와 시행착오를 통해 학습할 수 있지만, 또한 타인의 행동이나 모델을 관찰하거나 따라함으로써 학습할 수도 있다. 사례연구 같은 경험적 방법들은 주로 간접적인 경험 학습 기회를 제공한다. 반면에 시뮬레이션과 역할 연기 학습법은 직접적 경험 학습 기회를 제공한다. 행동 모델링과 야외 교육과 같은 노력들은 이러한 간접적이고 직접적인 경험적 학습법에 새로운 기회를 제공할 것으로 기대된다.

2.4.7 학습자의 성찰 학습 촉진하기

관리자 교육, HRD, 그리고 작업 현장에서 성찰 학습과 실습을 촉진하는 노력이 점점 증가하고 있다.[145] 이러한 노력으로는 학습자 개인의 성찰 학습을 촉진하기 위해서 학습자들의 블로그, 트위터 등을 사용하는 것이다.[146] 협동적인 팀 학습과 팀 성찰로 안내하기 위한 표현으로 군대에서는 '교육용 전적지 답사(*instructional staff rides*)'라는 말이 있다.[147] 성찰, 동료 학습, 경험 학습, 그리고 다른 방법들을 통해서 학습자의 '마음챙김(*mindfulness*)'을 촉진하기 위한 노력들도 있다.[148] 이러한 접근 방법들이 다양한 경험 학습법의 형태이지만, 반드시 강의, 토의, 또는 온라인 교수법에 포함될 수 있다는 것을 명심해야 한다.[149] 이러한 성찰과 비판적 사고를 촉진하기 위한 많은 노력들이 학습 형식이나 학습자의 유형에 관계없이 모든 학습의 필수 요소로 간주되기를 기대한다.[150]

2.5 컴퓨터 기반 훈련(강의실 기반)

다섯 번째 강의실 기반 훈련의 유형은 컴퓨터 기반 훈련이다. 앞서 언급한 것처럼, **컴퓨터 기반 훈련**(*CBT, computer-based training*)은 강의실을 활용하거나, 또는 개인적으로 자기 보속(*self-paced*) 형태로 시행될 수 있다. e-러닝, 즉 온라인 원격 교육은 점점 증가하고 있으며, 강사 주도와 자기 보속 학습의 요소를 결합시키고 있다.[151] 이러한 접근법에 대한 넓은 의미의 용어가 '기술 매개 지도(*technology-mediated instruction*)'이다.[152] 사실상, 네트워크로 연결된 컴퓨터 학습실이나 강의실의 이용 가능성이 증가하면서, 컴퓨터 훈련과 학습에서 강사 주도 방식과 개인 기반 방식 사이에 다양한 상호작용이 가능하게 되었다.[153] 예를 들어, 해군 병사들은 새로운 컴퓨터 시스템 사용 방법을 컴퓨터와 프로젝터 기기를 사용해서 볼 수 있으며, 그들 앞에 있는 컴퓨터에서 즉각적으로 실습할 수 있다.[154] 연구 결과에 따르면, 이러한 행동 모델링 접근 방법은 대학생들에게 IT 모듈들을 가르치는 것뿐만 아니라, 복잡한 워드 프로세싱 과업을 가르치는 데도 효과적인 것으로 나타났다.[155]

3. 자기 보속/컴퓨터 기반 훈련 방법

1980년대 이전에는 가장 보편적인 자기 보속 훈련은 종이 기반이었다. 예를 들어, 프레드 피들러(*Fred Fiedler*)와 동료들은 특정 국가(인도와 그리스 같은)로 여행을 하는 미국인들을 위한 이문화 적응 훈련을 개발했다. 학습자들은 다른 문화에 대한 삽화들을 읽는다. 그리고 나서, 그들이 생각하기에 특정 행동이 왜 발생했는지에 대해 선택한다. 각자의 반응에 따라 학습자들은 워크북의 특정 페이지로 이동한다.[156]

테크놀로지는 조직 내 훈련 방식에 엄청난 영향을 주었다.[157] ATD는 최근 모든 형식 학습 시간의 17.9%가 네트워크로 연결된 자기 보속 온라인 학습으로 운영된다고 추정했다. 그리고 형식 학습 시간의 3.2%가 비네트워크 방식의(CD-ROMs를 통해) 자기 보속 학습으로, 4.7%가 프린트 자료를 이용한 자기 보속 학습으로 추정했다.[158] CBT의 주된 장점은 상호작용이다.[159] 많은 CBT 프로그램의 학습자와 컴퓨터의 상호작용은 학습자와 교사 간의 일대일 관계와 동일하다. 질문과 응답이 왔다 갔다 하면서 즉각적인 피드백으로 결론이 난다. CBT의 진화된 형태는, 지능형 컴퓨터 이용 학습처럼, 심지어 학습자의 응답과 실수의 패턴까지도 분석할 수 있으며, 결론을 도출하고, 학습자에 따라 맞춤형으로 만들 수 있다. 테크놀로지 기반 훈련의 또 다른 장점은 학습자의 요구에 따라 맞춤형이 가능하다는 것이다. 즉, 훈련이 언제 어떻게 운영될 것인가에 대해 학습자가 통제할 수 있다.[160] CBT에는 CAI, 인트라넷 훈련, ICAI의 세 가지 방법이 있다.

3.1 컴퓨터 이용 학습

컴퓨터 이용 학습(*CAI, Computer-Aided Instruction*) 프로그램은 전자책, 반복 연습(*drill-and-practice*) 방법, 전통 훈련 프로그램의 CD-ROMs을 통한 프리젠테이션 등 다양하다. CAI 소프트웨어 패키지는 상대적으로 저렴한 비용으로 이용할 수 있다. 학습 범위는 읽고 타이핑하는 기본적인 스킬을 훈련시키는 것부터, 고도의 과학기술, 엔지니어링, 그리고 기계 유지관리 관련 주제까지 다양하다. CAI 프로그램은 업무용 소프트웨어 프로그램뿐만 아니라 물건 구매 기능까지 가능하다.

멀티미디어 프로그램은 더욱 호소력 있는 비쥬얼과 영상 컨텐트를 제공하기 때문에, 전통적인 CAI 프로그램을 개선할 수 있다. 멀티미디어 플랫폼은 훈련 과정을 실제 생활로 가져오고, 학습 경험을 더욱 즐겁게 만들어 준다. 오디오 비디오 파일은 매우 크기 때문에, 대부분의 멀티미디어 과정들은 CD-ROM 디스크에 저장되어 배포된다. 대부분의 조직들은 강사 주도 과정들을 CD-ROM으로 대체하였다. 예를 들어, AT&T는 3일간의 신입사원 오리엔테이션 프로그램을 CD-ROM 패키지로 교체하였다. 그 CD-ROM 패키지는 조직의 구조, 각 부서의 역할과 미션, 그리고 각 부서들이 각자 어떻게 연계되는지 등의 내용을 담고 있다.[161]

다른 훈련 방법이나 기법과 비교할 때 CAI는 상호작용(*interactive*) 특성을 고려하여 몇 가지 장점이 있다. 첫째, 학습자의 반응 측면에서 학습자가 완전 숙달할 때까지 컴퓨터가 다양한 수준의 학습 자료를 제공한다. 둘째, CAI의 자기 보속적(*self-pacing*) 특징을 갖고 있다. 즉, 학습자들이 수업 속도를 스스로 조절할 수 있으며, 학습자들을 자기 충족적 학습을 할 수 있게 해준다.[162] 셋째, CAI의 물류(*logistics*) 능력인데, 내부 유통 시스템을 통해 중앙 컴퓨터로부터, 또는 원격지에서 인터넷을 통해서 다운로드가 가능하기 때문에 접근이 훨씬 용이하다. 이러한 물류 시스템은 여행 경비와 일당 등의 비용을 줄여준다.[163] 넷째, CAI는 교수 또는 학습 관리 시스템(*instructional or learning management system*)을 갖고 있기 때문에 자동으로 학습자의 학습 진행 상황, 교수 자원(단말기, 강사, 강의장 등)의 배분과 사용 상태를 모니터링할 수 있다.[164]

다른 훈련 방법처럼 CAI의 효과성은 생산성과 이익의 변화로 측정될 수 있다. 라인하트(*Reinhart*)의 연구에 따르면, 4시간짜리 CAI 프로그램의 결과로(이 프로그램은 컴퓨터 소프트웨어를 판매하는 세일즈 대표들을 훈련하였음) 제록스사에 460만 달러의 추가적인 수익을 올렸다.[165] 또 다른 효과성에 대한 측정 연구는 비용-편익 분석이다. 이 분석은 CAI를 다른 기법들과 비교한 것이다. 뉴욕의 한 금융기관은 학습자들이 이용 가능한 강의실 훈련 프로그램을 대기하고 있는 동안에도 학습자들에게 급여를 지급하고 있었는데, 훈련 프로그램을 CAI로 변경하고 나서 CAI 프로그램을 개발한 비용을 상쇄할 정도의 비용을 절약했다.[166] 또한 학습자들이 전통적인 방법보다 CAI를 이용하여 학습할 때, 동일한 양의 학습을 적은 시간에 학습하고, 학습 성취도 측면에서는 차이가 없었다.[167] 반면, 사람인 훈련자와 학습자 간의 개인적 상호작용이 없는 것에 대한 비판이 있고, CBT에 대한 의존은 대인 관계 스킬 능력 개발을 제한한다는 주장이 있다.[168]

CD-ROM 프로그램은 100달러 이하로 외부에서 구입할 수 있지만, 이 경우 조직의 요구에 맞춤형 내용은 아니다. 따라서 맞춤형 자체 프로그램을 제작할 필요가 있는데, 문거(*Munger*)는 평균 수업 시간당 5,000달러의 비용과 1시간의 수업을 하는데 평균 2~10시간의 개발 시간이 필요하다고 한다.[169]

CAI가 항상 가장 적절한 교육 방법은 아니다. 예를 들어, 대인 관계 스킬의 구축을 강조하는 훈련 상황에서는 다른 기법(예: 역할 연기)이 선호될 수 있다. 또한 CAI 프로그램을 수행하기 어려워하는 동기부여가 부족한 학습자에게는 전통적인 훈련 방법이 더 적합할 수 있다.

3.2 인터넷 및 인트라넷 기반 훈련

인터넷 세상은 기술적으로 가장 빠르게 성장하는 현상이다. 시스코(*Cisco*)는 2012년에는 87억 개의 디바이스들이 인터넷에 연결될 것이라고 추정했다.[170] **인트라넷**(*intranet*)은 조직 내부에서 정보를 찾고, 관리하고, 창조하고, 유통시키기 위한 인터넷 기술, 소프트웨어 도구, 프로토콜 등을 사용하는 컴퓨터 네트워크이다.[171] 오늘날의 많은 기술 기반 훈련은 웹 기반이고, 가상 학습(*virtual learning*) 또는 **e-러닝**(*e-learning*)이라고 불리며, 대부분 인터넷 또는 인트라넷 기술과 시스템을 사용한다.[172] 웹 기반 학습에 대한 연구들이 점점 많아지고 있다.[173] 상호작용하는 e-러닝 자료를 개발하기 위한 설계 원칙들은 〈표 6.4〉와 같다.

네트워킹 프로토콜을 장착한 개인용 컴퓨터(PC)는 개인들이 다른 운영 시스템(윈도우즈, 맥의 OS X, 그리고 기타 운영 시스템)과 서로 통신(정보에 접근하고, 데이터를 전송하고, 데이터를 다운로드 하고)할 수 있게 한다. 또한, 요즘의 정보통신 기술은 정보에 대한 접근을 제한할 수 있고, 사생활을 보장

표 6.4 상호작용 e-러닝 자료의 설계 원리

1. 수업 또는 레슨을 위한 현실적이고 확실한 문제 또는 시나리오를 선택한다. 학생들이 가능한 한 실제 상황에 근접하여 답해야 하는 시나리오에 대한 질문을 개발한다.
2. 각기 다른 학습 스타일, 선호도, 그리고 패턴을 수용하기 위해 최대한 많은 신체적 감각(예: 풍부한 멀티미디어 학습 환경)을 사용한다.
3. 학습자에게 문제 해결 및 시나리오 해결을 위한 기본 기술을 제공하기 위하여 (보다 정교한 문제로 이동하기 전에) 가장 간단한 초기 지침을 제공한다.
4. 학습자가 짧은 시간에 간단하지만 완전하게 과업을 수행하도록 독려한다. 점차적으로 후속 과업의 난이도를 높인다.
5. 인쇄된 또는 "단편적인" 지침(예: 웹 페이지)을 디자인할 때, 학습자들이 어려움이 있는 경우에는 그래픽 아이콘과 적절한 화면 캡처를 추가한다.
6. 학습자가 학습 중에 어려움이 예상되는 곳을 파악한다. 이러한 어려움이 발생하기 쉬운 부분에 안내 피드백을 디자인하고 배치한다.
7. 새로운 도전 (탐험적인 학습)을 시도하는 학습자를 위해 학습 과정이 유연해야 한다. 또한 새로운 탐험을 싫어하는 학습자들을 위해서는 보다 구조화된 형식이 제공되어야 한다. 이러한 선호도의 서로 다른 조합을 수용하기 위해서는 두 가지 접근 방식이 일관되게 설계되어야 한다.

출처: Yin, L. R. (2006). Design principles for interactive e-learning/e-training materials. Accessed on February 16, 2015: at: http://facstaff.uww.edu/yinl/elearn.html

할 수 있도록 하는 많은 안전장치를 제공한다. 안전장치에는 방화벽, 암호화, 패스워드 등이 있다. **인트라넷 기반 훈련**(*IBT, intranet-based training*)은 훈련 목적으로 내부 컴퓨터 네트워크를 사용한다.[174] 조직 내부의 인트라넷을 통하여, HRD 전문가들은 학습자들과 커뮤니케이션할 수 있다. 요구 조사를 수행하고, 기타 행정업무를 수행하고, 과정 학습 자료, 훈련 서류, 그리고 멀티미디어 프로그램 등을 제공한다. 전사 종업원 누구나 세계 어디에 있든지, 언제든지 학습을 관리할 수 있다.[175] IBT는 특별히 세계 여러 나라에 흩어져 있는 국제적인 조직에는 강력한 유통 시스템이다. IBT는 멀티미디어 CD-ROM 프로그램의 특징을 가지고 있으면서 사용자들이 빠르게 소통할 수도 있다. 자바(*Java*)나 쇼크웨이브(*Shockwave*) 같은 실시간 멀티미디어 기술이 발전하면서 IBT는 음향, 소리, 3차원 이미지까지 완전하게 상호작용할 수 있게 되었다. 언스트 앤 영(*Ernst & Young*) 같은 회사들은 컴퓨터 기반 훈련을 개선하고 배급하는 데 주로 IBT를 활용하고 있다.[176]

런쉐어(*LearnShare*)는 기술 기반 교육의 혁신적인 발전 모델이다. 1996년 오하이오주 톨레도(*Toledo*)에서 설립된 런쉐어 컨소시엄은 원래 오웬스 코닝, 3M, 제너럴 모터스, 모토로라, 노스 웨스트 항공, 레비 스트라우스 등 17개 조직의 협력기관으로 구성되었다. 이들 조직들은 기존 교육 자료 중 일부를 상호 공유하였는데, 특히 온라인 교육 과정을 중점적으로 공유하는 데 성공적이었다. 2015년에 런쉐어에는 40개 이상의 회원 조직(총 고용인원은 대략 250만 명)이 포함되었다.[177] 이것은 협업 온라인 학습의 흥미로운 모델로 남아 있다.

IBT에도 여러 한계점이 있다. 대형 비디오 및 오디오 파일을 사용하는 멀티미디어 형식을 감안할 때 현재까지의 주요 한계점은 네트워크의 전송 용량의 크기인 네트워크 대역폭이라고 할 수 있다.[178] 그러나 기술 및 비디오 스트리밍의 급속한 발전 (대역폭 확대 및 데이터 압축 능력 향상)에 따라 이러한 한계가 점점 극복되고 있다.[179] 실용적인 면에서 온라인 학습은 학습의 시간을 직원의 근무 시간 외로 밀어내는 것에 대한 비판이 있다. 즉, 언제 어디서나 학습할 수 있다는 장점이 실제로는 학습자가 종종 보상 없이 훈련을 받아야 하는 것을 의미한다.[180] 또한 많은 학습자가 자기 보속 학습으로 완결하지 못한 문제점이 있는데,[181] 이에 대한 해결책으로 팟캐스팅, 위키(*wiki*), 기타 소셜 소프트웨어 등을 포함한 모바일 학습(*mobile learning*)이 증가하고 있다.[182]

3.3 지능형 컴퓨터 이용 학습

지능형 튜터링(*tutoring*) 시스템이라고도 하는 **지능형 컴퓨터 이용 학습**(*ICAI, intelligent computer-assisted instruction*)은 유연성과 정성적 평가가 가능하다는 점에서 CAI를 뛰어 넘는다. 전형적인 CAI 프로그램은 학습자가 여러 수준의 프리젠테이션(초보자, 중급자 등) 중에서 선택할 수 있는 반면, ICAI 프로그램은 학습자의 반응 패턴과 학습자의 오류를 분석함으로써 학습자의 능력을 식별할 수 있다. ICAI 시스템의 목표는

> 개별 학습자에게 참을성 있게 조언을 하고, 학습자의 연습을 장려하며, 실험을 통해 학습자의 호기심을 자극할 수 있도록 지능형 교사(*electric tutor*)를 지원하는 것이다. 이것은 잠재적으로 학습자

가 보다 창의적인 도전에 직면하도록 하거나, ICAI의 능력을 뛰어 넘는 미묘하거나 어려운 문제를 극복하도록 돕기 위한 것이다.[183]

ICAI 프로그램의 유용성은 CAI보다 적지만 그 잠재력은 엄청나다.[184] 예를 들어, 미디어 매트릭스(*Media-Matrix*)라는 적응 시스템을 사용하여 대학생들에게 기초적인 심리학 원리를 가르치고 독해력을 향상시켜 긍정적인 결과를 얻었다.[185] DIAGNOSER는 워싱턴주를 위해 고안된 인터넷 기반의 퀴즈 프로그램인데, 고등학교 물리학 학생들은 온라인으로 퀴즈를 풀면서 본인의 답변에 대한 피드백을 받을 수 있다.[186] 에듀튜터(*EduTutor*)는 포르투갈어를 가르치는 지능형 과외 시스템이다.[187] ICAI 프로그램의 또 다른 예는 카네기-멜론(*Carnegie-Mellon*) 대학의 LISP 컴퓨터 언어 튜터, 인지적 튜터 및 자동 튜터(*Auto Tutor*)가 있다.[188] 미국 해군은 STEAMER 프로그램을 개발하였는데, 이를 통해 선박의 복잡한 증기 추진 시스템을 작동시키고 수리하는 법을 배울 수 있다.[189]

인공 지능(*artificial intelligence*) 연구에서는 ICAI 프로그램이 자연 언어를 사용하여 학습자와 상호작용하고 학습자를 이해할 수 있도록 (반응을 추적하고 학습함으로써) ICAI 프로그램의 능력을 향상시키는 방법을 탐색하고 있다. 컴퓨터 하드웨어, 소프트웨어, 인공 지능, 그리고 지식 공학(정보를 설계하고, 조직화하며, 효과적인 제시 방법을 발견하는)의 발전 속도를 감안할 때, ICAI 또는 지능형 개인 지도 프로그램은 가까운 미래에 훈련 및 교육 분야에서 더 많이 사용될 것이다.[190]

4. 훈련 프로그램 실행 관련 이슈

훈련 프로그램 방법들을 어떻게 선택해야 하는가? 훈련자는 달성할 목표, 이용 가능한 자원, 그리고 학습자의 특성과 전문성을 동시에 고려하면서 이러한 결정을 내려야 한다(3, 4, 5장 참조). 최근 추세는 테크놀로지 기반 훈련 방법이 증가하고 있지만, 이것이 항상 최상의 솔루션은 아닐 것이다.[192] 이와 관련하여 "e-러닝 밴드왜건(*bandwagon*)"에 대한 흥미로운 주제에 주목하라("장수하는 강의실 학습" 박스 참조). 또한 전통적인 (강의실 기반) 훈련과 테크놀로지 향상 훈련의 일부 조합인 **블렌디드 러닝**(*blended learning*)에 대한 논의도 늘어나고 있다.[193] 이것은 훈련자 및 학습자 모두에게 엄청난 영향을 미치며, 단일 전달 방법을 사용하여 얻을 수 있는 것 이상으로 학습자와 조직 모두에게 혜택을 제공하는 경쟁력을 지니고 있다.[194]

물론 '실제' 훈련 프로그램을 실행하는 주된 책임은 훈련자에게 있다. 5장에서는 훈련 목표와 교수계획의 준비뿐만 아니라 최상의 일정 계획 수립에 관련된 문제를 다루었고, 이 장에서는 교육 방법, 기법, 자료의 선택에 중점을 두었다. 어떤 시점에서 훈련자는 모든 이슈들을 검토하여 실천해야 한다. 이러한 관점에서 다음의 몇 가지 이슈를 언급하고자 한다.

장수하는 강의실 학습

모든 지표는 테크놀로지 기반 훈련의 지속적인 성장을 보여주고 있다. 이러한 훈련은 집단 또는 강의실 기반의 훈련보다 개별화될 수 있으며, 훈련자가 훈련 현장으로 이동할 필요성이나 학습자가 직장에서 멀리 벗어날 필요성이 줄어든다는 점을 감안하면, 비용 측면에서 장점이 있다. 그러나 이미 언급한 바와 같이, 강의실 훈련은 교수 전달의 가장 일반적인 형태로 남아 있다.[191] 컨설턴트인 제임스 파렐(James Farrell)은 강의실 훈련(c-learning)이 여전히 인기 있는 이유가 있다고 주장했다. 대면 수업은 "정보의 풍부함"이란 가장 큰 능력을 가지고 있다. 정보가 풍부한 것은 정보의 수신자에게 전송되는 신호 유형과 관련이 있다. 예를 들어, 학습자가 훈련자의 신체 언어, 음성의 변화, 그리고 비언어적 단서를 관찰할 수 있기 때문에 수신된 의사소통의 정확성을 높일 수 있다. 학습자가 면대면 커뮤니케이션에서 멀어지면, 예를 들어, 원격 학습, 컴퓨터 기반 학습, 비디오 및 인쇄 기반 학습과 같은 유형으로 옮겨가면, 풍부한 의사소통이 어려워진다. 이러한 테크놀로지 기반 학습은 가르쳐야 할 지식이나 스킬이 상대적으로 단순한 상황에서는 좋을 수 있지만, 가르쳐야 할 스킬이나 절차가 과거에 수행된 것과 완전히 다르거나 새로운 것일 경우, 적합하지 않을 수 있다. 파렐은 원격학습이 특정 훈련 목표를 달성하는데 바람직하지 않은 경우를 다음과 같이 언급했다.

> 당신은 병원 응급실에서 간호사가 즉시 뇌수술을 받아야 한다고 이야기를 들었다. 두 명의 의사 중에서 선택해야 하는데, 한 명은 숙련된 외과 의사로부터 일대일 훈련을 받았고, 다른 한 명은 12단계의 CD-ROM 과정이 포함된 뇌 외과 의사를 위한 병원의 혁신적인 원거리 학습 프로그램을 통해 학습한 의사이다. 어떤 외과 의사의 수술을 원하겠는가? (p. 44)

파렐은 학습자에게 주어진 정보 처리 요구 수준을 파악하는 것이 중요하다고 주장했다. 그러한 요구 수준이 높을수록 더 많은 대면 (또는 강의실) 상호작용이 필요하다. 최신 학습 테크놀로지는 속도, 유연성, 비용과 관련하여 장점을 가질 수 있지만, HRD 전문가는 주어진 교육 상황에 적합한지를 반드시 확인해야 한다. 파렐은 'e-러닝의 증가에도 불구하고' "강의실 훈련이 여전히 필요할 것으로 보인다"라고 결론지었다 (p. 46). 이러한 내용을 〈그림 6.2〉와 관련하여 어떻게 생각하는지 논의해보도록 하자.

출처: Farrell, J. N. (2000). *Training & Development*, 54(9), September, 43-46.

5. 물리적 환경 조성

훈련 프로그램 실행과 관련된 중요한 의사 결정은 물리적 환경 조성과 관련된다. 학습자가 집중하고 학습하기 좋은 환경은 현장 훈련에서 특히 중요하다. 현장 훈련(OJT) 지역에 훈련 과정을 방해하는 소음 및 전화 통화와 같은 개입 요소가 많은 경우, 훈련자는 이를 제거하거나 최소화할 방법을 찾아야 한다. 이러한 개입 요소들은 특히 감독자가 훈련자일 때 일반적인 OJT의 방해물이다. 하루 중 특정 시간이나 산만함이 없는 특별한 장소를 별도로 정해두면 훈련의 개입 요소들을 피할 수 있다. 또는 감독자는 훈련 시간 동안 전화 및 문의를 대신 받아 줄 사람을 정해 놓을 수도 있다.

강의실 환경에서는 물리적 환경을 조성할 때 좌석 배치, 안락함, 물리적 산만 등 여러 가지를 고려해야 한다. 좌석(*seating*)은 훈련자와 학습자 사이의 공간적 관계를 설정하기 때문에 중요하다. 예를 들어, 일렬로 고정식 좌석이 있는 교실은 해당 환경에서 훈련자가 할 수 있는 일은 제한적이지만, 강의식 기법에서는 참가자가 강사에 집중할 수 있기 때문에 선호될 수도 있다. 그러나 좌석 이동이 가능한 교실에서는 훈련자가 프로그램 목표를 달성할 수 있도록 자리를 조정할 수 있다. 줄을 갈매기 모양 또는 반원 모양으로 배열하면 수강생은 토론 중에 서로를 볼 수 있다. 이러한 배치는 참가자들 간의 상호작용과 피드백을 촉진할 수 있다. 대규모 강의에서는 집단 토론이 용이하게 소그룹으로 좌석을 배치할 수 있다.

신체적인 안락함(*comfort level*)도 성공적인 학습을 위해 중요하다. 극한의 실내 온도는 학습을 방해할 수 있다. 따뜻하고 통풍이 나쁜 방은 참가자들을 피곤하게 할 수 있다. 강의실이 너무 추우면, 주의가 산만해지고, 움직임이 줄어들 수 있다.

물리적 환경을 조성할 때 고려해야 할 또 다른 요소는 잡음, 불량 조명 및 장벽과 같은 물리적인 산만함(*physical distractions*)이다. 강의실 밖에서의 활동을 포함하여 소음은 종종 문을 닫거나 해당 강의장 외부에 "정숙: 훈련 중"이라는 표지를 달아 통제할 수 있다. 부적절한 조명은 참가자가 메모를 하고 인쇄된 자료를 읽는 것을 어렵게 만들 수 있으며 프로젝트로 투영된 자료를 볼 수 없게 만들 수 있다. 훈련자는 기둥이나 고정 칸막이 등과 같은 물리적 장벽이 계획된 활동을 방해하는지 여부를 판단하기 위해 사전에 방을 점검해야 한다. 이러한 문제가 있는 경우 보다 적합한 장소를 찾는 노력이 필요하다. 한 연구에 따르면, 네트워크 기반 컴퓨터 실험실을 사용하여 강의 위주로 과정을 진행하여 학생들에게 상당한 혼란을 가져왔다. 즉, 개인별 컴퓨터가 이 전통적인 강의 위주의 과정에서 사용되지는 않았지만 학습 환경에 부정적이었다.[195] 대학이 점점 더 많은 훈련 시설과 하이테크 강의실로 변경되고 있지만, 모든 과정이나 주제가 그러한 환경에 적합하지는 않을 수도 있다는 것을 시사한다.[196]

추가적으로 고려해야 할 물리적 요소로는 벽 및 바닥의 색상(카페트가 있는 방은 더 조용함), 의자 형태, 빛의 눈부심 여부(참가자의 주의가 산만해질 수 있음), 음향 및 필요한 장비의 작동 여부 등이 포함된다.[197] 또한 오버 헤드 또는 컴퓨터 슬라이드용 화면이 화이트보드 또는 플립 차트와 동시 사용하지 않도록 정렬되어야 한다. 그리고 컴퓨터 및 기타 기술은 교육 프로그램 중에 의도한대로 작동하도록 사전에 테스트해보아야 한다.

마지막으로 훈련이 컴퓨터 기반, 특히 온라인, CD-ROM 또는 기타 테크놀로지를 통해 이루어지는 경우, 물리적 환경에 관한 모든 사항이 변경된다. 학습자는 일반적으로 훈련을 받기 위해 다른 장소에 갈 필요가 없다. '비동기식' 학습의 전반적인 개념이 온라인 학습에서 발생한다. 즉, 학습자가 편리한 시간에 학습 플랫폼에 로그인한 후 연속적으로, 가끔은 며칠 동안에' 걸쳐 토론에 참여한다(강의실 수업에서는 일반적으로 실시간 참여).[198] 일반적으로 강의실 학습에서 온라인 학습으로 이동함에 따라 한 번에 훈련받을 수 있는 학습자의 수가 증가한다. 학습자가 훈련에 참가하기 전에 기본적인 사전 지식이나 스킬을 갖출 수 있도록 하는 학습자의 사전 검증이 온라인 평가 도구를 통해서 이루어진다. 마찬가지로 후속 활동 및 평가도 온라인 평가를 통해 이루어질 수 있다.

'유니버설 디자인'과 인적자원개발

교육 분야의 새로운 개념으로 '학습을 위한 유니버설 디자인(UDR, universal design for learning)'이 있다. 이 개념은 신체장애가 있는 사람들을 포함하여 다양한 개인이 접근할 수 있는 실제 공간을 설계하는 것이다. 또한 특별한 도움이 필요한 사람들을 돕기 위한 '보조 기술' 또는 장비 사용을 포함한다. 이러한 개념은 지난 수십 년 동안 신체장애가 있는 사람들을 위한 교육 및 직장 환경의 접근성을 향상시키는데 상당히 기여했다. HRD 전문가는 장애가 있는 직원이 훈련 및 개발 활동에 참여하는 것을 방해하거나 금지할지도 모르는 물리적 제약이나 한계점들이 최대한으로 제거될 수 있도록 노력해야 한다.

교육 및 근무 환경 모두에서 큰 도전 중 하나는 장애를 가진 사람들의 요구를 수용하는 것이다. 이러한 도전은 테크놀로지 기반 학습뿐만 아니라 테크놀로지 향상 학습과 관련된다. 교육자와 도서관 사서는 이러한 문제를 다루기 시작했으며, HRD 전문가가 함께 다루어야 하는 것은 분명하다. 해결해야 할 몇 가지 예시적 이슈는 다음과 같다.

1. **시각적인** 제약(예: 그들이 팟캐스트, 동영상 또는 기타 시각 매체를 어떻게 사용할 수 있는가?)
2. **청각적인** 제약(예: 청각 장애인뿐만 아니라 청각을 완전히 상실한 사람도 조직의 훈련 노력에 대한 혜택을 누릴 수 있는 방법은 무엇인가?)
3. 강의실 학습과 테크놀로지 기반 학습 모두에 있어서 키보드 입력 또는 기타 일반적인 반응을 제한하는 **물리적** 제약(예: 최근 음성 인식 프로그램의 발전이 물리적 제약이 있는 사람들이 온라인 토론에 참여하도록 어떻게 도움을 줄 수 있는가?)

이것은 분명히 HRD 전문가가 반드시 다루어야 하는 질문에 대한 예시이지만, 그 질문에 대한 답은 쉽지 않다. 그러나 건축가와 제품 디자이너가 유니버설 디자인의 개념을 점점 더 많이 받아들이는 것처럼, HRD 전문가도 이와 같은 공동 작업을 수행해야 할 것으로 기대된다. 유니버설 디자인에서 '유니버설'을 받아들여야 할 분야가 있다면, 그것은 바로 인적자원개발 분야라고 생각하지 않는가?

출처: Lee, H., & Templeton, R. (2008). Ensuring equal access to technology: Providing assistive technology for students with disabilities. *Theory Into Practice*, 47, 212–219; Gavigan, K., & Kurtts, S. (2009). AT, UD, and thee: Using assistive technology and universal design for learning in 21st century media centers. *Library Media Connection*, 27(4), 54–56; Folk, D., Shaw, L., Jennings, M. B., & Cheesman, M. (2009). Towards a comprehensive approach for managing transitions of older workers with hearing loss. *Work*, 32(4), 365–374; Walters, S. (2010). Toward an accessible pedagogy: Dis/ability, multimodality, and universal design in the technical communication classroom. *Technical Communication Quarterly*, 19(4), 427–454; Smith, K. (2011). Universal design for digital media. *Intercom*, 58(1), 6–8; Shaw, S. F., Dukes, L. L. III (2013). Transition to postsecondary education: A call for evidence-based practice. *Career Development and Transition for Exceptional Individuals*, 36(1), 51–57; Caudill, J. G., & Reeves, B. (2014). Strategic management of workplace e-learning. In S. Hai-Jew (Ed.). *Remote workplace training:Effective technologies and strategies*. Hershey, PA: IGI Global, 17–27; Couzens, D., Poed, S., Kataoka, M., Brandon, A., Hartley, J., & Keen, D. (2015). Support for students with hidden disabilities in universities: A case study. *International Journal of Disability, Development and Education*, 62(1), 24–41; Hutson, B., & Downs, H. (2015). The college STAR faculty learning community: Promoting learning for all students through faculty collaboration. *Journal of Faculty Development*, 29(1), 25–32; Baldridge, D. C., & Swift, M. L. (in press). Age and assessments of disability accommodation request normative appropriateness. *Human Resource Management, forthcoming.*

테크놀로지와 HRD 실행에 관한 가장 큰 질문은 "테크놀로지를 통해 직장에서의 학습 및 성과를 촉진하도록 돕는 방법이 무엇인가?"이다. 가치를 높일 가능성은 분명히 존재한다. 그러나 그 잠재력을 실현시키는 것은 여전히 어려운 과제이다. 새로운 테크놀로지로 '화려함'이나 '종소리와 휘파람'을 쉽게 볼 수 있지만, 관여하는 모든 사람들은 그것이 학습 과정에 가치를 더하는 방식인지에 대해서는 검토할 필요가 있다. "훈련을 실행하면서 지금까지는 할 수 없었지만 앞으로 새롭게 시도할 수 있는 것은 무엇인가?" 라는 질문을 하면서, 깊이 생각해볼 것을 권유한다. HRD 실행의 미래는 놀랄 만큼 미지의 세계이고 흥미로울 것이다! 이를 염두에 두고 미래의 물리적 환경과 정보통신기술 환경을 모두 고려한 접근과 디자인 이슈를 다루는 "'유니버설 디자인'과 인적자원개발" 박스를 읽어 보기 바란다.[199]

6. 프로그램 시작하기

HRD 개입이나 프로그램을 실행하는 데 필요한 모든 요소, 즉 실행 가능한 수업 계획, 자료, 시청각 또는 컴퓨터 장비의 준비, 물리적 환경 준비 등을 모두 완비했으면, 마지막 단계는 그것을 실행에 옮기는 것이다! 프로그램을 멋지게 시작하고 유지하는 것이 훈련자에게 중요하다. 여러 개의 세션이 있는 경우라면, 첫 번째 세션은 나머지 프로그램의 톤을 결정한다. 앞서 논의 된 바와 같이, 훈련자는 과정개요 또는 실러버스(*syllabus*)를 준비하여 학습자의 기대를 명확하게 설정할 수 있다. 이러한 과정개요 또는 실러버스는 과정의 목적과 목표, 주제, 그리고 행동 규범(정확한 시간, 참가할 세션, 참가자 상호 간의 예절 등)에 관계된 필요 사항을 설명해준다.[200] 과정개요는 첫 번째 세션에서 배부되고 자세히 설명되어야 하며, 필요한 경우 훈련 프로그램 전반에 걸쳐 정기적으로 반복, 강조되어야 한다.

또한, 세션 시작 전에 각 학습자의 능력과 배우고자 하는 동기에 대해서 사전 파악이 안 되었다면, 훈련자는 반드시 이것을 파악하려는 시도를 해야 한다. 이러한 시도의 방법으로 훈련 전 능력을 평가하기 위해 초기 실습이나 사전 테스트를 실시하는 것이다. 이는 일대일로 시행하는 OJT 세션에서 특히 중요할 수 있다. 참가자의 동기를 평가하기보다는 동기를 강화하는 활동을 포함시키는 것이 더 도움이 될 수 있다. 그러한 활동에는 참가자들에게 그들이 원하는 것을 물어보고, 훈련 목표 달성의 장점을 설명하고, 참가자의 두려움이나 우려 사항을 명시적으로 해소하고, 참가자들에게 학습 계약을 완료하도록 하는 것 등이 포함된다.

많은 훈련 프로그램에는 일종의 아이스 브레이킹(*ice-breaking*)으로 참가자들이 서로를 알게 하고 참가자와 훈련자와 래포(*rapport*)를 형성하는 데 도움이 되는 도입부 '연결' 질문이 포함된다.[201] 이것은 적어도 두 가지 이유로 중요하다. 첫째, 많은 HRD 프로그램의 혜택 중 하나가 참가자들이 조직의 다른 부분에서 근무하는 동료들과의 네트워크를 형성할 수 있는 기회를 얻게 되는 것이다. 둘째, 다른 집단 환경과 마찬가지로 HRD 프로그램에 참가하는 사람들도 일반적으로 사회적 수용을 추구하게 된다. 예를 들어, 소수 집단 구성원들(인종, 민족, 성별 등)은 강의실에서 고립된 느낌을 받을 수 있으며, 이러한 고립감

표 6.5 훈련자를 위한 팁

1. 철저한 준비 — 세션의 계획, 타이밍 및 흐름은 물론 조직 내부 및 외부의 주요 이슈를 파악하라.
2. 당신의 외모(의복 및 몸단장)는 청중에게 전문적이고 적절한 것이어야 한다.
3. 학습자의 관심을 조기에 확보하라('grabber'를 가짐).
4. 당신의 메시지는 최대한 간결하고 직접적이어야 한다.
5. 훈련자 자신의 문제보다는 학습자의 관심사에 집중하라.
6. 학습자가 대답할 수 있는 초기 질문을 한 다음 계속 상호 교감할 수 있도록 노력하라.
7. 아이디어를 듣고 인정하라.
8. 조용한 학습자가 토론에 참여하도록 격려하기 위한 일시적 멈춤을 허용하라.
9. 강화를 통해 긍정적인 행동을 창조하라. 예를 들어, 사람들이 깨닮음을 보일 때마다 칭찬하라.
10. 사람들에게 직접 질문하라.
11. 사람들을 편안하게 하라.
12. 학습자가 경험한 사례를 요청하라.
13. 당신의 경험을 학습자와 공유하라.
14. 시각적 보조자료를 현명하게 사용하라. 하지만 슬라이드 해설자가 되지 마라. 즉, 슬라이드 내용 그대로 당신의 발표가 되지 않게 하라.
15. 답을 모른다는 것을 인정하라. 학습자가 당신을 도울 수 있도록 하라.
16. 분쟁과 옳고 그름을 판단하는 것을 피하라.
17. 사람들에게 가르치는 것을 즐긴다는 것을 보여줘라. 재미있게!
18. 필요한 경우 학습자와 수업 이외의 시간을 함께하라.
19. 학습자에 대한 신뢰를 표현하라.
20. 메모를 작성하고 후속 조치를 취하라.
21. 플립차트나 칠판에 글을 쓸 때 학습자의 용어를 사용하라.
22. 요약하라. 학습자가 배운 것을 축하하기 위해 학습 포인트와 종료를 제공하라.

출처: Fetteroll, E. C. (1985). 16 tips to increase your effectiveness. *Training & Development Journal*, 39(6), 68–70; Abernathy, D. J. (1999). Presentation tips from the pros. *Training & Development*, 53(10), 19–25; Harper, J. (2004). Presentation skills. *Industrial and Commercial Training*, 36(3), 125–127; Auster, E. R. & Wylie, K. K. (2006). Creating active learning in the classroom: A systematic approach. *Journal of Management Education*, 30(2), 333–353; Breen, D. R., Sorden, A., & Marquart, M. (2008). Connection questions. *T&D*, 62(8), 26–29; Ball, C. (2009, January). Attention: The prerequisite for successful learning. *Training Journal*, 45–49; Anderson, C., & Duarte, N. (2013). How to give a killer presentation. *Harvard Business Review*, 91(6), 121–125.

은 효과적으로 수행할 수 있는 그들의 능력에 부정적인 영향을 줄 수 있다. 훈련자가 학습자의 사회적 요구에 민감하고 소속감을 높이는 방식으로 대응할 필요가 있다. 또한, 훈련자는 상호 존중과 개방적인 분위기를 조성하기 위해 노력을 기울여야 한다.[202] 이러한 분위기는 학습자가 필요로 할 때 편안하게 도움을 청하도록 해준다. 가볍고 적절한 유머 사용은 이러한 분위기 조성에 도움이 될 수 있다.[203]

집단 토의를 효과적으로 운영하고, 학습을 촉진시키는 것과 관련된 많은 스킬이 있다. 독자는 이러한 주제에 대해 많이 배우고 플랫폼 및 대인 관계 스킬을 구축할 수 있는 기회를 모색해야 한다.[204] 오늘날 업무 환경이 점점 더 다문화적인 형태로 변화되기 때문에 상호작용과 학습을 촉진시키는 스킬을 필요로 한다.[205] T&D와 같은 전문 저널은 효과적인 훈련 스킬에 관하여 빈번하게 기사를 싣고 있다. 또한 ATD의 해당 부분을 참조하는 것이 유용할 수 있다. 이러한 관점에서 끝으로 훈련 효과를 향상시키기 위한 훈련자를 위한 팁 목록을 제시한다(표 6.5 참조).[206]

도입 사례로 돌아가기

콜리어스 대학(*Colliers University*)은 회사의 글로벌 회장 겸 CEO인 더글라스 프라이어(*Douglas Frye*)의 적극적인 지원을 받았다. 최고지식책임자(CKO) 크레이그 로빈스(*Craig Robbins*)는 임원들이 해당 분야의 다른 사람들을 훈련시킬 수 있는 계획으로써, 훈련자 양성(*train-the-trainer*) 프로그램을 개발하는 것으로 HRD 노력을 시작했다. 그 이후로 콜리어스는 회사 내에서의 훈련 및 학습을 촉진하기 위해 다른 방법을 사용했다.

출처: Frye, D. P. (2009, October). Don't call it training. *Chief Learning Officer*, 8(10), 52–53; Colliers: Growing your career. (2015). Accessed on February 16, 2015 at: http://www.colliers.com/en-us/about/careers/growingyourcareer#. VOD-erDF_n0

요약

이 장에서는 훈련 및 개발 프로그램의 실행 또는 전달과 관련된 몇 가지 중요한 활동에 대해 설명한다. 세 가지 주요한 훈련 방법으로 OJT, 강의실, 그리고 자기 보속 학습(CBT는 강의실 기반, 자기 보속 또는 둘 다 가능)이 있다. 각 방법에는 특정 상황에 적합한 여러 기법이 있다. 훈련자는 학습자의 학습을 극대화할 수 있는 최상의 테크놀로지 조합을 선택해야 한다. HRD 실행을 향상시키기 위해 테크놀로지를 가장 적절하게 사용하려면 주의가 필요하다. 훈련자가 프로그램을 설계하고 일정을 잡고나면 마지막 단계는 프로그램을 실제로 운영하거나 전달하는 것이다. 여기에서 실제 학습 환경을 조성하고 긍정적인 마음가짐으로 시작하는 것이 필요하다.

이 장의 시작 부분에 제시된 참(T)/거짓(F) 문장을 다시 검토해보라. 이 장을 공부하고 다시 생각해보면, 서술된 각 문장은 참보다 거짓임을 깨닫게 될 것이다. 그들 각 문장에 진실이 있을지 모르지만, 절대적인 의미에서 그 문장들은 정확한 설명을 하고 있지 않다. 본문에서 논의한 여러 주제들에 대한 내용은 이러한 점을 이해할 수 있는 근거를 제공할 것이다.

토의문제

1. 현장 훈련(OJT)과 관련하여 당신은 어떤 경험을 했는가? 현장 훈련(OJT)을 가능한 한 효과적이게 할 수 있는 것은 무엇인가?
2. HRD에서 다섯 가지 범주의 강의실 훈련 방법이 인기가 있다고 생각하는 이유가 무엇인가? 관리자가 강의실 형태의 훈련에서 실행하기를 원하지 않는 두 가지 유형의 훈련 프로그램은 무엇인지 설명해보시오.
3. 이 장에서 제시된 다섯 가지 강의실 훈련 기법을 닐 플레밍(*Neil Fleming*)의 정보 수집 선호도 조사, 즉 3장에서 다룬 VARK(VARK는 시각적, 청각적, 읽기/쓰기, 운동 감각적 선호를 의미) 조사 도구와 비교해보시오. 네 가지 정보 수집 방법 각각을 가장 선호하는 학습자들에게 어떤 방법의 훈련 기법이 적합하겠는가? 효과적인 훈련 프로그램 실행하는데 어떤 시사점을 찾을 수 있는가?
4. 강의식 방법의 효과성에 대한 당신의 의견은 무엇인가? 타당한 근거를 논하시오. 강의식 방법이 효과적이기 위해서 무엇이 필요한가?
5. 당신이 선택한 어떤 훈련 주제(또는 모듈)를 사용한다면, 학습자 그룹에게 프리젠테이션하는 방법으로서 가장 적합한 시청각 매체는 무엇인가? 왜 그 매체나 방법을 선택했는가?
6. 어떤 상황에서 사례연구 방법이나 시뮬레이션을 사용하여 학습이 촉진될 수 있는가?
7. 훈련에서 역할 놀이와 관련하여 어떤 경험을 했는가? 어떤 조건에서 역할 연기법이 효과적인가? 또 비효과적인가?
8. 컴퓨터 활용 교수법과 같은 컴퓨터 기반 훈련 방법이 적합한 기술 및 지식의 유형은 무엇이라고 생각하는가? 적합하지 않은 경우는 무엇이라고 생각하는가?
9. 본문에 따르면, 블렌디드 러닝이란 무엇인가? 새로운 전문직 종사자를 양성하기 위한 방안으로 이 방법을 어떻게 생각하는가?
10. 이 장에서는 기술 변화가 HRD 실행에 얼마나 큰 영향을 미치는지를 살펴보았다. 다음 질문에 답하고 토의하시오. "이전에는 할 수 없었지만 새롭게 실행할 수 있는 것들이 무엇인가?" HRD 전달 또는 실행과 관련하여 가장 유망한 새로운 기술 발전은 무엇이라고 생각하는가? 그 이유는 무엇인가?
11. 훈련자와 학습자가 훈련 세션 시작 단계에서 라포를 형성하는 것이 중요한 이유는 무엇인가?

미주

1. Hatala, J.-P. (2006). Managing organizational cultural influences during the implementation of competencybased training. *Advances in Developing Human Resources*, 8(2), 229–246; Korte, R. F. (2006). Training implementation: Variations affecting delivery *Advances in Developing Human Resources*, 8(4), 514–527; Korunka, C., Dudak, E., Molnar, M., & Hoonakker, P. (2010). Predictors of a successful implementation of an ergonomic training program. *Applied Ergonomics*, 42, 98–105; Hodge, E. M. (2014). Classroom-based professional development training program. *Professional Development in Education*, 40(2), 316–320.

2. Clarysse, B., Mosey, S., & Lambrecht, I. (2009). New trends in technology management education: A view from Europe. *Academy of Management Learning&Education*, 8(3), 427–443; Callahan, J. (2010). The online oxymoron: Teaching HRD through an impersonal medium. *Journal of European*

Industrial Training, 34(8/9), 869–874; Li, J. (2013). Web-based technology and the changing landscape of HRD, Editorial. *Human Resource Development International*, 16(3), 247–250; Kalman, F. (2013). Corporate classrooms: Adapting to change. *Chief Learning Officer*, 12(10), 38–48; Cypher, L. (2014). Taming online training at the San Diego Zoo. *Chief Learning Officer*, 13(4), 42–48.

3. Gagné, R. M. (1985). *The conditions of learning and theory of instruction* (4th ed.). New York: Holt, Rinehart and Winston.

4. Jacobs, R. L. (2003). *Structured on-the-job training: Unleashing expertise in the workplace* (2nd ed., p. 24). San Francisco, CA: Berrett-Koehler; Breyfogle, F. W. III (2008). The inside track on Six Sigma training. *Quality*, 47(2), 46–52.

5. Yin, L. R. (2011). Learning pyramid. Accessed February 16, 2015 at http://facstaff.uww.edu/yinl/Learning-Pyramid-Explained.htm; Williams van Rooij, S. (2013). The career path to instructional design project management: An expert perspective from the US professional services sector. *International Journal of Training & Development*, 17(1), 33–53.

6. Breyfogle (2008), *supra* note 4; Drewitt, T. (2008, October). Improving the transfer of learning. *Training Journal*, 57–60; Mesmer-Magnus, J., & Viswesvaran, C. (2010). The role of pre-training interventions in learning: A meta-analysis and integrative review. *Human Resource Management Review*, 20, 261–282; Martin, B. O., Kolomitro, K., & Lam, T. C. M. (2014). Training methods: A review and analysis. *Human Resource Development Review*, 13(1), 11–35.

7. Jacobs, R. L., & Park, Y. (2009). A proposed conceptual framework of workplace learning: Implications for theory development and research in human resource development. *Human Resource Development Review*, 8, 133–150.

8. Shackleton-Jones, N. (2008). Informal learning and the future. *Training Journal*, October, 38–41; Li, L., Gray, D. E., Lockwood, J. A., & Buhalis, D. (2013). Learning about managing the business in the hospitality industry. *Human Resource Development Quarterly*, 24(4), 525–559.

9. Scott, J. (1999, May 7). Employees get OJT. *Memphis Business Journal*, 21(1), 1–3; Salopek, J. J. (2004). Balancing work and learning. *T&D*, 58(7), 16–18.

10. Ariga, K., & Brunello, G. (2006). Are education and training always complements? Evidence from Thailand. *Industrial and Labor Relations Review*, 59(4), 613–629.

11. Chase, N. (1997). OJT doesn't mean "sit by Joe." *Quality*, 36, 84.

12. Jacobs (2003), *supra* note 4 (p. 24).

13. Rothwell, W. J., & Kazanas, H. C. (1994). *Improving onthe-job training*. San Francisco: Jossey-Bass; see also Johnson, S. D., & Leach, J. A. (2001). Using expert employees to train on the job. *Advances in Developing Human Resources*, 3(4), 425–434; Alipour, M., Salehi, M., & Shahnavaz, A. (2009). A study of on the job training effectiveness: Empirical evidence of Iran. *International Journal of Business and Management*, 4(11), 63–68; Martin, H. J., & Hrivnak, M. W. (2009). Creating disciples: The transformation of employees into trainers. *Business Horizons*, 52, 605–616; Jacobs, R. L., & Mohammad Jaseem, B.-R. (2012). Developing employee expertise through structured on-the-job training (S-OJT): An introduction to this training approach and the KNPC experience. *Industrial and Commercial Training*, 44(2), 75–84; Masie, E. (2013). On-the-job learning renewed. *Chief Learning Officer*, 12(11), 10.

14. Cho, D. (2009). The impact of structured on-the-job (S-OJT) on a trainer's organizational commitment. *Asia Pacific Education Review*, 104, 445–453.

15. Knight, J. (2000). The school of hard rocks. *Training*, August, 36–38.

16. Patrick, J. (2011). *Creative facilitation techniques for training. Infoline* (Issue 1102). Alexandria, VA: ASTD Press; Kalman, F. (2014). Taking control of on-the-job learning. *Chief Learning Officer*, 13(8), 18–54.

17. Jacobs, R. L., & Jones, M. J. (1997). Teaching tools: When to use on-the-job training. *Security Management*, 41(9), 35–41.

18. Cannell, M. (1997). Practice makes perfect. *People Management*, 3(5), March 6, pp. 26–31.

19. Schwan Food Company (2006). *T&D*, 60(10), 68.

20. Stoller, J. (2007). Training IT staff. *CMA Management*, 80(9), 46–47.

21. Ligon, G. S., Wallace, J. H., & Osburn, H. K. (2011). Experiential development and mentoring processes for leaders for innovation. *Advances in Developing Human Resources*, 13(3), 297–317.

22. Maertz, C. P., Jr., Stoeberl, P. A., & Marks, J. (2014). Building successful internships: lessons from the research for interns, schools, and employers. *Career Development International*, 19(1), 123–142.

23. Walter, D. (2002). *Training on the job*. Alexandria, VA: ASTD; Eight steps to better on-the-job training (2003) *HR Focus*, 80(7), 11–14.

24. Gold, L. (1981). Job instruction: Four steps to success. *Training and Development Journal*, 35(9), 28–32; Jacobs (2003), *supra* note 4 (p. 24).

25. Taylor, D. L., & Ramsey, R. K. (1993). Empowering employees to "just do it." *Training & Development*, 47(5), 71–76.

26. Urbaniak, A. (2004). Training employees. *Supervision*, 65(2), 6–7.

27. Arya, A., & Mittendorf, B. (2006). Using optional job rotation programs to guage on-the-job learning. *Journal of Institutional and Theoretical Economics*, 162(3), 505–515.

28. Ericsson, T., & Ortega, J. (2006). The adoption of job rotation: Testing the theories. *Industrial and Labor Relations Review*, 59(4), 653–666; Dobson, S. (2009). Rotating roles puts workers on fast track. *Canadian HR Reporter*, 22, October 19, p. 21.

29. Bhadury, J., & Radovilsky, Z. (2006). Job rotation using the multi-period assignment model. *International Journal of Production Research*, 44(20), 4431–4444; Casad, S. (2012). Implications of job rotation literature for performance improvement practitioners. *Performance Improvement Quarterly*, 25(2), 27–41.

30. Goff, L. (1999, September 30). Get promoted. *Computerworld*, 33(35), 54–55.

31. Järvi, M., & Uusitalo, T. (2004). Job rotation in nursing: A study of job rotation among nursing personnel from the literature and via a questionnaire. *Journal of Nursing Management*, 12(5), 337–347.

32. Gómez, P. J., Lorente, J. J. C., & Cabrera, R. V. (2004). Training practices and organizational learning capability. *Journal of European Industrial Training*, 23(2–4), 234–255.

33. Black, S. E., & Lynch, L. M. (2004). *Workplace practices and the new economy*. Federal Reserve Bank of San Francisco, Economic Letter, April 16, 2004–10. Accessed on February 61, 2015 at http://www.frbsf.org/publications/economics/letter/2004/el2004-10.html.

34. Grossman, R. J. (2003). Putting HR in rotation. *HR Magazine*, 48(3), 50–57.

35. *Ibid*., p. 52.

36. Nancherla, A. (2009). Point and click guidance. *T&D*, 63(8), 16–17; Taylor, M. (2009). A self-sufficient approach to training design. *China Staff*, 15(8), 8–10.

37. ATD (2014). *2014 State of the industry report*. Alexandria, VA: ATD.

38. Korman, A. K. (1971). *Industrial and organizational psychology*. Englewood Cliffs, NJ: Prentice Hall; Becker, W., & Watts, M. (1995). Teaching methods in undergraduate economics. *Economic Inquiry*, 33, 692–700; Ramsey, V. J., & Fitzgibbons, D. E. (2005). Being in the classroom. *Journal of Management Education*, 29(2), 333–356.

39. Bass, B. M., & Vaughn, J. A. (1966). *Training in industry*. Belmont, CA: Wadsworth; Blaylock, B. K., McDaniel, J. L., Falk, C. F., Hollandsworth, R., & Kopf, J. M. (2009). A borrowed approach for a more effective business education. *Journal ofManagementEducation*, 33, 577–595.

40. Carroll, S. J., Paine, F. T., & Ivancevich, J. J. (1972). The relative effectiveness of training methods—Expert opinion and research. *Personnel Psychology*, 25, 495–510.

41. Cohen, D. J. (1990). What motivates trainees? *Training and Development Journal*, 44(11), 91–93.

42. Burke, M. J., & Day, R. R. (1986). A cumulative study of the effectiveness of managerial training. *Journal of Applied Psychology*, 71, 232–245.

43. Early, P. C. (1987). Intercultural training for managers: A comparison of documentary and interpersonal methods. *Academy of Management Journal*, 30, 685–698.

44. Aly, M., Elen, J., & Willems, G. (2004). Instructional multimedia program versus standard lecture: A comparison of two methods for teaching the undergraduate orthodontic curriculum. *European Journal of Dental Education*, 8(1), 43–46.

45. Callahan, J. S., Kiker, D. S., & Cross, T. (2003). Does method matter? A meta-analysis of the effects of training method on older learner training performance. *Journal of Management*, 29(5), 663–680.

46. Ulrich, T. A. (2005). The relationship of business major to pedagogical strategies. *Journal of Education for Business*, 80(5), 269–274; Dorestani, A. (2005). Is interactive/active learning superior to traditional lecturing in economics? *Humanomics*, 21(1/2), 1–20.

47. Swain, H. (2004). Don't let them nod off at the back. *Times Higher Education Supplement*, 1659, September 24, pp. 58–59; Anderson, C., & Duarte, N. (2013). How to give a killer presentation. *Harvard Business Review*, 91(6), 121–125.

48. Zemke, R., Raines, C., & Filipczak, B. (1999). Generation gaps in the classroom. *Training*, 36(11), 48–54; Mangold, K. (2007). Educating a new generation: Teaching Baby Boomer faculty about millennial students. *Nurse Educator*, 32(1), 21–23.

49. Michel, N., Cater, J. J. III, & Varela, O. (2009). Active versus passive teaching styles: An empirical study of student learning outcomes. *Human Resource Development Quarterly*, 20, 397–418; Goldsmith, J. J. (2014). Revisiting the lecture. *T+D*, 68(6), 30–32; Lennon, C. (2014). Classroom learning still has a place. *Chief Learning Officer*, 13(4), 28.

50. Marquardt, M. J. (2007). The power of great questions. *T&D*, 61(2), 92–93.

51. Schwartz, R. (2002). *The skilled facilitator: A comprehensive resource for consultants, facilitators, trainers, and coaches*. New York: Jossey-Bass; Schwarz, R. M., Davidson, A. S., Carlson, M. S., & McKinney, S. C. (2005). *The skilled facilitator fieldbook: Tips, tools, and tested methods for consultants, facilitators, managers, trainers, and coaches*. San Francisco, CA: Jossey-Bass/Wiley.

52. Gilette, B., & Gilette, L. (2015). How to get your students to come to class prepared. *Faculty Focus*, February 16. Accessed on February 17, 2015 at http://www.facultyfocus.com/articles/instructional-design/get-students-come-classprepared/.

53. Welty, W. M. (1989). Discussion method teaching: How to make it work. *Change*, July/August, 41–49; Schiller, N. A. (2004). An inside peek at a case study workshop. *Journal of College Science Teaching*, 34(2), 2–3.

54. Comer, D. R., & Lenaghan, J. A. (2013). Enhancing discussions in the asynchronous online classroom: The lack of face-to-face interaction does not lessen the lesson. *Journal of Management Education*, 37(2), 261–294.

55. Kearsley, G. (1984). *Training and technology*. Reading, MA: Addison-Wesley.

56. Cyphert, D. (2007). Presentation technology in the age of electronic eloquence: From visual aid to visual rhetoric. *Communication Education*, 56(2), 168–192.

57. McCormick, B., & Gray, V. (2011). Message in a bottle: Basic business lessons for entrepreneurs using only a soft drink. *Journal of Management Education*, 35(2), 282–310.

58. Straczynski, S. (2006). PowerPoint and beyond. *Training*, 43(10), 46–47; Bozarth, J. (2008). *Better than bullet points: Creating engaging e-learning with PowerPoint*. San Francisco, CA: Pfeiffer.

59. Nunberg, G. (1999). Slides rule: The trouble with PowerPoint. *Fortune*, December 20, pp. 330–331.

60. How PowerPoint makes you stupid. (2012). *People & Strategy*, 35(3), 59.

61. Jaffe, G. (2000). What's your point, Lieutenant? Just cut to the pie charts. *Wall Street Journal*, April 26, p. A1.

62. Buss, W. C. (2006). Stop death by PowerPoint. *T&D*, 60(3), 20–21; Abram, S. (2004). PowerPoint: Devil in a red dress. *Information Outlook*, 8(3), 27–28.

63. Branzburg, J. (2004). New and noteworthy presentation apps. *Technology & Learning*, 24(9), 9; Bozarth (2008), *supra* note 58.

64. Pandey, S. (2012). Using popular movies in teaching crosscultural management. *European Journal of Training and Development*, 36(2/3), 329–350; Shipper, F. (2013). If a picture is worth 1,000 words, is a video worth 3,000 words? A review of video resources available for use in today's management classroom. *Academy of Management Learning & Education*, 12(4), 684–686.

65. Eurich, N. P. (1990). *The learning industry: Education for adult workers*. Lawrenceville, NJ: Princeton University Press.

66. Naish, R. (2009, March). The value of video. *E. Learning Age*, 8–9; Squire, K. D. (2013). Video game-based learning: An emerging paradigm for instruction. *Performance Improvement Quarterly*, 26(1), 101–130; Tiernan, P. (2014). Examining the use of interactive video to enhance just in time training in the workplace. *Industrial and Commercial Training*, 46(3), 155–164.

67. A video creation tool for tech commitment-phobes. (2014). *T+D*, 68(9), 19.

68. Kearsley (1984), *supra* note 55; Hill, J. (2005). "Beyond PowerPoint" players. *Presentations*, 19(8), 9; Browne, S. E. (2007). *High definition postproduction: Editing and delivering HD video*. Burlington, MA: Focal Press; Nathans, S. F. (2007). Corporate video for the event videographer. *EventDV*, 20(4), 11.

69. Marx, R. D., & Frost, P. J. (1998). Toward optimal use of video in management education: Examining the evidence. *Journal of Management Development*, 17(4), 243–250 (quotation from p. 249).

70. Balslev, T., de Grave, W. S., Muijtjens, A. M. M., & Scherpbier, A. J. J. A. (2005). Comparison of text and video cases in a postgraduate problem-based learning format. *Medical Education*, 39(11), 1086–1092; Tedeschi, B. (2007). Online sellers discover the power of video clips. *New York Times*, February 5, p. C6.

71. Watkins, B. T. (1991). 18 Universities join effort to offer bachelor degrees in management, entirely through cable television. *The Chronicle of Higher Education*, 38(5), A18–A19; James, M. L. (1997). Delivering the MBA via the Internet: Where do we begin? *Academy of Educational Leadership Journal*, 1, 41–46.

72. Brown, M. V., & Galli, A. L. (2005). E-learning goes mainstream. *Power*, 149(3), 30.

73. Veverka, M. (2007). Cisco's winning telepresence. *Barron's*, 87(24), July 21, p. 42; Crockett, R. O. (2007). The 21st century meeting: Beam them up, Scotty: The latest gear may finally deliver on the promise of videoconferencing. *Business Week*, 4023, February 26, p. 72; Conferencing taking hold—finally. (2006). *Communications News*, 43(9), 6–7.

74. Lowenthal, J., & Jankowski, P. (1983). A checklist for selecting the right teleconferencing mode. *Training and Development Journal*, 37(12), 47–50; Bove, R. (1984). Reach out and train someone. *Training and Development Journal*, 38(7), 26.

75. Berdiansky, H. (1985). The invisible trainer. *Training and Development Journal*, 39(3), 60–63.

76. Wittock, M. (1986). *The handbook of research on teaching*. New York: Macmillan.

77. Eurich (1990), *supra* note 65.

78. Crockett (2007), *supra* note 73; Cisco WebEx Meetings (2015). Accessed on February 16, 2015 at http://www.webex.com/products/web-conferencing.html#webexmeetings.

79. Schramm, W. (1962). Learning from instructional television. *Review of Educational Research*, 32, 156–167; Chu, G. C., & Schramm, W. (1967). *Learning from television: What the research says*. Washington, DC: National Association of Educational Broadcasters; Berdiansky, H. (1985). The invisible trainer. *Training and Development Journal*, 39(3), 60–63; Eurich (1990), *supra* note 65; Clayton, D. N. (2013). Film can enhance learning. *Chief Learning Officer*, 12(12), 12.

80. Brown, K. G., Rietz, T. A., & Sugrue, B. (2005). The effect of videoconferencing, class size, and learner characteristics on training outcomes. *Performance Improvement Quarterly*, 18(1), 59–81.

81. Kearsley, G. (1984), *supra* note 55, p. 145.

82. Rothwell, W. J., & Kazanas, H. C. (1992). *Mastering the instructional design process* (pp. 190–191). San Francisco: Jossey-Bass.

83. Romiszowski, A. J. (1988). *The selection and use of instructional media* (2nd ed.). New York: Nichols; Andres, H. P. (2004). Multimedia, information complexity and cognitive processing. *Information Resources Management Journal*, 17(1),63–78; Hill, S., Hill, A.,&Hampton, D. (2004). Videoconferencing in a hospital school: Removing barriers. *Journal of Audiovisual Media in Medicine*, 27(2), 58–61; Nedelko, Z. (2007). Videoconferencing in virtual teams. *Business Review*, 7(1), 164–170; Swedberg, J. (2010). Virtually next door. *Credit Union Management*, 33(2), 22–25; Bolick, C. M., & Bartels, J. T. (2015). Classroom management and technology. In E. T. Emmer & E. J. Sabornie (Eds.), *Handbook of classroom management* (2nd ed.). New York: Routledge.

84. Illeris, K. (2007). What do we actually mean by experiential learning? *Human Resource Development Review*, 6(1), 84–95; McGuire, D., & Gubbins, C. (2010). The slow death of formal learning: A polemic. *Human Resource Development Review*, 9, 249–265.

85. Keys, B., & Wolfe, J. (1988). Management education and development: Current issues and emerging trends. *Journal of Management*, 14, 205–229.

86. Bevan, D., & Kipka, C. (2012). Experiential learning and management education. *Journal of Management Development*, 31(3), 193–197; Fourcade, F., & Go, N. (2012). Towards a new paradigm in experiential learning: Lessons learned from kindergarten. *Journal of Management Development*, 31(3), 198–208.

87. Kimball, B. (2006). The proliferation of case method teaching in American law schools: Mr. Langdell's emblematic abomination, 1890–1915. *History of Education Quarterly*, 46(2), 192–240; Anderson, E., & Schiano, B. (2014). *Teaching with cases: A practical guide*. Harvard, MA: Harvard Business Press.

88. Harvard Business Publishing (2015). Multimedia cases. Accessed on February 16, 2015 at https://cb.hbsp.harvard.edu/cbmp/pages/content/elearning#Multimedia.

89. Levy, S. (2007). An inquiry into motivation using the case of Phaedrus' Demonstrator. *Journal of Management Education*, 31, 797–811.

90. Kester, G. W. (2013). Barbarians in the classroom: The case of RJR Nabisco, *Journal of Financial Education*, 39(1/2), 79–95.

91. Osigweh, C. A B. (1986–1987). The case approach in management training. *Organizational Behavior Teaching Review*, 11(4), 120–133.

92. Barnes, L. B., Christensen, C. R., & Hansen, A. J. (1994). *Teaching and the case method: Text, cases, and readings* (3rd ed.). Boston, MA: Harvard Business School Press; Wassermann, S. (1994). *Introduction to case method teaching: A guide to the galaxy*. New York: Teachers College Press; Naumes, W., & Naumes, M. J. (1999). *The art and craft of case writing*. Thousand Oaks, CA: Sage; James, C. R., & Smith, J. G. (2007). George Williams in Thailand: An ethical decision-making exercise. *Journal of Management Education*, 31(5), 696–712; Powley, E.

H., & Taylor, S. N. (2014). Pedagogical approaches to develop critical thinking and crisis leadership. *Journal of Management Education*, 38(4), 560–585.

93. Osigweh (1986–1987), *supra* note 91.

94. Andrews, E. S., & Noel, J. L. (1986). Adding life to the case study method. *Training and Development Journal*, 40(2), 28–29.

95. Argyris, C. (1980). Some limitations to the case method: Experiences in a management development program. *Academy of Management Review*, 5, 291–298.

96. Berger, M. A. (1983). In defense of the case method: A reply to Argyris. *Academy of Management Review*, 8, 329–333.

97. Osigweh (1986–1987), *supra* note 91; Keys & Wolfe (1988), *supra* note 85; Garvin, D. A. (2004). *Participant-centered learning and the case method* (CD-ROM). Boston, MA: Harvard Business School Press; Georgiou, I., Zahn, C., & Meira, B. J. (2008). A systemic framework for case-based classroom experiential learning. *Systems Research and Behavioral Science*, 25, 807–819.

98. Christensen, C. M., & Carlile, P. R. (2009). Course research: Using the case method to build and teach management theory. *Academy of Management Learning & Education*, 8(2), 240–251; Rollag, K. (2010). Teaching business cases online through discussion boards: Strategies and best practices. *Journal of Management Education*, 34(4), 499–526; Watson, S., & Sutton, J. M. (2012). An examination of the effectiveness of case method teaching online: Does the technology matter? *Journal of Management Education*, 36(6), 802–821; Ridder, H.-G., Hoon, C., & McCandless Baluch, A. (2014). Entering a dialogue: Positioning case study findings towards theory. *British Journal of Management*, 25(2), 373–387.

99. Lundberg, C. C., & Winn, J. (2005). The great case-teaching notes debate. *Journal of Management Education*, 29(2), 268–283.

100. Argyris, C. (1986). Skilled incompetence. *Harvard Business Review*, 64(5), 74–79; Greenhalgh, A. M. (2007). Case method teaching as science and art: A metaphoric approach and curricular application. *Journal of Management Education*, 31(2), 181–194; Hallinger, P., & Jiafang, L. (2011). Assessing the instructional effectiveness of problem-based management education in Thailand: A longitudinal evaluation. *Management Learning*, 42(3), 279–299.

101. Andrews & Noel (1986), *supra* note 94; Theroux, J. M. (2009). Real-time case method: Analysis of a second implementation. *Journal of Education for Business*, 84, 367–373; Baden, D., & Parkes, C. (2013). Experiential learning: Inspiring the business leaders of tomorrow. *Journal of Management Development*, 32(3), 295–308.

102. Dehler, G. E., & Edmonds, R. K. (2006). Using action research to connect practice to learning: A course project for working management students. *Journal of Management Education*, 30(5), 636–669.

103. McWilliams, V., & Nahavandi, A. (2006). Using live cases to teach ethics. *Journal of Business Ethics*, 67(4), 421–433.

104. Osigweh, C. A. B. (1986–1987), *supra* note 91, p. 131.

105. How employees can 'play' to win at learning. (2007). *HR Focus*, 84(7), 5–6.

106. Schumann, P. L., Scott, T. W., & Anderson, P. H. (2006). Designing and introducing ethical dilemmas into computer-based business simulations. *Journal of Management Education*, 30(1), 195–219.

107. Hurn, B. J. (2011). Simulation training methods to develop cultural awareness. *Industrial and Commercial Training*, 43(4), 199–205.

108. McCall, M. W., & Lombardo, M. M. (1982). Using simulation for leadership and management research: Through the looking glass. *Management Science*, 23, 33–549; Roberts, R. M., Page, D., & Schriesheim, C. A. (1993). Reflecting leader behavior from the Looking Glass, Inc. simulation. *Developments in Business Simulation & Experiential Exercises*, 20, 90–92.

109. Kaplan, R. E., Lombardo, M. M., & Mazique, M. S. (1985). A mirror for managers: Using simulation to develop management teams. *Journal of Applied Behavioral Science*, 21, 241–253.

110. Thornton, G. C., & Cleveland, J. N. (1990). Developing managerial talent through simulation. *American Psychologist*, 45, 190–199.

111. McCall & Lombardo (1982), *supra* note 108; Kaplan, Lombardo, & Mazique (1985), *supra* note 109.

112. Strauss, U. (2006). Using a business simulation to develop key skills—The MERKIS experience. *Industrial and Commercial Training*, 38(4), 213–216.

113. Parmer, B., Wicks, A., & Naidu, T. (2005). Turning Gears, Inc. Accessed on February 16, 2015 at http://www.ethics-lx.com/.

114. Keys & Wolfe (1988), *supra* note 85; Bartholomew, D. (2006). Training goes high tech. *Industry Week*, 255(8), 17; Ausburn, L. (2006). Simulating success.*CMAManagement*, 80(3), 16–17; Laff, M. (2007). Serious gaming: The trainer's new best friend. *T&D*, 61(1), 52–57; Kane, K. R., & Goldgehn, L. A. (2011). Beyond "The total organization": A graduate-level simulation. *Journal of Management Education*, 35(6), 836–858; Morris, J. A., Urbanski, J., & Hunt, J. (2011). Unto others: Illustrating the human capacity for cooperation. *Journal of Management Education*, 35(2), 260–281.

115. Bishopp, S. A. (2013). An evaluation of the promotional processes in a large Texas metropolitan police department. *Policing: An International Journal of Police Strategies & Management*, 36(1), 51–69; Whetzel, D. L., Rotenberry, P. F., & McDaniel, M. A. (2014). In basket validity: A systematic review. *International Journal of Selection and Assessment*, 22(1), 62–79.

116. Butler, J. L., & Keys, J. B. (1973). A comparative study of simulation and rational methods of supervisory training in human resource development. In T. B. Green & D. F. Ray (Eds.), *Academy of Management Proceedings* (pp. 302–305). Boston, MA: Academy of Management; Thornton, G. C., & Byham, W. C. (1982). *Assessment centers and managerial performance*. New York: Academic Press; Waldman, D. A., & Korbar, T. (2004). Student assessment center performance in the prediction of early career success. *Academy of Management Learning and Education*, 3(2), 151–167; Chen, H. C. (2006). Assessment center: A critical mechanism for assessing HRD effectiveness and accountability. *Advances in Developing Human Resources*, 8(2), 247–264; Lievens, F., Van Keer, E., & Volckaert, E. (2010). Gathering behavioral samples through a computerized and standardized Assessment Center exercise. *Journal of Personnel Psychology*, 9(2), 94–98. Collins, L. G., & Hartog, S. B. (2011). Assessment centers: A blended adult development strategy. In M. London (Ed.), *The Oxford handbook of lifelong learning*. Oxford, UK: Oxford University Press, pp. 231–250.

117. Thornton, G. C., & Cleveland, J. N. (1990). Developing managerial talent through simulation. *American Psychologist*, 45, 190–199.

118. Wexley, K. N., & Baldwin, T. T. (1986). Management development. *Journal of Management*, 12, 277–294; Keys & Wolfe (1988), *supra* note 85.

119. Farrell, C. (2005). Perceived effectiveness of simulations in international business pedagogy: An exploratory analysis. *Journal of Teaching in International Business*, 16(3), 71–88.

120. Sitzmann, T. (2011). A meta-analytic examination of the instructional effectiveness of computer-based simulation games. *Personnel Psychology*, 64(2), 489–528.

121. Scannell, E., & Newstrom, J. W. (1998). *The big book of presentation games: Wake-em-up tricks, icebreakers, and other fun stuff.* New York: McGraw-Hill; El-Shamy, S. (2001). *Training games: Everything you need to know about using games to reinforce learning.* Sterling, VA: Stylus Publishing; Aldrich, C. (2005). *Learning by doing: A comprehensive guide to simulations, computer games, and pedagogy in e-learning and other educational experiences.* San Francisco, CA: Pfeiffer; Murphy, N. N., Challagalla, G. N., Vincent L. H., & Shervani, T. A. (2008). The impact of simulation training on call center agent performance: A field-based investigation. *Management Science*, 54, 384–399; Musselwhite, C., Kennedy, S., & Probst, N. (2010). Best practices for facilitating simulations. *T&D*, 64(8), 26–28; Ballance, C. (2013). Use of games in training: interactive experiences that engage us to learn. *Industrial and Commercial Training*, 45(4), 218–221; How to choose the right games for learning. (2014). *T+D*, 68(7), 15; Zinger, D. (2014). Game on. *T+D*, 68(5), 30–35.

122. Woulfe, M. R. (2010). Corporate training pulse check. *T&D*, 64(9), 62–65.

123. Caza, A., Caza, B. B., & Lind, E. A. (2011). The missed promotion: An exercise demonstrating the importance of organizational justice. *Journal of Management Education*, 35(4), 537–563.

124. Farmer, K., Meisel, S. I., Seltzer, J., & Kane, K. (2013). The mock trial: A dynamic exercise for thinking critically about management theories, topics, and practices. *Journal of Management Education*, 37(3), 400–430.

125. Paschall, M., & Wüstenhagen, R. (2012). More than a game: Learning about climate change through role-play. *Journal of Management Education*, 36(4), 510–543.

126. El-Shamy, S. (2005). *Role play made easy: 25 structured rehearsals for managing problem situations and dealing with difficult people.* San Francisco, CA: Pfeiffer.

127. Nikendei, C., Zeuch, A., Dieckmann, P., Roth, C., Schäfer, S., Völkl, M.,…Jünger, J. (2005). Role-playing for more realistic technical skills training. *Medical Teacher*, 27(2), 122–126; Barnabè, F., Busco, C., Davidsen, P. I., Lambri, M., & Zatta, G. (2013). The strategic micro-firm: A role play in management training for dynamic businesses. *Journal of Workplace Learning*, 25(5), 328–342.

128. McConnon, A. (2007). The games managers play. *Business Week*, 40(40), June 25, p. 12.

129. Hess, P. W. (2007). Enhancing leadership skill development by creating practice-feedback opportunities in the classroom. *Journal of Management Education*, 31(2), 195–213.

130. Burke, M. J., & Day, R. R. (1986). A cumulative study of the effectiveness of managerial training. *Journal of Applied Psychology*, 71, 232–245; Taylor, P. J., Russ-Eft, D. F., & Chan, D. W. L. (2005). A meta-analytic review of behavior modeling training. *Journal of Applied Psychology*, 90(4), 692–709; Rosen, M. A., Salas, E., Davlas, D, Jensen, R., Fu, D., & Lampton, D. (2010). Demonstration-based training: A review of instructional features. *Human Factors*, 52, 596–609; van Gog, T., & Rummel, N. (2010). Example-based learning: Integrating cognitive and social-cognitive research perspectives. *Educational Psychology Review*, 22, 155–174; Grossman, R., Salas, E., Pavlas, D., & Rosen, M. A. (2013). Using instructional features to enhance demonstration-based training in management education. *Academy of Management Learning & Education*, 12(2), 219–243; Stockdale, S. (2013). Achieving high levels of performance as a training instructor by modelling motor sport driving instructors. *Industrial and Commercial Training*, 45(6), 320–329.

131. Weaver, M. (1999). Beyond the ropes: Guidelines for selecting experiential training. *Corporate University Review*, 7(1), 34–37.

132. McCarthy, K. (2005). Learning the ropes: Pisgah program builds teamwork, conquers fears. *Pittsburgh Post-Gazette*, October 27, p. W1; Martin, B., Cashel, C., Wagstaff, M., & Breunig, M. (2006). *Outdoor leadership: Theory and practice.* Champaign, IL: Human Kinetics; Lau, P. Y. Y., & McLean,G.N. (2013). Factors influencing perceived learning transfer of an outdoor management development programme in Malaysia. *Human Resource Development International*, 16(2), 186–204.

133. Wagner, R. J., & Roland, C. C. (1996). Outdoor-based training: Research findings and recommendations for trainers. *Resources in Education*, June, 7–15; Meyer, J. P. (2003). Four territories of experience: A developmental action inquiry approach to outdoor-adventure experiential training. *Academy of Management Learning and Education*, 2(4), 352–363; Holman, T., & McAvoy, L. H. (2005). Transferring benefits of participation in an integrated wilderness adventure program to daily life. *Journal of Experiential Education*, 27(3), 322–325; Sibthorp, J., Paisley, K., & Furman, N. (2008). Long-term impacts attributed to participation in wilderness education: preliminary findings from NOLS. *Proceedings of the CEO Conference*, January 13, Bradford Woods, IN, pp. 1–4.

134. Gilbertson, K., Bates, T., McLaughlin, T., & Ewert, A. (2006). *Outdoor education: Methods and strategies.* Champaign, IL: Human Kinetics; Redmond, K., Foran, A., & Dwyer, S. (2010). *Quality lesson plans for outdoor education.* Champaign, IL: Human Kinetics; Ewert, A. W.,& Sibthorp, J. (2014). *Outdoor adventure education: Foundations, theory, and research.* Champaign, IL: Human Kinetics.

135. Thomas, G. (2010). Facilitator, teacher, or leader? Managing conflicting roles in outdoor education. *Journal of Experiential Education*. 32, 239–254.

136. Williams, S. D., Graham, T. S., & Baker, B. (2003). Evaluating outdoor experiential training for leadership and team building. *Journal of Management Development*, 22(1/2), 45–59.

137. Weaver (1999), *supra* note 131, p. 35.

138. Williams, S. D., Graham, T. S., & Baker, B. (2003). Evaluating outdoor experiential training for leadership and team building. *Journal of Management Development*, 22, 45–59.

139. Brawer, R. A. (1998). *Fictions of business: Insights on management from great literature.* New York: John Wiley & Sons; Huffaker, J. S., & West, E. (2005). Enhancing learning in

the business classroom: An adventure with improv theater techniques. *Journal of Management Education*, 29(6), 852–869; Morris, J. A., Urbanski, J., & Fuller, J. (2005). Using poetry and the visual arts to develop emotional intelligence. *Journal of Management Education*, 29, 888–904; Pruetipibultham, O., & McLean, G. N. (2010). The role of the arts in organizational settings. *Human Resource Development Review*, 9, 3–25; Baker, D. F., & Baker, S. J. (2012). To "catch the sparkling glow": A canvas for creativity in the management classroom. *Academy of Management Learning & Education*, 11(4), 704–721; Gagnon, S., Vough, H. C., & Nickerson, R. (2012). Learning to lead, unscripted: Developing affiliative leadership through improvisational theatre. *Human Resource Development Review*, 11(3), 299–325; Lesavre, L. (2012). Are theatre and business links relevant? A conceptual paper and a case study. *Journal of Management Development*, 31(3), 243–252; Kettula, K., & Berghäll, S. (2013). Drama-based role-play: a tool to supplement work-based learning in higher education. *Journal of Workplace Learning*, 25(8), 556–575.

140. Hess (2007), *supra* note 129; Thompson, K. J., & Beak, J. (2007). The leadership book: Enhancing the theorypractice connection through project-based learning. *Journal of Management Education*, 31, 278–291; O'Conner, D., & Yballe, L. (2007). Team leadership: Critical skills to great projects. *Journal of Management Education*, 31, 292–312; Wei, K., Siow, J., & Burley, D. L. (2007). Implementing service-learning to the information systems and technology management program: A study of an undergraduate capstone course. *Journal of Information Systems Education*, 18, 125–136; Wurdinger, S., & Rudolph, J. (2009). Teaching practices that improve student learning: Five experiential approaches. *Journal of Teaching and Learning*, 6(1), 1–13; Holden, R., & Griggs, V. (2010). Innovative practice in the teaching and learning of human resource development. *Journal of European Industrial Training*, 34(8/9), 705–709; Marques, J., Holt, S., & Green, V. (2013). From white paper writing to white water rafting. *Journal of Management Development*, 32(8), 852–864.

141. Cole, N. (2008). How long should a training program be? A field study of "rules-of-thumb." *Journal of Workplace Learning*, 20, 54–70.

142. Kayes, D. C., & Kayes, A. B. (2003). "Through the looking glass"—Management education gone awry. *Journal of Management Education*, 27(6), 694–710; Ramsey & Fitzgibbons (2005), *supra* note 38; Bunker, K. A. (2006). When a classroom revolt is a good thing. *T&D*, 60(1), 89; Desmond, B., & Jowitt, A. (2012). Stepping into the unknown: Dialogical experiential learning. *Journal of Management Development*, 31(3), 221–230.

143. Auster, E. R., & Wylie, K. K. (2006). Creating active learning in the classroom: A systematic approach. *Journal of Management Education*, 30(2), 333–353.

144. Bandura, A. (1977). *Social learning theory*. Englewood Cliffs, NJ: Prentice-Hall; Hoover, J. D., & Giambatista, R. C. (2009). Why have we neglected vicarious experiential learning? *Developments in Business Simulation and Experiential Learning*, 36, 33–37; Roberts, D. (2010). Vicarious learning: A review of the literature. *Nursing Education in Practice*, 10(1), 13–16; Hoover, J. D., Giambatista, R. C., & Belkin, L. Y. (2012). Eyes on, hands on: Vicarious observational learning as an enhancement of direct experience. *Academy of Management Learning & Education*, 11(4), 591–608.

145. Holden, R., & Griggs, V. (2011). Not more learning logs! A research based perspective on teaching reflective learning within HR professional education. *Human Resource Development International*, 14(4), 483–491; Nilsen, P., Nordström, G., & Per-Erik, E. (2012). Integrating researchbased and practice-based knowledge through workplace reflection. *Journal of Workplace Learning*, 24(6), 403–415; Ryan, M., & Ryan, M. (2013). Theorising a model for teaching and assessing reflective learning in higher education. *Higher Education Research & Development*, 32(2), 244–257; Berkovich, I. (2014). Between person and person: Dialogical pedagogy in authentic leadership development. *Academy of Management Learning & Education*, 13(2), 245–264; Barry, D., & Meisiek, S. (2015). Discovering the business studio. *Journal of Management Education*, 39(1), 153–175.

146. Lowe, B., & Laffey, D. (2011). Is Twitter for the birds? Using Twitter to enhance student learning in a marketing course. *Journal of Marketing Education*, 33(2), 183–192; Evans, C. (2014). Twitter for teaching: Can social media be used to enhance the process of learning?. *British Journal of Educational Technology*, 45(5), 902–915; Levine, T. C. (2014). The use of blogging in tertiary healthcare educational settings to enhance reflective learning in nursing leadership. *Journal for Nurses in Professional Development*, 30(6), 287–295; Jackling, B., Natoli, R., Siddique, S., & Sciulli, N. (2014). Student attitudes to blogs: A case study of reflective and collaborative learning. *Assessment & Evaluation in Higher Education*, 40(4), 1–15.

147. Becker, W. S., & Burke, M. J. (2014). Instructional staff rides for management learning and education. *Academy of Management Learning & Education*, 13(4), 510–524.

148. Gondo, M., Patterson, K. D., & Palacios, S. T. (2013). Mindfulness and the development of a readiness for change. *Journal of Change Management*, 13(1), 36–51; Yorks, L. (2013). Utilising action learning for fostering developmental capacity: An application in the graduate school setting. *International Journal of Human Resources Development and Management*, 13(1), 4–22; Karssiens, A. E., van der Linden, C., Wilderom, C. P., & Furtmueller, E. (2014). Embodied mind knowledge in leadership practice: Creating space in patterned thoughts and behaviors. *Journal of Management Inquiry*, 23(3), 231–241; Tomkins, L., & Ulus, E. (2015). Is narcissism undermining critical reflection in our business schools? *Academy of Management Learning & Education*, forthcoming.

149. Whiteley, T. R. (2006). Using the Socratic method and Bloom's taxonomy of the cognitive domain to enhance online discussion, critical thinking, and student learning. *Developments in Business Simulation and Experiential Learning*, 33, 65–70; McKernan, J. (2013). *Curriculum action research: A handbook of methods and resources for the reflective practitioner* (2nd ed.). New York: Routledge.

150. Biggs, J., & Tang, C. (2011). *Teaching for quality learning at university: What the student does*. UK: McGraw-Hill Education; Hsieh, S. W., Jang, Y. R., Hwang, G. J., & Chen, N. S. (2011). Effects of teaching and learning styles on students' reflection levels for ubiquitous learning. *Computers & Education*, 57(1), 1194–1201; Boud, D., Keough, R., & Walker, D. (2013). Promoting reflection in learning: A model. In R. Edwards, A. Hanson, & P. Raggart (Eds.), *Boundaries of adult learning*. Open University/Routledge, pp. 32–56; Herrell, A. L., Jordan, M., & Eby, J. W. (2013). *Teaching in the elementary school: A reflective action approach*. Pearson; Moon, J. A. (2013). *Reflection in learning and professional development: Theory and practice*. Routledge; Kolb, D. A. (2015). *Experiential learning: Experience as the source of learning and development* (2nd ed.). Upper Saddle River, NJ: Pearson Education.

151. Nguyen, F., Dasgupta, R., Gronstedt, A., & Israel, E. (2008). Session lessons. *Training*, 45(8), 27–31; Faculty Focus (2010). *10 principles of effective online teaching: Best practices in distance education*. Madison, WI: Magna Publications.

152. Gupta, S., & Bostrom, R. P. (2009). Technology-mediated learning: A comprehensive theoretical model. *Journal of the Association for Information Systems*, 10, 686–714.

153. Roschelle, J., Penuel, W. R., & Abrahamson, L. (2004). The networked classroom. *Educational Leadership*, 61(5), 50–54; Wolfson, R. (2006). The future's virtually here: Professors already take advantage of technology. *Wisconsin State Journal*, March 13, p. B12; Sarkar, N. I. (2006). Teaching computer networking fundamentals using practical laboratory exercises. *IEEE Transactions on Education*, 49(2), 285–291.

154. Simon, S. J., & Werner, J. M. (1996). Computer training through behavior modeling, self-paced, and instructional approaches: A field experiment. *Journal of Applied Psychology*, 81(6), 648–659.

155. Chen, C. C., & Shaw. R. S. (2006). Online synchronous vs. asynchronous software training through the behavior modeling approach: A longitudinal field experiment. *International Journal of Distance Education Technologies*, 4(4), 88–102; Truman, G. E. (2009). Behaviour modeling, instruction, and exploration training approaches in group and individual contexts. *Behavior & Information Technology*, 28, 493–524.

156. Fiedler, F. E., Mitchell, T., & Triandis, H. C. (1971). The culture assimilator: An approach to cross-cultural training. *Journal of Applied Psychology*, 55, 95–102; Cushner, K. H. (1987). Teaching cross-cultural psychology: Providing the missing link. *Teaching of Psychology*, 14, 220–224.

157. Marquardt, M. J., & Kearsley, G. (1999). Technology-based learning: Maximizing human performance and corporate success. Boca Raton, FL: St. Lucie Press; O'Driscoll, T. (2008). If you can't beat 'em, join 'em. *Training*, 45(8), 12–13; Wexler, S. (2008). RSVP to e-learning 2.0. *Training*, 45(8, Suppl.), 14–21.

158. ATD (2014), *supra* note 37.

159. Kearsley (1984), *supra* note 35.

160. Hartley, D. E. (2000). *On-demand learning: Training in the new millennium*. Amherst, MA: HRD Press; Hartley, D. E. (2004). The need for speed. *T&D*, 58(10), 22–23.

161. Caudron, S. (1996). Wake up to new learning. *Training & Development*, 50(5), 30–35.

162. Ganger, R E. (1990). Computer-based training works. *Personnel Journal*, 69(9), 85–91.

163. Schwade, S. (1985). Is it time to consider computer-based training? *Personnel Administrator*, 30(2), 25–35.

164. Hillelsohn, M. J. (1984). How to think about CBT. *Training and Development Journal*, 38(1), 42–44 (p. 43); Klobas, J. E., & McGill, T. J. (2010). The role of involvement in learning management system success. *Journal of Computers in Higher Education*, 22, 114–134.

165. Reinhart, C. (1989). Developing CBT—The quality way. *Training and Development Journal*, 43(11), 85–89.

166. Ganger (1990), *supra* note 162.

167. Wexley, K. N. (1984). Personnel training. *Annual Review of Psychology*, 35, 519–551.

168. Foegen, J. H. (1987). Too much negative training. *Business Horizons*, 30(5), 51–53.

169. Munger, P. D. (1996). A guide to high-tech training delivery: Part I. *Training & Development*, 50(12), 55–57.

170. Soderbery, R. (2013). How many things are currently connected to the "Internet of things" (IoT)? *Forbes Tech*, January 7. Accessed on February 16, 2015 at http://www.forbes.com/sites/quora/2013/01/07/how-many-things-arecurrently-connected-to-the-internet-of-things-iot/.

171. Croft, B. (1996). The Intranet: Your newest training tool. *Personnel Journal*, 75(7), 27–28; Curtin, C. (1997). Getting off to a good start on intranets. *Training & Development*, 51(2), 42–46; Pritchard, N. (2010). Learning and performance journeys. *Industrial and Commercial Training*, 42, 303–308.

172. Hartley, D. (2000). All aboard the e-learning train. *Training & Development*, 54(7), 37–42; Gascó, J. L, Llopis, J., & González, M. R. (2004). The use of information technology in training human resources: An e-learning case study. *Journal of European Industrial Training*, 23(5), 370–382; Totty, P. (2004). E-learning comes of age. *Credit Union Management*, 70(7), 55–56; Andersson, A. (2010). Learning e-learning: The restructuring of students beliefs and assumptions about learning. *International Journal on ELearning*, 9, 435–461; Arbaugh, J. B., Dearmond, S., & Rau, B. L. (2013). New uses for existing tools? A call to study online management instruction and instructors. *Academy of Management Learning & Education*, 12(4), 635–655; Anderson, C. (2014). E-learning reaches a milestone. *Chief Learning Officer*, 13(7), 44–46.

173. Tham, C. M., & Werner, J. M. (2004). Designing and evaluating e-learning in higher education: A review and recommendations. *Journal of Leadership and Organizational Studies*, 11(2), 15–25; Arbaugh, J. B., Godfrey, M. R., Johnson, M., Pollack, B. L., Niendorf, B., & Wresch, W. (2009). Research in online and blended learning in the business disciplines: Key findings and possible future directions. *Internet and Higher Education*, 12, 71–87; Arbaugh, J. B., Desai, A., Rau, B., & Sridhar, B. S. (2010). A review of research on online and blended learning in the management disciplines: 1994–2009. *Organizational Management Journal*, 7, 39–55; Wootton, D., & Barras Kenneth, S. (2010). Modern learning methods for HRD. *Journal of European Industrial Training*, 34(8/9), 839–851; Brown, K. G., & Charlier, S. D. (2013). An integrative model of e-learning use: Leveraging theory to understand and increase usage. *Human Resource Management Review*, 23(1), 37–49; Chyung, S. Y., & Vachon, M. (2013). An investigation of the profiles of satisfying and dissatisfying factors in e-learning. *Performance Improvement Quarterly*, 26(2), 117–140; Rodriguez, B. C. P., & Armellini, A. (2013). Interaction and effectiveness of corporate e-learning programmes. *Human Resource Development International*, 16(4), 480–489; Byham, T. M., & Lang, A. (2014). Avoid these 10 pitfall of virtual classrooms. *Chief Learning Officer*, 13(5), 18–21; Gerhart, N., Peak, D. A., & Prybutok, V. R. (2015). Searching for new answers: The application of tasktechnology fit to e-textbook usage. *Decision Sciences Journal of Innovative Education*, 13(1), 91–111.

174. Fichter, D. (2002). Intranets and e-learning: A perfect partnership. *Online*, 26(1), 68–71; Denton, D. K. (2007). Using intranets as a training and empowerment tool. *Training & Management Development Methods*, 21, 217–222.

175. Kruse, K. (1997). Five levels of Internet-based training. *Training and Development*, 51(2), 60–61.

176. Cohen, S. (1997). Intranets uncovered. *Training & Development*, 51(2), 48–50.

177. About LearnShare (2015). Accessed on February 16, 2015 at http://www.learnshare.com/v3/about_learnshare.asp.

178. Chastain, T. (2006). Linking performance systems to learning systems. *T&D*, 60(2), 40–45; Cohen, N. (2007). Classroom lessons from MIT go global. *International Herald Tribune*, April 3, p. 13.

179. Curtin (1997), *supra* note 171.

180. Zielinski, D. (2000). The lie of online learning. *Training*, May, 38–40.

181. Zielenski, D. (2000). Can you keep learners online? *Training*, March, 64–75; ASTD/MASIE Center (2001). E-learning: If we build it, will they come? Accessed February 16, 2015 at http://www.ibs.co.kr/develop/board/uploadFiles/ASTD_Exec_e-learning.pdf.

182. Gronstedt, A. (2007). The changing face of workplace learning. *T&D*, 61(1), 20–24; Dolezalek, H. (2009). Case study: VistaPrint's wiki way. *Training*, 46(8), 2; Schroeder, A., Minocha, S., & Schneider, C. (2010). The strengths, weaknesses, opportunities and threats of using social software in higher and further education teaching and learning. *Journal of Computer Assisted Learning*, 26(3), 159–174; Little, B. (2012). Effective and efficient mobile learning: Issues and tips for developers. *Industrial and Commercial Training*, 44(7), 402–407; London, M. (2013). Generative team learning in Web 2.0 environments. *Journal of Management Development*, 32(1), 73–95; Stead, G. (2014). Mobilize your learning with employee app stores. *T&D*, 68(8), 76–77.

183. McCalla, G. I., & Greer, J. E. (1987). *The practical use of artificial intelligence in automated tutoring systems: Current status and impediments to progress*. Saskatoon, Canada: University of Saskatchewan, Department of Computational Science. Cited in N. P. Eurich (1990), *The learning industry: Education for adult workers*. Lawrenceville, NJ: Princeton University Press, p. 74.

184. Burns, H., Luckhardt, C. A., Parlett, J. W., & Redfield, C. L. (Eds). (2014). *Intelligent tutoring systems: Evolutions in design*. New York: Psychology Press; Yadav, R. S., Soni, A. K., & Pal, S. (2014). A study of academic performance evaluation using Fuzzy Logic techniques. *2014 International Conference on Computing for Sustainable Global Development (INDIACom)*, March 2014, (pp. 48–53). IEEE.

185. Ray, R. D., & Belden, N. (2007). Teaching college level content and reading comprehension skills simultaneously via an artificially intelligent adaptive computerized instructional system. *Psychological Record*, 57, 201–218.

186. Thissen-Roe, A., Hunt, E., & Minstrell, J. (2004). The DIAGNOSER project: Combining assessment and learning. *Behavior Research Methods, Instruments, & Computers*, 36(2), 234–240; Pellegrino, J. W., & Quellmalz, E. S. (2010). Perspectives on the integration of technology and assessment. *Journal of Research on Technology in Education*, 43(2), 119–134.

187. Rodrigues, J. J. P. C., João, P. F. N., & Vaidya, B. (2010). EduTutor: An Intelligent tutor system for a learning management system. *International Journal of Distance Education Technologies*, 8(4), 66–80.

188. Graesser, A., Chipman, P., Haynes, B., & Olney, A. (2005). An Intelligent tutoring system with mixed-initiative dialogue Auto Tutor. *IEEE Transactions on Education*, 48(4), 612–618; Nye, B. D. (2014). Intelligent tutoring systems by and for the developing world: A review of trends and approaches for educational technology in a global context. *International Journal of Artificial Intelligence in Education*, 25(2), 1–27.

189. Eurich (1990), *supra* note 65; Wenger, E. (2014). *Artificial intelligence and tutoring systems: computational and cognitive approaches to the communication of knowledge*. San Francisco, CA: Morgan Kaufmann.

190. Viadero, D. (2007). New breed of digital tutors yielding learning gains. *Education Week*, 26(31), 9; Ray & Belden (2007), *supra* note 185; Johnson, B. G., Phillips, F., & Chase, L. G. (2009). An intelligent tutoring system for the accounting cycle: Enhancing textbook homework with artificial intelligence. *Journal of Accounting Education*, 27, 30–39 Steenbergen-Hu, S., & Cooper, H. (2014). A metaanalysis of the effectiveness of intelligent tutoring systems on college students' academic learning. *Journal of Educational Psychology*, 106(2), 331–347.

191. Goldsmith (2014), *supra* note 49.

192. Dobbs, R. L. (2006). Development phase of systematic training: New technology lends assistance. *Advances in Developing Human Resources*, 8, 500–513.

193. Zenger, J., & Uehlein, C. (2001). Why blended will win. *T&D*, 55(8), 55–60; Holton, E. F. III, Coco, M. L., Loew, J. L., & Dutsch, J. V. (2006). Blended delivery strategies for competency-based training. *Advances in Developing Human Resources*, 8(2), 210–228; Little, B. (2006). Shaping the blends. *Industrial and Commercial Training*, 38(4), 190–195; Arbaugh et al. (2009), *supra* note 173; Fleck, J. (2012). Blended learning and learning communities: Opportunities and challenges. *Journal of Management Development*, 31(4), 398–411.

194. Hiltz, S. R., & Rotter, N. G. (2002). Becoming a virtual professor: Pedagogical roles and asynchronous learning networks. *Journal of Management Information Systems*, 18(4), 169–190; Johnson, G. (2003). Brewing the perfect blend. *Training*, 40(11), 30–34; Derouin, R. E., Fritzsche, B. A., & Salas, E. (2004). Optimizing e-learning: Researchbased guidelines for learner-controlled training. *Human Resource Management*, 43(2/3), 147–162; Coppola, N. W., Mitchell, A., & Honore, S. (2007). Criteria for successful blended learning. *Industrial and Commercial Training*, 39(3), 143–149; Arbaugh et al. (2010), *supra* note 173; Arbaugh, J. B. (2014). What might online delivery teach us about blended management education? Prior perspectives and future directions. *Journal of Management Education*, 38(6), 784–817.

195. McNulty, T., & Schmidt, J. (2005). Designing an effective training room. *Training & Management Development Methods*, 19(3), 331–334.

196. High-tech classroom (2005). *Training*, 42(5), 13; Rehling, L. (2005). Teaching in a high-tech conference room: Academic Adaptations and workplace simulations. *Journal of Business and Technical Communication*, 19(1), 98–113.

197. Finkel, C. (1986). Pick a place, but not any place. *Training and Development Journal*, 40(2), 51–53.

198. Chen & Shaw (2006), *supra* note 185.

199. Folk, D., Shaw, L., Jennings, M. B., & Cheesman, M. (2009). Towards a comprehensive approach for managing transitions of older workers with hearing loss. *Work*, 32(4), 365–374; Walters, S. (2010). Toward an accessible pedagogy: Dis/ability, multimodality, and universal design in the technical communication classroom. *Technical Communication Quarterly*, 19(4), 427–454; Smith, K. (2011). Universal design for digital media. *Intercom*, 58(1), 6–8.

200. Auster & Wylie (2006), *supra* note 143.

201. Scannell & Newstrom (1998), *supra* note 121; Breen, D. R., Sorden, A., & Marquart, M. (2008). Connection questions. *T&D*, 62(8), 26–29; Ball, C. (2009). Attention: The prerequisite for successful learning. *Training Journal*, January, 45–49; Resources: Icebreakers and exercises (2015). Accessed on February 16, 2015 at http://www.managersforum.com/resources/exercises.htm.

202. Ramsey & Fitzgibbons, ATD (2014), *supra* note 37; Campbell, N. J. (2007). R-E-S-P-E-C-T in the workplace. *Employment Relations Today*, 34(2), 61–69.

203. McIlheran, J. (2006). The use of humor in corporate communication. *Corporate Communications*, 11(3), 267–274; Witt Smith, J., & Khojasteh, M. (2014). The use of humor in the workplace. *International Journal of Management & Information Systems*, 18(1), 71–78.

204. McCain, D. V., & Tobey, D. D. (2007). *Facilitation skills training*. Alexandria, VA: ASTD Press; ASTD (2008). *10 steps to successful presentations*. Alexandria, VA: ASTD Press; Patrick (2011), *supra* note 16.

205. Xiao, M. (2008) Human resource development issues in the implementation of the Western China development strategy. *Human Resource Development International*, 11, 67–79; Chang, W.-W. (2010). Is the group activity food or poison in a multicultural classroom? *T&D*, 64(4), 34–37.

206. Fetteroll, E. C. (1985). 16 tips to increase your effectiveness. *Training and Development Journal*, 39(6), 68–70; Abernathy, D. J. (1999). Presentation tips from the pros. *Training & Development*, 53(10), 19–25; Harper, J. (2004). Presentation skills. *Industrial and Commercial Training*, 36(3), 125–127; Auster & Wylie (2006), *supra* note 143; Musselwhite et al. (2010), *supra* note 121; Anderson & Duarte (2013), *supra* note 47.

7장 | HRD 프로그램 평가

학습 목표

이 장을 읽고 나면 당신은…

1. HRD 평가를 정의하고 평가의 역할을 설명할 수 있다.
2. HRD 평가를 위한 여러 유형의 체계를 비교할 수 있다.
3. 다양한 평가 정보의 유형에 대해 토의할 수 있고, 자료 수집 방법들을 비교할 수 있다.
4. HRD 평가에서 연구설계의 역할을 설명할 수 있다.
5. HRD 평가를 실행할 때 윤리적 이슈를 설명할 수 있다.
6. 평가 결과를 재무적 가치로 변환할 수 있는 방법들을 설명할 수 있다.
7. 특정 조직을 위한 효용 추정치를 계산할 수 있다.
8. 테크놀로지가 HRD 평가에 어떤 영향을 미치는지 논할 수 있다.

핵심 용어

기대효과
메타 분석
무작위 할당
비용편익 분석
비용효과 분석
사전·사후 검사
사전 동의
시계열 설계
신뢰도
자기 보고식 자료
조사 설계
타당도
통제 집단
투자수익률(ROI)
현실성
효용 분석
HRD 평가

도입 사례

어느 날, 렌스크랩터스(*LensCrafters*)의 훈련 담당 임원이 전화 한 통을 받았다. 그 내용은 최고 경영진이 회사의 재무 상황을 개선할 방안을 찾고 있는 중이고, 회사의 훈련 프로그램들이 투자 대비 효과적인 성과를 만들어내고 있다는 실질적인 증거를 찾을 수 없다는 것이었다. 이 안경 소매점의 최고 경영진은 종업원 훈련이 중요하다는 것은 인식하고 있으나, 회사가 훈련에 투자하는 비용에 대한 사실상의 이익을 보여주는 구체적인 증거가 무엇인지 알고 싶어 했다. 임원이 받은 전화 메세지는 “이 문제에 대해 당신은 어떻게 생각하는가?”라는 도전적인 질문이었다.

질문: 만약 당신이 이 훈련 담당 임원이라면, 최고 경영진의 질문에 응답하기 전에 어떤 측정 지표들을 검토할 것인가? 경영진이 훈련 프로그램이 조직에 긍정적인 영향을 주었다고 확신을 심어주기 위해 어떤 유형의 증거가 필요할 것으로 생각하는가? 당신은 어떤 측정 지표를 선택했으며 왜 그렇게 했는가? 당신이 선택한 측정 지표에 필요한 데이터는 어떻게 수집할 것인가?

도입

이 장은 다음과 같은 이슈들을 다룰 것이다.

- 당신은 어떻게 훈련과 HRD 개입을 평가하는가?
- 훈련 프로그램을 평가하기 위해 어떤 측정 도구를 사용할 것인가?
- 훈련을 평가하는데 사용할 수 있는 가장 좋은 진단 모형이나 체계가 있는가?
- HRD 개입에 대한 평가를 준비할 때 어떤 이슈가 중요한가?
- HRD 개입을 평가할 때 윤리적 이슈는 무엇인가?
- HRD 개입의 가치는 비용과 이익의 관점에서 어떻게 표현될 수 있는가?
- HRD 평가에서 측정에 중요한 계량적 또는 분석적 측정 도구는 무엇인가?[1]

앞에서는 HRD 요구를 파악하는 방법과 그러한 요구를 충족시키기 위해 프로그램이나 개입을 설계하고, 실행하는 방법을 논의했다. 〈그림 7.1〉의 훈련과 HRD 프로세스 모형을 보면, 평가 단계가 요구

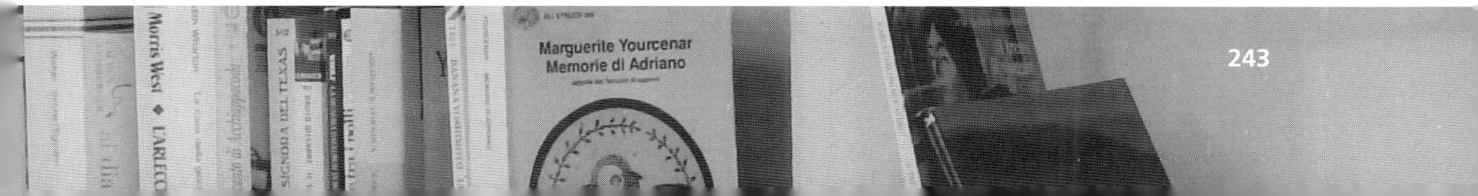

그림 7.1 훈련과 HRD 프로세스 모형

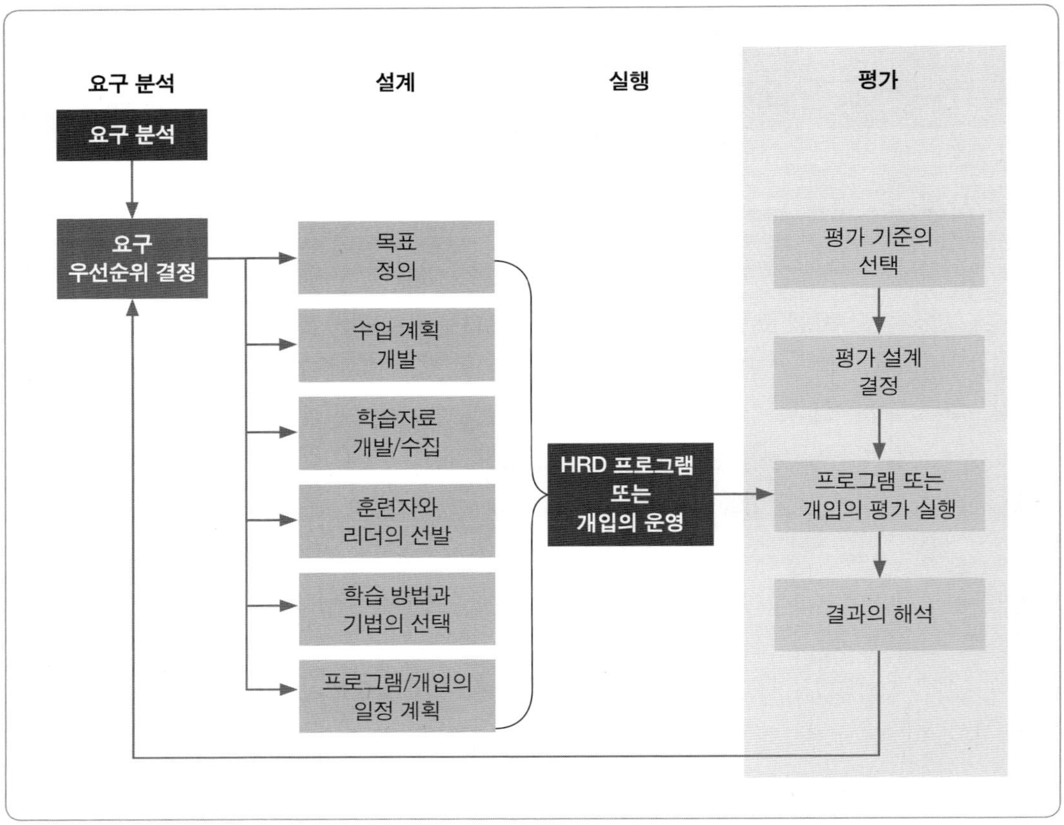

분석, 설계, 실행 단계와 어떻게 연결되는지를 알 수 있다. HRD 프로세스 모형의 앞부분 3단계와 훈련 및 HRD 개입의 성과와 관련된 데이터의 사용 및 측정은 분명하게 아주 깊은 관계를 갖고 있다.[2]

이 장에서는 다음 질문이 핵심이다. HRD 프로그램이 정말 효과가 있는가? 이것은 결코 대답하기 쉬운 질문이 아니다. 이 질문은 다음과 같은 몇 가지 이슈를 제기한다.

- 효과성은 무슨 의미인가? 효과성이 효율성과 같은 의미인가?[3]
- 효과성은 어떻게 측정되는가?
- 효과성을 결정하는 목적은 무엇인가? 즉, 하나의 프로그램이 효과적 또는 비효과적으로 판단되었다면 어떤 의사 결정이 내려지는가?

이러한 질문에 대한 답변은 간단하지 않다. **효과성**(*effectiveness*)이란 용어는 상대적이지만, 일반적으로 하나의 목표 또는 일련의 목표들의 달성과 관련된 개념이다. HRD의 효과성은 반드시 프로그램의 목표와 연관되어 결정되어야 한다. 그러므로 효과성은 보다 구체적으로 검토되어야 한다. 개별 HRD 또는 훈련 프로그램은 몇 개의 목표를 충족시키는 데는(예를 들어, 예산 내에서 운영되고 참가자의 스킬을 향상시킴) 효과적일 수도 있고, 몇 개의 목표를 충족시키는 데에는(예: 고객의 만족도를 향상시킴) 비효과적일 수도 있다. 또한, 누구를 위한 효과성인지에 대한 문제를 다루어야 한다. 즉, 학습자, 교수자, 관리자, 그리고 다른 사람들은 HRD 개입의 효과성에 대해 각기 다른 관점을 가질 수 있다.[4]

이 장은 HRD 평가를 정의하고, 평가의 목적과 훈련 및 HRD 개입에 대해 평가를 실행하는데 사용될 수 있는 방안들을 다룬다. 그리고 평가의 시사점에 대해 논의할 것이다.

HRD 평가의 정의와 목적

HRD 평가(*HRD evaluation*)는 "다양한 교육 활동의 선택, 채택, 가치, 그리고 수정과 관련된 바람직한 의사결정을 하는 데 필요한 서술적이고 판단적인 정보를 체계적으로 수집하는 것"이라고 정의된다.[5] 이 정의는 몇 가지 핵심적인 내용이 있다. 첫째, 평가를 수행하기 위해 서술적이고 판단적인 정보가 수집되어야 한다. 서술적 정보는 무엇이 일어나고 또는 일어났는지에 대한 하나의 그림을 제공해주는 반면, 판단적 정보는 발생한 것에 관한 믿음이나 견해를 알려 주는 것이다. 예를 들어, "지난해 25%의 현장 감독자들이 예산 수립 워크숍에 참석했다"라는 문장은 단지 서술적 정보만을 포함하고 있다. 그것은 단지 사실만을 진술하고 있다. 유사하게, "감독자의 이번 워크숍 참석률이 지난 12개월 보다 20% 낮았다"라는 문장도 서술적 정보를 포함하고 있다. 그러나 "지난 6개월 동안의 예산 수립 워크숍 참석자는 지난해와 비교하여 실망스럽게도 낮은 숫자다"라는 문장은 판단적 정보(사실에 근거한 누군가의 의견)를 제공한다. HRD 평가에서는 서술적인 정보와 판단적 정보 모두 필요하다. 판단적 정보는 프로그램에 관여하는 사람들에 의해 만들어지기도 하지만, 프로그램에 관여하지 않은 사람들에 의해서도 만들어지기도 한다.

둘째, 평가는 획득한 정보가 적절하고 유용하게 사용될 수 있도록 사전에 계획을 갖고 체계적으로 수집된다. 최종적으로 평가는 관리자들, 종업원들, 그리고 HRD 전문가들이 특정 프로그램이나 방법에 대해 현명한 의사 결정을 내리는 데 도움을 주어야 한다. 예를 들어, 만일 특정 프로그램이 부분적으로 비효과적이라고 하면, 그 프로그램은 변경되거나 폐기될 수 있다. 만일 어떤 프로그램이 가치가 있는 것으로 판단되면, 그 프로그램은 조직의 다른 부분에도 그대로 시행할 수도 있다. 이번 훈련의 결과로 조직의 업무 환경에 실질적인 개선 여부에 대한 추가적인 관심이나 노력 없이 단지 종업원들이 훈련을 마쳤다는 것만으로 만족할 관리자들은 많지 않을 것이다.[6]

평가는 조직 내에서 여러 가지 목적을 갖고 실행될 수 있다. 필립스(*Phillips*)에 따르면, 평가는 다음과 같은 의사 결정에 도움을 줄 수 있다고 한다.

- 프로그램의 목표들을 달성했는지 여부를 결정
- HRD 프로그램의 강점과 약점을 밝혀내고, 이러한 강약점은 필요 시 프로그램의 변경으로 이어질 수 있음
- HRD 프로그램의 비용편익 비율을 결정
- 미래의 HRD 프로그램에는 누가 참석해야 하는지를 결정

- 어느 참석자가 프로그램으로부터 가장 이익을 보았는지 또는 가장 적게 이익을 보았는지를 증명
- 미래의 프로그램을 마케팅하는 데 도움이 될 자료의 수집
- 경영층이 의사 결정하는 데 도움을 주기 위한 데이터베이스 구축[7]

더 좋고 현명한 의사 결정을 위해 HRD 평가를 실행한다. 그러나 다른 이유도 있다. 평가를 실행하는 세 개의 추가적인 이유는 다음과 같다.

1. 만일 HRD 담당자들이 그들의 조직에 대한 공헌을 입증할 수 없다면, 특히 조직이 경영상 어려움을 겪을 때, 예산 수립 과정 중에 교육과 프로그램 예산은 삭감될 가능성이 높다.
2. 평가는 조직의 최고 경영층 및 다른 계층과 신뢰를 형성하게 한다.
3. 최고 경영자들은 때때로 HRD 프로그램의 효과에 대해 알고 싶어 한다.[8]

신뢰를 형성하는 것이 평가를 실행하는 핵심 이유이다. 조직 내에서 실행된 다른 기능들도 모두 그 효과성을 결정하기 위해 평가가 실시된다. 만일 HRD 부서가 효과성을 보여주지 못한다면, 조직 내에서 HRD 부서는 중요하게 취급되지 않을지도 모른다. 그러므로 평가는 HRD 프로세스에서 주요한 단계이다. 평가는 HRD 프로그램이 관련 목표를 달성했는지를 알 수 있는 유일한 방법이다.[9] 크리스 보네스(*Chris Bones*)는 다음과 같이 말했다. "만일 결과를 알 수 없다면, 당장 그만두라."[10]

HRD 프로그램은 얼마나 자주 평가되는가

평가의 중요성을 생각하면 HRD 프로그램은 정기적으로 평가되어야 한다. 하지만 현실은 그렇지 못하다. 미국 회사들에 대한 조사 결과에 따르면, 회사의 비용으로 운영된 훈련 프로그램에 대해서는 92%의 회사들이 어떤 형태든지 평가를 실행하지만, 임원 MBA 프로그램에 대해서는 42%의 회사들이 어떠한 평가도 실행하지 않은 것으로 나타났다.[11] 더불어 이 조사에서는 가장 흔하게 사용하는 평가 방식은 참가자의 반응(*reaction*)이었는데, 이 반응 평가는 HRD 프로그램 평가 결정에 일부분만 도움을 줄 뿐이다.[12]

HRD 연구자들은 오랫동안 HRD 프로그램에 대한 철저한 평가의 부족에 대해 하소연 한다.[13] 많은 논문이 평가 실행의 중요성에 대해 주장했지만, 더 많은 조직들은 실제로 평가를 실행하기보다는 평가에 대한 '립 서비스(*lip service*)'만 하고 있다. 존 오코너(*John O'Conner*)와 밥 리틀(*Bob Little*)은 평가를 '훈련에서 무시되고 있는 핵심'이라고 묘사하고 있다.[14]

평가가 왜 그렇게 실행되지 못하는 것인가? 몇 가지 이유들이 존재한다. 첫째, 평가 실행은 쉬운 것이 아니란 점이다. 평가는 시간과 자원, 그리고 HRD 담당자의 전문성을 필요로 한다. 둘째, 프로그램 외적인 요인들(경제적, 장비, 정책과 절차, 인사 문제, 그리고 가용 자원 등)이 종업원의 성과 개선에 영향을 미칠 수 있고, 이러한 점이 훈련의 효과성에 대한 정확한 평가를 어렵게 만든다. 셋째, 만일 평가 결과가 프로그램이 효과적이지 못한 것으로 밝혀지면, HRD 프로그램에 관련된 사람들이 받게 될 비난

이나 프로그램 중단을 두려워할 가능성이 높다. 하지만 HRD 평가는 효과성과 책임성을 높이기 위해 반드시 실행되어야 한다.[15] HRD 프로그램이 실제로 도움이 되는지에 대한 증거를 제공하는 것은 HRD 전문가의 윤리적 의무이기도 하다. 이것이 HRD 학회에서 발행한 '윤리와 진실성에 대한 기준'에 포함된 내용이다.[16]

외부 구매 결정을 위한 훈련 및 HRD 프로그램 평가

5장에서 논의한 바와 같이 많은 훈련 및 HRD 프로그램들은 외부(예: 컨설턴트 또는 전문 벤더)로부터 구매된다. 일부 실무자들은 구매 결정이 이루어진 프로그램은 평가에 대한 검증이 충족된 것으로 믿는다. 효과적이지 않은 프로그램을 조직이 구입하지는 않았을 것이라고 그들은 생각한다. 즉, 조직이 현명한 구입 결정을 했다면(또는 프로그램을 구입하기 전에 그 프로그램에 대해 평가를 했다면), 또 다시 프로그램을 평가할 이유가 없다고 생각할 수 있다.

현실적으로 감독자들과 HRD 전문가들은 HRD 프로그램과 관련 장비에 대해 현명한 소비자가 되어야 한다. 따라서 프로그램이 실행되고 나서 그 효과성을 판단하는 것이 중요하다. 우리는 주의 깊은 쇼핑을 했음에도 불구하고, 기대에 못 미치는 구매 결정을 한 경험이 있다.

평가의 초점 변화

골드스타인(*Goldstein*)은 1960년대 이후 훈련 평가에 대한 초점이 4단계를 거쳐 변화되었다고 말한다.

1. 1단계는 교수자나 프로그램 참가자의 일회성 반응에 집중했다. 이는 설문 조사 결과로 판단하는 것으로, 아직도 많은 조직은 이 수준에서 평가하고 있다.[17]
2. 2단계는 프로그램 평가를 위해서 학문적으로 도출된 실험적 방법론을 적용하는 것이다. 조직의 제한적인 요소들(시간, 자원, 그리고 참석자를 무작위로 선택할 수 없는 것 또는 훈련을 받지 않는 통제집단을 사용할 수 없는 것 등)이 이러한 실험적 방법론 적용을 어렵게 하고, 평가 노력을 감소시킨다.
3. 3단계에서는 여러 가지 조사 방법론을 검토하여 조직의 현존하는 제한적인 요소들을 고려한 적절한 방법론을 선택함으로써 프로그램 평가를 보다 실무적이고 실현 가능하게 적용한다.[18]
4. 4단계는 전체적인 훈련 및 HRD 프로세스가 조직 전반에 영향을 미친다는 것을 인식하고, 평가에 대한 초점을 프로그램 실행 결과에서 나아가 전반적인 HRD 프로세스에 둔다.[19]

신뢰성 있는 조사 방법은 HRD 평가 설계에 적용하는 것이 가능하며, 의사 결정에 유용한 자료를 제공할 수 있다. 효과적인 평가 방법을 찾는 것은 모든 관련자들(조직, 교수자 또는 HRD 전문가, 그리고 학습자)에게 중요하다. 프레드 니콜스(*Fred Nickols*)는 만일 이해관계자(*stakeholder*) 또는 업무 성과표(*scorecard*) 관점에서 접근한다면, 적어도 교수자, 학습자, 관리자, 그리고 고위 경영층을 핵심 이해관계자로 간주하여, 훈련 프로그램에 대한 평가는 개선될 것이라고 주장한다. 또 다른 이해관계자로는 교수 설계자, 프로그램 공급 업체, 교수자의 관리자, 그리고 사회 전체가 포함될 수 있다.[20]

1. 평가 모형과 체계

평가 모형은 평가를 위한 기준과 초점을 갖고 있다. HRD 프로그램은 여러 가지 관점에서 검토될 수 있기 때문에, 어떤 관점인지를 구체화하는 것이 중요하다.[21] HRD 평가에 대한 많은 체계가 존재한다.[22] 가장 광범위하게 사용되는 것은 도널드 커크패트릭(*Donald Kirkpatrick*)가 제시한 체계이며, 우리는 이것을 먼저 소개할 것이다. 다른 모형이나 체계들도 나름 고유한 특징을 갖고 있지만, 중요한 방법에서는 큰 차이가 없다. HRD 평가 모형/체계들은 〈표 7.1〉에 정리되어 있다.

1.1 커크패트릭의 평가 체계

훈련 평가를 위한 가장 일반적인 체계는 커크패트릭의 모형이다.[23] 커크패트릭은 훈련 노력은 반응, 학습, 행동, 그리고 결과라는 네 가지의 기준에 따라 평가된다고 하였다.

1. **반응(1단계).** 학습자가 프로그램을 좋아했는지? 그리고 프로그램이 가치가 있다고 느꼈는지? 여기서는 프로그램과 그것의 효과성에 대한 학습자의 인식(*perception*)에 초점을 둔다. 이것은 유용한 정보이다.[24] 훈련 프로그램에 대한 긍정적 반응은 종업원들의 참가 독려를 쉽게 한다. 그러나 학습자들이 그 프로그램을 좋아하지 않거나, 아무것도 학습한 것이 없다고 인식한다면(실제 학습한 것이 있

표 7.1 HRD 평가 모형 및 체계

모형	훈련 평가 기준
1. Kirkpatrick(1967, 1987, 1994)[25]	4단계: 반응, 학습, 직무행동, 결과
2. CIPP(Galvin, 1983)[26]	4대 변수: 상황, 투입, 프로세스, 산출물
3. Brinkerhoff(1987)[27]	6단계: 목표 설정, 프로그램 설계, 프로그램 실행, 직접 결과, 중간 단계 또는 활용 결과, 그리고 영향과 가치
4. Kraiger, Ford, and Salas(1993)[28]	문헌에 의해 제안된 세 개 유형의 학습 결과(인지적, 스킬 기반의, 정서적)를 구체화하고, 각각의 학습 결과에 적합한 평가 도구를 제공하는 분류 체계
5. Holton(1996)[29]	변수의 다섯 가지 범주를 확인하고 그들 사이의 관계를 확인함: 이차적 영향력, 동기부여 요소, 환경적 요소, 성과, 능력/활력 요소
6. Phillips(1996)[30]	5단계: 반응과 계획된 행동, 학습, 직무에 적용된 학습, 사업적 결과, 투자 수익률(ROI)

다고 하더라도) 다른 사람들의 참가를 막을지도 모르고, 그 프로그램에서 습득한 지식이나 스킬을 사용하기를 꺼려할 지도 모른다. 그러나 반응 수준의 평가가 갖고 있는 한계점은 이러한 정보가 참가자들의 만족도를 확인하는 것 이외에 프로그램의 목표 달성 여부를 알려주지 못한다는 것이다.

2. **학습(2단계).** 학습자들이 반드시 학습해야 하는 학습 목표를 학습했는가? 이것은 효과적인 HRD 프로그램이라면 반드시 만족시켜야 할 중요한 기준이다. 훈련에서 무엇인가를 학습했는지 여부를 측정하는 방법은 퀴즈나 시험을 포함할 수도 있다. 이러한 평가는 프로그램에 대한 참가자의 반응을 평가하는 것과는 명확히 다르다.
3. **행동(3단계).** 학습자들이 훈련에서 학습한 것을 현업에 돌아가서 활용하는가? 이것은 3장에서 논의했던 학습 전이(*learning transfer*)와 연결된다.[31] 이것은 또한 훈련의 성공에 대한 중요한 측정이다. 우리는 무엇인가를 학습한 동료가 실제 활용하지 않는 경우를 알고 있다. 만일 학습이 업무로 전이되지 않는다면, 훈련 노력은 종업원이나 조직의 효과성에 영향을 줄 수 없다.[32] 훈련이 업무로 잘 전이되었는지를 측정하는 방법은 학습자들의 업무 행동을 관찰하거나, 조직의 성과자료(예: 고객 불만의 감소, 폐기율의 감소 등)를 검토하는 것이다.
4. **결과(4단계).** 훈련이나 HRD 노력이 조직의 효과성을 개선했는가? 훈련 프로그램의 결과로 조직이 보다 효율적이 되고, 이익이 증가되고, 고객이나 클라이언트에게 더 좋은 서비스를 제공하는가? 이러한 기준은 대부분의 관리자들이 가진 관심사이다. 종업원의 성과 이외에도 많은 것들이 조직의 성과에 영향을 줄 수 있다는 것을 고려하면, 이것은 가장 도전적인 평가 기준이다. 일반적으로 이러한 기준을 평가하기 위해서는 재무적 자료나 운영 관련 자료(판매 또는 낭비)가 수집되고 분석되어야 한다.

커크패트릭의 체계는 훈련의 가능한 결과를 바라보는 유용한 방안을 제공하고, 우리들에게 HRD 노력이 여러 가지 목표를 갖고 있다는 점을 상기시켜준다. 아더(*Athur*)와 동료들은 162건의 평가 연구에 대한 메타 분석을 실시하였다. 그들은 훈련 개입에 대한 평균 또는 평균 효과 크기(d_t)는 상당히 크다는 것을 확인했다.[33] 즉, 효과 크기는 반응 0.60, 학습 0.63, 행동 0.62, 결과 0.62이다. 현실적으로 이 정도의 효과 크기는 대부분의 조직에서 의미 있는 긍정적 변화를 이끌어낸다고 할 수 있다. 또 다른 흥미 있는 결과는 훈련 실행 이전에 조직과 개인 단위에서 요구 분석을 진행한 경우에 효과 크기($d_t = 1.93$)가 가장 높았다는 사실이다. 단체급식 노동자를 위한 안전 훈련이 여러 단계에서 평가가 실행되었는데, 그에 대한 예는 싱클레어(*Sinclair*)와 그의 동료들의 연구 결과를 참조하기 바란다.[34]

불행하게도, HRD 평가와 관련하여 대부분의 조직들이 네 가지 기준 모두에 대한 정보를 수집하지 않는다. 예를 들어, 2010년 ASTD 보고(*2010 ASTD State of Industry Report*)에 의하면 304개의 회사에 대한 설문 조사 결과는 다음과 같다. 반응 평가 91.6%, 학습 평가 80.8%, 행동 평가 54.4%, 결과 평가 36.9%, 그리고 ROI 측정은 17.9%였다.[35] 이러한 결과는 왜 행동, 결과, ROI 평가가 조직에 영향력 있는 정보를 제공해주는데도 그러한 평가 기준의 사용률이 높지 않은가에 대한 의문을 갖게 한다.

1.2 다른 평가 체계 또는 모형

HRD 평가에 대한 논의는 일반적으로 커크패트릭의 4단계 기준에서 체계화된다. 그러나 커크패트릭의 접근법도 비판을 받아 왔다. 몇몇 연구자들은 커크패트릭의 평가 체계는 훈련 전체 프로세스가 아닌 훈련 후에 발생한 것들만 평가하는 것에 대해 지적한다.[36] 또 다른 지적으로 커크패트릭의 평가 체계는 진정한 훈련의 성과에 대한 모형이라기보다는 성과의 분류 체계로 보는 게 타당하다는 것이다.[37] 크레이거(*Kraiger*), 포드(*Ford*), 그리고 살라스(*Salas*)는 커크패트릭의 평가 체계가 학습 결과로 어떤 종류의 변화가 기대되는지와 각 단계에서의 학습을 측정하기 위해서 어떤 평가 방법이 사용되어야 하는지를 구체화하는데 실패했다고 주장한다.[38] 앨리거(*Alliger*), 야낙(*Janak*)은 그 체계가 의미하는 가정의 타당성에 의문을 제기한다(예: 모형의 상위 단계에서의 성과 달성이 낮은 단계에서의 성과 달성을 가정할 수 있는지).[39] 또한, 그들은 "이 평가 체계에 훈련 평가에 대한 전반적인 초기 진단 이상의 의미는 없다(p. 339)"고 지적한다. 이러한 비판에 대한 커크패트릭은 다음과 같이 답한다. "나는 개인적으로 나의 체계에 대해 결코 모형이라 표현한 적이 없다(p. 23)." "나는 내 체계가 모형 또는 분류 체계 등 무엇으로 불려도 상관하지 않는다. 단지, 내 체계가 평가의 의미를 단순한 용어로 명확히 해주고, 평가를 어떻게 실행하는지에 대한 지침과 제안을 제공한다는 데 의미가 있다(pp. 23-24)."[40] 지안그레코(*Giangreco*)와 동료들은 커크패트릭의 모형은 현대 경제의 빠른 변화속도에 잘 맞지 않는다고 주장한다.[41]

훈련 연구자들은 실무자들이 보다 철저하게 평가 작업을 수행할 수 있도록 커크패트릭의 개념을 확장했다. 몇몇 학자들은 커크패트릭의 평가 체계 본질은 손상하지 않는 범위에서 체계를 수정하였다. 이러한 내용은 다음과 같다.

- 반응 단계를 훈련 방법과 효율성에 대한 참가자의 반응 평가를 포함하는 것으로 확장[42]
- 훈련에 대한 인지적 반응과 정서적 반응을 보다 명확하게 구분[43]
- 반응 단계를 프로그램에 대한 재미, 유용성, 그리고 난이도로 구분[44]
- 다섯 번째 단계(결과 수준을 넘어서)로 조직의 ROI를 구체적으로 언급하도록 추가[45]
- 다섯 번째 단계(결과 수준을 넘어서)로 HRD 프로그램에서 창출된 사회적 공헌과 성과를 언급하도록 추가[46]
- '**기대 효과**(*ROE, return on expectation*)'라는 관점을 추가, 즉 투자수익률(*return on investment*)보다 관리자와 경영층이 HRD 개입으로부터 원하고 기대하는 것에 집중하도록 함[47]

갤빈(*Galvin*)은 교육 분야 연구에 기반을 두고 CIPP(*Context, Input, Process, Product*) 모형을 제안한다.[48] 이 평가 모형은 네 가지에 집중한다. 훈련을 위한 맥락(*context*)(요구 분석), 훈련에 대한 투입(*inputs*)(예산이나 일정 같은 훈련에 투입된 자원), 훈련 프로그램을 실행하는 프로세스(*process*)(실행자에 대한 피드백을 위해서), 그리고 훈련의 성과 또는 제품(*product*)(프로그램의 목표 달성에 성공)이다. 갤빈의 조사 결과에 따르면, ATD 회원들은 커크패트릭의 평가 체계보다 CIPP 평가 모형을 선호한다고 한다. 와르(*Warr*)와 동료들도 이와 유사한 모형을 제시하였다.[49]

브링커호프(*Brinkerhoff*)는 훈련 평가 모형을 6단계로 제시하였다. 그는 상호 중복되는 단계를 제안하였는데, 이는 특정 단계에서 발견된 문제는 이전 단계에서 발생한 부정적인 문제점에 의해 촉발될 가능성이 높기 때문이다. 그가 제안한 단계는 다음과 같다.

1. 목표 설정: 무엇이 필요한가?
2. 프로그램 설계: 요구에 부응하기 위해 무엇을 할 것인가?
3. 프로그램 실행: 설계된 대로 프로그램이 실행되고 있는가?
4. 직접적 성과: 참가자가 학습했는가?
5. 중간의 또는 활용 성과: 참가자들이 학습한 것을 활용하는가?
6. 의미와 가치: 프로그램은 조직에 의미 있는 차이를 만들었는가?[50]

학습 성과와 영향 변수들에 대한 기존 연구들과 이론들을 통합하는 시도가 적어도 두 번은 있었다. 첫째, 크레이거(*Kraiger*), 포드(*Ford*), 살라스(*Salas*)가 시도한 연구에서는[51] 학습 성과로 세 가지 유형(즉, 인지적, 스킬 기반, 정서적)을 제시하고, 세 가지 영역별 학습 성과를 평가하는 분류표를 제안하였다. 이 분류표(표 7.2)는 아주 구체적이며, 각 영역별에서 학습 성과를 평가하는 데 활용 가능한 측정 도구들을 보여준다.

둘째, 홀튼(*Holton*)은 커크패트릭(즉, 학습, 개인적 성과, 그리고 조직적 결과)과 유사한 결과물을 내포하는 모형을 제안하였는데,[52] 여기서는 개인적 변수(예를 들어, 학습 동기, 전이 동기, 능력, 직무 태도)와 이러한 결과물에 영향을 미치는 환경적 변수(예를 들어, 전이 분위기, 외적 사건)를 포함하고 있다. 관련 연구에 따르면, 훈련 결과물에 학습동기가 중요한 영향을 주며, 훈련 전이가 잘 되기 위해서는 감독자와 동료의 지원이 중요하다고 한다.[53]

1.3 평가 체계의 비교

모든 평가 모형은 커크패트릭의 평가 단계를 모형 속에 명시적 단계로 포함하든지, 또는 단계 속에서 내포하고 있다. 따라서 커크패트릭이 제안한 평가 체계와 어느 정도는 양립할 수 있다.[54] 커크패트릭의 평가 모형을 초월하는 가장 극단적인 예는 HRD 전문가들의 프로그램이 조직 외부(*outside*)의 지지층에게도 영향을 미칠 수 있다는 관점을 포함하는 개념이다.[55] 이러한 평가 관점은 HRD 평가의 일반적인 범위로 포함될 수 있는 것인지는 관리자들이 그들의 조직적, 사회적 책임을 어느 정도까지 포함할 것인지에 달려있다.

어떤 모형은 훈련 프로그램의 초기 단계(예: 요구 분석, 설계, 그리고 실행)를 평가 단계에 포함시키고 있다. 예를 들어, 브링거호프(*Brinkerhoff*)의 모형의 처음 세 단계(목표 설정, 프로그램 설계, 그리고 프로그램 실행)는 명확하게 이러한 행동을 포함하고 있다.[56] 훈련 프로세스의 나머지 부분을 평가와 결합시키는 것은 커크패트릭의 일반적인 접근 방법을 개선할 수도 있다. 왜냐하면, 관리자들, 감독자들, 그리고 HRD 전문가들이 평가가 훈련 프로그램이 실행되고 마지막으로 하는 한 번의 이벤트가 아니라, 지속적인 활동이라는 것을 깨닫게 한다는 면에서 유익할 수도 있다. 효과적인 HRD는 많은 의사 결정을 내포하고 있기 때문에, 프로세스 전반에 걸쳐 정확하고 의미 있는 정보를 갖는다는 것은 의사 결정 프로세스를 개선하고 HRD의 전반적인 효과성을 증진시킬 수 있다.

커크패트릭 체계의 가장 큰 단점은 다음과 같다. (1) 각 단계 사이의 명확한 인과관계의 부족, (2) 서로 다른 유형의 학습 성과를 다루는 데 있어서 특이성의 부족, (3) 어느 성과 지표를 평가하는 데 적합한 측정 지표가 무엇인지에 관한 방향성의 부족이다. 3장에서 논의한 것처럼, 학습프로세스와 학습 성과에 관해서는 많은 내용들이 존재한다. 앨리거(*Alliger*)와 야낙(*Janak*)은 커크패트릭의 접근법이 HRD 평가의 유용한 출발점이라고 한다.[57] 그러나 커크패트릭의 4단계에 고유의 위계가 있는 것 같지는 않다. 즉, 학습자들이 우선 훈련을 좋아하고, 그런 다음 무엇인가를 배우고, 이후에 바람직한 행동을 수행하고, 그런 후에 긍정적 결과를 생산하는 것은 아니라는 것이다.[58]

예를 들어, 행동 모델링 훈련의 효과성을 향상시키기 위한 한 연구 프로젝트에서 훈련 종료 직후 반응 성과에 대해 측정하였다. 그 결과 훈련 종료 후 4주 동안 학습자들의 개선 정도를 추적하기 위해서 체크리스트를 사용한다고 사전에 설명을 들은 학습자들의 반응 점수가 훈련에서 배운 원칙을 최선을 다해 실천하기를 부탁받은 학습자들의 반응 점수와 비교했을 때, 상당히 좋지 않았다. 그러나 4주 후에 동일한 반응 측정을 했을 때, 체크리스트를 사용했던 학습자들이 전반적으로 프로그램에 대해 더 우호적이었다. 반면에 원칙 사용에 최선을 다해줄 것을 부탁받은 학습자들은 훈련 프로그램에 대해 덜 우호적이었다. 또한, 체크리스트를 사용한 학습자들은 훈련 종료 후 4주간 학습 자료를 더욱 중요하게 보유하고 있었으며, 체크리스트를 사용할 필요가 없는 학습자들 보다 자발적인 역할 연기의 주요 행동들을 더 많이 보여주었다.[59] 여기서의 핵심은 교수자들이 한 가지 유형의 성과 측정에서 긍정적(또는 부정적) 점수가 필연적으로 다른 유형의 성과 측정에서도 유사한 점수가 나올 것으로 가정해서는 안 된다는 것이다.

학습과 학습 성과에 관한 이론과 연구 결과를 통합하는 노력으로 훈련 평가 학문 분야는 많은 진전이 있었다. 홀튼(*Holton*)의 모형은 좀 더 검증이 필요하지만, 유용한 것으로 간주되고 있다.[60] 크레이거(*Kraiger*)의 분류 체계는 훈련 평가를 위한 바람직한 방향을 보여준다. 이들은 구체적 요구(다양한 학습 유형에 부합하는 측정 방안을 개념적으로 제공)에 대응하도록 하고, 이론적 근거에 따른 HRD 평가 모형을 만들 수 있도록 도와준다. 마지막으로, 잭 필립스(*Jack Phillips*)에 의해 처음으로 제안된 투자수익률(ROI) 측정은 HRD 평가에 중요한 발전이었다.[61] 이 장의 후반부에서 ROI를 다룰 것이다.

비판이 있지만, 커크패트릭의 접근법은 효과적인 HRD 프로그램이라면 반드시 충족시켜야 할 기준이다.[62] 따라서 가능하다면 네 가지 기준에 대한 정보는 수집되어야 한다. HRD 프로그램의 모든 면에 관한 정보를 충분히 알고 의사 결정을 하는 것이 중요하다.

평가는 훈련 프로그램의 목표를 달성했는지에 대한 질문을 다루는 것이다.[63] 요구 분석에서 나온 훈련 목표를 토대로, 훈련 결과를 평가하는 것이 가장 경제적인 방법이다.[64] 최근의 '기대 수익률' 또는 ROE

표 7.2 훈련 평가를 위한 학습 성과 분류

범주	학습 구성 요소	측정의 초점	잠재적 훈련 평가 방법
인지적		**인지적 성과**	
언어 지식	서술적 지식	지식의 양 회상 속도의 정확도 지식의 접근성	인식 및 회상 검사 파워 검사 속도 검사
지식 체계성	정신적 모형	이상적인 요소들의 연관성에 대한 유사성 위계적 질서	자유 정렬(Free sorts) 구조적 평가(예: 개척자)
인지적 전략	자기 통찰 초인지 기술	자기 인식 자기 통제	프로토콜 분석 자기 보고 검사를 위한 준비도
스킬 기반		**스킬 기반 성과**	
구성	구성 요소의 절차화	수행 속도 수행의 유연성 실수율 유의적 단위 짓기(chunking) 일반화 차별화 보강(strengthening)	목표 행동 관찰 직접 해보는 검사 구조화 상황 인터뷰
자동화	자동 프로세싱 조정	관심 요구 사항 사용 가능한 인지적 자원	이차적인 과업 수행 중간 개입 문제 내장된 측정
정서적		**정서적 성과**	
태도	선택된 목표 (예: 안전 인식) 태도 강도	태도의 방향 태도의 강도 접근 가능성 중심성 확신성	자기 보고식 측정
학습 동기부여	동기부여 성향 자기 효능감 목표 설정	숙달 대 수행 방향 방향의 적절성 인지된 수행 능력 목표의 수준 목표 구조의 복잡성 목표 합의	자기 보고식 측정 자기 보고식 측정 자기 보고식 측정 자유 회상 측정 자유 정렬

출처: Kraiger, K., J. K., & Salas, E. (1993). Application of cognitive, skill-based, and affective theories of learning outcomes to new methods of training evaluation. *Journal of Psychology*, 78, table 1, 323. Copyr ght © 1993 by the American Psychological Association

에 대한 논의는 HRD 개입의 예상 결과가 무엇인지를 미리 결정하는 데 초점을 맞추고 있다.[65] 4, 5, 6, 7장에서 강조한 HRD 프로세스 체계는 HRD 활동에 체계적으로 접근할 수 있는 강력한 틀을 제공한다(그림 7.1 참조). 이 프로세스 체계가 갖추어져 있고, 이것이 활용된다면 평가 활동은 상황에 따라 다음과 같은 몇 가지 조합이 될 것이다. 다음에 제시된 체계는 커크패트릭의 4단계 체계로는 완전히 포괄하지 못하는 측면을 보완하고 있기 때문에 커크패트릭 모형의 확장으로 볼 수 있고, 이 모형은 케이 알바레즈(*Kaye Alvarez*)와 동료들이 권장하는 여섯 가지 결과 변수를 포함하고 있다.[66] 또한, 후안 마데라(*Juan Madera*)와 동료들은 훈련 효용성에 대한 인식을 측정했다.[67] 라티프(*Latif*)는 훈련 만족도를 측정하는 것의 가치에 대해 연구했다.[68] 볼드윈(*Baldwin*)과 포드(*Ford*)는 훈련 직후의 학습을 살펴보고 시간이 경과한 후에 학습 효과 유지에 대해 연구할 것을 권장했다.[69] 학습자의 행동을 훈련 행동과 전이 성과로 구분하는 것이 타당하다는 연구 결과도 있다. 훈련 전문가들의 연구에 따르면 62%의 직원이 학습한 내용을 훈련 직후 직장에서 적용하지만, 훈련 1년 후에는 34%의 직원만이 훈련받은 대로 시행한다고 한다.[70] 그로만(*Grohmann*)과 카우펠드(*Kauffeld*)는 만족도, 유용성, 지식, 현장 적용, 개인 성과, 전체 조직 성과의 여섯 가지 개념을 측정하는 '전문 교육훈련 평가 설문지'를 개발했다.[71] 확장된 체계에는 사업 결과뿐만 아니라 다른 사람들이 권장하는 공동체의 관심사도 포함된다.[72] 다양한 학자들이 커크패트릭의 평가 체계를 여러 가지 형태로 발전시켰는데, 이 모든 것을 포괄하는 '확장된 커크패트릭의 평가 체계'는 다음과 같다.

1. 반응
    a. 인지된 유용성/효용성 — 이 훈련의 인지된 적절성/유용성은 무엇인가(이것은 훈련의 내용과 설계를 수정하는 데 도움이 될 것이다)?
    b. 훈련 종료 후 태도 — 학습자들이 얼마나 그 훈련을 좋아했는가? 그 훈련이 학습자의 자기 효능감에 영향을 주었는가(표 7.2의 정서적 측정 지표 참조)?
2. 인지적 학습 — 학습자들이 훈련으로부터 얼마나 배웠는가(표 7.2의 인지적 측정 지표 참조)?
    a. 훈련 종료 후 학습 — 훈련 종료 후 즉시 학습자가 시범을 보일 수 있는가?
    b. 유지 — 학습자가 업무에 복귀 후에 시범 보일 수 있는가(대부분은 재시험을 통해서 몇 개월 후에 평가함)?
3. 행동 — 훈련의 결과로 어떤 행동 변화가 발생했는가(표 7.2의 스킬 기반 측정 지표 참조)?
    a. 수행 훈련 — 훈련 종료 시점에 학습자가 새롭게 습득한 스킬의 시범을 얼마나 잘 보일 수 있는가?
    b. 수행의 전이 — 업무에 복귀했을 때 학습자가 새롭게 습득한 스킬을 얼마나 잘 보일 수 있는가(대부분은 몇 개월 후에)?
4. 결과
    a. 훈련의 결과로써 발생한 실질적인 성과 또는 결과는 무엇인가?
    b. 이 훈련의 ROI는 무엇인가(이 장의 후반부 ROI와 효용성 섹션 참조)?
    c. 이 훈련 프로그램의 지역사회 또는 보다 큰 사회에 대한 공헌은 무엇인가?

1.4 훈련 평가에 대한 이해관계자 접근

앞서 언급한 것처럼, 훈련의 성과에 대한 다양한 이해관계자에 관한 논의가 증가하고 있다.[73] 니콜스(Nickols)에 따르면, 이해관계자는 "어떤 노력이 성공하기를 바라며 관심을 두고 있는 개인이나 집단이며, 그들의 지원이 없으면 그러한 노력이 실패한다." 그는 다음과 같이 말했다.

> 훈련뿐만 아니라 어떤 것의 값어치 또는 가치를 확인하기 위해서는 반드시 "누구에게 그것의 가치를 확인할 것인가?"란 질문을 해야 한다. 훈련의 가치를 학습자에게 확인하는 것이 하나의 방법이다. 또한, 경영진에게 훈련의 가치를 결정하게 하는 것도 방법이다. 그리고 훈련의 가치를 교수자들에게 정하도록 하는 방법도 있다(교수자들은 강사 또는 개발자들임). 학습자, 교수자, 경영진은 훈련에 이해관계를 갖고 있는 여러 집단 중 단지 세 개에 불과하다. 다른 이해관계자로는 훈련 공급자 그리고 학습자의 관리자들도 포함된다.[74]

니콜스는 '이해관계자 점수표'를 훈련 평가를 위해 사용할 것을 추천한다. 〈그림 7.2〉는 이것에 대한 예시이다. 그림에서 볼 수 있는 것처럼, 어떤 HRD 개입을 위한 네 개의 주요 이해관계자는 경영진, 학습

그림 7.2 훈련 이해관계자 점수표

출처: Nickols, F. W. (2005). Why a stakeholder approach to evaluating training. *Advances in Developing Human Resources*, 7(1), 121–134. Copyright © 2005 by Sage Publications. Reprinted by permission of Sage Publications.

자, 교수자, 그리고 학습자의 관리자이다. 여기서 공헌은 그들이 훈련에 투입하는 것(예: 시간, 돈, 다른 업무 못하게 되는 시간)이다. 유인책은 훈련으로부터 얻는 것이다. 니콜스는 커크패트릭 체계의 각 수준이 여러 이해관계자에게 유사한 가치가 있는 것은 아니라고 말한다. 예를 들어, 누가 ROI에 가장 관심을 갖겠는가? (힌트: 학습자는 아닐 것이다!) 반응 평가는 이해관계자 집단별로 각기 다른 이유로 관심사항일 것이다. 이것은 왜 행동 평가와 결과 평가가 더 자주 평가되지 않을까에 관한 딜레마에 대해 생각해보게 한다. 즉, 모든 이해관계자들이 행동 및 결과 평가에 높은 우선순위를 두지 않는다. 그것은 또한 ROI 또는 기타 재무적 차원의 평가에 과도하게 집중하는 것은 원래 의도와 맞지 않을 수도 있음을 시사한다. 즉, HRD 개입의 결과로 보이는 재무적 수치에 대해 모든 이해관계자 집단이 만족하는 것은 아니기 때문이다. 김한별은 HRD 평가를 복수의 이해집단들 간의 협상 프로세스로 바라보아야 한다고 주장한다.[75] 쥴리 홀(*Julie Hall*)은 영국 헬스케어 공급 평가에서 다원론적 평가의 사례를 보여주고 있다.[76] 세바스찬 베일리(*Sebastian Bailey*)는 학습 평가와 조직의 전략 사이에 보다 명확한 연계를 강조한다.[77]

2. HRD 평가를 위한 자료 수집

모든 평가 노력은 의사 결정에 기본이 되는 사실과 판단근거를 제공하기 위한 자료 수집을 요구한다. HRD 평가를 위한 정보를 수집하는 데 중요한 세 가지 측면은 자료 수집 방법, 자료의 유형, 그리고 자기 보고식 자료의 활용이다.

2.1 자료 수집 방법

4장에서 요구 분석을 위한 정보를 확보하기 위해 사용될 수 있는 자료의 출처와 자료 수집 방법에 대하여 설명하였다. 훈련 평가를 실행하는 데에도 동일한 방법이 사용될 수 있다. 〈표 7.3〉에 일반적인 평가 자료 수집 방법(예: 인터뷰, 설문지, 직접관찰과 검사, 그리고 2차 성과 자료)을 제시하였다. 추가적으

표 7.3 HRD 평가를 위한 자료 수집 방법

방법	설명
1. 인터뷰	한명 또는 몇 사람과 그들의 견해, 관찰의견, 그리고 신념을 평가하기 위해 대화하기
2. 설문지	견해, 관찰의견, 그리고 신념을 평가하기 위해 고안된 표준화된 질문들
3. 직접 관찰	하나의 과업 또는 일련의 과업이 수행되는 것을 관찰하고 보인 것을 기록하기
4. 테스트와 시뮬레이션	어떤 과업이나 행동을 수행하기 위한 개인의 지식이나 능숙 정도를 평가하기 위한 구조화된 상황
5. 2차 성과자료	문서파일 또는 보고서 등 현재 존재하는 정보의 활용

로 크레이거(*Kraiger*) 등이 제시한 학습 성과와 측정에 대한 내용을 고려하면,[78] 설문지가 HRD 평가에 가장 자주 사용된다. 왜냐하면, 설문지는 쉽게 완성되고 빨리 분석되기 때문이다.

설문응답 조사와 관련하여 자주 질문하는 내용은 다음과 같다.

1. 이번 세션이 가치가 있다고 생각하는가?
2. 교수자는 그의 역할을 잘 수행했는가?
3. 이번 세션에서 가장 좋았던 것은 무엇인가?
4. 가장 덜 좋았던 것은 무엇이고, 어떻게 개선할 수 있는가?
5. 무엇이든지 제안할 것이나 의견이 있는가?

예를 들면, '나는 이 프로그램을 다른 사람에게 추천할 것이다'라는 질문은 학습자의 반응을 알아보기 위한 질문이다.[79] 질문서를 효과적으로 작성하기 위한 몇 가지 지침이 〈그림 7.3〉에 열거되어 있다. 날리지어드바이저(*KnowledgeAdvisers*)의 제프리 버크(*Jeffrey Berk*)는 훈련 평가에 대한 서면, 온라인, 이메일용 안내정보를 제공하고 있다.[80]

질문의 적합성에 따라서 이들 방법들 중에서 하나 또는 모두가 평가 자료 수집에 적절할 수 있다. 예를 들면, HRD 전문가가 연금 보험 관련 세미나에 대한 학습자의 반응을 평가하는데 관심이 있다면, 인터뷰나 설문지 방법이 좋은 선택이 될 것이다. 대안으로, 만일 관리자가 그 세미나가 회사의 연금 플랜에 대한 관심도에 영향을 미쳤는지를 알고 싶어 한다면, 종업원들이 HR 부서에 질문한 것에 대해서 직접 관찰하거나 기록된 데이터를 활용하는 것이 좋을 것이다. 이들 방법들의 일반적인 장점과 한계점은 다음과 같다.[81]

첫째, 인터뷰는 분류를 용이하게 하고, 응답의 질이 높다. 그러나 인터뷰는 비용과 시간이 많이 소요되며, 훈련된 질문자가 필요하다.[82] 둘째, 설문지는 비교적 비용이 적게 들고, 무기명 응답이 가능하다. 반면에 응답자들이 질문을 오해할 수 있고, 모든 항목에 응답하지 않을 수도 있다. 셋째, 지필 시험은 역시 비용이 적게 소요되고, 운영이 용이하다. 그러나 한계점은 그 시험 결과가 직무의 성과와 관계가 된 것인지가 의문시 된다는 것이다. 넷째, 직접 관찰법이 행동의 변화를 측정하는 데는 탁월한 방법이 될 수 있다. 하지만 개인들이 그들이 관찰되고 있는 것을 알고 있으면 다르게 행동할 지도 모른다. 다섯째, 시뮬레이션과 테스트는 업무 현장과 밀접한 관련이 있다. 그러나 시뮬레이션 개발과 운영에 비용이 많이 든다는 한계점이 있다. 마지막으로, 2차 성과자료는(즉, 조직의 성과보고결과 확보된 자료) 수행에 대한 객관적이고 신뢰성이 있는 시사점을 제고해준다. 그러나 조직의 자료가 고품질이고 신뢰도가 높은 경우에만 해당하는 사실이다. 이처럼 평가를 목적으로 사용될 적절한 자료 수집 방법을 결정하는 데는 여러 가지 장·단점이 존재한다.

체리 오스트롭(*Cheri Ostroff*)은 학습자들이 학습한 내용을 현업으로 돌아가서(학습 전이) 활용하는지를 측정하는 흥미 있는 방법을 개발했다.[83] 감독자들이 직원의 행동을 관찰하는 데 있어서 어려운 점은 종업원이 몰입했던 구체적인 행동을 기억해 내기가 어렵다는 것이다. 오스트롭은 감독자나 다른 관

그림 7.3 효과적인 설문지 작성 지침

1. 간단하고 명확하게 그리고 의미를 분명하게 작성하라.

좋은 예: 당신의 직무 수행에 대해서 당시의 상사는 얼마나 자주 당신에게 피드백을 주는가?
나쁜 예: 당신 수준의 직원들의 수행 품질에 관해 행정적인 상사들이 어느 정도 정보를 제공하는가?

2. 구분하여 질문을 하라.

좋은 예: 1. 조직의 목표는 명확하다.
2. 조직 내에서 나의 역할은 명확하다.
나쁜 예: 조직의 목표와 조직내에서 당신의 역할은 당신에게 명확하다.

3. 응답 선택지를 구분하고 그것에 대해 설명하라.

좋은 예: 지난 3개월 동안, 당신의 업무에 관해 당신은 얼마나 자주 피드백을 받았는가?

한 번도 없었음	대략 월 1회	대략 주당 1회	대략 매일	하루에도 몇 번씩
1	2	3	4	5

나쁜 예: 지난 3개월 동안, 당신의 업무에 관해 당신은 얼마나 자주 피드백을 받았는가?

4. 응답 선택항목의 수를 제한하라.

좋은 예: 일반적으로 당신은 당신이 업무 노력에 투입하는 시간의 몇 %가 업무 성과로 연결될 것이라고 확신하는가?

0~20%	21~40%	41~60%	61~80%	81~100%
1	2	3	4	5

나쁜 예: 일반적으로 당신은 당신이 업무 노력에 투입하는 시간의 몇 %가 업무 성과로 연결될 것이라고 확신하는가?

0~20	21~30	31~40	41~50	51~60	61~70	71~80	81~90	91~100
1	2	3	4	5	6	7	8	9

5. 질문과 응답 방식의 조화를 맞춰라.

좋은 예: 당신은 일반적으로 당신의 직업에 대해서 어느 정도로 만족하는가?

전혀	조금	보통	많이	매우 많이
1	2	3	4	5

나쁜 예: 당신은 일반적으로 당신의 직업에 만족하는가?

네　　　아니오

6. 중요한 정보를 모두 수집하라.

출처: From J. H. Maher, Jr., & C. E. Kur (1983). Constructing good questionnaires. *Training and Development Journal*, 37(6), 106. Reprinted by permission. Copyright © June 1983. Reprinted with permission of American Society for Training & Development.

찰자들에게 스크립트로 작성된 상황을 제시하고, 그들에게 종업원들이 몰입했던 몇 가지의 행동이나 또는 실행했을 것 같은 행동을 체크하도록 요청했다.

오스트롬은 이 측정 도구를 교장 선생님의 훈련 효과성을 평가하는데 사용된 전통적인 행동과 업무 수행 측정 도구와 비교하였다(그림 7.4). 그 결과 스크립트를 사용한 상황설명 방법이 훈련 프로그램

그림 7.4 대본으로 작성된 상황 자료 수집 방법: 학교 교장의 업무 수행 조사 항목

> 과학 섹션의 학습내용에 대해 반대하는 부모로부터 행정담당자가 편지를 받는다.
> 그 섹션의 주제는 재생(reproduction)이다. 그 부모는 그의 딸이 그러한 물질에 노출되는 것에 대해서 반대를 하고 있다. 그리고 무언가 조치가 내려지길 요구하고 있다.
> 행정담당자는 대개는 _____을 할 것이다(하나를 선택하시오).
>
> _____ 선생에게 검토를 위한 설명자료, 학습자료, 그리고 과정 내용을 제공하도록 요청한다.
>
> _____ 과학 커리큘럼을 널리 인정받고 있는 재생에 대한 접근방법을 체크해보고 과정 내용에 대한 위원회 지침을 비교해 본다.
>
> _____ 과학 부서의 부서장에게 교사의 수업계획에 관해서 부서장의 의견을 물어본다.
>
> _____ 학부모가 과거에도 유사한 불평을 한 적이 있는지 체크해 본다.

출처: From C. Ostroff (1991). Training effectiveness measures and scoring schemes: A comparison. *Personnel Psychology*, 44, 360. Reprinted by permission.

의 의미 있는 결과를 보여주었다. 스크립트를 사용한 상황 설명 방법에 대한 일반화와 효과성을 평가하기 위한 더 많은 연구가 필요하기는 하지만, 오스트롭의 연구 결과는 자료 수집과 평가를 조직상황에 맞게 보다 정확하고 가능성 있게 만드는 연구의 필요성을 시사한다.[84]

2.2 자료 수집 방법의 선택

자료 수집 방법을 선택할 때 고려해야 할 세 가지 이슈는 신뢰도, 타당도, 그리고 현실성이다. **신뢰도**(*reliability*)는 자료 수집 방법에서의 결과의 일관성, 비오차성, 불편성과 관계가 있다. 따라서 오차 또는 편향이 적거나 없으면 그 방법은 신뢰도가 높고, 반면에 오차나 편향이 많은 방법의 결과는 신뢰할 수가 없고, 믿을 수가 없다. 신뢰 못하는 자료에 근거한 토의는 빈약한 토의가 될 것이다.

예를 들어, 종업원들의 리더십 스킬을 평가하는데 감독자가 종업원들이 역할 연기 상황을 관찰하는 방법으로 한다고 가정해보자. 만일 감독자 한 명이 다른 감독자들보다 계속적으로 혹독한 점수를 준다고 하면, 그러한 개인적 편향이나 오차로 인해서 어떤 종업원은 다른 감독자에게 평가받을 때보다 낮은 평가 점수를 받게 될 것이다. 또 다른 예로, 종업원의 컴퓨터 자기 효능감, 즉 사용 가능한 테크놀로지를 업무에 활용할 수 있는 역량을 보유한 종업원들이 중요해지고 있다. 조직이 이러한 역량을 측정하고자 한다면, 즉 종업원들이 어느 정도로 컴퓨터에 대한 자기 효능감을 보유하고 있는지 알고자 한다면, 이러한 역량을 파악할 수 있는 신뢰성 있고 일관성 있는 측정 도구가 있어야 한다.[85]

자료 수집 방법을 선택할 때 고려해야 하는 또 다른 이슈는 타당도이다. **타당도**(*validity*)는 우리가 측정하고자 하는 것을 실제로 측정하고 있느냐에 관한 것이다. 즉, 우리가 올바른 목표물을 맞히고 있는가에 대한 문제다. 예를 들어, 학습자가 여행 비용 명세서를 완전하게 채우는 절차를 학습했는지를 측

정하기 위해서 지필 시험 방법을 사용하기로 했다고 가정해보자. 그 시험의 점수가 종업원이 실제로 여행 비용 명세서 양식을 채우는 방법을 알고 있는지를 말해준다고 하면 그 한도 내에서 그 시험은 타당하다고 할 수 있다. 만일 훈련의 초점이 비용 명세서 양식에서 어떤 정보를 보고 할지를 아는 것인데, 시험 문항들은 계산 능력을 측정하는데 맞춰져 있다면, 그 시험 점수는 잘못된 것을 측정하고 있는 것이다. 이러한 경우라면 그 시험의 사용은 의사 결정에 도움이 되지 않는다.

신뢰도와 타당도는 복잡한 문제이고, 신뢰도와 타당도를 평가하는 것은 종종 통계지식과 측정 개념을 알아야 한다.[86] 이러한 개념에 익숙하지 않은 HRD 전문가들은 학습이 필요하고, 필요한 경우 컨설턴트, 교수, 조직내부 동료 등에게 자문을 받아야 한다.[87]

신뢰성과 타당성 이외에도 자료 수집 방법은 조직의 주어진 제약 조건 하에서 현실적이어야 한다. **현실성**(*practicality*)은 하나의 평가 방법을 사용하는데 허용되는 시간, 돈, 그리고 자원을 말한다.[88] 예를 들어, 종업원의 직무 행동을 평가하기 위해서 모든 감독자들을 인터뷰하는 것은 너무 많은 시간을 필요로 할 것이다. 이런 경우라면, 표본을 선정해서 인터뷰를 하든가, 설문지를 활용하는 것이 현실적인 대안이 될 것이다. 평가 노력을 통해 유용한 정보를 얻기 위해서는 현실적이고 창의적인 대안이 마련되어야 한다.

2.3 자료의 유형

HRD 효과성을 평가하는 데에는 개인 성과 자료, 전사 조직 성과 자료, 그리고 경제적 자료라는 최소한 세 가지 유형의 자료가 있다.[89] 개인 성과 자료는 개별 학습자의 지식과 행동(커크패트릭의 2, 3번째 단계)을 강조한다. 이러한 유형의 자료로 종업원의 시험 점수, 생산 단위의 수, 업무행동의 적시성, 업무행동의 질, 참석률, 태도 등이 있다. 전사 조직 성과 자료로는 HRD 프로그램이 시행되는 팀, 부서, 사업부 단위, 그리고 조직 전체에 관련된 자료이다. 예로는 생산성, 재작업, 폐품, 고객만족, 그리고 적시성 등이 있다. 경제적 자료는 한 조직 전체 또는 단위 조직의 재무적, 경제적 성과를 보고해주는 자료로 이익, 생산자 책임, 법규 준수(법규나 규칙의 미준수로 인한 벌금 등), 그리고 시장 점유율 등이다. 경제적 자료는 ROI 또는 효용(*utility*) 계산에 필요한 정보를 제공해준다. HRD 전문가나 연구자들에게 HRD 개입이 경제적 또는 재무적 측정 결과에 어떤 연계성이 있고, 어떤 영향을 미치는지를 입증하는 것은 쉽지 않다.[90]

완벽한 평가가 되기 위해서는 이러한 세 가지 유형의 자료를 모두 포함하고 있어야 한다. 다양한 질문을 활용하면 다양한 정보를 얻을 수 있다. 예를 들어, 로빈스(*Robbins*)는 미국 해안경비대의 대원들이 과업을 수행하는 데 필요한 유능함을 보유하고 있음을 입증하는 수단으로써, 정기적으로 과업수행 평가 검사를 하는 방법을 제시하고 있다.[91] 이러한 검사는 학습 정보의 변화를 보여주기보다는 해안경비대원으로부터 기대되는 신뢰할 수 있는 성과를 보여주는 데 초점을 두고 있다. 또 다른 예로, 로빈슨과 로빈슨은 세일즈 훈련 프로그램이 조직의 운영에 효과가 있는지를 결정하는 데 사용 가능한 자료의 선택 방안을 제시하였다. 이러한 선택 자료에는 신규 계좌비율, 전화 성공률, 평균 판매액, 건당 품목 수, 그리고 추가판매액 등이 포함된다.[92] 이러한 유형의 자료들은 개인별로, 조직 단위별로, 또는 조직 전체로 구분되어 검토될 수 있다. 전체 조직에 대한 측정에 대해서는 테소로(*Tesoro*)와 투선(*Tooson*)이 쓴 책을 참조할 수 있다.[93] 여하튼, 어떤 유형의 자료를 사용할 것인가를 선택할 때에는 어떤 질문을 할 것인지 또는 어떤 의사 결정을 할 것인지를 고려해야 한다.

2.4 자기 보고식 자료의 활용

자기 보고식 자료(*self-report data*), 즉 훈련 프로그램 참가자들이 직접 제공하는 자료는 HR 평가에서 가장 흔하게 사용된다.[94] 학습자의 반응(커크패트릭의 첫 번째 단계)이 가장 널리 사용되는 평가 도구이다. 자기 보고식은 성격, 태도, 그리고 지각에 관한 자료를 제공할 수 있고, HRD 프로그램이나 다른 프로그램의 효과성을 측정하는 정보를 제공할 수 있다.[95] 예를 들어, 교수자는 학습자들에게 훈련 전에 얼마나 알고 있었고, 학습 후에 얼마나 알게 되었는지를 질문함으로써 학습 성과를 평가할 수도 있다. 인터뷰 또는 설문지를 활용하여 수집된 정보는 유용한 의미를 갖고 있지만, 자기 보고식 자료를 활용 하는 데는 다음과 같은 문제점을 내포하고 있다.

1. **단일 방법 편향**(*mono-method bias*). 학습 전후 평가에 있어서 두 번의 보고가 동시에 동일한 사람으로부터 나온다고 하면, 결론이 의심받을 수 있다. 응답자들은 정확하게 응답하기보다는 응답의 일관성을 유지하는 데 더 신경을 쓸지도 모른다.[96]
2. **사회적으로 바람직한 응답 편향**(*socially desirable responses*). 응답자들은 진실을 응답하기보다는 연구자들이(또는 상사) 듣기를 원하는 것을 응답할 수도 있다. 예를 들어, 학습자들은 훈련 프로그램을 통해서 아무 것도 학습한 게 없다는 것을 인정한다는 것은 두렵고 혼란스러울 것이다.[97]

또한, 소위 응답 변경 편향(*response shift bias*)이 있을 수도 있다. 이것은 응답자들이 훈련 전에 갖고 있던 그들의 스킬 수준에 대한 관점이 훈련 중에 변화되어 훈련 후 평가에 영향을 미친다는 것이다.[98] 예를 들어, 학습자들이 훈련 도중에 그들이 현재 생각하는 그들의 스킬에 대한 판단 기준이 비현실적으로 높았다는 것을 발견하고, 그에 따라 훈련 후의 평가 기준을 조정한다. 그 결과로 그들의 스킬의 향상이 발생했음에도 훈련 후에 스킬의 향상이 없다고 응답할 수도 있다.

자기 보고식 자료는 HRD 평가에서 유용한 자료가 될 수 있지만, 자기 보고식 자료에만 의존하는 것은 문제가 있다. 해결하고자 하는 질문에 따라서, 훈련된 관찰자에 의한 직접관찰, 시험, 또는 시뮬레이션 등의 방법이 자기 보고식보다 종종 의사 결정에 도움이 되기도 한다. 또한 자발적 설문 조사의 응답률은 심지어 조직 내에서도 상당히 낮을 때도 있다. 루스-엡트(*Russ-Eft*)와 프레스킬(*Preskill*)은 조직 내 설문에 대한 응답률을 높이기 위한 유용한 정보를 제공한다.[99]

3. 조사 설계

조사 설계(*research design*)는 평가 연구를 실행하기 위한 계획이다. 조사 설계 이슈는 복잡하여 관련된 모든 문제를 제대로 알기 위해서는 많은 관련 도서들을 읽어야 할 것이다. 그러나 모든 책을 다 볼 수 없다면, 조사 설계 관련 핵심 내용을 읽고 이해하기 위해 이 장의 참고문헌에 소개된 자료들을 활용하기를 권한다.[100]

조사 설계는 HRD 평가의 핵심이다. 조사 설계에서는 평가 연구로부터 기대되는 결과, 자료 수집 방법, 그리고 자료 분석 방법을 구체화한다. 조사 설계 이슈와 가능한 설계 대안들을 이해하는 것은 관리자들이나 HRD 전문가들이 평가를 실행하고, 평가 연구 결과를 해석하는 데 도움을 준다. 어떤 HRD 노력을 평가할 때 조사자나 HRD 전문가는 프로그램 실행 후 관찰되는 변화가 다른 요인(예를 들어, 경제 사정의 변화, 조직이나 보상 구조의 변화 등)이 아니라 HRD 개입에 기인한 것이라는 확신을 갖기를 원할 것이다. 이것이 타당도의 기본적 개념이다. 즉, 결론의 정확성에 대해서 확신할 수 있는가의 문제이다.

훈련 성과를 측정할 때 그 성과는 훈련 프로그램이 완료되고 나서 성과 자료가 수집된다는 점은 분명하다. 따라서 기본적인 가정은 다음과 같다.

훈련 프로그램 제공 → 평가 측정 자료 수집

교수자들은 수집된 성과 측정 자료에서 높은 가치를 기대할 것이다. 예를 들면, 긍정적인 반응 평가, 학습 평가시험에서의 높은 점수, 행동 변화나 조직 성과에서의 긍정적 지표 등을 기대할 것이다. 그러나 훈련이 완료되고 난 후에 측정 자료를 수집한다면 어떤 문제가 발생하는가? 우선, 일회성 접근으로는 가장 중요한 것들을 측정하지 못할 수도 있다. 앞서 논의했던 '평가가 어떻게 요구 분석을 통해 결정된 목표와 직접적으로 연계되어야 하는지'를 기억해보라. 너무 폭넓고 포괄적인 평가 도구는 훈련의 결과로서 발생한 진정한 변화를 포착하지 못할 수 있다. 또한, 사후 접근법의 두 번째 결점은 얻어진 성과가 훈련으로 기인했다고 확신하지 못할 수도 있다. 간단히 말해서, 학습자들의 최초의 스킬이나 지식 수준이 어느 정도인지 모른다. 외부적 요인이 아니라, 훈련으로부터 관찰된 성과가 초래되었다고 확신하기 위해서는 다음의 작업이 조사 설계에 반드시 포함되어야 한다.

1. **사전/사후 검사.** 사전 검사(*pretest*)와 사후 검사(*post-test*)를 둘 다 실행하는 것은 훈련 이후에 변화 정도를 알 수 있도록 해준다. 만일 학습자들의 대부분이 훈련 전에 훈련에서 다루어질 내용을 이미 알고 있다고 하면, 사후 검사 점수가 높다고 해도 큰 의미는 없다.
2. **통제 집단.** 통제 집단(*control group*)은 훈련을 받는 사람들과 유사한 사람들로서 훈련을 받지 않은 집단을 말한다. 그러나 이들 집단은 훈련을 받은 집단과 동일하게 평가하여 점수를 비교해볼 수 있다. 이상적인 시나리오는 훈련을 받은 집단과 통제집단이 훈련 전 검사 점수가 비슷하고, 훈련 후 통제집단의 점수는 이전과 유사하지만 훈련 집단의 점수는 향상되는 것이다. 이러한 결과는 성과 측정의 변화가 훈련의 결과라는 아주 강력한 증거이다.

이러한 두 가지 요점을 통합하면 소위 '통제집단을 이용한 사전/사후 검사'라는 조사 설계를 만들어 낸다. 이것은 대부분의 훈련과 HRD 평가를 위한 조사 설계를 할 때 지켜야 하는 최소한의 조건이다. 만일 이들 두 가지 요소 중에서 하나 또는 둘 다가 빠지게 되면, 결론이 대한 타당도가 낮아질 수밖에 없다.[101]

완벽한 조사 설계를 위해서는 두 가지 사항이 더 고려되어야 한다. 첫째, 만일 통제집단이 사용된다면, 교수자는 훈련집단과 통제집단을 가능하면 유사하게 만들어야 한다. 예를 들면, 통제집단보다 훈련집단이 지식, 스킬 및 능력을 더 많이 보유하고 있다면 이것이 훈련 후에 얻게 된 결과라는 것에 편견을 갖게 할지도 모른다. 만일 교수자가 현존하는 집단을 사용한다면, 교수자는 두 집단이 어떤 중요한 점(검사 점수, 근무 연수 등)에서 다르지 않다는 것을 보여줄 수 있는 기록된 자료를 갖고 있어야 한다. 그리고 가능하다면, 개인들이 무작위로 훈련집단이나 통제집단에 할당될 수 있다면 더욱 좋다. 이러한 **무작위 할당**(*random assignment*)이 훈련을 통해서 관찰된 변화를 초래하였다고 할 수 있는 자신감을 훨씬 더 증가시킨다. 그러나 실제 훈련 현장에서는 무작위 할당이 현실적으로 실현되기 어려운 점이 존재하지만, 무작위 할당은 평가 노력으로부터 의미 있는 결과를 얻을 가능성을 분명히 높여준다.

두 번째 고려할 요인은 시간의 경과를 두고 자료를 수집하는 것이다. 이러한 접근법은, **시계열 설계**(*time series design*)라고 부르는데, 교수자로 하여금 개인들의 업무 수행 행동의 패턴을 관찰할 수 있게 해준다. 예를 들어, 만일 업무 수행 성과가 상대적으로 시간을 두고 늦게 진행되다가 훈련 이후에 갑작스런 급증을 보여주고, 일정 기간 이러한 높은 수준이 지속된다면, 다른 요인이 아니라 훈련의 결과라는 것을 보여주는 것이다.

마지막 논의할 요점은 표본 크기이다. 연구자들이나 실무자들은 가끔 표본 크기 이슈에 대해서 어려움을 토로한다. 왜냐하면 훈련 평가를 위해서 자료를 제공해주는 사람들의 숫자가 통계적 분석에 필요한 숫자보다 적기 때문이다. 즉, 훈련을 받을 수 있는 인원이 상대적으로 적은 경우 현실적인 한계에 봉착한다.[102] 훈련 평가에 대한 한 조사 연구에 의하면, 여러 연구들의 표본 수의 중간 값이 43명이라고 한다.[103] 학습자들의 수가 적은 것은 통계 분석을 불가능하게 한다. 표본수가 적으면 훈련이 실제적으로 효과가 있었다 하더라도, 통계적으로는 의미 있는 결과를 얻어내기 어렵기 때문이다. 훈련집단이나 통제집단 둘 다 최소한 30명은 되어야 일반적으로 통계적 의미를 얻을 수 있다고 한다. 그러나 많은 연구자들은 이보다 훨씬 많은 숫자로 각각의 집단에서 최소 100명 이상을 확보하기를 선호한다. 사실 이러한 숫자는 현실 상황에서 달성하기 쉽지 않다. 하나의 해결 방안은 조직 내에서 자료를 최대한 모으는 것이다. 또한 다른 연구들로부터 자료를 통합하여 분석한 **메타 분석**(*meta-analysis*)을 통해서 프로그램 개입의 영향력을 결정할 수도 있다.[104] 예를 들어, 버크(*Burke*)와 데이(*Day*)는 수많은 관리자 훈련 방법에 대한 평균적인 효과성을 찾아내기 위하여 서로 다른 연구들의 결과를 통합하였다. 최근 콜린스(*Collins*)와 홀튼(*Holton*), 그리고 포웰(*Powell*)과 얄친(*Yalcin*)은 유사한 연구를 수행했다.[105] 여기서 핵심 요점은 HRD 전문가들은 그들이 훈련과 평가를 시행하기 전에 표본 크기에 대해 신중히 고려해야 한다는 것이다. 표본 크기가 작으면, 개인 및 조직의 긍정적 성과가 훈련의 개입에 따른 것인지를 보여주기가 어렵다는 점이다.

4. 평가 관련 윤리적 이슈

감독자와 HRD 전문가들이 하는 많은 의사 결정들은 윤리적 이슈를 내포하고 있다.[106] 이러한 이슈를 여기에서 광범위하게 논의하는 것은 한계가 있다.[107] 윤리적 딜레마에 내재되어 있는 이슈들을 이해하는 것이 쉬운 일은 아니지만, 그러한 이슈는 분명 논의되어야 한다. 훈련 평가라는 이유로 참가자들을 훈련집단과 통제집단으로 구분하고, 결과를 보고하는 실제적인 평가 연구를 수행하는 것 자체가 윤리적인 이슈를 내포하고 있다. 슈미트(*Schmit*)와 클리모스키(*Klimoski*)는 HRD 평가와 연계된 네 가지의 윤리적 이슈를 설명하였다. 사전 동의, 훈련기회 배제, 기만적 방법, 그리고 긍정적 결과에 대한 압력이다.[108] 이들 네 가지에 비밀 유지 이슈를 더하여 다섯 가지 윤리적 이슈를 논의하겠다.

4.1 비밀 유지

일부 평가연구 프로젝트는 참가자들에게 그들 자신이나 다른 사람의 직무 성과를 묻는 질문을 포함한다. 이러한 질문에 대한 결과는 만일 공개 되면 다른 사람들에 의해 불리한 대우를 받게 되거나 당혹스러운 상황에 놓이게 될지도 모른다. 예를 들어, 만일 관리자 개발 세미나에 대한 평가에서 참가자들에게 그들의 감독자에 대한 견해를 묻는 질문을 한다면, 부정적인 견해를 밝힌 참가자들의 감독자는 그들에 대해 화를 낼지도 모른다. 또한, 종업원들은 그들의 중요한 성과 측정(예를 들어, 필기시험 또는 역할연기 연습)에서 실수를 했거나 낮은 점수를 받게 되면, 다른 동료들로부터 조롱거리가 될 수도 있다.

어디에서나, 평가 연구 동안에 수집된 정보에 대해서는 비밀 유지(*confidentiality*)를 확실하게 하는 장치가 마련되어야 한다. 이름보다는 코드 번호 사용하기, 꼭 필요한 개인 정보만 수집하기, 개인적 결과보다는 집단 결과 보고하기, 암호화된 컴퓨터 파일 사용하기, 그리고 연구 자료의 보안 설정 등이 비밀 유지를 위한 방안들이다.

4.2 사전 동의

대부분의 연구 환경에서, 특히 병원이나 학술 기관과 같은 환경에서는, 검토위원회가 있어서 평가연구를 모니터링 한다. 모니터링 내용은 참가자들이 그들이 연구에 참여하고 있다는 것을 인식하고 있는지, 연구의 목적을 알고 있는지, 참가자들이 무엇을 할 것으로 기대되는지, 그리고 참여에 따른 잠재적 위험과 혜택이 무엇인지 등이다. 더불어 참가자들은 그들이 이러한 사실들에 대해 안내를 받았고, 그 연구에 참여하기로 동의했다는 것을 명시한 사전 동의서에 서명하도록 요구받는다. 이러한 방식으로 참가자의 **사전 동의**(*informed consent*)를 받는 것이다.

검토위원회와 사전 동의는 일반적인 업무 환경에서는 흔하지 않기 때문에 대개는 경영진이 권한을 갖고 종업원에 대해 책임을 진다. 슈미트(*Schmitt*)와 클리모스키(*Klimoski*)는 윤리적 문제와 훌륭한 경영은 양립할 수 있다고 주장한다.[109] 사전 동의는 평가 연구에 참여하는 종업원으로부터 가능한 반드시 받아야 한다. 이렇게 하는 것이 연구자들로 하여금 참가자들을 공정하게 관계하도록 하고, 또한 보다 정확한 정보를 제공함으로써 훈련 개입의 효과성을 실질적으로 개선하게 한다.[110]

4.3 훈련기회 배제

통제집단을 포함한 조사 연구에서는 일부 종업원은 훈련을 받는데, 일부 종업원은 훈련을 받지 않는 경우이다. 이러한 차이는 분명 문제가 될 수 있다. 만일 훈련이 종업원의 성과를 개선시키는 것이고, 그 결과가 임금 인상이나 승진 같은 보상으로 이어지거나 또는 건강 관련 프로그램으로 종업원의 행복감을 증진시킬 수 있는 것이라면, 과연 어떤 종업원은 훈련에 참여시키고, 어떤 종업원은 훈련에 참여시키지 않는 것이 정당하다고 할 수 있는가?

이러한 딜레마에 대해 세 가지의 해결안이 있다.[111] 첫 번째, 복권 추첨 방식과 같이 편파적이지 않는 절차를 사용하여 훈련 집단을 구성하는 방법이다. 두 번째는 만일 훈련이 효과적인 것으로 확인된다면, 통제집단 종업원들에게도 나중에 훈련을 받을 수 있는 선택권을 보장하는 것이다. 세 번째는 조사 설계 단계에서 두 집단이 시간을 달리해서 모두 훈련을 받을 수 있도록 하는 것이다. 예를 들면, 다음과 같이 설계하는 것이다.

집단 1:	측정	훈련	측정	측정
집단 2:	측정	측정	훈련	측정

사실상, 소규모 집단으로 장기간 많은 수의 종업원들이 훈련을 받을 경우라면, 이러한 설계가 가능하다. 어떤 방법을 사용하더라도, 훈련기회 배제 문제는 현실적인 윤리 이슈이다. 예를 들어, 통제집단에 속한 종업원이 연구에 참여하는 것을 거절할 수도 있고, 또는 성과 측정을 수행하는 데 소극적일 수도 있다.

4.4 기만적 방법

만일 종업원들이 평가연구에 포함되어 있다는 것을 인식하지 못하거나, 또는 연구 기간 동안 그들에게 거짓 정보를 제공한다면, 더 좋은 연구 결과가 나올지도 모른다고 생각할 수도 있다. 이러한 사례는 공식적인 실험 연구의 경우에 발생할 수 있지만, 일반적인 기업의 훈련 평가 과정에서는 발생할 가능성이 낮다. 여하튼 이러한 방식은 일반적으로 비윤리적이기 때문에 마지막 수단으로 사용되어야 한다. 인식하지 못하고 기만당한 종업원은 경영진에 화를 낼 것이고, 이러한 신뢰의 손상은 회복하기가 어렵다. HRD 프로그램에 대해 종업원들이 속았다고 느낄 때는 어떠한 효과도 기대할 수 없을 것이다.

기만적이지 않은 대안을 반드시 찾아야 하며, 만일 어쩔 수 없다면 가능한 한 최소로 사용되어야 한다. 또한, 연구에 참여한 종업원에게는 그들의 참여가 종료되는 대로 공지하지 않고 평가에 사용했다는 사실과 그 이유를 반드시 알려주어야 한다.[112]

4.5 긍정적 결과에 대한 압력

HRD 전문가와 그들의 관리자들은 프로그램이 효과적이었다는 것을 입증할 평가 결과를 확보해야 한다는 압력을 느낄 수 있다.[113] 이것이 HRD 프로그램에 대한 엄격한 평가가 제대로 이루어지지 않는 이유이기도 하다. HRD 실무자는 일반적으로 프로그램을 설계, 개발, 또는 구매, 운영, 그리고 평가까지 담당하는 담당자인 경우가 많다. 평가 결과가 그 프로그램이 효과적이지 않다고 입증된다면, HRD 부서는 예산과 지원이 줄어들 것이고 관련 활동도 줄어들 것이다.

결과를 수정하고, 일부 결과만 보고하고, 또는 편파적인 연구를 설계하는 등의 속임수가 발생할 가능성이 존재하지만, HRD 평가에서 이러한 일들의 가능성에 대해서는 명확히 알려져 있지 않다. 그러나 과학적 연구와 조직 생활에서의 평가 기만 행동이 존재한다는 점을 생각한다면, HRD 평가에서도 그 가능성에 대해 신경을 써야 한다.[114]

타당한 결과를 보고하기 위해서는 전문적인 기준과 윤리적 행동을 수반하는 HRD 평가를 요구한다. 타당하지 않는 결과에 따른 잠재적 문제를 다루는 것은 어려운 일이다. 이것은 훈련 개입이 조직의 중요한 평가 지표에 긍정적 영향을 미쳤다는 것을 어떻게 입증할 것인가라는 문제와 직결된다.

5. 재무적 지표로 HRD 프로그램 평가

커크패트릭(*Kirkpatrick*)과 필립스(*Phillips*) 같은 학자들의 연구 결과를 이어서, 검토해야 할 더욱 중요한 이슈 중 하나는 조직의 효과성에 미치는 HRD 프로그램의 영향력이다.[115] 이러한 영향력 평가는 다양한 성과 지표를 사용하여 진행되며, 이러한 성과 지표로는 생산성, 적시성, 그리고 비용 절감 등이 있다. 반응, 학습, 그리고 과업 행동 수준에서 효과성을 보여주는 것도 중요하지만, 이러한 지표는 재무적 지표로 성과를 표현하는 것보다는 장점이 되지는 못한다.

HRD 프로그램의 효과를 재무적 지표로 변환하는 이유는 프로그램 실행은 투자(*investments*)이며, 미래에 수익을 가져다 줄 것이라는 기대 때문이다. 비록 관리자들과 감독자들이 이런 관점을 인정하지만, 그들은 HRD와 다른 HR 개입을 주로 비용(*costs*)의 관점에서 바라본다. 그러한 관점 때문에 경제적인 이유로 기업의 비용을 축소해야 하는 경우에는 HR 프로그램이 제일 먼저 축소되곤 한다.

HR 프로그램은 재무적 지표로 측정하기 어렵다는 것은 오랫동안 이야기되어 왔다. 예를 들어, 학습 프로그램에 관한 의사 결정에 영향을 미치는 조직 내 책임자 약 400명 이상을 대상으로 2010년 조사된 국제 연구 결과는 다소 실망스러운 결과를 보여준다. 조사 대상자에게 그들의 학습노력을 어떻게 평가하느냐고 질문했을 때, 18.6%만이 커크패트릭의 체계를 사용했고, 18.6%는 ROI를 사용했고, 15.4%는 다른 방법을 사용했고, 그리고 47.4%는 특별한 측정 방법을 사용하지 않았다고 응답했다.[116] 이러한 결과는 HRD 프로그램이 조직에 어떤 영향을 미치는지에 대해 입증하려는 노력이 절실히 필요함을 말해주고 있다. HRD 프로그램의 재무적 효과를 결정하기 위한 두 가지의 실무적인 방법은 ROI를 포함한 훈련 비용 평가와 효용 분석(*utility analysis*)이다.

5.1 훈련 비용 평가

훈련 비용의 평가는 HRD 프로그램을 실행할 때 발생하는 비용과 조직이 얻게 되는 혜택을 비교하는 것으로, 비용편익 분석과 비용효과 분석으로 구분된다.[117] **비용편익 분석**(*cost-benefit analysis*)은 훈련 비용으로 얻게 되는 비금전적 편익(*benefit*)(예를 들면, 태도, 안전 그리고 건강 개선 같은)에 초점을 둔다. 반면, **비용효과 분석**(*cost-effectiveness analysis*)은 훈련으로부터 야기된 재무적 편익(예를 들면, 품질과 이익의 증가, 낭비와 처리 시간의 감소 등)에 초점을 맞춘다. 쿨렌(*Cullen*)과 동료들이 제안한 체계는 구조화된 훈련과 비구조화된 훈련을 구분하고, 훈련 비용(훈련 개발, 학습 자료, 시간, 그리고 생산 손실)과 편익(직무 역량에 도달하는 시간, 직무 성과 그리고 업무 태도 등의 개선)을 분류하여 제시하였다.[118]

로빈슨(*Robinson*)은 훈련 비용을 직접 비용, 간접 비용, 개발 비용, 공통 비용, 그리고 참가자에 대한 보상이라는 다섯 가지의 범주로 분류하는 모형을 개발했다(표 7.4 참조).[119]

훈련 비용을 평가하는 일반적인 전략은 비용과 편익의 지표를 재무적 용어(또는 그들 지표를 재무적 용어로 해석)로 측정하고, 그들을 비교하는 것이다. 예를 들면, 한 프로그램의 **투자수익률**(*ROI, return on investment*)은 결과의 총합을 총 비용으로 나누어 계산할 수 있다.

$$\text{투자수익률(ROI)} = \frac{\text{결과}}{\text{훈련 비용}}$$

훈련 비용 대비 결과의 비율이 클수록, 훈련 프로그램을 실행함으로써 조직이 얻게 되는 편익이 더 크다는 의미이다. 예를 들어, 뱅크오브아메리카(BOA)는 조직 내부 교수자를 위해 훈련 프로그램을 설계하여 실행하고, 반응 평가, 학습 평가 그리고 행동 평가를 실시한 결과 모두 긍정적으로 나타났으며 ROI가 1.15로 나왔다. 이로 인해 회사는 ATD로부터 최고의 베스트 프랙티스 상을 받았다.[120]

만일 ROI 비율이 1보다 작으면, 훈련 프로그램 비용이 프로그램이 주는 편익보다 크다는 의미이다. 이러한 프로그램은 수정 또는 폐지되어야 한다. (물론, 어떤 프로그램을 계속해야 하는 이유로 비경제적인 또는 법률에 근거한 이유가 있을 수 있다. 설사 그렇다 하더라도, 프로그램의 ROI가 부정적이라면, 프로그램에 대한 재검토 또는 재작업이 진행되어야 할 것이다.)

〈표 7.5〉는 로빈슨(*Robinson*)이 나무 패널 생산 공장에서 시행한 훈련 프로그램에 대한 비용을 산정하기 위해 연구 모형을 어떻게 적용했는지를 보여준다. 〈표 7.6〉은 동일한 공장의 사례에서 ROI를 계산하는 방법을 보여준다.[121]

표 7.4 훈련 프로그램 비용

훈련 프로그램의 비용을 계산하기 위해서, HRD 전문가는 다섯 가지 범주의 비용을 고려해야 한다.

직접 비용

학습 활동을 운영하는데 직접적으로 연관된 비용이다. 이러한 비용으로는 훈련 과정 학습 자료(재생산 또는 구매), 교수 자료, 장비의 대여, 출장비, 식음료, 그리고 교수자의 연봉 등이 포함된다.

이러한 비용은 특정 프로그램의 운영과 직접적으로 연관되어 있어서 만일 프로그램을 시행하기 하루 전에 프로그램을 취소하면, 이러한 비용은 발생하지 않을 것이다. (프로그램의 학습 자료는 재생산 또는 구매되었지만, 사용되지 않을 것이다. 이런 경우 그 자료들은 미래에 프로그램이 시행될 때 사용할 수 있다.)

간접 비용

이러한 비용은 학습 활동을 지원하기 위해 발생한다. 그러나 어느 특정한 프로그램에 연관성을 입증할 수 없다. 만일 그 프로그램이 바로 직전에 취소되어도 이러한 비용은 회복될 수가 없다.

예로는, 교수자의 준비 비용, 사무적, 행정적 지원 비용, 참가자에게 개별 발송된 과정 학습 자료, 그리고 프로그램의 실행을 계획하기 위해 훈련 담당 직원들이 소비한 시간 등이 있다. 프로그램을 마케팅(예: 우편물 발송 비용)하기 위한 비용 역시 간접 비용으로 간주된다. 마케팅에 2,000달러를 사용했는데, 등록인원이 부족해서 프로그램이 취소되었다면 그 2,000달러는 회복될 수 없다.

개발 비용

프로그램 개발 과정 중에 발생한 모든 비용이 이 범주에 포함된다. 일반적으로는, 비디오와 컴퓨터 기반 학습 프로그램, 프로그램 자료의 디자인, 프로그램의 시범적 실시, 그리고 재설계 등의 비용을 포함한다. 이 범주에는 또한 사전 요구 분석 비용, 또는 해당 프로그램에 직접적으로 속하는 요구 분석 비용의 일부분이 포함된다. 이외에도 평가나 사후관리 비용도 포함된다.

만일 프로그램이 몇 년에 걸쳐 시행되면, 그 비용은 종종 그 기간에 따라 감가상각 된다. 예를 들어, 개발 비용의 1/3이 첫 해에, 그리고 1/3이 두 번째 해에, 1/3이 마지막 해에 비용으로 계상될 것이다. 그렇지 않다면, 첫 해의 개발 비용으로 인해서 첫 해에는 예산이 지나치게 커질 것이다.

공통 비용

이 비용은 훈련 프로그램에 직접적으로 연관되지 않는다. 그러나 훈련 부서의 원활한 운영에는 필수적이다.

만일 부서를 위해 특별히 구매한 시청각 장비를 가지고 있다면, 그 시청각 장비를 유지하기 위한 비용이 있을 것이다. 연간 비용의 일정 부분은 여러 가지 훈련 프로그램에 귀속될 것이다. 만일 사용 가능한 강의실 공간을 확보하고 있다면, 난방과 조명을 위한 공통 비용이 필요하다. 특정 과정을 위해 강의실이 사용되는 날짜 동안 지원 되는 비용은 그 프로그램 비용으로 귀속되어야 한다.

참가자를 위한 보상

이러한 비용은 참가자들이 프로그램에 참여한 기간 동안 참가자들에게 지급되는 급여와 복리후생 비용으로 구성된다. 만일 프로그램이 2일이면, 참가자들을 위한 2일간의 임금과 복리후생 비용이 이러한 비용이다.

일반적으로는, HRD 전문가들은 각 개인의 연봉을 모른다. 그렇지만 참가자들의 직급별로 지급되는 평균 임금 테이블을 인사 부서에 요청해서 받을 수 있다. 평균 임금에 프로그램에 참여한 사람의 수를 곱하여 보상액을 추정할 수 있다.

출처: From Robinson, D.G., & Robinson, J. (1989). Training for Impact. *Training and Development Journal*, 43(8), 39. Reprinted with the permission of American Society for Training & Development.

표 7.5 훈련 비용 분석의 예

직접 비용: 교통비와 일당은 없음, 훈련이 공장 근처에서 시행되기 때문에. 강의실 공간과 시청각 장비에 대한 비용, 지역 호텔에서 이들을 임차. 간식도 동일 호텔에서 구매. 오전과 오후 세션에 다른 감독자들이 참석하기 때문에 점심은 제공되지 않음	**직접 비용**	
	외부 강사	0
	사내강사 — 12일×$125	$1,500.00
	복지 비용 급여의 @25%	$375.00
	교통비와 일당	0
	학습 자료 — 56명×$60/인당	$3,360.00
	강의실 및 시청각 장비 — 12일@$50	$600.00
	간식	
	$4/일×3일×56명	$672.00
	직접비 총액	$6,507.00
간접 비용: 워크숍 시설을 정돈 하고, 모든 참가자에게 안내장을 보내고, 강의실 명찰과 기타 용품 등을 준비하는데 소요된 시간의 양을 반영한 사무 및 행정 비용	**간접 비용**	
	훈련 관리자	
	사무/행정 비용	$750.00
	복지 비용 사무/행정직 — 급여의 25%	$187.00
	우편, 택배, 전화	0
	사전, 사후 학습 자료 — $4×56명	$224.00
	간접비 총액(반올림)	$1,161.00
개발 비용: 벤더로부터 프로그램 구입비. 교수자료와 매뉴얼, 비디오 테이프, 라이센스 비용 포함. 강사들의 퍼실리테이팅 스킬 준비를 위한 일주일간의 강사양성 워크숍 비용 포함. 회사의 훈련 예산으로 진행된 사전 요구분석 비용.	**개발 비용**	
	프로그램 구입비	$3,600.00
	강사 훈련	
	등록 비용	$1,400.00
	교통비 및 숙박비	$975.00
	급여	$625.00
	복지 비용(급여의 25%)	$156.00
	개발비 총액	$6,756.00
공통 비용: 전사적인 조직이 훈련 부서에 제공하는 서비스 비용. 상세 사항이 없음으로 우리는 직접비, 간접비, 개발비의 10%를 사용함	**공통 비용**	
	전사 지원 비용 — 최고 경영진의 시간	직접비, 간접비, 개발비의 10%
	공통 비용 총액	$1,443.00
참가자 보상: 워크숍 참가 기간 동안의 모든 참가자의 급여와 복지 비용을 나타내는 수치	**참가자의 보상**	
	참가자의 급여와 복지 비용 (업무에서 이탈한 시간)	
	총 보수액	$16,696.00
	훈련비 총액	$32,564.00
	인당 훈련비	$581.50

출처: From Robinson, D.G., & Robinson, J. (1989). Training for Impact. *Training and Development Journal*, 43(8), 40. Reprinted with the permission of American Society for Training & Development.

표 7.6 훈련의 투자수익률(ROI) 계산 예

운영 차원 결과 영역	측정 방법	훈련 전 결과	훈련 후 결과	차이(+ 또는 −)	$로 표시
패널의 품질	반품비율	2% 반품률 1,440패널/일	1.5% 반품률 1,080패널/일	0.5% 360패널	$720/일 $172,800/년
하우스키핑	시각 검사 20개 항목	10결함 (평균)	2결함 (평균)	8결함	$로 측정 불가
사고 예방	사고 발생 수 각 사고의 직접 비용	24건/년 $144,000/년	16건/년 $96,000/년	8건/년 $48,000	$48,000/년
ROI = 이익/투자 = 운영 차원 결과/총 비용 = $220,800/ $32,564 = 6.8				총 절감액	$220,800

출처: From Training for impact; D. G. Robinson, & J. Robinson; Copyright © 1989. *Training and Development Journal*, 43, 41. Reprinted with the permission of American Society for Training & Development.

5.2 ROI 추정 및 사용 이슈

HRD 프로그램의 공헌도를 보여주기 위해 ROI 추정치를 사용하는 것이 점점 주목받고 있다.[122] 잭 필립스(*Jack Phillips*)가 어떻게 ROI 추정치를 사용할 수 있을지에 대한 지침을 제시했다. (필립스가 커크패트릭의 4단계 평가 모형에 5단계로 ROI를 추가한 수정 모형을 제안한 것을 회상해보라).[123] 패티(*Patti*)와 잭 필립스는 ROI를 공공기관에 적용했다.[124] 또한 잭 필립스는 HRD 평가에 관한 책을 출판했다.[125] 예를 들어, 그는 ROI를 계산하기 위해 필요한 정보를 수집하는 다음의 프로세스를 제안했다.

1. 4단계 평가 데이터를 수집하라. 즉, 작업 현장에 적용으로 의미 있는 결과를 산출하였는지를 질문하라.
2. 그러한 결과에서 훈련의 효과를 분리하라.
3. 그 결과를 재무적 편익으로 전환하라.
4. 훈련 비용의 총액을 산출하라.
5. 재무적 편익과 비용을 비교하라.[126]

1, 2단계에서는 조사 설계 이슈에 집중한다. 3단계에서는 프로그램의 효과성을 입증하는 하드 데이터와 소프트 데이터 모두를 수집한다(예: 생산 단위와 사고 비용, 종업원의 태도, 그리고 새로운 스킬의 사용 빈도). 이러한 자료가 수집되고 나면, 자료를 재무적 용어로 전환해야 한다(예: 다양한 원천으로부터 취득원가(*historical cost*)와 추정치를 사용). 파인(*Pine*)과 팅레이(*Tingley*)는 팀 빌딩, 커뮤니케이션 스킬, 또는 스트레스 관리와 '소프트 스킬' 훈련을 위해서 자료를 재무적 용어로 전환하는 것이 어떻게 가능한지에 대한 예시를 보여주었다.[127] 또한, 패리(*Parry*)는 HRD 프로그램에 연관된 ROI 추정치를 계산할 뿐만 아니라 비용과 편익을 요약하고 확인하기 위해 사용할 수 있는 워크시트를 제공하였다. 그리고 플

랫(*Platt*)은 ROI를 계산하기 위한 스프레드시트를 제공하였다.[128]

필립스는 ROI 추정치와 근거가 되는 비용 추정치의 신뢰도를 높이는 방법에 대해 제안하였다.[129] 그것에는 비용에 대한 추정치를 보수적으로 할 것, 추정치에 대한 신뢰할 수 있는 자원을 찾을 것, 비용을 계산할 때 사용되는 가정들과 기법을 설명할 것, 그리고 가능하다면 하드 데이터를 신뢰할 것 등이 있다. 또한, 패리는 관리자들과 감독자들이 훈련 비용 계산에 참여할 것을 제안하였다.[130] 이들의 참여는 HRD 전문가들이 자신들에게 우호적인 방향으로 데이터를 활용할 수도 있다는 의구심을 없애는 데 도움을 준다.

ROI 추정치에 관해 주의할 점은 또한 추정치가 언제 그리고 어디서 사용되어야 하는가이다. ROI 추정치를 개발하기 위해서는 많은 시간과 비용이 들기 때문에 조직에서 얼마나 많은 HRD 프로그램들이 재무적 수준에서 평가되어야 하는지에 대한 기준이 설정될 필요가 있다. 필립스는 ROI로는 전사 HRD 프로그램의 10%를 평가하는 것을 제안하였다.[131] 윌여드(*Willyerd*)는 ROI 추정치의 사용에 대해서 주의할 점이 있다고 말하면서,[132] 산업계에서 회계 또는 재무적인 측정에 지나치게 의존하는 것에 대해서 의문을 제기하였다. 그는 여러 가지 관점에서(예: 재무적, 고객, 내부 프로세스, 그리고 혁신과 학습) 균형적으로 성과를 평가하는 접근법을 추천하였다.[133]

윌여드는 HRD 전문가들이 HRD 프로그램의 효과성을 나타낼 때는 카플란(*Kaplan*)과 노튼(*Norton*)의 **균형성과표**(*BSC, balanced scorecard*)를 사용할 필요가 있으며, 전문가들은 네 가지 관점에서 자료를 수집하고 소통해야 한다고 제안했다.[134] 이 경우 HRD 프로그램이 전사 조직의 전략적 차원에 미치는 영향에 대해 지속적으로 소통하고, 재무적 측정에 지나치게 의존하는 것도 피할 수 있다. 린 슈미트(*Lynn Schmidt*)도 재무적 측정에 한정된 평가를 뛰어 넘는 훈련 평가를 위한 성과표를 강조하고,[135] 여러 학자들도 비슷한 주장을 하고 있다.[136] 균형성과표 개념이 〈그림 7.2〉에 나타난 이해관계자 성과표보다 더욱 넓은 개념이라는 것을 강조할 필요가 있으며, 상황에 따라 두 유형의 성과표가 사용될 수 있다.

ROI에 대한 지속적인 관심은 HRD 프로그램의 가치를 소통하는 하나의 방법으로써 ROI 측정치를 사용하는데 계기를 마련하고 있다. 또 다른 한 연구는 자기자본 수익률과 주당 수익률과 함께 ROI를 측정하였다.[137] 그러나 이러한 추정치는 조심스럽게 사용되어야 하고, 관리자의 관점에서 그러한 추정치의 신뢰도를 형성하는 것이 중요하다. 결국 HRD 평가는 의사 결정을 지원하는 것이기 때문에 지금까지와 다른 방식으로 의사 결정을 하려면 다른 정보의 지원이 필요하다. 그리고 신뢰도를 높일 때 의사 결정자들이 보고된 데이터에 대해 관심을 갖고 유용하게 사용할 것이다.[138]

5.3 효용 분석

평가 연구의 최종 결과는 종종 HRD 프로그램의 효과를 학습자의 성과 또는 행동 측면의 변화를 나타내는 용어로 표현된다. 예를 들어, 훈련받지 않은 종업원이 평균 22.5단위를 생산하고, 훈련받은 종업원은 평균 26단위를 생산했다면, 훈련으로 인한 이익이 종업원당 3.5단위이다. **효용 분석**(*utility analysis*)은 이러한 결과를 재무적 용어로 해석할 수 있는 방법을 제공한다. 쏘오톤(*Thorton*)과 포템라(*Potemra*)는 경찰 공무원을 경사 계급으로 승진시키기 위한 평가센터의 효용성이 400,000달러라고 추정했다.[139] 효용 분석에 대한 하나의 유명한 접근법이 브로그덴-크론바하-글레서(*Brogden-Cronbach-Gleser*) 모형이다.[140] 이 모형은 조직에 대한 이익을 다음과 같은 변수를 사용하여 금전적 용어인 △U, 즉 '효용의 변화'로 계산한다.

N = 학습자 수

T = 편익이 지속될 시간

d_t = 효과의 크기, 훈련 집단과 비훈련 집단의 진정한 직무 성과 차이를 나타냄(표준편차 단위로 표현됨)

$\mathrm{SD_y}$ = 비훈련 종업원의 직무 성과에 대한 재무적 가치(표준편차 단위로 표현됨)

C = 훈련 실행 비용

웨인 카시오(*Wayne Cascio*)는 훈련으로 인하여 개선된 성과의 재무적 가치를 계산하기 위해 이들 요소들을 하나의 함수로 표현하였다.[141] 함수의 왼쪽은 훈련의 편익이고 오른쪽은 비용을 나타낸다. 함수는 다음과 같다.

$$\triangle U = (N)(T)(d_t)(\mathrm{SD_y}) - C$$

함수의 일부 변수(예: N, C, d_t)는 직접적으로 측정될 수 있고 다른 것들(예: T, $\mathrm{SD_y}$)은 일반적으로 추정되어야 한다. 이미 발생한 편익의 재무적 가치에 영향을 줄 수도 있는 다른 요인들을 설명하기 위해 이 함수의 보다 복잡한 버전이 개발되어 왔다. 그러한 요인으로는 시간이 지남에 따른 훈련 효과의 이탈 및 쇠퇴 등이 있다.[142]

웨인 카시오(*Wayne Cascio*)는 효용 분석의 결과와 비용-편익 분석을 통합하는 방안을 제안한다.[143] 자본 예산 방법에 근거한 카시오의 3단계 접근 방법은 다음과 같다.

1. 해당 프로그램의 손익분기점에 도달하는 최소 연간 편익을 계산한다. (예: 프로그램의 비용을 충당하기 위해서는 그 프로그램이 얼마만큼의 자금회수를 해야 하는가?)
2. 최소 연간 편익을 생산하게 될 최소한 효과의 크기(d_t)를 결정하기 위해서 손익분기점 분석을 사용하라. (프로그램이 손익분기점에 필요한 자금을 회수하기 위해서 훈련받은 종업원은 얼마만큼의 직무 성과의 개선을 보여주어야 하는가?)
3. 프로그램으로부터 기대하는 효과의 크기와 기대하는 보상을 결정하기 위해서는 메타 분석 연구 결과를 활용하라. (제안된 HRD 프로그램이 이전에 해당 프로그램을 대상으로 시행된 연구에서 나타난 직무 성과의 개선 정도는 어느 정도인가?)

이러한 비용-편익 분석의 목표는 프로그램의 기대 이익을 실증적으로 보여주고, 다른 프로그램의 이익 또는 다른 잠재적 투자(새로운 장비의 일부를 구매하는 것)와 비교할 수 있도록 해주는 것이다. 비록 이러한 접근법을 위한 계산 함수들은 복잡하지만, HRD 관리자들이나 전문가들이 비용-편익 분석을 위해 각 핵심 변수(즉, 비용, 편익, 그리고 영향력의 크기)에 상응한 값들만 채워 넣으면 된다.

효용 분석이 훈련 프로그램의 편익을 재무적 용어로 변환하는 것을 도울 수 있지만, 많은 훈련 전문가들은 그러한 노력의 현실성에 대해 염려한다. 일부 연구자들은 효용 분석의 가치에 대해서 의문을 제기한다.[144] 왜냐하면, 그 함수에 포함된 요인 중 몇 가지를 결정하기 위해 사용하는 추정치의 속성 때문이다. HRD 전문가들이 HRD 프로그램의 효과성에 대해 소통하기 위해서 효용 분석을 어느 정도까지 사용할 수 있을지는 명확하지 않다. 효용 분석이 관리자들이 HRD 프로그램을 하나의 투자로 볼 수 있도록 하고, 좀 더 정확한 의사 결정을 할 수 있도록 도와주는 것이라는 점을 고려하여, 관리자들이 의사 결정할 때 효용 추정치(*utility estimate*)에 의해 영향을 받았는지 여부를 질문해볼 필요가 있다.

이러한 질문에 대한 연구 결과는 서로 다른 결론을 보이고 있다. 라탐(*Latham*)과 화이트(*Whyte*)의 연구 결과는 관리자들이 영향을 받지 않은 것으로 확인했다.[145] 오히려 효용 분석 정보를 포함시키는 것이 종업원 선발 프로그램에 대한 관리자들의 지원을 축소시키는(*reduced*) 사례도 있었다. 헤이저(*Hazer*)와 하이하우스(*Highhouse*)의 연구 결과에 따르면, HR 프로그램의 효과성을 재무적 가치로 측정될 수 있다는 관점에 대해 관리자들이 수용하는지에 대해서는 결론을 못 내리고 있다.[146] 반면, 카슨(*Carson*)과 동료들의 연구 결과에서는 효용 분석 정보를 포함시키는 데 있어서 관리자들의 어떤 부정적 인식을 발견하지 못했다.[147] 나아가, 모로우(*Morrow*), 자렛(*Jarret*), 그리고 루핀스키(*Rupinski*)는 고위 경영층 대상의 연구를 통해 (1) HRD 프로그램이 투자할만한 가치가 있다는 것을 증명해주는 것에 대해 관심이 있고, (2) 사용되는 효용 분석 모형과 절차에 대해서 사전에 동의를 구하는 것이 효용 분석의 정보를 합법적으로 수용하도록 한다는 것을 알려준다.[148] 매캔(*Macan*)과 포스터(*Foster*)는 관리자들이 효용 분석 정보를 의사 결정 과정에 중요하게 고려하고 있으며, 효용 분석 추정치를 중요한 정보로 간주하고 있음을 확인했다.[149] 초카드(*Chocard*)와 다보인(*Davoine*)이 발표한 최근 연구에서는 10개의 관리자 훈련 프로그램에 대한 효용가치의 긍정적 효과를 확인하였다.[150]

ROI와 비용추정과 더불어 효용 분석 결과는 의사 결정자들에게 재무적 용어로 정보를 제공할 수 있다. 그러나 효용 분석에 의해 생성된 재무적 추정치를 관리자들에게 단순히 제공하는 것만으로는 충분하지 않다.[151] ROI 추정치와 마찬가지로 경영층의 동의를 얻는 것이 중요하다.[152] 스터먼(*Sturman*)은 효용 분석 계산에 사용되는 방정식의 여러 가지 수정 버전을 제안했다. 그는 다음과 같이 말했다. "복잡한 의사 결정 도구가 유용하려면, 의사 결정 도구의 사용자는 반드시 그 도구가 제공하는 정보를 원해야 하고, 또한 그 도구의 사용법을 알아야 한다(p. 297)."[153] 또한, 그는 다음과 같이 말했다. "의사 결정 도구의 사용법을 잘 모르는 개인들이 그 도구를 계속 사용하지 않는 것은 놀랄 사실이 아니다."[154] 결론적으로 다음의 조언들은 경영층이 효용 분석 정보를 수용하고 사용 기회를 높여 줄 것이다.

- 사용될 효용 분석 모형과 절차를 결정할 때 고위 경영층을 포함시켜라.
- HR 전문가들과 관리자들에게 효용 분석의 구체적인 방법을 훈련시켜라.

- 효용 분석 모형의 구성 요소에 대한 설명을 제공하라. 의사 결정을 지원하는 커뮤니케이션 도구로써 효용 분석 정보에 집중하라.
- 추정치를 산출하는 과정에 경영층을 포함시켜라.
- 신뢰할 수 있는 추가적인 추정치를 사용하라.
- 효용 분석의 결과가 틀릴 수 있지만 합리적인 추정치에 근거한 사실을 인정하라.
- 효용 분석을 개별적 프로그램의 정당화보다는 여러 대안을 비교 평가하기 위해 사용하라.[155]

마지막으로, 모든 의사 결정자들이 그리고 모든 HRD 프로그램들이 반드시 재무적 용어로 설득해야 할 필요는 없다는 점도 기억하라. HRD 전문가들은 고위 경영층이 HRD 프로그램의 가치를 결정할 때, 그들이 무엇을 중요하게 고려하는지를 반드시 찾아내어 그들의 용어로 정보를 제공해야 한다.[156] 어떤 조직에서는 재무적 가치를 제공하는 것이 필요할 것이고, 어떤 조직에서는 비재무적 용어로 긍정적인 개선점들을 알려주는 것을 선호할지도 모른다. HRD 평가에서 '가치(재무적 이익보다는)'라는 개념이 궁금하면 "HRD Quarterly" 학술지를 참조하기 바란다.[157] 여기에는 이전에 논의한 HRD 개입에 의해 영향을 받은 다수의 이해관계자 이슈를 다루고 있다. 흥미 있는 독자라면 이러한 이슈에 대해 더욱 동기부여될 것이고, 그러한 이슈들은 모든 평가 노력에 포함된 윤리적 이슈에 대해서도 상기시켜 줄 것이다. 그 다음으로는 효용 분석이나 ROI 추정 없이 훈련 효과성에 대한 조직 수준의 의미 있는 자료를 제공해야 하는 상황이 발생할 수도 있다("ROI 측정 없이 조직 성과 측정하기" 박스 읽어보기).[158]

6. 테크놀로지가 HRD 평가에 미치는 영향

HRD 체계(A DImE)의 다른 단계에서 마찬가지로, 평가 측면도 테크놀로지의 변화와 발전에 많은 영향을 받는다. 일반적으로 인터넷을 활용하여 데이터를 수집하는 것이 쉽다고 생각되지만,[159] 사실은 아니다. 윌리엄 호튼(*William Horton*)은 커크패트릭의 4단계 체계를 활용하여 온라인 또는 e-러닝 과정을 어떻게 평가할 수 있는지에 대해 언급하였다.

1. 반응 — 온라인으로 계속적인 피드백이 용이하다. 토론방 또는 대화방을 사용하여 학습자들이 그들의 온라인 학습 경험에 대해 토의하도록 한다.
2. 학습 — 온라인을 활용하여 학습자들을 쉽게 평가할 수 있다(최소한 목표 달성 검사 정도는). 평가 결과를 학습자에게 알려주고, 또한 그 결과를 조직 목적에 맞게 보관할 수 있는 학습 관리 시스템에 접속할 수 있다.
3. 행동 — 온라인으로 평가하기 어렵지만 일부 필요한 데이터를 다른 정보 시스템에서 가져올 수는 있다. 예를 들어, 인사평가, 승진, 이직, 그리고 징계 자료 등은 인적자원 정보 시스템(HRIS) 또는 학습 관리 시스템(LMS)으로부터 얻어질 수도 있다.

ROI 측정 없이 조직 성과 측정하기

세인트 루크의 의료센터(St. Luke's Medical Center)는 펜실베니아 북동부에 있는 대형 헬스케어 회사이다. 그 회사는 1990년대에 큰 규모의 팀 빌딩 프로그램을 도입했는데, 학습자들이 그 프로그램을 좋아하고, 행동의 변화가 발생하고 있다는 것을 보여주고 있었다. 이 프로그램이 조직에 미치는 가치를 입증하기 위해 로버트 웨이갠드(Robert Weigand)와 리차드 와그너(Richard Wagner)는 이 장에서 제시된 것들과 유사한 효용 분석과 ROI 공식들을 사용하였다. 그들은 훨씬 간단한 접근법을 사용하여 연구를 종료하였고, 그 연구는 훈련 개입으로 만들어진 변화 행동의 결과로 조직의 어떤 성과들이 변화되었는지를 결정하는 방식이었다. 그들이 가정하고 찾아낸 조직 성과 중 일부가 다음과 같다.

- 이직률의 변화
- 다양한 교대 근무와 부서에 직원을 충원하는데 필요한 종업원 수의 감소
- 재방문 환자 수의 증가(서비스 만족을 이유로)
- 메디컬센터에 대해환자들이 추천하는 건수의 증가

대부분의 메디컬센터는 이러한 평가를 위해 이미 보관된 기록데이터를 제공할 수 있다. 따라서 HRD 전문가 또는 조사원들이 새로운 정보를 수집할 필요는 없게 된다. 팀 빌딩 프로그램의 경우, 그 조직에 있어서 실증적인 변화를 발견하는 것은 매우 중요하다. 이 프로그램의 경우, 경청, 위임, 의사 결정과 같은 '소프트' 스킬이 강조된다. 그러한 훈련의 가치를 찾아내기 위한 조직의 자체적인 측정 지표들을 사용함으로써, 훈련이 조직에 미치는 긍정적 영향력을 입증하였다. 이런 사례는 그러한 지표들을 재무적 수치(예를 들어, ROI 또는 효용 분석)로 전환하는 노력 없이 진행되었지만, 보통의 지식 수준을 갖고 노력 한다면 4단계 수준의 평가도 진행할 수 있다.

출처: Wagner, R. J. & Weigand, R. (1998). Evaluating an outdoor-based training program—A search for results: St. Luke's Hospital. In Kirkpatrick, D. L., (Ed.), *Evaluating training programs: The four levels* (2nd ed., pp. 204–220). San Francisco: Berrett-Koehler; Weigand, R. J. & Wagner, R. J. (1999). Results-oriented training evaluation. *The Quality Resource*, 18(4), July/August, 1–5; Wagner, R. J., & Weigand, R. J. (2004). Can the value of training be measured? A simplified approach to evaluating training. *Health Care Manager*, 23(1), 71–77.

4. 결과 — 면대면 상호 교류, 피드백, 그리고 설득 없이 온라인으로 하는 것은 어려울 수 있다. 온라인 과정의 효과에 대해서는 보수적으로 추정해야 신뢰성을 얻을 수 있다.[160]

훈련 전과 후에 측정 지표들을 수집하는 것은 전통적인 강의실 방법보다는 컴퓨터로 수집하는 것이 쉬울 것이다. 이것은 반응 평가나 학습 평가에는 특히 잘 맞을 것이다. 그러나, 호톤(*Horton*)이 지적했듯이, 행동 평가와 결과 평가는 컴퓨터로 수집하기가 어려울 수도 있다. 행동과 결과를 컴퓨터로 측정하기 위해서는 더 많은 노력과 독창성이 필요할 것이다.

e-러닝과 관련해서는 추가로 언급할 세 가지 이슈가 있다. 첫째, HRD 평가에 대한 이해관계자 접근법은 온라인 학습에도 적용되어 왔다.[161] 온라인 학습에 대한 학습자의 반응은 매우 다양하게 변화하는 경향이 있다. 따라서 어떤 집단이 HRD 훈련에 의해 영향을 받는지를 알기 위해 각 집단 간의 반응

을 명시적으로 비교하는 것이 중요하다. 모든 데이터가 전자적 차원에서 수집되고 즉각적으로 이용될 때 특히 중요하다. 최근의 서베이몽키(*SurveyMonkey*)와 줌머랭(*Zoomerang*)과 같은 온라인 서베이 도구들의 발달은 이러한 방식의 접근을 할 수 있게 해준다.[162] 둘째, 앞 장에서 블렌디드 러닝(면대면 학습을 e-러닝과 결합)뿐만 아니라 학습 스타일에 대해서 논의했다. 앞으로 몇 년 동안에는 개인의 학습 스타일과 선호도가 강의실, 온라인, 그리고 블렌디드 러닝 환경에서 어떻게 학습에 영향을 미칠지에 대한 통찰력을 확보하는 것이 매우 중요하게 될 것이다. 이 분야에서의 훈련 동기와 목표 지향성과 같은 개인 변수들을 포함하여 다양한 연구들이 진행 중이다.[163] 셋째, 웹2.0 기술의 급속한 성장은 테크놀로지를 통해서 발생하는 무형식 학습의 양을 증가시켰다. ATD 회장 토니 빙햄(*Tony Bingham*)은 훈련과 개발에 쓰이는 대부분의 투자는 형식 학습을 대상이라고 말했다. 또한, RSS 피드, 팟캐스팅, 블로그, 매시업(*mash-up*) 등과 같은 '사회적 학습(*social learning*)'의 학습 성과를 다루는 연구는 많지 않다. 빙햄(*Bingham*)이 말했듯이, 사회적 학습을 다루는 것은 학습 전문가들이 게임 체인저(*game-changer*), 즉 패러다임 전환자가 될 수 있는 기회이다. 그리고 그러한 과정을 통해서 우리 자신과 조직을 성공적인 자리로 위치시킬 수 있다.[164] 루악(*Ruark*)이 표현한 '연구 증거와 혁신의 확산'과 같은 의미 있는 학습 성과물을 산출해 내기 위해서는 테크놀로지와 사회적 학습을 최대한 활용할 필요가 있다.[165] 최근의 논문들은 일반적으로 e-러닝을 평가하는 데 있어서 도전과 발전을 다루고 있다.[166]

7. 결론적 제언

HRD 전문가들은 HRD 프로그램 평가의 중요성과 평가 방식의 다양성을 인식해야 한다. HRD 관련된 수많은 한계점을 고려하여, 그로브(*Grove*)와 오스트로프(*Ostroff*)는 다음 사항을 추천했다.

1. 요구 분석을 수행하라.
2. 명확한 평가 전략을 개발하라.
3. 구체적인 훈련 목표를 강조하라.
4. 참가자의 반응을 확보하라.
5. 기준이 되는 지표를 개발하라(가치 있는 성과를 측정하기 위한).
6. 평가 연구를 계획하고 실행하라.[167]

이들 요점들은 어떤 형태의 프로그램(즉, 강의실 기반, 웹 기반, 또는 블렌디드 등)이든지 반드시 수행되어야 한다. 그러나 모든 프로그램이 동일한 수준으로 평가될 필요는 없다. 새로운 프로그램과 높은 관심과 비용을 수반한 프로그램들은 이미 증명된 프로그램과 임시 프로그램보다는 보다 철저하게 평가되어야 한다. 각 프로그램이 어떻게 그리고 어느 정도로 평가될 것인지에 대해 계획된 평가 전략을 마련하는 것이 핵심이다. 평가 경험이 적은 전문가들은 이러한 평가 활동을 힘들고 과중한 일로 생

표 7.7 효과적인 HRD 평가의 특징

이해관계자 접근법: 경영층의 참여를 증가시킨다. 평가 결과를 이미지로 보여준다. 실무자들의 요구와 일치시킨다.
1. 시스템 전반에 걸친 접근: 개인과 조직 수준의 요인들을 경영층의 지원과 함께 통합시켜준다.
2. 다양한 원천으로부터 자료 수집: 타당도와 신뢰도를 향상시킨다.
3. 연구 기반 자료 수집: 지식, 스킬, 그리고 태도를 습득하고 활용하는데 영향을 주는 데이터를 강조하라.
4. 자원 민감성: 평가는 시간과 비용이 많이 드는 것이라는 것을 인식하라. 자료의 수집과 분석은 조직의 역량과 요구사항에 적합해야 함을 명심하라.
5. 시계(time horizon): 학습과 HRD로부터의 편익은 오랜 시간을 두고 현실화될 수 있음을 인식하라.

출처: From R. Griffin (2012). A practitioner friendly and scientifically robust training evaluation approach. *Journal of Workplace Learning*, 24(6), 393-402.

각할지도 모르지만, 평가는 HRD의 필수적인 일이다. 현대 기업들은 많은 도전들에 직면해 있고, 이러한 도전들에 대응하는 HRD 부서의 중요성은 일관된 평가 노력과 그 결과를 요구하고 있다.[168] 〈표 7.7〉은 리차드 그리핀(*Richard Griffin*)이 제시한 효과적인 HRD 평가의 여섯 가지 특징이다.

1장에서 제시된 요점을 상기해보라. 즉, HRD는 진공상태에서 발생하지 않는다. 종업원 훈련과 개발 활동이 중요한 조직적 성과(즉 재무적 성과, 이직률, 결근율, 그리고 조직적 학습 같은)에 대한 영향을 미친다는 증거는 명확해지고 있다.[169] 강조할 핵심 요점은 HRD 개입은 반드시 조직 전체 맥락에서 검토되어야 한다는 것이다. 조직이 높은 성과를 낼 수 있도록 중요한 이론을 고안해낼 수 있는 방안은 여전히 존재한다.[170] 이 시점에서 적어도 세 가지 결론이 내릴 수 있다.

1. HRD 개입은 중요하다. 즉, HRD 개입은 조직과 개인이 중요시 하는 성과에 긍정적으로 기여한다.[171]
2. 로버트 브링커호프(*Robert Brinkerhoff*)가 말했듯이 "훈련만으로는 결코 작동하지 않는다."[172] 우리는 반드시 훈련 또는 HRD 개입과 관련된 맥락적 또는 시스템적 요인들에 대해 주의를 기울여야 한다.[173] 이것은 HRD 연구와 실무 사이의 차이(*gap*)가 좁혀질 수 있는 하나의 방법이다. 그리고 연구문헌들로부터 얻어낸 조사 결과의 시사점들을 실제 상황에 의미 있게 적용할 수 있을 것이다.[174]
3. 훈련 평가에 집중하는 조직은 종업원의 행동과 결과에서 더 많은 변화를 얻게 될 것이다.[175] 분명한 시사점은 조직들이 그들의 HRD 프로그램으로부터 긍정적 영향력을 얻기를 희망한다면 HRD 평가에 대해 더 많은 주의를 집중해야 한다는 것이다.

도입 사례로 돌아가기

렌스크랩터스(*LensCrafters*)의 훈련 담당 임원이 직면한 도전은 훈련과 조직의 재무적 성과와의 분명한 연결점을 보여주는 것이다. 이것은 잭 필립스가 말한 5단계 평가이고, 이 5단계 평가는 훈련의 재무적 가치가 훈련 비용을 초과하는지를 강조하는 것이다.

출처: Purcell, A. (2000). 20/20 ROI. *Training & Development*, 54(7), 28–33; Careers at LensCrafters (2015). Accessed on March 5, 2015 at: https://www.lenscrafters.com/lc-us/careers.

요약

이 장에서는 HRD 프로세스의 마지막 단계인 평가에 대해 다루었다. HRD 평가는 효과적인 HRD 의사 결정을 하는 데 필요한 서술적이고 판단적인 정보를 체계적으로 수집하는 것으로 정의된다. HRD 평가의 목적은 HRD 프로그램들이 그들의 목표를 달성했는지를 결정하고, 이러한 프로그램들을 위한 신뢰도와 지원을 생성하고, 그리고 이러한 프로그램들의 가치를 확립하는 것이다.

HRD 프로그램을 평가할 때 사용할 수 있는 여러 가지 대안을 검토하기 위해서 평가 프로세스에 대한 많은 체계와 모형이 제시되었다. 커크패트릭의 접근 방법이 가장 최초이며, 이는 4단계(반응, 학습, 행동, 결과)의 평가이다. 그 외 많은 체계(예: CIPP, 브링커호프, 필립스)는 커크패트릭 접근법을 토대로 만들어졌다. 이 체계들은 프로그램 종료 후 효과성을 측정하는 것으로부터 벗어나고, 커크패트릭이 명시적으로 언급하지 않은 요소들까지 포함하고 있다. 또한, 크레이그(*Kraiger*)와 홀튼(*Holton*)의 모형은 보다 이론적이고 연구 기반인 평가 방법을 개발하기 위한 시도이다. 그리고 중요한 HRD 성과 지표들에 대한 이해를 바탕으로 종합적인 모형인 커크패트릭의 확장된 평가 체계가 존재한다.

자료 수집은 HRD 평가에서 핵심이다. 수집될 수 있는 정보 형태로는 개인적, 시스템 전반에 걸친, 그리고 경제적 자료가 있다. HRD 평가에서 자료 수집의 방법에는 인터뷰, 설문 조사, 관찰, 시험, 시뮬레이션, 그리고 2차 자료 등이 있다. 평가 연구에 대한 설계의 선택 항목 또한 제시되었다. 조사 설계는 평가 노력을 수행하기 위한 계획이다. 조사 설계에는 수집된 정보의 형태가 무엇인지, 그 정보가 어떻게 수집될 것인지, 그리고 어떠한 자료 분석 방법을 사용할 것인지 등이 포함된다. 설계는 실제적이고 타당한 결론을 내리기 위한 필요성과 윤리적인 관심 사이에 균형을 반드시 유지해야 한다. 적합한 설계 방법을 선택할 때 다루어야 할 몇 가지 이슈들이 제시되었다.

HRD 전문가들은 종종 자원의 할당에 대한 정당성을 요구받는다. 이것은 HRD 프로그램의 영향에 대한 재무적 평가를 포함한다. 이러한 재무적 평가는 비용편익 분석 또는 비용효과 분석을 사용해 훈련 비용을 평가할 수 있으며, 또는 훈련받은 종업원의 생산성을 ROI 계산이나 효용 분석을 통해서 재무적 가치로 해석할 수 있다.

HRD 프로그램들이 조직 전반에 미치는 효과성을 입증하기 위해서는 좀 더 좋은 방안이 강구될 필요가 있다.

최근 테크놀로지 발전에 따라서 평가가 어떻게 변화해야 하는지에 대해 논의하면서 이번 장을 마무리하였다.

토의문제

1. 대부분의 HRD 전문가가 HRD 평가가 가치 있다는 데 동의함에도 불구하고, 조직에서 자주 실행되지 않는 가장 중요한 이유는 무엇인가? 평가에 대한 이러한 반대를 어떻게 극복할 수 있는가?
2. 커크패트릭의 평가 체계를 구성하는 네 가지 단계에 대해 설명하시오. 참여한 수업 또는 훈련 프로그램의 효과에 대한 증거로 수집될 수 있는 각 수준의 예를 한 가지씩 들어 보시오.
3. CIPP 및 브링커호프(*Brinkerhoff*)의 평가 모델이 커크패트릭의 모델에 추가된 것은 무엇인가? 이런 식으로 평가 체계를 보는 것은 어떤 이점이 있는가?
4. 크레이거(*Kraiger*)와 동료들의 평가 모델과 홀튼(*Holton*)의 평가 모델은 커크패트릭의 모델에 포함되지 않은 어떤 것을 추가했는가? 이런 식으로 평가를 보는 견해에는 어떤 이점이 있는가?
5. 비상대피 절차에 대한 비행기 승무원을 훈련하기 위한 프로그램을 설계해달라는 요청을 받았다고 가정해보시오. 승무원이 비상대피 절차를 이해하고 이를 실제 업무에서 사용한다는 것을 보여주기 위해 평가 연구를 설계하고 있다. 이러한 증거를 제공하는 데 가장 유용한 자료 수집 방법은 무엇인가? 학습 결과의 유형이 학습 결과를 측정하는 방법에 대한 선택에 어떤 영향을 줄 수 있는가? 당신의 선택을 설명해보시오.
6. 니콜스(*Nickols*)에 따르면, 훈련 이해관계자란 무엇을 말하는가? 훈련 이해관계자의 중요한 범주로는 무엇이 있는가? 여러 이해관계자(또는 관련기관)의 개념이 훈련 평가에서 중요한 이유는 무엇인가?
7. 커크패트릭의 평가 체계와 확장된 커크패트릭 평가 체계를 비교하고 대조하여 설명하시오. 비슷한 점은 무엇이고 다른 점은 무엇인가?
8. HRD 평가에서 자기 보고식 측정 방법(예: 참가자 설문)을 사용할 때 발생할 수 있는 세 가지 잠재적 문제에 대해 설명하시오. 이러한 문제를 어떻게 최소화할 수 있는가?
9. 평가 연구를 수행할 때 고려할 최소한의 세 가지 윤리적 고려 사항을 설명하시오. 이러한 요인들이 평가 노력에 어떤 영향을 미치는가?
10. HRD 프로그램 실시의 효과를 재무적 지표로 표현할 때 어떤 이점이 있는가? 투자수익률(ROI) 및 효용성 분석 방법에 대해 간략하게 설명하시오. 이러한 접근법을 사용할 때의 한계점은 무엇인가? 어떻게 극복할 수 있는가?
11. 균형성과표란 무엇인가? 균형성과표와 훈련 이해관계자 관계표와 다른 점은 무엇인가? 이 두 가지 접근법은 HRD 및 훈련에 어떻게 적용될 수 있는가?

미주

1. Griffin, R. (2011). Seeing the wood for the trees: Workplace learning evaluation. *Journal of European Industrial Training, 35*(8), 841–850; Dulebohn, J. H., & Johnson, R. D. (2013). Human resource metrics and decision support: A classification framework. *Human Resource Management Review, 23*(1), 71–83; Galagan, P. (2014).HR gets analytical.*T&D, 68*(3), 22–25; Phillips, J.,& Phillips, P. P. (2014). *Making human capital analytics work: Measuring the ROI of human capital processes and outcomes*. McGraw Hill Professional.

2. Mercurio, N. (2006). The link between training and outcomes. *The Canadian Manager, 31*(2), 22–23; Bhatti, M. A., & Kaur, S. (2010). The role of individual and training design factors on training transfer. *Journal of European Industrial Training, 34*, 656–672; Martin, H. J. (2010). Improving training impact through effective follow-up: Techniques and their application. *Journal of Management Development, 29*, 520–534; Laker, D. R., & Powell, J. L. (2011). The differences between hard and soft skills and their relative impact on training transfer. *Human Resource Development Quarterly, 22*(1), 111–122; Sharma, K. (2011). Financial implications of implementing an e-learning project. *Journal of European Industrial Training, 35*(7), 658–686; Ghosh, P., Satyawadi, R., Jagdamba Prasad, J., Ranjan, R., & Singh, P. (2012). Towards more effective training programmes: A study of trainer attributes. *Industrial and Commercial Training, 44*(4), 194–202; Bhatti, M. A., Battour, M. M., Sundram, V. P. K., & Othman, A. A. (2013). Transfer of training: Does it truly happen? *European Journal of Training and Development, 37*(3), 273–297; Rao, M. S. (2013). Exploring "Meka's method" to achieve effective teaching and training outcomes. *Industrial and Commercial Training, 45*(6), 362–368.

3. Zavyalova, E., & Kosheleva, S. (2013). Assessing the efficiency of HRD practices in knowledge-intensive firms. *Human Resource Development International, 16*(5), 590–598.

4. Suutari, V., & Vitala, R. (2008). Management development of senior executives: Methods and their effectiveness. *Personnel Review, 37*(4), 375–392; Pineda, P. (2010). Evaluation of training in organisations: A proposal for an integrated model. *Journal of European Industrial Training, 34*(7), 673–693.

5. Goldstein, I. L. (1980). Training in work organizations. *Annual Review of Psychology, 31*, 229–272, quotation from p. 237.

6. Cadman, C. (2013). Employee training: Ticking the box or building business competence? *Industrial and Commercial Training, 45*(1), 32–35; Laipple, J. (2013). The heck with the check. *Chief Learning Officer, 12*(8), 18–21.

7. Phillips, J. J. (1983). *Handbook of training evaluation and measurement methods*. Houston, TX: Gulf.

8. Zenger, J. H., & Hargis, K. (1982). Assessment of training results: It's time to take the plunge! *Training and Development Journal, 36*(1), 11–16; Murray, L. W., & Efendioglu, A. M. (2007). Valuing the investment in organizational training. *Industrial and Commercial Training, 39*(7), 372–379; Is training worth it? How to evaluate learning against other investments (2008). *Developing and Learning in Organizations, 22*(3), 34–36; Anderson, C. (2013). Slowly, steadily measuring impact. *Chief Learning Officer, 12*(5), 52–54.

9. Goldstein, I. L., & Ford, J. K. (2002). *Training in organizations: Needs assessment, development, and evaluation*. Belmont, CA: Wadsworth; Alvarez, K., Salas, E., & Garofano, C. M. (2004). An integrated model of training evaluation and effectiveness. *Human Resource Development Review, 3*(4), 385–416; Phillips, J. J., & Phillips, P. P. (2009). Measuring what matters: How CEOs view learning success. *T&D, 63*(8), 44–49; Ford, J. K. (Ed.) (2014). *Improving training effectiveness in work organizations*. East Sussex, UK: Psychology Press.

10. Bones, C. (2008). If you can't see results, then stop it. *Human Resources*, September 8, p. 21.

11. Saari, L. M., Johnson, T. R., McLaughlin, S. D., & Zimmerle, D. M. (1988). A survey of management training and education practices in U.S. companies. *Personnel Psychology, 41*, 731–743.

12. Patel, L. (2010). Overcoming barriers and valuing evaluation. In P. Keller (Ed.), *The best of T&D: The best of measuring & evaluating learning* (pp. 60–61). Alexandria, VA: T&D; Griffin, R. (2012). A practitioner friendly and scientifically robust training evaluation approach. *Journal of Workplace Learning, 24*(6), 393–402; Diamantidis, A. D., & Chatzoglou, P. D. (2014). Employee post-training behaviour and performance: Evaluating the results of the training process. *International Journal of Training & Development, 18*(3), 149–170.

13. Goldstein (1980), *supra* note 5; Wexley, K. N. (1984). Personnel training. *Annual Review of Psychology, 35*, 519–551; Latham, G. P. (1988). Human resource training and development. *Annual Review of Psychology, 39*, 545–582; Salas, E., & Cannon-Bowers, J. A. (2001). The science of training: A decade of progress. *Annual Review of Psychology, 52*, 471–499; Salas, E., & Kosarzycki, M. P. (2003). Why don't organizations pay attention to (and use) findings from the science of training? *Human Resource Development Quarterly, 14*(4), 487–492; Swanson, R. A. (2005). Evaluation, a state of mind. *Advances in Developing Human Resources, 7*(1), 16–21; Ford, J. K., Kraiger, K., & Merritt, S. M. (2009). An updated review of the multidimensionality of training outcomes: New directions for training evaluation research. In S. W. J. Kozlowski & E. Salas (Eds), *Learning, training, and development in organizations*. New York: Routledge: Taylor & Francis; Pineda, P. (2010). Evaluation of training in organizations: A proposal for an integrated model. *Journal of European Industrial Training, 34*(7), 673–693.

14. O'Connor, J., & Little, B. (2012). Evaluation—Training's ignored leverage point. *Industrial and Commercial Training, 44*(5), 273–280.

15. Salas & Kosarzycki (2003), *supra* note 13.

16. AHRD Standards on ethics and integrity (1999). Academy of Human Resource Development. Accessed on March 1, 2015 at http://www.ahrd.org/general/custom.asp?page=standards_on_ethics.

17. Saari et al. (1988), *supra* note 11; ASTD (2010). *2010 State of the industry report*. Alexandria, VA: ASTD.

18. Kauffeld, S., & Lehmann-Willenbrock, N. (2010). Sales training: Effects of spaced practice on training transfer. *Journal of European Industrial Training, 34*, 23–37.

19. Goldstein (1980), *supra* note 5.

20. Watkins, R., Leigh, D., Foshay, R., & Kaufman, R. (1998). Kirkpatrick plus: Evaluation and continuous improvement with a community focus. *Educational Technology Research and Development, 46*(4), 90–96; Nickols, F. W. (2005). Why a stakeholder approach to evaluating training. *Advances in Developing Human Resources, 7*(1), 121–134; Aguinis, H., & Kraiger, K. (2009). Benefits of training for individuals and teams, organizations, and society. *Annual Review of Psychology, 60*, 451–474.

21. Jayanti, E. B. (2011). Toward pragmatic criteria for evaluating HRD research. *Human Resource Development Review, 10*(4), 431–450.

22. Kirkpatrick, D. L. (1967). Evaluation. In R. L. Craig & L. R. Bittel (Eds), *Training and development handbook* (pp. 87–112). New York: McGraw-Hill; Warr, P., Bird, M., & Rackham, N. (1970). *Evaluation of management training.* London: Gower Press; Galvin, J. C. (1983). What trainers can learn from educators about evaluating management training. *Training and Development Journal*, 37(8), 52–57; Kirkpatrick, D. L. (1987). Evaluation. In R. L. Craig (Ed.), *Training and development handbook* (3rd ed., pp. 301–319). New York: McGraw-Hill; Brinkerhoff, R. O. (1987). *Achieving results from training.* San Francisco, CA: Jossey-Bass; Bushnell, D. S. (1990). Input, process, output: A model for evaluating training. *Training and Development Journal*, 44(3), 41–43; Kirkpatrick, D. L. (1994). *Evaluating training programs: The four levels.* San Francisco, CA: Berrett-Koehler; Kirkpatrick, D. (1996). Great ideas revisited: Revisiting Kirkpatrick's four-level model. *Training & Development*, 50(1), 54–57.

23. Kirkpatrick (1967, 1987, 1994, 1996), *supra* note 23; Kirkpatrick, D. L. (2004). A T&D classic: How to start an objective evaluation of your training program. *T&D*, 58(5), 16–18; Kirkpatrick, D. L., & Kirkpatrick, J. D. (2006). *Evaluating training programs: The four levels* (3rd ed.). San Francisco, CA: Berrett-Koehler.

24. Ghosh, P., Jagdamba Prasad, J., Satyawadi, R., Mukherjee, U., & Ranjan, R. (2011). Evaluating effectiveness of a training programme with trainee reaction. *Industrial and Commercial Training*, 43(4), 247–255.

25. Kirkpatrick (1967). Evaluation. In R. L. Craig & L. R. Bittel (Eds), *Training and development handbook* (pp. 87–112). New York: McGraw-Hill; Kirkpatrick (1987). Evaluation. In R. L. Craig (Ed.), *Training and development handbook* (3rd ed., pp. 301–319). New York: McGraw-Hill; Kirkpatrick (1994). *Evaluating training programs: The four levels.* San Francisco, CA: Berrett-Koehler; Kirkpatrick (1996). Great ideas revisited: Revisiting Kirkpatrick's four-level model. *Training & Development*, 50(1), 54–57; Kirkpatrick, D. L. (2004). A T&D classic: How to start an objective evaluation of your training program. *T&D*, 58(5), 16–18; Kirkpatrick, D. L., & Kirkpatrick, J. D. (2006). *Evaluating training programs: The four levels* (3rd ed.). San Francisco, CA: Berrett-Koehler.

26. Galvin, J. C. (1983). What trainers can learn from educators about evaluating management training. *Training and Development Journal*, 37(8), 52–57.

27. Galvin (1983), *supra* note 23.

28. Kraiger, K., Ford, J. K., & Salas, E. (1993). Application of cognitive, skill-based, and affective theories of learning outcomes to new methods of training evaluation. *Journal of Applied Psychology*, 78, 311–328.

29. Holton, E. F. III (1996). The flawed four-level evaluation model. *Human Resource Development Quarterly*, 7, 5–21.

30. Phillips, J. J. (1996). ROI: The search for the best practices. *Training & Development*, 50(2), 43–47.

31. Yelon, S. L., Ford, J. K., & Golden, S. (2013). Transfer over time: Stories about transfer years after training. *Performance Improvement Quarterly*, 25(4), 43–66.

32. Yelon, S., Sheppard, L., Sleight, D., & Ford, J. K. (2004). Intention to transfer: How do autonomous professionals become motivated to use new ideas? *Performance Improvement Quarterly*, 17(2), 82–103; Nijman, D.-J. J. M., Wognum, W. J., & Veldkamp, B. P. (2006). Exploring differential effects of supervisor support on transfer of training. *Journal of European Industrial Training*, 30, 529–549; Burke, L. A., & Hutchins, H. M. (2008). A study of best practices in transfer and proposed model of transfer. *Human Resource Development Quarterly*, 19, 107–128; Saks, A. M., & Burke-Smalley, L. A. (2014). Is transfer of training related to firm performance? *International Journal of Training & Development*, 18(2), 104–115.

33. Arthur, W., Bennett, W., Edens, P. S., & Bell, S. T. (2003). Effectiveness of training in organizations: A meta-analysis of design and evaluation features. *Journal of Applied Psychology*, 88(2), 234–245.

34. Sinclair, R. C., Smith, R., Colligan, M., Prince, M., Nguyen, T., & Stayner, L. (2003). Evaluation of a safety training program in three food service companies. *Journal of Safety Research*, 34(5), December, 547–558.

35. ASTD (2010). *2010 State of the industry report.* Alexandria, VA: ASTD.

36. Bushnell (1990), *supra* note 23.

37. Holton (1996), *supra* note 28.

38. Kraiger et al. (1993), *supra* note 27.

39. Alliger, G. M., & Janak, E. A. (1989). Kirkpatrick's levels of training criteria: Thirty years later. *Personnel Psychology*, 42, 331–342.

40. Kirkpatrick, D. L. (1996). Invited reaction: Reaction to Holton article. *Human Resource Development Quarterly*, 7, 23–325.

41. Giancreco, A., Carugati, A.,&Sebastiano, A. (2010). Are we doing the right thing? Food for thought on training evaluation and its context. *Personnel Review*, 39(2), 162–177.

42. Kaufman, R., & Keller, J. M. (1994). Levels of evaluation: Beyond Kirkpatrick. *Human Resource Development Quarterly*, 5, 371–380.

43. Tan, J. A., Hall, R. J., & Boyce, C. (2003). The role of employee reactions in predicting training effectiveness. *Human Resource Development Quarterly*, 14(4), 397–411; Velada, R., & Caetano, A. (2007). Training transfer: The mediating role of perception of learning. *Journal of European Industrial Training*, 31, 283–296.

44. Warr, P., & Bunce, D. (1995). Trainee characteristics and the outcomes of open learning. *Personnel Psychology*, 48, 348–374; Roszkowski, M. J., & Soven, M. (2010). Did you learn something useful today? An analysis of how perceived utility relates to perceived learning and their predictiveness of satisfaction with training. *Performance Improvement Quarterly*, 23(2), 71–91.

45. Phillips (1996), *supra* note 29; Elliott, M., Dawson, R., & Edwards, J. (2009). Providing demonstrable return-oninvestment for organisational learning and training. *Journal of European Industrial Training*, 33(7), 657–670.

46. Kaufman & Keller (1994), *supra* note 38; Watkins et al. (1998), *supra* note 21; Storberg-Walker, J. (2012). Introducing a new paradigm for 21st-Century HRD: Workforce development and the public good. *Advances in Developing Human Resources*, 14(4), 586–606; Mourão, L., & Borges-Andrade, J. E. (2013). Impact evaluation of T&D at the societal level. *Journal of Workplace Learning*, 25(8), 505–520; Treiber, J., Kipke, R., Satterlund, T., & Cassady, D. (2013). The role of training in the evaluation of public programs. *International Journal of Training & Development*, 17(1), 54–60.

47. Kirkpatrick, J. D., & Kirkpatrick, W. K. (2010). ROE's rising star: Why return on expectations is getting so much attention. In P. Keller (Ed.), *The best of T&D: The best of measuring & evaluating learning* (pp. 62–67). Alexandria, VA: T&D; Anderson, C. (2014). Bad measurement affects training impact. *Chief Learning Officer*, 13(5), 44–46.

48. Galvin (1983), *supra* note 23.

49. Warr et al. (1970), *supra* note 23.

50. Brinkerhoff (1987), *supra* note 23; Kennedy, P. E., Chyung, S. Y., Winiecki, D. J., & Brinkerhoff, R. O. (2014). Training professionals usage and understanding of Kirkpatrick's Level 3 and Level 4 evaluations. *International Journal of Training & Development*, 18(1), 1–21.

51. Kraiger et al. (1993), *supra* note 34.

52. Holton (1996), *supra* note 33.

53. Klein, H. J., Noe, R. A., & Wang, C. (2006). Motivation to learn and course outcomes: The impact of delivery mode, learning goal orientation, and perceived barriers and enablers. *Personnel Psychology*, 59, 665–702; Hawley, J. D., & Barnard, J. K. (2006). Work environment characteristics and implications for training transfer: A case study of the nuclear power industry. *Human Resource Development International*, 8(1), 65–80; Aziz, S. F. A., & Ahmad, S. (2011). Stimulating training motivation using the right training characteristic. *Industrial and Commercial Training*, 43(1), 53–61; Weissbein, D. A., Huang, J. L., Ford, J. K., & Schmidt, A. M. (2011). Influencing learning states to enhance trainee motivation and improve training transfer. *Journal of Business and Psychology*, 26, 423–435.

54. Kaufman & Keller (1994), *supra* note 38; Warr & Bunce (1995), *supra* note 40; Phillips (1996), *supra* note 41.

55. Kaufman & Keller (1994), *supra* note 38; Aguinis & Kraiger (2009), *supra* note 21.

56. Brinkerhoff (1987), *supra* note 23.

57. Alliger & Janak (1989), *supra* note 35; Alliger, G. M., Tannenbaum, S. I., Bennett, W., Jr., Traver, H., & Shotland, A. (1997). A meta-analysis of the relations among training criteria. *Personnel Psychology*, 50, 341–358.

58. Alliger et al. (1997), *supra* note 54; Alvarez et al. (2004), *supra* note 9; Gessler, M. (2009). The correlation of participant satisfaction, learning success, and learning transfer: An empirical investigation of correlation assumptions in Kirkpatrick's four-level model. *International Journal of Management in Education*, 3, 346–358.

59. Werner, J. M., O'Leary-Kelly, A. M., Baldwin, T. T., & Wexley, K. N. (1994). Augmenting behavior-modeling training: Testing the effects of pre- and post-training interventions. *Human Resource Development Quarterly*, 5(2), 169–183; see also Brown, T. C., & Warren, A. M. (2009). Distal goal and proximal goal transfer of training interventions in an executive education program. *Human Resource Development Quarterly*, 20, 265–284; Brown, T. C., McCracken, M., & Hillier, T.-L. (2013). Using evidence-based practices to enhance transfer of training: assessing the effectiveness of goal setting and behavioural observation scales. *Human Resource Development International*, 16(4), 374–389.

60. Holton (1996), *supra* note 33; Holton, E. F. III (2005). Holton's evaluation model: New evidence and construct elaborations. *Advances in Developing Human Resources*, 7(1), 37–54; Holton III, E. F., & Naquin, S. (2005). A critical analysis of HRD evaluation models from a decision-making perspective. *Human Resource Development Quarterly*, 16(2), 257–280.

61. Stoel, D. (2004). The evaluation heavyweight match. *T&D*, 58(1), 46–48; Crush, P. (2009). Trainers must pass the ROI test. *Human Resources*, January, 12–13; Phillips, J. J. (2010). Measuring ROI: Fact, fad, or fantasy. In P. Keller (Ed.), *The best of T&D: The best of measuring & evaluating learning* (pp. 30–33). Alexandria, VA: T&D.

62. Kirkpatrick, J. (2007). The hidden power of Kirkpatrick's four levels. *T&D*, 61(8), 34–37; Passmore, J., & Velez, M. (2012). SOAP-M: A training evaluation model for HR. *Industrial and Commercial Training*, 44(6), 315–325.

63. Campbell, D., & Graham, M. (1988). *Drugs and alcohol in the workplace: A guide for managers*. New York: Facts on File; Kirkpatrick, J., & Hawk, L. (2006). Curriculum and evaluation: Maximizing results. *T&D*, 60(6), 61–62.

64. Robinson, D. G., & Robinson, J. (1989). Training for impact. *Training and Development Journal*, 43(8), 34–42.

65. Kirkpatrick& Kirkpatrick (2010), *supra* note 43; Phillips, J. J., & Phillips, P. P. (2010). Confronting CEO expectations about the value of learning. In P. Keller (Ed.), *The best of T&D: The best of measuring & evaluating learning* (pp. 54–59). Alexandria, VA: T&D.

66. Alvarez et al. (2004), *supra* note 9; see also Giangreco, A., Sebastiano, A., & Peccei, R. (2009). Trainees' reactions to training: An analysis of the factors affecting overall satisfaction with training. *International Journal of Human Resource Management*, 20(1), 96–111.

67. Madera, J. M., Steele, S. T., & Beier, M. (2011). The temporal effect of training utility perceptions on adopting a trained method: The role of perceived organizational support. *Human Resource Development Quarterly*, 22(1), 69–86.

68. Latif, K. F. (2012). An integrated model of training effectiveness and satisfaction with employee development interventions. *Industrial and Commercial Training*, 44(4), 211–222.

69. Baldwin, T. T., & Ford, J. K. (1988). Transfer of training: A review and directions for future research. *Personnel Psychology*, 41, 956–980; see also Baldwin, T. T., Ford, J. K., & Blume, B. D. (2009). Transfer of training 1988–2008: An updated review and agenda for future research. In G. P. Hodgkinson & J. K. Ford (Eds), *International review of industrial and organizational psychology*, (Vol. 24, pp. 41–72); Blume, B. D., Ford, J. K., Baldwin, T. T., & Huang, J. L. (2010). Transfer of training: A meta-analytic review. *Journal of Management*, 36, 1065–1105.

70. Saks, A. M., & Belcourt, M. (2006). An investigation of training activities and transfer of training in organizations. *Human Resource Management*, 45(4), 629–648.

71. Grohmann, A., & Kauffeld, S. (2013). Evaluating training programs: Development and correlates of the Questionnaire for Professional Training Evaluation. *International Journal of Training & Development*, 17(2), 135–155.

72. Watkins et al. (1998), *supra* note 21; Aguinis & Kraiger (2009), *supra* note 21; Lo, T., & Nelson, T. (2009). Success is in the details. *T&D*, 63(10), 36–38; Griffin (2012), *supra* note 12.

73. Dionne, P. (1996). The evaluation of training activities: A complex issue involving different stakes. *Human Resource Development Quarterly*, 7, 279–286; Kim, H. (2004). Transfer of training as a sociopolitical process. *Human Resource Development Quarterly*, 15(4), 497–501; Broad, M. L. (2006). Improving performance in complex organizations. *Industrial and Commercial Training*, 38(6), 322–329, 53. Nickols (2005), *supra* note 21, p. 127; Guerci, M., Bartezzagh, E., & Solari, L. (2010). Training evaluation in Italian corporate universities: A stakeholderbased analysis. *International Journal of Training & Development*, 14(4), 291–308; Zuniga, L. (2010). Identifying stakeholders needs. In P. P. Phillips (Ed.), *ASTD handbook for measuring and evaluating training* (pp. 3–15). Alexandria, VA: ASTD; Guerci, M., & Vinante, M. (2011). Training evaluation: An analysis of the stakeholders' evaluation needs. *Journal of European Industrial Training*, 35(4), 385–410.

74. Nickols (2005), *supra* note 21, p. 123.

75. Kim (2004), *supra* note 71.

76. Hall, J. E. (2004). Pluralistic evaluation: A situational approach to service evaluation. *Journal of Nursing Management*, 12, 22–27.

77. Bailey, S. (2014, October 29). The answer to transfer. *Chief Learning Officer*. Accessed on March 4, 2015 at http://www.clomedia.com/articles/5915-the-answer-to-transfer.

78. Kraiger et al. (1993), *supra* note 34.

79. Weatherby, N. L., & Gorosh, M. E. (1989). Rapid response with spreadsheets. *Training and Development Journal*, 43(9), 75–79; Werner et al. (1994), *supra* note 56.

80. Berk, J. (2004). Training evaluations. *T&D*, 58(9), 39–44.

81. Phillips, J. J. (1983). *Handbook of training evaluation and measurement methods* (p. 92). Houston, TX: Gulf Publishing; Fawson, T. J., Moss-Summers, V., & May, S. M. (2004). 'Somewhere out there:' A survey of the oft lone journey of evaluators working in business and industry settings. *Evaluation and Program Planning*, 27(3), 335–340; Wang, G. G., & Wilcox, D. (2006). Training evaluation: Knowing more than is practiced. *Advances in Developing Human Resources*, 8(4), 528–539.

82. Coetzer, A., Redmond, J., & Sharafizad, J. (2012). Using the critical incident technique to research decision making regarding access to training and development in mediumsized enterprises. *International Journal of Training Research*, 10(3), 164–178.

83. Ostroff, C. (1991). Training effectiveness measures and scoring schemes: A comparison. *Personnel Psychology*, 44, 353–374.

84. Mann, S. (1996). What should training evaluations evaluate? *Journal of European Industrial Training*, 20(9), 14–20; Curphy, G. J., Gibson, F. W., Macomber, G., Calhoun, C. J., Wilbanks, L. A., & Burger, M. J. (1998). Situational factors affecting peer reporting intentions at the US Air Force Academy: A scenario-based investigation. *Military Psychology*, 10(1), 27–43; Haccoun, R. R., & Saks, A. M. (1998). Training in the 21st century: Some lessons from the last one. *Canadian Psychology*, 39(1–2), 33–51; Pigora, M. A., Barshatzky, K., Kerrigan,M., &Murphy, H. (2002). A task-based approach to training, evaluating, and simulating WMD response behavior. *Proceedings of the 24th annual interservice/industry training, simulation & education conference (I/ITSEC)*, Orlando, FL.

85. Marakas, G. M., Johnson, R. D., & Clay, P. F. (2007). The evolving nature of the computer self-efficacy construct: An empirical investigation of measurement construction, validity, reliability and stability over time. *Journal of the Association for Information Systems*, 8(1), 16–46.

86. Lin, H.-F., & Lee, G.-G. (2005). Impact of organizational learning and knowledge management factors on ebusiness adoption. *Management Decision*, 43, 171–188; Tracey, J. B., & Tews, M. J. (2005). Construct validity of a general training climate scale. *Organizational Research Methods*, 8, 353–374.

87. Anastasi, A. (1982). *Psychological testing*. New York: Macmillan; Cook, T. D., & Campbell, D. T. (1979). *Quasiexperimentation: Design and analysis issues for field settings*. Chicago: Rand-McNally; Cook, T. D., Campbell, D. T., & Peracchio, L. (1990). Quasi-experimentation. In M. D. Dunnette & L. M. Hough (Eds), *Handbook of industrial and organizational psychology* (2nd ed., Vol. 1, pp. 491–576). Palo Alto, CA: Consulting Psychologists Press.

88. Gray, D. E., Iles, P., & Watson, S. (2011). Spanning the HRD academic-practitioner divide: Bridging the gap through mode 2 research. *Journal of European Industrial Training*, 35(3), 247–263; Lynham, S. A.,& McDonald, K. S. (2011). There's nothing quite as practical as good research. *Advances in Developing Human Resources*, 13(2), 131–134.

89. Phillips (1983), *supra* note 7; Phillips, J. J. (1996). How much is the training worth? *Training & Development*, 50(4), 20–24; Robinson & Robinson (1989), *supra* note 62.

90. Tharenou, P., Saks, A. M., & Moore, C. (2007). A review and critique of research on training and organizational-level outcomes. *Human Resource Management Review*, 17, 251–273.

91. Robbins, P. (2009). Performance proficiency as a measure of learning needs. *Performance Improvement*, 48(3), 21–25.

92. Robinson & Robinson (1989), *supra* note 62.

93. Tesoro, F., & Tootson, J. (2000). *Implementing global performance measurement systems: A cookbook approach*. San Francisco, CA: Jossey-Bass/Pfeiffer.

94. Podsakoff, P. M., & Organ, D. W. (1986). Self-reports in organizational research: Problems and prospects. *Journal of Management*, 12, 531–544.

95. Ardts, J. C. A., van der Velde, M. E. G., & Maurer, T. J. (2010). The influence of perceived characteristics of managerial development programs on employee outcomes. *Human Resource Development Quarterly*, 21, 411–434.

96. Podsakoff, P. M., MacKenzie, S. B., & Podsakoff, N. P. (2012). Sources of method bias in social science research and recommendations on how to control it. *Annual Review of Psychology*, 63(1), 539–569.

97. Podsakoff & Organ (1986), *supra* note 92; Reio, T. G., Jr. (2010). The threat of common method variance bias to theory building. *Human Resource Development Review*, 9, 405–411.

98. Sprangers, M., & Hoogstraten, J. (1989). Pretesting effects in retrospective pretest-posttest designs. *Journal of Applied Psychology*, 74, 265–272; Mann, S. (1997). Implications of the response-shift bias for management. *Journal of Management Development*, 16, 328–336.

99. Russ-Eft, D., & Preskill, H. (2008). Improving the quality of evaluation participation: A meta-evaluation. *Human Resource Development International*, 11, 35–50.

100. Campbell, D. T., & Stanley, J. C. (1966). *Experimental and quasi-experimental designs for research*. Chicago, IL: Rand McNally; Cook & Campbell, (1979), *supra* note 85; Sackett, P. R., & Larson, J. R., Jr. (1990). Research strategies and tactics in industrial and organizational psychology. In M. D. Dunnette & L. M. Hough (Eds), *Handbook of industrial and organizational psychology* (2nd ed., Vol. 1, pp. 419–489). Palo Alto, CA: Consulting Psychologists Press; Edwards, J. R. (2008). To prosper, organizational psychology should…overcome methodological barriers to progress. *Journal of Organizational Behavior*, 29, 469–491; Huberty, L., & Wainer, H. (2013). *A statistical guide for the ethically perplexed*. New York: CRC Press; Aguinis, H., & Vandenberg, R. J. (2014). An ounce of prevention is worth a pound of cure: Improving research quality before data collection. *Annual Review of Organizational Psychology and Organizational Behavior*, 1, 569–595; Reio, T. G., Jr., Nimon, K., & Shuck, B. (2015). Preface. Quantitative dataanalytic techniques to advance HRD theory and practice. *Advances in Developing Human Resources*, 17(1), 3–11.

101. Sackett, P. R., & Mullen, E. J. (1993). Beyond formal experimental design: Towards an expanded view of the training evaluation process. *Personnel Psychology*, 46, 613–627.

102. Horwitz, S. K., & Horwitz, I. B. (2012). Small is beautiful: Implications of reliability and statistical power for testing the efficacy of HR interventions. *Human Resource Management*, 51(1), 143–160.

103. Arvey, R. D., Cole, D. A., Hazucha, J. F., & Hartanto, F. M. (1985). Statistical power of training evaluation designs. *Personnel Psychology*, 38, 493–507.

104. Passmore & Velez (2012), *supra* note 59.

105. Burke, M. J., & Day, R. R. (1986). A cumulative study of the effectiveness of managerial training. *Journal of Applied Psychology*, 71, 232–245; Collins, D. B., & Holton, E. F., III (2004). The effectiveness of managerial leadership development programs: A meta-analysis of studies from 1982–2001. *Human Resource Development Quarterly*, 15, 217–248; Powell, K. S., & Yalcin, S. (2010). Managerial training effectiveness: A meta-analysis 1952–2002. *Personnel Review*, 39, 227–241.

106. *AHRD standards on ethics and integrity* (1999), *supra* note 17; Hatcher, T. (2002). *Ethics and HRD: A new approach to leading responsible organizations*. Cambridge, MA: Perseus; Huberty & Wainer (2013), *supra* note 98; Anderson, V., Garavan, T., & Sadler-Smith, E. (2014). Corporate social responsibility, sustainability, ethics and international human resource development. *Human Resource Development International*, 17(5), 497–498.

107. Russ-Eft, D., & Hatcher, T. (2003). The issue of international values and beliefs: The debate for a global HRD code of ethics. *Advances in Developing Human Resources*, 5(3), 296–307; Hatcher, T. (2006). An examination of the potential of human resource development (HRD) to improve organizational ethics. In J. R. Deckop (Ed.), *Human resource management ethics* (pp. 87–110). Greenwich, CT: Information Age Publishing; Garavan, T. N., Heraty, N., Rock, A., & Dalton, E. (2010). Conceptualizing the behavioral behaviors to CSR and CS in organizations: A typology of HRD interventions. *Advances in Developing Human Resources*, 12, 587–613; Kim, T., Park, J. Y., & Kolb, J. A. (2014). Examining the AHRD Standards on Ethics and Integrity using a multiple ethical paradigms approach. *Human Resource Development Review*, 13(3), 293–313.

108. Schmitt, N. W., & Klimoski, R. J. (1991). *Research methods in human resources management*. Mason, OH: Cengage Learning.

109. *Ibid*.

110. Hicks, W. D., & Klimoski, R. J. (1987). Entry into training programs and its effects on training outcomes: A field experiment. *Academy of Management Journal*, 30, 542–552.

111. Cook & Campbell (1979), *supra* note 85.

112. Fromkin, H. L., & Streufert, S. (1976). Laboratory experimentation. In M. D. Dunnette (Ed.), *Handbook of industrial and organizational psychology* (pp. 415–465). New York: Rand McNally.

113. Gordon, J. (2007). Eye on ROI? *Training*, 44(5), 43–45.

114. Kaplan, K. (2006). Raising Science's bar against fraud. *Los Angeles Times*, November 29, p. A30; Steen, R. G. (2011). Retractions in the scientific literature: Do authors deliberately commit research fraud? *Journal of Medical Ethics*, 37, 113–117; Retraction Watch (2015). Accessed on March 5, 2015 at http://retractionwatch.com/.

115. McLinden, D. (2010). Estimating the future value of training investments. In P. P. Phillips (Ed.), *ASTD handbook for measuring and evaluating training* (pp. 223–236). Alexandria, VA: ASTD; Phillips, P. P. (2010). Calculating the return-on-investment. In P. P. Phillips (Ed.), *ASTD handbook for measuring and evaluating training* (pp. 213–222). Alexandria, VA: ASTD; Wick, C., Pollack, R., & Jefferson, A. (2010). *The six disciplines of breakthrough learning: How to turn training and development into business results* (2nd ed.). San Francisco, CA: Pfeiffer; Phillips, J., & Phillips, P. (2013). Measuring the return on investment on green projects and sustainability efforts. *Performance Improvement*, 52(4), 38–52.

116. The measurement dilemma: Tying learning to business impact and financial outcomes (2010). *ESI International*. Accessed on March 5, 2015 at http://www.esi-intl.co.uk/resource_centre/white_papers/orgimprov/The%20Measurement%20Dilemma%20-%20Tying%20Learning%20to%20Business%20Impact%20and%20Financial%20Outcomes.pdf; Brotherton, P. (2011). Organizations lagbehind in measuring learning's value. *T&D*, 65(2), 16–18.

117. Cascio, W. F. (2000). *Costing human resources: The financial impact of behavior in organizations* (4th ed.). Mason, OH: Cengage Learning; Cascio, W. F. (2007). The costs—and benefits—of human resources. *International Review of Industrial and Organizational Psychology*, 22, 71–109.

118. Cullen, J. G., Swazin, S. A., Sisson, G. R., & Swanson, R. A. (1978). Cost effectiveness: A model for assessing the training investment. *Training and Development Journal*, 32(1), 24–29.

119. Robinson & Robinson (1989), *supra* note 62.

120. Dade, S. (2005). Instructional design foundations course: Bank of America. In J. J. Phillips & P. P. Phillips (Eds), *ROI at work* (pp. 71–80). Alexandria, VA: ASTD.

121. Robinson & Robinson (1989), *supra* note 62.

122. Ellis, K. (2005). What's the ROI of ROI? *Training*, 42(1), 16–21; Bernthal, P. (2010). Measurement gets strategic. In P. Keller (Ed.), *The best of T&D: The best of measuring & evaluating learning* (pp. 17–21). Alexandria, VA: T&D.

123. Phillips (1996), *supra* note 87; Phillips, J. J. (1996). Was it the training? *Training & Development*, 50(3), 28–32.

124. Phillips, P. P., & Phillips, J. J. (2004). ROI in the public sector: Myths and realities. *Public Personnel Management*, 33(2), 139–149; Phillips, J. J., & Phillips, P. (2009). Using ROI to demonstrate performance value in the public sector. *Performance Improvement*, 48(4), 22–28.

125. Phillips, J. J. (1996). *Accountability in human resource management*. Houston, TX: Gulf; Phillips, J. J. (2003). *Return on investment in training and performance improvement programs*. Boston, MA: Butterworth-Heineman.

126. Phillips (1996, p. 20), *supra* note 87.

127. Pine, J., & Tingley, J. C. (1993). ROI of soft-skills training. *Training*, 30(2), 55–60.

128. Parry, S. B. (1996). Measuring training's ROI. *Training & Development*, 50(5), 72–77; Parry, S. B. (2000). *Training for results*. Alexandria, VA: ASTD; Platt, G. (2008). Calculate the gain without the pain. *Training Journal*, October, 35–37.

129. Phillips (1996), *supra* note 87.

130. Parry (1996), *supra* note 127.

131. Cited in Ellis (2005), *supra* note 121.

132. Willyerd, K. A. (1997). Balancing your evaluation act. *Training*, 51(3), 52–58.

133. Kaplan, R. S., & Norton, D. P. (1992). The balanced scorecard—measures that drive performance. *Harvard Business Review*, January–February, 71–79; Kaplan, R. S., & Norton, D. P. (2001). Transforming the balanced scorecard from performance management to strategic management: Part I. *Accounting Horizons*, 15, 87–104.

134. Willyerd (1997), *supra* note 131.

135. Schmidt, L. (Ed.) (2003). *In action: Implementing training scorecards*. Alexandria, VA: ASTD.

136. Goldwasser, D. (2001). Beyond ROI. *Training*, 38(1), 82–87; Phillips, J. J., Stone, R., & Phillips, P. (2012). *The human resources scorecard*. Routledge.

137. Davis, D., & Daily, B. J. (2008). The learning organization and its dimensions as key factors in firms' performance. *Human Resource Development International*, 11, 51–66.

138. Ellis (2005), *supra* note 121; Gordon (2007), *supra* note 112; Nafukho, F. (2009). HRD's role in identifying, measuring, and managing knowledge assets in the intangible economy. *Advances in Developing Human Resources*, 11(3), 399–410; Kelly, T. (2010). Hitting the suite spot. In P. Keller (Ed.), *The best of T&D: The best of measuring& evaluating learning* (pp. 50–53). Alexandria, VA: T&D.

139. Thornton, G. C., III, & Potemra, M. J. (2010). Utility of assessment center for promotion of police sergeants. *Public Personnel Management*, 39, 59–69.

140. Brogden, H. E. (1949). When testing pays off. *Personnel Psychology*, 2, 171–185; Cronbach, L. J. (1965). Comments on "A dollar criterion in fixed-treatment employee selection programs." In L. J. Cronbach& G. C. Gleser (Eds), *Psychological tests and personnel decisions* (2nd ed.). Urbana, IL: University of Illinois Press; Schmidt, F. L., Hunter, J. E., & Pearlman, K. (1982). Assessing the impact of personnel programs on workforce productivity. *Personnel Psychology*, 35, 333–347.

141. Cascio (2000), *supra* note 116.

142. Boudreau, J. W. (1983). Economic considerations in estimating the utility of human resource productivity improvement programs. *Personnel Psychology*, 36, 551–576; Cronshaw, S. F., & Alexander, R. A. (1985). One answer to the demand for accountability: Selection utility as an investment decision. *Organizational Behavior and Human Decision Processes*, 35, 102–118; Cascio, W. F. (1989). Using utility analysis to assess training outcomes. In I. L. Goldstein and Associates (Eds), *Training and development in organizations* (pp. 63–88). San Francisco, CA: Jossey-Bass.

143. Cascio (1989), *supra* note 141.

144. Dreher, G. F.,& Sackett, P. R. (Eds) (1983). *Perspectives on employee staffing and selection*. Homewood, IL: Richard D. Irwin.

145. Latham, G. P., & Whyte, G. (1994). The futility of utility analysis. *Personnel Psychology*, 47, 31–46; Whyte, G., & Latham, G. P. (1997). The futility of utility analysis revisited: When even an expert fails. *Personnel Psychology*, 50, 601–610.

146. Hazer, J. T., & Highhouse, S. (1997). Factors influencing managers' reactions to utility analysis: Effects of SD method, information frame, and focal intervention. *Journal of Applied Psychology*, 82, 104–112.

147. Carson, K. P., Becker, J. S., & Henderson, J. A. (1998). Is utility really futile? A failure to replicate and an extension. *Journal of Applied Psychology*, 83, 84–96.

148. Morrow, C. C., Jarrett, M. Q., & Rupinski, M. T. (1997). An investigation of the effect and economic utility of corporate-wide training. *Personnel Psychology*, 50, 91–119.

149. Macan, T. H., & Foster, J. (2004). Managers' reactions to utility analysis and perceptions of what influences their decisions. *Journal of Business and Psychology*, 19(2), 241–253.

150. Chochard, Y., & Davoine, E. (2011). Variables influencing the return on investment in management training programs: A utility analysis of 10 Swiss cases. *International Journal of Training & Development*, 15(3), 225–243.

151. Hazer & Highhouse (1997), *supra* note 145.

152. Cascio, W. F. (2006). The economic impact of employee behaviors on organizational performance. *California Management Review*, 48(4), 41–59; Winkler, S., Koenig, C. J., & Kleinmann, M. (2010). Single-attribute utility analysis may be futile, but this can't be the end of the story: Causal chain analysis as an alternative. *Personnel Psychology*, 63, 1041–1065.

153. Sturman, M. C. (2000). Implications of utility analysis adjustments for estimates of human resource intervention value. *Journal of Management*, 26, 281–299.

154. *Ibid.*

155. Latham & Whyte (1994), *supra* note 144; Shultz, K. S. (1996). Utility analysis in public sector personnel management: Issues and keys to implementation. *Public Personnel Management*, 25(3), 369–377; Hazer & Highhouse (1997), *supra* note 145; Morrow et al. (1997), *supra* note 147; Sturman (2000), *supra* note 152; Cabrera, E. F., & Raju, N. S. (2001). Utility analysis: Current trends and future directions. *International Journal of Selection and Assessment*, 9, 92–102; Macan, T. H., & Foster, J. (2004), *supra* note 148.

156. Russ-Eft, D., & Preskill, H. (2005). In search of the Holy Grail: Return on investment evaluation in human resource development. *Advances in Developing Human Resources*, 7(1), 71–85; Ellis (2005), *supra* note 121; Subramony, M. (2006). Why organizations adopt some human resource management practices and reject others: An explanation of rationales. *Human Resource Management*, 45(2), 195–210.

157. Parsons, J. G. (1997). Values as a vital supplement to the use of financial analysis in HRD. *Human Resource Development Quarterly*, 8, 5–13; Brinkerhoff, R. O. (1997). Invited reaction: Response to Parsons. *Human Resource Development Quarterly*, 8, 15–21.

158. Everett, R. (2010). Tangible return on investment: Integrating learning to reach desired results. In P. Keller (Ed.), *The best of T&D: The best of measuring&evaluating learning* (pp. 40–43). Alexandria, VA: T&D.

159. Hatcher, T., & Colton, S. (2007). Using the internet to improve HRD research. *Journal of European Industrial Training*, 31(7), 570–587; Smith, K. (2010). Selecting technology to support evaluation. In P. P. Phillips (Ed.), *ASTD handbook for measuring and evaluating training* (pp. 295–306). Alexandria, VA: ASTD; Bennett, E. E. (2014). Introducing new perspectives on virtual human resource development. *Advances in Developing Human Resources*, 16(3), 263–280.

160. Horton, W. (2005). Evaluating E-learning. *Training*, 42(9), 35–39.

161. Macpherson, A , Elliot, M., Harris, I., & Homan, G. (2004). E-learning: Reflections and evaluation of corporate programmes. *Human Resource Development International*, 7(3), 295–313; Dunet, D. O., & Reyes, M. (2006). Stakeholder-focused evaluation of an online course for health care providers. *Journal of Continuing Education in the Health Professions*, 26(4), 257–267; Strohmeier, S., & Kabst, R. (2014). Configurations of e-HRM—an empirical exploration. *Employee Relations*, 36(4), 333–353.

162. SurveyMonkey™ (2015). Accessed on March 5, 2015 at https://www.surveymonkey.com/; online surveys by Zoomerang (2015). Accessed on March 5, 2015 at http://www.zoomerang.com/.

163. Wang, K. H., Wang, T. H., Wang, W. L., & Huang, S. C. (2006). Learning styles and formative assessment strategy:

Enhancing student achievement in Web-based learning. *Journal of Computer Assisted Learning*, 22, 207–217; Boström, L., & Lassen, L. M. (2006). Unraveling learning, learning styles, learning strategies and meta-cognition. *Education & Training*, 48(2/3), 178–189; Holton, E. F., III, Coco, M. L., Lowe, J. L., & Dutsch, J. V. (2006). Blended delivery strategies for competency-based training. *Advances in Developing Human Resources*, 8(2), 210–228; Little, B. (2006). Shaping the blends. *Industrial and Commercial Training*, 38(4), 190–195; Orvis, K. A., Fisher, S. L., & Wasserman, M. E. (2009). Power to the people: Using learner control to improve trainee reactions and learning in web-based instructional environments. *Journal of Applied Psychology*, 94, 960–971; Zuckweiler, K. M., & Cao, Q. (2009). Combining learning styles and technology acceptance: New perspectives on online business education. *International Journal of Information and Operation Management Education*, 3(2), 81–92; Gu, V. C., Triche, J., Thompson, M. A., & Cao, Q. (2012). Relationship between learning styles and effectiveness of online learning systems. *International Journal of Information and Operations Management Education*, 5(1), 32–47.

164. Bingham, T. (2009). Learning gets social. *T&D*, 63(8), 56–60; Thomas, K. J., & Akdere, M. (2013). Social media as collaborative media in workplace learning. *Human Resource Development Review*, 12(3), 329–344.

165. Ruark, B. E. (2009). The ABCDEs of learning and development's next paradigm. *T&D*, 63(8), 50–55.

166. Harris, P. (2010). ROI of e-learning: Closing in. In P. Keller (Ed.), *The best of T&D: The best of measuring&evaluating learning* (pp. 9–13). Alexandria, VA: T&D; Brown, K. G., Charlier, S. D., & Pierotti, A. (2012). e-Learning at work: Contributions of past research and suggestions for the future. *International Review of Industrial and Organizational Psychology*, 27, 89–114; Hajli, M., Bugshan, H., Lin, X., & Featherman, M. (2013). From elearning to social learning—A health care study. *European Journal of Training and Development*, 37(9), 851–863.

167. Grove, D. A., & Ostroff, C. (1991). Program evaluation. In K. N. Wexley (Ed.), *Developing human resources*. Washington, DC: BNA Books.

168. Haccoun & Saks (1998), *supra* note 82; Ellis (2005), *supra* note 121; Wagner, R. J., & Weigand, R. J. (2006). Measuring results of MBTI type training: ROI in action. Mountain View, CA: CPP; Gordon (2007), *supra* note 112; Aguinis & Kraiger (2009), *supra* note 21; Curado, C., & Martins Teixeira, S. (2014). Training evaluation levels and ROI: the case of a small logistics company. *European Journal of Training and Development*, 38(9), 845–870.

169. Bassi, L., & McMurrer, D. (2004). How's your return on people? *Harvard Business Review*, 83(3), 18; Riordan, C. M., Vandenberg, R. J., & Richardson, H. A. (2005). Employee involvement climate and organizational effectiveness. *Human Resource Management*, 44(4), 471–488; Phillips, J. J. (2005). *Investing in your company's human capital: Strategies to avoid spending too little—or too much*. New York: AMACOM; Benson, G. S. (2006). Employee development, commitment, and intention to turnover: A test of employability policies in action. *Human Resource Management Journal*, 16(2), 173–192; Elliott, M., Dawson, R., & Edwards, J. (2009). Providing demonstrable return-on-investment for organisational learning and training. *Journal of European Industrial Training*, 33(7), 657–670; Subramony, M. (2009). A meta-analytic investigation of the relationship betweenHRMbundles and firm performance. *Human Resource Management*, 48, 745–768; Jiang, K., Lepak, D., Hu, J., & Baer, J. (2012). How does human resource management influence organizational outcomes? A meta-analytic investigation of mediating mechanisms. *Academy of Management Journal*, 55(6), 1264–1294.

170. Den Hartog, D. N., & Verburg, R. M. (2004). High performance work systems, organizational culture and firm effectiveness. *Human Resource Management Journal*, 14(1), 55–78; Gómez, P. J., éspedes Lorente, J. J., & Cabrera, R. V. (2004). Training practices and organizational learning capability. *Journal of European Industrial Training*, 28(2–4), 234–256; Kirby, J. (2005). Toward a theory of high performance. *Harvard Business Review*, 83(7/8), 30–39; Frattali, R. (2007). The company that teaches together performs together. *T&D*, 61(7), 36–39; Boxall, P., & Macky, K. (2009). Research and theory on high-performance work systems: Progressing the highinvolvement stream. *Human Resource Management Journal*, 19, 3–23; Posthuma, R. A., Campion, M. C., Masimova, M., & Campion, M. A. (2013). A high performance work practices taxonomy: Integrating the literature and directing future research. *Journal of Management*, 39(5), 1184–1220.

171. Aguinis & Kraiger (2009), *supra* note 21.

172. Brinkerhoff, R. O. (2006). Getting real about evaluation. *T&D*, 60(5), 24–25 (quote from p. 24).

173. Wang, G. G., & Wang, J. (2005). Human resource development evaluation: Emerging markets, barriers, and theory building. *Advances in Developing Human Resources*, 7(1), 22–336; Chuang, S.-F. (2013). Evaluating training and development practices in Taiwan: challenges and opportunities. *Human Resource Development International*, 16(2), 230–237; Diamantidis, A. D., & Chatzoglou, P. D. (2012). Evaluation of formal training programmes in Greek organisations. *European Journal of Training and Development*, 36(9), 888–910; Rahman, A. A., Ng, S. I., Sambasivan, M., & Wong, F. (2013). Training and organizational effectiveness: Moderating role of knowledge management process. *European Journal of Training and Development*, 37(5), 472–488.

174. Hodgkinson, G. P., Herriot, P., & Anderson, N. (2001). Re-aligning the stakeholders in management research: Lessons from industrial, work and organizational psychology. *British Journal of Management*, 12, S41–S48; Short, D. C., Keefer, J., & Stone, S. J. (2009). The link between research and practice: Experiences of HRD and other professions. *Advances in Developing Human Resources*, 11, 420–437; van Brakel, R. (2010). Why ROI isn't enough. In P. Keller (Ed.), *The best of T&D: The best of measuring & evaluating learning* (pp. 6–8). Alexandria, VA: T&D; Gray, Iles, & Watson (2011), *supra* note 86; Salas, E., Tannenbaum, S. I., Kraiger, K., & Smith-Jentsch, K. A. (2012). The science of training and development in organizations: What matters in practice. *Psychological Science*, 13(2), 74–101; Tsui, A. S. (2013). Making research engaged: Implications for HRD scholarship. *Human Resource Development Quarterly*, 24(2), 137–143.

175. Saks, A. M., & Burke, L. A. (2012). An investigation into the relationship between training evaluation and the transfer of training. *International Journal of Training&Development*, 16(2), 118–127; Percival, J. C., Cozzarin, B. P., & Formaneck, S. D. (2013). Return on investment for workplace training: The Canadian experience. *International Journal of Training& Development*, 17(1),20–32; Ubeda-García, M., Marco-Lajara, B., Sabater-Sempere, V., & García-Lillo, F. (2013). Does training influence organisational performance? *European Journal of Training and Development*, 37(4), 380–413.

3부
인적자원개발의 실제

8장 | 온보딩:
신입사원 사회화 및 오리엔테이션

학습 목표

이 장을 읽고 나면 당신은…

1. 조직 사회화의 내용, 결과와 프로세스에 대해 토론할 수 있다.
2. 조직에 들어가는 신입사원이 직면한 어려움과 성공하기 위해 필요한 것들을 기술할 수 있다.
3. 모집할 때 현실적인 구직 미리보기 접근 방식을 설명하고 조직과 신입사원에게 이것이 어떻게 도움이 되는지 설명할 수 있다.
4. 신입사원 오리엔테이션과 온보딩의 목적을 정의하고 설명할 수 있다.
5. 효과적인 오리엔테이션과 온보딩 프로그램의 특징을 설명할 수 있다.
6. 효과적인 오리엔테이션과 온보딩 프로그램을 설계, 구현, 평가하는 데 필요한 핵심 요소를 파악할 수 있다.

핵심 용어

조직 사회화
역할
역할 과부하
역할 갈등
역할 모호성
역할 지향
규범
기대
예비 사회화
조우 단계
변화와 획득
인력 진입 과정 전략
현실적 직무소개(RJP)
자기 선택
신입사원 오리엔테이션
괴롭힘
정보 과부하

도입 사례

신입사원 오리엔테이션은 가장 많이 사용되는 HRD 접근법 중 하나이지만, 많이 사용된다는 사실이 프로그램의 효과와 높은 품질을 보장하지는 않는다. 오리엔테이션 프로그램을 효과적으로 제공하는 데 따르는 어려움이 있으며, 보통 여러 가지 해결해야 할 문제점을 갖고 있다. 이상적인 오리엔테이션 프로그램은 신입사원이 빨리 조직에 적응하는 데 도움이 되는 정보를 제공해야 한다. 또한 오리엔테이션 기간은 신입사원들이 가질 수 있는 염려를 완화하고, 신입사원들에게 조직의 가치를 불어 넣을 수 있는 적절한 기회이다. 그러나 많은 조직이 이 기회를 효과적으로 활용하지 못하고 있다. 대신 그들은 필요 없는 정보를 신입사원에게 제공하기도 한다. 또한 많은 조직에서는 신입사원을 격려하고 회사에 대한 좋은 감정을 심어주기보다는, 오리엔테이션을 하나의 처리해야 하는 사무적인 과정(즉, 서류 작성을 마치는 것 같은)으로 다루고 있다.

메이요 클리닉(*Mayo Clinic*)은 암, 심장 보호, 장기이식 및 신경 과학 분야의 환자를 대상으로 하는 세계적 수준의 치료 기관이다. 메이요 크리닉의 종업원은 대략적으로 59,000명이 넘는다. 33,000명 정도가 미네소타주 로체스터 전역의 여러 지역에서 근무하고 있으며 애리조나, 플로리다, 아이오와 및 위스콘신 주에 2만 6천 명의 종업원이 일하고 있다. 1892년 윌리엄 메이요(*William W. Mayo*) 박사가 창립하고, 그의 두 아들이 발전시킨 메이요 클리닉은 오랫동안 환자와 종업원 모두에게 그들의 문화와 가치를 전달하고자 하는 강력한 의지를 갖고 있었다. 메이요 클리닉의 한 팀은 이런 프로그램에 필요한 목표를 달성하기 위해 클리닉의 오리엔테이션 프로그램을 재설계하는 도전적인 과제를 수행하게 되었다.

질문: 당신이 미네소타주 로체스터의 종업원들을 위한 오리엔테이션 프로그램을 재설계해야 하는 메이요 클리닉의 팀원이라면 어떤 방법이나 접근법을 사용하고 싶은가? 오리엔테이션에서 전달해야 할 가장 중요한 정보 또는 컨텐츠는 무엇인가? 어떤 유형의 교육 방법이나 활동을 추천하는가? 오리엔테이션 프로그램은 얼마나 오래 진행되어야 한다고 생각하는가?

출처: Mayo Clinic's Campus in Minnesota (2015). Accessed on March 14, 2015 at: http://www.mayoclinic.org/patientvisitor-guide/minnesota

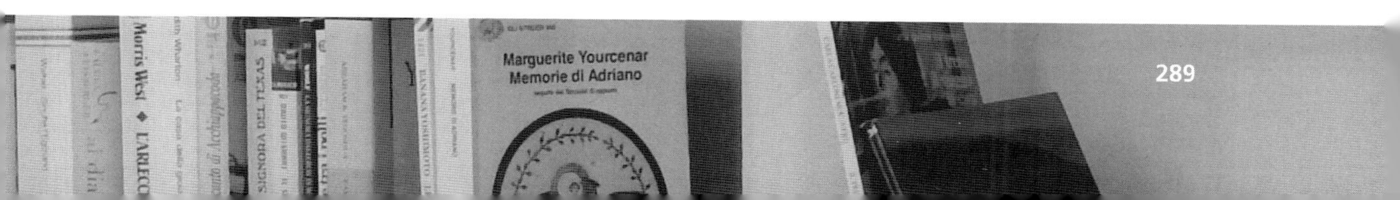

도입

다음과 같은 경험을 해본 적이 있는가?

- 회사의 공식 오리엔테이션이나 온보딩 프로그램을 경험해본 적이 있는가?
- 신입사원 오리엔테이션을 관리자나 동료로서 돕도록 요청받아 본 적이 있는가?
- 새로운 조직에 신입사원이 적응하거나 사회화되는 방법에 대해 생각을 해보았는가?
- 새로운 직업이나 인턴십을 시작했을 때, 그 직업과 조직에 관해 당신이 전에 들었던 정보가 실제 상황과 일치하지 않는 상황에 처해본 적이 있는가?

이 질문들 중 하나 이상에 대해서 당신이 '예'라고 대답했다면, 당신이 경험한 최고 또는 최악의 오리엔테이션 경험은 무엇이었는가? 그 이유는 무엇인가?

건물 건축 과정에 비유하자면, 1부는 효과적인 HRD를 위한 토대를 제공하는 것이고, 2부는 HRD를 위한 견고한 구조를 제시한 것이다. 3부는 수많은 HRD 응용(application)에 대한 설명으로, 이들은 HRD 구조 내의 다양한 방이라고 비유될 수 있다. 첫 번째 방은 입구나 로비라고 할 수 있다. 신입사원은 조직에서 긍정적인 출발을 하는 것이 중요하다. 조직 온보딩(입문 과정) 프로세스, 사회화와 오리엔테이션 프로그램은 긍정적인 출발을 촉진하기 위한 것이다.[1]

새로운 직업을 시작하는 종업원은 스트레스를 받을 수 있다. 신입사원들은 종종 모르는 사람들로 둘러싸인 낯선 작업 환경에 속한 자신을 발견하게 된다. 새로운 과업을 성공적으로 수행하려면 신입사원은 관계를 정립하고 새로운 행동, 사실, 절차와 가치를 습득해야 한다. 또한 신입사원은 큰 책임감에서 오는 정서적 변화를 예상하지 못하거나, 새로운 일정에 적응하면서 발생하는 과정적인 어려움을 겪게 될 수 있다. 새로운 일을 배우는 것 외에도 신입사원은 이전 직장이나 학교에서 성공하는 데 도움이 되었던 경험들을 잊어 버릴 필요도 있고, 오히려 그러한 사전 성공 경험이 새로운 직장 상황에 적응하는데 방해가 될 수도 있다는 것을 알아야 한다.[2]

새로운 조직에 적응하는 과정을 조직 사회화(*organizational socialization*)라고 한다. '온보딩(*on boarding*)'이라는 용어는 채용에서 오리엔테이션, 그리고 종업원이 업무에 효과적으로 정착하는 시기까지의 과정을 의미하는 것으로 사용되고 있다.[3] 사회화는 복잡하고 긴 과정이다. 새로운 종업원이 직장에서 기대되는 바를 이해하고 다른 조직 구성원이 인정하는 행동 방법을 습득하기 위해서는 몇 주 또는 몇 달이 걸릴 수 있다. 신입사원에 대한 동료 인식은 매우 중요하다. 예를 들어, 케이스 롤라그(*Keith Rollag*)는 네 개 조직에서 이러한 인식에 대하여 연구하였는데, 신입사원이 조직에서 이직하는 이유 중 30%는 동료들의 인식이라는 것을 발견하였다.[4] 신입사원들의 성공적인 사회화는 다음과 같은 이유로 개인과 조직 모두에게 중요하다.[5]

- 신입사원의 만족도, 성과, 조직에 대한 헌신
- 과업 집단에 대한 만족도와 성과

- 신입사원에 투자한 비용(모집, 선발, 교육, 업무에 적응할 때까지의 시간)
- 신입사원이 조직에 남을 확률
- 신입사원이 퇴직할 경우 종업원 교체 비용

사회화의 중요성에도 불구하고, 일부 조직에서는 신입사원을 소개하고 통합시키려는 노력을 거의 하지 않아서, 신입사원이 혼자서 배워야 한다. 로레인(*Loraine*)은 이 상황을 이렇게 설명한다. "신입사원이 직장에 출근 후 인사하면 '오, 그래, 내가 너를 깜빡했네. 오늘 너에게 가르쳐 줄 시간은 없고, 대신 여기에 규정집이 있으니까, 어딘가에 가서 읽어봐'라는 말을 듣는 것은 드문 일이 아니다."[6] 죽든 살든 알아서 해야 하는 상황 속에서 어떤 사람은 성공할 수도 있지만, 재직 기간 초기에는 불안과 좌절을 경험하게 된다. 다행스럽게도 많은 조직에서 성공적인 사회화의 중요성을 인식하고 신입사원들의 변화를 돕기 위한 노력들이 진행 중이다.[7]

이 장에서는 조직 사회화의 복잡한 프로세스의 본질에 대해 논의한다. 종업원의 사회화를 촉진하는 두 가지 일반적인 접근법, 현실적 직무소개(*RJP, realistic job preview*)와 신입사원 오리엔테이션(*employee orientation*)이 소개된다. 그리고 이 두 가지 접근법을 개인과 조직에 모두 도움이 될 수 있도록 어떻게 사용할 수 있는지를 설명할 것이다.

이 장의 첫 부분에 있는 주요 쟁점을 이해하는 것이 후반부에 제시된 사회화 방법을 적용할 때 중요하다.[8] 던(*Dunn*)과 야신스키(*Jasinski*)는 다음과 같이 말한다. "새로운 채용 인원의 50~60%가 고용 초기 7개월 이내에 직장을 떠나는 상황, 신입사원 채용 비용, 이직으로 인한 높은 비용과 숙련된 근로자를 유지할 필요성 등을 고려할 때, 신입사원에 대한 오리엔테이션(*NHO, new hire orientation*)이 더욱 중요해졌다."[9] 신입사원의 관점에서 볼 때, 새로운 직무를 수행하는 처음 90~100일이 중요하다.[10] 어떤 사람은 신입사원이 일을 하는 첫 2년에 초점을 맞추기도 한다.[11] 하지만, 시간이 얼마나 걸리는지보다는, 종업원과 고용주 모두를 위해서 신입사원의 입사 과정을 최대한 잘 구조화시키고 체계적으로 운영하는 것이 중요하다.[12] 따라서 사회화 또는 온보딩은 신입사원의 첫날 또는 근무 시작일의 며칠만이 아니라 신입사원의 적응 과정 전 기간에 집중해야 한다.

1. 사회화: 내부인이 되는 과정

조직 사회화(*organizational socialization*)는 개인이 조직 내의 어떤 역할을 맡는 데 필요한 사회적 지식과 기술을 습득하는 과정으로 정의된다.[13] 이 프로세스의 최종 결과는 조직 구성원들이 외부인으로 간주하고 있는 어떤 사람이 생산적이고 인정받는 내부인으로 변화되는 것이다. 이 과정은 우선은 신입사원에게 적용되지만, 부서 이동이나 승진한 종업원에게도 적용될 수 있다. 신입사원과는 달리, 부서 이동이나 승진한 사람들은 조직 내의 다른 또는 더 큰 부서의 목표와 가치를 이해하면서, 그 조직의 내부인이 되는 사회화 과정을 밟게 된다. 그러나 신규 채용자와 마찬가지로, 그들도 그들이 가입하게 될 그룹의 외부인이며, 새로운 동료의 인정을 얻고 새로운 역할에 온전히 적응해야 하는 도전에 직면하게 된다.

사회화 과정을 논의하기에 앞서 조직의 세 가지 기본 개념인 조직 역할, 집단 규범, 기대에 대해 알아보자.

1.1 사회화의 개념

1.1.1 조직 역할

역할(*role*)은 집단 내에서 개인에게 기대되는 일련의 행동들이다.[14] 역할은 한 사람이 조직에 적응해 나가는 방법과 효과적으로 업무를 위해 무엇을 해야 하는지를 정의해준다. 예를 들어, 안내원과 만날 때, 우리는 그 사람이 우리에게 인사하고, 정보를 제공하고, 우리를 안내하는 역할을 수행할 것으로 기대한다. 새로운 사람들이 집단에 진입할 때에, 그들은 효과적으로 업무를 수행하고 적응하기 위해서 그들에게 기대되는 역할이 무엇인지를 반드시 배워야 한다.

에드거 샤인(*Edgar Schein*)은 조직 역할에 대해 다음과 같은 세 가지 차원을 설명했다.

1. 포함성(*inclusionary*) — 사회적 차원(예: 외부인 상태, 유예 상태, 영주권 상태)
2. 기능성(*functional*) — 과업 차원(예: 영업, 엔지니어링, 플랜트 운영)
3. 계층성(*hierarchical*) — 순위 차원(예: 현장 직원, 감독자, 중간 관리자, 임원)[15]

새로운 역할에 대한 사회적, 과업적, 순위적 차원의 수행하는 방식이 학습되어야 한다. 예를 들어, 경사로 승진한 경찰관은 해야 할 임무를 알고 그 임무를 수행할 수 있고 그 역할을 수행하는 것에 대해 다른 사람들이 받아들일 때까지는 완전히 효과적인 역할 수행이라고 볼 수 없다.

밴 마넨(*Van Maanen*)과 샤인은 이러한 차원에는 경계가 있는데, 종업원들은 그들의 경력 과정에서 그 경계를 넘어가게 된다고 주장한다.[16] 종업원들이 그 경계를 넘기 직전과 넘은 후에 사회화 과정은 훨씬 더 강렬해지고 더 큰 도전에 직면하게 된다. 경계를 넘은 종업원은 새로운 태도와 행동을 학습해야 하고, 사회화 실패로 인한 부정적인 결과(예: 직무 불만족, 이직 등)를 감수해야 하는 위험이 따르게 된다. 다니엘슨(*Danielson*)은 지속적인 사회화를 주장하는데, 종업원들이 변화하는 작업 환경에 적응하고 배울 수 있도록 끊임없이 많은 노력을 기울여야 한다는 뜻이다.[17]

역할 의사소통(*role communication*)과 역할 지향(*role orientation*)은 조직 사회화를 위한 두 가지 중요한 이슈이다. 이상적으로는 개인의 역할이 무엇인지가 명확하게 의사소통 되고 조직 내의 이해당사자(경영진, 동료, 본인 포함)에 의해 합의가 있어야 한다. 하지만, 불행히도 역할에 대해 명확한 의사소통은 쉽게 이루어지지 않는다. 인식은 역할이 정의되고 의사소통되는 방식에 중요한 역할을 한다. 그런데 개인, 동료, 직속 상사와 상급 관리자 모두 주어진 역할을 다르게 인식하는 경향이 있다. 많은 조직에서 직무기술서를 개인의 역할에 대한 공식적인 증명서로 간주하지만, 직무 설명이 모호한 곳도 있고, 여러가지 해석이 가능할 수도 있다. 역할이 명확하게 이해되지 않는 경험은 특히 신입사원의 경우에 빈번하다.[18]

조직의 역할을 인식하는 과정에서 다음의 세 가지 상황에 직면할 수 있다.

1. **역할 과부하**(*role overload*) — 맡게 된 역할이 자신이 수행할 수 있는 능력 이상이라고 인식할 때
2. **역할 갈등**(*role conflict*) — 자신의 역할에 대하여 상사, 동료가 자신과 다르게 기대하고 있다는 메시지를 받게 될 때
3. **역할 모호성**(*role ambiguity*) — 새롭게 만들어진 직책을 맡는 경우와 같이 자신의 역할에 대해 불분명하다고 느낄 때

연구에 따르면 역할 과부하, 역할 갈등, 역할 모호성은 모두 스트레스와 관련이 있는데,[19] 이러한 스트레스는 직업 만족, 직무 성과, 이직, 결근 등 조직의 중요 가치들에 영향을 미치게 된다.[20]

개인의 역할 지향도 사회화에 매우 중요하다. 모든 개인이 항상 자신에게 주어진 역할에 완전히 순응할 수는 없다. **역할 지향**(*role orientation*)은 개인이 자신이 속한 조직의 역할을 해석하는 데 있어서 어느 정도까지 스스로 혁신적일 수 있는가 하는 것이다.[21] 역할 지향은 어떤 연속선 위에 위치하는데, 그 연속선의 한쪽 끝은 기존에 진행되던 업무 진행 방식에 완전히 순응하는 보존 지향이고, 반대쪽 끝은 역할을 재해석해서 새로운 혁신을 이루어내는 혁신 지향이다.[22] 예를 들어, 혁신 지향적인 시장 조사 분석가는 그의 역할에 마케팅 윤리 영역에 대해서 관리자들을 교육하는 업무를 포함시킬 수도 있다. 그러나 같은 조직의 다른 분석가들은 이러한 과업을 자신의 역할에 포함시키지 않을 것이다. 때때로 종업원들이 자신들의 역할을 창의적으로 재해석함으로써(즉, 혁신 지향을 가짐으로써) 그들 자신과 조직에 더 좋은 결과를 가져오기도 한다. 그러나 한편으로 혁신적인 역할 해석은 조직에서 기존에 인정되고 있는 가치와 관행에 도전하게 된다.[23]

밴 마넨(*Van Maanen*)과 샤인(*Schein*)은 조직이 신입사원을 사회화시킬 때에 사용하는 기법이 개인의 역할 지향에 영향을 줄 것이라고 제시한다.[24] 이것은 연구 결과에 의해 지지되고 있는데, 이 장의 뒷부분에서 조직의 구성원을 받아들이는 과정에서 사용하는 전술을 논의하는 부분에서 다시 한 번 언급할 것이다.[25]

1.1.2 집단 규범

규범(*norms*)은 집단 구성원들이 집단 내 행동에 영향을 주거나 행동을 통제하기 위해 설정한 행동 규칙인데, 보통 문서화되지는 않는다. 집단 규범은 사회화 과정에서 중요한 한 부분인데, 그 규범들이 내부인들이 적절하다고 동의하는 행동을 알려주기 때문이다. 신입사원은 내부인으로서 받아들여지기를 원한다면, 집단 규범과 일치하는 방식으로 행동하는 법을 배워야 한다.

집단은 모든 가능한 행동과 상황에 대한 규범을 개발하거나 시행하지 않고, 중요한 행동에 대해서만 규범을 제정하거나 시행한다.[26] 샤인(*Schein*)은 조직이 중요도에 따라 세가지 수준으로 종업원들의 규범적인 행동을 구분한다고 말한다. 즉, 조직 구성원에게 필수적인 행동을 규정한 중심(*pivotal*) 규범, 바람직한 행동이지만 필수적이지 않은 행동을 규정한 관련(*relevant*) 규범, 중요하지 않은 행동을 규정한 주변

(*peripheral*) 규범이 있다고 한다.[27] 조직은 사회화 과정에서 중심이 되는 행동과 관련성이 높은 행동에 집중할 가능성이 높으며 주변적인 행동을 종업원에게 가르치거나 주의를 기울일 가능성은 적다. 마찬가지로 다니엘 펠드만(*Daniel Feldman*)은 집단이 집단 생존을 도와주는 규범, 중심적인 가치를 표현해주는 규범, 예상되는 행동을 더 간단하게, 더 예측 가능하게 만들어주는 규범, 대인 관계에서 당황하지 않도록 도움을 주는 규범을 시행할 것이라고 주장했다.[28]

집단의 규범을 배우는 것이 항상 쉬운 것은 아니다. 규범은 일반적으로 비공식적이고 문서로 기록되어 있지 않으며, 다양하다.[29] 한 조직 내에서도 소집단마다 규범이 다를 수 있으므로 명확하고 긍정적인 집단 규범이 조직 전체에 걸쳐 만들어져야 한다.[30] 조직은 신입사원이 현실적 직무소개와 오리엔테이션 프로그램 같은 조직 및 집단 규범을 학습하는 방법을 제공함으로써 사회화 과정을 촉진할 수 있다.

1.1.3 기대

기대는 조직 사회화의 중심이기도 하다. 기대란 무엇인가가 발생할 가능성에 대한 믿음이다. **기대**(*expectations*)는 행동, 감정, 정책 및 태도를 포함할 수 있다. 신입사원들은 그들이 어떻게 대우받고, 무엇을 하도록 요구받고, 그들이 새로운 조직에서 어떻게 느낄지에 대한 기대를 가지고 있다. 기대는 동기부여와 의사 결정을 비롯한 다양한 조직행동 현상에 중요하다. 연구에 따르면 신입사원의 기대는 만족도, 성과, 몰입, 조직 소속감에 영향을 줄 수 있다.[31]

종종 모집 과정에서 모집된 사람들에게 직무와 조직에 대한 과도한 기대를 심어주는 경우가 있다.[32] 그래서 비현실적으로 높아진 기대치가 충족되지 않아서 모집된 사람들은 실망감을 느끼고 조직을 떠나게 되는 일들이 많아진다. 존 워너스(*John Wanous*)는 신입사원의 기대치를 좀 더 합리적인 수준으로 조정하면 이직이 줄어든다고 주장한다.[33] 일반적으로 충족되지 않은 기대는 불만을 야기할 수 있으며, 결국 개인들은 자신의 일자리를 그만둘 수 있다.[34] 맥케이(*McKay*)와 동료들은 모집 과정에서 다양성을 높이기 위한 많은 노력들이 모집된 사람들의 이직을 실제로 증가(*increase*)시킬 수도 있는지를 연구하였다. 이 과정에서 조직의 현실이 모집 과정에서 모집된 사람에게 제시된 것과는 뚜렷하게 다를 수 있음을 알게 되었다.[35] 또한, 어빙(*Irving*)과 메이어(*Meyer*)는 종단 연구를 통해 신입사원들이 기대하는 것과 실제로 마주치는 것 사이의 차이로 인한 영향에 대해서 보고한다. 이것은 비현실적으로 높은 기대에 대한 것만은 아니다.[36] 신입사원은 가족 문제 해결에 시간을 허락할 것이라는 조직의 사회적 정책에 대해 기대를 가질 수도 있지만, 결국 그러한 정책이 실제로는 그렇지 않아 그 시간 만큼을 개인이 제공해야 한다는 것을 알게 된다.[37]

신입사원들은 사회화 과정 전반에 걸쳐 기대를 하면서, 검증해보기도 한다. 개인이 발전할 것이라는 기대는 경영진, 동료, 친구, 가족, 언론뿐만 아니라 신입사원 자신의 성품, 태도, 가치와 이전 경험 등과 같은 다양한 근원에 뿌리를 두고 있다.

기대가 신입사원의 성과와 만족에 미치는 영향력을 인식하고, 조직은 그들이 제공하는 정보가 현실적이고 달성 가능한 기대로 이어질 수 있도록 조치를 취해야 한다. 조직이 신입사원의 기대를 조정하는 데 도움을 줄 수 있지만, 신입사원이 실제로 무언가를 경험할 때까지는 특정 일에 대해 어떻게 느끼는지를 알지 못하기 때문에, 신입사원의 경험에서 놀라움이 완전히 없어질 수는 없다.[38] 예를 들어, 다른 지역 출신의 지원자에게 근무할 지역의 기후에 대해 '겨울에는 영하 7도, 여름에는 영상 38도에 습도 높은 날씨'라고 아무리 이야기해줘도 그 지원자는 실제로 근무 지역의 기후를 경험했을 때 제대로 느낄 수 있다.

1.1.4 사회화의 내용

조직 사회화는 신입사원이 조직 내부인으로 받아들여지기 위한 다양한 정보와 행동을 학습하도록 하는 일련의 과정으로 볼 수 있다.[39] 신디아 피셔(*Cynthia Fisher*)는 사회화의 내용을 다섯 가지 범주의 학습으로 나눈다.

1. 예비 학습(*preliminary learning*) — 학습의 필요성 깨닫기, 학습의 내용 알기, 누구로부터 학습할지 깨닫기
2. 조직에 대한 학습(*learning about the organization*) — 목표, 가치, 전략에 대한 학습
3. 작업 그룹 안에서 활동하는 방법 학습(*learning to function in the work group*) — 가치, 규범, 역할과 친밀감을 학습
4. 직무 수행 방법 학습(*learning how to perform the job*) — 업무 수행에 필요한 기술과 지식을 학습
5. 개인 학습(*personal learning*) — 직무와 조직 경험, 자기 정체성, 기대, 자기 이미지와 동기부여를 경험[40]

이런 각 영역에서 학습하게 되는 신입사원은 태도와 행동의 변화를 겪게 된다. 펠드만(*Feldman*)은 사회화 학습이 적절한 역할 행동을 습득하고, 직업 기술과 능력을 개발하고, 작업 집단의 규범과 가치에 적응하는 것을 포함한다고 말한다.[41]

조지아 차오(*Georgia Chao*)와 동료들은 과거 이론과 연구를 종합하여 조직 사회화를 성과 숙련, 정치, 언어, 사람, 조직의 목표와 가치, 역사의 여섯 가지 차원으로 제시했다.[42] 그들은 이러한 차원을 측정하기 위해 34개 항목의 설문지를 개발했다. 차오와 동료들은 설문지를 테스트하고, 그들의 유형 분류 체계를 검증했다. 또한 그들은 종단 연구를 통하여 각 차원이 엔지니어와 관리자들 샘플에서 경력 개발 효과와 관련성이 있다고 보고했다. 질 호이터(*Jill Haueter*)와 동료 연구자는 이들의 대체 설문지를 개발하였다.[43]

사회화 내용의 다양한 범주의 학습은 신입사원들이 자주 많은 어려움에 직면하게 됨을 의미한다. 3장에서 논의했듯이 서로 다른 영역을 학습하려면 다른 메커니즘이 필요하다(로버트 가네(*Robert Gagné*)의 견해를 상기할 것). 따라서 조직은 성공적인 사회화 과정을 위한 학습을 촉진하기 위해 여러 접근법을 사용해야 한다.

1.1.5 사회화의 결과

사회화 과정에 대한 연구자들은 사회화 과정의 정서적, 인지적, 행동적 결과를 다양하게 제시했다.[44] 사회화는 긍정적 결과(예: 조직 몰입, 혁신)와 부정적 결과(예: 불만족, 이직, 저조한 성과) 등 여러 가지 결과를 가져온다. 사회화의 다른 가능한 결과로는 앞에서 논의된 역할 과부하, 역할 갈등, 역할 모호성이 있다. 일반적으로 성공적인 사회화란 신입사원이 다음과 같은 내용을 개발해 나가는 과정이다. (1) 조직과 작업 집단에 대한 많은 지식들, (2) 조직과 작업 집단과 함께 업무를 수행하고 소속되고자 하는 태도, (3) 개인적 효과성과 조직 효과성을 가져올 수 있는 행동. 실패한 사회화는 일반적으로 충족되지 않은 기대, 불만족, 몰입의 결여, 이직으로 이어진다.[45]

사회화 과정에서 이러한 결과들이 언제, 어떻게 발생하는지에 대한 이해가 필요하다.[46] 몇몇 연구에 의하면, 조직에서 진입 초기의 사회화 경험은 사회화 결과에 지속적으로 영향을 미치며 사회화는 시간이 지나면서도 계속된다고 할 수 있다.[47] 또한 상사와 동료들로부터 얻은 정보는 신입사원들에게 큰 영향을 주며, 조기 사회화에 중요한 영향을 미치는 것으로 밝혀졌다.[48]

지금까지 논의는 사회화가 무엇인지, 사회화의 기본 개념들, 사회화 과정의 내용과 결과에 초점을 맞추었다. 사회화를 촉진하는 HRD 기법들을 논의하기 전에 조직에 사람을 진입시키는 전술이며 조직이 신입사원을 사회화시킬 때 주로 사용하는 사회화 과정의 한 모델을 다음에 제시하고자 한다.

1.2 사회화 과정에 대한 다양한 견해

1.2.1 사회화의 단계 모델

조직 사회화 이론가들은 사회화 과정에 포함되는 단계를 중시하는 단계 모델(*stage models*)을 사용하여 사회화 과정을 설명한다.[49] 여기서 다루는 내용은 다니엘 펠드만(*Daniel Feldman*)이 개발한 대표적인 3단계 모델에 초점을 맞춘다(그림 8.1 참조).[50]

첫 번째 단계인 **예비 사회화**(*anticipatory socialization*)는 개인이 조직에 합류하기 전에 시작된다. 이 단계에서는 어떤 조직의 회원에게 필요한 자격에 관한 전반적인 인상이 사람들에게 형성된다. 조직에 대한 정보는 소문, 일화, 광고, 언론, 채용 담당자, 인터넷을 통한 다양한 채널을 통해 얻을 수 있다.[51] 일례로, GE의 '작업 상상력'이나 미국 해병대의 '소수 자긍심' 캠페인과 같은 이미지 광고와 브랜딩 활동은 해당 조직에 관한 메시지를 전달한다.[52] 또한, 미디어는 조직이 이름을 알릴 수 있도록 기여하는 역할을 한다. 예를 들어, 마이크로소프트에 관한 정보들은 이 회사는 지적인 자극을 주는 곳이고, 몰입도가 높은 종업원들이 장시간 일하며 높은 수준의 보상을 받을 수 있다는 메시지를 전달한다.

이러한 인상은 개인의 행동에 영향을 줄 수 있는 기대에 영향을 준다. 예를 들어, 일자리를 구할 때 사람들의 뇌리에 형성된 한 조직에 대한 기대는 그 조직에 사람들을 끌어들이고, 그들이 선택할 수 있었던 다른 조직이 배제되고, 선택한 그 조직에 계속해서 남아있기로 한 결정에 영향을 줄 수 있다. 앞서 언급했듯이, 관리자는 정확한 정보를 제공해서 재직 기간에 부정적인 영향을 미칠 수 있는 부정확

그림 8.1 펠드만의 조직 사회화 모델

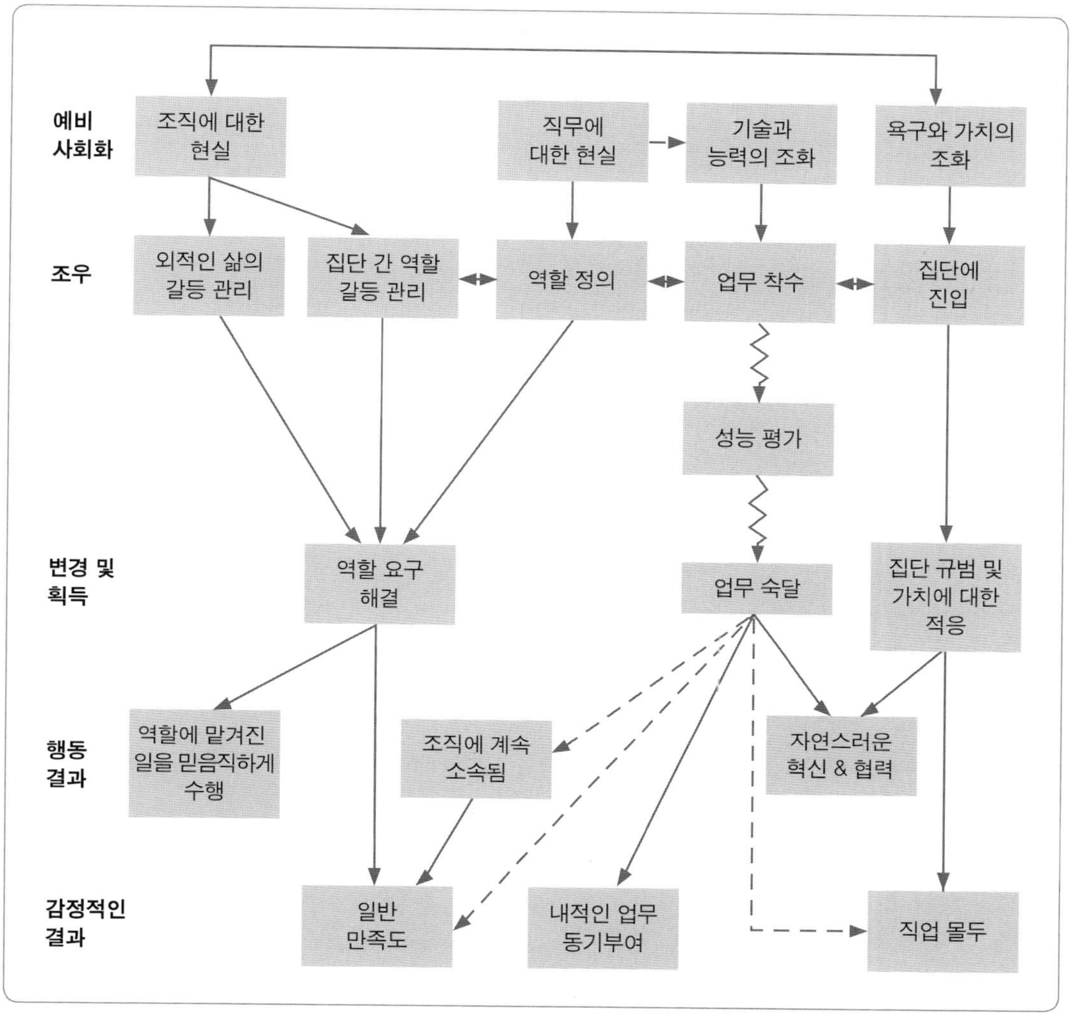

출처: Feldman, D. C. (1981). The multiple socialization of organization members. Academy of Management Review, 6, 309–318.

한 기대를 바로 잡는 것이 중요하다.

또한 예비 사회화 단계에서 개인은 자신의 기술, 능력, 욕구와 가치가 그 조직이 요구하는 것과 어느 정도 일치하는지를 탐구해볼 수 있다. 이러한 접근은 조직에 지원하는 것을 시도할지 여부에 영향을 미치며, 또한 조직과 자신이 상호작용하는 행동 방식에도 영향을 미칠 수 있다.

사회화 과정의 **조우 단계**(*encounter stage*)는 지원자가 조직에 합류하겠다는 공식적인 약속을 할 때 시작된다.[53] 공식적인 약속은 고용 계약서에 서명하거나, 단순히 고용이나 회원 자격을 수락하는 것을 의미할 수 있다. 이 시점에서, 개인은 외부 환경과 분리되는 조직의 경계를 넘어 들어가서 조직 안의 실제 모습이 어떠한지를 발견하기 시작한다. 이 단계에서는 취업하기 전 그들이 가졌던 조직에 대한 기대가 맞는지 틀리는지 확인될 수 있다. 기대가 사실과 다를 경우 이것은 약간의 불쾌한 놀라움으로 이어질 수 있다. 발탁 승진이나 조기 승진이 활성화되어 있을 것을 기대하고 조직에 입사한 종업원은 막상 조직에 들어와서 보니 승진 연한이 길고, 예상보다 승진의 기회가 적다는 사실을 발견할 수 있다. 조직에 들어온 이후 신입사원은 자신의 라이프 스타일과 업무 간의 조화를 이루어가고, 작업 집단 내에서 발생하는 역할 갈등을 해결해 나가야 한다. 또한, 역할을 명확히 하면서 작업의 역동성에 익숙해지며, 종업원으로서 필요로 하는 일들을 배우고 수행해야 한다.[54]

사회화 과정의 마지막 단계는 **변화와 획득**(*change and acquisition*)이다. 이 단계는 신입사원이 집단의 규범과 가치를 받아들이고, 수행해야 할 작업을 습득하며, 역할 갈등과 과부하를 해결할 때 발생한다. 이 단계를 성공적으로 완료한 구성원은 만족과 내적인 동기부여가 생기며, 직무에 적극적으로 참여하여 신뢰할 수 있는 성과를 내고, 조직에 계속 남게 된다. 보스웰(*Boswell*)과 동료들은 취업 첫해의 종업원 만족도 데이터를 4번에 걸쳐 수집했다. 그 결과 취업 첫해에 걸친 사회화 수준과 만족도 사이의 복잡하면서도 매혹적인 관계를 발견했다.[55]

이 세 단계는 '들어가기(*getting in*)', '훈련하기(*breaking in*)', '정착하기(*settling in*)'로 이름을 붙일 수도 있다. 〈그림 8.1〉에서 볼 수 있듯이 3단계 모두를 성공적으로 수행하면 긍정적 정서 및 행동 결과로 이어질 것으로 예측된다. 사회화라는 것이 아무 상호작용이 없는 상태에서 발생하지 않는다는 것을 아는 것이 중요하다. 이 과정은 집단 내의 동료, 집단 역학에 영향을 받기도 하고, 현장 학습, 경력 개발, 개인 생애 발달 과정의 영향을 받기도 한다.[56] 게다가 이전의 논의를 통해 확실해졌지만, 사회화 과정에서 일어나는 일들은 신입사원뿐만 아니라 조직의 내부 인력들도 변화시키는 양 방향으로 일어난다.

사회화의 단계적 모델에 대해서 두 가지 주의할 것이 있다. 첫째, 단계적 모델은 일반적이거나 평균적인 사람에게 일어나는 일을 설명한다. 사회화 속도라던지, 각 개인들의 진행 과정이 단계대로 맞추어 이루어지는지 등의 다양한 이슈들은 완전히 다루어지지 않았다.[57] 둘째, 단계적 모델만이 사회화 과정을 보는 유일한 방법은 아니다. 예를 들어, 메릴 라이스 루이스(*Meryl Rice Louis*)는 조우 단계에서 발생할 수 있는 사건에 대한 프로세스 모델을 개발했다.[58] 그녀는 조우 단계에서 일반적으로 놀라움이 일어나며, 신입사원이 이러한 사건을 이해하게 되고 이러한 이해를 바탕으로 미래에 일어날 일을 예측할 수 있는 방법을 찾게 되는 방식으로 사회화가 진행된다고 한다.

1.2.2 인력 진입 과정 전술과 전략

의도된 노력이나 계획된 프로그램이 아니더라도 모든 조직은 신입사원을 적응시키는데 영향을 미친다. 밴 마넨(*Van Maanen*)은 이러한 영향을 **인력 진입 과정 전략**(*people processing strategies*)이라고 부르며, 신입사원을 다루거나 사회화할 때 일곱 쌍의 전술을 사용할 수 있다고 제안한다.[59] 예를 들어, 사회화가 공식적인가 비공식적인가? 개별적인가 집단적인가? 초기 기간은 수습 기간처럼 고정되었는가, 아니면 가변적인가? 개인의 독창성을 존중하는가, 아니면 군대 신병 캠프에서처럼 개성을 없애려고 하는가?

조직이 사용하는 이러한 전술은 보통은 의식적인 선택이기보다는 전통의 결과이다.[60] 밴 마넨은 조직이 인력 진입 과정에서 사용하는 전략이 무엇이건 간에 그 전략은 신입사원의 태도, 행동과 신념에 강력한 영향을 미칠 것이라고 주장한다. 또한 밴 마넨, 샤인(*Schein*)과 다른 연구자들은 그러한 전략의 다양한 조합이 구성원들을 특정한 역할 지향으로 이끌 것이라고 가설을 세웠다.[61] 몇몇 연구들에서 이 가설들을 테스트했다. 가레스 존스(*Gareth Jones*)는 MBA 수강자들을 대상으로 연구했다.[62] 그는 사회화 전술을 제도화된 것(집단적, 형식적, 순차적, 고정적, 연쇄적, 임명)인지 아니면 개별화된 것(개인적, 비공식적, 무작위적 변인, 분리, 이탈)인지로 분류했다. 존스(*Jones*)는 고정적 전술과 임명적 전술이 혁신을 감소시킬 것으로 예측했다. 그의 발견은 제도화된 전술이 기존의 역할에 순응하는 보호적인 역할 지향(*custodial role orientation*)으로 이어지고 개별화된 전술이 혁신적인 역할 지향(*innovation role orientation*)으로 이어진다는 개념을 지지한다. 알렌(*Allen*)과 마이어(*Meyer*)는 MBA 수강자들을 대상으로 하여 존스의 발견을 재현했다.[63] 관련 연구에서 애쉬포드(*Ashford*)와 삭스(*Saks*)는 제도화된 전술이 신입사원의 불확실성과 불안감을 줄이고 직무와 조직에 대해 더 강한 결속감으로 이어지는 결과를 낳았지만 개별화된 전술은 성과를 높이고 이직 의도를 낮추는 것과 관련이 있음을 발견했다.[64] 그들의 연구는 개별화되거나 제도화된 사회화 전술을 사용할 때 절충점이 있을 수 있다는 가능성을 암시한다. 이들의 연구는 사회화 전술이 신입사원의 태도와 행동에 영향을 준다는 주장을 뒷받침한다.

1.2.3 주도적인 정보 검색자로서의 신입사원

조직 사회화에 대한 세 번째 관점은 1990년대에 나타났다. 초기 사회화 이론은 신입사원들을 사회화 과정과 사건에 반응하는 행동으로 설명하고 있었다. 그러나, 이 견해는 불완전하다.[65] 신입사원들은 종종 자신의 환경을 완전히 파악하고, 그들의 상사와 동료로부터 듣게 된 부족한 점을 채우기 위해 그들이 필요로 하는 정보를 적극적으로 찾는다. 이 관점은 사회화가 양방향으로 이루어진다는 사실을 의미하고 있다. 즉, 조직이 사람들에게 한 방향으로만 영향을 주는 행동을 하는 것은 아니다.[66]

수많은 연구 결과에 따르면 신입사원들은 적극적으로 정보를 찾는다.[67] 이러한 정보 추구 성향이 사회화 결과에 영향을 미친다.[68] 정보 검색 프로세스의 역동성에 대해 현재 연구가 진행중이다. 예를 들어, 연구에 의하면 신입사원은 다양한 유형의 정보에 대해 서로 다른 정보 검색 전술과 정보 출처를 사용하는 경향이 있다.[69] 또 다른 연구는 신입사원들의 능동적인 행동과 자기 효능감이 이전 부분에서 논의된 공식적인 사회화 과정과 상호작용하여 조직 적응에 다른 결과를 가져온다는 것을 발견하였다.[70]

HRD의 중요한 목표로 일하는 현장에서의 학습을 강조하는 연구가 늘어나고 있다.[71] 이것은 또한 신입사원 사회화와 오리엔테이션 노력과도 관련이 있다.[72] 이 분야에서 더 많은 연구가 진행되는데, 이는 3장에서 설명한 HRD 분야의 학습 초점과 잘 부합된다. 즉, 신입사원 사회화는 신입사원의 학습 과정(*learning processes*)에 초점을 맞추어야 한다. 신입사원이 사회화 과정에서 수동적인 학습자가 아닌 능동적인 학습자로 육성될 수 있는 방법을 강구하는 것이 중요하다.[73]

사회화 과정에서 신입사원의 적극적인 역할에 대한 연구는 사회화 실현에 중요한 영향을 미친다. 예를 들어, 신입사원이 다른 사람을 관찰하면서 효과적인 행동과 그렇지 않은 것을 실험해 봄으로써 필요한 정보를 찾는 경향이 있다면, 조직은 신입사원들이 그렇게 하도록 권장해야 한다. 이러한 권장은 조직이 관리자와 동료들에게 신입사원들이 정보를 찾는 행동을 지지하도록 하고, 오리엔테이션 프로그램 안에 신입사원들의 정보 검색 활동과 그러한 행동을 강화하는 과정을 포함시켜서, 신입사원들이 정보 검색에서 직면할 수 있는 위험들을 줄일 수 있다. 쿨카니(*Kulkarni*)와 렝닉홀(*Lengnick-Hall*)은 직장 내 장애인을 위한 사회화 문제를 다루고 있다.[74]

1.2.4 신입사원들은 무엇이 필요한가

지금까지 사회화 과정은 내용, 결과, 단계, 인력 진입 전략, 사전 정보 탐색과 관련된 주요 개념으로 설명되었다. 이 지식들을 염두에 두고, 다음과 같은 질문을 할 수 있다. 성공적으로 사회화되기 위해 신입사원은 무엇을 해야 하는가? 이 질문에 답을 찾는 좋은 방법은 내부 인력들이 가지고 있는 것이 신입사원과 무엇이 다른지 비교하는 것이다. 내부 인력들은 일반적으로 조직에서의 역할, 그룹과 조직의 규범과 가치, 자신의 업무를 효과적으로 수행할 수 있는 지식과 기술과 경험, 재직 기간 동안의 역할과 작업 집단과 조직에 맞게 적응해 온 점 등을 갖고 있다. 또한 내부 인력들은 세 가지 필수 요소를 가지고 있다.

1. 정확한 기대치(*accurate expectations*): 내부 인력은 일반적으로 자기 자신이 처한 상황 속에서 무엇을 기대해야 하는지를 알고 있기 때문에 그들에게 나타날 수 있는 뜻밖의 일은 매우 적다. 반면, 신입사원의 기대는 조직의 현실과 다를 확률이 더 높다.
2. 지식 기반(*knowledge base*): 뜻밖의 일이 일어날 때, 내부 인력은 이 사건을 정확하게 이해하기 위해 필요한 지식 기반을 갖추고 있다. 반면, 신입사원들은 일반적으로 이러한 지식이 부족하다.
3. 다른 내부 인력들(*other insiders*): 내부 인력은 조직 사건에 대한 판단과 해석을 이야기할 수 있는 동료들이 있다. 반면, 신입사원들은 조직의 사건들을 이해할 수 있도록 도와줄 수 있는 신뢰할만한 내부 인력들과 아직 관계를 형성하지 못하였다.[75]

내부 인력들은 신입사원들보다 조직의 사건들에 덜 자주 놀라더라도, 그러한 사건을 보다 정확하게 해석할 수 있는 수단을 가지고 있다. 신입사원들은 부적절하거나 역기능적인 해석을 할 가능성이 더 많으며, 이는 잠재적으로는 불안한 행동, 내부인들과는 다른 믿음에 이르게 할 수 있다. 예를 들어, 교대 경비원 그룹의 관리자가 교대 근무에 늦게 도착한 여러 경비원에게 징계 조치를 줄 수 있다고 소리치면서 혼을 낸다는 가정을 해보자. 관리자는 일반적으로 이런 식으로 경비원들의 규칙 위반을 다룰 수 있지만 실제로 그러한 징계 조치를 하지는 않을 것이다. 따라서 내부 인력들은 이 사건을 자신의 보스가 단지 한 번 화를 낸 정도로 해석하는 반면, 이 집단에 막 들어온 신입사원들은 이 에피소드를 다르게 봐서 모든 것을 '규정대로' 할 수도 있다는 걱정과 불안에 휩싸일 것이다.

따라서 신입사원은 기대, 역할, 규범과 가치에 대한 명확한 정보와 업무를 효과적으로 수행하는 데 필요한 경험과 지식과 능력을 개발하는 지원이 필요하다. 또한 루이스(*Louis*)에 따르면 신입사원들은 조직의 뜻 밖의 사건을 해석하는 데 도움이 필요하며 자신의 지식과 판단을 신입사원들과 기꺼이 공유하려는 내부 인력들과의 연계도 필요하다.[76] 또한 신입사원은 조직에 대한 정확한 기대를 형성하고 직장과 개인 생활에서 새로운 역할에 대처할 수 있는 방법을 찾는 데 도움이 필요하다.

지금까지 논의한 조직 사회화에 대한 이론과 연구는 관리자와 HRD 전문가에게 신입사원이 일을 잘하고 받아들여지는 내부인이 될 수 있도록 해주는 프로그램과 기법을 개발할 수 있는 풍부한 기반을 제공한다.[77] 다음에서는 신입사원들의 만족도와 적응 효과를 높이기 위해 조직이 사용하는 두 가지 실용적인 접근법을 소개하고자 한다.

2. 현실적 직무소개

현실적 직무소개(*RJP, realistic job preview*)는 신입사원에게 직업과 조직에 관한 완전한 정보를 제공하는 것을 포함한다. 현실적 직무소개는 당연해 보일 수 있지만, 실제로는 채용 방식에 대한 전통적인 접근 방식과는 다른 점이 있다. 전통적인 채용 접근 방식에서는 지원자를 모집할 때에 조직의 긍정적인 면을 선택적으로 제시하고 부정적인 면을 가급적 줄임으로써 유인하는 벌레잡이 끈끈이(*flypaper*) 방식을 취한다.[78] 반면 현실적 직무소개에서는 지원자가 긍정적이고 부정적인 정보를 함께 제공받아서, 본질적으로 진실인 정보를 얻게 된다. 따라서 업무 시간이 길고, 출장이 빈번한 경우, 이를 감추지 않고 오히려 공개적으로 논의하게 된다.[79] 예를 들어, 시텔(*Sitel*)이라는 글로벌 조직은 현실적 직무소개를 통해 콜센터 직원을 채용하고 있는데, 직원 유지율이 업계 평균 이상이다.[80] 페더만(*Federman*)은 미디어 산업 내 한 회사가 직원 모집 과정의 일부로 문서로 된 현실적 직무소개 방식을 사용하는 것을 소개한다.[81] 구글(*Google*)은 유투브에 내부 회의 영상을 사실적 직업 소개를 위해 게시하고 있다.[82]

존 워너스(*John Wanous*)에 따르면 현실적 직무소개의 목표는 신입사원들의 만족과 몰입을 높여서, 그들이 조직에 남을 가능성을 높이는 것이다.[83] 현실적 직무소개 프로세스 모델(그림 8.2 참조)은 네 가지 상호 메커니즘, 즉 예방 접종, 자기 선택, 대응 효과, 개인 몰입을 제시한다.[84]

1. 비현실적으로 높은 기대치에 대한 예방 접종(*vaccination against unrealistically high expectations*): 외부인에게 정확한 정보를 제공하는 것은 질병 예방 접종과 유사하다. 지원자들에게 직무 현실에 대한 기대치를 조정할 수 있는 정보가 제공된다. 예를 들어, 초과 근무나 주말 근무에 대한 현실적인 설명은 지원자가 주어진 직무 수행에 요구되는 모든 것을 이해하는 데 도움이 될 수 있다.
2. 자기 선택(*self-selection*): 현실적인 기대를 통해 신입사원은 해당 직무와 조직을 정말 자신이 원하는지 여부를 결정할 수 있게 해준다. 만약 자신의 필요에 부합하지 못한다면, 지원자는 그 직무를 받아들이지 않을 것이고, 자연스럽게 조직은 이직 가능성이 높은 직원을 채용하는 데 발생하는 불필요

그림 8.2 현실적 직무소개 효과

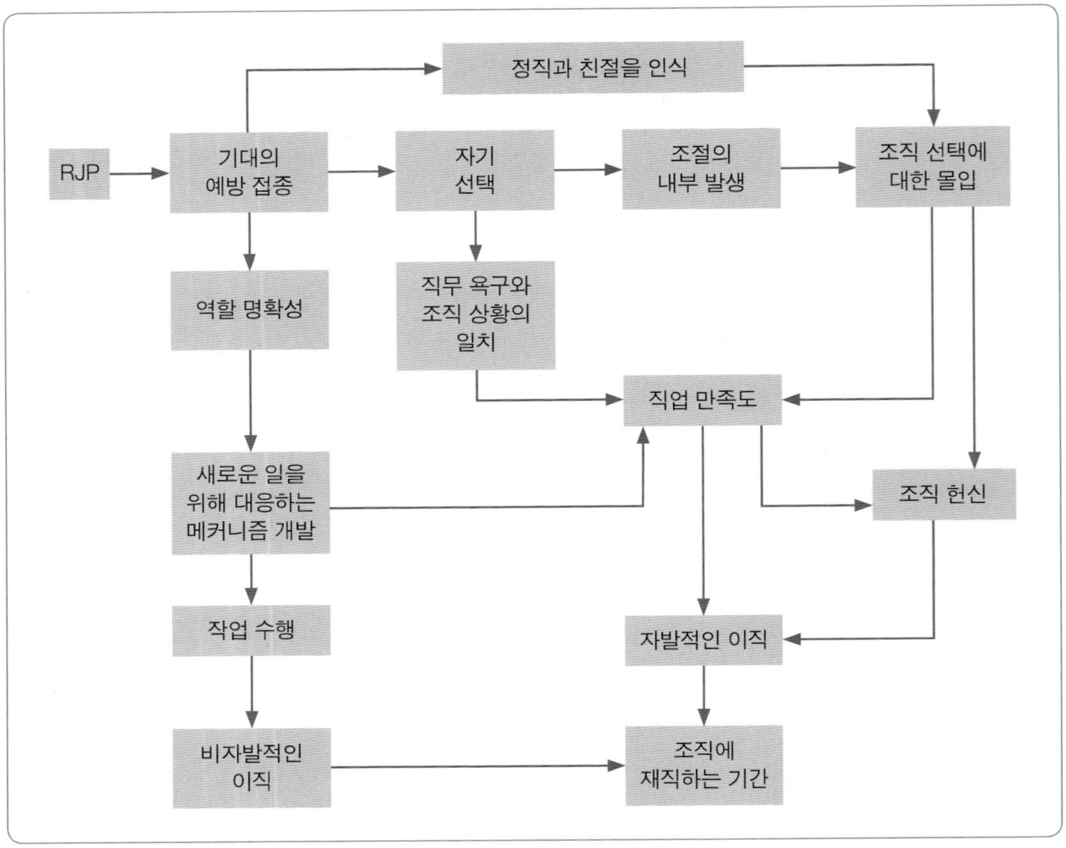

출처: Wanous, J. P. (1978). Realistic job previews: Can a procedure to reduce turnover also influence the relationship between abilities and performance? *Personnel Psychology*, 31, 251. Reprinted by permission.

한 비용을 아끼게 된다. 이 모델은 스스로 선택하는 개인이 만족스러운 직원이 될 가능성이 더 높다는 것을 전제로 한다. **자기 선택**(*self-selection*)은 지원자가 스스로 채용 과정을 포기해도 될만큼 조직에 충분한 지원자가 있다는 것을 의미한다.

3. 대응 효과(*coping effect*): 현실적인 기대는 신입사원이 자신의 역할에 대한 명확한 생각을 정리할 수 있게 하며, 이를 통해 자신의 직업을 효과적으로 수행하기 위한 대응 전략을 개발할 수 있게 해준다.
4. 개인 몰입(*personal commitment*): 현실적인 관점을 기반으로 조직에 참여하겠다는 결정을 내린 신입사원은 그 선택에 대하여 개인적으로 더 강하게 몰입할 것이고, 이를 통해 직무 만족도가 높아지고 장기적으로는 조직에 헌신할 수 있게 된다.

현실적 직무소개는 모집 과정에서 발생하지만, 다른 HRD 접근법과 동일한 목표와 기술을 공유한다는 점에서 HRD 개입으로 볼 수도 있다. 앞서 설명한 바와 같이 사회화 과정은 지원자가 공식적으로 조직에 합류하기 전에 실제로 시작되는데, 현실적 직무소개는 비현실적인 인상을 조정하고 정확한 기대치를 갖게 함으로써 초기 단계인 예비 사회화가 이루어질 수 있게 해준다.

2.1 현실적 직무소개 사용 방법

현실적 직무소개를 적용하는 첫 번째 단계는 필요성에 대해 평가하는 것이다. 인터뷰, 설문 조사, 내부 문서를 활용하여 조직의 신입사원에 대해 만족도, 몰입, 이직 이유를 평가할 수 있다.[85] 또한 신입사원의 기대가 현실적이었는지, 조직이 그들의 기대에 어느 정도 부합하는지에 대해 질문해야 한다. 조직을 자발적으로 떠나는 직원에게는 퇴직 인터뷰에서 떠나게 된 이유에 대해 질문한다. 종종 직원들은 배우자를 따라 새로운 장소로 이동하거나, 직업 경력에 대해 마음이 바뀌었거나, 학교로 돌아가거나, 다른 곳에서 더 나은 직업을 제시받는 것과 같이 직무 만족과 관계없는 이유로 조직을 떠날 수도 있다. 이 경우 현실적 직무소개는 이직을 줄이는데 별로 영향력이 없다.

또한 자발적으로 조직을 떠나는 개인의 성과 수준을 고려하는 것도 중요하다.[86] 어떤 이직은 바람직한 경우도 있는데, 예를 들어, 조직의 저성과자가 퇴사하는 경우가 그렇다. 그러나 이러한 경우가 아니고, 특히 신규 인력을 모집하기가 어려울 때 이직 상황을 개선하고 싶다면 조직은 다른 선발 방식이나 훈련 방식으로 접근하는 것이 현실적 직무소개 방식보다 효과적일 것이다.

현실적 직무소개를 선호하는 사람들은 현실적 직무소개가 유용하고 효과적일 수 있는 여러 상황을 제시한다.

- 실업률이 낮은 시기에 구직자가 여러 직업 중 선택할 수 있는 상황
- 조직이 선발하려고 하는 인원보다 훨씬 많은 지원자가 있는 상황(낮은 선발 비율)
- 신입사원이 현실적인 기대치를 개발하기에 충분한 정보를 얻지 못할 가능성이 있는 상황(예: 신입 수준에서 볼 때 복잡하거나 독특한 일자리)
- 이직 대체 비용이 높은 상황[87]

소책자 인쇄물, 비디오 영상, 조직을 대표하는 재직자와의 토론, 구두 발표와 면담을 포함하여 현실적 직무소개를 위한 다양한 매체가 제시되어 왔다.[88] 현실적 직무소개는 단순히 특정 프로그램이 아닌 모집에 대한 철학으로도 간주될 수 있으므로 취업 광고, 모집에 관한 문서, 근무 환경 둘러보기, 직업 체험하기, 인턴십 등 여러 가지 방법으로 조합될 수 있다.[89]

지금까지 수행된 많은 연구에서는 소책자나 비디오 영상에 초점을 맞추었으며 다양한 매체의 상대적 효과를 비교한 연구는 거의 없었다. 콜레렐리(*Colarelli*)의 연구에 의하면, 지원자와 조직의 내부 인력 간의 양방향 토론이 소책자보다 이직률을 낮추는데 효과적이라는 것이 제시되었다.[90] 보다 현실적이고 즉각적이며 양방향 커뮤니케이션 기회를 제공하는 미디어를 사용하는 것이 소책자 같은 고정 방식보다 효과적일 수 있다고 볼 수 있지만, 이러한 미디어를 사용하는 비용이 높아서 그 효익을 상쇄할 수도

있다. 다양한 미디어의 효과와 유용성을 조사하는 더 많은 연구가 필요하다.[91] 예를 들어, 웨슨(*Wesson*)과 고거(*Gogus*)는 집체 방식과 컴퓨터 방식의 오리엔테이션을 비교하여 사회적 결과에 대한 차이점은 발견했지만 정보 측면에 대한 차이점은 발견하지 못했다.[92] 지원자에게 현실적인 정보를 제공하는 조직의 사례를 구하고자 한다면, 인력 관리 업체인 CEB 글로벌(*CEB Global*)의 '현실적 직무소개' 정보를 참조하는 것이 좋겠다.[93]

현실적 직무소개를 제공하기 위해 어떤 매체를 사용할 것인지 선택하는 것과 더불어, 그 내용에 대해 선택해야 한다. 현실적 직무소개 내용을 결정할 때 다음 사항을 고려해야 한다.

- 설명적 내용(*descriptive content*) 또는 판단적 내용(*judgmental content*): 설명적인 내용은 현실적인 정보에 초점을 맞추고, 판단적 내용은 현재 근무하는 직원들의 느낌을 전달한다.
- 광범위한 내용(*extensive content*) 또는 집중적인 내용(*intensive content*): 광범위한 내용은 모든 관련 정보를 포함하지만, 집중적인 내용은 더 간단하고 강력하게 제시되는 선택적인 정보를 의미한다.
- 내용의 부정성 정도(*degree of content negativity*): 현실적 직무소개의 내용이 매우 부정적이어야 하는가? 보통으로 부정적이어야 하는가? 아니면 그 중간 정도여야 하는가?
- 메시지 전달자(*message source*): 시청각 매체가 사용되는 경우 배우, 재직 중인 직원이나 임원, 강사와 같은 외부인 중 누가 메시지를 제시해야 하는가?[94]

워너스(*Wanous*)는 판단적, 집중적, 중간 정도의 부정적인 정보를 현재 직원이 발표하는 방식을 추천한다. 더하여 그는 다음과 같은 사항을 권장한다. (1) 지원자가 선발 과정에서 스스로 선택하도록 명확하게 권장하며, (2) 현실적 직무소개 메시지가 높은 신뢰성을 가져서 사용된 매체와 일치해야 하며, (3) 제공된 정보가 조직의 분위기와 잘 조화되어야 한다.[95] 이러한 권장 사항은 의미는 있지만, 확고한 연구 결과를 도출해 내기는 충분하지 않다. 현실적 직무소개를 준비하는 사람들은 이용 가능한 문헌을 살펴보고, 필요성, 예산과 가용 자원에 비추어 검토하는 것이 좋다.

현실적 직무소개에서 시의 적절성은 매우 중요하다. 이론에 따르면, 예방 접종과 자기 선택과 같은 중요한 메커니즘을 활성화하기 위해 현실적 직무소개는 되도록이면 구인 제안이 이루어지기 전에 일찍 제공되는 것이 좋다. 그러나 이것은 모집된 지원자의 수와 사용된 매체에 따라 값비싼 제안이 될 수 있다. 또한 고위 경영진은 현실적 직무소개가 입사 제안이 이루어진 후가 아니라 모집 동영상에서부터 이루어진다면, 현실적 직무소개에 담긴 부정적인 내용 때문에 승인하길 꺼릴 수 있다.[96]

많은 연구에서 현실적 직무소개는 채용 제안 후나 채용 제안을 수락한 후에 제시되었기 때문에 현실적 직무소개의 시기에 대한 명확한 지침을 제공하는 내용은 많지 않다.[97] 이러한 연구들이 현실적 직무소개가 기대와 이직을 낮추는데 효과적이라는 것을 보여주었지만, 이러한 연구에서 사용된 시기가 효과에 대한 보수적인 추정을 유도했을 수도 있다. 취업 광고, 모집 브로셔, 비디오 또는 온라인 멀티미디어 영상과 같은 다양한 형태의 미디어를 사용하여 현실적 직무소개를 초기에 제공하는 것은 조직 진입 프로세스 전반에 걸쳐 현실적인 정보를 전달하기 때문에 최상의 접근 방법으로 보인다. 채용 과정의 지원자 규모가 작다면, 더 비용이 드는 방법도 사용할 수 있다. 예를 들어, 퀘스트 다이그노스틱스(*Quest Diagnostics*)는 키오스크와 온라인 스트리밍 비디오를 사용하여 인터뷰를 진행하기 전에 지원자에게 현실적인 직무 정보를 제공한다.[98] 질린스키(*Zielinski*)는 '가상 직무 시험'이라는 온라인 시뮬레이션이 지원자가 지원하고 싶은 조직의 '실제적인 하루'를 경험할 수 있게 해준다고 설명한다.[99]

2.2 현실적 직무소개가 효과적인가

조직이 현실적 직무소개의 효과를 측정하는 방법으로 〈표 8.1〉에 제시된 기준을 포함하여 다양한 선택이 가능하다. 조직은 현실적 직무소개의 효과를 평가하고 그 결과를 과학적이면서 실무적인 문서를 통해 공개하는 것이 좋다. 이는 HRD 전문가가 현실적 직무소개의 설계와 실행을 할 때 더 많은 정보에 근거한 의사 결정을 내리고, 지식 기반을 확대하는 것에 도움이 된다.

메타 분석을 포함한 상당한 연구가 현실적 직무소개의 효과를 조사하기 위해 수행되었다.[100] 연구 결과에 따르면, 일반적으로 현실적 직무소개는 부풀려진 기대치를 줄이고, 이직 감소, 만족과 몰입 증대의 효과를 나타낸다. 이직 감소율은 평균 5~10%이다.[101] 많은 연구가 진행되어 왔지만, 이러한 연구들의 설계 측면에서 의심을 받아 왔다.[102] 그렇기 때문에, 현실적 직무소개가 효과적으로 보이긴 해도, 이론과 현실 문제를 모두 통합한 잘 설계된 연구가 더욱 필요하다.[103]

현실적인 정보를 신입사원에게 제공하는 것은 신입사원들의 태도와 행동을 향상시키는 데까지만 유용하다는 점을 숙지해야 한다. 조직은 직원의 업무 환경을 개선(*improve*)하고, 발생 가능한 문제를 예방하기 위해 할 수 있는 일을 조사해야 한다. 예를 들어, 신입사원은 초기에 주어진 일들이 책임과 도

표 8.1 현실적 직무소개 평가 범주

진입 단계별	평가 기준
진입 전	1. 신규 지원자를 모집할 수 있는 조직의 능력
진입	2. 신입사원의 초기 기대 3. 개인에 의한 조직 선택(직무에 대해 원하는 것들과 조직 상황 부합 여부)
진입 이후	4. 초기 직무 태도 • 직무에 대한 만족 • 조직에 대한 몰입 • 업무와 관련된 서술적인 진술(진입 전 아웃사이더로서의 기대와 비교됨) • 이직에 대한 생각 5. 직무 성과 6. 직무 생존율과 자발적 이직률

출처: Wanous, J. P. (1992). *Organizational entry: Recruitment, selection, orientation, and socialization of newcomers* (2nd ed., p. 72). (cdc) 1992. Printed and electronically reproduced by permission of Pearson Education, Inc. Upper Saddle River, New Jersey.

전이 부족하여 실망할 수 있다. 신입사원들에게 "이런 것이 실제다"라고 말하는 것으로 그들의 기대치를 낮출 수는 있지만, 어빙(*Irving*)과 마이어(*Meyer*)는 신입사원들에게 긍정적인 업무 경험을 할 수 있도록 하는 것이 기대치를 변경하는 것보다 더 큰 영향력이 있음을 발견했다.[104] 마찬가지로, 단순히 '초과 근무 문제'에 대해 사람들에게 솔직히 말하는 것보다는 불필요한 초과 근무를 줄여주는 것이 더 효과적인 것이다.

요약하면, 지금까지 입증된 현실적 직무소개의 효과는 옹호자들이 처음에 기대했던 것만큼 높지는 않지만, 현실적 직무소개는 신입사원의 사회화를 촉진하기 위한 실용적이고 비교적 경제적이며 윤리적인 방법이다. 오늘날의 경영 환경에서는 이직률이 적절하게만 감소하더라도 조직 생산성에 중요한 영향을 줄 수 있다. HRD 실무자들은 조직 사회화 과정에 현실적 직무소개를 집어넣도록 권장받고 있다.[105] 강사들은 이러한 아이디어에 의해 현실적 과정 소개를 개강 시점에 하도록 요구받고 있으며, 이러한 강좌를 통해 학생과 연수생은 과정에 대한 긍정적인 측면과 부정적인 측면을 살펴볼 수 있게 된다.[106] 마지막으로, 리처드슨(*Richardson*)과 동료들은 해외에서 작업 과제를 수행하는 사람은 현실적 직무소개와 함께 현실적인 생활 조건 미리보기도 사전에 제공되어야 한다고 제안한다.[107]

2.3 신입사원 오리엔테이션 프로그램

신입사원 오리엔테이션(*employee orientation*) 프로그램은 새로운 직원을 직장, 관리자, 동료에게 소개하도록 설계되었다. 오리엔테이션 프로그램은 일반적으로 신입사원이 조직에 입사하기로 동의한 후에 시작되는데, 종종 개인의 첫 번째 근무일에 시작된다. 존 맥길릴리디(*John McGillicuddy*)는 "신입사원이 그들의 조직에 대하여 가장 인상 깊게 느끼는 점 중 하나는 취업 첫 날에 어떤 환영을 받고, 어떤 대우를 받는가이다"라고 말한다.[108] 그러나 사회화의 예비 단계에 주로 영향을 미치는 현실적 직무소개와는 달리, 신입사원 오리엔테이션 프로그램은 신입사원이 조직의 과업 생활이 실제로 어떤 것인지를 파악하는 기간인 사회화의 조우(*encounter*) 단계에 중점을 둔다.

일반적으로 인용되는 오리엔테이션 프로그램의 목표는 다음과 같다.

- 신입사원의 스트레스와 불안을 줄인다.
- 적응 비용을 절감한다.
- 이직률을 감소시킨다.
- 신입사원이 숙련되는 데 걸리는 시간을 줄인다.
- 신입사원이 조직의 가치, 문화와 기대 사항을 학습하도록 돕는다.
- 신입사원이 적절한 역할 행동을 습득하도록 돕는다.
- 신입사원이 과업 집단의 규범에 적응하도록 돕는다.
- 긍정적인 태도가 개발될 수 있도록 장려한다.[109]

오리엔테이션 프로그램은 일반적으로 모든 규모의 조직에서 이루어진다.[110] 오리엔테이션 프로그램은 다양한 직무와 직업을 위해 존재한다. 버라이존, 스프린트, 에디 바우어, 웰스파고, 휴렛 패커드, 페어몬트 호텔과 같은 조직에서 오리엔테이션 활동이 강조되어 왔다.[111] 다른 사례는 학생 대출 마케팅협회의 직원들에게도 중시되었고, 내셔널 반도체, 시만텍, 리츠-칼튼, 콜센터의 비정규직 직원들, 호텔 컴퍼니, 노스캐롤라이나주 맥클렌버그 카운티의 공무원에게도 오리엔테이션 활동이 중요하게 적용되어 왔다.[112] ATD 조사에 따르면 모든 교육과 육성 비용의 7.6%가 오리엔테이션에 지출되었다.[113] '신속한 온보딩(*onboarding*)'이라는 용어, 즉 가능한 빨리 신입사원을 제대로 올려놓는 것에 대한 관심이 증가하고 있다.[114]

2.4 진단과 오리엔테이션 프로그램 내용에 대한 결정

이상적으로, 오리엔테이션 프로그램은 4, 5, 6, 7장에서 강조된 동일한 진단-설계-실행-평가(A DImE) 프레임워크를 따라야 한다. 즉, 조직 담당자는 오리엔테이션에서 어떤 내용을 제공해야 하는지에 대한 것뿐만 아니라 그 내용을 제공하기 위한 최선의 수단이 무엇인지에 대한 신중한 진단을 해야 한다는 것이다. 그 후에는 오리엔테이션 프로그램이 얼마나 성공적이었는지를 결정하기 위한 체계적인 평가 노력이 뒤따라야 한다.[115]

일반적으로 오리엔테이션 프로그램에는 HRD 담당자가 제공할 수 있는 전체 조직에 대한 정보와 함께, 신입사원의 직속 상사가 제공하는 직무 관련 정보를 포함한다. 조직 정보(*organizational information*)에는 급여, 복리후생, 안전과 사고 예방, 노동조합 관계, 물적 시설에 관한 정보, 조직 전반에 대한 정보, 핵심 정책과 절차, 사명 선언문, 비전 목표와 전략이 포함될 수 있다. 직무별 정보(*job-specific information*)에는 부서나 과업 집단의 기능, 역할과 책임, 정책, 규칙과 절차, 부서 둘러보기, 부서 직원 소개 등이 포함될 수 있다.[116]

조직 사회화의 본질을 감안할 때, 조직은 새로운 직원들에게 기대치를 명확하게 전달하는 것이 중요하다. 과업 책임, 보고 라인, 성과 기준과 같은 것들이 설명되어야 한다. 직무 기술서가 정보를 전달하기 위한 기본 수단으로 여겨지지만, 앞에서 언급했듯이, 직무 기술서에는 중요한 과업 특성이 누락되어 있을 수 있다. 예를 들어, 직장 규칙, 근무 조건과 동료, 고객과의 관계는 모두 기대치를 설정하는 데 중요한 역할을 하며 이러한 모든 사항이 논의되어야 한다.

신입사원에게 조직의 사명, 목표, 구조, 문화, 윤리 강령, 제품이나 서비스에 대한 개요를 제공해야 하고, 이는 매우 중요하다. 조직의 사명 선언문은 해당 산업과 사회에서 조직의 기본 가치와 위상을 강조하는 역할을 한다. 사명의 중요성을 이해한 직원은 그에 따라 행동할 가능성이 더 크다. 일부 조직은 신조를 사용하여 핵심 사명을 전달하고 이를 조직 정책과 목표에 반영한다. 많은 조직에서 핵심 사명을 단순화하고, 직원 매뉴얼이나 사업 보고서 등과 같은 다양한 공식 문서에 표현하기도 한다.

오리엔테이션 중에는 보상과 복리후생 정책도 설명해야 한다. 일부 조직에서는 오리엔테이션 기간의 일부를 보상 및 복리후생 양식을 작성하는 데 활용하여 직원들이 자격 내용을 알고 적절한 프로그램에 등록될 수 있는지를 확인한다.

신입사원이 일하게 될 해당 부서에 소개하는 것은 그들에게 그 부서 안에서 다른 업무들이 어떻게 함께 이루어져 가고, 더 크게는 그 부서가 전체 조직에서 어떤 위치에 있는지를 알 수 있는 정보를 제공하게 된다. 작업의 흐름, 업무 조정 방식 같은 것들도 논의해야 한다. 마지막으로, 소모품의 위치, 카페테리아, 휴게실, 비상 탈출구, 기타 특이한 특징을 포함하는 건물의 물리적인 배치도 설명해야 한다.

강좌, 영상, 인쇄물, 토론을 비롯하여 다양한 교육 방법과 미디어가 오리엔테이션 프로그램에 사용된다. 예를 들어, 애플 컴퓨터에서는 컴퓨터 소프트웨어가 오리엔테이션 내용을 전달하는 주요 수단으로 사용된다. 이 방법은 다른 오리엔테이션 프로그램보다 신입사원들이 직접 오리엔테이션 과정을 제어할 수 있게 했고, 높은 수준의 참가자 관심과 열정을 유지하도록 설계되었다.[117] 또한, 기업 인트라넷은 신입사원들이 원할 때마다 조직과 사람들에 관한 광범위한 정보를 제공할 수 있는 강력한 기회를 제공한다.[118] 버라이존 무선사업부는 온라인, 집체 교육, 팀 실습을 사용하여 오리엔테이션 프로그램을 진행한다.[119] 미네소타주 로체스터의 메이요 클리닉(*Mayo Clinic*)은 오리엔테이션 프로그램을 개편하여 상호작용이 가능하고 호감을 줄 수 있도록 했다.[120] 오만(*Oman*)의 외국인 대학 교수를 위해 진행되는 다른 문화에 대한 오리엔테이션 프로그램에서 사용된 강의와 토론에 대한 설명은 알람키(*Al-Lamki*)를 참조하길 바란다.[121]

오리엔테이션 프로그램의 기간은 몇 시간부터 며칠, 몇 개월에 걸쳐 예정된 정기 세션에 이르기까지 다양하다. 〈표 8.2〉는 대부분의 오리엔테이션 프로그램에 포함하기를 권장하는 주제의 체크리스트를 제시한다.[122] 이 주제들은 매우 기본적인 것으로 보일 수 있다. 그러나 캐나다 근로자를 대상으로 조사한 결과, 신입사원 중 20%만이 첫 해에 안전 교육을 받은 것으로 나타났다.[123] 또 다른 연구에 따르면, 오리엔테이션 중에 조직의 윤리 강령을 검토하면 직원이 윤리를 중요하게 생각하는 경향이 실제로 높아지는 것으로 나타났다.[124] 〈표 8.3〉은 코닝사가 개발한 광범위한 오리엔테이션 프로그램의 일정표이다.[125]

2.5 오리엔테이션 역할

효과적인 오리엔테이션의 가장 중요한 요소는 신입사원과 관리자, 동료 등 기존 조직 구성원과의 빈번한 상호작용이다. 아론 라이처(*Arnon Reichers*)는 이러한 상호작용이 사회화가 일어나는 주된 수단이라고 강조했다. 왜냐하면 새로 온 사람들에게 조직을 이해하는 데 필요한 정보를 가장 많이 제공할 수 있는 존재는 바로 내부 구성원이기 때문이다.[126] 그녀는 만남 단계에서 사회화의 속도가 이러한 상호작용의 빈도에 의존한다고 언급했다. 상호작용이 많을수록 신입사원은 더 빨리 사회화된다. 한 연구에서 신입사원은 동료, 상사나 시니어 동료와의 상호작용을 사회화에서 가장 도움이 되는 것으로 평가했다.[127] 게다가, 이러한 상호작용은 새로운 태도(직무 만족도, 조직 몰입도, 재직 의도)와 관련이 있다. 대조적으로, 공식 오리엔테이션 프로그램은 어느 정도까지만 도움이 되고 조직 몰입에만 관련이 있는 것으로 간주

표 8.2 오리엔테이션 프로그램에 포함되어야 하는 주제 체크리스트

1. 나는 어디에서 일하는가?
   - 직원의 작업 공간, 시설, 관련 인근 업체(레스토랑, 쇼핑, 드라이 클리닝, 도보 장소 등)의 지도 또는 목록 둘러보기
2. 무엇이 필요한가?
   - 개인 식별 카드, 배지, 전자 메일 계정 설정, 컴퓨터와 암호 설정, 전화, 주차 허가, 사무용품 등에 관한 정보
3. 조직은 나의 건강을 어떻게 보호하는가?
   - 기본 인간 공학과 안전 교육
   - 안전과 비상 연락처
4. 조직에서 우리는 무엇을 하는가?
   - 조직의 역사, 사명, 비전, 목표, 가치와 조직의 역할에 대한 개요
   - 조직 리더십과 조직도
   - 조직이 속한 산업의 개요
5. 무엇을 해야 하는가?
   - 특정 직무 요구 사항을 포함한 직무 기술 검토
   - 기술 또는 직무 관련 정보(또는 적절한 감독자 또는 동료와 함께 그러한 정보에 대한 교육 일정을 잡는 방법)
   - 직원의 첫 주 근무 일정
6. 일은 어떻게 이루어지는가?
   - 성과 평가 또는 성과 관리 시스템 요약, 즉 언제, 어떻게 그리고 누가 직원을 평가할 것인지, 일반적인 성과 기대치
   - 보상 절차 검토: 지불 기간, 계좌 입금 방식, 업무 시간표를 작성하는 방법과 장소 등
   - 보험 패키지 검토(예 : 건강 보험, 휴가/병가/개인 휴가 정책, 수업료 상환, 퇴직)
   - 신체 검사 일정 계획과 내용에 관한 정보
   - 잠재적 승진 기회, 경력 경로, 이용 가능한 정보 등 경력 개발 정보
   - 직원 핸드북, 정책과 절차, 윤리 강령, 재무 또는 신용 조합 정보 개요
   - 회사 전통, 점심식사 시간, 드레스 코드(예 : 금요일 캐주얼 데이)
   - 지역 사회 봉사나 과외 활동(예: 동호회, 특별 행사)

출처: Adapted from Tyler, K. (1998). Take employee orientation off the back burner. *HR Magazine*, May, 54; Lindo, D. K. (1999). New employee orientation is your job! *Supervision*, 60(8), 6–9; Robbins, R. L. (2002). Orientation: Necessity or nightmare? *Supervision*, 63(10), 8–9; Valentine, S., & Johnson, A. (2005). Codes of ethics, orientation programs, and the perceived importance of employee incorruptibility. *Journal of Business Ethics*, 61, 45–53; Hicks, S., Peters, M., & Smith, M. (2006). Orientation redesign. *T&D*, 60(7), 43–45; Neag, M. (2008). The hiring line. *Training*, 45(8), 12; Wallace, K. (2009). Creating an effective new employee orientation program. *Library Leadership and Management*, 23(4), 168–178; Welty, G. (2009). Developing a new employee orientation program for GxP compliance. *Journal of GXP Compliance*, 13(3), 82–92; Bowles, J. (2012). New employee orientation. *The Encyclopedia of Human Resource Management: Short Entries*, 327–330; Nobel, C. (2013, April). First minutes are critical in new-employee orientation. *Harvard Business School: Working Knowledge*, 1–3.

표 8.3 오리엔테이션 프로그램의 일정표

자료 배포
고용 결정이 내려진 후 가능한 한 빨리 오리엔테이션 자료가 배포된다. • 신입사원의 관리자는 '관리자를 위한 지침서'라는 팜플렛을 받는다. • 신입사원은 오리엔테이션 일정표를 받는다.
신입사원이 오기 전
이 기간 동안 관리자는 신입사원과의 만남을 유지하고, 주택 문제를 해결하고, 직무를 설계하고, 신입사원과 이를 상의한 후 예비 목표 관리 목록을 작성하고, 사무실을 준비하고, 이 작업이 완료되었음을 조직에 통보하고, 인터뷰 일정을 정한다.
첫째 날
이 중요한 날에 신입사원은 상사와 아침을 먹고, 인사 부서에서 입사 과정을 처리하고, "코닝과 당신" 세미나에 참석하고, 세미나 리더와 점심을 먹고, 신입사원을 위한 워크북을 읽고, 건물 투어를 진행 받고, 동료들에게 소개된다.
첫째 주
이번 주 동안 신입사원은 (1) 상사, 동료 및 전문가와 일대일 인터뷰를 한다. (2) 직업과 관련된 "어떻게, 어디서, 왜" 프로그램을 배운다. (3) 학습서의 질문에 답한다. (4) 지역 사회에서 주거를 해결한다. (5) 목표 관리 계획을 확인하는 시간에 상사와 함께 참여한다.
둘째 주
신입사원이 정규 업무를 시작한다.
셋째 주와 넷째 주
신입사원은 커뮤니티 세미나, 직원 복리후생 세미나(배우자 또는 손님을 초청할 수 있음)에 참석한다.
둘째 달~다섯 번째 달
이 기간 동안 업무가 심화되고 신입사원들은 관리자와 격주로 진행 과정에 대한 검토를 진행하고 6번의 2시간 세미나에 시간적 간격을 두고 참석 한다(품질 및 생산성, 기술, 성과 관리 및 보상 계획, 재무 및 전략 관리, 직원 관계 및 EEO, 사회변화). 각 세미나에 대한 질문에 답하고, 관리자와 답변을 검토한다.
여섯 번째 달
신입사원은 교재 질문에 대한 답변을 완성하고 관리자와 함께 목표 관리 목록을 검토하고, 관리자와 함께 실적 검토에 참여하며 1단계 오리엔테이션 완료 증명서를 받고, 2단계 오리엔테이션 계획을 세운다.
일곱 번째 달~열 다섯 번째 달
이 기간에는 부문 오리엔테이션, 기능 오리엔테이션, 교육 프로그램, 목표 관리 리뷰, 성과 리뷰 및 급여 리뷰와 같은 2단계 오리엔테이션이 있다.

출처: *Personnel Administrator* by E. J. McGarrell, Jr., copyright 2005 by Soc For Human Resource Mgmt. Reproduced with permission of Soc for Human Resource Mgmt in the format Textbook via Copyright Clearance Center.

되었다. 신입사원이 사전 정보 탐색자로서 역할을 한다고 앞서 인용한 연구는 신입사원이 관리자와 동료로부터 얻는 정보를 가치 있게 평가한다는 아이디어에 힘을 실어준다.[128] 따라서 이러한 결과는 신입사원들의 오리엔테이션 경험에 상사, 동료, HRD 직원과의 빈번한 접촉이 포함되어야 함을 의미한다.

2.5.1 관리자

관리자는 오리엔테이션 프로세스에서 핵심적인 역할을 담당하며, 신입사원의 정보 출처와 가이드 역할을 하게 된다.[129] 관리자는 현실적인 정보와 명확하고 현실적인 성과 기대치를 제공하고 직원이 회사에서 성공할 가능성을 강조함으로써 신입사원이 불안감을 극복하도록 도울 수 있다. 예를 들어, 오리엔테이션 프로그램은 네 가지 핵심 사항을 전달함으로써 불안감을 줄이기 위해 고안되었다. (1) 당신이 여기에서 성공할 수 있는 기회는 매우 많다. (2) '뒷담화'를 무시한다. (3) 의사소통에 적극적이 되어라. (4) 당신의 상사와 알게 된다.

이 프로그램은 이직, 교육 시간, 결근, 불량, 비용을 현저하게 줄이기 위해 설계되었다.[130]

또한 관리자는 동료 직원들이 신입사원을 인정하는 분위기를 조성하여 신입사원을 도울 수 있다. 일부 조직에서는 관리자가 현명하게 신입사원의 직업 환경 적응에 도움을 줄 수 있는 친구(*buddy*)를 배정하기도 한다. 신입사원과 경험이 많은 선배 사원을 짝지워주는 멘토링 프로그램도 이 목적으로 사용할 수 있다(11장 참조). 또한 관리자 또는 동료는 신입사원이 조직에서 자신의 역할을 발전시켜 나가는 것을 도울 수 있다. 메이저(*Major*)와 동료들은 이렇게 함으로써 충족되지 않은 기대의 부정적인 영향을 줄일 수 있다고 보고했다.[131]

관리자의 중요한 오리엔테이션 역할에는 다음이 포함된다.

1. 직업에 대한 훈련 제공 또는 준비
2. 훈련을 용이하게 하기 위해 작업 집단 외부의 요구로부터 신입사원을 일정 기간 보호
3. 도전적인 초기 업무 제공
4. 시의 적절하고 건설적인 성과 평가 수행
5. 갈등을 만드는 직장 문제 진단
6. 신입사원의 배정을 업무를 재할당하고, 업무 시스템의 효율성과 직원 만족도를 향상시키기 위한 기회로 사용[132]

관리자가 오리엔테이션 책임을 효과적으로 수행할 수 있도록 교육받는 것이 중요하다. 예를 들어, 코닝에서 관리자는 서면 가이드와 신입사원 워크북 사본을 받아 3시간 워크숍에 참석하여 오리엔테이션 시스템, 그 논리, 효과적으로 역할을 수행하는 방법에 대해 배운다.[133] 마찬가지로 관리자에게는 근무 첫날에 신입사원과 상의해야 할 문제를 알려주는 표준화된 1일 커리큘럼이 제공되는 것이 권장된다.[134] 관리자 이외의 다른 사람들은 첫 주와 그 이후에 해야 할 일에 대한 권장 사항을 받는다.[135] 예를 들어, 조지 캐드웰(*George Cadwell*)은 "오리엔테이션은 조직과 업무에 따라 2주 과정에서 6개월 과정일 것"

이라고 말했다.[136] 오리엔테이션과 관련하여 관리자를 훈련시키는 것 외에도, 사회화 과정 전반에 걸쳐 발생하는 상사와 신입사원 간의 상호작용을 계획하는 것이 바람직하다.[137]

2.5.2 직장 동료

조직의 신입사원들은 동료와의 상호작용(예: 지원, 정보와 교육 제공)을 사회화에 특히 도움이 되는 것으로 간주한다.[138] 또한 동료는 신입사원이 작업 집단과 조직의 규범을 학습하는 데 도움을 주는 아주 효과적인 위치에 있다. 동료들은 신입사원이 난처한 농담의 표적이 되거나 특정 정보가 부족하기 때문에 당하는 **괴롭힘**(*hazing*)을 막아줌으로써 신입사원의 불안감을 완화시킬 수 있다.[139] 예를 들면, 신입사원 수준에서 할 수 있는 일을 시키는 것 등이 여기에 포함된다. 어떤 사람들은 괴롭힘이 사회화 의식의 일부분이며 유대감("클럽에 온 것을 환영한다. 우리는 모두 그것을 통과했다")으로 이어질 수 있다고 생각하지만, 반대로 종종 불안과 적대감을 증가시키게 되고, 심지어 어떤 사람은 이 방식 때문에 조직을 떠나기도 한다. 신입사원을 위한 지원 시스템으로 동료를 활용하는 것은 이런 안 좋은 점들이 발생할 수 있는 위험을 줄일 수 있다.

언급한 바와 같이, 신입사원과 동료 간의 상호작용을 촉진할 수 있는 한 가지 방법은 신입사원이 경험이 풍부한 선배와 짝을 이루는 단짝 시스템을 구축하는 것이다.[140] 단짝으로 지정된 선배는 자신의 이 역할을 수행하는 데 도움이 되는 자료와 교육을 제공받아야 한다.[141]

2.5.3 HRD 담당자

신입사원 오리엔테이션에서 HRD 직원의 주된 역할은 오리엔테이션 프로그램을 설계하고 관리하는 것이다. 구체적으로는 교과서와 세미나 가이드와 같은 자료를 제작하고, 교육 세션을 진행하고, 평가를 수행하고, 오리엔테이션 프로그램의 일부(조직에서 지원되는 서비스, 직원 권리, 복지 혜택, 작업장 규칙 등)를 수행하는 것이다.

HRD 담당자는 또한 모든 수준의 관리자가 이 오리엔테이션 프로그램에 참여하고 지원하도록 독려하는 역할을 수행할 수 있다. HRD 담당자는 운영위원회를 구성하고, 신입사원과의 만남과 같이 주요 관리자가 오리엔테이션 과정에 참여하는 방법을 찾을 수 있다. 또한 HRD 담당자는 오리엔테이션 프로그램이 계획대로 진행되고 있는지, 인터뷰나 설문 조사를 통해 프로그램이 최신이고 효과적인지 확인하기 위한 조치를 취해야 한다.

2.5.4 신입사원

신입사원은 오리엔테이션 과정에서 주도적인 역할을 할 수 있는 적극적인 학습자가 되도록 장려되어야 한다. 성인 학습에 관한 연구(3장)는 성인들이 이 역할에 익숙해야 한다고 제시한다. 그렇게 되면 그들은 자신의 상황과 자신이 달성하고자 하는 목표에 관련된 정보를 열심히 찾게 된다. 코닝, 텍사스 인스트루먼트의 오리엔테이션 프로그램의 효과성에 대한 연구에서, 신입사원들은 학습 과정을 주도할 수 있는 위치에 있었다. 코닝의 전체 오리엔테이션 시스템은 신입사원의 자기 보속 학습의 원칙을 따르고 있는데, 이러한 상황에서 HRD 담당자, 관리자, 동료는 지원 역할을 하게 된다.[142] 텍사스 인스트루먼트에서 신입사원들은 관리자와 알아가고 의사소통하는 데 있어 주도권을 갖도록 요구한다.[143] 두 연구 모두 이 접근법이 효과가 있는 것으로 나타났다. 이러한 연구 결과는 신입사원들이 사회화 과정에서 정보를 적극적으로 찾는 방식을 보여주는 연구와 밀접한 관련이 있다.

신입사원들이 조직에 적응하는 데 도움이 될 정보와 관계를 적극적으로 찾도록 명시적으로 요구해야 한다. 마찬가지로 조직은 신입사원들의 이러한 종류의 행동이 환영받고 강화되는 분위기를 조성하려고 노력해야 한다.[144] 예를 들어, 자비스(*Jarvis*)라는 회사는 오리엔테이션 프로그램에서 다양한 모의 상황을 설정하여 신입사원들이 그 프로그램에서 적극적인 역할을 수행할 수 있게 했다. 이 프로그램에서 신입사원들은 협력하는 기술을 배우고, 조직에서의 적극성과 다양성의 중요성을 인식해 나갔다.[145]

2.5.5 오리엔테이션 프로그램의 문제점

오리엔테이션 프로그램에 대해 다음과 같은 문제점과 비판이 확인되었다.

- 서류 업무에 지나치게 치중
- 너무 많은 정보를 너무 빨리 전달하면서 생기는 정보 과부하
- 신입사원의 직무와 직접적인 관련이 없는 일반적이고 피상적인 정보 전달(정보 부적합)
- 과업 실패나 부정적인 측면을 부각시키는 겁주기 전술
- 조직에 편향된 정보
- 신입사원에게 관심 있는 문제를 토론하거나 질문할 수 있는 기회를 안 주고 일방적으로 강의나 영상을 사용하는 소통 방식
- 오리엔테이션 프로그램을 출근 첫 날에만 실시하는 단발성 프로그램
- 오리엔테이션 프로그램에 대한 진단이나 평가가 결여
- 오리엔테이션 이후 과정에 대한 추적 과정 결여[146]

많은 프로그램이 짧은 시간 안에 많은 양의 정보를 밀어 넣으려고 하기에 **정보 과부하**(*information overload*)는 특히 일반적인 문제이다.[147] 이러한 현상은 편의성과 실용성 때문에 발생한다. 그 결과 프로그램의 효율성을 저하시키고, 스트레스가 증가하기 때문에, 주어진 시간 동안 제시된 많은 정보를 흡수할 수 없게 된다. 예를 들어, 반도체 제조 업체인 세마테크의 필 피어스(*Phil Pierce*) 품질 총 책임자는 "우리는 소방용 호스 접근법을 사용했다. 소방용 호스를 연결해서 물을 내뿜게 해 놓고, 그것을 마셔야 한다"라고 이야기했다. 세마테크는 이러한 접근법에 대한 불만이 널리 퍼져서, 오리엔테이션이 보다 상호작용적인 접근 방식이 될 수 있도록 변화를 주었다.[148] 오리엔테이션 프로그램 설계자와 전달자는 이 문제를 민감하게 인식하고, 정보 과부하를 방지해야 한다. 다음은 정보 과부하를 줄여줄 수 있는 방법들이다.

1. 오리엔테이션 초기 단계에 필수 정보만 포함
2. 신입사원이 복리후생 제도, 조직의 사명, 업무 규정과 같은 중요한 주제에 대해서는 나중에도 볼 수 있는 서면 자료를 제공하거나 온라인으로 조회 가능하도록 함
3. 자료 제출을 단계적으로 실시(예: 사우스웨스트 항공은 일주일 연속으로 진행하던 오리엔테이션을 일주일에 한 번씩 진행하는 것으로 변경)[149]
4. 신입사원들이 주요 이슈를 이해했는지 확인하고, 추후에 궁금한 점에 대해서 질문할 수 있는 연락처 제공

프로그램 설계 시에 4장에서 논의된 요구 사항 평가 활동을 활용하여 신입사원이 원하고 필요로 하는 정보를 들어보는 것도 방법이다. 훈련받는 사람이 직접 훈련 과정에서 언제 무슨 정보를 제공하는 것이 유익한지를 결정할 수 있다. 예를 들어, 내셔널 세미컨덕터는 벤치마킹을 통해 다른 주요 기업(예: 월트 디즈니, 코닝)의 오리엔테이션 프로그램 모범 사례를 파악하여, 내용과 구조를 결정했다.[150] 미네소타 대학교의 시설 관리부는 무작위로 선택된 신입사원과 함께 포커스 그룹을 운영하여 그들이 알고 싶은 정보를 파악한다.[151] 이와 같은 요구 정보는 신입사원들이 원하는 것을 얻을 수 있도록 하여 과부하 발생 가능성을 줄일 수 있다.

2.6 신입사원 오리엔테이션 프로그램 설계 및 구현

앞에서 언급된 오리엔테이션 프로그램 문제를 피하기 위해서는 HRD 개입의 기본 원칙, 즉 필요 요소 진단, 설계, 실행, 평가의 방법에 주의를 기울이는 것이 중요하다. 오리엔테이션 프로그램을 설계할 때는 많은 이슈들을 고려해야 한다.[152] 코닝은 좋은 오리엔테이션 프로그램을 개발한 사례이다.[153] 코닝은 오리엔테이션 프로그램을 설계할 때 다음과 같은 10단계를 거친다.

1. 목표 설정; 예를 들어, 코닝의 목표 제시
    a. 처음 3년간의 이직률 17% 감소
    b. 과업 학습 시간 17% 단축
    c. 신입사원에게 조직에 대한 일관된 이해 제공
    d. 조직과 지역 사회에 대한 긍정적인 태도 구축
2. 운영위원회 구성
3. 오리엔테이션 개념에 대한 연구
4. 최근 채용한 직원, 관리자, 임원에 대한 인터뷰
5. 상위 기업의 오리엔테이션 관행 조사(텍사스 인스트루먼트의 프로그램이 특히 도움이 됨)
6. 기존 조직 오리엔테이션 프로그램과 자료 조사
7. 콘텐츠와 게재 방법 선택

8. 파일럿 수정
9. 인쇄물과 시청각 자료 제작 및 포장
10. 관리자 훈련과 시스템 설치

〈표 8.4〉에 제시된 오리엔테이션 일정표는 코닝이 설계한 프로그램의 결과이다. 이 오리엔테이션 프로그램은 신입사원의 첫날 근무 이전부터 시작된다. 사전에 신입사원은 지역 사회, 직업과 근무 환경에 관한 자료를 받는다. 이 프로그램은 세미나, 회의, 목표 설정과 성과 검토를 포함해 15개월 동안 계속된다. 이 프로그램의 실시를 통해 자발적인 이직이 69% 줄어든 것을 포함하여 모든 목표를 달성했거나 초과했음이 보고되었다.

2.7 오리엔테이션 프로그램 효과 평가

오리엔테이션 프로그램의 효과성에 대해서 많은 연구가 진행되지는 않았으며 다양한 접근법의 상대적 효과를 비교 평가한 연구도 드물다.[154] 새로운 오리엔테이션 프로그램이 시작된 이후 이직률이 줄었다는 사례가 일부 조직에서 보고되었지만 학문적인 결론은 아니다.[155] 아더 앤더슨의 연구에 따르면, 대다수의 기업이 오리엔테이션 프로그램의 효과를 평가하기 위해 제한된 시스템을 사용하거나, 아니면 공식적으로는 평가하지 않았다는 것을 발견했다. 그러나 게리 모란(*Gery Moran*)은 "프로그램의 영향을 측정할 수 없다면 그 효과를 제어할 수 없다"라고 말한다.[156] 다른 조사에서도 일반적으로 공식적인 평가 노력이 부족한 것으로 나타났다.[157] 불행하게도 많은 오리엔테이션 프로그램들이 이러한 제안을 지지할 수 있는 충분한 데이터가 없는 채로 실행되고 있고, 기준이 되는 방법들이 제시되고 있다.

이러한 연구 부족에도 불구하고 일부 지침은 신입사원 오리엔테이션 프로그램을 설계하는 사람들에게 도움이 될 수 있다. 효과적인 오리엔테이션의 측면들은 〈표 8.4〉에 나열되어 있다.[158] 오리엔테이션 프로그램을 효과적으로 평가한 예시는 던(*Dunn*)과 야신스키(*Jasinski*)에 의한 연구 결과와 "뉴스 플래시: 오리엔테이션 프로그램 평가와 그것에 관한 연구 논문 발표" 박스를 참조하길 바란다.[159] 조직 진입에 대한 종단 연구는 캄메이어-뮬러(*Kammeyer-Mueller*)와 완버그(*Wanberg*)를 참조하는 게 좋다.[160]

오리엔테이션 프로그램은 일반적으로 신입사원을 대상으로 하는 것이어서, 오래 근무한 직원들에게는 거의 제공되지 않는다. 그런데, 오리엔테이션 과정에서 소개된 흥미 있는 내용들은 사내 뉴스 정보지나 인트라넷을 이용해서 조직 내 다른 구성원에게도 공개하는 것이 유익한 경우도 있다. 스틸케이스 사례를 살펴보자. 스틸케이스는 자사 홈페이지 첫 화면에 "당신을 알게 됨: 스틸케이스와 친숙해지기"라는 내용을 올리고 있는데, 이는 신규 채용자를 위한 칼럼이지만, '머리가 희끗해진 회사의 베테랑'을 위한 교육 도구로도 사용된다.[161] 허드슨 하이랜드 그룹은 온라인 오리엔테이션 프로그램을 사용하여 신규 채용자뿐만 아니라 기존 직원에게도 조직의 변화와 발전에 대한 정보를 제공한다.[162]

허드슨 하이랜드 그룹이 오리엔테이션 프로그램을 모두 온라인으로 진행함에 따라, 다른 조직들도 신입사원 오리엔테이션을 위한 기술을 더욱 창의적으로 적용하고 있다. 예를 들어, 부동산 회사인 가

표 8.4 효과적인 오리엔테이션 프로그램들의 공통적 설계 요소들

1. 잘 운영되는 오리엔테이션 프로그램은 꼭 필요한 것만 알리기 원칙에 따라 운영된다. 직원들은 필요에 따라 필요한 정보를 제공받으며 지나치게 많은 과정이나 피상적인 내용으로 교육받지 않는다. 가장 관련성이 높고 먼저 필요한 정보가 우선 제공된다.
2. 효과적인 오리엔테이션 프로그램은 수일, 수주 또는 그 이상의 기간에 걸쳐 실시된다. 오리엔테이션 프로그램의 강도는 첫날에 가장 세지만, 첫날에 모든 교육 목표를 달성할 수는 없다. 신입사원이 입사하기 전에도 좋은 오리엔테이션 프로그램이 시작되고 첫날 이후에도 계속 잘 진행된다.
3. 오리엔테이션 프로그램의 내용이 기술적인 면과 사회적인 면의 적절한 균형을 보인다.
4. 오리엔테이션 프로그램은 일반적으로 관리자와 신입사원 간의 양방향 상호작용을 허용하는 경우에 보다 효과적이다. 성공적인 사회화는 신뢰할 수 있는 상하 관계가 정립되는 것에 크게 의존한다.
5. 첫날은 신입사원에 큰 영향을 미친다. 그들은 수년간 첫 인상을 기억하게 된다. 따라서 초기 오리엔테이션 프로그램의 실행은 훌륭한 사회적 기술을 갖춘 사람들이 신중하게 계획하고 시행해야 한다. 서류 작성은 첫 날 최소한으로 실행되어야 한다.
6. 잘 운영되는 오리엔테이션 프로그램은 신입사원의 적응에 대한 책임을 직속 상사에게 할당한다. 인적자원 전문가와 다른 직원들이 신입사원에게 중요한 자원으로 작용할 수 있지만, 지속적으로 안내와 지원을 확실하게 할 수 있는 직속 상사가 중요하다. 또한, 직속 상사는 신입사원이 직면하는 잠재적 문제를 파악하고 그 문제를 해결하는 데 도움을 줄 수 있는 가장 좋은 위치에 있다.
7. 오리엔테이션 프로그램은 지역 사회와 새로운 주거 환경에 정착할 수 있도록 도와줌으로써 신입사원들의 적응을 도와줄 수 있다. 생활의 문제가 해결되지 않으면, 신입사원이 업무에 전적으로 집중하는 것이 어렵다. 이러한 이유로 많은 조직들이 신입사원들이 주거를 정해주고, 배우자나 파트너를 여러 가지 오리엔테이션 활동에 참여시킨다.
8. 신입사원은 첫날에 모든 사람들에게 한 번에 피상적인 소개되기보다는 자신이 일하게 될 사람들에게 점진적으로 소개되어야 한다. 가능한 한 빨리 신입사원을 업무에 관련된 팀 회의에 참여시키는 것이 좋다.
9. 신입사원은 그들에 대한 조직의 요구가 더욱 늘어나기 전에 '땅에 발을 들이는(적응하는)' 충분한 시간이 허용되어야 한다.
10. 잘 실행되는 오리엔테이션 프로그램은 사람의 긴장을 풀어준다. 그들의 초점은 축하에 있다. 그들은 불안을 줄이지 늘리지는 않는다. 그들은 호통을 치는 것이 아니라 동료로서 도움을 주고 지지하는 행동으로 신입사원들이 조직에 긍정적인 태도를 갖도록 노력한다.

출처: Feldman, D. C. (1988). *Managing Careers in Organizations* (p. 90). Glenview, IL: Scott, Foresman, (p. 90); Hacker, C. A. (2004). New employee orientation: Make it pay dividends for years to come. *Information Systems Management*, 21(4), Winter, 89-92; Caruth, D. L., Caruth, G. D., & Pane Haden, S. S. (2009). Getting off to a good start. *Industrial Management*, 52(2), 12-15; Eberl, P., Clement, U., & Möller, H. (2012). Socialising employees' trust in the organisation: An exploration of apprentices' socialisation in two highly trusted companies. *Human Resource Management Journal*, 22(4), 343-359; Feldman, D. C., & O'Neill, O. A. (2014). The role of socialization, orientation, and training programs in transmitting culture and climate and enhancing performance. In B. Schneider & K. M. Barbera (Eds), *The Oxford Handbook of Organizational Climate and Culture*, 44-64.

블레스 레지던셜은 오리엔테이션 프로그램을 회사의 학습 관리 시스템을 통해 접근하는 온라인 맞춤 학습 프로그램 페이지로 옮겼다. 이것의 의미는 오리엔테이션 프로그램과 그에 대한 평가 영역이 이제는 조직의 모든 종업원 개발이라는 보다 큰 프레임워크 안에서 운영된다는 것이다.[163] 애로우 일렉트로닉스는 '성공을 위한 문화'라는 양방향 컴퓨터 게임을 만들었다. 이 게임은 종업원에게 즉각적인 피드백을 제공하는 퀴즈쇼 스타일의 게임이다.[164] IBM은 세컨드 라이프 프로그램을 사용하여 전 세계의 인턴들과 신입사원들이 "아바타가 되어 회의에 참석하고 프리젠테이션을 관람하고 가상 IBM 커뮤니티에

뉴스 플래시: 오리엔테이션 프로그램 평가와 그것에 관한 연구 논문 발표

이 장에서 언급했듯이 오리엔테이션 프로그램에 대한 학술 연구는 광범위하지 않다. 그런데, 하워드 클레인(Howard Klein)과 나타샤 위버(Natasha Weaver)의 연구는 예외이다. 그들은 오하이오 주립 대학의 교직원(교수와 학생은 제외)에게 활용된 오리엔테이션 프로그램을 연구했다. 7장에서 언급했듯이, 연구 프로젝트에서는 훈련과 통제 그룹에 무작위로 과제를 배정하는 것이 바람직하다. 그러나 이러한 방법이 본 대학에서 사용하는 오리엔테이션 프로그램과 같은 실제 훈련에는 적합하지 않은 경우가 종종 있다. 클레인과 위버가 한 것은 오리엔테이션에 참석하지 않은 61명의 신입사원들과 자발적으로 오리엔테이션 프로그램에 참여한 55명의 신입사원의 결과를 비교한 것이다. 연구자들은 두 그룹에 관한 변수 중에서 직업 분류, 인종, 성별, 교육 수준은 일관되지 않은 결과가 많아 배제했다.

사회화의 정도는 조지아 차오(Georgia Chao)와 동료들에 의해 개발된 여섯 가지 척도를 사용해서 측정했다. 이러한 측정은 훈련 그룹이 오리엔테이션을 거치기 전후에 두 그룹 모두에 대해 수행되었다(이것은 비교 집단 연구 설계가 있는 사전 테스트-사후 테스트임). 연구자들은 오리엔테이션이 여섯 가지 척도 중 세 가지(목표와 가치, 역사, 조직에서 사용되는 언어) 부분에서 훈련을 받은 집단에 대한 사후 테스트 측정 결과에 영향을 줄 것이라고 예상했다. 오리엔테이션에 참석한 집단과 참석하지 않은 집단 간에 가설이 세워진 세 가지 척도 중 두 가지(목표와 가치, 역사)에서 통계적으로 유의미한 차이가 발견되었다. 또한 오리엔테이션을 진행한 사람들은 '사람' 부분에서 더 높은 점수를 기록했다. 이 결과는 대학에 대한 정서적 애착의 측면에서 두 그룹 사이에 차이가 있다는 것을 충분히 설명한다. 오리엔테이션을 마친 사람들은 대학에 대한 정적인 애착을 더 많이 느꼈고, 이는 시간이 지남에 따라 진행되는 사회화 과정에 영향을 미칠 수 있다.

저자가 명시했듯이 몇 가지 한계점이 있지만, 이 연구는 사회화와 오리엔테이션 프로그램 효과성을 연계시킨 주목할 만한 연구 노력으로 남아 있다. 앞으로 오리엔테이션 프로그램을 개선하고 평가하는 방법을 향상시키기 위한 더 많은 노력이 필요할 것으로 보인다.

출처: Chao, G. T., O'Leary-Kelly, A. M., Wolf, S., Klein, H. J., & Gardner, P. D. (1994). Organizational socialization: Its content and consequences. *Journal of Applied Psychology*, 79, 730–743; Klein, H. J., & Weaver, N. A. (2000). The effectiveness of an organizational-level orientation training program in the socialization of new hires. *Personnel Psychology*, 53, 47–66; Wesson, M. J., & Gogus, C. I. (2005). Shaking hands with a computer: An examination of two methods of organizational newcomer orientation. *Journal of Applied Psychology*, 90(5), 1018–1026; Ashforth, B. E., Sluss, D. M., & Harrison, S. H. (2007). Socialization in organizational contexts. In G. P. Hodgkinson and J. K. Ford (Eds), *International Review of Industrial and Organizational Psychology*, 22, 1–70.

서 다른 아바타들과 교류함으로써" IBM 문화와 비즈니스 프로세스를 학습할 수 있게 하였다.[165] 더 패밀리 달러 리테일 체인은 신입사원 중 다수에게 인터넷 접근 권한이 없음을 발견한 후에, 오리엔테이션 프로그램의 일부를 전화 기반 시스템으로 옮겼다.[166]

결론적으로, 신입사원은 조직에 합류할 때 심각한 도전에 직면하게 되며, 사회화 과정을 촉진하는 것은 개인과 조직 모두에게 이익이 된다. 여기서는 현실적 직무소개와 신입사원 오리엔테이션에 초점을 맞추었지만 직원의 경력을 통해 사회화가 계속된다는 점이 강조되어야 한다.[167] 관리자와 HRD 담당자는 조직에서 진행 중인 사회화 과정을 촉진하는 다른 훈련과 경력 개발 활동을 무시해서는 안 된다. 신입사원은 초기 재직 기간 동안 의미 있고 시의 적절한 성과 검토와 도전 과제의 형태로 이루어진 지원을 필요로 하며, 모든 직원은 코칭과 교육, 스트레스와 개인 문제에 대한 상담과 경력 개발의 도움을 받을 수 있다. 이 주제는 다음 장에서 소개될 예정이다.

도입 사례로 돌아가기

로체스터의 메이요 병원의 오리엔테이션 재설계 팀은 철저한 교육 요구 평가를 한 후 다음과 같은 네 가지 목표를 염두에 두고 재설계 과제를 설정하였다. (1) 신입사원에게 긍정적이고 기억에 남을만한 첫 인상을 제공하고, (2) 신입사원을 소개하고, (3) 신입사원에 대하여 병원이 어떤 기대를 갖고 있는지를 인식하게 하고 신입사원이 병원에 대한 기대를 표현할 수 있도록 돕고, (4) 전문적이고 개인적인 발전에 도움이 될 수 있는 자원들이 병원의 어디에 있는지를 신입사원에게 알린다. 결국 로체스터의 모든 신입사원을 대상으로 이틀 간 진행되는 양방향 프로그램이 설계되었다.

출처: Hicks, S., Peters, M., & Smith, M. (2006). Orientation redesign. *T&D*, 60(7), 43–45; Gilgenbach, L. (2013, May 7). Mayo Clinic new employee orientation. Accessed on March 16, 2015 at: https://prezi.com/khl6cpjwvrid/mayo-clinic-new-employee-orientation/.

요약

신입사원은 조직에 진입할 때 많은 어려움을 겪게 된다. 그들은 자신의 직무를 효과적으로 수행하는 데 필요한 기술과 행동을 배우면서 동시에 조직과 작업 집단의 규범과 기대를 배워나가야 한다. 조직 사회화에 대한 연구는 조직 외부인이 수용되고 생산적인 내부인으로 변모해 나가는 모습을 설명해준다. 성공적인 사회화는 직무 만족도, 업무 수행 능력, 이직률 등 신입사원과 조직 모두에게 중요한 결과에 큰 영향을 미친다.

사회화 과정의 모델은 종종 다음과 같이 단계별로 묘사된다. (1) 개인이 조직에 진입하기 전에 조직에 대한 인상과 기대를 형성하는 예비 사회화 단계, (2) 개인이 조직에 진입하고 조직의 삶이 실제로 어떤 것인지 발견하는 조우 단계, (3) 성공적으로 완료되면 신입사원이 업무를 효과적으로 수행하게 되고, 만족감을 얻고, 조직 구성원들의 인정을 받게 되는 변화와 획득 단계이다.

조직은 신입사원들을 조직에 통합하기 위해 다양한 사회화 전술을 사용하며, 사용된 전술들은 신입사원의 태도와 행동에 영향을 미친다고 입증되었다. 그러나 신입사원들은 그들을 사회화 시키기 위한 조직의 노력에 단순히 수동적으로 반응하지 않는다. 연구에 따르면 신입사원들은 조직의 다양한 측면들과 그들에게 기대되는 역할을 배우기 위해 다양한 전략과 정보 원천을 활용하는 적극적인 정보 탐색자들이다.

신입사원들이 생산성 있고 인정받는 내부인으로 전환되는 데 도움이 되는 두 가지 방법은 현실적 직무소개와 오리엔테이션 프로그램이다. 현실적 직무소개는 직무 수행에 대한 기대와 실제 생활에 대한 균형 잡힌 시각을 신입사원에게 제공하는 것으로, 직무 수행에 발생되는 긍정적인 측면과 부정적인 측면을 함께 알려준다. 이 방법은 직원이 가질 수 있는 비현실적인 기대치를 조정함으로써 사회화를 촉진하고, 기대에 대한 명확한 생각을 가지고 조직에 참여할 수 있게 한다. 오리엔테이션 프로그램은 신입사원에게 조직, 작업 집단, 직무에 대해 소개하기 위해 사용된다. 오리엔테이션 프로그램은 신입사원들에게 기대치를 조정하고, 집단 규범을 이해하고, 새로운 직무를 배우는 데 도움이 되는 정보, 기술, 관계를 제공함으로써 사회화를 촉진한다. 전반적으로 '온보딩' 과정은 신입사원의 입사 첫 주나 처음 몇 달보다 오랜 기간 진행되는 과정이라는 것을 인식해야 한다.

토의문제

1. '온보딩'이라는 용어는 무엇을 의미하는가? 당신의 의견으로는 오리엔테이션과 다른 것인가? 다르다면 그 이유는 무엇이고, 다르지 않다면, 또 그 이유는 무엇인가?
2. 조직의 역할과 집단 규범의 차이점은 무엇인가? 그것들은 어떤 점에서 유사한가?
3. 역할 모호성, 역할 갈등, 역할 과부하가 개인과 조직의 성공에 해로운 이유는 무엇인가?
4. 펠드만(*Feldman*)의 3단계 조직적 사회화 모델을 사용하여 자신이 일한 조직에서 사회화된 방식을 설명할 수 있는가? 모델이 당신의 경험에 얼마나 잘 들어 맞는가?
5. 신입사원이 정보를 적극적으로 찾으면 이것이 사회화 과정과 사회화 결과에 어떤 영향을 미치게 되는가? 조직이 이 사실을 활용하여 오리엔테이션 프로그램의 효과성을 높이는 방법에 대해서 적어도 하나 이상 작성해보시오.
6. 조직 내부인들은 신입사원이 이해하기에 어려운 조직 내부의 사건을 해석해 나가는데 있어 어떤 도움을 줄 수 있는가? 조직은 어떻게 신입사원들이 이러한 것을 얻을 수 있도록 도울 수 있는가?
7. 왜 일부 관리자는 현실적 직무소개를 사용하지 않는가? 그러한 관리자가 이것을 사용하도록 설득하려면 어떤 증거를 제시할 수 있는가?
8. 현실적 직무소개 프로그램에서 여러 형태의 미디어(예: 광고, 소책자, 멀티미디어, 온라인, 잠재적인 동료와의 토론)를 사용하면 어떤 이점이 있는가?
9. 오리엔테이션 프로그램 중 신입사원 사회화 과정에서 가장 중요하다고 생각되는 두 가지 측면은 무엇인가? 두 가지를 선택하고 그 이유를 말해보시오.
10. 오리엔테이션 프로그램에서 공통적으로 발생할 수 있는 세 가지 문제들을 설명해보시오. 어떻게 이러한 문제들을 극복할 수 있는가?
11. 신입사원 오리엔테이션에서 관리자의 역할은 무엇이라고 생각하는가? 이러한 역할에 회의

적인 감독자가 오리엔테이션에서 이 역할을 수행하도록 설득하거나 장려하기 위해 할 수 있는 일은 무엇인가?

12. 사회화 과정의 '괴롭힘'을 정의하고 그것을 예방할 수 있는 방법을 이야기해보자. 당신의 견해로는, 사회화 과정에서 '괴롭힘'이란 꼭 일어나는 것인가?

미주

1. Friedman, L. (2006). Are you losing potential new hires at hello? *T&D*, 60(11), 25–26; Katz, D. (2008). Bringing people aboard: "Onboarding" new hires helps assimilate and empower them before they even begin work. *Financial Planning*, 38(8), 33–34; Feri-Reed, J. (2010). The key to engaging millennials. *Journal for Quality & Participation*, 33(1), 31–33; Lynch, K., & Buckner-Hayden, G. (2010). Reducing the new employee learning curve to improve productivity. *Journal of Healthcare Risk Management*, 29(3), 22–28; Klein, H. J., & Polin, B. (2012). Are organizations on board with best practices onboarding? In C. R. Wanberg (Ed.), *The Oxford handbook of organizational socialization*. New York: Oxford University Press, pp. 267–287; Bauer, T. N., Erdogan, B., & Simon, L. (2014). Effective new employee socialization: A review of the critical role of communication. In V. D. Miller & M. E. Gordon (Eds), *Meeting the challenges of human resource management: A communication perspective*, New York: Routledge, pp. 52–63.

2. Louis, M. R. (1980). Surprise and sensemaking: What newcomers experience in entering unfamiliar organizational settings. *Administrative Science Quarterly*, 25, 226–251; Conlon, T. J. (2004). A review of information learning literature, theory and implications in developing global professional competence. *Journal of European Industrial Training*, 28, 283–295; Hao, Z., & Liden, R. C. (2011). Internship: A recruitment and selection perspective. *Journal of Applied Psychology*, 96(1), 221–229.

3. Guttman, H. M. (2008). Onboarding tips. *Leadership Excellence*, 25(9), 19–20; Cable, D. M., Gino, F., & Staats, B. R. (2013). Reinventing employee onboarding. *MIT Sloan Management Review*, 54(3), 23–28; Stoller, J. K., Barker, C., & FitzSimons, K. (2013). Physician-leader on-boarding: The Cleveland Clinic experience. *Journal of Management Development*, 32(9), 960–970.

4. Rollag, K. (2007). Defining the term 'new' in new employee research. *Journal of Occupational and Organizational Psychology*, 80, 63–75.

5. Cable, D. M., & Kay, V. S. (2012). Striving for selfverification during organizational entry. *Academy of Management Journal*, 55(2), 360–380.

6. Loraine, K. (1999). How to cut the cost of job orientation. *Supervision*, 60(7), 11–13.

7. Sims, D. M. (2002). *Creative new employee orientation programs*. New York: McGraw-Hill; Ballard, A., & Blessing, L. (2006). Organizational socialization through employee orientation at North Carolina State University Libraries. *College and Research Libraries*, 67(3), 240–248; Mujtaba, B. G., & Sims, R. L. (2006). Socializing retail employees in ethical values: The effectiveness of the formal versus informal methods. *Journal of Business and Psychology*, 21, 261–272; Graybill, J. O., Carpenter, M. T. H., Offord, J., Jr., Piorun, M., & Shaffer, G. (2013). Employee onboarding: Identification of best practices in ACRL libraries. *Library Management*, 34(3), 200–218.

8. Holton, E. F., III (1996). New employee development: A review and reconceptualization. *Human Resource Development Quarterly*, 7, 233–252; Klein, H. J., & Heuser, A. E. (2008). The learning of socialization content: A framework for researching orientating practices. *Research in Personnel and Human Resource Management*, 27, 279–336; Wallace, K. (2009). Creating an effective new employee orientation program. *Library Leadership and Management*, 23(4), 168–178; Saks, A. M. (2014). Transfer of socialization. In K. Kraiger, J. Passmore, N. R. D. Santos, & S. Malvezzi (Eds), *The Wiley Blackwell handbook of the psychology of training, development, and performance improvement*. Chichester, UK: Wiley.

9. Dunn, S., & Jasinski, D. (2009). The role of new hire orientation programs. *Journal of Employment Counseling*, 46, 115–127.

10. Sparrow, S. (2008). Getting the right chemistry. *Personnel Today*, May 20, p. 13; Kammeyer-Mueller, J., Wanberg, C., Rubenstein, A., & Song, Z. (2012). Support, undermining, and newcomer socialization: Fitting in during the first 90 days. *Academy of Management Journal*, 56(4), 1104–1124; Ketchum, G. (2013). The first 90 days. *Chief Learning Officer*, 12(11), 44–47.

11. Ivancevich, S. H., Ivancevich, J. M., & Roscher, R. (2009). The first two years of employment: Strategies and pitfalls. *The CPA Journal*, 79(7), 69–72; Tomietto, M., Rappagliosi, C. M., Sartori, R., & Battistelli, A. (2015). Newcomer nurses' organisational socialisation and turnover intention during the first 2 years of employment. *Journal of Nursing Management*, doi: 10.1111/jonm.12224.

12. Schulman, S. (2007). Crossing the generational divide: Engaging "young" employees in your organization. *Development and Learning in Organizations*, 21(2), 7–9; Townley, B. (2009). Calling the right play. *Texas Banking*, 98(9), 8–11; Wok, S., & Hashim, J. (2013). Communicating and sharing working relationships with older employees. *Journal of Communication Management*, 17(2), 100–121; van der Werff, L., & Buckley, F. (2015). Getting to know you: A longitudinal examination of trust cues and trust development during socialization. *Journal of Management*, doi: 10.1177/0149206314543475.

13. Van Maanen, J., & Schein, E. H. (1979). Toward a theory of organizational socialization. In B. Staw (Ed.), *Research in organizational behavior* (pp. 209–264). Greenwich, CT: JAI Press, p. 211.

14. George, J. M., & Jones, G. R. (2012). *Understanding and managing organizational behavior* (6th ed.). Upper Saddle River, NJ: Pearson.

15. Schein, E. H. (1971). The individual, the organization, and the career: A conceptual scheme. *Journal of Applied Behavioral Science*, 7, 401–426.

16. Van Maanen & Schein (1979), *supra* note 13.

17. Danielson, M. M. (2004). A theory of continuous socialization for organizational renewal. *Human Resource Development Review*, 3(4), 354–384; Antonacopoulou, E. P., & Güttel, W. H. (2010). Staff induction practices and organizational socialization: A review and extension of the debate. *Society and Business Review*, 5(1), 22–47.

18. Kauppila, O.-P. (2014). So, what am I supposed to do? A multilevel examination of role clarity. *Journal of Management Studies*, 51(5), 737–763; Lapointe, É., Vandenberghe, C., & Boudrias, J. S. (2014). Organizational socialization tactics and newcomer adjustment: The mediating role of role clarity and affect-based trust relationships. *Journal of Occupational and Organizational Psychology*, 87(3), 599–624.

19. Jackson, S. E., & Schuler, R. S. (1985). A meta-analysis and conceptual critique of research on role ambiguity and role conflict in work settings. *Organizational Behavior and Human Decision Processes*, 36, 16–78; Holton, E. F. III (2001). New employee development tactics: Perceived availability, helpfulness, and relationship with job attitudes. *Journal of Business and Psychology*, 16, 73–85; Slattery, J. P., Selvarajan, T. T., & Anderson, J. E. (2008). The influences of new employee development practices upon role stressors and work-related attitudes of temporary employees. *International Journal of Human Resource Management*, 19(2), 2268–2293; Conley, S., & You, S. (2014). Role stress revisited: Job structuring antecedents, work outcomes, and moderating effects of locus of control. *Educational Management Administration & Leadership*, 42(2), 184–206; Ellis, A. M., Bauer, T. N., Mansfield, L. R., Erdogan, B., Truxillo, D. M., & Simon, L. S. (2015). Navigating uncharted waters: Newcomer socialization through the lens of stress theory. *Journal of Management*, 41(1), 203–235; Kawai, N., & Mohr, A. (2015). The contingent effects of role ambiguity and role novelty on expatriates' work-related outcomes. *British Journal of Management*, 26(2), 163–181.

20. Sullivan, S. E., & Bhagat, R. S. (1992). Organizational stress, job satisfaction, and job performance: Where do we go from here? *Journal of Management*, 18, 353–374; Gilboa, S., Shirom, A., Fried, Y., & Cooper, C. (2008). A meta-analysis of work demand stressors and job performance: Examining main and moderating effects. *Personnel Psychology*, 61, 227–271; Rosen, C. C., Chang, C.-H., Djurdjevic, E., & Eatough, E. (2010). Occupational stressors and job performance: An updated review and recommendations. In P. L. Perrewé & D. C. Ganster (Eds), *New developments in theoretical and conceptual approaches to job stress: Research in occupational stress and well-being* (Vol. 8, pp. 1–60). Bingley, UK: Emerald; Vandenberghe, C., Panaccio, A., Bentein, K., Mignonac, K., & Roussel, P. (2011). Assessing longitudinal change of and dynamic relationships among role stressors, job attitudes, turnover intention, and well-being in neophyte newcomers. *Journal of Organizational Behavior*, 32, 652–671; Allen, D. G., & Shanock, L. R. (2013). Perceived organizational support and embeddedness as key mechanisms connecting socialization tactics to commitment and turnover among new employees. *Journal of Organizational Behavior*, 34(3), 350–369; Jensen, J. M., Patel, P. C., & Messersmith, J. G. (2013). High-performance work systems and job control consequences for anxiety, role overload, and turnover intentions. *Journal of Management*, 39(6), 1699–1724; Hill, K., Chenevert, D., & Poitras, J. (2015). Changes in relationship conflict as a mediator of the longitudinal relationship between changes in role ambiguity and turnover intentions. *International Journal of Conflict Management*, 26(1), 44–67.

21. Van Maanen & Schein (1979), *supra* note 13; Parker, S. K. (2007). 'That is my job': How employees' role orientation affects their job performance. *Human Relations*, 60(3), 403–434; Grant, A. M., & Hofmann, D. A. (2011). Role expansion as a persuasion process: The interpersonal influence dynamics of role redefinition. *Organizational Psychology Review*, 1(1), 9–31.

22. Jones, G. R. (1986). Socialization tactics, self-efficacy, and newcomers' adjustments to organizations. *Academy of Management Journal*, 29, 262–279; Martin-Canizarès, C., & Baubion-Broye, A. (2007) Occupational transition and role orientation in management function. *Industrial Relations*, 62(4), 641–663.

23. Harris, T. B., Li, N., Boswell, W. R., Zhang, X. A., & Xie, Z. (2014). Getting what's new from newcomers: Empowering leadership, creativity, and adjustment in the socialization context. *Personnel Psychology*, 67(3), 567–604.

24. Van Maanen & Schein (1979), *supra* note 13.

25. Jones (1986), *supra* note 22; Allen, N. J., & Meyer, J. P. (1990). Organizational socialization tactics: A longitudinal analysis of links to newcomers' commitment and role orientation. *Academy of Management Journal*, 33, 847–858; Cohen, A., & Veled-Hecht, A. (2010). The relationship between organizational socialization and commitment in the workplace among employees in longterm nursing care facilities. *Personnel Review*, 39(5), 537–556.

26. Shaw, M. (1981). *Group dynamics* (3rd ed.). New York: McGraw-Hill.

27. Schein, E. H. (1971). Occupational socialization in the professions: The case of the role innovator. *Journal of Psychiatric Research*, 8, 521–530; Schein, E. H. (2003). Organizational socialization and the profession of management. In L. W. Porter, H. L. Agle, & R. W. Allen (Eds), *Organizational influence processes*. Armonk, NY: M. E. Sharpe, pp. 283–294.

28. Feldman, D. C. (1984). The development and enforcement of norms. *Academy of Management Review*, 9, 47–53.

29. Korte, R. F. (2009).How newcomers learn the social norms of an organization: A case study of the socialization of newly hired engineers. *Human Resource Development Quarterly*, 20, 285–306; Korte, R. F. (2011). Learning how things work here: The socialization of newcomers in organizations. *Professional and Practice-based Learning*, 5(2), 129–146.

30. Marquardt, M., Seng, N. C., & Goodson, H. (2010). Team development via action learning. *Advances in Developing Human Resources*, 12, 241–259.

31. Porter, L. W., & Steers, R. M. (1973). Organizational, work, and personal factors in employee turnover and absenteeism. *Psychological Bulletin*, 80, 151–176; Wanous, J. P. (1980). *Organizational entry*. Reading, MA: Addison-Wesley; Wanous, J. P., Poland, T. D., Premack, S. L., & Davis, K. S. (1992). The effects of met expectations on newcomer attitudes and behaviors: A review and metaanalysis. *Journal of Applied Psychology*, 77, 288–297; Sutton, G., & Griffin, M. A. (2004). Integrating expectations, experiences, and psychological contract violations: A longitudinal study of new professionals. *Journal of Occupational and Organizational Psychology*, 77(4), 493–514; Irving, P. G., & Montes, S. D. (2009). Met expectations: The effects of expected and delivered inducements on employee satisfaction. *Journal* *of Occupational and Organizational Psychology*, 82, 431–451; Kim, H. D., & Tung, R. L. (2013). Opportunities and challenges for expatriates in emerging markets: An exploratory study of Korean expatriates in India. *International Journal of Human Resource Management*, 24(5), 1029–1050.

32. Wanous, J. P. (1976). Organizational entry: From naïve expectations to realistic beliefs. *Journal of Applied Psychology*, 61, 22–29; Wanous (1980), *supra* note 31; Thorsteinson, T. J., Palmer, E. M., Wulff, C., & Anderson, A. (2004). Too good to be true? Using realism to enhance applicant attraction. *Journal of Business and Psychology*, 19, 125–137; Morse, B. J., & Popovich, P. M. (2009). Realistic recruitment practices in organizations: The potential benefits of generalized expectancy calibration. *Human Resource Management Review*, 19, 1–8; Baur, J. E., Buckley, M. R., Bagdasarov, Z., & Dharmasiri, A. S. (2014). A historical approach to realistic job previews: An exploration into their origins, evolution, and recommendations for the future. *Journal of Management History*, 20(2), 200–223.

33. Wanous (1976), *supra* note 32.

34. Porter & Steers (1973), *supra* note 31, p. 152; Crow, S. M., Hartman, S. J., & McLendon, C. L. (2009). The realistic job preview as a partial remedy for nursing attrition and shortages: The role of nursing schools. *Journal of Continuing Education in Nursing*, 40(7), 317–323.

35. McKay, P. F., & Avery, D. R. (2005). Warning! Diversity recruitment could backfire. *Journal of Management Inquiry*, 14(4), 330–336; McKay, P. F., Avery, D. R., Tonidandel, S., Morris, M. A., Hernandez, M., & Hebl, M. R. (2007). Racial differences in employee retention: Are diversity climate perceptions the key? *Personnel Psychology*, 60, 35–62; Avery, D. R., Volpone, S. D., Stewart, R. W., Luksyte, A., Hernandez, M., McKay, P. F., & Hebl, M. M. R. (2013). Examining the draw of diversity: How diversity climate perceptions affect job-pursuit intentions. *Human Resource Management*, 52(2), 175–193.

36. Irving, P. G., & Meyer, J. P. (1994). Reexamination of the met-expectations hypothesis: A longitudinal analysis. *Journal of Applied Psychology*, 79, 937–949.

37. Jusoh, M., Simun, M., & Choy Chong, S. (2011). Expectation gaps, job satisfaction, and organizational commitment of fresh graduates: Roles of graduates, higher learning institutions and employers. *Education + Training*, 53(6), 515–530.

38. Louis (1980), *supra* note 2.

39. Wang, M., Kammeyer-Mueller, J., Liu, Y., & Li, Y. (2015). Context, socialization, and newcomer learning. *Organizational Psychology Review*, 5(1), 3–25.

40. Fisher, C. D. (1986). Organizational socialization: An integrative review. In K. Rowland and G. Ferris (Eds), *Research in personnel and human resources management* (Vol. 4, pp. 101–145). Greenwich, CT: JAI Press; Jokisaari, M. (2013). The role of leader–member and social network relations in newcomers' role performance. *Journal of Vocational Behavior*, 82(2), 96–104.

41. Feldman, D. C. (1981). The multiple socialization of organization members. *Academy of Management Review*, 6, 309–318.

42. Chao, G. T., O'Leary-Kelly, A. M., Wolf, S., Klein, H. J., & Gardner, P. D. (1994). Organizational socialization: Its content and consequences. *Journal of Applied Psychology*, 79, 730–743.

43. Haueter, J. A., Macan, T. H., & Winter, J. (2003). Measurement of newcomer socialization: Construct validation of a multidimensional scale. *Journal of Vocational Behavior*, 63(1), 20–39.

44. Fisher (1986), *supra* note 40; Parker (2007), *supra* note 21.

45. Crow, S. M., & Hartman, S. J. (2005). Nurse attrition as a process. *Health Care Manager*, 24(3), 276–283; Bauer, T. N., Bodner, T., Erdogan, B., Truxillo, D. M., & Tucker, J. S. (2007). Newcomer adjustment during organizational socialization: A meta-analytic review of antecedents, outcomes, and methods. *Journal of Applied Psychology*, 92, 707–721; Bauer, T. N., & Erdogan, B. (2012). Organizational socialization outcomes: Now and into the future. In C. R. Wanberg (Ed.), *The Oxford handbook of organizational socialization*. New York: Oxford University Press, pp. 97–112.

46. Fisher (1986), *supra* note 40; Feldman, D. C. (1989). Socialization, resocialization, and training: Reframing the research agenda. In I. L. Goldstein and Associates (Eds), *Training and development in organizations*. San Francisco, CA: Jossey-Bass, pp. 376–416; Kammeyer-Mueller, J. D., & Wanberg, C. R. (2003). Unwrapping the organizational entry process: Disentangling multiple antecedents and their pathways to adjustment. *Journal of Applied Psychology*, 88(5), 779–794; Wilson, R. D. (2009). Iterative socialization: A model of individual behavior and information acquisition processes. *Business Renaissance Quarterly*, 3(4), 31–47; Fang, R., Duffy, M. K., & Shaw, J. D. (2010). The organizational socialization process: Review and development of a social capital model. *Journal of Management*, 37, 127–152; Madlock, P. E., & Chory, R. M. (2014). Socialization as a predictor of employee outcomes. *Communication Studies*, 65(1), 56–71.

47. Morrison, E. W. (1993). Longitudinal study of the effects of information seeking on newcomer socialization. *Journal of Applied Psychology*, 78, 173–183; Bauer, T. N., & Green, S. G. (1994). Effect of newcomer involvement in workrelated activities: A longitudinal study of socialization. *Journal of Applied Psychology*, 79, 211–223; Chao et al. (1994), *supra* note 42; Ashford, B. E., & Saks, A. M. (1996). Socialization tactics: Longitudinal effects on newcomer adjustment. *Academy of Management Journal*, 39, 149–178; Kanmeyer-Mueller, J. D., Wanberg, C. R., Glomb, T. M., & Ahlburg, D. (2005). The role of temporal shifts in turnover processes: It's about time. *Journal of Applied Psychology*, 90, 644–658; De Vos, A., & Freese, C. (2011). Sensemaking during organizational entry: Changes in newcomer information seeking and the relationship with psychological contract fulfillment. *Journal of Occupational and Organizational Psychology*, 84, 288–314.

48. Ostroff, C., & Kozlowski, S. W. J. (1992). Organizational socialization as a learning process: The role of information acquisition. *Personnel Psychology*, 45, 849–874; Major, D. A., Kozlowski, S. W. J., Chao, G. T., & Gardner, P. D. (1995). A longitudinal investigation of newcomer expectations, early socialization outcomes, and the moderating effects of role development factors. *Journal of Applied Psychology*, 80, 418–431; Jokisaari, M., & Nurmi, J. E. (2009). Change in newcomers' supervisor support and socialization outcomes after organizational entry. *Academy of Management Journal*, 52, 527–544; Vandenberghe, C., Panaccio, A., Bentein, K., Mignonac, K., & Roussel, P. (2011). Assessing longitudinal change of and dynamic relationships among role stressors, job attitudes, turnover intention, and well-being in neophyte newcomers. *Journal of Organizational Behavior*, 32(4), 652–671; Saks, A., & Gruman, J. A. (2014). Making organizations more effective through organizational socialization. *Journal of Organizational Effectiveness: People and Performance*, 1(3), 261–280.

49. Buchanan, B. (1974). Building organizational commitment: The socialization of managers in work organizations.

Administrative Science Quarterly, 19, 533–546; Porter, L. W., Lawler, E. E., III, & Hackman, J. R. (1975). *Behavior in organizations*. New York: McGraw-Hill; Feldman, D. C. (1976). A contingency theory of socialization. *Administrative Science Quarterly*, 21, 433–452; Feldman, D. C. (1976). A practical program for employee socialization. *Organizational Dynamics*, 5(2), 64–80; Schein, E. H. (1978). *Career dynamics: Matching individual and organizational needs*. Reading, MA: Addison-Wesley; Van Maanen, J. (1978). People processing: Strategies of organizational socialization. *Organizational Dynamics*, 7(1), 18–36; Wanous (1980), *supra* note 31; Feldman (1981), *supra* note 41; Ashforth, B. E., Sluss, D. M., & Harrison, S. H. (2007). Socialization in organizational contexts. In G. P. Hodgkinson & J. K. Ford (Eds), *International Review of Industrial and Organizational Psychology*, 22, 1–70.

50. Feldman (1981), *supra* note 41.

51. Bernardin, H. J., Richey, B. E., & Castro, S. L. (2011). Mandatory and binding arbitration: Effects on employee attitudes and recruiting results. *Human Resource Management*, 50(2), 175–200; Claus Wehner, M., Giardini, A., & Kabst, R. (2012). Graduates' reactions to recruitment process outsourcing: A scenario-based study. *Human Resource Management*, 51(4), 601–623; Dineen, B. R., & Williamson, I. O. (2012). Screening-oriented recruitment messages: Antecedents and relationships with applicant pool quality. *Human Resource Management*, 51(3), 343–360; Auger, P., Devinney, T. M., Dowling, G. R., Eckert, C., & Lin, N. (2013). How much does a company's reputation matter in recruiting? *MIT Sloan Management Review*, 54(3), 79–88; Baum, M., & Kabst, R. (2014). The effectiveness of recruitment advertisements and recruitment websites: Indirect and interactive effects on applicant attraction. *Human Resource Management*, 53(3), 353–378; Walker, H. J., Helmuth, C. A., Feild, H. S., & Bauer, T. N. (2014). Watch what you say: Job applicants' justice perceptions from initial organizational correspondence. *Human Resource Management*, doi: 10.1002/hrm.21655.

52. Barrow, S., & Mosley, R. (2005). *The employer brand: Bringing the best of brand management to people at work*. West Sussex, England: Wiley; Edwards, M. R., (2009). An integrative review of employer branding and OB theory. *Personnel Review*, 39, 5–23; Talent war fuels employer branding. (2010). *People Management*, September 2, p. 11.

53. Cable, D. M., Gino, F.,& Staats, B. R. (2013). Breaking them in or eliciting their best? Reframing socialization around newcomers' authentic self-expression. *Administrative Science Quarterly*, 58(1), 1–36.

54. Poohongthong, C., Surat, P., & Sutipan, P. (2014). A study on the relationships between ethical leadership, work-life balance, organizational socialization, and organizational citizenship behavior of teachers in northern Thailand. *International Journal of Behavioral Science*, 9(2), 17–28.

55. Boswell, W. R., Shipp, A. J., Culbertson, S. S., & Payne, S. C. (2009). Changes in newcomer job satisfaction over time: Examining the pattern of honeymoons and hangovers. *Journal of Applied Psychology*, 94, 844–858; see also Kammeyer-Mueller et al. (2012), *supra* note 10.

56. Schein (1978), *supra* note 49; Wanous, J. P., Reichers, A. E., & Malik, S. D. (1984). Organizational socialization and group development: Toward an integrative perspective. *Academy of Management Review*, 9, 670–683; Feldman (1989), *supra* note 46; Wanous, J. P. (1992). *Organizational entry: Recruitment, selection, orientation, and socialization of newcomers* (2nd ed.). Reading, MA: Addison-Wesley; Filstad, C. (2004). How newcomers use role models in organizational socialization. *Journal of Workplace Learning*, 16, 396–409; Bishop, D. (2011). The importance of being an insider. *Journal of European Industrial Training*, 35(4), 326–344; Feldman, D. C. (2012). The impact of socializing. In C. R. Wanberg (Ed.), *The Oxford handbook of organizational socialization*. New York: Oxford University Press, pp. 215–229.

57. Wanous (1992), *supra* note 56.

58. Louis (1980), *supra* note 2.

59. Van Maanen (1978), *supra* note 49; Van Maanen & Schein (1979), *supra* note 13.

60. Van Maanen (1978), *supra* note 49.

61. Van Maanen & Schein (1979), *supra* note 13.

62. Jones (1986), *supra* note 22.

63. Allen & Meyer (1990), *supra* note 25.

64. Ashford & Saks (1996), *supra* note 47.

65. Ostroff & Kozlowski (1992), *supra* note 48; Morrison (1993), *supra* note 47; Heslin, P. A. (2005). Experiencing career success. *Organizational Dynamics*, 34(4), 376–390.

66. Uggerslev, K. L., Fassina, N. E., & Kraichy, D. (2012). Recruiting through the stages: A meta-analytic test of predictors of applicant attraction at different stages of the recruiting process. *Personnel Psychology*, 65(3), 597–660.

67. Ostroff & Kozlowski (1992), *supra* note 48; Morrison (1993), *supra* note 47; Ashford, S. J., & Black, J. S. (1996). Proactivity during organizational entry: The role of desire for control. *Journal of Applied Psychology*, 81, 199–214; Kim, T.-Y., Cable, D. M., & Kim, S. P. (2005). Socialization tactics, employee proactivity, and person-organization fit. *Journal of Applied Psychology*, 90(2), 232–241; Kim, T.-Y., Hon, A. H. Y., & Crant, J. M. (2009). Proactive personality, employee creativity, and newcomer outcomes: A longitudinal study. *Journal of Business and Psychology*, 24, 93–103; Nirig, L., Harris, T. B., Boswell, W. R., & Zhitao, X. (2011). The role of organizational insiders' developmental feedback and proactive personality on newcomers' performance: An interactionist perspective. *Journal of Applied Psychology*, 96(6), 1317–1327; Cooper-Thomas, H. D., Paterson, N. L., Stadler, M. J., & Saks, A. M. (2014). The relative importance of proactive behaviors and outcomes for predicting newcomer learning, well-being, and work engagement. *Journal of Vocational Behavior*, 84(3), 318–331.

68. Ostroff & Kozlowski (1992), *supra* note 48; Morrison (1993), *supra* note 47; Kim et al. (2005), *supra* note 68; Cooper-Thomas, H. D., Paterson, N. L., Stadler, M. J., & Saks, A. M. (2014). The relative importance of proactive behaviors and outcomes for predicting newcomer learning, well-being, and work engagement. *Journal of Vocational Behavior*, 84(3), 318–331.

69. Ostroff & Kozlowski (1992), *supra* note 48; Morrison (1993), *supra* note 47.

70. Gruman, J. A., Saks, A. M., & Zweig, D. I. (2006). Organizational socialization tactics and newcomer proactive behaviors: An integrative study. *Journal of Vocational Behavior*, 69(1), 90–104.

71. Garavan, T. N., Morley, M., Gunnigle, P., & McGuire, D. (2002). Human resource development and workplace learning: Emerging theoretical perspectives and organizational practices. *Journal of European Industrial Training*, 26(2–4), 60–71; Elsey, B., & Leung, S.-K. (2004). The role of the international manager in facilitating organizational change through workplace learning with Chinese employees. *Journal of General Management*, 29(3), 53–75.

72. Reio, T. G., Jr., & Wiswell, A. (2000). Field investigation of the relationship among adult curiosity, workplace learning, and job performance. *Human Resource Development Quarterly*, 11(1), 5–30; Ardts, J., Jansen, P.,& van der Velde, M. (2001). The breaking in of new employees: Effectiveness of socialization tactics and personnel instruments. *Journal of Management Development*, 20(2), 159–167; Thomas, H. C., & Anderson, N. (2003). How to design induction programmes. *People Management*, 9(9), May 1, pp. 42–43; Harvey, J., Wheeler, A., Halbesleben, J. R. B., & Buckley, M. R. (2010). How did you figure that out? Employee learning during socialization. *Research in Personnel and Human Resource Management*, 29, 167–200; Ashford, S., & Nurmohamed, S. (2012). From past to present and into the future: A hitchhiker's guide to the socialization literature. In C. R. Wanberg (Ed.), *The Oxford handbook of organizational socialization*. New York: Oxford University Press, pp. 8–26.

73. Fang, Duffy & Shaw (2011), *supra* note 46.

74. Kulkarni, M., &Lengnick-Hall, M. L. (2011). Socialization of people with disabilities in the workplace. *Human Resource Management*, 50(4), 521–540.

75. Louis (1980), *supra* note 2.

76. *Ibid.*

77. Fogarty, T. J., & Dirsmith, M. W. (2001). Organizational socialization as instrument and symbol: An extended institutional theory perspective. *Human Resource Development Quarterly*, 12, 247–266; Cooper-Thomas, H. D., & Anderson, N. (2006). Organizational socialization: A new theoretical model and recommendations for future research and HRM practices in organizations. *Journal of Managerial Psychology*, 21, 492–516; Yalabik, Z. Y. (2013). Mergers and acquisitions: Does organizational socialization matter? *Human Resource Development International*, 16(5), 519–537.

78. Ployhart, R. E., Schneider, B., & Schmitt, N. W. (2006). *Staffing organizations: Contemporary practice and theory* (3rd ed.). Mahweh, NJ: Lawrence Erlbaum.

79. Brandon, C. (2005). Truth in recruitment branding. *HR Magazine*, 50(11), 89–96.

80. Thewlis, M. (2005). Avon calling: SITEL's challenges in recruitment and retention. *IRS Employment Review*, 827, July 15, pp. 45–48.

81. Federman, B. (2009). *Employee engagement: A roadmap for creating profits, optimizing performance and increasing loyalty*. San Francisco, CA: Jossey-Bass, Chapter 7.

82. Lauby, S. (2014). The realistic job preview is back. April 27. Accessed on March 16, 2015 at http://www.hrbartender.com/2014/recruiting/the-realistic-job-preview-is-back/.

83. Wanous (1980), *supra* note 31.

84. Wanous, J. P. (1978). Realistic job previews: Can a procedure to reduce turnover also influence the relationship between abilities and performance? *Personnel Psychology*, 31, 249–258; Wanous (1992), *supra* note 56.

85. Wanous (1992), *supra* note 56.

86. *Ibid.*

87. *Ibid.*; Breaugh, J. A. (1983). Realistic job previews: A critical appraisal and future research directions. *Academy of Management Review*, 8, 612–619; Breaugh, J. A. (1992). *Recruitment: Science and practice*. Boston, MA: PWS Kent; Landis, R. S., Earnest, D. R., & Allen, D. G. (2013). Realistic job previews: Past, present, and future. In K. Y. T. Yu & D. M. Cable (Eds), *The Oxford handbook of recruitment*. New York: Oxford University Press, 423–436.

88. Wanous (1992), *supra* note 56; Federman (2009), *supra* note 82.

89. Breaugh (1992), *supra* note 88; Breaugh, J. A., & Starke,M. (2000).Research on employee recruitment: Somany studies, somany remaining questions. *Journal of Management*, 26, 405–434; Beenen, G., & Pichler, S. (2014). Do I really want to work here? Testing amodel of job pursuit for MBA interns. *Human ResourceManagement*, 53(5), 661–682.

90. Colarelli, S. M. (1984). Methods of communication and mediating processes in realistic job previews. *Journal of Applied Psychology*, 69, 633–642.

91. Highhouse, S., Stanton, J. M., & Reeve, C. L. (2004). Examining reactions to employer information using a simulated web-based job fair. *Journal of Career Assessment*, 12(1), 85–96; Reeve, C. L., Highhouse, S., & Brooks, M. E. (2006). A closer look at reactions to realistic recruitment messages. *International Journal of Selection and Assessment*, 14(1), 1–15; Braddy, P. W., Meade, A. W., Michael, J. J., & Fleenor, J. W. (2009). Internet recruiting: Effects of website content features on viewers' perceptions of organizational culture. *International Journal of Selection and Assessment*, 17(1), 19–34; Furtmueller, E., Wilderom, C., & Tate, M. (2011). Managing recruitment and selection in the digital age: e-HRM and resumes. *Human Systems Management*, 30(4), 243–259.

92. Wesson, M. J., & Gogus, C. I. (2005). Shaking hands with a computer: An examination of two methods of organizational newcomer orientation. *Journal of Applied Psychology*, 90(5), 1018–1026.

93. Volume recruitment (2015). CEB/SHL talent measurement. Accessed on March 16, 2015 at http://ceb.shl.com/us/solutions/talent-acquisition/volume-recruiting/.

94. Wanous, J. P. (1989). Installing a realistic job preview: Ten tough choices. *Personnel Psychology*, 42, 117–134; Saks, A. M. (2013). How do you study recruitment? A consideration of the issues and complexity of designing and conducting recruitment research. In K. Y. T. Yu & D. M. Cable (Eds), *The Oxford handbook of recruitment*. New York: Oxford University Press, pp. 463–491.

95. Wanous (1992), *supra* note 86.

96. Wanous (1989), *supra* note 95.

97. Breaugh (1992), *supra* note 88.

98. Winkler, C. (2006). Taming turnover through better job information. *HR Magazine*, 51(9), 132.

99. Zielinski, D. (2011). Effective assessments. *HR Magazine*, 56(1), 61–64.

100. Wanous, J. P. (1977). Organizational entry: Newcomers moving from outside to inside. *Psychological Bulletin*, 84, 601–618; Wanous (1980), *supra* note 31; Reilly, R. R., Brown, B., Blood, M. R., & Malatesta, C. Z. (1981). The effect of realistic previews: A study and discussion of the literature. *Personnel Psychology*, 34, 823–834; McEvoy, G. M., & Cascio, W. F. (1985). Strategies for reducing employee turnover: A meta-analysis. *Journal of Applied Psychology*, 70, 342–353; Premack, S. L., & Wanous, J. P. (1985). A meta-analysis of realistic job preview experiments.

Journal of Applied Psychology, 70, 706–719; Wanous, J. P., & Colella, A. (1989). Organizational entry research: Current status and future directions. In K. Rowland & G. Ferris (Eds), *Research in personnel and human resources management* (Vol. 7, pp. 59–120). Greenwich, CT: JAI Press; Wanous (1992), *supra* note 56; Meglino, B. M., Ravlin, E. C., & DeNisi, A. S. (2000). A metaanalytic examination of realistic job preview effectiveness: A test of three counterintuitive propositions. *Human Resource Management Review*, 10(4), 407–434.

101. Premack & Wanous (1985), *supra* note 101; Wanous (1992), *supra* note 56.

102. Rynes, S. L. (1991). Recruitment, job choice, and post-hire consequences: A call for new research directions. In M. D. Dunnette & L. M. Hough (Eds), *Handbook of industrial and organizational psychology* (2nd ed., Vol. 2, pp. 400–444). Palo Alto, CA: Consulting Psychologists Press.

103. Earnest,D.R.,Allen,D.G.,&Landis,R. S. (2011).Mechanisms linking realistic job previews with turnover: A meta-analytic path analysis. *Personnel Psychology*, 64(4), 865–897.

104. Irving & Meyer (1994), *supra* note 36.

105. Breaugh, J. (2010). Realistic job previews. In K. H. Silber, W. R. Foshay, R. Watkins, D. Leigh, J. L. Moseley, & J. C. Dessinger (Eds), *Handbook of improving performance in the workplace: Volumes 1–3*, Chapter 8. Hoboken, NJ: Wiley.

106. Brinthaupt, T. M. (2004). Providing a realistic course preview to students. *Teaching of Psychology*, 31(2), 104–106; Hechter, R. P., & McGregor, L. D. (2008). A Confucian framework for categorizing elementary preservice teachers' expectations of their science methods course. *Journal of College Teaching & Learning*, 5(12), 17–27.

107. Richardson, J., McBey, K., & McKenna, S. (2008). Integrating realistic job previews and realistic living conditions previews. *Personnel Review*, 37(5), 490–508; cf. Guo, C., & Al Ariss, A. (2015). Human resource management of international migrants: Current theories and future research. *International Journal of Human Resource Management*, 26(10), 1287–1297.

108. McGillicuddy, J. (1999). Making a good first impression. *Public Management*, January, 15–18.

109. Gomersall, E. R., & Myers, M. S. (1966). Breakthrough in on-the-job training. *Harvard Business Review*, 44(4), 62–72; Feldman, D. C. (1980). A socialization process that helps new recruits succeed. *Personnel*, 57(2), 11–23; Barbazette, J. (2005). *Successful new employee orientation: A step-by-step guide for designing, facilitating, and evaluating your program*. San Francisco, CA: Wiley; John Wiley & Sons; Zhang, J. F. (2010). Employee orientation and performance: An exploration of the mediating role of customer orientation. *Journal of Business Ethics*, 91, 111–121; Allee, C. E. (2012). *New employee orientation: A survey of participant experiences and self-report outcomes*. ProQuest Dissertations& Theses Global. Retrieved from: http://search.proquest.com/docview/1267134764?accountid=14791.

110. Tyler, K. (1998). Take new employee orientation off the back burner. *HR Magazine*, 43(6), 49–57.

111. For example, Schettler, J. (2002). Wells Fargo: The first six months. *Training*, 39(8), 40.

112. George, M. A., & Miller, K. D. (1996). Assimilating new employees. *Training & Development*, 50(6), 49–50; West, K. L. (1996). Effective training for a revolving door. *Training & Development*, 50(9), 51–52; France, D. R., & Jarvis, R. L. (1996). Quick start for new employees. *Training & Development*, 50(10), 47–50; Starcke, A. M. (1996). Building a better orientation program. *HR Magazine*, 41(11), 107–114; Hays, S. (1999). Exceptional customer service takes the 'Ritz' touch. *Workforce*, 78(1), 99–102; McGillicuddy (1999), *supra* note 109.

113. ATD (2014). *2014 State of the industry report*. Alexandria, VA: Author.

114. Rollag, K., Parise, S., & Cross, R. (2005). Getting new hires up to speed quickly. *Sloan Management Review*, 46(2), 35–41; Arnold, J. T. (2010). Ramping up onboarding. *HR Magazine*, 55(5), 75–78.

115. Ragsdale, M. A., & Mueller, J. (2005). Plan, do, study, act model to improve an orientation program. *Journal of Nursing Care Quality*, 20(3), 268–272; Hicks, S., Peters, M., & Smith, M. (2006). Orientation redesign. *T&D*, 60(7), 43–45; Wallace (2009), *supra* note 8.

116. St. John, W. D. (1980). The complete employee orientation program. *Personnel Journal*, 59(5), 373–378.

117. Brechlin, J., & Rossett, A. (1991). Orienting new employees. *Training*, 28(4), 45–51.

118. Tyler (1998), *supra* note 111; Ellis, K. (2004). Authoring tools. *Training*, 14(8), 20–25.

119. Schettler, J. (2002). Verizon Wireless: Joining the journey. *Training*, 39(8), 38–39.

120. Hicks, Peters, & Smith (2006), *supra* note 116.

121. Al-Lamki, S. M. (2002). Orientation: The essential ingredient in cross-cultural management. *International Journal of Management*, 19(4), 568–575.

122. Neag, M. (2008). The hiring line. *Training*, 45(8), 12.

123. Smith, P. M., &Mustard, C. A. (2007).How many employees receive safety training during their first year of a new job? *Injury Prevention*, 13, 37–41.

124. Valentine, S., & Johnson, A. (2005). Codes of ethics, orientation programs, and the perceived importance of employee incorruptibility. *Journal of Business Ethics*, 61, 45–53.

125. McGarrell, E. J., Jr. (1984). An orientation system that builds productivity. *Personnel Administrator*, 29(10), 75–85.

126. Reichers, A. E. (1987). An interactionist perspective on newcomer socialization rates. *Academy of Management Review*, 12, 278–287; see also Fang et al. (2010), *supra* note 46.

127. Louis, M. R., Posner, B. Z., & Powell, G. N. (1983). The availability and helpfulness of socialization practices. *Personnel Psychology*, 36, 857–866.

128. Morrison (1993), *supra* note 47; Ostroff & Kozlowski (1992), *supra* note 48.

129. Nifadkar, S., Tsui, A. S., & Ashforth, B. E. (2012). The way you make me feel and behave: Supervisor-triggered newcomer affect and approach-avoidance behavior. *Academy of Management Journal*, 55(5), 1146–1168; Sluss, D. M., & Thompson, B. S. (2012). Socializing the newcomer: The mediating role of leader–member exchange. *Organizational Behavior and Human Decision Processes*, 119(1), 114–125.

130. Gomersall & Myers (1966), *supra* note 110.

131. Major et al. (1995), *supra* note 48.

132. Feldman (1980). *supra* note 110; Caruth, D. L., Caruth, G. D.,&Pane Haden, S. S. (2009). Getting off to a good start. *Industrial Management*, 52(2), 12–15.

133. McGarrell (1984), *supra* note 126.

134. Reinhardt, C. (1988). Training supervisors in first-day orientation techniques. *Personnel*, 65(6), 24–28.

135. Lindo, D. K. (1999). New employee orientation is your job! *Supervision*, 60(8), 6–9.

136. Tyler (1998), *supra* note 111, p. 52.

137. George & Miller (1996), *supra* note 113.

138. Louis et al. (1983), *supra* note 128; Korte, R. (2010). 'First, get to know them': A relational view of organizational socialization. *Human Resource Development International*, 13, 27–43.

139. Lipkins, S. (2006). Preventing hazing: How parents, teachers, and coaches can stop the violence, harassment, and humiliation. San Francisco, CA: Jossey-Bass; *Fuerschbach v. Southwest Airlines Co.* (2006), 439 F. 3d 1197; Court of Appeals, 10th Circuit; How Goldman welcomes a new recruit (2010). *London Evening Standard*, City Spy. October 26. Accessed on March 16, 2015 at http://www.standard.co.uk/business/city-spy-stjamess-place-has-to-apologise-in-investor-jibe-row-6528921.html.

140. Zarowin, S. (2004). Golden business ideas. *Journal of Accountancy*, 198(3), 108.

141. Federico, R. F. (1991). Six ways to solve the orientation blues. *HR Magazine*, 36(6), 69–70; Ostroff & Kozlowski (1992), *supra* note 48.

142. McGarrell (1984), *supra* note 126.

143. Gomersall & Myers (1966), *supra* note 110.

144. Ostroff & Kozlowski (1992), *supra* note 48.

145. France & Jarvis (1996), *supra* note 113; Kim et al. (2005), *supra* note 68; McMillan-Capehart (2005), *supra* note 65.

146. Feldman, D. C. (1988). *Managing careers in organizations*. Glenview, IL: Scott, Foresman; Loraine (1999), *supra* note 6; Lynch, K., & Buckner-Hayden, G. (2010). Reducing the new employee learning curve to improve productivity. *Journal of Healthcare Risk Management*, 29(3), 22–28; Graybill, J. O., Hudson Carpenter, M. T., Offord, Jr, J., Piorun, M., & Shaffer, G. (2013). Employee onboarding: Identification of best practices in ACRL libraries. *Library Management*, 34(3), 200–218.

147. Rollag, Parise, & Cross (2005), *supra* note 115.

148. France & Jarvis (1996), *supra* note 113.

149. Tyler, (1998), *supra* note 111, p. 57.

150. Starcke (1996), *supra* note 113.

151. *Ibid.*

152. Sims (2002), *supra* note 7; Cohen, C. (2003). Make a good impression. *CA Magazine*, 136(5), 41–42; Saylor, T. (2003). Training: The single most significant event in the life of a franchise relationship. *Franchising World*, 35(4), 13–14; New employee orientation programs make cents (2004). *Commercial Law Bulletin*, 19(3), 6; Hicks, Peters, & Smith (2006), *supra* note 116; Wallace (2009), *supra* note 8.

153. McGarrell (1984), *supra* note 126.

154. Wesson& Gogus (2005), *supra* note 93; Ragsdale&Mueller (2005), *supra* note 116; Akdere, M., & Schmidt, S. W. (2007). Measuring the effects of employee orientation training on employee perceptions of organizational culture: Implications for organization development. *Business Review, Cambridge*, 8(1), 234–239; Plakoyiannaki, E., Tzokas, N., Dimitratos, P., & Saren, M. (2008). How critical is employee orientation for customer relationship management? Insights from a case study. *Journal of Management Studies*, 45(2), 268–293; Dunn & Jasinski (2009), *supra* note 9; Zhang (2010), *supra* note 110.

155. H. J. (2002). Orientation ROI. *Training*, 39(8), 38; Russ-Eft, D., & Preskill, H. (2005). In search of the Holy Grail: Return on investment evaluation in human resource development. *Advances in Developing Human Resources*, 7(1), 71–85.

156. McShulskis, E. (1997). Monitor career development and orientation programs. *HR Magazine*, 42(11), 25.

157. Gurchiek, K. (2007). Financial performance can hinge on hiring, orientation details. February 26. Accessed on March 16, 2015 at http://www.shrm.org/publications/hrnews/pages/cms_020564.aspx; Getting on board (2009). *Intheblack*, 79(9), 60–61; Choi, Y., & Wanberg, C. R. (2012). Moving forward: Next steps for advancing the research and practice of employee socialization. In C. R. Wanberg (Ed.), *The Oxford handbook of organizational socialization*. New York: Oxford University Press, pp. 339–346; Knight Jennine, A. (2013). Rapid on-boarding of academic librarians: Good economic sense. *The Bottom Line: Managing library finances*, 26(4), 152–160.

158. Feldman (1988), *supra* note 147; Hacker, C. A. (2004). New employee orientation: Make it pay dividends for years to come. *Information Systems Management*, 21(4), Winter, 89–92; Wallace (2009), *supra* note 8.

159. Klein, H. J., & Weaver, N. A. (2000). The effectiveness of an organizational-level orientation training program in the socialization of new hires. *Personnel Psychology*, 53, 47–66; Dunn & Jasinski (2009), *supra* note 9.

160. Kammeyer-Mueller & Wanberg (2003), *supra* note 46.

161. Make sure all employees—even the veterans—learn from new-employee orientation. (2000). *Ragan's Strategic Employee Publications*, March, p. 5.

162. Ellis (2004), *supra* note 119.

163. Shand, R., Long, S., Mitchell-Norma, M., Delima, A., & Muma, J. (2009). A new lease on learning. *T&D*, 63(10), 44–46.

164. Arnold, J. T. (2008). Gaming technology used to orient new hires. *HR Magazine*, 53, 36, 38.

165. *Ibid.*, p. 38.

166. Kornik, J. (2006). Dial 1 for new-employee orientation. *Training*, 43(7), 11.

167. Danielson (2004), *supra* note 17; Heslin (2005), *supra* note 66; Rasdi, R. M., Ismail, M., Uli, J., & Noah, S. M. (2009). Towards developing a theoretical framework for measuring public sector managers' career success. *Journal of European Industrial Training*, 33(3), 232–254; Ponte, D., & Rizzi, C. (2010). Understanding socialization practice: Factors fostering and hindering its evolution. *Society and Business Review*, 5(2), 144–154; Bauer, T. N., & Erdogan, B. (2014). Delineating and reviewing the role of newcomer capital in organizational socialization. *Annual Review of Organizational Psychology and Organizational Behavior*, 1(1), 439–457.

9장 | 기능 및 기술 교육

학습 목표

이 장을 읽고 나면 당신은…

1. 기본적인 직업 역량을 구별하고 기술할 수 있다.
2. 처방적 기초 기능 교육 프로그램의 필요성을 설명할 수 있다.
3. 최근 업무 환경에서 도제 프로그램의 역할을 설명할 수 있다.
4. 보편적인 기술 교육 프로그램을 기술할 수 있다.
5. 보편적인 대인 관계 기술 프로그램을 기술할 수 있다.
6. 다수의 조직에서 공통적인 전문가 개발 및 교육 이행 사례들을 이해할 수 있다.

핵심 용어

고객 서비스 교육
기능 격차
기술 교육
기업 대학
기초 기능/문해 교육
노동인력 투자법(WIA)
노동자 적응 재훈련 통지법(WARN)
대인 관계 기술 교육
도제 교육
면허증
산학 연계 프로그램
안전 교육
자격증
자발적 보호 프로그램(VPP)
재료안전 자료표(MSDS)
전문가협회
지속적인 교육
직업안전 건강법(OSHA)
직업안전 건강청
직업훈련 협력법(JTPA)
통계적 프로세스제어(SPC)
팀 교육
팀 빌딩
품질 교육
현장 안전 관찰(OSO)
ISO 9000

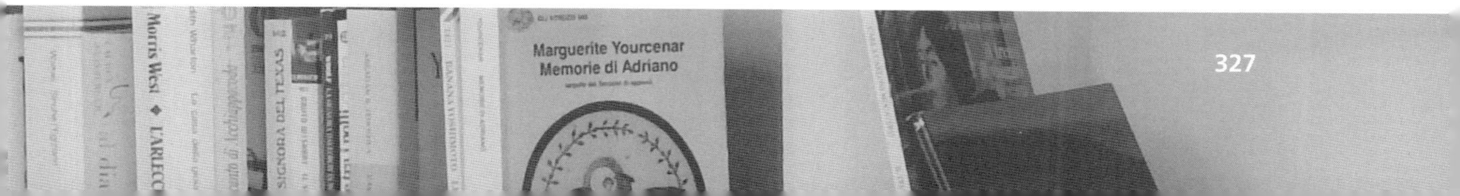

도입 사례

인터넷 네트워킹 분야의 선도 기업인 시스코 시스템즈(*Cisco Systems*)는 1984년에 설립되었으며, 전 세계적으로 종업원 수가 71,000명이 넘는다. 이 회사의 비전은 "세상 사람들이 일하고, 삶을 영위하며, 놀고 배우는 방식을 바꾸는 것"이다. 이 회사의 핵심 부문인 고객 서비스에 대해 웹사이트에는 다음과 같이 표현되어 있다. "시스코에서는 고객이 최우선이며, 우리 DNA의 핵심은 고객과 장기간 지속되는 파트너십을 형성하고, 고객과 협업하여 고객의 니즈를 파악하고 고객의 성공을 위한 솔루션을 제공하는 것이다."

시스코가 성공하게 된 요인은 무엇인가? 창립 이후 시스코는 조직과 개인을 위한 인터넷 네트워킹 솔루션 사업 분야의 선도자였으며, 이는 성공의 주요 이유이다. 지속적인 고객만족의 추구 또한 성장의 중요한 요인이다. 고객 서비스 담당자(*CSR, customer service representatives*)들은 전 세계 어느 콜센터에서나 접근이 가능하며, 48시간 이내에 고객의 문제 해결을 보장한다.

질문: 당신이 시스코의 교육개발팀의 일원이라고 할 때, 전 세계 시스코 콜센터의 CSR들을 교육하기 위해 어떤 준비 및 설계 이슈를 강조할 것인가? 고품질의 고객 서비스를 제공하기 위해서 개발해야 하는 지식, 스킬 및 능력, 그리고 다른 특징은 무엇인가? CSR들이 전화상으로 고객들을 지원하기 위해서 필요한 시스코 기술에 대한 전문 지식은 어느 정도라고 생각하는가?

출처: Cisco overview (2015). Cisco Systems, Inc. Accessed on March 22, 2015 at: http://newsroom.cisco.com/overview

도입

이 장에서는 다음과 같은 질문들을 다룬다.

- 직장에서 문맹 문제가 있는가? 있다면 얼마나 심각한가?
- 정부에서 제공하는 프로그램들 중 개인들이 이용할 수 있는 것에는 어떤 것이 있는가?
- 오늘날 이용 가능한 도제 제도의 종류는 무엇인가?
- 컴퓨터 훈련을 실시할 때 교수자들은 어떤 이슈에 관여해야 하는가?
- 효과적인 안전, 품질, 또는 팀 빌딩 교육 프로그램을 위해 준비할 것은 무엇인가?

- 기술과 기능 교육에서 노동조합의 역할은 무엇인가?
- 종업원들이 기초 교육을 이수한 후에 활용 가능한 지속적인 교육 및 전문적인 개발 프로그램에는 어떤 것이 있는가?

기업은 점점 숙련된 전문 기술 인력들에게 의존하고 있으며, 이런 추세는 지속되라고 본다. 미국의 노동통계국은 2012년부터 2022년까지 가장 빠르게 성장하는 30개의 직업을 예측하였는데, 15개는 의료/건강 분야이고, 서비스 분야와 건설 분야가 각각 4개, 그리고 3개는 기술/컴퓨터 분야이다.[1] 기술의 진보, 조직 목표의 변화 및 조직의 구조조정의 결과로 대부분의 직무에 필요한 기술적 요구 사항들이 증가하고 있다. 이러한 변화들에는 대인 관계 기술(예: 팀워크)뿐만 아니라 인지적인 기술(예: 문제 해결 및 의사 결정 기술)에 대한 필요성을 포함된다.[2] 이런 변화들은 시설 현대화, 신기술 또는 다른 혁신에 의한 것이든 간에, 낮은 기술 수준을 요구하는 직업에서 높은 기술 수준을 요구하는 직업으로의 변화를 가져왔다.

표 9.1 기능 및 기술 교육 분야

교육 분야	세부 분야
기초 기능/문맹 퇴치	치료/기초 교육
기술	도제 교육 컴퓨터 교육 기술 기능/지식 교육 안전 교육 품질 교육
대인 관계 기술	의사소통/대인 관계 교육 고객 관계/서비스 교육 세일즈 교육 팀 빌딩/교육

이 장에서는 직장의 기초 역량에 대해서 논의하고, 그 다음으로 이러한 역량들을 향상시키기 위한 교육 프로그램에 대해 논의한다. 이 장은 세 범주—기초 기능/문해 교육, 기술 교육, 대인 관계 기술 교육—로 구성되어 있다. **기초 기능/문해 교육**(*basic skills/literacy education*)은 어떤 직무에서나 필요한 읽기, 쓰기, 그리고 계산 능력을 향상시키는 데 초점을 둔 교육이다. **기술 교육**(*technical training*)은 특정 분야의 직원들에게 필요한 광범위한 기술 교육(예: 컴퓨터 기술)이다. **대인 관계 기술 교육**(*interpersonal skills training*)은 의사소통 및 팀워크와 같은 대인 관계 주제를 포함하며, 타인과의 관계에 초점을 둔 훈련이다. 이들 분야에 대한 교육은 조직의 성공에 중요하다. 〈표 9.1〉에 기초 훈련 프로그램과 세부 분야를 열거하였다. 각 분야별 활용되는 프로그램들에 대해서 논의하도록 하겠다.

1. 기초 역량

1장에서 언급한 바와 같이, 오늘날 고용주들이 직면하고 있는 가장 큰 문제는 **기능 격차**(*skills gap*), 즉 직무에 대한 기능 요구 사항과 직무 지원자들이 보유한 기능 간의 차이이다.[3] 미국의 경우, 이러한 기능 격차는 최소한 세 가지 요인, 즉 (1) 고등학교와 대학교에서 습득한 기능 수준, (2) 노동시장에서 증가하고 있는 소수 인종과 비영어권 이민자들(이들 중 대부분은 그 나라의 열악한 학업 성과와 학교 시스템에 기인한다), (3) 정보기술의 의존도가 높은 직무의 고도화의 증가에 기인한다.[4] 고등학교(및 일부 대학)의 기능 수준은, 특히 숙련된 노동자에 대한 요구가 증가하고 있는 시점에서, 미국뿐만 아니라 다른 나라에서도 공교육 시스템에 대한 많은 비판을 불러일으켰다.[5] 한 조사에 따르면, 73%의 고용주들은 학교 졸업생들이 문법과 철자에 서툴며, 63%는 졸업생들의 기초 수학이 부족하며, 47%는 이 학생들이 영어를 제대로 구사하지 못한다고 말하고 있다. 교수들이 대학 신입생들을 평가할 때도 이와 비슷한 비율을 보여주고 있다.[6] 많은 고용주들은 기초 기능이 부족한 졸업생들에게 직무를 시작하기 전에 치료 훈련이 필요하다고 보고 있다. 이는 학교 당국자 및 사회 모두가 해결해야 할 긴급한 문제이다.

미국 노동시장에서는 소수 인종의 수가 2018년에 노동 인력의 1/3을 초과할 것이라고 예측되고 있다.[7] 2022년 히스패닉 인종이 노동력에서 차지하는 비중은 19.1%로 증가하고, 아프리카계 미국인은 12.4%, 아시아계는 6.2%, 기타 인종은 3.8%가 될 것으로 예측된다.[8] 더구나, 상당한 규모의 새로운 노동자들은 영어 능력이 떨어지고, 기초적인 기능이 부족한 이민자가 될 것이다. 따라서, 이들이 직업을 갖기 위해서는 두 가지, 즉 기초 기능 및 기초 ESL 교육이 필요하다.[9] 이러한 이슈들은 노동자들을 고용해야 하는 잠재적인 고용주들에게 매우 큰 도전이다.

폭발적인 정보기술의 성장은 거의 모든 산업에서 직무 복잡성을 증가시키고 있다. 기술 및 소프트웨어 시스템의 증가 추세로 고도의 응용기술인 로보틱스(*robotics*), 의사 결정 시스템, 이메일과 통신 네트워크가 확산되고 있다. 정보기술에 관련한 하드웨어와 소프트웨어의 끊임없는 변화에 영향을 받는 직업인들에게는 지속적인 기술 훈련이 필요하다.[10]

1.1 기초 기능/문맹 퇴치 프로그램

기초 기능에는 읽기, 쓰기와 계산 능력이 포함된다. 이 기능들에 대한 평가는 항상 그렇지는 않지만, 부족하다고 보고되고 있다. 2007년, 미국의 교육부는 다음 세 가지 분야에서 성인들의 문자 습득 역량을 평가했다.

1. 산문 문해력(*prose literacy*) — 가정과 공동체에서 자주 접하는 문서의 정보를 이해하고 활용하는데 필요한 기능과 전략
2. 문서 문해력(*document literacy*) — 표, 그림, 도표, 색인, 서식 및 일정 등을 포함하는 문자화되지 않은 자료에 포함된 정보를 찾고 활용하는데 필요한 기능과 전략
3. 수적 문해력(*quantitative literacy*) — 장부나 주문서를 작성하는 것과 같이 인쇄물에 표시된 내용에 사칙 연산을 할 수 있는 지식 및 기능

위의 세 분야에 대한 평가를 보면, 미국 성인들은 산문 문해력에서 12%, 문서 문해력에서는 12%, 그리고 수적 문해력에서는 22%가 '초급 이하'로 나타났다. 대부분의 성인들은 세 가지 역량 모두에서 '초급' 및 '중급' 수준이었고, 13%만이 '고급' 수준을 보여주었다.[11] 두 개의 다른 조사에서도 유사한 결과 또는 특정 분야에서는 오히려 더 나쁜 결과를 보여주고 있다.[12] 다수의 성인들이 직장과 가정에서 일상

적으로 필요한 산문 문해력이 결핍되어 있다는 것은 우려스럽다.[13] 산문 문해력 문제는 경영자들에게 골치 아픈 과제이다. 종업원들이 충분한 수준만큼 읽고 계산하는 능력이 부족하다면, 운영자가 지시 사항을 읽고 의사 결정에 필요한 새로운 장비의 설치에 어려움이 있게 된다.[14]

전 세계적으로 보면, 대다수의 성인 문맹자들은 개발도상국, 특히 농촌지역에서 발견된다. 또한, 영국, 캐나다, 호주와 같은 대부분의 산업국가도 문맹 문제(*literacy problem*)에 직면하고 있다.[15] OECD의 보고서에 의하면 미국 성인의 21%는 초등학교 수준 이하의 읽기 능력을 가지고 있으며, 이 수치는 다른 국가들보다 심각한 수준이다.[16]

기초 기능 부족을 해결하는 프로그램을 개발할 때 경영자들은 개별적인 기초 기능을 정의해야 한다. 커시(*Kirsch*)와 정갭러트(*Jungeblut*)는 상기 세 분야를 활용하여 청년들(21~25세)의 산문 문해력을 조사하였다. 이 능력의 측정은 전국적인 표본을 대상으로 상당한 수의 모의 실험을 통해서 실시되었다.[17] 상당한 규모의 청년들이 낮은 수준의 산문 문해력 점수를 나타냈는데, 대부분의 소수 인종 청년들은 평균 이하였다. 다른 조사들도 비슷한 결과를 보여주고 있다.[18]

1.2 직장에서의 문맹 문제 해결

대부분의 조직은 종업원들의 문맹 문제를 인지하고 있다. 조직이 사용하는 공식적인 학습 중 5.5%는 기초 기능 프로그램으로 추정되며, 이는 문맹 퇴치 교육 이상의 의미를 내포하고 있다.[19] 많은 기업들이 기초 기능 교육 과정을 운영하고 있다.[20] 이런 프로그램들은 아래 사례와 같다.

1. 캘리포니아주 교육부는 문맹 퇴치 프로그램을 개발하여 19개 지역 회사들을 지원했다. 이 프로그램은 개발에 600시간을 투입하여 업무 자료를 해석하고, 필요 자료를 입력하며, 수치 계산을 하고, 발표할 때 정확한 기술 용어를 구사하는 데 목표를 두었다.[21]
2. 캐나다 컨퍼런스 보드의 보고서에서는 10개의 캐나다 조직들이 시행한 직장 안전 및 건강 관점에서 종업원들의 문자 문해력을 향상시키기 위한 노력을 부각하였다. 이 보고서는 캐나다 북부의 이민자 및 원주민 종업원들의 문맹 해결을 언급하고 있다.[22] 좋은 점은 많은 조직이 평균 10%의 훈련 예산을 안전과 건강 문제 해결에 지출하고 있다는 것이고, 아쉬운 점은 문맹 퇴치 및 기초 기능 향상을 위한 예산으로는 2% 미만을 사용하고 있다는 것이다.[23]
3. 미국 연방 정부 기관들은 문맹 퇴치 문제를 인지하고 있다. 예를 들면, 병사들의 문맹 문제 해결을 위해 미군은 기초 기능 교육 프로그램(*BSEP, Basic Skills Education Program*)을 개발하였다.[24]

1.3 조직 내 기초 기능/문맹 퇴치 프로그램의 설계

기초 기능/문맹 퇴치 프로그램의 설계는 조직에 따라 다양하다. 최소 두 가지 공통점이 있는데, 이는 (1) 적성 검사와 (2) 소집단 및 일대일 교수법이다. 적성 검사(*aptitude test*)는 학습자의 현재 능력 수준의 평가에서 중요하다. 팔로 베르데(*Palo Verde*) 원자력 발전소에서 개발한 기초 기능 프로그램은 6개월 간의 기능 학습 프로그램에 학습자를 배정하기 전에 각 학습자의 학습 능력을 평가하는 것부터 시작한다.[25] 이 데이터들은 개인화된 학습 계획의 개발에 필수적인 요소로써 교수자들은 학습자 각자에 대한 학습 목표를 설정하고, 최적의 학습 방법, 기법 및 자료를 선정하는 데 활용된다.

소집단 교수법(*small-group instruction*) 및 **일대일 교수법**(*one-on-one tutoring*)은 결핍된 역량에 대한 치료 학습(*remedial work*)뿐만 아니라 학습자에게 피드백을 하는 데 중요하다. 자슬로우(*Zaslow*)는 감독자들을 훈련시켜서 종업원들의 작문에 대해 피드백하도록 작문 코치로 활용할 것을 권장한다.[26] 어떤 조직들은 소집단 학습을 보완하기 위해서 종업원들이 기본 개념들을 연습할 수 있도록 자기 주도적, 컴퓨터 활용 프로그램을 이용하고 있다. 대부분의 조직들은 CD-ROM이나 인트라넷을 통해서 이런 프로그램들을 제공하고 있다. 자기 보속 학습은 학습자가 자신의 수준에 맞게 학습속도를 조절할 수 있으며, 필요시 반복하거나 또는 단계를 뛰어 넘을 수 있다. 이 방법은 너무나 당연한 것 같지만 학습자들의 동기부여에 유용하다. 리맨(*Leaman*)은 기초 직무기능 학습에 '게임화(*gamification*)'를 도입할 것을 제안한다.[27]

조직 내 기초 기능 학습에 활용되는 방법도 변하고 있다. 학습 매뉴얼, 자습 교재와 비디오/DVD들은 강의실이나 교수자가 필요하지 않기 때문에 비용이 거의 들지 않는 장점이 있지만, 단점도 있다.[28] 주문형 프로그램 같은 것은 설계에 상당한 시간과 전문 지식이 필요하기 때문이다.[29]

대부분의 HRD 개입들과 마찬가지로, 기초 기능 학습 프로그램의 성공을 위해서는 경영자의 지원이 중요한 핵심 요소이지만, 쉽지 않은 문제이다. ATD 조사의 보고에 의하면 대부분의 HRD 전문가들은 "문제가 생기면, 대부분의 직원들이 영향을 받는다"고 생각하지만, 대부분의 최고 경영자들은 "문제가 생겨도, 소수의 직원들에게만 영향이 미친다"고 믿는다.[30] 이와 같은 사실은 HRD 전문가들이 기초 기능 학습에 대한 재정과 지원을 확보하려면, 기초 기능에서 생기는 문제의 심각성에 대해서 최고 경영자에게 정보를 제공하고, 교육을 할 필요가 있음을 암시한다.

1.4 정부의 기초 기능 학습 지원

미국 연방 정부는 실업자, 난민 및 경제적 약자들을 위한 사설 훈련 제도를 지원하는 역할을 오랫동안 하고 있다. 1983년부터 2000년까지 시행된 **직무훈련 협력법**(*JTPA, Job Training and Partnership Act*)은 최대 규모의 연방 기능 훈련 프로그램이었다. JTPA 제2조 A의 목표는 실업자, 난민 및 경제적 약자의 정규직 취업을 돕는 교육기회를 제공하는 것이다. 이 법은 2000년에 노동인력 투자법(*Workforce Investment Act*)으로 대체되었다.

JTPA에 따라서 약 40억 달러의 연방 정부 재원을 활용할 수 있다. 이 재원은 600개의 민간 산업협회들을 통하여 사설 교육기관과 고용주들의 기능 훈련을 위해 지원된다.[31] 지방 정부는 사업, 교육, 지역공동체 기관 및 타 기관의 대표들로 구성된 민간 산업협회들을 지정하고, 이 협회들의 역할은 재원의 분배를 감시하고, 연방 JTPA 기준 및 가이드라인이 지켜지도록 하는 것이다.

고용주들이 주도하는 대부분의 교육 프로그램들은 기초 기능과 직무 관련 교육을 포함한다. 대부분의 교육이 산업 현장의 강의실에서 진행되기는 하지만, JTPA는 고용주가 교육을 이수한 학습자들의 고용에 동의할 경우 현장 훈련(OJT) 프로그램들에 재정을 지원한다. JPTA 프로그램들의 성공 여부는 타 사회서비스 기관들과 얼마나 잘 협력하느냐에 좌우된다. 경제적으로 어려운 사람들을 지원하는 지역공동체의 사회적 기관은 잠재적인 학습자들을 훈련기관에 등록할 수 있다. 예를 들면, 애틀랜타 마르키스 호텔(*Atlanta Marquis Hotel*)이 59명을 훈련시킬 때 39명은 지역 비영리기관인 굿월산업(*Goodwill Industries*)이, 20명은 지역 상공회의소가 선발한 사례가 있다.[32]

또한, JTPA는 **노동자 적응 재훈련 통지**(*WARN, Worker Adjustment and Retraining Notification*)법과 결부되어 있다. WARN법은 100인 이상의 종업원을 보유한 고용주는 사업장 폐쇄 60일 전에 종업원과 노동조합에 미리 통보할 것을 요구한다. 사업장 폐쇄나 대량 해고가 불가피할 대, 노동조합과 회사가 협력하여 재훈련 및 노동자 재배치 프로그램을 진행할 신속대응팀을 구성할 때 JTPA 재원을 활용할 수 있다.[33]

애틀랜타 마르키스와 같은 JTPA의 성공에도 불구하고 두 가지 문제점이 발견되었다. 첫째, 일부 민간기관들과 고용주들은 지원금을 부당하게 수령하였다. 즉 일부 고용주들은 JTPA 지원금을 정상적인 상황에서도 채용할 수 있는 근로자들을 채용하는데 사용하였다.[34] 둘째, 적격한 퇴직자 및 실업자가 JTPA 지원금으로 교육받은 경우가 많지 않다. JTPA의 예산이 1983년에 14억 달러에서 1997년에는 9천만 달러로 감소한 것은 부분적으로 여기에 기인한다.

JTPA는 연간 250억 달러의 비용이 소요되는 150개의 연방 교육훈련 프로그램들 중의 하나였다. 주디(*Judy*)와 다미코(*D'Amico*)에 의하면, 이 프로그램들은 "그 결과가 빈약하다는 점을 고려했을 때, 대단히 비효율적이거나… 과도한 비용이 들었다(p.133)."[35] 예를 들면, 연방 정부의 한 프로그램은 텍사스주의 엘파소(*El Paso*)에서 일시 해고된 4,500명의 의류 노동자들을 재교육하려고 시도하였다. 이 프로그램은 2년간 2,500만 달러를 쓰고도 375명만 직업을 얻었을 뿐이다.[36] 16개 JTPA 현장에 대한 실증 연구는 JTPA 교육 후 성과에 대해 조사하였다. 교육한 후 10개월이 지난 다음에 JTPA 교육의 성과는 긍정적이지만 대단하지 않은(그리고 통계적으로 무의미한) 것임이 밝혀졌다.[37] 이러한 우려 이외에도, 미국 회계국(*GAO, General Accounting Office*)은 다수의 연방 정부 교육훈련 프로그램들의 교육 효과가 미흡함을 밝혔다.[38] GAO는 이 서비스들을 정비하고 프로그램 관리자들이 보다 책임을 지고 이 프로그램들을 점검하여 통합해야 한다고 권고하였다.

이에 대한 대응으로, 1998년에 **노동인력 투자법**(*WIA, Workforce Investment Act*)이 통과되었다. 이 법은 연방 정부의 교육훈련 프로그램들을 정액 보조금으로 통합하여 유권자들의 교육훈련 욕구에 부합할 수 있도록 보다 많은 융통성을 주(州)들에 부여하도록 설계하였다. 재정의 세 가지 주요 흐름은 청년, 성인 및 실직 노동자들(즉, 해고, 구조조정 등을 통해 실직한 노동자들)을 위한 것이다. 이 법은 지역위원회와 민간 부문에 통제권을 더 많이 주고, 모든 교육 실시 기관들에 자신들의 노력한 결과에 대한 책임감을 부여하도록 설계되었다. 연방 정부의 훈련 예산을 보다 적극적으로 활용하는 것이다.[39] WIA에 따른 성과 기준은 연방 정부의 재정 지원 직업훈련 프로그램에 대해서 보다 높은 책임을 부여하고, 성공적인 성과를 보장하기 위한 것이다. 2009년에 WIA 프로그램의 지원을 받은 사람들은 800만 명이 넘는다.[40] 미국 고용훈련청과 두 개의 독립적인 기관의 검토에 의하면, 이 법이 WIA 지원 활동에 참가한 성인들에게 미친 영향은 긍정적이었다.[41] 윌슨(*Wilson*)과 브라운(*Brown*)은 미네소타(*Minnesota*)에서 WIA 프로그램을 이용한 실직 근로자들의 인식을 조사하였다.[42] 2014년에 WIA를 대체한 노동인력 혁신기회법(*WIOA, Workforce Innovation and Opportunities Act*)이 통과되었고, 2015년 7월 1일에 발효되었다.[43]

2. 기술 교육

앞서 논의한 바와 같이 기술 교육은 다양한 프로그램들을 포괄하는 보편적인 용어이다. 편의상 기술 교육 프로그램의 범위를 다섯 분야—도제 교육, 컴퓨터 교육, 기술 기능/지식 교육, 안전 교육 및 품질 교육—로 한정하고자 한다.

2.1 도제 교육 프로그램

도제 교육(*apprenticeship training*)은 숙련된 거래와 공예 직업에 종사하는 개인들의 지식을 전수하기 위한 방편으로 중세 시대에 시작되었다. 초기 프로그램들의 기본 목적은 산업 및 공예 길드의 보존이었다. 오늘날 도제 프로그램들의 초점은 학습자들(*trainees*)에게 계속해서 변하는 직무 요구 사항에 맞는 기술을 제공하는 것이다. 글로벌 경제의 도전과 숙련된 종업원들이 부족하기 때문에 도제 프로그램이 이러한 요구에 보다 빠르게 대응할 필요가 있다.[44]

도제 프로그램은 고용주, 노동조합, 학교 및 정부 기관들 간의 특별한 협력관계를 나타낸다. 미국에는 19,000개 이상의 도제 프로그램에 41만 명 이상의 도제들이 등록되어 있다.[45] 건설 분야가 가장 그 수가 많고, 그 다음으로 무역, 제조업 순이다. 전형적인 도제 프로그램에서는 최소 2,000시간의 OJT 경험이 필요하다.[46] OJT 경험 이외에도 모든 프로그램들은 최소 144시간의 강의실 교육을 요구한다. 강의실 교육은 지역의 직업/기술학교 또는 전문학교에서 진행된다.

도제 시스템은 미국 노동부(DOL)의 고용과 훈련 관리부 도제 사무소의 규제를 받는다. 대부분의 주(州)에는 도제 사무소가 있다.[47] 잘 기획되고 관리되는 도제 프로그램은 고용주와 종업원 모두에게 긍정적인 결과들을 가져다 줄 수 있다. 이직 감소, 세금 보조를 통한 재정 지원, 도제 제도를 이용하는 고용주들과의 네트워크 활성화 등이 긍정적인 결과들이다.[48]

그렇지만, 기존의 도제 제도는 몇 가지 문제점을 가지고 있다. (1) 학습이 역량보다는 시간적 요구 사항에 기초하고 있으며, (2) 프로그램들이 다른 교육훈련 기관들과 분리되어 있고, (3) 프로그램들이 전통적인 블루칼라 직업에 집중되어 있으며, (4) 시스템이 초기 도제 제도 이후의 기간 동안 요구 사항에 맞도록 조정되지 않았다는 점이다.[49] 또한, 전통적인 도제 제도가 남성과 백인들에게 혜택이 있는 만큼 여성과 소수자들에게는 그렇지 못하다는 문제가 제기되었다.[50]

이러한 문제들은 미국 노동부와 주 정부들의 도제 제도 개혁에서 제기되었다. 그 목표는 독일과 같은 국가들의 성공에 기초하여 제도의 개념을 확장하고, 이 제도를 고등교육에까지 연계하는 것이다. 1991년에 위스콘신(*Wisconsin*)주 의회는 청년 도제 제도와 기술 예비 프로그램을 강조하는 법을 통과시켰다. 오레곤(*Oregon*)주는 학생들이 학교에서 일한 것을 보증해주는 도제 형태의 교육 프로그램에 1학년 학생들이 입교할 수 있도록 고등학교의 직업 교육 과정을 개편하였다.[51] 이러한 노력들은 **산학연계 프로그램**(*school-to-work programs*)으로 불린다. 위스콘신과 오레곤 주의 성공으로 로드 아일랜드(*Rhode Island*), 뉴욕(*New York*) 및 사우스 캐롤라이나(*South Carolina*)와 같은 다른 주들에도 유사한 개혁 프로그램들이 촉발되었다. 이 프로그램들은 4년제 대학에 입학하지 않은 고등학생들을 대상으로 한다는 점에서 전통적인 성인 도제 제도와 차이가 있다.

여러 주들에서 시행된 산학연계 프로그램의 성공에 대한 반응으로 미국 의회는 1993년에 산학 기회법(*School-to-Work Opportunities Act*)을 제정하였고, 이 법은 1994년부터 2001년까지 시행되었다.[52] 이 법에 의하여 연방 정부는 주 정부가 시행하는 산학연계 프로그램에 소요되는 비용을 지원하는 기금을 조성하였다. 위스콘신주는 5년 동안 청년 도제 제도를 포함하는 산학연계 프로그램의 시행을 지원하는 2,700만 달러의 비용을 지원받았다.[53] 위스콘신주의 청년 도제 제도 프로그램은 엔지니어링, 제조, 건강 서비스, 자동차 기술 및 은행 등 22개 분야의 직업에서 도제 제도를 실시한다.[54]

산학연계 프로그램은 많은 주에서 시행되고 있으며, 프로그램 성공을 위해 모든 관계자들이 협력하고 있다.[55] 학교는 어떤 프로그램이 학생들에게 적합한지에 대해서 정확하게 조언을 할 수 있도록 직업 적성검사를 시행해야 한다. 학교는 또한 도제 프로그램에서 고급 기술을 배우는데 필요한 기초 교육을 학습할 수 있도록 교육 과정을 조정해야 한다. 프로그램 관리와 관련된 주 정부 및 노동조합과 같은 기관들은 고용주들에게 기술적인 지원과 조언을 하고, 프로그램이 잘 진행되도록 협력해야 한다. 고용주들은 학생들이 도제 프로그램을 마치는데 필요한 의미 있는 학습 경험을 제공해야 한다.

산학연계 프로그램을 통해서 고용주가 받는 혜택에는 훈련된 노동력 풀(*pool*), 공적 이미지 개선, 임금 보조 및 세금 감면 등이며, 이러한 혜택은 잠재적인 비용보다도 크다.[56] 직접 비용은 임금, 학생들에게 지급해야 하는 복지 등이며, 간접 비용으로는 HRD 전문가들이 프로그램에 들이는 시간과 프로그램에 협조해야 하는 직원들이다. 그렇지만, 숙련된 노동자들이 부족한 현실에서 산학연계 프로그램은 앞서 언급했던 기능 격차의 해소에 중요한 요소가 될 것이다.[57]

2.2 컴퓨터 교육 프로그램

컴퓨터 교육은 아주 인기가 있다. 입문(*introductory*) 프로그램은 학습자들에게 컴퓨터 하드웨어와 소프트웨어를 소개한다. 이런 프로그램들은 주로 운영체제를 검색하는 방법과 같은 기본 소프트웨어 응용 프로그램을 마스터하는 데 중점을 둔다. 학습자들은 실습 및 대화형 학습을 제공하는 매뉴얼과 튜토리얼(소프트웨어 프로그램 자체)를 활용하여 마스터한다. 이 과정들은 컴퓨터에 대한 두려움을 극복하고, 컴퓨터가 어떻게 작동하는지를 잘 이해할 수 있도록 설계된다. **응용 프로그램 교육**(*applications training*)에는 조직에서 사용 가능한 특정한 응용 프로그램이 포함된다.[58] 조직에 전체에 적용되는 입문 과정과는 달리 응용 프로그램 교육은 보통 필요에 따라 실시된다. 사내 온라인을 통해 종업원들은 아무 때나 컴퓨터 학습이 가능하다.[59]

컴퓨터 교육에 대한 다양한 선택안들 중 종업원들이 어떤 방법을 더 좋아하는가? 한 조사에 의하면 경험이 풍부하거나 약간의 경험이 있는 학습자들은 모두 실험이나 시행착오를 통한 소프트웨어 활용 학습을 선호한다.[60] 강의와 세미나 등의 전통적인 교육법은 학습자들의 선호 리스트에서 아래쪽에 위치한다. 굽타(*Gupta*)와 보스트롬(*Bostrom*)은 기술을 매개한 교육의 선호를 설명하는 이론적인 틀을 제시하였다.[61]

연구자들은 컴퓨터 교육과 관계된 다수의 교육 이슈들을 탐구하고 있다. 그 사례들은 다음과 같다.

- 자기 효능감(*self-efficacy*). 자기 효능감은 주어진 행동을 성공적으로 수행할 수 있다는 개인의 신념이다(2장의 자기 효능감에 대한 논의를 생각할 것). 컴퓨터 자기 효능감은 성공적인 컴퓨터 학습에 중요한 전제조건이다.[62] 소프트웨어 학습에 대한 행동 모델링법은 자습서 학습법보다 높은 자기 효능감 점수와 컴퓨터 소프트웨어를 완전히 습득했는지에 대한 객관적인 측정에 대한 높은 점수를 보여주고 있다.[63]
- 인지적 유희성(*cognitive playfulness*). 인지적 유희성은 어떤 사람이 업무 성과와 학습을 달성하는 자발성, 상상, 그리고 탐색적 접근법을 포함한다.[64] 인지적 유희성이 높은 학습자는 보다 높은 학습, 긍정적 기분 및 피드백에 대한 만족을 보다 잘 나타내는 경향이 있다.[65] 그렇지만, 긍정적 피드백이 인지적 유희성이 낮은 직원들에게 더 유익한 것으로 밝혀졌다.
- 학습 형식(*training format*). 소프트웨어 학습에 대한 행동 모델링의 활용은 컴퓨터 기술 학습과 응용에 좀 더 효과적이다.[66] 행동 모델링은 또한 온라인 학습에서 효과적임이 밝혀졌다.[67]

2.3 기술 기능/지식 교육

조직들이 새로운 기술(예: 시설 현대화 또는 컴퓨터화된 운용)을 도입할 때, 종업원들의 기능도 업데이트할 필요가 있다. 조직들은 직무 관련 기술 기능/지식 교육 프로그램을 통해서 이를 시행한다. 이러한 교육은 흔히 직무, 프로세스, 또는 장비에 특화되어 있지만 일반적인 경우도 있을 수 있다.[68] 예를 들면, 새로운 전화시스템을 사용하는 방법을 사무직원들에게 가르치는 교육 프로그램은 직무 교육으로 분류된다. 폐기물 처리와 관련해서 모든 직원들이 따라야 하는 새로운 정책과 절차를 직원들에게 교육하는 프로그램은 일반 교육으로 분류된다.

기술 기능/지식 교육은 여러 가지 수준이 있는데, 일차적인 목표는 초급 수준의 종업원들이 기본적인 기능을 수행하도록 하는 것이다. 이 프로그램들은 기본적인 기술 프로그램들과 유사하고 강의실 학습과 OJT를 혼합하여 시행된다. 하나의 예로써, 스테이플과 패스너 제조 업체인 스탠리-보스티치

(*Stanley-Bostitch Inc.*)사는 기초 수학, 측정 기술, 청사진 판독, 점포 실습, 기본 도구 다루기 및 기본 기계 등 여섯 모듈로 구성된 28주간의 입문 수준의 운용자 교육 프로그램을 운영한다. 마지막 모듈에는 집중적인 OJT가 포함된다. 이와 유사하게, IBM은 자동화된 절차, 시간 관리, 문제 해결 및 스트레스 관리를 포함하는 14개 모듈로 구성된 2주 68시간의 교육 프로그램을 초급 수준의 사무직원들에게 배정한다.[69]

노동조합은 노조원들의 기능 향상을 위해 설계된 노사 합동 훈련 프로그램과 같은 교육을 실시하도록 도울 수 있다. 국제노사연합과 계약자연합회(*AGC, Associated General Contractors*)는 노동자-AGC 교육훈련기금을 창설했다. 이들 그룹이 지원한 교육 중 하나는 80시간짜리 유해 폐기물 제거 과정이다. 굿맨(*Goodman*)은 50만 명의 조합원들 중 9천여 명이 이 과정을 이수했다고 보고했다.[70]

마이클 고어맨(*Michael Gorman*)은 대규모 조직이 IT 관리자들의 전문 기술지식을 확대하기 위해 특별 교육 프로그램을 실시한 흥미로운 사례연구를 설명한다. 이 교육에는 관리자들이 긍정적인 반응을 보인, 스프레드시트 기술, 프로젝트 재무평가, 의사 결정 및 기술 컨설팅에 대한 별도의 프로그램들을 포함한다.[71]

2.4 안전 교육

대부분의 조직들은 일정 형식의 **안전 교육**(*safety training*)을 실시한다. 1970년 **직업안전 건강법**(*OSHA, Occupational Safety and Health Act*)이 미국에서 제정된 후 안전 교육에 대한 필요성이 급증하였다. 미국의 경우 조직에서 발생하는 상해 및 질병에 매년 1,700억 달러의 비용이 집행되는 것으로 추정된다.[72] 이 법에 의해 **직업안전 건강청**(*OSHA, Occupational Safety and Health Administration*)이 설치되었고, 다음과 같은 네 분야의 업무를 수행한다. 즉, (1) 안전 기준 설정, (2) 안전검사 실시, (3) 기준을 준수하기 곤란한 조직에 대한 안전 기준의 완화, 그리고 (4) 안전 기준을 위반한 조직의 고발이다. 어떤 조직이 안전 기준을 위반한 것으로 적발되면, 향후의 사고를 방지하기 위한 안전 교육이 필요하다. OSHA가 실시하는 안전 교육은 안전장비, 유해화학물질의 처리, 안전작업 습관, 사고발생시 처리요령 등이 중점을 둔다. 위반의 정도가 심각하면 OSHA는 벌금을 부과하고, 작업을 중지시키거나, 또는 경영자(소유주)를 처벌하기도 한다.

2013년에 OSHA는 78,196건의 안전 위반을 적발하였으며, 이중 58,316건은 그 정도가 심각한 수준이었다.[73] 이전에 OSHA는 절반 이상의 위반 건수의 기여 요인으로 '적정 수준 미만의 교육'에 의한 것으로 보았다.[74] 이에 대한 두 개의 사례로 뉴 햄프셔(*New Hampshire*)주의 제지 공장은 전기장치를 검사하는 직원들에 대한 교육을 실시하지 않은 것으로 고발을 당했으며, 뉴욕주의 부동산개발업자에게는 작업자들에게 작업장의 석면의 위험에 대한 고지와 직원 교육에 대한 위반으로 20만 달러의 벌금을 부과되었다.[75] 작업장의 안전 상태를 파악할 수 있는 네 가지 측정 기준은 다음과 같다.

- 작업손실지수(*LWDI, Lost Work Day Index*) — 종업원 100명당 개인의 상해로 인한 작업손실 일수
- OSHA 기록률(*OSHA Recordable Rate*) — OSHA 기록 수/20만 시간(종업원 100명이 1년 50주, 주당 40시간 일하는 시간)

- 자리 이석, 근무 배제, 또는 직무 전환 일수(*DART, Days Away, Restricted, or Job Transferred*) — 개인의 상해로 인해 근무하지 못한 일수, 작업자가 근무에서 배제되거나, 타 직무로 전환된 일수를 종업원 100명의 총 숫자로 나눈 일수
- 상실 시간 비율(*Lost Time Rate*) — 상실 시간 사고의 수/20만 시간

노동통계국(미국)에 의하면, 2013년 민간 부문의 평균 기록률은 종업원 100명당 3.3일을 근무하지 못했으며(미근무), 자리 이탈, 근무 배제 또는 직무 전환된 일수는 종업원 100인 당 평균 1.7일이다.[76] 국립안전위원회(미)는 미근무로 발생되는 손실액을 일평균 3만 달러로 정했다(포춘 500대 에너지 기업 기준). 이 숫자를 이용해서 10일간 미근무일이 발생했을 때 연간 총 비용은 다음과 같다.

미근무일 10일 × 1.7DART × $30,000/미근무일 = $510,000

이 가상 사례에서, 안전 교육 시행 등과 같은 개선 사항을 시행하여 근무손실 일수를 10% 경감하게 되면 연간 5만 달러 이상의 비용 절감을 할 수 있다.[77] 이보다 더 많은 비용 절감이 바람직하다고 볼 수 있다. 서비스 지원 기관인 AECOM은 온라인과 현장 안전 교육을 결합하여 시행한 1년 후 OSHA에 기록된 사건이 10% 감소했음을 보고하였다.[78]

1988년 OSHA 규정에 위험통신 기준이 추가되었다. 이 기준들은 주 차원의 알권리법(*right-to-know laws*)을 대체하여, 조직들에게 다음 사항을 요구하고 있다. 즉, (1) 명문화된 위험통신 기준 설정할 것, (2) 기존의 주 포스터를 OSHA 포스터로 대체할 것, (3) 제조업자로부터 **재료안전 자료표**(*MSDS, material safety data sheets*)를 확보하는 절차를 수립할 것, (4) MSDS를 포함하는 장부를 작성하여 고용주가 열람할 수 있도록 할 것, (5) 위험물질의 효과를 알리는 표지를 부착할 것, (6) 신입사원들을 대상으로 한 오리엔테이션과 기존 직원들에 대한 지속적인 교육을 실시할 것, (7) 안전 매뉴얼을 준비할 것 등이다.[79]

이러한 규정들이 시행되고 있음에도 산업재해와 질병은 흔히 발생한다. 예를 들면, 1989년에 약 650만 건의 산업재해와 질병이 발생하였다.[80] 이와는 대조적으로 2013년에는 모든 산업에서 치명적이지 않은 산업재해와 질병은 종업원 100명당 3.3건이었고, 약 300만 명의 산업재해와 질병이 보고되었다.[81] 2013년에는 4,400명의 근로자 사망이 보고되었다.[82] 이는 지난 20년 동안 실질적인 진전이 있었음을 시사하고 있다. 그럼에도 불구하고, 조직들은 안전 기준을 강화하고 종업원의 바람직한 작업 행동을 촉진할 필요가 있다.[83] 안전 교육에 대한 실질적인 가이드라인은 〈표 9.2〉에 제시되어 있다. 효과적인 안전 관리의 바람직한 특성은 다음 사항을 포함하고 있어야 한다.

1. 안전 기준에 대한 최고 경영자의 지원과 강화[84]
2. 보다 안전한 작업 절차와 장비의 선정에 직원들의 참여[85]
3. 안전 기준을 강화하고, 목표 대상에 대한 적절한 학습 이론과 형식을 사용하는 정기적이고 반복적인 안전 교육 프로그램[86]

표 9.2 10단계 효과적인 안전 프로그램

1.	교육목표를 설정한다. 모든 교육 프로그램은 종업원 행동의 변화를 추구해야 한다. 교육 종료 후 종업원들이 행동하기를 원하는 바를 정확하게 결정한다.
2.	역량 목록을 개발한다. 역량 목록은 주어진 교육 수준에서 종업원 각자가 해야 하는 것이다.
3.	학습자 프로파일을 만든다. 누가 학습을 수행할 것인가를 결정한다. 나이, 성별, 교육, 학습 기법 등을 고려한다. 학습자에 대해 파악함으로써 사용할 언어를 결정하고, 따라오기 쉽게 교육을 진행할 수 있다.
4.	학습 관리자가 역량 및 학습자 프로파일에 근거하여 다루어야 할 학습 주제의 개요를 결정하도록 한다.
5.	완전성과 적절한 진행을 위해 최소한 한 번은 개요를 확장한다.
6.	개요에 기초하여 학습을 전개한다.
7.	전문가들을 대상으로 교육을 검증한다.
8.	유용성, 이해성 및 효과성을 결정하기 위해서 실제 학습자들을 대상으로 시험을 치른다.
9.	피드백과 검토를 거쳐 교육 내용을 수정한다.
10.	모든 문항들이 적정한지를 확인하기 위해서 시험을 분석한다. 다수의 학습자들이 틀린 문항은 문제가 잘못 기술되었을 수 있으며, 또한 학습 과정에서 핵심을 잘 다루지 않았을 수도 있다.

출처: Ten steps toward an effective safety program (May 1, 1999). *CEE News*, 51(5), 10. © 2011 Prism Business Media, Inc.

4. 기준과 행동을 시행하고 불안전한 상황을 교정하기 위한 "안전 문화 감사"를 포함하는 효과적인 모니터링 시스템[87]

OSHA 규정 때문에, 역사적으로 산업재해의 발생이 가장 높은 산업에서 지속적인 안전 교육이 직원들에게 시행되고 있다. 이 교육의 초점은 예방과 긴급 절차에 맞춰지고 있다. 또한, 조직들은 독성 화학물질의 식별과 화학물질에 노출되었을 때 부작용을 완화시키는 법을 설명하는 MSDS 시스템의 활용법에 대해 직원들을 교육시켜야 한다.

OSHA가 규정한 교육 외에도 다수의 조직들이 책임 보험료를 최소한으로 유지하기 위해 안전 교육과 재교육을 일상적으로 시행하고 있다.[88] 이런 교육은 회사가 안전한 조직이라고 인식되는 데 도움이 된다. 또한, 안전한 조직이라고 지정이 되면 종업원의 사기가 올라가고, 종업원들은 보다 안전감을 느끼게 된다.[89] 많은 대학들이 학부 및 대학원 과정에 산업안전과 건강 과목을 개설하고 있다.[90]

안전 교육은 생산 노동자들에게는 특히 중요하며, 다음과 같은 분야에서 교육이 필요하다. 즉, (1) 직무 및 작업장의 불안전한 상황을 인식하고, 피하고, 예방하는 것, (2) 위험한 기계류, 도구 및 물질의 사용, 운반과 저장에 관련된 절차 및 규칙, (3) 위험한 기계류, 도구 및 화학물질에 대한 보호 의복, 시스템 및 장치의 사용 규칙, (4) 소화기 및 다른 응급장비의 사용을 포함하는 어떤 형태의 위험도 통제할 수 있는 방법 등이다.

안전 교육 프로그램은 종업원을 채용한 후 가능한 한 빨리 시행해야 하고, 강의실과 작업 현장에서 모두 실시되어야 한다.[91] 강의실 교육은 안전규정, 사고보고 절차, 그리고 다른 일반적인 정보에 초점을 둘 수 있다. 강의실 교육은 일반적으로 가장 보편적인 방법, 즉 강사의 강의 및 영상물 상영과 컴퓨터 활용한 쌍방향 교육을 포함한다.[92] 컴퓨터 활용 교육(*CBT, Computer-based training*) 프로그램은, (1) 모든 훈련과 실습을 실시하는 컴퓨터 보조 학습(*CAI, computer-assisted instruction*), (2) 컴퓨터로 학습자의 시험 성적을 측정하고, 적절한 강의 자료를 제공하는 컴퓨터 관리 학습(*CMI, computer-managed instruction*), (3) 컴퓨터가 모의 실험 또는 프로그램 장치의 역할을 하는 컴퓨터 강화 학습(*CEI, computer-enriched instruction*)으로 구분된다.[93] 연구에 의하면 CBT를 활용한 안전 학습자가 전통적인 강의에 의한 학습자에 비해 보다 적은 시간에, 연령, CBT 형태 또는 컴퓨터 형태와 무관하게, 동등하거나 더 높은 성과를 보여준다. 쌍방향 CBT가 교육 프로그램에서 가치있는 도구일 수 있지만, 그것만으로는 OSHA의 훈련 요구 사항의 의도를 충족하지는 못한다고 OSHA는 주장한다. 종업원들이 질문할 수 있는 기회를 가져야 하고, 자격있는 교수자들에게 교육받아야 한다.[94]

현장 교육은 실질적인 안전 기준과 행동에 초점을 둘 수 있다. **현장 안전 관찰**(*OSO, On-site safety observations*)은 조직이 안전 교육을 위해 적극적으로 취할 수 있는 조치이다. OSO는 안전욕구 분석 시행을 위한 공식적이고 구조화된 접근법이다. 일반적으로, 안전 교육 강사가 작업 현장을 방문하여 작업장 조건, 안전작업 절차에 관해 중요한 데이터를 수집하고, 행동을 관찰한다. 그런 다음 수집된 정보는 교육 프로그램을 개발하고, 강사가 특정 강의실의 학습자들에게 보다 적합한 학습 자료를 제작하는 데 활용된다.[95]

여느 교육에서와 마찬가지로, 학습 전이는 안전 교육에서 중요한 이슈이다. 전이를 강화하기 위해서 많은 조직들이 학습 기법의 하나로 바람직한 행동을 강화하는 행동 모델링을 활용한다. 마이클 버크(*Michael Burke*)와 동료들은 안전 교육 평가에 대한 메타 분석을 통해, 모델링, 실습 및 토론을 활용하는 안전 교육이 컴퓨터 활용 교육보다(학습 행동, 결과/성과를 측정해보니) 더 효과적이라는 것을 밝혀냈다. 더 나아가, 보다 적극적인 방법들이 강의, 영화 및 비디오를 강조하는 교육보다 실질적으로 더 효과가 있다.[96] 이러한 사실에 독자들은 별로 놀라지는 않지만, 이들은 "이러한 결과들은 공공 의료 인력들의 수동적인 컴퓨터 활용 및 원격 교육 방법을 강조하는 현재의 흐름에 대한 도전(p. 315)"이라고 주장한다. 관심있는 독자는 이에 대한 후속 연구 결과를 살펴 볼 것을 권한다.[97] 마지막으로, 조직들은 안전 교육에 종업원들이 참여하도록 동기부여하기 위해서 성과 분석 및 보상 시스템과 같은 HR 방안들을 적용하여 안전 교육을 정비하고 강화할 필요가 있다.[98]

안적교육의 효과성은 안전 기준과 행동들의 실행 여부를 확인함으로써 평가할 수 있다. OSHA는 단기적으로 안전 기준 및 절차에 대한 교육 후에 테스트와 행동 모니터링에 의해 교육효과를 분석할 것을 강조한다. 장기적인 효과는 사고, 질병 및 사망 건수의 감소에 의해 결정될 수 있다.[99]

조직이 적절한 안전 교육의 수요를 충족하도록 하기 위해서 OSHA는 **자발적 보호 프로그램**(*VPP, Voluntary Protection Program*)을 만들었다. 이 프로그램은 조직이 OSHA와 합동으로 작업장 안전 프로그램을 수립할 것을 권장한다. OSHA는 무료(비밀) 컨설팅 서비스를 제공하고 종업원 안전 교육을 지원하며, 자발적 프로그램을 통해 제기된 이슈에 대해서는 OSHA 조사를 면제해준다.[100] 한 예로써, 제지 펄프 산업은 이 프로그램에 참여하여, 국제 제지, 챔피언, 와이어하우저 같은 회사들은 VPP 인증을 획득하였다. 이 회사들의 안전 담당 임원들은 VPP 작업장에서 안전성과와 전반적인 성과가 개선되었다고 보고하고 있다.[101] 이 주제에 대한 추가적인 정보는 OSHA의 VPP 웹사이트에서 볼 수 있다.[102]

1990년대 이후, OSHA는 무작위 조사는 덜 강조하고, 대신에 보다 작은 규모의 집중적인 조사를 강조해왔다. 그 결과, 보다 작지만 심각한 위반자들에게 보다 무거운 벌이 부과되었다. 예를 들면, 1989년에 OSHA는 52,255건의 조사를 실시하였고, 1996년에 25,850건의 조사를 실시하였다.[103] 최근에는 조사 건수가 좀 더 증가했다. 2009~2013년에 조사 건수는 39,000~41,000건이었다.[104]

전통적으로 경영자와 교육 전문가들이 종업원들의 안전 교육에 책임이 있다는 것을 주목하는 것이 중요하다. 감독자들이 안전 교육에 주된 역할을 하는 것은 명확하다.[105] 그렇지만, 다른 주체들도 활용되는 것이 적절하다. 노조가 주도하는 안전 교육 프로그램이 실시되었고, 또한 동료들에 의한 교육 프로그램도 다수의 조직에서 성공적으로 실시되었다. 동료 교수자는 안전 교육에 중요한 역할을 해왔으며, 유능하고 신뢰받는 동료 작업자들이 이러한 역할에서 얼마나 잘 활용될 수 있는지에 대한 지속적인 증거가 되고 있다.[106]

궁극적으로, 종업원 안전은 종업원들이 운영하는 작업 환경의 안전을 개선하고, 또한 종업원들이 참여하는 안전한 작업 행동을 늘려가는 것과 결부되어 있다. 안타깝게도, 대부분의 작업장 사고는 종업원들의 안전하지 않은 행동에 기인한다(예: 기계에서 보호장치의 제거, 필수적인 보호 장구의 미착용, 또는 부적절한 장비의 활용 등).[107] OSHA 안전규정과 규칙들, 보호 장비, 그리고 기타 안전 장비들은 종업원들이 마주치는 안전하지 않은 작업 조건의 수를 줄이는 데 효과가 있을 수 있다. 그렇지만, 잘 실시된 안전 교육은, 특히 적절한 종업원 인센티브와 결합될 때, 종업원들이 자신들의 직무를 가능한 한 안전하게 수행하려는 기술과 동기를 모두 가지도록 하는 중요한 요소들 중의 하나가 될 수 있다.[108]

2.5 품질 교육

1980년대 이후 조직들은 생산성과 품질의 향상을 강조하고 있다. W. 에드워즈 데밍(*W. Edwrds Deming*)의 기본 원리는 먼저, 일본, 그 다음으로 미국과 다른 나라들에서 많은 품질 개선 방안들의 기초 역할을 해왔다. 데밍의 14가지 원칙의 결과 중 하나는 전사적 품질관리(*TQM, total quality management*)이며, 조직의 지속적인 효과성과 효율성을 지향하는 일련의 원칙과 실행 방안으로 정의된다.[109] TQM은 모든 종업원들에게 권한을 위임하여 지속적으로 품질향상을 추구하도록 설계된 프로세스이다. TQM으로의 변화를 위해서 종업원들은 두 가지 기본적인 기능을 학습하고 수용할 필요가 있다. 즉, (1) 다른 사람들과 한 팀이 되어 효과적으로 협업할 능력과, (2) 의사 결정을 위한 정량적 데이터의 수집, 분석 및 평가이다.[110] TQM은 비영리조직, 민간기업 및 정부 등 모든 형태의 조직에서 품질 향상을 위한 주요 수단이 되었으며, 미국 기업의 60~90%가 어떤 형태로든 TQM을 채택하고 있다.[111] 성공적인 TQM 프로그램의 핵심 중 하나는 **품질 교육**(*quality training*)이다.

TQM에서는 정해진 프로세스를 준수하는 것이 중요하다.[112] 품질 교육 프로그램의 개발에서 첫 번째로 중요한 단계는 최고 경영자가 조직에서 품질의 의미와 측정 기준에 동의하는 것이다.[113] TQM 철학은 첫 번째 단계가 조직 전체의 관계자들, 특히 일선 작업자 및 고객들에게도 주입되어야 한다고 주장한다.

품질은 생산 품질, 서비스 품질, 그리고 고객 품질을 포함하여 다양한 관점에서 정의될 수 있다.[114] 생산 품질(*product quality*)은 어떤 생산물이 생산 기준을 달성하거나 또는 초과하는 정도로 정의된다. 생산 품질의 지표는 디자인 명세 사항의 고수뿐만 아니라 결함, 반품, 폐품의 수와 같은 것들을 포함한다. 서비스 품질(*service quality*)은 기업이 제품이나 서비스를 제공한 후에 고객의 요구에 대하여 얼마나 잘 반응하느냐이다. 이는 성과에 대한 고객의 인식에 기초한 태도로 간주될 수 있다.[115] 이는 서비스 응답 시간, 서비스 지연 및 고객 만족도와 같은 요소들로 측정될 수 있다. 고객 품질(*customer quality*)은 조직이 전반적인 고객의 기대 수준을 만족 또는 초과하는지의 정도로 정의된다. 고객 조사 및 고객 불만 추적과 같은 요소들로 고객 품질을 측정할 수 있으며, 간과해서는 안 되는 요소이다. 제품이나 서비스가 기술적으로 완벽하더라도, 고객의 기대 수준에 못 미치면 시장에서 실패할 수 있다.[116]

품질 교육은 2단계—품질 인식 교육과 품질 프로세스 및 기술 심화 교육—로 나누어서 진행하면 유익하다. 첫 번째 인식(*awareness*) 단계에서는 관리자들에게 품질 향상의 개념과 자신들의 역할이 어떻게 변할 것인지를 소개한다. 인식 과정에서 고위 관리자는 변화에 대한 자신의 장기적인 의지를 표명하고 중간 관리자들이 자신들의 새로운 역할과 그들에게 기대하는 지원을 이해하도록 해야 한다. 예를 들면, 어떤 조직들은 TQM을 보상 구조와 연계하여 중간 관리자가 이에 확실한 관심을 갖도록 보장한다.[117] 이어서 관리자들이 자신들의 부서에서 품질 인식 과정을 수행할 것이라고 기대된다. TQM 프로그램의 시행을 위해 책임지는 부서를 만드는 회사들도 있다. 또한, 조직의 변화 과정을 감독하는 태스크 그룹 또는 변화 위원회들을 만드는 회사들도 있다.

TQM의 두 번째 단계는 일반적으로 프로세스 기술과 품질 기술에 관한 심화 교육(*in-depth training*)을 포함한다. 프로세스 기술(*process skills*)은 업무 조정의 개선, 문제 해결, 그리고 갈등 해소를 하는 방법을 지칭하며, 품질 기술(*quality skills*)은 품질 개선을 추구하는 데 사용될 수 있는 기법과 도구를 말한다. 사용할 수 있는 도구로는 최소 일곱 가지가 있다. 즉, 프로세스 흐름 분석, 인과 다이어그램, 활동 차트, 통계적 프로세스 제어, 산포도, 막대그래프 및 파레토 차트이다. 이 도구들은 인과분석, 문제 해결, 결과 검증 및 실행조치 권고에 활용될 수 있다.

품질 도구들 중 조직 환경(서비스 기업보다는 제조 기업)에서 가장 광범위하게 활용되는 것은 **통계적 프로세스 제어**(*SPC, statistical process control*)이다. SPC의 기본 원칙은 대부분의 공정이 생산량의 변화를 보여준다는 것과 이런 변화의 원인이 정상적인지 아니면 비정상적인지를 결정하는 것이 중요하다는 것이다.[118] SPC는 종업원들을 교육시켜서 비정상적인 변화를 식별하여 품질 개선에 필요한 공정을 조정할 있도록 하는 데 초점을 두고 있다. 종업원들은 제어 차트를 활용하여 생산량을 점검하도록 학습해야 한다. SPC는 종업원들이 비정상적인 변화를 식별함으로써 품질을 개선하는 프로세스를 조정할 수 있도록 하는 교육에 초점을 둔다. 종업원들은 변화를 감지할 수 있도록 제어 차트를 활용하여 산출물을 모니터하는 것을 학습해야 한다.

TQM의 성과 또는 효과성에 관한 연구가 많이 있지만, 품질 교육 프로그램의 효과만을 다루는 연구는 많지 않다.[119] 모토로라(*Motorola*)는 다중집단 연구 설계 방법(*multiple-group research design*)을 활용하여 회사의 프로그램을 평가하는 연구를 하였다.[120] 학습자를 세 개의 연구 집단, 즉 (1) 고위 관리자의 강화가 뒤따르는 품질 교육의 전체 과정(프로세스 기술과 품질 기술)을 활용하는 집단, (2) 고위 관리자의 강화가 뒤따르는 프로세스 기술 또는 품질 기술 중 하나를 강조하는 집단, (3) 고위 관리자의 강화가 없는 한 가지 또는 두 가지 방법을 활용하는 집단으로 구분하였다.

세 집단의 성과는 다음과 같다. (1) 첫 번째 집단은 교육비 1달러당 33달러의 성과를 보여주었고, (2) 두 번째 집단은 비용과 성과가 동일했으며, (3) 세 번째 집단은 성과가 비용보다 적었다.[121] 이와 같은 결과는 품질 교육이 종합적이어야 하고, 관리자의 뒷받침이 이어져야 함을 시사한다.

TQM의 성공에 필요하다고 인정되는 다른 요소들로는 비전이 있는 리더십, TQM으로의 변화에 대한 고위 관리자의 헌신 및 지원, 품질 개선에 대한 통합적인 보상 계획, TQM 조직의 성격과 일치하는 성과 평가 프로세스가 있다.[122] 사례연구에 의하면, TQM 노력이 실패하는 이유는 훈련된 종업원들이 다음과 같은 사유로 새로운 기술을 작업장에 이식하지 못하기 때문이라고 한다. 그 사유로는 (1) 변화에 대한 종업원들의 전체적인 저항, (2) 관리자들이 목표를 명확히 밝히지 못함, (3) 새로운 기술을 작업장에 적용한 것에 대한 보상의 미흡 등이다.[123] 노턴(*Norton*)과 서스만(*Sussman*)은 기업 차원의 미션 선언문을 팀 차원의 품질 노력으로 연결하기 위해서는 '팀 차트'를 활용할 것을 주장한다.[124]

2.5.1 품질 교육과 ISO 9000 시리즈

품질 관리 운동은 국제표준기구(*ISO, International Organization for Standardization*)의 단일 품질 기준의 수립에 의해 촉진되었다. ISO는 비정부간 국제기구로서 재화와 서비스의 국제적인 교환의 향상과 지적, 과학적, 기술적, 경제적 활동의 국제적인 협력의 진전을 추구한다.[125] 미국에는 ISO와 대응하는 기구로 미국표준협회(*ANSI, American National Standards Institute*)가 있다.[126] ISO 이전에는 국제적으로 거래를 하려는 조직들은 제품 품질에 대한 서로 다른 기준들을 대해야 했다. ISO의 기본 목적은 국제 거래를 위한 공통의 기준점 역할을 하는 일련의 품질 표준을 설정하고 모니터하는 것이다.[127] ISO 표준은 여러 번 개정되었다.

ISO 9000 표준 시리즈는 제품 또는 서비스를 생산하는데 사용하는 프로세스의 품질을 지향한다.[128] 품질 표준인 ISO 9000(과 9001) 시리즈 이외에 전 세계적인 통신 산업을 지향하는 표준인 TL 9000과 같은 표준도 있다.[129] 다른 표준인 ISO 14000과 14001은 환경관리를 위해 설정된 표준이다.[130] 우리는 ISO 9000에 초점을 두어 논의하도록 한다.

ISO 9000 표준을 따르는 회사들은 공식적인 등록을 할 자격이 있으며, 무역 활동과 광고에서 그 표식을 사용할 수 있다. ISO 등록(또는 인증)이 되기 위해서 기업들은 제품 또는 서비스를 제공하기 위한 체계적인 프로그램을 만들어 문서화할 수 있어야 한다. ISO 9000의 실행에는 문서작성, 품질 프로그램의 시행, 그리고 효과에 대한 시스템 평가의 3단계가 있다. 두 번째인 실행 단계에서는 등록에 필요한 시간의 절반가량이 소요되며, 교육이 실시된다.[131] 오늘날 ISO 등록을 함으로써 조직은 마케팅 도구, 전 세계적인 인정, 그리고 ISO 인증이 안 된 경쟁자들보다 품질에서 우위가 있음을 나타낼 수 있다. 그렇지만, 너무 많은 미국기업들이 이와 같은 차별성을 확보하고 있기 때문에, ISO는 더 이상 특권이 아니며, 국제적으로 사업을 하기 위한 가상의 필수요건이 되었다.[132]

ISO 등록 프로세스를 다루는 많은 연구들에 의하면, 전사적으로 종업원들이 교육에 참여함으로써 가장 빠르고, 비용 효과적으로 인증을 획득하고 유지할 수 있다.[133] ISO 9000 요구 사항들 중의 하나는 조직의 품질 교육 시행과 관계된다. 이 요구 사항은 특히 (1) 품질에 직접적으로 영향을 미치는 직원들의 교육 요구를 조직이 어떻게 파악하는지에 초점을 두며, (2) 시행되는 교육의 문서화를 요구한다. ISO 표준들은 조직이 직무분석을 실시하여 업무를 수행하는데 필요한 자격요건을 포함하는 직무 명세서를 갱신할 것을 요구한다. 예를 들어, 직무분석을 통해 특정한 직무에 대한 지식 요구 사항(KSAOs) 중의 하나가 SPC 기법에 대한 지식이라는 것이 밝혀졌다고 하자. 조직은 직무 수행자들이 적절한 교육을 이수하도록 해야 하고, 이러한 교육실시 노력은 문서화되어야 한다.

ISO는 ISO 인증 감사관들이 6~12개월 주기로 인증을 획득한 조직들을 방문하여 표준들이 유지되고 있는지를 검토하는데, 여기에는 조직의 교육 기록에 대한 검토도 포함된다. 감사관들은 종업원들이 주어진 작업 지시 사항에 따라서 특정한 과업을 수행하는지를 확인한다. 이를 지키면 적절한 교육이 실시된 것으로 간주한다. 이는 문맹인 및 장애인 종업원에 대해서도 마찬가지이다. 종업원들이 작업 지시 사항의 단계들을 설명하고, 필요한 기술들을 보여줄 수 있으면 교육이 적절하다고 판단된다.[134] 이를 따르지 않게 되면 등록이 취소될 수 있다.

ISO 인증된(또는 인증을 원하는) 조직들의 HRD 전문가들은 ISO 9000 기준을 숙지해야 하고, 조직이 이를 준수하도록 해야 한다. 다수의 조직들에서는 HRD 전문가가 교육 요소에 책임을 지고 있다. 하지만, 어떤 조직들에서는 ISO 9000 준수 책임을 '품질보증' 부서에 부여하는데, 이 경우 HRD 전문가들은 교육과 관련된 활동에서 협조자 역할을 할 수 있다. 어떤 경우에도 HRD 전문가들은 교육 활동이 ISO 기준을 충족하도록 주도적인 역할을 해야 한다. ISO 9000과 다른 국제표준에 대해 자세한 사항은 더 많은 정보를 찾아보기를 바란다.[135]

3. 대인 관계 기술 교육

앞서 논의한 바와 같이, 직장에서 다수의 기본적인 역량들은 타인들과 효과적으로 일을 하는 것과 관련이 있다.[136] 때로는 소프트 기술(*soft skills*)이라고 부르는 이러한 기술들은 의사소통, 고객관계, 판매, 팀워크, 그리고 협상을 포함하고 있다.[137] 조직이 공식적인 교육훈련 예산의 6.7%를 대인 관계/의사소통 기술 교육에 투입하고 있는 것으로 추산된다.[138] 대인 관계 기술 교육 프로그램은 팀 빌딩, 경청기술, 위임기술과 같은 일반적인 주제와 함께 폭넓은 주제들을 다룬다.

대인 관계 기술에 대한 요구의 증가에는 세 가지 흐름이 있다. 첫 번째 흐름은 업무 수행에서 팀 중심 접근법(*team-based approach*) 운동이다. 팀 중심 접근법에서는 보통 강력한 대인 관계 요소를 갖는 팀 훈련이 포함한다. 둘째, 고등학교와 대학 졸업자들은 조직이 요구하는 의사소통 기술이 부족하다. 셋째, 많은 조직들이 다문화화되고 있다. 고용 시장의 인구 구성의 변화와 다국적 기업들의 증가에 따라 더 많은 조직들이 문화적 다양성 프로그램을 개발하고 있다. 이 과정들은 사람들이 다른 문화에 대해 갖는 부정확한 가정, 가치 및 신념들의 일부에 변화를 주는데 그 의도가 있으며, 바람직한 결과는 범문화적인 대인 관계 기술을 보다 효과적으로 개발하는 것이다. 이 프로그램들에 대해서는 14장에서 자세히 다루도록 하겠다.

조직이 시행하는 대인 관계 기술 프로그램의 내용은 다양하다. 예를 들면, 미네소타주 에디나(*Edina*)의 임시 서비스 회사인 테크 센트럴(*Tech Central*)은 고객 서비스, 갈등 해결, 대인 관계 및 팀워크 훈련을 시행한다. 노스 캐롤라이나주 커레이(*Carey*)의 SAS 연구소에서는 종업원들에게 비즈니스 윤리, 시간관리, 리더십 기술을 교육한다.[139] 이 과정들에서 종업원 자신을 보다 잘 파악하는 법과 직장에서의 관계를 다루는 법을 교육한다. 이 절에서는 세일즈 교육, 고객 서비스 교육 및 팀워크 교육 등 세 가지 종류의 대인 관계 기술 교육에 대해서 논하겠다.

3.1 세일즈 교육

신뢰를 구축하고, 고객의 문제를 해결하며, 제품 및 서비스 옵션을 제공하는 보다 컨설팅적인 접근법 때문에 전통적인 세일즈 기법(예: 열심히 팔기)은 점점 그 자리를 잃어가고 있다.[140] 컨설팅적인 접근법은 고객과 신뢰를 구축하고 장기적인 고객관계를 향상하는데 그 의도가 있다.

교육은 전통적인 세일즈 기법에서부터 보다 새로운 컨설팅적인 접근법까지 그 범위가 넓다.[141] 어떤 조직들은 종합적인 세일즈 교육 프로그램을 통해서 도소매 활동 전반을 정비하고 있다.[142] 하지만, 대부분의 조직들은 그와 같은 급격한 변화를 원하지는 않는다. 종업원들이 대인 관계 기술을 갖추도록 하는 다른 형태의 교육(예: 고객 서비스 교육)과 같은 일부 보완적인 세일즈 훈련이 효과적이다. 세일즈 교육 프로그램은 조직의 요구에 따라 맞춤형으로 구성되어야 한다.[143] 특히, 세일즈 교육의 목표는 조직의 목표(특히, 마케팅 목표)에 따라 운영상 정의되어야 하고, 영업 대표들의 요구 사항(*input*)을 포함해야 한다.[144] 고성과 세일즈 교육 프로그램의 일반적인 목표 여섯 개는 다음과 같다. 조직은 이 목표들을 기초로 회사의 목표에 맞춰 변경할 수 있다.

- 세일즈 생산성의 향상
- 낮은 이직
- 모든 조직 내, 조직 간 의사소통의 향상
- 사기 진작

- 세일즈 팀의 자기 관리 향상
- 고객 관계 향상

조직이 만들어내는 특정 목표는 명확하고 모든 종업원들이 이해해야 한다.[145] 세일즈 교육의 시행과 평가 측면뿐만 아니라 적합한 강사의 선발을 포함하는 설계 이슈는 특정한 목표로부터 직접 전달되어야 한다.[146]

3.2 고객 관계/서비스 교육

품질에 대한 강조가 증가함에 따라 조직은 고객 관계와 고객 서비스에 중점을 두고 있다. 거의 모든 직무에서 고객 서비스 기술은 매우 중요하며, 대인 관계 기술은 훌륭한 고객 서비스에 대한 기초가 된다. 이러한 기술들에는 대인 관계, 문제 해결, 리더십, 그리고 팀워크가 포함된다. 대인 관계 기술은 긍정적인 태도, 효과적인 의사소통, 존중과 존경의 상호 관계, 어려운 상황에서 평정을 유지하고 통제할 수 있는 능력을 발전시킬 수 있다.[147] **고객 서비스 교육**(*customer service training*)은 종업원의 고객 서비스 기술을 구축하고 갈고 닦는 데 널리 활용된다.

고객과 상호작용하는 종업원은 간접적으로 조직을 대표하며, 그러한 상호작용의 품질에 대한 고객의 인식은 그 조직의 제품 및 서비스에 대한 인식에 영향을 줄 수 있다. 예를 들면, 1,300명의 소매점 고객에 대한 조사의 결론은 다음과 같다. 즉, (1) 좋은 서비스는 고객을 다시 방문하게 하고, 나쁜 서비스는 고객을 쫓아 버린다. (2) 조직들은 끊임없이 자신의 서비스에 대한 고객의 인식을 모니터해야 한다. (3) 고객 서비스 직원의 직무 기술은 대부분 교육을 통해 향상될 필요가 있다.[148] 이 장의 도입 사례도 장기적인 고객 관계를 강조하는 시스코 시스템즈에 대해 다루었다.[149]

'좋은 서비스가 고객을 다시 찾게 한다'는 개념은 많은 고객 서비스 프로그램의 핵심이다. 예를 들면, 시애틀의 보증된 먹거리(*Guaranteed Eateries*)는 "당신의 즐거움을 보증합니다"라는 고객 보증 프로그램을 수립하였다. 이 프로그램은 일정한 서비스 가이드라인을 준수하지 못할 경우 무료 음료수와 무료 식사까지 제공한다. 이를 보장하기 위해서 현장 종업원들에게 권한이 위임되었다. 이 프로그램에는 월 1만 달러의 비용이 들어가는 것으로 추정되었지만, 매출은 25% 증가했고, 이익은 두 배가 되었다.[150] 올텔 커뮤니케이션즈(*Alltel Communications*)는 자신들의 "권리를 획득하세요"라는 고객관리 프로그램 교육으로 트레이닝(*Training*)지로부터 최우수상을 받았다. 2,500명의 직원들이 이 교육을 이수한 후에 콜센터의 판매액이 5% 증가하였다.[151]

서비스에 대한 고객의 인식을 지속적으로 모니터하는 것 또한 중요하다. 고객들의 욕구가 충족되는지를 확인하기 위해서 조직은 고객들로부터 피드백을 받는다. 예들 들면, 노랜드(*Norand*)사는 월간 심층 전화 조사를 통하여 고객 피드백 시스템을 구축하고 각 판매 및 서비스 관리자에게 집계하여 배포함으로써 고객에게 보다 가까이 다가갔다.[152] 이러한 조사의 결과들은 요구 조사 과정의 일부로 활용될 수 있다.

고객 서비스 교육은 산업 및 기업별로 상당히 다르기는 하지만 몇 가지 공통 요소를 가지고 있다. 다음의 네 가지 핵심 요소가 권장된다.[153]

1. 고객 서비스 교육을 조직 전체에 도입한다. 조직 전체적인 서비스 교육은 사업 전환의 핵심 요소일 수 있다. 예를 들면, 스칸디나비아 항공(*Scandinavian Airlines*)의 흑자 전환은 다른 어떤 것보다도 27,000명의 전 직원을 대상으로 (고객 서비스) 교육 프로그램을 한 것에 기인한다.[154] 대부분의 선도적인 회사들은 종업원 오리엔테이션 프로그램에 이러한 교육을 포함함으로써 중요도를 높게 한다.[155]
2. 현장 직원들에게는 대인 관계 기술 및 운용 실습 등을 포함하는 고객관계 기술에 대한 교육이 필요하다. 이러한 교육은 두 가지 사유로 필요하다. 첫째, 고객 접점 직원들(예: 영업 대표, 고객 서비스 책임자, 비서, 영업 담당 임원)은 고객과의 관계에서 이러한 기술과 역량을 가져야 한다. 대인 관계 기술에서 중요한 것으로는 경청과 효율적인 대화 능력이 포함된다. 둘째, 교육을 통해서 장기적인 조직의 건강은 부분적으로는 고객의 기대 수준을 초과하는 현장 직원들의 역량에 달려있다는 개념이 강조되어야 한다.[156] 고객 접점 직원들은 고객의 요구를 파악하여 기대 사항을 충족시킬 수 있어야 한다. 이를 위해서는 추가적인 비용이 발생하더라도 조직은 현장 직원들에게 권한을 위임하여 고객만족을 보장하도록 해야 한다.
3. 직원들을 코칭하고 새로운 서비스 기준의 적용 방법에 관한 교육을 서비스 관리자들에게 할 필요가 있다. 데사트니크(*Desatnick*)사는 고객 지향적인 마인드를 개발하기 위해서는 종업원들을 교육하고, 개발하며, 동기부여할 서비스 매니저를 채용할 필요가 있음을 주장한다.[157] 조직들은 서비스 관리자들을 교육시켜서 자신의 역할과 고서비스 기준을 모니터하고 강화할 필요성을 이해하도록 해야 한다. 서비스 관리자(*service manager*)라는 용어는 자신의 직원들이 고객 및 외부인들과 상호작용하는 감독자로서, 고객을 접대하고 상호작용하는 직원들을 감독하는 판매 관리자에서부터 사무실 관리자까지 광범위하게 사용된다.
4. 새로운 고객 서비스 철학을 지지하고 유지하기 위해 인센티브를 제시한다. 이와 같은 인센티브에는 인정 시스템, 보상 및 승진이 포함된다. 고객 서비스 교육에는 바람직한 행동을 강화하는 역할을 하는 종업원 인센티브(또는 제제)가 포함되어야 한다. 이를 위해서 다양한 개인 및 집단 인센티브가 활용될 수 있다. 역사적으로는 종업원에게 동기를 부여하기 위해서 개인 인센티브에 의존해왔다. 그렇지만, 종업원 참여와 이익 공유 프로그램과 같은 집단 인센티브의 활용을 늘려가는 조직들이 많아지고 있다.

어떤 조직들은 잘 개발되고 정형화된 고객 교육 커리큘럼을 가지고 있다. 예를 들면, 유명한 보석회사인 티파니(*Tiffany & Co.*)사는 예외적인 고객 서비스에 관한 높은 기준을 가지고 있다. 신규 판매 사원은 첫 번째 고객을 상대하기 전에 6~8주간의 교육을 이수해야 하고, 모든 판매 사원은 지식, 기술 및 제품 교육을 받아야 한다. 그런 다음 이들은 기업의 본사와 고객 서비스센터와 물류센터를 견학하는 일주일간의 '졸업' 과정을 거친다. 기술 훈련은 전화 응대 기법, 발표 기법 및 컨설팅 판매 기법으로 구성된다.

고객 서비스 교육은 필수 과정이며, 유명한 티파니사의 '독특한 전통과 문화를 유지하도록' 해준다.[158] 또 다른 예로서, 피델리티 은퇴서비스 회사(*Fidelity Institutional Retirement Services Company*)는 서비스 제공 조직을 만들고, 이 조직을 다섯 개의 독립적인 '칼리지', 즉 고객 서비스, 운영관리, 리스크 관리, 세일즈와 마케팅, 그리고 리더십과 관리자 개발로 나누었다. 직원들은 다섯 개 칼리지의 전 과정을 이수해야 하는데, 가장 중요한 칼리지는 고객 서비스 칼리지이다. 이 칼리지는 최상의 서비스에 대한 전사적인 메시지를 만들어 전파하는 방법을 만드는데, 교육을 이수한 후에 직원들이 서비스 제공에 대한 공통의 언어를 공유하는 데 목적이 있다. 이러한 공통의 언어는 이들과 같이 규제가 심한 산업에서는 필수적인 요소이다.[159]

오피스 데포(*Office Depot*)사는 고객 서비스 교육을 위해 정기적인 강의실 교육과 자기 주도 모듈을 결합한 블렌디드 러닝(*blended learning*) 기법을 도입하였다. 이 방법은 고객 서비스 교육을 이수한 직원의 수를 늘리고, 이직을 감소시키는 데 그 의도가 있다.[160] 컨설턴트인 제이 크로스(*Jay Cross*)는 고객 서비스 교육에서 경험적 학습을 더 많이 활용할 것을 주장한다. 그의 저서에서는 "가장 훌륭한 경험은, 원리에 대해 다시 말하는 것보다는 오히려 실제 행동의 변화를 일으킬 수 있는 경험이며, 실천을 통한 학습을 포함하는 것이다(p.32)"라고 언급하고 있다.[161] 평가 전문가인 잭 필립스(*Jack Phillips*)는 반응, 학습, 행동, 성과/ROI, 그리고 고객 충성도를 활용하여 이런 프로그램들을 평가해야 한다고 주장한다.[162] 플랫(*Platt*)은 영국의 한 물류회사에서 설계되어 제공된 적극성 훈련에 대한 ROI 산출 사례를 제공한다.[163]

3.3 팀 빌딩/교육

품질 관리 운동에서 발전된 조직의 기초 단위인 팀 활용이 점점 강조되고 있다. 오늘날 대부분의 조직은 팀 단위로 일을 하고 있다. 팀 구조에서는 작업자들이 신속하고 유연하게 동료들과의 관계를 형성할 수 있어야 한다. 따라서 팀 교육(*team training*)이 인기를 얻고 있다.[164]

팀은 "1개 이상의 사회 시스템(예: 공동체, 조직)에 개인들이 포함되어, 타인들(예: 고객들 또는 동료들)에게 영향을 주는 과업을 수행하는 것을 스스로 지각하고, 타인에 의해 지각되는 개인들"의 집단이라고 정의된다.[165] 작업팀의 일반적인 다섯 가지 형태는 품질 관리 분임조, 교차 기능팀, 반자율팀, 자율관리팀, 자율 설계팀이다.[166]

최소한 팀 관련 기술은 과업 기술과 프로세스 기술이 있다. 과업 기술(*task skills*)은 집단에 할당된 업무를 수행하는데 필요한 기술이다. 전통적인 조직에서는 종업원들은 적절한 과업 관련 기술과 지식을 보유하겠지만, 이러한 기술을 집단 환경에서 적용할 수 있어야 한다. 그 외에도, 종업원들은 집단 과업을 공동으로 수행하기 위해서 다른 구성원들이 가지고 있는 기술을 교차 학습할 필요가 있다. 예를 들면, 항공기 정비 업무가 부여된 기능공과 기술자로 구성된 팀은 각자가 과업에 필요한 독특하고 보완적인 재능이 있다. 각 팀원들은 수행해야 할 자신 고유의 역할이 있고, 다른 팀원들과 공동으로 수행해야 할 역할들이 있다. 하지만, 팀으로 기능하기 위해서는 팀원 각자가 타인의 역할을 이해하고, 전체적인 과업에 어떻게 조화를 이룰 것인가를 감안해야 한다. 프로세스 기술(*process skills*)은 기본적으로 한 팀으로 공동 작업하면서 팀워크를 유지하는 것과 관계된 기술이다. 대인 관계 기술은 가장 중요한 프로세스 기술 중의 하나이고, 커뮤니케이션, 협상 및 갈등 해결을 포함한다.[167]

보통 형식의 팀 교육을 **팀 빌딩**(*team building*)이라 부른다. 팀 빌딩은 개인의 다양한 에너지들을 통합하여, 이들을 가치 있는 목표와 성과로 이어지게 하고, 이러한 노력을 조직 성과와 연결시키고자 하는 노력으로 볼 수 있다.[168] 팀 빌딩은 신뢰, 응집력, 상호 책임감을 구축하여 효과적인 팀이 되도록 설계된 기법의 집합체라고 칭한다. 대부분의 팀 빌딩 실행은 퍼실리테이터(*fccilitator*)가 수행한다. 퍼실리테이터는 팀이 공동으로 작업하고, 의사소통을 보다 잘하며, 문제 해결 능력을 개선하고, 보다 나은 의사 결정을 할 수 있도록 도움을 주는 역할을 한다.[169]

팀은 조직 내의 특정한 목적을 위해 구성된다. 조직들은 다음과 같은 조건의 경우 팀 구성을 고려해야 한다.

- 다방면에서 보완적인 재능을 보유한 사람들을 필요로 할 때
- 서로 다른 관점을 제시하는 동료들로 구성된 교차 기능팀에 의해 잘 처리될 때
- 부서나 조직의 성장 비전을 개발하고 이행하는 데 있어서 폭넓은 관점이 필요할 때[170]

팀 기반 접근법은 널리 보급되었으며, 팀은 효과적인 조직 개입 방안이다.[171] 목표 설정에 초점두기, 대인 관계의 향상, 문제 해결 또는 각 팀원들의 역할 명확화와 같은 팀 구축을 위한 다양한 접근법들이 제시되었다. 적절한 상황에서 각 접근법은 효과적인 조직 개입 방안이 될 수 있다.[172] 팀의 효과성에 관한 문헌들의 수가 증가하고 있다.[173] 그 예로써 〈표 9.3〉에 팀의 효과성을 향상시킬 것으로 예측되는 다섯 가지 변수를 제시하였다.[174] 포춘(*Fortune*)과 유틀리(*Utley*)는 팀 성과와 관계되는 팀 성공 질문이라 불리는 11개 항목의 척도를 만들었다.[175] 올랜드(*Ohland*)와 동료들은 팀 구성원들의 효과성을 평가하기 위하여 행동 기준 척도(*behaviorally anchored rating scale*)를 개발하였다.[176] 교육 시스템을 설계하는 실무자들을

표 9.3 팀의 효과성을 향상하는 변수들

변수	정의
팀 구조	• 팀원들이 팀 목표를 이해하고 몰입하는 정도 • 팀 역할이 명확하게 정의된 정도 • 집단 규범이 설정된 정도
팀 정신	• 팀이 그 역량의 효과를 확신하는 정도 • 팀원들이 팀을 대신하여 에너지를 투입하는 정도
사회적 지원	• 팀원들이 긍정적인 상호작용을 하고, 타인들을 지원하는 정도
업무 분담	• 업무가 팀원들 간에 균등하게 분배된 정도
집단 내 소통	• 팀원들이 정보를 주고 받는 정도 • 팀원들이 건전한 방법으로 갈등을 관리하는 정도

출처: Werner, J. M., & Lester, S. W. (2001). Applying a team effectiveness framework to the performance of student case teams. *Human Resource Development Quarterly*, 12(4), 385-402.

가이드하기 위해서 **팀 교육**(*team training*)의 효과성에 관한 연구가 더 필요하다.[177] 두 개의 메타 분석 결과 인지적, 기술 기반 및 정서적 성과에 관한 팀 교육의 효과가 발견되었다.[178] HRD 전문가들은 HRD 프로세스 모델(즉, 분석, 설계, 실행, 평가)을 활용하여 팀 교육 프로그램을 설계하고, 실행하고, 새로운 연구 결과들에 주의를 기울여서 활용 가능한 과학적, 실용적 지식을 잘 활용해야 한다.

4. 기능 및 기술 교육에서 노동조합의 역할

역사적으로 노동조합은 노조원들의 관심 사항의 증진에 가장 많은 주의를 기울여 왔으며, 현재는 그들의 기술과 역량에 관심이 집중되고 있다. 숙련된 노동자들에 대한 수요의 증가에 발맞추어, 노조는 구성원들을 위한 교육에서 다양한 교육 프로그램의 개발 및 후원을 포함하여 적극적인 역할을 해왔다.[179] 시애틀의 파이프피팅(*pipefitting*) 노조는 퇴역 군인들을 위한 도제 프로그램을 만들었다.[180] 어떤 노조들은 지역 또는 주 단위의 교육센터의 설립에 동참하고 있다. 이들 다수의 센터들은 공공 및 민간단체들의 추가적인 재정 지원을 받고 있다. 노조들은 또한 학교 및 고용주들과 협력하여 노조원들의 교육 요구를 충족시켜왔다. 이러한 노력들은 일반적으로 합동 교육 프로그램이라고 한다.

4.1 합동 교육 프로그램

합동 교육 프로그램(*joint training programs*)은 노조원들을 위한 의미 있는 교육과 개인적인 개발 기회를 제공하는 것을 목표로 하는 확대된 노사관계이다. 경영자가 통제하고, 종업원들이 활용하는 고용주 지원 프로그램과는 달리, 합동 교육 프로그램은 노사가 공동으로 관리하며, 협상 부서원들에게만 개방된다.[181] 합동 교육 프로그램은 내용이 다양하다. 152개의 프로그램에 대한 연구의 결과, 가장 공통적인 분야의 내용은 (1) 안전과 건강(22%), (2) 직무 기능 훈련(17%), (3) 의사소통 기술(16%), (4) 퇴직자 지원(11%)이다.[182]

대부분의 합동 교육 프로그램은 관리하기가 꽤 단순하지만, 어떤 것들은 제법 규모가 크고, 복잡한 개별 과정들로 구성되어 있다. 하나의 사례는 AT&T, CWA(*Communications Workers of America*)와 IBEW(*International Brotherhood of Electrical Workers*)가 설립한 종업원 성장 및 발전을 위한 연합(*Alliance for Employee Growth and Development*)이다. 이 연합은 두 명의 공동 임원(한 명은 경영자, 다른 한 명은 노동조합 측)이 관리한다.[183]

1984년 AT&T의 매각에 의한 해고로 생긴 이 연합의 첫 번째 도전 과제는 약 10만 명의 실직 노동자들의 요구를 해결하는 것이었다. 이 요구를 해결하기 위해서 이 연합은 전직(*displacement*) 프로젝트, 재배치 지원, 취업 알선 및 일련의 재교육 기회를 수립했다. 일련의 교육훈련 프로그램 외에도 종합적인 경력 및 기술 분석 프로세스를 개발하여 실직 종업원들에게 개인의 발전 계획을 수립하는데 필요한 의미 있는 정보를 제공하였다. 이 연합은 지금도 여전히 활동 중이며, 그 노력은 협력이 모든 당사자들에게 어떻게 이익을 줄 수 있는지의 사례로 거론되고 있다.[184]

다른 공동 파트너십 프로그램 사례들은 다음과 같은 사항을 포함하고 있다.

1. 디트로이트(*Detroit*) 지역의 소수 인종 남성들을 위한 직업 전망에 대한 응답으로 지역 무역노조는 굿윌 인더스트리(*Goodwill Industries*)와 협력하여 "상황을 반전시키자(*Flip the Script*)"라는 프로그램을 만들었다. 참여자들에게 무역회사의 입사 시험에서 통과기 위해 수학, 읽기, 작업 기술을 학습하도록 지원하였다. 이 프로그램을 수료한 사람들 중 90% 이상이 최소 한 개의 시험에 통과된 걸로 보고되었다.[185]
2. 서비스 산업에서 초급 수준의 고용 요구에 대한 대응으로, 노조와 카지노 관계자들은 파트너십을 맺고 이 일자리들을 창출하기 위해 필요한 기술을 학습하는 2주 짜리 교육 프로그램을 실시하였다. 카지노와 노조 관계자들이 이사회의 구성원인 남부 네바다 합동 경영 요리 및 바텐더 교육 기금(*The Southern Nevada Joint Management Culinary and Bartenders Training Fund*)은 이 프로그램을 지원하였다. 교육센터는 2,400명 이상의 노동자들을 성공적으로 교육하였다.[186]
3. 교육 신용 기관이 오하이오에 설립되었고, 미국의 4,340개 지역의 통신 노동자들이 다양한 고용주들과의 파트너십을 통해 통신 기술자들의 교육과 인증을 위한 비용을 지원하였다. 지역 노조와 고용주들은 회원들이 참가하는 프로그램에 한 시간당 12센트의 비용을 지불하고, 교육을 성공적으로 이수한 사람은 채용을 보장한다. 기술자들에 대한 수요는 매우 높은 편이다.[187]

이런 프로그램들은 노조, 고용주, 주 정부 및 다른 기관들이 협력하여, 직장의 역량을 강화하는데 에너지를 쏟을 때 어떤 일이 생기는지의 사례이다. 합동 교육 프로그램에 참여하는 노조원들에게는 혜택이 주어지고, 이 프로그램을 통해 노조 지도자들 및 경영자들 간의 관계가 개선된다. 연구는 합동 프로그램의 도제들이 비합동 프로그램의 참여자들보다 프로그램 이수율이 더 높으며, 합동 프로그램은 여성과 소수인종들의 참여가 더 높음을 보여주고 있다.[188]

합동 교육 프로그램은 HRD 전문가들에게 몇 가지 시사점을 제시한다. 첫째, 노조 지도자들과 경영자 간의 적대적 관계가 강하면, HRD 전문가들은 노조원들에게 혜택을 주려는 프로그램을 제안할 때 저항을 받을 수 있다. 이 프로그램들을 협상의 일부여야 한다고 주장할 수 있기 때문이다. 그렇지만, 일반적으로 합동 프로그램이 정상적인 단체 협상 구조의 밖에 있을 때 가장 잘 수행된다. 둘째, 노조 지도자들이 적극적인 파트너가 되면, HRD 전문가들은 노조원들의 욕구를 보다 잘 파악할 수 있고, 그 결과 교육의 설계, 실행 및 일정 계획을 잘할 수 있다. 또한, 프로그램의 공지도 노조의 정상적인 소통 채널(예: 노조 회보 등)을 통해 배포된다. 셋째. 단일 협동 프로그램에 대하여 노조와 협력함으로써 HRD 프로그램이 노조 지도자들에게 다른 프로그램을 장려할 기회를 주기도 한다.

4.2 전문가 개발 및 교육

'지식 노동' 직무의 수가 증가함에 따라 전문 직업인 수의 증가 및 이에 따른 전문 직업인의 개발에 대한 요구가 증가되고 있다.[189] 전문 직업(*profession*)은 추상적인 지식에 기반을 둔 직업이다.[190] 샤르마(*Sharma*)는 전문 직업을 노동자들이 "자신의 업무에서 교육과 경험을 통해서 획득한 일체의 지식과 기술을 적용하고, 서비스 지향성과 차별적인 윤리 의식을 지니며, 상당한 자율성과 자부심을 가진" 직업이라고 기술한다.[191] 전문 직업의 예로는 의료, 법률, 회계, 교수 및 설계 등이 포함된다. **전문가협회**(*professional association*)는 대부분의 전문 직업에 존재하는데, 이는 전문 직업의 이익을 증진하고 보호하고, 회원들에게 서비스(예: 인증, 출판, 교육 기회 등)를 제공하기 위한 민간단체이다.

개인이 전문 직업인이라고 공식적으로 인정받기 위해서 마스터해야 하는 지식의 영역은 보통 전문가협회(어떤 경우는 정부)가 정한다. 대부분의 전문 직업에서는 개인이 그 분야에서 업무를 수행하기 위해서는 **면허증**(*licensure*) 또는 **자격증**(*certification*)이 필요하다. 보통의 경우, 정부가 면허를 부여하고, 전문가협회가 자격증을 수여하다. 이 경우 개인이 갖추어야 할 기준은 학위, 일정 수준의 실무 경험, 그리고 자격시험의 통과이다. 예를 들면, 인적자원 전문가(*PHR, Professional in Human Resources*) 자격을 획득하고자 하는 개인은 표준화된 시험에 통과해야 하고, 최소 1~2년간의 실무 경험(학위 보유 여부에 따라 다름)을 가져야 한다. 공인 학습 및 성과 전문가(*CLIP, Certified Professional in Learning and Performance*)의 경우는 ATD 인증기관의 평가를 위해서 교육 관련 업무 결과의 제출과 표준화된 시험의 통과가 요건이다.[192]

전문가는 지식 체계를 적용하는 사람들이기 때문에, 자기 분야의 최신 기술과 아이디어를 지속적으로 습득해가는 것이 중요하다. 전문가협회나 자격인증기관들은 일반적으로 자격증 소유자들에게 자격유지를 위해서는 일정 기간에 따라 재교육을 받을 것을 요구한다. 예를 들어, 미국 공인회계사협회는 공인회계사들에게 최소 40시간의 의무적인 전문 교육 과정을 매년 이수할 것을 요구한다.[193] 오늘날 미국 각 주에서는 주 법으로 공인회계사가 자격증을 유지하기 위해서 필요한 지속적인 전문 교육 시간을 정해서 관리하고 있다.[194] 지속적인 교육 기회는 전문대학, 종합대학, 전문가협회를 통해 제공되고 있다.

4.3 대학의 지속적인 교육

전문가들의 **지속적인 교육**(*continuing education*) 요구를 충족하기 위해 많은 대학이 과정을 개설하고 있다. 이렇게 함으로써 얻을 수 있는 이점으로는 (1) 조직은 학교의 전문 지식을 활용할 수 있고, (2) 학교는 조직의 직무 관련 과정을 설계할 때 지원을 할 수 있고, (3) 조직에서는 강사를 선택할 수 있고, (4) 대학에서는 이수한 학점을 인정하여 학위를 부여할 수 있다. 이러한 이점들의 현실화 여부는 과정에 대한 수요와 전문가들과 조직들의 요구에 부응하는 학문 기관들의 융통성에 달려 있다.

대학과 전문가 조직들 간의 합동 프로그램의 사례는 많이 있다. 그 예로써, 코네티컷주 페어필드 대학의 재무연구센터는 국립저축기관협의회와 협력 벤처를 개발하여. 지역 은행과 다른 금융기관들에게 워크숍 프로그램을 제공하고 있다. NCR, 퍼시픽 벨, 컨트롤 데이터 같은 회사들은 비대학기관들이 지원하는 강좌에 대해서 미국 대학교육 프로그램이 인증하는 대학 학점인정 과정을 개발하였다. 이 프로그램들은 대지역 대학의 교수진과 행정 직원들이 프로그램의 평가를 담당한다.[195] 아메리칸 칼리지(*American College*)는 존 행콕 재무서비스의 전문가들이 제공하는 보험 전문가 특화 교육을 실시한다.[196]

파트너십 프로그램을 시험적으로 운영하는 주들도 있다. 뉴욕주는 정부 근로자 노동조합인 공공 근로자 연합회와 파트너십을 맺고, 공공 관리 과정을 설계하여 지역 대학에서 개설하였다.[197] 이와 유사하게 켄터키 주립대학의 정부서비스센터는 전체 공공 부문 근로자들을 위한 필수 교육과 경력 관리 워크숍을 개설하여 실시하고 있다.[198]

4.4 전문가협회가 제공하는 지속적인 교육

전문가협회들은 회원들을 위한 컨퍼런스, 회의 및 워크숍을 후원함으로써 지속적인 교육 기회를 제공한다.[199] 이러한 모임들을 위한 프로그램은 보통 전문가들의 연설, 현 이슈들에 대한 토론, 그리고 연구 결과들의 발표 등으로 구성된다. 이 행사들의 중요 이점들 중 하나는 다른 전문가들의 경험을 공유할 기회를 갖는다는 것이다.

전문가협회가 회원들을 관리하는 또 다른 방법은 저널, 잡지 및 뉴스레터를 발간하여 아이디어와 실행 사례를 공유하는 것이다. 전문가협회는 인터넷을 통해 이런 정보의 전파를 확산하고 있다. 예를 들면, 재능개발을 위한 협회와 인적자원관리를 위한 사회의 웹사이트에서는 HRD 전문가들의 자료들을 활용 가능하다.[200]

어떤 전문가협회는 회원들의 인증 획득을 돕기 위해서 사전 인증 워크숍을 개최하기도 한다. 사전 인증 프로그램은 협회의 교육센터 또는 지역 대학에서 제공된다. 예를 들면, 보험업계는 아메리칸 칼리지에 위임된 공인 생활보험(CLU) 및 공인재무컨설턴트(ChFC)를 위한 사전 인증 프로그램을 지원한다.[201]

4.5 기업 후원 지속적인 교육

또한, 조직들은 소속 전문가들을 위해 지속적인 교육기회를 제공하는 데 중요한 역할을 한다. 어떤 조직들은 연수센터 내에 대학과 같은 커리큘럼을 개발하였다. **기업 대학**(*corporate universities*)의 운영이 지속적인 추세이다. 많은 조직들은 '대학' 또는 '학습센터'라고 하는 집중화된 교육 커리큘럼을 개발하였다.[202] 그 목표는 이러한 커리큘럼을 조직의 목표 및 미션과 유연하게 전략적으로 연계시키는 것이다.[203] 이러한 현장 교육 프로그램들은 일반적으로 종업원들의 직무에 따라 관리가 가능하도록 단계별로 진행되는 핵심 커리큘럼을 포함하고 있다. 다른 HRD 분야에서와 마찬가지로 기업 대학들의 효과성이 조직에 긍정적인 영향을 미치는지를 측정하는 것이 매우 중요하다.[204]

5. 지속적인 교육에서 HRD 부서의 역할

지속적인 교육에 관하여 HRD 부서는 촉진자, 자원 제공자, 그리고 모니터의 세 가지 역할이 있다. 촉진자(*enabler*)로서의 HRD 부서는 전 조직에 대하여 지속적인 교육을 효과적이고 공평하게 제공하는 정책과 절차를 수립해야 한다.[205] 자원 제공자(*resource provider*)로서는 학습비 보조, 교육 휴가, 전문가협회비의 지원, 사외 전문가 교육 출장비 보조와 같은 프로그램 지원 방안을 마련해야 한다. 학습비 보조는 종업원들이 자신들의 교육을 지속할 기회가 확대되기 때문에 전문가 개발 프로그램의 중요한 사항이다. 대부분의 조직에서는 학습비 보조 제도가 시행되고 있다.[206] 대부분의 제도들은 과정이 직무와 관련이 있고, 종업원이 일정 점수(예: B 학점 이상)을 획득하면 등록비와 수업료를 보조해준다. 다수의 조직들은 이런 제도들을 통해서 종업원들이 좀 더 창의적이고, 혁신적이며, 도전적이 됨으로써 종업원들이 조직에 좀 더 가치있는 존재가 될 것이라고 생각한다.

흔치는 않지만, 교육 휴가 또는 안식년은 1년 동안 급여를 받으면서 종업원들이 자신들의 학습을 지속하게 하거나, 또는 연구를 수행하게 해준다.[207] 이런 제도들은 보통 일정 기간 근무하면 이용 가능하다. 어떤 조직들은 또한 고위 관리자들에게도 제공하여 다른 관심사(예: 비영리조직에서 강의, 자원봉사, 또는 집필 활동)를 탐구하게 한다. 이런 제도를 이용하는 중에는 다른 지원 수단(예: 다른 직업)을 가져서는 안 된다. 또한, 이전 직무나 조직에 반드시 복귀해야 할 뿐만 아니라, 휴가를 생산적으로 활용했다는 것을 보여주는 상세한 보고서, 세미나의 시행, 또는 다른 결과물을 제시해야 한다.

고용주들은 또한 종업원들이 참가하는 전문가 회의와 세미나 비용을 지불할 수 있다. 이런 과정을 통해서 아이디어를 공유하고 공통의 이슈들을 논의할 기회를 갖게 된다. 이런 회합들은 자신의 분야에서 흐름을 파악하고, 전문적인 보고서 작성을 원하는 종업원들에게는 매우 가치가 있다. 이런 활동을 위한 자원들이 한정되어 있기 때문에, 공평한 비용 승인 프로세스가 수립되어야 한다. 이러한 정책 대한 자격 요건, 비용지출의 정당성 및 관리자의 승인이 구체적이어야 하고, 전 조직에 공표되어야 한다.

마지막으로, HRD 부서는 모니터(*monitor*)로서의 역할을 하는데, 이는 전문가 개발 프로세스가 계획대로 될 수 있도록 하는 것이다. 앞서 언급한 바와 같이 평가는 HRD 노력의 중요한 부분이다. 예를 들면, 제너럴 푸드(*General Foods*)의 전문가 개발 프로세스에서는 감독자들이 부하 직원들과 기술 분석과 개발 계획을 만든다. 또한, HRD 직원들이 개별 부서 또는 전체 조직의 기술 기반의 변화를 모니터링한다.[208]

도입 사례로 돌아가기

라 베타 깁스(*La Veta Gibbs*)는 시스코의 고객 서비스센터의 장으로 근무하였다. 그녀는 후에 시스코의 글로벌 네트워크센터를 연결하여, 시스코의 고객 서비스 담당자들이 고객들을 보다 잘 지원할 수 있는 기술을 광범위하게 활용할 수 있는 고객 서비스 네트워크를 가동하였다.

출처: Bhaskar, R. (2004). A customer relationship management system to target customers at Cisco. *Journal of Electronic Commerce in Organizations*, 2(4), 64-74; Hastings, H., Saperstein, J., & Perman, M. R. (2010). How Cisco creates new value via global customer service. *Thunderbird International Business Review*, 52, 419-430; Walton, D. (2014). Social systems design in organizational change. *Social Systems and Design*. (pp. 213-232). Tokyo, Japan: Springer.

요약

숙련 노동자와 기술자들에 대한 수요가 많다. 고용주들은 학교를 졸업하는 젊은이들이 현재의 직무를 수행하는 데 필요한 기술이 부족한 것에 대한 우려를 자주 표명한다. 숙련 노동자 및 기술자 교육에는 기초, 기술 및 대인 관계에 대한 세 가지 범주에서 검토된다. 노동 인력들 중에 문맹자들에게는 기초적인 역량 훈련이 필요하다. 이런 프로그램들은 읽기, 쓰기 및 계산 능력과 같은 기초 영력을 향상하는 데 초점을 둔다.

기술 교육 프로그램에는 컴퓨터, 기술 능력/지식, 안전 및 품질에 관한 도제 제도와 프로그램이 있다. 가장 공식화된 고용주 중심의 프로그램인 도제 교육은 OJT와 강의실 교육을 모두 포함하고 있다. 컴퓨터 교육은 일반적으로 기초 또는 응용 교육을 포함하며, 기술 능력/지식 프로그램은 일반적으로 특정 직무에 맞춰져 있고, 조직 전체에 걸쳐서 시행된다. 품질 및 팀 교육 프로그램은 보다 큰 품질 개선 아젠다의 한 부분이며, 조직이 ISO 9000 인증(또는 다른 품질 인증)을 획득하기 위한 교육을 포함할 수 있다.

대인 관계 훈련 프로그램은 커뮤니케이션, 세일즈, 고객 관계 및 팀 빌딩과 팀 훈련을 포함한다. 대부분의 프로그램들은 생산성을 향상하고, 제품의 품질, 고객 서비스 및 고객 관계를 개선하는 데 중점을 둔다.

전문가 개발 및 교육 프로그램도 다루었다. 많은 전문 직업들에서 전문직 노동자들은 면허 또는 인증을 획득하거나 갱신하기 위해서 지속적인 교육에 참여할 필요가 있다. 지속적인 교육 기회의 제공자는 대학, 전문가협회, 그리고 전문가들을 고용한 조직 등 다양하다.

토의문제

1. 조직의 장기적인 생존을 위해서 기능 교육 프로그램이 왜 중요한지를 설명하시오.
2. 오늘날 조직이 직면하고 있는 문맹 문제의 성격과 정도를 기술하시오. 이 문제가 조직이 신기술(예: 컴퓨터 활용 제조 시스템)을 도입하려는 시도에 어떤 영향을 미치는가? 가능한 해법은 무엇인가?
3. 당신이 기초 기능/문해 교육 프로그램의 설계 책임자라면 어떤 접근법을 선택하겠는가? 그 프로그램의 효과성을 어떻게 판단하는가?
4. 대학은 기본적으로 서비스 기관이다. 학생들을 상대하는 보안 또는 도서관 직원과 같은 교직원들을 위한 고객 서비스 교육의 핵심 요소는 무엇인가?
5. 정보기술(IT)의 발전이 조직에 미치는 영향을 두 가지를 기술하시오. 이러한 발달된 기술을 종업원들이 사용할 수 있도록 해야 하는 HRD 전문가들에게 주는 시사점은 무엇인가?
6. 당신의 조직이 생산성 향상과 비용 절감을 위해 팀 기반 접근법을 고려하고 있다면, 어떤 교육 이슈들이 있는가? 이런 이슈들을 어떻게 해결할 수 있는가?
7. 조직과 개인의 성공을 위해서 전문가들에 대한 지속적인 교육이 왜 중요한지를 설명하시

오. 전문가 자격증이 필요한 전문가들(회계사, 영양사 등)에게 어떤 종류의 프로그램들을 제시하겠는가?

8. 당신의 학습 분야에서 지속적인 교육 서비스(및 요구 사항)에 대하여 설명하고 보고서를 작성해보시오.

미주

1. Fastest growing occupations, 2012–2022 (2015). Bureau of Labor Statistics. Accessed on March 19, 2015 at http://www.bls.gov/emp/ep_table_103.htm.

2. Miller, L., Biggart, A., & Newton, B. (2013). Basic and employability skills. *International Journal of Training & Development*, 17(3), 173–175; Meyer, S. (2014). The effect of the 'new' e-learning on soft skills training. *T+D*, 68(7), 56–59.

3. Davenport, R. (2006). Eliminating the skills gap. *T&D*, 60(2), 26–35; Overton, L. (2009). Building basic business skills. *E.learning Age*, July/August, 21–22; Slade, A. (2014). Mind the soft skills gap. *T+D*, 68(4), 20.

4. Steck, R. N. (1992). The skills gap and how to deal with it. *D & B Reports*, 40(1), 47–48; Pace, A. (2009). The great skills chase. *T&D*, 63(7), 20; Kochan, T., Finegold, D., & Osterman, P. (2012). Who can fix the "middle-skills" gap? *Harvard Business Review*, 90(12), 81–90.

5. Hoff, D. J. (2002). Conferees urge Washington to tend to bettering high school. *Education Week*, 21(30), April 10, p. 9; Jackson, D. (2009). Undergraduate management education: Its place, purpose and efforts to bridge the skills gap. *Journal of Management & Organization*, 15(2), 206–223; Galagan, P. (2009/2010). Bridging the skills gap–Part 1. *Public Manager*, 38(4), 61–67; Kemmis, R. B., & Green, A. (2013). Vocational education and training teachers' conceptions of their pedagogy. *International Journal of Training Research*, 11(2), 101–121.

6. Johnson, J., & Duffett, A. (2002). Reality check 2002. *Education Week*, 21(25), March 6, pp. S1–S8; Hodge, K. A., & Lear, J. L. (2011). Employment skills for 21st century workplace: The gap between faculty and student perceptions. *Journal of Career and Technical Education*, 26(2), 28–41.

7. Bartsch, K. J. (2009). The employment projections for 2008–2018. *Monthly Labor Review*, November, 3–10. Accessed on March 19, 2015 at http://www.bls.gov/opub/mlr/2009/11/art1full.pdf.

8. Labor force projects to 2022: The labor force participation rate continues to fall (2013). *Monthly Labor Review*, December, Table 4. Accessed on March 19, 2015 at http://www.bls.gov/opub/mlr/2013/article/labor-forceprojections-to-2022-the-labor-force-participation-ratecontinues-to-fall.htm.

9. Kogut, B. H. (2004). Why adult literacy matters. *Phi Kappa Phi Forum*, 84(2), 26–28.

10. Harris, P. (2008). Calculating the skills shortage. *T&D*, 62(4), 12–13; Metso, S., & Kianto, A. (2014). Vocational students' perspective on professional skills workplace learning. *Journal of Workplace Learning*, 26(2), 128–148.

11. Kutner, M., Greenberg, E., Jin, Y., Boyle, B., Hsu, Y.-C., Dunleavy, E., & White, S. (2007). *Literacy in everyday life: Results from the 2003 National Assessment of Adult Literacy*. Washington, DC: U.S. Department of Education. Accessed on March 19, 2015 at http://nces.ed.gov/Pubs2007/2007480_1.pdf; Smerd, J. (2007). New workers sorely lacking literacy skills. *Workforce Management*, 86(21), 6.

12. Manly, M. (2008). Numeracy matters. *Focus on Basics*, 9(A), 8–13; Tsatsaroni, A., & Evans, J. (2014). Adult numeracy and the totally pedagogised society: PIAAC and other international surveys in the context of global educational policy on lifelong learning. *Educational Studies in Mathematics*, 87(2), 167–186.

13. Tyler, K. (1996). Tips for structuring workplace literacy programs. *HR Magazine*, 41(10), 112–116; Wells, J. M. (2014). Investigating adult literacy programs through community engagement research: A case study. *Community Literacy Journal*, 8(2), 49–67.

14. Stone, N. (1991). Does business have any business in education? *Harvard Business Review*, 69(2), 46–62; Barza, L. (2013). School-business partnerships: the case of the UAE. *Journal of Strategy and Management*, 6(2), 180–189.

15. Are employers addressing literacy and math skills gaps? (2005). *Canadian HR Reporter*, 18(7), 27; Measuring literacy skills (2005). *Canadian HR Reporter*, 18(21), 4; Southwood, S., & Swift, J. (2007). *Working with unions to support literacy, language and numeracy in the workplace*. Leicester, UK: National Institute of Adult Continuing Education; Klie, S. (2008). 12 million adults have low literacy skills. *Canadian HR Reporter*, 21(14), 2, 18; Yasukawa, K., Brown, T., & Black, S. (2012). Workplace literacy and numeracy learning: An opportunity for trade union renewal in Australia? *International Journal of Training Research*, 10(2), 94–104; Lane, C. (2014). *Literacy and numeracy assessments of adult English language learners: An analysis of data from the Literacy and Numeracy for Adults Assessment Tool*. Wellington, New Zealand: Ministry of Education.

16. Fiske, E. B. (1997). Adults: The forgotten illiterates. *Christian Science Monitor*, 89(129), May 30, p. 18.

17. Kirsch, I. S., & Jungeblut, A. (1986). *Literacy: Profiles of America's young adults. National assessment of educational progress*. Princeton, NJ: Educational Testing Service.

18. McCabe, J. (2003). *The wasted years: American youth, race, and the literacy gap*. Lanham, MD: Scarecrow Education.

19. ATD (2014). *2014 State of the industry report*. Alexandria, VA: Author.

20. Berger, M. A. (1983). In defense of the case method: A reply to Argyris. *Academy of Management Review*, 8, 329–333; Filipczak, B. (1992). What employers teach. *Training*, 29(10), 43–55.

21. Kuri, F. (1996). Basics skills training boosts productivity. *HR Magazine*, 41(9), 73–79.

22. What you don't know can hurt you: Literacy's impact on workplace health and safety (2010). Conference Board of Canada. July. Accessed on March 19, 2015 at http://www.conferenceboard.ca/documents.aspx?did=3661

23. Stelmakowich, A. (2008). Safety ABCs. *OH&S Canada*, 24(8), 4.

24. Wilson, L. S. (1990). An on-line prescription for basic skills. *Training and Development Journal*, 44(4), 36–41; *Basic Skills Education Program* (2015). U.S. Army. Accessed on March 23, 2015 at http://www.hood.army.mil/esd/Fast.aspx.

25. Carlisle, K. E. (1985). Learning how to learn. *Training and Development Journal*, 39(3), 75–80.

26. Zaslow, R. (1991). Managers as writing coaches. *Training and Development Journal*, 45(7), 61–64.

27. Leaman, C. (2014). Boost basic job skills training. *T+D*, 68(8), 34–39.

28. Callaghan, D. R. (1985). Realistic computer training. *Training and Development*, 39(7), 27–29.

29. Southwood, S. (2006). *Developing literacy, language and numeracy in the workplace*. Leicester, UK: National Institute of Adult Continuing Education.

30. Rothwell, W. J., & Brandenburg, D. C. (1990). *Workplace literacy primer*. Amherst, MA: Human Resource Development Press, p. 56.

31. Laabs, J. J. (1996). Leading organizational change. *Personnel Journal*, 75(7), 54–63.

32. *Ibid.*

33. Holley, W. H., Jr., Jennings, K. M., & Wolters, R. S. (2012). *The labor relations process* (10th ed.). Mason, OH: Cengage Learning, p. 104.

34. Wilson, C. A., & Rice, M. F. (1988). From CETA to JTPA: Administrative and distributional impacts of federal job training policy changes in Ohio. *State & Local Government Review*, 20(2), 79–83.

35. Judy, R. W., & D'Amico, C. (1997). *Workforce 2020: Work and workers in the 21st century*. Indianapolis, IN: Hudson Institute.

36. Templin, N. (2000). Anatomy of a jobs training program that went awry. *Wall Street Journal*, February 11, pp. B1, B4.

37. Barnow, B. S. (2000). Exploring the relationship between performance management and program impact: A case study of the Job Training Partnership Act. *Journal of Policy Analysis and Management*, 19, 118–141.

38. Pantazis, C. (1996). The state of lifelong learning. *Training & Development*, 50(8), 36–40.

39. Workforce Investment Act of 1998 (http://www.justice.gov/crt/508/508law.php); Mulhausen, D. B. (2005). Do job programs work?: A review article. *Journal of Labor Research*, 26(2), 299–321; Kaleba, K. (2007). New bills enhance training efforts. *T&D*, 61(4), 12–13; Fyfe-M, K. (2014). U.S. Congress reauthorizes Workforce Investment Act. *T+D*, 68(8), 16.

40. Ferraro, C. M. (2006). The $23 billion question. *Training*, 43(2), 37; Program Year 2013 WIA Annual Report Summaries (2009). U.S. Department of Labor, *Employment and Training Administration*. Accessed on March 23, 2015 at http://www.doleta.gov/performance/results/AnnualReports/annual_report.cfm.

41. Hollenbeck, K. (2009). Does the Workforce Investment Act work? Presented at the 31st Annual Research Conference of the Association for Public Policy Analysis and Management (APPAM), Washington, DC, November 6. Accessed on March 22, 2015 at http://research.upjohn.org/confpapers/59/; Decker, P. T., & Berk, J. A. (2011). Ten years of the Workforce Investment Act (WIA): Interpreting the research on WIA and related programs. *Journal of Policy Analysis and Management*, 30(4), 906–916.

42. Wilson, M. S., & Brown, J. M. (2012). The perceptions of dislocated workers under the Workforce Investment Act. *Human Resource Development Quarterly*, 23(3), 389–410.

43. Workforce Innovation and Opportunity Act (2014). U.S. Department of Labor. Accessed on March 23, 2015 at http://www.doleta.gov/wioa/.

44. Eyre, E. (2008). Passionate about work-based learning. *Training Journal*, November, 24–26; Pollitt, D. (2008). Apprenticeship scheme links company's needs with those of the community. *Training & Management Development Methods*, 22(4), 5.97–5.101; Rauner, F., Smith, E., Hauschildt, U., & Zelloth, H. (Eds) (2010). *Innovative apprenticeships: Promoting successful school-to-work transition* (2nd ed.). Piscataway, NJ: Transaction Publishers; Calver, J., Cuthbert, G., Davison, S., Devins, D., Gold, J., Hughes, I., & Tosey, P. (2013). HRD in 2020: A hopon, hop-off city tour. *Human Resource Development International*, 16(1), 94–105.

45. Apprentices, Data and Statistics (2014). Accessed on March 23, 2015 at http://doleta.gov/oa/data_statistics.cfm.

46. Crosby, O. (2002). Apprenticeships. *Occupational Outlook Quarterly*, 46(2), 2–21; Torpey, E. (2012). High wages after high school—Without a bachelor's degree. *Occupational Outlook Quarterly*, 56(2), 24–37.

47. Regional Offices, Office of Apprenticeship (2015). Accessed on March 23, 2015 at http://www.doleta.gov/oa/aboutus.cfm#regof.

48. Registered apprenticeships: Employers (2015). U.S. Department of Labor. Accessed on March 23, 2015 at http://www.doleta.gov/oa/employer.cfm.

49. Carnevale, A. P., & Johnston, J. W. (1989). *Training America: Strategies for the nation*. Alexandria, VA: ASTD.

50. Berik, G., Bilginsoy, C., & Williams, L. S. (2011). Gender and racial training gaps in Oregon apprenticeship programs. *Labor Studies Journal*, 36, 221–244.

51. Graves, B. (1993). Oregon school plan aims for big change. *The Oregonian*, February 14, p. A21.

52. Black, S. (2007). Apprenticeships: A tradition that works. *American School Board Journal*, 194(2), 38–40.

53. Stamps, D. (1996). Will school-to-work? *Training*, 33(6), 72–81.

54. Visher, M. G., Bhandari, R., & Medrich, E. (2004). High school career exploration programs: Do they work? *Phi Delta Kappan*, 86(2), 135–138; Black (2007), *supra* note 53; Kash, K. M. (2008). School-to-work programs effectiveness. *Online Journal of Workforce Education and Development*, 3(3), 1–9; Youth Apprenticeship Program History (2015). Wisconsin Department of Workforce Development. Accessed on March 22, 2015 at http://dwd.wisconsin.gov/youthapprenticeship/history.htm

55. Jackson, G. B., & Wirt, J. G. (1996). Putting students to work. *Training&Development*, 50(11), 58–60; Lewis, A. C. (2002). Direct from Washington: STW thumbs up. *Tech Directions*, 61(9), 5.

56. Jackson & Wirt (1996), *supra* note 56.

57. Taylor, A., & Watt-Malcolm, B. (2007). Expansive learning through high school apprenticeship: Opportunities and limits. *Journal of Education and Work*, 20(1), 27–44.

58. Hall-Sheey, J. (1985). Course design for PC training. *Training and Development Journal*, 39(3), 66–67; Downey, J. P. (2009). The role of competence level in the self-efficacy—skills relationship: An empirical examination of the skill acquisition process and its implications for information technology training. *International Journal of Training & Development*, 13(2), 96–110.

59. Mahoney, L. S., & Welch, J. K. (2000). PC movies get two thumbs up for computer application training. *Strategic Finance*, 82(3), 74–78.

60. Harp, C. (1996). Winging it. *Computerworld*, 30(43), 107–109; Harp, C., Satzinger, J., & Taylor, S. (1997). Many paths to learning software. *Training & Development*, 51(5), 81–84.

61. Gupta, S., & Bostrom, R. P. (2009). Technology-mediated learning: A comprehensive theoretical model. *Journal of the Association for Information Systems*, 10, 686–7614.

62. Hasan, B. (2006). Effectiveness of computer training: The role of multilevel computer self-efficacy. *Journal of Organizational & End User Computing*, 18(1), 50–68; Tai, W. T. (2006). Effects of training framing, general self-efficacy and training motivation on trainees' training effectiveness. *Personnel Review*, 35(1),51–65; Pearson, J. M.,&Pearson, A. M. (2008). An exploratory study into determining the relative importance of key criteria in web usability: A multi-criteria approach. *Journal of Computer Information Systems*, 48(4), 115–127; Tien-Chen, C. (2012). Computer self-efficacy and factors influencing e-learning effectiveness. *European Journal of Training and Development*, 36(7), 670–686.

63. Gist, M. E., Schwoerer, C., & Rosen, B. (1989). Effects of alternative training methods on self-efficacy and performance in computer software training. *Journal of Applied Psychology*, 74, 884–891; Fagan, M. H., Neill, S., & Wooldridge, B. R. (2003). An empirical investigation into the relationship between computer self-efficacy, anxiety, experience, support and usage. *Journal of Computer Information Systems* 44(2), 95–104.

64. Martocchio, J. J., & Webster, J. (1992). Effects of feedback and cognitive playfulness on performance in microcomputer software training. *Personnel Psychology*, 45, 553–578; Woszczynski, A. B., Roth, P. L., & Segars, A. H. (2002). Exploring the theoretical foundations of playfulness in computer interactions. *Computers in Human Behavior*, 18(4), 369–388; Reid, D. (2004). A model of playfulness and flow in virtual reality interactions. *Presence-Teleoperators and Virtual Environments*, 13(4), 451–462; Moon, J., Park, J., Jung, G. H., & Choe, Y. C. (2010). The impact of IT use on migration intentions in rural communities. *Technological Forecasting and Social Change*, 77(8), 1401–1411; Shen, X. S., Chick, G., & Zinn, H. (2014). Playfulness in adulthood as a personality trait: A reconceptualization and a new measurement. *Journal of Leisure Research*, 46(1), 58–83.

65. Martocchio & Webster (1992), *supra* note 66.

66. Simon, S. J., & Werner, J. M. (1996). Computer training through behavior modeling, self-paced, and instructional approaches: A field experiment. *Journal of Applied Psychology*, 81, 648–659; Bolt, M. A., Killough, L. N., & Koh, H. C. (2001). Testing the interaction effects of task complexity in computer training using the social cognitive model. *Decision Sciences*, 32(1), 1–20; Davis, F. D.,& Yi, M. Y. (2004). Improving computer skills training: Behavior modeling, symbolic mental rehearsal, and the role of knowledge structures. *Journal of Applied Psychology*, 89, 509–523; Truman, G. E. (2009). Behaviour modelling, instruction and exploration approaches in group and individual contexts. *Behaviour & Information Technology*, 28(6), 493–524; Lauzier, M., & Haccoun, R. R. (2014). The interactive effect of modeling strategies and goal orientations on affective, motivational, and behavioral training outcomes. *Performance Improvement Quarterly*, 27(2), 83–102.

67. Chen, C. C., & Shaw, R. S. (2006). Online synchronous vs. asynchronous software training through the behavior modeling approach: A longitudinal field experiment. *International Journal of Distance Education Technologies*, 4(4), 88–102.

68. Quintino, L., Fernandes, I., & Miranda, R. M. (2011). International harmonization of training and qualification in the manufacturing industry. *Journal of European Industrial Training*, 35(5), 502–514; Dukakis, N., Valkanos, E., & Brinia, V. (2013). Adult vocational training and the project technique. *Industrial and Commercial Training*, 45(2), 99–109; Bingham, T., & Galagan, P. (2014). Training powers up at Stihl, *T+D*, 68(1), 28–33.

69. Henneback, C. (1992). Instant secretaries: Just add training. *Training & Development*, 46(11), 63–65.

70. Goodman, F. F. (1992). A union trains for the future. *Training & Development*, 46(10), 23–29.

71. Gorman, M. F. (2011). A case study in effectively bridging the business skills gap for the information technology professional. *Journal of Education for Business*, 86, 17–24.

72. Safety and health add value...to your business (2015). OSHA. Accessed on March 19, 2015 at https://www.osha.gov/Publications/safety-health-addvalue.html.

73. OSHA enforcement (2013). Accessed on March 19, 2015 at https://www.osha.gov/dep/2013_enforcement_summary.html.

74. Franta, B. A. (2000). Bottom line figures quantify safety training initiatives. *Houston Business Journal*, 31(11), 31; Phillips, J. J., Phillips, P. P., & Pulliam, A. (2014). *Measuring ROI in environment, health, and safety*. Hoboken, NJ: Wiley.

75. US Department of Labor's OSHA cites APC Paper Co., Inc. for willful, repeat and serious hazards following worker's death in Claremont, N. H. (2011). Accessed on March 19, 2015 at https://www.osha.gov/pls/oshaweb/owadisp.show_document?p_table=NEWS_RELEASES&p_id=19149; Olivet Management faces $2.3M in OSHA fines for knowingly exposing workers to asbestos and lead at NY work site. Accessed on March 19, 2015 at https://www.osha.gov/pls/oshaweb/owadisp.show_document?p_table=news_releases&p_id=25812.

76. Incidence rates of nonfatal occupational injuries and illnesses by case type and ownership, 2013 (2013). Accessed on March 19, 2015 at http://www.bls.gov/news.release/osh.t01.htm.

77. cf., Franta, B. A. (2000). *supra* note 76.

78. Harris, S. (2013). Training equals safety, savings at AECOM. *Chief Learning Officer*, 12(8), 47.

79. Rothwell, W. J. (1989). Complying with OSHA. *Training and Development Journal*, 43(5), 52–54.

80. Hackey, M. K. (1991). Injuries and illness in the workplace, 1989. *Monthly Labor Review*, 114(5), 34–36.

81. Employer-reported workplace injury and illness summary (2014). Bureau of Labor Statistics. December 4. Accessed on March 22, 2015 at http://www.bls.gov/news.release/osh.nr0.htm.

82. Number of fatal work injuries, 1992–2013 (2014). Bureau of Labor Statistics. Accessed on March 22, 2015 at http://stats.bls.gov/iif/oshwc/cfoi/cfch0912.pdf.

83. Brinia, V., & Efstathiou, M. (2012). Evaluation of factors affecting training transfer on safety in the workplace: A case study in a big factory in Greece. *Industrial and Commercial Training*, 44(4), 223–231.

84. McFadden, K. L., Stock, G. N., Gowen, C. R., III (2006). Implementation of patient safety initiatives in U.S. hospitals. *International Journal of Operations & Production Management*, 26(3/4), 326–347; Dollard, M. F., & Bakker, A. B. (2010). Psychosocial safety climate as a precursor to conducive work environments, psychological health problems, and employee engagement. *Journal of Occupational and Organizational Psychology*, 83, 579–599; Nahrgang, J. D., Morgeson, F. P., & Hofmann, D. A. (2011). Safety at work: A meta-analytic investigation of the link between job demands, job resources, burnout, engagement, and safety outcomes. *Journal of Applied Psychology*, 96(1), 71–94.

85. Jenkins, J. A. (1990). Self-directed work force promotes safety. *HR Magazine*, 35(2), 54–56; Clarke, S., & Ward, K. (2006). The role of leader influence tactics and safety climate in engaging employees' safety participation. *Risk Analysis*, 26(5), 1175–1186; DeJoy, D. M., Della, L. J., Vandenberg, R. J., & Wilson, M. G. (2010). Making work safer: Testing a model of social exchange and safety management. *Journal of Safety Research*, 41, 163–171.

86. Beaven-Marks, K. (2007). One size doesn't fit all. *Safety & Health Practitioner*, 25(3), 57–59; Esler, D. (2008). Recurrent training for the small flight department. *Business & Commercial Aviation*, 103(5), 38–45; Burke, M. J., Salvador, R. O., Smith-Crowe, K., Chan-Serafin, S., Smith, A., & Sonesh, S. (2011). The dread factor: How hazards and safety training influence learning and performance. *Journal of Applied Psychology*, 96(1), 46–70.

87. Kimmerling, G. F. (1985). Warning: Workers at risk, train effectively. *Training and Development Journal*, 39(4), 50–55; Hopkins, A. (2007). Beyond compliance monitoring: New strategies for safety regulators. *Law & Policy*, 29(2), 210–225; Marsh, T., & Bizzell, P. (2009). Bend it, shape it. *Safety & Health Practitioner*, 27(6), 34–36.

88. Safety programs and safety training. Erie Insurance. Accessed on March 22, 2015 at https://www.erieinsurance.com/business-insurance/risk-control-services/safetyprograms-training.

89. Brinia, V., & Antonaki, E. (2013). Health and safety risks, implications and training in hospitals. *Industrial and Commercial Training*, 45(7), 420–427.

90. Certificate and degree programs (2015). OSHA. Accessed on March 19, 2015 at https://www.osha.gov/dte/edcenters/certificate_listing.html; Arezes, P. M., & Swuste, P. (2013). The emergence of (post) academic courses in occupational safety and health: The example of Portugal. *Industrial and Commercial Training*, 45(3), 171–179.

91. Smith, P. M., & Mustard, C. A. (2007). How many employees receive safety training during their first year of a new job? *Injury Prevention*, 13, 37–41.

92. Ten steps toward an effective safety program (1999). *CEE News*, 51(5), 10.

93. Janicak, C. A. (1999, June). Computer-based training: Developing programs with the knowledge-based safety training system. *Professional Safety*, June, 34–36.

94. *Ibid.*; Anger, W. K., Stupfel, J., Ammerman, T., & Tamulinas, A., Bodner, T., & Rohlman, D. S. (2006). The suitability of computer-based training for workers with limited formal education; A case study from the U. S. agricultural sector. *International Journal of Training & Development*, 10(4), 269–284.

95. Flick, J. P., Radomsky, M. C., & Ramani, R. V. (1999). Onsite safety observation: The Penn State approach to sitespecific health and safety training. *Professional Safety*, October, 34–38; Welcome to DuPont™STOP® (2015). Accessed on March 22, 2015 at http://www.training.dupont.com/dupont-stop.

96. Burke, M. J., Sarpy, S. A., Smith-Crowe, K., Chan-Serafin, S., Salvador, R. O., & Islam, G. (2006). Relative effectiveness of worker safety and health training methods. *American Journal of Public Health*, 96(2), 315–324.

97. Burke, M. J., Scheuer, M. L., & Meredith, R. J. (2007). A dialogical approach to skill development: The case of safety skills. *Human Resource Management Review*, 17, 235–350; Burke, M. J., Chan-Serafin, S., Salvador, R., Smith, A., & Sarpy, S. (2008). The role of national culture and organizational climate in safety training effectiveness. *European Journal of Work and Organizational Psychology*, 17, 133–154; Papaleo, B., Cangiano, G., & Calicchia, S. (2013). Occupational safety and health professionals' training in Italy. *Journal of Workplace Learning*, 25(4), 247–263.

98. Cameron, I., & Duff, R. (2007). A critical review of safety initiatives using goal setting and feedback. *Construction Management and Economics*, 25(5), 495–508; Stanley, J. (2010). Building a culture of safety at construction companies. *Occupational Health & Safety*, 79(3), 28, 30; Gillen, M., Schneider, S., Hecker, S., & Goldenhar, L. (2013). Safety culture and climate in construction: Bridging the gap between research and practice. CPWR and NIOSH workshop, June 11–12, Washington, DC.

99. Sinclair, R. C., Smith, R., Colligan, M., Prince, M., Nguyen, T., & Stayner, L. (2003). Evaluation of a safety training program in three food service companies. *Journal of Safety Research*, 34(5), 547–558; Brosseau, L. M., Parker, D., Samant, Y., & Pan, W. (2007). Mapping safety interventions in metalworking shops. *Journal of Occupational and Environmental Medicine*, 49, 338–345; Knox, R. (2014). Health safety training. *T+D*, 68(6), 80.

100. Hoover, S. K. (1999). OSHA program reflects new focus. *CityBusiness: The Business Journal of the Twin Cities*, 17(16), September 17, 16.

101. Atkinson, W. (1999). OSHA's Voluntary Protection Program motivates mill safety improvements. *Pulp and Paper*, 73, 97–103.

102. Voluntary Protection Programs (2015). OSHA. Accessed on March 12, 2015 at https://www.osha.gov/dcsp/vpp/index.html.

103. *Ibid.*

104. OSHA Enforcement (2013), *supra* note 75.

105. Inness, M., Turner, N., Barling, J., & Stride, C. B. (2010). Transformational leadership and employee safety performance: A within-person, between-jobs design. *Journal of Occupational Health Psychology*, 15, 279–290; Bahn, S. (2013). Transformational leaders? The pivotal role that supervisors play in safety culture. *International Journal of Training Research*, 11(1), 17–26.

106. Hilyer, B., Leviton, L., Overman, L., & Mukherjee, S. (2000). A union-initiated safety training program leads to improved workplace safety *Labor Studies Journal*, 24(4), 53–66; Teague, C., Quin, R., Green, L., & Bahn, S. (2014). Transit officer training recommendations to improve safety in a high stress environment. *International Journal of Training Research*, 12(1), 16–28.

107. Geller, E. S. (2006). The human dynamics of injury prevention (Part 3): The thinking and seeing components of people-based safety. *Occupational Hazards*, 68(12), 38–40; Anderson, D. (2006). A horse's ears: The humaninterest approach to behavior-based safety. *Occupational Hazards*, 68(12), 22–23.

108. Smith, S. (2006). Making time for safety. *Occupational Hazards*, 68(7), 6; Mattson, M., Torbiörn, I., & Hellgren, J. (2014). Effects of staff bonus systems on safety behaviors. *Human Resource Management Review*, 24(1), 17–30; Krause, T. R., & Nigel, R. (2015). *Leading with safety* (2nd ed.). San Francisco, CA: Wiley.

109. Routhieaux, R. L., & Gutek, B. A. (1998). TQM/CQI effectiveness at team and department levels. *Journal of Quality Management*, 3, 39–62.

110. Hartmann, L. C., & Patrickson, M. (1998). Individual decision making: Implications for decision training in TQM. *International Journal of Quality & Reliability Management*, 15, 619–633.

111. Wayhan, V. B., &Balderson, E. L. (2007).TQMand financial performance: What has empirical research discovered? *Total Quality Management & Business Excellence*, 18(4), 403–412.

112. Hartmann & Patrickson (1998), *supra* note 112.

113. Mandal, P., Howell, A., & Sohal, A. S. (1998). A systemic approach to quality improvements: The interactions between the technical, human and quality systems. *Total Quality Management*, 9, 79–99.

114. Miller, T. O. (1992). A customer's definition of quality. *Journal of Business Strategy*, 13(1), 47.

115. Nowak, L. I., & Washburn, J. H. (1998). Antecedents to client satisfaction in business services. *Journal of Services Marketing*, 12, 441–452.

116. *Ibid.*

117. Vasilash, G. S. (1992). Driving beyond satisfaction at Rockwell Automotive. *Production*, 104(4), 40–43.

118. Mainstone, L. E., & Levi, A. S. (1989). Fundamentals of statistical process control. *Organization Behavior Management*, 9(1), 5–21.

119. Davison, L., & Al-Shaghana, K. (2007). The link between Six-Sigma and quality culture. *Total Quality Management & Business Excellence*, 18(3), 249–266; KitapCi, H., & Sezen, B. (2007). The effects of participation in decision making, individual improvement efforts and training on the quality of the product design process. *Production Planning & Control*, 18(1), 3–8.

120. Wiggenhorn, W. (1990). Motorola U: When training becomes an education. *Harvard Business Review*, 68(4), 71–83.

121. *Ibid.*

122. Routhieaux & Gutek (1998), *supra* note 111; Kassicieh, S. K., & Yourstone, S. A. (1998). Training, performance evaluation, rewards, and TQM implementation success. *Journal of Quality Management*, 3, 25–38.

123. Bennett, J. B., Wayne, E. K., & Forst, J. K. (1999). Change, transfer climate, and customer orientation. *Group & Organization Management*, 24, 188–216.

124. Norton, W. I., Jr., & Sussman, L. (2009). Team charters: Theoretical foundations and practical implications for quality and performance. *Quality Management Journal*, 16(1), 7–17.

125. Kelley, S. (1998). All types of businesses can benefit from ISO use. *Dallas Business Journal*, 22(16), December 11, B4.

126. ANSI (2015). Accessed on March 22, 2015 at http://www.ansi.org/default.aspx.

127. Reimann, C. W., & Hertz, H. S. (1996). The Baldrige Award and ISO 9000 registration compared. *Journal for Quality& Participation*, 19(1), 12–19.

128. Bangert, M. (2007). The importance of ISO. *Quality*, 46(1), 60–64; Elmuti, D. (1996). World class standards for global competition: An overview of ISO 9000. *Industrial Management*, 38(5), 5–9.

129. Another industry gets specific (1999). *Export Today*, 15(4), 72.

130. Popular ISO standards (2015). Accessed on March 22, 2015 at http://www.iso.org/iso/home/standards.htm.

131. Larson, M. (1999). Set up ongoing training. *Quality*, 38(13), 56–57.

132. Kartha, C. P. (2007). An empirical analysis of the impact of ISO quality standard certification. *The Business Review, Cambridge*, 8(1), 252–257.

133. Geisler, C. D., & Justus, R. (1998). Training: A strategic tool for ISO and QS-9000 implementation. *IIE Solutions*, 30(4), 24–27.

134. Larson (1999), *supra* note 113.

135. Internet Resources Overview (2015). Accessed on March 22, 2015 at http://www.ansi.org/internet_resources/overview/overview.aspx?menuid=12#information; American Society for Quality (2015). Accessed on March 22, 2015 at http://asq.org/knowledge-center/iso-9001/index.html.

136. Qurban, M. H., & Austria, R. D. (2009). Improving the communication skills of IS developers during requirements elicitation using experiential learning. *Journal of Information Systems Education*, 20(3), 301–311; Robbins, S. P., & Hunsaker, P. L. (2012). *Training in interpersonal skills: TIPS for managing people at work* (6th ed.). Upper Saddle River, NJ: Pearson Education; Lee, G. J. (2012). Firm size and the effectiveness of training for customer service. *International Journal of Human Resource Management*, 23(12), 2597–2613.

137. ElShenawy, E. (2010). Does negotiation training improve negotiators' performance? *Journal of European Industrial Training*, 34(3), 192–210; Pace, R. W. (2013). Communication, work systems and HRD. *European Journal of Training and Development*, 37(2), 201–219.

138. ATD (2014), *supra* note 19.

139. Oleson, M. (1999). What makes employees stay. *Training & Development*, 53(10), 48–52.

140. Callahan, M. R. (1992). Tending the sales relationship. *Training & Development*, 43(12), 31–55; Mikula, J. (2004). *Sales training*. Alexandria, VA: ASTD Press; Lambert, B. (2009). Sales training takes center stage. *T&D*, 63(8), 62–63; ATD (2012). *The state of sales training*, 2012 (Vol. 4, No. 4). Alexandria, VA: Author.

141. Little, B. (2012). Identifying key trends in sales—From a training perspective. *Industrial and Commercial Training*, 44(2), 103–108.

142. Keenan, W., Jr. (2000). Sales training ROI? *Industry Week*, 249(11), June 12, p. 23.

143. Denby, S. (2010). The importance of training needs analysis. *Industrial and Commercial Training*, 42(3), 147–150.

144. Peterson, R. T. (1990). What makes sales training programs successful? *Training & Development*, 44(8), 59–64.

145. Mescon, M. H., & Mescon, T. S. (1999, April 30). Training is lacking in many sales departments. *Orlando Business Journal*, 15(49), 28–29; Powers, T. L., DeCarlo, T. E., & Gupte, G. (2010). An update on the status of sales management training. *Personal Selling & Sales Management*, 30(4), 319–326.

146. Attia, A. M., Honeycut, E. D., & Attia, M. M. (2002). The difficulties of evaluating sales training. *Industrial Marketing Management*, 31(3), 253–260; Mikula, J. (2004). *Sales training*. Alexandria, VA: ASTD Press; Ricks, J. M., Jr., Williams, J. A., & Weeks, W. A. (2008). Sales trainer roles, competencies, skills, and behaviors: A case study. *Industrial Marketing Management*, 37(5), 593–632.

147. Evenson, R. (1999). Soft skills, hard sell. *Techniques: Making Education & Career Connections*, 74(3), 29–31; Inghilleri, L., & Solomon, M. (2010). *Exceptional service, exceptional profit: The*

secrets of building a five-star customer service organization. New York: AMACOM; Kamin, M. (2010). *10 steps to successful customer service*. Alexandria, VA: ATD Press.

148. Becker, W. S., & Wellins, R. S. (1990). Customer-service perceptions and reality. *Training and Development Journal*, 44(3), 49–51.

149. Hastings, H., Saperstein, J., & Perman, M. R. (2010). How Cisco creates new value via global customer service. *Thunderbird International Business Review*, 52, 419–430.

150. Firnstahl, T. W. (1989). My employees are my guarantee. *Harvard Business Review*, 67(4), 28–31.

151. Best practices and outstanding training initiatives (2007). *Training*, 44(2), 84–86.

152. Miller (1992), *supra* note 116.

153. Stum, D. L., & Church, R. P. (1990). Hitting the long ball for the customer. *Training and Development Journal*, 44(3), 45–48.

154. Albrecht, C. (1985). Achieving excellence in service. *Training and Development Journal*, 39(12), 64–67, quote from p. 64.

155. Desatnick, R. L. (1987). Building the customer-oriented work force. *Training and Development Journal*, 41(3), 72–74.

156. Cone, J. (1989). The empowered employee. *Training and Development Journal*, 43(6), 96–98; Ferri-Reed, J. (2011). Driving service quality excellence. *Journal for Quality & Participation*, 33(4), 30–32.

157. Desatnick (1987), *supra* note 157.

158. Lorge, S. (1998). A priceless brand. *Sales & Marketing Management*, 150(10), 102–110.

159. McColgan, E. A. (1997). How Fidelity invests in service professionals. *Harvard Business Review*, 75(1), 137–143, quote from p. 138.

160. Pollitt, D. (2007). Office Depot takes the fear out of customer-service training. *Training & Management Development Methods*, 21(1), 501–505.

161. Cited in Weinstein, M. (2006). How may I train you? Customer service training programs put the focus on buyer bliss. *Training*, 43(8), 28–32.

162. *Ibid*., p. 30.

163. Platt, G. (2008). The hard facts about soft skills measurement. *Training Journal*, August, 53–56.

164. Prager, H. (1999). Cooking up effective training. *Training &Development*, 53(12), 14–15; Boller, S. (2005). *Teamwork training*. Alexandria, VA: ASTD Press.

165. Guzzo, R. A., & Dickson, M. W. (1996). Teams in organizations: Recent research on performance and effectiveness. *Annual Review Psychology*, 47, 307–338, quote from pp. 308–309.

166. Banker, R. D., Field, J. M., Schroeder, R. G., & Sinha, K. K. (1996). Impact of work teams on manufacturing performance: A longitudinal study. *Academy of Management Journal*, 39, 867–890.

167. Halfhill, T. R., & Nielsen, T. M. (2007). Quantifying the "softer side" of management education: An example using teamwork competencies. *Journal of Management Education*, 31(1), 64–80; Kemery, E. R., & Stickney, L. T. (2014). A multifaceted approach to teamwork assessment in an undergraduate business program. *Journal of Management Education*, 38(3), 462–479.

168. De Vany, C. (1999). Championship team-building: Ready, coach? *Journal of Property Management*, 64(2), 92–93.

169. Schwarz, R. M. (2002). *The skilled facilitator: A comprehensive resource for consultants, facilitators, managers, training and coaches* 2nd ed. San Francisco: Jossey-Bass.

170. *Ibid*.

171. Schilder, J. (1992). Work teams boost productivity. *Personnel Journal*, 71(2), 67–72; Cohen, S. G., & Ledford, Jr., G. E. (1994). The effectiveness of self-managing teams: A quasi-experiment. *Human Relations*, 47, 13–43; Johnson, T. E., Lee, Y., Lee, M., O'Connor, D. L., Khalil, M. K., & Huang, X. (2007). Measuring sharedness of team-related knowledge: Design and validation of a shared mental model instrument. *Human Resource Development International*, 10, 437–454; London, M., & Sessa, V. (2007). The development of group interaction patterns: How groups become adaptive, generative, and transformative learners. *Human Resource Development Review*, 6, 353–376.

172. Salas, E., Rozell, D., Mullen, B., & Driskell, J. E. (1999). The effect of team building on performance: An integration. *Small Group Research*, 30, 309–329.

173. Batt, R. (2004). Who benefits from teams? Comparing workers, supervisors, and managers. *Industrial Relations*, 43(1), 183–212; Trent, R. J. (2004). Becoming an effective teaming organization. *Business Horizons*, 47(2), 33–40; Kozlowski, S. W. J., & Ilgen, D. R. (2006). Enhancing the effectiveness of work groups and teams. *Psychological Science in the Public Interest*, 7(3), 77–124; Mattieu, J. E., Gilson, L. L., & Ruddy, T. M. (2006). Empowerment and team effectiveness: An empirical test of an integrated model. *Journal of Applied Psychology*, 91(1), 97–108; Dierdorff, E. C., & Ellington, J. K. (2012). Members matter in team training: Multilevel and longitudinal relationships between goal orientation, self-regulation, and team outcomes. *Personnel Psychology*, 65(3), 661–703.

174. Werner, J. M., & Lester, S. W. (2001). Applying a team effectiveness framework to the performance of student case teams. *Human Resource Development Quarterly*, 12(4), 385–402.

175. Fortune, J., & Utley, D. R. (2005). Team progress checksheet: A study continuation. *Engineering Management Journal*, 17(2), 21–27.

176. Ohland, M. W., Loughry, M. L., Woehr, D. J., Bullard, L. G., Felder, R. M., Finelli, C. J., Layton, R. A., Pomeranz, H. R., & Schmucker, D. G. (2012). The comprehensive assessment of team member effectiveness: Development of a behaviorally anchored rating scale for self- and peer evaluation. *Academy of Management Learning & Education*, 11(4), 609–630.

177. Cannon-Bowers, J. A., Tannenbaum, S. I., Salas, E., & Volpe, C. E. (1995). Defining competencies and establishing team training requirements. In R. A. Guzzo, E. Salas, & Associates (Eds), *Team effectiveness and decision making in organizations*. San Francisco, CA: Jossey-Bass, pp. 333–380; Edwards, B. D., Day, E. A., Arthur, W., & Bell, S. T. (2006). Relationships among team ability composition, team mental models, and team performance. *Journal of Applied Psychology*, 91(3), 727–736; Knouse, S. B. (2007). Building task cohesion to bring teams together. *Quality Progress*, 40(3), 49–53; Rosh, L., & Leach, E. (2011). The idea factory: An interactive intergroup exercise. *Journal of Management Education*, 35(6), 859–894.

178. Salas, E., DiazGranados, D., Klein, C., Burke, C. S., Stagl, K. C., Goodwin, G. F., & Halpin, S. M. (2008). Does team training improve team performance? A meta-analysis. *Human Factors*, 50, 903–933; Delise, L. A., Gorman, C. A., Brooks, A. M., Rentsch, J. R., & Steele-Johnson, D. (2010). The effects of team training on team outcomes: A metaanalysis. *Performance Improvement Quarterly*, 22(4), 53–80.

179. A work order for big labor (2004). *Business Week*, Issue 3899, September 13, p. 128; Heyes, J. (2007). Training, social dialogue and collective bargaining in Western Europe. *Economic and Industrial Democracy*, 28(2), 239–258; Altman, B. A. (2009). Determining U.S. workers' training: History and constructivist paradigm. *Journal of European Industrial Training*, 33(6), 480–491.

180. Crane, W. (2008). Union's program helps vets work. *The Skanner*, 13(48), 1–2.

181. Van den Berg, N., Meijers, F., & Sprengers, M. (2006). More vocational education and supplementary training through equalization of costs? An analysis of a training and development fund in the Netherlands. *Human Resource Development International*, 9(1), 5–24.

182. Hoyman, M., & Ferman, L. A. (1991). Scope and extent of joint training programs. In L. A. Ferman, M. Hoyman, J. Cuthcher-Gershenfeld, & E. J. Savoie (Eds), *Joint partnership programs*. Ithaca, NY: ILR Press.

183. Treinen, D., & Ross, K. (1991). The Alliance for Employee Growth and Development, Inc. In L. A. Ferman, M. Hoyman, J. Cuthcher-Gershenfeld, & E. J. Savoie (Eds), *Joint partnership programs*. Ithaca, NY: ILR Press.

184. Alliance for Employee Growth and Development, Inc. (2015). Accessed on March 20, 2015 at http://www.employeegrowth.com/.

185. Keating, P. (2006). Program introduces minorities to building trades. *Michigan Chronicle*, 69(26), March 15–21, p. A1.

186. Jones, A. (1999). Unions take on the role of training for new jobs. *National Catholic Reporter*, 35(38), September 3, p. 5.

187. Ettorre, J. (1999). Unions labor to draw more. *Crain's Cleveland Business*, 20(35), August 30, pp. M10–M11.

188. Bilginsoy, C. (2003). The hazards of training: Attrition and retention in construction industry apprenticeship programs. *Industrial and Labor Relations Review*, 57(1), 54–67; Glover, R. W., & Bilginsoy, C. (2005). Registered apprenticeship training in the U.S. construction industry. *Education & Training*, 47(4/5), 337–349.

189. Mitchell, R., & Meacheam, D. (2011). Knowledge worker control: Understanding via principal and agency theory. *Learning Organization*, 18(2), 149–160; Sooraksa, N. (2012). Using computer-based continuing professional education of training staff to develop small- and mediumsized enterprises in Thailand. *International Journal of Training & Development*, 16(3), 235–242; Brekelmans, G., Poell, R. F., & Kees van, W. (2013). Factors influencing continuing professional development. *European Journal of Training and Development*, 37(3), 313–325; Johnson, V. A., & Beehr, T. A. (2014). Making use of professional development: Employee interests and motivational goal orientations. *Journal of Vocational Behavior*, 84(2), 99–108.

190. Abbot, J. (1988). The multicultural workforce: New challenges for trainers. *Training and Development Journal*, 42(8), 12–13.

191. Sharma, A. (1997). Professional as agent: Knowledge asymmetry in agency exchange. *Academy of Management Review*, 22, 758–798, quote from p. 763.

192. ATD Certification (2015). Accessed on March 20, 2015 at https://www.td.org/Certification.

193. Walley, E. N. (1996). Is it time to take another look at CPE? *CPA Journal*, 66(2), 26–31.

194. CPA CPE Requirements (2015). Accessed on March 20, 2015 at http://www.aicpa.org/CPEAndConferences/CPERequirements/Pages/CPERequirements.aspx

195. Forsyth, S., & Galloway, S. (1988). Linking college credit with in-house training. *Personnel Administrator*, 33(11), 78–79.

196. Crosson, C. (1990). Hancock enlists American College for courses. *National Underwriter*, 94(12), 7, 36.

197. Faerman, S. R., Quinn, R. E., & Thompson, M. P. (1987). Bridging management practice and theory: New York's public service training program. *Public Administration Review*, 47(4) 310–319.

198. Childress, G. W., & Bugbee, J. A. (1986). Kentucky's acrossthe-board effort at making HRD work. *Public Personnel Management*, 15(4), 369–376.

199. Barron, A. (2014). Professional development, one bite at a time. *T+D*, 68(3), 70–72.

200. ATD (2015). Accessed on March 20, 2015 at https://www.td.org/About; SHRM (2015). Accessed on March 20, 2015 at http://www.shrm.org/about/pages/default.aspx.

201. Crosson (1990), *supra* note 198.

202. Barron, T. (1996). A new wave in training funding. *Training & Development*, 50(8), 28–33; Allen M. (2002). The corporate university handbook: Designing, managing & growing a successful program. New York: AMA; Galagan, P. (2011). Back to bricks and mortar. *T&D*, 65(3), 30.

203. Holland, P., & Pyman, A. (2006). Corporate universities: A catalyst for strategic human resource development. *Journal of European Industrial Training*, 30(1), 19–31; Weinstein, M. (2006). What can a corporate U do for you? *Training*, 43(7), 34–38; Salopek, J. J. (2010). Fromlearning department to learning partner. *T&D*, 64(10), 48–50.

204. Johnson, G. (2003). 9 tactics to take your corporate university from good to GREAT. *Training*, 40(7), 38–41; Overcast, S., Schmidt, T., Lei, K., Rodgers, C., & Chung, N. (2009). A case example of assessment and evaluation: Building capability in a corporate university. *Performance Improvement*, 48(6), 5–15.

205. Molino, M., Ghislieri, C., & Cortese, C. G. (2013). When work enriches family-life: The mediational role of professional development opportunities. *Journal of Workplace Learning*, 25(2), 98–113.

206. Babcock, P. (2009). Always more to learn. *HR Magazine*, 54(9), 51–55.

207. Russell, I. (2004). A refreshing absence. *Supply Management*, 9(10), May 13, p. 19; Sigma Group offers employees sabbaticals and part-time hours to avoid layoffs (2008). *PR Newswire*, September 9; Tyler, K. (2011). Sabbaticals pay off. *HR Magazine*, 56(12), 38–42.

208. Courtney, R. S. (1986). A human resources program that helps management and employees prepare for the future. *Personnel*, 63(5), 32–40.

10장 | 코칭과 성과 관리

학습 목표

이 장을 읽고 나면 당신은…

1. 코칭과 성과 관리를 정의하고, 조직에서 이런 활동들의 필요성을 설명할 수 있다.
2. 코칭 면담을 준비하기 위해서 종업원의 성과를 분석하는 방법을 설명할 수 있다.
3. 저(低)성과를 개선하기 위한 코칭 단계를 기술할 수 있다.
4. 효과적인 성과를 유지하고 우수한 성과를 촉진하기 위해 코칭을 어떻게 활용할 수 있는지를 설명할 수 있다.
5. 효과적인 코칭에 필요한 기술을 열거할 수 있다.
6. 성과 관리 시스템의 핵심 요소를 열거할 수 있다.
7. 코칭과 성과 관리의 효과성에 대해 논의할 수 있다.

핵심 용어

가치형성
근본적인 귀인 오류
대인 관계 기술
목표 설정
성과 관리
성과 평가
성과 평가 인터뷰
의사소통 기술
인과귀인 이론
작업장 일탈 행동
저성과
참여 관리
코칭
코칭 면담
코칭 분석
피드백

도입 사례

당신은 대형매장에서 근무하고 있고 다음 두 사람에 대한 코치 역할을 하도록 요청받았다. 지금까지 두 사람은 모두 성공적인 경력을 가지고 있지만, 대인 관계에 문제가 있음이 발견되었다. 고위 경영진은 이들이 현재 직책에서 능력을 발휘하고 승진하기 위해서는 의사소통 스타일을 바꿀 필요가 있다고 생각한다. 다음 두 사례를 읽고 다음의 질문에 답해보자.

사례1: 마리아는 최근 12개 지사를 관리하는 직책으로 승진하였다. 이전에 그녀는 다른 영업점들을 잘 관리해왔다. 그녀는 자신이 열정적이라고 생각하고 있으며, 포용적이고 민주적인 리더십 스타일을 추구하고 있다. 마리아는 자신의 "열정적인" 리더십이 항상 효과적이었다고 말한다. 하지만, 새로운 부서의 직원들은 그녀를 매우 지시적이고, 저성과에 대해 관용이 거의 없다고 언급하였다. 그녀는 이러한 이야기를 듣고 놀랐지만, 직원들과 부딪쳤던 문제들을 해결하기 위한 논의와 개입 방안들에 대해 개방적이었다.

사례2: 마이클은 유능한 중간 관리자이다. 그는 자기 분야에서는 매우 훌륭하지만, 사람들을 좀 더 효과적으로 관리하는 방법을 배우지 않으면 승진하지 못할 거라는 말을 들어왔다. 마이클의 부하 직원은 마이클의 끊임없는 빈정거림과 불성실에 대해 불평하였다. 이 문제를 마이클과 논의하려고 할 때 그가 당신의 말을 경청하고 있지 않는 것 같다. 그의 얼굴 표정과 몸짓은 매우 부정적으로 보였다.

질문: 당신이 이 두 사람을 개별적으로 코칭한다면, 어디서부터 시작할 것인가? 어떤 활동과 조치가 필요한가? 그 이유는 무엇인가? 이들 각자에게 추천할 만한 의사소통 프로그램이나 교육이 있는가? 마지막으로, 당신이 일시적으로 부서의 상사, 타부서 직원(예: HRD 전문가), 또는 외부 컨설턴트의 자격으로 코칭하는 것은 어떤 차별적인 의미가 있는가?

도입

다음 질문에 어느 정도 동의 또는 반대하는가?

- 대부분의 종업원들은 자신이 무엇을 해야 하는지, 그리고 어떻게 해야 하는지를 이미 알고 있다.
- 성과 관리란 기대되는 과업을 정확하고 제 시간에 수행할 수 있느냐의 문제이다.
- 문제가 발생했을 때 적절한 조치는 종업원을 엄하게 훈계하거나, 처벌을 경고하는 것이다. 그렇게 함으로써 문제가 해결되고, 종업원은 어떻게 해야 할지를 알게 된다.
- 문제가 해결되지 않으면, 종업원은 우둔하거나, 게으르거나, 불량한 태도를 갖고 있음을 증명하는 것이므로 처벌하는 것이 합당하다.
- 처벌이 효과가 없으면, 종업원을 해고하는 것이 유일한 방법이다.

코칭의 필요성

관리자들과 감독자들은 때로 종업원의 성과를 관리하는 데 있어서 편협하고, 수동적이며, 부정적인 견해를 취한다. 마이클 스콧(*Michael Scott*)은 "내가 수년 동안 상담했던 관리자들은 저성과자들을 관리하는 데 있어서 '처벌의 패러다임(*punitive paradigm*)'에 갇혀있다(p.12)"고 하였다.[1] 이러한 성과 관리 접근법은 성과 문제를 해결하기보다는 오히려 문제를 야기하거나 심화시킬 수 있다. 포우니스(*Ferdinand Fournies*)는 이를 '호통, 야단, 위협' 코칭법이라고 칭한다.[2] 아마도 "다른 사무실의 사람들도 들을 수 있을 정도로 고래고래 고함을 지르는" 관리자를 본 적이 있을 것이다.[3] 이런 관리자는 앞에서 언급한 관리자들과 같은 신조를 갖고 있을 것이다. 그렇지만, 이런 방법으로 종업원을 관리하려고 하는 관리자는 결국 좌절하게 되는데, 이는 그런 방법이 효과가 없거나 또는 갈등이 추가로 발생하기 때문이다. 최근의 연구는 폭력적인 감독이 종업원의 성과 및 태도와 부정적 관계가 있음을 발견하였다.[4] 이런 상황에서는 종업원들이 성과 관리를 회피하게 된다. 이에 따라, 어떤 관리자들과 감독자들은 저(低)성과와 저성과자를 모두 무시하고, 그 대신에 유능한 종업원들에게 일을 맡기거나, 심지어 스스로 일을 하는 경우도 있다. 이렇게 되면 본래의 문제는 해결되지 않은 채로 추가적으로 일을 맡은 종업원들의 불공정 인식 및 사기 저하와 같은 또 다른 문제가 발생할 수 있다.

나아가, 종업원들에게 더 높은 성과를 요구하는 목표를 설정할 때 앞서 언급한 부정적인 접근 방법은 좌절로 이어질 수 있다. 종업원 성과를 개선하기 위해 필요한 것은 상부의 지시 사항을 전달하고 독려하는 것이라고 믿는 관리자들은 목표 달성에 실패할 때 좌절하게 된다. 종업원들이 이미 무엇을, 어떻게 해야 할지를 알고 있다고 생각하는 관리자들은 이런 방법들에 민감하다. 불행하게도, 이러한 관리자들은 논리적으로 생각해도 성과 개선이 없을 경우 취할 행동으로는 호통, 협박 또는 처벌이라고 생각한다.

현실적으로 종업원들은 무엇을, 어떻게 해야 할지를 알고 있는 경우도 있지만, 모르고 있는 경우도 많다. 채용과 선발 과정에 오류가 있을 수도 있고, 초기 훈련이 미흡할 수도 있다. 또한, 과업, 조직, 또는 환경 변화에 의해 새로운 지식이나 기술의 필요성이 촉진될 수 있다. 심지어는 감독자 자신의 행동이 종업원의 동기를 해칠 수도 있다. 예를 들면, 우수한 성과에 대한 인정이나 보상을 받지 못하면, 효과적이고 높은 수준의 성과에 실제로 낙담하는 분위기가 생길 수 있다. 또한, 갈등을 일으키거나, 혼란을 야기하거나, 불완전한 요청을 하면 종업원들은 관리자들이 기대하는 것을 정확하게 이해하지 못할 수도 있다.

부정적인 성과 관리 방법을 수용하는 관리자는 문제가 있거나 개선 요구가 있을 때만 성과 관리를 논한다고 종업원들은 인식하게 된다. 효과적인 성과는 당연하다고 예상하고 무시된다. 종업원들은 이러한 관리 방식에 분개하고, 감독자들은 성과를 개선하고 문제를 예방할 기회를 놓치게 된다.

코칭: 긍정적 성과 관리 접근법

목표 달성을 위해 종업원 성과 관리에 '적극적이고(*active*) 긍정적인(*positive*)' 역할을 할 필요가 있다고 유능한 관리자들은 말한다.[5] 유능한 관리자들은 자신이 받는 급여는 자신이 수행한 일 때문이 아니라, 부하가 수행한 일의 대가라는 점을 알고 있다. 따라서 이들은 종업원 성과 관리에서 자신의 역할은 종업원들을 동기부여 또는 임파워먼트(*empowerment*)하는 것이라고 정의한다. 이들의 역할은 종업원이 할 일을 명확하게 인식하고, 적극적으로 수행하며 실질적인 성과 달성을 위해 불필요한 장애물이나 방해가 발생하지 않도록 보장하는 것이다. 환경, 목표 또는 과업의 변화가 발생할 때, 그러한 사실을 알려주고 변화에 대처할 수 있는 교육 기회를 부여한다.

또한, 유능한 관리자들은 종업원들에게 업무가 잘 수행되고 있는지의 여부와 성과가 좋을 때는 보상이 주어진다는 점을 정기적으로 알려준다. 관리자들이 문제를 수정하거나 생산성만을 위해서 개입하는 것은 아니기 때문에 성과에 관한 논의로 갈등이 발생할 여지는 별로 없다.

요약하면, 종업원 성과를 효과적으로 관리하려면 관리자와 감독자는 통제자보다는 코치(*coaches*)가 될 필요가 있다. 코칭(*coaching*)은 관리자나 감독자가 할 수 있는 중요한 역할이다.[6] 관리자는 최상의 계획가, 조직자, 의사 결정자일 수는 있지만, 코칭을 통해서 종업원 성과를 효과적으로 관리하지 않으면 목표 달성이 어려울 것이다. 코칭을 통해서 감독자와 종업원 간에 동반자 관계가 형성되어 종업원들이 헌신적으로 일을 수행하게 된다. 다양한 **참여 관리**(*participative management*) 접근법(예: 종업원 관여 및 자기주도 팀)에서는 감독자, 관리자와 경영자들은 자신들에게 보고를 하는 직원들을 위해 코치 역할을 할 필요가 있음을 강조한다.[7] 이 장에서는 코칭에는 어떤 내용이 있으며, 저성과를 개선하고, 고성과를 지속적으로 유지하기 위해 코칭을 어떻게 활용할 것인가를 설명한다. 또한, 유능한 코치가 되기 위한 기술과 훈련을 제시한다.[8] 먼저, 코칭과 성과 관리의 차이점에 대해 알아보도록 하자.

코칭과 성과 관리

오늘날 대다수 기업들은 공식적인 **성과 평가**(*performance appraisal*) 시스템을 갖추고 있다. 특히, 대부분의 대기업 및 글로벌 기업들은 그렇다.[9] 이 시스템들은 보통 표준화된 평가 양식을 사용해서 다양한 측면에서 종업원들의 성과를 평가하고, 각 성과별로 수치와 등급을 매긴다.[10] 공식 평가는 대부분 연간 단위로 시행되지만, 종업원들은 오히려 평가가 자주 시행되기를 원한다는 연구도 있다.[11] 사실은 전체적인 성과 평가 과정에 대해서 상급자와 종업원들은 불만을 자주 제기한다.[12] 개롤드 마클(*Garold Markle*)은 성과 평가 시스템이 제대로 운영되지 않고, 가장 비효과적이며, 비능률적인 인적자원 기법이라고 한다.[13] 컨설턴트인 딕 그로테(*Dick Grote*)는 "만화 딜버트(*Dilbert*)*에서 성과 평가보다 더 많이 풍자되었던 관리 기법은 없을 것이다(p.14)"라고 해학적으로 표현한다.[14] 컨설팅 회사인 머서(*Mercer*)의 조사에 의하면, 종업원의 42%는 관리자가 정기적인 피드백을 해주고, 29%는 성과를 냈을 때 보상을 받으며, 25%는 성과 향상을 위해서 관리자의 코칭을 받는다고 응답했다.[15]

이러한 불만에 대한 대처 방안으로 성과 관리를 강조하는 기업들의 수가 증가하고 있다.[16] **성과 관리**(*performance management*)는 연례적인 성과 평가와 면담 이상의 것이며, 계획, 목표 설정, 피드백, 코칭, 보상 및 개인 개발을 포함한다.[17] 성과 관리는 연례적인 성과 리뷰를 강조하는 것보다 오히려 성과 향상을 위한 지속적인 과정을 중요시한다.[18] 성과 관리는 공식적인 피드백보다 비공식적인 피드백을 더 강조할 수 있다.[19] 조직 차원에서는 단순히 현 상태를 유지하는 것보다는 도전적인 조직 분위기를 지향한다.[20] 성과 관리는 또한 하향식 접근보다는 종업원의 가치, 참여 및 몰입을 더 강조하는 경향이 있다.[21] 종업원 선호도 조사에 의하면, 성과 평가를 통한 공식적인 피드백보다는 직무에 대한 비공식적인 피드백을 약간 더 선호했다(53% 대 47%). 이는 대부분의 종업원들이 두 종류의 정보를 원한다는 것을 암시한다. 즉, 공식 평가에 의한 정보도 원하지만, 지속적 평가 과정 및 피드백을 원한다.[22] 두 개의 연구 결과에 따르면, 리더십 개발/승계 계획 다음으로 성과 관리가 중요하다고 지적하였다.[23] 〈그림 10.1〉은 성과 관리의 프레임워크이다.[24]

성과 관리에서 보수 및 보상 측면을 강조하는 문헌들이 많다.[25] 이러한 주제는 기업들이 해결해야 할 중요한 이슈이다. 보상은 인적자원개발 교과서의 범위 밖이기 때문에, 이 책에서는 성과에 관한 코칭, 피드백, 목표 설정에만 초점을 두고자 한다. 그럼에도 불구하고, 성과 관리와 코칭은 조직의 목표와 전략과 전체적으로 연결되어야 하는 것은 분명하다.[26] 제리 길레이(*Jerry Gilley*)와 동료들이 지적했듯이, 코칭 및 종업원 개발과 더불어 전사 차원의 성과 개선 관점이 요구된다.[27] 이는 조직의 인정 및 보상 시스템이 관리자들의 효과적인 코칭에 대해 보상하는 방향으로 작동해야 함을 의미한다. 이 시스템은 또한 가능한 한 사용자 친화적으로 자동화되고 웹 기반으로 운영되어야 한다.[28]

---

* 역자 주: 딜버트(1989년 4월 16일 처음 출판)는 미국의 만화이다. 작가 스콧 아담스(Scott Adams)가 창작하고, 웹사이트에 매일 연재되고 있으며 '유나이티드 피처 신디케이트'를 통해 전 세계 65개국의 25개 언어로 2,000여 개의 신문들에 연재되고 있다. 주인공 '딜버트'는 대기업의 엔지니어로 딜버트가 회사 생활에서 겪는 갖가지 이야기를 담고 있다. 사무직 종사자, 마이크로 매니지먼트 등의 대기업 문화를 풍자하면서 신랄한 비판을 하고 있다. IT업계 종사자와 엔지니어 그리고 대기업 종사자들 사이에서 인기가 많다(출처 : 위키백과).

그림 10.1 성과 관리 프로세스

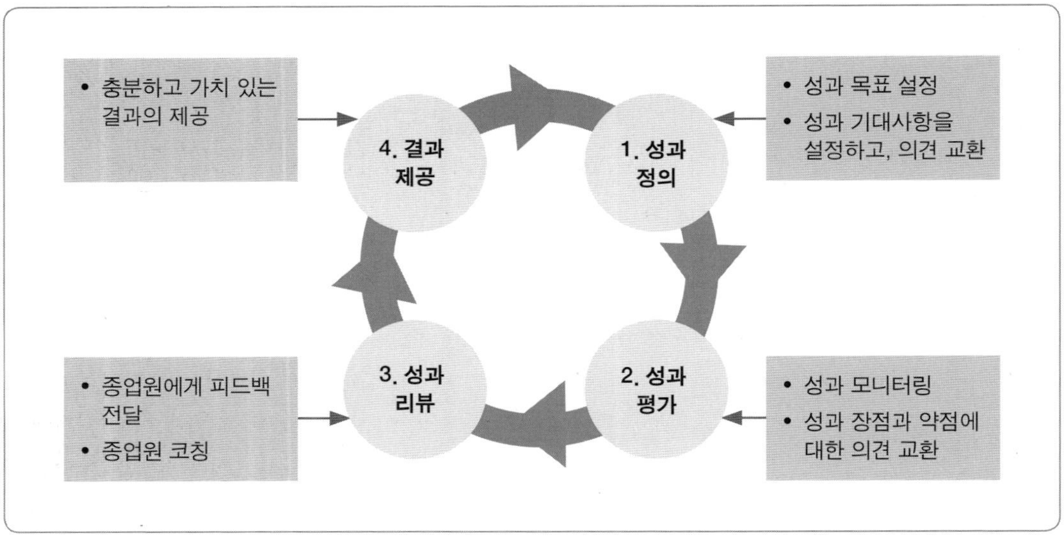

출처: From Kinicki et al., 2013, p. 4.

코칭의 정의

코칭 개념에 대해 하나로 합의된 정의는 없다.[29] 어떤 학자들은 좁게 정의해서 코칭을 성과 향상 기법이라고 한다. 포우니스(*Fournies*)는 코칭을 부하 직원이 바람직하지 않은 행동을 멈추고 바람직한 행동을 시작하게 하는 관리자와 부하 직원 간의 면담이라고 정의한다.[30] 다른 저자들은 코칭을 좀 더 넓은 관점에서 본다. 코우(*Coe*), 젠더(*Zehnder*)와 킨로(*Kinlaw*)는 코칭을 "논리적인 과정을 따르면서, 우수한 성과, 지속적인 성장을 위한 몰입, 그리고 긍정적인 관계로 이어지는 자기 발견을 위한 대화"라고 정의한다.[31] 어떤 학자들은 조직의 관리자와 운동 코치의 유사성을 언급한다. 커크패트릭(*Kirkpatrick*)과 젬케(*Zemke*)는 운동 코치와 관리자는 유사한 책임(예: 자료 수집, 피드백 제공, 채용, 동기부여, 결과에 대한 보증, 개인과 팀의 협업)을 가지며, 유사한 조건(예: 한정된 자원, 시간 제약)에서 일을 한다고 한다.[32] 따라서, 유능한 운동코치가 갖고 있는 특성들이 코치 같은 관리자(*manager-as-coach*)에게서도 나타난다.[33] 이러한 특성들로는 낙관주의, 도덕적으로 강한 가치관, 정직, 겸손, 온화함, 자신감과 신뢰 등이 있다.[34]

에버레드(*Evered*)와 셀만(*Selman*)은 육상 코치 같은 관리자(*manager-as-athletic-coach*) 모델을 한 단계 더 발전시켰다.[35] 이들은 경영 코칭의 정의에 대한 열쇠는 육상 코칭에서 발생하는 "헌신적인 동반자 관계 상황"이라고 주장한다. 이 관계에서는 코치와 선수 간의 의사소통이 코칭의 본질이다. 효과적인 코칭을 위해서는 관리의 관점이 통제하는 것에서 권한을 위임하고 자극하는 것으로 변한다. 피터스(*Peters*)와 오스틴(*Autin*)은 관리자-코치(*manager-coach*)는 개인들을 함께 모이게 해서, "책임감과 지속적인 성취를 위해 나아가도록 격려하고, 이들을 완전한 파트너와 기여자로 대우하는(p.325)" 사람으로 표현한다.[36]

어떤 학자들은 좀 더 복잡하게 코칭(*coaching*)이란 용어를 성과 관리의 광범위한 접근법과 이를 촉진하는 특정 기법에 동시에 적용하고 있다. 피터스(*Peters*)와 오스틴(*Austin*)은 코칭을 종합적인 성과 관리 접근법으로 넓게 정의하고, 다섯 가지의 차별적인 역할을 제시하였다.[37] 다섯 가지 역할 중 하나가 코칭이고, 나머지는 교육(*educating*), 후원(*sponsoring*), 카운슬링(*counselling*), 직면(*confronting*)이다. 코칭 역할은 리더십에 비유되며, 다른 역할은 가르침(교육), 멘토링(후원), 개인적인 문제 다루기(카운슬링), 성과 문제 마주하기(직면)이다. 이와 유사하게 길레이(*Gilley*)와 보우톤(*Boughton*)은 종합적인 성과 관리 과정을 '성과 코칭'으로 명명하고, 성과코치의 역할을 훈련, 멘토링, 대면하기 및 경력 코칭으로 정의하고 있다.[38]

마지막으로, 어떤 학자들은 코칭을 경영자 개발을 위해서 수행하는 활동 또는 문제가 있는 경영자와 전문가들이 정상으로 복귀하도록 돕는 활동으로 간주한다. 왈드롭(*Waldrop*)과 버틀러(*Butler*)는 코칭을 "궤도를 벗어날 조짐이 있는 중요한 관리자(*valued manager*)의 행동 변화를 돕는 행동"으로 정의한다.[39] 올레센(*Olesen*)은 코칭을 고위 임원들이 성과 문제가 있는 것을 인식하고, 그 문제 해결을 돕는 행동이라고 한다.[40] 헬러비크(*Hellervik*), 하주차(*Hazucha*)와 슈나이더(*Schneider*)는 포괄적인 코칭 프로그램에는 "기량이 부족한 관리자와 전문가들이 작업 행동에서 의미 있는 변화를 달성하도록" 목표가 설정되어 있어야 한다고 주장한다.[41]

그러면 코칭이 무엇인가? 이 용어를 특정 성과 관리 기법으로 한정해서 사용할 경우 편할 수도 있다. 그러나 이렇게 한정할 경우, 관리자가 성과를 향상시키기 위해 통제하고 조작할 수 있다는 생각을 갖게 될 위험이 있다. 이는 바람직하지 않다. 포우니스(*Fournies*)는 효과적인 코칭을 위해서는 종업원들이 자발적으로 과업과 조직에 헌신하고자 하는 낙관적 신념을 가져야 한다고 주장한다.[42] 코칭에는 단순한 기법 이상이 내포되어 있다. 이는 일상적인 성과 관리 접근법이다. 코치 역할을 함으로써 관리자나 감독자는 종업원과 파트너가 되고, 조력자가 된다. 이에 따라 코치 같은 관리자들은 종업원들에게 봉사하고, 종업원의 성과에 따라 보상을 받지만, 전통적인 관리자들은 자신들의 역할을 감시자 또는 통제자로 가정하고, 종업원들을 다른 자원들과 마찬가지로 이용하고 통제하려는 경향이 있다.[43] 바람직한 코칭은 효과적인 성과 달성을 위해 관리자들이 부하들에게 관심을 두고, 상호작용할 것을 요구한다.

코칭(*coaching*)은 자신의 성과에 대한 책임을 수용하도록 종업원들을 격려하고, 이들이 탁월한 성과를 달성하고 유지할 수 있도록 돕고, 조직의 목표와 효과성을 향해 업무를 수행하는 파트너로 대하기 위해서 활용되는 과정이다. 코칭은 다음의 두 가지 활동을 수행한다.

1. 코칭 분석(*coaching analysis*). 성과 및 근무 상황을 분석함
2. 코칭 면담(*coaching discussion*). 문제를 해결하며 효과적인 성과를 유지하기 위한 종업원과 감독자 간의 대면 소통

코칭에서 감독자와 관리자의 역할

직속 감독자나 관리자는 종업원 코칭에 대해 책임이 있다. 조직에서는 많은 사람들이 멘토 역할을 하거나, 새로운 기술을 가르치거나, 또는 특정한 문제를 극복하도록 도울 수 있다. 글로벌 의료기기 제조

사인 벡톤 디킨슨(*Becton Dickinson*)은 리더십 개발 노력의 일환으로 동료 코칭(*peer coaching*)을 확대하고 있다.[44] 오늘날 다수의 전문가들은 자신의 전문 지식 개발을 도와줄 '개인 코치(인생 코치 또는 임원 코치라고도 함)'를 조직 외부에서 찾고 있다.[45] 이러한 사례가 있지만, 대부분의 코칭은 종업원과 감독자(또는 감독자와 관리자)사이의 지속적인 관계에서 이루어진다.[46] 자기 부서의 목표를 달성하도록 해야 하는 것은 감독자의 책임이며, 이는 종업원들이 자신의 역할을 효과적으로 수행해야 가능하다. 감독자는 과업을 할당하고, 기준을 설정하며, 성과를 관리하므로, 코칭을 효과적으로 수행하는데 충분한 정보, 기회 및 권한을 갖고 있다. 이러한 과업을 수행하지 않는 조직 외부의 사람이 코칭을 효과적으로 수행하기 위한 정보, 기회 및 권한을 갖기는 어려울 것이다. 고성과 팀에서는 팀원들도 코치 역할을 하기도 한다.[47] 팀원들도 코치 역할을 할 만한 정보나 기회는 있지만 대부분의 경우 명확한 권한은 갖고 있지 않다. 자율 관리팀을 활용하는 데 있어서 해결해야 할 과제 중의 하나는 팀원들의 역할뿐만 아니라 팀원들이 보고를 하는 관리자나 감독자의 역할을 정하는 것이다. 팀 기반 조직에서 관리자와 감독자의 핵심 역할은 코치 역할이다.[48]

코칭에서 HRD 전문가의 역할

HRD 전문가들은 관리자 및 감독자들에게 코칭 교육을 통해 대인 관계 기술에 대한 학습 기회를 제공함으로써 그들이 유능한 코치가 되도록 도울 수 있다. 또한, 코칭 분석에 나온 문제들을 해결하기 위해 다른 HRD 개입을 사용할 수도 있다. 그리고 HRD 전문가들은 조직 개발(OD) 기법을 활용해서 경영자들이 코칭을 장려하는 분위기를 조성하도록 도울 수도 있다(13장 참조).

성과 문제를 해결하기 위해서는 HRM이나 다른 관리 기법이 필요할 수도 있다. 성과 문제는 부적절한 보상 시스템에 의해 야기될 수도 있는데, 이런 경우 보상 시스템을 개선할 필요가 있다. 또한, 조직 내 모든 직원들에게서 동일한 역량이 부족하다는 점이 발견되면, 신입사원들에 대한 교육 강화보다는 충원 및 선발 시스템의 개선이 필요하다. 정보 시스템이나 생산 시스템이 유지 보수 또는 장비에 문제가 생기거나 보고서 오류가 많아지는 경우에는 시스템들을 변경함으로써 성과를 개선할 수 있다. HRD 전문가들이 코칭 프로세스와 이를 수행하는데 필요한 기법을 잘 이해하는 것이 중요하다. 이들은 스스로 코칭을 수행할 필요는 없더라도 관리자들, 감독자들과 다른 종업원들이 도전적이고 보상적인 코칭에 책임을 갖도록 도움을 줄 수 있다.

마지막으로, 코칭이 HRD 개입 중에 하나라는 사실을 기억하자. 1장과 2장에서 언급한 바와 같이, HRD는 종업원들에게 현재 및 미래의 직무 요구 사항을 충족하는데 필요한 기술과 동기를 제시하는 교육 훈련 이외의 활동들도 포함하고 있다. 감독자는 유능한 코치가 되기 위한 교육이 필요할 수 있고, 종업원은 코칭 분석에 의해 밝혀진 성과 이슈를 해결하기 위한 교육이 필요할 수 있다. 여기서 강조하는 점은 코칭 그 자체가 HRD 개입이라는 점이다. 코칭과 성과 관리 시스템이 효과적으로 기능하고, 개인과 조직의 효과성 모두에 기여해야 한다.[49]

1. 저성과 개선을 위한 코칭

대부분의 조직에서는 저성과자 문제가 존재한다.[50] 대부분의 종업원들은 조직의 기대를 충족하지만, 그렇지 않은 종업원들도 있다. 비에가(*Viega*)에 따르면, "관리자들에게 보편적인 하나의 진실이 있다면, 그것은 문제 부하가 있다는 점이다."[51] 저성과의 원인은 다양하다. 저성과 문제를 해결하고 재발 가능성을 최소화하는 것이 관리자의 책임이다.[52] 코칭이 해결 방법 중의 하나이다. 이 절에서는 세 가지 이슈, 즉 (1) 저성과의 정의, (2) 성과 문제 또는 이슈의 원인을 결정하기 위한 코칭 분석, (3) 성과를 개선하는 데 활용되는 코칭 면담을 다룬다.

1.1 저성과의 정의

어떤 종류의 행동이 저조 또는 수용 불가능한 성과인지를 정의하는 것은 쉬운 문제가 아니다. 직장에 도착하는 시간과 같이 어떤 특정 행동 자체가 좋다 또는 나쁘다고 할 수는 없다. 어떤 행동에 대해 양호하다(*good*) 또는 불량이다(*bad*)라고 구분하기 위해서는 성과 기준이나 기대 수준이 설정되어 있어야 한다. 그 행동이 기준을 충족하거나 초과하면 통상 양호(*good*), 기준을 충족하지 못하면 저조(*poor*)라고 본다.

그러면, 어떤 행동이 저성과로 간주되기 위해서는 그 행동은 기대 수준과 얼마나 차이가 있어야 하는가? 그 답은 누가 평가를 하고, 평가자가 상황을 얼마나 인지하고 있는지에 따라 달라진다. 동일한 감독자라도 그 편차는 종업원과 시기에 따라 달리 적용할 수 있다. 예를 들면, 다른 시기에 비해 침체기에 영업 사원이 판매 목표를 달성하기 어렵다는 것은 받아들이기가 더 쉽다. 감독자는 개인적인 문제가 있는 종업원에 대해서는 성과 기준의 편차를 무시하기도 하지만, 그렇지 않은 직원들에 대해서는 엄격하게 책임을 지우기도 한다.

또한, 종업원과 감독자는 성과를 서로 다르게 해석할 수 있는데, 이는 동일한 행동에 대해 다른 기준을 적용하거나 또는 동일한 행동의 서로 다른 측면에 집중하기 때문이다. 예를 들어, 음식점 경영자가 인정하는 것보다 비싼 식재료를 사용하는 요리사를 생각해보자. 그 요리사는 자기의 행동으로 고객이 만족하고 다시 방문하도록 할 수 있기 때문에 이를 효과적인 행동이라 정의할 수 있다. 반면에, 경영자는 이를 저성과로 해석하는데, 이는 수익을 감소시킬 수 있기 때문이며, 요리사의 행동을 규칙을 어기는 사례로 간주할 수도 있다.

따라서, **저성과**(*poor performance*) 개념에 대한 정의는 명확하지 않고, 성과를 위해 설정된 기준과 기준을 어떻게 적용하느냐에 따라 다르다. "기대된 행동에서 벗어난 구체적이고, 합의된 편차(p.205)"는 이러한 이슈들을 반영하고 있다.[53] 이 정의는 두 가지 중요한 점을 지적하고 있다. 첫째, 저성과라고 간주되기 위해서는 성과 기준과 편차의 정도가 구체적으로 정의되어야 하다. 편차를 절대 용인할 수 없으면 이를 명시해야 한다. 약간의 편차가 용인된다면(예: 분기당 2회 결근), 그 정도가 명확해야 한다. 둘째, 평가자와 수행자 모두가 저성과를 구성하는 편차의 크기에 동의해야 한다. 이는 모든 성과 기준이 협의되어야 함을 의미하지 않으며, 오히려 수행자가 성과 기준이 무엇인지 인지해야 하며, 성과를 평가하는 데 활용된다는 점을 이해하고, 종업원이 성과 기준이 타당하다는 점에 동의해야 한다.

저성과에 대한 정의가 활용될 수 있는 성과 기준의 유형은 두 가지가 있다. 감독자는 모든 부하 직원들에게 적용되는 절대 기준(*absolute standard*)을 적용하거나, 또는 다른 종업원의 성과와 비교하여 개선(*progress*)이나 성과(*performance*)를 고려하는 상대 기준(*relative standard*)을 적용할 수도 있다.[54] 모든 종업원이 1% 미만의 오차율을 달성하도록 하는 것은 절대 기준이고, 정규 직원 대상자를 연수 과정의 상위 50% 이내의 성과자에게 적용하는 것은 상대 기준이다. 기준 선정은 조직(또는 부서)의 목표와 목표를 달성하기 위한 방법에 따라 다르다. 그렇지만, 상대 기준을 적용하면 종업원이 무엇을 잘하고(또는 못하고)에 관해서 명확성을 충분히 제시하지 못하는 단점이 있다. 게다가 종업원들은 다른 사람들과 비교하는 피드백에 거부감을 갖고 있다.[55] 서열 시스템(강제 서열 또는 강제 배분법)은 법적인 문제를 야기하고, 피평가자들은 성과 목표 달성에 집중하기보다는 다른 사람들과 비교하는데 관심을 보이는 것으로 밝혀졌다.[56] 반면, 절대 기준은 종업원들의 성과에 관해서 보다 구체적인 피드백을 제공할 수 있고, 일반적으로 수용 가능성이 더 높다.[57]

마지막으로, 저성과는 다른 작업장의 비생산적 또는 일탈 행동을 포함하고 있다.[58] **작업장 일탈 행동**(*deviant workplace behavior*)은 "조직의 중요한 규범을 위반하고, 그렇게 함으로써 조직, 구성원, 또는 조직과 구성원 모두의 안녕을 위협하는 자발적인 행동"이라고 정의된다.[59] 로빈슨(*Robinson*)과 벤네트(*Bennett*)는 행동의 심각성(심각함/사소함)과 행동 성격(조직/대인 관계)에 따라서 일탈 행동을 구분하는 작업장 일탈 행동 분류 체계를 만들었다. 이 체계에 따르면 네 가지 유형의 작업장 일탈 행동이 있다.

1. 생산 일탈(예: 조기 퇴근, 고의적인 업무 지연)
2. 재산 일탈(예: 고의적인 장비 파괴, 근무시간 허위보고)
3. 정치적 일탈(예: 정실주의, 동료에 대한 비방 또는 쑥덕공론)
4. 개인적 공격(예: 성희롱, 언어폭력, 동료 위협 또는 동료의 물건 훔치기)

연구에서는 작업장 일탈 행동의 발생은 기업 윤리 분위기뿐만 아니라 작업장 불공정성에 대한 인식과 관련이 있다고 지적한다.[60] 또 다른 연구에서는 과업 행동을 측정하는 일반적인 접근법에서 윤리적인 행동들도 포함하여 측정하고 있음을 보여준다.[61] 이는 긍정적 그리고 부정적인 종업원 작업 행동에 대한 기대와 규범을 명확하게 설정하려는 조직에 시사하는 바가 크다.

1.2 저성과에 대한 대응

저성과, 즉 수용 가능한 수준 이하의 성과가 발생했다고 판단하면 상급자는 그 원인을 진단하고, 적절한 대응 방안을 선택해야 한다.[62] 한 가지 방법은 코칭(또는 성과) 분석을 실시하는 것이다. 코칭 분석을 설명하기 전에 두 가지 이슈를 논의하도록 하자.

- 저성과에는 복합적인 원인들이 있을 수 있다.

• 인과귀인(*causal attribution*) 과정이 감독자가 적절한 대응 방안을 고려하는데 영향을 미칠 수 있다.

저성과는 흔히 하나의 원인이라기보다는 상이한 요인들이 원인일 수 있다. 2장에서 논의한 바와 같이, 종업원 행동에는 여러 가지 원인들이 있다. 이 원인들은 (동기부여 또는 태도와 같이) 개인의 내부, (동료 또는 보상 체계와 같이) 조직, 또는 (사회적 또는 가정의 사건과 같이) 외부 환경에 있을 수 있다. 성과 문제를 해결하려면 문제의 적절한 원인을 파악하고 처리해야 한다. 예를 들어, 방사선과 기사가 자신의 해고 가능성이나 가정 문제 때문에 불친절한 경우 그 문제를 해결하기 위해서 그 기사를 예절 교육에 보내는 것은 바람직하지 않을 것이다. 코칭 분석은 저성과에 대한 정확한 원인을 찾아내고, 적절한 조치를 취하는 데 도움을 줄 수 있다.

인과귀인 이론(*causal attribution theory*)은 사람들이 자신 및 타인의 행동에 대한 원인을 찾는 과정을 설명한다. 귀인 이론은 종업원 성과 원인을 찾는 데 있어서 감독자들이 합리적 정보와 편견을 모두 사용한다고 주장한다.[63] 성과의 원인은 네 가지 범주로 구분되어 왔는데, 종업원 내부 원인(노력과 능력)과 상황 원인(과업 난이도 및 행운)에 각각 두 가지가 있다.[64] 저성과에 대한 대응은 관리자가 성과의 원인을 종업원 내부로 보느냐 또는 상황으로 보느냐에 따라 달라진다.

종업원 행동에 대한 원인을 파악하는 데 있어서 발생하는 편견 중의 하나는 **근본적인 귀인 오류**(*fundamental attribution error*)이다. 이 오류는 어떤 행동의 원인을 상황(과업 난이도 또는 행운)보다는 한 인간에 내재된 원인(노력 또는 능력)에 과도하게 귀속시키는 성향이다. 이 오류를 범하는 감독자는 저성과를 초래하는 환경 요인을 간과함으로써 종업원이 통제할 수 없는 것들을 가지고 비난한다. 예를 들어, 관리자가 직원이 체결한 계약에 심각한 오류를 발견했다고 가정하자. 빡빡한 일정이나 다른 직원이 제공한 부정확한 정보가 오류를 야기할 수도 있다. 근본적인 귀인 오류를 범하는 관리자는 이러한 가능성을 간과하고 대신에 부하 직원의 게으름이나 부주의에서 그 원인을 찾으려고 한다. 이런 오류를 범하는 관리자는 대처 방안으로 향후 오류가 발생하지 않도록 환경을 변화시키는 데 집중하기보다는 처벌을 선택할 수 있다.

또한, 성과 문제에 대한 종업원의 대응이 감독자의 평가나 대응 방식에 영향을 미칠 수 있다. 종업원은 자신의 실패 원인을 자신의 능력이나 노력의 부족보다는 외부 요인(과업 난이도, 환경의 장애 등)에 돌리고 자존심을 유지하려고 한다.[65] 나아가, 자신에게 돌아오는 부정적인 피드백을 최소화하는 전략을 선택할 수도 있다.[66] 감독자와 성과 문제를 논의할 때 감독자가 저성과에 대해 덜 부정적으로 보길 바라면서, 저성과의 책임을 환경 탓으로 돌리는 정보를 자발적으로 제공한다.[67] 이렇게 비난을 피하려는 노력이 효과적일 수도 있다는 증거가 있다. 종업원의 저성과에 대한 변명을 듣고 난 상사는 종업원에게 책임을 덜 지운다.[68] 연구 결과에 따르면, 이런 식으로 종업원을 평가하는 상사는 이들을 덜 부정적으로 평가하고 부정적인 피드백을 적게 한다고 한다.[69]

귀인 과정 이론에 대한 전체적인 논의는 이 책의 범위 밖이다. 중요한 점은 저성과의 원인을 진단할 때 감독자가 하는 판단이 오류에 영향을 받을 수 있다는 것이다. 이는 코칭 분석에서도 이러한 오류에 영향을 받을 수 있다는 것을 의미한다. 편견을 갖지 않고, 저성과의 원인을 정확하게 파악하는 훈련이 감독자들에게 필요하다.

1.3 코칭 분석의 실행

코칭 분석(*coaching analysis*)은 만족스럽지 못한 성과에 영향을 미치는 요인들을 분석해서 성과 개선을 위한 대응 방안을 찾아내는 과정이다. 메이저(*Mager*)와 파이프(*Pipe*)의 성과 분석 모델을 근거로 포우니스(*Fournies*)는 저성과의 원인과 가능한 해법을 발견하도록 설계된 9단계 프로세스를 설명하고 있다.[70] 각 단계에서는 성과와 관련된 사건이나 이슈에 대한 의문 사항에 답을 하고 어떻게 처리할 것인가를 결정한다. 〈표 10.1〉에 각 단계를 나열하였다.

코칭 분석 과정은 저성과에는 복합적인 —어떤 것은 종업원의 통제 하에 있고 어떤 것은 그렇지 않은— 원인이 있다는 가정에 근거한다. 이 과정을 통해서 감독자는 성과 문제의 원인을 조사한다. 분석 과정에서 질문에 대한 답을 통해 원인이 밝혀지면, 감독자는 적절한 조치를 취하고, 개선이 일어나는 과정을 모니터한다. 개선이 일어나지 않으면 성과가 개선될 때까지 분석을 계속한다. 코칭 분석에서 권고하는 방안들에는 **피드백**(*feedback*), 성과 장애물 제거, 또는 교육 등과 같이 HRM과 HRD에서 사용하는 방법들도 있다.[71] 다음은 각 단계들에 대한 설명이다.

1단계: 종업원의 만족스럽지 못한 성과를 파악한다. 종업원이 잘못하거나 실패하고 있는 행동이 무엇인지를 구체적으로 규명할 때 코칭이 시작된다. 현실적으로 관리자들과 직원들은 저성과를 구성하는 구체적인 행동이나 수행 결과를 파악하는데 매우 취약하다.[72] '들으려고 하지 않는다'거나 '고객을 무례하게 대한다'와 같은 표현은 실제 문제를 해결하는 데 있어 통찰력을 주지 못한다. 문제를 명확하고, 구체

표 10.1 종업원 성과에 관한 코칭 실행 단계

1. 종업원의 만족스럽지 못한 성과를 파악한다.
2. 당신이 투입한 시간과 노력은 가치가 있는가?
3. 부하 직원들이 자신의 성과가 만족스럽지 못하다는 점을 알고 있는가?
4. 부하 직원들이 무엇을 해야 할지를 알고 있는가?
5. 종업원이 통제하기 어려운 장애물이 있는가?
6. 부하 직원은 해야 할 일을 어떻게 할지를 알고 있는가?
7. 효과적인 성과 후에 부정적인 결과가 수반되는가?
8. 무성과(nonperformance)인데도 긍정적인 결과가 수반되는가?
9. 부하 직원은 자신이 원하는 것을 할 수 있는가?

출처: Fournies, F. F. (2000). *Coaching for improved work performance*, Revised Edition. New York: McGraw-Hill.

적으로 규명함으로써 무엇이 일어나고 있는지를 정확하게 조사할 수 있고, 원인에 대한 개념을 파악할 수 있다. 따라서, 무엇이 일어나고 있는지를 구체적으로 알고 있는 감독자는 그가 하는 조치가 상황을 개선할 것인지 또는 악화시킬 것인지를 보다 더 잘 판단할 수 있다. 이런 정보가 없으면 행동 변화를 정확하게 모니터하는 것이 불가능하다.

만족스럽지 못한 성과를 설명하려면 특정한 행동 또는 행동 패턴에 대해 주의 깊은 관찰과 기록이 필요하다. 예를 들어, 만약 감독자가 종업원의 지각에 관심이 있다면, 늦게 도착한 내용을 세부적으로 관찰하고 기록해야 한다. 이런 정보를 가지고 감독자는 문제의 심각성을 판단하여, 종업원이 회사의 정책 위반 여부와 정도를 결정하고, 문제의 원인에 대한 통찰력을 갖게 된다. 복합적인 자료원이 활용되면 더욱 좋다. (360도 성과 평가와 같이) 동료, 부하 직원, 고객, 그리고 기타 사람들의 정보는 무슨 일이 일어나고 있고, 성과 결과에 어떤 영향을 주고 있는지를 정확하게 조명하는 데 도움이 된다.[73] 이런 자료원의 정보들은 문제에 대한 정확한 해결책을 찾는 데 도움이 되기 때문에 코칭 분석 어느 단계에서나 수집될 필요가 있다.

2단계: 당신이 투입한 시간과 노력은 가치가 있는가? 문제를 명확하게 파악하고 난 다음에 감독자는 그 심각성을 평가한다. 이 시점에서 감독자는 성과 문제를 개선할 만한 가치가 있는지를 결정해야 한다. 문제가 처음 생각했을 때만큼 심각하지 않을 수도 있다. 종업원의 지각을 분석한 후에 지속적이거나 심각한 문제가 아니고 단지 가끔 늦는다는 것을 알게 될 수도 있다. 또한, 종업원의 어떤 행동은 감독자를 짜증나게 하고 지시 사항을 따르지 않는 것이지만, 개인 또는 작업 집단의 성과에는 문제가 되지 않는 경우도 있다. 감독자는 종업원이 화장품(향수)을 사용하지 않는 것을 좋아하거나 또는 회사 사업에 대하여 종업원과 견해가 다를 수도 있다(예: 제조 공장의 공기 청정 정책). 감독자는 왜 그 문제를 중요하게 생각하는지를 구체적으로 고민해야 한다.[74] 소위 문제라는 것이 개인, 부서 또는 조직의 효과성에 방해가 되지 않는다면 일반적으로 무시해도 된다. 최종 결과에 영향을 주지 않거나, 중요한 규정이나 정책을 위반하지 않거나, 동료들을 방해하지 않는 문제에 시간과 노력을 낭비하는 것은 의미가 없다. 만약, 감독자가 이러한 생각을 하지 않고 무조건 문제에만 집중하다면, 종업원과 관계가 멀어지거나 중요한 일을 관리하는데 필요한 시간을 낭비하게 된다.

3단계: 부하 직원들이 자신의 성과가 만족스럽지 못하다는 점을 알고 있는가? 종업원들이 저조한 성과를 내는 이유 중의 하나는 자신들이 하고 있는 것이 문제가 되고 있다는 사실을 인식하지 못하기 때문이다.[75] 예를 들어, 성과 피드백이나 평가 기준을 구체적으로 제공하지 않은 경우, 탁송 직원은 자신이 선적하는 주문의 10%가 포장 목록에서 제외된다는 사실을 인식하지 못한다. 또한, 피드백이 없으면 종업원은 모든 것이 잘 되고 있고, 변화의 필요성이 없다고 생각한다. 따라서, 종업원들에게 그들이 하는 일이 잘못되고 있는지의 여부를 질문해야 한다. 단순히 잘못된 행동을 지적하고 정확하게 이행하도록 요구하는 것만으로도 문제가 충분히 해결될 수 있다.

4단계: 부하 직원들이 무엇을 해야 할지를 알고 있는가? 무엇을 하고, 언제 할지를 모르는 것이 정확하게 업무를 수행하지 못하는 또 다른 이유가 될 수 있다. 예를 들어, 분기 품질 보고서를 준비하거나, 또는 최종 품질 보고서가 어떻게 되어야 하는지를 본 적이 없는 종업원은 만족할 만한 보고서 작성에 애를 먹을 수 있다. 이 단계에서 감독자는 종업원들이 무엇을 해야 할지를 알고 있는지 질문해야 한다. 만약 종업원이 모르고 있다면 필요한 것이 무엇인지를 설명해주거나, 또는 종업원에게 필요한 교육/훈련을 받을 수 있도록 배려해야 한다. 이렇게 하면 충분히 성과 문제를 해소할 수 있다.

5단계: 종업원이 통제하기 어려운 장애물이 있는가? 저성과는 때로 종업원이 통제하기 어려운 요인들에 기인한다. 예를 들면, 은행의 자체 정보가 부정확하거나 신용 평가사가 은행에 오류가 많은 정보를 제공함으로써 대출 담당자는 부실한 대출을 할 수 있다. 대부분 감독자는 저성과의 원인이 되는 장애물을 제거할 위치에 있다. 만약 부품 조달이 늦어지거나, 적기 공급 시스템이 제대로 작동하지 않으면, 감독자는 이를 정정하는 조치를 취하고, 이렇게 함으로써 만족할 만한 성과를 달성할 수 있다.

6단계: 부하 직원은 해야 할 일을 어떻게 할지를 알고 있는가? 다수의 감독자들은 훈련이나 오리엔테이션에 참가하는 직원이 교육 내용을 잘 배웠을 것으로 생각한다. 3장에서 논의한 바와 같이, 학습은 복합적인 과정이다. 모든 교육이 학습 효과가 있는 것은 아니다. 과업을 계속 담당하지 않았다면 기술이 녹슬 수도 있다. 그 예로, 몇 달 간 쉰 후에 하는 첫 번째 프레젠테이션은 항상 최악이다. 그러므로 교육받았던 종업원들도 과업을 수행하는 방법을 모를 수 있고, 잊어버렸을 수도 있다. 이런 상황이라면, 감독자는 종업원의 훈련(또는 실습) 여부를 확인하고, 과업을 수행하는 데 필요한 사항을 학습하도록 해야 한다.

7단계: 효과적인 성과 후에 부정적인 결과가 수반되는가? 종업원이 해야 할 일과 방법을 알고는 있지만, 원치 않은 결과가 뒤따르기 때문에 행동하지 않는 경우도 있다. 2장의 동기부여에 관한 논의를 돌이켜볼 때, 효과의 법칙에 의하면 부정적인 결과가 수반되는 행동은 발생할 가능성이 거의 없다. 따라서, 효과적인 업무 수행이 부정적인 결과로 이어지면 종업원들은 그렇게 행동하지 않을 것이다.

예를 들어, 문서를 깔끔하게 작성하는 컴퓨터 프로그래머에게 상급자가 다른 사람을 대신해서 문서를 작성하도록 자주 요구한다고 가정해보자. 그 프로그래머가 다른 과업(예: 프로그램 작성)을 선호하면, 자신의 작업량 이상을 하도록 하는 지시는 자신의 과업을 잘 수행한 것에 대하여 부정적인 영향이 발생한다. 그 부서의 다른 프로그래머들이 일을 적게 한다면 더욱 더 그렇다. 따라서 그 프로그래머는 일을 적게 할당받기 위해서 낮은 품질의 서류 작업을 함으로써 이러한 결과를 회피하는 행동을 할 수 있다.

감독자들은 효과적인 행동이 원하지 않는 결과로 이어지는지 여부를 알아내야 한다. 이런 경우에 취할 수 있는 두 가지 대안이 있다. 첫째, 가능한 한 부정적인 결과는 제거되어야 한다. 이전 사례에서 프로그래머는 자신의 작업을 잘 수행하더라도 더 이상 다른 사람의 문서 작업을 하지 않을 것이라는 것을 알게 되면 다시 문서 작업을 잘 하게 될 것이다. 두 번째, 부정적인 결과가 제거될 수 없다면(예: 과업 자체의 일부분이라면), 그때는 감독자가 부정적인 결과를 상쇄하는 마음에 드는 결과를 제공해야 한다. 예를 들어, 화장실 청소는 마음에 들지는 않지만 건물 관리인에게는 필수적인 직무이다. 감독자가 건물 관리인이 이 일을 잘하도록 보상(조기 퇴근 또는 휴가를 먼저 선택할 기회)을 제공하면, 그는 이 직무를 잘 수행할 이유를 갖게 되는 것이다.

8단계: 무성과(*nonperformance*)**인데도 긍정적인 결과가 수반되는가?** 긍정적인 결과가 따르기 때문에 종업원들이 저성과에 몰두하는 경우가 가끔 있다. 사실상, 저성과에 대한 보상이 있는 것이다. 감독자들은 종종 무의식적으로 저성과에 대해 보상을 한다. 예를 들어, 주말 근무를 싫어하는 종업원이 주말 근무 배치를 거부한다고 가정해보자. 감독자가 그 직원을 주말 근무에 배치를 안 하도록 결정한다면, 감독자는 직원이 원하는 것을 얻는 방법은 거부하면 된다는 것을 그에게 보여준다.

감독자들은 저성과를 강화하는 원인이 무엇인지를 알기 위해서 저성과를 조사해야 한다. 그리고 저성과에 대해 긍정적인 결과가 제공되지 않도록 하고, 효과적인 업무 수행에는 긍정적인 결과가 따르도록 해야 한다. 이런 조치를 통해서 종업원들이 저조한 성과를 내는 이유를 제거하고, 효과적인 성과에 몰입할 이유를 갖게 된다.[76]

9단계: 부하 직원은 자신이 원하는 것을 할 수 있는가? 종업원들은 기술, 지식 또는 능력이 부족하기 때문에 저조한 성과를 내는 경우가 있다. 어떤 종업원들은 종합적인 교육을 받은 후에도 제대로 일을 하지 못한다. 이런 상황이라면 이 종업원을 잘할 수 있는 직무로 전환하거나, 해고해야 한다.

또 다른 질문은 '과업이나 직무가 변경 가능한가?'이다. 앞서 제기된 이슈 이외에도 감독자는 과업이나 직무를 변경하거나 단순화해서 잘 수행될 기회가 늘어나도록 할 수 있다. 예를 들면, 유지 보수 점검과 같은 과업들은 복수의 단계가 필요하다. 유지 보수 직원들이 모든 단계를 기억하면 합리적일 수도 있지만, 체크리스트와 같은 업무 보조 수단을 제공하여 장비를 점검할 때마다 체크하게 하는 것이다.

론제네커(*Longenecker*)는 코칭 분석의 주제를 다음과 같이 요약하였다. 즉, "종업원들이 할 필요가 있다고 느끼지 못하거나, 변해야 함을 모른다거나, 어떻게 변해야 할지 모른다거나, 또는 효과적인 성과에 대한 적절한 지원과 보상이 없으면, 성과를 개선할 수 없다"이다.[77] 이는 성과 이슈에 대한 모든 책임을 종업원에게 전적으로 떠맡기기 전에 종업원과 명확하게 해야 할 주지들이다.

문제가 지속된다면? 종업원이 업무를 효과적으로 수행할 능력은 있지만 코칭 분석이 성과 개선에 실패할 경우 코칭 면담(*coaching discussion*)이 필요하다. 면담하는 동안 종업원과 감독자는 문제와 원인에 대해서 논의하고, 성과를 개선하기 위한 적절한 조치에 합의하는 것이 바람직하다.

1.4 코칭 면담

코칭 면담(*coaching discussion*)은 종업원의 효과적인 업무 수행을 지원하도록 설계된다. 코칭 면담은 성과 평가 시스템의 일부일 수도 있지만, 종업원에게 발생하는 성과 이슈에 대한 대응 방안으로 활용된다. 면담의 진행에는 두 가지 접근 방법—킨로(*Kinlaw*)의 3단계 프로세스와 포우니스(*Fournies*)의 5단계 프로세스—이 있다.[78]

1.4.1 킨로 프로세스

킨로는 다음과 같은 3단계 코칭 면담 접근 방법을 제안했다.

- 직면하기 또는 표현하기
- 반응을 통해 정보 확보하기
- 해결하기 또는 해법[79]

직면하기(*confronting*) 또는 **표현하기**(*presenting*) 단계에서는 종업원이 문제 상황에 대해 느낄 수 있는 부정적인 감정을 제거하고, 개선되어야 할 성과를 구체화해서 종업원의 변화와 개선을 목표로 설정한다. 변화의 필요성이 있는 업무 성과를 구체적으로 기술하고, 논의를 특정한 문제 행동으로 한정하며, 미래에 비난받을 이슈는 피함으로써 이 과정이 진행된다. 직면과 비판은 동일하지 않다.[80]

종업원이 성과 문제를 직면한 후에 상급자는 종업원이 저성과의 원인을 파악하도록 도와야 한다. 이는 두 번째 단계인 반응을 통해 정보 확보하기(*using reactions to develop information*)에서 진행된다. 종업원들은 문제를 직면한 후에 이를 다루는 것에 저항할 수 있다. 감독자들은 자신의 관심사보다는 종업원의 관심사에 집중함으로써 저항을 줄일 수 있다. 종업원의 설명을 경청하고, 중요한 점을 인정하고, 논의된 내용을 정리함으로써 새로운 정보를 획득할 수 있다. 이 단계에서 종업원과 감독자는 문제의 성격과 원인에 대해 합의해야 한다.

마지막 단계는 해결하기(*resolving*) 또는 해법(*resolution*)이다. 이 단계에서는 종업원이 주도권을 갖고 문제 해결에 필요한 조치에 대해 협력한다. 양쪽은 성과 개선과 긍정적 관계 수립에 대한 의지를 표명한다. 적절한 대안을 조사하고, 문제의 핵심을 검토하며, 성공적인 성과 개선을 확신함으로써 이 과정이 진행된다.

1.4.2 포우니스 프로세스

포우니스의 5단계 면담 과정은 상급자가 철저한 코칭 분석을 수행했고, 종업원은 원했던 과업을 수행할 수 있다고 판단했음을 가정한다.[81] 면담의 목표는 종업원이 문제 있음을 인지하고, 이를 해결하기 위한 행동 방침에 전념하도록 하는 것이다.

1단계: 문제가 존재한다는 점에 종업원이 동의함. 종업원이 성과 문제가 있다는 것을 믿지 않으면, 변해야 할 이유가 없을 것이다. 필립스(*Phillips*)는 개선의 필요성이 있다는 점을 종업원과 합의하도록 하는 것이 '코칭의 아킬레스건'이며, 이런 점이 없다면 지속적인 변화의 기회도 없다고 한다.[82] 합의해야 할 내용에는 문제 행동과 감독자, 동료 및 종업원들에 대한 결과를 포함한다. 감독자는 종업원이 문제 행동과 결과를 이야기할 수 있도록 구조화된 질문을 할 필요가 있다(예: "점심 후 업무에 늦게 복귀할 때 누가 당신의 전화를 받아주어야 하는가?", "전화를 안 받아 주면 무슨 일이 발생하는가?" 등). 이 접근 방법은 종업원이 상황을 이해할 수 있도록 해준다.

첫 단계는 종업원이 문제가 있음을 인정하면 끝난다. 코칭 면담에 소요되는 시간의 50%가 이 과정에서 소모될 수 있지만, 포우니스는 문제가 정말로 존재한다는 점을 종업원이 명확하게 동의하지 않고서는 앞으로 나아가면 안 된다고 주장한다. 문제를 인식한 대부분의 종업원들은 행동을 변화시키는데 전념할 것이다. 그렇지 않은 경우, 상급자는 (1) 종업원의 문제 인식 노력을 포기하거나, 아니면 (2) 징계 조치를 하는 결정을 해야 한다. 이미 코칭 분석을 실시한 감독자라면 문제 인식이 중요하다. 그렇지 않으면 감독자는 필요한 개선 방안을 취할 수 없고, 이전의 복잡한 상황으로 되돌아가게 된다. 종업원이 문제가 존재한다는 점에 동의하지 않으면, 조직은 징계 조치를 할 가능성이 높다(예: 경고, 경위서 제출, 정직 또는 감봉, 기타 단계적인 조치 등).[83]

2단계: 문제 해결 대안에 대한 상호 토론. 토론 과정에서 감독자는 종업원에게 문제의 해결 대안에 대해 질문한다. 필요하다면 감독자는 종업원이 아이디어를 내도록 요청해야 한다. 일반적으로 종업원들은 자신이 제안했던 대안에 좀 더 몰입할 것이다. 토론 과정에서 감독자의 역할은 종업원이 대안들을 도출하도록 돕는 것이다.

3단계: 문제 해결을 위해 취해야 할 조치들에 대한 상호 합의. 대안들에 대해 충분히 토론한 후에 감독자와 종업원은 어떤 조치를 취할 것인지 합의할 수 있다. 이 시점에서 양자는 무엇을, 언제 해야 할 것인지를 명확히 해야 한다. 또한, 합의한 조치들을 수행했는지 여부를 확인하기 위해 이후 면담 일정도 정해야 한다. 그리고 감독자는 문제 해결을 위한 종업원의 노력에 감사를 표현하고, 문제가 해결될 것이라는 확신을 심어주도록 한다.

4단계: 결과를 측정하기 위한 후속 조치. 감독자는 면담을 통해 상호 합의한 조치가 시행되었는지의 여부와 문제가 해결되었는지를 확인해야 한다. 확인을 하지 않으면, 감독자는 이후에 무엇이 발생했는지를 알 수 없으며, 종업원은 감독자가 문제에 대하여 실제로는 신경을 쓰지 않는다고 생각하게 된다. 바쁜 감독자들은 이 단계를 간과하기가 쉽다.[84]

5단계: 성과가 발생할 때를 확인하기. 대부분의 성과 문제들은 하루아침에 사라지지 않는다. 문제가 완전히 제거되었다면, 어떤 노력과 개선이 발생했는지를 종업원이 확인하도록 해야 한다. 이것은 추가적인 개선을 위해 종업원을 동기부여하는 목적이 있다. 필요하다면, 문제 해결에 필요한 추가적인 조치를 확인하기 위해서 논의를 더할 필요가 있다. 종업원이 효과적으로 수행할 때까지 후속조치, 개선의 인식, 그리고 개선 계획의 보완은 계속되어야 한다.[85]

1.4.3 두 접근 방법의 분석과 확장

킨로와 포우니스의 코칭 면담에 대한 접근 방법은 공통점이 있다. 두 방법 모두 종업원들이 성과 개선 임무를 구두로 인정하고 문제 해결에 필요한 조치 개발에 참여할 필요성을 강조한다. 성과 문제에 직면하는 종업원의 의지에 대해서는 서로 다른 가정을 보인다. 킨로는 성과 면담에서 감정적인 측면을 강조하고 종업원의 감정과 저항을 다루는 방법에 대한 지침을 보다 많이 재시한다. 반면, 포우니스는 이성적인 측면을 좀 더 강조하고, 성과 문제와 결과에 직면한 종업원은 일반적으로 그것을 다룰 의지가 있다고 가정한다. 종업원의 참여 의지가 떨어지는 이유는 상급자가 성과 분석을 충분히 하지 않았거나(예: 특정한 행동을 다루지 않거나, 중요하지 않은 행동을 다루거나, 또는 상급자나 조직이 저조한 성과에 대해서 실제적으론 아무것도 하지 않을 것이라는 불신), 또는 부하 직원이 자기 파괴적인 행동에 빠졌기 때문이다.[86]

이들 두 가지 접근법은 성과 문제를 다루는 데 있어서 건설적인 방법이며, 어떤 방법을 택하더라도 감독자에게 도움이 될 것이다. 두 방법이 제공하지 못하는 부분은 상사가 종업원 각자에 대해 개별적인 코칭 전략을 수립하는 것이다. 리더-부하 교환 연구에 따르면, 상사는 종업원에 따라서 서로 다른 코칭 전략을 추구해야 한다.[87] 론제네커(*Longenecker*)는 종업원의 성과 문제가 기술 및 능력과 관련된 것인지 또는 동기부여와 관련된 것인지에 따라 서로 다른 전략을 사용해야 한다고 한다.[88] 예를 들어, 기술이 부족한 종업원 두 명이 있다고 가정해보자. 한 명은 개선 의지가 강하지만 다른 한명은 그렇지 않다. 론제네커는 각자에게 맞춤형 코칭 전략과 접근법을 권고한다. 앞서 논의한 코칭 분석이 실시되었다면, 상사는 이미 충분한 정보를 갖고 있을 것이다.

또 하나 강조해야 할 점은 성과 개선을 위한 목표 설정(*setting specific goals*)이다.[89] 이미 각 접근 방법에 내포되어 있지만(예: 무엇을, 언제 할 것인가에 대한 합의), 문제에 대한 해결 대안들을 개발하기 전에 상사와 부하는 명확하게 성과 목표를 설정하도록 해야 한다. 2장에서 언급한 바와 같이, 구체적인 성과 목표를 설정할 때 성과 개선이 효과적으로 이루어진다는 점을 문헌 연구 결과는 보여주고 있다. 성과 목표를 설정하면 다음 단계에 대한 논의의 초점이 분명해지고, 대안, 조치 계획 및 후속 조치에 대한 토론이 수월하다. 케이에(*Kaye*)는 '개발 대화(*developmental dialogue*)' 또는 개별적인 개발 계획을 제시하였고, 이 방법은 감독자가 이런 권고 사항을 실행에 옮길 수 있는 실질적인 수단이다(그리고 종업원 각자에 대한 맞춤형 코칭 계획을 세운다는 아이디어와 일치한다).[90] 효과적인 코칭 면담을 위한 종합적인 단계는 〈표 10.2〉와 같다.

표 10.2 상급자가 코칭 면담 및 후속조치를 실시하는 단계

1. 토론할 종업원의 성과 이슈를 명확히 할 것
2. 해당 종업원과 논의할 특정한 이슈에 맞는 코칭 전략을 수립할 것
3. 종업원에게 성과 이슈를 제시할 것. 제시할 때는 구체적이고, 사실적이며, 존중하고, 지원적이어야 함
4. 성과 문제에 대한 감독자의 설명에 대해 종업원의 반발과 반응을 살필 것
5. 성과 문제가 존재한다는 것에 대하여 종업원의 동의를 구할 것
6. 문제에 대한 해법 대안들을 상호 논의할 것
7. 문제를 해결하기 위한 목표 설정, 취할 조치 및 후속 계획(가능한 개별적인 개발 계획을 포함)에 대해 상호 합의할 것
8. 합의된 시간에, 합의된 방법으로 끝까지 이슈를 확인할 것
9. 종업원 개선과 성취가 발생하면 인정해주고 보상할 것

1.4.4 코칭 면담이 실패할 경우

코칭 프로세스가 모든 성과 문제를 해결한다는 보장은 없다. 어떤 종업원들은 기회가 주어진 후에도 성과를 개선할 수 없거나 또는 의지가 없다. 종업원의 문제가 해결되지 않는다면, 감독자는 효과적인 수행이 가능한 업무로 종업원을 전환해주거나 해고할 수 있다. 종업원이 성과 개선을 하지 않으려고 하면 감독자는 조직의 정책에 따라 징계를 해야 하는데, 대부분의 조직에서는 추가적인 징계 방안을 갖고 있다. 이 또한 효과가 없다면 남아있는 유일한 대안은 해고이다. 코칭 프로세스의 잠재적인 이점은 종업원들이 성과가 저조함을 인식하고 개선할 조치를 취하도록 공정한 기회를 부여한다는 점이다. 코칭이 실패한 후 남아있는 유일한 방법이 해고일 경우, 상급자는 이를 정당화하는 적절한 문서를 작성하고, 불공정한 처사라는 종업원의 주장에 대응하고, 해고 과정에서 종업원의 체면을 세워주기 위한 모든 조치를 고려해야 한다.[91]

1.4.5 효과적인 성과 유지와 고성과에 대한 격려

감독자와 관리자들은 저조한 성과를 제거하고, 고(高)성과자가 지속적으로 능력을 발휘하거나 보다 나은 성과를 달성하는데 관심을 기울여야 한다. 이는 효과적인 성과에 대해서는 보상을 하고 뛰어난 고성과자가 되고자 하는 종업원에게는 필요한 지원과 기회를 부여해야 함을 의미한다.[92] **목표 설정**(*goal setting*), 직무 재설계, 종업원 참여 프로그램, 종업원 인정 프로그램과 같은 동기부여 접근법은 종업원의 주인 의식을 고취하고, 지속적인 성공을 촉진하는 방법이다.[93]

코칭은 성과를 촉진하고 증진하는 효과적인 방법이다. 에버레드(*Evered*)와 셀만(*Selman*)은 종업원들의 조직에 대한 기여를 인정하고, 발전하도록 권한을 위임하는 분위기를 조성해야 한다고 주장한다.[94] 관리자의 지원, 협업 노력 및 의지는 종업원들의 개선 의욕을 향상시키고 코칭을 요청하는 분위기를 조성하도록 할 것이다. 종업원들이 개선하자고 하는 욕구가 없으면 코칭 면담은 부정적으로 인식될 것이고, 관리자의 노력에 저항할 가능성이 있다.

코치 같은 관리자 역할은 종업원들이 성과에 대한 새로운 시각을 갖게 한다. 과업을 수행하는 동안에는 스스로 관찰하기 어렵기 때문에 종업원들은 자신이 어떻게 업무를 수행하고 있는지를 정확하게 알기가 어렵다. 코치 역할의 관리자는 종업원을 관찰해서, 무엇을 하는지 그리고 어떻게 하는지를 구체적으로 이야기하고, 개선 방안을 마련할 수 있다. 예를 들어, 영업 관리자는 세일즈 현장에 종업원과 동행하여 영업 방식 전반에 대해 기술할 수 있다. 그러고 나서 종업원과 관리자는 기술된 내용을 검토하고, 문제를 극복하고, 강점을 발굴할 수 있는 방법을 논의하고, 새로운 방법을 모색할 수 있다. 이 방법은 피터스(*Peters*)와 오스틴(*Austin*)의 '스킬 확장법(*skill stretching*)'[95]과 유사하며, 전문가 수준의 성과 달성에 핵심적인 요소이다.[96]

의사소통과 파트너십은 효과적인 코칭에서 매우 중요하다.[97] 코칭을 원하지 않는 종업원은 관리자의 접근 방법에 분개하고 위협이나 모욕감을 느낄 수 있다. 관리자의 행동이 도움이 된다고 생각하기보다는 관리자가 자신을 감시하거나 통제하려 한다고 느낄 것이다. 코칭을 통해 지속적으로 성과를 촉진하는 또 하나의 방법은 조직의 가치를 공유하고 강화하는 것이다. 피터스(*Peters*)와 오스틴(*Austin*)은 이를 **가치 형성**(*value shaping*)이라 칭한다.[98] 가치 형성은 신입사원의 채용과 오리엔테이션으로부터 시작하여, 훈련 그리고 일상적인 업무를 통해 지속된다. 피터스와 오스틴에 의하면 관리자는 인정, 이야기하기, 그리고 업무를 통해서 조직 윤리와 가치를 강화하며, 이 가치들을 준수하고 절대로 절충해서는 안 된다. 가치는 종업원들이 새로운 상황에서도 기대되는 것과 처신할 방법을 알게 해주는 행동 기준의 역할을 한다. 가치 형성은 조직이 강한 기업문화를 형성하고, 명확한 가치관을 정립할 때 가능하다.[99]

2. 효과적인 코칭 기술

맥린(*McLean*)과 동료들은 네 가지 형태의 관리자 코칭 기술을 제시하였다. 즉, 코치 같은 관리자들은 다음과 같은 기술이 필요하다.

- (부하 직원 및 동료들을 포함한) 타인들과 개방적으로 의사소통을 할 것
- 과업에 대해서 개별적인 접근보다는 팀 지향적인 접근을 할 것
- 과업보다는 사람에 가치를 둘 것
- 모호한 속성의 작업 환경을 수용할 것[100]

감독자와 관리자들의 코칭 기술을 평가하고 개발하기 위해서 이 연구에서 사용한 척도와 항목들을 활용할 수 있다. 엘링거(*Ellinger*)와 동료들은 비효과적인 의사소통, 지나친 지시, 정보 차단 또는 종업원 깎아내리기와 같은 관리자의 비효과적인(*ineffective*) 코칭 행동들에 주목했다.[101] 의사소통과 대인 관계 기술은 효과적인 코치가 되는데 필요한 기술이다. 먼저, **의사소통 기술**(*communication skills*)은 효과적인 코칭에 필수적이다.[102] 종업원의 의견을 경청하고 효과적인 성과가 무엇이며, 그것을 어떻게 달성할 것인

지를 파악하는 능력이 없으면 코칭은 성공하지 못할 것이다.

포우니스(*Fournies*)는 행동 접근법 입장에서, 종업원이 지시받은 내용을 이해하고 있는지를 아는 유일한 방법은 종업원이 그 내용을 되풀이해서 말하도록 하는 것이라고 한다.[103] 문제가 되는 업무 성과가 무엇이고, 그것이 왜 문제이며, 그 문제를 해결하려면 무엇을 해야 할지를 종업원이 파악하고, 자신이 말한 것에 동의를 표현하는 것을 사고의 전이(*thought transmission*)라고 한다.

적극적인 경청 이외에 관리자들은 종업원들과 소통할 때 구체적이고(*specific*) 서술적일(*descriptive*) 필요가 있다.[104] 이렇게 함으로써 종업원은 기대 수준이 무엇인지를 이해하고 코칭에 덜 저항하게 된다. 코치가 평가적인 것보다 서술적이면 종업원은 코치가 자신을 비난하기보다는 오히려 돕고자 노력하고 있음을 인식하게 된다.

관리자와 감독자들은 효과적인 코칭을 위한 의사소통 기술을 학습할 필요가 있다.[105] 학습 방법 중 의사소통 세분화 훈련은 대면 의사소통 기술을 개선하는 데 효과적이다.[106] 이 훈련은 효과적인 의사소통의 구성 요소를 언어적 기법과 비언어적 기법으로 구분하고, 각 기법에 따라 참여자들이 훈련한다.[107] 코칭과 관련하여 개발된 의사소통 훈련 기술에는 기본적인 참여 기술(예: 시선 마주치기), 피드백, 의역하기, 감정 이해, 개방적·폐쇄적 질문 초점 맞추기가 있다. 〈표 10.3〉은 이 기술들과 구성 요소에 대해서 소개한다.

의사소통 기술 이외에 대인 관계 기술이 효율적인 코칭에 중요하다. **대인 관계 기술**(*interpersonal skills*)에 포함되는 내용은 다음과 같다.

1. 존경심 표시하기
2. 즉시성(즉, 현재에 초점 맞추기, 문제 발생 즉시 처리하기)
3. 객관성(즉, 주관적인 의견보다는 사실적인 정보 강조하기)
4. 계획세우기
5. 긍정하기(즉, 종업원의 성공과 긍정적인 전망을 말하기)
6. 행동 일관성
7. 신뢰 구축하기
8. 진정성 보여주기[108]

5번째 항목 '긍정하기(*affirming*)'는 맥린(*McLean*) 등이 강조한 '사람에게 가치 부여하기' 차원과 관련이 있다. 7번째 항목 '신뢰 구축하기'와 관련해서, 직원들에게 관심을 보여주고, 일관성 있게 행동하며, 행동의 진정성을 보여주고, 직원들과 통제권을 공유하고, 정확하고 개방적인 소통을 할 때 부하 직원들은 관리자들을 신뢰할 수 있다고 여긴다.[109] 3번, 5번, 6번, 8번 항목은 서로 관련되어 있음을 유의하라. 이는 효과적인 코칭에 필요한 다수의 기술들은 관리자와 직원들 간의 대인 관계 개선에 기여한다는 점을 시사한다. 마지막으로, 관리자들이 직원들에 대한 헌신과 존경을 나타내야 한다는 점을 강조한다.[110] 관리자가 자기에게 관심을 갖는다고 믿는 종업원은 코칭을 원하고 개선을 위해 진실하게 노력할 가능성이 높다.

표 10.3 효과적인 대면 의사소통을 위한 여섯 가지 기법

1. **기본적인 참여 기술:** 종업원이 토론에 참여하도록 돕는 기술이다.
   a. 상체와 몸통을 가볍고, 편안하게 앞으로 기울인다.
   b. 지속적으로 시선을 맞춘다.
   c. 따뜻하고 자연스러운 음성으로 대화한다.
   d. 충분히 격려한다(예: 고개 끄덕임, 맞장구 치기 등).
   e. 주제에 집중한다.

2. **피드백:**
   a. 분명하고 확실한 데이터를 제공한다.
   b. 판단적 태도를 보이지 않는다.
   c. 시의적절하고, 현재 시제의 문장을 사용한다(예: "당신이 최근에 한 발표들은 재앙이었어. 다른 발표도 참기 어렵겠군"이라는 말 대신, "맥스, 당신의 아이디어를 좀 더 정확하게 발표하는 방법을 찾았으면 좋겠어요. 하지만, 당신은 관심이 없는 것 같군요. 당신의 발표 능력을 향상하기 위해 내가 어떻게 도울 수 있을까요?"라고 한다).
   d. 종업원이 통제할 수 있으면서 개선 가능한 항목들에 초점을 두고 피드백한다.

3. **의역하기:** 종업원이 이전에 말한 내용을, 자신의 언어로, 간명하게 재진술(restatement)한다. 의역하기는 이슈를 명확하게 해주고, 종업원이 자신이 말한 내용을 당신이 이해했음을 알게 해주고, 지속하게 한다. 의역하기는 판단적이지 않고, 사실적이어야 한다.

4. **감정 이해:** 감정 표현에 대해서 종업원을 강화하고 개방적 의사소통을 촉진한다. 종업원의 감정을 인식하고 인정해주면 상급자는 보다 친밀한 관계 형성이 가능하다. 감정 이해는 다음의 흐름을 갖는다.
   a. 종업원의 성명
   b. 제어(예: 당신은 아마 … 하게 느끼는 것 같다)
   c. 감정의 묘사
   d. 당신이 종업원을 정확하게 이해했는지의 여부를 체크하는 마지막 확인(예: 내가 맞나요?)
   e. 예시: "사라, 다른 사람들 앞에서 일하는 것이 긴장되어 보이는데요. 그것을 이야기해주실래요?"

5. **개방형 및 폐쇄형 질문:** 목적을 지지해준다.
   a. 개방형 질문(예: 어떻게, 왜, 또는 부탁으로 시작하는 질문)은 종업원이 자신의 아이디어를 이야기하고 공유하도록 격려해준다(예: 왜 그렇게 생각하지요?).
   b. 폐쇄형 질문(예: …했나요?, …이나요?, 또는 얼마나…로 시작하거나 끝나는 질문)은 짧은 단어로 대답을 유도하며, 특정한 사항에 대해서 확인하거나, 분명하게 할 때 사용되며, 토론의 진행을 빠르게 한다(예: 판매를 마감했나요?).

6. **초점 맞추기:** 조직에 잠재된 어려움(사람, 문제, 맥락, 타인 및 자신)과 이를 다루는 방법을 확인하도록 해준다.

출처: Kikoski, J. F., & Litterer, J. A. (1983). Effective communication in the performance appraisal interview. *Public Personnel Management Journal*, 12, 33-42; Kikoski, J. F. (1999). Effective communication in the performance appraisal interview: Face-to-face communication for public managers in the culturally diverse workplace. *Public Personnel Management*, 28(2), 301-322; McMahon, G. (2007, June). Unlocking potential. *Training Journal*, June, 52-55; Gordon, M. E., & Stewart, L. P. (2009). Conversing about performance: Discursive resources for the appraisal interview. *Management Communication Quarterly*, 22, 473-501; Schloss, S. (2012). Listening is the most powerful connection-building tool. *People & Strategy*, 35(1), 9.

HRD 담당자들은 관리자와 감독자들이 이러한 기술들을 개발하고 실천할 수 있는 프로그램을 설계하고 시행한다.[111] 행동 모델링과 역할 연기를 활용하는 훈련 프로그램들이 코칭 기술들을 구축하는 데 유용하게 활용되어 왔다. 예를 들면, 와이어하우저(*Weyerhaeuser*)사의 코칭 훈련 프로그램은 영상 모델링, 역할 연기 및 워크북 실습을 혼합한 기법을 활용한다.[112] 실버맨(*Silverman*)은 종업원의 성과를 진단하고 코칭하는 모듈로 구성된 ADEPT(*Appraising and Developing Employee Performance Training*)라는 성과 평가 훈련 프로그램을 제안한다.[113] 이 모듈에서 참가자들은 비디오와 역할 연기 실습을 통해서 성과 문제를 파악하고, 원인을 진단하며, 문제 해결을 위한 조치들에 대한 합의를 도출해낸다. 또한, 참가자들은 종업원의 효과적인 성과를 위해 긍정적 강화 방법을 배운다.

3. 코칭의 효과성

저성과를 개선하고 성과를 촉진하는 방법으로써 코칭의 효과성을 언급하는 실증적인 문헌은 많지 않았다. 그러나 최근에 상황이 변하고 있다.[114] 예를 들어, 제조 업체의 코칭과 행동 경영학 기법에 관한 연구에서 피드백과 코칭이 종업원 만족과 몰입을 증가시키고 이직 의도를 감소시킨다는 것을 발견하였다.[115] 또 다른 연구에서는 사람들의 변화 능력을 믿을수록 코칭 행동을 더 많이 하게 된다는 점을 밝혔다.[116] 노르웨이 관리자들을 대상으로 한 코칭 훈련의 영향에 관한 연구에서 자기 효능감과 목표 설정의 척도들이 훈련에 미치는 영향이 통계적으로 유의함이 밝혀졌다.[117] 또 다른 연구는 사람들이 다른 사람들의 변화 능력을 믿을수록 좀 더 쉽게 코칭 행동을 하려고 한다는 것을 발견하였다.[118] 영국통신(*British Telecommunications*)과 E.ON UK는 감독자와 관리자들에 대해 집중적인 코칭 프로그램을 실시한 후에 재무적 성과가 향상되었음을 보고하였다.[119] 다국적 기업에서는 영업 관리자들이 이틀 간의 코칭 워크숍을 시행한 후에 기록적인 판매 증가가 있었다.[120] 원유 탐사 기업인 베이커 휴즈 인테크-노르웨이(*Baker Hughes INTEQ-Norway*)에서는 안전 코칭 프로그램을 도입한 후에 사고가 감소했다.[121] 미국 아리조나(*Arizona*)주의 메이요 클리닉(*Mayo Clinic*)에서는 전통적인 강의실 기반 훈련과 집중적인 일대일 코칭 등 두 가지 형태의 감독자 훈련을 실시했다. 이 훈련들은 종업원의 이직 감소에 기여했지만, 어떤 방법이 더 효과적인지는 알 수 없었다.[122] 경영자 코칭의 효과성을 평가하기 위한 프레임워크를 제시한 연구도 있다.[123]

길레이(*Gilley*)와 동료들은 약 500명의 MBA 학생들을 대상으로 관리자 코칭에 대해 조사했다. 코치와 같은 관리자들을 평가하는 데 있어서 가장 중요한 세 가지 변수들은 종업원 동기부여, 종업원 성장과 발전, 그리고 적절한 의사소통이다. 아쉽게도, 관리자들이 이러한 행동들을 보여주는 빈도에 대한 평가에서 각 항목에 대한 응답 평균은 5점 척도에서 3점 정도였다. 이는 세 개의 항목에 대해서 관리자들이 '가끔씩' 그러한 행동 특성을 보여준다는 것을 의미한다.[124]

치우멘토(*Chiumento*) 컨설팅 회사는 영국의 500여 개 대형 조직을 조사했다.[125] 70%의 조직이 코칭을 실시하고 있었고, 외부 코칭에 대규모 비용(조직당 평균 83,250파운드: 약 1억 원)을 투입하고 있었다.

그러나 응답자의 13%만이 코칭에 대한 투자수익률(ROI)을 측정하고 있다고 답했다. 이러한 결과와 코칭의 ROI 입증 여부에 대하여 카렌 뎀프시(*Karen Dempsey*)는 다음과 같이 말했다.

> "뭐라고? 개인의 성과가 개선되고 있는지를 알 수 없다고? 그들이 조직의 전체 목표에 좀 더 근접하도록 하는 기술을 개발하고 있는가? 코칭이 경영진의 과시 목적인가? HR 고위 관리자 및 코칭 대상자들 간의 합의 없이 — 조직과 개인 모두에게 이득이 되는 가시적인 결과에 도달하기 위해서는 — 코칭에 쏟아붓는 돈을 낭비할 위험이 있다."[126]

실무적인 측면의 성과 평가 인터뷰에 대한 연구에서는 코칭 면담의 다양한 측면의 효과성을 보여준다. **성과 평가 인터뷰**(*performance appraisal interview*)는 감독자와 부하 직원 간의 만남이며, 여기서 감독자는 종업원의 성과 평가를 검토하고 성과를 유지하고 개선할 방법을 모색한다.[127] 성과 평가 인터뷰의 어떤 부분(예: 토론 시기, 급여 또는 승진에 대한 토론)은 코칭과 관계는 없지만 코칭에 사용하는 대부분의 기법들은 평가 인터뷰 또는 성과 리뷰 세션의 성과 개선 부문에서 활용된다. 다음에서 코칭의 효과성과 관련된 평가 인터뷰에 관한 연구 결과들을 보여준다.

3.1 종업원의 면담 참여

종업원 참여는 종업원이 기여할 기회를 얼마만큼 갖느냐와 관계가 있다. 즉, 대화가 일방적이냐 또는 쌍방향적이냐이다.[128] 종업원이 많이 참여할수록 종업원의 만족도가 더 높아지며, 성과 목표를 달성할 가능성이 높다.[129] 또한, 직원이 참여하는 것을 감독자가 명시적으로 환영할 때 긍정적인 결과(예: 상급자가 보다 도움이 되고 건설적임)가 나타난다.[130] 직원들은 감독자의 위협이 적다고 인식할 때 더 많이 참여하고자 한다.[131] 마지막으로, 부하 직원들은 쌍방향 의사소통의 기회가 주어질 때, 특히 자신의 평가 결과에 대해 도전하고 반박할 기회가 주어질 때 성과 인터뷰가 공정하다고 본다.[132]

3.2 지원하기

지원은 코칭 문헌에서 반복적으로 언급되는 주제이다. 감독자의 후원과 지원 정도는 성과 리뷰에 대한 수용 및 종업원 만족에 영향을 미친다.[133] 또한, 관리자의 지원은 높은 수준의 동기부여와 관계가 있다.[134] 감독자의 성과 피드백에 건설적인 내용이 있다고 인지할 때 종업원은 불안감을 덜 보여주고, 피드백이 가치 있는 것으로 인지한다.[135] 보야티스(*Boyatis*)와 동료들은 리더가 '연민을 가지고 코칭'할 것을 주문한다. 즉, 코치와 코칭을 받는 사람 간에 배려관계가 필요하다.[136]

3.3 건설적인 비판의 활용

종업원들에게 피드백을 할 때 관리자들은 서술적이고, 판단적이지 않으며, 피드백 내용은 구체적, 행동적, 사실적, 건설적이어야 한다.[137] 성과 평가 인터뷰 중의 비판은 높은 수준의 불안으로 이어진다.[138] 또한, 파괴적인 비판(예: 일관성이 없고 모호한 피드백, 또는 저성과를 내부 원인에 돌리는 피드백)은 다음과 같은 문제점을 안고 있다.

- 종업원의 분노와 긴장 증가
- 종업원의 저항과 회피로 추가적인 의견 충돌 발생
- 종업원의 낮은 목표 설정 및 낮은 자기 효능감 발생
- 종업원의 갈등을 야기하는 주요 원인[139]

종업원은 어느 정도의 비판은 수용하지만, 이는 구체적이며, 행동에 초점을 두고, 건설적인 방법으로 전달되어야 한다.[140] 일반적으로, 비판은 최소한으로 하는 것이 좋다.

3.4 면담을 통한 성과 목표의 설정

앞서 언급한 바와 같이, 목표 설정은 성과 관리에서 중요한 부분이다.[141] 성과 면담을 통한 목표 설정은 면담에 대한 만족, 참여의 증가, 피드백에 대한 공정성과 정확성의 지각 및 피드백의 유용성 지각과 같은 긍정적인 결과로 이어진다.[142] 구체적인 목표 설정은 긍정적인 행동의 변화를 이끌어낸다.[143] 마지막으로, 목표 설정 과정에서 종업원 참여는 종업원에게 단순히 목표를 할당하는 것보다 더 효과적이다.[144]

3.5 훈련과 감독자의 신뢰

감독자들이 효과적인 코치가 되기 위해서는 훈련을 자주 받을 필요가 있다.[145] 감독자들이 종업원들과 성과 면담을 하도록 하는 훈련은 효과적인 성과 면담에서 중요하다는 것이 입증되었으며,[146] 종업원들이 감독자를 신뢰할 때(예: 종업원의 직무와 성과에 대해 잘 알고 있다고 지각할 때), 평가 결과를 보다 잘 수용하고, 피드백이 정확하다고 인식하며, 감독자가 후원적이라고 인식하고, 피드백을 활용할 의도가 있다고 보고한다.[147] '준거틀 훈련(*frame-of-reference training*)'이라 하는 평가자 훈련 방식은 감독자들에게 부하 직원의 성과를 보는(그러고 나서 평가하는) 공통 기준 또는 시각을 제공하는 데 유용하다.[148]

3.6 조직의 지원

코칭, 피드백 및 성과 관리에 대해서 조직 차원의 강력한 지원이 필요하다. 특히, 고위 경영진은 이러한 노력을 수동적으로 수용하는 것보다 적극적으로 지원해야 한다.[149] 코칭 및 성과 관리 시스템 또한 조직의 전략, 미션 및 가치와 연계되어야 한다. 그로테(*Grote*)에 의하면, "성과 관리 시스템은 (조직의) 미션, 비전 및 전략의 달성을 보증하는 주요한 동인이다(p.19)."[150] 이 시스템은 물론 조직의 보수 및 보상 시스템과 명확하게 연계되어야 한다.[151]

4. 코칭 및 성과 관리에 대한 맺음말

최근 경영자 코칭 주제에 대해 관심이 증가하고 있다.[152] 일부 경영 코칭 활동은 인적자원개발 분야에서 발전되고 있고, 어떤 활동은 개별적, 독자적으로 진행되고 있다.[153] 우리는 '코칭 산업'이 지속적으로 성장함에 따라 HRD 분야의 강점이 활용되기를 바란다.[154] 이 장에서 기술된 바와 같이 코칭에서 활용되는 많은 기법들의 유용성이 입증되고 있으며, 코칭을 성과 관리 및 직장 학습의 주요 분야로 포함하려는 노력이 진행되고 있다.[155] 이에 따라 코칭과 성과 관리가 종업원을 관리하고 개발을 촉진하는 효율적인 방법일 수 있다는 증거가 많아지고 있다. 또한, 코칭과 성과 관리는 조직의 제도 및 문화의 핵심 부분이다.[156] 종업원의 토론 참여, 개선을 위한 명확한 목표 설정, 구체적이고 행동적인 피드백 제공, 지원하고 후원하기, 상급자 훈련, 종업원의 직무와 성과에 대한 상급자의 확신과 같은 모든 것들은 개인과 조직에 긍정적인 성과를 가져다 준다. 〈그림 10.1〉과 같이, 키니키(*Kinicki*)와 동료들은 성과 관리 프로세스의 네 가지 주요 측면을 제시하였다.

1. 성과 정의(구체적인 목표 설정을 포함)
2. 성과 측정(모니터링 및 일상적인 코칭을 포함)
3. 성과 리뷰(공식적인 피드백 및 코칭)
4. 결과 제공(예: 인정, 보상)[157]

〈표 10.4〉에서는 성과 관리 시스템의 일부로서의 코칭의 효과성에 대한 제안을 기술하였다. 〈표 10.5〉에서는 성과 관리 시스템에 대한 권고 사항을 전반적으로 정리하였다.[158] 특히, 5번 항목, 즉 전체 프로세스 또는 시스템의 공정성이 다른 무엇보다도 중요하다.[159] HR 전문가 화이트(*White*)는 어떤 조직들은 공정성의 개념을 자신의 과실 없이 해고된 직원에게까지 어떻게 확장해서 적용할 것인가를 포함한다. 즉, 코칭과 지원을 새로운 일자리를 구하는 해고된 노동자들에게까지 확장하자는 것이다.[160]

5. 기술, 코칭, 그리고 성과 관리

다른 장에서 언급한 바와 같이 코칭과 성과 관리 분야에서도 기술(특히, 인터넷)의 영향은 모든 것을 변화시킨다! 지금은 모든 종류의 코칭이 'e-코칭'의 형태를 취하고 있다.[161] 스코틀랜드의 HRD 전공 학생들은 가상 플랫폼인 세컨드라이프(*SecondLife®*)를 활용한 평가 훈련을 받는다.[162] 싱가포르에서는 학생 교사들이 이동통신장치를 활용하여 동료 코칭을 한다.[163] 영국의 BT 홀세일(*Wholesale*)은 종업원들의 코칭과 멘토링을 위해 '나의 성과코치(*My Performance Coach*)'라는 DVD를 활용한다.[164] 메릴랜드(*Maryland*)의 컨스텔레이션 에너지(*Constellation Energy*)는 리더십 개발을 장려하기 위해서 '자기개발(*myDevelopment*)'이라는 온라인 포털을 활용한다.[165] 애질런트 테크놀로지(*Agilent Technologies*)는 학습실 훈련에 온라인 마무리 시스템을 추가하였다. 이러한 새로운 시스템들은 최근에 훈련된 관리자들이 훈련 전이를 촉진하는 코칭

표 10.4 효과적인 코칭을 위한 제안

1. 효과적인 성과 관리 시스템이 조직 내에서 작동해야 함(표 10.5 참조). 이는 조직의 인정과 보상 시스템이 효과적인 코칭과 밀접하게 관계됨을 의미함
2. 모든 관리자와 감독자들은 코칭 기법과 기술에 잘 훈련되어 있어야 함
3. 종업원과 성과 문제를 토론하기 전에 철저한 코칭 분석이 시행되어야 함
4. 감독자는 개별 종업원과 코칭 면담하기 전에 미리 준비해야 함
5. 감독자의 평가는 건설적이고, 후원적이고, 지원적이어야 함
6. 감독자는 종업원 성과에 대해 구체적이고 행동적인 피드백을 제공해야 함
7. 종업원들이 코칭 면담에 적극 참여해야 함
8. 면담을 통해 구체적인 목표가 설정되어야 함
9. 개선 계획은 종업원과 감독자가 공동으로 수립해야 함
10. 코칭 면담에서 최종적으로 종업원이 개선 계획을 수행하도록 하고, 성과가 개선되면 인정하고 축하해주어야 함
11. 가능하면 코칭 면담과 개선 계획은 종업원의 성장과 발전을 향상시키기 위한 개인 개발 계획에 포함되어야 함

표 10.5 효과적인 성과 관리 시스템을 위한 권고 사항

1. 시스템은 조직의 문화, 가치관, 그리고 목표를 반영해야 함
2. 고위 경영진은 성과 관리 시스템에 헌신하고, 적극적으로 참여해야 함
3. 시스템은 가장 중요한(또는 매우 중요한) 성과 측정에 집중해야 함
4. 종업원의 최근 직무 명세서가 성과 관리 시스템과 연계되어야 함
5. 관리자들은 종업원들의 성과 수준을 차별화할 필요가 있지만, 공정하고 객관적이어야 함(인상 관리, 조직 정치, 기타 유사한 문제들을 최소화할 것)
6. 관리자 대상으로 성과 관리 프로세스의 모든 부분(평가, 목표 설정, 피드백 제시, 코칭, 보상과 연계)에 대한 철저한 훈련을 통해 조직 전체의 일관성을 유지함
7. 성과 관리 시스템은 보상 시스템과 연계되어야 함
8. 종업원 개발에 관한 명확한 기대 수준과 개선 계획이 있어야 함(성과 관리 프로세스에서 도출할 것)
9. 행정적인 부담을 최소화해야 함(예: e-HR 및 기타 기술 활용)
10. 성과 관리 시스템의 효과성을 정기적으로 체크하고, 필요시 시스템의 수정이 필요함

출처: Lawler, E. E., III, & McDermott, M. (2003). Current performance management practices: Examining the varying impacts. *WorldatWork Journal*, 12(2), 49–60; O'Neill, C., & Holsinger, L. (2003). Effective performance management systems: 10 key design principles. *WorldatWork Journal*, 12(2), 61–67; Aguinis, H., Gottfredson, R. K., & Joo, H. (2012). Using performance management to win the talent war. *Business Horizons*, 55(6), 609–616; Ayers, R. S. (2013). Building goal alignment in federal agencies' performance appraisal programs. *Public Personnel Management*, 42(4), 495–520; Cascio, W. F. (2014). Leveraging employer branding, performance management and human resource development to enhance employee retention. *Human Resource Development International*, 17(2), 121–128.

과 피드백을 가능하도록 해준다.[166] 출판사 CPP사는 창의적인 사고상자(*ThinkBox*) 학습 도구를 통한 e-코칭을 종업원들에게 제공한다.[167] 트로이 멈포드(*Troy Mumford*)는 관리자용 성과 관리 역량 훈련 프로그램을 만들었다. 이 훈련 프로그램은 교육생이 자신이 성과 관리 시나리오로 역할 연기를 할 때 비디오로 찍어서 이를 분석하도록 한다.[168]

성과 관리는 새로운 기술과 인터넷 기반 시스템으로 대폭 향상되었다. 개발적, 평가적 피드백은 기술을 활용하여 제공된다.[169] 전사적 자원 계획(ERP) 및 인적자원 정보 시스템(HRIS)와 같은 HR 기술 플랫폼들은 성과 관리 및 학습 관리 내용을 포함하고 있다.[170] 최근에는 기술을 활용하여 보상 및 성과 기반 급여와 추가로 연계되어 '완벽한' 성과 관리 시스템으로 진화하고 있다.[171] 그렇지만, 이러한 하이테크의 열풍에도 불구하고 "조직들이 성과 관리 프로세스를 자동화하고 개선하기 위한 노력으로 기술적인 솔루션들을 도입함에 따라서, 기술은 성과 관리를 위한 만병통치약이 아니며, 오히려 다양한 실행 방안이 중요한 역할을 하는… 대형 시스템의 한 측면일 뿐이라는 점을 기억하는 것이 중요하다"고 오크스(*Oakes*)는 지적하고 있다.[172]

끝으로, 코칭과 성과 관리의 효과성을 입증하는 자료들이 증가하고 있음에도 불구하고 이러한 결론을 보다 확고하게 하는 추가적인 연구가 필요하다.[173] 코칭의 효과성에 관한 사례로 "어려운 환경에서 변화를 위한 코칭" 박스를 참고하라.

월드룹(*Waldroop*)과 버틀러(*Butler*)의 "코치로서의 임원"에 대한 아래의 메시지로 이 장을 마무리하고자 한다.

> "성공적인 경영자들은 종종 다음과 같은 이야기를 한다. 비즈니스 스쿨에 있을 때에는 재무 및 운영 관리와 같이 양적으로 '딱딱한(*hard*)' 과목들을 가장 중요한 주제로 생각했다. 조직행동 및 인적자원관리와 같은 '말랑말랑한(*soft*)' 과목들에 대한 관심은 거의 없었다. 그렇지만, 15~20년 후에 이 경영자들은 개인적인 성공과 사업적인 성공 모두의 핵심은 사람 관리 기술—사람들과 일하고 개발하는 것—이라는 점을 인정한다. 유능한 코치가 되는 것이 성공의 핵심적인 열쇠이다."[174]

도입 사례로 돌아가기

도입 사례에서 제시된 두 개의 시나리오는 모두 실제 상황에 근거를 두고 있다. 첫 번째 사례에서 개별 관리자가 코칭을 수행했으며, 두 번째에서는 외부 또는 경영자 코치가 코칭을 수행하였다. 관리자들은 자신들의 주요 의사소통 유형을 파악할 필요가 있다. 메르나 스키너(*Merna Skinner*)는 이렇게 하려면 지침에 따른 집중적인 자기 발견 과정을 통해 관리자들을 도울 필요가 있다고 주장한다.

출처: Skinner, M. (2000). Training managers to be better communicators. *Employment Relations Today*, 27(1), 73-81; McMahon, G. (2007, June). Unlocking potential. *Training Journal*, 52-55; McCarthy, G., & Milner, J. (2013). Managerial coaching: Challenges, opportunities and training. *Journal of Management Development*, 32(7), 768-779.

어려운 환경에서 변화를 위한 코칭

피터 클루트(Peter Clute)는 미국 중서부의 정유 공장에서 있었던 주요한 변화 노력에 대해 다음과 같이 기술하고 있다. 이 정유 공장은 국제적인 석유회사의 일부분이었다. 대략 500명의 직원이 근무하고 있었고, 이중 300명은 노동조합의 조합원이었다. 이 곳은 '근무하기가 어렵고', '타 부서에 비협조적이고', '운영 기준으로 볼 때 보통 정도이며', '변화에 완강하게 저항하는' 인력들로 구성되어 있었다. 이러한 상태에 있는 이 곳은 회사의 불안한 미래에서 볼 때 회사의 사업 포트폴리오 상 한계자산으로 취급되었다.

학습조직에 관한 피터 센게(Peter Senge)의 원칙에 따라 1996년에서 1998년 사이에 변화를 위한 중요한 시도가 있었다. 페이스세터 프로젝트(Pacesetter Project)라고 명명된 이 시도는 도전적이었다. 이전에 시도된 두 개의 변화 시도에서와 같이 구성원들은 "문화-변화 프로세스와 같은 것에 대해서 냉소적이었다.

클루트(Clute)는 이 회사의 조직 개발 컨설턴트로 일해왔고, 이 정유공장에서는 이 프로젝트의 학습 지도자로 고용되었다. 두 명의 외부 컨설턴트도 이 프로젝트에 투입되었다. 정유공장의 전반적인 성과를 개선하기 위해 18개월 동안 무수한 변화가 있었다. 그 중에 전반적인 변화 노력의 설계와 이행을 위해 노조 지도자들을 참여시키는 것도 포함되어 있었다(과거에는 경영진과 노조의 관계는 적대적이었다).

또 하나의 변화 노력으로 클루트(Clute)는 공장의 책임자에 대해 개인 코칭을 실시하였다. 특별히 강조한 내용은 '타운 홀' 미팅을 실시한 것이다. 예를 들면, 페이스세터 프로젝트의 킥오프를 위한 만찬에 공장에서 영향력 있는 60명을 초청하여 발표한 내용을 영상으로 촬영하였다. 이는 참석자들이 어떻게 의사소통하는지를 피드백 할 목적으로 한 것이었다. 클루트에 의하면 이는 "보스가 좀 더 나아지기 위해 배우려고 하면, 우리도 그렇게 하기 위해 배울 수 있다"는 것을 보여주는 사례이다.

이와 같은 노력에 대한 사례는 많다. 그렇지만, 클루트의 결론은 중요한 교훈 중의 하나는 "코칭이 효과가 있다"는 것이다. 집중적인 코칭의 결과, 공장 책임자는 수용적이었고 학습 의지가 있었으며, 실제로 자신의 행동을 변화시켰다. 노조 지도자는 경영진과 노조 간의 신뢰 수준의 향상뿐만 아니라 경영진의 의사소통의 개선에 대해 언급을 했다. 성과로써 안전, 운영성과 그리고 수익성에서 기록적인 향상이 있었다. 종업원 대부분의 사고방식과 태도에서 긍정적인 변화가 입증되었다.

모든 코칭 프로젝트와 변화 노력이 성공적으로 마무리되지는 않지만, 본 사례는 긍정적인 행동의 변화를 이끌어내고, 문제투성이의 정유공장에서의 반전에 기여한 코칭의 위력을 부각시킨다. 최근의 연구에서는 "코치로서 유능한 관리자"는 성공적인 조직 개발 노력의 진수가 될 수도 있고, 코칭과 성과 관리는 노조가 있는 작업장 환경에서도 효과가 있을 수 있다는 점을 지지한다.

출처: Clute, P. W. (1999). Change at an oil refinery:Toward the creation of a learning organization. *Human Resource Planning*, 22(2), 24-38; Ladyshewsky, R. K. (2010). The manager as coach as a driver of organizational development. *Leadership & Organization Development Journal*, 31, 292-306; Brown, T. C., & Warren, A. M. (2011). Performance management in unionized settings. *Human Resource Management Review*, 21, 96-106.

요약

관리자의 주요 임무 중의 하나는 종업원들이 자신의 과업을 효과적으로 수행하도록 하는 것이다. 대다수의 관리자들은 주로 저성과에 초점을 두고, 위협과 처벌을 활용하여 이를 해결하려고 한다. 성과 관리는 종업원의 목표 설정, 코칭, 보상, 그리고 개인의 개발을 강조하는 지속적인 과정이며, 성과 평가 프로세스에 대한 새로운 명칭 이상의 것이다.[175] 조직은 코칭과 성과 관리를 모두를 용이하게 하는 온라인 시스템의 활용을 늘리고 있다. 성과 관리 방안들은 종업원과 조직의 성과 간의 중요한 연계 고리를 제공한다.[176]

이 장에서는 코칭, 목표 설정, 그리고 성과 관리의 피드백 측면을 강조하였다. 코칭은 성과 관리에서 관리자가 종업원과 연대감을 형성하게 하는 긍정적인 문제 해결 접근 방법으로 볼 수 있다. 유능한 코치와 같은 관리자는 종업원 성과에 대해 보다 잘 알 수 있고, 종업원이 목표, 과업 및 기대 수준의 변화에 적응하도록 도울 수 있다.

코칭은 관리자 또는 상급자가 종업원들이 성과에 대한 책임을 수용하도록 격려하고, 탁월한 성과를 달성(및 유지)하고, 조직의 목표 달성을 향해 동반자로서 취급하도록 자극하는 데 활용하는 프로세스이다. 코칭에는 성과 문제를 해결하고, 성과를 향상하기 위한 방법을 결정하기 위해 종업원과 함께 성과를 분석하고 토론을 수행하는 것이 포함된다.

코칭 분석은 성과 문제를 명확하게 정의하고, 저성과에 영향을 주는 요인을 조사하고, 효과적인 성과를 보증하는 행동을 결정하는 것이다. 코칭 분석에서 조사되어야 할 요인들은 문제가 되는 행동의 중요성, 종업원들이 자신의 성과가 불만족스럽다는 점, 무엇을 해야 하는지를 인식하는지의 여부, 효과적인 성과에 대한 환경적 장애물의 존재, 효율적·비효율적 성과의 결과, 그리고 필요한 과업을 수행할 수 있는 종업원의 능력을 포함한다.

이 장에서는 코칭 면담에 대한 두 개의 접근 방법을 소개하였다. 킨로(*Kinlaw*)의 3단계 접근 방법에서는 상급자가 종업원을 직면하고 성과 문제를 제시하며, 가능한 원인과 해법에 대한 정보를 전개하기 위해서 종업원의 반응을 활용하고, 문제를 해결하기 위해서 해야 할 사항에 대하여 종업원과 합의를 한다. 포우니스(*Fournies*)의 접근 방법은 문제가 존재한다는 것을 종업원이 알게 하고, 해결 대안들을 논의하며, 취할 조치들에 대해 합의하고, 결과를 측정하고, 성과를 인정하는 것으로 구성되어 있다. 두 방법의 통합도 제시하였다. 효율적인 성과를 유지하고 탁월한 성과를 촉진하기 위한 코칭은 종업원의 성과에 대한 주인 의식 증가에 초점을 둔다.

코칭은 종업원의 성과를 분석하고, 효과적인 의사소통 및 대인 관계 기법을 활용하는 것 뿐만 아니라 객관성, 즉시성, 존경심의 표시, 긍정하기, 신뢰의 구축 및 순수성을 표현하는 상급자의 기술에 달려있다. 행동 모델링과 역할 연기를 활용하는 훈련 프로그램은 상급자와 관리자들이 이런 기술을 습득하는 데 도움을 준다. 가장 효과적인 코칭은 우수한 성과 관리 시스템 안에서 가능하며, 이 시스템에 대한 권고 사항도 제시하였다.

토의문제

1. 성과 관리 용어의 의미는, 그리고 대부분의 조직에서 보편적인 성과 평가 방안과는 어떻게 다른가?
2. 성과가 좋은 직원뿐만 아니라 성과 문제가 있는 직원을 코칭하는 것이 왜 중요한가?
3. 효과적인 코치가 되는데 지녀야 할 가장 중요한 자질은 무엇이라고 생각하는가? 스포츠에서 효과적인 코치와 비즈니스에서 효과적인 코치의 유사성 또는 차이점은 무엇이라고 생각하는가? 그 이유는 무엇인가?
4. 자신이 제조회사의 감독자 집단을 위한 훈련 프로그램의 운영을 방금 끝낸 HRD 전문가라고 가정하시오. 감독자 중의 한 사람이 "당신을 코칭 비즈니스에 정통한 사람으로 생각합니다. 나를 위해 내 직원들에게 코칭을 해주시겠습니까?"라고 요청하였다. 이 질문에 뭐라고 답하겠는가? 그 이유는 무엇인가?
5. 저성과를 정의하기 위해서 필요한 사항을 기술하시오. 성과가 낮다고 정의하는 것에 대한 어려움은 무엇인가? 이 과제를 좀 더 쉽게 할 수 있는 실질적인 권고를 해보시오.
6. 업무 현장 또는 강의실에서 당신의 성과에 문제가 있었던 때를 생각해보시오. 포우니스(Fournies)의 9단계 성과 분석 모델을 활용하여, 이 문제의 원인을 파악하고, 이를 교정할 수 있는 방법을 기술하시오.
7. 다수의 관리자와 감독자들은 코칭을 실행하는 것을 어려워하거나 꺼려한다. 이에 대한 이유를 두 가지 이상 이야기하고, 이를 극복할 수 있는 방안을 제시해보시오.
8. 코칭 면담 중에, 감독자는 성과에 문제가 있다는 것을 직원이 구두로 동의하게 할 필요가 있다. 왜 그런지 이유를 설명하시오.
9. 당신이 음식점의 관리자이고, 영업이 종료된 후에 종업원이 문단속을 하는 것을 반복적으로 하지 않는 직원과 코칭 면담을 한다고 가정하시오. 당신은 코칭 분석을 통해서 그 직원이 이 일을 수행할 수 있고, 이에 대한 모든 장애물이 제거되었고, 그 일은 음식점에서 중요한 일 중의 하나라는 것이라고 판단하였다. 어떻게 그 직원이 문제가 있다는 사실에 동의하게 할 것이며, 그 직원이 문제가 존재한다는 것을 인정하지 않으면 어떻게 할 것인지를 기술하시오. 이 상황을 해결하기 위해서 활용할 수 있는 대안들을 기술하시오. 어떤 대안을 선택하겠는가? 그 이유를 설명하시오.
10. 코칭 이외에 조직이 보유해야 할 효과적인 성과 관리 시스템은 무엇이라고 생각하는가?

미주

1. Scott, M. (2000). Seven pitfalls for managers when handling poor performers and how to overcome them. *Manage*, February, pp. 12–13.

2. Fournies, F. F. (2000). *Coaching for improved work performance* (rev. ed.). New York: McGraw-Hill, p. 35; Fournies, F. F. (2007). *Why employees don't do what they're supposed to, and what to do about it* (2nd ed.). New York: McGraw-Hill.

3. Weinstein, M. (2009). Emotional evaluation. *Training*, 46(6), 20–23.

4. Harris, K. J., Kacmar, K. M., & Zivnuska, S. (2007). An investigation of abusive supervision as a predictor of performance and the meaning of work as a moderator of the relationship. *Leadership Quarterly*, 18(3), 252–263; Tepper, B. J. (2007). Abusive supervision in work organizations: Review, synthesis, and research agenda. *Journal of Management*, 33,

261–289; Hershcovis, M. S., & Barling, J. (2010). Towards a multi-foci approach to workplace aggression: A meta-analytic review of outcomes from different perpetrators. *Journal of Organizational Behavior*, 31, 24–44; Rose, K., Shuck, B., Twyford, D., & Bergman, M. (2015). Skunked: An integrative review exploring the consequences of the dysfunctional leader and implications for those employees who work for them. *Human Resource Development Review*, 14(1), 64–90; Mackey, J. D., Frieder, R. E., Brees, J. R., & Martinko, M. J. (2015). Abusive supervision: A meta-analysis and empirical review. *Journal of Management*, doi:10.1177/0149206315573997.

5. Aguinis, H., Gottfredson, R. K., & Joo, H. (2012). Delivering effective performance feedback: The strengths-based approach, Editorial. *Business Horizons*, 55(2), 105–111; Bennett, J. L., & Bush, M. W. (2013). *Coaching for change*. New York: Routledge.

6. Blyth, A. (2008). Looking after the crème de la crème. *Training&Coaching Today*, May, p. 13; Wilson, C. (2010). *Best practice in performance coaching: A handbook for leaders, coaches, HR professionals and organizations*. San Francisco, CA: Jossey-Bass; Ingleton, C. (2013). The miracle of coaching. *Industrial and Commercial Training*, 45(5), 289–292.

7. Waldroop, J., & Butler, T. (2000). The executive as coach. *Harvard Business Review*, 78(6), 111–117; Houlihan, A. (2007). Empower your employees to make smart decisions. *Supervision*, 68(7), 3–5; Wallace, L., &Trinka, J. (2008). Performance engagement. *Leadership Excellence*, 25(8), 15; Hagen, M., & Gavrilova Aguilar, M. (2012). The impact of managerial coaching on learning outcomes within the team context: An analysis. *Human Resource Development Quarterly*, 23(3), 363–388; Aguinis, H., Gottfredson, R. K., & Joo, H. (2013). Avoiding a "me" versus "we" dilemma: Using performance management to turn teams into a source of competitive advantage, Editorial. *Business Horizons*, 56(4), 503–512.

8. Mulder, R. H. (2013). Exploring feedback incidents, their characteristics and the informal learning activities that emanate from them. *European Journal of Training and Development*, 37(1), 49–71; van der Rijt, J., Piet Van den, B., & Mien, S. R. S. (2013). Understanding informal feedback seeking in the workplace. *European Journal of Training and Development*, 37(1), 72–85.

9. Manoharan, T. R., Muralidharan, C., & Deshmukh, S. G. (2012). A composite model for employees' performance appraisal and improvement. *European Journal of Training and Development*, 36(4), 448–480; Peretz, H., & Fried, Y. (2012). National cultures, performance appraisal practices, and organizational absenteeism and turnover: A study across 21 countries. *Journal of Applied Psychology*, 97(2), 448–459; Longenecker, C. O., Fink, L. S., & Caldwell, S. (2014). Current US trends in formal performance appraisal: Practices and opportunities—Part One. *Industrial and Commercial Training*, 46(6), 321–326; Risher, H. (2014). Performance management needs to be fixed. *Compensation & Benefits Review*, 46(4), 191–194.

10. Grote, D. (2011). *How to be good at performance appraisal*. Boston, MA: Harvard Business Press; Bohlander, G., & Snell, S. (2015). *Managing human resources* (16th ed.). Mason, OH: Cengage Learning.

11. Gosselin, A., Werner, J. M., & Hallé, N. (1997). Ratee preferences concerning performance management and appraisal. *Human Resource Development Quarterly*, 8, 315–333.

12. Rice, B. (1985). Performance review: The job nobody likes. *Psychology Today*, 19(9), 30–36; Longenecker, C. O., & Goff, S. J. (1990). Why performance appraisals still fail. *Journal of Compensation and Benefits*, 6(3), 36–41; Nickols, F. (2007). Performance appraisal: Weighed and found wanting in the balance. *Journal for Quality & Participation*, 30(1), 13–16; St.-Onge, S., Morin, D., Bellehumeur, M., & Dupuis, F. (2009). Managers' motivation to evaluate subordinate performance. *Qualitative Research in Organizations and Management*, 4, 273–293; Brown, M., Hyatt, D., & Benson, J. (2010). Consequences of the performance appraisal experience. *Personnel Review*, 39, 375–396; Boachie-Mensah, F., & Seidu, P. A. (2012). Employees' perception of performance appraisal system: A case study. *International Journal of Business and Management*, 7(2), 73–88; Wright, P. (2013). Some practical thoughts on annual performance management process. *People & Strategy*, 36(2), 54–57.

13. Markle, G. L. (2000). *Catalytic coaching: The end of the performance review*. Westport, CT: Quorum Books.

14. Grote, D. (2000). The secrets of performance appraisal. *Across the Board*, 37(5), 14–20.

15. Bates, S. (2003). Performance appraisals: Some improvement needed. *HR Magazine*, 48(4), 12.

16. Schneier, C. E., Shaw, D. D., & Beatty, R. W. (1991). Performance measurement and management: A tool for strategy execution. *Human Resource Management*, 30, 279–301; London, M., & Mone, E. M. (2009). Strategic performance management: Issues and trends. In J. Storey, P. Wright, & D. Ulrich (Eds), *The Routledge companion to strategic human resource management*. New York: Routledge, pp. 245–261; Bouskila-Yam, O., & Kluger, A. N. (2011). Strength-based performance appraisal and goal setting. *Human Resource Management Review*, 21, 81–158; Bracken, D. W., & Church, A. H. (2013). The "new" performance management paradigm: Capitalizing on the unrealized potential of 360 degree feedback. *People & Strategy*, 36(2), 34–40; Darling, J. (2013). Reframing performance reviews for greater impact. *HR People & Strategy*, 36, 66–76.

17. Lawler, E. E., III, & McDermott, M. (2003). Current performance management practices: Examining the varying impacts. *World at Work Journal*, 12(2), 49–60; Lee, C. D. (2006). Feedback, not appraisal. *HR Magazine*, 51(11), 111–114; Pulakos, E. D. (2009). *Performance management: A new approach for driving business results*. West Sussex, UK: Wiley; Cardy, R. L., & Leonard, B. (2011). *Performance management: Concepts, skills, and exercises* (2nd ed.). Armonk, NY: M. E. Sharpe; Performance management—Overview & history (2015). U.S. Office of Personnel Management. Accessed on March 25, 2015 at http://www.opm.gov/policy-data-oversight/performance-management/overview-history/.

18. Aguinis, H. (2009). *Performance management* (2nd ed.). Upper Saddle River, NJ: Pearson; Budworth, M.-H., & Mann, S. L. (2011). Performance management: Where do we go from here? *Human Resource Management Review*, 21, 81–84.

19. Pace, A. (2009). The value of coaching: A new trend in an old friend. *T&D*, 63(4), 20.

20. Neely, A., & Al Najjar, M. (2006). Management learning not management control: The true role of performance measurement? *California Management Review*, 48(3), 101–114.

21. Buchner, T. W. (2007). Performance management theory: A look from the performer's perspective with implications for HRD. *Human Resource Development International*, 10(1), 59–73; Gruman, J. A., & Saks, A. M. (2011). Performance management and employee engagement. *Human Resource Management Review*, 21, 123–136.

22. Gosselin, Werner, & Hallé (1997), *supra* note 11.

23. Wellins, R., & Rioux, S. (2000). The growing pains of globalizing HR. *Training & Development*, 54(5), 79–85; Performance management remains hot topic, technology plays larger role (2007). *Corporate Training & Development Advisor*, 12(6), 5–6.

24. Kinicki, A. J., Jacobson, K. J. L., Peterson, S. J., & Prussia, G. E. (2013). Development and validation of the Performance Management Behavior Questionnaire. *Personnel Psychology*, 66(1), 1–45.

25. Taylor, P. J., & Pierce, J. L. (1999). Effects of introducing a performance management system on employees' subsequent attitudes and effort. *Public Personnel Management*, 28(3), 423–452; Stivers, B. P., & Joyce, T. (2000). Building a balanced performance management system. *Advanced Management Journal*, 65(2), 22–29; Lawler, E. E., III (2003). Reward practices and performance management system effectiveness. *Organizational Dynamics*, 32(4), 396–404; Summers, L. (2005). Integrated pay for performance: The high-tech marriage of compensation management and performance management. *Compensation and Benefits Review*, 37(1), 18–25; Brannen, L. (2007). Performance management: BPM's missing link. *Business Finance*, 13(10), 45–49; Johnson, D. A., Dickinson, A. M., & Huitema, B. E. (2008). The effects of objective feedback on performance when individuals receive fixed and individual incentive pay. *Performance Improvement Quarterly*, 20(3/4), 53–74; Lawler, E. E., III, Benson, G. S., & McDermott, M. (2012). *Performance management and reward systems*. Center for Effective Organizations. Accessed on March 26, 2015 at www.ceo.usc.edu/pdf/G12-10.pdf; Mulvaney, M. A., McKinney, W. R., & Grodsky, R. (2012). The development of a pay-for-performance appraisal system for municipal agencies: A case study. *Public Personnel Management*, 41(3), 505–533.

26. Heneman, R. L., & Thomas, A. L. (1997). The Limited, Inc.: Using strategic performance management to drive brand leadership. *Compensation & Benefits Review*, 27(6), 33–40; Gagne, K. (2002). Using performance management to support an organization's strategic business plan. *Employment Relations Today*, 28(4), 53–59; O'Neill, C., & Holsinger, L. (2003). Effective performance management systems: 10 key design principles. *WorldatWork Journal*, 12(2), 61–67; Ferguson, K. L., & Reio, T. G., Jr. (2010). Human resource management systems and firm performance. *Journal of Management Development*, 29, 471–494; Tippins, N. T. (2013). Why performance management systems must continue to evolve. *People & Strategy*, 36(2), 14.

27. Gilley, J. W., Boughton, N. W., & Maycunich, A. (1999). *The performance challenge: Developing management systems to make employees your organization's greatest asset*. Reading, MA: Perseus Books.

28. U.S. workers give performance management programs a failing grade. (2004). *PA Times*, 27(5), 13; Zingheim, P. K., & Schuster, J. R. (2005). The next decade for pay and rewards. *Compensation and Benefits Review*, 37(1), 26–32; Ward, M. D. (2009). Human capital management: 2nd generation. *Industrial & Commercial Training*, 41, 212–214; Hatry, H. P. (2010). Looking into the crystal ball: Performance management over the next decade. *Public Administration Review*, 70, s208–s211; Webber, J. (2010). How technology is changing the way HR works: Capturing rich business data through HR technology. *Strategic HR Review*, 9, 37–38; Carliner, S. (2014). Human performance technology and HRD. *New Horizons in Adult Education and Human Resource Development*, 26(1), 33–41.

29. Cox, E., Bachkirova, T., & Clutterbuck, D. (2014). Theoretical traditions and coaching genres: Mapping the territory. *Advances in Developing Human Resources*, 16(2), 139–160.

30. Fournies (2000), *supra* note 2.

31. Coe, C., Zehnder, A., & Kinlaw, D. C. (2008). *Coaching for commitment: Achieving superior performance from individuals and teams* (3rd ed., p. 8). San Francisco, CA: Pfeiffer.

32. Kirkpatrick, D. L. (1982). *How to improve performance through appraisal and coaching*. New York: AMACOM; Zemke, R. (1996). The corporate coach. *Training*, 33(12), 24–28.

33. Riley, P. (1994). *The winner within: A life plan for team players*. New York: Berkley Publishing Group; Landi, H. (2007). Passion to win. *Beverage World*, 126(1778), September 15, pp. 37–42; O'Conner, T. J. (2008). There's no winning without a successful coach. *Agency Sales*, 38(12), 26–29.

34. Shula, D., & Blanchard, K. (1995). *Everyone's a coach: You can inspire any one to be a winner*. New York: HarperBusiness.

35. Evered, R. D., & Selman, J. C. (1989). Coaching and the art of management. *Organizational Dynamics*, 18(2), 16–32.

36. Peters, T., & Austin, N. (1985). *A passion for excellence: The leadership difference*. New York: Random House.

37. *Ibid*.

38. Gilley, J. W., & Boughton, N. W. (1996). *Stop managing and start coaching! How performance coaching can enhance commitment and improve productivity*. Chicago, IL: Irwin Professional Publishing.

39. Waldroop & Butler (1996), *supra* note 7, quote from p. 111.

40. Olesen, M. (1996). Coaching today's executives. *Training & Development*, 50(3), 22–27.

41. Hellervik, L. W., Hazucha, J. F., & Schneider, R. J. (1992). Behavior change: Models, methods, and a review of evidence. In M. D. Dunnette & L. M. Hough (Eds), *Handbook of industrial and organizational psychology* (2nd ed., Vol. 3, pp. 823–895). Palo Alto, CA: Consulting Psychologists Press, quote from p. 878.

42. Evered & Selman (1989), *supra* note 35; Fournies (2000), *supra* note 2.

43. Fournies (2000), *supra* note 2.

44. Toto, J. (2006). Untapped world of peer coaching. *T&D*, 60(4), 69–70; Aderibigbe, S. A., & Ajasa, F. A. (2013). Peer coaching as an institutionalised tool for professional development. *Journal of Workplace Learning*, 25(2), 125–140; Goldman, E., Wesner, M., & Karnchanomai, O. (2013). Reciprocal peer coaching: A critical contributor to implementing individual leadership plans. *Human Resource Development Quarterly*, 24(1), 63–87.

45. Mercurio, N. (2004). Mastering individual effectiveness through the coaching process. *Canadian Manager*, 29(4), 8–10; Hamlin, R. G., Ellinger, A. D., & Beattie, R. S. (2008). The emergent 'coaching industry': A wake-up call for HRD professionals. *Human Resource Development International*, 11, 287–305; Pace, A. (2008). Coaching gains ground. *T&D*, 62(7), 21; Paterson, K. (2008). Littleused coaching is most effective management style. *Rough Notes*, 151(1), 76–77; Play to win, Part II: Executing executive coaching programs (2009). *PR News*, 65(6), February 9; Ellinger, A. D., & Kim, S. (2014). Coaching and human resource development examining relevant theories, coaching genres, and scales to advance research and practice. *Advances in Developing Human Resources*, 16(2), 127–138.

46. Kinlaw, D. C. (1998). *Coaching: Achieving continuous development with individuals and teams*. London: Ashgate Publishing; Longenecker, C. O., & Neubert, M. J. (2005). The practices of effective managerial coaches. *Business Horizons*, 48,

493–500; Performance coaching and training in the workplace (2008). *British Journal of Administrative Management*, January, 26–27; Rai, H., & Singh, M. (2013). A study of mediating variables of the relationship between 360° feedback and employee performance. *Human Resource Development International*, 16(1), 56–73.

47. Kinlaw, D. C. (2000). Encourage superior performance from people and teams through coaching. *Women in Business*, 52(1), 38–41; Rosen, M. A., Bedwell, W. L., Wildman, J. L., Fritzsche, B. A., Salas, E., & Burke, C. S. (2011). Managing adaptive performance in teams: Guiding principles and behavioral markers for measurement. *Human Resource Management Review*, 21, 107–122.

48. Wellins, R. S., Byham, W. C., & Wilson, J. M. (1991). *Empowered teams: Creating self-directed work groups that improve quality, productivity, and participation*. San Francisco, CA: Jossey-Bass; Gilley, A., Gilley, J. W., McConnell, W., & Veliquette, A. (2010). The competencies used by effective managers to build teams: An empirical study. *Advances in Developing Human Resources*, 12, 29–45; Yeager, K. L., & Nafukho, F. M. (2012). Developing diverse teams to improve performance in the organizational setting. *European Journal of Training and Development*, 36(4), 388–408.

49. Gilley, J. W., Boughton, N. W., & Maycunich, A. (1999), *supra* note 27; Bond, C., & Seneque, M. (2013). Conceptualizing coaching as an approach to management and organizational development. *Journal of Management Development*, 32(1), 57–72; Egan, T., & Hamlin, R. G. (2014). Coaching, HRD, and relational richness: Putting the pieces together. *Advances in Developing Human Resources*, 16(2), 242–257.

50. DelPo, A., & Guerin, L. (2013). *Dealing with problem employees: A legal guide*, 7th Ed. Berkeley, CA: NOLO.

51. Viega, J. F. (1988). Face your problem subordinates now! *Academy of Management Executive*, 2, 145–152, quote from p. 145.

52. Agnew, T. (2006). Dealing effectively with poor performers. *Healthcare Executive*, 21(2), 77; Kennett, M. (2007). First-class coach. *Management Today*, February, 52; Crashcourse in... managing poor performance (2010). *Management Today*, February, 20; Arumugam, S. (2012). Why we avoid managing poor performance—Part 2: feature. *HR Future*, 26–27.

53. Mitchell, T. R., & O'Reilly, C. A. (1983). Managing poor performance and productivity in organizations. *Research in Personnel and Human Resources Management*, 1, 201–234.

54. Schleicher, D. J., Bull, R. A., & Green, S. G. (2009). Rater reactions to forced distribution rating systems. *Journal of Management*, 35, 899–927; Goffin, R. D., & Olson, J. M. (2011). Is it all relative? Comparative judgments and the possible improvement of self-ratings and ratings of others. *Perspectives on Psychological Science*, 6, 48–60; Blume, B. D., Rubin, R. S., & Baldwin, T. T. (2013). Who is attracted to an organisation using a forced distribution performance management system? *Human Resource Management Journal*, 23(4), 360–378.

55. Bates, S. (2003). Forced ranking. *HR Magazine*, 48(6), 36, 38; Dominick, P. G. (2009). Forced rankings: Pros, cons, and practices. In J. W. Smither & M. London (Eds), *Performance management: Putting research into action*. San Francisco, CA: Wiley, pp. 411–443; Ryan, L. (2010). Ten management practices to axe. *Business Week*, February 8, p. 6; Chattopadhayay, R., & Ghosh, A. K. (2012). Performance appraisal based on a forced distribution system: Its drawbacks and remedies. *International Journal of Productivity and Performance Management*, 61(8), 881–896.

56. Grote, D. (2005). *Forced ranking: Making performance management work*. Boston, MA: Harvard Business School Press; Marquez, J. (2007). Is GE's ranking system broken? *Workforce Management*, 86(12), June 25, pp. 1–3; Garcia, S. M., & Tor, A. (2007). Rankings, standards, and competition: Task vs. scale comparisons. *Organizational Behavior and Human Decision Processes*, 102(1), 95–108; Boehle, S. (2008). Keep forced ranking out of court. *Training*, 45(6), 4; Blume, B. D., Baldwin, T. T., & Rubin, R. S. (2009). Reactions to different types of forced distribution systems. *Journal of Business and Psychology*, 24, 77–91.

57. Société Générale brings competency-based appraisals to life (2007). *Industrial and Commercial Training*, 39(3), 184–186; Hazels, B.,&Sasse,C. M. (2008). Forced ranking:A review. *SAM AdvancedManagement Journal*, 73(2), 35–39; Stewart, S. M., Gruys, M. L., & Storm, M. (2010). Forced distribution performance evaluation systems: Advantages, disadvantages and keys to implementation. *Journal of Management & Organization*, 16, 168–179; Berger, J., Harbring, C., & Sliwka, D. (2013). Performance appraisals and the impact of forced distribution—An experimental investigation. *Management Science*, 59(1), 54–68.

58. Andreaoli, N., & Lefkowitz, J. (2008). Individual and organizational antecedents of misconduct in organization. *Journal of Business Ethics*, 85, 309–332; Atwater, L., & Elkins, T. (2009). Diagnosing, understanding, and dealing with counterproductive work behavior. In J. W. Smither & M. London (Eds), *Performance management: Putting research into action*. San Francisco, CA: Jossey-Bass, pp. 359–410; Bowling, N. A., & Gruys, M. L. (2010). Overlooked issues in the conceptualization and measurement of counterproductive work behavior. *Human Resource Management Review*, 20, 54–61; Shao, P., Resick, C. J., & Hargis, M. B. (2011). Helping and harming others in the workplace: The roles of personal values and abusive supervision, *Human Relations*, 64(8), 1051–1078.

59. Robinson, S. L., & Bennett, R. J. (1995). A typology of deviant workplace behaviors: A multidimensional scaling study. *Academy of Management Journal*, 38, 555–572, quote from p. 556.

60. Ambrose, M. L., Seabright, M. A., & Schminke, M. (2002). Sabotage in the workplace: The role of organizational injustice. *Organizational Behavior & Human Decision Processes*, 89(1), 947–965; Peterson, D. K. (2002). Deviant workplace behavior and the organization's ethical climate. *Journal of Business & Psychology*, 17(1), 47–61; Spector, P. E., Fox, S., Penney, L. M., Bruursema, K., Goh, A., & Kessler, S. (2006). The dimensionality of counterproductivity: Are all counterproductive behaviors created equal? *Journal of Vocational Behavior*, 68, 446–460; Ferris, D. L., Spence, J. R., Brown, D. J., & Heller, D. (2011). Interpersonal injustice and workplace deviance: The role of esteem threat. *Journal of Management*. 38(6), 1788–1811; Bartlett, J. E., & Bartlett, M. E. (2011). Workplace bullying: An integrative literature review. *Advances in Developing Human Resources*, 13(1), 69–84.

61. Cardy, R. L., & Selvarajan, T. T. (2006). Assessing ethical behavior: The impact of outcomes on judgment bias. *Journal of Managerial Psychology*, 21(1), 52–72; Selvarajan, R., & Cloninger, P. A. (2009). The influence of job performance outcomes on ethical assessments. *Personnel Review*, 38, 398–412; Ruiz, P., Martinez, R., Rodrigo, J., & Diaz, C. (2014). Level of coherence among ethics program components and its impact on ethical intent. *Journal of Business Ethics*, 128(4), 725–742.

62. Mitchell & O'Reilly (1983), *supra* note 53; Wall, B. (2007). Being smart only takes you so far. *T&D*, 61(1), 64–68.

63. Tomlinson, E. C., & Mayer, R. C. (2009). The role of causal attribution in trust repair. *Academy of Management Review*, 34,

85–104; Eberly, M. B., Holley, E. C., Johnson, M. D., & Mitchell, T. R. (2011). Beyond internal and external: A dyadic theory of relational attributions. *Academy of Management Review*, 36(4), 731–753.

64. Weiner, B., Frieze, I., Kukla, A., Reed, L., Nest, S., & Rosenbaum, R. (1972). Perceiving the causes of success and failure. In E. Jones, D. Kanouse, H. Kelley, R. Nisbett, S. Balins, & B. Weiner (Eds), *Attribution: Perceiving the causes of behavior*. Norristown, NJ: General Learning Press.

65. Larson, J. R., Jr. (1977). Evidence for a self-serving bias in the attribution of causality. *Journal of Personality*, 45, 430–441; Mitchell, T. R., Green, S. G., & Wood, R. E. (1981). An attributional model of leadership and the poor performing subordinate: Development and validation. In L. L. Cummings & B. M. Staw (Eds), *Research in organizational behavior* (Vol. 3, pp. 197–234). Greenwich, CT: JAI; Lennon, A., Watson, B., Arlidge, C., & Fraine, G. (2011). 'You're a bad driver but I just made a mistake': Attribution differences between the 'victims' and the 'perpetrators' of scenario-based aggressive driving incidents. *Transportation Research Part F: Traffic Psychology and Behaviour*, 14, 209–221.

66. Larson, J. R., Jr. (1989). The dynamic interplay between employees' feedback-seeking strategies and supervisors' delivery of performance feedback. *Academy of Management Review*, 14, 408–422.

67. *Ibid*.

68. Gioia, D. A., & Sims, H. P. (1986). Cognition-behavior connections: Attribution and verbal behavior in leader–subordinate interactions. *Organizational Behavior and Human Decision Processes*, 37, 197–229.

69. Knowlton, W. A., Jr., & Mitchell, T. R. (1980). Effects of causal attributions on supervisor's evaluations of subordinate performance. *Journal of Applied Psychology*, 65, 459–466; Ilgen, D. R., & Knowlton, W. A., Jr. (1980). Performance attributional effects on feedback from supervisors. *Organizational Behavior and Human Decision Processes*, 25, 441–456.

70. Mager, R. F., & Pipe, P. (1970). *Analyzing performance problems*.Belmont,CA: FearonPublishers;Fournies (2000), *supra* note 2; Javitch, D. (2006). Appraising employee performance. *Management Services*, 50(3), 19–20.

71. Stone, F. M. (2007). *Coaching, counseling & mentoring: How to choose and use the right technique to boost employee performance* (2nd ed.). New York: AMACOM; Sensenig, K. J. (2009). Human potential untangled. *T&D*, 63(4), 54–57; Latham, G. P., Ford, R. C., & Tzabbar, D. (2012). Enhancing employee and organizational performance through coaching based on mystery shopper feedback: A quasi-experimental study. *Human Resource Management*, 51(2), 213–229.

72. Mager & Pipe (1970), *supra* note 70; Viega (1988), *supra* note 51.

73. Sue-Chan, C., & Latham, G. P. (2004). The relative effectiveness of external, peer, and self-coaches. *Applied Psychology—An International Review*, 53(2), 260–278; Carson, M. (2006). Saying it like it isn't: The pros and cons of 360-degree feedback. *Business Horizons*, 49, 395–402; Jackson, D. W., Jr., Schlacter, J. L., Bridges, C. M.,& Gallan, A. S. (2010). A comparison and expansion of the bases used for evaluating salespeople's performance. *Journal of Marketing Theory and Practice*, 18, 395–406.

74. Mager & Pipe (1970), *supra* note 70.

75. Chow, A. F., Finney, T. G., & Woodford, K. C. (2012). Perceptions of performance: Do learners understand as well as they think. *European Journal of Training and Development*, 36(5), 544–561.

76. Fournies (2007), *supra* note 2.

77. Longenecker, C. O. (2010). Coaching for better results: Key practices of high performing leaders. *Industrial and Commercial Training*, 42(1), 32–40, quote from p. 32.

78. Fournies (2000), *supra* note 2; Kinlaw, D. C. (1999). *Coaching for commitment: Interpersonal strategies for obtaining superior performance*. San Francisco, CA: Pfeiffer.

79. Kinlaw (1999), *supra* note 78.

80. Kinlaw, D. C., & Christensen, D. R. (1984). Confront—don't criticize—to improve performance. *Advanced Management Journal*, 49(1), 56–58.

81. Fournies (2000), *supra* note 62.

82. Phillips, K. R. (1998). The Achilles' heel of coaching. *Training & Development*, 52(3), 41–44.

83. Jones, C., & Saundry, R. (2012). The practice of discipline: Evaluating the roles and relationship between managers and HR professionals. *Human Resource Management Journal*, 22(3), 252–266.

84. Amsler, G. M., Findley, H. M., & Ingram, E. (2011). Performance monitoring: Guidance for the modern workplace. *SuperVision*, 72(1), 16–22.

85. Stone (2007), *supra* note 71; Coe, C., Zehnder, A., & Kinlaw, D. C. (2008), *supra* note 31.

86. Fournies (2000), *supra* note 2.

87. Erdogan, B., & Enders, J. (2007). Support from the top: Supervisors' perceived organizational support as a moderator of leader-member exchange to satisfaction and performance relationships. *Journal of Applied Psychology*, 92(2), 321–330; Williams, E. A., Scandura, T. A., & Gavin, M. (2009). Understanding team-level career mentoring by leaders and its effects on individual teamsource learning: The effects of intra-group processes. *Human Relations*, 62, 1635–1666; Bezuijen, X. M., van Dam, K., van den Berg, P. T., & Thierry, H. (2010). How leaders stimulate employee learning: A leader-member exchange approach. *Journal of Occupational and Organizational Psychology*, 83, 673–693.

88. Longenecker (2010), *supra* note 77.

89. Jessup, P. A., & Stahelski, A. J. (1999). The effects of a combined goal setting, feedback and incentive intervention on job performance in a manufacturing environment. *Journal of Organizational Behavior Management*, 19(3), 5–26; Ludwig, T. D., & Goomas, D. T. (2009). Real-time performance monitoring, goal-setting, and feedback for forklift drivers in a distribution centre. *Journal of Occupational and Organizational Psychology*, 82, 391–403.

90. Kaye, B. (2010). IDP 2.0: The future of the development dialogue. *T&D*, 64(12), 52–55.

91. Sidebotham, E. J. (2005). How to use documentation to decrease the likelihood of litigation. *Psychologist-Manager Journal*, 8(2), 131–140; Wood, M. S., & Karau, S. J. (2009). Preserving employee dignity during the termination interview: An empirical examination. *Journal of Business Ethics*, 86, 519–534; Duncan, M., & Hill, J. (2014). Termination documentation. *Business and Professional Communication Quarterly*. 77(3), 297–311.

92. Condly, S. J., Clark, R. E., & Stolovitch, H. D. (2003). The effects of incentives on workplace performance: A metaanalytic review of research studies. *Performance Improvement Quarterly*, 16(3), 46–63; Giannetto, D. F., & Zecca, A. (2007). *The performance power grid: The proven method to create and sustain superior organizational performance*. Hoboken, NJ: Wiley; Kusluvan, S., Kusluvan, Z., Ilhan, I., & Buyruk, L. (2010). The human dimension: A review of human resources management issues in the tourism and hospitality industry. *Cornell Hospitality Quarterly*, 51(2), 171–214; Presslee, A., Vance, T. W., & Webb, R. A. (2013). The Effects of reward type on employee goal setting, goal commitment, and performance. *Accounting Review*, 88(5), 1805–1831.

93. Stansfield, T. C., & Longenecker, C. O. (2006). The effects of goal setting and feedback on manufacturing productivity: A field experiment. *International Journal of Productivity and Performance Management*, 55, 346–358; Gruman & Saks (2011), *supra* note 21.

94. Evered & Selman (1989), *supra* note 35.

95. Peters & Austin (1985), *supra* note 36; Kaye, S. J., & Kleiner, B. H. (1996). How to coach teams in business the John Wooden way. *Training for Quality*, 4(2), 30–33.

96. Ericsson, K. A., & Charness, N. (1994). Expert performance: Its structure and acquisition. *American Psychologist*, 49, 725–747; Goldman, E. F. (2008). The power of work experiences: Characteristics critical to developing expertise in strategic thinking. *Human Resource Development Quarterly*, 19, 217–239.

97. Evered & Selman (1989), *supra* note 35; Peters, H. (1996). Peer coaching for executives. *Training & Development*, 50(3), 39–41.

98. Peters & Austin (1985), *supra* note 36.

99. Waldman, J. (2009). Introducing a coaching culture. *Training Journal*, January, 65–69.

100. McLean, G. N., Yang, B., Kuo, M.-H. C., Tolbert, A. S., & Larkin, C. (2005). Development and initial validation of an instrument measuring managerial coaching skill. *Human Resource Development Quarterly*, 16(2), 157–178.

101. Ellinger, A. D., Hamlin, R. G., & Beattie, R. S. (2008). Behavioral indicators of ineffective managerial coaching: A cross-cultural study. *Journal of European Industrial Training*, 32, 240–257.

102. Clinard, H. (1979). Interpersonal communication skills training. *Training and Development Journal*, 33(8), 34–38; Carr, R. (2008). Coaching conversations. *Training Journal*, October, 64–67; McCarthy, G., & Milner, J. (2013). Managerial coaching: Challenges, opportunities and training. *Journal of Management Development*, 32(7), 768–779.

103. Fournies (2000), *supra* note 2.

104. Cox, S. S., Marler, L. E., Simmering, M. J., & Totten, J. W. (2011). Giving feedback: Development of scales for the mum effect, discomfort giving feedback, and feedback medium preferences. *Performance Improvement Quarterly*, 23(4), 49–69.

105. Bambacas, M., & Patrickson, M. (2009). Assessment of communication skills in manager selection: Some evidence from Australia. *Journal of Management Development*, 28, 109–120; Gordon, M. E., & Stewart, L. P. (2009). Conversing about performance: Discursive resources for the appraisal interview. *Management Communication Quarterly*, 22, 473–501; Gordon, M. E., & Miller, V. D. (2012). *Conversations about job performance: A communication perspective on the appraisal process*. New York: Business Expert Press.

106. Kikoski, J. F., & Litterer, J. A. (1983), Effective communication in the performance appraisal interview. *Public Personnel Management Journal*, 12, 33–42; Kikoski, J. F. (1999). Effective communication in the performance appraisal interview: Face-to-face communication for public managers in the culturally diverse workplace. *Public Personnel Management*, 28(2), 301–322; Aguinis, H. (2009). An expanded view of performance management. In J. W. Smither & M. London (Eds), *Performance management: Putting research into action*. San Francisco, CA: Wiley, pp. 1–43.

107. Ivey, A., & Authier, J. (1978). *Microcounseling*. Springfield, IL: Charles C. Cengage; Ivey, A., & Litterer, J. (1979). *Face to face*. Amherst, MA: Amherst Consulting Group; Martin, D., & Campbell, B. (1999). Managing and participating in group discussion: A microtraining approach to the communication skill development of students in higher education. *Teaching in Higher Education*, 4(3), 327–337; Hargie, O. (2006). *The handbook of communication skills* (3rd ed.). New York: Routledge, pp. 554–563.

108. Peters & Austin (1985), *supra* note 36; Pampino, R. N., MacDonald, J. E., Mullin, J. E., & Wilder, D. A. (2003). Weekly feedback vs. daily feedback: An application in retail. *Journal of Organizational Behavior Management*, 23(2–3), 21–43; Bambacas, M., & Patrickson, M. (2008). Interpersonal communication skills that enhance organizational commitment. *Journal of Communication Management*, 12, 51–72; Pichler, S. (2012). The social context of performance appraisal and appraisal reactions: A meta-analysis. *Human Resource Management*, 51(5), 709–732; Stalinski, S., & Downey, M. (2012). Moving from performance management to managing performance: A systemic approach. *People & Strategy*, 35(1), 40–41.

109. Whitener, E. M., Brodt, S. E., Korsgaard, M. A., & Werner, J. M. (1998). Managers as initiators of trust: An exchange relationship framework for understanding managerial trustworthy behavior. *AcademyofManagement Review*, 23, 513–530; Farndale, E., & Kelliher, C. (2013). Implementing performance appraisal: Exploring the employee experience. *Human Resource Management*, 52(6), 879–897; Reiche, B. S., Cardona, P., Lee, Y.-T., Canela, M. Á., Akinnukawe, E., Briscoe, J. P., Bullara, C., Caparas, M. V., Caprar, D. V., Charlemagne, D., Grenness, T., He, W., Jamro, K., Kainzbauer, A., Koester, K., Lazo, A.,Moreno, A., Morley, M. J., Myloni, V., Nadeem, S. (2014). Why do managers engage in trustworthy behavior? A multilevel cross-cultural study in 18 countries. *Personnel Psychology*, 67(1), 61–98.

110. Evered & Selman (1989), *supra* note 35; Waldroop & Butler (1996), *supra* note 7; Gomez, J. (2007). Teaching managers to be coaches. *Corrections Today*, 69(1), 43–45.

111. Weinstein, M. (2007). What's your style? *Training*, 44(5), 38–40; Edmondson, J. (2009). Let's be clear: How to manage communication styles. *T&D*, 63(9), 30–31; Macan, T., Mehner, K., Havill, L., Meriac, J. P., Roberts, L.,&Heft, L. (2011). Two for the price of one: Assessment Center training to focus on behaviors can transfer to performance appraisals. *Human Performance*, 24(5), 443–457; Coaching (2015). HRDQ®. Accessed on March 25, 2015 at http://www.hrdqstore.com/coaching-skills-training.html.

112. Wexley, K. N., & Latham, G. P. (2002). *Developing and training human resources in organizations* (3rd ed.). Upper Saddle River, NJ: Prentice Hall.

113. Silverman, S. B. (1990). Individual development through performance appraisal. In K. N. Wexley & J. R. Hinrichs (Eds), *Developing human resources*. Washington, DC: Bureau of National

Affairs, pp. 120–151; ADEPT Performance Management System (2011). Wexley Consulting HRD. Accessed on March 25, 2015 at http://www.wexleyconsulting.com/Adeptmain.htm.

114. Gregory, J. B., & Levy, P. E. (2010). Employee coaching relationships: Enhancing construct clarity and measurement. *Coaching: An International Journal of Theory, Research & Practice*, 3, 109–123; Ellinger, A. D., Ellinger, A. E., Bachrach, D. G., Wang, Y.-L., & Bas, A. B. E. (2011). Organizational investments in social capital, managerial coaching, and employee work-related performance. *Management Learning*, 42, 67–85; Nieminen, L. R. G., Smerek, R., Kotrba, L., & Denison, D. (2013). What does an executive coaching intervention add beyond facilitated multisource feedback? Effects on leader self-ratings and perceived effectiveness. *Human Resource Development Quarterly*, 24(2), 145–176; Beattie, R. S., Kim, S., Hagen, M. S., Egan, T. M., Ellinger, A. D., & Hamlin, R. G. (2014). Managerial coaching: A review of the empirical literature and development of a model to guide future practice. *Advances in Developing Human Resources*, 16(2), 184–201.

115. Luthan, F., & Peterson, S. J. (2003). 360-degree feedback with systematic coaching: Empirical analysis suggests a winning combination. *Human Resource Management*, 42(3), 243–256.

116. Kim, S. (2014). Assessing the influence of managerial coaching on employee outcomes. *Human Resource Development Quarterly*, 25(1), 59–85.

117. Moen, F., & Skaalvik, E. (2009). The effect from executive coaching on performance psychology. *International Journal of Evidence Based Coaching and Mentoring*, 7(2), 31–49.

118. Heslin, P. A., Vandewalle, D., & Latham, G. P. (2006). Keen to help? Managers' implicit person theories and their subsequent employee coaching. *Personnel Psychology*, 59(4), 871–902.

119. Blyth, A. (2005). Empowered by coaching. *Personnel Today*, April 26, p. 22; Brumwell, I., & Reynolds, P. (2006). How coaching cut costs and saves time at BT Retail. *Strategic HR Review*, 5(5), 20–23.

120. Yu, L. (2007). The benefits of a coaching culture. *Sloan Management Review*, 48(2), 6.

121. Ranning, S. (2007). Innovative coaching program enhances safety culture. *Offshore*, 67(1), 80–82.

122. Sussman, D. (2005). Strong medicine required. *T&D*, 59(11), 34–38.

123. Natale, S. M., & Diamante, T. (2005). The five stages of executive coaching: Better process makes better practice. *Journal of Business Ethics*, 59, 361–374.

124. Gilley, A., Gilley, J. W., & Kouider, E. (2010). Characteristics of managerial coaching. *Performance Improvement Quarterly*, 23, 53–70.

125. Chiumento (2007). *Coaching counts: Research report 2007.* Accessed on March 25, 2015 at http://www.stybelpeabody.com/coachingcounts.pdf.

126. Dempsey, K. (2007, June 5). HR needs to calculate the ROI of coaching. *Personnel Today*, 12.

127. Javitch (2006), *supra* note 70.

128. Roberts, G. E. (2003). Employee performance appraisal system participation: A technique that works. *Public Personnel Management*, 32(1), 89–98; Merritt, D. M. (2007). Appraising the performance appraisal. *Supervision*, 68(4), 3–5.

129. Nemeroff, W. F., & Wexley, K. N. (1979). An exploration of the relationships between the performance feedback interview characteristics and interview outcomes as perceived bymanagers and subordinates. *Journal of Occupational Psychology*, 52, 25–34;Cawley, B. D.,Keeping, L. M., & Levy, P. E. (1998). Participation in the performance appraisal process and employee reactions: A meta-analytic review of field investigations. *Journal of Applied Psychology*, 83, 615–633; Kavanagh, P., Benson, J.,&Brown, M. (2007). Understanding performance appraisal fairness. *Asia Pacific Journal of Human Resources*, 45(2), 132–150; Dewettinck, K., & van Dijk, H. (2013). Linking Belgian employee performance management system characteristics with performance management system effectiveness: Exploring the mediating role of fairness. *International Journal of Human Resource Management*, 24(4), 806–825.

130. Burke, R. J., & Wilcox, D. S. (1969). Characteristics of effective employee performance review and development interviews. *Personnel Psychology*, 22, 291–305; Greller, M. M. (1975). Subordinate participation and reaction in the appraisal interview. *Journal of Applied Psychology*, 60, 544–549; Burke, R. J., Weitzel, W., & Weir, T. (1978). Characteristics of effective employee performance review and development interviews: Replication and extension. *Personnel Psychology*, 31, 903–919.

131. French, J. R. P., Kay, E., & Meyer, H. (1966). Participation and the appraisal system. *Human Relations*, 19, 3–20; Basset, G. A., & Meyer, H. H. (1968). Performance appraisal based on self-review. *Personnel Psychology*, 21, 421–430.

132. Greenberg, J. (1986). Determinants of perceived fairness of performance evaluations. *Journal of Applied Psychology*, 71, 340–342; Brown, G., Bemmels, B., & Barclay, L. J. (2010). The importance of policy in perceptions of organizational justice. *Human Relations*, 63, 1587–1609.

133. Kay, E., Meyer, H. H., & French, J. P. R., Jr. (1965). Effects of threat in a performance appraisal interview. *Journal of Applied Psychology*, 49, 311–317; Burke, R. J., & Wilcox, D. S. (1969), *supra* note 130; Nemeroff & Wexley (1979), *supra* note 129; Kim, T., & Holzer, M. (2015). Public employees and performance appraisal: A study of antecedents to employees' perception of the process. *Review of Public Personnel Administration*, doi:10.1177/0734371X14549673.

134. Dorfman, P. W., Stephan, W. G., & Loveland, J. (1986). Performance appraisal behaviors: Supervisor perceptions and subordinate reactions. *Personnel Psychology*, 39, 579–597.

135. Fedor, D. B., Eder, R. W., & Buckley, M. R. (1989). The contributory effects of supervisor intentions on subordinate feedback responses. *Organizational Behavior and Human Decision Processes*, 44, 396–414.

136. Boyatsis, R. E., Smith, M. L., & Blaize, N. (2006). Developing sustainable leaders through coaching and compassion. *Academy of Management Learning & Education*, 5(1), 8–24.

137. Burke, L. A., & Hutchins, H. M. (2008). A study of best practices in training transfer and proposed model of transfer. *Human Resource Development Quarterly*, 19, 107–128; Alban-Metcalfe, J., Alban-Metcalf, J., & Alimo-Metcalfe, B. (2009). Engaging leadership—Part 2: An integrated model of leadership development. *International Journal of Leadership in Public Services*, 5(2), 5–13; Kuvaas, B. (2011). The interactive role of performance appraisal reactions and regular feedback. *Journal of Managerial Psychology*, 26, 123–137.

138. Kay, Meyer, & French (1965), *supra* note 133.

139. Baron, R. A. (1988). Negative effects of destructive criticism: Impact on conflict, self-efficacy, and task performance. *Journal of Applied Psychology*, 73, 199–207; Leung, K., Su, S., & Morris, M. W. (2001). When is criticism not constructive? The roles of fairness perceptions and dispositional attributions in employee acceptance of critical supervisory feedback. *Human Relations*, 54, 1155–1187.

140. Steelman, L. A., & Rutkowski, K. A. (2004). Moderators of employee reactions to negative feedback. *Journal of Managerial Psychology*, 19, 6–18; Catano, V. M., Darr, W., & Campbell, C. A. (2007). Performance appraisal of behavior-based competencies: A reliable and valid procedure. *Personnel Psychology*, 60(1), 201–230.

141. Heathfield, S. (2007). Performance appraisals don't work—what does? *Journal for Quality & Participation*, 30(1), 6–9; Hui, R. T.-y., Sue-Chan, C., & Wood, R. E. (2013). The contrasting effects of coaching style on task performance: The mediating roles of subjective task complexity and selfset goal. *Human Resource Development Quarterly*, 24(4), 429–458.

142. Landy, F. J., Barnes, J. L., & Murphy, K. R. (1978). Correlates of perceived fairness and accuracy of performance evaluation. *Journal of Applied Psychology*, 63, 751–754; Greller, M. M. (1978). The nature of subordinate participation in the appraisal interview. *Academy of Management Journal*, 21, 646–658; Roberts (2003), *supra* note 128.

143. Locke, E. A., & Latham, G. P. (1990). *A theory of goal setting and task performance*. Englewood Cliffs, NJ: Prentice Hall; Latham, G. P. (2004). The motivational benefits of goal-setting. *Academy of Management Executive*, 18(4), 126–129; Bezuijen, X. M., van Dam, K., van den Berg, P. T., & Thierry, H. (2010). *supra* note 87.

144. London, M., Mone, E. M., & Scott, J. C. (2004). Performance management and assessment: Methods for improved rater accuracy and employee goal setting. *Human Resource Management*, 43(4), 319–336; van Riel, C. B. M., Berens, G., & Dijkstra, M. (2009). Stimulating strategically aligned behaviour among employees. *Journal of Management Studies*, 46, 1197–1226.

145. Smith, C. (2006). Teaching supervisors how to be coaches. *Business Credit*, 108(4), 59; Hawkins, P. (2008, June 17). Ten steps to a coaching culture. *Personnel Today*, 28–29; Jawahar, I. M. (2010). The mediating role of appraisal feedback reaction on the relationship between rater feedback-related behaviors and rate performance. *Group & Organization Management*, 35, 494–526; McComb, C. (2012). Developing coaching culture: Are your managers good coaches? *Industrial and Commercial Training*, 44(6), 345–348.

146. DeCotiis, T., & Petit, A. (1978). The performance appraisal process: A model and some testable propositions. *Academy of Management Review*, 3, 635–646; Landy, F. J., & Farr, J. L. (1980). Performance ratings. *Psychological Bulletin*, 87, 72–107; Schraeder, M., Becton, J. B., & Portis, R. (2007). A critical examination of performance appraisals. *Journal for Quality & Participation*, 30(1), 20–25.

147. Stone, D. L., Gueutal, H. G., & McIntosh, B. (1984). The effects of feedback sequence and expertise of the rater on perceived feedback accuracy. *Personnel Psychology*, 37, 487–506; Bannister, B. D. (1986). Performance outcome feedback and attributional feedback: Interactive effects on recipient responses. *Journal of Applied Psychology*, 71, 203–210; Jawahar, I. M. (2006). Correlates of satisfaction with performance appraisal feedback. *Journal of Labor Research*, 27, 213–236.

148. Aguinis, H., Mazurkiewicz, M. D., & Heggestad, E. D. (2009). Using web-based frame-of-reference training to decrease biases in personality-based job analysis: An experimental field study. *Personnel Psychology*, 62, 405–438; Gorman, C. A., & Rentsch, J. R. (2009). Evaluating frame-of-reference rater training effectiveness using performance schema accuracy. *Journal of Applied Psychology*, 94, 1336–1344; Dierdorff, E. C., Surface, E. A., & Brown, K. G. (2010). Frame-of-reference training effectiveness: Effects of goal orientation and self-efficacy on affective, cognitive, skill-based, and transfer outcomes. *Journal of Applied Psychology*, 95, 1181–1191; Melchers, K. G., Lienhardt, N., Von Aarburg, M., & Kleinmann, M. (2011). Is more structure really better? A comparison of frame-of-reference training and descriptively anchored ratings scales to improve interviewers' rating quality. *Personnel Psychology*, 64(1), 53–87.

149. Atwater, L. E., Brett, J. F., & Charles, A. C. (2007). Multisource feedback: Lessons learned and implications for practice. *Human Resource Management*, 46(2), 285–307; Stanton, P., Young, S., Bartram, T., & Leggat, S. (2010). Singing the same song: Translating HR messages across management hierarchies in Australian hospitals. *International Journal of Human Resource Management*, 21, 567–581.

150. Grote (2000), *supra* note 10.

151. Heneman, R. L., & Thomas, A. L. (1997), *supra* note 26; Stivers, B. P., & Joyce, T. (2000). Building a balanced performance management system. *Advanced Management Journal*, 65(2), 22–29; Lawler, E. E., III, & Boudreau, J. W. (2009). *Achieving excellence in human resource management: An assessment of human resource functions*. Stanford, CA: Stanford University Press.

152. Chiumento (2007), *supra* note 125; Stone, F. M. (2007), *supra* note 71; Hargrove, R. (2008). *Masterful coaching* (3rd ed.). San Francisco, CA: Wiley.

153. Mercurio, N. (2004). Mastering individual effectiveness through the coaching process. *Canadian Manager*, 29(4), 8–10; Hamlin, R. G., Ellinger, A. D., & Beattie, R. S. (2009). Toward a profession of coaching? A definitional examination of 'coaching,' 'organization development,' and 'human resource development.' *International Journal of Evidence Based Coaching and Mentoring*, 7(1), 13–38.

154. Swart, J., & Harcup, J. (2013). 'If I learn do we learn?' The link between executive coaching and organizational learning. *Management Learning*, 44(4), 337–354; Galagan, P. (2014). Coaching comes into the light. *T+D*, 68(5), 22–25; Kalman, F. (2014). The rise of executive coaching. *Chief Learning Officer*, 13(1), 18–21.

155. Latham, G. P., Borgogni, L., & Petitta, L. (2008). Goal setting and performance management in the public sector. *International Public Management Journal*, 11, 385–403; Wilson, C. (2008). Performance coaching and training in the workplace. *Manager: British Journal of Administrative Management*, 61, 26–27; Hurwitz, M., & Hurwitz, S. (2009). The romance of the follower: Part 3. *Industrial & Commercial Training*, 41, 326–333; Russell, J., & Russell, L. (2010). Talk me through it: The next level of performance management. *T&D*, 64(4), 42–48; Ellinger, A. D., Hamlin, R. G., Beattie, R. S., Wang, Y.-L., & McVicar, O. (2011). Managerial coaching as a workplace learning strategy. *Professional and Practice-based Learning*, 5(2), 71–87.

156. Stringer, R. A., & Cheloha, R. S. (2003). The power of a development plan. *Human Resource Planning*, 26(4), 10–17; McGahern, R. (2008). Performance management masterclass. *Training Journal*, October, 18–21; Tomlinson, D. (2008). Make coaching part of the culture. *Human Resources,* March, 20; Longenecker (2010), *supra* note 77; Cameron, R. (2014). Workplace coaching: Context and challenge. In T. Short & R. Harris (Eds), *Workforce development.* Sydney: Springer, pp. 211–224; Lyons, P., & Bandura, R. P. (2014). Using performance templates for manager and employee learning-in-action. *Industrial and Commercial Training,* 46(2), 100–107.

157. Kinicki, A. J., Jacobson, K. J. L., Peterson, S. J., & Prussia, G. E. (2013), *supra* note 24.

158. Haines, V. Y., & St-Onge, S. (2012). Performance management effectiveness: Practices or context? *International Journal of Human Resource Management,* 23(6), 1158–1175; Cascio, W. F. (2014). Leveraging employer branding, performance management and human resource development to enhance employee retention. *Human Resource Development International,* 17(2), 121–128.

159. Werner, J. M., & Bolino, M. C. (1997). Explaining U.S. Court of Appeals decisions involving performance appraisal: Accuracy, fairness, and validation. *Personnel Psychology,* 50(1), 1–24; Kataoka, H. C., Cole, N. D.,&Flint, D. A. (2006). Due process model of procedural justice in performance appraisal: Promotion versus termination scenarios. *Psychological Reports,* 99(3), 819–832; Jawahar, I. M. (2007). The influence of perceptions of fairness on performance appraisal reactions. *Journal of Labor Research,* 28, 735–754; Thurston, P. W., Jr., & McNall, L. (2010). Justice perceptions of performance appraisal practices. *Journal of Managerial Psychology,* 25, 201–228; Heslin, P. A., & VandeWalle, D. (2011). Performance appraisal procedural justice: The role of a manager's implicit person theory. *Journal of Management,* 37(6), 1694–1718; Linna, A., Elovainio, M., Van den Bos, K., Kivimäki, M., Pentti, J., & Vahtera, J. (2012). Can usefulness of performance appraisal interviews change organizational justice perceptions? A 4-year longitudinal study among public sector employees. *International Journal of Human Resource Management,* 23(7), 1360–1375; Selvarajan, T. T., & Cloninger, P. A. (2012). Can performance appraisals motivate employees to improve performance? A Mexican study. *International Journal of Human Resource Management,* 23(15), 3063–3084; Bogsnes, B. (2013). Can performance management foster intelligent behavior? *People & Strategy,* 36(2), 12.

160. White, B. (2008). The right approach to redundancy. *Personnel Today,* June 3, pp. 28–29.

161. Rossett, A., & Marino, G. (2005). If coaching is good, then e-coaching is.... *T&D,* 59(11), 46–49; Averweg, U. R. (2010). Enabling role of an intranet to augment e-coaching. *Industrial and Commercial Training,* 42(1), 47–52; Rossett, A., & Marshall, J. (2010). E-learning: What's old is new again. *T&D,* 64(1), 34–39.

162. Morse, S. (2010). Utilising a virtual world to teach performance appraisal. *Journal of European Industrial Training,* 34(8/9), 852–868.

163. Fry, J. M., & Hin, M. K. T. (2006). Peer coaching with interactive wireless technology between student teachers: Satisfaction with role and communication. *Interactive Learning Environments,* 14(3), 193–204.

164. Pollitt, D. (2007). BT Wholesale pilots online coaching and mentoring. *Human Resource Management International Digest,* 15(7), 20–22.

165. Shining stars (2008). *T&D,* 62(10), 35–36.

166. Roche, T., Wick, C., & Stewart, M. (2005). Innovation in learning: Agilent Technologies thinks outside the box. *Journal of Organizational Excellence,* 24(4), 45–53.

167. Ketter, P., Llorens, J., Nancherla, A., & Pace, A. (2010). Patience is a virtue. *T&D,* 64(6), 62–67.

168. Mumford, T. V. (2009). Developing performance management competence. *Journal of Management Education,* 33, 617–644.

169. Neary, D. B. (2002). Creating a company-wide, on-line, performance management system: A case study at TRW Inc. *Human Resource Management,* 41(4), 491–498; Benson, A. D., Bothra, J., & Sharma, P. (2004). A performance support tool for Cisco training program managers. *TechTrends,* 48(2), 54–58, 78; Payne, S. C., Horner, M. T., Boswell, W. R., Schroeder, A. N., & Stine-Cheyne, K. J. (2009). Comparison of online and traditional performance appraisal systems. *Journal of Managerial Psychology,* 24, 526–544; Collins, C., & Bell, B. (2013). The state of the art in performance management. *People & Strategy,* 36(2), 50–52.

170. Stijn, V., & Willems, J. (2007). Corporate performance management: Beyond dashboards and scorecards. *Journal of Performance Management,* 20, 13–32; Ward, M. D. (2009). Human capital management: 2nd generation. *Industrial and Commercial Training,* 41, 212–214; Fitzenz, J. (2010). *The new HR analytics: Predicting the economic value of your company's human capital investments.* New York: AMACOM.

171. Summers, L. (2005), *supra* note 25; Zingheim, P. K., & Schuster, J. R. (2005). *supra* note 28.

172. Oakes, K. (2007). Performance management lacks consistency. *T&D,* 61(4), 50–53.

173. Kueng, P. (2000). Process performance measurement system: A tool to support process-based organizations. *Total Quality Management,* 11(1), 67–85; Hamlin, R. G., Ellinger, A. D., & Beattie, R. S. (2006). Coaching at the heart of managerial effectiveness: A cross-cultural study of managerial behaviours. *Human Resource Development International,* 9, 305–331; Wu, E. (2007). A balanced scorecard for the people development function. *Organization Development Journal,* 25, 113–117; McKenna, S., Richardson, J., & Manroop, L. (2011). Alternative paradigms and the study and practice of performance management and evaluation. *Human Resource Management Review,* 21, 148–157.

174. Waldroop & Butler (1996), *supra* note 7.

175. Cederblom, D., & Pemerl, D. E. (2002). From performance appraisal to performance management: One agency's experience. *Public Personnel Management,* 31(2), 131–140; Aguinis, H., & Pierce, C. A. (2008). Enhancing the relevance of organizational behavior by embracing performance management research. *Journal of Organizational Behavior,* 29, 139–145; Russell & Russell (2010), *supra* note 155.

176. Jasica-Mercola, J., McIntyre, B. J., & Womack, J. W. (2003). *Maximizing business results through performance management.* Towers Perrin. Accessed on March 25, 2015 at http://www.sis.usmd.edu/ps/8th%20hcm_perf_mang_towers_whitepaper.pdf; Aguinis (2009), *supra* note 18.

11장 | 경력 관리와 개발

학습 목표

이 장을 읽고 나면 당신은…

1. 경력이란 용어를 정의하고, 경력 관리 및 경력 개발과 관련해서 설명할 수 있다.
2. '새로운' 고용 관계가 경력 관리에 어떤 영향을 주는지를 설명할 수 있다.
3. 생애 및 경력 관리 모형을 통해 경력이 어떻게 발전되는지를 서술할 수 있다.
4. 경력 관리에 포함되는 내용을 설명하고, 경력 관리 모형들을 서술할 수 있다.
5. 다섯 가지 경력 관리 방안을 서술할 수 있다.
6. 경력 관리에 영향을 주는 네 가지 이슈를 서술할 수 있다.
7. 경력 관리 프로그램 설계에 포함되는 내용을 설명할 수 있다.

핵심 용어

경력

경력 개념

경력 개발

경력 경로

경력 계획

경력 관리

경력 동기

경력 정체

멘토링

사내 공모제

생산성

승계 계획

자기 평가 활동

자아 통합

잠재 능력 평가

잠재 능력 평가표
(또는 승진 가능성 평가표)

전직 지원 상담

직무 순환

퇴직 전 카운슬링

평가센터

프로틴 경력

도입 사례

학생의 학습 수준을 평가하지만 시험이 없는 대학을 생각할 수 있는가? 위스콘신(*Wisconsin*)주 밀워키(*Milwaukee*)의 알베르노 대학(*Alverno College*)에 입학하게 되면 일어나는 일이다. 알베르노 대학은 여학생들의 인문학 교육에 집중한다. 1970년대 이후 이 대학은 '능력 중심 교과 과정'을 강조해왔는데, 이 교과 과정은 의사소통, 분석, 문제 해결, 사회적 상호작용, 글로벌 관점의 개발 및 효과적인 시민정신과 같은 능력을 강조한다. 학생들의 학습 자료들을 수집하여 각 학생들이 특정한 과정과 프로그램에서 기대한 결과를 전반적으로 달성했는지를 보여주는 것이 열쇠이다.

이러한 노력의 중심에는 포트폴리오 개념이 있다. 포트폴리오는 고등교육에서는 보편적이지만, 예술, 영어 또는 교육학 전공 학생들에게만 한정되어 있다. 이 대학에는 실제로 시험, 또는 학점이 없다. 이 대학은 모든 학생들에게 '진단적 디지털 포트폴리오'라고 불리는 평가 도구를 적용한다. 이 포트폴리오는 관련 능력의 숙달 정도에 대한 증거를 포함하고 있다. 교직원과 훈련된 자원봉사자들이 제출된 과제의 품질 평가자로 봉사한다. 이는 학생들이 자신의 학습 패턴을 반영하고 분석하는 데 활용되며, 디지털화된 전자적 양식의 '고정된 폴트폴리오'로서의 기능을 하며, 졸업 후에도 접근이 가능하다.

질문: 학생의 학습을 평가하기 위해서 포트폴리오를 활용한다는 개념에 대한 당신의 생각은? 성과를 측정하기 위해서 시험보다는 학습 결과물 또는 학습 자료를 활용하는 것에 대한 당신의 반응은? 이런 정보를 수행하기 위해 온라인 또는 전자적 포트폴리오의 사용에 대한 찬성과 반대 의견으로는 어떤 것이 있는가? 마지막으로, '학습 포트폴리오' 또는 '전문 포트폴리오'의 개념이 당신의 전공 학습에서는 얼마나 효과가 있는가?

도입

다음과 같은 문제들에 대해 고민해보았는가?

- 사람들이 '새로운' 또는 '변화된' 고용 관계를 언급할 때 주로 무엇을 말하고 있는가?
- 조직 환경이 급속도로 변하고 있는데, 경력 개발 이슈에 대해 논의한다는 것이 의미가 있는가?
- 종업원들의 경력에서 특정한 연령대나 단계에서 당면하는 전형적인 이슈는 무엇인가?
- 종업원의 경력 관리에서 종업원, 관리자, 그리고 HRD 전문가들은 어떤 역할을 해야 하는가?
- 조직이 실제로 활용하는 경력 개발 활동들은 무엇인가?

경력에 대한 연구는 사회 과학에서 가장 활발하게 연구되고 있는 분야 중의 하나이다. 심리학자, 교육자, 사회학자, 경제학자 및 경영학자들은 모두 한 인간이 자신의 직업을 선택하고, 일을 하며, 변화를 위한 결정을 어떻게 하는지를 규명하려고 한다. 또한, 경력 개발에 영향을 미치는 정부의 제도, 법, 공공 정책 이슈들이 많다.[1] 이렇게 경력이 연구의 초점이 되고, 정부가 관여하는 것이 그리 놀랄만한 일은 아니다. 우리들은 일생의 대부분을 일하면서 보낸다. 우리가 어떤 일을 선택하느냐에 따라서 우리 자신들의 성공, 행복, 그리고 재무적인 안녕(*well-being*)이 상당 부분 결정된다.

조직에서 종업원들의 경력에 영향을 주는 요인을 파악하는 것은 HRD의 핵심 부분이다.[2] 경력 개발은 미래의 HRD 활동에 대한 방향을 제시해준다. 사람과 조직이 변함에 따라서 조직 목표와 이를 달성하기 위한 지식, 스킬 및 능력, 그리고 다른 특징(KSAOs)의 조합도 또한 변화한다. 특히, 우리는 지난 수십 년간 격변하는 환경을 경험하고 있다. 이와 같은 변화는 경쟁 심화, 글로벌화, 고용 관계에서 충성심 약화, 자기 과시, 조직의 위계질서 약화로 특징지어진다. 이와 마찬가지로, 종업원들이 성장하고 변화함에 따라서 그들이 원하는 일의 형태도 변화한다. 조직이 종업원들의 장래 일에 대한 결정을 지원하면, 종업원들은 새로운 책임에 대한 준비를 좀 더 잘할 수 있고, 장기적으로 볼 때 고용 가능성이 높아진다.[3] 또한, 종업원들이 미래 직업에 대한 결정을 어떻게 하는지를 이해하면, 조직은 인적자원 요구 사항에 맞는 직무 계획을 잘 세울 수 있다.

경력 개발은 광범위한 분야여서 이 책에서 전체를 다룰 수는 없고, 인적자원의 개발에 활용할 수 있는 경력 개발 개념과 실천 방안에 초점을 맞출 계획이다. 관심이 증가하고 있는 '인재 관리(*talent management*)'는 경력 관리 및 개발 분야와 겹치는 부분이 많다.[4]

새로운 고용 관계

1장에서는 HRD 전문가들이 당면한 여섯 가지 이슈들에 대하여 다루었다. 글로벌 경제에서의 경쟁, 기술 격차의 해소, 인력 다양성의 증가, 평생 학습에 대한 요구, 조직 학습의 촉진 및 윤리적인 딜레마의 발생이다. 이러한 이슈들은 경력 개발에도 영향을 미친다. 경력 개발의 세부 내용에 들어가기 전에 조직에서 경력 개발에 영향을 미치는 이슈인 고용 관계의 변화에 주목할 필요가 있다.[5]

전통적으로 종업원들은 조직에 입사해서, 역량을 갖추고, 성실히 노력하며 문제를 일으키지 않으면, 그들이 원하는 한 직업을 유지할 수 있을 거라고 믿었다. 다수의 고용주들은 종업원들에게 가부장적인 접근으로 충성심의 대가로 직업의 안전성과 안정성을 제공했다. 고용주들은 종업원들과의 관계에 대해서 가족(*family*)이라는 용어로 포장을 했다. 예를 들면, 1980년대 중반까지는 무슨 일이 일어나더라도 회사가 책임을 져 주었기 때문에 종업원들은 메트로폴리탄 생명보험회사를 엄마의 보호(*Mother Met*)(자랑스럽게 생각하는 별칭)로 칭했다.

이러한 사회적 계약의 맥락에서 볼 때 경력 개발은 일차적으로 조직의 관심사로 여겨졌다. 목표는 관리자 직급에 준비가 되어 있고 조직 문화에 적합한 사람들로 채우는 것이었다. 경력 개발 실천 방안들은 주로 조직의 요구를 충족하기 위해 내부 고용 시장을 창출하는 것이었다. 경력 발전(*career progress*)은 일차적으로 조직 내에서 승진과 급여 인상 관점에서 정의되었다.

개인들은 경력 관리를 이와 같은 접근에서 생각했다. 수직적 상승에 대한 욕망을 갖고 조직의 개발 활동에 선발되거나 자발적으로 참여하는 것을 경력 계획으로 삼았다. 관리자 직급으로 올라가는 것이 경력의 주된 목표였다.

종업원과 고용주들 간의 이런 장기적인 관계를 위해서는 안정적이고, 예측 가능한 환경과 계층적으로 구조화된 조직이 필요하다. 물론 이런 안정성과 예측 가능성은 변화와 불확실성의 가능성이 있다.[6] 베일(*Vail*)은 이와 같이 불안정한 환경을 '영속적인 급류(*permanent white water*)'라고 표현했다.[7] 조직은 다운사이징(*downsizing*), 계층 축소(*hierarchy shrinking*), 재구조화(*reorganization*), 비용 절감(*cost cutting*), 아웃소싱(*outsourcing*), 인수·합병(*mergers and acquisitions*), 기술혁신(*technological innovation*), 그리고 성과 지향 HRM 프로그램을 통해서 이러한 소용돌이에 대응한다.[8] 이와 같은 조직 변화로 단기적으로 재무 문제가 발생할 수 있고, 전통적인 고용 관계가 훼손될 수도 있다. 실리콘 밸리, 밴쿠버, 토론토의 노동자들에 대한 조사에서 해고를 최소화(*minimize*)하려는 노력은 대개 높은 수준의 기술과 노력을 촉진할 수 있는 것으로 간주되었다.[9] 반대로, 많은 사람들은 '좌절에 의한 경력 결정(*frustration-instigated career decision*)', 즉 오늘날 다수의 사람들이 개인적 또는 조직적 이유로 일종의 좌절감이 경력 결정 과정을 촉발시키느냐는 문제에 직면하고 있다.[10]

이러한 다운사이징 및 아웃소싱 같은 조직 변화의 결과로 고용 관계가 가부장주의에 바탕을 둔 장기적 고용 안정에서 노사 양측의 상호 이익의 교환 관계로 변화되었다. 즉, 종업원들은 장기적인 고용 안정이 아니라 자신의 미래에 대해 일차적인 책임을 지고, 종업원 자격 유지가 아니라 고용 가능성을 유지하기 위한 기회의 획득을 목표로 해야 한다.[11] 그 예로써 회사의 게시판에는 다음과 같은 해고 관련 내용이 게시되어 있는 것을 발견할 수 있다.

- 우리가 얼마나 오랫동안 사업을 유지할 수 있을지는 보장할 수 없다.
- 우리가 인수당하지 않는다고 보장할 수 없다.
- 승진 기회가 있다고 보장할 수 없다.

- 당신이 은퇴할 때까지 당신의 직무가 유지될 것이라고 보장할 수 없다.
- 당신의 연금을 위해 자금이 유보될 것이라고 보장할 수 없다.
- 당신의 열정적인 충성심을 기대할 수도 없고, 우리가 그것을 원하는지 확신할 수 없다.[12]

전통적인 고용 관계는 어디에도 존재하지 않음을 주목해야 한다. 엔터테인먼트 산업, 농업, 건설업 및 관련 거래업, 그리고 전문직(변호사, 건축사, 회계사)을 포함한 다수의 산업과 직업에는 전통적인 고용 관계가 들어맞지 않는 중·단기적인 고용 관계를 가진 많은 수의 종업원들이 재직하고 있다.[13] 그렇지만, 대부분의 사람들에게는 전통적인 패러다임과 그에 따른 경력이 전형적인 형태로 여겨졌고, 이와 같은 관계를 가지고 조직을 위해 일을 하거나, 주요 직업에서 일하는 것이 '실질적인 직업' 또는 '경력'을 갖는 것으로 여겨졌다.

전통적인 형태의 고용 관계를 기대하는 사람들에게 이러한 변화는 불안할 수 있다. 스스로가 지속적인 고용 가능성에 책임을 져야 한다는 현실은 많은 사람들에게 불확실성을 갖게 하였다.[14] 바루흐(*Baruch*)는 "이러한 변화는 구약성서에서 '사막 세대'의 이스라엘인들의 상황과 유사한 방식으로 다수의 '잃어버린 세대' 노동자들을 뒤처지게 하고 당황하게 한다(p.241)"라고 하였다.[15] 이 주제와 관련된 논문을 리뷰해본 결과, 종업원들에게 기대하는 전반적인 합의는 (1) 자신의 기술을 개발하고 유지할 책임을 가질 것, (2) 조직에 입증 가능한 가치를 보여줄 것, (3) 고용주의 사업 성격을 이해할 것 등이다. 동시에, 새로운 고용 관계에서 고용주들이 제공해야 하는 것으로는 (1) 기술 개발, 교육과 훈련 기회, (2) 종업원의 의사 결정 참여, 경력 관리의 지원(예: 코칭과 멘토링)과 성과에 근거한 보상이다.[16] 전반적으로, '무경계(*boundaryless*)' 경력의 개념, 즉 하나의 조직 또는 직업에 묶여 있지 않은 경력이 인기를 끌고 있다.[17]

고용주와 종업원의 덜 지속적인 관계를 기술하는데 사용된 '새로운 고용 관계'라는 용어에 당황하는 독자들도 있을 것이다. 특히, 1980년대 이후에 태어난 독자들은 변화와 이동성에 이미 익숙하기 때문이다. 전통적인 경력 관리는 1950년대부터 1970년대까지 북미의 대규모 조직에서 강조되었다.[18] 이 조직들에서는 고용 관계가 좀처럼 변하지 않았다. 하지만 1970년대에 시작된 사회와 조직의 격변과 함께 '전통적인' 장기 고용 관계가 쇠퇴하고, 현재의 고용 관계는 '전통적' 그리고 '새로운' 요소를 포함하고 있다.[19] 전체적으로 볼 때, 개인의 경력, 조직 및 사회 변화의 주 요인은 기술임이 분명하다.[20]

'새로운' 고용 관계가 조직의 경력 관리와 개발에 미치는 영향

전통적 고용 관계에 변화가 생길 때, 조직의 경력 관리 및 경력 개발이 아직도 의미가 있는가? 여러 가지 이유로 볼 때, 이에 대한 대답은 '그렇다'이다.[21] 첫째, 대다수의 (대규모 및 소규모) 조직들은 종업원들과 장기적인 관계를 유지할 것이고, 조직과 종업원들의 최우선적인 관심은 상호 호혜적인 미래의 설계와 실행에 있다. 경력 관리와 개발은 이러한 노력의 중요한 부분이다.

두 번째 이유는, 조직이 목표를 달성하기 위해서 수행하는 업무는 시간에 따라 변하기 때문이다. 업무를 수행하기 위해서는 임시 노동자, 아웃소싱 및 파트너십을 활용하는 조직이라도 장기적인 관계를 갖는 핵심 종업원들을 유지할 필요가 있다. 조직의 관심사는 핵심을 구성하는 종업원들(특히, 관리자들)이 새로운 수요를 충족할 준비가 되어 있고, 또 기꺼이 변화하려고 하느냐이다. 세 번째, 이렇게 새롭고 변화된 고용 환경에서, 경력 관리와 개발 노력은 조직을 위해 일하고자 하는 종업원과 노동자들을 유인하는 채용 수단으로, 그리고 이들의 노력과 몰입은 물론 창의성을 이끌어내는 동기부여 수단으로 활용될 수 있다.

조직의 경력 개발은 개인과 조직의 책임과 요구에 적합하도록 설계되어 역동적인 환경에서 성공할 기회를 줄 수 있어야 한다. 리나(*Leana*)와 펠드먼(*Feldman*), 크레이그(*Craig*)와 홀(*Hall*) 같은 학자들은 개인과 조직이 이러한 역동적인 환경에 대응할 수 있는 전략적이고 적극적인 방법을 제시하고 있다.[22] 로엘링(*Roehling*)과 동료들은 고용주-종업원 관계에 관한 상호 기대 사항(*mutual expectations*)—즉, 종업원들의 고용주에 대한 기대 사항뿐만 아니라, 고용주의 종업원들에 대한 기대 사항—을 명확하게 기술한 사례들을 제시하였다.[23] 이 장에서는 조직과 개인 요구의 충족을 위한 경력 관리와 개발을 어떻게 할 수 있는지를 다룰 것이다.

1. 경력의 정의

1.1 경력이란 무엇인가

경력(*career*)이란 단어를 생각할 때 무엇이 떠오르는가? 경력이란 단어는 사람들에게 많은 것(*things*)을 의미한다. 또한 연구자들 간에도 서로 다른 의미를 갖는다. 그린하우스(*Greenhaus*)[24]와 샤인(*Schein*)[25]은 경력에 대한 정의에는 다음과 같은 의미가 내포되어 있다고 한다.

1. 직업 또는 조직의 속성(*property of an occupation or organization*). 여기서 경력은 직업 자체(즉, 영업 또는 회계), 또는 종업원의 조직에서의 재직 기간(예: 나의 학교 경력)을 의미한다.[26]
2. 승진(*advancement*). 경력은 직업 또는 조직에서 개인의 승진(또는 발전)과 성공의 증가를 의미한다.[27]
3. 전문 직종의 상태(*status of a profession*). 경력은 법률 또는 공학 기술과 같은 전문직(*profession*)을 배관, 목공, 또는 일반 사무직과 같은 직업(*occupation*)과 구분하기 위해서 사용된다. 이런 측면에서 보면 변호사는 경력을 가지고 있지만, 목수는 그렇지 않다.[28]
4. 일에 대한 몰입(*involvement in one's work*). 때로는 경력이 사람이 하고 있는 과업이나 직무에 과도하게 몰입해 있음을 표현하기 위해 부정적 의미로 사용되기도 한다. "너무 몰입하려고 하지 마라"와 같이 사용된다.[29]
5. 개인의 직무 형태의 안정성(*stability of a person's work pattern*). 관계된 직무의 연속은 경력을 나타내지만, 관계없는 직무의 연속은 그렇지 않다.[30]

위의 정의들은 각각 경력을 좁게 정의한다는 점에서 제한적이지만, 보다 광범위한 정의를 제시하는 학자들도 있다.[31] 그린하우스(Greenhaus)와 동료들은 **경력**(career)을 "사람이 일생에 걸쳐서 하게 되는 일과 관련된 경험의 유형"이라고 광범위하게 정의하였다.[32] 경력을 이러한 관점에서 바라보는 것은 개인이 이동 가능한 지속적인 직무 경험에 대한 모습을 보여준다.[33]

이러한 정의는 직무와 같은 객관적인(objective) 사건과 개인의 태도, 가치관 및 기대와 같은 일에 대한 주관적인(subjective) 견해를 포함한다. 또한, 직종, 승진의 수준, 또는 직무 형태의 안정성에 상관없이 경력은 시간이 지남에 따라 개발되고, 모든 사람들은 경력을 가지고 있다는 개념과 일치한다. 이 정의는 승진 지향 또는 조직 속성으로서의 경력 관점에 얽매이지 않음으로써, 사람들이 일생 동안 참여하고 반응하는 일 관련 경로와 경험의 다양성을 인정한다.

또한 개인의 직업 생활에 미치는 개인, 조직 및 환경의 영향력과 중요성을 강조한다. 개인은 경력 기간 동안 직업에 대한 결정을 주로 본인의 힘으로 하지만, 조직과 다른 외부의 힘(예: 사회, 가족, 교육 체계) 또한 중요한 역할을 한다. 개인은 자신의 기술, 지식, 능력, 가치관, 성격 및 삶의 상황에 따라 특정한 직업을 선택하게 된다. 조직은 (특히, 동일한 조직에 계속 재직하려고 하면) 개인에게 미래에 다른 직업을 찾을 수 있는 기회와 제약 조건뿐만 아니라 직업에 관한 정보를 제공한다. 개인과 조직은 모두 요구와 우선순위를 가지고 있으며, 양자가 자신의 경력 개발을 중요하게 여긴다는 점을 기억하는 것이 중요하다.

마지막으로, 경력에 대한 이 정의는 경력을 안정적이고, 장기적이며, 예측 가능하고, 조직 주도의 수직적인 움직임으로 보는 전형적인 개념과는 다른 측면에 초점을 두고 있으며, 경력 개발에 관한 문헌에서 제시된 최근의 아이디어를 다수 포함하고 있다.[34]

1.2 경력과 일 외적인 활동의 관계

업무와 관련된 사건과 이에 대한 대응에 초점을 둔 경력의 정의와는 달리 일 외적인(nonwork) 사건의 중요성을 강조하는 이론가들도 있다. 도널드 슈퍼(Donald Super)는 경력을 제대로 이해하고 관리하기 위해서는 개인의 모든 기술, 능력 및 관심사를 고려해야 한다고 주장한다.[35] 슈퍼는 경력의 개념을 보다 큰 맥락의 개인의 삶의 관점에서 바라보고, 조직은 개인이 모든 재능을 활용하여 실제적인 삶의 만족을 얻을 수 있도록 기회를 부여해야 한다고 주장한다. 또한, 조직이 전인적 인간(whole person)을 이해하려고 노력하지 않으면, 미래의 경쟁에서 뒤처질 수도 있다고 주장한다. 파커(Parker)도 이러한 관점에 동조한다.[36] 그는 경력 개발 활동으로 일 이외의 관계가 종업원들에게 미치는 영향과 가치를 인정해야 한다고 주장한다. 이러한 활동으로는 종업원들이 자기 평가와 경력 탐색을 하는 동안에 자신과 외부와의 관계를 포함하는 것 등이 예가 될 수 있다.[37]

슈퍼(Super)와 파커(Parker)의 광범위한 경력 관점을 택하지 않더라도 개인의 경력에 관해 일 외적인 영향력을 무시하기는 어렵다.[38] 사람들은 특별한 이유가 있어서 조직에 참여하고, 그 이유는 나이가 들면서 자주 변한다. 가정과 사회는 개인의 관심사와 꿈에 영향을 미치며, 개인의 삶에서 일과 경력의 역할에 상당한 영향을 준다. 이러한 영향을 무시하면 종업원들의 경력을 이해하고 관리하는 조직의 역량도 한정된다. 에비(*Eby*)와 동료들은 일과 가정 이슈에 관한 연구에서도 일 영역을 지나칠 정도로 강조한다고 주장한다.[39]

1.3 경력 개발

지난 45년간 경력과 개인의 삶이 시간의 경과에 따라 어떻게 발전하는지에 대해 관심이 지속되었다. 경력은 예측 가능하고, 공통적인 단계로 발전한다는 개념을 연구 결과가 뒷받침하고 있다.[40] 다양한 연령의 사람들은 자기의 삶에서 해결해야 할 공통의 이슈와 압력을 접한다. 개인들의 경력 활동과 선택들은 이 단계들에 영향을 주기도 하고 영향을 받기도 한다.

경력 개발(*career development*) 과정은 "일련의 단계를 통해 개인들이 취하는 지속적인 과정이며, 각 과정은 비교적 독특한 이슈, 주제 및 과업들의 집합의 특성을 가지고 있다"고 정의할 수 있다.[41] 다음 절에서는 경력 개발에 관한 모형들을 제시하도록 하겠다. 먼저, 경력 개발의 범주에 포함되는 경력 계획과 경력 관리를 구분할 필요가 있다.

1.4 경력 계획 및 경력 관리

앞에서 언급했듯이 개인과 조직은 개인의 경력에 관심이 있으며, 경력에 영향을 주는 행동을 취한다. 이와 같은 일 관련 활동을 경력 계획(*career planning*)과 경력 관리(*career management*)라고 하며, 이 활동들은 연속체(*continuum*)로 존재한다고 볼 수 있다.[42]

경력 계획(*career planning*)은 "특정한 경력 목표를 달성하기 위한 방향, 시기 및 일련의 조치를 제공하기 위해 (1) 자기 자신, 기회, 제약 조건, 선택 및 결과를 인식하고, (2) 경력 관련 목표를 식별하며, (3) 일, 교육 및 관련 개발 경험을 프로그램화하는 신중한 과정"이라고 정의한다.[43] 이와 같은 시각에서 보면, 경력 계획은 개인이 자신의 직업 생활을 이해하고 통제하려는 노력으로 행하는 활동이다. 조직 내부와 외부의 카운슬러, 감독자 및 타인들의 지원이 도움이 될 수도 있지만, 경력 계획의 초점은 개인에게 있다. 예를 들어, 종업원이 자신의 기술, 능력 및 우선 사항을 이해하도록 돕는 경력 인식 워크북을 채우기 위해서는 경력 계획 활동을 고려해야 한다. 경력 계획이 성공적으로 수립되면, 개인은 자신이 무엇을 원하는지를 알게 되고, 그 계획에 따라 경력 목표에 도달하게 되는 일련의 행동을 취할 것이다.[44]

연속체의 다른 쪽인 **경력 관리**(*career management*)는 "개인이 단독으로 또는 조직의 경력 시스템에 따라 수행되는 경력 계획을 준비하고, 실행하고, 모니터링하는 지속적인 과정"이라고 정의된다.[45] 경력 관리는 개인이 경력 계획을 개발하고 실천하도록 돕는 활동을 포함하기도 하지만, 주안점은 조직이 예상하는 HR 요구 사항의 충족 가능성을 높이기 위한 행동에 있다. 극단적인 경우에는 경력 관리를 조직이 수행한다. 이러한 활동의 예로써 승계 계획(*succession planning*)이 있다. 이는 어떤 종업원이 보다 중요한 직책에 있는 사람을 대체할 수 있고, 대체해야만 하는지를 결정하기 위해서 보통 고위 관리자가 수행한다.[46]

그림 11.1 경력 개발 활동의 스펙트럼

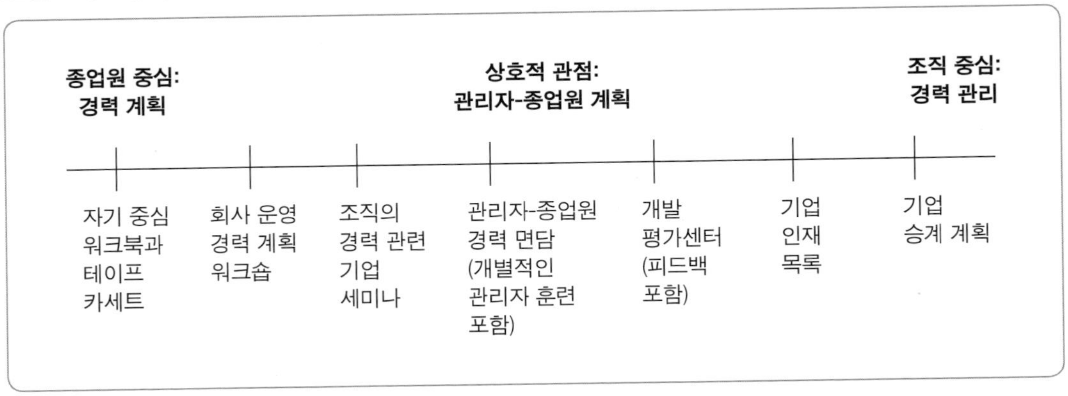

출처: Hall, D. T. (1986). An overview of current career development theory, research, and practice. In D. T. Hall et al. (Eds), *Career development in organizations* (p. 4). San Francisco, CA: Wiley. Copyright 1986 by Jossey-Bass, Inc. This material is used by permission of John Wiley & Sons, Inc.

〈그림 11.1〉에서는 경력 개발 스펙트럼에 따라 적합한 경력 개발 활동을 볼 수 있다.[47] (1) 개인 영향력의 규모, (2) 개인에게 제공되는 정보의 양, (3) 조직 영향력의 규모, (4) 조직에 제공되는 정보의 양에 따라 활동이 변한다. 경력 관리와 경력 계획 활동은 상호 보완적일 수도 있고 서로를 강화할 수도 있다. 예를 들면, 특정한 계획을 수립하지 않은 개인의 경력 계획을 모니터하는 것은 곤란하다. 관리와 계획이 균형을 이루어야 효과적인 경력 개발이 된다.[48] 경력 관리 활동을 수행하는 것뿐만 아니라 경력 계획을 가진 종업원을 도움으로써 조직은 스펙트럼 임의의 지점에서의 행동을 지원할 수도 있다.

그린하우스(*Greenhaus*)와 동료들은 경력 관리를 자기 인식에서부터 경력 목표 및 계획의 개발, 계획의 실행에 이르기까지 모든 경력 개발 활동의 단계를 지칭하는 용어로 사용한다.[49] 계획은 관리에서 중요한 활동이기 때문에 이와 같이 보다 포괄적인 정의를 사용하고, 개인과 조직이 어떻게 경력 개발(*career management*)에 영향을 미치는지에 대한 논의의 틀로써 이 모형을 사용한다.

2. 생애와 경력 개발의 단계

사람의 생애 또는 경력을 특징짓는 방법 중의 하나는 자신의 생애 또는 경력이 진행됨에 따라 겪게 되는 공통의 경험, 도전, 또는 과업을 인식하는 것이다. 예를 들면, 프로이드(*Freud*)와 같은 심리학자들은 성격, 지능, 그리고 도덕성과 같은 인간성 측면은 모두 사람의 나이에 따라 예측 가능하고, 공통적인 순서로 발달한다고 주장했다.[50] 레빈슨(*Levinson*)과 에릭슨(*Erikson*)의 연구는 성인의 생애는 일련의 공통 단계를 따른다고 주장한다.[51] 샤인(*Schein*), 슈퍼(*Super*) 등의 연구는 경력도 단계에 따라 발전한다고 주장한다.[52]

경력 개발 단계를 펼쳐서 시각화하면 어떤 경험이 왜 일어나는지, 예를 들어, 첫 직책 적응의 어려움 또는 경력 중간에 생기는 문제의 경험, 그리고 그것들이 왜 공통점이 있는지를 이해하는 데 도움이 된다. 실무적인 관점에서 보면, 단계적인 시각은 개인과 조직 모두에게 발생 가능한 위험과 도전을 예측하는 데 도움이 되고, 이러한 위험과 도전들을 해결하거나 최소화하는 방법을 계획하는 데도 도움이 된다. 예를 들면, 첫 직장의 도전 과제가 대부분의 신입사원들에게 이슈라면, 이들은 문제의 본질을 이해하는 데 도움을 받을 수 있고, 조직은 이러한 문제가 충분히 극복할만한 도전이라는 것을 보증할 수 있다.

단계적 관점에는 한계점도 있다. 첫째, 보통 개인들에게 무엇이 일어나는지를 묘사한다. 물론, 모든 개인들은 독특하며, 똑같은 경험을 하지 않을 것이다. 많은 사람들은 경력 중간에 자기성찰(*self-questioning*)과 재평가(*re-evaluation*)하는 기간을 갖는데, 모든 사람들이 그런 것은 아니다. 레빈슨과 동료들은 남성 중 80%는 이와 같은 위기를 경험하지만, 20%는 그렇지 않음을 발견하였다.[53] 단계적 접근을 활용할 때, 사람은 평균적인 시각만을 갖게 되고, 이와 같은 것은 모든 사람들에게 적용되지 않는다.

또한, 다수의 단계적 관점은 연령이나 삶의 경험, 또는 이 둘 모두를 이용해서 하나의 단계가 시작하고 끝나는지를 정한다. 어떤 비평가들은 연령을 기준으로 사용하는 것을 비판하면서, 결혼과 첫 직장과 같은 생애의 중요 사건들은 개인별로 다른 연령에 발생함을 주장한다. 그렇지만, 레빈슨은 연령 범위는 융통성 있게 사용되며, 실증적인 연구 결과에 근거하고 있고,[54] 연령 기준점(*anchors*)의 타당성을 확인하는 연구가 좀 더 필요하기는 하지만 연령 데이터를 무시하기는 어렵다고 주장한다.

단계적 관점의 유용성은 위에서 언급한 한계점들을 극복하고도 남는다. 연령 범위가 자유롭게 해석될 수 있고, 단계 모형에 맞지 않는 개인들이 있을 수 있지만, 단계 모형을 경력 개발을 이해하고 수용하는 방법으로 지지할 만큼 충분한 증거가 있다.

2.1 성인 발달에 대한 단계적 관점

한 사람의 경력은 삶의 일부분이며, 삶의 중요 사건에 영향을 받기도 하고 주기도 한다. 그러므로 경력 개발 모형을 논의하기 전에 성인 개발을 위한 두 개의 단계 모형을 간략하게 검토해보기로 한다.[55]

2.1.1 에릭슨의 성인 발달 모형

에릭슨은 사람은 생애에서 8단계를 거쳐 성장한다고 주장한다.[56] 이 단계들은 〈표 11.1〉에서와 같이 심리적·사회적 문제에 초점을 두고 있다. 각 단계에서 개인은 발전을 위해서 해결해야 할 도전에 직면한다.

예를 들면, 청소년기인 다섯 번째 단계는 정체성(*identity*)과 역할 혼란 간의 갈등으로 정의된다. 개인들이 이 문제를 잘 해결하면 타인들과의 관계에서 자신의 존재에 대해서 명확한 인식을 가지고 성인기에 진입한다. 이 문제를 잘 해결하지 못하면 자신의 존재와 사회에서의 역할에 대해 혼동하면서 성인기에 진입한다. 그 결과를 결정하는 것은 각 단계에서의 긍정적, 부정적 경험이다.

에릭슨 모형의 마지막 세 단계들은 성인의 개발에 관한 이슈들이다. 청장년기에 개인은 타인과 의미 있는 관계인 친밀감(*intimacy*)을 형성해야 하는 문제에 직면한다. 이 단계를 성공적으로 해결하면, 타인

표 11.1 에릭슨의 인간의 발달 단계

발달 단계(이슈)	연령대(나이)
1. 기본적 신뢰 대 불신	유아기
2. 자율성 대 수치심과 의심	1~3세
3. 주도성 대 죄책감	4~5세
4. 근면성 대 열등감	6~11세
5. 정체성 대 역할 혼란	사춘기 및 청소년기
6. 친밀감 대 고립감	청장년기
7. 생산성 대 정체성	중년기
8. 자아 통합 대 절망감	성숙기

이나 집단에 헌신할 수 있게 되고, 그렇지 못하면, 고립감을 경험할 가능성이 있다.

중년기의 도전은 다음에 오는 세대에 초점을 맞추는 능력, 즉 **생산성**(*generativity*)을 개발하는 것이다. 이는 자녀들의 생활, 미래 세대에 영향을 주는 사회적 이슈들, 또는 젊은 동료들을 위한 멘토로서의 역할에 관여하는 형태를 띠게 된다.[57] 이 단계를 극복하지 못하면 다음 세대에 기여하지 못하게 되는 정체(*stagnation*)에 빠지게 된다고 에릭슨은 주장한다.

마지막으로, 성숙기에서는 삶에서 선택한 결정에 대한 이해와 수용 능력을 개발하는 **자아 통합**(*ego integrity*)에 관한 문제에 직면한다. 자아 통합이 잘 이루어지면 죽을 때까지 평화로운 삶을 유지하지만, 실패하면 자신의 존재를 무의미하게 생각하는 절망에 빠질 수 있다.

성인 발달에 대한 에릭슨의 시각은 종업원들의 경력 선택에 영향을 줄 수 있는 자아 통합, 생산성, 친밀감과 같은 이슈들을 부각시킨다. 조직은 개인들이 이러한 도전을 해결할 수 있는 장소의 역할을 할 수 있다. 예를 들면, 멘토링 프로그램에 참여함으로써 청장년의 욕구는 의미 있는 관계를 개발하는 것이고, 중년층의 욕구는 미래 세대의 구성원들에게 무언가를 돌려주는 방법을 찾는 것이라는 것을 알게 된다.

이러한 도전을 알게 됨으로써 조직은 종업원들이 극복해야 할 변화에 대해서 이해하게 된다. 퇴직이 가까운 종업원은 일과 자신의 사회적 지원 시스템의 일부 상실과 같은 스트레스에 직면한다. 고령 노동자들을 위한 **퇴직 전 카운슬링**(*preretirement counseling*)과 동기부여 프로그램은 개인과 조직 모두에게 이득이 될 수 있다. 마지막으로, 에릭슨의 모형은 개인들의 발달 과정에서 직면하게 되는 문제들에도 순서가 있음을 보여준다.

2.1.2 레빈슨의 성인 발달에 관한 시기 접근법

레빈슨과 동료들은 성인의 생애는 계절(*seasons*)에 따라 진행한다는 개념에 기초를 두고 성인들이 어떻게 발달하는지에 대한 관점을 전개하였다.[58] 그는 다양한 분야의 개인들의 집약적인 신상 정보를 수년 간에 걸쳐 수집하여 이 단계들을 발견하였다.

에릭슨과 마찬가지로 레빈슨은 성인 생애에는 기본적인 질서인 생애 주기(*life cycle*)가 있다고 주장한다. 그는 사람의 생애에서 중요 단계(여기서는 시기 *eras*)를 다음과 같이 한 해의 계절에 비유하였다.

1. 각 계절은 질적으로 다르다.
2. 각 계절에서는 변화가 일어난다.
3. 각 계절 사이에는 두 계절의 일부가 걸쳐있는 전환기가 있다.
4. 어떤 계절이 다른 계절보다 우월하거나 열등하지 않다.
5. 각 계절은 생애에 기여하는 특별한 무언가가 있다.
6. 사람의 생애에는 사계절 또는 시기가 있다.[59]

레빈슨이 제시한 네 개의 시기는 성인 발달 전기(*pre-adulthood*), 성인 발달 초기(*early adulthood*), 성인 발달 중기(*middle adulthood*), 성인 발달 후기(*late adulthood*)이다. 각 시기는 일련의 안정기와 전환기가 있다. 안정기는 6년 정도 지속되고, 시기 내에서의 전환기는 4~5년 정도이다. 시기 간의 전환기인 시기 교차 전환기(*cross era transition*)는 약 4년이며, 한 시기의 끝과 새로운 시기의 시작 신호를 보낸다. 레빈슨의 시기 모형은 〈그림 11.2〉에 제시하였다.

생애를 통한 일반적인 진행 패턴은 열등 모드에서 우수 모드로 진행되는 것이 아니며, 오히려 개인 생애 구조 상 현 단계에서 해결될 수 없는 이슈들이 전환기에 제기된다. 이 시기에 개인은 그 구조에 의문을 제기하고 재검토하여, 이러한 이슈들을 해결할 새롭고 다른 방법을 찾아내어, 다음 시기가 올 때까지 새로운 구조로 대체한다.

레빈슨은 개인의 생애 단계는 나이와 밀접한 관련이 있음을 발견하였다. 예를 들면, 유아기부터 22세까지인 성인 발달 전기는 개인들의 자아의식이 발달하는 시기이다. 레빈슨의 연구는 개인들 간에 연령 범위에 약간의 차이가 있지만, 놀랄 만큼 일치함을 보여주었다. 경력은 주로 레빈슨의 청장년과 중장년 시기에 발생하므로 이 시기들을 보다 자세하게 살펴보는 것이 유익하다.

성인 발달 초기(17~45세). 성인 발달 초기에는 네 개의 시기가 있다. 성인 전환기(17~22세), 성인 초기 진입기(22~28세), 30대 전환기(28~33세), 성인 초기 절정기(33~40세)이다. 일반적으로 성인 발달 초기는 에너지와 스트레스가 매우 많은 시기이다. 이 시기에 사람은 신체적으로 정점에 있으며, 청춘의 목표와 욕망을 달성하려고 애를 쓴다. 사회에서 지위를 찾고, 의미 있는 일을 가지며, 생활양식을 실현하고, 의미 있는 관계를 형성(예: 결혼)하고, 가족을 부양하는 것이 이 시기에서 중요한 일이다. 많은 사람이 직업적으로도 발전한다. 하지만, 스트레스 또한 대단히 크다. 야망과 열정을 가지고 처리해야 할 요구 사항이 가정과 사회에서 동시에 쏟아진다.

그림 11.2 레빈슨의 성인 발달 시기 모형

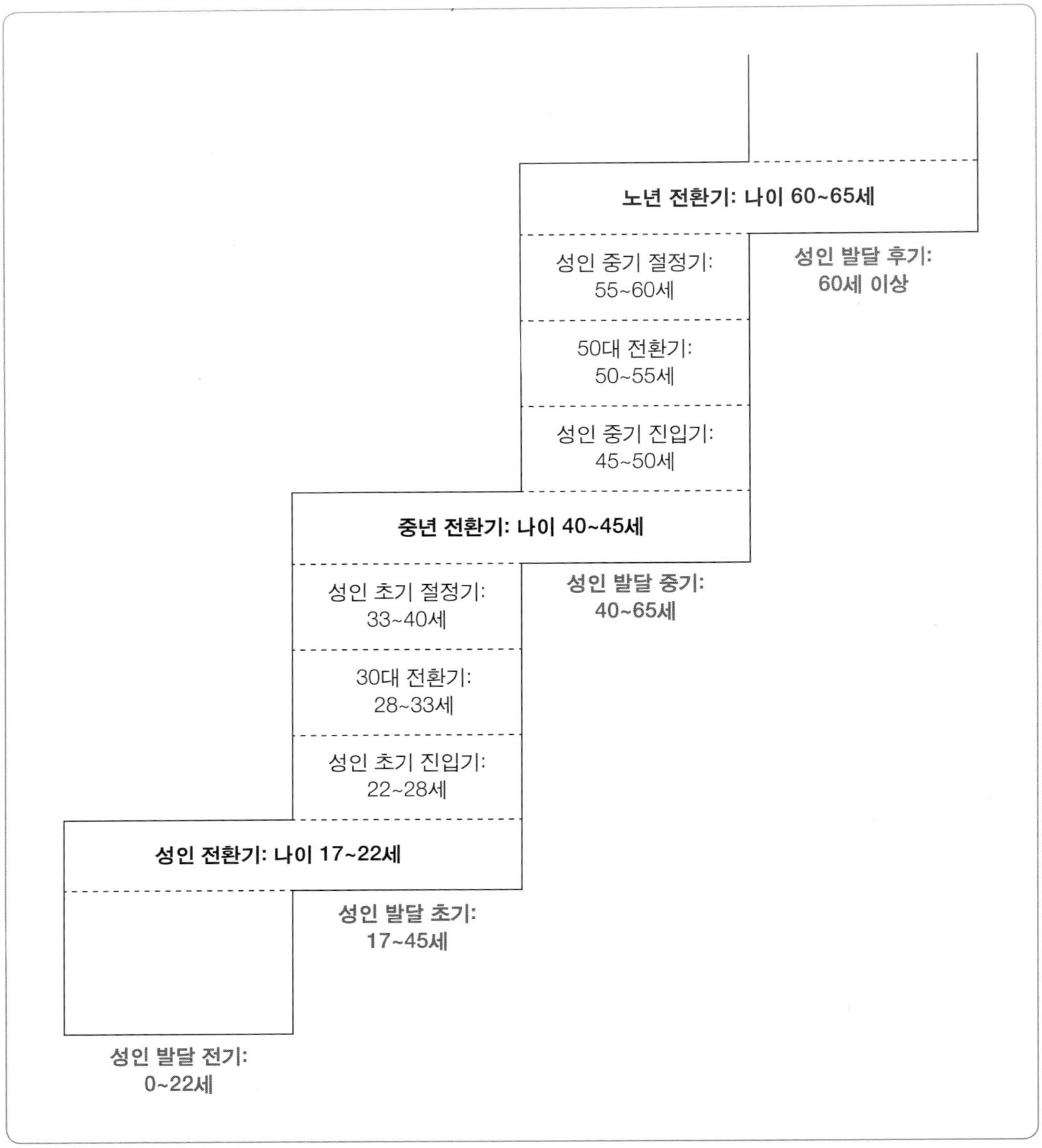

출처: Levinson, D. J. (1986), "A Conception of Adult Development," *American Psychologist*, Vol. 41, No. 1, p. 8.

성인 발달 초기에 특히 주목해야 할 시기는 30대 전환기이다. 레빈슨의 연구 대상인 사람들에게 이 시기는 초기에 선택했던 경로가 인생의 주목표를 실현하는 데 도움이 될 것인지에 대한 의문과 재평가의 시기였다. 레빈슨은 인생의 주목표를 꿈(*The Dream*)이라고 지칭한다. 만약 30대 전환기의 문제를 성공적으로 해결하면 그 꿈은 강력하게 추진되고 일이 '한 인간'을 향해서 진행되는 안정기에 접어든다.

성인 발달 중기(40~65세). 중년 전환기(40~45세)는 성인 초기 절정기 이후부터 중기 진입기 시작까지의 시기이다. 레빈슨 등의 연구는 개인의 삶은 성인 발달 초기와 중기 사이에 상당한 변화가 일어남을 보여준다.[60] 이 기간 동안 인생 구조(목표, 야망 등)와 성인 발달 초기에 열정적으로 추구하였던 꿈에 대해 중요한 의문이 생긴다. 이러한 의문들은 "내 인생에서 나는 무엇을 하고 있는가?" "죽기 전에 내가 이루고자 하는 것이 무엇인가?" "내 가족과 타인들에게 남기고 싶은 것은 무엇인가?" 등이다. 이러한 현상은 지극히 보편적이고 매우 강력하다는 것이 놀라운 일이 아니다. 이 시기에 그들의 자녀들은 성장하거나 성인이 되고 그들은 신체적 기능이 감소하는 것을 경험한다. 그들은 육체적으로 심각하게 쇠약해지거나 사망할 수도 있다. 그리고 친구나 동료들의 죽음을 목격할 수도 있다.

중년 전환기에는 보다 강력한 자아의식을 가지고, 그들 자신과 타인을 보다 잘 수용하며, 보다 많은 동정심을 가질 수도 있다. 이 전환기의 문제를 잘못 해결하면 고통감과 정체감으로 이어진다. 이 시기 다음에 안정기(45~50세), 50대 전환기(50~55세), 또 다른 안정기(55~60세)가 이어져 성인 발달 중기를 마치게 된다. 40대와 50대 후반은 그들이 소속된 집단이나 조직의 상급자가 되면서 크게 만족하거나 좌절하는 시기가 될 수 있다.

성인 발달 후기(60세~사망). 성인 발달 후기는 노년 전환기(60~65세)와 함께 시작한다. 이 시기에 개인은 인생의 중대한 사건—퇴직, 신체적 쇠약, 가족 및 사랑하는 사람과의 이별 등—을 경험한다. 이 시기의 주요 도전은 그렇게 되었을지도 모를 일을 반추하는 것보다는 자신의 인생과 협상해서 사물을 있는 그대로 받아들이는 것이다. 최근까지도 이 시기에 대한 연구는 그렇게 많지 않다.[61]

2.1.3 레빈슨 모형의 경력 개발에 대한 기여

레빈슨 모형은 실증적 결과에 근거하고 있으며, 성인의 생애 발달에 관한 이전의 아이디어들을 확장하였다. 이 모형을 추가로 개선해야 한다는 점을 레빈슨도 인정하지만, 그의 연구는 모형에서 제안한 일련의 사건들과 그가 설정한 연령 경계를 뒷받침한다. 또한, 초기에 백인들을 대상으로 개발된 모형이 흑인, 여성 및 다른 문화의 사람들에게도 적용된다는 연구 결과가 있다.[62] 특히, (주부를 포함해서) 다양한 직업을 가진 여성들을 대상으로 한 연구에 따르면 시기 모형은 생애 구조의 내용이 남성과 다른 경우가 있지만, 여성의 생애도 사계절이 있음을 정확하게 기술하고 있다.[63]

레빈슨과 에릭슨 모형 간에는 유사점이 있다. 예를 들면, 두 모형은 모두 발달에 대한 표시로써 연령 범위를 기반으로 하고 있으며, 모든 성인들은 발달하면서 처리해야 할 문제들(예: 정체성과 친밀성)이 유사하다는 점이다. 그렇지만, 레빈슨의 모형은 보다 미세한 차이가 있고, 성인 발달을 안정과 변환의 시기가 교대로 발생하면서 진행되는 것으로 설명하고 있다.

성인 발달 초기, 중기, 후기가 예측 가능한 일련의 생애 사건을 나타낸다는 개념은 경력 개발을 검토하는 데 있어서 유용한 방법이다.[64] 경력은 인간의 전 생애의 한 부분이며, 생애 이슈들에 의해 영향을 받는다. HRD 전문가들은 이 개념들을 종업원들의 특정한 이슈를 인지하고 적절한 경력 개발 프로그램을 계획하는 데 활용할 수 있다. 또한, 레빈슨의 모형은 인간의 생애에서 생산적인 만족을 줄 수 있는 안정기가 있음을 주장한다. 이 개념은 경력 정체(*career plateau*)(의미 있는 책임의 증가가 일어나지 않는 시기)에 관한 기존의 가정이 문제가 있는 것으로 보고 있다.[65]

3. 경력 개발 모형

성인 발달을 일련의 단계에 걸쳐 진행되는 것으로 묘사하는 것과 마찬가지로 경력 개발을 이와 같이 묘사할 수 있다. 경력 개발 모형에는 전통적인 접근법과 현대적인 접근법의 두 가지가 있다.

3.1 전통적인 경력 개발 모형

수많은 경력 개발 모형들은 성인들의 직장 생활 동안 진행되는 일련의 단계를 설명하고자 한다.[66] 이 모형들은 연령대와 연계된 순차적인 경력 단계의 개념을 강조하고, 경력을 개인 생애의 맥락에서 바라보고, 중복되는 개념들도 포함하고 있다. 그린하우스(*Greenhaus*)와 동료들은 여러 개의 접근법들을 통합하여 〈표 11.2〉와 같은 4단계 모형으로 정리하였다.[67] 다음에서 각 단계를 설명한다.

3.1.1 1단계: 직업과 조직 선택-일을 위한 준비(0~25세)

직업 선택에 관하여, 이 단계에서 중요한 과제는 자기가 종사하고자 하는 직업에 대한 개념을 정립하고 정의하여, 그 직업을 얻기 위해 필요한 준비를 하는 일련의 활동을 포함한다. 이런 활동들에는 가능한 직업들을 평가하고, 그 중 한 직업을 선택하며, 필요한 교육을 이수하는 것들이 포함된다. 직업 선택에 영향을 미치는 요인들을 파악하기 위해서 상당히 많은 연구들이 수행되었다.[68] 이 단계에서 개인이 하는 선택들은 최종적이라기보다는 최초의 선택이며, 개인의 경력에서 최초의 방향을 설정하는 것이다.[69]

조직 진입에 대하여 개인은 선택된 경력 분야에서 일을 시작할 하나의 직업과 하나의 조직을 선택한다. 최초의 직업 선택이 개인의 경력에 만족할만한 진입이 될 것인지, 아니면 실망스럽고 잘못된 출발이 될 것인지는 획득한 정보의 양과 질에 따라 결정된다.

3.1.2 2단계: 초기 경력(25~40세)

이 단계에서 개인은 세상에서 자리(*a place*)를 잡고, 자기 인생의 꿈을 추구하는 문제를 해결한다. 여기에는 경력과 조직에서 자기 위치를 설정하는 것이 포함된다. 부딪치는 구체적인 도전 과제들은 기술적으로 유능해져야 하고 조직 문화에 동화(즉, 규범, 가치관 및 기대 사항을 학습하는 것)되어야 한다는 것이다. 이러한 도전을 성공적으로 해결하면 직무 만족, 직책과 책임의 상승, 재무적·사회적 보상을 얻게 된다. 요약하면, 경력 초기 단계는 경력을 설정하고 '만드는 것'이다.

표 11.2 4단계 경력 개발 모형

1. 직업과 조직 선택: 일을 위한 준비	
일반적인 연령대	최초 0~25세: 다음에는 가변적
주요 과제	직업에 대한 자기 이미지 개발, 직업 대안 평가, 초기 직업 선택안 개발, 필요한 교육 이수, 바람직한 조직으로부터 직업 제안 획득, 정확한 정보에 의한 적합한 직업 선택
2. 초기 경력: 설정과 성취	
일반적인 연령대	25~40세
주요 과제	직무 학습, 조직의 규칙과 규범을 학습, 선택한 직업과 조직에 적응, 역량 향상, 꿈을 추구
3. 중기 경력	
일반적인 연령대	40~55세
주요 과제	초기 경력과 초기 성인 발달 시기를 재평가, 꿈을 재확인 또는 수정, 중년기에 적합한 선택, 일에서 생산성 유지
4. 후기 경력	
일반적인 연령대	55세~은퇴
주요 과제	일에서 생산성 유지, 자존감 유지, 효과적인 은퇴 준비

출처: Greenhaus, J. H., Callanan, G. A., & Godshalk, V. M. (2010). *Career management* (4th ed.). Thousand Oaks, CA: Sage. Copyright 2010 by Sage Publications Inc Books. Reproduced with permission of Sage Publications Inc. Books via Copyright Clearance Center.

3.1.3 3단계: 중기 경력(40~55세)

중기 경력 단계는 중년기 전환과 동시에 시작된다. 따라서 개인이 직면하는 과제 중의 하나는 생애 구조와 초기 경력의 선택에 대한 재평가이다. 개인은 꿈을 재확인하거나 수정할 수 있고, 성인 발달 중기에 적합한 선택을 할 수도 있으며, 직장에서 생산성을 유지할 수 있다. 이러한 도전들은 중년의 위기라는 개념과 일치한다. 어떤 사람에게는 이 위기가 심각할 수도 있고, 다른 사람에게는 위기가 아닌 것으로 보일 수도 있다. 중기 경력에 발생하는 두 개의 사건은 경력 정체와 경력 진부화이다. 경력 정체(*plateauing*)는 책임이나 직무 증가의 수준이 의미 있는 만큼 이루어지지 않은 상태이며, 경력 진부화(*obsolescence*)는 기술 변화에 따라 요구되는 과업을 수행할 만큼 충분하게 기술 습득이 이루어지지 않은 것을 말한다. 이러한 도전을 성공적으로 해결한 개인은 생산성을 유지할 것이며, 그렇지 못한 개인은 좌절과 정체감을 경험할 것이다.[70]

3.1.4 4단계: 후기 경력(55세~은퇴)

후기 경력에서 개인은 두 가지 도전에 직면한다. 첫째는, 생산성과 자존감을 유지해야 한다는 것이다. 때로는 고령 노동자들의 성과와 역량에 대해 사회에서 갖는 부정적인 편견에 의해 방해를 받을 수 있다. 두 번째는, 일에서의 퇴출과 퇴직이라는 도전에 직면하는 문제이다. 퇴직은 감정적, 재정적, 사회적으로 많은 변화를 가져오므로 실제 퇴직일 전에 미리 잘 계획되어야 한다. 사회보장 체계, 대부분 기업의 정년퇴직 폐지, 연금 기금 관리에 관한 현재의 추세로 볼 때, 많은 사람들의 경력에서는 잘 계획된 퇴직 프로그램이 준비되어 있지 않다. 인건비를 줄이기 위한 조직의 조기 퇴직 압력으로 계획보다 일찍 퇴직하는 노동자들이 생기고, 동시에 추가적인 문제들이 발생할 수 있다.

이 모형은 개인이 직장 생활에서 경험하는 정상적이고 대표적인 일련의 사건들을 파악하는데 유용하다. 인생의 후반기에 새로운 직업을 시작하는 개인들은 이 모형에서 제시한 연령대를 벗어난다. 이러한 연령 변화에도 불구하고 다수의 도전은 동일할 수 있으며, 개인은 생애의 특정 단계에서 직면하는 다른 문제들을 고려하여 이러한 문제들을 인식하고 수용할 것이다.

3.1.5 경력 개발의 다른 관점

글로벌화, 인구통계학, 기술, 변화하는 고용 관계, 팀 단위 업무 수행, 그리고 새로운 조직 구조의 추세는 경력을 바라보는 방법에 영향을 주고 있다. 이와 같은 환경 변화에 비견하여 전통적인 경력 단계의 적절성에 대한 의문이 제기된다.[71] 경력 개발에 대한 다른 관점들은 개인들(과 조직들)이 변화가 심하고 불확실한 환경에서 성공하기 위해서는 유연해야 하고 적응할 수 있어야 한다는 점이 공통적이다.

홀(*Hall*)과 동료들은 **프로틴 경력**(*protean career*) 개념을 제시하였다.[72] 이 개념(자신의 의지대로 자신의 형상을 변경할 수 있었던 그리스의 신 프로테우스(*Proteus*)의 이름을 따름)은 개인들은 조직이 아니라 자신 스스로 경력을 추구하며, 시간의 흐름에 따라 필요한 자신의 경력을 재창조한다는 것이다. 개인들은 생애에 걸쳐 의미와 자기실현을 추구하며, 경력은 자신의 선택과 경험(일, 교육 등)으로 구성된다. 각자의 경력은 특색이 있다. 프로틴 경력은 단절적이고 예측 가능한 일련의 변화를 따르는 것보다도, "인생의 성쇠, 방향의 전환, 한 분야에서 다른 분야로 이동 등과 같은 유연하고, 특이한 경력 과정을 포괄한다."[73]

프로틴 관점은 개인들의 경력에 공통적인 요소가 없다는 것이 아니라, 평생 학습과 개인 발전이 경력 개발의 중심이라는 개념을 포함한다. 결과적으로 개인의 경력은 "개인들이 다양한 생산 분야, 기술, 기능, 조직 및 타 업무 환경을 들락날락함에 따라, 탐색-시도-숙달-종료의 '소단계'의 연속(또는 단기순환 학습 단계)"으로 구성된다.[74] 이러한 관점에서 보면, 중요한 것은 한 개인의 생활 나이가 아니라 이른바 경력 나이(개인이 특정한 경력주기를 보낸 햇수)이다.[75]

프로틴 경력이 갖는 시사점은 경력 관리가 선행적(*proactive*)이어야 한다는 점이다.[76] 프로틴 경력은 자유분방하고 신날 수도 있지만, 부정적인 면도 가지고 있다. 부정적 측면으로는 공포, 불확실성, 급격한 변화 그리고 개인들이 자신을 인식하고 세상에 의미를 부여(직책 또는 고용주와의 관계에서 자신을 정의함)했던 지지의 박탈이 있다.

경력 관리의 새로운 관점에 대한 두 번째 예로는 경력 유형의 차별화 개념인 다중 경력 개념 모형(*multiple career concept model*)이다.[77] 이 모형에 의하면, **경력 개념**(*career concepts*)이라 불리는 네 가지 유형의 경력 경험이 있다. 이 개념들은 "시간에 따라 서로 다른 종류의 직업 내부에서, 그리고 직업 상호 간의 이동 방향과 빈도에서 다르다… 네 개의 개념이 강조하는 동기(*motives*)는 분명히 다른 집합이다."[78]

- 선형(*linear*) — 책임과 권한이 보다 큰 조직의 계층으로 상향 이동. 권력과 성취에 대한 욕구에 의해 동기부여됨, 가변적인 시간 축, 미국의 전통적인 '경력' 관점
- 전문가형(*expert*) — 직업에 몰두. 전문 분야의 지식 및 기술 축적에 집중, 전통적인 위계에서 상향 이동은 적음, 역량과 안정성 욕구에 의해 동기부여됨, 중세 길드 구조에 뿌리를 둠
- 나선형(*spiral*) — 일생동안 연관된 직업, 학문 또는 전문 분야에서 주기적(7~10년)으로 이동. 이동하기 전에 주어진 분야에서 충분한 시간 동안 높은 수준의 역량을 쌓음, 동기는 창의성과 개인적인 성장을 포함함
- 임시형(*transitory*) — 다른 또는 관계없는 직업 또는 분야로 잦은(5~6년) 이동. 비전통적임, 동기에는 다양성과 독립성이 포함됨[79]

브루소(*Brousseau*)와 동료들은 네 개의 개념들을 결합하면 혼합 개념이 생길 수 있다고 주장한다. 전통적인 경력 관리 모형은 선형 또는 전문가형 경력 개념을 선호하지만, 지금은 임시형 또는 나선형 경력 개념이 선호되는 추세이다. 그 다음으로, 조직과 개인들에 대한 도전은 개인의 경력 개념을 조직의 전략 및 문화와 일치시키는 다원적인 방식으로 경력 관리를 해야 한다는 것이다.

3.2 대조적인 경력 모형들의 조화

이 시점에서 어떤 모형이 현실을 가장 잘 묘사하는지를 질문해보는 것이 필요할 것 같다. 그럴듯한 대답은 당신이 누구에 대해서 이야기하고 있는지와 그 사람이 어디에서 일을 하는지에 따라 다르다는 것이다. 일부 조직과 산업에서는 아직도 전통적인 모형이 아주 잘 맞는다. 다른 조직과 산업에서는 전통적이 모형이 적합하지 않다. 예를 들면, 정보화 시대의 급격한 변화 속도로 인해서 새로운 조직 구조의 확산, 비전통적인 고용 형태, 전례가 없는 성장과 불안정성이 생기고 있다. 산업계에서는 전통적인 모형에 대한 대안들이 항상 존재해왔다. 서비스 전문 회사들(예: 회계, 법률)과 예술 및 엔터테인먼트 산업(예: 영화 산업)에서는 대부분은 아니지만 다수의 종업원들의 경력 유형이 전통적인 계층 상승과는 거의 맞지 않는다.[80]

앞에서도 언급했지만, 경력에 관해서는 다차원적인 시각이 있어 왔고 또 항상 있을 것이다.[81] 그런 의미에서 프로틴 경력 및 다양한 경력 개념과 같은 현대적인 개념의 등장을 환영한다. 이런 개념들은 사람들의 마음을 열어서 과거의 고정관념에서 벗어나 다양성을 볼 수 있도록 해주고, 개인과 조직이 자신들의 욕구와 목표에 부합하도록 경력을 관리하고 계획을 세울 수 있도록 해준다.[82] 분명한 것은 하나의 모형이 모두에게 맞지 않는다는 것이다. 자신의 생애와 고용 가능성에 대한 책임은 개인들에게 있지만, 조직 또한 자신의 관심사와 조직에서 일하는 사람들의 안녕에 대해 책임을 져야 한다는 것이다.[83]

연령 기반 생애 및 경력 모형을 무시하는 것은 어리석은 짓이라고 믿고 있다. 모든 사람들이 다 특색이 있지만 생애와 경력 단계에서 공통점을 많이 공유하고 있고, 각 단계에서 수행하는 의사 결정과 행동은 연구 대상이다. 또한, 단계 이론들이 모든 개인들에게 적합한 좁은 범위라고 해석되지는 않는

다. 사람들이 자신의 경력과 생애의 각 단계에서 어떻게 관계를 맺는지에 관해서 이해를 증진하는 것이 목표이다.[84]

3.3 경력 개발의 개념적 토대인 생애 단계와 경력 모형

생애 단계와 경력 모형은 경력 관리와 경력 개발의 실행을 위한 토대를 많이 제시하고 있다. 이 모형들에서 제기된 이슈들을 이해함으로써 개인들은 생애에서 경험하는 변화에 대해 보다 잘 생각하고, 예상하며 관리할 수 있게 된다. 또한, 이러한 지식을 갖춤으로써 종업원들의 경력 이동을 관리하고, 조직의 HR 요구 사항에 부합하며, 종업원의 욕구를 충족하는 경력 관리 시스템을 만들기 위한 전략과 전술을 개발하는 데 도움이 될 수 있다.

4. 경력 관리 과정

지금까지 우리는 경력 관리가 발생하는 맥락에서 관련된 이슈들에 대해 논의했다. 이제는 개인과 조직이 종업원의 경력을 적극적으로 관리하기 위해서 활용할 수 있는 구체적인 활동들에 대해서 알아보기로 한다. 앞서 언급한 바와 같이, 경력 관리는 경력 활동을 위한 계획과 이 계획을 실행에 옮기는 것을 모두 포함한다. 첫째, 개인이 경력을 관리하는 데 사용하는 규범적 접근법을 제공하는 경력 관리 모형을 소개하고, 다음으로 조직이 경력 관리 시스템을 구조화하는 모형을 제시하겠다.

4.1 개인 지향 경력 관리 모형

개인들은 자신의 경력을 관리하기 위해 많은 결정을 한다. 그린하우스(*Greenhaus*)와 동료들은 개인들이 이 과정을 관리하는 모형을 제시한다.[85] 이 모형은 이상적인 경력 관리 과정을 설명하고 있다. 효과적인 경력 관리는 경력 결정에 대한 필요성에 대해 반응함으로써 시작하며, 이러한 반응에는 경력 탐색, 자신 및 환경의 인식, 목표 설정, 전략 개발, 전략 실행, 목표를 향한 전진, 일과 일 이외의 원천으로부터 피드백, 경력 평정이라는 여덟 개의 활동이 있다. 이 활동들은 〈표 11.3〉에 자세하게 설명되어 있다. 이 활동들을 실행하기 위해서 개인은 정보, 기회 및 교육, 일 및 사회 기관뿐만 아니라 가족의 지원을 활용한다. 경력 관리는 일련의 단계로 발생하는데, 이 단계에서 진행 순서는 변할 수도 있다. 과정은 다음과 같이 요약할 수 있다.

> 경력 관리 주기는 문제 해결, 의사 결정 과정이다. 자신과 주변의 세상을 좀 더 잘 알기 위해 개인은 정보를 수집한다. 목표를 설정하고, 계획이나 전략을 개발하고 실행한다. 피드백을 통해 지속적인 경력 관리를 위해 제공된 보다 많은 정보를 습득한다.[86]

표 11.3 경력 관리 활동

1. **경력 탐색.** 자기 자신과 환경에 대한 정보를 수집하는 것을 포함. 예를 들어, 경력 탐색을 하는 젊은 여성은 자신의 기술, 가치 및 선호하는 것에 대한 정보뿐만 아니라 그 환경에서 가능한 직업 및 조직에 대한 정보도 수집한다.
2. **자신과 환경의 인식.** 성공적인 경력 탐색을 통해서 개인은 자기 인식을 보다 깊게 하고, 환경에 존재하는 기회와 제약 요인을 이해하게 될 것이다. 자신과 환경에 대한 인식으로 경력 목표를 설정하거나 수정할 수 있고, 목표가 이미 설정되어 있으면, 전략 개발을 할 것이다.
3. **목표 설정.** 경력 목표는 개인이 얻고자 하는 결과이다. 이런 목표는 구체적일 수도 있고(예: 35세까지 회계 법인의 파트너가 되겠다), 일반적일 수도 있다(예: 성공적이고 존경받는 요리사가 되겠다). 자신과 환경에 토대를 둔 정도에 따라 목표는 현실적일 것이다.
4. **전략 개발.** 경력 전략은 경력 목표를 수행하기 위한 행동 계획이다. 효과적인 전략은 실천할 행동과 수행 일정표가 있어야 한다. 개인의 경력 전략의 일환으로 다수의 HRD 방안들을 활용할 수 있다. 예를 들면, 경사가 되는 것이 자신의 경력 목표인 경찰관은 대학과 훈련 과정에 출석하고 시험에 통과할 전략을 세울 수 있을 것이다. 전략은 실질적인 자기 인식과 환경 인식에 기초할 때 더 효과적이다. 일곱 가지 경력 전략으로는 현 직무의 역량 확보, 일 참여도 증가, 기술 개발, 기회 발굴, 멘토 관계 배양, 이미지 구축, 조직 정치 참여가 있다.
5. **전략 실행.** 전략 실행은 개인이 개발한 전략을 실천하는 것이다. 명확하게 정의된 계획이 없이 행동하는 것과는 반대로 실질적인 전략을 추구하면 경력 목표의 달성 가능성이 증가한다. 추진할 계획이 있으면 가고자 하는 곳에 쉽게 도달한다. 그렇지만, 멋진 계획은 수립하지만 실행하지 못하는 사람들이 있다. 전략적 실행을 하면 목표를 향해서 전진하고 일과 일 이외의 원천으로부터 피드백을 받을 수 있다.
6. **목표를 향한 전진.** 개인이 경력 목표에 근접한 정도이다.
7. **일과 일 이외의 원천으로부터의 피드백.** 경력 목표를 향한 전진에 관한 소중한 정보는 (동료, 감독자 및 전문가와 같은) 일 관련 원천과 (친구, 가족 및 스승과 같은) 일 이외의 원천으로부터 얻을 수 있다.
8. **경력 평정.** 경력 목표를 향한 피드백과 진전을 보고 개인은 자신의 경력을 평가할 수 있다. 이렇게 평가함으로써 경력 탐색을 재조정하고, 경력 관리 과정은 또 다른 활동 사이클을 지속한다.

출처: Greenhaus, J. H., Callanan, G. A., & Godshalk, V. M. (2010). *Career management* (4th ed.). Thousand Oaks, CA: Sage. Copyright 2010 by Sage Publications Inc Books. Reproduced with permission of Sage Publications Inc. Books via Copyright Clearance Center.

경력 관리 과정은 순환적이고 지속적이다. 경력 결정을 할 필요성은 개인의 변화(예: 중기 경력에서 생긴 의문)와 환경의 변화(예: 해고 및 다운사이징 또는 인수 합병과 같은 조직 변화)의 결과일 수 있다. 개인의 승진과 만족은 신뢰할 수 있는 성공 지표가 아닐 수 있다. 자신과 환경에 대한 지식, 목표의 현실성, 경력 전략과 지속적인 피드백을 포함해서 경력 관리 모형의 효과적인 적용이 보다 의미 있는 경력 성공 지표들이다.[87] 한 연구는 경력 탐색 수준이 높은 개인들이 콜센터 대리인으로 일하도록 교육받은 후에 높은 수준의 성과를 보여줌을 밝혔다.[88]

이런 모형을 따르면 경력을 효과적으로 관리하기 위해서 종업원과 조직이 무엇을 해야 하는지를 이해하는 데 도움이 될 수 있다. 종업원들이 경력 목표를 설정하고 이를 위해 노력을 할 때 이득이 있음이 명백하며, 종업원들이 이 방식대로 경력을 관리하도록 하면 조직에도 유익하다. 이직과 퇴직으로 핵심 종업원이 떠나는 상황, 경쟁과 환경적 도전에 대응하여 조직의 요구 사항은 시간에 따라 변한다. 이 과정을 종업원이 수행하도록 지원하면, 조직은 가용할 수 있는 인적자원들이 중요한 과업을 수행하고 조직의 목표를 달성하기에 적합하게 될 것이라는 확신을 하게 된다.

4.2 조직 지향 경력 관리 모형

그린하우스(*Greenhaus*)와 동료들의 모형은 개인에게 보다 집중되어 있고, 다른 저자들은 조직에 보다 집중된 모형을 제시한다.[89] 이 모형들은 조직의 구조와 요구 사항이 조직의 경력 관리 시스템을 가이드해야 한다는 생각을 공유한다. 세 가지 모형을 간략하게 소개한다.

4.2.1 다원적 접근법

앞에서와 언급한 바와 같이 브루소(*Brousseau*)와 동료들은 종업원의 경력 유형을 나타내는 네 가지가 경력 개념을 제시한다.[90] 조직은 이 경력 개념들(선형, 전문가형, 나선형, 임시형)을 반영하는 경력 문화를 가질 수 있다. 조직의 경력 문화는 조직의 구조, 조직이 어떤 형태의 성과에 가치를 부여하는지, 그리고 종업원들에게 부여하는 보상에 의해 정의된다. 동시에 조직의 경력 문화는 그 전략적 방향을 지지한다(예: 다양성을 추구하는 조직은 나선형 경력 개념을 가진 문화를 수용해야 한다).[91]

브루소와 동료들은 조직과 개인을 정렬시키는 방법으로 다원적 접근법을 제시한다. 이들의 주장은 다음과 같다. "조직과 인력들은 전체적으로 다양한 규모와 형태를 가진 조직 구조와 완전히 다른 경력 경험 기회들을 조합하는 다원적 접근법을 택하면 이득이 될 수 있다. 조직은 일정한 핵심 역량과 조직의 리더십을 유지하기에 충분한 구조를 갖추고 있는 반면, 외부의 변화와 흐름에 대한 요구 사항을 충족하기에는 덜 구조화된 방식을 활용한다(pp.55-56)."

브루소와 동료들은 세 가지 형태의 경력 관리 방법으로 (1) 카운슬링(*counseling*), (2) 개인적인 경력 개발 프로그램인 계약(*contracts*), (3) 다양한 경력 트랙 대안, 훈련 기회, 성과 평가법, 보상 시스템을 포함하고 있는 카페테리아(*cafeteria*)식 접근법(p.62)을 제안한다. 종업원은 이들 중 자신의 경력 목표에 맞는 방법을 선택할 수 있다. 다원적 경력 문화를 설계하고 관리하려면 조직의 전략과 종업원의 경력 개념과 동기의 격차를 평가하고, 최적의 조직 구조를 확인하며, 적절한 경력 관리 방안을 파악해서 실행하는 과정이 필요하다.

4.2.2 체계적 관점의 경력 관리

니콜슨(*Nicholson*)은 경력 개발 시스템에는 다음과 같은 세 가지 요소가 있다고 주장한다. 즉, (1) 인적자원의 선발, 양성 및 동기부여와 관련된 활동을 하는 인적 시스템(*people system*), (2) 개발 기회를 위한 구조가 포함되는 직무 시장 시스템(*job market system*), (3) 사람, 아이디어와 정보의 교환을 촉진하는 관리 및 정보 시스템(*management and information system*)이다.[92] 대부분의 조직이 당면하는 환경과 관련된 세력이 존재한다고 볼 때, 세 시스템의 연계가 경력 관리에 필수적이다. 니콜슨의 주장은 "경력 관리는 관리 및 정보 시스템을 통해서 인적 시스템과 직무 시장 시스템을 연계해야 한다(p.48에서 강조함)"는 것이다.

정보가 활용 가능하고, 회사 간 협력을 통해서 사람과 직업 관련 데이터베이스를 생성 및 유지하는 것이 가능하다는 것을 보증하면 이러한 연계는 조직 내에서 만들어질 수 있다. 이렇게 함으로써 개인과 조직은 자신의 목표를 달성하기 위해 지식을 획득하고 사용할 방법을 제공하게 된다. 니콜슨은 이러한 시스템에 대한 개인의 성과에는 보다 나은 직무-개인 적합성, 역량과 리더십이 포함된다고 주장한다. 조직의 성과로는 보다 나은 팀워크, 융통성 및 역동성이 포함된다.

4.2.3 팀 기반 경력 개발

다수의 조직이 팀 지향적인 구조로 변하고 있기 때문에 팀의 경험을 경력 관리에 활용하는 것이 가능하다. 시아니(*Cianni*)와 우누크(*Wnuck*)는 팀 기반 조직에서는 개인, 팀 및 조직이 경력 개발 책임을 공유할 수 있다는 점에 주목한다.[93] 경력 개발을 위한 팀 모형은 개별적인 구성원의 성장을 촉진할 수 있고, 팀의 발전도 보장할 수 있다.[94] 시아니와 우누크는 팀 기반 경력 모형에 포함되는 속성은 다음과 같다고 한다.

- 팀 구성원이 롤 모델이 된다.
- 팀은 팀의 성과와 성장, 개인의 성장과 개발을 증진하는 행동을 보상한다.
- 팀은 팀과 개인 모두를 위한 교육 기회를 결정한다.
- 팀은 보다 높은 조직 수준을 향해 집단적으로 움직인다.
- 팀 내에서 사람들은 수평적으로 움직인다.
- 조직이 팀을 평가하고, 팀이 개인을 평가한다.

이 모형은 팀별 경력 단계에 따라 다른 개발 활동을 제시한다. 1단계에서는 개인들이 팀에 통합되도록 설계되며, 그 내용으로는 팀 역량 및 프로젝트 관리 교육, 팀 빌딩, 기술 및 개인 스타일 평가가 있다. 2단계에서는 팀 개발을 계속하도록 설계되며, 팀 문제 해결 및 성과 모니터링 교육, 과업 순환, 코칭이 포함된다. 3단계는 마지막 단계로, 팀이 보다 독립적이고 책임감을 가져야 하고, 도구를 학습하는 훈련, 잠재적 리더십 평가, 리더십 순환 및 구성원이 1단계의 팀을 이끌 수 있는 가능성을 포함한다.

팀 모형의 이점으로는 보다 높은 생산성, 헌신, 조직 유연성, 고성과자의 보유를 들 수 있다. 그렇지만 모든 팀이 이 혜택을 누리는 것은 아니다. 시아니와 우누크는 이 방법은 조직이 새로운 시장으로 확장하거나 새로운 프로젝트 또는 서비스를 창출하기 위한 복합 기능팀과 변화를 실행하거나 내부 고객에게 봉사하도록 구성된 내부 컨설팅 팀에 가장 효과적이라고 주장한다.

전반적으로 조직 지향 경력 모형들은 조직 구조 및 조직 목표의 역할을 경력 관리의 동인(動因)으로 강조하고, 보다 전략적인 경력 관리를 시도한다. 특정한 조직에 적용될 가능성에서는 차이가 있다. 다차원적 접근법이 다양한 범주의 조직에 활용될 수 있도록 고안되었지만, 경력 시스템과 팀 모형들은 특수한 범주의 조직에 최적일 수도 있다.[95] 그 효과성과 최상의 활용법을 알기 위해서는 추가적인 연구와 실행 경험이 필요하지만, 이 연구는 매우 흥미로워서 경력 개발을 새로운 방향으로 확장한다.

5. 경력 관리 역할

5.1 개인의 역할

"우리는 모두 자영업자이고 당신은 스스로 책임져야 합니다"라는 신문 기사와 책 제목에서 볼 수 있는 문장처럼 개인은 자신의 경력에 일차적인 책임을 지고 있다는 것은 옳은 말이다.[96] 이 장에서 강조하고 있는 경력의 정의에 따르면 경력은 개인적인 현상임이 분명하다. 과거에는 많은 노동자들이 자신의 경력에 대한 책임을 고용주에게 넘기는 호사를 누렸지만, 지금은 고용주와 노동자들 간의 사회적 계약 변화로 모든 사람은 개인적인 책임을 당연하게 인식하고 받아들여야 한다. "당신은 혼자입니다"라는 기사의 요지는 노동자들이 일어나고 있는 변화를 알고, 경력 관리에 대한 자신의 태도를 자기 주도적으로 바꿔야 한다는 것이다.

그린하우스(*Greenhaus*)와 동료들의 경력 관리 모형은 경력 계획과 관리에 유용한 틀(*framework*)을 제시한다. 가장 좋은 경력 관리 방법은 세심한 정보 수집, 계획 수립과 목표 설정, 의사 결정, 실행 및 마무리, 그리고 사후 조치를 통해서 가능하다는 점에서 이 모형은 합리적이다.

효과적인 경력 관리를 위해서는 어떤 역량이 필요한가? 홀(*Hall*)은 경력을 평생 학습 과정으로 강조하면서 사람들은 자기 인식(*self-knowledge*)에 대해 학습하고 습득해야 하며, 보다 적응성이 있어야 한다고 주장한다.[97] 다른 학자들도 개인들은 그들에게 새로운 기술과 기존의 기술을 학습하고 부단히 개발할 기회를 제공할 수 있도록 의사 결정을 하고 책임을 다해야 한다고 주장한다.[98]

존스(*Jones*)와 드필리피(*DeFillipi*)는 영화 산업에서 발견한 무경계 경력(*boundaryless career*)과 네트워크형 조직을 성공적으로 관리하고 있는 사람들이 보유하고 있는 다음과 같은 여섯 가지 역량을 제시한다.[99]

- '무엇'을 앎(*knowing what*) — 산업의 기회, 위협 및 요구 사항에 대한 이해
- '왜'를 앎(*knowing why*) — 어떤 경력 추구를 위한 의미, 동기, 관심사를 이해
- '어디'를 앎(*knowing where*) — 경력 시스템 내에서 진입, 훈련, 전진 등의 시점과 경계를 이해
- '누구'를 앎(*knowing whom*) — 기회와 자원에 접근할 유인과 사회적 자본에 기초한 관계를 형성
- '언제'를 앎(*knowing when*) — 자신의 경력에서 활동의 선택과 시기를 이해
- '어떻게'를 앎(*knowing how*) — 과업과 책임을 효과적으로 수행하기 위한 기술과 재능을 이해하고 습득

각 역량은 불확실성을 처리하고, 경력 욕구를 관리하고, 경력 경로를 생성하고, 관계를 숙지하고, 경력 시기를 개발하고, 협업을 증진하는 것과 같은 도전 과제를 생성한다. 사실, 존스(*Jones*)와 드필리피(*DeFillippi*) 등은 개인이 경력을 성공적으로 관리하기 위해 필요한 가장 필수적인 과제 또는 역량은 관계를 형성하고 그 안에서 일을 하는 것이라고 주장한다.[100] 여섯 개의 역량은 상호 관련되어 있다. 무엇(목적), 어디(장소), 언제(시기)를 알면 산업의 지도가 만들어지고, 왜(이슈), 어떻게(방법), 누구(대상)에게를 아는 것은 경력 시스템을 운영을 위한 자기 인식과 기술을 제공하게 된다.

이러한 역량은 학습이 중요하다는 것을 강조하고 있다. 많은 경력 개발 활동들은 이러한 역량을 확보하고 활용하는 것을 토대로 한다. 당신이 전통적인 경력 시스템의 조직 또는 산업에 있다고 해도 이들 역량을 개발하면 경력 목표 달성이 보다 수월할 것이다.[101] 이에 관해서는 크리스텐센(*Christensen*)과 동료들이 쓴 "당신의 삶을 어떻게 측정할 것인가"라는 책이 유용할 것이다.[102]

5.2 관리자의 책임

경력 관리 과정에서 관리자와 감독자들이 관여할 기회는 많다. 예를 들어, 경력 평정을 할 때 감독자는 성과 평가 과정을 통해서 종업원의 능력 및 한계점에 대한 정보를 제공할 수 있다. 감독자는 경력 경로와 기회들에 대해 정확한 정보를 제공하고, 조직 내에서 종업원의 경력 계획을 지원하고(예: 종업원을 교육에 추천하고, 교육 프로그램에 참석이 가능하도록 일정을 조정), 경력 발전에 대해서 피드백을 해줄 수 있는 중요한 자원의 역할을 할 수 있다.

감독자의 참여와 지원은 성공적인 경력 개발 프로그램의 핵심 요소로 언급되어 왔다.[103] 경력 개발 자로서의 책임을 완수하기 위해서 관리자와 감독자가 교육받아야 할 역할은 다음의 네 가지이다.[104]

1. 코치(*coach*) — 종업원의 경력 관심사를 듣고, 분류하고, 질문하고 정의해주는 사람
2. 평가자(*appraiser*) — 피드백을 해주고, 성과 표준과 직무 책임을 명확히 해주는 사람
3. 조언자(*advisor*) — 대안을 만들고, 목표 설정을 도우며, 추천을 하고, 조언을 하는 사람
4. 중개자(*referral agent*) — 실행 계획에 관해서 종업원과 상담하고, 종업원을 조직에서 가용한 사람과 자원을 연결시켜주는 사람

5.3 HRD 및 경력 개발 전문가의 책임

여러 가지 방법에서, HRD 전문가의 역할은 다른 HRD 활동에서와 마찬가지로 경력 관리에서도 동일하다. 즉, 조직과 종업원이 목표를 달성하도록 돕는 프로그램과 활동을 갖추어야 한다. 이 역할에는 요구 분석, 설계, 실행 및 평가에서 모든 기본적인 활동들이 포함되어 있다.[105] 경력 환경의 변화를 고려하여, 홀(*Hall*)은 경력 개발에 대해서, 그리고 '종업원들이 자신의 경력에 대한 마스터'가 되도록 돕는 HRD 전문가들을 위해서 다음과 같은 제안을 한다.

1. 개인은 자신의 경력을 '소유한다'는 인식을 가지고 시작할 것
2. 경력 개발 단계에서 개인의 노력을 위한 정보와 지원을 생성할 것
3. 경력 개발은 경력 전문가가 중개인 역할을 하는 관계적 과정이라는 점을 인식할 것
4. 경력 정보와 분석 기술에 관한 전문가가 될 것
5. 자신의 서비스와 새로운 경력 계약에 관한 전문 커뮤니케이터가 될 것
6. 조직 목표 및 미래 방향과 무관한 경력 계획에 대해 조직 전체에 이익이 되는 작업 계획을 촉진할 것

7. 일에서의 관계를 통해 학습을 촉진할 것
8. 조직의 역할 개입자, 즉 성공적인 경력 관리를 위해 장애물이 있는 곳에 개입할 의지와 능력이 있는 사람이 될 것
9. 이동성을 촉진하고, 평생 학습자의 정체성에 대한 개념을 확장할 것
10. 개발을 위해 기존 자원을 활용하는 마음가짐을 개발할 것[106]

마지막으로, HRD 전문가는 조직의 고용 제도를 조사하고, 이 제도들이 종업원들이 참여하고자 하는 경력 관리 행동을 촉진하는지 아니면 저해하는지를 확인해야 한다.[107]

6. 경력 개발 실행 방안 및 활동

조직에는 선택이 가능한 다양한 범위의 경력 개발 도구와 활동들이 있다. 자기 인식 워크숍과 같은 일부 활동들은 경력 계획과 개발을 위한 것이고, 채용과 같은 활동들은 일상적인 HR 관리 활동의 일부분이다. 대규모 조직의 경력 개발 활동은 여섯 개 분야로 그룹화할 수 있다. 즉, 종업원 자기 평가 도구, 조직-잠재력 평가 과정, 내부 고용 시장 정보 교환, 개별적인 카운슬링 또는 경력토론, 직무 매칭 시스템 및 개발 프로그램이다.[108] 〈표 11.4〉에서 분야와 분야별 경력 개발 제도, 그리고 각 제도의 활용에 대한 조직의 반응을 나열하였다. 비교를 위해서, 3개국의 자료가 제시되었다. 인도의 중규모에서 대규

표 11.4 조직의 경력 개발 도구 및 활용도

경력 개발 방법	방법별 활용도		
	미국 (Gutteridge et al, 1993)	영국 (Baruch & Peiperi, 2000)	영국/인도 (Baruch & Budwar, 2006)
A.종업원 자기 평가 도구			
1. 퇴직 전 프로그램	46%	80%	4.2/3.2
2. 경력 계획 워크숍	34%	46%	2.2/3.6
3. 경력 워크북(독학)	18%		2.4/3.4
4. 컴퓨터 소프트웨어	13%		
B.개인적인 상담 또는 경력 토론			
1. 감독자 또는 현장 관리자	83%	93%	4.5/4.3
2. 인사 부서 직원	83%	86%	4.2/4.3
3. 전문 상담자			
a. 내부	24%		
b. 외부	17%		
4. 고위 경력 자문역	22%		

표 11.4 계속

경력 개발 방법	방법별 활용도		
	미국 (Gutteridge et al, 1993)	영국 (Baruch & Peiperi, 2000)	영국/인도 (Baruch & Budwar, 2006)
C. 내부 고용 시장 정보			
1. 경력 경로 또는 경력 사다리	34%	51%	2.7/3.5
2. 경력자원센터	22%		
3. 경력 정보 핸드북	20%	58%	
4. 기타 경력 정보 양식	22%		
D. 직무 매칭 시스템			
1. 사내 공모제	84%	96%	5.6/3.7
2. 대체 또는 승계 계획	65%	85%	3.6/4.4
3. 내부 배치 시스템	56%		
4. 비공식 조사	52%		
5. 기능 목록 또는 기능 감사	37%		
6. 인사 배치/평가 위원회	24%		n.a/4.2
E. 조직 잠재 역량 평가 과정			
1. 인터뷰 과정	68%		
2. 직무 할당	65%		
3. 승진 가능성 평정	46%		
4. 심리검사	34%		
5. 평가센터	14%	47%	2.3/4.1
F. 개발 프로그램			5.1/4.3
1. 학비보조	95%		
2. 사내 개발 프로그램	92%		
3. 외부 세미나와 워크숍	91%		
4. 직무 순환	54%		4.3/4.1
5. 감독자 경력 면담 훈련	44%		
6. 직무 충실화 또는 직무 재설계	41%		
7. 멘토링 시스템	21%	71%	3.0/3.8
8. 이중 경력 결합 프로그램	8%		

※ 주: %는 활용도, 척도: 1= 적용안함, 7= 가장 많이 적용

출처: Gutteridge, T. G., Leibowitz, Z. B., & Shore, J. E. (1993). *Organizational career development: Benchmarks for building a world-class workforce* (p. 22). San Francisco, CA: Jossey-Bass; Baruch, Y., & Peiperl, M. (2000). Career management practices: An empirical survey and implications. *Human Resource Management*, 39(4), 347-366; Baruch, Y., & Budhwar, P. S. (2006). A comparative study of career practices for management staff in Britain and India. *International Business Review*, 15, 84-101.

모 조직에 대한 조사에서 가장 빈번하게 활용된 방법은 승계 계획, 상사와의 경력 상담, HR 전문가 및 평가센터에 의한 경력 상담이었으며, 캐나다에서 가장 많이 활용된 방법은 직무 충실화, 사내 공모(*job posting*), 사내(*in-house*) 개발 프로그램 그리고 전문화된 내부 상담 전문가였다.[109] 한국의 종업원들에 대한 두 개의 연구에서 경력 개발 활동들에 대한 선호도가 종업원 간에 차이가 있음이 발견되었다.[110]

경력 개발 활동을 서술하고, 다양한 종류의 경력 개발 제도들을 개별적으로 논의하기 위해서 이 프레임워크가 사용된다. 하지만, 많은 조직들이 이 도구들과 활동들을 통합적인 또는 전체적인 경력 개발 프로그램의 일부로 활용하고 있음을 명심하자.[111] 최근 연구는 이 개별적인 제도들을 '경력 관리 도구 모음(*career management bundles*)'으로 결합하여, 특정 도구(예: 미래 전략 계획)는 승진 과정에서 높은 만족, 낮은 경력 정체와 관계됨을 발견하였다.[112]

6.1 자기 평가 도구 및 활동

독학용 워크북이나 경력 계획 워크숍과 같은 **자기 평가 활동**(*self-assessment activities*)은 종업원들이 능력과 경력 선호도를 파악할 수 있는 체계적인 방법을 제시하는 데 초점을 두고 있다. 자기 평가는 경력 관리 활동에서 유일한 프로그램이 아니라 (자기탐색의 단계에서) 첫걸음으로 가장 잘 활용된다.[113] 경력이 있는 HR 전문가들과의 인터뷰에서 '지속적인 자기 평가와 자기 인식'은 급격하게 변화하는 환경에서 성공을 압박하는 주된 요소였다.[114] 개인은 단독, 집단 또는 이 둘을 결합하여 자기 평가 활동을 할 수 있다. 효과적인 자기 평가가 되기 위해서는 (1) 자기 평가 경험을 위한 단계를 설정하고, (2) 개인이 자신의 가치관, 관심사, 기술, 감정, 개인의 자원, 목표 및 의사 결정 스타일을 탐색하도록 도움을 주어야 한다.[115] 이런 정보는 다음과 같은 질문에 답하는 데 도움이 된다. "나는 누구인가", "내 인생과 경력을 통해 원하는 것은 무엇인가?", "내 경력 목표를 어떻게 잘 달성할 수 있는가?"

자기 평가 워크북은 자신의 가치관, 능력 및 선호도를 발견할 수 있도록 정보를 제공하고, 일련의 연습 문제를 부여한다. 워크북은 시중에서 구입해서 쓸 수 있거나, 조직을 위해 특별히 설계할 수도 있다. 볼스(*Bolles*)의 베스트셀러인 "당신의 낙하산은 무슨 색인가?"에는 다양한 직업에 대한 정보 및 직업 탐색 방법과 함께 자기 발견 연습 문제가 있다.[116] 홀랜드(*Holland*)의 '자기 지향 탐색'은 독자가 자신의 관심사를 발견하도록 하고, 이에 맞춰서 가능한 직업을 제안한다.[117]

제3의 기관이 개발한 자기 평가 연습 문제의 장점은 쉽게 이용 가능하고, 경력 개발 전문가들이 설계했다는 점이다. 하지만, 어떤 조직에 특정된 HRD와 경력 개발 전략에 맞춰서 설계되지는 않는다. HRD 담당 직원이 이와 같은 차이를 줄이기 위해서 수정한다거나, 보조 교재 개발을 요구할 수도 있다.

조직의 HRD 전략을 보완하기 위해 설계된 워크북은 종업원들이 조직 내의 자원과 기회를 인식하는 데 보다 효과적일 수 있다. 워크북에는 조직의 경력 개발 정책과 관련 절차, 즉 조직 구조, 경력 경로 및 직무 명세서에 관한 정보, 관련 훈련, 교육 및 개발 프로그램에 관한 정보, 조직에서 자원을 가진 사람의 이름, 주소 전화번호와 같은 추가 정보를 어떻게 얻을 수 있는지에 대한 설명 등이 포함되어 있다.[118]

워크북에 포함된 활동은 컴퓨터와 인터넷으로 배포가 가능하다.[119] 자기 평가 워크북과 컴퓨터 프로그램을 활용할 때의 이점은 종업원이 편리하게 직접할 수 있다는 것이다. 또한, 쌍방향 그룹 세션에서 종업원들이 자신의 이해 내용을 공유하고 논의하면서 자기 평가 정보를 제공하는 이점도 있다. 경력 계획과 퇴직 전 워크숍은 이런 목적에 잘 부합한다.[120]

다른 자기 평가 접근법과 마찬가지로, 경력 계획 워크숍은 구조화된 경험을 제공한다. 워크숍 참여자들은 자신의 강점, 약점, 목표 및 가치관에 대한 개인 정보를 개발하고, 공유하며, 토론한다.[121] 워크숍은 경력 계획과 관리는 무엇에 관한 것인지, 자기 발견, 퍼실리테이터 및 다른 참가자와의 토론을 통해서 자기 발견 과정에서 얻은 통찰에 대한 현실성 검사, 가능한 경력 방향과 기회의 식별, 그리고 경력 목표 설정 등의 여러 개의 세션으로 구분할 수 있다.[122]

워크숍의 이점으로는 많은 사람들이 한꺼번에 참여가 가능하며, 동료들의 지원을 얻고, 네트워크를 개발할 기회가 주어지며, 다른 사람들의 아이디어와 반응을 접할 수 있다는 것이다. 또한, 퍼실리테이터와 다른 구성원들의 피드백은 자기 평가 워크북으로 혼자 할 때에 발견할 수 없는 자기기만이나 자기무지를 인식하는 데 도움이 될 수 있다. 일정 문제, 모든 참여자의 욕구에 부합하는 경험 설계의 어려움(특히, 조직 수준이 다른 분야의 참가자들인 경우), 그리고 일부 사람이 강제로 그룹에 편성될 가능성 등 불리한 점이 잠재되어 있다.[123]

자기 평가 활동을 잘 수행하면 개인들은 현실적인 경력 목표와 전략을 개발하는 데 있어서 훌륭한 근거를 얻을 수 있다. 그린하우스(*Greenhaus*)와 동료들이 제시한 바와 같이 자기 평가와 환경 평가는 효과적인 경력 목표와 전략 설정에 있어서 중요한 첫걸음(*first steps*)이다. 또한, 경력 상담과 내부 고용 시장에 대한 정보는 이 과제에 중요한 정보를 제공한다.

6.2 개별 상담 또는 경력 면담

개별 경력 상담은 종업원과 조직의 대표자 간 일대일 면담을 의미한다. 진로 미결정은 많은 개인들이 경력 상담을 원하는 중요한 이유이다.[124] 조직은 주로 HR 전문가, 감독자, 또는 현장 관리자를 경력 상담자로 활용한다.[125] 이런 상담 과정은 신념, 비공식적 대화에서부터 연간 성과 평가 면담, 관리자 또는 상담 전문가와의 일련의 면담까지 그 범위가 넓다.[126] 보사에트(*Beausaert*)와 동료들은 감독자 경력 면담과 연계된 개인 개발 계획의 활용을 연구하였다.[127]

개별화된 상담은 광범위한 질문에 답을 줄 수 있으며, 독자적으로 시행하거나 또는 다른 경력 개발 활동과 보완하여 시행할 수 있다. 경력 상담 과정은 다음의 3단계로 구분할 수 있다.

1. 시작 및 질문(*Opening and Probing*) — 관계를 형성하고 상담 세션에 대한 종업원의 목표를 결정한다.
2. 이해 및 초점화(*Understanding and Focusing*) — 자기 평가를 지원하고 경력 목표 및 전략을 설정한다.
3. 프로그래밍(*Programming*) — 경력 전략의 이행을 지원한다.[128]

이 과정 동안 상담자는 종업원에게 행동을 하도록 제안하고, 종업원의 행동에 대한 아이디어와 결과에 대해 지원과 피드백을 한다.

상담은 퇴직이 가까워졌거나, 일시 휴직이 예정되어 있거나, 해고되는 종업원뿐만 아니라 고용이 지속되는 종업원을 대상으로 할 수 있다. **전직 지원 상담**(*outplacement counseling*)은 해고되는 직원들이 새로운 조직으로의 이직을 지원하는 데 초점을 둔다.[129] 전직 지원 상담은 1980년대에 조직이 경험했던 다운사이징, 합병 및 인수 후속 조치로 보편화되었다. 상담은 직업 탐색 기술, 스트레스 관리 및 경력 계획에 집중된다. 모든 개별화된 상담 중에서 전직 지원 상담은 조직 구성원이 아닌 상담자가 수행할 가능성이 가장 높다. 다수의 상담 회사들이 고용을 위한 전직 지원 서비스를 제공한다.

퇴직 전 카운슬링(*pre-retirement counseling*)과 워크숍에는 종업원들이 일에서 일 외적인 생활로 전환을 준비하는 활동이 포함되어 있다. 퇴직으로 인하여 개인적 그리고 재정적인 불확실성이 매우 커지게 된다. 퇴직 전 카운슬링 프로그램에는 일반적으로 재무 계획, 사회 적응, 가정 이슈 및 레저 활동의 준비 등이 있다. 베이비붐 세대가 노령화되면서 퇴직 전 카운슬링이 일에서 퇴직으로 전환 이상의 것을 다루는 '노인학 상담(*gerontological counseling*)' 영역으로 확대되고 있다.[130]

개별화된 상담에서 중요 이슈는 상담자가 되기 위해 선발된 개인에게 집중된다. 어떤 점에서는 관리자와 감독자들은 상담자 자격이 잘 갖춰져 있다. 조직에 대해서도 잘 알고 있고, 종업원의 성과 및 능력도 잘 알고 있다. 또한, 종업원을 지원하고, 종업원의 행동에 대한 사후 조치를 할 수 있는 이상적인 지위에 있다. 그렇지만, 감독자와 관리자를 경력 상담자로 활용함으로써 생기는 불이익도 있다. 첫째, 경력 개발 이슈와 청취, 질문 및 명확화와 같은 상담 기술에 대한 교육을 받지 않으면 효과적인 상담을 수행할 기술이 부족할 수 있다. 둘째, 훈련을 받더라도 어떤 감독자와 관리자들은 과업을 잘 수행할 역량이나 의지가 부족하다. 상담을 부수적인 짐으로 간주하고, 이를 수행하는 것에 대해서 조직은 보상을 안 해줄 가능성이 있다. 마지막으로, 종업원들이 자기의 경력 계획을 상사와는 논의를 하고 싶지 않거나, 비전문가의 조언을 원하지 않을 수도 있다.[131]

관리자와 감독자들을 상담자로 활용하려면 다음과 같은 조치를 해야 한다.

1. 경력 개발 과정에서 이들의 역할을 명확히 해야 한다.
2. 역할 수행하도록 훈련이 되어야 한다.
3. 자신의 경력 개발 관심을 논의할 기회를 가져야 한다.
4. 상담자나 개발자의 역할이 조직의 보상 시스템에 녹아들어가야 한다(예: 관리자의 성과 평가 항목에 포함 등).[132]

6.3 내부 고용 시장 정보 교환과 직무 매칭 시스템

경력 계획에 참여하는 종업원은 정확한 자기 평가와 더불어 정확한 환경 정보를 원한다. 이 때문에 조직은 종업원들에게 조직 내의 직무 기회에 대한 정보를 제공해야 한다.[133] 이를 위해 보통 활용되는 방법에는 사내 공모 제도와 경력 경로 설정 제도가 있다.

사내 공모제(*job posting*)는 가장 보편적인 경력 개발 활동 중의 하나로 조직에서 공석이 생겼을 때 외부에 광고하기 전에 내부의 직원들에게 공지를 하는 방법이다. 일반적인 사내 공모제에서 조직은 직무 기술서, 직무 명세서, 연봉 규모, 공석에 대한 응모 절차를 공지하고, 응모할 양식을 제공한다. 공석은 사내 게시판과 같은 공개적인 장소에 공지할 수 있으며, 웹사이트나 인트라넷 같은 온라인 활용이 증가하고 있다. 관심이 있는 종업원은 응모 및 고려 대상이 된다. 사내 공모제는 정부 및 민간 조직에서 광범위하게 활용되고 있다.

사내 공모제는 채용 및 선발 도구일 뿐만 아니라 경력 정보의 원천이다.[134] 종업원들은 다양한 직책에 필요한 기술과 능력을 학습할 수 있고, 그 정보를 경력 개발을 위한 발판으로 활용할 수도 있으며, 경력 목표와 전략을 수립하기 위해서도 활용할 수 있다. 사내 공모제가 공정하고 공개적으로 관리되면, 종업원들은 자신들에게 미래가 있다는 것을 인식하게 되고, 사기가 향상된다. 종업원들에게 인기 없는 직위에만 공모를 실시하거나, 직위에 적합한 '내부' 후보 한 명에게만 적용되도록 직무 명세서가 만들어지면 사내 공모제는 문제를 일으킬 수도 있다.

경력 경로(*career path*)는 종업원들이 시간의 경과에 따라 이동하는 일련의 직무들로써, 보통 관련 과업과 경험을 포함한다.[135] 예를 들면, 시 경찰국에서의 경력 경로는 순찰 경관, 내근 경사, 파출소장, 경찰서장, 그리고 경찰국장이다. 경력 경로는 종업원들의 직무 이동 가능성을 알려준다. 직무 기술서 및 직무 명세서와 함께 경로는 종업원들이 경력 전략을 개발하는 데 도움이 될 수 있다.

경력 경로는 전통적인 접근법 또는 직무/행동 접근법을 활용하여 개발될 수 있다.[136] 전통적인 접근법에서 경력 경로는 조직에서 일상적으로 발생하는 것이 무엇인지를 표현하고, 특정한 부서 내의 논리적 직무 이동에 대해서 관리자들 사이에 의견 일치가 있음을 나타낸다. 예를 들어, 컴퓨터 운용자가 감독자가 되기 전에 기술 자문관이 되는 것이 일반적이면, 경력 경로는 이를 반영한다. 직무/행동 접근법에서 경로는 조직의 직무들 간의 유사점과 상이점을 분석하여 만들어진다. 예를 들어, 시장 조사 분석가와 인적자원 조사 분석가의 직책이 유사한 기술을 요구하면, 이 직무들은 조직은 다르지만 동일한 경력 경로에 배열될 수 있다. 직무/행동 접근법은 조직 전반의 직무를 포함하며, 결과적으로 전통적인 접근법보다 이동 가능성을 더 많이 열어둘 수 있다.[137]

어떤 조직은 이중 경력 경로(*dual career path*) 또는 이중 트랙 시스템을 활용하기도 하는데, 보다 큰 책임이 있는 경로는 관리직과 비관리직 트랙으로 구분된다.[138] 비교적 동등한 존경과 급여를 받는 비관리직 경로는 관리자가 될 기술이나 욕망이 없는 종업원들의 욕구에 도움이 된다. 예를 들면, 영국석유(*British Petroleum*)의 탐사본부는 엔지니어링 및 상품 개발과 같은 분야에 이중 경력 경로를 두고 있다. 관리자와 직원들이 이 시스템을 구성하고, 시스템을 어떻게 운영할지에 대해서 동료들을 훈련시킨다.[139] 이런 접근법은 전통적인 피라미드 구조보다 더 많은 가능성을 열어 둔다.

경력 경로가 경력 발전 가능성에 대한 정보를 종업원들에게 제공하는 데 도움이 되기는 하지만, 이는 조직에서 미래에 필요한 것보다는 전통적으로 해왔던 것에 너무 많이 의존할 수 있다.[140] 경력 환경이 변하는 상황에서 수직적 상승은 쉽지 않거나 전통적인 경우보다 오히려 짧을 수도 있으며, 나선형 또는 전환형 경력 개념을 가진 종업원들에게 매력적이지 않거나 조직의 전략 및 경력 문화에 맞지 않을 수도 있다. 그러므로 경력 경로는 각 조직의 전략과 인적자원 계획 활동의 맥락에서 개발되어야 한다. 또한, 수평적 경력 이동과 같은 대안 경로에 대해서도 관심을 기울일 필요가 있다.[141] 경력 그리드 접근법이 이 중의 하나이다. 경력 그리드(*career grid*)는 직무 내용에 기반을 두고 있으며, 종업원들이 보유할 수 있는 수직적·수평적 직위의 순서를 구체화한다.[142] 그리드는 잠재적인 경로뿐만 아니라 각 직책에 필요한 역량과 이 직책을 통해 이동에 필요한 개발 아이디어 정보를 주고받을 수 있다.[143] 조직 관점에서 볼 때, 이 접근법은 기술을 보유하고 있고, 가치가 있는 종업원들(예: 조직의 최고 엔지니어 또는 회계사들)에게 승진을 보장해주고, 자신의 전문 분야에 계속 머물 수 있는 경력 대안을 제시해준다는 점에서 유익하다. 또한, 관리자가 되는데 관심이 없는 직원들에게 학습 및 개발 인센티브를 부여하기도 한다.

경력 경로와 사내 공모제 이외에, 직원들에게 경력 발전 가능성에 대한 정보를 담은 소책자와 전단지를 만들어서 알려주는 내부 정보 공유가 있다. 교육과 학비 지원 프로그램 정보를 사전에 알게 됨으로써 종업원들은 자신의 경력 전략을 개발하고 실행하는 데 도움을 받는다.

또 다른 내부 고용 시장 정보원은 기능 목록(*skills inventory*)이다.[144] 기능 목록은 종업원의 기술, 학력, 성과 평가 및 경력 선호도 등의 정보를 포함하고 있는 데이터베이스이다. 이는 조직의 인적자원 정보시스템(*HRIS, human resource information system*)의 일부분이며, HRD 전문가들이 요구 분석 단계에서 이 정보를 활용하여 인력의 역량을 구분하고, 다루어야 기술의 요구 사항을 가려낸다. 기능 목록 정보는 보통 종업원의 자기 보고에 의해 수집되며, 이 정보는 불완전하고, 부정확하거나 오래된 정보일 가능성이 있지만, 최근의 네트워크 및 PC 기반 HRIS의 발전으로 이런 문제를 극복해가고 있다.[145]

6.4 조직의 잠재 능력 평가 과정

조직은 주요 직책이 공석일 때 이에 적합한 개인을 선발할 권한을 가지고 있다. 조직에서는 공석인 직책을 채우기 위해서 관리직, 전문직, 기술직 직원들의 잠재 능력(*potential*), 즉 승진 가능성(*promotability*)을 평가한다. 잠재 능력이 높은 것으로 평가된 직원들은 이 직책들을 위해 훈련받을 수 있다.[146] **잠재 능력 평가**(*potential assessment*)는 잠재 능력 평가표, 평가센터 및 승계 계획을 통해서 한다.

잠재 능력 평가표(*potential ratings*) **또는 승진 가능성 평가표**(*promotability ratings*)는 일반적으로 직원의 관리자 또는 상사가 작성한다.[147] 이들은 다양한 관점을 측정하고, 직원의 승진 가능성에 대한 요약 또는 전반적인 평가표를 작성한다. 잠재 능력 평가표와 성과 평가표 간의 주요 차이점은 잠재 능력 평가표는 과거 또는 현재보다는 미래에 초점을 둔다는 점이다. 평가자는 직원이 현재 사용하지 않는 기술이 필요한 직무를 성공적으로 수행할 수 있을 것인지를 판단하기 위해서 이 방법을 이용한다. 잠재 능력 평가의 결과는 직원들에게 알려주지 않는다. 잠재 능력 평가표는 성과 평가와 동일한 문제를 안고 있다(즉, 평가 오류 및 편견). 평가자는 적절한 방법으로 평가를 수행하도록 훈련이 필요하다.

평가센터(*assessment centers*)는 종업원 선발 과정의 일환으로, 그리고 승진 가능성을 평가하기 위해 활용될 수 있다.[148] 평가센터에서, 소규모 종업원 집단은 다양한 과제를 수행하고, 훈련된 평가자 집단이 평가를 수행한다. 과제들로는 모의 실험, 역할 연기, 집단 토론, 시험 및 인터뷰로 구성되며,[149] 주어진 직책과 관련된 기술과 태도를 측정한다. 평가자들은 보통 평가 대상이 되는 사람의 직상급자 또는 차상위 직급의 관리자들이고, 이 과제를 수행하기 위해 특별히 훈련을 받는다. 평가자들은 평가 대상자 각각에 대해서 상세한 보고서를 작성하고 보통 평가 대상자의 승진 가능성에 대해 전반적인 판정을 한다. 개발 목적으로 활용될 때에는 직원들이 자기 인식을 증진할 수 있도록 집중적인 평가 피드백을 제시한다. 경력 개발 평가센터는 비용이 많이 들지만 다양한 데이터를 많이 제공한다.[150] 평가센터 절차를 설계하는 데 있어서, 여러 차원에서 참가자를 관찰할 기회가 많이 주어져, 합리적인 분량의 시간과 과제로 개발 가능한 기술을 평가하도록 주의를 기울여야 한다.[151]

승계 계획(*succession planning*)은 잠재 능력을 평가하는 제3의 방법이며,[152] 주로 상위 직급의 관리 직책을 위해 실행된다. 고위 관리자들은 자신을 대체하기 위해 개발이 필요한 직원을 파악하도록 요구받는다. 승계 계획에서 생성된 정보는 직원들에게는 알려주지 않는다. 잠재 능력 평가 내용이 그 직원과 상사에게 알려지면, 이 정보는 자기암시 예언을 하는 데 활용될 수 있다. 즉, 관리자들은 그 직원이 승진 가능성이 높다고 믿게 되면, 그 사람을 우호적으로 평가하여 실질적인 성과가 보증하는 것보다 빨리 승진할 수 있다.[153] 승계 계획이 해당 직원에게 알려지지 않으면, 조직은 직원의 경력 계획과 직원을 위한 계획 간의 불일치에 따른 리스크를 안는다. 이 정보가 그 직원에게 유용하면 그 직원이 현실적인 경력 계획을 개발하고, 해당 직책에서 거부될 기회가 확실히 줄어든다.[154]

경영자 개발의 경우 변하는 환경에 처한 조직에 적합한 승계 계획 방법으로 승계 관리(*succession management*) 개념이 있다.[155] 승계 관리는 고위 관리팀의 일원으로서 적합한 역량을 갖춘 후보자들을 만드는 과정을 목표로 삼는다. 미래의 역량들은, '리더십 표본'의 형태로, 개인들의 집단이 개발되어야 할 준거로 활용된다. 고위 경영자의 역할은 자기 직책을 대체할 특정 개인을 식별하는 것이 아니라, 개발 기회를 인식하고, 사업의 핵심이 되는 도전적인 과제를 만들며, 팀/네트워크의 방향을 설정하고, 개발될 인재에 대한 멘토가 되고, 역할 모형으로서의 역할을 하는 것이다.[156]

6.5 개발 프로그램

경력 관리 활동의 마지막 부분인 개발 프로그램에는 직무 순환, 사내 HRD 프로그램, 외부 워크숍과 세미나, 학비 지원, 상환 계획, 그리고 멘토링 프로그램이 있다. 이 프로그램들은 종업원들이 새로운 아이디어와 기술을 배우고, 새로운 도전을 하며 미래 직책에 대한 준비를 할 수 있도록 해준다.

직무 순환(*job rotation*)은 조직의 여러 기능 분야에 있는 일련의 직무들을 종업원에게 할당하는 것을 포함한다. 일반적으로 수직적 이동보다는 수평적 이동을 하고, 태스크 포스에서 근무한다거나 라인 부서에서 스태프 부서로 옮기는 것을 포함한다. 직무 순환은 종업원의 경력에 다양성을 부여하는 좋은 방법이며, 종업원에게 새로운 기술을 배우고 활용할 기회를 주며, 다른 부서의 기능을 보다 잘 이해할 수 있게 해준다. 직무 순환은 또한 종업원들이 조직에서 네트워크를 만들고 이를 잘 활용하면, 미래의 승진 기회를 보다 잘 준비할 수 있도록 해준다.

경력 개발 도구로써의 직무 순환의 효과를 지지하는 연구들이 있다.[157] 한 연구는 직무 순환은 급여, 승진, 만족과 같은 결과와 관련이 있으며, 지식, 기술 및 다른 경력 편익의 향상과 관계가 있는 것으로 인식된다는 것을 발견하였다.[158] 또한 직무 순환은 종업원의 경력 초기에, 그리고 일을 잘 수행하는 종업원에게 발생하는 경향이 있다고 한다. 전문적인 비관리직 종업원들은 다른 것보다는 직무 순환에 관심이 많다. 직무 순환의 실행과 관련해서 직무 할당은 반드시 다른 일을 할 기회보다는 개발 기회를 제공하도록 신경을 써야 한다.[159]

멘토링(*mentoring*)은 조직의 하급자와 상급자 모두의 경력 개발에 기여하는 양자 간의 관계이다. 멘토링 관계는 생애 개발과 경력 개발 관점에서 모두 중요하다. 생애 개발 관점에서는 레빈(*Levinson*)의 시기 접근법에서 보면 젊은 직원들은 의미 있는 관계를 설정하고 싶어 하며, 중년 직원들은 다음 세대에게 영향력을 행사하기를 원한다. 경력 개발 관점에서는 젊은 직원은 조직에서 자리 잡기를 원하고, 일에서 생산성을 유지하기를 원한다. 어느 관점에서 보든 멘토링 관계는 하급자와 상급자 모두의 욕구에 기여한다.[160]

멘토링 관계는 경력 기능과 심리 사회적 기능(예: 사회적 지원)에 도움이 된다.[161] 멘토는 멘티(제자)에게 경력 지원—문을 열고, '일을 가르쳐 주고', 역량을 발휘할 잠재적 기회를 만들고, 가시성을 증진하고, 멘티가 도전적인 일을 할 수 있다는 확신을 줌으로써—을 한다. 멘티는 멘토에게 의미 있고 강화된 관계를 제시하는데, 이러한 관계는 조직에 대한 두 사람의 가치관과 헌신을 보여준다. 멘토는 역할 모델로서 기여할 기회를 갖고, 자신이 알고 있는 지식을 도움이 되는 사람과 공유한다. 이에 대한 보답으로 멘토는 존경, 지지, 그리고 대부분의 경우, 우정을 얻는다.

많은 조직에서 멘토링 관계는 양측의 상호 끌림의 결과로 형성된다. 다수의 조직들은 멘토와 멘티를 묶어주고 이들의 관계를 지원하는 공식적인 멘토링 프로그램을 만든다.[162] 많은 조직과 개인들은 비공식적인 멘토링의 혜택을 본다.[163] 멘토링을 통해서 조직이 얻을 수 있는 이익으로는 신입사원의 사회화 촉진, 이직 감소, 중기 경력 조정의 최소화, 유익한 지식 및 가치 이전 증진, 퇴직 조기 적응 등이다.[164]

멘토링 관계는 복합적이다. 멘토와 멘티의 다양한 욕구를 충족해주지만, 한계와 문제점도 내재한다.[165] 공식적인 멘토링 프로그램의 한계로는 가용할 멘토들의 수가 적은 점, 멘토링 결과 의도하지 않은 부정적인 결과와 프로그램에 참여하지 않은 사람들의 부정적 감정 등이 있다.[166] 멘토-멘티 관계의 깊이와 범위에 있어서 비공식적인 관계가 공식적인 관계보다 우월한지는 분명하지 않다. 한 연구는 비공식 관계에서 멘티는 경력 관련 지지를 더 많이 받고, 경력 결과도 더 낫다는 것을 발견하였지만,[167] 다른 연구는 아무 차이도 발견하지 못하였다.[168] 에비(*Eby*)와 동료들의 연구는 멘티가 멘토에게 갖는 부정적인 경험이 있음을 발견하였다.[169]

성 교차적(cross-gender)인 멘토링 관계에 문제가 있음을 제기하는 의견도 있다.[170] 이러한 주장을 뒷받침하는 연구 결과는 다음과 같다.

1. 양쪽 간의 친밀감과 성적 유혹에 관한 우려가 존재한다.[171]
2. 여성과 남성의 성 역할에 대한 고정관념에 의존하는 경향이 있다.[172]
3. 역할 모형 측면에서 불만을 느낄 수 있다.[173]
4. 관계가 공개적인 감시에 종속된다(예: 배우자의 질투심, 사무실 소문 등).[174]
5. 동료의 적개심이 발생할 수 있다.[175]

다른 연구들은 멘티가 받아들이는 경력 멘토링의 양에서 성별 차이가 없음을 발견하였다.[176] 남성 지배적인 직종에서는 생물학적인 성보다는 성별 역할이 멘토링의 양적인 차이와 더 많은 관계가 있을 수 있다는 것을 보여주었다.[177] 또한 여성이 남성과 같이 멘토가 되고, 멘토링 관계에 진입하는 비용과 편익이 비슷하다는 것을 발견한 연구도 있다.[178] 10년간의 조직 변화에 관한 연구는 여성 멘티와 조직에 대한 긍정적인 이점을 보고하고 있다.[179] 제록스(Xerox)는 여성 연합을 활용하여 여성 멘토와 멘티의 성공적인 조합을 촉진하였다.[180]

인종 간 멘토링에 대한 연구는 또 다른 잠재적인 결과의 원천임을 주장한다.[181] 예를 들면, 토마스(Thomas)는 백인 멘토와 흑인 멘티의 멘토링 관계에서 동일 인종에서 보다 만족도가 낮고, 지원이 적음을 발견하였다.[182] 동일 인종과 동성 간 멘토링 관계에서도 조직의 지원 부족과 당사자 간의 부정합은 관계를 해칠 수도 있다.[183] 인종 간 개발 관계의 참여자들이 인종 문제를 다루기를 선호하는 방식이 이런 관계의 역학에 영향을 미친다.[184] 양쪽 당사자들이 인종 문제를 다루는 전략이 동일하면 그 관계는 경력 발전과 심리 사회적 요소를 갖는다(즉, 관계가 보다 친밀해지고 보다 개인적인 지지를 얻는다). 당사자들이 인종 문제를 다루는데 있어서 다른 전략을 선호하면, 그 관계는 주로 경력 승진만을 지향하게 되고 심리 사회적 요소는 부족하다.

발생 가능한 문제가 있는 상황에서 멘토링의 가치에 의문을 제기하는 학자도 있다. 클로슨(Clawson)은 멘토링은 필수적이지 않으며, 종업원들은 다른 사람의 지원을 청하는 것보다는 현재 상사로부터 배움으로써 동일한 이점을 얻을 수 있다고 주장한다.[185] 크램(Kram)은 단일한 관계에서 멘토링이 제공할 수 있는 모든 것을 찾는다는 것은 불필요할 수도 있다고 주장한다.[186] 또한, 동료 관계에서도 멘토 관계에서 얻을 수 있는 동일한 효과(즉, 정보 공유, 경력 전략 수립, 감정적 지원, 개인적인 피드백 등)를 볼 수 있으며, 멘토가 없는 사람들이나 멘토를 원하지 않는 사람들에게는 동료 관계가 더 적절할 수도 있다.[187] 최근에는 종업원이 다수의 멘토와 관계를 맺는 멘토링 네트워크의 가치를 권장하는 주장도 있다.[188]

개인과 조직에게 잠재적인 이점이 있다고 볼 때 멘토링은 경쟁력 있고 적절한 경력 개발 전략이다.[189] 조직 상위 계층에서의 인종차별 및 성차별에 관한 최근 연구에서는 "개인 및 조직 수준에서의 멘토링을 이런 이슈들을 제기하는 도구로 수용할 것"을 권고하고 있다.[190] 공식적인 멘토링 프로그램을 실행하려면, 다음의 세 가지 조건이 성공 가능성을 높인다.

1. 프로그램은 사업 전략과 기존 HR 정책 및 제도와 명확하게 연계되어야 한다. 그렇게 함으로써 잠재적인 참여자와 고위 관리자가 프로그램을 수용하고 적극적으로 지지할 기회가 많아진다.
2. 프로그램의 핵심 요소(목적, 지침, 훈련 및 교육, 소통 전략, 멘토링과 평가, 조정)는 편의성보다는 효과성을 위해 설계되어야 한다.
3. 성공하기 위해서는 자발적인 참여와 융통성 있는 지침이 중요하다.[191]

또한, 공식적인 멘토링 프로그램이 조직의 전체적인 개발 전략의 일부로 활용되어야 한다. 멘토링을 전략적 사업 필요성과 연계하여, 멘토링을 촉진하는 HR 시스템뿐만 아니라 자연적인 학습 기회를 활용해야 한다.[192] 직장에서 세대가 다른 종업원들이 서로의 관련 분야에 대한 전문 지식을 공유하는 방법으로 역 멘토링(*reverse mentoring*)이 제시되었다.[193] 어떤 작가들은 온라인 또는 'e-멘토링'을 기술한다.[194] 멘토링의 윤리적인 문제를 제기하는 것도 HRD의 중요한 역할이다.[195] 김(*Kim*)과 에건(*Egan*)은 공식적인 교차 문화적 멘토링 프로그램에 관한 가이드라인을 제시한다.[196]

7. 경력 개발 이슈들

조직의 경력 개발 프로그램을 구성하거나 수정할 때 고려해야 할 몇 가지 이슈가 더 있다. 여기에는 경력 동기의 촉진, 비정규직 노동자를 위한 경력 개발, 그리고 승진과 무관한 경력 개발이 포함된다.

7.1 경력 동기의 개발

경력 동기의 개발은 중요한 경력 관리 목표이다.[197] 런던(*London*)에 따르면, **경력 동기**(*career motivation*)는 사람들이 자신의 경력을 어떻게 선택하는지, 경력을 어떻게 보고, 경력에서 얼마나 열심히 일하는지, 그리고 경력에 얼마나 오랫동안 머무는지에 영향을 미친다.[198] 런던은 경력 동기를 세 가지 차원—경력 탄력성(*career resilience*), 경력 통찰력(*career insight*), 경력 정체성(*career identity*)—의 특성을 갖는 것으로 보았다.[199] 각 측면의 특성은 〈표 11.5〉에서 정의하였다. 노에(*Noe*)와 동료들은 이러한 측면을 측정하는 척도를 개

표 11.5 경력 동기의 세 가지 차원

1. **경력 탄력성.** 사람들이 자신의 일에 영향을 미치는 경력 장벽 또는 단절에 저항하는 정도. 자신감, 성취 욕구, 위험 감수 의지, 독자적, 협조적으로 행동하는 능력
2. **경력 통찰력.** 사람들이 자기 자신과 자신의 경력을 직시하고, 이러한 인식을 경력 목표와 연계하는 정도. 경력 개발, 자신과 환경에 대한 지식의 획득이 포함됨
3. **경력 정체성.** 사람들이 자기 자신을 일에 의해 정의하는 정도. 직무, 조직 및 전문 분야 참여 및 경력 목표의 방향을 포함함(예: 조직에서 승진 지향성).

출처: London, M. (1991). Career development. In K. N. Wexley & J. Hinrichs (Eds), *Developing human resources* (pp. 5-159). Washington, DC: BNA Books.

발하였다.[200] 개인은 자신의 직위에 따라 각 범주에서 고, 중, 저 수준의 경력 동기를 갖는다. 높은 경력 동기를 가진 사람은 방해와 역행에 대항하여 경력을 지속적으로 추구하며(경력 탄력성), 현실적인 경력 목표를 세우고(경력 통찰력), 일에 몰입하고 경력을 공격적으로 추구한다(경력 정체성).

경력 동기는 부분적으로 개인의 생애 경험에 의해 결정되지만, 경력 활동과 실행 방안은 그 사람의 경력 동기를 개발하는 데 도움이 된다.[201] 자기 인식 워크북과 인물평은 경력 통찰력을 형성하는 데 활용된다. 경력 동기는 의사 결정과 경력에 대한 헌신에 영향을 줄 수 있으므로, 이런 동기를 부여하기 위해서는 조직이 경력 개발 활동을 제공하는 것이 유익하다. 〈표 11.6〉에 이를 실행하는데 필요한 방안을 제시하였다.

경력 동기는 규모 축소, 일시 해고, 또는 개인 사정이나 퇴보로 직업을 상실한 노동자가 직면하는 이슈를 다루는데 있어서 중요하다.[202] 이런 노동자들을 재배치하려는 노력은 경력 동기 이슈가 부각되면 보다 효과적일 수 있다. 이 방법들은 실업 노동자들의 취업 지원을 위한 정부 및 지역사회 프로그램, 퇴출 종업원을 위한 재훈련, 노동조합-관리자 연합 재훈련 프로그램, 또는 내부의 임시 고용 인력을 위한 프로그램 등이 있다.[203] 런던(*London*)은 퇴직 노동자를 성공적으로 재배치하기 위해서 경력 동기 이슈를 어떻게 다룰 수 있는지와 고령 노동자들의 경력 동기를 어떻게 지원할 수 있는지에 대해서 다양한 제안을 제시한다.[204] 로페즈(*Lopes*)와 첸(*Chen*)은 외국 출신 노동자를 위한 경력 동기에 대해 보다 많은 연구의 필요성을 제기한다.[205]

표 11.6 경력 동기의 증진을 위한 방법

1. 경력 탄력성의 지원
- a. 피드백과 긍정적 강화를 통해 종업원의 자신감을 조성
- b. 성취를 위한 기회를 조성
- c. 혁신에 대한 보상을 함으로써 위험 감수 및 실패에 대한 두려움 감소에 도움이 되는 환경을 조성
- d. 인간적인 관심을 보이고, 집단 응집력과 협업 관계를 조성

2. 경력 통찰력의 강화
- a. 종업원의 자기 목표 설정을 장려
- b. 경력 목표 설정과 관련된 정보를 종업원에게 제공
- c. 주기적인 성과 피드백을 제공

3. 경력 정체성의 구축
- a. 직무 도전과 전문적 성장을 통한 일 참여를 촉진
- b. 리더십 직책과 승진 가능성과 같은 경력 개발 기회를 제공
- c. 전문가 인정 및 재무적인 보너스를 통해 확실한 성과 보상

출처: London, M. (1991). Career development. In K. N. Wexley & J. Hinrichs (Eds), *Developing human resources* (pp. 5-159). Washington, DC: BNA Books.

7.2 경력 정체

전통적으로 관리직의 수가 급격히 하락하는 피라미드 조직 구조는 개인의 경력에서 더 이상 승진할 수 없는 시점이 다가올 것임을 의미한다. 즉, 경력 발전은 끊임없는 상향 여정이 아닐 수 있으며, 오히려 주기적인 이동과 주기적인 안정을 내포한다. 이러한 요소들이 경력 정체라는 용어의 형성에 기여하였다. **경력 정체**(*career plateau*)는 "추가적으로 계층 상승 가능성이 매우 낮은 경력의 지점"으로 정의되었다.[206] 이는 경력 성장을 갈망하는 다수의 종업원들에게 충격적인 경험이며, 스트레스, 좌절, 실패 및 죄책감이 수반된다.[207] 또한, 정체는 '변화, 전환, 재평가 및 반성의 시기'가 될 수도 있다.[208]

경력 정체의 결과에 관한 실증적 연구는 복합적이다. 정체 현상의 부정적인 결과를 검증하는 연구도 있고, 정체 상태에 있는 종업원은 행복하고 생산적일 수 있다고 주장하는 연구도 있다.[209] 이와 같은 복합적인 결과는 두 가지로 설명될 수 있다. 첫째, 펠드만(*Feldman*)과 웨이츠(*Weitz*)는 정체에 이르게 하는 요소들은 정체의 결과에 영향을 미친다고 주장한다. 종업원이 승진에 필요한 기술과 능력이 부족해서 정체 상태에 놓이게 되면, 낮은 성과와 직무 태도를 보이기 쉽고, 자신이 설정한 기준이나 성장에 대한 낮은 욕구로 정체가 발생하면 지속적으로 좋은 성과를 내고 긍정적인 직무 태도를 갖는다. 펠드만과 웨이츠는 경력 정체의 여섯 가지 원인과 성과, 태도에 대한 영향과 관리자가 개입 가능한 모형을 제시하였다. 이 모형은 경력 정체에 대한 낙관적인 접근법을 제시한다. 최근에는 감사인들의 경력 정체 이슈를 논의하는데 이 모형이 활용되었다.[210]

둘째, 조지아 차오(*Georgia Chao*)는 경력 정체 결과에 대한 복합적인 이유를 설명한다. 이 설명은 개념을 측정하는 방법에 중점을 두고 있다.[211] 초기의 연구들은 경력 정체를 운영상 이분법(정체 상태 있음과 정체 상태 없음)으로 정의하고, 개인이 정체 상태에 있는지를 지적하기 위해서 근무 기간(예: 최근 승진 이후 근무연수)을 이용했다. 그러나 차오는 개인들이 점차 자신의 경력이 정체됨을 인식하게 된다는 점과 인식의 정도가 다르면 다른 결과로 이어질 수 있음을 관찰하였다. 또한, 중요한 것은 정체에 대한 개인의 지각(*perception*)이며, 이는 경력 발전에 대한 개인의 지각이 그것을 어떻게 느끼고 반응할 것인지를 결정할 가능성이 높다. 결과적으로, 차오는 경력 정체의 지속적인 측정이 전통적인 근무 기간 접근법 보다 정체된 상태의 결과를 더 잘 설명해준다고 가정하였다. 그는 정체의 지속적인 측정치를 개발하였고, 재직 기간보다는 지각이 (만족과 경력 계획을 포함해서) 네 개의 결과에 대한 변동을 잘 설명함을 발견하였다.[212] 리(*Lee*)도 유사한 결과를 얻었다.[213] 차오는 또한 경력 정체의 부정적인 효과는 경력의 초기에 더 악화된다는 것을 발견하였고, 다른 연구자들과 유사한 결과를 보고하였다.[214] 응(*NG*)과 펠드만(*Feldman*)은 주관적인 경력 성공에 대하여 광범위한 메타 분석을 실시하였다.[215] 다른 학자들도 최근 주관적·객관적 경력 성공에 대하여 연구하였다.[216]

이러한 결과들은 경력 정체가 이전에 생각했던 것보다 더 복잡함을 주장한다.[217] 이 연구들은 HRD 전문가들은 (1) 종업원이 자신의 경력이 정체되고, 정체에 대한 이유를 파악하려고 노력하는 정도에 대한 종업원의 지각을 결정함으로써 경력이 정체되었는지를 평가하고, (2) 정체의 원인에 따른 문제 해결 방법을 제시해야 함을 권고한다.

조직 구조가 수평화되면 정체는 불가피하며, 조직이 종업원의 동기와 효과성을 유지하기 위한 방법을 찾아내는 것이 중요하다. 에팅톤(*Ettington*)은 관리자들이 성공적으로 정체될(*successfully plateaued*)(즉, 효과적인 직무 성과, 직무 및 삶의 만족도를 보여줌) 수 있음을 발견하였다. 경력 개발 분야에서 직무 성장 기회의 확대, 수평적·하향적 경력 이동의 장애물 제거, 종업원의 새로운 도전을 인식하고 도전하는 것과 같은 방안을 제시하고 있다.[218] 트렘블레이(*Tremblay*)와 로저(*Roger*)는 직무가 충실하다고 느끼는 정체된 관리자에게 태도와 행동이 가장 중요하다는 점, 그리고 의사 결정에 참여할 기회를 좀 더 많이 갖는다는 점을 발견하였다.[219] 이는 직무 내용의 정체(종업원이 자신의 직무에 의해 더 이상 도전을 받지 않는 상태)와 계층적 정체(종업원이 승진할 가능성이 거의 없는 상태)의 분명한 차이점이 된다.[220]

7.3 비정규직 종업원들을 위한 경력 개발

대부분의 경력 개발 문헌들은 관리자 및 전문가에 초점을 맞추고 있지만, 블루칼라와 비정규직 종업원들(예: 사무 보조 직원과 기술자들)의 경력 개발 욕구는 거의 무시되어 왔다. 그 이유는 연구자, 관리자 및 HR 전문가들이 이들은 조직에서 신경을 써야 할 만큼 여유가 없다고 생각하기 때문이다.[221] 그렇지만 이런 종업원들의 수가 많고 조직의 효과에 중요한 역할을 하는 상황에서는 이들의 잠재 능력을 보다 잘 활용하고, 장기적인 욕구를 채워줄 수 있는 경력 개발 활동들을 고려할 필요가 있다.

일부 HRD 전문가들이 이 이슈를 조사하였다.[222] 비정규직 종업원들의 경력 개발 욕구에 관한 조사 결과는 다음과 같은 사실을 알려준다.

1. 직무 만족은 흔히 일 자체에서 생긴다. 즉, 일이 반복적이고, 도전적이지 않으면 문제가 된다.
2. 변화하는 현재 상태(예: 노조에서 비노조로, 블루칼라에서 화이트칼라로)는 개인의 의미 있는 투자와 문화 조정을 요구한다. 화이트칼라 직책은 블루칼라 직책보다 높은 교육 수준을 요구할 수 있으며, '칼라 라인'을 교차하는 직원들은 동료로부터의 지원을 받지 못할 수도 있다.
3. 비정규직 직원들은 정규직 직원들보다 경력 기간 중 더 많이 좌절할 수 있다. 이는 이들에게는 수직 이동을 할 기회가 제한되기 때문이다.[223]

코닝(*Corning*)과 록히드 마린(*Lockheed Marine*)과 같은 회사들은 비정규직 종업원들에게 좀 더 잘 대해주고, 회사의 미래 고용 수요에 부합하도록 이들을 위한 경력 개발 프로그램을 실행하고 있다. 이 프로그램은 비정규직 종업원들이 자신의 경력 개발에 주도권을 갖고, 경영자는 이를 지원하도록 하고 있다. 록히드 마린의 프로그램에는 (모든 종업원에게 개방된) 경력/생애 계획 워크숍, 경력 개발 자원센터, 평생 학습 활동에 대한 지원(관련 과정에 대한 학습비 지원, 사내 세미나 등)이 있다.[224] 코닝의 프로그램에는 경력 탐색과 계획 소프트웨어, 비디오, 회사에서 가능한 경력을 기술한 정보 책자, 경력 상담에서 감독자 훈련 등 네 가지가 있다.[225] 두 회사의 프로그램은 종업원들의 참여도가 높고, 비정규직 부분의 경력 개발 활동 수준이 높다는 점에서 성공적이다. 이 프로그램들은 조직이 자신의 대규모 종업원들의 경력 개발 니즈를 어떻게 다루는 것이 좋은지에 대한 선례라고 볼 수 있다. 이러한 조치들이 이 분야의 연구와 실천을 자극했으면 하는 바람이다.

7.4 충실화: 승진과 무관한 경력 개발

대부분의 조직들은 경쟁과 변화하는 사업 환경에 대응하여 인력을 축소하고 관리직의 수를 줄이려는 생각을 하고 있다. 종업원 수가 적은 조직들조차도 경력 개발 활동에 관심을 기울이고 있다. 이에 따라 조직들은 승진이나 직업 안전성의 보장과는 무관하게 종업원들에게 주는 혜택으로 경력 개발 프로그램을 개발해야 할 가능성이 높아지고 있다. 또한, 프로틴 경력과 앞에서 언급한 경력 개념들과 같은 경력 개발에 관한 아이디어들은 모든 개인들이 가능할지라도 상향 이동(승진)을 바라는 것이 아니라는 점을 명확히 해준다.[226] 대신에, 종업원 만족을 증진하고, 조직이 필요로 하는 기술을 유지하고, 종업원들이 일시 해고되더라도 의미 있는 직업을 얻을 가능성 높여줌으로써 경력 안전성을 제공할 수 있다고 하면 종업원들의 현재 직무 또는 전문 분야에서의 충실화에 경력 개발 노력을 집중할 필요가 있다.[227]

충실화 전략에서 경력 개발 대안들은 다음과 같다.

1. 선발 기준을 구체화하고, 성과 기대 수준과 직무 내에서 다양한 전문 지식을 섭렵할 수 있도록 훈련 요구 사항을 명시하는 인증 프로그램과 숙련 경로
2. 재훈련 프로그램
3. 직무 전환 또는 순환[228]

충실화 프로그램은 인력의 기술 및 전문 지식의 수준을 향상시키며, 자신의 경력을 이끌어가는데 있어서 자존감과 자기 결정을 높여준다. 조직 환경이 변화하는 상황에서 자기 결정, 지속적인 학습 및 고용 가능성을 높여주는 충실화와 다른 경력 개발 방안들은 특히 중요하다.[229]

8. 효과적 경력 개발 시스템

어떤 HRD 프로그램이든지 철저한 요구 분석, 설계, 실행 및 평가에 주의를 기울이면 성공할 가능성이 높다는 것은 명확하다. 1장에서 언급했듯이, 인적자원개발의 핵심 부분인 경력 개발 프로그램에서도 똑같다.[230] 효과적인 시스템의 설계 및 실행과 관련된 이슈들은 앞에서 강조하였다. 〈표 11.7〉에 효과적인 경력 개발 시스템의 생성, 실행 및 평가를 위한 접근법을 제시하였다. 이 접근법을 이용할 때 고위 경영자의 지원을 받는 것과 전체 프로그램을 실행하기 전에 실험 프로그램을 평가하는 것이 중요하다. 관리자, HR 전문가 및 종업원의 공동 노력이 필요하다.[231]

환경의 급격한 변화(예: 인구, 기술, 경쟁 등)는 조직 운영의 변화로 이어져서 종업원들에게 영향을 미치게 된다. 격변하는 환경에서 경력 개발 노력을 잘 관리하여 그런 활동들이 조직의 전략 계획과 잘

표 11.7 경력 개발 프로그램의 생성의 시스템적 접근법

요구 분석	1. 경력 개발을 사업 전략과 연계 2. 종업원과 조직 요구의 일치
변화를 위한 비전 설정	3. 시스템을 구축하고 이를 다른 경영 및 HR 시스템과 연계(예: 품질 방안, 오리엔테이션, 성과 평가, 보상 등) 4. 다양한 도구와 접근법을 활용
실행 계획 수립	5. 기업 인프라 조성, 경력 개발 시스템은 개별 사업 단위 또는 부서별로 실행 6. 시스템 개발 시 현장 관리자를 반드시 참여시킴
효과와 지속성을 위한 실행	7. 현장 관리자에게 책임을 부여하고, 책임을 완수하는 데 필요한 기술을 제공 8. 경력 개발의 중요성을 유지하는 일련의 초기 실행을 지속(예: 정보 공유, 경력 활동팀 등)
평가 및 결과 유지	9. 평가 10. 경력 개발 노력의 지속적인 개선 11. 경력 개발의 높은 가시성 유지와 지속적인 커뮤니케이션

출처: Leibowitz, Z. B., Farren, C., & Kaye, B. L. (1986). *Designing career development systems*. San Francisco, CA: Jossey-Bass; Gutteridge, T. G., Leibowitz, Z. B., & Shore, J. E. (1993). *Organizational career development: Benchmarks for building a world-class workforce*. San Francisco, CA: Jossey-Bass; Patton, W., & McMahon, M. (2001). *Implementing career development learning programs*. In W., Patton & M., McMahon (Eds), *Career development programs: Preparation for lifelong career decision making* (pp. 10-21). Melbourne, Australia: Australian Council for Educational Research; Patton, M., & McIlveen, P. (2009). Context and models for the analysis of individual and group needs. *Career Development Quarterly*, 57, 327-334.

연계되는 것이 무엇보다 중요하다. 4장에서 언급한 바와 같이, 요구 분석 데이터는 목표, 강점, 약점, 자원 활용 가능성, 조직 분위기 및 현재의 인적자원 계획에 관한 조직 수준의 데이터를 포함해야 한다. 모든 HRD 활동과 마찬가지로 경력 개발은 전체적인 HR 전략과 부합해야 한다. 채용, 선발, 보상, 혜택 및 HRD 활동은 경력 개발에 영향을 미치고, 그 과정을 촉진하는 데 활용될 수 있다.

HRD 담당자들은 다른 조직의 효과적인 접근법을 조사함으로써 자신의 경력 개발 방안을 벤치마킹할 필요가 있다. 다른 전문가들과의 토론과 선도적인 조직들을 방문함으로써 경력 개발 방안에 대한 벤치마킹을 할 필요가 있다. 인터넷과 다른 기술을 활용하여 경력 개발을 지원하는 조직들이 많아지고 있다.[232]

경력 개발 활동을 개발하고 운영하는 데 있어서 또 하나의 이슈는 경력 개발이 주로 개인의 책임이며, 조직 책임이 아니라고 하는 많은 사람들의 태도이다. 불행하게도 이와 같은 태도는 고용주들이 종업원들의 경력 개발 과정을 등한시하는, 건강하지 못한 입장을 취하게 된다.[233] 이런 태도가 극복되어야 경력 관리 시스템이 광범위하게 수용될 것이다. 이러한 태도를 극복하고 조직과 개인에게 이득이 되는 하나의 방법으로는 처음부터 경력 개발 프로그램의 목적이 무엇인지를 명확히 하는 것이다. 이 프로그램들이 종업원의 성장과 의사 결정 능력을 증진하고자 하는가? 평등고용기회(*EEO, equal employment opportunity*)와 적극적인 개선조치를 하도록 하는 것인가? 조직의 효과성을 유지하는데 필요한 인재를 보

유하도록 보장하는 것인가? 그 목적이 무엇이든 간에 명확하게 기술되어야 한다. 그 다음에 일단 프로그램이 운영되면 목표의 달성 여부가 평가되어야 한다. 프로그램의 계획, 설계, 평가에 관해서 다양한 종업원의 의견을 반영하는 실무위원회를 운영하면 지원, 이해 및 헌신을 좀 더 구축할 수 있을 것이다.

또한, 경력 관리가 통합된 경력 개발 시스템 내에서 활동이 조정될 때 효과 있음을 많은 조직들이 경험하고 있다.[234] 구터리지(*Gutterige*)와 동료들에 따르면, 경력 관리 시스템은 다음의 네 가지 공통 요소를 가지고 있다고 한다. (1) 가시적이고, 선제적인 지원을 위해서 초기에 고위 경영진의 참여, (2) 시작부터 실행 기준의 설정, (3) 모든 수준 및 분야의 종업원들이 참여하는 현장 중심의 시스템 개발, (4) 조직 단위로 필요에 적합하게 시스템을 수정할 수 있도록 하는 융통성이다. 리(*Lee*)와 브루볼드(*Bruvold*)가 개발한 척도는 종업원 개발에 대한 조직 투자의 인식을 다루고 있다.[235] 훈련 및 경력 관리에 관한 항목도 포함되어 있고, 이 항목들은 경력 관리 시스템을 설계하고 개선하는데 종업원을 참여시키는 것이 유용한지를 검증할 수 있을 것이다.

부정적인 측면에서, 영국에서 시행된 HR 전문가들에 대한 조사에서 발견된 문제점은 다음과 같다.

- 50% 미만의 전문가가 자신의 조직이 공식적인 경력 관리 전략을 가지고 있다고 응답
- 26%는 자사 조직의 경력 관리 전략이 모든 종업원을 대상으로 함
- 34%는 조직의 고위 관리자가 경력 관리에 '확고하게 기여함'
- 56%는 현장 관리자가 경력 관리를 중요하게 다루지 않는다고 느낌
- 5%는 조직의 현장 관리자가 종업원의 경력 개발을 지원하도록 훈련되었음[236]

이런 결과는 상당히 많은 개선의 여지를 보여준다. 향후 연구는 이런 관심을 다루는 한 부분이 될 것이다.[237] 또 하나의 주제는 경력 개발 이슈가 종업원 구성의 다양성, 즉 성별, 인종, 종교, 연령, 문화 및 다른 고려 사항에 따라 얼마나 다를 것이냐 하는 것이다.[238] 경력 성공에 대한 인식은 개인이 조직에 대한 의미와 소속감을 인식하는 정도에 따라 개인별 차이가 있다.[239] 많은 학자들이 개인이 심리적인 성공을 경험하기 위해서는 목적 의식, 즉 '소명 의식'을 느낄 필요성이 있음을 주장하였다.[240] 이는 종교적 신념과 연계되어 있기는 하지만, 소명 의식에 대한 세속적인 견해와 종교적인 견해가 구분된다.[241] 중요한 것은 일은 개인에게 의미가 있으며, 이는 강한 내적 방향 의식에서 나오고, 자신의 재능을 공통의 또는 보다 큰 선(善)을 위해 봉사하는 데 사용하는 수단으로 여긴다는 점이다.

조직의 경력 개발 활동을 증진하기 위한 방법은 다음과 같다.

1. 개인의 개발 계획을 조직의 전략과 통합할 것
2. 경력 개발과 여타 HRM 시스템 간의 연계를 강화할 것
3. 경력 개발 시스템의 개방성을 확장할 것
4. 기술 축적과 책임감을 통해서 경력 개발에서의 관리자 역할을 증진할 것
5. 동료 학습과 여타 팀 기반 개발 접근법을 개발하고 확장할 것

6. 현장에 기반을 둔 개발을 강화하고, 일회성 이벤트인 전통적인 훈련 프로그램을 무시할 것
7. 충실화와 수평적 이동을 강조할 것
8. 이전 가능한 역량을 파악하고 개발할 것
9. 경력 개발 활동에서 가치관과 생활양식 평가를 포함할 것
10. 다양한 학습 유형과 다양한 인력의 요구 사항을 반영하는 다양한 경력 개발 접근법을 실행할 것
11. 경력 개발을 조직의 품질 제도와 직접 연계할 것
12. 경력 개발 측정과 평가를 확대할 것
13. 최선 실행안과 조직의 경력 개발에 대한 연구를 글로벌 관점에서 지속할 것[242]

도입 사례로 돌아가기

알베르노 대학과 같은 방법으로 학생들을 평가하는 대학들은 거의 없다. 관심있는 독자들은 이 대학의 웹사이트에서 디지털 포트폴리오 진단에 대한 상세 내용을 체크해볼 것을 권장한다. 이 장과 관련해서 알베르노의 일부 평가 방법은 AT&T에서 시행되었던 평가센터의 선도적인 작업이다. 도입 사례와 이 장에서 기술하였던 평가센터에 대한 내용을 살펴보면 두 개의 유사점을 발견할 수 있을 것이다. 알베르노 외에도 '학습 기록', '학습 포트폴리오' 또는 '전문 지식 개발 포트폴리오' 개념이 교육에서 인기가 있다. 이제 여러분들에게 던지는 질문은 "자신의 경력 개발 기록이나 포트폴리오를 유지하기 위해 어떻게 하고 있는가?"이다. 아마도 자신의 경력 개발에서 이러한 기록이나 포트폴리오를 유지하는 것의 가치를 알고 있을 것이다. 조직이 이를 지원하지 않으면 스스로가 학습 포트폴리오를 보유할 수도 있다.

출처: Klenowski, V., Askew, S., & Carnell, E. (2006). Portfolios for learning, assessment and professional development in higher education. *Assessment & Evaluation in Higher Education*, 31(3), 267-286; Woodbury, D., Neal, W., & Addams, L. (2008). The career portfolio—Teaching students to market themselves. *Proceedings of the Academy of Educational Leadership*, 13(1), 49-53; Scott, S. G. (2010). Enhancing reflection skills through learning portfolios: An empirical test. *Journal of Management Education*, 34(3), 430-457; Alverno's Diagnostic Digital Portfolio (2015). Alverno College. Accessed on April 10, 2015 at http://www.alverno.edu/ddp/faq/.

요약

경력은 개인의 일생에 걸쳐 일과 관련된 경험의 유형이다. 각 개인은 궁극적으로 자신의 경력에 책임이 있으며, 경력에는 경력 목표와 계획을 수립하기 위하여 자아와 환경에 대한 명확한 이해를 하는 것이 포함된다. 조직은 정보, 기회 및 지침을 제공함으로써 개인을 지원할 수 있다. 그렇게 함으로써 조직은 내부 노동시장을 증진하고 종업원의 채용과 동기부여에 좀 더 효과적일 수 있다. 그리고 개인은 고용 가능성의 증진 기회를 획득한다. 과거 수십년 동안 고용 관계에서 일어났던 변화를 볼 때 이는 특히 중요하다.

에릭슨은 우리의 생애가 일련의 단계를 거쳐서 진행하는 것으로 묘사했으며, 각 단계는 개인이 좀 더 발전하고 행복과 자아에 대한 명확한 의식을 얻기 위해 부딪쳐야 할 도전을 제기한다. 레빈슨도 성인의 생애를 인생의 계절을 나타내는 시기를 갖는 일련의 단계를 통해서 진행된다고 묘사하였다. 두 모형 모두 성인 생애에서 변화는 정상적이며, 불가피하다는 것을 가르쳐 준다. 전통적인 연령 관련 모형에서부터 조직에서의 현재 트렌드를 통합하는 다른 모형(예: 프로틴 경력 및 경력 개념)까지 몇 개의 경력 개발 모형이 제시되었다.

그린하우스와 동료들은 개인 관점의 경력 관리 과정을 개인이 (1) 환경을 탐색하고, (2) 환경과 자기 인식에 대한 명확한 의미를 개발하여, (3) 경력 목표를 수립하고, (4) 목표에 이르는 전략을 개발하며, (5) 전략을 실행하고, (6) 목표를 향해서 나아가고, (7) 일과 일 외적인 것에서 진전에 대한 피드백을 얻고, (8) 자신의 경력을 평가하는 것으로 묘사한다. 이 과정을 이용하면 개인은 경력만족과 보다 큰 삶의 행복을 얻을 수 있다. 조직 중심적인 경력 모형인 다원적 모형, 시스템 모형 및 팀 기반 모형은 경력 관리 과정을 조직 구조 및 전략과 연계할 수 있는 방법에 대한 사례로써 제시된다.

경력 관리에서 개인, 관리자 및 HRD 담당자들이 수행하는 역할이 제시되었다. 특히, 개인들이 자신의 경력을 효과적으로 관리하는 데 필요한 역량, 예를 들어, 적응성, 학습 방법의 학습과 관계형성 및 유지에 대해서 논의를 했다.

조직들은 종업원의 경력을 관리하기 위해 다양한 도구와 기법을 활용한다. 여기에는 워크북, 워크숍 및 컴퓨터 프로그램과 같은 자기 평가 도구 및 활동, 개별적인 경력 상담, 사내 공모제, 조직 잠재성 평가, 그리고 직무 순환 및 멘토링과 같은 개발 프로그램이 포함된다. 이러한 활동과 실행을 통해서 종업원들은 경력 인식을 개발하고, 경력 계획을 수립하며, 이 계획의 실행 기회를 제공하는 정보를 수집한다.

경력 관리 프로그램 설계에는 HRD 개입을 개발하는데 사용되는 것과 유사한 단계가 포함된다. 즉, 요구 분석의 시행, 목표 인식 및 프로그램의 구성 요소 파악, 효과성 측정 기준 설정, 프로그램 실행 및 효과 측정 단계이다. 또한, 조직은 경력 개발 프로그램을 설계할 때, 비정규직 노동자들을 위한 경력 동기, 경력 정체 및 경력 개발에 관한 이슈를 고려해야 한다.

토의문제

1. 경력을 사람의 일생에서 직업 관련 경험의 유형으로 폭넓게 정의함으로써 얻을 수 있는 것은 무엇인가? 경력에 대해 보편적인 개념과 이 정의를 비교해보시오.
2. 레빈슨의 성인 개발 접근법은 그린하우스와 동료들의 경력 개발 모형과 어떤 관계가 있는가? 두 모형의 유사점과 차이점을 대조하여 비교하시오.
3. 생애 및 경력 개발 단계에 대한 당신의 지식을 활용하여, 27세의 경력 이슈와 45세의 경력 이슈가 어떻게 다른지를 설명하시오. 당신이 인식하고 있는 이슈들의 조직에 대한 시사점은 무엇인가?
4. 프로틴 경력과 경력 개념 모형은 환경과 조직의 변화와 경력 개발의 개념의 조화를 위한 아이디어를 제시한다. 이러한 아이디어들이 경력 개발을 이해하는데 어떻게 기여한다고 생각하는가? 이들이 경력 개발에 대한 당신의 견해와 일치하는가? 이러한 아이디어에 근거해서 당신이 원하는 직업과 생활양식을 체험할 수 있는 기회를 증가시키기 위해서 당신이 할 수 있는 행동 두 가지를 기술하시오.
5. 경력 개발을 문제 해결과 의사 결정 과정으로 볼 수 있는 방법을 기술하시오.
6. 조직과 개인들이 잘 설계된 경력 관리 시스템을 통해서 얻을 수 있는 이점에 대해 설명하시오.
7. 효과적인 경력 개발을 위한 자기 평가 도구 및 활동의 가치에 대해서 논하시오.
8. 경력 개발 도구로써 멘토링은 조직과 개인을 위한 잠재적 혜택과 문제 모두와 연관되어 있다. 이러한 잠재적 혜택과 문제점을 고려할 때, 멘토링 관계를 자신의 경력 개발과 관련 짓는 것에 대해 어떻게 생각하는지를 기술하시오. 당신의 관심사는 무엇이고, 멘토링 경험이 긍정적이기 위해서 조직이 어떻게 했으면 좋겠는가?
9. 연구에 따르면 경력 정체는 복합적이라는 것을 시사한다. 개인의 경력 정체에 대한 인식이 왜 중요하며, 경력이 정체된 종업원들을 위해 조직이 개발해야 하는 다양한 방법은 무엇이 있는가?
10. 조직 구조의 수평화는 경력 발전이 무엇인지에 대한 인식을 바꿀 것을 요구한다. 경력 대안으로서 상향 이동에 대한 대안들은 무엇인가? 자신의 경력의 상향 이동과는 반대되는 대안의 가능성에 대하여 어떻게 생각하는가?

미주

1. Werner, J. M. (2002). Public policy and the changing legal context of career development. In D. C. Feldman (Ed.), *Work careers: A developmental perspective* (pp. 245–273). San Francisco, CA: Wiley/Jossey-Bass; Desimone, L. M., Smith, T. M., & Ueno, K. (2006). Are teachers who need sustained, content-focused professional development getting it? An administrator's dilemma. *Educational Administration Quarterly*, 42(2), 179–214; Schultheiss, D. E. P., & van Esbroeck, R. (2009). Vocational psychology and career guidance practice: An international partnership. *Career Development Quarterly*, 57, 366–377; Pearson, J., Hammond, M., Heffernan, E., & Turner, T. (2012). Careers and talents not to be wasted. *Journal of Management Development*, 31(2), 102–115; Kulkarni, M., & Gopakumar, K. V. (2014). Career management strategies of people with disabilities. *Human Resource Management*, 53(3), 445–466; Villanueva-Flores, M., Valle-Cabrera, R., & Bornay-Barrachina, M. (2014). Career development and individuals with physical disabilities. *Career Development International*, 19(2), 222–243; Watts, A. G., Bezanson, L., & McCarthy, J. (2014). The international symposia on career development and public policy: Retrospect and prospect. *Australian Journal of Career Development*, 23(3), 108–118.

2. McDonald, K. S., & Hite, L. M. (2005). Reviving the relevance of career development in human resource development. *Human Resource Development Review*, 4, 418–439; Egan, T. M., Upton, M. G., & Lynham, S. A. (2006). Career development: Load-bearing wall or window dressing? Exploring definitions, theories, and prospects for HRD-related theory building. *Human Resource Development Review*, 5, 442–477; Hite, L. M., & McDonald, K. S. (2008). A new era for career development and HRD. *Advances in Developing Human Resources*, 10, 3–7; Fairlie, P. (2011). Meaningful work, employee engagement, and other key employee outcomes: Implications for human resource development. *Advances in Developing Human Resources*, 13(4), 508–525; Lyons, S. T., Ng, E. S., & Schweitzer, L. (2014). Changing demographics and the shifting nature of careers: Implications for research and human resource development. *Human Resource Development Review*, 13(2), 181–206.

3. Nilsson, S., & Per-Erik, E. (2012). Employability and talent management: Challenges for HRD practices. *European Journal of Training and Development*, 36(1), 26–45; van Emmerik, I. J. H., Schreurs, B., de Cuyper, N., Jawahar, I. M., & Peeters, M. C. W. (2012). The route to employability. *Career Development International*, 17(2), 104–119; Forstenlechner, I., Selim, H., Baruch, Y.,& Madi, M. (2014). Career exploration and perceived employability within an emerging economy context. *Human Resource Management*, 53(1), 45–66.

4. Capelli, P. (2008). Talent management for the twenty-first century. *Harvard Business Review*, 86(3), 74–81; Collings, D. G., & Mellahi, K. (2009). Strategic talent management: A review and research agenda. *Human Resource Management*, 19, 304–313; Berger, L. A., & Berger, D. R. (Eds) (2011). *The talent management handbook: Creating a sustainable competitive advantage by selecting, developing, and promoting the best people* (2nd ed.). New York: McGraw-Hill; Rothwell, W. J. (2011). Replacement planning: A starting point for succession planning and talent management. *International Journal of Training & Development*, 15(1), 87–99; Garavan, T. N., Carbery, R., & Rock, A. (2012). Mapping talent development: definition, scope and architecture. *European Journal of Training and Development*, 36(1), 5–24; De Vos, A., & Dries, N. (2013). Applying a talent management lens to career management: The role of human capital composition and continuity. *International Journal of Human Resource Management*, 24(9), 1816–1831.

5. Goldberg, E. L. (2012). The changing tides of careers. *People & Strategy*, 35(4), 52–58; Clarke, M. (2013). The organizational career: Not dead but in need of redefinition. *International Journal of Human Resource Management*, 24(4), 684–703; Cullen, J. G. (2013). Vocational ideation and management career development. *Journal of Management Development*, 32(9), 932–944; Fossland, T. (2013). Negotiating future careers. *Journal of Management Development*, 32(2), 193–203; Orey, M. (2014). Be a career chameleon: Adapt & thrive no matter the environment. *T&D*, 68(9), 32–36.

6. Arthur, M. B., & Rousseau, D. M. (Eds). (1996). *The boundaryless career: A new employment principle for a new organizational era*. Oxford: Oxford University Press; Dany, F., Mallon, M., & Arthur, M. B. (2003). The odyssey of career and the opportunity for international comparison. *International Journal of Human Resource Management*, 14(5), 705–712; Sullivan, S. E., & Arthur, M. B. (2006). The evolution of the boundaryless career concept: Examining physical and psychological mobility. *Journal of Vocational Behavior*, 69, 19–29; Lazarova, M., & Taylor, S. (2009). Boundaryless careers, social capital, and knowledge management: Implications for organizational performance. *Journal of Organizational Behavior*, 30, 119–139.

7. Vaill, P. B. (1996). *Learning as a way of being: Strategies for survival in a world of permanent white water*. San Francisco, CA: Jossey-Bass.

8. Hassard, J., Morris, J., & McCann, L. (2012). 'My brilliant career'? New organizational forms and changing managerial careers in Japan, the UK, and USA. *Journal of Management Studies*, 49(3), 571–599.

9. Charness, G., & Levine, D. I. (2000). When are layoffs acceptable? Evidence from a quasi-experiment. *Industrial and Labor Relations Review*, 53(3), 381–400.

10. Young, A. M. (2009). Frustration-instigated career decisions: A theoretical exploration of the rule of frustration in career decisions. *Human Resource Development Review*, 8, 281–299; Haynie, J. M., & Shepherd, D. (2011). Toward a theory of discontinuous career transition: Investigating career transitions necessitated by traumatic life events. *Journal of Applied Psychology*, 96(3), 501–524.

11. Altman, B. W., & Post, J. E. (1996). Beyond the "social contract": An analysis of the executive view at twenty-five large companies. In D. T. Hall et al. (Eds), *The career is dead—long live the career: A relational approach to careers*. San Francisco, CA: Jossey-Bass, pp. 46–71; Baker, T. (2009). The new employee-employer relationship model. *Organization Development Journal*, 27(1), 27–36.

12. Hall, D. T., & Mirvis, P. H. (1996). The new protean career: Psychological success and the path with a heart. In D. T. Hall et al. (Eds), *The career is dead—long live the career: A relational approach to careers* (pp. 15–45). San Francisco: Jossey-Bass.

13. Malos, S. B., & Campion, M. A. (1995). An options-based model of career mobility in professional service firms. *Academy of Management Review*, 10, 611–644; Jones, C., & DeFillippi, R. J. (1996). Back to the future in film: Combining industry and self-knowledge to meet career challenges in the 21st century. *Academy of Management Executive*, 10(4), 89–103; Thijssen, J. G. L., Van der Heijden, B. I. J. M, & Rocco, T. S. (2008). Toward the employability-link model: Current employment transition to future employment perspectives. *Human Resource Development Review*, 7, 165–183.

14. Clarke, M. (2008). Understanding and managing employability in changing career contexts. *Journal of European Industrial Training*, 32, 258–284; He, F. (2008). Establishment of employment relation management based on employability. *International Journal of Business and Management*, 3(2), 18–22; Kornelakis, A. (2014). Balancing flexibility with security in organizations? Exploring the links between flexicurity and human resource development. *Human Resource Development Review*, 13(4), 398–412.

15. Adapted from Lyon, D. Kirby, E. G. (2000). The career planning essay. *Journal of Management Education*, 24(2), 276–287.

16. Roehling, M. V., Cavanaugh, M. A., Moynihan, L. M., & Boswell, W. R. (2000). The nature of the new employment relationship: A content analysis of the practitioner and academic literatures. *Human Resource Management*, 39(4), 305–320.

17. Pringle, J. K., & Mallon, M. (2003). Challenges for the

boundaryless career odyssey. *International Journal of Human Resource Management*, 14(5), 839–853; Baruch, Y. (2006). Career development in organizations and beyond: Balancing traditional and contemporary viewpoints. *Human Resource Management Review*, 16, 125–138; Briscoe, J. P., & Hall, D. T. (2006). Introduction—Special section on boundaryless and protean careers: Next steps in conceptualizing and measuring boundaryless and protean careers. *Journal of Vocational Behavior*, 69, 1–3; Sullivan, S. E., & Baruch, Y. (2009). Advances in career theory and research: A critical review and agenda for future exploration. *Journal of Management*, 35, 1542–1571; Zeitz, G., Blau, G., & Fertig, J. (2009). Boundaryless careers and institutional resources. *International Journal of Human Resource Management*, 20, 372–398; Hess, N., Jepsen, D. M., & Dries, N. (2012). Career and employer change in the age of the 'boundaryless' career. *Journal of Vocational Behavior*, 81(2), 280–288.

18. Hall, D. T. (2004). The protean career: A quarter-century journey. *Journal of Vocational Behavior*, 65, 1–13.

19. Sullivan, S. E. (1999). The changing nature of careers: A review and research agenda. *Journal of Management*, 25(3), 457–484; Baruch, Y. (2003). Career systems in transition: A normative model for organizational career practices. *Personnel Review*, 32, 231–251; Currie, G., Tempest, S., & Starkey, K. (2006). New careers for old? Organizational and individual responses to changing boundaries. *International Journal of Human Resource Management*, 17, 755–774; Karnes, R. E. (2009). A change in business ethics: The impact on employer-employee relations. *Journal of Business Ethics*, 87, 189–197; Baruch, Y., Dickmann, M., Altman, Y., & Bournois, F. (2013). Exploring international work: Types and dimensions of global careers. *International Journal of Human Resource Management*, 24(12), 2369–2393; Arthur, M. B. (2014). The boundaryless career at 20: Where do we stand, and where can we go? *Career Development International*, 19(6), 627–640.

20. DeFillippi, R. J. (2002). Organizational models for collaboration in the new economy. *Human Resource Planning*, 25(4), 7–18; DeFillippi, R. J., Arthur, M. B., & Lindsay, V. J. (2006). *Knowledge at work: Creative collaboration in the global economy*. Malden, MA: Blackwell Publishing; Gubler, M., Arnold, J., & Coombs, C. (2014). Organizational boundaries and beyond: A new look at the components of a boundaryless career orientation. *Career Development International*, 19(6), 641–667.

21. Lent, R. W. (2013). Career-life preparedness: Revisiting career planning and adjustment in the new workplace. *Career Development Quarterly*, 61(1), 2–14.

22. Leana, C. R., & Feldman, D. C. (2000). Managing careers. In E. E. Kossek & R. N. Block (Eds), *Managing human resources in the 21st Century: From core concepts to strategic choice* (pp. 24.1–24.19). Mason, OH: Cengage Learning; Craig, E. F., & Hall, D. T. (2005). The new organizational career: Too important to be left to HR. In R. J. Burke & C. L. Cooper (Eds), *Reinventing human resource management: Challenges and new directions* (pp. 115–132). New York: Routledge.

23. Roehling et al. (2000), *supra* note 16.

24. Greenhaus, J. H. (1987). *Career management*. Hinsdale, IL: Dryden Press; Greenhaus, J. H., Callanan, G. A., & Godshalk, V. M. (2010). *Career management* (4th ed.). Thousand Oaks, CA: Sage.

25. Schein, E. H. (1987). Individuals and careers. In J. Lorsch (Ed.), *Handbook of organizational behavior* (pp. 155–171). Englewood Cliffs, NJ: Prentice Hall.

26. Dalton, G. W., Thompson, P. H., & Price, R. L. (1977). The four stages of professional careers: A new look at performance by professionals. *Organizational Dynamics*, 6(1), 19–42; Van Maanen, J., & Schein, E. H. (1977). Career development. In J. R. Hackman & J. L. Suttle (Eds), *Improving behavior at work: Behavioral science approaches to organizational change*. Santa Monica, CA: Goodyear.

27. Hall, D. T. (1976). *Careers in organizations*. Pacific Palisades, CA: Goodyear; Van Maanen & Schein (1977); Dalton, G. W., Thompson, P. H., & Price, R. L. (1977). The four stages of professional careers: A new look at performance by professionals. *Organizational Dynamics*, 6(1), 19–42; Van Maanen, J., & Schein, E. H. (1977), *supra* note 26.

28. Hall (1976), Hall, D. T. (1976), *supra* note 27.

29. Schein (1987), *supra* note 25.

30. Van Maanen & Schein (1977), *supra* note 26.

31. Greenhaus (1987), *supra* note 24; Feldman, D. C. (1989). Careers in organizations: Recent trends and future directions. *Journal of Management*, 15, 135–156.

32. Greenhaus et al. (2010), *supra* note 24.

33. Mahony, D. M., Klimchak, M., & Morrell, D. L. (2012). The portability of career-long work experience. *Career Development International*, 17(7), 605–625.

34. Mainiero, L., & Sullivan, S. (2007). *The opt-out revolt: Why people are leaving companies to create kaleidoscope careers*. Mountain View, CA: Davies-Black Publishing; Olson, D. A., & Shultz, K. S. (2013). Employability and career success: The need for comprehensive definitions of career success. *Industrial and Organizational Psychology*, 6(1), 17–20.

35. Super, D. E. (1986). Life career roles: Self-realization in work and leisure. In D. T. Hall et al. (Eds), *Career development in organizations* (pp. 50–94). San Francisco, CA: Jossey-Bass.

36. Parker, V. A. (1996). Growth-enhancing relationships outside work (GROWs). In D. T. Hall et al. (Eds), *The career is dead—long live the career: A relational approach to careers* (pp. 180–222). San Francisco, CA: Jossey-Bass.

37. do Paço, A., & Nave, A. C. (2013). Corporate volunteering. *Employee Relations*, 35(5), 547–559.

38. Nikandrou, I., Panayotopoulou, L., & Apospori, E. (2008). The impact of individual and organizational characteristics on work-family conflict and career outcomes. *Journal of Managerial Psychology*, 23, 576–598; Carlson, D. S., Grzywacz, J. G., Ferguson, M., Hunter, E. M., Clinch, C. R.,& Arcury, T. A. (2011). Health and turnover of working mothers after childbirth via the work-family interface: An analysis across time. *Journal of Applied Psychology*, 96(5), 1045–1054; Green, S. G., Bull Schaefer, R. A., MacDermid, S. M., & Weiss, H. M. (2011). Partner reactions to work-tofamily conflict: Cognitive appraisal and indirect crossover in couples. *Journal of Management*, 37(3), 744–769; Hammer, L. B., Kossek, E. E., Anger, W. K., Bodner, T., & Zimmerman, K. L. (2011). Clarifying work-family intervention processes: The roles of work-family conflict and family-supportive supervisor behaviors. *Journal of Applied Psychology*, 96(1), 134–150; Kossek, E. E., Pichler, S., Bodner, T., & Hammer, L. B. (2011). Workplace social support and work-family conflict: A meta-analysis clarifying the influence of general andwork-family specific supervisor and organizational support. *Personnel Psychology*, 64(2), 289–313; Maertz, C. P., & Boyar, S. L. (2011). Work-family conflict, enrichment, and balance under "levels" and "episodes" approaches. *Journal of Management*,

37(1), 68–98;McMillan, H. S.,Morris, M. L., &Atchley, E. K. (2011). Constructs of the work/life interface: A synthesis of the literature and introduction of the concept of work/life harmony. *Human Resource Development Review*, 10(1), 6–25; Shockley, K. M., & Singla, N. (2011). Reconsidering work—family interactions and satisfaction: A metaanalysis. *Journal of Management*, 37(3), 861–886; Barnes, C. M., Wagner, D. T., & Ghumman, S. (2012). Borrowing from sleep to pay work and family: Expanding time-based conflict to the broader nonwork domain. *Personnel Psychology*, 65(4), 789–819; Chandra, V. (2012). Work–life balance: Eastern and western perspectives. *International Journal of Human Resource Management*, 23(5), 1040–1056; Dunford, B. B., Shipp, A. J., Boss, R. W., Angermeier, I., & Boss, A. D. (2012). Is burnout static or dynamic? A career transition perspective of employee burnout trajectories. *Journal of Applied Psychology*, 97(3), 637–650; Lapierre, L. M., & Allen, T. D. (2012). Control at work, control at home, and planning behavior: Implications for work–family conflict. *Journal of Management*, 38(5), 1500–1516; Morris, M. L. (2012). Unleashing human expertise through work/life initiatives. *Human Resource Development Quarterly*, 23(4), 427–439; Sinoway, E. C. (2012). No, you can't have it all. *Harvard Business Review*, 90(10), 111–114; Wang, J., & Verma, A. (2012). Explaining organizational responsiveness to work-life balance issues: The role of business strategy and high-performance work systems. *Human Resource Management*, 51(3), 407–432; Allen, T. D., Johnson, R. C., Kiburz, K.M., & Shockley, K. M. (2013). Work-family conflict and flexible work arrangements: Deconstructing flexibility. *Personnel Psychology*, 66(2), 345–376; Liu, J., Kwan, H. K., Lee, C., & Hui, C. (2013). Work-to-family spillover effects of workplace ostracism: The role of work-home segmentation preferences. *Human Resource Management*, 52(1), 75–93; Munn, S. L. (2013). Unveiling the work–life system: The influence of work–life balance on meaningful work. *Advances in Developing Human Resources*, 15(4), 401–417; Ramarajan, L., & Reid, E. (2013). Shattering the myth of separate worlds: Negotiating nonwork identities at work. *Academy of Management Review*, 38(4), 621–644; Groysberg, B., Abrahams, R., McDargh, E., Neophytou, J., Emery, D., Solis, M., Snyder, K., & Gopalan, B. (2014). The elusive ideal of work/life balance: Interaction. *Harvard Business Review*, 92(5), 22–23; Wagner, D. T., Barnes, C. M., & Scott, B. A. (2014). Driving it home: How workplace emotional labor harms employee home life. *Personnel Psychology*, 67(2), 487–516.

39. Eby, L. T., Casper, W. J., Lockwood, A., Bordeaux, & Brinley, A. (2005). Monograph—Work and family research in IO/OB: Content analysis and review of the literature (1980–2002). *Journal of Vocational Behavior*, 66, 124–197.

40. Hall (1976), *supra* note 27; Van Maanen & Schein (1977); Levinson, D. J., Darrow, C. N., Klein, E. B., Levinson, M. H., & Mckee, B. (1978). *Seasons of a man's life*. New York: Knopf; Schein, E. H. (1978). *Career dynamics: Matching individual and organizational needs*. Reading, MA: Addison-Wesley; Hall, D. T. (1986). An overview of current career development theory, research, and practice. In D. T. Hall et al. (Eds), *Career development in organizations* (pp. 1–20). San Francisco, CA: Jossey-Bass; Levinson, D. J. (1986). A conception of adult development. *American Psychologist*, 41, 3–13; Schein (1987), Schein, E. H. (1987), *supra* note 25; Levinson, D. J. (1996). *The seasons of a woman's life*. New York: Knopf.

41. Greenhaus et al. (2010), Greenhaus, J. H. (1987), *supra* note 24, pp. 12–13; Greenhaus, J. H., Callanan, G. A., & Godshalk, V. M. (2010). *Career management* (4th ed., pp. 12–13). Thousand Oaks, CA: Sage.

42. Storey, W. D. (Ed.) (1976). *A guide for career development inquiry: State-of-the-art report on career development*. ASTD Research Series Paper No. 2. Madison, WI: ASTD.

43. *Ibid.*; Hall (1986), *supra* note 40, p. 3.

44. Pritchard, R. E., Potter, G. C., Damminger, J., & Wriggens, B. (2004). Implementing a course-embedded resumé and professional action plan preparation program for college of business juniors. *Journal of Education for Business*, 79(6), 348–353; May, G. L. (2005). Incorporating a career planning lab into a managerial communications course. *Business Communication Quarterly*, 68(3), 345–357; Gerard, J. G. (2012). Linking in with LinkedIn®: Three exercises that enhance professional social networking and career building. *Journal of Management Education*, 36(6), 866–897.

45. Storey, cited in Hall (1986), Hall, D. T. (1976), *supra* note 40, p. 3.

46. Karaevli, A., & Hall, D. T. (2003). Growing leaders for turbulent times: Is succession planning up to the challenge? *Organizational Dynamics*, 32(1), 62–79; Barnett, R., & Davis, S. (2008). Creating greater success in succession planning. *Advances in Developing Human Resources*, 10, 721–739; Alagaraja, M. (2013). Mobilizing organizational alignment through strategic human resource development. *Human Resource Development International*, 16(1), 74–93.

47. Hall (1986), Hall, D. T. (1976), *supra* note 40.

48. Gutteridge, T. G. (1986). Organizational career development systems: The state of the practice. In D. T. Hall et al. (Eds), *Career development in organizations* (pp. 50–94). San Francisco, CA: Jossey-Bass; Verbruggen, M., Sels, L., & Forrier, A. (2007). *Organizational versus external career support: Unraveling the relationship between organizational career management and the need for external career counseling*. Leuven, Belgium: Research Centre for Organisation Studies.

49. Greenhaus et al. (2010), Greenhaus, J. H. (1987). *Career management*. Hinsdale, IL: Dryden Press; Greenhaus, J. H., Callanan, G. A., & Godshalk, V. M. (2010), *supra* note 24.

50. Freud, S. (1959). *Collected papers*. New York: Basic Books.

51. Erikson, E. H. (1963). *Childhood arid society* (2nd ed.). New York: W. W. Norton; Levinson et al. (1978), *supra* note 40; Levinson (1986, 1996), Levinson, D. J., Darrow, C. N., Klein, E. B., Levinson, M. H., & Mckee, B. (1978), *supra* note 40.

52. Schein (1978), Schein, E. H. (1978), *supra* note 40; Super, D. E. (1980). A lifespan, life-space approach to career development. *Journal of Vocational Behavior*, 16, 282–298; Schein (1987), Schein, E. H. (1987), *supra* note 25.

53. Levinson et al. (1978), *supra* note 40.

54. Levinson (1986), Levinson, D. J., Darrow, C. N., Klein, E. B., Levinson, M. H., & Mckee, B. (1978), *supra* note 40.

55. Erikson (1963), Storey, cited in Hall (1986), Hall, D. T. (1976), *supra* note 45; Levinson et al. (1978), *supra* note 40; Levinson (1986, 1996), Levinson, D. J., Darrow, C. N., Klein, E. B., Levinson, M. H., & Mckee, B. (1978), *supra* note 40.

56. Erikson (1963), Storey, cited in Hall (1986), Hall (1976), *supra* note 45.

57. Leigh, D. (2014). The relationships among generativity, values, individual differences, and commitment to an ideal vision. Performance Improvement Quarterly, 27(2), 7–34.

58. Levinson et al. (1978), *supra* note 40; Levinson (1986, 1996), Levinson, D. J., Darrow, C. N., Klein, E. B., Levinson, M. H., &

Mckee, B. (1978), *supra* note 40.

59. Levinson (1986), Levinson, D. J. (1996), *supra* note 40.

60. *Ibid.*

61. Kanfer, R., & Ackerman, P. L. (2004). Aging, adult development, and work motivation. *Academy of Management Review*, 29(3), 440–458; Kooij, D., de Lange, A., Jansen, P., & Dikkers, J. (2008). Older workers motivation to continue to work: Five meanings of age: A conceptual review. *Journal of Managerial Psychology*, 23, 364–394; Warmuth, M. (2008). *Managing the aging workforce*. Norderstedt, Germany: GRIN Verlag; Herrbach, O., Mignonac, K., Vandenberghe, C., & Negrini, A. (2009). Perceived HRM practices, organizational commitment, and voluntary early retirement among late-career managers. *Human Resource Management*, 48, 895–915; Wang, M., & Schultz, K. S. (2009). Employee retirement: A review and recommendations for future investigation. *Journal of Management*, 36, 172–206; Amayah, A. T., & Gedro, J. (2014). Understanding generational diversity: Strategic human resource management and development across the generational "divide." *New Horizons in Adult Education and Human Resource Development*, 26(2), 36–48.

62. Levinson (1986), Levinson, D. J., Darrow, C. N., Klein, E. B., Levinson, M. H., & Mckee, B. (1978), *supra* note 40.

63. Caffarella, R., & Olson, S. (1993). Psychosocial development of women. *Adult Education Quarterly*, 43(3), 125–151; Levinson (1996), Levinson, D. J., Darrow, C. N., Klein, E. B., Levinson, M. H., & Mckee, B. (1978), *supra* note 40.

64. Taylor, K. (1996). Why psychosocial models of adult development are important for the practice of adult education: A response to Courtney. *Adult Education Quarterly*, 47, 54–62; Merriam, S. B., Caffarella, R. S., & Baumgartner, L M. (2006). *Learning in adulthood: A comprehensive guide* (3rd ed.). San Francisco, CA: Jossey-Bass.

65. Feldman, D. C., & Weitz, B. A. (1988). Career plateaus reconsidered. *Journal of Management*, 14, 69–80; McCleese, C. S., & Eby, L. T. (2006). Reactions to job content plateaus: Examining role ambiguity and hierarchical plateaus as moderators. *Career Development Quarterly*, 55(1), 64–76.

66. Hall, D. T., & Nougaim, K. (1968). An examination of Maslow's need hierarchy in an organizational setting. *Organizational Behavior and Human Performance*, 3, 11–35; Schein (1978), *supra* note 40; Super (1980), Super, D. E. (1980), *supra* note 52; Super, D. E. (1992). Toward a comprehensive theory of career development. In D. H. Montross & C. J. Shinkman (Eds), *Career development: Theory and practice* (pp. 35–64). Springfield, IL: Charles C. Thomas.

67. Greenhaus et al. (2010), Greenhaus, J. H. (1987). *Career management*. Hinsdale, IL: Dryden Press; Greenhaus, J. H., Callanan, G. A., & Godshalk, V. M. (2010), *supra* note 24.

68. Brown, D. et al. (Eds) (1990). *Career choice and development* (2nd ed.). San Francisco, CA: Jossey-Bass.

69. Greenhaus et al. (2010), Greenhaus, J. H. (1987). *Career management*. Hinsdale, IL: Dryden Press; Greenhaus, J. H., Callanan, G. A., & Godshalk, V. M. (2010), *supra* note 24.

70. Benjamin, B. A. (2014). Mid and late career issues: An integrative perspective. *Personnel Psychology*, 67(1), 304–306.

71. Hall (1986), (1986). An overview of current career development theory, research, and practice. In D. T. Hall et al. (Eds), *Career development in organizations* (pp. 1–20). San Francisco, CA: Jossey-Bass; Hall, D. T., & Mirvis, P. H. (1995). Careers as lifelong learning. In A. Howard (Ed.), *The changing nature of work* (pp. 323–361). San Francisco, CA: Jossey-Bass; Hall & Mirvis (1996), *supra* note 12; Brousseau, K. R., Driver, M. J., Eneroth, K., & Larsson, R. (1996). Career pandemonium: Realigning organizations and individuals. *Academy of Management Executive*, 10(4), 52–66; Cappellen, T., & Janssens, M. (2010). Enacting global careers: Organizational career scripts and the global economy as co-existing career referents. *Journal of Organizational Behavior*, 31, 687–706; Herrmann, A., Hirschi, A., & Baruch, Y. (2015). The protean career orientation as predictor of career outcomes: Evaluation of incremental validity and mediation effects. *Journal of Vocational Behavior*, 88, 205–214.

72. Hall (1976), *supra* note 27; Hall (1986), An overview of current career development theory, research, and practice. In D. T. Hall et al. (Eds), *Career development in organizations* (pp. 1–20). San Francisco, CA: Jossey-Bass; Levinson, D. J. (1986). A conception of adult development. *American Psychologist*, 41, 3–13; Mirvis, P. H., & Hall, D. T. (1994). Psychological success and the boundaryless career. *Journal of Organizational Behavior*, 15, 365–380; Hall & Mirvis (1995), *supra* note 71; Hall & Mirvis (1996), *supra* note 12; Hall (2004), *supra* note 18; Briscoe, J. P., Hall, D. T., & Frautschy De Muth, R. L. (2006). Protean and boundaryless careers: An empirical exploration. *Journal of Vocational Behavior*, 69, 30–47.

73. Hall & Mirvis (1996), *supra* note 12, p. 21.

74. *Ibid.*, p. 33.

75. Grimland, S., Vigoda-Gadot, E., &Baruch, Y. (2012). Career attitudes and success of managers: The impact of chance event, protean, and traditional careers. *International Journal of Human Resource Management*, 23(6), 1074–1094; Brook, C., Pedler, M., & Burgoyne, J. (2013). A protean practice? Perspectives on the practice of action learning. *European Journal of Training and Development*, 37(8), 728–743; Cao, L., Hirschi, A., & Deller, J. (2013). The positive effects of a protean career attitude for self-initiated expatriates. *Career Development International*, 18(1), 56–77; Baruch, Y. (2014). The development and validation of a measure for protean career orientation. *International Journal of Human Resource Management*, 25(19), 2702–2723; Waters, L., Briscoe, J. P., Hall, D. T., & Wang, L. (2014). Protean career attitudes during unemployment and reemployment: A longitudinal perspective. *Journal of Vocational Behavior*, 84(3), 405–419.

76. Briscoe, J. P., & Finkelstein, L. M. (2009). The "new career" and organizational commitment: Do boundaryless and protean attitudes make a difference? *Career Development International*, 14, 242–260; Park, Y. (2009). An integrated empirical approach to the predictors of self-directed career management. *Career Development International*, 14, 636–654.

77. Driver, M. J. (1994). Workforce personality and the new information age workplace. In J. A. Auerbach & J. C. Welsh (Eds), *Aging and competition: Rebuilding the U.S. workforce* (pp. 185–204). Washington, DC: National Council on the Aging and the National Planning Association; Brousseau et al. (1996), Brousseau, K. R., Driver, M. J., Eneroth, K., & Larsson, R. (1996), *supra* note 71.

78. Brousseau et al. (1996), Brousseau, K. R., Driver, M. J., Eneroth, K., & Larsson, R. (1996), *supra* note 71, p. 56.

79. Larsson, R., Brousseau, K. R., Kling, K., & Sweet, P. L. (2007). Building motivational capital through career concept and culture fit: The strategic value of developing motivation and retention. *Career Development International*, 12(4), 361–381.

80. Malos&Campion (1995), *supra* note 13; Jones&DeFillippi

(1996), *supra* note 13.

81. Nicholson, N. (1996). Career systems in crisis: Change and opportunity in the information age. *Academy of Management Executive*, 10, 40–51; Fournier, G., & Bujold, C. (2005). Nonstandard career trajectories and their various forms. *Journal of Career Assessment*, 13, 415–438; Mainiero & Sullivan (2007), *supra* note 34.

82. Currie, G., Tempest, S., & Starkey, K. (2006). New careers for old? Organizational and individual responses to changing boundaries. *International Journal of Human Resource Management*, 17(4), 755–774.

83. Mainiero, L. A., & Sullivan, S. E. (2005). Kaleidoscope careers: Alternate explanation for the "opt-out" revolution. *Academy of Management Executive*, 19(1), 106–123; Sullivan, S. E., & Mainiero, L. A. (2007). Kaleidoscope careers: Benchmarking ideas for fostering family-friendly workplaces. *Organizational Dynamics*, 36(1), 45–62; Sullivan, S. E., & Mainiero, L. (2008). Using the kaleidoscope career model to understand changing patterns of women's careers: Designing HRD programs that attract and retain women. *Advances in Developing Human Resources*, 10, 32–49.

84. Greenhaus et al. (2010), Greenhaus, J. H. (1987), *supra* note 24.

85. *Ibid.*

86. *Ibid.*, p. 48.

87. *Ibid.*

88. Rowold, J. (2007). The effect of career exploration on subsequent training performance. *Human Resource Development International*, 10, 43–58.

89. Allred, B. B., Snow, C. C., & Miles, R. E. (1996). Characteristics of managerial careers in the 21st century. *Academy of Management Executive*, 10(4), 17–27; Brousseau et al. (1996), Brousseau, K. R., Driver, M. J., Eneroth, K.,& Larsson, R. (1996), *supra* note 71; Nicholson (1996), *supra* note 81; Cianni, M., & Wnuck, D. (1997). Individual growth and team enhancement: Moving toward a new model of career development. *Academy of Management Executive*, 11(1), 105–115.

90. Brousseau et al. (1996), *supra* note 71.

91. *Ibid.*

92. Nicholson (1996), *supra* note 81.

93. Cianni & Wnuck (1997), *supra* note 89.

94. Stone, F. (2005). You can mentor a team, too. *Employment Relations Today*, 32(1), 35–40; van Emmerick, I. J. H. (2008). It is not only mentoring: The combined influences of individual-level and team-level support on job performance. *Career Development International*, 13, 575–593.

95. Hacker, M. E., & Lang, J. D. (2000). Designing a performance measurement system for a high technology virtual engineering team–A case study. *International Journal of Agile Management Systems*, 2(3), 225–232; Thite, M. (2001). Help us but help yourself: The paradox of contemporary career management. *Career Development International*, 6, 312–317; Mendibil, K., & MacBryde, J. (2006). Factors that affect the design and implementation of team-based performance measurement systems. *Journal of Productivity and Performance Management*, 55(2), 118–142.

96. Hakim, C. (1994). *We are all self-employed*. San Francisco: Berrett-Koehler; Morin, W. J. (1996, December 9). You are absolutely, positively on your own. *Fortune*, 222.

97. Hall, D. T. (1996). Protean careers of the 21st century. *Academy of Management Executive*, 10(4), 8–16; Hall (2004), *supra* note 18.

98. Fox, D. (1996). Career insurance for today's world. *Training & Development*, 50(3), 61–64; Kahnweiler, W. M. (2006). Sustaining success in human resources: Key career self-management strategies. *Human Resource Planning*, 29(4), 24–31.

99. Jones & DeFillippi (1996), *supra* note 13.

100. Hall, D. T. (1996). Implications: The new role of the career practitioner. In D. T. Hall et al. (Eds), *The career is dead—long live the career: A relational approach to careers* (pp. 314–336). San Francisco, CA: Jossey-Bass; Fletcher, J. K (1996). A relational approach to the protean worker. In D. T. Hall et al. (Eds), *The career is dead—long live the career: A relational approach to careers* (pp. 105–131). San Francisco, CA: Jossey-Bass; Bechky, B. A. (2006). Gaffers, gofers, and grips: Role-based coordination in temporary organizations. *Organization Science*, 17(1), 3–21.

101. Brown, M. A. (2008). Take charge of your career. *T&D*, 62(6), 84–85.

102. Christensen, C. M., Allworth, J., & Dillon, K. (2012). *How will you measure your life?* New York: HarperCollins.

103. Leibowitz, Z. B., Farren, C., & Kaye, B. L. (1986). *Designing career development systems*. San Francisco, CA: Jossey-Bass; Leibowitz, Z. B., Feldman, B. H., & Mosley, S. H. (1992). Career development for nonexempt employees: Issues and possibilities. In D. H. Montross & C. J. Shinkman (Eds), *Career development: Theory and practice* (pp. 324–335). Springfield, IL: Charles C. Thomas; Lingard, H., & Lin, J. (2004). Career, family and work environment determinants of organizational commitment among women in the Australian construction industry. *Construction Management and Economics*, 22, 409–420.

104. Leibowitz, Z., & Schlossberg, N. (1981). Training managers for their role in a career development system. *Training and Development Journal*, 35(7), 72–79.

105. Hatfield, D. (2007). Using a skills bank for work-based learning. *Education + Training*, 49(3), 236–249; Lyons, S. T., Ng, E. S., & Schweitzer, L. (2014). Changing demographics and the shifting nature of careers: Implications for research and human resource development. *Human Resource Development Review*, 13(2), 181–206.

106. Hall (1996), *supra* note 97, pp. 318–325; Manchester, C. F. (2012). General human capital and employee mobility: How tuition reimbursement increases retention through sorting and participation. *Industrial & Labor Relations Review*, 65–65(4), 951–974.

107. Arthur, M. B., Claman, P. H., & DeFillippi, R. J. (1995). Intelligent enterprise, intelligent careers. *Academy of Management Executive*, 9(4), 7–22; Feldman, D. C., & Ng, T. W. H. (2007). Careers: Mobility, embeddedness, and success. *Journal of Management*, 33(3), 350–377; De Vos, A., Dewettinck, K., & Buyens, D. (2009). The professional on the right track: A study on the interaction between career self-management and organizational career management in explaining employee outcomes. *European Journal of Work and Organizational Psychology*, 18, 55–80; Larkin, J. (2013). A personal approach to career management. *Chief Learning Officer*, 12(8), 12.

108. Gutteridge, T. G., Leibowitz, Z. B., & Shore, J. E. (1993). *Organizational career development: Benchmarks for building a world-class workforce*. San Francisco, CA: Jossey-Bass.

109. Lemire, L., Saba, T., & Gagnon, Y.-C. (1999). Managing

career plateauing in the Quebec public sector. *Public Personnel Management*, 28(3), 375–391; Budhwar, P. S., & Baruch, Y. (2003). Career management practices in India: An empirical study. *International Journal of Manpower*, 24(6), 699–719.

110. Kim, N. (2005). Organizational interventions influencing employee career development preferred by different career success orientations. *International Journal of Training and Development*, 9, 47–61; Kim, N., & McLean, G. N. (2008). Stability and dominance in career success orientation in South Korean employees. *Human Resource Development International*, 11, 19–34.

111. Gutteridge et al. (1993), *supra* note 108.

112. Eby, L. T., Allen, T. D., & Brinley, A. (2005). A cross-level investigation of the relationship between career management practices and career-related attitudes. *Group & Organization Management*, 30(6), 565–596; though see Schnake, M. E., Williams, R. J., & Fredenberger, W. (2007). Relationships between frequency of use of career management practices and employee attitudes, intention to turnover, and job search behavior. *Journal of Organizational Culture, Communications and Conflict*, 11(1), 53–64.

113. Gutteridge (1986), *supra* note 48; Leibowitz et al. (1986), *supra* note 103; Lengelle, R., Meijers, F., Poell, R., & Post, M. (2014). Career writing: Creative, expressive and reflective approaches to narrative identity formation in students in higher education. *Journal of Vocational Behavior*, 85(1), 75–84.

114. Kahnweiler (2006), *supra* note 98.

115. Smith, C. B. (1988). Designing and facilitating a selfassessment experience. In M. London & E. M. Mone (Eds), *Career growth and human resource strategies: The role of the human resource professional in employee development* (pp. 157–172). New York: Quorum Books; Laker, D. R., & Laker. R. (2007). The five-year resume: A career planning exercise. *Journal of Management Education*, 31(1), 128–141; Schlesinger, L. A., Kiefer, C. F., Brown, P. B., Alvaro Dias, D., Egros, A., Rhodes Bergman, D., & LeDisco, J. (2012). Career plans are dangerous: Interaction. *Harvard Business Review*, 90(5), 21.

116. Bolles, R. N. (2013). *What color is your parachute? 2014: A practical manual for job-hunters and career-changers*. Berkeley, CA: Ten Speed Press.

117. Holland, J. L. (1994). *The self-directed search*. Lutz, FL: Psychological Assessment Resources, Inc.; Holland, J. L. (2015). Self-directed Search®. Accessed on April 10, 2015 at http://www.self-directed-search.com/home.

118. Burack, N. L., & Mathys, N. J. (1980). Career management in organizations: A practical human resource planning approach. Lake Forest, IL: Brace-Park Press; Moore, E. S. (2009). Developing the whole person. *Contract Management*, 49(7), 76–83.

119. Harris-Bowlsby, J., & Sampson, J. P., Jr. (2001). Computerbased career planning systems: Dreams and realities. *Career Development Quarterly*, 49, 250–260; DeFillippi, R. J., Arthur, M.B.,&Parker, P. (2003). Internet odysseys: Linking web roles to career and community investments. *International Journal of Human Resource Management*, 14(5), 751–767; Savickas, M. L. (2003). Advancing the career counseling profession:Objectives and strategies for the next decade. *Career Development Quarterly*, 52, 87–96.

120. Wöhrmann, A. M., Deller, J., & Wang, M. (2014). A mixedmethod approach to post-retirement career planning. *Journal of Vocational Behavior*, 84(3), 307–317.

121. Gutteridge (1986), *supra* note 48.

122. Leibowitz et al. (1986), *supra* note 103.

123. *Ibid.*

124. Perdrix, S., Stauffer, S., Masdonati, J., Massoudi, K., & Rossier, J. (2012). Effectiveness of career counseling: A one-year follow-up. *Journal of Vocational Behavior*, 80(2), 565–578; Sung, Y., Turner, S. L., & Kaewchinda, M. (2013). Career development skills, outcomes, and hope among college students. *Journal of Career Development*, 40(2), 127–145; Gati, I., & Levin, N. (2014). Counseling for career decision-making difficulties: Measures and methods. *Career Development Quarterly*, 62(2), 98–113.

125. Gutteridge et al. (1993), *supra* note 108.

126. Gutteridge, T. G., & Otte, F. L. (1983). *Organizational career development: State of the practice.* Washington, DC: ASTD Press.

127. Beausaert, S., Segers, M., & Gijselaers, W. (2011). The use of a personal development plan and the undertaking of learning activities, expertise-growth, flexibility and performance: the role of supporting assessment conditions. *Human Resource Development International*, 14(5), 527–543.

128. Burack & Mathys (1980), *supra* note 118.

129. Butterfield, L. D., & Borgen,W. A. (2005). Outplacement counseling from the client's perspective. *Career Development Quarterly*, 53(4), 306–316; Gribble, L., &Miller, P. (2009). Employees in outplacement services: Do they really get the help that is needed? *Australian Journal of Career Development*, 18(3), 18–28; Gowan, M. A. (2014). Moving from job loss to career management: The past, present, and future of involuntary job loss research. *Human Resource Management Review*, 24(3), 258–270.

130. Maples, M. F., & Abney, P. C. (2006). Baby boomers mature and gerontological counseling comes of age. *Journal of Counseling and Development*, 84(1), 3–9; Erickson, T. J. (2008). Reinvent your career, and get ready for the next 30 years. *T&D*, 62(7), 37–39; Ketter, P. (2008). Are you ready for ACT II? *T&D*, 32–35.

131. Leibowitz et al. (1986), *supra* note 103.

132. Gutteridge (1986), *supra* note 48.

133. Dobrev, S. D. (2012). Career change and the iron cage: Organizations and the early labour market experience of professional managers. *Journal of Management Studies*, 49(5), 843–868.

134. Abdullah, H., & Kumar, N. (2008). Managing employees' career progression: A strategic lever in human resource development. *European Journal of Social Sciences*, 6(1), 62–69.

135. Walker, J. W. (1976). Let's get serious about career paths. *Human Resource Management*, 15(3), 2–7; Tarasco, J. A., & Damato, N. A. (2006). Build a better career path. *Journal of Accountancy*, 201(5), 37–41; Carter, G. W., Cook, K. W., & Dorsey, D. W. (2009). *Career paths: Charting courses to success for organizations and their employees*. Chichester, UK: Wiley-Blackwell; Harris, C. M., Pattie, M. W., & McMahan, G. C. (2014). Advancement along a career path: The influence of human capital and performance. *Human Resource Management Journal*, 25(1), 102–115.

136. Shippeck, M. A., & Taylor, C. (1985). Up the career path. *Training and Development Journal*, 39(8), 46–48.

137. *Ibid.*

138. Dahlander, L., & O'Mahony, S. (2011). Progressing to the center: Coordinating project work. *Organization Science*, 8(4), 961–979.

139. Tucker, R., Moravec, M., & Ideus, K. (1992). Designing a dual career-track system. *Training & Development*, 46(6), 55–58.

140. Gutteridge (1986), *supra* note 48.

141. Kaye, B., & Farren, C. (1996). Up is not the only way. *Training & Development*, 50(2), 48–53; Srinivasan, P. S. (2007). Fulfilling career aspirations—Emerging approaches. *NHRD Journal*, 1(4), 10–15.

142. Walker, J. W. (1992). Career paths in flexible organizations. In D. H. Montross & C. J. Shinkman (Eds), *Career development: Theory and practice* (pp. 385–402). Springfield, IL: Charles C. Thomas.

143. Tucker et al. (1992), *supra* note 139.

144. Kaumeyer, R. A. (1979). *Planning and using skills inventory systems*. New York: Van Nostrand Reinhold; Mishra, A., & Akman, I. (2010). Information technology in human resource management: An empirical assessment. *Public Personnel Management*, 39, 243–262; Titzer, J. L., Shirey, M. R., & Hauck, S. (2014). A nurse manager succession planning model with associated empirical outcomes. *Journal of Nursing Administration*, 44(1), 37–46.

145. Ward, M. D. (2009). Human capital management: 2nd generation. *Industrial and Commercial Training*, 41, 212–214; Stone, D. L., Deadrick, D. L., Lukaszewski, K. M., & Johnson, R. (2015). The influence of technology on the future of human resource management. *Human Resource Management Review*, 25(2), 216–231.

146. Gelens, J., Hofmans, J., Dries, N., & Pepermans, R. (2014). Talent management and organisational justice: Employee reactions to high potential identification. *Human Resource Management Journal*, 24(2), 159–175.

147. De Pater, I. E., van Vianen, A. E., Bechtoldt, M. N., Klehe, U.-C. (2009). Employees' challenging job experiences and supervisors' evaluations of promotability. *Personnel Psychology*, 62, 297–325.

148. Thornton, G. C. III, & Rupp, D. E. (2006). *Assessment centers in human resource management: Strategies for prediction, diagnosis, and development*. Mahweh, NJ: Lawrence Erlbaum Associates; Thornton, G. C., III, & Krause, D. E. (2009). Selection versus development assessment centers: An international survey of design, execution, and evaluation. *International Journal of Human Resource Management*, 20, 478–498; Jackson, D. J. R., Lance, C. E., & Hoffman, B. J. (Eds) (2012). *The psychology of assessment centers*. New York: Routledge.

149. Schroffel, A. (2012). The use of in-basket exercises for the recruitment of advanced social service workers. *Public Personnel Management*, 41(1), 151–160.

150. Hoffman, B. J., Melchers, K. G., Blair, C. A., Kleinmann, M., & Ladd, R. T. (2011). Exercises and dimensions are the currency of assessment centers. *Personnel Psychology*, 64(2), 351–395.

151. Cairo, P., & Lyness, K. S. (1988). Stimulating high-potential career development through an assessment center process. In M. London & E. M. Mone (Eds), *Career growth and human resource strategies: The role of the human resource professional in employee development* (pp. 183–194). New York: Quorum Books; Thornton, G. C. III (1992). *Assessment centers in human resource management*. Reading, MA: Addison-Wesley.

152. Karaevli & Hall (2003), *supra* note 46; Seymour, S. (2008). Boost your business value with succession planning. *Human Resource Management International Digest*, 18(4), 3–5; Ward, D. L., Tripp, R., & Maki, B. (2013). *Positioned: Strategic workforce planning that gets the right person in the right job*. New York: AMACOM.

153. Schein (1987), Schein, E. H. (1987), *supra* note 25.

154. Leibowitz et al. (1986), *supra* note 103.

155. Leibman, M., Bruer, R. A., & Maki, B. R. (1996). Succession management: The next generation of succession planning. *Human Resource Planning*, 19(3), 17–28; Buisine, M., & Watt, B. (2005). Succession management: Trends and current practice. *Asia Pacific Journal of Human Resources*, 43(2), 225–237; Fulmer, R. M., Stumpf, S. A., & Bleak, J. (2009). The strategic development of high potential leaders. *Strategy & Leadership*, 37(3), 17–22; Malik, A. R., & Singh, P. (2014). 'High potential' programs: Let's hear it for 'B' players. *Human Resource Management Review*, 24(4), 330–346.

156. Ruona, W. E. A. (2014). Talent management as a strategically aligned practice. In N. E. Chalofsky, T. S. Rocco, & M. L. Morris (Eds), *Handbook of human resource development*. Hoboken, NJ: Wiley; Ulrich, D. (2014). The future targets or outcomes of HR work: Individuals, organizations and leadership. *Human Resource Development International*, 17(1), 1–9.

157. Wailerdsak, N., & Suehiro, A. (2004). Promotion systems and career development in Thailand. A case study of Siam Cement. *International Journal of Human Resource Management*, 15(1), 196–218; Bourgeon, L. (2007). Staffing approach and conditions for collective learning in project teams: The case of new product development projects. *International Journal of Project Management*, 25(4), 413–422; Ng, T. W. H., Sorensen, K. L., Eby, L. T., & Feldman, D. C. (2010). Determinants of job mobility: A theoretical integration and extension. *Journal of Occupational and Organizational Psychology*, 80, 363–386; Srivastava, S. (2011). A study of the impact of types of job change on perceived performance of newly rotated managers: The mediating role of job change dimensions. *Management and Labour Studies*, 36(1), 73–98.

158. Campion, M. A., Cheraskin, L., & Stevens, M. J. (1994). Career-related antecedents and outcomes of job rotation. *Academy of Management Journal*, 37, 1518–1542.

159. White, R. P. (1992). Jobs as classrooms: Using assignments to leverage development. In D. H. Montross & C. J. Shinkman (Eds), *Career development: Theory and practice* (pp. 190–206). Springfield, IL: Charles C. Thomas; Price, J. (2007). The best way to grow—Promotion or job change? *The Sun* (Lowell, MA), March 27, p. 1.

160. Weinberg, F. J., & Lankau, M. J. (2011). Formal mentoring programs: A mentor-centric and longitudinal analysis. *Journal of Management*, 37(6), 1527–1557; Germain, M.-L. (2011). Formal mentoring relationships and attachment theory: Implications for human resource development. *Human Resource Development Review*, 10(2), 123–150; Ghosh, R., & Reio, T. G., Jr. (2013). Career benefits associated with mentoring for mentors: A meta-analysis. *Journal of Vocational Behavior*, 83(1), 106–116.

161. Kram, K. E. (1986). Mentoring in the workplace. In D. T. Hall et al. (Eds), *Career development in organizations* (pp. 160–201). San Francisco, CA: Jossey-Bass; Noe, R. A. (1988). Women and mentoring: A review and research agenda. *Academy of Management Review*, 13, 65–78; Scandura, T. A. (1992). Mentorship and career mobility: An empirical investigation. *Journal of Organizational Behavior*, 13, 169–174; Hezlett, S. A. (2005). Protégé learning in mentoring relationships: A review of the literature and an exploratory case study. *Advances in Developing Human Resources*, 7(4), 505–526; Allen, T. D., &O'Brien, K. E. (2006). Formal mentoring programs and organization attraction. *Human Resource Development Quarterly*, 17(1), 43–58; Rock, A. D., & Garavan, T. N. (2006). Reconceptualizing developmental relationships. *Human Resource Development Review*, 5, 330–354.

162. Lean, E. (1983). Cross-gender mentoring—Downright upright and good for productivity. *Training and Development Journal*, 37(5), 60–65; Coley, D. B. (1996). Mentoring two-by-two. *Training & Development*, 50(7), 46–48; Thomas, D. A., & Carioggia, G. M. (2002). *The Federal Reserve Bank of Chicago's mentoring program (A).* Boston, MA: Harvard Business School Press; Francis, L. M. (2009). Shifting shape of mentoring. *T&D*, 63(9), 36–40; Laiho, M., & Brandt, T. (2012). Views of HR specialists on formal mentoring: Current situation and prospects for the future. *Career Development International*, 17(5), 435–457; Jones, J. (2013). Factors influencing mentees' and mentors' learning throughout formal mentoring relationships. *Human Resource Development International*, 16(4), 390–408.

163. Zachary, L. J. (2009). Filling in the blanks. *T&D*, 63(5), 63–66.

164. Allen, T. D., Eby, L. T., Poteet, M. L., Lentz, E., & Lima, L. (2004). Career benefits associated with mentoring for protégés: A meta-analysis. *Journal of Applied Psychology*, 89(1), 127–136; Hegstad, C. D., & Wentling, R. M. (2005). Organizational antecedents and moderators that impact on the effectiveness of exemplary formal mentoring programs in Fortune 500 companies in the United States. *Human Resource Development International*, 8(4), 467–487; Allen, T. D., Eby, L. T., & Lentz, E. (2006). The relationship between formal mentoring program characteristics and perceived program effectiveness. *Personnel Psychology*, 59(1), 125–153; Allen, T. D., Eby, L. T., & Lentz, E. (2006). Mentorship behaviors and mentorship quality associated with formal mentoring programs: Closing the gap between research and practice. *Journal of Applied Psychology*, 91(3), 567–578; Hamlin, R. G., & Sage, L. (2011). Behavioural criteria of perceived mentoring effectiveness. *Journal of European Industrial Training*, 35(8), 752–778.

165. Newby, T. J., & Heide, A. (2013). The value of mentoring. *Performance Improvement Quarterly*, 26(2), 141–158; Ricchiuto, M. B. (2013). Measuring the effectiveness of mentoring programs. In T. H. DeTuncq & L. Schmidt (Eds), *Integrated talent management scorecards*. Alexandria, VA: ATD.

166. Kram, K. E., & Bragar, M. C. (1992). Development through mentoring: A strategic approach. In D. H. Montross & C. J. Shinkman (Eds), *Career development: Theory and practice* (pp. 221–254). Springfield, IL: Charles C. Thomas.

167. Chao, G. T., Walz, P. M., & Gardner, P. D. (1992). Formal and informalmentorships:Acomparisononmentoringfunctions and contrast with nonmentored counterparts. *Personnel Psychology*, 45, 620–636; Chao, G. T. (2009). Formal mentoring: Lessons learned frompast practice. *Professional Psychology: Research and Practice*, 40, 314–320.

168. Tepper, B. J. (1995). Upward maintenance tactics in supervisory mentoring and nonmentoring relationships. *Academy of Management Journal*, 38, 1191–1205.

169. Eby, L., Butts, M., Lockwood, A., & Simon, S. A. (2004). Protégés' negative mentoring experiences: Construct development and nomological validation. *Personnel Psychology*, 57, 411–447; Eby, L. T.,& Lockwood, A. (2005). Protégés' and mentors' reactions to participating in formal mentoring programs: A qualitative investigation. *Journal of Vocational Behavior*, 67(3), 441–458.

170. Ragins, B. R. (1989). Barriers to mentoring: The female manager's dilemma. *Human Relations*, 42, 1–22; Laff, M. (2009). The guiding hand: Mentoring women. *T&D*, 63(9), 32–36; Leck, J., Orser, B., & Riding, A. (2009). An examination of gender influences in career mentoring. *Canadian Journal of Administrative Sciences*, 26, 211–229; Kao, K.-Y., Rogers, A., Spitzmueller, C., Lin, M.-T., & Lin, C.-H. (2014). Who should serve as my mentor? The effects of mentor's gender and supervisory status on resilience in mentoring relationships. *Journal of Vocational Behavior*, 85(2), 191–203.

171. Kram, K. E. (1985). *Mentoring at work*. Glenview, IL: Scott, Foresman; Bowen, D. W. (1985). Were men meant to mentor women? *Training and Development Journal*, 39(2), 31–34.

172. Kanter, R. M. (1977). *Men and women of the corporation*. New York: Basic Books.

173. *Ibid.*

174. Bowen (1985), *supra* note 171.

175. Kram (1985), *supra* note 171.

176. Dreher, G. F., & Ash, R. A. (1990). A comparative study of mentoring among men and women in managers, professional, and technical positions. *Journal of Applied Psychology*, 75, 539–546; Whitely, W., Dougherty, T. W., & Dreher, G. F. (1992). Correlates of career-oriented mentoring for early career managers and professionals. *Journal of Organizational Behavior*, 13, 141–154; Turban, D. B., & Dougherty, T. W. (1994). Role of protégé personality in receipt of mentoring and career success. *Academy of Management Journal*, 37, 688–702.

177. Scandura, T. A., & Ragins, B. R. (1993). The effects of sex and gender role orientation on mentorship in maledominated occupations. *Journal of Vocational Behavior*, 43, 251–265.

178. Ragins, B. R., & Cotton, J. L. (1993). Gender and willingness to mentor in organizations. *Journal of Management*, 19, 97–111; Ragins, B. R., & Scandura, T. A. (1994). Gender differences in expected outcomes of mentoring relationships. *Academy of Management Journal*, 37, 957–971.

179. De Vries, J., Webb, C., & Eveline, J. (2006). Mentoring for gender equality and organizational change. *Employee Relations*, 28(6), 573–587.

180. Carvin, B. N. (2009). The great mentor match. *T&D*, 63(1), 46–50.

181. Barrett, I. C., Cervero, R. M., & Johnson-Bailey, J. (2004). The career development of black human resource developers in the United States. *Human Resource Development International*, 7(1), 85–100; Ragins, B. R., Clutterbuck, D., & Matthewman, L. (2012). *Mentoring and diversity*. Hoboken, NJ: Taylor & Francis.

182. Thomas, D. A. (1990). The impact of race on manager's experience of developmental relationships (mentoring and sponsorship): An intraorganizational study. *Journal of Organization Behavior*, 11(6), 479–491.

183. Johnson-Bailey, J. (2004). Hitting and climbing the proverbial wall: Participation and retention issues for Black graduate women. *Race Ethnicity and Education*, 7(4), 331–349.

184. Thomas, D. A. (1993). Racial dynamics in cross-race developmental relationships. *Administrative Science Quarterly*, 38, 169–194.

185. Clawson, J. G. (1985). Is mentoring necessary? *Training and*

Development Journal, 39(4), 36–39.

186. Kram (1986), *supra* note 161.

187. Kram, K. E., & Isabella, L. A. (1985). Mentoring alternatives: The role of peer relationships in career development. *Academy of Management Journal*, 28, 110–132; Ismail, M., & Rasdi, R. M. (2007). Impact of networking on career development: Experience of high-flying women academics in Malaysia. *Human Resource Development International*, 10, 153–168.

188. de Janasz, S. C., Sullivan, S. E., & Whiting, V. (2003). Mentor networks and career success: Lessons for turbulent times. *The Academy of Management Executive*, 17(4), 78–91; Emelo, R. (2010). Learning from each other. *Chief Learning Officer*, 9(11), 36–40.

189. Allen, T. D., Finkelstein, L. M., & Poteet, M. L. (2009). *Designing workplace mentoring programs: An evidencebased approach*. Malden, MA: Wiley-Blackwell; Dawley, D. D., Andrews, M. C., & Bucklew, N. S. (2010). Enhancing the ties that bind: Mentoring as a moderator. *Career Development International*, 15, 259–278; Sarri, K. K. (2011). Mentoring female entrepreneurs: A mentors' training intervention evaluation. *Journal of European Industrial Training*, 35(7), 721–741; Tolar, M. H. (2012). Mentoring experiences of high-achieving women. *Advances in Developing Human Resources*, 14(2), 172–187; Ghosh, R. (2013). Mentors providing challenge and support: Integrating concepts from teacher mentoring in education and organizational mentoring in business. *Human Resource Development Review*, 12(2), 144–176; Poulsen, K. M. (2013). Mentoring programmes: Learning opportunities for mentees, for mentors, for organisations and for society. *Industrial and Commercial Training*, 45(5), 255–263.

190. Weil, P. A. (2009). A racial/ethnic comparison of career attainments in healthcare management. *Healthcare Executive*, 24(6), 22–31.

191. Kram & Bragar (1992), *supra* note 166; Haggard, D. L., Dougherty, T. W., Turban, D. B., & Wilbanks, J. E. (2011). Who is a mentor? A review of evolving definitions and implications for research. *Journal of Management*, 37(1), 280–304.

192. Kaye, B., & Jacobson, B. (1996). Reframing mentoring. *Training & Development*, 50, 44–47; Hezlett, S. A., & Gibson, S. K. (2005). Mentoring and human resource development: Where we are and where we need to go. *Advances in Developing Human Resources*, 7, 446–469; Ghosh, R., Reio, T. G., & Haynes, R. K. (2012). Mentoring and organizational citizenship behavior: Estimating the mediating effects of organization-based self-esteem and affective commitment. *Human Resource Development Quarterly*, 23(1), 41–63; Thurston, P. W., D'Abate, C. P., & Eddy, E. R. (2012). Mentoring as an HRD approach: Effects on employee attitudes and contributions independent of core self-evaluation. *Human Resource Development Quarterly*, 23(2), 139–165.

193. Chaudhuri, S., & Ghosh, R. (2012). Reverse mentoring: A social exchange tool for keeping the boomers engaged and millennials committed. *Human Resource Development Review*, 11(1), 55–76; Marcinkus Murphy, W. (2012). Reverse mentoring at work: Fostering cross-generational learning and developing millennial leaders. *Human Resource Management*, 51(4), 549–573.

194. Hamilton, B. A., & Scandura, T. A. (2003). Implications for organizational learning and development in a wired world. *Organizational Dynamics*, 31, 388–402; Headlam-Wells, J., Gosland, J., & Craig, J. (2006). Beyond the organization: The design and management of E-mentoring systems. *International Journal of Information Management*, 26(5), 372–385; Francis, L. (2007). Mentoring makeover. *T&D*, 61(7), 53–57; de Janasz, S. C., Ensher, E. A., & Heun, C. (2008). Virtual relationships and real benefits: Using ementoring to connect business students with practicing managers. *Mentoring & Tutoring: Partnership in Learning*, 16(4), 394–411; Emelo, R. (2013). Mentoring without barriers. *Chief Learning Officer*, 12(10), 26–29.

195. McDonald, K. S., & Hite, L. M. (2005). Ethical issues in mentoring: The role of HRD. *Advances in Developing Human Resources*, 7(4), 569–582; Ardichvili, A., & Jondle, D. (2009). Integrative literature review: Ethical business cultures: A literature review and implications for HRD. *Human Resource Development Review*, 8, 223–244.

196. Kim, S., & Egan, T. (2011). Establishing a formal crosscultural mentoring organization and program. *Journal of European Industrial Training*, 35(1), 89–105.

197. London, M. (1983). Toward a theory of career motivation. *Academy of Management Review*, 8, 620–630; London, M. (1985). Developing managers: A guide to motivating people for successful managerial careers. San Francisco, CA: Jossey-Bass; Quigley, N. R., & Tymon, W. G., Jr. (2006). Toward an integrated model of intrinsic motivation and career self-management. *Career Development International*, 11, 522–543; Carbery, R., & Garavan, T. N. (2007). Conceptualizing the participation of managers in career-focused learning and development: A framework. *Human Resource Development Review*, 6, 394–418.

198. London (1985), *supra* note 197; London, M., & Mone, E. M. (1987). *Career management and survival in the workplace*. San Francisco, CA: Jossey-Bass.

199. London (1985), *supra* note 197; Bimrose, J., & Hearne, L. (2012). Resilience and career adaptability: Qualitative studies of adult career counseling. *Journal of Vocational Behavior*, 81(3), 338–344; Cooper, C. L., Liu, Y., & Tarba, S. Y. (2014). Resilience, HRM practices and impact on organizational performance and employee well-being. *International Journal of Human Resource Management*, 25(17), 2466–2471.

200. Noe, R. A., Noe, A. W., & Bachhuber, J. A. (1990). An investigation of the correlates of career motivation. *Journal of Vocational Behavior*, 37(3), 340–356; see also Fourie, C., Van Vuuren, L. J. (1998). Defining and measuring career resilience. *SA Journal of Industrial Psychology*, 24(3), 52–59.

201. Borgen, W. A., Amundson, N. E., & Reuter, J. (2004). Using portfolios to enhance career resilience. *Journal of Employment Counseling*, 41(2), 50–59.

202. Greller, M. M. (2000). Age norms and career motivation. *International Journal of Aging and Human Development*, 50(3), 215–226; Rooney, M. C. (2004). Recovering from a career setback. *Healthcare Executive*, 19(2), 57–58.

203. London, M. (1996). Redeployment and continuous learning in the 21st century: Hard lessons and positive examples from the downsizing era. *Academy of Management Executive*, 10(4), 67–79; Shore, T. H., & Tashchian, A. (2013). Perceptions of unemployed workers: Unemployment duration, volunteerism, and age. *Journal of Applied Business Research*, 29(4), 983–990; London, M. (2014). *Career barriers: How people experience, overcome, and avoid failure*. New York: Psychology Press.

204. London, M. (Ed.). (1995). *Employees, careers, and job creation: Developing growth-oriented human resource strategies and programs*. San Francisco, CA: Jossey-Bass.

205. Lopes, T. P. (2006). Career development of foreign-born workers: Where is the career motivation research? *Human Resource Development Review*, 5(4), 478–493; Chen, C. P. (2008). Career guidance with immigrants. *International Handbook of*

Career Guidance, IV, 419–442.

206. Ferrence, T. P., Stoner, J. A. F., & Warren, E. K. (1977). Managing the career plateau. *Academy of Management Review*, 2, 602–612.

207. Schein (1978), *supra* note 40; Latack, J. C. (1984). Career transitions within organizations: An exploratory study of work, non-work, and coping strategies. *Organizational Behavior and Human Performance*, 34, 296–322.

208. Duffy, J. A. (2000). The application of chaos theory to the career-plateaued worker. *Journal of Employment Counseling*, 37(4), 229–236.

209. Feldman & Weitz (1988), *supra* note 65; Elsass, P. M., & Ralston, D. A. (1989). Individual responses to the stress of career plateauing. *Journal of Management*, 15, 35–47; Ettington, D. R. (1997). How human resource practices can help plateaued managers succeed. *Human Resource Management*, 36, 221–234; Lemire, L., Saba, T., & Gagnon, Y. C. (1999). Managing career plateauing in the Quebec public sector. *Public Personnel Management*, 28(3), 375–391; Jung, J.-H., & Tak, J. (2008). The effects of perceived career plateau on employees' attitudes: Moderating effects of career motivation and perceived supervisor support with Korean employees. *Journal of Career Development*, 35, 187–201.

210. Chau, C.-T. (1998). Career plateaus. *Internal Auditor*, 55(5), 48–52.

211. Chao, G. T. (1990). Exploration of the conceptualization and measurement of career plateau: A comparative analysis. *Journal of Management*, 16, 181–193.

212. *Ibid.*

213. Lee, P. C. B. (2003). Going beyond career plateau: Using professional plateau to account for work outcomes. *Journal of Management Development*, 22(5/6), 538–551.

214. Tremblay, M., Roger, A., & Toulouse, J. (1995). Career plateau and work attitudes: An empirical study of managers. *Human Relations*, 48, 221–237.

215. Ng, T. W. H., & Feldman, D. C. (2014). Subjective career success: A meta-analytic review. *Journal of Vocational Behavior*, 85(2), 169–179.

216. Stumpf, S. A., & Tymon Jr, W. G. (2012). The effects of objective career success on subsequent subjective career success. *Journal of Vocational Behavior*, 81(3), 345–353; Russ-Eft, D., Levine, R., & Fernandez, A. R. (2014). Objective career success among paramedics: Interaction effects of location and race. *Human Resource Development International*, 17(1), 10–29.

217. Smith-Ruig, T. (2009). Exploring career plateau as a multifaceted phenomenon: Understanding the types of career plateaux experienced by accounting professionals. *British Journal of Management*, 20, 610–624.

218. Ettington (1997), *supra* note 209.

219. Tremblay, M., & Roger, A. (2004). Career plateauing reactions: The moderating role of job scope, role ambiguity, and participation among Canadian managers. *International Journal of Human Resource Management*, 15(6), 996–1017.

220. McCleese, C. S., & Eby, L. T. (2006). Reactions to job content plateaus: Examining role ambiguity and hierarchical plateaus as moderators. *Career Development Quarterly*, 55(1), 64–76; Lapalme, M.-È., Tremblay, M., & Simard, G. (2009). The relationship between career plateauing, employee commitment and psychological distress: The role of organizational and supervisor support. *International Journal of Human Resource Management*, 20, 1132–1145; Lentz, E., & Allen, T. D. (2009). The role of mentoring others in the career plateauing phenomenon. *Group & Organization Management*, 34, 358–384.

221. Leibowitz et al. (1992), *supra* note 103; Berrey, E. (2014). Breaking glass ceilings, ignoring dirty floors: The cultural and class bias of diversity management. *American Behavioral Scientist*, 58(2), 347–370.

222. Noe, R. A., & Wilk, S. L. (1993). Investigation of the factors that influence employees' participation in development activities. *Journal of Applied Psychology*, 78(2), 291–302; McDonald, K. S., Hite, L. M., & Gilbreath, B. (2002). Nonsalaried US employees' careers: An exploratory study. *Career Development International*, 7, 298–406; Kappia, J. G., Dainty, A. R. J., & Price, A. D. F. (2007). Prioritising career development in relation to recruitment and retention: A trade and craft perspective. *Construction Management and Economics*, 25, 239–253; Trevor, C. O., & Nyberg, A. J. (2008). Keeping your headcount when all about you are losing theirs: Downsizing, voluntary turnover rates, and the moderating role of HR practices. *Academy of Management Journal*, 51, 259–276.

223. Noe & Wilk (1993), *supra* note 222; Haggard et al. (2011), *supra* note 191.

224. Russell, M. (1984). Career planning in a blue-collar company. *Training & Development Journal*, 38(1), 87–88.

225. Leibowitz et al. (1992), *supra* note 103.

226. McGuire, D., Garavan, T. N., O'Donnell, D., Saha, S. K., & Cseh, M. (2008). Managers' personal values as predictors of importance attached to training and development: A crosscultural exploratory study. *Human Resource Development International*, 11, 335–350.

227. De Vos, A., Dewettinck, K., & Buyens, D. (2008). To move or not to move? The relationship between career management and preferred career moves. *Employee Relations*, 30, 156–175.

228. London, M. (1991). Career development. In K. N. Wexley & J. Hinrichs (Eds), *Developing human resources* (pp. 152–184). Washington, DC: BNA Books; Jackson, D. W., Jr., & Sirianni, N. J. (2009). Building the bottom line by developing the frontline: Career development for service employees. *Business Horizons*, 52, 279–287; Ferguson, J.-P., & Hasan, S. (2013). Specialization and career dynamics: Evidence from the Indian Administrative Service. *Administrative Science Quarterly*, 58(2), 233–256.

229. Callanan, G. A., & Greenhaus, J. H. (2008). The Baby Boom generation and career management: A call to action. *Advances in Developing Human Resources*, 10, 70–85; Fornes, S. L., Rocco, T. S., & Wollard, K. K. (2008). Workplace commitment: A conceptual model developed from integrative review of the literature. *Human Resource Development Review*, 7, 339–357.

230. McDonald, K. S., & Hite, L. M. (2005). Reviving the relevance of career development in human resource development. *Human Resource Development Review*, 4(4), 418–439; Egan, T. M., Upton, M. G., & Lynham, S. A. (2006). Career development: Load-bearing wall or window dressing? Exploring definitions, theories, and prospects for HRD-related theory building. *Human Resource Development Review*, 5(4), 442–477.

231. Hirsh, W. (2004). A brighter future. *People Management*, 10(3), February 12, p. 44; Maurer, T. J., & Chapman, E. F. (2013). Ten years of career success in relation to individual and situational variables from the employee development literature. *Journal of Vocational Behavior*, 83(3), 450–465.

232. Harris-Bowlsbey, J., & Sampson, J. P., Jr. (2005). Use of technology in delivering career services worldwide. *Career Development Quarterly*, 54, 48–56; Burgess, K. R. (2007). Mentoring as holistic online instruction. *New Directions for Adult and Continuing Education*, 113, 49–56; Learning in 2020: A whole new world of work (2008). *T&D*, 62(12), 30–41; Gill, R. (2010). Conceptual framework for using computers to enhance employee engagement in large offices. *Human Resource Development Review*, 9, 115–143.

233. Bambacas, M., & Bordia, P. (2009). Predicting different commitment components: The relative effects of how career development HRM practices are perceived. *Journal of Management & Organization*, 15, 224–240.

234. Baruch, Y. (2003). Career systems in transition: A normative model for organizational career practices. *Personnel Review*, 32(1/2), 231–251; Kraimer, M. L., Seibert, S. E., Wayne, S. J., Liden, R. C., & Bravo, J. (2011). Antecedents and outcomes of organizational support for development: The critical role of career opportunities. *Journal of Applied Psychology*, 96(3), 485–500.

235. Lee, C. H., & Bruvold, N. T. (2003). Creating value for employees: Investment in employee development. *International Journal of Human Resource Management*, 14(6), 981–1000.

236. Hirsh, W., & Rolph, J. (2003). Snakes and ladders. *People Management*, 9(9), May 1, 36–37.

237. Arthur, M. B. (2008). Examining contemporary careers: A call for interdisciplinary inquiry. *Human Relations*, 61, 163–186; Gilbreath, B. (2008). Creating career-centric organizations: A primary intervention approach. *Advances in Developing Human Resources*, 10, 8–31; Lo Presti, A. (2009). Snakes and ladders: Stressing the role of metacompetencies for post-modern careers. *International Journal for Educational and Vocational Guidance*, 9(2), 125–134; Chandler, D. E. (2011). The maven of mentoring speaks: Kathy E. Kram reflects on her career and the field. *Journal of Management Inquiry*, 20, 24–33; Chiaburu, D. S., Diaz, I., & De Vos, A. (2013). Employee alienation: Relationships with careerism and career satisfaction. *Journal of Managerial Psychology*, 28(1), 4–20.

238. Cook, E. P., Heppner, M. J., & O'Brien, K. M. (2002). Career development of women of color and white women: Assumptions, conceptualization, and interventions from an ecological perspective. *Career Development Quarterly*, 50, 291–305; Turban, D. B., Dougherty, T. W., & Lee, F. K. (2002). Gender, race, and perceived similarity effects in developmental relationships: The moderating role of relationship duration. *Journal of Vocational Behavior*, 61(2), 240–262; Guichard, J., & Lenz, J. (2005). Career theory from an international perspective. *Career Development Quarterly*, 54, 17–28; Brooks, A. K., & Clunis, T. (2007). Where to now? Race and ethnicity in workplace learning and development research: 1980–2005. *Human Resource Development Quarterly*, 18(2), 229–251; Thinnam, T. (2011). Married Thai working mothers: Coping with initial part-time doctoral study. *Human Resource Development Quarterly*, 22(3), 297–322; Gallicano, T. D., Curtin, P., & Matthews, K. (2012). I love what I do, but … A relationship management survey of millennial generation public relations agency employees. *Journal of Public Relations Research*, 24(3), 222–242; Dirkx, J. M. (2013). Leaning in and leaning back at the same time: Toward a spirituality of work-related learning. *Advances in Developing Human Resources*, 15(4), 356–369; Russo, M., Guo, L., & Baruch, Y. (2014). Work attitudes, career success and health: Evidence from China. *Journal of Vocational Behavior*, 84(3), 248–258; Tlaiss, H. A. (2014). Between the traditional and the contemporary: Careers of women managers from a developing Middle Eastern country perspective. *International Journal of Human Resource Management*, 25(20), 2858–2880.

239. Heslin, P. A. (2005). Experiencing career success. *Organizational Dynamics*, 34(4), 376–390; Ng, T. W. H., Eby, L. T., Sorensen, K. L., & Feldman, D. C. (2005). Predictors of objective and subjective career success: A meta-analysis. *Personnel Psychology*, 58(2), 367–408; McClure, J. P., & Brown, J. M. (2008). Belonging at work. *Human Resource Development International*, 11, 3–17.

240. Weiss, J. W., Skelley, M. F., Haughey, J.,& Hall, D. T. (2003). Calling, new careers and spirituality: A reflective perspective for organizational leaders and professionals. *Research in Ethical Issues in Organizations*, 5, 175–201; Conklin, T. A. (2012). Work worth doing: A phenomenological study of the experience of discovering and following one's calling. *Journal of Management Inquiry*, 21(3), 298; Duffy, R. D., & Dik, B. J. (2013). Research on calling: What have we learned and where are we going? *Journal of Vocational Behavior*, 83(3), 428–436; Hirschi, A., & Herrmann, A. (2013). Calling and career preparation: Investigating developmental patterns and temporal precedence. *Journal of Vocational Behavior*, 83(1), 51–60; Duffy, R. D., Douglass, R. P., Autin, K. L., & Allan, B. A. (2014). Examining predictors and outcomes of a career calling among undergraduate students. *Journal of Vocational Behavior*, 85(3), 309–318; Hagmaier, T., & Abele, A. E. (2015). When reality meets ideal: Investigating the relation between calling and life satisfaction. *Journal of Career Assessment*, 23(3), 367–382.

241. Hall, D. T.,& Chandler, D. E. (2005). Psychological success: When the career is a calling. *Journal of Organizational Behavior*, 26, 155–176; Dik, B. J., & Duffy, R. D. (2009). Calling and vocation at work: Definitions and prospects for research and practice. *Counseling Psychologist*, 37, 424–450; Berg, J. M., Grant, A. M., & Johnson, V. (2010). When callings are calling: Crafting work and leisure in pursuit of unanswered occupational callings. *Organization Science*, 21, 973–994; Steger, M. F., Pickering, N. K., Shin, J. Y., & Dik, B. J. (2010). Calling in work: Secular or sacred? *Journal of Career Assessment*, 18, 82–96; Brower, H. H. (2013). From the Editors: Professor as a calling. *Academy of Management Learning & Education*, 12(4), 537–539.

242. Gutteridge et al. (1993), *supra* note 108, pp. 201–204; Kidd, J. M., Jackson, C., & Hirsh, W. (2003). The outcomes of effective career discussion at work. *Journal of Vocational Behavior*, 62(1), 119–133; Reitman, F., & Schneer, J. A. (2008). Linking theory and practice: EAM white paper series. *Organization Management Journal*, 5, 17–28; Segers, J., & Inceoglu, I. (2012). Exploring supportive and developmental career management through business strategies and coaching. *Human Resource Management*, 51(1), 99–120; Litano, M. L., & Major, D. A. (2015). Facilitating a whole-life approach to career development: The role of organizational leadership. *Journal of Career Development*, forthcoming.

12장 | 관리자 개발

학습 목표

이 장을 읽고 나면 당신은…

1. 관리자 개발의 의미를 정의하고, 조직에서 어느 정도 활용되고 있는지를 기술할 수 있다.
2. 관리자 직무를 기술하는 데 활용되는 접근법을 이해할 수 있다.
3. 관리자 개발을 조직 목표 및 전략과 연계할 수 있는 방법들을 설명할 수 있다.
4. 관리자 교육의 방법과 추세를 기술할 수 있다.
5. 관리자 개발을 위해서 훈련과 현장 경험을 어떻게 활용할 수 있는지를 설명할 수 있다.
6. 관리자 훈련 프로그램인 리더십 훈련과 행동 모델링 훈련에 대해 기술할 수 있다.
7. HRD 프로세스 모형을 활용하여 관리자 개발 프로그램을 설계, 실행 및 평가할 수 있다.

핵심 용어

개발적 도전 프로파일(DCP)
경영자 교육
관리자 개발
관리자 교육
관리자 훈련
리허설 단계
모델링 단계
변혁적 리더십
액션 러닝
유지 단계
통합 역량 모형
특성 접근법
피드백 단계
학습 요점
행동 모델링
현장 경험
훈련의 전이 단계
EMBA

도입 사례

당신이 도시 대형 병원의 경영자 및 관리자들 중의 한 사람이라고 생각해보자. 당신의 병원은 저소득층을 위한 사립, 비영리 병원이다. 병원이 오랫동안 유지해 온 미션은 환자들의 지불 능력과는 무관하게 지역사회에 높은 품질의 서비스를 제공하는 것이다. 그렇지만, 의료 산업의 급격한 변화로 병원이 경쟁력을 유지하고 재무적 건전성을 지속할 수 있을지에 대한 우려가 제기되었다. 고위 경영진의 한 사람인 당신은 병원 고객들에 대한 기여를 지속해야 한다고 결정하였다. 하지만, 의료 서비스에 대한 지불수단(또는 건강보험)을 보유한 고객들이 더 많아지기를 원한다. 한 가지 덧붙일 상황은 당신이 병원의 전반적인 효율성 향상을 위해 설계된 컴퓨터 기반의 새로운 시설을 도입하려고 한다는 사실이다.

관리자 훈련 프로그램 실시의 타당성에 대한 문제가 제기되었다. 당신은 외부 환경의 변화와 도전에 대처해야 할 수도 있다. 예를 들면, 어떻게 하면 새로운 고객들이 의료 서비스를 받기 위해 당신의 병원을 선택하도록 하느냐이다. 또한, 내부 환경 개선을 위해 새로 도입한 설비들에 적용된 신기술을 활용하여 효율성을 높일 수 있는 방법을 고심하고 있다.

질문: 당신이 고위 경영진의 한 사람이라고 할 때 이 시점에서 관리자 훈련을 실시할 필요가 있다고 생각하는가? 그렇게 생각한다면, 어디서부터 시작하고, 어디에 중점을 둘 것인가? 새로운 설비를 가동하기 위해서 직면하게 될 도전은 무엇인가?

도입

다음에 제시된 문장에 대해 참(T) 또는 거짓(F)을 판단해보시오.

- 2020년경에는 현재보다 관리자들의 수가 더 적을 것이라고 예측된다.
- 연구자들은 관리자의 직무를 아주 정확하게 기술해왔다.
- HRD 체계 모형(분석-설계-실행-평가)은 관리자 개발에는 별로 도움이 되지 않는다.
- 대학교육에서 학생들이 관리자 교육을 접할 기회가 감소하고 있다.

- 기업 대학(*corporate university*)은 대규모 조직에서만 인기가 있다.
- 행동 모델링 훈련은 초급 수준의 직무에는 효과가 있을 수 있지만, 관리자 개발 노력에는 별 효과가 없다.

오늘날 격변하는 환경 속에서 기업이 생존하고 성공하기 위해서는 유능하고, 유연하며, 적응력이 뛰어난 관리자들이 필요하다.[1] 이는 조직을 재구성하고(수평 조직화, 정규 직원 수의 감축 등), 직원들에게 의사 결정 권한을 좀 더 많이 위임해 온 조직들도 해당된다. 관리자들은 궁극적으로 조직의 전략과 구조를 변경하는 결정에 책임을 지고 있으며, 조직의 목표를 달성하기 위해서 새로운 접근 방법들을 적용, 변경 및 시행하도록 해야 하는 것도 관리자들이다. 관리자들은 과거와는 다른 방법으로 이를 수행하지만(예: 지시와 통제를 줄이고, 지도와 코칭을 더 많이 함), 조직의 적응과 성공에서도 중요한 역할을 한다.[2] 본질적으로 관리자 수가 더 적어짐으로써 관리자의 유능함이 더 중요하게 되었다.

유력 언론들이 관리자들의 수가 감소하고 있다고 주장하고 있지만, 미국 노동부의 통계는 향후 '관리직군'의 범주에 속하는 사람의 수가 2022년까지 7.2% 증가할 것이고 예측하고 있다.[3]

관리자 개발은 기업이 유능한 관리자를 양성하는 중요한 방법의 하나이다. 많은 사람들이 (리더의 능력과 마찬가지로) 관리자의 능력은 주로 타고난다고 믿었지만, 현재의 지배적인 견해에 의하면 유능한 관리자가 되는데 필요한 KSAOs(지식, 스킬 및 능력, 그리고 다른 특성)의 대부분은 학습 또는 향상이 가능하다.[4] 따라서 관리자의 재능을 발굴하고, 유지하고, 평가하려는 노력이 논의되고 있다.[5]

관리자 개발(*management development*)은 보편적이며, 여러 가지 방법으로 정의되어 왔다.[6] 다음의 정의는 관리자 개발의 본질을 포함하고 있으며, 조직에서 실행 가능하다.

> "조직에서 능력을 발휘하는데 필요한 기술을 보유한 관리자 후보군을 장기간에 걸쳐 양성하기 위해서 관리자(와 잠재적인 관리자)에게 학습, 성장 및 변화의 기회를 제공하려는 조직의 의도적인 노력."[7]

첫째, 이 정의에 따르면 관리자 개발은 특정한 조직에 맞춰져야 한다는 것이다. 다양한 상황에 적용되는 관리자의 역할과 역량이 있지만, 각각의 조직은 독특성이 있으며, 조직의 목표는 각자의 상황에 맞춰서 개인들이 유능한 관리자가 되도록 개발하는 것이다.[8] 둘째, 관리자 개발은 종업원들에게 학습, 성장, 변화의 기회를 제공한다. 학습에 관한 모든 이슈들, 특히 성인 학습은 관리자들이 "학습하는 법을 배우는 것"을 지원하려고 할 때에 작동한다.[9] 특정한 개인들이 이런 기회를 이용하거나, 이익을 얻을지는 확실하지 않지만, 기회가 부여되지 않으면 관리자 개발은 일어날 수 없다.[10] 셋째, 관리자 개발은 조직의 의도적인 노력임이 분명하다. 개발 기회를 방치하면 조직에서 필요하거나 원하는 변화를 이룰 가능성이 많이 줄어든다. 넷째, (모든 HRD 활동과 마찬가지로) 관리자 개발은 조직의 전략과 직접 연계되어야 한다. 즉, 적정한 투자가 되려면 조직의 사업 필요성에 적합해야 한다.[11] 기존의 관리자 개발 프로그램들은 이와 같은 정의의 요건에 부합하지 않은 반면, 이 정의는 관리자 개발 프로그램들의 기준이다.

관리자 개발은 관리자 교육, 관리자 훈련 및 현장 경험 등 세 가지 구성 요소로 설명할 수 있다.[12]

관리자 교육(*management education*)은 "학위 수여 기관의 형식적인 강의실 상황에서 광범위한 개념적 지식과 기술의 습득"으로 정의할 수 있다.[13] '형식적인 강의실 상황'은 학습한 내용에 대한 결론을 도출하기 위해서 외부 활동 결과들을 함께 모아 강의실 환경에서 이루어지는 광범위한 활동을 포함한다. **관리자 훈련**(*management training*)은 조직 내에서 또는 특정한 직책 또는 직군(예: 중간 관리자)에서 직접 활용할 수 있는 기술이나 지식을 제공하는 데 좀 더 초점을 둔다.[14] **현장 경험**(*on-the-job experiences*)은 관리자들이 일상적인 활동(예: 멘토링, 코칭, TF팀 과제 부여)을 통해서 자기 인식(*self-knowledge*)의 확대, 기존 기술과 역량의 향상, 또는 새로운 기술이나 정보를 획득하기 위한 계획적 또는 비계획적 기회들이다.[15] 이 장에서는 세 가지 요소를 활용하는 관리자 개발 활동들을 다루도록 하겠다.

관리자 개발 활동의 규모

앞서 언급했듯이, 관리자 개발은 HRD에서 가장 일반적인 훈련법이다. 2014년 ATD (*Association for Talent Development*)의 조사에 의하면, 조직의 훈련은 11.5%가 관리자 및 감독자 개발 목적이고, 6.8%가 경영자 개발을 위한 것이라고 한다.[16] 또, 2014년 조시 버신(*Josh Bersin*)의 조사에 의하면, 형식적 관리자 훈련 비용(경영자 포함)은 250억 달러로 추정된다. 관리자 개발의 가장 큰 이유로는 개인의 시야를 넓히고, 지식이나 기술을 제공하는 것이라고 한다.[17]

이 장의 구성

관리자 개발은 한 개의 장에서 다루기에는 그 내용이 많다. 이 장에서는 다음 사항을 중점적으로 논의할 계획이다.

1. 관리자가 수행해야 할 역할(*roles*)과 역량(*competencies*)을 포함하여 관리자의 직무 기술
2. 관리자 개발의 전략화
3. 관리자 교육을 위한 방법들의 평가
4. 관리자 훈련에 적용 가능하고, 현장 경험을 활용하는 방법들의 평가
5. 관리자 개발에 활용되는 두 가지 접근법의 세부 사항을 제시
6. 관리자 개발 프로그램의 설계

1. 관리자의 직무: 역할 및 역량

관리자들이 수행하는 감독 업무, 관리 및 그 하위 분야에 관한 방대한 양의 문헌을 통해서, 우리는 관리자가 무엇을 하고, 효과적으로 수행하기 위한 KSAOs가 무엇이며, 어떻게 KSAOs를 식별하고 개발할 것인지에 대해서 명확한 개념이 존재한다고 생각할 수 있다. 유감스럽게도, 관리자가 어떤 업무를 하고,

이를 위해 어떻게 학습하는지, 그리고 이들이 어떻게 개발되는지에 대해서 폭넓게 수행한 연구는 없다.[18] 관리자의 역할과 개발에 관한 일반적인 개념이 있는 것이 사실이지만, 관리자 개발을 가이드할 수 있고 수용 가능한 모형을 제시하는 학문적 연구가 필요한 실정이다. AT&T에서 30년 이상 수행된 관리자 개발 연구와 같이, 이 분야에서 가장 뛰어난 실증 연구들에서조차도 거의 모든 관리자들이 무엇을 수행하며, 어떻게 개발하는지를 명확하게 결론짓기가 어렵다.[19]

지난 수십 년 간 조직이 겪은 변화는 이와 같은 상황을 반영한다. 1970년대 및 그 이전의 연구 대다수는 안정적인 환경에 있는 계층적 조직 구조의 관리자를 대상으로 하였다. 조직이 경쟁력을 유지하기 위해서는 환경 변화에 대응해야 하고, 조직의 구조와 전략은 시간의 흐름에 따라 변해야 한다. 대부분의 조직에서 관리자의 역할 또한 변해왔다. 관리자의 직무에 대한 견해는 조직에 따라 다를 수 있다.

기업의 사업 필요성에 부합하고, 효과성에 기여하는 관리자 개발 프로세스와 프로그램을 설계하고 운영하기 전에 HRD 전문가가 자신의 조직(*own organization*)에서 관리자의 직무가 무엇인지를 파악할 필요성이 있다. 이 절에서는 합리적인 관리자 개발 프로그램 설계의 첫걸음으로 관리자의 역할을 개념화하는 몇 가지 방법을 제시한다. 앞서 관리자 개발의 정의에서 지적한 바와 같이, 의미 있는 관리자 개발은 각 조직의 당면 문제와 상황에 따라 다를 수 있다. 프로그램 설계자는 (외부 환경, 목표, 전략 계획, 문화, 강·약점을 포함해서) 조직과 개발 대상(관리자 및 관리자 후보)의 특성을 명확하게 이해해야 한다.[20] 관리자의 업무, 수행 방법, 필요한 역량 개발 방법에 대한 연구 내용은 요구 분석을 시작하는데 유익한 토대가 된다.

2. 관리자의 직무 이해를 위한 접근 방법

관리자 직무를 연구해 온 학자들은 최소 세 가지 관점, 즉 전형적으로 수행되는 직무 특성, 관리자 역할, 그리고 다양한 구성 요소들(또는 역량들)이 서로 어떤 관계가 있는지에 관하여 연구하였다.[21] **특성 접근법**(*characteristics approach*)은 관리자들이 수행하는 과업들을 관찰하고, 이들을 의미 있는 범주로 그룹화하는 것을 포함한다. 맥콜(*McCall*), 모리슨(*Morrison*), 그리고 한난(*Hannan*)은 다수의 연구들을 검토하여 관리에는 열 가지 요소가 있다고 결론지었다.[22] 관리자의 직무는 (주로 조직 내에서) 장시간 업무, 높은 활동 수준, 업무의 분절(예: 다수의 방해), 다양한 활동, 구두 위주의 커뮤니케이션, 잦은 접촉 빈도와 정보 수집이다.

이들은 관찰을 통해서 관리자가 무엇을 하는지, 어떻게 하는지, 개발은 어떻게 하는지를 설명하지는 못했다. 이들이 내린 결론은 직무에 대한 중요한 의문의 해답이 없다는 것과 "관리자의 직무 다양성과 복잡성을 아는 것이 개발 프로세스에 별 도움이 되지 못한다는 것이다."[23]

관리자의 직무 기술에 대한 두 번째 접근 방법은 관리자에게 전형적으로 할당된 역할을 인식하는 것이다. 이는 관찰 또는 실증적 접근법을 활용해서 가능하다. 관찰 접근법은 페이욜(*Fayol*)의 다섯 가지 관리 기능(계획, 조직, 지휘, 조정, 통제)과 민츠버그(*Mintzberg*)의 관리자 역할, 즉 대인 관계(대표자, 리더, 연락 책임자), 정보 처리(정보 수집자, 정보 보급자, 대변인), 의사 결정(기업가, 문제 해결자, 자원 배분자, 협상가)을 들 수 있다.[24] 이러한 범주화가 잘 알려져 있기는 하지만, 관리자가 무엇을 하는지를 적절하게 설명하고 있지는 않다. 이들 또한 구체성이 부족하다.[25]

실증적 접근법은 관리자 또는 다른 사람이 설문지에 응답하는 서술적 설문 조사에 의한다(예: 관리직 기술 설문지법).[26] 일반적으로, 관리자 역할에 대한 관찰 및 실증적 접근법은 관리자의 직무에 대하여 명확한 정의를 제시하지 못했다. 최근 연구에서 햄린(*Hamlin*)과 해톤(*Hatton*)은 계획, 지원, 위임 및 직원에 대한 보호와 관심 같은 행동을 효과적인 관리자 행동이라고 기술하였다.[27]

프로세스 모형(*process models*)을 개발한 학자들도 있다. 이 모형은 관리자의 직무 수행과 관련된 역량과 제약 조건을 고려한다. 제안된 다른 모형들보다도 특히, 통합 역량 모형이 주목을 끌고 있다.[28] **통합 역량 모형**(*integrated competency model*)은 12개 조직의 2,000명이 넘는 관리자들의 인터뷰를 기반으로 하고 있으며, 관리자가 수행하는 역할보다는 관리자의 역량(*managerial competencies*), 즉 효과적인 성과에 기여하는 기술 또는 개인 특성에 초점을 둔다.[29] 이 모형에서는 21개의 역량을 여섯 개 범주, 즉 인적자원관리, 리더십, 목표 및 행동 관리, 부하 직원 지휘, 타인에 초점 맞추기, 전문화된 지식으로 구분한다.[30] 〈표 12.1〉에 각 범주에 포함된 역량들을 나열하였다. 인적자원, 리더십, 목표 및 행동 범주는 관리에 가장 중심적인 분야로 여겨진다. 보야치스(*Boyatzis*)와 동료들은 이 모형이 기여한 점은 관리자 직무를 성과에 기여하는

표 12.1 통합 역량 모형과 관련된 역량군 및 역량

역량군	역량	
인적자원관리	• 사회화된 권력의 이용 • 집단 프로세스의 관리	• 긍정적 배려* • 정확한 자기 평가*
리더십	• 자신감 • 개념화	• 구두표현의 활용 • 논리적 사고*
목표 및 행동 관리	• 효율성 지향 • 영향력을 가진 관심	• 주도성 • 진단적 개념 활용
부하 직원 지휘	• 일방적인 권력의 사용* • 타인의 개발*	• 자발성*
타인에 초점 맞추기	• 객관적 인식 • 끈기와 적응성	• 자기통제 • 친밀한 관계의 관심
전문화된 지식	• 기억력	• 전문화된 직무지식*

* '한계 역량', 즉 직무 수행에 필수적인 특성이지만, 우수한 직무 성과와는 관계가 없음.

출처: Schoenfeldt, L. F., & Steger, J. A. (1990). Identification and development of managerial talent. In Ferris, G. R., & Rowland, K. M. (Eds), *Organizational entry*. Greenwich, CT: JAI Press, p. 210.

역량 관점에서 설명하려는 시도라고 하였다. 역량 기반 접근법은 관리자 개발뿐만 아니라 여타 훈련 및 개발과 HR 프로그램에서 인기를 끌었다.[31]

통합 역량 모형의 약점은 협소한 범위의 측정 도구를 기반으로 하고 있어서, 모든 특질을 표현하거나 나타내기가 쉽지 않다는 점이다.[32] 또한, 역량을 구분하는 방법도 비판을 받아왔다. 사용된 도구인 행동 사건 면접법(*BEI, Behavior Event Interview*)은 관리자들에게 효과적이라고 생각하는 직무 사건 세 개와 비효과적이라고 생각하는 직무사건 세 개를 기술하도록 요청한다. 바렛(*Barrett*)과 데피넷(*Depinet*)은 이 방법은 역량 측정에는 부적합하다고 주장한다.[33] 즉, 보야치스(*Boyatzis*)는 역량을 "동기, 특질, 기술, 자아 이미지 또는 사회적 역할 측면, 또는 자신이 활용하는 지식일 수도 있다는 점에서 한 개인의 중요한 특성"으로 기술하였고(p.21), 역량은 무의식적일 수도 있고, 개인은 "역량들을 설명하거나 기술하지 못할 수"도 있다고 한다.[34]

2.1 인간으로서의 관리자: 관리자 직무에 대한 종합적 관점

관리자의 직무를 기술하기 위해서 여기에 제시된 접근법들은 한 가지 공통점을 가지고 있는데, 이는 요소를 구분해서 관리자의 직무를 기술하려고 한다는 점이다. 민츠버그(*Mintzberg*)와 베일(*Vaill*)과 같은 학자들에 따르면, 이 접근법은 한계점이 있다.[35] 민츠버그는 문제점을 다음과 같이 기술한다.

> "공식 문서를 접할 때 과업, 역할 또는 '역량'과 관련된 모든 종류의 목록을 발견할 것이다. 그러나 하나의 목록은 하나의 모형이 아니고… 관리직의 통합 업무는 목록을 기술하는 과정에서 방향을 상실한다. 그리고 모형이 없으면 직무를 잘 이해할 수도 없고, 설계, 선발, 훈련 및 지원에 대한 중요한 니즈도 처리할 수 없다… 우리는 고의적으로 직무를 여러 부분으로 쪼개서 전체를 파악하지 못하게 되었다."[36]

베일(*Vaill*)은 관리자가 관리하는 환경이 급변하고 있음을 지적하며 이러한 우려를 제기한다.[37] 그는 관리자가 수행해야 하는 기능을 지정함으로써 "리더와 관리자들의 관심 영역을 정의할" 수 있다고 생각하지만(p.114), 기능 목록 접근법은 필수적인 사항을 배제하고 있다. 베일은 이 문제에 대해 다음과 같이 설명한다.

> "기능 목록 접근법은 행동 실행이 다른 무엇보다도 먼저인 구체적인 프로세스임을 간과하고 있다. 또한, 다른 사람들을 둘러싸고 있는 전체 환경에 관련된 한 명의 전체적 인간(*whole person*)이 수행하는 구체적인 프로세스이다(다른 기능 목록들은 아니다). 전체 프로세스는 시간에 존재하고 있고 실제 운영 시간과 환경 주위의 소용돌이와 변화에 종속된다. 이는 소용돌이와 변화가 행동 실행자를 둘러싸고 있는 만큼 그 안에 존재하기 때문이다. 마치 기능을 수행될 행동인 것처럼 명명하면 모든 실행 행동 프로세스를 무시하는 것이고, 최악인 것은 궁극적으로 속이 비어 있는 행동 실행 프로세스가 된다."[38]

베일(*Vaill*)은 재즈 밴드 또는 무용단의 공연은 그것을 구성하는 지식과 기술 이상의 것인 것과 같이 관리 직무는 역량, 역할 및 기능의 합 이상이라는 것을 보여주기 위해 '종합 예술로서의 관리'라는 수사법을 사용한다.[39] 역량에 대한 연구 활동은 실제로는 "존재하지 않거나, 또는 최소한 전혀 사실일 것 같지 않은 세계를 상정하는" 가정들에 근거한 것이라고 주장하면서, 이를 비판한다.[40]

이런 이슈들에 대한 대응으로 민츠버그(*Mintzberg*)는 관리자의 직무에 관한 모형을 개발하였다. 이 모형은 보다 전체적인 또는 통합적인 방법으로 관리에 대하여 학습한 것을 종합하는 시도이다.[41] 그의 목표는 관리자 직무를 수행하는 데 사용하는 스타일의 풍부성과 다양성을 반영하는 모형을 개발하는 것이다. 이 모형에서는 관리자의 직무를 동심원 틀(*framework*)로 표현하며, 그 틀 안에 '전인격적인' 직무가 존재한다. 〈그림 12.1〉은 민츠버그의 전인격적인 모형을 보여주고 있다. 이 모형에서 민츠버그는 관리자의 직무를 구성하는 일곱 개의 역할들, 즉 착상(*conceiving*), 일정 관리(*scheduling*), 의사소통

그림 12.1 민츠버그의 '전인격적인' 관리자 직무 모형

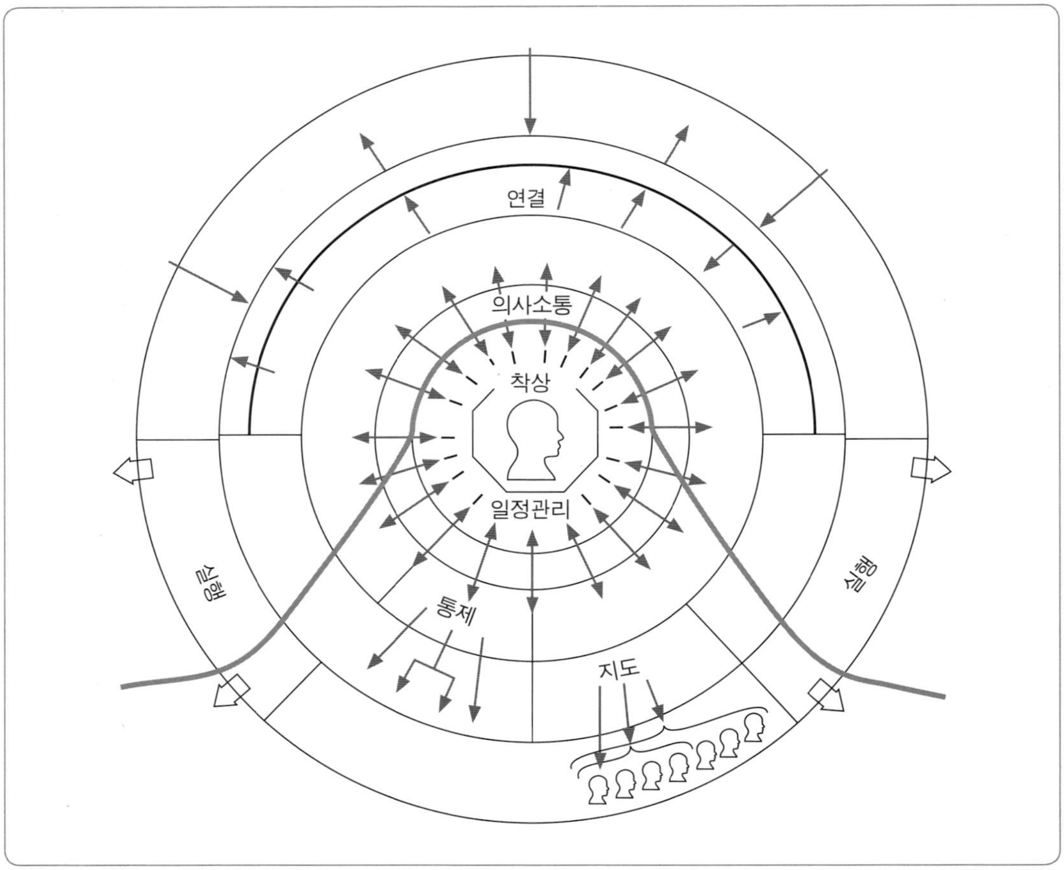

출처: © 1994 from MIT Sloan Management Review/Massachusetts Institute of Technology. All Right reserved. Distributed by Tribune Content Agency.

(*communicating*), 통제(*controlling*), 지도(*leading*), 연결(*linking*), 그리고 실행(*doing*)을 언급하고 있다.

모형의 중심에는 직무 속의 인간(*person in the job*)이 있다. 이 인간은 자신이 환경적 사건이라고 여기는 가치관, 경험, 지식, 역량 및 정신적 모형의 집합을 직무에 포함한다. 이 요소들이 결합하여 개인의 관리 스타일을 형성하고, 이 스타일이 개인의 직무 수행 방법을 결정한다. 그 다음 원은 직무의 틀(*frame of the job*)을 포함하고 있는데, 이는 "현직자(재임자)가 수행할 것이라고 생각되는 정신적 집합"이다. 이 틀에는 그 사람이 일을 완수하기 위한 접근 방법뿐만 아니라 수행하고자 하는 목적에 대한 생각도 포함된다. 민츠버그가 착상이라고 칭한 역할도 이 틀 안에 포함되어 있다. 틀 주변의 굵은 선은 조직에서 관리자의 통제 상태에 있는 모든 것, 즉 통제 범위를 나타낸다.

그 다음 원에는 업무 의제(*agenda of the work*)가 포함되어 있다. 의제는 관리자의 관심 이슈와 업무 수행 일정(즉, 시간의 할당)으로 구성된다. 업무 의제의 처리에는 일정 관리도 포함된다. 직무와 업무 의제의 틀은 관리자가 조직 내부 및 외부에서 수행하는 실제 행동(*actual behaviors that managers perform*)으로 둘러싸여 있다. 민츠버그(*Mintzberg*)는 세 가지 행동 수준, 즉 정보를 통한 관리 행동(의사소통과 통제 역할을 포함), 사람을 통한 관리 행동(연결 및 유도 행동을 포함), 직접 행동을 통한 관리 행동(과업 수행 역할을 포함)이 있다고 본다.

민츠버그의 주장은 "우리가 직무의 구성 요소들을 개념적으로는 분리할 수 있지만, 행동적으로는 분리할 수 없고… 설계, 선발, 훈련 및 지원의 목적으로는 각 부분을 설명하는 것이 유용하고, 심지어는 필요할 수도 있다. 하지만 부분들의 독립적인 집합으로는 실행이 불가능할 수 있다(p.22)"는 것이다. 관리자의 직무는 업무와 접근법 또는 관리자의 스타일에 따라 관리자의 직무가 변한다는 점을 지적하였다. 관리자의 스타일은 그가 선호하는 역할, 역할을 수행하는 방법, 역할들 간에 존재하는 관계를 통해 업무에 영향을 줄 것이다. 민츠버그는 관리자와 인터뷰를 통해서 관리 직무의 풍부성과 다양성의 개념을 확신하게 되었다고 한다. 관리자의 직무에 관한 다른 접근법들과 마찬가지로, 민츠버그의 모형은 진행 중인 과제이고 추가 연구를 통해서 개발 및 검증이 좀 더 필요하다고 본다.[42] 콰트로(*Quatro*)와 동료들은 리더십의 네 영역, 즉 분석적, 개념적, 정서적, 영감적 영역을 강조하는 총체적 리더(*holistic leader*)를 개발하는 체계를 제시하였다.[43]

베일과 민츠버그가 제시한 개념에서 HRD 전문가가 얻을 수 있는 것은 무엇인가? 기여한 점은 관리자의 직무가 복잡하고, 다면적이며, 통합적이라는 것을 상기시켰다는 것이다. 역량 모형들과 KSAOs 목록들이 직무를 수행하기 위해서 취해야 할 사항들의 파악 및 관리자 개발 프로그램의 핵심 사항으로서의 유용성은 있지만, HRD 전문가들은 관리자 개발이 단지 역할과 역량을 개발하는 것이라고만 생각해서는 안 된다. 관리자들은 업무를 수행하는 사람이지, 역량 또는 KSAOs의 집합이 아니라는 점을 명심해야 한다. HRD 전문가가 해야 할 실무적인 시사점은 다음과 같다.

1. 관리자 개발의 목표는 전인적인 인간을 개발하고, 그가 조직과 외부 환경 맥락에서 효과적으로 관리할 수 있도록 하는 것이다.

2. 일회적인 사건들 이외에, 업무 수행 맥락에서 학습된 것을 강화하고 정교화할 기회를 지속적으로 제공하는 활동을 포함하는 프로그램과 프로세스를 설계해야 한다.
3. 관리 행동의 '구성 요소들' 간의 상호 관계를 인정하는 프로그램과 실천 방안을 구축하여, 참여자들이 학습하고 있는 내용이 전체적인 관리 직무에 어떻게 통합될 수 있는지를 보고 느낄 수 있어야 한다.
4. 참여자들의 관리 경험을 한데 모아서 가치관, 지식 및 경험을 인식하고 이용할 수 있도록 프로그램과 프로세스들을 실행해야 한다.
5. 개인이 훈련 이슈의 학습과 전이를 할 때 관리 직무에 무엇을 포함할 것인가를 고려해야 한다.
6. 관리자 개발 프로그램에 대한 요구 분석과 평가 활동을 시행할 때 이 이슈들에 대한 인식을 포함해야 한다.

2.2 관리자 역량의 결정에서 요구 분석의 중요성

요구 분석은 훈련을 위한 조건의 결정에 중요한 정보를 제공한다. 어디서 훈련을 할 것이며, 어떤 종류의 훈련이 필요한지, 그리고 누구에게 훈련이 필요한지 등등이다. 관리자의 직무에 관한 연구들이 답이 없는 질문들을 많이 남겨 놓았다고 볼 때 철저한 요구 분석 수행의 중요성이 증대되었다.[44] 그럼에도 불구하고 대다수의 조직들은 적절한 요구 분석에 실패한다. 사리(*Saari*)와 동료들이 1,000개의 조직을 대상으로 한 조사에서 27%만이 관리자 개발 프로그램을 설계하기 전에 요구 분석을 수행했다고 응답하였다.[45] 요구 분석을 다룬 44개의 연구를 검토한 결과 36%가 조직 차원의 요구를 분석하였으며, 프로세스, 집단 또는 개인 차원의 요구 분석은 비율이 낮다.[46] 유럽 세 개 국가의 품질 관리자에 대한 조사에서는 요구 분석의 기초적인 근거로써 4장에서 제시된 공식적인 분석 방법보다는 오히려 감독자의 의견에 의존함이 밝혀졌다.[47] 리기오(*Riggio*)는 리더십 개발 프로그램에 많은 비용을 투입하고 있음에도 불구하고, 프로그램의 실행 전에 요구 분석을 하지 않는 것을 안타까워했다.[48] 연구들은 조직들의 관리자 개발 노력에 대한 잘못된 초점으로 중요한 자원들을 낭비할 수 있음을 지적하고 있다.

관리자들에 대한 요구 분석을 잘하는 조직들이 있다. 예를 들면, 에어로킵-비커스(*Aeroquip-Vickers*)는 관리자들의 미래 성공에 필요한 25개 역량을 고위 관리자들이 규정하도록 하였다. 그런 다음 이를 관리자 개발을 위한 노력들의 지침이 되는 관리직 성공 프로파일을 구성하는 데 활용하였다.[49] 리츠-칼튼(*Ritz-Carlton*) 호텔 체인의 리더십 훈련 프로그램은 조직의 미션과 요구 분석에 기초를 둔다.[50] 오하이오(*Ohio*)주의 핀들레이(*Findlay*)에 있는 건강관리 시스템인 블랜차드 밸리 건강협회(*Blanchard Valley Health Assocation*)은 요구 분석을 활용하여 미래의 리더(*Leader for Tomorrow*) 프로그램을 만들었다. 이 1년 프로그램은 강의실 학습, 소집단 토론, 컴퓨터 학습 모듈, 그리고 '행동 학습' 요소를 포함하고 있으며, 관리자들은 직무 관련 프로젝트를 실습한다.[51] 마지막으로, 아이다호(*Idaho*)주는 주의 관리자들 대상으로 공인 공공 관리자(*CPM, Certified Public Manager*) 제도를 시행하기 전에 포괄적인 요구 분석을 수행하였다.[52] 이 사례들은 관리자 개발 프로그램을 설계하기 전에 수행해야 할 필수 역량에 대한 철저한 조사의 가치를 설명해준다.

2.3 글로벌 역량을 갖춘 관리자

글로벌 경제가 성장함에 따라 조직들이 글로벌 역량을 갖춘 관리자 양성이 가능한 관리자 프로그램을 개발해야 할 필요성이 증가하고 있다.[53] 김(*Kim*)과 맥린(*McLean*)은 미래의 중요한 HRD 역할로 글로벌 인재 관리를 제시하고 있다.[54] 능력있는 글로벌 관리자가 되는데 필요한 역량에 관해서 세 가지 사례를 제시한다.

바틀렛(*Bartlett*)과 고샬(*Ghoshal*)은 글로벌 환경에서 성공하기 위해서는 글로벌 전문가들로 구성된 관리자 네트워크가 조직들에게 필요하지만, 모든 관리자들이 글로벌화될 필요는 없다고 주장한다.[55] 이들은 관리자를 다음과 같이 네 가지 범주로 구분하였다.

1. 사업 관리자(*business managers*). 조직을 위한 전략가(*strategist*), 범세계적인 자산 구성의 설계자(*architect*) 및 국경 간 거래의 조정자(*coordinator*) 역할을 한다.
2. 국가 관리자(*country managers*). 어떤 국가의 지사에 근무하면서, 지역의 기회와 위협의 감지자(*sensor*) 및 분석가, 지역 자원 및 역량의 구축가(*builder*), 그리고 글로벌 전략에 적극적으로 참여하는 기여자(*contributor*) 역할을 한다.
3. 기능 관리자(*functional managers*). "전 세계적으로 전문화된 정보, 첨단 융합지식, 모범 사례(*best practices*)와 초국가적(*cross-pollinate*) 기회와 적용이 기능한 최고의 혁신 사례를 조사하는(p.130)" (공학, 마케팅, 인적자원 분야의) 기능 전문가들이다.
4. 기업 관리자(*corporate managers*). 기업의 본사에 근무하면서, 조직의 활동을 지휘하고, 리더(*leader*)와 인재 스카우트(*talent scout*)의 역할을 하며(잠재력이 있는 사업, 국가 및 기능 관리자를 식별함), 장래성 있는 경영자를 개발하는(*developing*) 역할을 한다.

바틀렛(*Bartlett*)과 고샬(*Ghoshal*)은 프록터 앤 갬블(*Proctor & Gamble*), 일렉트로룩스(*Electrolux*), NEX의 사례를 조사하여 이 역할들을 제시하였다.[56] 이들은 조직이 조직 목표의 달성과 함께 이러한 역할들을 잘 수행할 수 있는 관리자 팀을 개발할 필요가 있다고 주장한다. 범주화를 통해서 역할들이 어떤 연관이 있는 지를 파악하였지만, 이 접근법이 다른 환경에서 글로벌 관리자의 개발에도 유용한지를 확인하기 위해서는 추가적인 연구가 필요하다.

아들러(*Adler*)와 바르톨로뮤(*Bartholomew*)는 두 번째 의견을 제시하였다.[57] 이들은 글로벌 환경에서 효과적으로 관리하는 데 필요하다고 생각하는 일곱 가지 초국가적인 기법, 즉 글로벌 시각, 현지 대응력, 시너지 효과가 있는 학습, 전이와 적응, 범국가적인 상호작용, 협업, 그리고 외국 경험을 제시하였다. 초국가적인 역량을 가진 관리자는 전통적인 관리자보다 폭넓은 기량이 필요하다고 주장한다. 이런 관리자들을 관리하고 양성하기 위해서는 조직의 인적자원관리 전략을 수정해야 한다고 주장하며, 북미의 50개 회사들을 조사한 후, 이 회사들은 자신들의 사업 전략보다 덜 글로벌화되었다고 결론을 내렸다.[58] 또한, 좀 더 글로벌화하기 위해서 HRM 시스템을 어떻게 수정해야 하는지에 대한 제안을 하였다. 예를 들어, 개발 활동을 통해서 관리자들이 "전 세계 모든 분야의 사람들과 세계 어디에서도(p.59)" 일할 준비를 해야 한다. 글로벌 경력 관리에 관한 후속 연구도 수행하였다.[59]

글로벌 역량을 가진 관리자에 대한 두 관점의 차이는 두 가지이다. 첫째, 바틀렛(*Bartlett*)과 고샬(*Ghoshal*)은 역할 중심 관점을 가지고 있는 반면, 아들러와 바르톨로뮤는 관리자에게 필요한 역량에 초점을 둔다. 둘째, 아들러와 바르톨로뮤는 모든 관리자가 '글로벌화되어야' 한다고 주장하지만, 바틀렛과 고샬은 글로벌 관리를 위해서는 서로 상이한 기능과 역할을 수행하는(그리고 서로 상이한 역량 집합을 필요로 하는) 관리자 팀이 필요하다고 주장한다.[60]

스프레이처(*Spreitzer*), 맥콜(*McCall*), 마호니(*Mahoney*)는 국제적인 역량에 관해서 세 번째 시각을 제시하였다.[61] 이들은 현재 필요한 역량보다는 서로 다른 역량을 필요로 하는 미래의 도전 과제에 중점을 두는 것이 중요하다고 주장한다. 경험을 통한 학습(*learning from experience*)과 관련된 역량을 국제 경영자의 잠재력을 식별하고, 유능한 국제 경영자를 양성하는 데 활용되는 역량의 일부라고 강조한다. 국제 경영자의 잠재력을 예측하는 14가지 차원의 요소를 다음과 같이 제시하였다.

- 최종상태 역량 차원(*end-state competency dimensions*)(8개): 문화 차이에 대한 민감성, 비즈니스 지식, 입장을 밝히는 용기, 사람들로부터 최상을 이끌어내기, 진실성 있는 행동, 통찰력, 성공에 대한 헌신, 리스크 감수
- 학습 지향 차원(*learning-oriented dimensions*)(6개): 피드백의 활용, 문화적 모험성, 학습 기회의 모색, 비판에 대한 개방성, 피드백 추구, 유연성

스프레이처(*Spreitzer*)와 동료들은 이 차원들을 기준으로 어떤 관리자들이 능력 있는 국제 경영자가 될 잠재력을 가장 많이 갖추었는지를 평가하는 프로스펙터(*Prospector*)라는 도구를 개발하였고, 21개국의 6개 국제적 회사에서 근무하는 800명 이상의 관리자들에 대한 조사를 통해서 프로스펙터가 국제 경영자의 성공을 예측하는 도구라는 타당성과 신뢰성을 입증하였다.

스프레이처(*Spreitzer*)와 동료들이 택한 접근법의 가치는 (1) 국제 경영자 양성 프로그램에 참여할 관리자를 선정하고, 그 이점은 무엇뿐만 아니라 어떤 차원을 다루어야 하는지에 대한 아이디어를 HRD 전문가들에게 제공해준다는 점, (2) 관리자들이 미래에는 과거에 필요했던 역량을 뛰어넘는 도전에 직면할 수 있음을 HRD 전문가들이 고려해야 한다는 점, (3) 관리자 개발의 근거로 활용되는 역량을 지지하는 근거를 식별하고 생성하기 위해서 과학적 접근법을 사용 사례들을 HRD 전문가들에게 제시해준다는 점이다.

위와 같은 관점을 글로벌 관리자들의 개발에도 활용할 수 있다. 이 모형들에 대해서는 향후 연구, 검증 및 수정이 필요하다.[62] 스프레이처(*Spreitzer*)와 동료들의 접근법은 현재 대단한 지지를 받고 있다.[63]

이와 함께, 이 접근법들은 조직의 관리자들을 양성하는 접근법에 글로벌 환경이 어떤 영향을 미치는지를 설명해준다. 또한, 관리자 양성을 위한 토대로써 조직의 사업 전략과 환경을 고려해야 필요성을 강조한다.

2.4 미래의 관리자들에게 필요한 역량

스프레이처(*Spreitzer*)와 동료들이 미래의 글로벌 관리자들에게 필요한 역량 분야를 언급하기 위해 학습 관련 차원을 고려한 것처럼, 다른 연구자들도 21세기 관리자들의 경력 관리에 필요한 역량들을 추정하기 위한 시도를 하고 있다.[64] 알프레드(*Alfred*), 스노우(*Snow*)와 마일스(*Miles*)는 변화된 조직 구조는 새로운 관리 역량을 필요로 한다고 주장하였다.[65] 관리자, HR 담당 임원 및 채용가들에 대한 조사에서 알프레드와 동료들은 관리자의 경력에 중요한 다섯 분야의 KSAOs, 즉 (1) 지식 기반 기술 전문성, (2) 기능 교차적이고 국제적인 경험, (3) 협업적 리더십, (4) 자기 관리 기술, (5) 개인적인 특질(순수성, 진실성, 유연성 등)을 제시하였다.

이는 미래의 관리자에게 필요한 역량이 무엇인지를 생각하게 한다. 관리자 개발 활동이 관리자들이 미래를 준비할 수 있게 해준다는 점은 중요하다. 관리자들이 관리해야 할 사업에 영향을 주는 추세와 산업 관련 이슈들에 대한 평가가 필요하다. 대체로, 이는 관리자 개발은 장기적인 프로세스(*long-term process*)임을 의미한다. 관리자 개발 프로그램과 프로세스는 완성된 제품이 아니라, 추세, 전략 및 보증 조건에 따라 정기적인 평가와 수정이 필요한, 진행 중에 있는 유동적인 작품이라고 여겨진다.[66]

관리자의 직무와 필요한 역량에 대한 학습을 마치고 다음에는 관리자 개발은 전략적이라는 이슈를 다루도록 하겠다.

3. 전략적 관리자 개발

관리자 개발은 조직의 사업 목표를 달성하기 위한 구조 및 전략과 결합되어야 한다. 이 점은 1장에서 학습과 성과 수레바퀴에서 제시한 바 있다.[67] 조직이 활용하는 관리자 개발 방안을 설명하기 전에, 전략적인 초점을 유지하기 위해 이런 활동들이 어떻게 형성되고 실행되는지를 조사하는 것이 유용할 것이다.[68]

세이버트(*Seibert*), 홀(*Hall*), 크램(*Kram*)은 조직의 전략과 관리자 개발 활동 간에는 세 가지 바람직한 연결 고리가 존재한다고 주장하였다. 그 연결 고리는 (1) 사업 환경과 사업 전략의 관계, (2) 사업 전략과 관리자 개발 전략의 관계, (3) 관리자 개발 전략과 관리자 개발 활동의 관계이다.[69] 이들은 22개 조직의 관리자 개발 방안들을 연구하여 조직들이 첫째와 마지막 관계에는 관심을 갖지만, 두 번째 관계에는 관심을 기울이지 않는다고 결론을 내렸다. HRD 기능이 고객보다는 그 자체에 너무 초점을 맞고 있기 때문에 연결 고리가 약하고, 고객의 욕구를 신속하게 충족할 수 없으며, 개인의 개발과 사업의 수행을 이분법적으로 잘못 보는 경향이 있다고 주장한다.

세이버트(*Seibert*)와 동료들은 어떤 조직들은 전략적 사업 이슈가 관리자 개발을 촉진함을 확신하며, HRD 전문가들이 사업적 요구 사항에 적절하게 대응하고, 관리자 개발을 사업 수행의 한 부분으로 자연스럽게 통합함으로써 이와 같은 연결 고리를 형성한다는 것을 발견하였다. 이들은 전문적인 연결이 형성될 수 있도록 HRD 전문가들이 해야 할 네 가지 원칙을 제시하였다.

1. 사업 전략에 근접할 것. HRD 전문가들의 1차 역할은 전략을 실행하는 것이고, 2차 역할은 관리자의 개발이다. 조직의 전략적 목표와 사업 이슈에 좀 더 익숙해지고, 이를 관리자의 행동과 역량을 파악하는 계기로 삼으며, 전략 목표 달성에 필요한 활동에서 개발 기회를 발굴함이 실질적인 제안이다.
2. 학습 활동보다 직무 경험을 우선시할 것. 직무 경험이 개발의 중심적 활동으로 활용되며, 강의실 활동은 직무 현장에서 일어나는 학습을 식별하고, 처리하며, 공유하는 역할을 한다. 여기에서는 학습 활동이 일어나고, 전략적 필요성이 제시되도록, 적극적으로 현장 경험이 관리되어야 한다.
3. 기회를 포착할 것. 관리자 개발은 조직이 현재 당면하고 있고, 앞으로 마주칠 사업 요구 및 이슈들에 유연하고 개방적으로 대응해야 한다. 정교하고, 엄격한 프로그램에서 벗어나 조직의 욕구 변화에 대응하여 변화하는 프로그램을 구축해야 한다.
4. 경험 기반 학습을 지원할 것. 일상적으로 진행되는 학습에 대해서 기대, 지원 및 보상을 하고, 관리자로서 자신을 부단히 개발하는 개인을 강화하는 문화를 만들어야 한다.

버락(*Burack*), 호흐와터(*Hochwarter*), 마티스(*Mathys*)는 전략적 관리자 개발에 대한 다른 접근법을 제시하였다.[70] 조직 경영진을 분석하여 전략적 관리자 개발에 공통적인 일곱 개의 주제를 파악하였다. 이 주제들은 (1) 관리자 개발과 사업 계획 및 전략의 관계, (2) 조직의 수평적·기능적 경계를 아우르는 원활한 프로그램, (3) 보편적인 오리엔테이션과 비교 문화적인 접근법, (4) 조직 학습 내에서 개별 학습, (5) 조직 문화의 인식 및 문화에 적합하고, 바람직한 문화를 생성하고, 지지하는 관리자 개발의 설계, (6) 경력 개발에 중점, (7) 실증적인 핵심 역량에 의한 접근법이다.

이들이 제안한 개념들은 전략적 이슈를 부각하고 있으며, 저명한 조직들에서 활용된 공통적인 방안들을 제시한다.[71] 이 방안들은 성공을 위해 오랫동안 검증된 청사진들은 아니다. 더구나, 원칙과 행동을 파악하기 위해서는 '모범 사례'와 '선도적 조직들' 접근법을 눈여겨보아야 한다. 연구자들이 어떤 사람들을 표본으로 했고, 무엇을 발견할 수 있었느냐에 따라 발견 내용이 결정된다. "초우량 기업의 조건(*In Search of Excellence*)"에서 언급된 조직들에서와 같이 모든 조직들이 기준을 충족하지는 않는다.[72] 현재의 환경은 어떤 원칙들이 특정한 조직에 무한정 적용되기에는 너무나 변화가 심하다.

마지막으로, 연구들에서 제시한 권고들은 제안으로 간주되어야지 아무 생각 없이 받아들여져서는 안 된다.[73] 전략적 관리자 개발에 관한 우리의 이해의 폭을 넓히기 위해서 다른 연구들이 계속 진행 중에 있다.[74] 연구자들이 강조하는 것은 실행자들이 조직 내에서 시행하는 사항은 요구 분석과 조직 및 환경에 대한 철저한 지식에 근거해야 한다는 점이다.

4. 관리자 교육

앞서 언급한 바와 같이, 관리자 교육에는 참여자가 학위 수여 기관의 형식적인 강의실 상황에서 폭넓은 개념적 지식과 기량을 습득하도록 설계된 활동들이 포함되어 있다. 미국의 학사 및 석사 과정의 등록자 수는 1980년대 이후 급속히 증가하였다.[75] 2012년도에 수여된 경영학 학위를 보면 대략 학사는 36만 6천 명, 석사는 19만 1천 명, 박사는 2,500명에게 수여되었다.[76] 경영학 학위는 미국에서 수여된 가장 인기 있는 학사 및 석사 학위이지만 박사 학위의 인기는 좀 덜하다.[77] 보다 전문적인 박사 학위 프로그램(PhD와 DBA)를 제외하고,[78] 관리자 교육은 두 개의 그룹으로 다음과 같이 분류할 수 있다.

1. 대학의 경영학 학사 또는 석사 프로그램(BBA, MBA)
2. 관리자 교육: 대학, 컨설팅 회사, 사설 교육기관 및 전문협회에서 시행하는 압축된 MBA 프로그램 및 단기 과정으로 시행됨

5. 경영학 학사 및 석사 학위 프로그램

대학에서 시행해 온 4년 과정의 전통적인 경영자 교육은 경영 지식과 일반적인 개념에 초점을 둔다. 이와 같은 경영자 교육 프로그램이 주로 개념적 지식(예: 시장 조사 기법, 계획 및 의사 결정 모형) 또는 성공적인 관리자가 되는데 필요한 기술(예: 의사소통, 대인 관계 등)을 개발하는 데 초점을 두는 것에 대한 논란이 있었다. 현재 대부분의 비즈니스 스쿨의 프로그램들은 두 가지를 모두 추구하고 있다. 대다수 MBA와 BBA 프로그램들은 세계경영대학협의회(*AACSB, Association to Advance Collegiate Schools of Business International*)의 인증 기준을 따른다. AACSB는 학사와 석사 교육을 범위에 따라 구분한다. 학사 교육은 비즈니스 경력을 위한 기본으로써 폭넓은 지식과 기술을 제공하며, 석사 과정은 "비즈니스 세계에 참여하고, 관심 분야의 지식 주장(*knowledge claims*)의 평가 방법을 이해하기 위해 필요한 지식과 기술의 축적을 포함하는 전문적인" 교육을 한다.[79] AACSB 기준은 미션에 바탕으로 하고 있으며, 프로그램의 내용, 구조, 기관의 미션(예: 교육과 연구의 강조 정도)에 따른 전달의 유연성을 제공한다.

AACSB 커리큘럼 기준에 따르면, 학사, 석사 프로그램은 조직에 영향을 미치는 이슈를 파악하는 방법을 커리큘럼에 포함해야 한다. 수정된 AACSB 기준에는 "일반적인 커리큘럼 관리 프로세스는 다음과 같은 경영학 지식 및 기술 분야에서 학습 경영을 포함하는 학사 및 석사 수준의 일반적인 경영학 학위 프로그램이어야 한다"고 명시되어 있다.

- 조직 및 사회의 윤리적·법적 책임
- 재무 이론, 분석, 보고 및 시장
- 재화, 서비스, 정보의 통합적인 생산 및 분배를 통한 가치의 창조
- 조직의 집단 및 개인 역학

- 조직에서 의사 결정 프로세스를 지원하는 통계 데이터 분석 및 경영과학
- 조직과 경제의 구조와 프로세스에 영향을 주고, 경영자의 역할 및 기법에 영향을 주는 정보기술
- 조직의 국내 및 글로벌 환경
- 학교가 인식하는 기타 경영학 지식 및 기술[80]

비즈니스 스쿨은 1980년대 후반 비판을 많이 받았다. AACSB는 이러한 비판을 종합적으로 검토하여, 비즈니스 스쿨이 유능한 관리자가 되는데 필요한 교육을 학생들에게 제공한다는 관점에서 조직의 요구에 부응하지 못한다는 우려를 제기하였다.[81] 교과목의 기능 교차적인 통합의 부족(예: 재무, 인적자원관리), 대학원생들의 '소프트' 기술 수준에 대한 지각(예: 의사소통, 대인 관계), 국제적인 시각의 부족, 학생들의 학습 준비 부족(즉, 폭넓은 교육을 포기하고 사업 이슈에 대해 과도하게 관심 집중)에 관하여 관심이 집중되었다. 이와 같은 단점을 비즈니스 스쿨들이 보완할 것을 촉구하였다.[82] 이러한 권장사항들은 프로그램의 내용을 개발하는 교수자에게 필요한 주제에 대핸 지식과 개발 내용의 전달에 필요한 교수법 관점에서 현저한 결과를 가져온다.

비즈니스 스쿨들은 이러한 도전에 다양하게 대응했다. 예를 들면, 와튼 스쿨(*Wharton School*)은 MBA 커리큘럼을 정비하였다. 각 과목별 학기제 수업 대신에 과목들을 통합하여 문제를 해결하도록 4개의 6주 과정으로 분리하였다. 개편된 프로그램은 '대인 관계 기술', 실질적인 문제 해결, 그리고 글로벌 시각의 습득의 개발을 매우 강조하였다. 커리큘럼은 다른 학교들에게도 자극이 되었다.[83]

또 다른 예로는, 케이스 웨스턴 리저브 대학(*Case Western Reserve University*)의 MBA 프로그램 재설계이다.[84] 이 프로그램은 학습 결과에 초점을 두고, 모든 이해관계자 집단(예: 학생, 졸업생, 잠재적 고용주)의 요구 사항을 포함하고 충족하며, 학생들이 새로운 방식으로 사고하도록 자극하고, 학생들의 창의적인 사고 및 행동 능력을 확대하고, 교직원들이 교수라기보다는 학습 관리자의 역할을 하도록 설계되었다. 이 프로그램에는 여섯 가지 요소가 있다. 즉, (1) 관리자 경력과 관련된 KSAOs를 평가하고 개발하는 방법을 학습하는 관리자 평가 및 개발 과정(역량 기반 접근법 활용), (2) 개인 학습 계획의 개발, (3) 정기적으로 경영자 자문들을 만나서 과정과 학생들의 경험을 통한 학습을 통합하는 학생 집단인, 경영자 행동 팀(*Executive Action Team*), (4) 경영 및 관리 분야의 11개의 핵심 과정(예: 회계, 재무, 인적자원, 노동정책), (5) 글로벌 경제에서의 관리, 기술 관리, 산업 발전의 역사와 같은 주제들로 구성된 다학문적인 관점의 과정, (6) 고급 선택 과정이다.[85] 평가 연구에 의하면 결과 지향적인 역량 기반 프로그램은 학생들의 입학 때와 졸업 때의 역량 향상에 긍정적인 영향을 끼쳤음을 발견하였다.[86]

와튼과 케이스 웨스턴 사례는 비즈니스 스쿨에서 진행된 변화의 형태를 보여준다. 다양한 분야의 이슈에 학생들을 투입하고, 수업과 현장 실습 지원을 개선하려는 노력, 비즈니스와의 협력은 흔해졌다. 교수법의 혁신도 실행되었다. 팀 지향적이고 실무적인 프로젝트와 과업들이 이제 널리 활용되고 있다. 대부분의 비즈니스 스쿨들이 컴퓨터와 통신 기술을 과정의 핵심 부분으로 활용하며, 온라인으로만 진행되는 과정들도 보편적이다.[87] "Journal of Management Education", "Academy of Management Learning and Education", "Decision Sciences Journal of Innovative Education", "Management Learning, and Journal of Management Development"와 같은 학술지들은 이제 연구자들이 관리자 교육의 적응성, 적절성 및 효과성을 유지하기 위해 개발하고, 토론하고 있는 사례, 아이디어 및 이슈들을 발표하고 있다.[88]

대학원 및 학부 과정의 프로그램들은 관리자 개발의 하나의 요소로 간주되어야 한다. 교육을 통해 효과적인 관리에 필요한 모든 KSAOs를 가진 '전인적인 관리자'가 양성될 것이라고 기대하는 것은 비합리적이다. 비즈니스 프로그램들은 관리자 개발을 위해 가치 있는 토대와 관리자의 경험을 반영하고, 새로운 기술과 지식 개발에 좋은 방법을 제공해줄 뿐이다.[89] 이런 프로그램들을 이수한 사람들은 향후 개발 및 경험을 통해 보다 유능한 관리자가 될 잠재력을 가진 '진행 중인 작품들(*works-in-progress*)'로 간주되어야 한다.[90] 최근에는 관리자 교육의 글로벌화에 대한 필요성이 강조되고 있다.[91]

6. 경영자 교육 프로그램

MBA 프로그램을 완전히 이수하는 데 걸리는 시간과 관리자들의 바쁜 일정을 감안하여 많은 기관들이 다수의 대안들을 개발하여 왔다. EMBA라고 하는 압축된 MBA 프로그램, 주어진 주제와 이슈들에 대한 단기 과정, 일회용 세션 등과 같은 대안들은 **경영자 교육**(*executive education*) 프로그램이라고 칭한다. 경영자 교육은 대학과 기관들의 주요 사업이 되었다. 인시아드(*INSEAD*), 하버드(*Harvard*), 와튼(*Wharton*), 노스웨스턴(*Northwestern*), 미시건 대학(*University of Michigan*)은 경영자 교육 프로그램에서 상당한 수입을 올리고 있다.[92]

6.1 경영자 MBA 프로그램

매년 비스니스 스쿨에서 운영하는 경영자 교육 프로그램인 **EMBA**(*executive education or executive MBA*)에 참여하는 경영자들이 대단히 많다. 대부분의 프로그램은 과정 운영을 주당 1회(보통 주말 과정)로 압축하여 운영하고 있으며, 보통 2년 과정이다. 학생들은 경험이 많고 다양한 조직에서 근무하는 나이가 좀 든 관리자들이다.

EMBA 프로그램의 장점으로는 다른 조직의 사람들과 교류할 기회, 새로운 아이디어의 입력, 고품질의 강의 및 대학에 소속감을 갖는다는 자부심 등이 있다. 보통 단점으로 인식되는 것은 어떤 조직의 요구에 특정된 정보에 부적절하게 노출되는 것, 비싼 수업료, 경험이 많은 성인들을 효과적으로 가르치는 강사들의 부족 등이다.[93] 어떤 프로그램들은 질 낮은 강의와 느슨한 입학 기준, 수입 창출이 주 목적인 수준이 낮은 MBA 프로그램들이라고 비평가들은 주장한다.[94]

EMBA 프로그램들이 관리자 개발에 효과가 있는가? 이 질문에 해답을 주는 연구는 거의 없으며, 평가는 주로 입증되지 않은 정보에 근거를 두고 있다.[95] 주요 성과로는 참가자들이 전반적으로 만족했고, 새로운 아이디어와 사람들에게 노출됨으로써 폭이 넓어졌고, 자신감이 증가했다는 느낌을 받았다는 것이다.[96] 확고한 증거는 부족하지만 조직들은 지속적으로 이런 프로그램들을 지원하고 있다.[97]

대부분의 조직들은 EMBA 프로그램을 사내 및 외부 활동들(예: 승계 계획, 단기 과정)과 함께 경영자 개발의 하나의 요소로 활용한다.[98] EMBA에 관심이 있는 조직들은 자신들의 개발 욕구를 세밀하게 검토해서, 고려하고 있는 프로그램들을 조사한다. 운영자, 교직원 및 졸업생들과의 토론을 통해서 유용한 정보를 얻으며, 온라인으로 많은 정보를 접할 수 있다.[99]

6.2 기타 경영자 교육 접근법

경영자 교육은 MBA 또는 EMBA 프로그램과 같이 종합적일 필요는 없다. 경영과 관련된 다양한 주제에 대한 과정을 제공하는 기관들은 많다. 이런 과정들은 일반적으로 특정한 주제, 이슈, 또는 기술에 초점을 두며, 독자적이다(즉, 학위 수여 프로그램에 포함되지 않는다). 1980년대까지 이런 프로그램들을 미국경영자협회(*AMA, American Management Association*)에서 주도적으로 제공해왔지만, 지금은 독점적인 제공자는 없다.[100] 대학 이외에 창조적 리더십센터(*CCL, Center for Creative Leadership*), 윌슨 러닝(*Wilson Learning*)과 같은 기관, 산업협회 및 컨설턴트들이 종합적인 관리자 개발 프로그램의 일부 과정들을 제공하고 있다.

이 과정들의 의도는 참여자들이 현재 직무에 즉시 적용 가능한 정보와 도구를 제공하는 이론과 실무를 혼합하는 것이다. 2014년 ATD의 추산에 의하면, 45%의 훈련이 전통적인 강사가 진행하는 강의실 밖에서 이루어졌다(원격 교육, 강사 없는 컴퓨터 기반 훈련, 강의실 없는 다른 형태의 훈련이 포함됨).[101]

외부 공급자들이 제공하는 과정의 장점은 사내 과정의 비용 통제, 제공자의 전문 지식 활용, 과정 설계 및 패키지화, 실행자 중심 접근법(특히, 대학들이 제공하지 않은 과정들)이 있다.[102] 또한, 위성 과정(*satellite courses*)은 고객에게 편리하게 전달이 가능하며, 참여자가 프로그램에 참여하기 위해서 여행을 할 필요가 없다.[103] 중대한 단점은 품질 관리가 어렵다는 것이다. 공급자들은 경쟁 환경에서 운영해야 하기 때문에 사업을 지속하고, 단기간에 충분한 비즈니스를 만들어낼 만큼 기준을 낮게 할 수 있어야 한다. 저품질의 프로그램은 시장에서 퇴출될 것이지만 시간이 좀 걸린다.[104] 또한, 5, 6장에서 논의한 바와 같이, 과정의 내용이 전달 매체에 적합해야 한다. 원격 교육은 지식 전달에는 (강의 위주이므로) 적합할 수 있지만, 대인 관계 과정은 대면으로 실시하는 것이 바람직하다.[105]

단기 과정의 잠재적인 단점으로는 적절성과 실무적인 측면이 부족하다는 점이다. 이런 우려를 해소하는 하나의 방법은 대학과 협력하여 자신들의 요구에 맞는 과정을 개발하는 것이다. 예를 들면, 호프만-라로쉬(*Hoffman-LaRoche*)사는 MIT가 기술, 리더십, 그리고 품질의 전략적 관리에 관한 훈련을 제공하도록 했다.[106] 이런 접근법이 품질과 적절성의 문제를 해결할 수는 있지만 비용이 비싸다. 이런 접근법에 관심을 두고 있는 조직들은 다양한 학교들과 자신들의 요구를 논의하고, 원하는 것을 설명하며, 학교가 제공할 수 있는 것을 찾아내어 비교하고, 협상을 통해 적절한 가격을 지불할 수 있을 것이다.[107]

주문화하든 그렇지 않든 간에, 외부 제공자에 의한 단기 과정은 이용 가능한 선택안의 편리성과 다양성으로 인해서 관리자 개발의 중요한 부분으로 자리매김할 가능성이 있다. 조직이 요구 사항에 맞는 과정을 구입하도록 하는 가장 좋은 방법 중 하나는 철저한 요구 분석을 하고, 과정의 이용 전과 후에 프로그램 평가를 하는 것이다.

여러 가지 종류의 관리자 교육(학사, MBA, EMBA, 박사 등)에도 불구하고, 관리자에 대하여 모든 교육자들이 직면하고 있는 도전은 시의 적절성과 '부가가치'이다.[108] 알루토(*Alutto*)는 이를 "21세기의 적시성(*just-in-time*) 관리자 교육"이라고 하였다.[109] 포스터(*Foster*)와 카르보니(*Carboni*)는 과정에 참여한 학생 집단의 리더십 개발을 위해 학생 중심 사례의 활용을 제안한다.[110] 오늘날 사회적, 정치적, 경제적, 기술적 변화의 역동성으로 인해서 관리자 교육의 시행은 근본적인 변화가 필요하다.[111] 앞으로는 관리자 교육의 형태와 본질에도 변화가 있을 것으로 기대하고 있다.[112]

7. 관리자 훈련과 경험

대부분의 조직은 관리자를 양성하기 위한 노력의 일환으로 훈련과 현장 경험을 제공한다.[113] 전형적으로 외부 제공 프로그램과 내부 개발 프로그램이 활용된다. 이 절에서는 회사에 특화된 관리자 훈련 접근법에 초점을 두고자 한다. 광범위한 가능성이 존재한다.[114] 다음에서는 세 가지 접근법, 즉 회사 자체 설계 과정, 기업 대학 및 현장 경험을 설명한다.

7.1 회사 자체 설계 과정

흔히 조직들은 관리자를 양성하기 위해서 자체 과정과 세미나를 설계한다. 이런 과정들은 조직 및 관리자들에 대한 특정한 이슈, 기술 및 개인적인 속성에 맞춰서 개발할 수 있다는 장점이 있다. 이러한 것들에는 한 가지 기술이나 이슈에 초점을 둔 과정(예: 종업원 성과 평가, 예산 수립)에서부터 상호 연결된 일련의 과정(예: 핵심 사원들이 회사의 모든 부서와 제품을 접하게 하여 회사가 직면하고 있는 도전에 적응하게 하기 위한 2주 간의 워크숍)에까지 그 범위가 다양하다. 예를 들면, 통신 회사인 인터텔(*Inter-Tel*)은 회사 및 산업 특징적인 고품질 과정으로 유명하다.[115] GE는 관리자들이 글로벌 환경에서의 경쟁에 성공적으로 대비하는 과정을 제공한다. 크로톤빌(*Crotonville*), 뉴욕, 그리고 관리자 개발센터에서 실시하는 프로그램에는 5단계 개발 과정—신입사원 리더십 개발 과정(*Corporate Entry Leadership Conferences*), 신임 관리자 개발 과정(*New Manager Development Courses*), 고급 기능 과정(*Advances Functional Courses*), 경영자 프로그램(*Executive Programs*), 책임자 워크숍(*Officers' Workshop*)—이 있다. 이 프로그램은 대학을 갓 졸업한 직원에서 고위 관리자들에게까지 제공된다.[116] 이 과정들은 GE의 관리자가 직면하고 있는 도전들에 맞추어져 있으며, 참가자들이 문제를 해결하는데 GE만의 이슈를 활용하도록 한다.

이러한 과정들을 설계하고 시행하는 데 있어서의 이슈는 다른 HRD 프로그램들과 동일하다. 이러한 프로그램들이 관리자들의 개발을 위한 전체적인 프레임워크에 적합한지를 확인하는 것이 특히 중요하다. 이는 중복을 피하고 참가자들이 전반적인 자신의 개발에 그 과정이 적합한지를 알게 하는 데 그 뜻이 있다. 이는 또한 부하들을 개발할 책임이 있는 관리자들이 조직에서 제공하는 과정과 전반적인 개발 노력의 관계를 파악할 수 있도록 해준다. GE의 명백한 기대 수준은 개발의 80%는 현장 경험을 통해서 일어나고, 20%는 형식적인 개발(예: 크로톤빌 과정)을 통해서 발생하도록 하는 것이다.[117] 이런 관점은 대부분의 개발 노력은 부하 직원들이 직무에서 의미 있는 개발을 경험하는 것에 초점을 두어야 한다는 점을 관리자들에게 강조한다.

어떤 조직들은 관리자 개발 프로그램의 참가자들을 자기 회사의 관리자들로만 한정하지 않는다. GE는 해외의 주요 고객(과 잠재 고객)의 관리자들과 책임자들을 GE의 관리자 프로그램에 초빙한다. 이렇게 함으로써 관리자들이 기술과 재능을 개발하고, 보다 나은 협력과 비즈니스 기회를 증가할 수 있는 관계를 형성하며, 다른 조직 및 나라들의 비즈니스 수행 방법을 배울 수 있다.[118]

7.2 기업 대학

많은 조직들은 일정 수준에 있는 모든 관리자들이 특별한 커리큘럼을 이수할 필요가 있는 기업 아카데미 또는 대학을 관리자 개발의 중요한 요소로 결정하였다.[119]

이런 접근 방법을 선택한 조직들은 GE, IBM, 맥도날드(*McDonald's*), 인텔(*Intel*), 제록스(*Xerox*), 쉬완푸드(*Schwan Foods*)와 하이네켄(*Heineken*)이다. 이 회사들의 아카데미 시설들은 매우 정교하다(예: 회사의 다른 시설로부터 멀리 떨어진 복합 빌딩과 숙박 시설을 갖춘 매우 큰 캠퍼스). 이들의 교육 사명은 조직의 구체적인 요구와 그들이 선호하는 일 처리 방식을 지향하는 것이다. 전 세계적인 패스트푸드 체인인 맥도날드의 햄버거 대학에서는 관리자들에게 품질, 서비스 및 청결함을 보증하는 방법을 가르친다. 대학 과정에는 조직의 철학을 강화하는 운영 절차가 포함되어 있다. 햄버거 대학은 강의, 토론, 시청각 자료 및 장비 실습과 같은 다양한 훈련 기법을 활용한다.[120]

제록스는 2,000에이커 규모의 생활, 학습 및 건강센터의 일부를 기업 교육에 활용한다. 이 센터에서는 한 번에 1,000명의 영업, 서비스 및 관리자 훈련이 가능하다. 관리자 훈련 과정에서 참가자들은 비즈니스, 관리자로서의 직무, 그리고 자기 자신에 대하여 배운다. 교직원들은 회사 종업원들 중에서 선발하며, 과정 설계는 과정 설계 훈련을 이수한 전문가 그룹이 수행한다. 이들은 다양한 기술(예: 비디오, 컴퓨터 지원 강의)을 활용하여 과정 개발이 가능한 생산 시설에 접근할 수 있다. 이 그룹의 멤버들은 고객, 내용 전문가 및 강사들과 협업하여 교육 욕구를 찾아내고 과정을 개발한다.[121]

모든 회사의 대학들이 맥도날드나 제록스가 운영하는 시설들과 같지는 않지만, 관리자 개발에 어느 정도의 비용을 투입한다. 어떤 회사들은 조직 외부인들에게도 시설과 과정을 개방한다. 비평가들은 기업 아카데미에서 표준화된 과정은 문제(예: 조직의 요구 사항에 대응하지 못함, 운영 부서의 현실과 괴리)가 발생할 수 있다고 주장한다. 하지만, 유리히(*Eurich*)는 이런 과정들은 일정 수준에 있는 모든 참가자들이 알아야 할 지식과 기술을 전이시킨다면 유용할 수 있으며, "관리자와 교수자들이 새로운 아이디어를 받아들이고 변화에 대응하여 과정을 세심하게 운영(p.167)"함으로써 수반되는 일부 문제들을 완화할 수 있다고 주장한다.[122] 다수의 기업 대학 프로그램들은 전달 방법의 변화와 조직의 전략 요구를 강조하는 등 HRD와 관리자 개발에서 진행 중인 변화에 보조를 맞추고 있다.[123] 기업 대학의 개발에 대한 논문들은 상당히 많다.[124] 기업 대학은 전략적 인적자원개발의 촉매로 두각되었다.[125]

7.3 현장 경험

현장 경험은 관리자와 경영자 개발에서 중요한 역할을 한다. 많은 조직이 직무 할당과 직무 경험을 관리자 개발 방법으로 활용한다.[126] 관리자 개발에서 현장 경험의 중요성에도 불구하고, 조직들은 이를 우연에 맡기고 관리자들이 스스로 교훈을 발견하기를 바란다. 또한, 이런 사건들이 개발에 어떻게 영향을 미치는지와 관리자가 대부분의 현장 경험을 어떻게 할 수 있는지에 대한 연구들은 많지 않다.[127] 관찰자들은 현장 경험이 많은 관리자가 새로운 태도나 행동을 받아들여서 효과적으로 되는 것보다는 오히려, 오래된 태도와 행동을 강화하는 경향이 있음을 주목하였다.[128] HRD 학자들은 '무형식적 학습(*informal learning*)', 즉 포엘(*Poell*)과 동료들이 "조직의 전문가나 훈련자(*trainer*)가 없이 발생하는 학습의 형태(p.530)"라고 칭한 것에 대한 연구를 많이 하고 있다.[129]

분명히, 현장 경험의 효과가 충분히 활용되기 위해서는 개발 잠재력이 있는 사건의 유형에 관한 연구와 이러한 사건으로부터 학습될 수 있는 교훈이 무엇인지, 그리고 이러한 교훈이 어떻게 학습될 수 있는지에 대한 연구가 필요하다… CCL에서는 경영자 개발에서 경험의 역할에 대한 연구를 수행했다.[130] 처음으로 여섯 개 주요 조직의 성공적인 경영자들에 대한 현장 경험 연구를 실시한 CCL연구자들은 참가자들에게 자신들의 경력에서 중요한 사건을 기술하고 그로부터 무엇을 학습하였는지를 설명하도록 하였다. 1,500개 이상의 교훈이 수집되었으며, 내용 분석을 통해 32개의 교훈을 5개의 주제, 즉 의제 설정 및 이행, 관계 다루기, 기본 가치관, 경영자 기질, 그리고 개인적 인식으로 구분할 수 있었다. 개발 관련 사건들은 다섯 범주—단계 설정, 설득에 의한 지도, 경계선상의 지도(*leading on the line*), 타인이 중요할 때, 난관(*hardship*)—로 구분된다. 각 범주를 구성하는 주제와 교훈을 〈표 12.2〉에 나열하였다.

맥콜(*McCall*), 롬바르도(*Lombardo*)와 모리슨(*Morrison*)은 개인의 초기 업무 경험과 최초의 감독 직무는 중요한 사건이라고 말한다. 라인의 지휘자에서 스태프 업무로의 전환뿐만 아니라 프로젝트에 배정되거나 태스크포스에 배치됨으로써 관계를 다루는 업무 경험을 통해 관리자를 보조하게 된다. 맥콜과 동료들의 관찰에 의하면, 현장 경험 사건으로부터 학습된 교훈들은 그 의미를 파악하기 위해서는 다른 사람의 도움을 받은 자기성찰과 감정을 포함하며, 매우 어렵게 얻어진다.[131] 이들이 내린 결론은, (개인과 공유되는) 관리자의 책임은 부하 직원들의 개발 기회를 위해 신경을 쓰고(예: 태스크포스 과제 및 도전적 과제 부여를 통해), 필요한 지원, 자원, 피드백을 제공하고, 부하들이 이러한 사건들을 통해 배울 수 있는 시간을 제공하는 것이다. 확고한 결론에 이르기는 어렵다고 인정하지만, 맥콜과 동료들이 주장하는 효과적인 관리자 개발의 특징은 다음과 같다.

1. 기회주의(*opportunism*) — 성장과 학습을 위한 기회를 이용하는 것
2. 개인주의(*individualism*) — 개발될 개인의 독특한 속성을 고려하는 것

표 12.2 경험에서 얻는 잠재적인 교훈

의제 설정 및 이행

- 기술적/전문적 기량
- 사업에 관한 모든 것
- 전략적 사고
- 책임을 전부 떠안기
- 구조와 통제 시스템을 구축하고 활용하기
- 창의적 문제 해결 기법

관계다루기

- 정치적 상황 다루기
- 해결책을 이행하도록 하기
- 경영자의 모습 및 그들과 협업하는 방법
- 협상 전략
- 지휘 권한이 없는 사람들을 상대하기
- 타인의 관점을 이해하기
- 갈등을 처리하기
- 부하 직원들에게 방향제시 및 동기부여하기
- 타인들을 개발하기
- 부하 직원의 성과 문제에 직면하기
- 예전 보스 및 동료 관리하기

기본적 가치관

- 혼자 모든 것을 관리할 수 없다.
- 관리의 인간적 측면에 대한 민감성
- 관리자의 기본적인 가치관

경영자 기질

- 필요시 냉정해지기
- 자기확신
- 통제 범위 밖의 상황에 대처하기
- 역경을 인내하기
- 모호한 상황에 대처하기
- 권력의 사용(및 남용)

개인적 인식

- 일과 개인 삶의 균형
- 일에 정말로 흥분하게 하는 것을 알기
- 개인적인 한계와 맹점
- 경력에 대한 책임
- 기회를 인식하고 포착하기

출처: Reprinted with permission from *Key Event in Executives' Lives*. (1987). Technical Report No. 32. Greensboro, NC: Center for Creative Leadership, p. 227. Copyright © 1987 by Center for Creative Leadership. Reproduced by permission.

3. 장기적인 관점(*long-term perspective*) — 관리자를 개발하는 것은 다년간(예: 10~20년)의 프로세스라는 시각을 갖는 것
4. 자기 동기부여의 장려(*encouragement of self-motivation*) — 개인이 자기 동기부여할 수 있도록 격려함
5. 현장 접근법(*on-the-job approach*) — 현장 학습에 중점을 둠

CCL 연구가 기술한 사건 접근법은 관리자를 개발하기 위해서는 경험을 의도적으로 활용하자는 상당히 유용한 제안을 하고 있다. 이 분야에서 진일보한 연구이다. 관리자 개발에 현장 경험을 보다 잘 활용할 수 있는 방법 중 하나는 직무 중에서 개발적 요소를 분석하는 방법이다. 이는 **개발적 도전 프로파일**(*DCP, Developmental Challenge Profile*)에서 활용 가능하다.[132] DCP는 개발 잠재력이 있는 직무 특성을 조사하는 연구에 근거한 96개 항목의 질문지이다.[133] 다음 세 개 범주에서 개발 잠재력이 있는 특성을 잘 정리한 15개의 척도를 포함하고 있다.

1. 직무 전이(*job transition*) — 익숙하지 않은 책임들, 자신을 입증
2. 과업 관련 특성(*task-related characteristics*) — 세 개 분야의 아홉 개 척도를 포함함
   - 변화를 생성 — 새로운 방향을 설정, 내재된 문제, 축소 결정, 종업원들과의 문제
   - 높은 수준의 책임 — 중대한 이해관계, 비즈니스 다양성 관리, 직무 과부하, 외부 압력 처리
   - 권한 없는 관계 — 권한이 없는 상태에서 영향을 주기

3. 장애물(*obstacles*) — 불리한 비즈니스 조건, 최고 경영자의 지원 부족, 개인적인 지원의 부족, 까다로운 보스

개발적 도전 프로파일(DCP)은 높은 내적 일관성과 검사-재검사 신뢰도를 가지고 있으며, 타당성 검증 결과 대부분의 척도는 기본적인 관리자 기술 및 사고방식의 학습에 대한 인식과 관계가 있음을 지지하고 있다. 맥콜리(*McCauly*)와 동료들은 관리자 개발에서 DCP를 실제 사용한 두 개의 사례를 제시한다. 즉, (1) DCP 피드백은 관리자들이 직무에서 활용 가능한 학습 기회에 대해서 보다 잘 이해할 수 있게 해주고, (2) DCP는 직무로 설계가 가능한 구성 요소를 파악하여 개발 기회를 향상할 수 있도록 해준다.[134]

'사건' 관점 이외에도 관리자 개발에서 최소 두 개의 접근법, 즉 멘토링과 액션 러닝이라는 접근법을 현장 경험에 체계적으로 활용한다. 멘토링(*mentoring*)은 11장에서 논의하였고, 여기서는 재론하지 않을 것이다. **액션 러닝**(*action learning*)의 개념이 세계적으로 보편화된 것은 영국의 물리학자 레그 레반스(*Reg Revans*)의 덕분이다.[135] 액션 러닝에서는 참가자들이 조직의 문제를 선택해서, 문제에 대한 세부 사항 또는 사례연구를 기술하고, 동일한 문제를 가진 다른 사람들을 만나서 문제를 해결하는 방법을 토론한다.[136] 이는 일종의 '살아있는 사례(*living case*)' 접근법이며, 참가자들은 과거에 해결되었던 상황을 분석하는 대신에 진행 중인 문제와 이슈들을 다룬다. GE의 워크아웃(*WorkOut*) 프로그램이 가장 유명한 사례이다.[137]

액션 러닝의 잠재적인 이점은 현장의 사건을 조사하고 분석하는 구조화된 방법의 발견에 있다. 액션 러닝은 또한 참가자들이 추가적인 개발(예: 협상 기술)을 하도록 동기를 부여함으로써 논의된 문제 유형을 해결하는 데 도움을 준다. 이외에도, 참가자들이 현재의 이슈에 초점을 두기 때문에 추가적인 개발을 위한 학습 동기가 더욱 강해질 수 있다. 액션 러닝 과정에서 참가자들은 문제를 해결하고 해결책을 이행하며, 관리자 개발은 통합적인 전략 이행의 한 부분이 되고, 조직에 가시적인 성과를 가져올 수 있을 것이다. 액션 러닝에 관한 글들은 실증적이라기보다는 대부분 기술적이고 우화적이기는 하지만, 널리 활용되고 있고 긍정적인 검토 의견들을 제시하고 있다.[138] 다국적 기업의 액션 러닝에 대한 연구와 웹 기반 관리자 개발 프로그램에서 액션 러닝의 효과를 보여주는 연구들이 있다.[139] 와딜(*Waddill*)은 웹 기반 관리자 개발 프로그램에서 액션 러닝의 효과를 입증하였다.[140] 전통적인 강의실 환경 밖에서의 액션 러닝을 위한 지침도 제시되고 있으며,[141] 래린(*Raelin*)은 협력적 리더십(*collaborative leadership*)의 촉진에 액션 러닝을 활용하자고 주장하였다.[142] 멈포드(*Mumford*)는 액션 러닝의 활용과 경계에 관한 유용한 지침을 제안하였다.[143]

개발을 위해 현장 경험을 활용할 때 핵심은 학습 기회를 놓치지 않도록 시간과 기술을 제공해야 한다는 점이다.[144] 이 장에서는 이를 강조하는 여러 사례를 제시하였다. 이밖에도, 학습이 일어나는지를 보증하기 위해서 작업 경험을 관리자 개발 프로세스(및 일상업무)에 반영하기 위한 시간과 방법을 정하는 것이 중요하다.[145] 우드 다우델린(*Wood Daudelin*)은 다수의 개인적인 자기성찰과 타인 또는 소그룹 단위의 자기성찰 방법에 대해 기술하고 있다. 개인적인 자기성찰 방법으로는 저널에 기고, 평가 도구, 명상, 조깅과 같은 반복적 활동 중의 자발적 사고 등이 있으며, 타인 및 소그룹 단위로는 성과 평가 토론,

상담 과정, 프로젝트 검토 회의 및 친구, 동료들과 비공식 토론 등이 있다.[146]

요약하면, 조직이 관리자들을 개발하기 위해서 현장 경험을 시스템적으로 활용할 수 있는 방법들이 많이 있다. 아직 진행 중인 연구들이 많이 있지만, 현장 경험은 조직의 관리자 개발 전략의 중요한 요소임이 분명하다. 앞서 논의한 관리자 교육 및 관리자 훈련과 함께 관리자 개발에서 어떤 경험을 하는지를 확인하기 위해서 이 분야에 활용할 기회를 검토해야 한다.[147]

8. 관리자 개발을 위한 접근 방법

관리자 훈련과 개발을 수행하기 위한 방안들이 많이 있다. 사례연구, 경험 훈련, 게임, 야외 교육 및 평가센터를 포함해서 다수의 기법들이 활용 가능하다(5장과 6장 참조). 이외에도, 리더십, 동기부여, 대인관계 기술, 의사 결정, 문화 및 글로벌 훈련, 윤리 및 기술적 지식을 포함하는 훈련 주제들이 있다.[148] 여기서는 보편적인 관리자 개발 프로그램 두 가지, 즉 리더십 훈련과 행동 모델링을 활용한 대인 관계 및 다른 기술의 개발을 소개하겠다.

8.1 리더십 훈련

리더십은 경영학과 심리학에서 가장 많이 연구되고 있으며, 토론 주제로 인기가 있다.[149] 대부분의 리더십 이론들은 효과적인 리더십 속성을 기술하고 예측하고자 한다.[150] 리더십 기법은 효과적인 관리에 필수적이라고 보편적으로 믿고 있다. 특히, 중요한 변화를 이행하려고 하는 조직에 대해서 그러하다.[151] 관리자가 어떻게 하면 좀 더 유능한 리더가 될 수 있는가에 관한 서적들은 많이 있다. 유명한 서적들에서 언급하는 리더십에 관한 조언들은 보통 우화적이며, 특별한 이론적 근거가 없고, 모순적이다. 리더십 훈련은 가장 보편적으로 제공되는 훈련 형태 중의 하나이다.[152] 많은 조직들은 리더 개발을 위해서 다면적인 접근법을 활용하는데, 이는 다른 리더를 개발하는 리더에 초점을 둔 프로그램일 뿐만 아니라 변혁적 리더십의 개념에 근거를 두고 있다.

8.1.1 변혁적 리더십: 리더십 퍼즐의 잃어버린 한 조각?

많은 사람들에게, 리더는 주의를 끌고, 비전을 제시하고, 비전을 추구하도록 영감을 불러일으키고, 거기에 도달하는 길을 알려주는 누군가이다.[153] 이 개념은 버나드 배스(*Bernard Bass*)가 언급한 **변혁적 리더십**(*transformational leadership*)의 핵심이다.[154] 변혁적 리더십의 주요 요소는 카리스마(비전을 제시하고 추종자(또는 팔로워)의 자기 기대 수준을 끌어 올리는 것), 지적 자극(추종자가 자신의 가정을 변경하고 합리적인 해결책에 집중하도록 돕는 것), 개별화된 배려(예: 코칭과 개별적인 개발을 제공하는 것)이다. 이러한 리더십 관점은 거래적 접근법과는 대조적이다. 거래적 리더십에서는 리더와 팔로워 간의 교환관계, 즉 "네가 너의 시간과 노력을 나에게 주면, 나는 너에게 임금, 승진 기회 등을 주겠다"를 강조한다.

변혁적 리더십은 대부분의 사람들의 생각인 '진정한 리더'의 모습과 부합하는 것같이 보인다. 그들이 조직의 변화를 이끌 때에 변혁적 리더십이 조직의 성과와 관련이 있다는 증거가 많아지고 있다.[155] 바알링(*Barling*)과 동료들은 변혁적 리더십 프로그램—하루 동안 집단훈련 후 4개월간 개별 강화 과정이 이어짐—을 만들었다.[156] 참가자들에게 조금 더 많은 지적 자극을 하는 데 중점을 두었다(변혁적 리더십의 핵심 요소). 1일 과정에서는, 참가자들이 자신의 관점에서 리더십을 조사하고, 변혁적 리더십과 다른 형태의 리더십에 관한 강의를 듣고, 조직의 미션 선언문의 맥락에서 목표 설정 및 리더십 행동에 대하여 역할 연기를 통해 실습한다. 강화 과정은 참가자의 리더십 행동을 개선하기 위한 목표 설정과 행동 계획의 수립 및 검토로 구성된다. 은행의 지점 관리자들에 대한 두 집단의 사전 검증-사후 검증 연구에서, 훈련을 이수한 그룹의 관리자들이 부하 직원들로부터 변혁적 리더십의 세 개 분야에서 높은 점수를 받았다. 또한, 훈련된 관리자들의 부하 직원들은 조직 몰입이 증가했고, 이들의 지점도 보다 나은 재무적 성과를 보여주었다.

변혁적 리더십에 대한 연구가 많이 수행되고 있다. "Leadership Quarterly"는 카리스마 및 변혁적 리더십 이론에 상당히 많은 관심을 쏟고 있다.[157] 이 분야의 이론과 연구에 대해서 중요한 비평을 많이 싣고 있으며,[158] 반응과 새로운 방향도 제시해 오고 있다.[159] 패리(*Parry*)와 신하(*Sinha*)가 수행한 유사실험 연구는 변혁적 리더십 훈련의 긍정적인 결과가 리더와 팔로워 모두에게 나타남을 보여준다.[160] 일반적으로, 이 분야의 연구는 리더십 개발에 이론적이고, 과학적인 접근법을 취하는 긍정적 사례로 제시된다.[161]

8.1.2 리더십 개발

조직에서의 리더십 개발은, 항상 이론에 근거를 두지 않지만, 변화가 심하고 불확실한 환경에서 경쟁해야 하는 조직의 요구 사항에 의해 프로파일 변경이 많이 생긴다. 문헌에 제시된 사례는 많지만, 실습을 강조하는 두 개의 접근법이 독자들에게 실용적 관심을 불러일으킬 것이라고 본다.

리더십 개발에 대한 하나의 접근법은 리더를 개발하는 리더(*leaders developing leaders*)라고 할 수 있다.[162] 조직 내에서 리더 후보군을 양성하는 데 있어서 CEO와 고위 관리자들이 직접 개입을 한다.[163] 코헨(*Cohen*)과 티치(*Tichy*)는 투자자들이 기업의 경영자들에게 요구하는 리더십의 형태는 변혁적 리더십이라고 한다.[164] 코헨과 티치가 최상위 조직들의 리더십 개발 접근법의 모범 사례를 조사한 후에 내린 결론은, 이 접근법들의 핵심은 리더들이 리더들을 개발해야 한다는 점이다. 그 내용으로는 다음의 왜 그리고 어떻게 리더를 개발할 것인가에 대한 아이디어들이다.

- 조직들은 지속적인 성공에 의해 평가된다.
- 성공적인 회사들은 모든 수준에서 리더들이 있다.
- 더 많은 리더를 보유하는 가장 좋은 방법은 리더들이 리더를 개발하게 하는 것이다.
- 다른 사람들을 개발하기 위해서 리더들은 가르칠 수 있는 시야를 가져야 한다.
- 리더들은 조직의 미래에 대한 이야기를 만든다.

여기서 주목할 만한 두 개의 아이디어는 가르칠 수 있는 시야와 이야기하기이다. 코헨(*Cohen*)과 티치(*Tichy*)에 의하면, 가르칠 수 있는 시야는 네 가지 리더십 분야, 즉 제품, 서비스 및 시장에 대한 아이디어(*ideas*), 리더의 가치관(*values*)에 대한 현실적인 설명, 결정력(*edge*)(확고하고, 할 것인지 안 할 것인지에 대한 결정), 그리고 활력(*energy*)(다른 사람에게 동기를 부여를 하고 힘을 줌)에 초점을 둔다. 그 다음에 가르칠 수 있는 시야는 리더의 경험에 기반하여 비즈니스 지향적인 이야기의 형태로 표현되어야 한다. 이야기는 리더의 미래에 대한 비전을 소통하는 매력적이고, 인간적인 방법이다.[165] 리더의 이야기의 주 요소는 변화를 위한 사례를 만들고, 조직의 지향점에 대한 생각을 표현하며, 그 지점에 어떻게 도달할 것인지를 보여주는 것으로 여겨진다.

BP/쉘 오일(*BP/Shell Oil*)의 학습센터는 이러한 아이디어에 바탕을 둔 리더십 개발 접근법의 사례이다.[166] 이 접근법에서 HRD 전문가의 주 역할은 "리더들이 교수법을 정교화하도록 돕는 것이다. HRD 담당 직원은 리더와 협업하여 가르침과 리더십은 밀접하게 연관된다는 문화적 마음가짐을 '갖도록' 함으로써 서로 다른 역할을 할 필요가 있다." 베토프(*Betof*) 또한 "교사로서의 리더(*leaders as teachers*)"를 강조하였다.[167]

리더십 개발에 관한 두 번째 접근법은 창의적인 리더십의 리더랩을 위한 센터(*Center for Creative Leadership's LeaderLab*)을 통해서 발생한다.[168] 이 프로그램의 목적은 리더가 당면한 리더십 상황에서 보다 효과적으로 행동하도록 준비하고 격려하기 위한 것이다.[169] 이 프로그램은 CCL과 다른 곳에서 수행한 리더십의 성격과 리더십 개발 연구에 바탕을 두고 있다. 이 프로그램은 6개월 과정으로 구성되어 있으며, 참가자들이 (상사, 부하 및 동료들로부터 360도 피드백을 포함한) 평가와 피드백 훈련을 수행하고, 리더십 향상을 위한 행동 계획을 수립하는 일주일 과정으로부터 시작된다. 이 과정에서는 '파트너 교환', 행동 지향 훈련, 비전통적인 학습 활동을 팀 단위로 수행한다. 3개월 후에 실시하는 두 번째 4일 과정에서는 3개월 동안 관리자의 진전과 학습에 대한 검토를 하며, 이에 따라 행동 계획을 수정한다. 수정된 행동 계획을 이후 3개월 동안 실행한다.[170]

위에서 관리자를 개발하는 데 있어서 조직이 취하는 두 개의 접근법을 소개하였다. 많은 조직과 이해관계자들이 리더십의 중요성을 강조하는 상황에서, HRD 전문가들이 자신이 속한 조직의 경쟁 역량을 선도하고, 관련 이론 및 방법론과 지속적인 노력을 결합하는 리더십 개발 접근법을 설계하고 전파하는 것이 대단히 중요하다.[171] 몇몇 작가들이 변혁적 리더십에서 서번트 리더십으로 관심의 초점을 돌려야 한다고 주장하고 있다.[172] 라이덴(*Liden*)과 동료들은 서번트 리더십 척도를 개발하여 타당성을 검증하고, 변혁적 리더십과 리더-구성원 교환의 측정치와 비교하였다.[173] 윤리적 리더십도 최근 몇몇 연구에서 언급되고 있다.[174] 리더십 개발에서 윤리 교육 개선에 관한 도전과 가능성에 대해서는 "관리자 교육, 리더십 개발, 그리고 윤리: 이들이 어떻게 어울리는가?" 박스의 내용을 참고하기 바란다.

이런 이슈들을 제기한 비즈니스 스쿨의 사례로써 메이턴(*Matherne*)과 동료들은 데이톤 대학(*University of Dayton*)의 '언행일치(*Walk the Talk*)' 프로그램을 이야기한다.[182] 학생, 경영자, 교수들이 함께한 오찬에서 삽화로 된 윤리적 딜레마가 제시된다. 경영자들이 삽화의 사례에 대한 토론을 이끌어간다. 이는 일종의 '라이브(*live*)' 또는 '로컬(*local*)' 사례로 여겨지며, 액션 러닝의 지지자들이 권장하는 것과 유사하다.[183] 이

> **관리자 교육, 리더십 개발, 그리고 윤리: 이들이 어떻게 어울리는가?**
>
> 비즈니스 스쿨 졸업생들에게 '윤리적인 규범을 충분히 심어주지' 않는 것에 대해서 상당한 비판이 있어 왔다.[175] 2006년 "Academy of Management Learning & Education"과 "Journal of Management Education"은 윤리경영에 관한 특별판을 발행하였다.[176] 예를 들면, 지아콜론(Giacolone)과 톰슨(Thompson)은 조직 중심적인 세계관으로부터 보다 인간적이고, 가치에 기반한 세계관으로의 전환을 요구하였다.[177] 딘(Dean)과 베그스(Beggs)는 비즈니스 직원들을 조사하여, 대부분의 직원들은 윤리가 가치 중심적이고, 내부 요소에 한정되어 있다고 생각하지만 아직 교육은 조직 외부의 사례와 준법적 접근법으로 가르쳐지고 있다는 것을 발견했다. 예를 들면, "여기 당신이 따라야 할 법과 행동 강령이 있다"와 같은 것이다.[178] 이와는 별개로, 브라우넬(Brownell)은 '파트너십 모형'을 제시하였는데, 비즈니스 교육자, 비즈니스 리더 및 HR 전문가들이 공동으로 노력하여 글로벌 리더들을 개발한다. 교육의 중심 요소로 역량과 개인의 성격에 초점을 두었다. 비즈니스 리더들의 많은 스캔들에 대한 반응으로, 그는 "성격－공정성, 정직, 타인에 대한 존경 및 겸손에 대한 내적 인식－이 금세기 글로벌 리더들에게 가장 공감을 불러일으키는 자질이다"라고 하였다.[179] 어떤 작가들은 MBA와 다른 비즈니스 프로그램들이 스킬과 가치관, 태도 및 신념을 개발하는 데 중점을 두어야 한다고 주장한다.[180] 조직의 윤리적 문제 해결을 위해서 HR 전문가들의 역할을 강조하는 연구자들도 있다.[181]

들 사례에서는 충분한 복잡성이 존재해서 어떤 윤리적 분야는 흑과 백이지만 대부분은 회색이라는 것이 명확해진다.[184] 오찬은 모든 경영학도들에게 요구되는 최고의 전략적 관리자 과정으로 통합된다. 반응은 매우 긍정적이었다. 해결되어야 할 어려운 이슈들이 많았음에도 불구하고 오늘날 비즈니스 환경에서 윤리, 성격 및 진실성 이슈는 미래 리더의 개발 노력에서 해결되어야 할 필수적인 것으로 보인다.[185] 관리자 교육과 리더십 개발에서 윤리 문제를 제기하려는 지속적인 노력이 향후 조직 및 사회 전체적으로 차별화될 것이라고 전망된다.[186]

8.2 행동 모델링 훈련

행동 모델링 훈련은, 최근에 관리자 및 리더십 개발에 활용되고 있지만, 주로 신체적, 대인 관계적, 그리고 인지적 스킬을 수행하도록 훈련하는데 주로 이용되어 왔다.[187] 이 기법은 반두라(*Bandura*)의 사회적 학습 이론에 근거한다.[188] 골드스타인(*Goldstein*)과 소르처(*Sorcher*)는 사회적 학습 이론을 감독자 훈련에 최초로 적용하였다.[189] 이런 훈련 형태의 근본적인 원리는, 사람들에게 행동의 구성 요소들이 무엇인지 명확하게 보여주면 사람들은 다른 사람(모델)이 과업을 수행하는 것을 관찰하여 학습할 수 있고, 행동이 무엇인지를 기억하여, 행동을 실제로 수행하고, 자기가 학습한 것을 활용하도록 동기부여된다는 것이다.[190]

행동 모델링(*behavior modeling*)은 전형적으로 다섯 단계, 즉 모델링, 유지, 리허설, 피드백, 훈련의 전이로 구분된다. 모델링은 매우 중요하며, **모델링 단계**(*modeling phase*)에서는 학습자에게 모델이 학습된 행동을 수행하는 비디오를 자주 보여준다.[191] 바람직은 행동은 일련의 불연속적인 **학습 요점**(*learning points*), 또는 전체 행동을 구성하는 주요 행동들로 쪼개진다. 예들 들어, 감독자가 종업원 불만을 처리하도록 훈련을 받는다면, 바람직한 방법으로 불만을 처리하는 감독자의 비디오를 보여준다. 이런 행동에 대한 학습 요점은 다음을 포함할 수 있다.

1. 개방적으로 들을 것
2. 종업원이 자신의 말을 할 때까지 말을 하지 말 것
3. 감정적으로 대응하는 것을 피할 것(방어적이지 말 것)
4. 문제의 해결책에 대하여 종업원의 기대 사항을 물어볼 것
5. 선택할 특정 단계 및 마감일정에 합의할 것[192]

유지 단계(*retention phase*)에서 학습자는 관찰한 사항에 대하여 기억력을 향상시키는 활동을 수행한다. 학습 요점을 검토하고, 각 요점의 기저가 되는 원리에 대해 토론하며, 요점들을 설명하기 위해서 모델이 한 행동에 대해 이야기한다. **리허설 단계**(*rehearsal phase*)에서 각 학습자는 다른 학습자와 바람직한 행동을 역할 연기로 실습한다. 종업원 불만을 어떻게 처리하는지를 배우기 위해 학습자는 불만을 가진 종업원을 대표하는 다른 학습자의 불만을 해결하는 역할 연기를 한다. **피드백 단계**(*feedback phase*)에서 각 학습자는 자신의 성과에 대해서 무엇을 잘했고, 개선할 사항은 무엇인지에 대하여 피드백을 받는다. 마지막으로, **훈련의 전이 단계**(*transfer of training phase*)에서 학습자들이 새롭게 학습한 행동을 현장에서 실습하도록 권장된다. 어떤 행동 모델링 프로그램에서는 학습한 내용을 활용하는 데 있어서 문제와 성공에 대한 토론을 위해 나중에 학습자들을 재그룹화한다.

지스트(*Gist*)와 동료들, 그리고 사이몬(*Simon*)과 베르너(*Werner*)는 컴퓨터 소프트웨어 프로그램이 학습에 적용된 행동 모델링 훈련 사례를 보고한 바 있다.[193] 지스트와 동료들의 사례에서 학습자들은 비디오로 모델이 각 과업의 수행과 관련된 단계를 설명하고, 주요 학습 요점을 복습하고, 프로그램에서 반응하는 모습을 학습자들에게 보여주었다. 각 단계가 종료된 후 교수자는 학습자에게 바람직한 행동을 수행하도록 요청하고, 학습자의 수행성과에 대한 피드백을 컴퓨터 화면에 보여준다. 사이몬과 베르너의 연구에서는 해군 인력들이 세 가지 방법, 즉 강의(슬라이드와 함께), 자기 보속 학습(개별 워크북 활용), 행동 모델링 접근법을 활용하여 새로운 컴퓨터 시스템을 사용하는 법을 학습하였다. 행동 모델링 접근법에서는 교수자가 모든 학습자들이 볼 수 있게 컴퓨터 화면에 정확한 절차를 보여주었다. 학습 및 행동 유지는 다른 두 방법에 의한 학습자들보다 행동 모델링 접근법에 의한 학습자들에게 훨씬 높게 나타났다.

행동 모델링 학습법의 효과를 강력하게 지지하는 연구들이 있다.[194] 버크(*Burke*)와 데이(*Day*)는 관리자 훈련에 대한 메타 분석을 통해 행동 모델링은 학습 및 행동 변화에 대한 가장 효과적인 관리자 훈련 기법 중 하나라는 점을 발견하였다.[195] 여러 연구들을 통해 생산성 증가에서부터 여자 농구의 자유투 성공률의 증가까지 행동 모델링의 학습법의 효과가 입증되고 있다.[196] 이 학습법이 효과가 있는 이유 중의 하나는 이 접근법이 학습자의 자기 효능감, 즉 자신이 특별한 과업을 수행할 수 있는 능력이 있

다는 믿음을 증가시키는 것이다.[197] 자기 효능감이 높은 개인은 낮은 효능감을 가진 사람보다 더 잘 수행하는 경향이 있다.[198]

행동 모델링이 어떻게 기능을 하고, 어떻게 개선이 되는지에 대한 연구도 있다.[199] 학습 요점의 중요성을 보여주는 연구들이 많이 있다. 중요한 행동에 핵심이 되고, 모델들이 보여주는 학습 요점(*learning points*)은 그런 행동에 대한 기억력과 수행력을 높인다.[200] 이외에도, 학습자가 생성한 학습 요점들은 '전문가'들이 만든 학습 요점보다 더 나은 성과로 이어진다.[201]

볼드윈(*Baldwin*)은 이런 훈련을 개선할 수 있는 두 가지 방법—훈련 중에 다양한 시나리오를 제공하는 것과 학습자를 긍정적인 모델과 부정적인 모델에 모두 노출시키는 것—을 조사하였다.[202] 다양한 시나리오를 제공하면 학습자들이 배운 기술을 일반화해서 다른 상황에도 적용할 가능성이 높아진다고 볼드윈은 주장한다. 그는 또한, 긍정적인 모델과 함께 부정적인 모델을 제시하면 학습자가 새로운 행동을 배울 뿐만 아니라 이전의 비효율적인 행동을 배우지 않도록 하는 데 도움이 된다고 말한다. 볼드윈은 두 가지 중요한 사항—(1) 긍정적, 부정적 모델을 제시하면 긍정적 모델만을 제시하는 것보다 일반화가 더 잘 되지만, (2) 긍정적인 모델만을 보면 행동의 재생산이 더욱 증가한다—을 발견하였다. 행동 모델링 훈련에서는, 훈련의 목적에 따라(예: 특수한 상황에서 행동의 재생산, 또는 다양한 환경에서 행동을 활용할 수 있기), 모델을 활용하는 다른 접근법이 필요할 수도 있다는 것을 이 결과를 통해 알 수 있다.

패리(*Parry*)와 레이히(*Reich*)는 다음과 같은 행동 모델링 훈련의 약점을 언급하였다.

1. 단순한 행동 모델을 활용한다.
2. 학습자는 배울 행동의 필요성을 강조하는 이론에 대한 설명을 듣지 못할 수도 있다. 예를 들면, 욕설을 하는 고객을 대하는 것에 집중하는 세션에서 학습자가 고객의 감정을 누그러뜨리도록 해야 한다고 들으면, 그들은 그 이유를 들어야 한다.
3. 강의가 지루할 수도 있다. 이는 강의가 유사한 형식을 따르고 모든 학습자들이 동일한 역할 연기 연습을 하기 때문이다.
4. 부정확한 행동 사례들은 학습의 기회를 제공하기는 하지만, 좀처럼 활용되지 않는다.
5. 언어적 행동을 학습할 때 비디오 사용은 이질적인 자극을 더함으로써 방해가 될 수 있다. 이 경우에는 글로 표현하는 모델이 더 적합할 수도 있다.
6. 다수의 학습자들이 진정한 역할 연기를 하기보다는 즉흥적 행동을 한다.
7. 중요한 태도보다 행동에 초점을 맞추면 단기적으로는 효과가 있겠지만, 태도를 변화시키는 것도 중요하다. 그렇지 않으면, 장기적으로는 종업원들이 새로 학습된 행동을 계속하지 않을 것이다.[203]

패리(*Parry*)와 레이히(*Reich*)의 비판에 대하여 로젠바움(*Rosenbaum*)은 다음과 같이 주장함으로써 대응하였다. 즉, 모델은 상황에 대처하는 유일한 방법을 보여주려고 하기보다는 오히려, 기준점으로서의 역할을 하며, 모델링은 성인 학습의 원리에 부합한다.[204] 이러한 종류의 논쟁은, 모델링 훈련을 개선하는 방법에 대한 연구와 결합하여, 관리자(와 다른 사람들)가 대인 관계 기술(및 다른 기술)을 개선하기 위해서 모델링을 더 잘 활용하도록 해준다.[205] 페스큐릭(*Pescuric*)과 바이햄(*Byham*)은 행동 모델링 훈련은 상호 작용적이고, 컴퓨터 기반 자기 학습 형식에 맞는다고 주장한다.[206] 이들은 전통적인 강의실 기반 학습법은 행동 모델링 훈련 방법에 활용될 수 있는 방법 중의 하나라고 주장한다. 다른 대안들로는 코치 주도 하의 현장 훈련(OJT)에 이어지는 강의실 훈련이 포함될 수 있다. 강의실 실습이 수반되는 원칙, 모델, 적용점에 대한 자기 학습과 그리고 현장 실습 이후에 이어지는 자기 학습이 있다. 이런 프로그램을 개발하는 방법에 관한 보다 구제적인 자료들을 제공하는 자료원들이 다수 있다.[207] 모델링은 모의 훈련과 같은 다른 능동 학습 방법과 결합하여 활용될 수 있다.[208]

9. 효과적인 관리자 개발 프로그램의 설계

관리자 개발 프로그램들은 HRD 프로그램과 같이 요구 분석, 설계, 실행 및 평가로 구성될 필요가 있다. 이전에 강조한 HRD 프로세스 모델(A DImE)이 관리자 교육과 개발에도 적용될 필요가 있다. 보다 구체적으로, 이 장에서 논의된 이슈들을 일곱 개의 제안 사항으로 정리하였다.

1. 관리자 개발은 조직의 전략 계획과 결합되어 개발될 개인과 조직의 요구에 부응해야 한다.
2. 철저한 요구 분석이 필수적이다. 여기에는 조직의 관리자가 해야 할 일, 효과적으로 수행을 하기 위한 스킬/역량이 포함되어야 한다.
3. 전체 프로그램에 대하여 그리고 구성 요소별로 특정한 목표가 설정되어야 한다.
4. 프로세스의 모든 단계에서 고위 관리자들의 참여와 헌신이 매우 중요하다. 즉, 조직이 이러한 노력을 지지하는 수준 높은 관리자 팀을 갖도록 하는 것은 관리자의 책임이다.
5. 형식 학습과 현장 훈련(OJT) 모두를 포함한 다양한 개발 기회가 활용되어야 한다. 더불어, 액션 러닝 옹호자들이 강조한 바와 같이, 강의실에서 학습한 내용과 직무에서의 실제 수행 간의 연결 고리가 있어야 한다.
6. 프로그램은 개발될 개인들이 이런 활동에 참여할 동기가 부여되도록 설계되어야 한다. 모든 수준의 관리자들에 부여되는 일상적인 요구 사항들은 개발 이슈들을 뒤로 미루게 하기 쉽다.
7. 개발 프로그램의 효과성을 정기적으로 평가하고, 필요하면 수정과 보완이 되도록 해야 한다.

위에서 열거한 사항들은 새로운 것은 아니지만, 이 기대 사항들에 부합하는 관리자 개발 프로그램들은 많지 않다.[209] 테리(*Terry*)는 '관리자 개발 음모'라고 비난한다. 이 프로그램들이 조직에 의미 있는 효과를 주고 있다는 명백한 증거가 없음에도 불구하고, 학습자, 교수자 및 조직의 대표들은 개발 프로그램에 관리자들을 보내고 있다.[210] 현실이 여기에 미치지 못한다는 완전한 인식과 함께, '이상(*ideal*)'이 여기에 제시되었다. 고샬(*Ghoshal*)과 동료들은 조직과 사회에서 관리자들의 보다 주도적인 역할을 요구했다.[211] 효과적인 관리자 교육과 개발 노력들은 관리자가 이 역할을 성공적으로 수행하는 데 있어 매우 중요하다. 조직과 관리자들이 현재 처한 소용돌이 상황에서 위에서 제시된 것과 같은 처방들은 추가적인 중요성을 띠고 있다. 론제네커(*Longenecker*)와 아리스(*Ariss*)는 "21세기의 경쟁 분위기는 조직이 경쟁력을 유지하기 위해서는 관리자 교육과 개발에 보다 주도적인 자세를 취해야 함을 요구한다"고 말하고 있다.[212] 유능한 관리자는 조직의 효과성을 위해 매우 중요하고, 관리자 개발은 관리자들이 현재와 미래에서 효과적인 지식과 역량을 보유하도록 하는 일차적인 수단이다.[213] 다른 종업원들을 관리하느냐 또는 관리하기를 원하지 않느냐의 여부에 따라, 아마 자신의 삶과 경력에 이 주제가 중요함을 알 것이다. 13장에서 논의될, 변화에 대한 저항이 의미 있는 개발에 주요한 장벽이 될 수 있다. 이는 종업원만의 문제가 아니라 관리자, 잠재적인 관리자, 그리고 HRD 전문가들의 문제이기도 하다.[214] 관리자 개발은 팀과 조직의 성과에 영향을 미칠 수 있으므로 효과적으로 수행되어야 한다.[215]

도입 사례로 돌아가기

이 도전적인 상황을 뉴욕시의 대형 병원이 당면하고 있었다. 두 명의 컨설턴트가 병원의 경영자 및 HR 전문가들과 공동으로 관리자 훈련 프로그램을 설계하고 실행하기 위해서 고용되었다. 이 프로그램은 먼저 경영자들에게, 그 다음에는 17명의 중간 관리자들에게 제안되었다. 훈련은 조직의 전략적 필요성과 참가자 개인의 훈련 욕구를 연계하는 데 중점을 두었다.

출처: Watad, M., & Ospina, S. (1999). Integrated managerial training: A program for strategic managementdevelopment, *Public Personnel Management*, 28, 185-196; Brown, W. A., & Yoshioka, C. F. (2003). Mission attachment and satisfaction as factors in employee retention. *Nonprofit Management and Leadership*, 14, 5-18; Iverson, J., & Burkart, P. (2007). Managing electronic documents and work flows: Enterprise content management at work in nonprofit organizations. *Nonprofit Management and Leadership*, 17, 403-419; Claxton, J., & Gold, J. (2013). Leadership and management development. In J. Gold, R. Holden, J. Stewart, P. Iles, & J. Beardwell (Eds), *Human resource development: Theory and practice* (2nd ed.). New York: Palgrave Macmillan, pp. 259-286.

요약

관리자 개발은 가장 보편적인 HRD 형태 중 하나이다. 관리자 개발은 정교하고, 장기적이며, 하나의 조직에 특정되고, 조직의 전략 계획과 연계되어야 한다. 관리자의 직무에 대한 기존의 연구들이 관리자의 할 일, 필요 역량 및 개발 방법을 명확하게 제시해줄 것이라고 기대하겠지만, 우리가 모르고 있는 것이 너무 많다. 이 장에서는 이런 이슈를 해결하고, 관리자 개발 프로그램을 개발할 때 관리자의 직무에 대한 의문에 답하기 위한 HRD 연구자와 실행자들의 과학적 연구의 중요성을 강조한다. 관리자 교육의 대안으로 대학의 학위 프로그램과 경영자 교육이 있다. 이외에도, 조직 기반 훈련과 경험에 의한 방법에 포함되는 과정, 프로그램, 기업 대학 및 현장 경험에 대해서 논의하였다. 관리자 개발에 이용되는 몇 가지 접근법을 설명하기 위해서 리더십 훈련과 행동 모델링 훈련을 소개하였다.

변혁적 리더십, 리더에 의한 리더 개발, 서번트 리더십과 같은 리더십 개발 기법들도 제시하였다. 행동 모델링 훈련은 모델이 행동을 수행하는 것을 관찰함으로써 학습을 하는 것이다. 학습자는 행동의 구성 요소에 대해 토의하고, 역할 연기에 의해 행동을 실습하며, 수행 결과에 대해서 피드백을 받는다. 이런 종류의 훈련은 신체적, 대인 관계 및 관리 기술에 효과적이다.

마지막으로 효과적인 관리자 개발 프로그램을 설계하고 평가하는 것에 대한 권고 사항을 제시하였다.

토의문제

1. 오늘날의 조직에서 발견되는 일반적인 HRD 활동 중 하나가 관리자 개발인 이유를 설명하시오.
2. 권한 위임과 적은 계층의 관리자를 채용하는 현재 추세를 감안할 때 관리자 개발이 10년 후에 얼마나 중요할 것이라고 생각하는가?
3. HRD 실무자가 관리자의 역할과 역량을 이해하는 것이 중요한 이유는 무엇인가? 관리자의 역할과 역량은 어떻게 평가되는가? 이것에 관한 정보는 관리자 개발 프로그램을 설계할 때 요구 분석 자료로 어떻게 사용되는가?
4. 관리자의 직무를 철저히 기술하려는 노력은 상당한 난관에 부딪혔다. 관리자의 직무를 밝혀내는 것이 어려운 이유가 무엇이라고 생각하는가? 이 장에서 제시한 아이디어와 모델 중 어느 것이 관리자 개발을 가이드하는 데 가장 유용하다고 생각하는가? 선택한 이유를 설명하시오.
5. 경영자 교육, 관리자 교육 및 현장 경험을 비교 및 대조하여 설명하시오. 어떻게 이들을 전략적 관리자 개발 프로그램에 결합시킬 수 있는가?
6. 관리자 교육에 대한 세 가지 접근 방식의 주요 장점과 단점을 간략하게 설명하시오. 당신이라면 어떤 조건 하에서 관리자를 MBA 프로그램에 파견할 것을 권장하겠는가?
7. 관리자 교육이 관리자의 역할에 대해 어떻게 준비시키는지 설명하시오. 관리자 교육은 어떤 형태가 있는가? 당신의 의견으로는, 관리자 교육 방식은 훈련이나 현장 경험으로 대체될 수 있는가? 그 이유는 무엇인가?
8. 관리자 개발에서 현장 경험의 역할을 설명하시오. 해당 조직의 관리자들이 만나게 될 현장 경험이 관리자 개발의 경험이 되게 할 수 있는 방법을 두 가지 이상 제시하시오.

미주

1. Price, A. (2006). The leading edge: Developing leaders in volatile times.*Employment Relations Today*, 33(1), 33–41; Longenecker, C. O.,& Fink, L. S. (2008). Key criteria in twenty-first century management promotional decisions. *Career Development International*, 13, 241–251; Staton-Reinstein, R. (2008). Learn from history. *Leadership Excellence*, 25(11), 14; Molloy, J. C., & Noe, R. A. (2010). "Learning" a living: Continuous learning for survival in today's talentmarket. In S.W.J.Kozlowski,&E. Salas (Eds), *Learning, training, and development in organizations*. New York: Routledge, pp. 333–362; Mitroff, I. I., Alpaslan, C. M., & Mason, R. O. (2012). The

messy business of management. *MIT Sloan Management Review,* 54(1), 96; Tilley, M. (2013). Can anyone really have all the leadership skillsneeded? *People&Strategy,* 36(4), 7–8;Powley, E. H.,& Taylor, S. N. (2014). Pedagogical approaches to develop critical thinking and crisis leadership. *Journal of Management Education,* 38(4), 560–585.

2. Wilson, C. (2009, November). To lead or not to lead, that is the question. *Training Journal,* 65–69.

3. Employment Projections—2012–22 (2013, December 19). Bureau of Labor Statistics. Accessed on April 14, 2015 at http://www.bls.gov/news.release/pdf/ecopro.pdf.

4. Campbell, J. P., Dunnette, M. D., Lawler, E. E., & Weick, K. E., Jr. (1970). *Managerial behavior, performance, and effectiveness.* New York: McGraw-Hill; Van Iddekinge, C. H., Ferris, G. R., & Heffner, T. S. (2009). Test of a multistage model of distal and proximal antecedents of leader performance. *Personnel Psychology,* 62, 463–495; Gilley, J. W., Shelton, P. M., & Gilley, A. (2011). Developmental leadership: A new perspective for human resource development. *Advances in Developing Human Resources,* 13(3), 386–405; Whetton, D. A., & Cameron, K. S. (2016). *Developing management skills* (9th ed.). Upper Saddle River, NJ: Prentice-Hall.

5. Johnson, A., Winter, P. A., Reio, T. G., Jr., Thompson, H. L., & Petrosko, J. M. (2008). Managerial recruitment: The influence of personality and ideal candidate characteristics. *Journal of Management Development,* 27, 631–648; Morgan, H. J. (2008). I hired you, you're perfect … now stay! (The top ten list for retaining top talent). *Business Strategy Series,* 9(3), 119–125; Hoffman, B. J., & Woehr, D. J. (2009). Disentangling the meaning of multisource performance rating source and dimension factors. *Personnel Psychology,* 62, 735–765; Caligiuri, P. (2012). *Cultural agility: Building a pipeline of successful global professionals.* San Francisco: Jossey-Bass; Castellano, S. (2014). Decision science. *T+D,* 68(7), 32–37; Meager, K., & McLachlan, J. (2014). The future of leadership development: How can L&D professionals design and develop our next generation of leaders? *Development and Learning in Organizations: An International Journal,* 28(5), 6–9.

6. Cullen, J., & Turnbull, S. (2005). A meta-review of the management development literature. *Human Resource Development Review,* 4(3), 335–355; Gold, J., Thorpe, R., & Mumford, A. (Eds) (2010). *Handbook of leadership and management development* (5th ed.). Burlington, VT: Gower; Cunliffe, A. (2013). *A very short, fairly interesting and reasonably cheap book about management.* London: Sage; Goh, S. C., & Pavic, I. (2013). Applying action learning to executive management training and development: Integrating reflections, experience, content and action. *International Journal of Human Resources Development and Management,* 13(1), 23–41.

7. McCall, M. W., Jr., Lombardo, M. M., & Morrison, A. M. (1988). *The lessons of experience: How successful executives develop on the job.* Lexington, MA: Lexington Books, p. 147.

8. Adapted from Mello, J. A. (2003). Profiles in leadership: Enhancing learning through model and theory building. *Journal of Management Education.* 27(3), 344–361.

9. Adapted from Dervin, M., & Frappolli, K. (2011). Aligning leadership development for general managers with global strategy: The Bristol-Myers-Squibb story. *Industrial and Commercial Training,* 43(1), 4–12.

10. McCall et al. (1988), *supra* note 7; Tannenbaum, S. I., Beard, R. L., McNall, L. A., & Salas, E. (2010). Informal learning and development in organizations. In S. W. J. Kozlowski, & E. Salas (Eds), *Learning, training, and development in organizations.* New York: Routledge, pp. 303–332.

11. Clardy, A. (2008). The strategic role of human resource development in managing core competencies. *Human Resource Development International,* 11, 183–197; Egan, T. M. (2011). Key intersections between HRD and management. *Human Resource Development Quarterly,* 22(2), 223–234.

12. Wexley, K. N., & Baldwin, T. T. (1986). Management development. *Journal of Management,* 12, 277–294; Keys, B., & Wolfe, J. (1988). Management education and development: Current issues and emerging trends. *Journal of Management,* 14, 205–229; Kuznia, K. D., Kerno, S. J., Jr., & Gilley, A. (2010). The correlates and influences of careerrelated continuous learning: Implications for management professionals. *Performance Improvement Quarterly,* 22(4), 7–31; Latham, G. P., & Seijts, G. H. (2013). Management development. In Drenth, J. D., Thierry, H., & de Woldd, C. J. (Eds), *A handbook of work and organizational psychology: Volume 3: Personnel psychology.* New York: Psychology Press, pp. 254–272.

13. Keys & Wolfe (1988), *supra* note 12, p. 205.

14. *Ibid.*; Wexley & Baldwin (1986), *supra* note 12; Choi, Y., & Dickson, D. R. (2010). A case study into the benefits of management training programs: Impacts on hotel employee turnover and satisfaction level. *Journal of Human Resources in Hospitality & Tourism,* 9(1), 103–116.

15. Van der Sluis, L., Williams, R., & Hoeksema, L. (2002). Measuring the quality of managerial learning on the job. *International Journal of Human Resource Management,* 13(8), 1266–1278; Jusoh, M., & Lim, P. W. (2008). A direct comparison of the learning outcomes from training programs and job experiences in Malaysian organizations. *Journal of Transnational Management,* 12(4), 33–53; Froehlich, D., Segers, M., & Van den Bossche, P. (2014). Informal workplace learning in Austrian banks: The influence of learning approach, leadership style, and organizational learning culture on managers' learning outcomes. *Human Resource Development Quarterly,* 25(1), 29–57; Manuti, A., Pastore, S., Scardigno, A. F., Giancaspro, M. L., & Morciano, D. (2015). Formal and informal learning in the workplace: A research review. *International Journal of Training and Development,* 19(1), 1–17.

16. ATD (2014). 2014 *State of the industry report.* Alexandria, VA: Author.

17. Saari, L. M., Johnson, T. R., McLaughlin, S. D., & Zimmerle, D. M. (1988). A survey of management training and education practices in U.S. companies. *Personnel Psychology,* 41, 731–743; Robertson, D. (2014). Leaving first-line managers to sink or swim will hit your bottom line. *Development and Learning in Organizations: An International Journal,* 28(4), 2–4.

18. Beatty, R. W., Schneier, C. E., & McEvoy, G. M. (1987). Executive development and management succession. *Personnel and Human ResourcesManagement,* 5, 289–322; Schoenfeldt & Steger (1990), *supra* note 8; Harris, S. G., & Feild, H. S. (1992). Realizing the "potential" of "highpotential" management development programmes. *Journal of Management Development,* 11, 61–70; Dries, N., Pepermans, R., Hofmans, J., & Rypens, L. (2009). Development and validation of an objective intraorganizational career success measure for managers. *Journal of Organizational Behavior,* 30, 543–560; Kotlyar, I., & Karakowsky, L. (2014). Sources of satisfaction with high-potential employee programs: A survey of Canadian HR professionals. *Journal of Management Development,* 33(10), 1035–1056.

19. Bray, D. W., Campbell, R. J., & Grant, D. L. (1974). *Formative years in business: A long-term AT&T study of managerial lives.* New York: Wiley; Howard, A., & Bray, D. W. (1988). *Managerial lives in transition: Advancing age and changing times.* New York: Guilford Press.

20. Conchie, B. (2008). Seven demands. *Leadership Excellence*, 25(7), 16; Lewis, N. (2008). Staffordshire Fire and Rescue values strong leadership culture. *Human Resource Management International Digest*, 16(7), 27–29; Fulmer, R. M., Stumpf, S. A., & Bleak, J. (2009). The strategic development of high potential leaders. *Strategy& Leadership*, 37(3), 17–22; Lee, G. J. (2011). Mirror, mirror: Preferred leadership characteristics of South African managers. *International Journal of Manpower*, 32(2), 211–232.

21. Schoenfeldt & Steger (1990), *supra* note 8.

22. McCall, M. W., Jr., Morrison, A. M., & Hannan, R. L. (1978). *Studies of managerial work: Results and methods*. (Tech Report No. 14). Greensboro, NC: Center for Creative Leadership.

23. Schoenfeldt & Steger (1990), *supra* note 8, p. 196.

24. Fayol, H. (1949). *General and industrial management* (C. Storrs, Trans.). London: Pitman; Mintzberg, H. (1973). *The nature of managerial work*. New York: Harper & Row; Mintzberg, H. (1975). The manager's job: Folklore and fact. *Harvard Business Review*, 53(4), 49–61.

25. Carroll, S. J., & Gillen, D. J. (1987). Are the classical management functions useful in describing managerial work? *Academy of Management Review*, 12, 38–51.

26. Tornow, W. W., & Pinto, P. R. (1976). The development of a managerial job taxonomy: A system for describing, classifying, and evaluating executive positions. *Journal of Applied Psychology*, 61(4), 410–418.

27. Hamlin, R. G., & Hatton, A. (2013). Toward a British taxonomy of perceived managerial and leadership effectiveness. *Human Resource Development Quarterly*, 24(3), 365–406.

28. Manners, G., & Steger, J. A. (1976). Behavioral specifications of the R&D management role. *IEEE Transactions in Engineering Management*, 23, 139–141; Manners, G., & Steger, J. A. (1979). Implications of research in the R&D management role for the selection and training of R&D managers. *R & D Management*, 9, 85–92; Boyatzis, R. E. (1982). *The competent manager: A model for effective performance*. New York: Wiley; Schoenfeldt & Steger (1990), *supra* note 8.

29. Albanese, R. (1988). Competency-based management education. *Journal of Management Development*, 8(2), 66–76.

30. Boyatzis (1982), *supra* note 28.

31. Smith, M. E. (1992). The search for executive skills. *Training & Development*, 46(11), 88–95; Bernthal, P. R., Colteryahn, K., Davis, P., Naughton, J., Rothwell, W. J., & Wellins, R. (2004). *Mapping the future: Shaping new workplace learning and performance competencies*. Alexandria, VA: ASTD; Quinn, R. W., & Brockbank, W. (2006). The development of strategic human resource professionals at BAE systems. *Human Resource Management*, 45(3), 477–494; Hayton, J. C., & McEvoy, G. M. (2006). Competencies in practice: An interview with Hanneke C. Frese. *Human Resource Management*, 45(3), 495–500; Boyatzis, R. E. (2011). Managerial and leadership competencies A behavioral approach to emotional, social and cognitive intelligence. *Vision: The Journal of Business Perspective*, 15(2), 91–100.

32. Schoenfeldt & Steger (1990), *supra* note 8.

33. Barrett, G. V., & Depinet, R. L. (1991). A reconsideration of testing for competence rather than for intelligence. *American Psychologist*, 46, 1012–1024.

34. Boyatzis (1982), *supra* note 28.

35. Vaill, P. B. (1989). *Managing as a performing art: New ideas for a world of chaotic change*. San Francisco, CA: Jossey-Bass; Mintzberg, H. (1994), Rounding out the manager's job. *Sloan Management Review*, 36(1), 11–26.

36. Mintzberg (1994), *supra* note 36, p. 11.

37. Vaill (1989), *supra* note 36.

38. *Ibid*., pp. 114–115.

39. Vendelø, M. T. (2009). Improvisation and learning in organizations–An opportunity for future empirical research. *Management Learning*, 40, 449–456; Yin, L. R., Kumta, S. M., & Werner, J. M. (2015). Five frames to promote innovative business education: Lessons learned from the art and science of improv. *Decision Sciences Journal of Innovative Education*, 13(3), 459–483.

40. Vaill (1989), *supra* note 38, p. 35.

41. Mintzberg (1994), *supra* note 38.

42. Crilley, G., & Sharp, C. (2006). Managerial qualities and operational performance: A proposed model. *Measuring Business Excellence*, 10(2), 4–18; Huebner, H., Varey, R., & Wood, L. (2008). The significance of communicating in enacting decisions. *Journal of Communication Management*, 12(3), 204–223; Gilley, A., Gilley, J. W., McConnell, C. W., & Veliquette, A. (2010). The competencies used by effective managers to build teams: An empirical study. *Advances in Developing Human Resources*, 12, 29–45; Nothhaft, H. (2010). Communication management as a second-order management function: Roles and functions of the communication executive—Results from a shadowing study. *Journal of Communication Management*, 14(2), 127–140; Mintzberg, H. (2013). *Simply managing: What managers do—And can do better*. San Francisco, CA: Berrett-Koehler.

43. Quatro, S. A., Waldman, D. A., & Galvin, B. M. (2007). Developing holistic leaders: Four domains for leadership development and practice. *Human Resource Development Review*, 17, 427–441.

44. Haskins & Shaffer (2008), *supra* note 8; Dahiya, S., & Jha, A. (2011). Training need assessment: A critical study. *International Journal of Information Technology*, 4(1), 263–267; Sleezer, C. M., Russ-Eft, D., & Gupta, K. (2014). *A practical guide to needs assessment* (3rd ed.). San Francisco, CA: Wiley; Packard, T., & Jones, L. (2015). An outcomes evaluation of a leadership development initiative. *Journal of Management Development*, 34(2), 153–168.

45. Saari et al. (1988), *supra* note 17.

46. Chiu, W., Thompson, D., Mak, W. M., & Lo, K. L. (1999). Rethinking training needs analysis: A proposed framework for literature review. *Personnel Review*, 28(1/2), 77–90.

47. Mathews, B. P., Ueno, A., Kekale, T., Repka, M., Pereira, Z. L., & Silva, G. (2001). Quality training: Needs and evaluation findings from a European survey. *Total Quality Management*, 12(4), 483–490.

48. Riggio, R. E. (2008). Leadership development: The current state and future expectations. *Consulting Psychology Journal: Practice and Research*, 60, 383–392.

49. LaHote, D., Simonetti, J. L., & Longenecker, C. O. (1999). Management training and development at Aeroquip-Vickers, Inc.: A process model, Part 1. *Industrial and Commercial Training*, 31(4), 132–135; LaHote, D., Simonetti, J. L., & Longenecker, C. O. (1999). Management training and development at Aeroquip-Vickers, Inc.: A process model, Part 2. *Industrial and Commercial Training*, 31(6), 213–218.

50. Riggio (2008), *supra* note 49, p. 384.

51. Salopek, J. J. (2004). Leading indicators: Leadership

development in action. *T&D*, 58(3), 16–18.

52. Patton, W. D., & Pratt, C. (2002). Assessing the training needs of high-potential managers. *Public Personnel Management*, 31(4), 465–484.

53. Bogorya, Y. (1985). Intercultural development for managers involved in international business. *Journal of Management Development*, 4(2), 17–25; Adler, N. J., & Bartholomew, S. (1992). Managing globally competent people. *Academy of Management Executive*, 6(3), 52–65; Bartlett, C. A., & Ghoshal, S. (1992). What is a global manager? *Harvard Business Review*, 70(5), 124–132; Brewster, C., & Suutari, V. (2005). Global HRM: Aspects of a research agenda. *Personnel Review*, 34(1), 5–21; Kohonen, E. (2005). Developing global leaders through international assignments. *Personnel Review*, 34(1), 22–36; Cseh, M., Davis, E. B., & Khilji, S. E. (2013). Developing a global mindset: Learning of global leaders. *European Journal of Training and Development*, 37(5), 489–499.

54. Kim, S., & McLean, G. N. (2012). Global talent management: Necessity, challenges, and the roles of HRD. *Advances in Developing Human Resources*, 14(4), 566–585.

55. Bartlett and Ghoshal (1992), *supra* note 54.

56. *Ibid.*

57. Adler and Bartholomew (1992), *supra* note 54.

58. *Ibid.*

59. Cappellen, T.,&Janssens, M. (2005). Career paths of global managers: Towards future research. *Journal of World Business*, 40(4), 348–360.

60. Adler and Bartholomew (1992), *supra* note 54; Bartlett & Ghosal (1992), *supra* note 54.

61. Spreitzer, G. M., McCall, M. W., Jr., & Mahoney, J. D. (1997). Early identification of international executive potential. *Journal of Applied Psychology*, 82, 6–29.

62. Townsend, P., & Cairns, L. (2003). Developing the global manager using a capability framework. *Management Learning*, 34(3), 313–327; Mol, S. T., Born, M. P., & van der Molen, H. T. (2005). Developing criteria for expatriate effectiveness: Time to jump off the adjustment bandwagon. *International Journal of Intercultural Relations*, 29(3), 339–353; Lee, L. Y., & Croker, R. (2006). A contingency model to promote the effectiveness of expatriate training. *Industrial Management & Data Systems*, 106(8), 1187–1205; Kowske, B. J., & Kshanika, A. (2007). Towards defining leadership competence around the world: Mid-level managers need to know in twelve countries. *Human Resource Development International*, 10(1), 21–41; Shin, S. J., Morgeson, F. P., & Campion, M. A. (2007). What you do depends on where you are: Understanding how domestic and expatriate work requirements depend upon the cultural context. *Journal of International Business Studies*, 38, 64–83; Capellen, T., & Janssens, M. (2008). Global managers' career competencies. *Career Development International*, 13, 514–537; Ng, K.-Y., Van Dyne, L, & Ang, S. (2009). From experience to experiential learning: Cultural intelligence as a learning capability for global leadership development. *Academy of Management Learning & Education*, 8, 511–524; Cappellen, T., & Janssens, M. (2010). Characteristics of international work: Narratives of the global manager. *Thunderbird International Business Review*, 52(4), 337–348; Cohen, S. L. (2010). Effective global leadership requires a global mindset. *Industrial and Commercial Training*, 42(1), 3–10; Townsend, P., Regan, P., & Li, L. L. (2015). Developing international managers: The contribution of cultural experience to learning. *International Journal of Educational Management*, 29(2), 234–251.

63. *Ibid.*; Deal, J. J., Leslie, J., Dalton, M., & Ernst, C. (2003). Cultural adaptability and leading across cultures. *Advances in Global Leadership*, 3, 149–166; Hannum, K. M. (2007). Measurement equivalence of 360°-assessment data: Are different raters rating the same construct? *International Journal of Selection and Assessment*, 15(3), 293–301; Matsuo, M. (2011). The role of sales beliefs in facilitating experiential learning: An empirical study of Japanese salespeople. *Psychology and Marketing*, 28(4), 309–329.

64. Spreitzer et al. (1997), *supra* note 62; Tett, R. P., Guterma, H. A., Blierer, A., & Murphy, P. J. (2000). Development and content validation of a "hyperdimensional" taxonomy of managerial competence. *Human Performance*, 13(3), 205–251; Bartram, D. (2005). The Great Eight competencies: A criterion-centric approach to validation. *Journal of Applied Psychology*, 90(6), 1185–1203; Addison, S., & Cunningham, G. (2006). Developing your management team. *Industrial and Commercial Training*, 38(7), 379–383; Brownell, J. (2006). Meeting the competency needs of global leaders: A partnership approach. *Human Resource Management*, 45(3), 309–336; Terrell, R. S., & Rosenbusch, K. (2013). How global leaders develop. *Journal of Management Development*, 32(10), 1056–1079; Tucker, M. F., Bonial, R., Vanhove, A., & Kedharnath, U. (2014). Leading across cultures in the human age: An empirical investigation of intercultural competency among global leaders. *SpringerPlus*, 3(1), 127.

65. Allred, B. B., Snow, C. C., & Miles, R. E. (1996). Characteristics of managerial careers in the 21st century. *Academy of Management Executive*, 10(4), 17–27.

66. Downham, T. A., Noel, J. L., & Prendergast, A. E. (1992). Executive development. *Human Resource Management*, 31, 95–107; Seibert, K. W., Hall, D. T., & Kram, K. E. (1995). Strengthening the weak link in strategic executive development: Integrating individual development and global business strategy. *Human Resource Management*, 34, 549–567.

67. Davis, P., Naughton, J., & Rothwell, W. (2004). New roles and new competencies for the profession. *T&D*, 58(4), 26–36; Smith, T. F. (2008). Integrative literature review: Methods in identifying exemplary performance: A review of the literature and implications for HRD. *Human Resource Development Review*, 7(4), 443–468; Rothwell, W. J., Arneson, J., & Naughton, J. (2013). *ASTD competency study: The training & development profession redefined*. Alexandria, VA: ASTD Press.

68. Alternative paths to leadership; New models of development training (2008). *Development and Learning in Organizations*, 22(3), 25–27; Tate, P. (2008). Leadership gap. *Leadership Excellence*, 25(10), 14; Bungay, S. (2011). How to make the most of your company's strategy. *Harvard Business Review*, 89(1/2), 132–140; Gebelein, S., & Livermore, D. (2013). Developing global leaders—Begin with the business strategy. *People & Strategy*, 36(3), 4; Hanson, B. (2013). The leadership development interface: Aligning leaders and organizations toward more effective leadership learning. *Advances in Developing Human Resources*, 15(1), 106–120.

69. Seibert et al. (1995), *supra* note 67.

70. Burack, E. H., Hochwarter, W., & Mathys, N. J. (1997). The new management development paradigm. *Human Resource Planning*, 20(1), 14–21.

71. Seibert et al. (1995), *supra* note 67; Burack et al. (1997), *supra* note 71.

72. Peters, T. J., & Waterman, R. H. (1982). *In search of excellence: Lessons from America's best run companies*. New York: Warner Books; Peters, T. (1996, December 2). The search for excellence continues. *Forbes ASAP*, 239–240.

73. Seibert et al. (1995), *supra* note 67; Burack et al. (1997), *supra* note 71.

74. Suutari, V. (2002). Global leader development: An emerging research agenda. *Career Development International*, 7, 218–233; Brown, P. (2005). The evolving role of strategic management development. *Journal of Management Development*, 24, 209–222; Berke, D., Kossler, M. E., & Wakefield, M. (2008). *Developing leadership talent*. San Francisco, CA: Pfeiffer.

75. Porter, L. W., & McKibbin, L. E. (1988). *Management education and development: Drift of thrust into the 21st century?* New York: McGraw-Hill.

76. Digest of Education Statistics (2013). Table 318.20. Accessed on April 15, 2015 at http://nces.ed.gov/programs/digest/d13/tables/dt13_318.20.asp?current=yes.

77. *Ibid.*

78. Caldwell, C., White, H., & Owl, R. R. (2007). The case for creating a DBA program—A virtue-based opportunity for universities. *Journal of Academic Ethics*, 5(2–4), 179–188; Banerjee, S., & Morley, C. (2013). Professional doctorates in management: Toward a practice-based approach to doctoral education. *Academy of Management Learning & Education*, 12(2), 173–193; De Meyer, A. (2013). The future of doctoral education in business administration. *Journal of Management Development*, 32(5), 477–486; Preston, J. C. (2014). Online doctoral programs: Can they produce the business scientists and leaders needed for the 21st century? *International Journal of Leadership and Change*, 2(1), 5.

79. AACSB International (2012). Eligibility procedures and accreditation standards for business accreditation (revised January 31, 2012), (pp. 58–59). Accessed on April 15, 2015 at http://www.aacsb.edu/~/media/AACSB/Docs/Accreditation/Standards/2003%20Standards/2012-business-accreditation-standards-update.ashx.

80. *Ibid.*, pp. 71–72.

81. Porter & McKibbin (1988), *supra* note 76.

82. Kleiman, L. S., & Kass, D. (2007). Giving MBA programs the third degree. *Journal of Management Education*, 31, 81–103; Burke-Smalley, L. A., & Wheatley, K. (2015). Mission-centric learning: Developing students' workplace readiness skills. *Organization Management Journal*, 12(1), 34–44.

83. Byrne, J. A. (1991). Wharton rewrites the book on B-schools. *Business Week*, May 13, p. 43.

84. Boyatzis R. E., Cowen, S. S., & Kolb, D. A. (1995). Management of knowledge: Redesigning the Weatherhead MBA program. In R. E. Boyatzis et al. (Eds), *Innovation in professional education: Steps on a journey from teaching to learning*. San Francisco, CA: Jossey-Bass, pp. 32–49.

85. *Ibid.*

86. Boyatzis, R. E., Baker, A., Leonard, D., Rhee, K., & Thompson, L. (1995). Will it make a difference? Assessing a value-added, outcome-oriented, competency-based program. In R. E. Boyatzis et al. (Eds), *Innovation in professional education: Steps on a journey from teaching to learning* (pp. 167–202). San Francisco: Jossey-Bass, p. 179.

87. Arbaugh, J. B. (2010). Do undergraduate and MBAs differ online? Initial conclusions from the literature. *Journal of Leadership and Organizational Studies*, 17(2), 129–142; Arbaugh, J. B., Desai, A., Rau, B., & Sridhar, B. S. (2010). A review of research on online and blended learning in the management disciplines: 1994–2009. *Organization Management Journal*, 7, 39–55; Arbaugh, J. B. (2014). What might online delivery teach us about blended management education? Prior perspectives and future directions. *Journal of Management Education*, 38(6), 784–817; Rafferty, P. D., & Anderson, C. M. (2015). Do executive students feel a sense of community in the online classroom? Implications for online management education and student learning experiences. *International Journal of Management in Education*, 9(1), 1–13.

88. For example, Waldman, D. A., & Korbar, T. (2004). Student assessment center performance in the prediction of early career success. *Academy of Management Learning & Education*, 3(2), 151–167; Auster, E. R., & Wylie, K. K. (2006). Creating active learning in the classroom: A systematic approach. *Journal of Management Education*, 30(2), 333–353; Halfhill, T. R., & Nielsen, T. M. (2007). Quantifying the "softer side" of management education: An example using teamwork competencies. *Journal of Management Education*, 31(1), 64–80; Salas, E., Wildman, J. L., & Piccolo, R. F. (2009). Using simulation-based training to enhance management education. *Academy of Management Learning & Education*, 8, 559–573; Brutus, S., & Donia, M. B. L. (2010). Improving the effectiveness of students in groups with a centralized peer evaluation system. *Academy of Management Learning & Education*, 9, 652–662; Rashford, N. S., & de Figueiredo, J. N. (2011). The live in-class CEO intervention: A capstone experiential technique for leadership development. *Journal of Management Education*, 35(5), 620–647; Rubin, R. S., & Dierdorff, E. C. (2011). On the road to Abilene: Time to manage agreement about MBA curricular relevance. *Academy of Management Learning & Education*, 10, 148–161; Lavine, M. H., & Roussin, C. J. (2012). From idea to action: Promoting responsible management education through a semester-long academic integrity learning project. *Journal of Management Education*, 36(3), 428–455; Lewis, A. C., & Grosser, M. (2012). The Change Game: An experiential exercise demonstrating barriers to change. *Journal of Management Education*, 36(5), 669–697; MacNab, B. R. (2012). An experiential approach to cultural intelligence education. *Journal of Management Education*, 36(1), 66–94; Mazen, A. (2012). Transforming the negotiator: The impact of critical learning on teaching and practicing negotiation. *Management Learning*, 43(1), 113–128; Thomas, M., & Howard, T. (2012). Using new social media and Web 2.0 technologies in business school teaching and learning. *Journal of Management Development*, 31(4), 358–367; Neiva de Figueiredo, J., & Mauri, A. J. (2013). Developing international managerial skills through the cross-cultural assignment: Experiential learning by matching U.S.-based and international students. *Journal of Management Education*, 37(3), 367–399; Stewart, A. C., Houghton, S. M., & Rogers, P. R. (2012). Instructional design, active learning, and student performance: Using a trading room to teach strategy. *Journal of Management Education*, 36(6), 753–776; Schyns, B., Tymon, A., Kiefer, T., & Kerschreiter, R. (2013). New ways to leadership development: A picture paints a thousand words. *Management Learning*, 44(1), 11–24; Sambrook, S., & Willmott, H. (2014). The rigor of management education and the relevance of human resource development: Natural partners or uneasy bedfellows in management practice? *Management Learning*, 45(1), 39–56; Varela, O. E., & Gatlin-Watts, R. (2014). The development of the global manager: An empirical study on the role of academic international sojourns. *Academy of Management Learning & Education*, 13(2), 187–207.

89. Barnabè, F., Busco, C., Davidsen, P. I., Lambri, M., & Zatta, G. (2013). The strategic micro-firm: a role play in management training for dynamic businesses. *Journal of Workplace Learning*, 25(5), 328–342; Varela, O., Burke, M., & Norbet, M. (2013). The development of managerial skills in MBA programs. *Journal of Management Development*, 32(4), 435–452; Everson, K. (2014). Shrinking the business school skill gap. *Chief Learning Officer*. August 21. Accessed on April 11, 2015 at http://www.clomedia.com/articles/5771-shrinking-the-business-school-skill-gap.

90. Linder, J. C., & Smith, H. J. (1992). The complex case of management education. *Harvard Business Review*, 70(5), 16–33; Gosling, J., & Mintzberg, H. (2006). Management education as if both matter. *Management Learning*, 37(4), 419–428; Petriglieri, G., Wood, J. D., & Petriglieri, J. L. (2011). Up close and personal: Building foundations for leaders' development through the personalization of management learning. *Academy of Management Learning & Education*, 10(3), 430–450.

91. Randolph, W. A. (2011). Developing global business capabilities in MBA students. *Journal of Management Inquiry*, 20(3), 223; De Meyer, A. (2012). Reflections on the globalization of management education. *Journal of Management Development*, 31(4), 336–345; Eisenberg, J., Hyun-Jung, L. E. E., Brück, F., Brenner, B., Claes, M.-T., Mironski, J., & Bell, R. (2013). Can business schools make students culturally competent? Effects of crosscultural management courses on cultural intelligence. *Academy of Management Learning & Education*, 12(4), 603–621; Parrey, D. (2014). The global leadership competencies we aren't teaching. *Chief Learning Officer*, 13(6), 52–55.

92. Byrne, J. A. (1995). Virtual B-schools. *Business Week*, October 23, pp. 64–68; Merritt, J. (2002). The profit squeeze is pinching B-schools. *Business Week*, 3785, June 3, p. 80.

93. Porter & McKibbin (1988), *supra* note 76.

94. Byrne (1991), *supra* note 84.

95. Gropper, D. M. (2007). Does the GMAT matter for executive MBA students? Some empirical evidence. *Academy of Management Learning & Education*, 6(2), 206–216; Culpin, V.,& Scott, H. (2012). The effectiveness of a live case study approach: Increasing knowledge and understanding of 'hard' versus 'soft' skills in executive education. *Management Learning*, 43(5), 565–577; Culpin, V., Eichenberg, T., Hayward, I., & Abraham, P. (2014). Learning, intention to transfer and transfer in executive education. *International Journal of Training & Development*, 18(2), 132–147.

96. Andrews, K. R. (1966). *The effectiveness of university management development programs*. Boston, MA: Harvard University; Hollenbeck, G. P. (1991). What did you learn in school? Studies of a university executive program. *Human Resource Planning*, 14(4), 247–260.

97. Page, M. J., Bevelander, D., & Leyland, F. (2004). Positioning the executive MBA product: Let's not forget the requirements of the corporate market. *Journal of General Management*, 30(1), 1–16; Prestwich, R., & Ho-Kim, T. M. (2007). Knowledge, skills and abilities of international business majors: What we teach them versus what companies need them to know. *Journal of Teaching in International Business*, 19(1), 29–55; Speizer, I. (2007). Back to school: Exec programs see resurgence. *Workforce Management*, 86(1), January 15, pp. 19–23; Moore, P. (2009). Learning your way TO THE TOP. *NZ Business*, 23(10), 48–50.

98. Fresina, A. J., & Associates. (1988). *Executive education in corporate America*. Palatine, IL: Anthony J. Fresina and Associates.

99. Welcome to EMBA World (2015). Accessed on April 16, 2015 at http://www.embaworld.com/; Executive M.B.A.: Best business schools (2015). U.S. News, accessed on April 16, 2015 at http://grad-schools.usnews.rankingsandreviews.com/best-graduate-schools/topbusiness-schools/executive-rankings.

100. Porter & McKibbin (1988), *supra* note 76; Eurich, N. P. (1990). *The learning industry: Education for adult workers*. Lawrenceville, NJ: Princeton University Press.

101. ATD (2014), *supra* note 16.

102. Porter & McKibbin (1988), *supra* note 77.

103. Byrne (1995), *supra* note 93.

104. Porter & McKibbin (1988), *supra* note 76.

105. Tham, C. M., & Werner, J. M. (2004). Designing and evaluating e-learning in higher education: A review and recommendations. *Journal of Leadership and Organizational Studies*, 11(2), 15–25; Morgan, G., & Adams, J. (2009). Pedagogy first! Making web-technologies work for soft skills development in leadership and management education. *Journal of Interactive Learning Research*, 20(2), 129–155; Huang, L. K. (2010). Planning and implementation framework for a hybrid e-learning model: The context of a part-time LIS postgraduate programme. *Journal of Librarianship and Information Science*, 42(1), 45–69; Masoumi, D., & Lindström, B. (2012). Quality in e-learning: A framework for promoting and assuring quality in virtual institutions. *Journal of Computer Assisted Learning*, 28(1), 27–41; McGill, T. J., Klobas, J. E., & Renzi, S. (2014). Critical success factors for the continuation of e-learning initiatives. *The Internet and Higher Education*, 22, 24–36.

106. Hequet, M. (1992). Executive education: The custom alternative. *Training*, 29(4), 38–41.

107. *Ibid.*

108. Weir, D., & Smallman, C. (1998). Managers in the year 2000 and after: A strategy for development. *Management Development*, 36(1), 43–51; Braun, N., & Kane, T. (2010). The future of management. *Journal of Business Management and Entrepreneurship*, 1(8), 1–16; Datar, S. M. Datar, Garvin, D. A., & Cullen, P. G. (2010). *Rethinking the MBA: Business education at a crossroads*. Boston, MA: Harvard Business School Press; Howard, T., & Cornuel, E. (2012). Business schools in transition? Issues of impact, legitimacy, capabilities and re-invention. *Journal of Management Development*, 31(4), 329–335.

109. Alutto, J. A. (1999). Just-in-time management education in the 21st century. *HR Magazine*, 44(11), 56–57.

110. Foster, P., & Carboni, I. (2009). Using student-centered cases in the classroom: An action inquiry approach to leadership development. *Journal of Management Education*, 33, 676–698.

111. Bilimoria, D. (2000). Redoing management education's missions and methods. *Journal of Management Education*, 24, 161–166; Kayes, D. C., & Kayes, A. B. (2003). "Through the looking glass": Management education gone awry. *Journal of Management Education*, 27(6), 694–710; Mighty, E. J., & Ashton, W. (2003). Management development: Hoax or hero? *Journal of Management Development*, 22(1), 14–31; Augier, M., & March, J. G. (2007). The pursuit of relevance in management education. *California Management Review*, 49, 129–146; Weick, K. E. (2007). Drop your tools: On reconfiguring management education. *Journal of Management Education*, 31(1), 5–16; McGuire, D., & Gubbins, C. (2010). The slow death of formal learning: A polemic. *Human Resource Development Review*, 9, 249–265; Muff, K. (2012). Are business schools doing their job? *Journal of Management Development*, 31(7), 648–662.

112. Joy Mighty, E., & Ashton, W. (2003). Management development: Hoax or hero? *Journal of Management Development*, 22(1), 14–31; Lorange, P. (2012). The business school of the future: The network-based business model. *Journal of Management Development*, 31(4), 424–430; Rousseau, D. M. (2012). Designing a better business school: Channelling Herbert Simon, addressing the critics, and developing actionable knowledge for professionalizing managers. *Journal of Management Studies*, 49(3), 600–618; Waddock, S., & Lozano, J. M. (2013). Developing more holistic management education: Lessons learned from two programs. *Academy of Management Learning & Education*, 12(2), 265–

284; Howard, T., Thomas, L.,& Wilson, A. (2013). The unfulfilled promise of management education (ME): The role, value and purposes of ME. *Journal of Management Development*, 32(5), 460–476; Paglis, L. L. (2013). A review of managerial skills training in the classroom. *Journal of Management Education*, 37(4), 472–498; Rubin, R. S., & Dierdorff, E. C. (2013). Building a better MBA: From a decade of critique toward a decennium of creation. *Academy of Management Learning & Education*, 12(1), 125–141; Bedwell, W. L., Fiore, S. M., & Salas, E. (2014). Developing the future workforce: An approach for integrating interpersonal skills into the MBA classroom. *Academy of Management Learning & Education*, 13(2), 171–186; Howard, T., Lee, M., & Wilson, A. (2014). Future scenarios for management education. *Journal of Management Development*, 33(5), 503–519.

113. Saari et al. (1988), *supra* note 17; Saks, A. M., & Haccoun, R. R. (2010). *Managing performance through training and development* (5th ed.). Toronto, CA: Nelson, pp. 2–6.

114. Mabey, C. (2002). Mapping management development practice. *Journal of Management Studies*, 39(8), 1139–1160; Suutari, V., & Viitala, R. (2008). Management development of senior executives: Methods and their effectiveness. *Personnel Review*, 37, 375–392.

115. Pollitt, D. (2005). Inter-Tel's academy makes all the right connections. *Human Resource Management International Digest*, 13(6), 36–38.

116. Tichy, N. M. (1989). GE's Crotonville: A staging ground for corporate revolution. *Academy of Management Executive*, 3, 99–107; Groves, K. S. (2007). Integrating leadership development and succession planning best practices. *Journal of Management Development*, 26(3), 239–260.

117. Tichy (1989), *supra* note 117.

118. Downham et al. (1992), *supra* note 66.

119. Allen, M. (2002). *The corporate university handbook: Designing, managing & growing a successful program*. New York: AMA; Laff, M. (2007). Centralized training leads to nontraditional universities. *T&D*, 61(1), 27–29; Wang, G. G., Li, J., Qiao, X., & Sun, J. Y. (2010). Understanding the corporate university phenomenon: A human capital theory perspective. *International Journal of Human Resources Development and Management*, 10(2), 182–204; Lui Abel, A., & Li, J. (2012). Exploring the corporate university phenomenon: Development and implementation of a comprehensive survey. *Human Resource Development Quarterly*, 23(1), 103–126; Alagaraja, M., & Li, J. (2014). Utilizing institutional perspectives to investigate the emergence, rise, and (relative) decline of corporate universities. *Human Resource Development International*, 18(1), 4–23.

120. Odiorne, G. S., & Rummler, G. A. (1988). *Training and development: A guide for professionals*. Chicago, IL: Commerce Clearing House; Paton, R., Taylor, S., Storey, J., & Peters, G. (2011). Designing and delivering leadership education and development: The role of corporate universities. In J. Storey (Ed.), *Leadership in organizations: Current issues and key trends* (2nd ed.). New York: Routledge, pp. 93–113.

121. Odiorne & Rummler (1988), *supra* note 121.

122. Eurich (1990), *supra* note 101, p. 167.

123. Meister, J. C. (1993). *Corporate quality universities: Lessons in building a world-class work force*. Burr Ridge, IL: Irwin; Pollitt, D. (2005). Heineken toasts successful recipe for management training. *Training & Management Development Methods*, 19(2), 13–15.

124. Meister, J. C. (1998). Ten steps to creating a corporate university. *Training & Development*, 52(11), 38–43; Densford, L. E. (2000). Motorola University. The next 20 years. *Corporate University Review*, January/February, pp. 15–23; Morin, L., & Renaud, S. (2004). Participation in corporate university training: Its effect on individual job performance. *Canadian Journal of Administrative Sciences*, 21(4), 295–306; Walton, J. (2005). Would the real corporate university please stand up? *Journal of European Industrial Training*, 29(1), 7–20; Weinstein, M. (2006). What can a corporate U do for you? *Training*, 43(7), 34–38; Dealtry, R. (2008). Interim reflections on the corporate university and SME academy business development innovation and its diffusion. *Journal of Workplace Learning*, 20(1), 71–78.

125. Holland, P., & Pyman, A. (2006). Corporate universities: A catalyst for strategic human resource development. *Journal of European Industrial Training*, 30(1), 19–31.

126. Digman, L. A. (1978). How well-managed organizations develop their executives. *Organizational Dynamics*, 7(2), 63–80; Zemke, R. (1985). The Honeywell studies: How managers learn to manage. *Training*, 22(8), 46–51; McCall et al. (1988), *supra* note 7; Goldman, E. F. (2007). Strategic thinking at the top. *Sloan Management Review*, 48(4), 75–81; Thomas, H., & Thomas, L. (2011). Perspectives on leadership in business schools. *Journal of Management Development*, 30(5), 526–540; Frost, D. E.,& Wallingford, V. (2013). Experiential learning for developing managers: A practical model. *Journal of Management Development*, 32(7), 756–767.

127. McCauley, C. D., Ruderman, M. N., Ohlott, P. J., & Morrow, J. E. (1994). Assessing the developmental components of managerial jobs. *Journal of Applied Psychology*, 79, 544–560; Reddy, E. R., D'Abate, C. P., Tannenbaum, S. I., Givens-Skeaton, S., & Robinson, G. (2006). Key characteristics of effective and ineffective developmental interactions. *Human Resource Development Quarterly*, 17(1), 59–84; McCall, M. W., Jr. (2010). Recasting leadership development. *Industrial and Organizational Psychology*, 3, 3–19; McCall, M. W., Jr. (2010). Peeling the onion: Getting inside experience-based leadership development. *Industrial and Organizational Psychology*, 3, 61–68; Powell, M. (2014). The snakes and ladders of National Health Service management in England. *International Journal of Health Planning and Management*, 29(3), 260–279.

128. Keys & Wolfe (1988), *supra* note 12.

129. Poell, R. F., van Dam, K., & van den Berg, P. T. (2004). Organizing learning in work contexts. *Applied Psychology: An International Review*, 53(4), 529–540; see also Marsick, V. J., & Watkins, K. E. (1990). *Informal and incidental learning in the workplace*. London: Routledge; Ellstrom, P. E. (2001). Integrating learning and work: Problems and prospects. *Human Resource Development Quarterly*, 12(4), 421–435.

130. Yip, J., & Wilson, M. S. (2010). Learning from experience. In E. Van Velsor, C. D. McCauley, and M. N. Ruderman (Eds), *The Center for Creative Leadership handbook of leadership development* (3rd ed.). San Francisco, CA: Jossey-Bass, pp. 63–96; Steckler, S. (2013). Interview with Morgan McCall. *People & Strategy*, 36(3), 14–18.

131. McCall et al. (1988), *supra* note 7.

132. McCauley et al. (1994), *supra* note 128; McCauley, C. D., Eastman, L. J., & Ohlott, P. J. (1995). Linking management selection and development through stretch assignments. *Human Resource Management*, 34(1), 93–115; Quiñones, M. A. (2004). Work experience: A review and research agenda. *International Review of Industrial and Organizational Psychology*, 19, 119–138.

133. McCauley et al. (1994), *supra* note 128.

134. Clarke, N. (2004). HRD and the challenges of assessing learning in the workplace. *International Journal of Training and*

Development, 8(2), 140–156; DeRue, D. S., & Wellman, N. (2009). Developing leaders via experience: The role of developmental challenge, learning orientation, and feedback availability. *Journal of Applied Psychology*, 94, 859–875.

135. Keys & Wolfe (1988), *supra* note 12; Fulmer, R. M. (1997). The evolving paradigm of leadership development. *Organizational Dynamics*, 25(4), 59–72; Heller, F. (2003). Action learning worldwide: Experiences of leadership and organizational development. *Management Learning*, 34(3), 386–389; Cho, Y., & Egan, T. M. (2010). The state of the art in action learning research. *Advances in Developing Human Resources*, 12, 163–180; Chenhall, E. C., & Chermack, T. J. (2010). Models, definitions, and outcome variables of action learning. *Journal of European Industrial Training*, 34(7), 588–608; Marquardt, M., & Banks, S. (2010). Theory to practice: Action learning. *Advances in Developing Human Resources*, 12(2), 159–162; Lysø, I. H., Mjøen, K., & Levin, M. (2011). Using collaborative action learning projects to increase the impact of management development. *International Journal of Training & Development*, 15(3), 210–224; Yeo, R. K., & Gold, J. (2011). The inseparability of action and learning: Unravelling Revans' action learning theory for human resource development (HRD). *Human Resource Development International*, 14(5), 511–526; Brook, C., Pedler, M., & Burgoyne, J. (2012). Some debates and challenges in the literature on action learning: The state of the art since Revans. *Human Resource Development International*, 15(3), 269–282; Cho, Y., & Egan, T. (2013). Organizational support for action learning in South Korean organizations. *Human Resource Development Quarterly*, 24(2), 185–213; Yamnill, S., & McLean, G. N. (2013). A follow-up of village development at Lumpaya village, Thailand: Can change processes initiated through action research be sustained? *Human Resource Development International*, 16(2), 151–168; Yeadon-Lee, A. (2013). Action learning: Understanding interpersonal relationships within learning sets. *Journal of Management Development*, 32(9), 984–994.

136. McGill, I., & Brockbank, A. (2004). *The action learning handbook: Powerful techniques for education, professional development, and training*. London: Routledge Falmer; Marquardt, M. J. (2005). *Optimizing the power of action learning: Solving problems and building leaders in real time*. Mountain View, CA: Davies-Black; Marquardt, M. J., Leonard, H. S., Freedman, A. M., & Hill, C. C. (2009). *Action learning for developing leaders and organizations: Principles, strategies, and cases*. Washington, DC: American Psychological Association.

137. Tichy, N., & Sherman, S. (1993). Control your destiny or someone else will: How Jack Welch is making GE the world's most competitive corporation. New York: Doubleday; Cohen, E., & Tichy, N. (1997). How leaders develop leaders. *Training & Development*, 51(5), 58–73; Ashkenas, R., & Murphy, P. (2007). WorkOut. In P. Holman, T. Devane, & S. Cady (Eds), *The change handbook: The definitive resource on today's best methods for engaging whole systems* (2nd ed.). San Francisco, CA: Berrett-Koehler, pp. 535–540.

138. Hirst, G., Mann, L., Bain, P., Pirola-Merlo, A., & Richver, A. (2004). Learning to lead: The development and testing of a model of leadership learning. *Leadership Quarterly*, 15(3), 311–327; Marquardt, M. (2004). Harnessing the power of action learning. *T&D*, 58(6), 26–32; Skipton, L. H., & Lang, F. (2010). Leadership development via action learning. *Advances in Developing Human Resources*, 12(2), 225–240.

139. Yorks, L., O'Neil, J., Marsick, V. J., Nilson, G. E., & Kolodny, R. (1996). Boundary management in Action Reflection Learning™research: Taking the role of a sophisticated barbarian. *Human Resource Development Quarterly*, 7, 313–329; see also Baldwin, T. T. (1996). Invited reaction: Comments on feature article. *Human Resource Development Quarterly*, 7, 331–334.

140. Waddill, D. D. (2006). Action e-learning: An exploratory case study of action learning applied online. *Human Resource Development International*, 9(2), 157–171.

141. Dehler, G. E., Edmonds, R. K. (2006). Using action research to connect practice to learning: A course project for working management students. *Journal of Management Education*, 30(5), 636–669; Raelin, J. A., & Coghlan, D. (2006). Developing managers as learners and researchers: Using action learning and action research. *Journal of Management Education*, 30(5), 670–689; Chenhall, E. C., & Chermack, T. J. (2010). Models, definitions, and outcome variables of action learning. *Journal of European Industrial Training*, 34, 588–608; Simmonds, D., & Tsui, O. (2010). Effective design of a global leadership programme. *Human Resource Development International*, 13(5), 519–540.

142. Raelin, J. (2006). Does action learning promote collaborative leadership? *Academy of Management Learning & Education*, 5(2), 152–168; see also Hannah, S. T., & Lester, P. B. (2009). A multilevel approach to building and leading learning organizations. *Leadership Quarterly*, 20, 34–48.

143. Mumford, A. (1987). Action learning (Special Issue). *Journal of Management Development*, 6(2), 1–70; Mumford, A. (1993). *Management development: Strategies for action* (2nd ed.). London: IPM; Mumford, A. (2002). Achieving results through action learning. *Industrial and Commercial Training*, 34(1), 28–30.

144. Baird, L., & Griffin, D. (2006). The case for dynamic learning. *Organizational Dynamics*, 35(4), 372–383; Collin, K. (2006). Connecting work and learning: Design engineers' learning at work. *Journal of Workplace Learning*, 18(7/8), 403–413; Jacobs, R. L., & Park, Y. (2009). A proposed conceptual framework of workplace learning: Implications for theory development and research in human resource development. *Human Resource Development Review*, 8, 133–150.

145. Daudelin, M. W. (1996). Learning from experience through reflection. *Organizational Dynamics*, 24(3), 36–48; Korthagen, F. A. J. (2005). The organization in balance—Reflection and intuition as complementary processes. *Management Learning*, 36(3), 371–387; Gray, D. E. (2007). Facilitating management learning—Developing critical reflection through reflective tools. *Management Learning*, 38, 495–517; Matthew, C. T., & Sternberg, R. J. (2009). Developing experience-based (tacit) knowledge through reflection. *Learning and Individual Differences*, 19, 530–540.

146. Daudelin (1996), *supra* note 147.

147. Gray (2007), *supra* note 147; Guillén, L.,&Ibarra, H. (2009). Seasons of a leader's development: Beyond a one-size fits all approach to designing interventions. *Academy of Management Proceedings*; Kuznia et al. (2010), *supra* note 12; Li, L., Gray, D. E., Lockwood, J. A., & Buhalis, D. (2013). Learning about managing the business in the hospitality industry. *Human Resource Development Quarterly*, 24(4), 525–559.

148. Chen, H.-C. (2006). Assessment Center: A critical mechanism for assessing HRD effectiveness and accountability. *Advances in Developing Human Resources*, 8(2), 247–264; Pollitt, D. (2006). Training to the beat of a different drum. *Training & Management Development Methods*, 20, 5–11; Clifford, J., & Thorpe, S. (2007). *Workplace learning & development: Delivering competitive advantage for your organization*. Philadelphia, PA: Kogan Page; Greenhalgh, A. M. (2007). Case method teaching as science and art: A metaphoric approach and curricular application. *Journal of Management Education*, 31(2), 181–194; Pannese, L., & Carlesi, M. (2007). Games and learning come together to maximize effectiveness:

The challenge of bridging the gap. *British Journal of Educational Technology*, 38(3), 438–454; Reilly, A. H., & Ehlinger, S. (2007). Choosing a values-based leader: An experiential exercise. *Journal of Management Education*, 31(2), 245–262; Watson, S., & Vasilieva, E. (2007). "Wilderness Thinking": Inside out approach to leadership development. *Industrial and Commercial Training*, 39(5), 242–245; Lamoureux, K. (2008). Developing leaders. *Leadership Excellence*, 25(7), 11–12; Schein, E. H. (2014). The role of coercive persuasion in education and learning: Subjugation or animation. In A. B. Shani, & D. A. Noumair (Eds), *Research in organizational change and development* (Vol. 22, pp. 1–23). Bingley, UK: Emerald.

149. Avolio, B. J., Walumbwa, F. O., & Weber, T. J. (2009). Leadership: Current theories, research, and future directions. *Annual Review of Psychology*, 60, 421–449; DeGeest, D., & Brown, K. G. (2011). The role of goal orientation in leadership development. *Human Resource Development Quarterly*, 22(2), 157–175; Hiller, N. J., DeChurch, L. A., Murase, T., & Doty, D. (2011). Searching for outcomes of leadership: A 25-year review. *Journal of Management*, 37(4), 1137–1177; Dries, N., & Pepermans, R. (2012). How to identify leadership potential: Development and testing of a consensus model. *Human Resource Management*, 51(3), 361–385; Karp, T. (2013). Developing oneself as a leader. *Journal of Management Development*, 32(1), 127–140; Helsing, D., & Howell, A. (2014). Understanding leadership from the inside out: Assessing leadership potential using constructive-developmental theory. *Journal of Management Inquiry*, 23(2), 186.

150. Nelson, D. L., & Quick, J. C. (2013). *Organizational behavior: Science, the real world, and you* (8th ed.). Mason, OH: Cengage Learning.

151. Gandossy, R., & Guarnieri, R. (2008). Can you measure leadership? *MIT Sloan Management Review*, 50(1), 65–69; Marshall, D. (2008). Creating new leaders. *Leadership Excellence*, 25(10), 12; Colvin, G. (2009). How to build great leaders. *Fortune*, 160(11), December 7, 70–72; Killian, J. H., Miller, C. E., Holmes, C. W., & Stevens, H. P. (2011). Working toward a model of demonstrated value in predicting and developing leadership success. *Advances in Global Leadership*, 6, 217–242.

152. Clarke, N. (2012). Evaluating leadership training and development: A levels-of-analysis perspective. *Human Resource Development Quarterly*, 23(4), 441–460; Wilson Burns, E., Smith, L., & Ulrich, D. (2012). Competency models with impact: Research findings from the top companies for leaders. *People & Strategy*, 35(3), 16–23, 60; Jarvis, C., Gulati, A., McCririck, V., & Simpson, P. (2013). Leadership matters: Tensions in evaluating leadership development. *Advances in Developing Human Resources*, 15(1), 27–45; Curphy, G., Hogan, R., & Kaiser, R. B. (2014). The problem with leadership development. *Chief Learning Officer*, 13(6), 58–60.

153. Levasseur, R. E. (2004). People skills: Change management tools—The modern leadership model. *Interfaces*, 34(2), 147–148; Song, J. H., Kolb, J. A., Lee, U. H., & Kim, H. K. (2012). Role of transformational leadership in effective organizational knowledge creation practices: Mediating effects of employees' work engagement. *Human Resource Development Quarterly*, 23(1), 65–101.

154. Bass, B. M. (1985). *Leadership and performance beyond expectations*. New York: Basic Books; Bass, B. M. (1990). From transactional to transformational leadership: Learning to share the vision. *Organizational Dynamics*, 18(3), 19–36; Bass, B. M., & Avolio, B. J. (Eds) (1994). *Improving organizational effectiveness through transformational leadership*. Thousand Oaks, CA: Sage; Bass, B. M., & Bass, R. (2008). *The Bass handbook of leadership: Theory, research, and managerial applications*. New York: Free Press, pp. 618–650; Bass, B. M., & Riggio, R. E. (2008). *Transformational leadership* (2nd ed.). Mahweh, NJ: Lawrence Erlbaum.

155. Liao, H., & Chung, A. (2007). Transforming service employees and climate: A multilevel, multisource examination of transformational leadership in building long-term service relationships. *Journal of Applied Psychology*, 92, 1006–1019; Schaubroeck, J., Lam, S. K., & Cha, S. E. (2007). Embracing transformational leadership: Team values and the impact of leader behavior on team performance. *Journal of Applied Psychology*, 92, 1020–1030; Wang, P., & Walumbwa, F. O. (2007). Familyfriendly programs, organizational commitment, and work withdrawal: The moderating role of transformational leadership. *Personnel Psychology*, 60(2), 397–427; Rowold, J., & Heinitz, K. (2007). Transformational and charismatic leadership: Assessing the convergent, divergent and criterion validity of the MLQ and the CKS. *Leadership Quarterly*, 18(2), 121–133; Cleavenger, D. J., & Munyon, T. P. (2013). It's how you frame it: Transformational leadership and the meaning of work. *Business Horizons*, 56(3), 351–360; Park, C. H., Song, J. H., Yoon, S. W., & Kim, J. (2013). A missing link: psychological ownership as a mediator between transformational leadership and organizational citizenship behaviour. *Human Resource Development International*, 16(5), 558–574.

156. Barling, J., Weber, T., & Kelloway, E. K. (1996). Effects of transformational leadership training on attitudinal and financial outcomes: A field experiment. *Journal of Applied Psychology*, 81, 827–832.

157. For example, Conger, J. A. (1999). Charismatic and transformational leadership in organizations: An insider's perspective on these developing streams of research. *Leadership Quarterly*, 10(2), 145–169; Hunt, J. G., & Conger, J. A. (1999). Overview—charismatic and transformational leadership: Taking stock of the present and future (Part II). *Leadership Quarterly*, 10(3), 331–334; Gardner, W. L., Lowe, K. B., Moss, T. W., Mahoney, K. T., & Cogliser, C. (2010). Scholarly leadership of the study of leadership: A review of *The Leadership Quarterly's* second decade, 2000–2009. *Leadership Quarterly*, 21(6), 922–958.

158. Beyer, J. (1999). Taming and promoting charisma to change organizations. *Leadership Quarterly*, 10(2), 307–330; Shamir, B. (1999). An evaluation of conceptual weaknesses in transformational and charismatic leadership theories. *Leadership Quarterly*, 10(2), 285–305; Waldman, D. A., Siegel, D. S., & Javidan, M. (2006). Components of CEO transformational leadership and corporate social responsibility. *Journal of Management Studies*, 43(8), 1703–1725; Currie, G., & Lockett, A. (2007). A critique of transformational leadership: Moral, professional and contingent dimensions of leadership within public services organizations. *Human Relations*, 60(2), 341–370.

159. Shamir, B. (1999). Taming charisma for better understanding and greater usefulness: A response to Beyer. *Leadership Quarterly*, 10(4), 555–562; Mumford, M. D., Zaccaro, S. J., Connelly, M. S., & Marks, M. A. (2000). Leadership skills: Conclusions and future directions. *Leadership Quarterly*, 11(1), 155–170; Konorti, E., & Eng, P. (2008). The 3D transformational leadership model. *Journal of American Academy of Business*, 14(1), 10–20.

160. Parry & Sinha (2005), *supra* note 158.

161. Wang, G., Oh, I.-S., Courtright, S. H.,& Colbert, A. E. (2011). Transformational leadership and performance across criteria and levels: A meta-analytic review of 15 years of research. *Group & Organization Management*, 36, 223–270; Den Hartog, D. N., & Belschak, F. D. (2012). When does transformational leadership enhance employee proactive behavior? The role of autonomy and

role breadth self-efficacy. *Journal of Applied Psychology*, 97(1), 194–202; Rao, M. S. (2014). Transformational leadership—An academic case study. *Industrial and Commercial Training*, 46(3), 150–154.

162. Cacioppe, R. (1998). Leaders developing leaders: An effective way to enhance leadership development programs. *Leadership & Organization Development Journal*, 19(4), 194–198.

163. Sherman, S. (1995). How tomorrow's best leaders are learning their stuff. *Fortune*, November 27, pp. 90–102; Cohen & Tichy (1997), *supra* note 139; Pollitt, D. (2006). Capital One University puts employees in the driving seat. *Human Resource Management International Digest*, 14(5), 19–22; Lawler, E. E., III (2009). Make human capital a source of competitive advantage. *Organizational Dynamics*, 38(1), 1–7.

164. Cohen & Tichy (1997), *supra* note 139.

165. Harris, J., & Barnes, B. K. (2006). Leadership storytelling. *Industrial and Commercial Training*, 38(7), 350–353; Barker, R. T., & Gower, K. (2010). Strategic application of storytelling in organizations: Toward effective communication in a diverse world. *Journal of Business Communication*, 47(3), 295–312; Howell, J. (2013). *Snapshots of great leadership*. New York: Routledge; Kuran, E. (2013). Leader as storyteller. *Industrial and Commercial Training*, 45(2), 119–122; Baker, B. (2014). Use storytelling to engage and align employees around your strategic plans. *Industrial and Commercial Training*, 46(1), 25–28; Marques, J., Dhiman, S. K., & Biberman, J. (2014). Teaching the un-teachable: Storytelling and meditation in workplace spirituality courses. *Journal of Management Development*, 33(3), 196–217.

166. Cohen & Tichy (1997), *supra* note 139.

167. Betof, E. (2007). The rock and the fish: Teachable points of view for leadership. *T&D*, 61(3), 48–53; Betof, E. (2009). Leaders as teachers: High-octane teaching. *T&D*, 63(9), 16; Betof, E. (2009). *Leaders as teachers: Unlock the teaching potential of your company's best and brightest*. Alexandria, VA: ASTD Press.

168. Bongiorno, L. (1995). How'm I doing? *Business Week*, October 23, pp. 72–73; Vicere, A. A. (1996). Executive education: The leading edge. *Organizational Dynamics*, 25(2), 67–81; Guthrie, V. A., & King, S. N. (2004). Feedbackintensive programs. In C. D. McCauley & E. Van Velsor (Eds), *The Center for Creative Leadership handbook of leadership development* (2nd ed.). San Francisco, CA: Jossey-Bass, pp. 25–57.

169. Vicere (1996), *supra* note 171.

170. *Ibid.*

171. Griffin, T. J., & Gustafson, J. (2007). Balancing the leadership paradox. *T&D*, 61(5), 50–54; Thompson, G. (2008). Designing development. *Leadership Excellence*, 25(10), 15–16; Kroth, M., & Keeler, C. (2009). Caring as a managerial strategy. *Human Resource Development Review*, 8, 506–531; Reynolds, L. (2009). Leadership strengths at the top of the class. *Training Journal*, July, 19–20; Sharma, P. N., & Kirkman, B. L. (2015). Leveraging leaders: A literature review and future lines of inquiry for empowering leadership research. *Group & Organization Management*, 40(2), 193–237.

172. van Dierendonck, D. (2011). Servant leadership: A review and synthesis. *Journal of Management*, 37(4), 1228–1261; Peterson, S. J., Galvin, B. M., & Lange, D. (2012). CEO servant leadership: Exploring executive characteristics and firm performance. *Personnel Psychology*, 65(3), 565–596; Zhang, H., Kwong Kwan, H., Everett, A. M., & Jian, Z. (2012). Servant leadership, organizational identification, and work-to-family enrichment: The moderating role of work climate for sharing family concerns. *Human Resource Management*, 51(5), 747–767; De Clercq, D., Bouckenooghe, D., Raja, U., & Matsyborska, G. (2014). Servant leadership and work engagement: The contingency effects of leader-follower social capital. *Human Resource Development Quarterly*, 25(2), 183–212.

173. Liden, R. C., Wayne, S. J., Zhao, H., & Henderson, D. (2008). Servant leadership: Development of a multidimensional measure and multi-level assessment. *Leadership Quarterly*, 19(2), 161–177; Brownell, J. (2010). Leadership in the service of hospitality. *Cornell Hospitality Quarterly*, 51(3), 363–378; Walumbwa, F. O., Hartnell, C. A., & Oke, A. (2010). Servant leadership, procedural justice climate, service climate, employee attitudes, and organizational citizenship behavior: A cross-level investigation. *Journal of Applied Psychology*, 95, 517–529.

174. Ben-Hur, S., & Jonsen, K. (2012). Ethical leadership: Lessons from Moses. *Journal of Management Development*, 31(9), 962–973; Mayer, D. M., Aquino, K., Greenbaum, R. L., & Kuenzi, M. (2012). Who displays ethical leadership, and why does it matter? An examination of antecedents and consequences of ethical leadership. *Academy of Management Journal*, 55(1), 151–171; Muff, K. (2013). Developing globally responsible leaders in business schools. *Journal of Management Development*, 32(5), 487–507.

175. Bennis, W. G., & O'Toole, J. (2005). How business schools lost their way. *Harvard Business Review*, 83(5), 96–104.

176. Giacolone, R. A., & Thompson, K. R. (2006). From the guest co-editors: Special issue on ethics and social responsibility. *Academy of Management Learning & Education*, 5(3), 261–265; Beggs, J. M., Dean, K. L., Gillespie, J., & Weiner, J. (2006). Introduction: The unique challenges of ethics instruction. *Journal of Management Education*, 30(1), 5–10.

177. Giacalone, R. A.,&Thompson, K. R. (2006). Business ethics and social responsibility education: Shifting the Worldview. *Academy of Management Learning & Education*, 5(3), 266–277.

178. Dean, K. L., & Beggs, J. M. (2006). University professors and teaching ethics: Conceptualizations and expectations. *Journal of Management Education*, 30(1), 15–44; see also Curry, T. J., & Thach, S. V. (2007). Teaching business ethics: The attitudes of business deans around the world. *Journal of Developing Areas*, 41, 237–244.

179. Brownell, J. (2006), *supra* note 65, p. 321.

180. Datar, S. M., Garvin, D. A., & Cullen, P. G. (2011). Rethinking the MBA; Business education at a crossroads. *Journal of Management Development*, 30(5), 451–462; Baker, S. D., & Comer, D. R. (2012). "Business ethics everywhere": An experiential exercise to develop students' ability to identify and respond to ethical issues in business. *Journal of Management Education*, 36(1), 95–125; Crossan, M., Mazutis, D., Seijts, G., & Gandz, J. (2013). Developing leadership character in business programs. *Academy of Management Learning & Education*, 12(2), 285–305; Kennedy, F., Carroll, B., & Francoeur, J. (2013). Mindset not skill set: Evaluating in new paradigms of leadership development. *Advances in Developing Human Resources*, 15(1), 10–26; Baden, D. (2014). Look on the bright side: A comparison of positive and negative role models in business ethics education. *Academy of Management Learning & Education*, 13(2), 154–170.

181. Crane, A. (1999). Are you ethical? Please tick Yes or No on researching ethics in business organizations. *Journal of Business Ethics*, 20(3), 237–248; Keep, J. (2007). Fitness to practice: Can well-balanced, supported HRD practitioners better deal with ethical and moral conundrums? *Human Resource Development International*, 10, 465–473; Thornton, L. F. (2009). Leadership ethics training: Why is it so hard to get it right? *T&D*, 63(9), 58–61; Craft, J. L. (2010). Making the case for ongoing and interactive organizational ethics training. *Human Resource Development International*, 13(5), 599–606; Sekerka, L. E., Godwin, L. N., & Charnigo, R. (2012). Use of balanced experiential inquiry to build ethical strength in the workplace. *Journal of Management Development*, 31(3), 275–286; Thite, M. (2013). Ethics and human resource management and development in a global context: Case study of an Indian multinational. *Human Resource Development International*, 16(1), 106–115.

182. Matherne, B. P., Gove, S., Forlani, V., & Janney, J. J. (2006). "Walk the Talk": Developing personal ethical agency through a business partnership program. *Journal of Management Education*, 30(1), 106–133.

183. McWilliams, V., & Nahavandi, A. (2006). Using live cases to teach ethics. *Journal of Business Ethics*, 67, 421–433; Johnson, L. A., & Helms, M. M. (2008). Keeping it local: Incorporating a local case study in the business curriculum. *Education + Training*, 50, 315–328.

184. Wildermuth, C., & Wildermuth, M. (2006). Beyond rule following: Decoding leadership ethics. *Industrial and Commercial Training*, 38(6), 297–301; Clegg, S., Kornberger, M., & Rhodes, C. (2007). Business ethics as practice. *British Journal of Management*, 18(2), 107–122.

185. Wolfensohn, J., O'Reilly, D., Campbell, K., Shui-Bian, C., & Arbour, L. (2003). In their own words: Leaders speak out. *Harvard International Review*, 25(3), 50–67; Macfarlane, B. (2004). *Teaching with integrity. The ethics of higher education practice*. London: RoutledgeFalmer; Werner, J. M. (2005). Teaching & integrity. *Whitewater Alumni & Friends*, Summer/Fall, pp. 14–15; Falkenberg, L., & Woiceshyn, J. (2008). Enhancing business ethics: Using cases to teach moral reasoning. *Journal of Business Ethics*, 79, 213–217.

186. Schumann, P. L., Scott, T. W., & Anderson, P. H. (2006). Designing and introducing ethical dilemmas into computer-based business simulations. *Journal of Management Education*, 30(1), 195–219; Tomlinson, E. C. (2008). Teaching the interactionist model of ethics: Two brief case studies. *Journal of Management Education*, 33, 142–165; Hopkins, M. S. (2009). 8 reasons sustainability will change management (that you never thought of). *MIT Sloan Management Review*, 51(1), 27–30; Rasche, A., Gilbert, D. U., & Schedel, I. (2013). Cross-disciplinary ethics education in MBA programs: Rhetoric or reality? *Academy of Management Learning & Education*, 12(1), 71–85; Curzer, H. J., Sattler, S., DuPree, D. G., & Smith-Genthôs, K. R. (2014). Do ethics classes teach ethics? *Theory and Research in Education*, 12(3), 366–382; Gosenpud, J. J., & Werner, J. M. (2015). Growing up morally: An experiential classroom unit on moral development. *Electronic Journal of Business Ethics and Organization Studies*, 20(1), 222–229.

187. May, G. L., & Kahnweiler, W. M. (2000). The effect of a mastery practice design on learning and transfer in behavior modeling training. *Personnel Psychology*, 53(2), 353–373; Warhurst, R. (2011). Role modelling in manager development: Learning that which cannot be taught. *Journal of European Industrial Training*, 35(9), 874–891; Owens, B. P., & Hekman, D. R. (2012). Modeling how to grow: An inductive examination of humble leader behaviors, contingencies, and outcomes. *Academy of Management Journal*, 55(4), 787–818; Kempster, S., & Parry, K. (2014). Exploring observational learning in leadership development for managers. *Journal of Management Development*, 33(3), 164–181.

188. Gibson, S. K. (2004). Social learning (cognitive) theory and implications for human resource development. *Advances in Developing Human Resources*, 6(2), 193–210.

189. Goldstein, A. P., & Sorcher, M. (1974). *Changing supervisor behavior*. Elmsford, NY: Pergamon Press.

190. *Ibid*., p. 145.

191. Brenner, S. L., Head, S. B., Helms, M. J., Williams, R. B., & Williams, V. P. (2003). A videotape module to teach assertion skills. *Journal of Applied Social Psychology*, 33(6), 1140–1152; Ardts, J. C. A., Van der Velde, M. E. G., & Maurer, T. J. (2010). The influence of perceived characteristics of management development programs on employee outcomes. *Human Resource Development Quarterly*, 21, 411–434.

192. Goldstein & Sorcher (1974), p. 145.

193. Gist, M. E., Schwoerer, C., & Rosen, B. (1989). Effects of alternative training methods on self-efficacy and performance in computer software training. *Journal of Applied Psychology*, 74, 884–891; Simon, S. J., & Werner, J. M. (1996). Computer training through behavior modeling, self-paced, and instructional approaches: A field experiment. *Journal of Applied Psychology*, 81, 648–659.

194. McGehee, W., & Tullar, W. L. (1978). A note on evaluating behavior modification and behavior modeling as industrial training techniques. *Personnel Psychology*, 31, 477–484; Latham, G. P., & Saari, L. E. (1979). The application of social learning theory to training supervisors through behavior modeling. *Journal of Applied Psychology*, 64, 239–246; Meyer, H. H., & Raich, M. S. (1983). An objective evaluation of a behavior modeling training program. *Personnel Psychology*, 36, 755–761; Gist et al. (1989), *supra* note 196.

195. Burke, M. J., & Day, R. R. (1986). A cumulative study of the effectiveness of managerial training. *Journal of Applied Psychology*, 71, 232–245.

196. Werner, J. M., & Crampton, S. M. (1992). The impact of behavior modeling training on learning, behavior, and results criteria: A meta-analytic review. In M. Schnake (Ed.), *Proceedings* (pp. 279–284). Southern Management Association; Taylor, P. J., Russ-Eft, D. F., & Chan, D. W. L. (2005). A meta-analytic review of behavior modeling training. *Journal of Applied Psychology*, 90(4), 692–709.

197. Bandura, A. (1986). *Social foundations of thought and action*. Englewood Cliffs, NJ: Prentice Hall.

198. Taylor, M. S., Locke, E. A., Lee, C., & Gist, M. E. (1984). Type A behavior and faculty research productivity: What are the mechanisms? *Organizational Behavior and Human Performance*, 34, 402–418.

199. Latham&Saari (1979), *supra* note 197; Decker, P. J. (1983). The effects of rehearsal group size and video feedback in behavior modeling training. *Personnel Psychology*, 36, 763–773; Decker, P. J. (1984). Effects of different symbolic coding stimuli in behavior modeling training. *Personnel Psychology*, 37, 711–720; Rosen, M. A., Salas, E., Pavlas, D., Jensen, R., Fu, D., & Lampton, D. (2010). Demonstrationbased training: A review of instructional features. *Human Factors*, 52, 596–609.

200. Latham&Saari (1979), *supra* note 197; Decker, P. J. (1983). The effects of rehearsal group size and video feedback in behavior modeling training. *Personnel Psychology*, 36, 763–773; Decker, P. J. (1984). Effects of different symbolic coding stimuli in behavior modeling training. *Personnel Psychology*, 37, 711–720.

201. Hogan, P. M., Hakel, M. D., & Decker, P. J. (1986). Effects of trainee-generated versus trainer-provided rule codes on generalization in behavior-modeling training. *Journal of Applied Psychology*, 71, 469, 473.

202. Baldwin, T. T. (1992). Effects of alternative modeling strategies on outcomes of interpersonal skills training. *Journal of Applied Psychology*, 77, 147–154.

203. Parry, S. B., & Reich, L. R. (1984). An uneasy look at behavior modeling. *Training and Development Journal*, 30(3) 57–62.

204. *Ibid.*; Rosenbaum, B. L. (1984). Back to behavior modeling. *Training and Development Journal*, 30(11), 88–89.

205. Werner, J. M., O'Leary-Kelly, A. M., Baldwin, T. T., & Wexley, K. N. (1994). Augmenting behavior-modeling training: Testing the effects of pre- and post-training interventions. *Human Resource Development Quarterly*, 5(2), 169–183.

206. Pescuric, A., & Byham, W. C. (1996). The new look of behavior modeling. *Training&Development*, 50(7), 24–30.

207. Goldstein, A. P., & Sorcher, M. (1974). *Changing supervisor behavior.* Elmsford, NY: Pergamon Press; Decker, P. J., & Nathan, B. R. (1985). *Behavior modeling training: Principles and applications.* New York: Praeger; Silberman, M. L. (1999). *Active learning: A handbook of techniques, designs, case examples, and tips.* San Francisco, CA: Jossey-Bass/Pfeiffer; Fox, W. M. (2009). *Behavior modeling training for developing supervisory skills—Trainee Manual.* Charlotte, NC: Information Age Publishing.

208. Moeller, M., Harvey, M., & Williams, W. (2010). Socialization of inpatriate managers to the headquarters of global organizations: A social learning perspective. *Human Resource Development Review*, 9(2), 169–193; Poisson-de Haro, S., & Turgut, G. (2012). Expanded strategy simulations: Developing better managers. *Journal of Management Development*, 31(3), 209–220; Lu, J., Hallinger, P., & Showanasai, P. (2014). Simulation-based learning in management education. *Journal of Management Development*, 33(3), 218–244.

209. Collins, D. B., & Holton, E. F., III (2004). The effectiveness of managerial leadership development programs: A metaanalysis of studies from 1982–2001. *Human Resource Development Quarterly*, 15, 217–248; Cohn, J. M., Khurana, R., & Reeves, L. (2005). Growing talent as if your business depended on it. *Harvard Business Review*, 83(10), 62–70; Suutari & Viitala (2008), *supra* note 115; Anderson, L. (2010). 'Talking the talk'—A discursive approach to evaluating management development. *Human Resource Development International*, 13, 285–298; Leimbach, M. (2010). Learning transfer model: A research-driven approach to enhancing learning effectiveness. *Industrial and Commercial Training*, 42(2), 81–86; Powell, K. S., & Yalcin, S. (2010). Managerial training effectiveness: A metaanalysis 1952–2002. *Personnel Review*, 39, 227–241; Ellström, E.,& Ellström, P. E. (2014). Learning outcomes of a work-based training programme: The significance of managerial support. *European Journal of Training and Development*, 38(3), 180–197; King, E. L., & Nesbit, P. (2015). Collusion with denial: Leadership development and its evaluation. *Journal of Management Development*, 34(2), 134–152.

210. Terry, R. (2009). The great leadership and management development conspiracy. *Training Journal*, November, pp. 53–57.

211. Ghoshal, S., Bartlett, C. A., & Moran, P. (1999). A new manifesto for management. *Sloan Management Review*, 40(3), 9–20.

212. Longenecker, C. O., & Ariss, S. S. (2002). Creating competitive advantage through effective management education. *Journal of Management Development*, 21(9), 640–654, quote from p. 651.

213. Longenecker, C. O., & Fink, L. S. (2005). Management training: Benefits and lost opportunities (Part 1). *Industrial and Commercial Training*, 37(1), 25–30; Kawalek, J. P. (2006). Organizational change through management development: A case study of GW Power Utilities. *International Journal of Information Management*, 26, 339–348; Gibson, P. S. (2008). Developing practical management wisdom. *Journal of Management Development*, 27, 528–536.

214. Jick, T. (2001). *John Smithers.* Boston, MA: Harvard Business School Publishing; Blackman, D. A., & Lee-Lelley, L. (2006). The role of human resource development in preventing organisational stagnation. *Management Decision*, 44, 628–643; Harris, S. G., & Cole, M. S. (2007). A stages of change perspective on managers' motivation to learn in a leadership development context. *Journal of Organizational Change*, 20, 774–793; Choi, M., & Ruona, W. E. A. (2011). Individual readiness for organizational change and its implications for human resource and organization development. *Human Resource Development Review*, 10(1), 46–73; McDaniel, E. A., & DiBella-McCarthy, H. (2012). Reflective leaders become causal agents of change. *Journal of Management Development*, 31(7), 663–671; Barton, L. C., & Ambrosini, V. (2013). The moderating effect of organizational change cynicism on middle manager strategy commitment. *International Journal of Human Resource Management*, 24(4), 721–746; Exter, N., Grayson, D., & Maher, R. (2013). Facilitating organizational change for embedding sustainability into academia: A case study. *Journal of Management Development*, 32(3), 319–332.

215. Bloom, N., Sadun, R., & Van Reenen, J. (2012). Does management really work? *Harvard Business Review*, 90(11), 76–82; Culbertson, S., & Owen, K. (2012). Demonstrating the value of executive education. *People & Strategy*, 35(3), 44–51; Hamel, G., Chard, D., Luebke, R., Booth, S., Cantarero, U., Parikh, B., & Ranaivoson, F. (2012). First, let's fire all the managers: Interaction. *Harvard Business Review*, 90(3), 20–21; Sheehan, M. (2012). Developing managerial talent. *European Journal of Training and Development*, 36(1), 66–85; Sheehan, M. (2012). Investing in management development in turbulent times and perceived organisational performance: A study of UK MNCs and their subsidiaries. *International Journal of Human Resource Management*, 23(12), 2491–2513; Aragon, I. B., & Valle, R. S. (2013). Does training managers pay off? *International Journal of Human Resource Management*, 24(8), 1671–1684; Brodke, M. (2013). Management training to ensure excellent team performance. *Industrial and Commercial Training*, 45(7), 428–432.

13장 | 조직 개발과 변화

학습 목표

이 장을 읽고 나면 당신은…

1. 조직 개발(OD)을 정의할 수 있다.
2. 조직 개발에 관한 기본 이론들과 개념들을 이해할 수 있다.
3. 계획적 변화 모형을 서술할 수 있다.
4. 개입 전략 개발을 위한 변화 촉진자, 관리자와 구성원들의 역할을 설명할 수 있다.
5. 실행 전략의 설계를 위한 기본 단계를 이해할 수 있다.
6. 인적 프로세스, 기술 구조, 사회 기술 및 조직 변혁과 같은 개입 전략 유형을 설명할 수 있다.
7. 조직 개발 개입에서 HRD 전문가의 역할을 기술할 수 있다.

핵심 용어

개입 전략
근무 일정 조정
기술 구조 이론
문화적 변화
베타 변화
변화 관리자
변화 촉진자
사회 기술 시스템(STS) 개입
설문 조사 피드백
실행 계획
알파 변화
압축근무시간제
역장 분석
유연 근무제
인적 프로세스 개입
자율 관리팀
전략적 변화
조직 개발(OD)
조직 문화
조직 변혁(OT)
전사적 품질관리(TQM)
직무 충실화
직무 특성 모델
직무 확대
팀 빌딩
품질 관리 분임조
프로세스 자문
학습조직

도입 사례

엑스트루전(가칭)은 종업원 참여를 활성화하기 위해 조직 구조를 수평화하려고 하는 노르웨이 회사이다. 새로운 CEO는 이 업무에 매우 열정적이며, 조직 구조의 변화의 결과 발생하는 진전과 변화를 문서화하기 위해서 경영학 교수의 도움을 요청하였다.

질문: 당신이 이 변화 프로젝트를 담당하는 컨설턴트라면, 보다 수평적이고, 참여적인 조직 구조로 전환하기 위해 어떤 이슈를 제기할 것인가? 변화를 일으키기 위해서 조직이 당면하게 될 이슈 또는 문제는 무엇인가? 이런 문제들을 최소화하기 위해 조직이 어떤 것들을 할 수 있는가?

도입

이 장은 다음을 강조한다.

- 집단 또는 조직 수준에 초점을 맞춘 HRD 개입들
- 개인, 집단, 조직들이 변화를 성공적으로 다루는 방법에 관한 이론
- 개인, 집단, 조직 수준의 변수들을 통합하는 계획적 변화 모형
- 전체적으로 조직의 변혁을 촉진하는 HRD 노력들
- 공동 목표를 향해 모든 부서들을 통합하고 협력하는 고성과 업무 시스템으로서의 조직에 대한 관점

변화는 대부분의 조직들에서 일상적이다. 경쟁의 증가, 글로벌화, 기술 발전, 기타 영향으로 인한 변화 추세와 이슈를 재빠르게 인식하고, 이에 대응하는 조직에게 보상을 주어지는 환경이 조성되었다.[1] 조직의 변화를 수용하고 관리할 수 있는 HRD 개입이 조직 개발이다. 변화를 효과적으로 다루는 것은 조직의 번영, 생존, 침체 또는 소멸 여부를 결정짓는 요소이다.[2]

조직 개발의 정의

조직 개발(*OD, organization development*)은 "조직 효과성의 향상을 목적으로 조직의 전략, 구조 및 과정을 계획적으로 개발, 개선 및 강화하기 위해서 시스템 관점에서 행동 과학 지식을 적용하고 전이하는 것"이라고

정의된다.[3] 넓게 보면, 조직 개발은 계획적인 개입을 통해서 조직의 효과성과 구성원의 안녕(*well-being*)을 모두 향상시키기 위해 활용되는 과정으로 볼 수 있다.[4] 주목할 점으로는 첫째, 조직 개발은 조직의 효과성을 향상시키기 위한 것이다. 여기서 효과성은 조직의 목적과 목표를 달성하는 것을 의미한다.[5] 조직 개발 노력의 대부분은 조직 성과에 영향을 주는 조직 학습의 증가에 초점을 두고 있다.[6] 둘째, 조직 개발은 조직 구성원의 안녕을 증진시킨다. 안녕은 조직 구성원 각자가 자신의 직무와 업무 환경에 대하여 전반적으로 느끼는 지각된 만족을 칭한다. 일반적으로, "도전적이고 의미 있는 업무를 수행하면 일에 대한 만족이 높으며, 조직의 보상이 있으면, 그에 따른 만족도 더 커진다."[7] 따라서, 조직 개발은 개인적인 만족과 업무적인 만족 모두의 향상을 의도한다.

셋째, 조직 개발은 계획적 개입을 통해서 조직의 효과성과 개인의 안녕을 증진하기 위해 활용된다. 개입 의도는 "선택된 조직의 단위(목표 집단 또는 개인)의 목표와 조직 개선에 직접 또는 간접적으로 관련이 있는 단일 과업 또는 일련의 과업에 참여하는 구조화된 활동의 집합"을 뜻한다.[8] 따라서, 계획적 개입, 즉 **개입 전략**(*intervention strategies*)은 조직 개선과 변화를 일으키는 주요 수단이다.[9] 다수의 훈련 프로그램들은 조직 또는 개인에게 가시적인 효과를 보여주지 못하며. 이는 일부 프로그램들의 조직 차원, 특히 조직 문화에 관한 이슈에 대한 관심의 부적합에 기인할 수도 있다.[10]

1. 조직 개발 이론 및 개념

조직 개발 이론들은 주로 심리학, 사회학, 인류학 및 경영학 등 네 개의 학문 분야에서 나왔다. 조직 개발 이론은 변화 과정 이론과 실행 이론 등 두 개의 범주로 구분할 수 있다.

1.1 변화 과정 이론

변화 과정 이론은 조직 개선과 변화가 일어나는 역학(*dynamics*)를 설명하고자 한다.[11] 레윈(*Kurt Lewin*)은 변화 과정을 해빙, 변화, 재동결의 3단계로 묘사하였다.[12] 이 단계들은 준비, 수용, 제도화로도 부른다.[13] 해빙 단계는 사람들이 변화가 불가피함을 수용하고, 변화에 저항하는 행동(예: 비현실적인 정책, 관행, 또는 행동에 집착)을 멈추는 과정을 포함한다. 변화 단계는 사람들이 새롭고, 바람직한 상태(예: 새로운 정책과 관행)을 수용하는 것을 포함한다. 마지막 단계인 재동결은 새로운 관행과 행동이 영구적인 운영 또는 역할 기대 수준이 되는 것을 포함한다. 레윈은 변화가 두 개의 힘에서 나오는 것으로 보았다. 즉, (1) 내부에서(사람의 욕구에서) 표출된 힘과 (2) 환경에 의해 부여되거나 또는 유도된 힘이다. 환경적 힘은 추진력(변화를 위해 미는 힘)과 억제력(현 상태를 유지하려는 힘)으로 구분될 수 있다. 환경적으로 변화가 도입되기 위해서는 추진력이 억제력을 넘어서야 한다.

샤인(*Schein*)은 레윈의 모형을 단계별로 좀 더 상세하게 설명하였다(표 13.1 참조).[14] 샤인의 변화 모형은 개인의 변화 역학과 변화 촉진자가 변화 관리를 어떻게 지원하는지를 강조한다. 1단계(해빙)에서, 변화 촉

표 13.1 샤인의 변화 과정 3단계 모델

1단계	해빙 – 다음을 통하여 변화를 위한 동기부여와 준비 a. 부정 또는 확신의 부족 b. 죄의식 또는 불안감의 조성 c. 심리적 안정감의 제공
2단계	변화 – 다음을 통하여 개인이 획득한 새로운 관점에 따라 다르게 보고, 판단하고, 느끼고, 반응하도록 도움 a. 새로운 역할 모델, 멘토 등을 인식 b. 새로운 관련 정보를 위한 환경을 살핌
3단계	재동결 – 개인이 새로운 시각을 다음으로 통합하도록 도움 a. 전인격(total personality) 및 자아 개념(self-concept) b. 중요한 관계

출처: Schein, E. H. (1987). *Process consultation*(Vol. 2, p. 93). Reading, MA:Addison-Wesley.

진자는 개인이 자신의 태도, 신념 또는 성과를 부정함으로써 변화를 수용하도록 동기를 부여한다. 종업원이 나쁜 일 습관을 교정하기 위해서는 자신의 성과가 적정하지 않다는 것을 받아들여야 한다. 2단계(변화)에서는 종업원이 사물을 다르게 보고 행동하는 것과 일 습관을 바꿈으로써 자신의 성과가 개선될 것이라는 실질적인 믿음을 강조한다. 마지막으로 3단계(재동결)에서 변화 촉진자는 새로운 행동들(일 습관)이 개인의 사고 패턴으로 통합되도록 도움을 준다. 이 단계에서는 종업원이 자신의 자아 개념을 재확인하고, 바람직한 성과 기준을 강화하도록 도움을 주는 데 초점을 둔다.

변화에 대한 종업원 태도에 관한 문헌을 검토한 책이 최근에 발간되었다.[15] 트레이더-레이(*Trader-Leigh*)는 미 국무부의 변화 노력에 대한 저항에 관해서 흥미로운 사례연구를 제시했다.[16] 제조업자가 기업을 분할할 때, 해빙 단계의 문제를 콜리(*Corely*)와 지오이아(*Gioia*)는 '정체성 모호', 베르네스(*Bernerth*)는 '실패한 준비'로 서술하였다.[17] 오레그(*Oreg*) 등은 조직 변화에 대한 개인 차원의 저항이 직무 만족 및 이직 의도와 관계가 있음을 발견하였다.[18] 대조적으로, 덴트(*Dent*)와 골드버그(*Goldberg*)는 개인이 보편적으로 변화에 저항한다는 개념에 이의를 제기한다.[19] 이들의 주장은 다음과 같다.

> 사람들은 지위의 상실, 임금의 삭감, 또는 편안함의 상실에 저항할 수도 있지만, 이는 변화에 대한 저항과 동일하지는 않다… 종업원들은 자신의 입장에서 볼 때 타당하지 않은 미지의, 지시를 받는, 또는 관리 개념에 저항할 수 있다. 그렇지만, 우리 연구에서는 종업원의 변화에 대한 저항 사례를 거의 또는 전혀 발견하지 못했다.[20]

덴트(*Dent*)와 골드버그(*Goldberg*)는 레윈의 변화에 대한 저항 개념은 잘못되었으며, 시스템적인 접근에 초점을 두어야 적절하다고 주장한다. 즉, 일은 역할, 태도, 규범 및 기타 요소들로 이루어진 시스템에서 일어나며, 따라서 변화에 대한 저항은 종업원 개인들에 초점을 둘 것이 아니고, 전체적인 조직 시스템의 이유로 간주되어야 한다. 이 주장은 고성과 업무 시스템을 주장하는 사람들의 생각과 유사하다. 개인 차원의 변화를 다루는 것이 중요하지만, 조직 전체적으로 작동하는 변화와 힘의 맥락에서 이해되고 다루어질 필요가 있다.

최근에는 변화에 대한 저항에 초점을 두는 대신에 변화에 대한 개인의 준비를 강조하는 주장이 있었다.[21] 변화에 대한 개방 또는 준비를 촉진하기 위해서 아르메나키스(*Armenakis*), 베르네스(*Bernerth*)와 동료들은 다음의 다섯 가지 주제를 잘 다루어야 한다고 주장한다.

1. 차이 — 현재 상태와 이상 상태 간의 차이: "왜 변화인가?"라는 질문을 제기
2. 효능 — 변화를 이루어내는 개인과 집단의 능력에 대한 확신: "우리가 이것을 할 수 있는가?"라는 질문을 제기[22]
3. 적절성 — 특정의 행동 방침이 발견된 문제를 교정하는 적합한 대응이라는 인식: "왜 이런 변화인가?"라는 질문을 제기
4. 주요 지지 — 조직의 핵심 리더들은 변화를 지지함: "관리자들은 솔선수범하는가?"라는 질문을 제기
5. 유의성 — 변화의 내적·외적 편익: "그 안에 나를 위한 무엇이 있는가?"에 대한 답을 제시[23]

1.2 실행 이론

실행 이론은 변화를 유도하기 위해 설계된 개입 전략에 초점을 둔다. 네 가지의 개입, 즉 인적 프로세스, 기술 구조, 사회 기술 시스템(STS) 설계 및 대형 시스템에 대한 이론과 개념을 논의한다.

1.2.1 인적 프로세스 개입 이론

인적 프로세스 이론은 변화 과정을 매우 강조하고, 개인의 태도, 가치, 문제 해결 접근법 및 대인 관계 스타일을 수정하여 행동을 변화시키는 데 초점을 둔다. 이 접근법의 이론적 토대는 행동과학, 특히 욕구, 기대, 강화 및 직무 만족 이론에서 끌어온 것이다. 이 이론들을 변화 개입에 적용한 것은 1950년대 레윈이 주도하고, 리피트(*Lippitt*), 화이트(*White*), 리커트(*Likert*) 및 맥그리거(*McGregor*)가 협력하였다.[24] 레윈은 계획적 개입을 통하여 사회적 상황에서 바람직한 행동 변화를 일으키는 방법에 대한 자신의 지식을 조직 환경으로 전이할 수 있었다. 레윈은 개입이 개인 차원보다는 오히려 집단 수준을 지향한다고 가정하였다. 먼저 집단 규범의 변화가 없는 개인의 행동은 결실이 없을 것이라 생각했다. 그 개인이 이탈자(*deviate*)로 간주되어, 이전 행동 패턴으로 돌아가도록 압력을 받을 것이기 때문이다. 레윈의 연구는 여러 가지 조직 개발 개입 기법의 발전을 가져왔다. 이 기법들에는 조사 피드백과 역장(*force field*) 분석이 포함되며, 이 장의 후반부에서 논의할 것이다.

인적 프로세스 개입 전략의 또 다른 선구자인, 아지리스(*Chris Argyris*)는 개입 활동의 기본적인 요구 조건은 타당한 정보, 자유로운 선택 및 내적 몰입(*internal commitment*)이라고 가정했다.[25] 변화가 용이하게 되기 위해서는 관련된 사람이 상황을 진단하고 그 정보에 근거하여 행동할 유용한 정보를 가져야 한

다. 자유로운 선택은 변화 과정에 관여하는 사람이 개입 전략을 실행하기 위한 자율권, 통제권 및 동기 부여권을 갖는다는 것을 의미한다. 내적 몰입은 변화 과정에 참여하는 사람(들)이 전략의 '주도권'을 갖고, '타당한 정보를 처리하며, 자유롭게 정보를 선택한다는 것'을 의미한다.[26] 아지리스의 연구는 프로세스 자문(*consultation*), 역할 명확화, 대면 회의와 같은 팀 빌딩 기법의 발전을 가져왔다. 조직에서 작업팀 활용의 증가는 조직을 관리하는 방법에서 의미 있는 변화가 필요하며, 조직 개발 원칙은 문화, 가치 및 통제 시스템의 변화를 촉진하는 데 활용될 수 있다.[27]

1.2.2 기술 구조 개입 이론

기술 구조 이론(*techno-structural theory*)은 작업 내용, 작업 방법, 작업 흐름, 성과 요소 및 작업자들 간의 관계를 개선하는 데 중점을 둔다.[28] 주요 개념들 중의 하나는 직무 설계이다. 직무는 개인의 과업 또는 의무, 책임, 권한, 관계 및 기술 요구 사항을 포함하는 몇 가지 구분되는 특성을 가지고 있다. 해크먼(*Hackman*)과 올드햄(*Oldham*)은 직무 특성은 종업원의 심리 상태에 영향을 주고, 차례로 작업 성과와 만족에 영향을 미친다고 가정했다.[29] 이들은 직무 특성을 한 개 이상 변경하면 —이는 **직무 충실화**(*job enrichment*) 전략임— 긍정적인 심리적 변화를 유도하고, 성과와 만족의 향상으로 귀결된다고 믿었다. 해크먼과 올드햄의 연구는 주로 직무 만족과 생산성 향상을 위한 개인 도구인, 직무 재설계(직무 충실화 프로그램)에 적용되었다.

기술 구조 개입 전략의 또 다른 차원은 변화 과정에서 있어서 참여 수준이다. 다수의 실행자들은 개인 또는 조직에 대한 참여의 영향을 먼저 이해하지 않고서 설계는 '참여적'이어야 한다는 것을 쉽게 받아들인다.[30] "사람들은 조건이 주어지면 참여할 것이다" 또는 "사람들은 비참여보다는 참여를 더 선호한다"와 같은 문구들은 너무 단순하다.[31] 실행자들에게 어려운 점의 하나는 참여가 아직 모호하게 정의된 구성 개념이라는 것이다.[32]

1.2.3 사회 기술 시스템(STS)의 설계

사회 기술 시스템 개입(*Sociotechnical Systems(STS) intervention*)은 "작업 단위의 기술적 구성과 사회적 구조 간의 적합성을 지향하며, 결과적으로 자기 유지적이고, 반자생적인 집단을 만들기 위한 역할, 과업 또는 일련의 활동들 간의 관계를 재정립하게 된다."[33] 1960년대와 1970년대 대부분의 연구들은 직장 생활의 질에 대한 개입에 집중하였다. 산업 민주화, 참여적 관리, 직무 충실화, 작업 일정 변경과 같은 것들에 프로젝트의 초점이 주어졌다. 이 프로젝트들이 강조한 것은 이런 개입들이 작업자의 만족과 생산성에 미치는 영향이었다.

STS 설계가 진행되던 시절에 데밍(*W. E. Deming*)은 품질 향상을 지향하는 종업원 참여 기법을 개척하였다. 1950년대 초, 데밍은 이 개념을 미국 기업들에 도입하였지만 잘 받아들여지지 않았다. 데밍은 일본 산업가들에게 이 기법을 소개하였는데, 그의 메시지가 이들의 전체적인 사업 철학과 맞아 떨어졌다. 데밍의 개념을 STS 이론에 적용한 STS 개입들은 노동자들에게 일에 대한 책임을 좀 더 부여하는

'위임'에 초점을 두기 시작했다. 이 혁신 방법에는 품질 관리 분임조, 전사적 품질관리 및 자율 관리팀이 포함된다.

1.2.4 조직 변혁(OT)

조직 변혁(*OT, organization transformation*) 이론은 베크하드(*Beckhard*)가 개척하였다. 그는 조직을 복합적인 인적 시스템으로 보았으며, 각 시스템은 독특한 특성, 문화 및 가치 시스템을 가지고 있고, "최적의 생산성과 동기부여 결과를 얻으려면, 정보 및 작업 절차를 끊임없이 조사, 분석 및 개선해야 한다"고 하였다.[34] 이 접근 방법에 의하면 관리자들은 무수히 많은 도전에 직면해 있으며, 이러한 도전에는 미션, 사업 방식, 소유권의 변화와 다운사이징의 영향이 포함된다. 이러한 도전에 대응하기 위해서 조직의 리더들은 미션과 목표로 해석될 수 있는 신념과 원칙을 제시하는 비전을 개발할 수 있어야 한다. 미션과 목표는 조직을 관리하기 위한 기술을 효과적으로 사용하고, 보상을 배분하기 위한 근간을 형성해야 한다. 이를 효과적으로 수행하기 위해서 조직의 리더들은 문화의 성격과 문화의 변화를 위해서 해야 할 일, 조직 생활에서 가치의 중요한 역할, 일반적인 사회의 사회 정치적 성격, 기술, 그리고 마지막으로 변화의 효과적인 관리 및 안정과 변화의 균형에 대한 개념들을 이해해야 한다.[35]

1.3 조직 개발(OD) 연구의 한계

HRD의 여러 분야에서와 마찬가지로, OD 개입의 이론적인 구성 개념과 효과성을 검증하기 위해 수행한 연구에는 한계가 있다.[36] 이 한계에는 다음과 같은 내용들이 포함된다.

1. 대부분 OD에서 제대로 된 실험 설계의 부족
2. 많은 OD 전문가들이 활용 가능한 자원의 부족
3. 현장 연구 설계의 한계
4. OD 평가자들(흔히 개입의 설계자들)에 의한 잠재적 편견
5. 직무를 정확하게 수행하려는 OD 평가자들의 '동기부여'의 부족[37]

특히, 이 연구들의 인과 관계를 분리하는 것은 어렵다.[38] 전통적인 실증 전략을 OD 개입에 적용하면, 연구자들은 하나의 개입 에피소드에만 집중하고, 조직의 체계적 성질을 무시하도록 압력을 받는다.[39] 또한, 대부분의 OD 연구 결과들은 태도와 행동의 변화를 측정한다. 이는 한계로써 태도와 행동의 변화는 개입 변수들(*intervening variables*)로 간주되어 OD 개입을 통해 궁극적으로 달성하고자 하는 집단 및 조직의 성과 개선과는 별로 관계가 없을 수도 있기 때문이다.[40]

중요한 방법론적인 발전으로는 메타 분석을 OD 연구에 적용한 것이다. 메타 분석은 동일한 변수 또는 개입을 조사하는 연구의 결과들을 통계적으로 결합하여, 이전 연구로부터 결론을 보다 쉽게 도출하는 분석적 기법의 집합이다. 종속변수에 대한 변화 개입의 효과를 조사하는 것 이외에도, 메타 분석

은 조절변수(예: 조직에서 이용된 기술, 조직 유형, 조사 연구의 엄격함)의 효과를 조사할 수 있게 해준다.[41] 메타 분석을 하면 검토자의 편견과 같은 영향을 통계적으로 제거가 가능하다.[42] OD의 메타 분석 연구로 이전 연구에서 무엇을 얻을 수 있는지를 판단하기가 쉬워졌다. 주(州) 보안관 부서의 조직 개발 개입의 효과에 대한 장기간의 조사 연구 사례로 보스(Waye Boss)와 동료들이 수행한 연구가 있다.[43]

2. 계획적 변화 모형

대부분의 OD 연구는 계획적 변화 모형의 필요성을 강조하였다.[44] 일반적인 모형이 없기 때문에, 변화 과정과 개입 이론은 자주 "추상적 개념 수준, 분석 수준, 그리고 좁게 정의된 전문 영역의 경계가 상호 교차되어 결합되곤 한다."[45] 이 절에서는 OD 이론, 연구 및 관행을 통합하기 위한 틀을 제공하는 계획적 변화 모형을 제시한다. 포라스(Porras)와 실버스(Silvers)의 계획적 변화 모형은 조직 환경에서 변화를 도입하기에 유용한 프레임워크이다(그림 13.1 참조).[46] 특히, 특정 조직 변수를 목표로 한 계획적 개입이 어떻게 긍정적인 조직 성과를 달성하는지를 보여준다. 이 모형은 네 부분으로 구분된다. 첫 번째는 두 유형의 개입 전략—조직 개발(OD)과 조직 변혁(OT)—이다. 포라스와 실버스는 OT 이론과 개념들이 OD처럼 잘 정의되어 있지 않기 때문에 별개의 실체라고 생각한다.[47]

그림 13.1 계획적 변화 모델

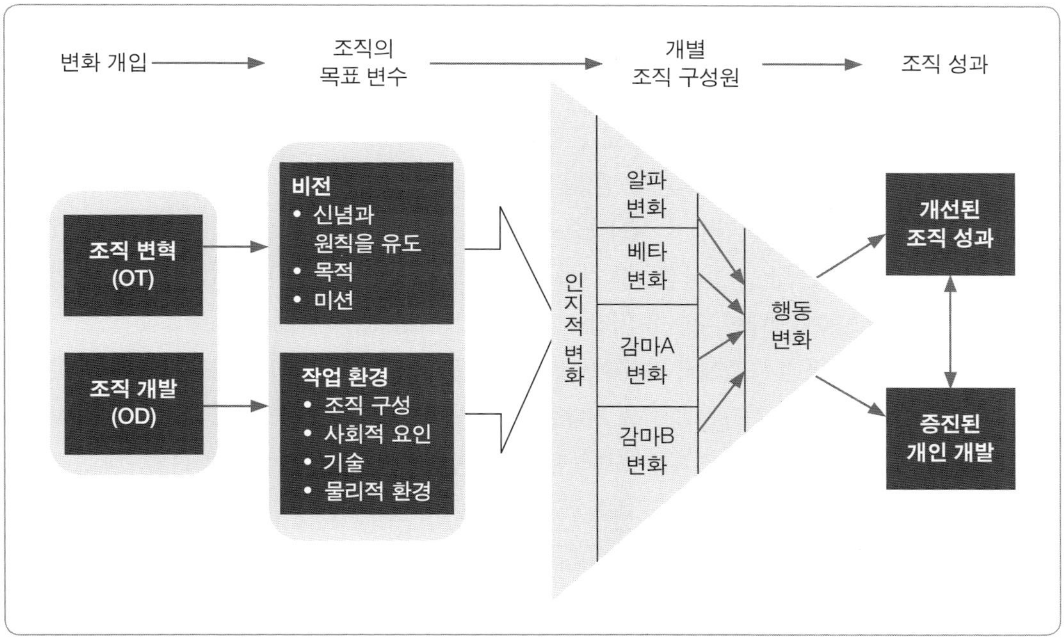

출처: Porras, J. I., & Silvers, R. C. (1991). Organization development and transformation. *Annual Review of Psychology*, 43, 42, 53. Copyright 1991 by Annual Reviews. Reproduced with permission of ANNUAL REVIEWS, INC. via Copyright Clearance Center.

두 번째 부분은 변화 개입과 조직의 목표 변수 간의 관계를 보여준다. 두 개의 목표 변수 집합이 있다. 첫째는 비전 변수로, 관리자의 결정 기준과 조직 목표와 미션의 수립을 제시하는 기저 가치, 신념 및 원칙이다. 목표 변수의 두 번째 유형은 작업 환경 변수로서 OD 개입 및 비전 변수들과 직접적으로 관계가 있거나 또는 영향을 받는다. 작업 환경 변수들은 정책, 절차, 작업 규칙, 직무 명세, 공식 보고 라인, 사회적 요인 및 의사소통 유형을 포함한다.

세 번째 부분은 개인의 인지적 변화 유형에 초점을 둔다. 포라스와 실버스는 인지적 변화를 기존의 조직 변수 또는 패러다임에 대한 개인 인식의 변화라고 개념화하였다.[48] 조직의 패러다임은 분석되지 않은 가정에 근거를 둔 일반적으로 수용된 견해 또는 신념으로 정의할 수 있다.[49] 인지적 변화는 네 가지 수준에서 일어날 수 있다.

1. **알파 변화**(*alpha changes*). 개인들이 자신의 외형적 구성 요소를 변경하지 않으며(예: 직무 설계), 패러다임 내에서 변수들 수준의 변화(예: 기술의 향상을 인식)를 인식할 때 가능함
2. **베타 변화**(*beta changes*). 개인들이 자신의 외형적 구성 요소를 변경하지 않으며, 기존 패러다임 내에서 변수들의 가치 변화(예: 작업 기준의 변화)를 인식할 때 가능함
3. 감마A 변화(*gamma A changes*). 개인들이 새로운 변수를 추가하지 않고, 기존 패러다임의 외형적 구성 요소에서 변화를 인식할 때 가능함(예: '제품 주도' 패러다임의 중심 가치를 '비용 제한'에서 '전체적인 품질 중심'으로 변경: 이 패러다임 내에서 전체 변수의 재구성이 일어남)
4. 감마B 변화(*gamma B changes*). 개인들이 하나의 패러다임을 새로운 변수를 포함하는 다른 패러다임으로의 교체로 인식할 때 가능함(예: 제품 주도 패러다임을 고객 대응 패러다임으로 대체)[50]

정의에서 지적한 바와 같이, 각 수준의 인지적 변화는 개인에서 조직으로 보다 폭넓게 나타난다. 예를 들면, 탁송 직원이 독해력을 높이기 위해 훈련 프로그램에 참여한다고 가정해보자. 훈련을 끝마쳤을 때 자신의 독해력이 향상되었다고 느끼면 알파 변화가 일어났다고 한다. 또한, 탁송 관리자가 유효한 주문처리 시간 기준을 48시간에서 24시간으로 축소함으로서 생산성을 개선하려고 한다고 가정하자. 탁송 직원이 새로운 기준을 합당하다고 받아들이면 베타 변화가 일어났다고 할 수 있다. 종업원들이 48시간이 아니라 24시간 내에 주문을 처리하는 것을 성공으로 정의하기 때문이다.

감마A와 B 변화는 조직 수준에서 일어나는 변화를 지칭한다. 감마A 변화는 핵심 미션은 그대로 두고, 운영 미션이나 철학을 달성하는 방법을 지향한다. 예를 들면, 제품 주도 조직이 조직의 운영 철학을 변경하지 않고 새로운 비용 제한 절차를 도입하면, 감마A 변화가 일어날 것이다. 이와는 반대로, 감마B 변화는 핵심 미션이나 철학을 지향한다. 예를 들면, 조직이 자신을 제품 중심에서 고객 중심으로 재정의하면 감마B 변화가 일어난다. 감마A 변화와는 달리, 감마B 변화는 "기존의 행동을 변경하고, 새로운 행동을 만들며, 노동자들이 자신의 일을 바라보는 완전히 새로운 방법을 제시한다."[51]

인지적 변화를 구분하면 몇 가지 이점이 있다. 첫째, 변화 촉진자가 바람직한 변화를 달성하는 데 적합한 개입 전략의 종류를 선택할 수가 있다. 둘째, 이 접근법은 OD 개입을 평가하는 개념적 틀을 제

공한다. 특히, 변화의 수준은 변화의 평가에 적합한 연구 설계와 측정 기법에 영향을 준다. 셋째, 효과성은 결과에 대한 의사소통을 좀 더 명확하게 하면 4단계 인지 수준 중 한 개 이상에서 변화가 있으면 된다.

이 모델의 네 번째와 마지막 부분은 개인의 행동 변화로 두 가지의 결과, 즉 조직 성과의 향상과 개인 개발의 증진이 어떻게 달성되는지에 중점을 둔다. 조직 성과는 효율성, 효과성, 생산성 및 수익성의 개선을 가리킨다. 개인 개발의 증진은 행동이나 기능의 변화를 지칭하며, 작업 습관의 개선, 몰입의 증가, 성과의 개선으로 귀결된다.

3. 개입 전략의 설계

계획적 변화 모델은 OD 이론, 연구 및 관행을 통합하기 위한 틀을 제공한다. 이 절은 OD 전문가들이 특정한 조직 변수를 대상으로 한 개입 전략을 어떻게 설계할 것인가를 논의한다. 먼저, 설계 및 실행 단계에서의 특정 역할을 논의하고, 그 다음 개입 전략의 설계 단계로 이어지며, 마지막으로 HRD 전문가들의 역할을 제시한다.

3.1 구체적 역할

개입 변화 전략을 설계하고 실행할 때 세 가지의 역할, 즉 변화 관리자의 역할, 변화 촉진자의 역할, 그리고 개인이 수행하는 역할이 있다.

3.1.1 변화 관리자의 역할

변화 관리자(*change manager*)는 개입 전략의 설계를 주도한다. 그는 변화 욕구를 분석하고, 적절한 개입 활동을 결정하며, 전략을 실행하고, 결과를 평가할 전체적인 책임을 지고 있다. 어떤 조직들은 변화를 도입하기 위해서 병렬 구조를 선택하여, 한 사람은 지속적인 관리 기능을 책임지고, 다른 사람은 변화 관리를 책임진다. 그렇지만, 병렬 구조를 활용하면, 변화 관리자는 특히, 조직에서 다른 사람들이 기능 관리자가 변화 과정을 지지하지 않는 것으로 인식할 경우, 변화를 위한 조건을 조성할 만큼 충분한 권력을 가지지 않는 상황으로 이어질 수 있다.

대부분의 조직은 병렬 구조를 만드는 대신에, 기능 관리자에게 변화 관리자의 의무를 추가적으로 부여하는 것을 고려한다. 이러한 접근법을 활용할 때, 변화 관리자로 선정된 사람은 조직에서 적절한 수준에 위치하는 것이 중요하다. 팀 빌딩 개입이 단일 부서에서 활용되면, 변화 관리자는 부서 관리자(부서장)가 될 것이다. 그 대신에, 개입의 목표가 조직의 미션을 변경하는 것이라면, 적합한 변화 관리자는 CEO이어야 할 것이다. 골드(*Christina Gold*)는 웨스트 유니온(*West Union*)의 주요 변화에서 CEO의 역할을 하였다.[52]

관리자들은 강제 변화의 반대인 계획적 변화의 성질을 파악해야 한다.[53] 강제 변화는 강압적인 전술(예: 징계 위협)을 이용하며 즉각적인 결과를 얻을 수는 있지만, 행동의 변화는 지속될 수 없다. 개인들이 부정적인 결과를 피하기 위해서 강제 변화에 즉시 반응할 수 있다. 하지만, 이런 위협이 제거될 때, 개인은 예전 습관이나 행동으로 되돌아 갈 수 있다. 유감스럽게도, 많은 관리자들은 자신들의 단기적 욕구와 계획적 변화를 통해 보다 지속적이고 장기적인 혜택 가능성 간의 균형을 이루는 법을 배울 때까지 강제 변화를 사용한다.

변화 관리자는 변화 계획(*initiative*)에 충분한 주의를 기울여야 하고, 결론까지 꿰뚫어 보아야 한다. 조사에 따르면, 경영자들은 변화 계획의 실패를 변화 계획에 대한 자신의 불찰 탓으로 여긴다.[54] 이외에도, 관리자들과 경영자들은 흔히 변화 프로세스 및 개인들에게 미치는 변화의 영향에 대해 잘 모르며, 변화의 인적 요소를 관리하는 기술이 부족하다.[55] 이는 조직에서 경영자와 관리자들이 변화 관리 역할을 잘 준비하도록 더 많은 것을 할 필요성이 있음을 시사한다.

많은 조직들이 이를 고민하였다.[56] 예를 들면, 코닝(*Corning, Inc.*)사는 변화 관리를 위한 훈련(*Exercise for Managing Change*)이라 불리는 프로그램을 개발하고, 관리자와 경영자들이 변화에 대비하고, 변화 프로세스를 헤쳐 나가며, 변화를 생활화하도록 정보, 활동, 자료 및 기타 자원들을 제공한다.[57] 이와 같은 프로그램들은 관리자들이 자신의 역할을 이해하고, 다른 사람들의 계획적 변화 전략의 개발 및 이행을 돕도록 한다.

3.1.2 변화 촉진자의 역할

변화 촉진자(*change agent*)는 변화 전략을 설계하고 파악하는 데 있어서 변화 관리자를 돕는다. 무엇보다도, 변화 촉진자의 주요 책임은 전략의 설계 및 이행과 관련한 활동을 촉진하는 것이다. 변화 촉진자는 OD 이론, 개념, 관행 및 연구 결과에 대한 지식을 보유하고, 이행 이슈 및 여러 가지 개입 전략의 효능에 대해 조언할 수 있어야 한다.[58]

변화 촉진자는 내부 직원(예: HR 또는 HRD 전문가)일 수도 있고, 외부 컨설턴트일 수도 있다.[59] 내부의 변화 촉진자는 일반적으로 조직의 미션, 조직 구성 요소, 기술, 내부 정치 및 사회적 요인들에 대해 잘 알고 있어야 한다. 이는 변화 관리자 및 변화를 겪게 될 시스템의 구성원들과의 신뢰 관계를 형성하는데 매우 중요할 수 있다. 하지만, 시스템의 구성원들은 내부 변화 촉진자가 기존 상황에 너무 가까워서 객관적이지 않을 수도 있다고 생각한다. 또한, 내부 변화 촉진자는 특정한 개입 전략에 필요한 전문적인 지식을 가지고 있지 않을 수도 있다. 이런 경우, 조직은 전문적인 OD 지식과 기술을 가진 외부 컨설턴트를 고용할 수 있다.

외부의 변화 촉진자는 정해진 기간 동안 특정한 역할을 수행하기 위해 고용된다. 외부 변화 촉진자의 역할은 변화 관리자가 결정하고, 계약서에 그 내용을 약술한다. 계약서에는 수행할 일의 정확한 성격, 일정, 용역 기간, 대가 지불 방법 및 액수, 변화 촉진자의 성과 평가 방법들을 명시해야 한다. 어떤 조직들은 성과 조항에 대해서, 조직이 변화 촉진자의 노력을 수시로 평가하여 작업이 합의한 기준에 미치지 못할 경우 계약을 종료할 수 있다는 조항을 추가한다.

버크(*Warner Burke*)는 변화 촉진자의 여덟 가지 역할을 서술하였다(표 13.2 참조).[60] 각 역할은 변화 촉진자와 변화 관리자 또는 고객 간의 여러 가지 측면의 관계를 나타낸다. 예를 들어, 변화 촉진자의 역할을 주창자 또는 '챔피언'으로 가정할 때(즉, 너무 지시적으로 됨), 그는 변화 관리자에게 영향을 미쳐서 어떤 전략을 선택하도록 한다.[61] 반대로, 변화 촉진자의 역할이 검토자(*reflector*)라고 하면(즉, 비지시적이 됨), 변화 관리자가 결정을 할 수 있도록 정보를 명확하게 하려고 한다. 동일한 개입 과정에서 변화 촉진자가 여러 가지 역할을 하는 것이 특이하지는 않다. 예를 들면, 개입 전략을 설계하는 첫 단계에서 변화 촉진자는 개념들을 이해하도록 돕는 교수자의 역할을 할 수 있다. 변화 관리자가 충분한 지식을 습득한 후에는 변화 관리자가 추가적인 역할을 하게 할 수도 있다(예: 자료 조사원 또는 프로세스 전문가).

많은 컨설팅 회사들은 변화 관리에 적극적으로 참여한다. 맥킨지(*Mckinsey & Co.*), 아서 디 리틀(*Arthur D. Little*) 및 제미니 컨설팅(*Gemini Consulting*)과 같은 회사들은 외부의 변화 촉진자 역할뿐만 아니라 긍정적인 조직 변화를 촉진한다. 조직 차원 개입의 주제로써 '변화 관리'가 '조직 개발'이라는 용어를 대체할 것이라고 주장하는 저자들도 있다.[62] 그렇지만, 이 개념은 격렬한 반대에 부딪혔다.[63] 이 논쟁의 결과가 무엇이든 간에 외부 변화 촉진자(특히, 컨설팅 회사)는 변화 노력에서 주도적인 역할을 할 것임이 분명하다.[64]

표 13.2 변화 촉진자의 역할

역할	정의	적용시점
주창자	변화 촉진자가 고객에게 어떤 접근 방법을 사용하도록 영향을 미치는 매우 지시적인 역할	고객이 접근 방법에 대한 확신이 없고, 지시가 많이 필요할 때
기술 전문가	특정한 문제를 해결하는 특정한 기술적 지식을 제공	고객이 특정한 문제에 대한 지시 사항을 찾고 있을 때
교수자 또는 교육자	OD 또는 다른 개입 전략에 대한 정보를 제공	고객이 OD의 어떤 측면에 대한 훈련이 필요할 때
문제 해결의 협력자	문제 분석, 해결안 파악 및 조치 단계에서 도움을 제공	고객이 의사 결정에 있어서 도움이 필요할 때
대안 식별자	문제 분석, 해결안 파악 및 조치 단계에서 도움을 제공. 협력은 발생하지 않음	고객이 의사 결정 과정의 개발에 도움이 필요할 때
자료 조사원	연구원 또는 데이터 수집자 역할	고객의 요구 사항이 매우 구체적일 때
프로세스 전문가	회의와 집단 프로세스를 촉진	고객의 요구 사항이 프로세스 자문에 대한 것일 때
검토자	고객이 정보에 대한 반응으로 상황을 이해하도록 도움	고객이 데이터를 확신하지 못하고 명확한 내용을 찾을 때

출처: Burke, W. W. (1987). *Organization development*. Reading, MA: Addison-Wesley, pp. 146-148.

여러 가지 유형의 팀 기반 개입들이 최근의 노력들에 포함되어 있다. 그 결과로써, 변화 촉진자 역할을 하는 개인들에게 변화 관리자가 작업 집단을 팀으로 개편하는 일에 대한 지원 요청이 증가하고 있다. 그렇게 하려면, 이들은 여러 가지 스킬들을 보유해야 한다. 먼저, 변화 촉진자는 다양한 팀 빌딩 활동들을 수행할 수 있어야 한다. 둘째, 팀 리더(변화 관리자)와 협력할 때, 변화 촉진자는 팀 회의의 활성화, 갈등 관리, 문제 해결 및 의사 결정, 그리고 팀 역할과 기대 수준의 설정을 포함하는 다양한 측면의 팀 개발 활동에서 리더를 도울 수 있어야 한다. 셋째, 변화 촉진자는 변화를 시도하는 집단 또는 조직의 문화 파악에 필요한 진단 능력이 있어야 한다. 어떤 집단의 문화적인 면(예: 가치, 규범, 신념)을 파악하고 나면, 변화 촉진자는 변화 전략의 실행을 촉진 또는 방해하는 '접근 기준점(*access leverage points*)'을 식별할 수 있을 것이다.[65] 예를 들면, 조직이 오랫동안 지속된 축하 행사 전통(예: 생산 시설 가동의 종료, 훈련 프로그램의 종료, 또는 정기적인 세일 기간의 종료 등)을 가지고 있는 경우, 변화 촉진자는 이와 같은 관심과 전통을 파악하여, 이를 변화 프로세스를 지지하는 데 활용해야 한다. 문화적으로 중요한 측면이 무시되면, 집단 구성원들은 변화에 저항할 수 있다. 문화와 변화의 관계는 개인 차원 및 조직 차원에서 중요하다.

3.1.3 개인의 역할

개입 전략의 목표가 되는 시스템 내부에 있는 개인들의 역할은 일반적으로 변화 관리자에 의해 결정된다. 시스템은 작업 집단이 될 수 있고, 조직 전체가 될 수도 있다. 변화 관리자는 시스템 안에 있는 개인 또는 집단들에게 변화 프로세스에서 특별한 역할을 맡길 수 있다.[66] 어떤 조직들은 변화 위원회를 구성하여, 개입 전략을 설계하고 실행할 때 변화 관리자 및 변화 촉진자와 협력하게 한다. 위원회 또는 태스크포스(*task force*)는 데이터를 수집하고, 팀 기술을 개발하고, 새로 발생하는 과업과 역할을 규정하는 데 있어서 중요하다.[67] 이상적으로는, 개인들이 관여함으로써 활력을 얻고, 위원회의 업무에 필요한 추가적인 노력을 하도록 동기부여되는 것이다.[68] 베이트(*Bate*)와 로버트(*Robert*)는 보다 '사용자 중심적인' OD를 주장한다. 여기에서는 조직의 제품 또는 서비스의 사용자가 OD 프로세스의 모든 단계에 참여한다.[69] 기텐스(*Githens*)는 내부 파트너 편익과 관계되는 종업원 주도의 OD를 주장하였다.[70] 아모데오(*Amodeo*)와 동료들은 종업원들로 구성된 '변화팀'이 주도하는 약물 남용 예방 기관(*substance abuse agency*)의 성공적인 조직 변화 노력에 대하여 서술하였다.[71]

3.2 개입 전략의 설계 단계

개입 전략을 설계하기 위해서 변화 관리자는, 시스템 내의 변화 촉진자 및 다른 사람들의 도움을 받아, 변화가 필요한 기존 환경을 진단하여, 이행 계획을 수립하고, 실행하며, 개입의 결과를 평가하여, 바람직한 (행동의) 변화가 일어났는지를 판단해야 한다.

3.2.1 환경 진단

환경 진단은 목표 집단이 변화를 수용할 준비가 되었는지를 판단하는 데 초점을 둔 분석 프로세스이다. 많은 연구자들이 대규모 조직 변화를 시도하기 전에 철저한 요구 분석 또는 조직 진단의 중요성을 강조한다.[72] 그 이유는 집단이나 조직이 준비가 되어 있지 않으면, 저항이 일어나고, 변화에 실패하기 쉽기 때문일 것이다. 변화를 수용할 준비가 되어 있는지를 판단하는 하나의 방법은 역장 분석을 하는 것이다. 레윈은 변화의 추진력과 억제력을 분석하기 위해서 **역장 분석**(*force field analysis*)을 개발하였다. 〈그림 13.2〉는 새로운 생산 기준을 도입할 계획이 있는 회사의 사례를 활용한 역장 분석의 그래프이다. 변화 관리자, 변화 촉진자와 변화 위원회 또는 태스크포스는 환경을 진단하여 변화에 대한 찬성과 반대하는 힘(세력)을 결정한다. 이 힘들은 '세력(*forces*)' 선으로 나타난다. 선의 길이는 상대적인 힘을 나타낸다. 선의 길이가 길면 힘이 강하다. 이론적으로, 변화가 일어나기 위해서는 변화에 찬성하는 힘의 합이 변화에 반대하는 힘의 합보다 커야 한다. 〈그림 13.2〉에서 현재 상황을 수정하지 않으면 억제력이 새로운 생산 기준의 도입을 방해하고 있는 것으로 보인다. 역장 분석의 가치는 개입 전략가가 제안된 변화 프로그램에 대한 특정한 지지와 저항을 정확하게 지적할 수 있도록 해준다는 것이다. 사례에서, 변화 관리자는 저항을 줄이거나(근로 계약서를 재구조화) 또는 변화를 선호하는 긍정적인 힘들을 증가시킬 수 있어야 한다. 역장 분석은 회계 법인, 병원, 건설사와 운영 관리에서 변화 이슈를 해결하는 데 활용되어 왔다.[73]

3.2.2 이행 계획 수립

이행 계획의 수립에는 특정 목표 변수를 식별하고, 변화를 일으키는 데 활용되는 기법의 결정이 포함된다. 특정 목표 변수(예: 저항점, 기존 정책)을 파악하고 나면 변화 프로그램의 상대적인 복잡성을 보다 잘 이해할 수 있게 된다. 생산 기준의 변경에 관한 이전 사례를 보면, 변화 관리자는 노동조합, 감독자 및 생산 노동자를 변화에 대한 잠재적인 저항자로 간주할 수 있다. 노동조합은 생산 기준의 변화에 동의해야 하고, 감독자는 생산 기준 변화의 필요성과 자신들의 적극적인 지원이 성과에 중요한 이유를 파악해야 하며, 종업원들은 변화가 자신들의 직업 안정성을 해치지 않는다는 것을 알아야 한다. 다음 단

그림 13.2 역장 분석(새로운 생산 기준의 도입)

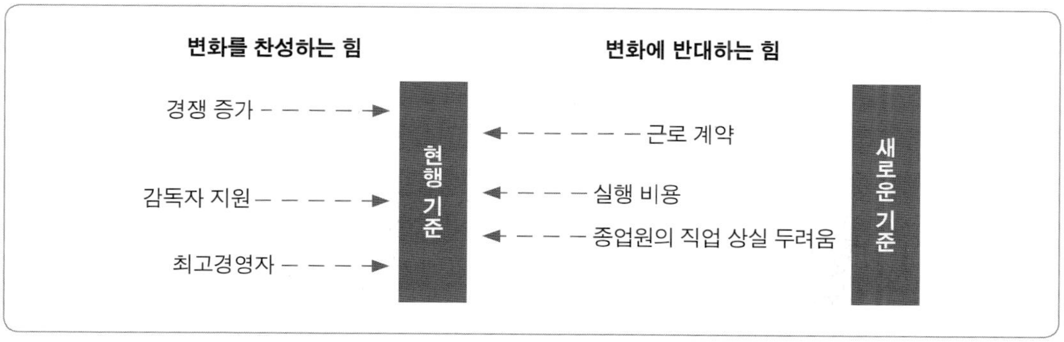

계는 변화를 제도화하기 위해서 적절한 개입 기법을 결정하는 것이다. 현재 사례에서, 고려할 수 있는 기법은 다음과 같다.

1. 감독자 회의와 후속 조치 일정을 잡아서 변화 기준에 대한 중요한 요구 사항을 알리고, 핵심 종업원들에게 변화를 적극적으로 지지할 필요성을 각인시킨다.
2. 노조 간부들과 회의를 개최하여 고용 계약과 경영진이 생산 기준을 일방적으로 변경할 '권리'를 가지고 있는지의 여부에 대한 해석을 결정한다. 회의 결과에 따라 다음 조치가 필요할 수 있다.
3. 인식/훈련 프로그램을 시행하여 생산 기준의 변화가 생산직 종업원 개인들에게 어떤 영향을 주며, 변화가 어떻게 실행될 것인지를 제시한다.

실행 계획(*action plan*)에서는 개입 전략을 구체화한다. 다른 계획과 마찬가지로, 실행 계획은 각 변화 활동의 목표, 누가 참여할 것인지, 누가 책임이 있는지와 활동이 언제 완료될 것인지를 구체화해야 한다. 실행 계획에는 개입 전략에서 각 단계별 실행이 포함된다. 이는 이전의 모든 단계에서 결합된 것과 마찬가지로 변화 관리자와 변화 촉진자의 활력과 헌신이 많이 요구될 수 있다. 사람들은 계획 과정에 너무 몰입한 나머지 계획 자체를 수단이 아니라 목적으로 여긴다. 이에 따라, 실행 계획이 준비되었을 때 참여자들이 그 계획을 전체적으로 보려고 하지 않는다. 변화 관리자의 역할은, 변화 촉진자의 도움을 받아서, 계획의 실행을 감독하고, 모든 단계를 밟으며, 과업이 완수되어, 마감 기한을 맞추도록 하는 것이다. 활동의 실행이 지체되면, 변화 관리자가 개입하여 그 원인을 파악해야 한다. 변화 관리자는 끊임없이 시스템의 구성원들과 협의하여 결과를 검토하고, 피드백을 주며, 적절한 조정을 해야 한다.

3.2.3 개입 결과의 평가

HRD 프로세스 모형에서 지적한 바와 같이, OD 개입의 결과는 행동이 변했는지와 문제가 나타났는지의 여부를 판단하여 평가되어야 한다(예: 새로운 기준이 적용될 수도 있지만, 노동조합은 노동자의 직급이나 임금이 인상되기를 원한다).[74] 실행 계획의 효과 여부를 결정하기 위해서 시스템의 구성원들이 이러한 과정에 참여하는 것이 중요하다. 평가 결과는 개입의 효과에 대한 등급을 표현해야 한다. 다른 문제들이 파악되면, 변화 관리자는 실행 계획 프로세스의 수정을 원할 수도 있다.

3.3 OD 개입 설계에서 HRD 전문가의 역할

OD 개입의 설계에서 HRD 전문가들의 주요 역할은 두 가지이다. 첫째, HRD 전문가들은 변화 촉진자의 역할을 할 수 있다. 1장에서 논의한 바와 같이, OD 역량은 HRD 전문가 역량의 일부분이다(그림 1.2와 1.5 참조). 계획적 변화 상황, 특히 HRD 프로그램들이 개입 전략으로 포함된 상황에서, HRD 전문가들은 변화 관리자들이 전체적인 HRD 프로그램과 서로 다른 조건에서 어떤 프로그램이 효과적인지를 파악하도록 도움을 줄 수 있다. 이러한 역할을 함으로써 HRD 전문가들은 이행 계획의 일부인 변화 활동들(예: 인식 과정)이 잘 진행되도록 할 수 있다.

HRD 전문가의 두 번째 역할은 개입 전략의 교육자로서의 역할이다. HRD 전문가들이 개입 전략에 직접 관여하지 않는 상황에서도 교육 요소에 대한 책임은 있다. 또한 전문가는 필요한 연구를 수행하고 변화 노력의 효과를 평가하는 적절한 방법론을 사용할 수 있는 역량을 지니고 있다는 것이 중요하다.

샤인(*Schein*)과 길론(*Gillon*)은 이러한 역할을 수행하는 데 있어서 인적자원관리와 조직 개발 전문가들 간에 자주 발생하는 긴장에 관해서 통찰력 있는 의견을 제시하였다.[75] 인적자원개발 관점에서 HRD와 OD 전문가들 간의 잠재적인 갈등의 해결에 큰 도움이 될 것이다.[76]

3.4 OD 개입에서 노동조합의 역할

노동조합이 존재하는 조직에서 조직 개발 개입과 노사 관계는 불가피하게 연관되어 있다.[77] 노조 구성원들이 경영진을 불신하면, 계획된 변화 프로그램에서 이들은 자발적인 파트너가 되지 않을 것이다. 오히려, 이들은 프로세스를 방해하려고 할 수 있다. 노조가 있는 작업 환경에서 조직이 진정으로 지속적인 변화를 일으키려면, 경영진과 고위 HRD 전문가들이 먼저 노조 지도자들을 변화의 파트너로 여기고 장기적인 변화 목표에 대한 이들의 헌신이 최고 경영자들의 헌신만큼 중요함을 강조해야 한다고 주장하는 OD 전문가들이 있다.[78] 경영진과 노조 지도자들은 조직이 경쟁력 있는 존재로 남아서 번영을 하려면 조직 변화가 일어나야 한다는 현실을 공유해야 한다. 이에 덧붙여, 이들은 종업원들이 자신의 직무 수행에 대한 책임과 방법에 있어서 근본적인 변화를 이루어야 한다. 이러한 형태의 정리를 노사협력협정(*cooperative agreement*)이라고 한다.

노사협력협정은 보통 정기 노사 협상에서 이루어진다. 전형적으로, 노조는 조합원들의 가장 큰 관심사가 있는 한 일종의 거래를 한다. 경기가 좋지 않거나, 또는 조직이 재정적 또는 시장 문제에 직면해 있을 때에는 경영자와 노조 지도자들은 협력적 협정에 합의하려고 한다. 이런 상황에서 노조의 우선순위는 직업이 안정되어야 하고, 임금 구조에 변화가 없어야 하는 것이고, 경영자의 우선순위는 사업이 개선되는 것을 보는 것이다. 그러나 안정적인 시기 또는 활황 시기에 노조는 변화에 대한 대가로 무언가를 기대할 수 있다.

위임(예: TQM, 반자율 또는 자율 관리팀)을 강조하는 팀 기반 접근법을 노조 및 중앙노동위원회가 조사한 바 있다. 중앙노동위원회는 두 회사가 노조의 구성을 주도하거나 방해함으로써 부당노동행동을 했다는 사례를 인용하였다.[79] 중앙노동위원회는 조직이 임금, 노동 시간 및 조건을 정하는 종업원위원회를 구성하면, 노동조합이 조직에 존재하지 않더라도 법정 노조로 해석될 수 있다고 규정하였다. 이 규정이 고용주에게 미치는 의미는 종업원과 경영자(또는 노조와 경영자) 간의 기존 관계에 주로 의존한다는 것이다. 관계가 약하면 본질적으로 조직에 존재하는 대부분의 종업원 참여 프로그램들과 팀 기반 업무들에 종업원을 참여시키려는 노력이 중지될 수 있다.

4. 개입의 유형: 인적 프로세스

대부분의 OD 개입들은 **인적 프로세스 개입**(*human process-based interventions*)이었다. 이 개입들은 대인 간, 집단 내, 그리고 집단 간 관계의 개선을 목적으로 하였다.[80] 아직도 자주 활용되는 인적 프로세스 개입은 설문 조사 피드백과 팀 빌딩이다.[81]

4.1 설문 조사 피드백

설문 조사 피드백(*survey feedback*)은 "문제 영역에 대한 토론을 자극하고, 잠재적 해결책을 만들며, 변화에 대한 동기를 자극할 의도로 설문 조사하고, 그 결과를 피드백하는 체계적인 과정"으로 정의된다.[82] 자료는 보통은 어떤 집단이나 조직의 일부 측면을 측정하여, 현재 상황에 대한 단편적인 면(*snapshot*)을 보여준다. 그리고, 조직의 현재 상태를 바람직한 상태와 비교하는 데 자료가 활용된다. 이상적으로는 설문 조사 피드백 과정의 결과는 현재 상태와 바람직한 상태의 차이를 연결하기 위해서 변화가 시도된다는 것이다.[83]

설문 조사 피드백 시스템을 실행하는 접근법이 많이 있다. 예를 들면, 알더퍼(*Alderfer*)와 홀브룩(*Holbrook*)의 동료 집단 간 모델은 동료 간의 관계가 긴장 상태일 때 피드백 자료를 상사와 부하 직원들에게 제공하기 위해 이용되었다.[84] 이 접근법은 두 개 이상의 집단을 포함하고 조직 범위의 이슈에 초점을 둔다. 집단들이 개별적으로 만나서 자료가 자신들의 관심을 어떻게 반영하는지를 토의하고 난 다음, 함께 다른 집단을 만나서 그들의 반응을 공유한다. 그 다음, 실행 계획의 수립을 통해서 중요한 관심사가 해결된다.

설문 조사 피드백을 개입 전략으로 활용할 때, 변화 관리자와 변화 촉진자는 다음 사항을 명확히 하는 것이 중요하다. 즉, (1) 어떤 조직 변수를 측정하려고 하는지, (2) 데이터의 신뢰성과 타당성을 확보하기 위해 설문 조사의 설계와 실행을 어떻게 할 것인지, (3) 의도된 사람들에게 설문 조사 결과를 어떻게 해야 가장 잘 제시할 수 있는지 등이다.[85] 비교 자료와 함께 표준 항목의 범위를 제공하는 상업적으로 만들어진 (태도 또는 분위기) 설문 조사들이 많이 있다.[86] 상업적으로 만들어진 설문 조사 도구를 활용하면 변화 관리자는 이 이슈들을 처리할 수 있다. 고품질의 설문 조사 도구들은 (1) 명확성을 보증하도록 검증되고 정제된 항목을 포함하고 있고, (2) 정확성을 보여주기 위해서 신뢰성 연구를 수행하였으며, (3) 이용자가 자신의 조직의 결과와 그 도구를 사용한 다른 조직의 결과를 비교할 수 있게 해준다. 한 종단적 연구에 의하면 피드백을 받고, 실행 계획의 수립을 도운 개인들은 피드백만을 받거나(이행 계획 수립은 안함), 또는 피드백을 받지 않은 사람들보다 조직 몰입이 더 높다고 한다.[87]

4.2 팀 빌딩

팀 빌딩(*team building*)은 작업 집단의 문제 해결 능력과 효과성을 개선하기 위해 활용되는 프로세스이다.[88] 집단들이 문제를 자주 경험하고, 구성원들이 이 문제들을 해결하지 못할 때, 또는 외부 변화에 적응할 수 없을 때 제대로 기능할 수 없다. 한 집단이 기능을 제대로 하지 못할 때, 긴장 상태의 관계가 되며, 구성원들 간에 갈등이 증폭되고, 집단의 성과는 감소하며, 구성원들은 떠날 가능성이 높아진다. 팀 빌딩 개입은 이 문제를 해결하는 데 활용될 수 있다.[89]

집단들이 문제를 해결할 수 있을 때에도, 집단의 관리자 또는 구성원들(또는 양자 모두)은 집단이 여전히 비효과적이라고 생각할 수 있다. 집단 효과성은 최소 다음 세 가지 요소에 달려 있다.

1. 집단의 생산적 산출물(제품 또는 서비스)이 그 산출물을 수령, 검토 또는 사용하는 사람들에게 양적, 질적, 시간적인 기준을 충족하는 정도
2. 작업을 수행하는 과정이 장래에 상호 의존적으로 협력하는 구성원들의 역량을 향상시키는 정도
3. 집단 경험이 팀 구성원들의 성장과 개인적인 안녕에 기여하는 정도[90]

팀 빌딩의 효과성을 증진하기 위해 팀 빌딩을 시도하기 전에, 몇 가지 일을 먼저 해야 한다. 첫째, 팀 빌딩에 대한 집단의 요구를 사전 진단해야 한다. 팀 빌딩은 "조직의 목표 달성을 방해하는 기본적인 조건 또는 프로세스를 개선하고자 하는 요구가 강할 때" 가장 효과가 있다.[91] 팀 빌딩에 대한 집단의 요구 진단이 없으면, 집단의 일부 구성원들이 변화를 일으키려는 노력에 저항할 것이다.

둘째, 변화 촉진자가 변화를 촉진하는 광범위한 OD 기술과 기법을 활용할 수 있어야 한다. 이는 OD 개입이 태도, 규범, 습관의 변화를 의도하고 있는 경우에 특히 중요하다. 중요한 팀 빌딩 기법 중의 하나는 **프로세스 자문**(*process consultation*)이다. 이 기법은 변화 촉진자들이 작업 집단과의 회의 및 만남을 조율하는 데 활용한다. 변화 촉진자는 집단 활동과 프로세스를 관찰하고, 회의 말미에 관찰에 대한 피드백 과정을 시행한다.

셋째, 변화 관리자와 변화 촉진자는 팀 빌딩 과정에 대한 일반적인 접근 방법을 개발해야 한다. 누가 서로 다른 팀 빌딩 활동을 담당할 것인지에 대하여 역할이 명확하게 특정되어야 한다. 팀 빌딩 사이클 또한 구체화해야 한다(예: 실행 계획 단계). 네 번째, 변화 관리자와 변화 촉진자는 평가 및 사후 조치를 포함하여 이러한 활동들을 실행하는 때(시간)를 개괄하는 일정표를 만들어야 한다.

4.3 인적 프로세스 개입의 효과성

인적 프로세스 개입이 변화를 일으키는데 효과적일 수 있다는 증거가 있다. 두 개의 오래된 메타 분석 자료는 다음과 같다.

1. 팀 빌딩은 만족과 기타 태도를 수정하는 데 있어서 효과적인 인적 프로세스 개입이다.[92]
2. 팀 빌딩은 생산성 측정에서 강력한 효과를 보여준다.[93]

이후의 메타 분석에서는 작지만 통계적으로 의미 있는, 주관적인 성과 측정에 대한 팀 빌딩 개입의

긍정적 효과를 발견하였다. 그렇지만, 객관적인 성과 측정에 대한 효과는 의미가 없었다.[94] 또 다른 메타 분석에서 프로세스 개선, 성과 및 정서에 대한 팀 빌딩의 상당한 효과를 발견하였다.[95] 전반적으로, 조직 성과에 대한 팀 빌딩의 효과성에 대한 증거는 상당히 탄탄한 것으로 보인다.[96]

5. 개입의 유형: 기술 구조

기술 구조 개입의 목적은 (1) 작업 내용, 작업 방법, 노동자들 간의 관계를 개선하고, (2) 비효율적인 재료, 방법, 장비, 작업 순서 설계 및 비용이 들고 불필요한 노동력을 보다 효율적인 기술로 대체함으로써 비용을 절감하는 것이다.[97] 오늘날 경쟁 환경에서 다수의 조직들은 기술 구조 개입에 눈을 돌려 노동자의 효율성과 만족을 향상하려 하고 있다. 가장 일반적인 기술 구조 개입 전략은 직무 확대, 직무 충실화 및 근무 일정 조정이다.[98] 이 세 가지에 대해서 논의하도록 한다.

5.1 직무 확대

직무 확대(*job enlargement*) 개입은 "수평적 조각(*horizontal slice*)의 업무 단위를 보다 다양하고 전체적 업무 감각을 제공하도록 업무기능을 통합함으로써 만족과 성과를 개선하려는 시도"이다.[99] 직무 확대는 일반적으로 대부분의 조직에서 정상적인 감독 방법으로 실행되고 있다. 즉, 감독자는 어떤 작업자가 지루해하는 것을 관찰하게 되면, 이 사람의 업무가 도전적이 아니라고 진단하게 된다. 이때, 감독자의 정상적인 코칭 반응은, 별다른 장애가 없으면, 이 사람에게 좀 더 도전적인 직무를 재부여하는 것일 수 있다. 일부 직무 확대 개입은 비공식적으로 시행된다.

직무 확대의 효과를 다른 개입과 구분하여 발표된 연구 결과는 별로 없다. 캠피온(*Campion*)과 맥클리랜드(*McClelland*)는 성직자에게 직무 확대를 적용했을 때 업무 성과에 대한 바람직한 결과(예: 종업원 만족)가 있는지를 조사하였다.[100] 이들은 직무 확대는 종업원 만족과 고객 서비스에는 가장 긍정적인 효과를 보이지만 정신적 과부화를 완화하는 데는 별 효과가 없다고 결론지었다. 직무 확대를 다른 기술 구조 개입과 비교하는 메타 분석 연구 결과를 이 절의 말미에 제시하였다. 캠피온과 동료들은 직무 확대가 직무 충실화와 결합될 때 가장 효과적이라고 주장한다.[101]

5.2 직무 충실화

직무 충실화는 근로자에게 동기를 부여하는 잠재력을 증가시키기 위해서 직무의 몇 가지 측면에 변화를 주는 것을 포함한다. 직무 충실화의 가장 잘 알려진 접근법은 해크먼(*Hackman*)과 올드햄(*Oldham*)의 **직무 특성 모델**(*job characteristics model*)이다. 직무 특성 모델은 직무에는 다섯 가지 핵심 직무 차원(즉, 기술 다양성, 과업 정체성, 과업 중요성, 자율성, 피드백)이 있다고 가정한다. 해크먼과 올드햄은 핵심 직무 차원이 종업원이 경험하는 다음 사항을 경험하는 정도를 결정함으로써 직무 만족 및 내재적 동기와 같은 작업 성과에 영향을 미친다고 주장하였다.

1. 일 자체에 대한 의미 부여(*meaningfulness*)
2. 일과 성과에 대한 책임감(*responsibility*)
3. 일의 실질적 결과에 대한 지식(*knowledge of actual results*)

해크먼(*Hackman*)과 올드햄(*Oldham*)은 각 핵심 직무 차원에 대한 근로자의 인식을 조사하기 위해서 직무진단조사(*JDS, job diagnostic survey*)를 개발하였다. 각 핵심 직무 차원에 대한 점수는 한 개 이상의 핵심 직무 차원을 수정해서 직무를 충실화할 수 있는 정도를 나타내는 지표인 잠재적 동기지수(*MPS, motivation potential score*)로 결합된다.

이 모델에 근거한 직무 충실화 개입은 상당한 실증적 검증과 논의 주제였다.[102] 연구는 이 모델에 포함된 직무 특성은 직무 만족과 상당한 관계가 있고, 직무 성과와는 좀 덜 관계가 있다고 주장한다.[103] 이 관계들은 높은 성장 욕구(즉, 직무 내에서 성장하고 학습하려는 욕구)를 가진 개인에게는 더 강하다. 이 계통의 연구를 확장하고자 하는 노력으로 모르게손(*Morgeson*)과 험프리(*Humphrey*)는 새로운 측정 도구인 작업 설계 설문지(*Work Design Questionnaire*)를 제안하고 검증하였다. 이 설문지는 JDS보다 광범위한 직무 특성을 포함한다.[104] 연구는 직무 특성의 설계를 통해 효과적일 수 있다는 결론을 지지한다.[105]

5.3 근무 일정 조정

근무 일정 조정(*AWS, alternative work schedules*)은 종업원의 개인적 욕구를 만족시키도록 작업 요구 사항의 변경을 허용하는 것이다.[106] 521개 기업에 대한 연구에 의하면, 응답 조직의 93%가 어떤 행태로든 AWS가 있고,[107] 가장 보편적인 두 가지 유형은 압축근무시간제(*compressed workweek*), 유연 근무제(*flextime*)이다.[108]

5.3.1 압축근무시간제

압축근무시간제(*compressed workweek*)는 한 주에서 근무 일수를, 보통 5일에서 4일로, 줄이는 것이다. 일반적으로, 일정 압축은 종업원에게 10시간씩 4일간 근무하는 일정(4/40 일정)을 선택하도록 한다. 4/40 계획에 대한 연구는 종업원의 태도에 긍정적인 효과가 있고, 성과 측정 방법을 혼합하여도 다른 상황 요소들과 마찬가지로 업무 생산성에 대한 영향도 긍정적임을 보여준다.[109]

5.3.2 유연 근무제

유연 근무제(*flextime*)는 종업원들에게 주어진 근무일 내에서 자신의 근무 시작 시간과 종료 시간을 결정하는 권한을 부여하는 것이다. 특히, 어린 자녀를 둔 종업원들은 가족의 생활 패턴에 따라 자신의 근무

시간을 변경할 선택권을 갖게 되면 매력적일 수 있다. 미국의 대부분의 가정은 부부가 모두 일하거나, 한부모인 경우이다.

대부분의 유연 근무제에서는 종업원들은 각각 매일 기준 시간(예: 8시간)만큼 근무를 해야 하며, 필수 근무시간대(보통 그날의 중간시간)에는 모든 종업원이 근무해야 한다. 필수 근무시간은 보통 4시간이며, 그 이외의 시간대에서 자유롭게 시작과 종료 시간을 정할 수 있다. 관련 연구에 대한 검토결과 유연 근무제는 조직 애착, 출근, 성과, 스트레스, 일 외적인 만족 및 태도를 포함하는 많은 요인과 긍정적인 관계가 있는 것으로 나타났다.[110]

5.4 기술 구조 개입의 효과성

기술 구조 개입에 대한 메타 분석 결과는 다음과 같다.

1. AWS와 직무 재설계는 생산의 품질 및 양과 같은 업무 산출에 대해서 조절 효과를 갖는다.[111]
2. 근무일정 조정 개입은 이탈 행동(예: 결근)에 작지만 유의미한 영향을 미친다. 반면에, 업무 재설계는 이탈 행동의 측정에 통계적으로 유의미한 영향을 미치지 않는다.[112]
3. 전체적으로, 기술 구조 개입은 인적 프로세스 개입보다 영향을 덜 미친다.[113]
4. AWS은 직무 설계/확대 또는 직무 충실화보다 태도에 더 큰 영향을 미친다.[114]
5. 직무 확대와 직무 충실화 개입은 동일한 크기의 전체적인 변화를 일으키며, 충실화가 생산성에 미치는 영향이 더 크다.[115]

기술 구조 개입이 변화를 유도하지만, 전반적으로 인적 프로세스 개입보다 효과가 덜한 것으로 보인다. 인적 프로세스 개입은 "업무 또는 업무 환경의 변경(기술 구조적 접근)을 통해서라기보다는 종업원들을 통한 조직의 변화에 영향을 미치기" 위한 것이라고 일반적으로 해석할 수 있다.[116] 세 가지 유형의 기술 구조 개입 중에서 직무 설계가 생산성에 가장 큰 영향을 미치고, AWS는 태도에 가장 큰 영향을 미친다. 세 가지 유형 모두, 조직 전체에 이 기법들을 활용한다고 생각할 때 중요한 점인, 관리직 및 전문직 종업원들에게 가장 큰 영향을 미친다.

6. 개입의 유형: 사회 기술 시스템

1970년대 이후 조직들은 사회 기술 시스템(*STS, sociotechnical systems*) 설계를 생산성과 근로자 만족을 증진시키기 위한 방법으로 활용해왔다. 인적 프로세스 개입과 기술 구조 개입이 대인 관계와 직무 설계에 초점을 둔 반면, STS 개입은 조직의 구조적 요구(예: 업무 절차, 과업 완수, 성과)와 사회적 요구(예: 노동자 간의 관계)의 조합(*combination*)에 중점을 둔다.[117] 이 개입은 영국의 타비스톡 연구소(*Tavistock Institute*)의 트리스트(*Eric Trist*)가 처음으로 제안했다.[118] 오늘날, STS 개입은 품질 관리 분임조(*quality circle*), 전사적 품질관리, 그리고 자율 관리팀을 포함하는 것으로 간주된다. 각각의 접근법들은 대규모 변화 전략의 핵심 포인트로 간주되는데, 이는 효과성을 결정하는 요소들이 전체 조직의 본질 및 효과성에 연계되어 있기 때문이다.[119] STS 개입은 현재 가장 널리 실행되고 있는 OD 개입들 중의 일부이다. 연구들은 STS 개입은 인적 프로세스 개입이나 기술 구조 개입보다도 생산성에 미치는 영향이 더 크다고 주장한다.[120]

6.1 품질 관리 분임조

품질 관리 분임조(*QC, quality circle*) 접근법은 의미 있는 업무 의사 결정, 특히 직무 관련 문제 해결에 종업원들을 관여하게 한다. 대부분의 QC 프로그램이 조직의 특별한 요구 사항을 충족하기 위해서 설계되지만, 일부 공통점이 있다. 먼저 QC를 구성하는 역할로는 운영위원회, 촉진자, 분임조장이 있다. 운영위원회는 핵심 관리자와 종업원들로 구성되며, QC프로세스를 실행하고, 자원 할당, 생산 또는 운영 변경, 종업원 배정과 같은 사항들에 대한 의사 결정 책임이 있다. 촉진자는 운영위원회에서 선정되며, 분임조장의 훈련, 분임조 운영 감독에 대한 책임이 있다. 촉진자는 OD 역량을 갖추어야 한다. 분임조장은 보통 감독자이며, 회의 소집, 구성원들의 적극적인 참여 촉진, 운영위원회에 제출할 보고서 작성 책임이 있다.

QC의 두 번째 공통점은 참여자들이 집단 프로세스, 문제 진단, 문제 해결 기술에 관한 훈련을 받는다는 것이다. 세 번째 공통점은 각 분임조는 정기적으로 만나서 업무 절차와 제품 품질 작업 조건 및 시설의 개선과 같은 이슈들을 논의하는 것이다. QC의 업무 영역 또는 분임조장의 직접 통제 하에 있는 문제에 우선순위가 주어진다. 종업원들은 자발적으로 참여하지만 회의 참석 시 업무에서 예외가 적용된다. 마지막 QC의 공통점은 분임조원들이 조사한 이슈들의 처리 방법에 대해서 경영자에게 권고를 할 수 있다는 것이다. 이들은 보통 경영자의 승인이 없으면 권고 사항을 실행할 권한을 갖고 있지 않다.

QC의 전반적인 효과에 관한 실증 자료는 복합적이다.[121] 복합적인 견해에도 불구하고, QC 전략이 효과가 있으려면, 다음 사항을 포함해야 한다는 것이 일치된 견해이다. 즉, (1) 촉진자, 집단 리더, 집단 구성원들에 대한 훈련, (2) 최고 경영자 및 중간 경영진의 적극적인 지지, (3) 훌륭한 의사소통기술을 가진 감독자, (4) 노동조합의 포함이다.[122]

6.2 전사적 품질관리

품질은 대부분의 조직들에게 중요한 경쟁 요소이다. 품질을 향상하기 위한 하나의 방법은 **전사적 품질관리**(*TQM, total quality management*) 프로그램을 설계하고 실행하는 것이다. TQM은 "소비자의 시각으로, 모든 종업원들을 끊임없는 개선 활동에 초점을 두게 하는 개념 및 도구의 집합"이다.[123] 데밍(*Deming*), 쥬란(*Juran*), 크로스비(*Crosby*) 등의 연구에 기초하여, TQM은 모든 종업원들이 끊임없이 품질 관리에 책임을 갖도록 한다.

TQM 개입 전략은 다섯 가지 기본 요소를 포함한다. 즉, 고위 관리자의 전폭적인 헌신, 품질 기준 및 측정치, 종업원들을 위한 훈련, 의사소통, 그리고 보상, 인정 및 칭찬이다. 먼저, 고위 관리자는 TQM의 실행을 지도할 필요가 있다.[124] 둘째, 품질 기준과 측정치는 TQM을 위한 기준의 역할을 한다. 품질 목표를 설정한 조직들은 정의된 기준에 따라 목표를 계량화할 수 있어야 한다. TQM은 비용, 특히 성과 기준에서 벗어난 원인에 의한 성과 외적 비용을 줄인다는 관점에서 각 관리자의 역할을 강조한다.[125]

전체적인 성공을 위하여 참석자들에게 품질 교육을 실시하는 것이 중요하다. TQM을 실행하려고 하는 조직들은 훈련에 대규모 투자를 해야 한다. 훈련은 TQM 철학과 원칙에 민감한 모든 수준의 관리자들과 함께 시작한다.[126] 종업원들에게는 통계적 프로세스 제어(*SPC, statistical process control*) 또는 '식스시그마' 개입에 대한 훈련이 필요할 수도 있다.[127] 또한, 문제 해결팀은 항상 TQM 개입의 일부이기 때문에, 팀 빌딩 훈련이 품질 관리 훈련에 포함되어야 한다.[128]

보상, 인정 및 칭찬은 종업원들이 활력을 유지하고, 전체적 품질 목표를 향해 매진하기 위해 사용된다. 다수의 조직들이 TQM 참여와 성공을 세 가지 종류의 보상과 연계한다. 즉, (1) 개인에 대한 금전적 보상, (2) 집단에 대한 금전적 보상, (3) 비금전적 보상이다.[129] 개인에 대한 금전적 보상은 TQM을 관리자의 참여 및 성공과 연계하는데 중요하다. 그렇지만, 개인적인 보상 시스템은 "개인적인 성과를 매우 강조하여, 거의 항상 종업원들 간의 경쟁 상황을 조성하기" 때문에, 어떤 조직들은 개인적인 보상을 포기한다.[130] 그 대신에, 다수의 조직들은 이익 공유 프로그램을 강조한다.

개인과 집단의 기여에 대해 조직이 보상해줄 수 있는 몇 가지 방법이 있다. 이에는 명판 수여, 주, 월 또는 연 단위의 종업원(그룹) 명명, 축하 오찬 및 만찬이 포함된다. 이런 조직은 성공적인 TQM 프로그램을 가진 것으로 인정받을 수 있다. 저명한 상은 말콤 볼드리지 국가 품질상(*Malcom Baldrige National Quality Award*)이다. 인정받기를 원하는 조직들은 자신들의 TQM 프로그램 평가를 위해 국가적으로 인정된 기준에 집중해야 한다.[131] 공공 부문에서는 나사(*NASA*)의 최고품질상(*NASA's Quality and Excellence Award*)이 제품 및 서비스 품질을 꾸준히 개선하는 구매자, 하도급 업자 및 공급자에게 매년 수여되고 있다.[132]

의사소통은 CEO가 TQM과 이를 통해 회사의 방향을 어떻게 바꿀지에 대해 공개적인 약속을 함으로써 시작된다.[133] 이외에도, 의사소통은 성과 피드백과 검토를 하기 위해서 활용되어야 한다. 또 다른 요소는 제품 및 서비스 품질 개선에 관한 지속적인 정보의 흐름이며, 이를 통해 종업원들은 본인이 속한 집단의 개선을 점검할 수 있다. 다수의 조직들은 이를 위해 도표(또는 온라인으로)에 결과를 표시하기도 한다. TQM을 개입 전략으로 고려하기 전에, 변화 관리자는 개입 노력을 훼손할 수 있는 기존의 문제들을 해결해야 한다. 종업원들이 조직의 다른 사항들에 불만족하면 품질 문제에 집중하기가 어렵다.

산업계에 광범위하게 적용되고 있는 것은 물론이고, 정부, 병원 및 대학을 포함한 다수의 공공 서비스 부문에서도 TQM을 도입하였다. 연방 정부는 연방 품질연구소를 설립하여, 대략 30개 연방 기관에 품질 세미나 및 방문 컨설팅을 실시하고 있다.[134] 주 정부 및 지방 정부도 TQM을 채택하고 있다. 위스콘신 주의 매디슨시는 TQM을 통해 상당한 예산 절감을 실현하였다.[135] 미국 전역의 병원들은 환자돌봄, 성과 및 시장 점유율 향상을 위한 수단으로 TQM을 채택하였다.[136]

실무자들의 보고에서는 TQM의 성공이 매우 높은 수준이라고 주장한다. TQM은 제품 품질과 서비스에서 상당한 개선을 이루어 시장 점유율, 수익 및 회사 이미지 향상으로 이어졌다고 많은 회사들이 보고한다.[137] 대부분의 문헌은 전반적인 성과(예: 오작동율, 생산시간, 비용 절감 효과)를 측정하고, 사례연구에 의존한다.[138] 통제된 연구를 통해서 개인의 생산성과 태도에 대한 효과를 보여주는 복합적인 증거 자료가 있다.[139] 나심(*Nasim*)과 동료들은 TQM이 성공하기 위해서는 '실행 능력'이 중요함을 논의하였다.[140]

TQM이 기대에 부응하지 못한다고 주장하는 연구들도 있다. TQM 프로그램을 실행한 조직에 대한 조사에서 응답자의 70%가 TQM은 투자 대비 효과를 얻지 못했다고 지적했다.[141] 호제츠(*Hodgetts*)와 동료들은 품질 개선을 기대하는 사람들은 비용의 증가를 예상해야 한다고 주장한다.[142] TQM이 기대에 부응하지 못한 것으로 인용된 두 가지 이유는 최고 경영자의 태도와 프로그램에 대한 가시적인 지원의 부족이다.[143] 하지만 경영자의 강력한 지원이 있는 상황에서도, 수준이 낮은 종업원들은 최고 경영자의 생각에 따른 '하향적' 변화 프로그램이라고 인식하기 때문에 TQM 참여에 대해 냉소적이고 저항할 수 있다.[144] '조직의 재생'을 위해 TQM을 활용하는 조직들에게, TQM은 조직의 학습원칙과 연계될 필요가 있음을 주장한다.[145]

유소프(*Yusof*)와 아스핀월(*Aspinwall*)은 TQM에 관한 대부분의 연구와 이론들은 대규모 조직 맥락에서 행해졌음을 주목하였다.[146] 이들은 소규모 조직에서 TQM을 실행하는 프레임워크를 제시하였다. 지난 10년간 스타트업들(*start-ups*)의 창업이 급증한 상황에서 TQM원칙을 소규모 사업에 적용하는 것은 연구자와 실행자 모두가 주목하고 연구할 만한 가치가 있는 분야이다.[147]

6.3 자율 관리팀

자율 관리팀(*SMT, self-managed teams*)은 집단 구성원들이 상호 의존하며, 팀의 활동을 규율할 권한을 갖는 공식적인 집단으로 정의된다.[148] 대부분의 SMT가 조직의 특정한 요구 사항을 충족하기 위해서 설계되지만, 다음과 같은 공통 특성을 갖는다.

1. 팀 구성원들 간에 상호 의존적 관계가 있다.
2. 구성원들은 작업 할당, 작업 방법, 작업 일정, 훈련 및 외부 고객 및 공급자와 교섭에 대하여 재량권을 가지고 있다.
3. 팀 구성원들은 여러 가지 과업을 수행하도록 하는 다양한 기술을 가지고 있다.
4. 팀은 성과 피드백을 받는다.[149]

이 특성들은 전통적으로 감독자가 주도하는 작업팀에 상당한 변화가 있음을 나타낸다. 특히, 다수의 조직들은 SMT를 시행하면서 감독자와 중간 관리자의 수를 줄인다. 이런 경우, 조직은 남아있는 감독자들에 대해 새로운 역할을 설정한다. 어떤 조직들은 감독자의 지위를 '팀 자문', '팀 조력자', 또는 '코치'로 전환한다. 감독자의 역할은 팀 구성원의 훈련을 돕고, 종업원 선발, 예산 수립, 일정 계획, 성과 평가 및 훈육 등에 대한 자문이다.[150]

조직들은 보통 SMT를 조직의 대규모 변화 전략의 일부로 활용하며, 이 전략은 조직의 재초점화, 종업원 참여의 증가, 생산성 향상, 또는 비용 절감을 지향한다.[151] 교육과 훈련은 SMT 실행에 중요한 요소이다. 훈련은 몇 가지 차원에서 실시된다. 첫째, 인식 훈련은 프로세스를 도입하고, 개인에 대한 혜택을 설명하는 데 활용되어야 한다. 둘째, 기술 훈련은 팀구성원들이 팀을 관리하는데 필요한 기술을 익히는 데 활용되어야 한다. 여기에는 예산 수립, 계획 수립, 문제 해결 및 의사소통이 포함된다. 종업원 교육 수준이 낮은 조직에서 이 훈련은 어려울 수 있다. 셋째, 공유 과업이 할당된 구성원들에게 개별 구성원들이 교차 훈련을 시행한다.

얼마나 많은 조직들이 SMT를 시행하는지는 분명하지 않다.[152] SMT 접근법의 효과성은 보통 비용 통제와 생산성 및 품질 향상과 같은 조직 수준의 성과 지표에 의해서 정해진다. SMT의 효과에 관한 사례를 다음에 소개한다.

- 노스캐롤라이나주의 모리스빌(*Morrisville*)에 있는 수리 공장에서는 SMT를 실시한 이후 3년 만에 매출은 63%, 판매는 26%, 수익은 46%가 발생했다.[153]
- 오하이오주의 캔톤(*Canton*)에 있는 철강 공장에서는 작업팀이 생산성에서 40%의 증가 및 보증 수리에서 75%의 감소에 기여했다.[154]
- 위스콘신주의 쉐보이건(*Sheboygan*)에 있는 존슨빌(*Johnsonville*) 소시지에서는 1982년에는 의사 결정 과정에서의 종업원 참여가 급격히 증가했고, 1986년에는 SMT가 도입되었다. 매출은 1982년에 1,500만 달러에서 2014년에 1억 7,200만 달러로 증가했다.[155]

생산성 향상 이외에도, SMT의 성공적 적용으로 조직은 보다 품질이 좋은 제품과 서비스, 종업원 사기의 증가, 관리자 계층의 감소 또는 수평화, 보다 수용적인 조직 구조 등의 효과를 보았다.[156] SMT가 효과적일 수 있다고 주장하는 실증적인 증거가 있다.[157] 코헨(*Cohen*)과 레드포드(*Ledford*)는 전통적으로 관리되는 팀과 SMT를 2년간 비교하여 다양한 지표에서 SMT가 더 효과적임을 발견하였다. 이 지표들에는 생산성, 품질, 안전, 고객 불만, 결근이 포함된다.[158] SMT의 결과가 항상 긍정적이지는 않다고 주장하는 연구도 있다.[159] 월(*Wall*)과 동료들은 제조 환경에서 자율 작업 집단과 관련된 장기적인 현장 실험을 실시했다.[160] 개입 방법은 상점 관리 직원들에게 자신들이 일상적인 직무 수행에 실질적인 자율권을 더 많이 부여하는 것이었다. 실험결과는 본질적인 직무 만족에 긍정적인 결과를 보여주었지만, 동기부여, 조직 몰입, 정신 건강, 업무 성과 및 이직에 대한 효과는 그리 긍정적이지 않았다.

자율 관리팀이 종종 기대된 생산성 증가에 실패하는 하나의 이유는 효과적인 작업팀 관리 또는 감독의 결여이다.[161] 이는 SMT를 시행하는 조직은 전통적인 계층적 구조에서 변화가 담보되지 않았을 수도 있고, 또는 적절한 지원 메커니즘(예: 인적자원시스템, 훈련)을 개발하지 않았을 수도 있음을 시사한다. 기타 관리 시스템도 팀 구조 및 팀 행동을 강화한다는 점이 중요하다.

6.4 TQM 개입과 SMT 개입의 차이

TQM 프로그램과 SMT 프로그램 간에는 몇 가지 중요한 차이점이 있다. TQM은 참여적 프로세스이며, "참여 그 자체로는 항상 힘이 동등하지도 않으며, 심지어는 차이를 증가시키기도 한다."[162] SMT 접근법에서는, 각 팀에게는 감독자의 동의 없이 팀의 산출에 영향을 주는 의사 결정 권한이 위임된다. TQM을 실행하는 팀은 문제 해결에 참여가 권장되지만, 변화를 실행할 권한은 부여되지 않는다. SMT와 비교할 때 TQM은 주로 품질에 초점을 두며, SMT에서 품질은 몇 가지 목표 중의 하나일 뿐이다.

SMT 접근법은 책임 시스템, 정책, 절차 및 직무 명세서를 포함하는 조직 구조에서의 상당한 변화를 요구한다. 직무 명세서의 변경으로 노조와의 협력 및 단체교섭 협정의 문구에 변화가 필요할 수 있다. 반면에, TQM의 활용은 고용 계약에 반영할 필요가 있는 구조적 변화를 요구할 수 있다.

6.5 사회 기술 개입 기법으로서의 HRD 프로그램

사회 기술 개입 기법(STS)의 설계 변경에서 HRD 전문가들의 역할은 인적 프로세스 개입 및 기술 구조 개입에서의 역할과 유사하다. 즉, 세 가지 역할이 있다. 첫째, HRD 전문가들은 STS 개입이 효과를 나타내는데 필요한 훈련 프로그램의 설계 및 실행에 책임이 있다. 둘째, HRD 전문가들이 종업원들의 STS 설계 내에서 새로운 역할의 적응에 도움을 주어야 한다는 요구가 강하다. 생산성과 품질 개선의 강조로 종업원들은 변화에 상당한 압박을 느끼고 있다. HRD 전문가들은, 변화 관리자들이 변화 수용 시스템의 준비성을 정확하게 진단하여, 개별 종업원들의 적응에 적합한 변화 전략을 설계하는 데 있어서, 변화 관리자들에게 도움을 줄 수 있어야 한다.

셋째, STS 설계는 참여를 강조하기 때문에, HRD 전문가는 적정 수준의 종업원 참여를 결정하는 데 도움을 주어야 한다. 두 종류의 참여, 즉 대표 참여와 자문 참여가 있다. **대표 참여**(*representative*)는 자문위원회, 종업원협의회, 고충처리위원회, 안전위원회, 심지어는 이사회와 같은 위원회에 종업원의 참여를 허용한다. 위원회 구성원은 임명, 본인 선택, 또는 선거를 통해서 결정된다. 대표들이 임명되면, 지명된 사람들이 종업원들의 요구와 관심 사항을 파악하고 소통하도록 변화 관리자가 보장해주는 것이 특히 중요하다. 자문 참여(*consultative*)는 종업원들의 일상 직장 생활에 영향을 미치는 업무 관련 이슈들에 종업원들이 직접 참여하는 것을 허용한다. 이는 대부분의 SMT가 활용하는 접근 방법이다.

7. 개입유형: 조직 변혁

조직 변혁(OT)은 바람직한 **조직 문화**(*organizational culture*), 미션 및 전략을 재정의할 목적으로, 조직을 위한 새로운 비전의 명확화에 초점을 둔다. 이 절에서는 4종류의 OT 개입, 즉 문화적 변화, 전략적 변화, 조직 학습 및 고성과 작업 시스템을 다루도록 하겠다.

7.1 문화적 변화

조직 문화는 특정 환경에서의 요소들을 해석하고 행동을 유도하는 데 활용되는 공유 가치, 신념 및 규범으로 구성되는 하나의 시스템으로 정의된다.[163] 조직 문화는 미션 선언문이나 기업 정책 매뉴얼에서 발견되는 무엇이 아니다. 오히려, 조직 문화는 조직의 메커니즘, 관리자 및 종업원들을 통해서 소통되고, 강화된다.[164]

조직 문화 개입은 단순히 가치, 신념, 또는 규범을 명시하거나 재명시하고, 이를 개인들에게 소통하는 것 이상의 것을 포함한다. **문화적 변화**(*cultural change*)는 기존의 패러다임이나 사고방식을 다른 것으로 대체하는 복잡한 과정을 포함한다.[165] 예를 들면, 어떤 조직이 다문화적(타문화를 조직의 구조에 통합)으로 변화하고자 한다면, 조직의 기존 패러다임에 근본적인 변화를 가할 수 있어야 한다(예: 문화적 차이에 가치를 부여함).[166] 조직은, 개별 노동자들이 작업 환경 내·외부에서 타인들과 어떻게 관계를 맺는지에 영향을 주는, (비전과 미션에 반영된) 새로운 가치의 집합을 채택할 것이다. 게이드(*Gade*)와 페리(*Perry*)는 신문사의 뉴스룸 문화를 변경하려는 노력이 실패한 것을 서술하였다.[167] 페어베언(*Fairbairn*)은 아메리칸 익스프레스의 성공적인 문화적 변화 시도를 소개한다.[168] 그리고루타(*Grigoruta*)는 루마니아의 대형 제약 회사에서의 문화적 변화를 연구했으며, 코울리(*Cowley*)는 국제적인 제약 회사에서의 성공과 실패를 연구하였다.[169] 순사와드(*Soonsawad*)는 SARS 발생에 대한 대응으로 타이완 회사에서의 긍정적인 문화적 변화를 제시한다.[170] 밀러(*Miller*)와 동료들은 토요다(*Toyota*)와 자포스(*Zappos*) 같은 조직에서의 카이젠(*kaizen*) 문화를 서술한다.[171]

7.2 전략적 변화

전략적 변화(*strategic change*)는 전체 조직에 걸친 변화를 요구하는 조직 목적 또는 미션의 근본적인 변화로 정의된다. 조직 전체적인 변화는 세 가지 차원, 즉 규모, 깊이 및 침투성을 갖는다.[172] 변화의 규모(*size*)는 변화에 의해 영향을 받는 종업원의 수를 말한다. 변화의 깊이(*depth*)는 변화가 제한된 구조적 변화를 포함하는 정도, 또는 변화가 조직의 핵심 가치를 변경하려고 하는지의 여부를 말한다. 변화의 침투성(*pervasiveness*)은 변화에 의해 얼마나 많은 조직의 기능과 계층 수준이 직접 영향을 받는지를 말한다. 조직이 어떤 차원 또는 모든 차원을 따라 움직이면서 변화 과정은 보다 복잡해진다.

전략적 개입은 조직이 변화 및 적응에 대한 외부의 압력에 직면해 있을 때 필요하다. 외부 압력의 근원은 경제적, 사회적, 법적, 정치적 무대 등 다양하다.[173] 환경의 요구 사항과 '역동적 적합성'을 유지하지 못하는 조직들은 하강 및 소멸에 직면할 것이다.[174] 홋지킨(*Hodgkin*)과 라이트(*Wright*)는 경쟁적 변화에 직면하여 '전략적 관성'에서 탈피하지 못한 대규모 조직의 최고 경영자 사례를 제시한다.[175] 이와 반대로, 네덜란드의 공공 부문 조직에서의 계획적 변화의 성공은 최고 경영자 지지에 기인한다.[176] 오하라(*O'Hara*)와 동료들은 영국에서의 5년간의 공공 부문 변혁을 서술하였다.[177]

OT 변화가 조직의 재구조화를 포함할 때, 종업원들은 영향을 받는다. 다수의 직무 또는 모든 직무 범주가 사라질 수 있다. 직무의 제거 외에도, 합병(*mergers*)은 보고 라인, 정책, 절차, 할당 프로세스 및 통제 시스템의 재배치를 요구할 수 있다. 합병 조직의 규모에 따라서, 그 영향력은, 특히 관리자들에게, 매우 파괴적일 수 있다. 인수(*acquisitions*) 또한 파괴적일 수 있다. 피인수 조직의 운영 요소들을, 흔치 않은 경우이지만, 그대로 둘 수도 있다. 명령 지휘 기능을 설정하기 위해서 경영자 사무실을 합치는 회사도 있다. 대부분의 인수에서 종업원들은 직무 수행 능력에 영향을 줄 수 있는 직무 관련 상실을 경험하며, 전체적인 변화 전략의 일부로 이 문제를 다룰 필요가 있다.[178]

7.3 조직 학습

TQM의 성공과 지속적인 개선 프로그램은 '학습조직' 접근법의 기원이다. 성공적인 TQM의 주 요소 중의 하나는 프로세스에 관여하는 모든 사람들의 학습의 강조이다. 관리자와 종업원들은 (1) 개선을 위한 공통 언어를 학습하고, (2) 새로운 도구와 기업을 학습하며, (3) 작업 성과를 개선하는데 주도권을 갖는 학습을 하도록 요청받는다. TQM은, 때때로 소용돌이치는 환경에서 조직의 경쟁에 필요한 유연하고 적응적인 사고를 하지 못하게 하는, 특정 프로세스와 과업에 중점을 둔다. 일부 조직들은, 전문 지식과 정보를 지위, 공간 및 시간에 구애받지 않고 협력하고 공유함으로써, 지식을 조직 전체에 전달할 수 있는 능력을 개발해야 함을 인식하였다.[179] 이와 같이 끊임없는 학습, 변화, 적응을 강조함으로써 학습조직(*learning organization*)이라고 칭하는 OT 개입이 출현하게 되었다. 오늘날에는 단순히 조직 학습이라고 칭하는 것이 보다 일반적이다.[180]

7.3.1 조직 학습의 정의 및 수준

학습조직(*learning organization*)은 "끊임없이 학습하고, 그 조직의 업무에 통합되는 방식으로 주도적으로 학습을 활용하는" 조직이다.[181] 종업원들이 생산하면서 지속적으로 학습하기를 기대하기 때문에, 이 접근법은 조직 패러다임의 변화, 즉 감마B 변화를 포함한다. 학습은 최소 세 가지 수준에서 일어날 수 있다.

1. 단순순환(*single-loop*) 학습은 문제의 인식 및 교정 행동을 취할 것을 강조한다.[182]
2. 이중순환(*double-loop*) 학습은 특수한 문제로 이어지는 기본 가정과 핵심 가치의 이해 및 변화를 강조한다.[183]
3. 이중학습(*deutero learning*)은 조직이 단순순환 학습과 이중순환 학습 방법을 개선함으로써 학습 과정 중에 문제를 해결하는 것을 말한다.

아지리스(*Argyris*)는 학습에 관해서 다음과 같은 요점을 강조한다.

> 학습이 지속되려면, 관리자와 종업원들은 내면을 바라보아야 한다. 특히, 이들은 문제를 정의하고 해결하는 방법 자체가 어떻게 본질적인 문제의 근원이 되는지를 배워야 한다. 나는 중요한 차이점을 파악하기 위해서 단순순환 학습과 이중순환 학습이란 용어를 명명하였다. 단순히 비유하자면, 방의 온도가 68도 이하로 내려 갈 때 자동적으로 켜지는 자동온도조절장치는 단순순환 학습

의 좋은 예이다. 만일 자동온도조절장치가 "내가 왜 68도에 설정되어 있는가"라고 질문을 하고는, 방을 가열하는 목표를 보다 경제적으로 달성하기 위해서 다른 온도를 설정할지 여부를 탐색하는 것은 이중순환 학습을 하는 것이다(p.6).[184]

종업원들이 문제를 식별하고 이를 교정하도록 배우기 때문에, 단순순환 학습(*single-loop learning*)은 지속적인 개선 프로그램에서는 보편적이다. 이런 유형의 학습은 학습조직의 일일 성과에서 중요하다. 이중순환 학습(*double-loop learning*)은 종업원들이 일하는 방법에 대한 기본 가정과 핵심 가치의 변경을 포함하기 때문에 학습 방법에서의 급격한 변화를 나타낸다. 예를 들면, 몇 가지 교육 프로그램들을 훈련생들이 받아들이지 못할 때 훈련자가 좌절할 수 있다. 이에 대한 반응으로, 훈련자는 프로그램이 5년 전에 설계가 되어서 구식이라고 인식할 수도 있다. 또한, 훈련 수요를 결정하는 데 있어서 조직에 대한 자신의 직관과 지식에 의존하는 HRD 직원들의 방안이 충분하지 않다고 인정할 수도 있다. 그리고 훈련 프로그램이 향후 효과가 있으려면, 훈련 설계 접근법의 변화와 수정이 필요하다고 추측한다. 이와 같은 인식은 훈련자가 요구 분석을 실시하고 설계를 변경하도록 촉구한다. 최고 수준의 학습인 이중학습(*deutero learning*)은 본질적으로 학습하는 것을 학습하는 것이다.[185] 상기 사례로 돌아가 보면, 훈련자가 다른 직원들이 조직의 모든 학습을 진행 과정으로 여기고 수요 변화에 조직의 변화하는 욕구를 충족하는 데 적합한 프로그램을 채택하려는 마음가짐을 갖는다면, 이중학습이 발생할 것이다.

7.3.2 조직 학습을 지원하는 차원

연구자와 실무자들은 조직에서 무엇이 학습을 촉진하는지에 대한 일종의 개념을 가지고 있다. 조직 학습에 관해서 최소 다섯 가지 차원, 즉 구조, 정보 시스템, HR과 HRD 제도, 조직 문화 및 리더십이 있다.

1. 구조(*structure*). 조직 학습의 주요 차원 중 하나는 관리자와 종업원을 분리하는 계층적 장벽의 축소 또는 제거이다. 그 대안으로 학습조직은 SMT 및 다기능팀과 같은 보다 협력적 구조를 만들었다. 팀은 정보를 공유하고 전파하는 자연적 환경을 제공한다. 팀이 학습 능력을 개발하면, 그 팀은 조직의 다른 팀을 위한 소우주(*microcosm*)가 된다. 팀은 새로운 아이디어를 위한 인큐베이터 역할을 한다. 이는 제한된 규모와 초점으로 인해 대규모 부서보다 더 자원의 이동과 효율적인 실험이 가능하기 때문이다. 팀 학습을 통해 습득된 새로운 지식은, 발생한다는 보장은 없지만, 다른 팀으로 전파될 수 있다.[186]
2. 정보의 획득, 공유 및 유지(*information acquisition, sharing, and retention*). 개인과 팀이 학습하고, 문제를 해결하고, 새로운 아이디어를 만들어내지만, 새로운 지식이 획득되고, 저장되고, 다른 조직 구성원들이 이용 가능하지 않으면 조직은 현재에도 그리고 미래에도 학습하지 못할 것이다.[187] 지식 공유와 '지식 관리' 주제에 관한 관심이 증가하고 있다.[188] 조직 학습을 하기 위해서, 관리자는 정보 공유와 유지를 장려하는 구조와 관행을 제도화해야 한다. 이에는 혁신적이고 최신의 정보 시스템이 포함된다. 지식은 내부 및 외부 원천으로부터 습득될 수 있다. 내부 원천은 복잡한 이슈를 통찰력 있게 생각할 수 있고,

그들의 결합된 잠재력을 활용할 수 있는 집단 구성원들 간의 상호작용을 포함한다.[189] 외부 원천은 무한하며, 조직의 보고서, 업계 보고서, 문헌 및 이벤트들이 포함된다. 지식 공유는 모든 종류의 팀 상호작용이 있는 동안은 지속된다. 팀 구성원들이 전 세계 어디에 있더라도, 전자적으로 정보를 공유할 수 있고 의소소통이 가능하다.

3. HRM 제도(*HRM practices*). 조직 학습을 지원하는 데 필요한 인적자원관리 제도들이 많이 있다. 예를 들면, 장기적인 성과와 새로운 기술 및 지식의 개발 및 공유를 강화하는 성과 평가 및 보상 시스템은 특히 중요하다.[190] 그 외에도, 지속적인 학습에 대한 강조를 계속하기 위해서 HRD 기능을 급격하게 변경할 수도 있다. 학습조직에서는 모든 종업원이 지식의 습득과 전파에 책임을 져야 한다. 미리 개발되어 정해진 일정에 따라 전달되는 형식적 훈련 프로그램은 훈련 요구 사항을 전달하고 정보 공유를 적시에 하는 데는 충분하지 않을 수 있다. 오히려, HRD 전문가들이 학습 촉진자가 되어야 한다. 그들의 역할은 어떻게 하면 학습에 접근을 할 수 있는지에 대해 팀을 지원하고, 자문하고, 조언하는 것이어야 한다. 이들은 동료와 교차 훈련을 위한 새로운 메커니즘과 정보를 획득하고 공유하기 위한 새로운 시스템을 개발할 수 있어야 한다.[191] 이렇게 하기 위해서, HRD 전문가들은 체계적으로 사고하고, 집단 내 그리고 조직 전체적으로 학습을 촉진하는 방법을 파악할 수 있어야 한다.
4. 조직 문화(*organization culture*). 앞서 언급한 바와 같이, 조직의 문화는 조직의 정체성을 그 구성원들에게 정의하는 공유된 신념, 기대 수준, 행동 패턴으로 구성된다. 학습을 촉진하기 위해서 조직의 문화는 조직 전체적으로 지식 공유를 증가시키는 요소를 포함해야 한다.[192] 예를 들면, 학습은 종종 어느 정도의 위험을 필요로 한다. 학습조직에서는 학습 기회를 나타내는 상황에서 위험감수는 장려될 뿐만 아니라 기대되고 보상이 주어진다. 실수는 실패라기보다는 학습 기회로서 간주되는 경향이 크다. 조직 학습에 대한 도전 중의 하나는 어떻게 해야 개인들과 집단들을 새로운 기대 수준과 규범으로 움직이게 하느냐에 대한 것이다.[193]
5. 리더십(*leadership*). 조직 학습에서 리더의 역할이 중요하다. 리더는 이와 같은 철학을 지지하는 데 필요한 문화, 시스템 및 관행을 향하여 조직이 움직이도록 할 수 있는 개인으로 간주되어야 한다. 센게(*Peter Senge*)는 이런 종류의 리더십은 조직의 최상위에서 뿐만 아니라 어떤 수준에서도 필요하다고 주장한다.[194]

7.3.3 조직 학습의 효과성

조직 학습을 촉진하는 조직에 대한 사례는 많이 있다.[195] 그렇지만, 전체적으로 조직 학습 개입의 효과를 보여주는 실증 연구는 드물다.[196] 이 연구 문헌의 문제들 중 하나는 이론가와 실무자들이 광범위한 아이디어와 기법을 이 용어에 투영했다는 점이다. 결과적으로, 조직 학습 개입의 설계가 어렵고, 서로 다른 연구의 결과들을 결합하는 것도 어렵다. 이러한 문제들에도 불구하고, 조직 학습 개념에 대한 관심은 상당하다. 이 구성 개념에 대한 신뢰성 있는 측정치를 개발하려는 노력이 이 분야의 연구에서 장려되어야 한다.[197]

7.4 고성과 작업 시스템

고성과 작업 시스템(*HPWS, high performance work system*)은 지속적인 성과를 창출한 기업들에서 나온 접근법이다. 무엇이 고성과 작업장을 구성하는가에 대한 보편적인 설명은 없다.[198] 전형적으로, HPWS는 다면적이며, 앞에서 논의된 개입 전략들의 여러 가지 조합과 관계가 있다. 게파르트(*Gephart*)에 의하면, HPWS 개입 전략의 공통적인 특성의 일부는 "자율 관리팀, 품질 관리 분임조, 수평적 조직 구조, 새로운 유연성 기술, 창조적인 보상 계획, 향상된 훈련, 지속적인 개선"을 포함한다.[199] 그렇지만, 이 요소들은 독립적인 방안으로는 존재하지 않는다. 오히려, 이들은 하나의 시스템(*system*)으로 전략적인 초점, 결과 지향적인 업무 및 관리 프로세스와 함께 결합되어 있다. 게파르트는 HPWS는 다음의 여덟 개 핵심 원리로 조직화되어 있다고 주장한다.

1. HPWS는 조직의 경쟁 전략과 연계되어 있다.
2. 명확한 목표와 성과는 고객 지향적이다. 개인, 팀, 조직의 목표와 성과는 정렬되어 있다.
3. 작업은 제품과 서비스를 생산하는 프로세스로 조직화되어 있다.
4. HPWS는 프로세스 지향적인 결과 추적 및 관리를 포함한다.
5. 조직은 소유권, 문제 해결 및 학습을 증진하는 프로세스에 연결된 작업 단위에 의해 조정된다.
6. 직장 구조 및 시스템은 초점, 책임, 순환 시간 및 대응력을 촉진한다.
7. HPWS는 협력, 신뢰 및 상호 지지에 의해 특징지어진다.
8. 전략적 변화 관리가 핵심이다.[200]

HPWS를 이해하기 위한 프레임워크가 〈그림 13.3〉에 제시되어 있다.[201] 그림에서와 같이, HPWS는 전체적인 전략, 조직 목표 및 내부 목표와 정렬 또는 부합하고 있는 것으로 주장된다. 즉, 조직 구조, 관리 방안, HR 시스템 및 기타 일 처리 방안들은 조직, 종업원 및 고객들을 위해 높은 수준의 성과를 달성하기 위해서 모두가 함께 역할을 한다.[202]

지금까지 대부분의 연구는 HPWS의 독립적인 구성 요소들을 강조하였다. 예를 들면, 페퍼(*Pfeffer*)는 자율 관리팀, 포괄적 종업원 훈련, 낮아진 장벽 및 관리자와 종업원의 신분 차이와 같은 특정 관행들의 효과성에 대해 상당히 많은 증거를 축적하였다.[203] 이 시스템들을 전체로서 조사하는 연구들이 많아지고 있다.[204] 바르마(*Varma*)와 동료들은 그들이 조사한 모든 조직들이 HPWS 관행을 사용해서 순이익을 달성하였음을 발견하였다. 이들이 내린 결론은 HPWS는 "주로 더 강해지려고 하는 강한 회사들이 시작한다"는 것이다(p.33).[205] 롤러(*Lawler*)와 동료들은 포춘(*Fortune*) 1,000대 기업을 조사하여, 종업원 관여와 TQM 방안을 많이 사용하는 기업들은 적게 사용하는 기업들보다 투자수익률(ROI)이 높다(14.6% vs. 9%)는 것을 발견하였다.[206] 반덴버그(*Vandenberg*)와 동료들은 49개 보험회사의 자기자본 이익률(ROE)과 종업원 이직에 대한 다양한 "고관여" 제도들의 효과를 조사하였다. 이 연구의 주요 결과는 다양한 고관여 제도들(예: 팀, 인센티브, 훈련 및 조직 목표 명확화의 활용)이 집합적으로 조직의 효과성과 관계가 있고, 이 관계는 긍정적이고, 통계적으로 유의하다는 것이었다.[207] 92개 연구에 대한 메타 분석에

그림 13.3 고성과 작업 시스템 프레임워크

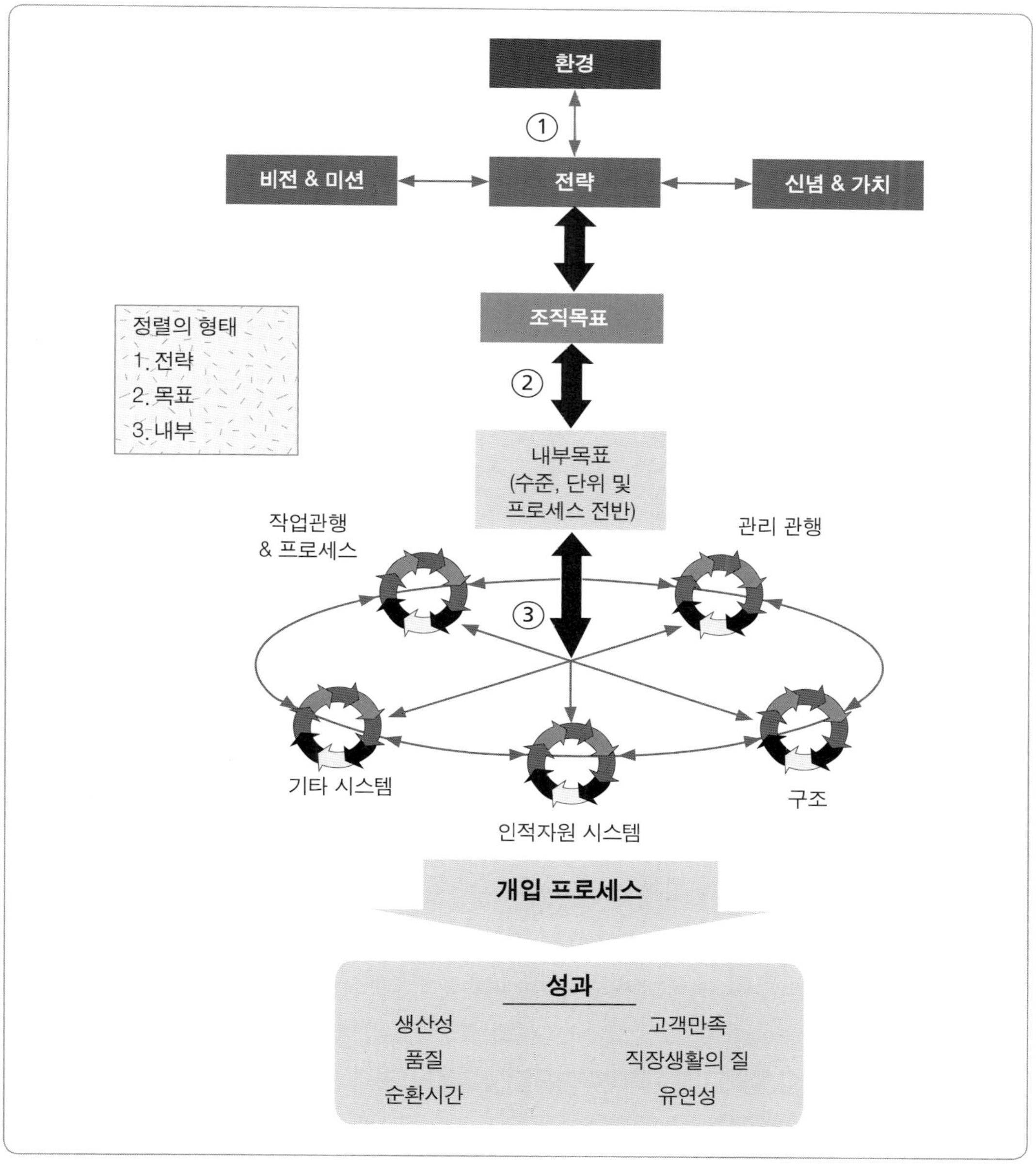

출처: Van Buren, M. E., & Werner, J. M. (1996). High performance work systems. *Business & Economic Review*, 43(1), October-December, 15-23. Reprinted by permission.

서는 통합적인 HPWS의 효과가 개별적인 제도의 효과보다 크다는 점을 발견하였다.[208] 업무관행을 통합적인 HPWS로 간주하는 조직에 대한 가치에 관한 증거가 축적되고 있다.[209]

7.5 조직 변혁 전략의 효과성

성공적인 OT 전략에 관한 보고서는 많이 있지만, 전반적인 효과성에 대해서는 충분히 알려져 있지 않다. 성공적인 OT 개입의 핵심은 지침이 되는 신념과 원칙(조직 문화)를 제시하고, 조직의 목적(미션)을 설명하며, 조직이 어떻게 그 미션을 완수할 것인가(전략)를 정의하는 조직 비전을 명확하게 표현하는 것이다.[210] 20개국의 경영자에 대한 조사에서 (1) 98%가 '강력한 느낌의 비전'이 나타내어야 할 경영자의 가장 중요한 특질이며, (2) 경영자의 가장 중요한 기술은 '비전을 달성할 전략의 형성'이라고 인식했으며, (3) 90%는 자신이 비전을 착상하는 기술과 능력에 대해 확신이 없음을 지각하고 있음(p.84)을 발견하였다.[211] 세 번째 사항은, OT 개입을 시작한 조직의 수로 볼 때, 혼돈스럽다.

트라한트(*Trahant*)와 버크(*Burke*)는 성공적인 OT 개입의 분석에서, 가장 강력한 성공의 예측 변인은 '변화의 초기 단계에서 위임된 강한 헌신적인 리더십'이라는 것을 발견하였다.[212] 12장에서 논의한 바와 같이, 변혁적 리더는 조직에 대한 비전을 만드는데 있어서 필수적인 정서적 지지와 영감을 불러일으키는 동기부여를 강조하며, 중간 관리자에게 변화에 대한 책임을 부여하고, 노동자들의 욕구를 충족하는 관리 스타일을 재형성한다.[213] 변혁적 리더는 또한 의미 있고 지속적인 변화를 일으키기 위해서 단기적인 결과에 초점을 두는 것이 아니라, 장기적인 시각을 유지한다. 이들은 독립적인 프로그램을 바라보는 전통적인 변화 모드에서 지속적으로 개선 가능한 모든 활동들을 바라보는 변화모드로 기꺼이 옮기려고 한다.[214] 관심있는 독자는 코우트(*Diane Coutu*)가 샤인(*Edgar Schein*)과 한 매력적인 인터뷰를 읽어보기 바란다.[215] 이 기사는 리더와 다른 조직 구성원들에게 "순수하게 자신을 재창조하는데" 필요한 일을 하라고 한다. 이러한 '변혁적 학습'은 조직 변화를 위해 필요하지만, 고통스러운 작업으로 묘사된다.[216]

7.6 조직 변혁에서 HRD 전문가의 역할

조직 변혁이 종업원들에게 영향을 미칠 것이라고 말하는 것은 절제된 표현이다. 이를 고려해서, HRD 전문가는 몇 가지 역할을 할 수 있다. 첫째, 전문가는 훈련과 개발에 관한 조언을 할 뿐만 아니라 전략 계획가가 다양한 대안들과 사람들에 대한 잠재적인 영향을 검토할 수 있도록 도움으로써, 전략적 변화 위원회에서 역할을 할 수 있다.[217] 이는 모든 OT 변화에서 중요한 역할이다. 둘째, 합병, 인수 및 노동자의 규모 축소의 영향이 있다고 할 때, HRD 전문가는 이런 변화의 계획 단계 동안에 이 이슈들의 해결에 참여해야 한다.[218] 여러 가지 중에서도, 삭감 또는 다른 '위험한' 변화의 이유에 대하여 종업원들과의 의사소통에 특별한 주의를 기울여야 한다.[219] HRD 전문가들은 인식 과정을 촉진하는 데 도움을 줄 수 있다. 이들은 종업원들이 변화의 현실에 대처할 수 있도록 도울 수 있다. 이전에 논의한 바와 같이, HRD 전문가들은 HPWS와 같은 OT 개입에서 보다 적극적이어야 한다.

또한, 전통적인 HRD 구조는 그 독립된 목적, 직원 및 공간 때문에, HPWS 접근법을 실행하는 조직에서는 일반적으로 적절하지 않다. 오히려, HRD 기능을 재구성하여 학습 기회를 상실하지 않도록 훈련과 개발 활동을 다른 활동 및 기능과 통합하도록 해야 한다.[220]

표 13.3 HRD에 OD 적용

수준	강조점	HRD 적용 방법
인적 프로세스	인간의 욕구, 직무 만족, 개인적 차이, 규범 및 가치, 팀 효과성	경력 개발, 스트레스 관리, 코칭, 비교 문화 훈련, 사회화, 팀 훈련
기술 구조	직무 역량	스킬 및 기능 훈련
사회 기술	자율 관리팀, 전사적 품질관리	팀 훈련, 품질 관리 훈련
조직 변혁	재구조화(규모 축소), 지속적 학습	종업원 지원 프로그램, 관리자 개발, 고성과 작업 시스템

전체적인 변화 전략의 일부로 활용할 수 있는 HRD 프로그램과 프로세스들이 많이 있다. OD와 HRD 분야는 밀접하게 관련되어 있다. 가장 계획적인 개입의 의도는 궁극적으로 개인 행동의 변화를 일으키는 것이기 때문에 HRD 프로그램과 프로세스를 이용하지 않고서는 변화를 도입하기가 어렵다. 〈표 13.3〉은 이 책에 포함된 HRD 프로그램과 프로세스가 어떻게 대규모 OD 개입의 일부분으로 활용될 수 있는지를 서술하고 있다.[221]

8. 조직 개발의 방향

OD는 끊임없이 변하고 있다.[222] 또한, OD는 종업원 안녕과 인간적 가치를 매우 강조하고 있는 것으로 알려져 있다.[223] 최근에는 전략적 사업 이슈와 조직 성과에 대한 기여를 보여주는 것에 OD 분야를 좀 더 강조하려는 노력이 있다.[224] 한 사례로써, TRW는 1970년대에 조직 개발 기법의 실행에서 선구자였다. 그렇지만, 1980년대에 많은 TRW의 현장 관리자들이 자기 회사의 HR 및 OD 전문가들을 사업 이슈와 조직 수익성에 너무 관심이 없는 것으로 인식하였다.[225] TRW는 HR(및 OD)과 조직의 전략적 목표와 방향을 정렬시키는데 1980년대와 1990년대의 대부분을 보냈다.

일부 사람들이 주장하는 것과 같이 '변화 관리'가 OD를 대체하지는 않을 것 같다.[226] 버크(*Burke*) 등이 주장한 바와 같이, OD는 종업원 안녕에 그 초점을 유지해야 한다.[227] 그렇지만, 종업원 중심과 조직 성과 간의 긴장은 유지될 것이다.[228] 여기서 제시된 대로, 고성과 작업 시스템과 같은 종합적인 접근법은 개인 및 조직 이슈에 명확한 초점을 유지할 좋은 기회를 제공한다. 연구 분야로서의 OD의 미래는 명확하게 보인다.[229] 분명한 것은, 기술 발전은 다른 분야와 마찬가지로 이 분야에 영향을 줄 것이다.[230] 기업의 사회적 책임 및 지속 가능성 이슈와 마찬가지로 정부나 규제 이슈들이 고려되어야 한다.[231] 국제적, 글로벌 이슈 또한 중요하다.[232] 성공적인 조직 개발 개입에 대한 요구가 더 커지지는 않았다는 것은 명백하다. 현재 조직이 손익 계산을 강조하도록 추진하는 힘은 억제하는 힘(또는 종업원의 최소한 안녕을 강하게 강조하려는 힘)보다 더 강하다.[233] OD는 이 상황에서 적극적인 역할을 할 수 있다.[234] OD를 경력 및 리더십 개발 노력에 일치시키는 것과 같이, OD를 HRD 이론 및 노력들과 연계하면 개입의 성공 가능성이 높아진다.[235] 위기관리에 관한 최근의 저술들은 OD 이론과 개입을 통합한다.[236]

페르난데즈(*Fernandez*)와 레이니(*Rainey*)는 성공적인 조직 변화에 필요한 여덟 개 요소 또는 단계를 제안하였다.

1. 욕구를 보장할 것
2. 계획을 제공할 것
3. 변화에 대한 내부 지지를 확보하고 저항을 극복할 것
4. 최고 경영자 지지와 헌신을 확보할 것
5. (필요하면) 외부지지를 확보할 것
6. 자원을 제공할 것
7. 변화를 제도화할 것, 즉 고정화할 것('재동결')
8. 종합적인 변화를 추구할 것[237]

이 목록은 분석, 설계, 실행 및 평가 이슈를 포함하고 있음이 명확하다. 이 장의 초반부에서 언급했던 '개입 전략의 설계를 위한 단계'에 관한 부분으로 되돌아 가보면, 다른 HRD 주제에 적용되었던 것과 동일한 단계가 OD 프로세스에 적용된다.[238] 집단 또는 조직 수준에서 이 개념을 적용하는 것은 도전적일 수도 있지만, 다수의 성공적인 집단 및 조직 수준의 변화 노력이 문서화되었다.[239] 7장에서 언급한 바와 같이 '이해관계자 접근법'은 개인 수준에서의 평가노력과 마찬가지로 OD와 변화 개입의 영향 평가를 위해서는 적절하다.[240] 전체적인 인적자원개발은 조직 개발 및 변화 이슈 및 도전을 해결하지 않고서는 불완전할 것이다.

도입 사례로 돌아가기

이 이슈는 노르웨이 경영대학의 비요른 헤네스타드 교수가 연구한 것이다. 초기에 이 조직의 CEO와 직원들은 보다 참여적인 경영 스타일로의 변화에 매우 열정적이었다. 변화를 선포한 후에 5개월간의 이행 기간을 정하였다.

출처: Hennestad, B. W. (2000). Implementing participative management: Transition issues from the field. *Journal of Applied Behavioral Science*, 36(3), 314-335; Parnell, J. A., Koseoglu, M. A., & Dent, E. B. (2012). Propensity for participative decision making (PPDM) in Turkey and the USA. *International Journal of Business Excellence*, 5(3), 278-304.

요약

조직 개발(OD)은 계획적 개입을 통하여 조직의 효과성과 구성원의 행복(안녕)의 증진을 위해서 활용된다. OD 이론은 변화 과정과 실행으로 구분될 수 있다. 변화 과정 이론은 개인, 집단 및 조직이 변화하는 역학을 설명하고자 한다. 레윈은 변화를 해빙, 변화, 재동결의 3단계 과정으로 보았다. 실행 이론은 변화를 포함하도록 설계된 개입 전략에 초점은 둔다. 네 가지 종류 개입 방안, 즉 인적 프로세스, 기술 구조, STS 및 OT에 대해서 논하였다.

계획적 변화 모델은 네 개의 상호 관련된 부분으로 구성되는데, 이는 (1) 변화 개입, (2) 조직의 목표 변수들을 변경하는 개입과 (3) 개별 구성원과 이들의 행동에 영향을 주는 개입, 그리고 (4) 조직 성과의 변화로 귀결되는 개입이다.

조직 변화를 도입할 때에 관리자, 변화 촉진자 및 시스템 내의 개인으로서의 역할 등 세 가지 역할이 충족되어야 한다. 관리자는 전 과정을 감독한다. 변화를 촉진하기 위해서 시스템 내에서 발생된 영향은 변할 수 있지만, 가장 중요한 것은 그 과정에 직접 참여하는 구성원들의 변화이다. 변화 촉진자의 역할은 관리자와 상의하고, 자문하며 도움을 줘서 변화에 적절한 전략을 개발하는 것이다.

변화 전략의 설계에서 기본 단계가 논의되었다. 개입 전략을 설계하기 위해서는 변화 관리자가 변화 촉진자 및 다른 사람들의 도움을 받아서 기존의 변화 환경을 진단하고, 행동 계획을 수립하고, 행동 계획에 따라 바람직한 변화가 일어났는지를 평가할 수 있어야 한다. 역장 분석은 이와 같은 평가를 위한 진단 도구로써 유용성이 있다. 이 과정에서 HRD 전문가의 역할은 변화 관리자가 전체적인 HRD 프로그램과 과정을 파악하고, 가장 적합한 작업을 결정할 수 있도록 돕는 것이다.

네 가지 형태의 계획적 개입, 즉 인적 프로세스, 기술 구조, 사회 기술 및 조직 변혁에 대한 사례가 제시되었다. 인적 프로세스 개입은 대인 관계, 대집단 관계 및 집단 간 관계에 중점을 둔다. 기술 구조 개입은 작업 내용, 작업 방법 및 노동자들 간의 관계 및 비능률적인 재료, 기업, 장비 및 불필요한 노동력을 효율적인 기술로 대체함으로서 비용을 절감하는 것에 초점을 둔다. 사회 기술 개입은 작업 흐름 구조, 작업 방법, 작업 내용을 재설계를 통해서 생산성, 노동자 만족의 향상에 좀 더 중점을 둔다. OT 개입은 대규모 전략적 변화, 문화적 변화 및 조직 학습과 HPWS의 촉진에 활용된다. 이러한 접근 방법들은 복합하며, 조직의 최고위층이 관리할 필요가 있다.

토의문제

1. 조직이 변화를 도입하는 방법과 그러한 변화가 원하는 효과를 발생시키는 방법을 설명하시오. 조직이 다른 조직의 절차를 복제하여 동일한 결과를 얻을 수 있다고 생각하는가? 그 이유는 무엇인가?
2. 관리자의 역할이 HRD 개입 성공에 중요한 이유는 무엇인가? 관리자의 직접 개입없이 성공적인 개입이 가능한가? 그렇다면 어떤 조건에서 가능한가?

3. 내부 변화 촉진자는 외부 변화 촉진자와 비교하여 성공할 가능성이 더 높은 경우는 언제인가? 동일한 개입에 내·외부 촉진자가 모두 개입된 경우 어떤 종류의 문제가 발생할 수 있는가? 이 문제들은 어떻게 해결되는가?
4. 역기능적인 집단을 효과적으로 돕기 위해 필요한 변화 촉진자의 스킬은 무엇인가? 관리자 간에 문제가 있다면 어떻게 되는가? 그들이 변화 촉진자의 도움을 거부하면 어떻게 되는가?
5. 인적 프로세스 개입을 설계하고 실행하는 데 필요한 스킬과 기술 구조 개입에 필요한 스킬이 어떻게 다른지 설명하시오.
6. 만일 당신이 제조 공장의 관리자이고 자율관리팀을 설계하고 실행하라는 요청을 받았다면, 당신은 어떤 종류의 개입 전략을 사용하겠는가? 당신은 어떻게 현장 감독자를 이 개입 과정에 포함시키겠는가? 어떤 종류의 문제가 예상되는가?
7. 조직 변혁 추진이 효율적인 조직을 유지하는 하나의 필요 요소라고 생각하는가? 그 이유는 무엇인가? 조직 변혁 개입 전략을 지지하는 실증적 증거가 제한적임에도 왜 조직들은 여전히 이 전략을 사용하는가? 이러한 전략이 효과적이지 않다고 생각하는 상황을 제시하고 설명하시오.

미주

1. Armenakis, A. A., & Bedeian, A. G. (1999). Organizational change: A review of theory and research in the 1990s. *Journal of Management*, 25(3), 293–315; Hammer, M. (2004). Deep change: How operational innovation can transform your company. *Harvard Business Review*, 82(4), 84–93; Bradford, D. L., & Burke, W. W. (2005). *Reinventing organization development: New approaches to change in organizations*. San Francisco, CA: Pfeiffer; Cole, M. S., Harris, S. G., & Bernerth, J. B. (2006). Exploring the implications of vision, appropriateness, and execution of organizational change. *Leadership & Organizational Development Journal*, 27(5), 352–367; Tell, R., & Kleiner, B. (2009). Organizational change can rescue industry. *Industrial Management*, 51(2), 20–25; Kates, A., & Kesler, G. (2011). Why organization design? *People&Strategy*, 34(4), 4–5; Brown, W., & May, D. (2012). Organizational change and development. *Journal of Management Development*, 31(6), 520–536; Cheung-Judge, M.-Y., & Holbeche, L. (2012). *Organization development: A practitioner's guide for OD and HR*. London: Kogan Page; Gaul, P. (2014). Organizations lack planning and tools to deal with disruptive change. *T+D*, 68 (8), 24; Mihelich, M. (2014). Change is a way of life, learning at IBM. *Chief Learning Officer*, 13(6), 28–29; Morrison, D. M. (2014). The main ingredient of change. *Harvard Business Review*, 92(9), 36.

2. Bordia, P., Restubog, S. L. D., Jimmieson, N. L., & Irmer, B. E. (2011). Haunted by the past: Effects of poor change management history on employee attitudes and turnover. *Group & Organization Management*, 36(2), 191–222; Raineri, A. B. (2011). Change management practices: Impact on perceived change results. *Journal of Business Research*, 64(3), 266–272; Lewis, A. C., & Grosser, M. (2012). The Change Game: An experiential exercise demonstrating barriers to change. *Journal of Management Education*, 36(5), 669–697; Golden-Biddle, K. (2013). How to change an organization without blowing it up. *Sloan Management Review*, 54(2), 35–41; Colville, I., Hennestad, B., & Thoner, K. (2014). Organizing, changing and learning: A sensemaking perspective on an ongoing 'soap story.' *Management Learning*, 45(2), 216–234.

3. Freedman, A. M. (2011). Using action learning for organization development and change. *OD Practitioner*, 43(2), 7–13; Cummings, T. G., & Worley, C. G. (2015). *Organization development and change* (10th ed.). Mason, OH: Cengage, p. 2.

4. Beckhard, R. (1969). *Organization development: Strategies and models*. Reading, MA: Addison-Wesley; Friedlander, F., & Brown, L. D. (1974). Organization development. *Annual Review of Psychology*, 25, 313–341; Alderfer, C. P. (1977). Organization development. *Annual Review of Psychology*, 28, 197–223; Beer, M., & Walton, E. (1990). Developing the competitive organization: Interventions and strategies. *American Psychologist*, 45, 154–161; French, W. L., & Bell, C. H., Jr. (1990). *Organization development*. Reading, MA: Addison-Wesley; Rainey, M. A. (2014). Kurt Lewin: Some reflections. In B. B. Jones & M. Brazzel (Eds), *NTL handbook of organization development and change*. San Francisco, CA: Wiley, pp. 641–648.

5. Lynham, S. A., Chermack, T. J., & Noggle, M. A. (2004). Selecting organizational development theory from an HRD perspective. *Human Resource Development Review*, 3(2), 151–172; Linna, A., Väänänen, A., Elovainio, M., Kivimäki, M., Pentti, J., & Vahtera, J. (2011). Effect of participative intervention on organizational justice perceptions: A quasi-experimental study of Finnish public sector employees. *International Journal of Human Resource Management*, 22(3), 706–721; Shull, A. C., Church, A. H., & Burke, W. W. (2013). Attitudes about the field of organization development 20 years later: The more things change, the more they stay the same. In A. B. Shani, W. A. Pasmore, R. W. Woodman, & D. A. Noumair (Eds), *Research in Organizational Change and Development*, 21, 1–28.

6. Antonacopoulou, E. P. (2006). The relationship between individual and organizational learning: New evidence from managerial learning practices. *Management Learning*, 37(4), 455–473; Wirtenberg, J., Lipsky, D., Abrams, L., Conway, M., & Slepian, J. (2007). The future of organization development: Enabling sustainable business performance through people. *Organization Development Journal*, 25(2), P11–P22; Schilling, J., & Kluge, A. (2009). Barriers to organizational learning: An integration of theory and research. *International Journal of Management Reviews*, 11(3), 337–360; Sadler-Smith, E. (2014). HRD research and design science: recasting interventions as artefacts. *Human Resource Development International*, 17(2), 129–144.

7. Locke, E. A., & Latham, G. P. (1990). *A theory of goal setting and task performance*. Englewood Cliffs, NJ: Prentice Hall, p. 16.

8. French & Bell (1990), *supra* note 4, p. 102.

9. Rees, R. T. (2007). The role of HR in organizational development and innovation. *Employment Relations Today*, 33(4), 29–35.

10. Adapted from Johnson, H. H., & McGovern, M. F. (2010). Resolving an HR problem at Metro Transit. *OD Practitioner*, 42(4), 58–62.

11. Woodman, R. W. (1989). Organization change and development: New arenas for inquiry and action. *Journal of Management*, 15, 205–228; Dirkx, J. M., Gilley, J. W., & Gilley, A. M. (2004). Change theory in CPE and HRD: Toward a holistic view of learning and change in work. *Advances in Developing Human Resources*, 6(1), 35–51; Ferrazzi, K. (2014). Managing change, one day at a time. *Harvard Business Review*, 92(7/8), 23–25.

12. Lewin, K. (1958). Group decision and social change. In E. E. Maccoby, T. M. Newcomb, & E. L. Hartley (Eds), *Readings in social psychology*. New York: Holt, Rinehart and Winston, pp. 197–211.

13. Armenakis, A. A., Harris, S. G., & Feild, H. S. (1999). Making change permanent: A model for institutionalizing change interventions. *Research in Organizational Change and Development*, 12, 97–128; Cole et al. (2006), *supra* note 1.

14. Schein, E. H. (1987). *Process consultation* (vol. 2). Reading, MA: Addison-Wesley.

15. Choi, M. (2011). Employees' attitudes toward organizational change: A literature review. *Human Resource Management*, 50(4), 479–500; Vakola, M., Armenakis, A., & Oreg, S. (2013). Reactions to organizational change from an individual differences perspective: A review of empirical research. In S. Oreg, A. Michel, & R. Todnem, *The psychology of organizational change: Viewing change from the employee's perspective*. Cambridge: Cambridge University Press, pp. 95–122.

16. Trader-Leigh, K. E. (2002). Case study: Identifying resistance in managing change. *Journal of Organizational Change Management*, 15(2), 138–155.

17. Bernerth, J. (2004). Expanding our understanding of the change message. *Human Resource Development Review*, 3(1), 36–52; Corley, K. G., & Gioia, D. A. (2004). Identity ambiguity and change in the wake of a corporate spin-off. *Administrative Science Quarterly*, 49, 173–208.

18. Oreg, S. (2006). Personality, context, and resistance to organizational change. *European Journal of Work and Organizational Psychology*, 15(1), 73–101; see also Tseng, H.-S., & Kang, L.-M. (2008). How does regulatory focus affect uncertainty towards organizational change? *Leadership & Organization Development Journal*, 29(8), 713–731; Sakskvik, I. B., & Hetland, H. (2009). Exploring dispositional resistance to change. *Journal of Leadership and Organizational Studies*, 16(2), 175–183; Jaros, S. (2010). Commitment to organizational change: A critical review. *Journal of Change Management*, 10(1), 79–108; Oreg, S., & Sverdlik, N. (2011). Ambivalence toward imposed change: The conflict between dispositional resistance to change and the orientation toward the change agent. *Journal of Applied Psychology*, 96, 337–349; Oreg, S., Vakola, M., & Armenakis, A. (2011). Change recipients' reactions to organizational change: A 60-year review of quantitative studies. *Journal of Applied Behavioral Science*, 47(4), 461–524.

19. *Ibid*., p. 26.

20. Dent, E. B., & Goldberg, S. G. (1999). Challenging 'resistance to change.' *Journal of Applied Behavioral Science*, 35(1), p. 26.

21. Desplaces, D. (2005). A multilevel approach to individual readiness to change. *Journal of Behavioral and Applied Management*, 7(1), 25–39; Holt, D. T., Armenakis, A. A., Harris, S. G., & Field, H. S. (2007). Toward a comprehensive definition of readiness for change: A review of research and instrumentation. *Research in Organizational Change and Development*, 16, 289–336; Weiner, B. J., Amick, H., & Shoou-Yin, D. L. (2008). Review: Conceptualization and measurement of organizational readiness for change: A review of the literature in health service research and other fields. *Medical Care Research and Review*, 65(4), 379–436; Choi, M., & Ruona, W. E. A. (2011). Individual readiness for organizational change and its implications for human resource and organization development. *Human Resource Development Review*, 10, 46–73; Fuchs, S., & Edwards, M. R. (2012). Predicting prochange behaviour: The role of perceived organisational justice and organisational identification. *Human Resource Management Journal*, 22(1), 39–59; Rafferty, A. E., Jimmieson, N. L., & Armenakis, A. A. (2013). Change readiness: A multilevel review. *Journal of Management*, 39(1), 110–135.

22. Jimmieson, N. L., Terry, D. J., & Callan, V. J. (2004). A longitudinal study of employee adaptation to organizational change: The role of change-related information and change-related self-efficacy. *Journal of Occupational Health Psychology*, 9(1), 11–27.

23. Armenakis et al. (1999), *supra* note 13; Armenakis, A. A., & Harris, S. G. (2002). Crafting a change message to create transformational readiness. *Journal of Organizational Change Management*, 15(2), 169–183; Armenakis, A. A., Bernerth, J. B., Pitts, J. P., & Walker, H. J. (2007). Organizational change recipients' beliefs scale: Development of an assessment instrument. *Journal of Applied Behavioral Science*, 43(4), 481–505; Armenakis, A. A., Harris, S. G., Cole, M. S., Fillmer, J. L., & Self, D. R. (2007). A top management team's reactions to organizational transformation: The diagnostic benefits of five key change sentiments. *Journal of Change Management*, 7, 273–290; Armenakis, A. A., & Harris, S. G. (2009). Reflections: Our journey in organizational change research and practice. *Journal of Change Management*, 9(2), 127–142.

24. Bennis, W. G., Benne, K. D.,& Chin, R. (1961). *The planning of change*. New York: Holt, Rinehart and Winston; Spreitzer. G. M., & Kurland, N. B. (2004). What matters most for leadership and organizational development. *Journal of Management Inquiry*, 13(1), 19–20.

25. Argyris, C. (1970). *Intervention theory and method: A behavioral science view*. Reading, MA: Addison-Wesley.

26. *Ibid*., p. 20.

27. Sisaye, S. (2005). Management control systems and organizational development: New directions for managing work teams. *Leadership & Organization Development Journal*, 26(1), 51–61; Lambrechts, F., Grieten, S., Bouwen, R., & Corthouts, F. (2009). Process consultation revisited: Taking a relational practice perspective. *Journal of Applied Behavioral Science*, 45, 39–58.

28. Friedlander & Brown (1974), *supra* note 4; De Bono, S., & Jones, S. (2008). Managing change. In J. Remmé, S. Jones, B. Van Der Heijden, & S. De Bono (Eds), *Leadership, change and responsibility*. Oxford, UK: Mayer & Mayer, pp. 152–175.

29. Hackman, J. R., & Oldham, G. R. (1975). Development of the Job Diagnostic Survey. *Journal of Applied Psychology*, 60, 159–170; Hackman, J. R., & Oldham, G. R. (1976). Motivation through the design of work: Test of a theory. *Organizational Behavior and Human Performance*, 16, 250–279; Hackman, J. R., & Oldham, G. R. (1980). *Work redesign*. Reading, MA: Addison-Wesley.

30. Cherns, A. (1987). Principles of sociotechnical design revisited. *Human Relations*, 40, 153–162.

31. Woodman (1989), *supra* note 11.

32. Parnell, J. A., Carraher, S., & Holt, K. (2002). Participative management's influence on effective strategic diffusion. *Journal of Business Strategies*, 19, 161–180; Angermeier, I., Dunford, B. B., Boss, A. D., & Boss, R. W. (2009). The impact of participative management perceptions on customer service, medical errors, burnout, and turnover intentions. *Journal of Healthcare Management*, 54(2), 127–141.

33. Nicholas, J. M. (1982). The comparative impact of organization development interventions on hard criteria measures. *Academy of Management Review*, 7, 531–542 (p. 532).

34. Beckhard (1969), *supra* note 4, p. 3.

35. Beckhard, R., & Harris, R. (1987). *Organizational transitions: Managing complex change* (2nd ed., p. 8). Reading, MA: Addison-Wesley; O'Hara, S., Murphy, L., & Reeve, S. (2007). Action learning as leverage for strategic transformation: A case study reflection. *Strategic Change*, 16(4), 177–190; Davis, E. B., Kee, J., & Newcomer, K. (2010). Strategic transformation process: Toward purpose, people, process and power. *Organization Management Journal*, 7, 66–80; Schreiber, C., Milosevic, I., &Carsten, M. K. (2014). Exploring leadership culture change within a non-profit organization. *Academy of Management Proceedings*, p. 16192.

36. Alderfer (1977), *supra* note 4; Porras, J. I., & Berg, P. O. (1977). The impact of organization development. *Academy of Management Review*, 3, 249–266; Beer, M., & Walton, E. (1987). Organization change and development. *Annual Review of Psychology*, 38, 339–367; Bullock, R. J., & Svyantek, D. J. (1987). The impossibility of using random strategies to study the organization development process. *Journal of Applied Behavioral Science*, 23, 255–262; Rodgers, R., & Hunter, J. E. (1996). The methodological war of the "hardheads" versus the "softheads." *Journal of Applied Behavioral Science*, 32(2), 189–208; Barends, E., Janssen, B., ten Have, W., & ten Have, S. (2014). Effects of change interventions: What kind of evidence do we really have? *Journal of Applied Behavioral Science*, 50(1), 5–27.

37. Bullock & Svyantek (1987), *supra* note 36; Roberts, D. R., & Robertson, P. J. (1992). Positive-findings bias, and measuring methodological rigor, in evaluations of organization development. *Journal of Applied Psychology*, 77(6), 918–925; Armenakis, A. A., & Bedeian, A. G. (1999). Organizational change: A review of theory and research in the 1990s. *Journal of Management*, 25, 293–315.

38. Nye, C. D., Brummel, B. J., & Drasgow, F. (2010). Too good to be true? Understanding change in organizational outcomes. *Journal of Management*, 36(6), 1555–1577.

39. Beer & Walton (1987), *supra* note 36.

40. Nicholas (1982), *supra* note 33.

41. Neuman, G. A., Edwards, J. E., & Raju, N. S. (1989). Organization development interventions: A meta-analysis of their effects on satisfaction and other attitudes. *Personnel Psychology*, 42, 461–489.

42. Guzzo, R. A., Jette, R. D.,& Katzell, R. A. (1985). The effects of psychologically based intervention programs on worker productivity: A meta-analysis. *Personnel Psychology*, 38, 275–291.

43. Boss, R. W., Dunford, B. B., Boss, A. D., & McConkie, M. L. (2010). Sustainable change in the public sector: The longitudinal benefits of organization development. *Journal of Applied Behavioral Science*, 46(4), 436–472.

44. Porras, J. I., & Hoffer, S. J. (1986). Common behavior changes in successful organization development efforts. *Journal of Applied Behavioral Science*, 22, 477–494; Jian, G. (2007). Unpacking unintended consequences in planned organizational change: A process model. *Management Communication Quarterly*, 21(1), 5–28.

45. Woodman (1989), *supra* note 11, p. 206; Young, M. (2009). A meta model of change. *Journal of Organizational Change Management*, 22(5), 524–548.

46. Porras, J. I., & Silvers, R. C. (1991). Organization development and transformation. *Annual Review of Psychology*, 42, 51–78; Robertson, P. J., Roberts, D. R., & Porras, J. I. (1993). Dynamics of planned organizational change: Assessing empirical support for a theoretical model. *Academy of Management Journal*, 36(3), 619–634; Burke, W. W. (2008). A contemporary view of organization development. In T. G. Cummings (Ed.), *Handbook of organization development*. Thousand Oaks, CA; Sage, pp. 13–38; Nesterkin, D. A. (2013). Organizational change and psychological reactance. *Journal of Organizational Change Management*, 26(3), 573–594.

47. Porras & Silvers (1991), *supra* note 46.

48. *Ibid*.

49. Golembiewski, R. T., Billingsley, K., & Yeager, S. (1976). Measuring change and persistence in human affairs: Types of change generated by OD designs. *Journal of Applied Behavioral Science*, 12, 133–157; Thompson, R. C., & Hunt, J. G. (1996). Inside the black box of alpha, beta, and gamma change: Using a cognitive-processing model to assess attitude structure. *Academy of Management Review*, 21, 655–690; Musteen, M., Barker, V. L., III, & Baeten, V. L. (2006). CEO attributes associated with attitude toward change: The direct and moderating effects of CEO tenure. *Journal of Business Research*, 59(5), 604–612.

50. Porras & Silvers (1991), *supra* note 46, p. 57; Riordan, C. M., Richardson, H. A., Schaffer, B. S., & Vandenberg, R. J. (2001). Alpha, beta, and gamma change: A review of past research with recommendations for new directions. In C. A. Schreischeim & L. L. Neider (Ed.). *Equivalence in measurement, Vol. 1*. Charlotte, NC: Information Age Publishing, pp. 51–98; Latta, G. F. (2009). A process model of organizational change in cultural context (OC3 Model): The impact of organizational culture on leading change. *Journal of Leadership & Organizational Studies*, 16(1), 19–37; Brodersen, D. A., & Thornton, G. C. (2011). An investigation of alpha, beta, and gamma change in developmental assessment center participants. *Performance Improvement Quarterly*, 24(2), 25–48.

51. Porras & Silvers (1991), *supra* note 46, p. 58.

52. Konrad, A., & Mitchell, J. (2009). Christina Gold: Leading change at Western Union. *Ivey Publishing*. Accessed on April 27, 2015 at https://www.iveycases.com/ProductView.aspx?id=33030&CM=true&HID=212.

53. Schein, E. H. (2014). The role of coercive persuasion in education and learning: Subjugation or animation. In A. B. Shani & D. A. Noumair (Eds), *Research in Organizational Change and Development*, 22, 1–23; Winn, B. (2014). Forcing change: Should leaders use coercive strategies to drive cultural change? *People & Strategy*, 37(1), 9–11.

54. Laabs, J. J. (1996). Leading organizational change. *Personnel Journal*, 75(7), 54–63.

55. Burke, W. W., Church, A. H., & Waclawski, J. (1993). What do OD practitioners know about managing change? *Leadership & Organization Development Journal*, 14(6), 3–11; Edgelow, C. (2012). Who's in charge of change? *Industrial and Commercial Training*, 44(1), 3–8.

56. Boppel, M., Kunisch, S., Keil, T., & Lechner, C. (2013). Driving change through corporate programs. *Sloan Management Review*, 55(1), 20–22.

57. Demers, R., Forrer, S. E., Leibowith, Z., & Cahill, C. (1996). Commitment to change. *Training & Development*, 50(8), 22–26.

58. Doyle, M. (2002). From change novice to change expert—Issues of learning, development and support. *Personnel Review*, 31(4), 465–481; Stummer, M., & Zuchi, D. (2010). Developing roles in change processes—A case study from a public sector organisation. *International Journal of Project Management*, 28(4), 384–394.

59. Alfes, K., Truss, C., & Gill, J. (2010). The HR manager as change agent: Evidence from the public sector. *Journal of Change Management*, 10(1), 109–127; Barnes, B. K., & Scott, B. (2012). The influential internal consultant. *Industrial and Commercial Training*, 44(7), 408–415.

60. Burke, W. W. (1987). *Organization development*. Reading, MA: Addison-Wesley.

61. Solitander, N., Fougère, M., Sobczak, A., & Herlin, H. (2012). We are the champions: Organizational learning and change for responsible management education. *Journal of Management Education*, 36(3), 337–363.

62. Worren, N. A. M., Ruddle, K., & Moore, K. (1999). From organizational development to change management: The emergence of a new profession. *Journal of Applied Behavioral Science*, 35(3), 273–286; Bushe, G. R., & Marshak, R. J. (2009). Revisioning organization development: Diagnostic and dialogic premises and patterns of practice. *Journal of Applied Behavioral Science*, 45(3), 348–368.

63. Farias, G., & Johnson, H. (2000). Organizational development and change management: Setting the record straight. *Journal of Applied Behavioral Science*, 36(3), 376–379; though see the rejoinder by Worren, N. (2000). Response to Farias and Johnson's commentary. *Journal of Applied Behavioral Science*, 36(3), 380–381; Gravells, J. (2006). The myth of change management: A reflection on personal change and its lessons for leadership development. *Human Resource Development International*, 9(2), 283–289.

64. Peters, L. (2012). The rhythm of leading change: Living with paradox. *Journal of Management Inquiry*, 21(4), 405; Wright, C., Sturdy, A., & Wylie, N. (2012). Management innovation through standardization: Consultants as standardizers of organizational practice. *Research Policy*, 41(3), 652–662.

65. Pearce, C. L., & Osmand, C. P. (1996). Metaphors for change: The ALPs model of change management. *Organizational Dynamics*, 24(3), 23–35.

66. Olsen, T. H., & Stensaker, I. (2014). A change-recipient perspective on training during organizational change. *International Journal of Training & Development*, 18(1), 22–36.

67. Beer & Walton (1987), *supra* note 36.

68. Kanter, R. M. (1983). *The change masters: Innovation for productivity in the American corporation*. New York: Simon & Schuster.

69. Bate, P., & Robert, G. (2007). Toward more user-centric OD. *Journal of Applied Behavioral Science*, 43(1), 41–66.

70. Githens, R. P. (2012). Organization change and social organizing strategies: Employee-initiated organization development. *Human Resource Development Quarterly*, 23(4), 487–518.

71. Amodeo, M., Ellis, M. A., Hopwood, J., & Derman, L. (2007). A model for organizational change: Using an employee-driven, multilevel intervention in a substance abuse agency. *Families in Society*, 88(2), 223–232.

72. Holton, E. E., III, Bates, R. A., & Naquin, S. S. (2000). Largescale performance-driven training needs assessment: A case study. *Public Personnel Management*, 29(2), 249–267; Reed, J., & Vakola, M. (2006). What role can a training needs analysis play in organizational change? *Journal of Organizational Change Management*, 19(3), 393–407; Cronshaw, S. F., & McCulloch, A. N. A. (2008). Reinstating the Lewinian vision: From force field analysis to organization field assessment. *Organizational Development Journal*, 26(4), P89–P103; Auster, E. R., & Ruebottom, T. (2013). Navigating the politics and emotions of change. *Sloan Management Review*, 54(4), 31–36; Iqbal, N. (2013). A case study based on organizational diagnosis—An industrial engineering approach. *International Journal of Innovative Research and Development*, 2(7), 17–19.

73. Baulcomb, J. S. (2003). Management of change through force field analysis. *Journal of Nursing Management*, 11(4), 275–280; Schwering, R. E. (2003). Focusing leadership through force field analysis: New variations on a venerable planning tool. *Leadership & Organization Development Journal*, 24(7/8), 361–370; Aquila, A. J. (2004). Let the force be with you. *Accounting Today*, 18 (10), June 7, 8–9; Wagner, H. T., Morton, S. C., Dainty, A. R. J., & Burns, N. D. (2010). Path dependent constraints on innovation programmes in production and operations management. *International Journal of Production Research*, 49(11), 3069–3085; Swanson, D. J., & Creed, A. S. (2013). Sharpening the focus of force field analysis. *Journal of Change Management*, 14(1), 28–47.

74. Amodeo et al. (2007), *supra* note 71; Evans, S. D., Prilleltensky, O., McKenzie, A., Prilletensky, I., Nogueras, D., Huggins, C., & Mesica, N. (2011). Promoting strengths, prevention, empowerment, and community change through organizational development: Lessons from research, theory, and practice. *Journal of Prevention & Intervention in the Community*, 39(1), 50–64.

75. Schein, E. H. (2010). The role of organization development in the human resource function. *OD Practitioner*, 42(4), 6–11; Gillon, A. C. (2011). Does OD practice within the HR profession in the UK reflect the academic rhetoric? *Leadership & Organization Development Journal*, 32(2), 150–169.

76. Ruona, W. E. A., & Gibson, S. K. (2004). The making of twenty-first-Century HR: An analysis of the convergence of HRM, HRD, and OD. *Human Resource Management*, 43(1), 49–66; Cho, Y., & Yoon, S. W. (2010). Theory development and convergence of human resource fields: Implications for human performance technology. *Performance Improvement Quarterly*, 23(3), 39–56; Gillon, A. C., Braganza, A., Williams, S., & McCauley-Smith, C. (2014). Organisation development in HRM: A longitudinal study contrasting evolutionary trends between the UK and USA. *International Journal of Human Resource Management*, 25(7), 1002–1023.

77. Evans, C., Harvey, G., & Turnbull, P. (2012). When partnerships don't 'match-up': An evaluation of labourmanagement partnerships in the automotive components and civil aviation industries. *Human Resource Management Journal*, 22(1), 60–75; Shin, E. (2014). Unions and the adoption of high-performance work systems in Korea: Moderating roles of firms' competitive strategies. *International Journal of Human Resource Management*, 25(13), 1858–1880.

78. Schuster,M. H., & Weidman, S. (2006). Organizational change in union settings: Labor-management partnerships—The past and the future. *Human Resource Planning*, 29, 45–51; Brockett, J. (2007). Post Office alters pay system. *People Management*, 13(4), February 22, p. 14; Everson, K. (2014). Learning to work with unions. *Chief Learning Officer*, 13(7), 26–29.

79. Hanson, R., Porterfield, R. I., & Ames, K. (1995). Employee empowerment at risk: Effects of recent NLRB ruling. *Academy of Management Executive*, 9(2), 45–54; Frankforter, S. A., & Christensen, S. A. (2005). Finding competitive advantage in self-managed work teams. *Business Forum*, 27(1), 20–24; LeRoy, M. H. (2006). The power to create or obstruct employee voice: Does US public policy skew employer preference for 'no voice' workplaces? *Socioeconomic Review*, 4(2), 311–319.

80. Solaimani, S. (2010). Towards a human processual approach of business-IT alignment. *AMCIS Proceedings*, Paper 50.

81. Friedlander & Brown (1974), *supra* note 4; Nicholas (1982), *supra* note 33; Guzzo et al. (1985), *supra* note 42; Nicholas, J. M., & Katz, M. (1985). Research methods and reporting practices in organization development: A review and some guidelines. *Academy of Management Review*, 10, 737–749; Neuman et al. (1989), *supra* note 41.

82. Nicholas (1982), *supra* note 33.

83. Nowshin, S., & Zaman, L. (2013). An analysis of organization development process in telecom industry in Bangladesh. *Journal of Business and Management*, 2(4), 49–61.

84. Alderfer, C. P., & Holbrook, J. (1973). A new design for survey feedback. *Education Urban Society*, 5, 437–464; Alderfer (1977), *supra* note 4.

85. Gable, S. A., Chyung, S. Y., Marker, A., & Winiecki, D. (2010). How should organizational leaders use employee engagement survey data? *Performance Improvement*, 49(4), 17–25; de Waal, A. (2014). The employee survey: Benefits, problems in practice, and the relation with the high performance organization. *Strategic HR Review*, 13(6), 227–232.

86. Lawler, E. E., III. (1986). *High-involvement management*. San Francisco, CA: Jossey-Bass.

87. Björklund, C., Grahn, A., Jensen, I.,&Bergström, G. (2007). Does survey feedback enhance the psychosocial work environment and decrease sick leave? *European Journal of Work and Organizational Psychology*, 16(1), 76–93.

88. Nicholas (1982), *supra* note 33; Midura, D. W., & Glover, D. R. (2005). *Essentials of team building: Principles and practices*. Champaign, IL: Human Kinetics.

89. Lantz, G. (2007). Team building blocks and breakthroughs. *Human Resource Planning*, 30(2), 12–13; Fazzari, A. J., & Mosca, J. B. (2009). "Partners in perfection": Human resources facilitating creation and ongoing implementation of self-managed manufacturing teams in a small medium enterprise. *Human Resource Development Quarterly*, 20, 353–376; Lau, P. Y. Y., & McLean, G. N. (2013). Factors influencing perceived learning transfer of an outdoor management development programme in Malaysia. *Human Resource Development International*, 16(2), 186–204.

90. Hackman, J. R., & Walton, R. E. (1986). Leading groups in organizations. In P. S. Goodman & Associates (Eds), *Designing effective work groups*. San Francisco, CA: Jossey-Bass, pp. 72–119.

91. Dyer, W. G. (1987). *Team building*. Reading, MA: Addison-Wesley, p. 36.

92. Neuman et al. (1989), *supra* note 41.

93. Guzzo et al. (1985), *supra* note 42.

94. Salas, E., Rozell, D., Mullen, B., & Driskell, J. E. (1999). The effect of team building on performance. *Small Group Research*, 30(3), 309–329.

95. Salas, E., DiazGranados, D., Klein, C., Burke, C. S., Stagl, K. C., Goodwin, G. F., & Halpin, S. M. (2008). Does team training improve team performance? A meta-analysis. *Human Factors*, 50(6), 903–933.

96. Kozlowski, S. W., & Bell, B. S. (2013). Work groups and teams in organizations: Review update. In N. Schmitt & S. Highhouse (Eds), *Handbook of psychology: Vol. 12. Industrial and organizational psychology* (2nd ed.). Hoboken, NJ: Wiley, pp. 419–469.

97. Friedlander & Brown (1974), *supra* note 4; Gerstein, M. S. (1987). *The technology connection*. Reading, MA: Addison-Wesley; Vidal, M. (2007). Lean production, worker empowerment, and job satisfaction: A qualitative analysis and critique. *Critical Sociology*, 33(1/2), 247–278.

98. Nicholas & Katz (1985), *supra* note 81; Neuman et al. (1989), *supra* note 41; Torraco, R. J. (2005). Work design theory: A review and critique with implications for human resource development. *Human Resource Development Quarterly*, 16, 85–109; Abernathy, W. B. (2010). A comprehensive performance analysis and improvement method. *Performance Improvement*, 49(5), 5–17.

99. Nicholas (1982), *supra* note 33.

100. Campion, M. A., & McClelland, C. L. (1991). Interdisciplinary examination of the costs and benefits of enlarged jobs: A job design quasi-experiment. *Journal of Applied Psychology*, 76, 186–198.

101. Campion, M. A., Mumford, T. V., Morgeson, F. P., & Nahrgang, J. D. (2005). Work redesign: Eight obstacles and opportunities. *Human Resource Management*, 44(4), 367–390.

102. Fried, Y., & Ferris, G. R. (1987). The validity of the job characteristics model: A review and meta-analysis. *Personnel Psychology*, 40, 287–318; Edwards, J. R., Scully, J. A., & Brtek, M. D. (2000). The nature and outcomes of work: A replication and extension of interdisciplinary work-design research. *Journal of Applied Psychology*, 85, 860–868; Hornung, S., & Rousseau, D. M. (2007). Active on the job—Proactive in change: How autonomy at work contributes to employee support for organizational change. *Journal of Applied Behavioral Science*, 43(4), 401–426.

103. Loher, B. T., Noe, R. A., Moeller, N. L., & Fitzgerald, M. P. (1985). A meta-analysis of the relation of job characteristics to job satisfaction. *Journal of Applied Psychology*, 70, 280–289; Fried & Ferris (1987), *supra* note 102; Neuman et al. (1989), *supra* note 41.

104. Morgeson, F. P., & Humphrey, S. E. (2006). The Work Design Questionnaire (WDQ): Developing and validating a comprehensive measure for assessing job design and the nature of work. *Journal of Applied Psychology*, 91(6), 1321–1339.

105. Oldham, G. R., & Hackman, J. R. (2010). Not what it was and not what it will be: The future of job design research. *Journal of Organizational Behavior*, 31, 463–479.

106. Rothenberg,P.V. (2006).Alternativeworkschedules. *Journal of Property Management*, 71(1), 12; Porter, S., & Ayman, R. (2010).Work flexibility as amediator of the relationship betweenwork-family conflict andintentionto quit. *Journal of Management&Organization*, 16(3), 411–424.

107. Christensen, K. (1990). Here we go into the "high flex" era. *Across the Board*, 27(7), 22–23.

108. Neuman et al. (1989), *supra* note 41; Stavrou, E. T. (2005). Flexible work bundles and organizational competitiveness: A cross-national study of the European work context. *Journal of Organizational Behavior*, 26(8), 923–947.

109. Dunham, R. B., Pierce, J. L., & Casteneda, M. B. (1987). Alternate work schedules: Two field quasi-experiments. *Personnel Psychology*, 40, 215–242; Newman et al. (1989), *supra* note 41; Pierce, J. L., Newstrom, J. W., Dunham, R. B., & Barber, A. E. (1989). *Alternative work schedules*. Boston, MA: Allyn & Bacon; Baltes, B. B., Briggs, T. E., Huff, J. W., Wright, J. A., & Neuman, G. A. (1999). Flexible and compressed workweek schedules: A meta-analysis of their effects on work-related criteria. *Journal of Applied Psychology*, 84, 496–513; Arbon, C. A., Facer Ii, R. L., & Wadsworth, L. L. (2012). Compressed workweeks–Strategies for successful implementation. *Public Personnel Management*, 41(3), 389–405.

110. Baltes et al. (1999), *supra* note 109; Peper, A., Van Doorne-Huiskes, A., & den Dulk, L. (Eds) (2005). *Flexible working and organizational change: The integration of work and personal life*. Cheltenham, UK: Edward Elgar; Kattenbach, R., Demerouti, E., & Cachreiner, F. (2010). Flexible working times: Effects on employees' exhaustion, worknonwork conflict and job performance. *Career Development International*, 15(3), 279–295; Beauregard, T A. (2011). Corporate work-life balance initiatives: Use and effectiveness. *Creating balance? Part 4*, 193–208; Leslie, L. M., Park, T.-Y., Mehng, S. A., & Flaherty Manchester, C. (2012). Flexible work practices: A source of career premiums or penalties? *Academy of Management Journal*, 55(6), 1407–1428.

111. Guzzo et al. (1985), *supra* note 42; Humphrey, S. E., Nahrgang, J. D., & Morgeson, F. P. (2007). Integrating motivational, social, and contextual work design features: A meta-analytic summary and theoretical extension of the work design literature. *Journal of Applied Psychology*, 92, 1332–1356.

112. Guzzo et al. (1985), *supra* note 42.

113. Neuman et al. (1989), *supra* note 41.

114. *Ibid*.

115. Nicholas (1982), *supra* note 33.

116. Neuman et al. (1989), *supra* note 41, p. 480.

117. Guzzo et al. (1985), *supra* note 42; Neuman et al. (1989), *supra* note 41; Fagenson. E. A., & Burke, W. W. (1990). The activities of organization-development practitioners at the turn of the decade of the 1990s—A study of their predictions. *Group & Organization Studies*, 15(4), 366–380.

118. Fox, W. M. (1995). Sociotechnical system principles and guidelines: Past and present. *Journal of Applied Behavioral Science*, 31(1), 91–105.

119. Guzzo, R. A., & Dickson, M. W. (1996). Teams in organizations: Recent research on performance and effectiveness. *Annual Review Psychology*, 47, 307–338; Kull, T. J., Ellis, S. C., & Narasimhan, R. (2013). Reducing behavioral constraints to supplier integration: A sociotechnical systems perspective. *Journal of Supply Chain Management*, 49(1), 64–86.

120. Guzzo et al. (1985), *supra* note 42.

121. Steel, R. P., & Lloyd, R. F. (1988). Cognitive, affective, and behavioral outcomes of participation in quality circles: Conceptual and empirical findings. *Journal of Applied Behavioral Sciences*, 24, 1–17; Verney, T., Ackelsberg, R., & Holoviak, S. J. (1989). Participation and worker satisfaction. *Journal for Quality & Participation*, 12(3), 74–77; Botch, K., & Spangle, R. (1990). The effects of quality circles on performance and promotions. *Human Relations*, 43, 573–582; Townsend, T. M. (1990). Let employees carry the ball. *Personnel Journal*, 69(10), 30–36; Adam, E. E. (1991). Quality circle performance. *Journal of Management*, 17, 25–39; Park, S. (1991). Estimating success rates of quality circle programs: Public and private experiences. *Public Administration Quarterly*, 15(1), 133–146.

122. Clark, S. G., & McGee, W. (1988). Evaluation: A method of transition—Our program is great…isn't it? *Journal for Quality & Participation*, 11(4), 50–54; Piczak, M. W. (1988). Quality circles come home. *Quality Progress*, 21(12), 37–39; Honeycutt, A. (1989). The key to effective quality circles. *Training and Development Journal*, 43(5), 81–84; Berman, S. J., & Hellweg, S. A. (1989). Perceived supervisor communication competence and supervisor satisfaction as a function of quality circle participation. *Journal of Business Communication*, 26(2) 103–122; Tang, T. L., Tollison, P. S., & Whiteside, H. D. (1989). Quality circle productivity as related to uppermanagement, attendance, circle initiation, and collar color. *Journal of Management*, 15, 101–113; Steel, R. P., Jennings, K. R., & Lindsey, J. T. (1990). Quality circle problem solving and common cents: Evaluation study findings from a United States federal mint. *Journal of Applied Behavioral Science*, 26, 365–381.

123. Schonberger, R. J. (1992). Total quality management cuts a broad swath through manufacturing and beyond. *Organizational Dynamics*, 20(4), 16–28, p. 17.

124. Salemme, T (1991). Lessons learned from employees about quality improvement efforts. *Tapping the Network Journal*, 2(2), 2–6.

125. McCormack, S. P. (1992). TQM: Getting it right the first time. *Training & Development*, 46(6), 43–46.

126. Ferketish, B. J., & Hayden, J. W. (1992). HRD & quality: The chicken or the egg? *Training&Development*, 46(1),

38–42; Hackman, J. R., & Wageman, R. (1995). Total quality management: Empirical, conceptual, and practical issues. *Administrative Science Quarterly*, 40, 309–342; Zakuan, N. M., Yusof, S. M., Laosirihongthong, T., & Shaharoun, A. M. (2010). Proposed relationship of TQM and organisational performance using structured equation modeling. *Total Quality Management & Business Excellence*, 21(2), 185–203.

127. Bowen, D. E., & Lawler, E. E., III. (1992). Total qualityoriented human resources management. *Organizational Dynamics*, 20(4), 29–41; Pandey, A. (2006). Strategically focused training in Six Sigma way: A case study. *Journal of European Industrial Training*, 31(2), 145–162; Weinstein, M. (2006). Something better than Six Sigma? *Training*, 43(9), 14.

128. Hackman & Wageman (1995), *supra* note 126.

129. Schonberger (1992), *supra* note 123.

130. Bowen & Lawler (1992), *supra* note 127, p. 38.

131. NIST (2015). The Malcolm Baldrige National Quality Improvement Act of 1987. Accessed on April 27, 2015 at http://www.nist.gov/baldrige/about/improvement_act.cfm.

132. Axland, S. (1991). Two awarded NASA's prize trophy. *Quality Progress*, 24(12), 51–52.

133. Johnson, J. G. (1991). The culture clock: TQM and doing the right thing right at the right time. *Journal for Quality & Participation*, 14(6), 1–14.

134. Reynolds, L. (1992). The Feds join the quality movement. *Management Review*, 81(4), 39–42.

135. Sensenbrenner, J. (1991). Quality for cities. *Nation's Business*, 79(10), 60, 62.

136. McCarthy, G. J. (1991). TQM is key to improving services but it's not for every hospital. *Health Care Strategic Management*, 9(11), 18–20.

137. Velocci, A. L., Jr. (1991). TQM makes Rockwell tougher competitor. *Aviation Week & Space Technology*, 135(23), 68–69.

138. Hackman & Wageman (1995), *supra* note 126; Collins, L. K., & Hill, F. M. (1998). Leveraging organizational transformation through incremental and radical approaches to change: Three case studies. *Total Quality Management*, 9(4/5), S30–S34; Martin, T. N., & Huq, Z. (2002). A hospital case study supporting workforce culture re-engineering. *Total Quality Management*, 13(4), 523–536; Six sigma in action; Overcoming barriers to organizational change (2008). *Development and Learning in Organizations*, 22(1), 32–35.

139. *Ibid.*; Clegg, B., Rees, C., & Titchen, M. (2010). A study into the effectiveness of quality management training: A focus on tools and critical success factors, *The TQM Journal*, 22(2), 188–208; Valentine, S., Hollingworth, D., & Francis, C. A. (2013). Quality-related HR practices, organizational ethics, and positive work attitudes: Implications for HRD. *Human Resource Development Quarterly*, 24(4), 493–523.

140. Kanwal, N., Iqbal, M. Z., & Khan, I. A. (2014). Antecedents of TQM implementation capability: A review with a conceptual model. *Total Quality Management & Business Excellence*, 25, 11–12.

141. Spector, B., & Beer, M. (1994). Beyond TQM programmes. *Journal of Organizational Change Management*, 7(2), 63–70.

142. Hodgetts, R., Luthans, F., & Lee, S. M. (1994). New paradigm organizations: From total quality to learning to world-class. *Organizational Dynamics*, 22(3), 5–19.

143. Hackman&Wageman (1995), *supra* note 126; Choi, T. Y., & Behling, O. G. (1997). Top managers and TQMsuccess: One more look.*Academyof Management Executive*, 11(1), 37–47.

144. Beer, M., & Eisenstat, R. A. (1996). Developing an organization capable of implementing strategy and learning. *Human Relations*, 49(5), 597–619.

145. Ferguson-Amores, M. C., Garcia-Rodriguez, M., & Ruiz-Navarro, J. (2005). Strategies of renewal: The transition from "Total Quality Management" to the "Learning Organization." *Management Learning*, 36(2), 149–180.

146. Yusof, S. M., & Aspinwall, E. (2000). Total quality management implementation frameworks: Comparison and review. *Total Quality Management*, 11(3), 281–294.

147. Fazzari & Mosca (2009), *supra* note 89; Martinez-Costa, M., & Jiménez-Jiménez, D. (2009). The effectiveness of TQM: The key role of organizational learning in small businesses. *International Small Business Journal*, 27(1), 98–125; McAdam, R., Moffett, S., Hazlett, S. A., & Mark, S. (2010). Developing a model of innovation implementation for UK SMEs: A path analysis and explanatory case analysis. *International Small Business Journal*, 28(3), 195–214.

148. Cohen, S. G., & Ledford, G. E., Jr., (1994). The effectiveness of self-managing teams: A quasi-experiment. *Human Relations*, 47, 13–43; Mathieu, J., Maynard, M. T., Rapp, T., & Gilson, L. (2008). Team effectiveness 1997–2007: A review of recent advancements and a glimpse into the future. *Journal of Management*, 34(3), 410–476.

149. Wall, T. D., Kemp, N. J., Jackson, P. R., & Clegg, C. W. (1986). Outcomes of autonomous workgroups: A longterm field experiment. *Academy of Management Journal*, 29, 280–304; Goodman, P. S., Devadas, R., & Hughson, T. L. (1988). Groups and productivity: Analyzing the effectiveness of self-managing teams. In J. P. Campbell & R. J. Campbell (Eds), *Productivity in organizations*. San Francisco, CA: Jossey-Bass, pp. 295–325; Schilder, J. (1992). Work teams boost productivity. *Personnel Journal*, 71(2), 67–71; Cohen, S. G., Ledford, G. E., Jr., & Spreitzer, G. M., (1996). A predictive model of self-managing work teams effectiveness. *Human Relations*, 49, 643–676.

150. Buck, J. T. (1995). The rocky road to team-based management. *Training & Development*, 49(4), 35–38.

151. Gephart, M. A., Marsick, V. J., Van Buren, M. E., & Spiro, M. S. (1996). Learning organizations come alive. *Training & Development*, 50(12), 35–45; Guzzo & Dickson (1996), *supra* note 119.

152. Schilder (1992), *supra* note 149; Cohen et al. (1996), *supra* note 149; Stewart, G. L.&Manz, C. C. (1995). Leadership for self-managing work teams: A typology and integrative model. *Human Relations*, 48, 747–770; Markova, G., & T. Perry, J. (2014). Cohesion and individual well-being of members in self-managed teams. *Leadership & Organization Development Journal*, 35(5), 429–441.

153. Versteeg, A. (1990). Self-directed work teams yield longterm benefits. *Journal of Business Strategy*, 11(6), 9–12.

154. Frankforter & Christensen (2005), *supra* note 79.

155. Brokaw, L., & Hartman, C. (1990). Managing the journey. *Inc.*, 12(11), 44–50; Johnsonville Sausage LLC—Executive Profile: Ralph C. Stayer (April 27, 2015). Accessed on April 27, 2015 at http://www.bloomberg.com/research/stocks/private/person.asp?personId=1443413&privcapId=691676&previousCapId.

156. Musselwhite, E., & Moran, L. (1990). On the road to selfdirection. *Journal of Quality & Participation*, 58–63.

157. Beekun, R. I. (1989). Assessing the effectiveness of sociotechnical interventions: Antidote or fad? *Human Relations*, 42, 877–897; Morgeson, F. P., Johnson, M. D., Campion, M. A., Medsker, G. J., & Mumford, T. V. (2006). Understanding reactions to job redesign: A quasiexperimental investigation of the moderating effects of organizational context on perceptions of performance behavior. *Personnel Psychology*, 59(2), 333–363; Stewart, G. L., Courtright, S. H., & Barrick, M. R. (2012). Peer-based control in self-managing teams: Linking rational and normative influence with individual and group performance. *Journal of Applied Psychology*, 97(2), 435–447.

158. Cohen & Ledford (1994), *supra* note 149.

159. Benders, J., & Van Hootegem, G., & Curseu, P. L. (2014). The longevity of teams. *Journal of Organizational Change Management*, 27(2). doi: http://dx.doi.org/10.1108/JOCM-11-2013-0208.

160. Wall et al. (1986), *supra* note 149.

161. Stewart, G. L., & Manz, C. C. (1995). Leadership for selfmanaging work teams: A typology and integrative model. *Human Relations*, 48, 747–770; Levi, D. (2011). *Group dynamics for teams* (3rd ed.). Thousand Oaks, CA: Sage.

162. Kanter (1983), *supra* note 68, p. 258.

163. Geertz, C. (1973). *The interpretation of culture*. New York: Basic Books; Ott, J. S. (1989). *The organizational culture perspective*. Pacific Grove, CA: Brooks/Cole; Hartnell, C. A., Ou, A. Y., & Kinicki, A. (2011). Organizational culture and organizational effectiveness: A meta-analytic investigation of the competing values framework's theoretical suppositions. *Journal of Applied Psychology*, 96(4), 677–694; Plakhotnik, M. S., & Rocco, T. S. (2011). What do we know, how much, and why it matters: Organizational culture and AHRD research 1994-2009. *Human Resource Development Review*, 10(1), 74–100.

164. Levin, I., & Gottlieb, J. Z. (2009). Realigning organizational culture for optimal performance: Six principles & eight practices. *Organization Development Journal*, 27(4), 31–46.

165. Katzenbach, J. R., Steffen, I., & Kronley, C. (2012). Cultural change that sticks. *Harvard Business Review*, 90(7/8), 110–117.

166. Derven, M. (2014). Diversity and inclusion by design: best practices from six global companies. *Industrial and Commercial Training*, 46(2), 84–91.

167. Gade, P. J., & Perry, E. L. (2003). Changing the newsroom culture: A four-year case study of organizational development at the St. Louis Post-Dispatch. *Journalism & Mass Communication Quarterly*, 80(2), 327–347.

168. Fairbairn, U. (2005). HR as a strategic partner: Culture change as an American Express case study. *Human Resource Management*, 44(1), 79–84.

169. Grigoruta, M. V. (2006). Change in Romanian organizations: A management culture approach. *Journal of Organizational Change Management*, 19(6), 747–752; Cowley, B. (2007). "Why change succeeds:" An organizational self-assessment. *Organization Development Journal*, 25(2), P25–P30.

170. Soonsawad, P. (2010). Facing crisis: Saving a company via cultural transformation. *International Journal of Business and Management*, 5(2), 52–64.

171. Miller, J., Wroblewski, M., & Villafuerte, J. (2014). *Creating a kaizen culture: Align the organization, achieve breakthrough results, and sustain the gains*. New York: McGraw-Hill.

172. Ledford, G. E., Mohrman, S. A., Mohrman, A. M., & Lawler, E. E. (1989). The phenomenon of large scale organizational change. In A. M. Mohrman, S. A. Mohrman, G. E. Ledford, T. G. Cummings, & E. E. Lawler (Eds), *Large scale organizational change*. San Francisco, CA: Jossey-Bass, pp. 1–32.

173. Mohrman, S. A., & Mohrman, A. M. (1989). In A. M. Mohrman, S. A. Mohrman, G. E. Ledford, T. G. Cummings, & E. E. Lawler (Eds), *Large scale organizational change*. San Francisco, CA: Jossey-Bass, pp. 35–47.

174. Lawrence, P. R. (1989). Why organizations change. In A. M. Mohrman, S. A. Mohrman, G. E. Ledford, T. G. Cummings, & E. E. Lawler (Eds), *Large scale organizational change*. San Francisco, CA: Jossey-Bass, pp. 48–61.

175. Hodgkinson, G. P., & Wright, G. (2002) Confronting strategic inertia in a top management team: Learning from failure. *Organization Studies*, 23(6), 949–977.

176. Sminia, H., & Van Nistelrooij, A. (2006). Strategic management and organization development: Planned change in a public sector organization. *Journal of Change Management*, 6(1), 99–113.

177. O'Hara et al. (2007), *supra* note 35.

178. Galosy, J. R. (1990). The human factor in mergers and acquisitions. *Training and Development Journal*, 44(4), 90–95; Shook, L., & Roth, G. (2011). Downsizings, mergers, and acquisitions: Perspectives of human resource development practitioners. *Journal of European Industrial Training*, 35(2), 135–153.

179. Perry, B. (2013). Learning drives change, savings at Hyundai. *Chief Learning Officer*, 12(9), 41.

180. Argote, L. (2011). Organizational learning research: Past, present and future. *Management Learning*, 42(4), 439–446; Bernstein, E. S. (2012). The transparency paradox: A role for privacy in organizational learning and operational control. *Administrative Science Quarterly*, 57(2), 181–216; Bui, H. T. M., & Baruch, Y. (2012). Learning organizations in higher education: An empirical evaluation within an international context. *Management Learning*, 43(5), 515–544; Flores, L. G., Zheng, W., Rau, D., & Thomas, C. H. (2012). Organizational learning: Subprocess identification, construct validation, and an empirical test of cultural antecedents. *Journal of Management*, 38(2), 640–667; Kumaraswamy, K. S. N., & Chitale, C. M. (2012). Collaborative knowledge sharing strategy to enhance organizational learning. *Journal of Management Development*, 31(3), 308–322; von Krogh, G., Nonaka, I., & Rechsteiner, L. (2012). Leadership in organizational knowledge creation: A review and framework. *Journal of Management Studies*, 49(1), 240–277; Elliott, C. J., & Goh, S. C. (2013). Does accreditation promote organizational learning? A multiple case study of Canadian university business schools. *Journal of Management Development*, 32(7), 737–755; Pugh, K., & Prusak, L. (2013). Designing effective knowledge networks. *Sloan Management Review*, 55(1), 79–88; Shipton, H., Zhou, Q., & Mooi, E. (2013). Is there a global model of learning organizations? An empirical, cross-nation study. *International Journal of Human Resource Management*, 24(12), 2278–2298; Alagaraja, M. (2014). A conceptual model of organizations as learning-performance systems: Integrative review of lean implementation literature. *Human Resource Development Review*, 13(2), 207–233; Lim, D.

H., Song, J. H. and Yoon, S. W. (2014) Trends and issues in integrating knowledge management and organizational learning for workplace performance improvement. In N. E. Chalofsky, T. S. Rocco, & M. L. Morris (Eds), *Handbook of human resource development*. Hoboken, NJ: Wiley, pp. 369–385; Park, Y. K., Song, J. H., Yoon, S. W., & Kim, J. (2014). Learning organization and innovative behavior. *European Journal of Training and Development*, 38(1/2), 75–94.

181. Watkins, K. E., & Marsick, V. J. (1999). *Dimensions of the learning organization questionnaire*. San Francisco, CA: Jossey-Bass, as cited in Davis, D., & Daley, B. J. (2008). The learning organization and its dimensions as key factors in firms' performance. *Human Resource Development International*, 11(1), 51–66.

182. Hodgetts et al. (1994), *supra* note 142; Nevis, E. C., DiBella, A. J., & Gould, J. M. (1995). Understanding organizations as learning systems. *Sloan Management Review*, 36(2), 73–85.

183. Argyris, C. (1994). The future of workplace learning and performance. *Training & Development*, 48(5), S36–S47; Senge, P. M. (1990). *The fifth discipline: The art& practice of the learning organization*. New York: Doubleday.

184. Argyris, C. (1991). Teaching smart people how to learn. *Harvard Business Review*, 69(3), 5–15, cited in Abernathy, D. J. (1999). *Training & Development*, 53(5), 80–84.

185. Saari, E., & Kallio, K. (2011). Developmental impact evaluation for facilitating learning in innovation networks. *American Journal of Evaluation*, 32(2), 227–245; Kim, J. H., & Callahan, J. L. (2013). Finding the intersection of the learning organization and learning transfer: The significance of leadership. *European Journal of Training and Development*, 37(2), 183–200.

186. Senge (1990), *supra* note 183; Alagaraja, M., & Shuck, B. (2015). Exploring organizational alignment-employee engagement linkages and impact on individual performance: A conceptual model. *Human Resource Development Review*, 14(1), 17–37.

187. Gephart et al. (1996), *supra* note 151.

188. Hicks, S. (2000). Are you ready for knowledge management? *Training & Development*, 54(9), 71–72; Irani, Z., Sharif, A. M., & Love, P. E. D. (2009). Mapping knowledge management and organizational learning in support of organizational memory. *International Journal of Production Economics*, 122, 200–215; Yang, B., Zheng, W., & Viere, C. (2009). Holistic views of knowledge management models. *Advances in Developing Human Resources*, 11(3), 273–289; Park, C. H., Song, J. H., Lim, D. H., & Kim, J. W. (2014). The influences of openness to change, knowledge sharing intention and knowledge creation practice on employees' creativity in the Korean public sector context. *Human Resource Development International*, 17(2), 203–221.

189. Senge (1990), *supra* note 183; Gephart et al. (1996), *supra* note 151.

190. Cutcher-Gershenfeld, J., & Ford, J. K. (2005). *Valuable disconnects in organizational learning systems*. New York: Oxford University Press; Werner, J. M. (2014). Human resource development ≠ human resource management: So what is it? *Human Resource Development Quarterly*, 25(2), 127–139.

191. Gephart et al. (1996), *supra* note 151.

192. Froehlich, D., Segers, M., & Van den Bossche, P. (2014). Informal workplace learning in Austrian banks: The influence of learning approach, leadership style, and organizational learning culture on managers' learning outcomes. *Human Resource Development Quarterly*, 25(1), 29–57.

193. Satsomboon, W., & Pruetipibultham, O. (2014). Creating an organizational culture of innovation: case studies of Japanese multinational companies in Thailand. *Human Resource Development International*, 17(1), 110–120.

194. Senge, P. M. (1996). Leading learning organizations. *Training & Development*, 50(12), 36–37.

195. Lien, B. Y.-H., Hung, R. Y., & McLean, G. N. (2007). Organizational learning as an organization development intervention in six high-technology firms in Taiwan: An exploratory case study. *Human Resource Development Quarterly*, 18, 211–228; Wright, C., Suh, C.-S., & Leggett, C. (2009). If at first you don't succeed: Globalized production and organizational learning at the Hyundai Motor Company. *Asia Pacific Business Review*, 15(2), 163–180; Sugarman, B. (2010). Organizational learning and reform at the New York City Police Department. *Journal of Applied Behavioral Science*, 46(2), 157–185; Haeffner, M., Leone, D., Coons, L., & Chermack, T. (2012). The effects of scenario planning on participant perceptions of learning organization characteristics. *Human Resource Development Quarterly*, 23(4), 519–542.

196. Baxter, G. J., Connolly, T. M., & Stansfield, M. (2009). How can organizations learn: An information systems development perspective. *Learning Inquiry*, 3, 25–46.

197. Yang, B., Watkins, K. E., & Marsick, V. J. (2004). The construct of the learning organization: Dimensions, measurement, and validation. *Human Resource Development Quarterly*, 15(1), 31–55; Lien, B. Y.-H., Hung, R. Y.-Y., Yang, B. Y., & Li, M. F. (2006). Is the learning organization a valid concept in the Taiwanese context? *International Journal of Manpower*, 27(2), 189–203; Jyothibabu, C., Farooq, A., & Pradhan, B. B. (2010). An integrated scale for measuring an organizational learning system. *Learning Organization*, 17(4), 303–327; Kim, J., Egan, T., & Tolson, H. (2015). Examining the dimensions of the learning organization questionnaire: A review and critique of research utilizing the DLOQ. *Human Resource Development Review*, 14(1), 91–112.

198. Kirby, J. (2005). Toward a theory of high performance. *Harvard Business Review*, 83(7/8), 30–39; Jang, H. Y. (2009). Performance, performance system, and high performance system. *Performance Improvement*, 48(3), 16–20; Kaufman, B. E. (2010). A theory of the firm's demand for HRM practices. *International Journal of Human Resource Management*, 21(5), 615–636; Gerhart, B. (2012). Construct validity, causality, and policy recommendations: The case of high performancework practices systems.*HumanResource Management Review*, 22(2), 157–160; Jiang, K., Lepak, D.P., Han,K.,Hong, Y.,Kim,A.,&Winkler,A. (2012).Clarifying the construct of human resource systems: Relating human resource management to employee performance. *Human Resource Management Review*, 22(2), 73–85; Jiang, J. Y., & Liu, C. W. (2015). High performance work systems and organizational effectiveness: The mediating role of social capital. *Human Resource Management Review*, 25(1), 126–137.

199. Gephart, M. A. (1995). The road to high performance. *Training & Development*, 49(6), 35–38, p. 30.

200. *Ibid*., p. 38; Perry, R. W., & Mankin, L. D. (2007). Organizational trust, trust in the chief executive and work satisfaction. *Public Personnel Management*, 36(2), 165–179.

201. Van Buren, M. E., & Werner, J. M. (1996). High performance work systems. *Business & Economic Review*, 43(1), October–December, 15–23.

202. Chow, I. H.-S. (2005). High-performance work systems in Asian companies. *Thunderbird International Business Review*, 47(5), 575–599; Mendelson, M. B., Turner, N., & Barling, J. (2011). Perceptions of the presence and effectiveness of high involvement work systems and their relationship to employee attitudes: A test of competing models. *Personnel Review*, 40(1), 45–69; Braekkan, K. F. (2012). High performance work systems and psychological contract violations. *Journal of Managerial Issues*, 24(3), 277–292.

203. Pfeffer, J. (1998). *The human equation: Building profits by putting people first*. Boston, MA: Harvard Business School Press.

204. Messersmith, J. G., Patel, P. C., & Lepak, D. P. (2011). Unlocking the black box: Exploring the link between highperformance work systems and performance. *Journal of Applied Psychology*, 96(6), 1105–1118; Ceylan, C. (2013). Commitment-based HR practices, different types of innovation activities and firm innovation performance. *International Journal of Human Resource Management*, 24(1), 208–226; Muduli, A. (2015). High performance work system, HRD climate and organisational performance: An empirical study. *European Journal of Training and Development*, 39(3), 239–257.

205. Varma, A., Beatty, R. W., Schneier, C. E., & Ulrich, D. O. (1999). High performance work systems: Exciting discovery or passing fad? *Human Resource Planning*, 22(1), 26–37.

206. Lawler, E. E., III, Mohrman, S. A., & Ledford, G. E., Jr. (1995). *Creating high performance organizations: Practices and results of employee involvement and quality management in Fortune 1000 companies*. San Francisco, CA: Jossey-Bass.

207. Vandenberg, R. J., Richardson, H.A.,&Eastman, L. J. (1999). The impact of high involvement work processes on organizational effectiveness: A second-order latent variable approach. *Group&Organization Management*, 24(3), 300–339; Riordan, C. M., Vandenberg, R. J., & Richardson, H. A. (2005). Employee involvement climate and organizational effectiveness. *Human Resource Management*, 44(4), 471–488;Amah,E.,&Ahiauzu,A. (2013). Employee involvement and organizational effectiveness. *Journal ofManagement Development*, 32(7), 661–674; Tolchinsky, P. D., & Wenzl, L. (2014). High engagement organization design. *People& Strategy*, 37(1), 34–38.

208. Combs, J., Liu, Y., Hall, A., & Ketchen, D. (2006). How much do high-performance work practices matter? A meta-analysis of their effects on organizational practice. *Personnel Psychology*, 59, 501–528.

209. Appelbaum, E., Bailey, T., Berg, P., & Kalleberg, A. L. (2000). *Manufacturing advantage: Why high performance work systems pay off*. Ithaca, NY: Cornell University Press; Den Hartog, D. N., & Verburg, R. M. (2004). High performance work systems, organizational culture and firm effectiveness. *Human Resource Management Journal*, 14(1), 55–78; Birdi, K., Clegg, C., Patterson, M., Robinson, A., Stride, C. B., Wall, T. D., & Wood, S. J. (2008). The impact of human resource and operational management practices on company productivity: A longitudinal study. *Personnel Psychology*, 61, 467–501; Wright, P. M., & Kehoe, R. R. (2008). Human resource practices and organizational commitment: A deeper examination. *Asia Pacific Journal of Human Resources*, 46(1), 6–20; Liu, W., Guthrie, J. P., Flood, P. C., & MacCurtain, S. (2009). Unions and the adoption of high performance work systems: Does employment security play a role? *Industrial and Labor Relations Review*, 63, 109–127; Subramony, M. (2009). A meta-analytic investigation of the relationship betweenHRMbundles and firm performance. *Human Resource Management*, 48(5), 745–768; Wu, P.-C., & Chaturvedi, S. (2009). The role of procedural justice and power distance in the relationship between high performance work systems and employee attitudes: A multilevel perspective. *Journal of Management*, 35, 1228–1247; Wolf, J. A. (2011). Constructing rapid transformation: Sustaining high performance and a new view of organization change. *International Journal of Training and Development*, 15(1), 20–38; Aryee, S., Walumbwa, F. O., Seidu, E. Y. M., & Otaye, L. E. (2012). Impact of high-performance work systems on individual- and branch-level performance: Test of a multilevel model of intermediate linkages. *Journal of Applied Psychology*, 97(2), 287–300; Klaas, B. S., Semadeni, M., Klimchak, M., & Ward, A.-K. (2012). High-performance work system implementation in small and medium enterprises: A knowledge-creation perspective. *Human Resource Management*, 51(4), 487–510.

210. Salem Khalifa, A. (2012). Mission, purpose, and ambition: Redefining the mission statement. *Journal of Strategy and Management*, 5(3), 236–251.

211. Lipton, M. (1996). Demystifying the development of organizational vision. *Sloan Management Review*, 37(4), 83–92.

212. Trahant, B., & Burke, W. W. (1996). Traveling through transitions. *Training & Development*, 50(2), 37–41, p. 41.

213. Belasen, A. T., Benke, M., Di Podova, L. N., & Fortunato, M. V. (1996). Downsizing and the hypereffective manager: The shifting importance of managerial roles during organizational transformation. *Human Resource Management*, 35(1), 87–117; Belasen, A. T., & Frank, N. M. (2004). The perceptions of human resource managers of the shifting importance of managerial roles in downsizing organisations. *International Journal of Human Resources Development and Management*, 4(2), 144–163; Abrhiem, T. H. (2013). Managing transformation and change for the business leader. *Business and Management Review*, 3(2), 14–22; Wowak, A. J., Mannor, M. J., Arrfelt, M., & McNamara, G. (2015). Earthquake or glacier? How CEO charisma manifests in firm strategy over time. *Strategic Management Journal*, doi:10.1002/smj.2346.

214. Gill, S. J. (1995). Shifting gears for high performance. *Training & Development*, 49(5), 25–31.

215. Coutu, D. (2002). The anxiety of learning. *Harvard Business Review*, 80(3), 100–107.

216. *Ibid.*, p. 100.

217. Gall, A. L. (1986). What is the role of HRD in a merger? *Training and Development Journal*, 40(4), 18–23; Kongpichayanond, P. (2009). Knowledge management for sustained advantage in mergers and acquisitions. *Advances in Developing Human Resources*, 11(3), 375–387; Shook & Roth (2011), *supra* note 178.

218. Harding, D., & Rouse, T. (2007). Human due diligence. *Harvard Business Review*, 85(4), 124–131; Marks, M. L., & Mirvis, P. H. (2010). The OD role in making mergers and acquisitions work. In W. J. Rothwell, J. M. Stavros, R. L. Sullivan, & A. Sullivan (Eds), *Practicing organization development: A guide for leading change* (3rd ed.). San Francisco, CA: Pfeiffer, pp. 457–464; Teerikangas, S. (2012). Dynamics of acquired firm pre-acquisition employee reactions. *Journal of Management*, 38(2), 599–639.

219. Lewis, L. K., Laster, N., & Kulkarni, V. (2013). Telling 'em how it will be: Previewing pain of risky change in initial announcements. *International Journal of Business Communication*, 50(3), 278–308; Simoes, P. M. M., & Esposito, M. (2014). Improving change management: How communication nature influences resistance to change. *Journal of Management Development*, 33(4), 324–341.

220. Gill (1995), *supra* note 214.

221. Morris, M. L. (2008). Combating workplace stressors: Using work-life initiatives as an OD intervention. *Human Resource Development Quarterly*, 19, 95–105; Morris, M. L. (2012). Unleashing human expertise through work/life initiatives. *Human Resource Development Quarterly*, 23(4), 427–439.

222. Bunker, B. B., Alban, B. T., & Lewicki, R. J. (2004). Ideas in currency and OD practice: Has the well gone dry? *Journal of Applied Behavioral Science*, 40(4), 403–422; Karakas, F. (2009). New paradigms in organizational development in the 21st century: Positivity, spirituality, and complexity. *Organization Development Journal*, 27(1), 11–26; Bierema, L. L. (2010). *Implementing a critical approach to organization development*. Melbourne, FL: Krieger; Burnes, B., & Cooke, B. (2012). Review Article: The past, present and future of organization development: Taking the long view. *Human Relations*, 65(11), 1395–1429; Bartunek, J. M., & Woodman, R. W. (2014). Beyond Lewin: Toward a temporal approximation of organization development and change. *Annual Review of Organizational Psychology and Organizational Behavior*, 2, 157–182; Bryant, M., & Wolfram Cox, J. (2014). Beyond authenticity? Humanism, posthumanism and new organization development. *British Journal of Management*, 25(4), 706–723; By, R. T., Oswick, C., & Burnes, B. (2014). Looking back and looking forward: Some reflections on journal developments and trends in organizational change discourse. *Journal of Change Management*, 14(1), 1–7; Worley, C. G., & Mohrman, S. A. (2014). Is change management obsolete? *Organizational Dynamics*, 43(3), 214–224.

223. Farias & Johnson (2000), *supra* note 63; Worley, C. G., & Feyerherm, A. E. (2003). Reflections on the future of organization development. *Journal of Applied Behavioral Science*, 39(1), 97–115; Korten, F., De Caluwé, L., & Guerts, J. (2010). The future of organization development: A delphi study among Dutch experts. *Journal of Change Management*, 10(4), 393–405.

224. Wirtenberg, J., Abrams, L., & Ott., C. (2004). Assessing the field of organization development. *Journal of Applied Behavioral Science*, 40(4), 465–479; Anderson, P. T. (2009). Strategic organization development: An invitation to the table. In T. F. Yaeger, & P. F. Sorensen (Eds), *Strategic organization development: Managing change for success*. Charlotte, NC: Information Age Publishing, pp. 97–113;Morris, M. L., Storberg-Walker, J., &McMillan, H. S. (2009). Developing an OD-intervention metric system with the use of applied theory-building methodology: A work/life intervention example. *Human Resource Development Quarterly*, 20, 419–449; Macfarlane, F., Greenhalgh, T., Humphrey, C., Hughes, J., Butler, C., & Pawson, R. (2011). A new workforce in the making? A case study of strategic human resource management in a whole-system change effort in healthcare. *Journal of Health Organization and Management*, 25, 55–72.

225. Rogers,G. C., & Beer,M. (1996). *TRW's information services division: Strategic human resource management*. Boston, MA: Harvard Business School Press, Case #9-496-003.

226. Worren et al. (1999), *supra* note 62; Rothwell, W. J., Stavros, J. M., & Sullivan, R. L. (2010). Organization development and change. In W. J. Rothwell, J. M. Stavros, R. L. Sullivan,& A. Sullivan (Eds), *Practicing organization development: A guide for leading change* (3rd ed.). San Francisco, CA: Pfeiffer, pp. 11–42.

227. Burke, W. W. (1997). The new agenda for organization development. *Organizational Dynamics*, 25, 7–21; McLean, G. N. (2006). *Organization development: Principles, process, performance*. San Francisco, CA: Berrett-Koehler; Cummings, T. G., & Cummings, C. (2014). Appreciating organization development: A comparative essay on divergent perspectives. *Human Resource Development Quarterly*, 25(2), 141–154.

228. Ernst Van Aken, J. (2007). Design science and organization development interventions: Aligning business and humanistic values. *Journal of Applied Behavioral Science*, 43, 67–88; Alagaraja, M. (2013). HRD and HRM perspectives on organizational performance: A review of literature. *Human Resource Development Review*, 12(2), 117–143.

229. Hornstein, H. (2001). Organizational development and change management: Don't throw the baby out with the bath water. *Journal of Applied Behavioral Science*, 37(2), 223–226; Balogun, J. (2006). Managing change: Steering a course between intended strategies and unanticipated outcomes. *Long Range Planning*, 39, 29–49; Romme, A. G. L., & Damen, I. C. M. (2007). Toward science-based design in organization development: Codifying the process. *Journal of Applied Behavioral Science*, 43(1), 108–121; Rowland, H. (2007). Organizational development: The new buzz word. *Strategic Direction*, 23(1), 3–4; Trullen J., & Bartunek, J. M. (2007). What a design approach offers to organization development. *Journal of Applied Behavioral Science*, 43(1), 23–40; Yaeger, T. F., & Sorensen, P. F. (Eds) (2009). *Strategic organization development: Managing change for success*. Charlotte, NC: Information Age Publishing; Werkman, R. (2010). Reinventing organization development: How a sensemaking perspective can enrich OD theories and interventions. *Journal of Change Management*, 10(4), 421–438; Woodman, R. W. (2014). The science of organizational change and the art of changing organizations. *Journal of Applied Behavioral Science*, 50(4), 463–477.

230. Church, A. H., Gilbert, M., Oliver, D. H., Paquet, K., & Surface, C. (2002). The role of technology in organization development and change. *Advances in Developing Human Resources*, 4(4), 493–511; Hartley, D. E. (2004). OD wired. *T&D*, 58(8), 20–22; McDonagh, J., & Coghlan, D. (2006). Information technology and the lure of integrated change: A neglected role for organization development? *Public Administration Quarterly*, 30(1/2), 22–55; Iverson, K., & Vukotich, G. (2009). OD 2.0: Shifting from disruptive to innovative technology. *OD Practitioner*, 41(2), 43–49; Hajli, M., & Hajli, M. (2013). Organisational development in sport: Co-creation of value through social capital. *Industrial and Commercial Training*, 45(5), 283–288; Eyring, A. R. (2014). Leading change: Perspectives from a global leader. *People & Strategy*, 37(1), 60–61; Galoppin, L. (2014). Advice to change agents: Skate to where the puck is going, not where it has been. *People & Strategy*, 37(1), 8–9; Vaccarezza, A., & Rizzi, G. (2014). Change management dashboard: An adaptive approach to lead a change program. *People & Strategy*, 37(1), 48–50; El-Ella, N. A., Bessant, J., & Pinkwart, A. (2015). Changing change management: The new innovation imperative. In H. Albach et al. (Eds), *Management of permanent change*. Wiesbaden: Springer Fachmedien Wiesbaden, pp. 105–120.

231. Cusick, A. (2005). Organizational development facilitates effective regulation compliance. *Leadership & Organization Development Journal*, 26(1/2), 106–119; Laff, M. (2009). Triple bottom line. *T&D*, 63(2), 34–39; Marker, A., Johnsen, E., & Caswell, C. (2009). A planning and evaluation six-pack for sustainable organizations: The Six-P framework. *Performance Improvement*, 48(8), 27–34; Interligi, L. (2010). Compliance culture: A conceptual framework. *Journal of Management & Organization*, 16(2), 235–249; Exter, N., Grayson, D., & Maher, R. (2013). Facilitating organizational change for embedding sustainability into academia: A case study. *Journal of Management Development*, 32(3), 319–332.

232. Neumann, J. E., Lau, C. M., & Worley, C. G. (2009). Ready for consideration: International organization development and change as an emerging field of practice. *Journal of Applied Behavioral Science*, 45(2), 171–185; Warner, M. (2009). 'Making sense' of HRM in China: Setting the scene. *International Journal of Human Resource Management*, 20(11), 2169–2193; Wang, J. (2010). Applying western organization development in China: Lessons from a case of success. *Journal of European Industrial Training*, 34(1), 54–69; Wilson, J. P. (Ed.) (2012). *International human resource development: Learning, education, and training for individuals and organizations* (3rd ed.). London: Kogan Page.

233. Thomas, J. (1985). Force field analysis: A new way to evaluate your strategy. *Long Range Planning*, 18(6), 54–59; Schwering (2003), *supra* note 73; Dhiman, S. K. (2007). Running successful organizations humanly: Lessons from the trenches. *Journal of Global Business Issues*, 1(1), 53–58; Griffin, T. J., & Gustafson, J. (2007). Balancing the leadership paradox. *T&D*, 61(5), 50–54; Mokoka, E., Oosthuizen, M. J., Ehlers, V. J. (2010). Retaining professional nurses in South Africa: Nurse managers' perspectives. *Health SA Gesondheid*, 15(1), 1–9.

234. Whitaker, D., & Wilson, L. (2007). Human capital measurement: From insight to action. *Organization Development Journal*, 25(3), P59–P64; Wolf, J. A. (2011). Constructing rapid transformation: Sustaining high performance and a new view of organization change. *International Journal of Training & Development*, 15(1), 20–38; Battilana, J., & Casciaro, T. (2012). Change agents, networks, and institutions: A contingency theory of organizational change. *Academy of Management Journal*, 55(2), 381–398; Chi, W.-H. W., Yang, F.-H., & Chang, C.-K. (2012). The study of the antecedents and outcomes of attitude toward organizational change. *Public Personnel Management*, 41(4), 597–617; Creasey, T., & Taylor, T. (2014). Seven greatest contributors to change management success. *People & Strategy*, 37(1), 12–16; Dempsey, T. F. (2014). *No fear: Tales of a change agent, or why I couldn't fix Nortel Networks! A business memoir.* Seattle, WA: CreateSpace.

235. Kirkland, S. (2007). If you build it, they will stay: Leadership development in the American Cancer Society. *Organizational Development Journal*, 25(2), P77–P80; Lips-Wiersma, M., & Hall, D. T. (2007). Organizational career development is not dead: A case study on managing the new career during organizational change. *Journal of Organizational Behavior*, 28, 771–792; Saru, E. (2007). Organizational learning and HRD: How appropriate are they for small firms? *Journal of European Industrial Training*, 31(1), 36–51; Burke, W. W. (2010). A perspective on the field of organization development and change: The Zeigarnik effect. *Journal of Applied Behavioral Science*, 47, 143–167; Yamnill, S., & McLean, G. N. (2013). A followup of village development at Lumpaya village, Thailand: Can change processes initiated through action research be sustained? *Human Resource Development International*, 16(2), 151–168.

236. Wang, J., Hutchings, H. M., & Garavan, T. N. (2009). Exploring the strategic role of human resource development in organizational crisis management. *Human Resource Development Review*, 8, 22–53; Maitlis, S., & Sonenshein, S. (2010). Sensemaking in crisis and change: Inspiration and insights from Weick (1988). *Journal of Management Studies*, 47(3), 551–580; Lalonde, C. (2011). Managing crises through organisation development: A conceptual framework. *Disasters*, 35(2), 443–464; Antonacopoulou, E. P., & Sheaffer, Z. (2014). Learning in crisis: Rethinking the relationship between organizational learning and crisis management. *Journal of Management Inquiry*, 23(1), 5–21.

237. Fernandez, S., & Rainey, H. G. (2006). Managing successful organizational change in the public sector. *Public Administration Review*, 66(2), 168–176; Klarner, P., Probst, G., & Soparnot, R. (2008). Organizational change capacity in public services: The case of the World Health Organization. *Journal of Change Management*, 8(1), 57–72; Whelan-Berry, K. S., & Somerville, K. A. (2010). Linking change drivers and the organizational change process: A review and synthesis. *Journal of Change Management*, 10(2), 175–193.

238. Devos, G., Buelens, M., & Bouckenooghe, D. (2007). Contribution of content, context, and process to understanding openness to organizational change: Two experimental studies. *Journal of Social Psychology*, 147 (6), 607–629; Longenecker, C. O., Papp, G. R., & Stansfield, T. (2008). Post-change analysis: Learning from change. *Development and Learning in Organizations*, 22(6), 11–14; Akdere, M., & Altman, B. A. (2009). An organization development framework in decision making: Implications for practice. *Organization Development Journal*, 27(4), 47–56.

239. Yu, B. T. W., & Ming, T. W. (2008). Effects of control mechanisms on positive organizational change. *Journal of Organizational Change Management*, 21(3), 385–404; Archer, M. A. (2009). Authentic teaming: Undiscussables, leadership, and the role of the consultant. *Organization Development Journal*, 27(4), 83–92; Erwin, D. (2009). Changing organizational performance: Examining the change process. *Hospital Topics*, 87(3), 28–40; Sankaran, S., Tay, B. H., & Orr, M. (2009). Managing organizational change by using soft systems thinking in action research projects. *International Journal of Managing Projects in Business*, 2(2), 179–197; Kim, T. G., Hornung, S., & Rousseau, D. M. (2011). Change-supportive employee behavior: Antecedents and the moderating role of time. *Journal of Management*, 37(6), 1664–1693; Schaubroeck, J. M., Hannah, S. T., Avolio, B. J., Kozlowski, S. W., Lord, R. G., Treviño, L. K., Dimotakis, N., & Peng, A. C. (2012). Embedding ethical leadership within and across organizational levels. *Academy of Management Journal*, 55(5), 1053–1078; Seo, M.-G., Taylor, M. S., Hill, N. S., Zhang, X., Tesluk, P. E., & Lorinkova, N. M. (2012). The role of affect and leadership during organizational change. *Personnel Psychology*, 65(1), 121–165; Shin, J., Taylor, M. S., & Seo, M.-G. (2012). Resources for change: The relationships of organizational inducements and psychological resilience to employees' attitudes and behaviors toward organizational change. *Academy of Management Journal*, 55(3), 727–748; van den Heuvel, M., Demerouti, E., Bakker, A. B., & Schaufeli, W. B. (2013). Adapting to change: The value of change information and meaning-making. *Journal of Vocational Behavior*, 83(1), 11–21.

240. Peltokorpi, A., Alho, A., Kujala, J., Aitamurto, J., & Parvinen, P. (2008). Stakeholder approach for evaluating organizational change projects. *International Journal of Health Care Quality Assurance*, 21(5), 418–434; Stolz, I. (2012). In order to stay relevant:OD and HRD for corporate citizenship. *Advances in Developing Human Resources*, 14(3), 291–304; Baek, P., & Kim, N. (2014). Exploring a theoretical foundation for HRD in society: Toward a model of stakeholder-based HRD. *Human Resource Development International*, 17(5), 499–513.

14장 | 인적자원개발과 다양성

학습 목표

이 장을 읽고 나면 당신은…

1. 노동 시장의 인구통계적 특성의 변화에 의해 조직의 문화 구조가 어떻게 변경되는지를 이해할 수 있다.
2. 다양성, 특히 직장의 여성 및 소수자의 비중이 높아짐으로써 조직 문화에 어떤 영향을 주는지를 설명할 수 있다.
3. (인종 및 성별 이외의) 다양성 이슈가 HRD뿐만 아니라 조직에 어떤 영향을 주는지 논할 수 있다.
4. 여러 가지 차별 형태와 HRD 프로그램이 어떻게 이러한 차별을 줄일 수 있는지 설명할 수 있다.
5. 여성과 소수자를 조직에 통합하려고 하는 방법과 성공 사례를 설명할 수 있다.
6. 비교 문화 훈련의 목적과 기법을 이해할 수 있다.

핵심 용어

다양성 관리
다양성 훈련
멘토링
문화
문화적 다양성
비교 문화 훈련
성희롱
유리 천장
유연 근무제
인종차별
적극적 고용개선조치
접근 차별
차별 대우
차이의 가치 인식
평등고용기회(EEO)

도입 사례

구글(*Google*), 페이스북(*Facebook*), 링크드인(*LinkedIn*), 야후(*Yahoo*) 같은 최첨단 기술 회사들은 일하기 좋은 회사로 잘 알려져 있다. 2014년에 이 회사들은 각각 직장의 성별 구성에 관한 보고서를 발표하였다. 각 사의 여성 인력의 비율은 다음과 같다.

질문: 이 조직들의 여성의 비율이 상대적으로 낮은 것은 어떤 이유인가? 전체 인력의 비율 대비 관리자 및 기술직의 여성 비율이 적은 이유는 무엇인가? 모든 분야에서 여성의 수가 증가하려면 어떤 활동들이 필요한가?

회사명	전체 인력	관리자	기술직
구글	30%	21%	17%
페이스북	31%	23%	15%
링크드인	39%	25%	17%
야후	37%	23%	15%

출처: Reilly P. (2014, July 18). Taking on the digital glass ceiling. *PR & Company*. July 18. Accessed on May 2, 2015 at http://prandcompany.com/taking-on-the-glass-ceiling/; Williams, J. C. (2014). Hacking tech's diversity problem. *Harvard Business Review*, 92(10), 94-100.

도입

이 장에서는 다음과 같은 질문을 검토해보고자 한다.

- 미국의 노동력에서 여성과 유색 인종의 현황은?
- 조직에서 어떤 부류의 직원들의 승진을 제한하는 '유리 천장'이 존재하는가?
- 평등고용기회, 적극적 고용개선조치 및 다양성 관리의 차이는 무엇인가?
- 일반적으로 조직이 시행하는 다양성 훈련 프로그램이 얼마나 효과가 있는가?
- 어떻게 하면 다른 나라에 파견되는 종업원들이 문화적 차이에 관한 이슈에 잘 대처하도록 할 수 있는가?
- 다양한 문화를 가진 노동력의 개발 및 승진을 위한 HRD 프로그램에는 무엇이 있는가?

조직이 글로벌 경제에서 성공하기 위해서는 가능한 한 가장 훌륭한 종업원들을 채용하고 보유할 수 있어야 한다. 이는 대부분의 조직들에게 관리자 직위와 같은 역할에 보다 다양한 인력(특히, 여성 및 소수자)의 채용 및 고용을 의미한다.[1] 노동 시장에 진입하는 여성과 소수 인종의 수가 점점 증가해 왔고, 이와 같은 추세는 앞으로도 지속될 전망이다.[2] 조직에서는 시장의 다양성에 따른 고객의 다양화에 맞춰서 인력을 구성하려고 노력하고 있다.[3]

이 장에서는 가장 많이 연구되는 다양성 유형이며, 대부분 조직의 주요 관심사인 인종과 성별 이슈를 강조한다.[4] 그렇지만, 국적, 언어, 능력(및 장애), 종교, 생활 양식(가족 구조 및 성 지향성 포함), 일 역할, 재직 기간 및 연령과 같은 기타 다양성 이슈도 다룰 계획이다.[5] 조직은 직장의 다양성에 대해서 폭넓은 접근 방법을 시도하고 있다.[6]

노동 시장의 변화는 조직 변화에 영향을 준다. 이 장에서는 먼저, 조직 문화와 노동 시장의 추세를 간략하게 살펴보고, 그 다음으로 직장에서 다양한 형태의 차별과 여성 및 소수자에 미치는 영향과 조직이 차별을 어떻게 최소화할 수 있을 것인지를 다룬다. 조직이 인력의 다양성을 증가시키기 위한 방법에 대해서도 살펴보고, 마지막으로 인력의 다양성을 증가시키거나, 또는 종업원들이 해외 근무하는 데 활용되는 HRD 프로그램과 프로세스를 논의할 계획이다. 여기에는 오리엔테이션, 성희롱 훈련, 비교 문화 훈련 등이 포함된다. 그리고 다양성 훈련도 다룰 계획이다. 조직이 글로벌화할수록 조직 내의 HRD와 학습노력은 지속되어야 한다.[7]

1. 조직 문화

모든 사람은 사회 정치적인 문화 내에 존재한다. **문화**(*culture*)는 환경을 해석하고, 모든 행동의 지침으로 활용되는 공유 가치, 신념, 규범 및 인공물의 집합이라고 정의할 수 있다. 〈표 14.1〉에 볼 수 있는 것과 같이, 각각의 문화는 독특한 속성들의 집합으로 구분된다. 이 속성들은 문화를 서로 구별하는 데 도움이 된다.[8] 예를 들면, 국적(예: 미국인, 한국인)을 표현하는 데 있어서 이 속성들을 사용하면, 지리적인 출신, 언어 및 정치 체제가 첫 번째 표현이 될 것이다. 이 속성들은 대(大)문화 내의 소집단 또는 하위 문화를 설명할 수 있다. 미국 문화의 하위 문화를 설명할 때, 인종, 선호 음식, 종교, 고용 관행, 이민 신분, 내적/외적 특수성을 언급할 수 있다.[9] 미국 방문객은 각 도시 거주자들 간의 명확한 문화적 차이를 발견할 것이다.

13장에서 조직 문화(*organizational culture*)는 사람이 조직을 바라보고, 이해하려고 하고, 그 안에서 작동하는 준거 틀로 활용되는 공유 가치, 신념, 규범, 인공물 및 행동 유형의 집합이라고 정의하였다.[10] 조직은 대규모 사회 정치적 문화의 부분 집합이다. 대규모 사회 정치적 문화와 조직 문화의 관계는 인류, 자연, 활동들에 대한 기본 가정들을 함께 묶는 '문화적 패러다임'이라고 부른다.[11] 이 가정들은 조직 문화의 구성 요소 또는 뿌리이다. 이들은 눈에는 보이지 않으며, 인공물과 행동 양식을 통해서만 추정될 수 있다.

표 14.1 문화의 공통적 특성

1. 같은 지역 출신	2. 이민 신분
3. 인종	4. 언어 또는 방언
5. 종교적 믿음	6. 친족, 이웃 및 공동체의 경계를 초월하는 연대
7. 공유된 전통, 가치 및 상징	8. 문학, 민속, 음악
9. 음식 선호도	10. 주거 및 고용 패턴
11. 정치에 관한 특별한 관심	12. 특정 집단에 봉사하고 유지하는 기관
13. 특수성에 대한 내적 지각	14. 특수성에 대한 외적 지각

출처: From Thernstrom, S., Orlov, A., & Handlin, O. (Eds) (1980). Harvard encyclopedia of American ethnic groups. Cambridge, MA: Harvard University Press

인공물(*artifacts*)은 "조직의 기술, 신념, 가치, 가정 및 행동 방식에 대한 정보를 고의적 또는 비고의적으로 교환하는 물질적·비물질적 대상과 패턴"이다.[12] 물질적 인공물은 서류, 물리적 배치, 가구, 의복 양식 등이다. 비물질적 인공물은 조직에 관한 이야기, 의식 및 리더십 유형을 포함한다. 조직에서 리더십 유형은 성별 및 인종에 대한 가정에 영향을 받을 수 있다. 남성 관리자가 일 이슈보다는 가정 이슈에 우선권을 두는 것이 여성의 역할이라고 가정하면, 그는 책임이 높은 직책에 여성을 승진시키지 않을 가능성이 크다. 이러한 종류의 신념이 사회에 팽배해 있으며 이 장의 후반부에서 이를 다룰 것이다.

행동 양식(*patterns of behavior*)은 직원 회의, 교육 프로그램, 기타 일반적인 조직 제도를 통해서 조직의 가정, 신념 및 행동 방식을 강화하는 데 도움을 준다.[13] 예를 들어, 조직이 모든 종업원에 대한 필수 교육 프로그램을 편성함으로써 성희롱 방지 정책을 시작하면 그 중요성을 강조하는 의사소통을 할 것이다. 이와는 반대로, 성희롱 발생을 방지하기 위해 적절한 프로그램 도입하지 않으면, 이 목표를 달성하는 것이 중요하다고 강조하더라도, 조직은 이 이슈를 중요하게 여기지 않는다고 소통하는 것이다. 행동 양식은 중요한 가정, 신념 및 가치를 강화하는 데 도움을 준다.

인공물과 행동 양식은 사회화 과정에서 중요한 역할을 한다. 8장에서 논의한 바와 같이, 사회화는 신입사원이 집단 또는 조직에서 역할을 하는 법(예: 규범을 배우는 것)을 배우는 과정이다. 규정된 행동 강령이 없으면, 신입사원은 일반적으로 조직의 인공물과 행동 양식을 관찰해서 행동하는 법을 배운다.

조직의 사람들과 조직 문화 간의 일치는 매우 중요하다. 조직이 사람에 대해 유사한 가정을 하고, 유사한 가치와 신념을 가진 개인을 고용하면 조직 목표에 대한 충성심과 헌신을 나타낼 가능성이 매우 높다. 이와 반대로, 다양한 가정이나 가치관 및 신념을 가진 다양한 문화와 하위 문화 출신의 사람들을 고용하는 조직은 다른 경험을 하게 될 것이다. 그렇지만, 이런 경험이 반드시 나쁜 것은 아니다. 사실은, 문화적 다양성이 긍정적인 결과가 많을 수 있다는 인식이 높아지고 있다.[14] 문화적 다양성으로 조직은 시각이 다양해진다.

2. 노동 시장의 변화와 차별

전 세계적으로 발생하고 있는 인구통계학적 구성의 변화는 미래 노동력에 지속적으로 영향을 미치게 될 것이다. 앞에서 논의한 바와 같이, 노동력에서 차지하는 이민자, 여성, 그리고 소수 인종/민족의 수가 증가하고 있다. 하지만, 오늘날 직장에서는 차별 문제가 지속되고 있다.[15]

2.1 차별

차별은 다양한 방법으로 발생할 수 있다. **접근 차별**(*access discrimination*)은 조직이 특정한 부류의 사람들에 대해서 광고와 채용을 제한하고, 지원자를 채용 거부 또는 초기 임금 수준을 낮게 제시하여 일자리에 제한을 둘 때 발생한다.[16] **차별 대우**(*treatment discrimination*)는 어떤 사람이 고용된 후에 기회의 제한(예: 훈련, 승진, 보상) 또는 신분상의 이유(예: 여성, 소수 인종/민족)로 개인을 괴롭힐 때 발생한다.[17] 두 종류의 차별은 평등고용기회법에서 다룬다.

2.1.1 여성에 대한 차별 대우

과거 수세기에 걸쳐 여성들은 직장에서의 권리에서 실질적인 변화를 경험해왔다. 〈표 14.2〉에서 네 개 캐탈리스트 연구(*Catalyst studies*)의 결과를 제시하였다. 포춘 500대 기업에서 아직도 최고위층에 여성들의 숫자가 제한되어 있음을 알 수 있다. 보다 넓게 보면, 의약, 법률, 경영, 광고 및 공학 같은 남성 주도적인 직업에 여성들이 상당히 많이 진출하고 있다.[18] 2013년에 100인 이상 종업원을 보유한 미국 민간기업의 인력 중 여성의 비율은 47.8%이다(평등고용기회 위원회의 고용 자료 참고). 이런 조직들에서 여성은 '전문직'으로 분류된 모든 직무에서 다수를 차지한다(53.4%). 초급/중급 관료 및 관리자 부류에서 여성은 38.8%를 차지하고 있으며, 고급/고위 관료 및 관리자들도 여성이 29.2%를 차지한다.[19] 이러한 변화에도 불구하고, 성차별에 대한 우려가 많이 존재한다. 2014년도에만 EEOC(평등고용기회 위원

표 14.2 포춘 500대기업의 여성 수의 변화(1995-2013)

구분	1995	2000	2006	2013
이사회 구성원의 여성 비율	9.5%	11.7%	14.7%	16.9%
여성 임원의 비율	8.7%	12.5%	15.6%	14.6%
여성 최고 경영자의 비율	1.2%	4.1%	6.7%	8.1%
여성 임원의 수가 3~4명인 기업	25	50	64	115
여성 CEO의 수	1	2	10	23

출처: 2013 Catalyst census: *Fortune 500 women executive officers and top earners* (2013). New York: Catalyst. Accessed on May 1, 2015 at: http://www.catalyst.org/knowledge/2013-catalyst-census-fortune-500-women-boarddirectors.

회)에 제소된 성차별 관련 사건은 26,000건 이상이다.[20] 2005년부터 2014년까지의 연평균 제소건 수는 26,920건이다.

역사적으로, 여성은 승진(특히, 관리자로의 승진), 임금 및 성희롱 관점에서 차별당해왔다. 승진(promotion)에 관해서는 조금 숨통이 트였다. 〈표 14.2〉에서와 같이 대기업에서 여성들이 고위층의 자리를 점하고 있지만, 고위 임원의 자리를 차지하고 있는 숫자는 아직 과도하게 적다.[21] 2014년, 포춘 500대 기업 중 CEO가 여성인 회사는 제너럴 모터스(GM), 휴렛패커드(HP), IBM, 아처(*Archer*), 펩시코(*PepsiCo*), 록히드 마틴(*Lockheed Martin*), 오라클(*Oracle*), 듀폰(*DuPont*), 몬델레 인터내셔널(*Mondele International*), 제너럴 다이내믹스(*General Dynamics*)이다.[22]

조금씩 나아지고는 있지만, 아직도 대부분의 직업군에서 여성과 남성 간의 급여 불평등은 존재한다.[23] 1963년 평등임금법*이 통과되었음에도 불구하고 아직 불평등이 지속되고 있다. 현재 인구 조사 데이터는 25~34세의 임금 노동자의 중간치를 비교하고 있다. 지난 30여 년간 대졸 이상 노동자의 임금 격차는 감소했지만, 없어지지는 않았다. 1977년에 여성보다 남성이 60% 너 높았고, 1987년 38%, 2005년 24%, 2014년 21%로 그 격차가 줄어들고 있다.[24]

성희롱(*sexual harassment*)은 직장에서 대부분 여성들을 대상으로 발생하는 또 다른 형태의 차별 대우이다. 성희롱의 유형은 원치 않는 상스러운 농담에서부터 원하지 않는 노골적인 성적 제안 및 접촉, 성적 호의를 일자리 보상과 교환하자는 제안까지 다양하다. 성적 행동에 대한 복종 또는 거절이 고용 결정의 근거로 이용되면 대가성 성희롱(*quid pro quo*)이라 한다.[25] 성희롱이 고용 의사 결정(임금 삭감 또는 승진 탈락과 같은)과 직접 관련되지 않는다고 하더라도, 그 행동이 적대적인 작업 환경(*hostile work environment*)을 조성한다는 것이 밝혀지면 불법적인 성희롱일 수 있다. 미국 대법원은 성희롱은 바람직하지 않은 직무로의 이동 또는 승진의 거부와 같이 실질적인 손해가 없을 때에도 발생할 수 있다고 판단한다.[26] 일부 종업원들은 다양한 이유, 즉 일자리에 대한 필요성, 그에 대한 무기력함, 또는 가해자의 불확실한 의도 때문에 참고 견딘다. 그렇지만, 그 영향은 엄청나게 크다. 어떤 사람들은 일을 제대로 할 수 없을 만큼 심각한 심리적·정서적 트라우마에 시달린다. 이러한 종류의 처우를 간과하는 조직은 종업원들이 소중하지 않으며, 소모적이라는 메시지를 필연적으로 보내고 있는 것이다. 일리노이주 버펄로 글로브 소재 국제수익성협회(*International Profit Associates*)는 80명의 여성 노동자들을 대변하여 EEOC가 제기한 800만 달러 상당의 소송을 해결하였다. EEOC는 성희롱은 반복된 형태의 성폭력, 제안, 부적절한 접촉, 그리고 거친 성적 언행을 포함하며, 조직의 최고 책임자들은 이러한 행동들을 눈감아주고, 개인들 또한 연관되어 있다고 주장하였다.[27] 매릴랜드주의 한 레드 로브스터 레스토랑은 매니저에 의해 성희롱당한 세 명의 여성 종업원들에게 16만 달러를 지불하고, 식당의 모든 종업원들에게 차별에 관한 훈련을 실시하도록 명령을 받았다.[28]

---

* 역자 주: 우리나라에서는 "남녀고용평등법"이 1987.12.4.제정되어 1988.4.1.부터 시행되었고, 2007.12.21.에는 "남녀고용평등과 일·가정 양립 지원에 관한 법률"로 개정되어 2008.6.22.부터 시행되고 있다.

조직과 개인들은 성희롱에 좀 더 잘 알게 되었고, 직장에서 발생하는 문제에 대응하는 조치를 취하고 있다.[29] 덧붙여서, 미국 민권법(1991년)은 "고용주가 개인의 권리에 대해 악의로 또는 분별없이 무관심하게 행동을 하는" 경우에, 성희롱의 피해자가 정신적 고통에 대한 피해 보상 소송을 제기할 수 있도록 허용하고 있다.[30] 이 문제의 범위에 대한 하나의 조치는 EEOC에 제기된 차별 대우의 숫자에서 볼 수 있다. 2014년에 EEOC에 제기된 성희롱 건수는 6,682건이었다.[31] 여성들이 제기한 건수는 82.5%에 달한다.

2.1.2 조직에서 소수자에 대한 차별 대우

직장에서 소수자에 대한 차별 대우는 주로 승진 기회의 박탈과 인종차별의 사례에서 볼 수 있다. 인종차별에 대한 공식적인 고발 건수는 높은 편이다. 2014년의 경우, EEOC에는 인종 관련 차별에 대해서 31,000건 이상의 고발이 접수되었다.[32] 승진 기회(*promotional opportunities*)의 문제에 관해서 가장 공개적인 사례의 하나는 텍사스 석유회사(*Texas Oil company*)의 사례이다. 1994년, 텍사코(*Texaco*)의 임원들이 인종 문제로 승진에 탈락했다고 기소한 1,400명의 흑인 기술자와 관리자들이 제기한 시민 권리 소송에 대해서 논의한 내용이 녹음되었다. 녹음 내용에 의하면, 임원들은 흑인 종업원들이 조직의 가장 낮은 층에 속한다는 인종차별적인 언급과 빈정거리는 말을 하였다. 테이프의 내용이 공개되었을 때, 텍사코는 문제의 임원들에 대한 조치를 취하도록 압력을 받았다. 텍사코 경영진은 흑인 종업원들에게 공개적으로 사과를 했고, 합의금으로 1억 7,600만 달러를 제시하였다.[33] 그 당시 CEO인 피터 비주르(*Peter Bijur*)는 공개적인 발표에서 극심한 편견과 선입관이 사회 전체에 팽배해 있다고 강조하였다.[34] 이런 종류의 공개적인 당혹감의 발생 가능성이 조직 내에서 지속되고 있는 차별 행동에 대한 방지책이 될 수도 있다.

여성들과 마찬가지로 소수자들은 주요 임원과 정책 담당 직책으로 승진하는 것이 어려웠다. 2013년, EEOC 자료에 의하면 조직의 인력 중 흑인의 비율은 14.1%이지만, 고위직 및 관리자는 2.9%, 초급 및 중급관리자는 7.0%, 전문가는 7.5%만이 흑인이다. 또한, 히스패닉은 조직 인력의 13.6%이지만, 고위직 및 관리자 직책은 3.7%, 초급 및 중급 관리자는 7.5%, 전문직에는 5.6%만을 차지한다.[35] 파웰(*Powell*)과 버터필드(*Butterfield*)는 연방 기관에서 최고 관리자로의 승진에 대한 인종의 영향을 조사하여, 인종은 승진 결정에 직접적인 영향을 주지 않지만 다른 요인(선발 위원회의 구성과 선발 위원이 고용 부서의 근무 경력자임)이 영향을 미침을 발견하였다.[36] 이는 고용 위원회가 모두 백인들로 구성되면, 비백인들은 승진할 기회가 거의 없을 수 있음을 의미한다.

또한, 백인과 흑인 종업원에 대한 경력 선택 방안에서도 차이가 발견되었다. 특히, 흑인 종업원들은 백인들보다 "상사로부터 승진에 덜 호의적인 평가를 받았고, 경력이 정체될 가능성이 있었으며, 자신의 경력에 덜 만족하였다."[37] 편견 효과, 기회 상실, 자신의 행동 제한 등 조직에서 소수자의 평가와 개발에 영향을 미치는 요인들이 조사되었다.[38] 개발과 관련해서 소수자들은 "멘토의 부재, 외부 집단과 비공식적인 사회망에 위치하기 때문에 흥미가 떨어지거나 또는 덜 도전적인 업무와 같은 것들에 영향을 받는다.[39] 이는 조직이 자격을 갖춘 소수자를 유인하고 보유하려면, 이 집단들에 대한 장벽을 제거하고, 개발 요구를 수용해야함을 의미한다. 슈브릿지(*Shoobridge*)는 사업 성과에 대한 다수 인종 인력의 영향을 파악하는 모델을 제안하였다.[40]

인종차별(*racial harassment*)은 직장에서 다양한 형태로 발생한다. 보다 명확한 형태의 인종차별은 동료가 피부색을 언어적으로 또는 물리적으로 공격할 때 발생한다. 2011년 EEOC는 캘리포니아 한 지역의 샘스 클럽(*Sam's Club*)에서 근무하는 라틴계 노동자의 학대에 관한 합의금으로 월마트로부터 44만 달러를 받았다. 최소한 9명의 라틴계 종업원들이 동료로부터 인종 학대를 받았으며, EEOC의 공식적인 기소가 있을 때까지 경영진은 아무런 조치도 취하지 않았다고 주장했다.[41] 보다 미묘한 형태의 인종 학대는 동료들이 업무 수행에 필요한 중요한 정보와 다른 자원들을 주지 않음으로써 개인을 배척할 때 발생한다. 이런 종류의 차별의 영향에는 적대적인 환경의 조성 및 표적 인물의 직무 능력에 대한 개입이 포함된다.

2.2 평등고용기회

1960년대 이후, 미국 정부와 각 주들은 개인의 권리를 보호하는 법과 규정을 많이 만들었다. 그 중 가장 중요한 시민권은 **평등고용기회**(*EEO, equal employment opportunity*)이다. EEO는 직업을 획득하고, 직업과 관련된 요인과는 무관하게 보상을 받을 권리이다. 민권법(1964년) 제7장과 수정 법안(1991년)은 이를 따르고 있으며, 고용주가 인종, 피부색, 성별, 종교, 지역, 연령, 정신적 또는 신체적 장애, 상이용사의 지위 및 임신과 같은 요인들이 직무와 관련이 있음을 명시하지 않으면, 이 요인들에 근거하여 고용 의사 결정을 하는 것을 불법으로 규정하고 있다. 이 법률들은 주로 고용 제도들을 겨냥하고 있다. 이 제도들에는 법령에서 명시한 집단에 대해서 불공정하게 배타적 영향을 미치는 HRD 프로그램의 이용이 포함된다. 본질적으로 EEO 입법 의도는 직장에서의 불법적인 차별을 다루고, 인종, 성별과는 무관한 직장을 조성하려는 것이다.[42] 이와 같이 EEO 법률들은 모든 인종과 성별을 포괄하고 있다. 이는 EEO 법률하에서는 여성이 차별을 당하는 것과 같은 방법으로 백인과 남성이 소수자로 차별을 받는다고 주장할 수 있음을 의미한다. 즉, 인종이나 성별 때문에 역으로 차별을 받는다고 주장해야 한다. 제7장에 의하여 미국 의회는 평등고용기회 위원회(EEOC)를 설립했으며, EEO 법률들을 관리하고 집행하는 것이 주요 임무이다. 그 역할은 어떤 곳에서도 법령을 준수하도록 하고, 최후의 보루인 법정에서 처분을 찾는 것이다.

2.3 유리 천장

여성과 소수자들의 관리자 직책으로의 승진은 느리며, 고위 경영자 및 정책 입안 직책으로의 승진은 특히 그렇다. 보이지 않지만 뚫을 수 없는 경계가 고위 관리자로 승진을 막는 것처럼 보인다. 이 장벽은 **유리 천장**(*glass ceiling*)으로 묘사된다. 유리 천장은 여성 및 소수자들의 지위 상승, 특히 관리자 직무로의 이동을 막는 미묘한 태도와 편견이라고 정의된다.[43] 보다 구체적으로, 여러 집단의 사람들과 그들의 일반적인 능력, 또는 어떤 역할이나 업무 수행 능력의 부족에 대해 널리 퍼져있는 태도를 상징한다.

미국 노동부가 유리천장위원회를 설치하고 지위 상승에 미치는 유리 천장의 영향을 조사한 결과, 조직의 승진에서 유리 천장의 패턴이 있음을 밝혔다. 그 결과는 다음과 같다.

1. 소수자보다는 여성이 좀 더 나은 편이기는 하지만, 백인 남성이 상대자이면 여성과 소수자는 모두 승진하지 못하는 경향이 있다.
2. 대부분의 조직이 핵심(백인 남성) 종업원을 파악하고 개발하는 데 최대한 노력하지만, 평등고용기회에 접근을 주도하는 조직은 거의 없다.
3. 임원 직책에 있는 여성과 소수자들은 상위 직급으로의 승진을 위해서 기업의 주요 보직(예: 인적자원, 연구 및 관리)을 맡고 있지 않았다.

보고서는 또한 지위 상승에 대한 잠재적인 장벽들을 규명하였다. 채용 제도 이외에 기업의 개발 프로그램에 기여하고 참여할 기회의 부족도 지적하였으며, 조직은 유리 천장 효과를 제거하기 위해서 경력 개발 과정을 공식화해야 한다고 주장한다.[44] 비공식적인 멘토링으로는 자격있는 사람들이 승진할 기회를 갖기에는 불충분하다. 일부 저자들은 다음과 같이 주장한다. (1) 여성들에 대한 유리 천장에 일부 '금'이 가고 있다. 하지만 아직 여성들은 남성보다 승진 가능성이 낮다.[45] (2) 유리 천장 효과에서 흑인과 여성 간의 차이가 존재한다(여성보다는 흑인이 승진이 어렵다).[46] (3) 관리직에서 유리 천장의 효과는 국가 간 차이가 있다(예: 미국, 스웨덴, 호주).[47] 좀 더 많은 연구와 기업의 변화 노력이 필요하다.[48] 또한 연구들은 실패 가능성이 높고, 고난도 리더십이 필요한 직책에 남성보다는 여성을 배치할 가능성이 있다는 '유리 절벽'의 개념을 연구하였다.[49]

2.4 최근 이민 패턴의 영향

1960년대 이후 이민자 유입의 영향으로 소수 인종 노동자의 수가 증가하였다. 2013년에 외국태생의 미국인은 전체 인구의 13.1%인 4,130만 명을 넘어섰다. 이들의 출신 국가는 멕시코(28.0%), 중국(5.8%), 인도(4.9%), 필리핀(4.5%) 순이다.[50] 이들이 미국 사회와 작업 환경에 동화되기 위해서는 문화, 종교 및 다른 변수들의 차이가 고려되어야 한다.

3. 인구통계학적 변화에 대한 적응

대부분의 조직은 지난 50년간 노동력에서 인구통계학적 변화를 겪고 있다. 1960년대에 시작된 고용평등 법제화, 시민권 및 여권 신장 운동에 대응하여, 다수의 조직들은 자격을 갖춘 여성과 소수자들의 채용과 유지를 촉진하는 프로그램을 수립하였다. 여성, 소수자 그리고 기타 드러나지 않은 집단들을 포함함으로써 조직은 문화적으로 다양해졌다.

문화적 다양성(*cultural diversity*)은 어떤 집단이나 조직에 타문화 집단에서 온 사람이 두 명 이상이 있는 것으로 정의된다. 종업원들이 문화적으로 다양한 하위 집단(예: 성별, 인종, 종족 등)으로 구성된 조직들은 대부분 문화적 다양성이 존재한다. 하지만 조직이 문화적으로 다양하더라도 조직은 이와 같은 다양성을 인식하지 못할 수도 있다. 이 절에서는 모든 구성원들이 기여할 수 있는 세 가지 접근 방법인 적극적 고용개선조치, 차이의 가치화, 다양성 관리를 제시한다.

3.1 적극적 고용개선조치 프로그램

평등고용기회법에 명시된 의무 사항 이외의 접근 방법으로 **적극적 고용개선조치**(*affirmative action*)가 있다. 민권법 제7장에서는 관련 조직들이 여성과 소수자들의 수를 늘이기 위해서 적극적 고용개선조치를 하도록 권장하고는 있지만, 법적으로 반드시 그렇게 할 필요는 없다. 적극적 고용개선조치 프로그램의 목적은 "차별로 고통을 받고 있지만 드러나지 않은 집단들이 수혜 프로그램에 참여하는 수준을 높이기 위한 것"이다.[51] 적극적 고용개선조치의 개념은 1965년 존슨 대통령의 행정명령 11246호(11375호에 의해 수정됨)에 의해서 확정되었다. 이 명령은 1만 달러를 초과하는 연방 정부의 계약은 EEO를 보장하기 위한 적극적 고용개선조치 프로세스를 따라야 한다고 규정하고 있다. 또한, 적극적 고용개선조치 프로세스의 이행을 감시하기 위해서 연방계약준수프로그램청(*OFCCP, Office of Federal Contract Compliance Program*)을 설치하였다. 조직들은 OFCCP 지침에 따라 다음과 같은 요구 사항에 적합한 조치를 취해야 한다.

1. 평등고용기회/적극적 고용개선조치(EEO/AA)에 대한 정책을 문서화할 것
2. 적극적 고용개선조치 담당관을 임명할 것
3. EEO/AA 정책문서를 공표할 것
4. 현재 노동인력이 대표성이 있는지 여부를 판단하기 위해서 노동 시장에 대한 분석을 시행할 것
5. 조직 내의 특정 분야(부서, 직군 등)에서 보호 집단이 드러나지 않으면, 외부 노동 시장과의 균형을 달성하기 위한 목표와 일정 계획을 수립할 것
6. 이러한 목표와 일정 계획을 달성하기 위한 프로그램과 활동을 개발할 것
7. 이러한 프로그램과 활동을 내부적으로 감시하고 보고하는 시스템을 설치할 것
8. 회사 내·외부에서 적극적 고용개선조치를 지원할 것

본질적으로, 적극적 고용개선조치는 때로는 어떤 집단의 수가 조직의 어떤 직종에 적을 때 우선 채용 및 고용 또는 우선 배치와 같은 조치를 필요로 한다. 이는 고용평등법에서 활용된 근거와는 다른 것이다. 법에 의하면, 고용주는 고용 의사 결정을 할 때에 가능한 한 인종과 성별을 무시해야 한다. 고용개선조치는, 여성과 소수자가 특정 직무 또는 직군에서(고용 시장에서 가용한 것에 비해서) 충분히 배치되어 있지 않으면 고용주가 그러한 의사 결정에서 인종과 성별을 명시적으로 고려할 것을 요청한다. 이러한 조치에는 HRD 프로그램도 포함될 수 있다.

적극적 고용개선조치는 미국에서는 휘발성 주제이다.[52] 지지자들은, 특히 오랫동안의 차별이 범죄요건을 구성한다고 발견되어 법원이 적극적 고용개선조치 계획(*AAP, affirmative action plan*)을 명령했을 때에는, 차별의 유형을 수정할 필요가 있다고 생각한다. 두 번째, 이 조치가 타당한 이유는 인종차별적 제도 때문에 소수자들이 열악한 조건에 매여 있고(좋은 교육의 부족), 이에 따라 보다 잘 준비된 백인에 비해 경쟁력이 떨어진다는 확신이다. 그러므로, 특별 대우는 기회를 균등하게 하는 하나의 방법일 수 있다. 이러한 사실은 웨버(*Weber*) 대 카이저 알루미늄 화학(*Kaiser Aliminum and Chemicals,1976*) 간의 사례에서 추론되었다.[53] 이 결정은 회사에 인력 불균형이 발생할 때 대표성이 낮은 그룹의 자격을 갖춘 직원들에게 직무 및 교육기회에 일시적인 우선권을 허용한다. 이 사례에서 카이저는 승진에 필요한 사내 훈련 프로그램에 노조와 흑인들의 참여를 금지한 배제 조항에 대해 노조와 사전에 협상을 하였다.[54]

적극적 고용개선조치는 여성과 소수자, 특히 전문가들에게는 혜택이 되지만, 강경하게 반대하는 사람들도 있다. 비평가들은 적극적 고용개선조치는 고용주가 다수 집단을 희생하고 보호 집단을 우대함으로써 평등고용기회를 부여하는 것 이상이라고 주장한다. 이러한 우선권은 역차별로 이어진다는 것이다. 두 번째, 적극적 고용개선조치는 혜택을 받는 것으로 인식된 개인과 집단들에 대한 혐오감을 조성한다는 주장이다. 세 번째, AAP가 갖고 있는 문제는 성과에 근거해서 고용되었거나 또는 승진한 유능한 소수자와 여성들에게 낙인을 찍는 것(*stigmatize*)이다. AAP가 존재할 때 일부 종업원들은 소수자와 여성 후보자들의 성공이 모두 적극적 고용개선조치만의 결과라고 느낄 수 있다. 이는 성공하기 위해서 스스로 공부하고 기술을 개발하기 위해 노력하는 사람들에게 상처를 줄 수 있다.

법원과 입법부의 노력은 적극적 고용개선조치의 미래에 대한 불확실성을 조성하였다. 캘리포니아주는 인종 및 성별에 근거한 조치를 공적 고용, 교육 및 계약에 관한 의사 결정으로 변경하였다. 첫 번째 조치로서 캘리포니아 대학의 평의회는 학점에 의한 입학과 고용 기준을 우선함으로써 인종 우대 조항을 폐지하는 결정을 하였다. 이는 공공 교육, 계약 및 고용에 관한 결정에서 인종 및 성별에 근거한 적극적 고용개선조치를 배제한 1996년의 제안 제219호의 승인을 투표자들이 따른 것이다.[55] 텍사스 법대의 적극적 고용개선조치 프로그램은 1996년에 불법으로 판정되어, 그 결과 입학 허가를 받은 소수자의 수가 상당히 감소했다. 적극적 고용개선조치는 주로 텍사스, 캘리포니아, 플로리다, 미시건, 네브라스카, 워싱턴주의 공립대학교에서 번복되거나 또는 수정되었다.[56] 이와 함께, 이와 같은 반발에 의해 초래된 변화는 적극적 고용개선조치의 합법성과 범위에 상당한 영향을 주었다.[57]

적극적 고용개선조치의 비판에 대한 반대도 있다. 토마스(*Thomas*)는 "적극적 고용개선조치는 전혀 할 수도 없는 것을 못한다고 비난받는다…. 인종 및 성 평등이 소수자 및 여성에 부여할 수 있는 무엇이라고 한다면 인종 및 성 평등은 존재하지 않을 것이다"라고 하였다.[58] 시민권 옹호자들은 그들이 바람직한 효과라고 간주하는 것을 유지하기 위해서 적극적인 개선조치에 대한 수정을 제안하고, 비판자들을 비난하였다. 패트릭(*Patrick*)은 적극적 고용개선조치를 적극적 고려라고 부르는 것으로 대체할 것을 주창하였다. 이는 고과를 지지하고, 자격을 강조하며, 통합된 일터의 융통성과 열망을 포함하는 것이다.[59] 요약하면, 적극적 고용개선조치의 위상은 불확실한 상태이다. 인종차별과 성차별이 미국 사회의

골칫거리로 남아있다. 정부, 고용주, 시민들이 아직도 이런 이슈들로 발생하는 기본적인 우려를 해결하기 위해 노력하고 있다. 여러 인종 집단뿐만 아니라 남성과 여성까지 모두 적극적인 개선조치의 특별한 면과 일반적인 다양성에 대한 인식이 폭넓게 변하고 있다. 이 분야에서 적합한 조직의 정책과 방안을 도출하는 것은 도전적인 일이다.[60]

3.2 차이의 가치 인식 및 '인식 기반' 다양성 훈련

DEC(*Digital Equipment Company*)의 국제적 다양성 프로그램의 관리자였던 워커(*Babara Walker*)는 **차이의 가치 인식**(*valuing difference*)이란 용어를 만든 사람이다. 이 접근 방법은 개인의 차이가 존중받는 환경을 조성하는 것이다. 차이의 가치 인식은 '인식 훈련'으로도 알려져 있는데, **다양성 훈련**(*diversity training*)의 주요 형식으로 인기가 있다.[61] 1980년대 이후 다양성 컨설턴트와 프로그램이 확산되었다.[62]

오늘날 대다수의 조직들은 어떤 형태로든 다양성 훈련을 실시하고, 이 훈련은 인식 쌓기를 강조한다.[63] 다양성 프로그램들은 범위 및 기간이 다양하다. 관리자들의 문화적 민감성 증진을 위해 설계된 프로그램들은 대부분 1~3일 과정이 많다. 대부분의 프로그램은 일회성으로 훈련에서 제기된 이슈를 강화하는 사후 조치가 없다. 유에스 웨스트(*US WEST*)는 두 과정으로 구성된 다양성 프로그램을 개발했다. 관리자 및 승무원을 위한 '인력 다양성 관리'라 부르는 3일 과정과 65,000명의 종사원 대상의 '인력 다양성의 가치 인식'이라 부르는 1일 과정이 있다.[64] 장기간의 문화적 변화를 촉진하기 위한 전략이 포함된 접근 방법을 활용하는 조직들도 있다. 퍼시픽 가스전기(*Pacific Gas & Electric*)는 내부의 교수자 후보군이 복합 문화 조직을 형성할 필요가 있다는 가정에 기초한 프로그램을 만들었다. 선발된 종업원들은 6일간의 다양성 인식 과정에 참여하고, 과정 이수 후 다른 사람들과의 일상적인 상호작용에서 다양성 챔피언이 되도록 한다.[65]

3.3 '인식 기반' 다양성 훈련 프로그램의 효과

다음은 개인들이 다양성 훈련을 통해 문화적 차이를 인식한 사례이다.

1. 다양성 훈련에 참여한 종업원들에 대한 조사 결과 62%는 훈련으로 인종차별 및 성차별에 대한 인식의 증가에 효과가 있음을 느낀다고 응답하였지만, 아쉽게도 대부분의 응답자(87%는 백인, 52%는 흑인)는 훈련 전 자신들의 조직에서는 인종 문제가 좋은 편이었다고 생각했다.[66]
2. 연방 항공청의 다양성 훈련 프로그램은 인식의 증가에 상당한 차별성을 보여주었다.[67]
3. 위스콘신 전력 회사의 맞춤형 다양성 훈련 프로그램은 종업원들의 타인 및 고객에 대한 대우 방법을 향상시켰다.[68]

연방 항공청과 위스콘신 전력 회사의 프로그램은 최고 경영자가 프로그램의 개발뿐만 아니라 사후 조치에까지도 상당히 높은 관심을 기울이고 기여를 하였다.

다양성 훈련 프로그램의 효과에 대한 비판이 상당히 많다.[69] 다수의 프로그램들은 참가자들이 서로가 다르다는 것을 부각시키는 것이 하나의 요소이다. 사람들이 공유 관심사, 가치, 목표 및 경험으로 인해 타인과의 차별성을 인식하지 못할 우려도 있다.[70] 많은 프로그램들의 가시적인 목표와 기준, 요구 분석, 확실한 성과 및 평가의 부족을 언급하는 비평가들도 있다.[71] 또한, 다양성 훈련 프로그램에서 활용되는 활동들의 유효성에 대한 의구심도 존재한다. 백인 남성의 공격성, 이른바 정치적 정당성, 무감각에 대한 처벌에 대해서 불평하는 참가자들도 있고, 워크숍이 시간 낭비라고 하는 참가자들도 있다.[72] 인종차별로 기소된 텍사코 임원들이 사용한 '검은 젤리 콩'이라는 은유적 표현이, 젤리 콩의 색깔을 인종 또는 민족적 표식보다는 오히려 사람들을 식별하는 데 활용된 다양성 워크숍에서 나왔다는 것이 아이러니하다.[73] 다양성 훈련의 비용에 대한 이슈도 제기되었다.[74] 2010년에 미국 기업들이 다양성 훈련에 쓴 연간 비용이 평균 120만 달러에 달한다는 자료도 있다.[75]

이반세비치(*Ivancevich*)와 길버트(*Gilbert*)는 다양성 훈련의 효과성에 대한 평가가 엄격하지 못함을 비판하였다.[76] 최근의 연구는 이점에 관해서 균형적이지는 않지만 어느 정도 개선이 있었음을 주장한다.[77] 비판을 고려하여 이러한 프로그램의 효과성과 비용을 분석하기 위해서 좀 더 활발한 평가가 필요하다. 다양성 프로그램을 성공으로 이끄는 요인들에 대한 조사에 따르면 최고 경영자의 지원, 다른 목표와 대비하여 높은 전략적 우선 순위, 다양성에 대한 경영자의 긍정적인 믿음, 대규모 조직, 다양성 관리자의 존재가 프로그램의 성공과 관련되어 있다.[78] 차별성 인식 또는 가치화 방법론이 문화적으로 다양한 그룹과의 협업에 필요한 기술을 제공하는 것이 아니라 대인 관계의 향상을 주로 강조한다는 비판이 있다.[79] 이런 기술을 배우기 위해서는 다양성 관리 방법론이 필요할 수 있다.

3.4 다양성 관리

토마스(*Thomas*)는 **다양성 관리**(*managing diversity*)를 "모든 종업원들에게 유효한 환경(조직 문화)을 개발하기 위한 종합적인 관리 프로세스"라고 정의한다.[80]

이 방법론은 적극적인 개선조치와 다양성 가치화 차원을 넘어서 모든 사람을 위한 적극적인 환경의 조성 및 전체 노동력의 완전한 활용에 초점을 둔다.[81] 여성 또는 소수자가 배제되지 않고, 백인이나 남성 또한 배척되지 않으며, 포용(*inclusion*)을 강조한다.[82] 문화적 또는 다른 차별이 없이 모든 종업원들이 활동하는 장(場)을 조성하는 것이다. 경험이 있는 교수자들은 다양성에 대해서 일치된 정의를 하는 것은 어려울 수 있음을 입증하였다.[83] 한 논문에서는 다양성을 "유색 인종, 백인종, 여성 및 신체적인 장애 등 이질적으로 혼합되어 있지만, 생산적이며, 동기부여되어 있고, 몰입한 노동자들을 채용, 유지, 보상, 승진시키려는 조직의 헌신"이라고 정의한다.[84] 이렇게 하기 위해서 다양성 접근법에는 (1) 변화에 대한 장기적인 몰입, (2) 조직 문화의 실질적인 변화, (3) 리더십 및 관리자 역할에 대해 수정된 정의, (4) 개인적·조직적 적응, 그리고 (5) 구조적 변화가 필요하다.[85]

변화에 장기적으로 몰입하기(*long-term commitment to change*) 위해서는 최고 경영자가 조직 문화의 변화를 위해 충분한 시간과 자원을 허용해야 한다.[86] 필스버리(*Pillsbury*)는 다양성을 위한 부서장의 3년 목표를 다음과 같이 제시하였다.

1. 문화적으로 보다 다양한 조직을 만들기 위해서 전략 계획을 수립하고 이행할 것
2. 문화적으로 다양한 직장을 관리하기 위해서 리더와 관리자의 지식 및 기술을 향상시킬 것
3. 여성과 유색 인종을 유인, 동기부여 및 유지할 것[87]

이 목표를 달성하기 위해서 관리자는 프로그램에 완전히 헌신해야 한다. 조직의 핵심 구성원(최고 경영자, 노조 지도자 등)의 헌신은 다양성 관리에서 중요한 부분이다.

조직이 성차별주의자, 인종차별주의자, 또는 기타 적대적인 태도를 조장하는 근본적인 가정, 가치 및 신념의 변화를 기대하려면 문화의 실질적인 변화(*substantive change in culture*)가 필요하다.[88] 종업원들은 언어 및 문화적 차이를 좀 더 잘 이해하려고 해야 하며, 문화적 고정관념을 구별하고, 거부할 수 있어야 한다.[89] 다양성 프로그램을 개발한 대부분의 조직들은 차이의 가치 인식과 같은 교육 및 훈련 프로그램에 의존한다.

조직 문화의 변화를 수용하기 위해서는 리더십 및 관리자 역할에 대한 정의(*modified definitions of leadership and management roles*)를 수정할 필요성이 있다.[90] 관리자들은 한 명 이상의 여성 및 소수자들에 대한 멘토 역할을 할 필요가 있다. 조직은 핵심 다양성 그룹을 이끌 관리자가 필요할 수 있다. 이 역할을 제도화하기 위해서 일부 조직들은 다양성 관리를 위한 기업 조직을 신설하였다. 이렇게 함으로써 프로그램의 가시성을 높이고, 모든 활동이 잘 정리될 수 있게 된다.

다양성 관리를 위해서는, 조직 문화가 재정의되고 새로운 특성을 띠게 됨에 따라, 종업원들은 이러한 변화에 적응할 수 있어야 하기 때문에 개별적이고 조직적인 적응(*both individual and organizational adaptation*)이 필요하다. 조직과 종업원들이 얼마나 잘 적응하느냐는 변화 과정에서의 리더십에 달려있다. 기대 수준과 새로운 기대 수준에 적응하는 방법에 대한 확신이 없는 사람들을 위해서 충분한 지원 시스템이 활용 가능해야 한다. 어떤 종업원들은 이 프로그램을 적극적인 개선조치가 새로운 이름을 가진 것으로 생각할 수 있다. 관리자들은 다양성 관리 프로그램이 어떤 하위 그룹을 선호하지 않는다는 점을 강조할 수 있어야 한다.

관리자와 리더십 역할의 변화와 개인의 기대 수준의 변화를 수용하기 위해서는 구조적 변화(*structural changes*)가 필요하다. HRD 기능 내에서 일부 구조적 변화가 생길 필요가 있다. 이 변화에는 (1) 다양성 의제를 지원하는 새로운 정책의 개발, (2) 공식적인 오리엔테이션 프로그램이 다양성 이슈를 좀 더 강조하도록 변경, (3) 포용을 중시하는 공식적인 경력 개발 프로그램의 개발, (4) 진행 중인 훈련 프로그램에 다양성 요소를 추가, (5) 진행 중인 모든 형태의 다양성 프로그램을 위한 다양성 자원 목록의 개발이 포함된다.

3.4.1 다양성 관리 프로그램의 사례

다양성 관리에는 구조적·문화적인 변화를 포함하는 장기적인 변화 전략의 개발이 있다. 〈표 14.3〉에서 필스버리(*Pillsbury*)의 6단계 다양성 관리 전략을 서술하였다.[91] 1, 2단계에서 변화가 발생하는 상황이 전개된다. 변화 프로세스에서 자신들의 역할과 다양성을 관리할 방법을 파악 할 필요가 있는 고위 관리자와의 인식 과정이 활동에 포함된다. 이 과정 다음으로는 팀 과정인데, 문화적 다양성을 강조하는 일부 이슈들에 대하여 종업원을 교육하는 데 중점을 둔다. 필요시, 변화 주도자가 문화 자료를 검토해서 조직 문화의 중요한 사항을 설명할 수 있다(예: 고립감을 느끼는 종업원들). 두 단계에서 바람직한 결과

표 14.3 필스버리의 다양성 관리를 위한 프로그램

단계	목표
I. 브리핑 세션(1/2~2일)	a. 조직의 문화적 분석 데이터 검토 b. 고성과, 문화 다양성 조직에 관한 개념 학습 c. 조직의 다양성 계획 검토
II. 팀 세션(2일)	a. 문화적 다양성을 다루는 데 필요한 팀 기술을 구축 b. 문화적 다양성을 위한 비즈니스 근거를 명확화 c. 비즈니스 스타일의 차이를 이해 d. 대인 관계 스타일의 차이를 이해
III. 심화 세션(인종)(3일)	a. 인종 간 상호작용과 의사소통을 증진 b. 전형적인 행동(인종차별)을 식별 c. 소수 인종의 기여에 대한 조직 장벽을 파악하고 해결 d. 소수 인종을 포용하기 위한 전략을 개발
IV. 심화 세션(성별)(3일)	a. 이성 간 상호작용과 의사소통을 증진 b. 고정관념 행동(성차별)을 식별 c. 여성의 성공적인 기여에 대한 조직 장벽을 파악하고 해결 d. 여성에 대한 포용 전략을 개발
V. 심화 세션(스타일)(3일)	a. 직장에서 스타일, 민족/인종, 성별 및 문화의 차이를 야기하는 가치를 식별 b. 각 구성원의 기여를 증진하는 팀워크를 연습
VI. 전략 계획(1~2일)	a. 문화적 다양성을 사업 계획에 통합 b. 다음의 계획을 수립 1. 교육 프로세스를 전체 조직으로 확대 계획 2. 인적자원 시스템을 개선하는 계획 3. 채용 및 유지를 강화하는 계획

출처: From Greenslade, M. (1991). Managing diversity: Lessons from the United States. *Personnel Management* (United Kingdom), 23(12), 30.

로는 모든 사람들이 변화 필요성을 공감하는 것이다.

3단계에서 5단계는 다양성이 어떻게 조직에 부가가치를 가져오는지에 대하여 심층 교육을 진행한다. 이들 과정에서는 인종차별 및 성차별 태도를 유도하는 중요한 가정들을 탐구한다. 목표는 각 참가자들이 문화적 차이에 대한 이해와 각자가 문화적 차이에 부여하는 가치, 그리고 다양한 인력의 수용이 조직을 개선할 것이라는 사고방식을 확대하는 것이다. 마지막으로 6단계에는 문화 전략을 조직의 사업 계획에 통합하는 것이 포함된다. 다양성 관리의 철학은 조직의 관리자 및 다른 구성원들이 다양한 문화 출신의 사람들을 얼마나 잘 활용하는가에 근거를 두기 때문에 장기적인 사업 전략은 이를 필수적으로 반영해야 한다. 장기적인 전략의 달성을 위해 다양한 인력의 채용, 고용 및 유지를 강화하는 인적자원관리(HRM) 정책의 변화가 이에 포함된다.

3.4.2 다양성 관리 프로그램의 효과

다양성 이슈에 대처할 필요성이 공감을 얻고 있다.[92] 다수의 조직들이 이런 프로그램, 특히 다양성 관리 방법으로 성공을 거두고 있다.[93] 로버슨(*Roberson*)과 동료들은 다양성 훈련 프로그램으로부터 행동/기술의 전환을 향상시키는 수단에 대해 논의하였다.[94] 그렇지만, 다른 다양성 의제와 마찬가지로 다양성 관리의 문제점은 변화에 대한 고질적인 저항 태도이다. 조직이 다양성 교육 훈련 프로그램으로의 변화를 위한 전략을 지원할 때조차도, 모든 종업원들은, 특히 자신들이 다른 문화 출신의 구성원들과 공통점이 없으면, 자신의 태도와 다른 문화를 학습하는 것에 동일한 가치를 부여할 것이라고 보장할 수 없다.

백인 구성원들의 반발에 대한 우려가 존재한다. 지금까지 알려진 다양성 교육 훈련 프로그램에 대한 반발로는 다음과 같다.

1. 급격한 사회 변화에 대한 반작용인 뿌리 깊은 편견과 선입견
2. 직무 및 자원에 대한 경쟁 의식. 어떤 사람들은 위협적인 환경을 조성
3. 정치적 정당성(*political correctness*), 다양성(*diversity*), 다문화주의(*multiculturalism*), 다원주의(*pluralism*), 동등 기회(*equal opportunity*), 적극적인 개선조치(*affirmative action*)와 같은 용어들에 대한 혼동[95]

위와 같이 지각된 반발은 강제적인 변화 과정에서 무시되어서는 안 된다.[96] 13장에서 논의한 바와 같이, 변화에 대한 저항은 개인의 가치관, 신념 및 태도에 그 뿌리를 두고 있다. 저항을 극복하기 위해서 조직은 계획적 변화 전략을 통해서 다양성을 다루어야 한다.[97] 이를 위해서는 앞장에서 논의된 것과 같은 이론과 개입의 활용이 필요하다. 조직이 지금까지 적용된 방법보다는 전략적이고, 적극적이며, 실증적·이론적 연구에 기반을 둔 방법으로 다양성을 관리할 수 있는 가이드라인을 제시하는 연구가 증가하고 있다.[98] 토마스(*David Thomas*), 웬틀링(*Rose Mary Wentling*)과 다른 연구자들은 "전략으로서의 다양성"에 대하여 집필하였는데 그 내용을 주목할 필요가 있다.[99] 이반세비치(*Invancevich*)와 길버트(*Gilbert*)는 적극적인 고용개선조치와 다양성 관리 간의 차이점을 정리하였으며, 〈표 14.4〉에 그 내용을 제시하였다.[100] 많은 학자들은 작업팀을 구성할 때에 다양성의 가치를 중시한다.[101] 미국도시연맹(*NUL, National*

표 14.4 적극적 고용개선조치와 다양성 관리의 비교

적극적 고용개선조치	다양성 관리
1. 반발적이며, 법률과 도덕적 의무에 근거함	주도적임
2. 팀 빌딩과는 공식적으로 관계가 없음	다양성 팀의 구성을 강조
3. 주로 여성과 유색인종에 초점을 둠	포용적임—인종, 민족, 연령, 종교, 성 지향성과 인종, 민족, 연령, 신체적 한계를 모두 고려함
4. 외부인이 아니라, 종업원을 주로 강조	채용 풀, 종업원 및 외부 구성원에서 다양성을 고려함

출처: From Ivancevich, J. M., & Gilbert, J. A. (2000). Diversity management: Time for a new approach. *Public Personnel Management*, 29(1), 89.

*Urban League)***에서 실시한 1,200명 이상의 미국 노동자들에 대한 조사에서 종업원들이 조직의 효과적인 다양성 방안으로 생각하는 것에 대해서 상당한 일치점이 발견되었다. 이는 〈표 14.5〉에 제시하였다. 처음 두 개의 방안은 종업원 대부분이 현 조직의 장점으로 생각하는 것이고, 다음 다섯 개의 방안은 성공에 관해서 '중범위', 마지막 다섯 개는 개선에 대한 '기회'로 간주하는 것이다.

최근, 베즈루코바(*Bezrukova*)와 동료들은 178개의 다양성 훈련 프로그램을 검토하여, 가장 바람직한 결과는 '포용적' 프로그램이라는 것을 발견하였다.[102] 아쉽게도 이런 프로그램들은 전체 프로그램의 3분의 1도 되지 않고, 대부분의 프로그램들은 특정한 그룹에 초점을 둔다(예: 여성, 소수자). 반작용, 학습 및 행동에서의 긍정적인 변화를 연구들이 주목하였지만, 충분한 데이터가 없어서 통계적인 분석이 완벽하지는 않다.[103]

4. 비교 문화 교육 훈련 프로그램

글로벌화와 다양성 관리의 관련성이 증가하고 있다.[104] 조직이 글로벌 시장에서 성공하기 위해서는 다문화적인 시각이 필요하다는 주장이 있다. 이에 따라 국제적 인적자원의 개발에 대한 학문적 중요성이 증가하고 있다.[105] 또한, 글로벌화로 파견 근무하는 개인들이 더 많아지고 있다.[106] 해외 파견자는 전문적인 역량을 보유하고 정해진 기간 동안 외국에서 과업을 수행하는 사람이다. 재외미국인협회에 따르면, 군인 및 정부 관료를 제외한 630만 명의 미국인이 해외에서 살고 있다.[107] UN의 자료에 의하면, 위에서 정의한 '전문가' 수준의 해외 파견자는 100만 미만이며, 대부분은 해외에서 거주하고 있는 학생들과

** 역자 주: 미국도시연맹(NUL: The National Urban League)은 흑인들의 도시 조건에 관한 연맹(National League on Urban Conditions Among Negroes)으로 알려졌으며, 뉴욕시에 기반을 두고 아프리카계 미국인들의 권익을 옹호하고 인종차별에 저항하는 초당적인 민권운동단체이다. 미국에서 가장 오래되고 규모가 큰 공동체 기반의 조직이다. 현 회장은 마크 모리얼(Marc Morial)이다(위키백과).

표 14.5 미국 종업원의 조직 다양성 방안에 대한 평가

다양성 방안 주제	평가(우호적인 비율)
포용적 문화와 가치관	강함(71%)
다양성 인재의 보유	강함(69%)
다양성 인재의 승진	중간(63%)
글로벌/문화 다양성	중간(59%)
다양성 인재의 채용	중간(57%)
공동체/공급자/고객 다양성	중간(53%)
다양성 교육 및 훈련	중간(51%)
다양성 인재를 위한 경력 개발	기회(49%)
종업원 참여	기회(49%)
리더십 기여와 참여	기회(40%)
다양성을 반영한 기업 의사소통	기회(39%)
성과 책임 및 측정	기회(30%)

출처: *Diversity practices that work: The American worker speaks II* (2009). National Urban League, p. 9.

은퇴자들이다.[108] 대부분의 조직은 종업원들이 해외 파견 업무에 대비할 수 있도록 **비교 문화 훈련**(*cross-cultural training*)을 실시한다.[109] 이런 교육은 숙련된 퍼실리테이터가 수행하며, 역할 연기와 같은 경험적 학습법을 활용하고, 실제적인 정보를 제공하기 위해서 문화 동화자가 필요한 경우도 있다.[110] 사회적 학습 이론 또는 행동 모델링에 기초한 비교 문화 훈련의 사례는 오두(*Gary Oddu*)의 연구를 참고하기 바란다.[111] 오즈셀릭(*Ozcelik*)과 파프리카(*Paprika*)는 화상회의 및 화면 캡처 기술을 활용한 비교 문화 비즈니스 커뮤니케이션 훈련을 제안하였으며,[112] 물킨(*Mulkeen*)은 비교 문화 연구팀이 해결해야 할 이슈를 기술하였다.[113]

비교 문화 인식 훈련 프로그램은 다음과 같은 최소 네 가지 요소를 다룬다.

1. 문화적 차이에 대한 인식 수준을 끌어올리기
2. 태도를 형성하는 방법에 초점두기
3. 각자의 문화에 관한 실제적인 정보를 제공하기
4. 언어, 비언어적 커뮤니케이션, 문화적 스트레스 관리 및 적응 조절 기법을 구축하기[114]

문화적 차이에 대한 인식 수준을 끌어올리기 위해서는 토론을 위한 질문이 필요하다. 〈표 14.6〉에 간단한 질문들을 제시하였다. 사람들이 타문화에 대해서 갖는 가정, 신념 및 가치를 이해하는데 질문의 초점이 맞추어져야 한다.[115] 먼저 이 요소들에 대한 통찰력을 개발하지 않고서는 사람들이 문화적 차이에 가치는 두는 것은 어렵다. 예를 들면, 일본 및 아시아 출신 사람들은 대부분의 미국 직장에서는 보편적으로 존재하는 공격성(*aggressiveness*)에 동화되는 데 어려움을 겪는다.[116] 이러한 차이를 이해하지

표 14.6 문화 인식 훈련을 위한 질문

질문	잠재적인 토론 분야	제시
문화가 다른 사람들 간의 중요한 차이점은 무엇인가?	1. 신체적 특질 2. 가치 체계 3. 언어 또는 방언 4. 종교 5. 제도	1. 성, 연령, 인종 2. 직업윤리 3. 히스패닉 4. 유다주의 5. 경제
어떻게 이 차이가 일어나는가?	1. 관습 2. 생활양식 3. 공유규범 4. 공유경험 5. 의사소통 유형	1. 의복 2. 음식 3. 순응 4. 전쟁영웅 5. 비언어적 상징
다른 문화들이 상호작용할 때 시사점은 무엇인가?	1. 갈등 2. 고정관념 또는 민족중심주의 3. 성차별주의 또는 인종차별주의	1. 오해가 있을 때 2. 한 집단이 다른 집단의 사람을 수용하기를 거부할 때 3. 차별

출처: From Mason, H., & Spich, R. S. (1987). *Management: An international perspective*. Homewood, IL: Irwin.

않으면, 미국인들은 지나치게 공격적인 미국인 노동자들과 부딪히려고 하지 않는 일본인 관리자의 동기를 오해할 수 있다.

태도를 형성하는 방법에 초점을 두는 프로그램은 문화적 고정관념이 어떻게 형성되는지와 문화적 편견의 타파를 이해하는 데 도움이 된다. 사람들이 문화 차이를 이해한다고 하더라도, 가정, 가치관, 신념이 어떻게 성차별주의자, 인종차별주의자 또는 여타 태도의 기저를 형성하는지를 진정으로 이해할 수는 없다. 남성 관리자가 성적 차이를 이해하고, 여성의 기여에 가치를 부여하는 것을 배우기 위해서는 별도의 노력이 필요할 수 있다. 그렇지만, 남성 관리자는 여성 관리자의 수가 제한적이기 때문에 대부분의 여성은 관리자가 되려는 욕구(또는 능력)가 부족하다고 가정한다. 이런 가정 때문에 여성 부하직원이 관리자 자격을 갖추는 데 필요한 기술을 개발하도록 적극적으로 장려하지 않는다. 이런 생각이 유리 천장을 만드는 데에 역할을 할 수 있다. 이런 태도가 어떻게 형성되는지에 초점을 두지 않고서는 이를 변화시키는데 어려움을 겪을 것이다.

각자의 문화에 대한 실질적인 정보를 제공하는 것이 타문화에 대한 새로운 가정, 가치, 신념 및 태도를 강화하는 데 필요하다. 민족중심주의 성향, 즉 자신들의 문화가 타문화보다 우수하다고 생각하는 사람들에게는 모든 문화는 자신의 독특함과 가치, 관점, 문제에 대한 접근 방법이 있다는 것을 강화하는 훈련이 필요하다. 문화적 다양성으로 서로 다른 경험, 관점 및 문제와 상황에 접근하는 방식이 모여서 생산성 향상으로 이어진다는 증거가 있다.[117] 장점은 무엇이고, 어떻게 해야 개개의 노동자들과 조직을 도와서 보다 나은 일을 하도록 할 것인지를 알 필요가 있다.

언어, 비언어적 커뮤니케이션, 문화적 스트레스 관리 및 적응 조절 기법을 구축하는 프로그램은 종업원들의 조직 내·외부에서의 중요한 대인 관계를 다룬다. 효과적인 관계를 구축하기 위해서는 소통하는 방법을 학습해야 한다.[118] 신체 언어(예: 제스처와 악수)를 포함한 비언어적 커뮤니케이션은 특히 중요하다. 〈표 14.7〉은 미국인들이 공통적으로 사용하는 신체 언어가 타 문화에 의해 어떻게 잘못 해석

표 14.7 세계 문화에서 신체 언어

허용되는 개인 간 거리		
0~18인치		중동 남성, 동부 및 남부 지중해 지역, 일부 히스패닉 문화
18인치 ~ 3피트		미국, 서부 유럽
3피트 이상		아시아(일본 및 근동), 아프리카 대다수 문화
대부분의 아시아국가에서는 다른 사람의 머리를 만지는 것이 부적절한 행동		
수용 가능한 눈 맞춤 시간		
0~1초		미국 원주민, 인도 동부, 아시아 문화(캄보디아 문화에서는 추파를 던지는 것이라고 생각함)
1초		미국(특히, 백인과 흑인들에게는 1초 이상은 위협이라고 생각될 수 있음)
1초 이상		중동, 히스패닉, 남부유럽, 프랑스문화는 직접적인 눈 맞춤을 옹호
악수, 손 신호의 형태		
악수	세게	미국, 독일
	중간 정도	히스패닉 국가
	가볍게	프랑스(연장자에게는 먼저 안함)
	부드럽게	영국
	조심스럽게	중동국가
		아시아(한국을 제외한 국가에서는 악수는 익숙하지 않고, 불편해함)
손신호	지적하기	대부분 국가에서 일반적으로 예의가 없음. 특히, 아시아 국가에서는 무례하고, 맛이 없음을 지적. 지적이 필요할 때, 홍콩에서는 중지를 사용해서 지적하고, 말레이시아에서는 엄지, 다른 아시아 국가에서 손가락 전체를 사용
	손짓	미국인들의 손가락 세우기, 신체를 향한 손바닥은 멕시코, 필리핀, 베트남인들에게는 매우 공격적임. 필리핀에서는 매춘부의 신호
	동의 표시	미국인의 오케이 신호, 엄지손가락 세우기, 승리의 V자는 대부분의 문화에서는 가장 적대적임
	부정 신호	복잡함. 멕시코와 중동에서는 검지를 앞뒤로 움직임
	왼손	무슬림들에게 왼손을 사용한 제스처나 뭔가를 다루는 것은 공격적으로 인식됨. 왼손은 화장실에서 사용함
다리를 꼬는 것은 대부분의 아시아 및 중동 문화에서는 맛이 없다는 표시이며, 러시아에서는 팔꿈치를 무릎에 올리면 맛이 없다는 것으로 인식함		

출처: Thiederman, S. (1990). *Bridging cultural barriers for corporate success*. Lexington, MA: Lexington Books, pp. 133-141.

되는지를 기술한다. 커뮤니케이션 훈련의 일부분은 타문화 집단을 대할 때 신체 언어 및 기타 비언어적 커뮤니케이션에서 문화적 차이를 이해하는 데 초점을 두어야 한다.

미국회사의 38%가 모든 국제 업무 수행을 위해 비교 문화 훈련을 실시하고, 45%는 일부 업무에만 실시하는 것으로 추정된다.[119] 다울링(*Dowling*)과 웰치(*Welch*)는 한 조사에서 대부분의 회사가 1일 훈련을 실시하는 것으로 보고하였다.[120] 비교 문화 훈련 비용이 높다면 이런 프로그램들의 효과 여부에 대하여 따져볼 필요가 있다. 다행히도, 이 문제에 대한 연구 결과는 상당히 긍정적이다.[121] 잘 수행된 비교 문화 훈련과 개발은 국제 업무를 배정받은 종업원들의 적응과 성과에 유익한 효과를 미치는 것으로 보인다.[122] 연구에서는 종업원들의 귀국 지원, 즉 귀국 시 파견자들이 직면하는 문제를 해결하는 프로그램의 필요성을 제기하였다.[123]

5. 문화적 다양성을 가진 종업원들을 위한 인적자원개발 프로그램

인적자원의 인구통계학 변화는 기회와 도전을 제기한다. 도전 중의 하나는 모든 차별적 원인들을 제거하는 것이다. HRD 전문가는 최소 두 가지는 할 수 있다. 첫째, 조직 내에서 심한 편견과 고정관념을 조장하는 근본적인 가정, 신념 및 태도에 적극적으로 대처하는 것이다. 차별에 따른 희생자를 지지할 수도 있고, 자발적으로 제도적 정의(*justice*)를 촉구해야 한다. 둘째, HRD 전문가는 사회화, 오리엔테이션, 경력 개발 및 성적·인종적 차별에 관한 조직의 관행을 조사해야 한다.

5.1 사회화와 오리엔테이션

8장에서는 사회화를 개인이 조직의 역할, 규범 및 기대 수준과 동화됨으로써 내부인이 되는 과정으로 정의하였다. 조직에서 신입사원의 최초 경험은 추후에 경력 선택과 조직에 존속할 것이냐의 여부를 결정하는 데 있어서 특히 중요하다. 신입사원을 위해 학습 경험을 설계할 때 다음 사항을 고려해야 한다.

1. 신입사원은 문화적 차이가 중요한 직무 관련 기술을 학습하고, 승진 자격을 갖추는 데 필요한 흥미 있고 도전적인 업무 배정에 방해받을 때 소외감을 느낄 것이다.[124]
2. 여성과 소수자는 다수 집단에서 동료들과 어울리기 위해서, '이중 문화적'이 되어야 한다고 느낄 때 추가적인 스트레스를 경험할 것이다.[125]
3. 여성과 소수자는 비전통적인 직종에 진입할 때 가끔 다른 동료들보다 더 높은 기준이 적용된다.[126]

위의 이슈들을 적용하지 않으면 재능 있는 종업원들을 놓치는 결과가 될 것이다. 어떤 조직들은 문화적 차이가 사회화 과정에 미치는 영향을 인식하고 이 차이를 오리엔테이션 및 사회화 방안에 통합하는 조치를 하였다. 암코 철강(*Armco Steel*)은 여성과 소수자에 대한 미묘한 태도와 편견이 상향 이동(승진)

에 부정적인 영향을 주고 있음을 인식하였다. 회사는 이러한 태도를 사회화 과정에서 드러내는 방안을 고안했다.[127] 특히, 사회화 과정에서 기존 직원들을 역할 모델로 활용하는 방법을 찾아냈다. 자신의 인종과 성에서 역할 모델이 있으면 다른 동료들의 보복 없이 성차별과 인종차별에 좀 더 쉽게 대처할 수 있다.

분리된 청중(예: 여성 또는 소수자만)을 대상으로 하는 훈련과 오리엔테이션 프로그램의 가치에 대하여 의견 불일치가 있다.[128] 어떤 조직들은 다양성 관리의 목표가 종업원들이 함께 일하는 것이라면, 어떤 개발 단계에서는 여성이나 소수자를 분리하지 않는 것이 중요하다고 믿는다. 하지만, 소수 집단들의 특별한 욕구를 충족하는 것이 중요하다고 보는 조직도 있다. 듀퐁(*DuPont*)은 신입 여직원에게 추가적인 훈련을 실시하지만, 특별 대우를 준다는 인상을 피하는 추세이다.[129] 모리슨(*Morrison*)과 글리노우(*Von Glinow*)는 "여성과 소수자는 상징으로써 특별한 상황을 대하고 있기 때문에, 갈등 해결과 같은 역량을 완벽히 갖출 필요가 있다"고 주장한다.[130] 어려운 문화적 이슈를 해결하도록 하는 특수한 훈련 프로그램들이 신입 여성 및 소수자들이 적응을 하는 데 도움이 될 수는 있지만, 이런 프로그램들은 다문화주의 목표를 달성하기 위해 전 종업원들을 대상으로 하는 종합적인 계획 내에서 실시되어야 한다.[131]

5.2 경력 개발

대부분의 승계 계획과 경력 개발 모형 및 프로그램들(11장 참조)은 문화적으로 다양한 인력의 특별한 관심사를 명시적으로 다루지는 않는다.[132] 하지만, 유리 천장 이슈가 지속적으로 존재하고 있고, 적극적인 개선조치가 모든 종업원의 경력 승진에서 불평등 문제를 완전히 해결하지 못하는 상황에서 경력 개발 시스템을 수정하기 위한 보다 직접적인 조치를 취할 필요가 있다.

인식과 다양성 관리를 촉진하는 프로그램들은 경력 승진에 긍정적인 분위기를 조성하는데 유용할 수 있다. 이 두 접근법이 장벽을 유지하는 근간이 되는 가정, 가치, 신념을 변화시키려는 교육과 훈련에 의존하고 있지만 다양성 관리 방법만이 이러한 노력을 조직의 전략과 통합하려는 시도를 한다. 에이본(*Avon*)의 전 CEO인 프레스톤(*Jim Preston*)은 다양성 관리를 에이본의 중요한 전략 중의 하나로 보고, "당신이 가장 훌륭한… 사람들을 조직에 유인하려면, 문화를 갖는 것이 좋고, 성장하고 번영하는 환경을 갖는 것이 좋다"고 주장한다.[133]

조직은 다양성 관리 방법을 활용하지 않고도 경력 개발 정책과 프로그램을 수정하거나 조성할 수 있다. 하지만, 성차별과 인종차별적 태도가 팽배해 있으면, 조직은 여성과 소수자 종업원들의 경력 승진을 돕기 위한 '전통적인' 경력 개발 기법의 활용에서 실패할 수도 있다.[134] 경력 개발 프로그램에는 멘토링 과정에서 관리자를 위한 역할(예: 멘토 또는 지지자의 역할)과 HRD 전문가의 공식적 역할이 포함되어야 한다.[135]

5.3 다양성 촉진을 위한 멘토링

여성과 소수자는 상위 직급으로 이동하는 데 어려움을 겪어왔다.[136] 최고 경영층에 성공적으로 도달한 다수의 개인들은 멘토의 도움을 받았다. 11장에서 **멘토링**(*mentoring*)은 조직의 상급자과 하급자 모두의 경력 개발에 기여하는 양자 간의 관계라고 표현하였다.[137] 남성 멘토는 자신의 요청을 로맨틱한 제스처로 오해할 수 있다고 생각하기 때문에 여성들이 멘토링을 방해물로 인식하고, 그 관계에 대해 타인들이 어떻게 느끼는지에 대해 걱정을 하고, 남성 멘토가 자신들을 거부하는 것으로 생각한다고 주장하는 근거가 있다.[138] 영(*Young*)과 동료들은 성 이슈 및 멘토링에 관한 연구를 가이드하는 연구의 틀과 가설들을 제시하였다.[139]

소수자에 관한 한 연구는 조직에서 소수자 개발은 "집단 외부에 존재하거나, 비공식적인 사회망에 위치한 결과로써, 멘토의 부재, 보다 재미없거나, 덜 도전적인 업무와 같은 것들에 영향을 받는다"는 것을 발견하였다.[140] 다양화된 멘토링 관계(즉, 다수자 구성원과 소수자 구성원으로 이루어진 관계)와 동질적인 멘토링 관계(소수자 또는 다수자만으로 구성된 관계)를 조사한 연구들이 이 주장을 뒷받침하고 있다. 다음은 발견된 결과들이다.

1. 다양화된 멘토링 관계에서보다 동질적인 멘토링 관계에서 소수자들은 심리적인 지지를 더 받는다.
2. 멘토들은 동질적인 관계에서 보다 나은 역할 모델이다.
3. 심리적인 지지는 멘토와 멘티가 모두 (인종적) 차별을 다루기 위해 선택된 전략을 공유하는 다양한 관계에서 존재한다.[141]

라긴스(*Belle Rose Ragins*)는 멘토의 역할, 멘티의 성과 및 멘토의 관계 구성 간의 관계를 묘사하는 모델을 개발하였다.[142] 이 모델은 다양한 멘토 관계와 성과의 역학은 동일한 멘토 관계의 것과는 다르다고 주장한다. 멘토링 프로그램을 설계하고 시행하는 HRD 전문가들은 이 가능성을 인식하고, 프로그램을 효과를 극대화하고 문제를 최소화하는 방법으로 프로그램을 구성해야 한다. 11장에서 논의한 바와 같이, 멘토링에는 잠재적인 문제가 있지만 지금까지 발견된 것에 의하면 효과가 잠재적 위험을 능가하며, 멘토링과 코칭은 경력 개발 과정의 일부분이 되어야 한다는 것이다.[143]

5.4 성적·인종적 차별에 대한 훈련

성적, 인종적 차별에 대한 보고는 많이 있다. 조직은 직장에서 이 문제를 해결하기 위해 적극적인 조치를 취해야 한다.[144] 법원은 조직이 성적 요구나 적대적 행동에서 자유로운 안전한 환경을 조성할 의무가 있다는 것을 명확히 하고 있다.[145] 다른 형태의 학대에 관해서도 유사한 이슈들이 존재한다. 위스콘신주의 민권국은 모든 형태의 직장 내 차별을 다루는 단일한 조직 정책을 지지한다.[146]

직장 내 차별을 줄이는 훈련의 실시를 위한 조치를 많이 취해야 한다.[147] 4, 5, 6, 7장에서 논의한 HRD 프로세스 모델이 이런 종류의 프로그램을 개발하는데 이용되어야 한다. 다음에 제시된 4단계 조치는 성적, 인종적 차별 방지를 위한 훈련 프로그램의 개발 및 시행과 관련된 이슈에 초점을 두고 있다.

1. 정책 및 불만 호소 절차의 준비(*preparation of a policy and complaint procedure*). 차별 방지 정책이 최신이며, 조직의 모든 구성원이 이해 가능하다는 것을 확실히 할 것. 적절한 정책은 다음의 절차를 포함해야 한다. (1) 책임의 범위를 정의, (2) 차별 주장에 대해 신속하고 측정된 대응, (3) 이슈를 처리할 권한, (4) 불평을 호소하기 위한 다양한 경로. 일부 조직들은 종업원들이 정책을 읽고 이해했음을 서류에 서명하게 하고 있다.
2. 조직 분위기의 평가(*assessment of the organizational climate*). 훈련이 필수적이라면, 특히 조직이 적절한 변화를 수용할 준비가 되어 있는지를 판단하는 것이 중요하다. 종업원들이 차별 문제에 대해서 어떤 생각을 가지고 있는지를 조사하는 것도 또한 중요하다.[148] 프로그램의 내용을 결정하는 데 있어서 조사 데이터가 유용할 수 있다. 조사 결과가 다수의 감독자들이 공식적인 불평을 막는다는 것을 보여주면, 프로그램은 이 분야에서 감독자의 법적 책임을 강화할 필요가 있다.
3. 훈련 프로그램의 내용(*content of the training program*). 프로그램은 현행 법률과 규정을 서술해야 하며, 법원의 중요한 결정에 대한 해석, 조직의 정책과 절차의 검토, 조직의 행동 기준의 소통, 감독자의 책임, 피해자 상담 및 조회 방법에 대한 논의, 학대가 일어나기 쉬운 상황 등을 포함해야 한다.
4. 교수자의 선정(*selecting the trainer or trainers*). 법에 대한 전문적인 지식과 조직 정책의 이해를 모두 가진 교수자를 선정하도록 신경써야 한다. 다수의 조직들이 이 분야의 법적 경험을 가진 외부 컨설턴트를 채용한다.

이외에도 훈련이 필수적인지 여부를 판단해야 한다. 광범위한 학대에 대한 증거가 충분하면, 훈련이 필수적이다. 변화에 대한 저항이 상당하다면 이 조치를 수정할 필요가 있다. 이런 경우 조직들은 대개 이런 종류의 차별을 제거하거나 또는 최소화를 보장하는 보다 직접적인 접근 방법(예: 무관용)을 취한다. 모든 종류의 차별에 대응하는 정책을 수용할 수 없을 거라고 주장하는 일부 조직은 무관용 정책을 지지한다. 이런 상황에서 조직의 정책은 해고까지 가능한 강력한 제제를 포함할 것이다. 하지만, 이런 강력한 정책에 대해서도, 정책을 알려주는 교육과 훈련이 있어야 한다.[149]

개인들에 대한 이런 종류의 장기적인 효과는 최고 경영자의 지속적인 헌신에 달려 있다. 이 책에서 전반적으로 언급한 바와 같이, 최고 경영자는 조직의 분위기와 의제를 설정한다. 아쉽게도, 모든 CEO와 리더들이 차별, 학대, 다양성 이슈를 주요 의제로 생각하지 않는다.[150] 텍사코, 미군, 미츠비시 자동차와 관련된 사건들이 예방적 조치를 하지 않았을 경우 발생될 수 있는 비용을 상기시키는 역할을 할 것이다.

6. 기타 인적자원관리 프로그램 및 프로세스

다수의 조직들은 신입사원의 욕구를 충족하기 위한 HRM 정책과 프로그램을 변화시킴으로써 HRD 프로그램과 프로세스 이외의 다양성 관리 프로그램을 확대해왔다.[151] 적극적 고용개선조치와 '다양성 채용' 프로그램을 통해서 많은 조직들이 유능한 여성과 소수자 후보들을 유인하는 효과적인 채용 기법을 개발했다.[152] 다양성 목표를 성과 평가 과정에 포함하여, 공식적인 책임을 갖는 관리자를 보유한 조직들이 늘어나고 있다.[153] 또한, 여성과 소수자 노동력의 유입으로 조직은 HRM의 내용을 수정하고 있다. **유연근무제**(*flexible work schedules*)를 도입하였고, 맞벌이 부부, 특히 신입 또는 재취업 여성을 지원하기 위해 아동 보호 프로그램을 추가하거나 늘리고 있다.[154] IBM은 종업원의 30%가 아동 보호와 노인 돌봄 책임을 갖고 있음을 인식한 후, 아동 보호 프로그램을 수정하였고, 노인 돌봄 프로그램을 도입하였다.[155]

다수의 조직들은 언어(영어) 소통에 문제가 있는 직원들에 대해서 대책을 마련하였다.[156] 언어 소통 문제가 조직의 주요 문제라고 인식하는 조직들에 대한 조사 결과는 통역 및 다국어를 사용하는 감독자를 통해 이 문제를 해결할 수 있다고 주장한다. 통역을 활용하면 기대 수준의 설정, 조직의 메시지 전달, 문제의 개입에 효과가 있다.[157] 이런 내용들이 다양성 정책 및 프로그램의 효과성을 지지한다. 다국어를 구사하는 감독자의 채용도 효과적인 방법 중의 하나이다. 다국어 훈련은 관광 업계에서 시행되어 왔다.[158]

7. 맺음말

문화적으로 다양한 노동인력 복잡성과, HRD 프로그램이 어떻게 다양성을 해결하는 데 활용될 수 있을 지에 대한 이해가 증진되었을 거라고 생각한다. 분명한 것은 보다 다양한 조직이 덜 다양한 조직보다 미래에 더 성공적일 것이라는 보장은 없다는 것이다.[159] 그렇지만, 차별을 줄이고 다양성과 포용을 촉진하는 목표를 달성하기 위한 노력은 공정하며, 윤리적이고, 궁극적으로 조직의 모든 종업원들이 성장하고, 조직의 성공에 기여할 것이라고 기대할 수 있다는 것이다.[160] 이를 위해서는 장기적이고, 통합적인 노력이 필요하다.[161] IBM, 펩시코(*PepsiCo*), 올스테이트 보험(*Allstate Insurance*), 소덱스호(*Sodexho*), 에이본 휴이트(*Avon Hewitt*)와 같은 회사들은 '다양성을 사업 전략으로 삼으려는' 노력으로 인정을 받고 있다.[162] 개인들은 또한 '다양성의 챔피언'으로 인용되고 있다.[163] 아마도, 연구자들과 실무자들이 이 이슈들을 일관성 있게, 그리고 전략적으로 해결할 때, 이러한 노력들은 박수를 받아야 한다.[164] 하지만, 켈리(*Erin Kelly*)와 도빈(*Frank Dobbin*)의 생각을 자극하는 다음 인용구를 주목하기 바란다.

> 현재의 다양성 관리 제도에서 발견된 적극적 고용개선조치의 약화가 여성과 소수자의 미래 전망을 개선시키는가? 최근의 한 연구는 분산된 다양성 정책과 프로그램이 여성과 소수자 집단을 목표로 한 조치보다 훨씬 더 효과가 떨어진다는 것을 보여주고 있다.[165] 아마도 다양성 관리는 중간

관리자에게 효과가 있을 것 같다. 왜냐하면 정치적이라기보다는 경제적인 근거를 수용하기 때문이다. 그러나, 정확하게 다양성 관리는 법률 준수보다는 비용-효과 분석에 근거하기 때문에, 아마도 미국이 다음 경기 침체에 봉착할 때 비용 축소의 도끼 아래 놓이게 될 것이다. 다양성 관리는 법률적 요구 사항이 아니므로 앞선 EEO/AA와 같이 널리 퍼지지는 않고 있다. 하지만, 이 프로그램이 확산됨에 따라 그 결과는 조사할 필요가 있다.[166]

마르케스(*Marques*)는 미국 주요 세 개 회사의 다양성 관리 노력을 '휘황찬란한 창문 장식'이라고 칭하였다. 즉, 각 조직에 대한 다양성 감사를 실시한 후에 그가 내린 결론은, 다양성의 기여에 대하여 자신들의 웹사이트에 그럴듯한 찬사를 늘어놓지만 실질적으로 실행에 들어갔을 때 아무도 '실행에 옮기지(*walk the talk*)' 않는다는 것이다.[167] 역장분석(*force field analysis*)의 언어를 사용하면, 흔히 변화에 대항하는 힘이 변화를 위한 힘보다 강하며, 이는 특히 다양성 이슈와 연관이 있다.[168]

마무리하면, 인적자원관리, 즉 훈련과 개발, 경력 개발, 조직 개발의 조합이 어떻게 인력 다양성의 도전과 잠재적 이익에 적용될 수 있는지를 이해해야 한다. 훈련은 해법 중의 하나이지만, 유일한 것은 아니다. 전체적으로 이 책은 조직 학습과 성과를 촉진하는 수단으로써 HRD에 대해 안목을 갖게 해준다.[169] 이는 종업원들에 대해서도 마찬가지이다. 여기에서 제시한 이론, 틀(*framework*), 아이디어 및 도구들은 실행되지 않으면 별로 소용이 없다. 이제 마지막 질문을 하겠다. 어떠한가? 이 과정 이외에 삶을 위한 당신의 '도구 상자'에 무엇을 갖추겠는가?

도입 사례로 돌아가기

2014년 7월 성별 분포가 발표된 이후 일부 선도적인 기술 기업들은 새로운 성 다양성 방안을 보고하였다.

요약

인구통계학적 추세를 보면 앞으로 몇 년 안에 여성과 소수자들이 노동력으로 굉장히 많이 편입될 것이다. 조직들은 문화적으로 다양한 인력으로부터 야기되는 인종 및 성 이슈 이외의 분야로 확대되는 다양성 방안을 가지고 해결해야 한다. 주요 관심사는 차별 대우(예: 승진 장벽, 임금, 성적·인종적 차별)이다. 수많은 법률(예: 고용평등법, 민법 및 관련 규정들)이 차별 대우를 금지하지만, 법률 자체는 공정한 분위기를 조성하기에 충분하지 않다.

역사적으로, 직장을 통합하기 위해 네 가지 방법—EEO 법률, 적극적 고용개선조치, 차이의 가치 인식, 인식 기반 다양성 훈련, 다양성 관리 노력—을 사용해왔다. EEO는 법에 의해 보호된 다양한 범주(예: 인종, 성별, 지역, 불구, 연령 등)에 근거해서 직장에서 차별을 하지 않는다는 약속이다. 적극적 고용개선조치는 미국의 연방 정부 규정이며, 조직에서 종업원 집단에 대한 대표성 부족 문제를 해결하기 위해서 연방 정부의 보조를 받거나 계약을 하는 공공 기관과 여타 조직에 의무를 부과한다. 적극적 고용개선조치는 논란이 많았다.

인식 기반 다양성 훈련은 기저가 되는 가치와 태도가 성차별주의, 인종차별주의 또는 다른 형태의 행동인지를 명확히 밝히려는 시도를 한다. 다양성 훈련은 광범위하게 비판받았으며, 이 접근 방법의 효과에 대한 근거는 복합적이다. 다양성 관리는 모든 노동자들을 위한 공정 경쟁의 수준을 높이려는 장기적인 문화적 변화 전략이다. 이러한 접근 방법의 노력에도 불구하고 이 방법의 효과성을 보여주는 근거들이 보다 많이 필요한 실정이다.

조직들이 보다 글로벌화함에 따라서 비교 문화 훈련 필요성이 증가하고 있다. 조직들은 종업원들에게 파견되는 국가의 언어, 관습, 문화 및 법률에 대한 훈련을 통해서 해외/파견업무를 준비하도록 해야 한다.

문화적으로 다양한 인력을 관리하는 것에는 다양한 HRD와 HRM 프로그램 및 프로세스의 변화가 포함된다. HRD 전문가들은 기존의 사회화, 오리엔테이션 및 경력 개발 프로세스를 새로운 인력의 욕구에 맞출 수 있어야 한다. 훈련 프로그램은 모든 형태의 직장 내 성희롱을 다룰 필요가 있다. HRM 전문가들은 현재 인력의 필요성에 부합하는 다른 정책(즉, 혜택)의 적용을 고려해야 한다. 일일 보호 서비스, 유연 근무제, 통역 및 다국어를 구사하는 감독자 등이 이런 정책에 포함된다.

토의문제

1. 평등고용기회, 적극적 고용개선조치 그리고 다양성 관리 프로그램을 대조하여 비교하시오. 당신은 이들이 동시에 이루어질 수 있다고 생각하는가? 그 이유는 무엇인가?
2. 문화적 다양성에 관하여 당신은 직장에서 어떤 변화를 경험한 적이 있는가? (여성과 소수자를 포함한) 모든 개인들이 동등한 기회를 갖기 위해서는 어떤 조치가 필요하다고 생각하는가?
3. 당신의 조직에서 차이를 인정하고, 이해하며, 가치를 부여하는 것이 중요하다고 생각하는가? 이를 설명하시오. 당신과 친구는 어떤 점에서 문화적인 배경이 다른가? 동일한 점은 무엇인가?
4. 일본이나 태국에서 일하는 해외 업무가 당신에게 부여된다면 어떤 이슈들이 당신에게 생길 것이라고 보는가? 당신은 어떻게 대비하겠는가? 이 업무가 캐나다나 멕시코라면 어떤 점에서 다른가?
5. 문화적 다양성을 가진 직원들을 관리하기 위한 HRD 전문가의 역할을 기술하시오. 어떤 HRD 프로그램들이 이 접근 방법을 지지하는가?
6. 어떤 조직에서는 문화적 다양성 노력들이 주요 관리자와 종업원들의 저항에 부딪친다. 이러한 저항의 이유를 파악하고, 이를 극복할 수 있는 방법을 한 가지 이상 제시하시오. 또한 이에 대한 근거를 제시하시오.

미주

1. McKay, P. F., & Avery, D. R. (2005). Warning! Diversity recruitment could backfire. *Journal of Management Inquiry*, 14(4), 330–336; Kulik, C. T., & Roberson, L. (2008). Diversity initiative effectiveness: What organizations can (and cannot) expect from diversity recruitment, diversity training, and formal mentoring programs. In A. P. Brief (Ed.), *Diversity at work*. New York: Cambridge University Press, 265–317; Buttner, E. H., Lowe, K. B., & Billings-Harris, L., (2010). The impact of diversity promise fulfillment on professionals of color outcomes in the USA. *Journal of Business Ethics*, 91, 501–518; McGuire, D., & Mammed, B. (2010). Diversity training in organisations: An introduction. *Journal of European Industrial Training*, 34(6), 493–505; Yang, Y., & Konrad, A. M. (2011). Understanding diversity management practices: Implications of institutional theory and resource-based theory. *Group & Organization Management*, 36(6), 6–38; Rice, J. (2012). Why make diversity so hard to achieve? *Harvard Business Review*, 90(6), 40; Derven, M. (2014). Diversity and inclusion by design: Best practices from six global companies. *Industrial and Commercial Training*, 46(2), 84–91.

2. Judy, R. W., & D'Amico, C. (1997). *Workforce 2020: Work and workers in the 21st century*. Indianapolis, IN: Hudson Institute; DiCecio, R., Engemann, K. M., Owyang, M. T., & Wheeler, C. H. (2008). Changing trends in the labor force: A survey. *Review*, 90(1), 47–62, Federal Reserve Bank of St. Louis; Toossi, M. (2012). Projections of the labor force to 2050: A visual essay. *Monthly Labor Review*, 135(10), 3–16.

3. Worman, D. (2005). Is there a business case for diversity? *Personnel Today*, May 17, pp. 27–28; Saliba, G. N. (2008). Diversity role models: New Jersey Fortune 500 companies lead the way. *New Jersey Business*, 54(3), 30–37; Thomas, R. R., Jr. (2010). *World class diversity management: A strategic approach*. San Francisco, CA: Berrett-Koehler; Powell, T. (2012). Asian-Americans and the diversity imperative. *CPA Practice Management Forum*, 8(4), 12–16; Hayles, V. R. (2013). Communicating about diversity and inclusion. In B. M. Ferdman & B. R. Deane (Eds), *Diversity at work: The practice of inclusion*. San Francisco, CA: Wiley, pp. 55–90.

4. Childs, J. T., Jr. (2005). Managing workforce diversity at IBM: A Global HR topic that has arrived. *Human Resource Management*, 44(1), 73–77; Kilian, C. M., Hukai, D., & McCarty, E. (2005). Building diversity in the pipeline to corporate leadership. *Journal of Management Development*, 24(2), 155–168; Holgate, J., Hebson, G., & McBride, A. (2006). Why gender and 'difference' matters: A critical appraisal of industrial relations research. *Industrial Relations Journal*, 37(4), 310–328; Brooks, A. K., & Clunis, T. (2007). Where to now? Race and ethnicity in workplace learning and development research: 1980–2005. *Human Resource Development Quarterly*, 18(2), 229–251; Hom, P. W., Roberson, L., & Ellis, A. D. (2008). Challenging conventional wisdom about who quits in corporate America. *Journal of Applied Psychology*, 93(1), 1–34; Ng, E. S. W., & Sears, G. J. (2010). What women and ethnic minorities want. Work values and labor market confidence: A self-determination perspective. *International Journal of Human Resource Management*, 21(5), 676–698; Roth, P. L., Purvis, K. L., & Bobko, P. (2012). A meta-analysis of gender group differences for measures of job performance in field studies. *Journal of Management*, 38(2), 719–739; Bobko, P., & Roth, P. L. (2013). Reviewing, categorizing, and analyzing the literature on black-white mean differences for predictors of job performance: Verifying some perceptions and updating/correcting others. *Personnel Psychology*, 66(1), 91–126; Guajardo, S. A. (2013). Workforce diversity: An application of diversity and integration indices to small agencies. *Public Personnel Management*, 42(1), 27–40; McGinnis, J. L. (2013). Gender and the dysfunctional workplace. *Personnel Psychology*, 66(4), 1055–1058.

5. Kossek, E. E., & Lobel, S. A. (Eds) (1996). *Managing diversity: Human resource strategies for transforming the workplace*. Cambridge, MA: Blackwell Publishers; Coates, J. F. (2006). An increasingly diverse workforce makes traditional diversity programs passé. *Employment Relations Today*, 33(1), 1–8; Van Horn, C. E. (2006). Megatrends in the American workforce. *Human Resource Development Quarterly*, 17(4), 475–479; Gedro, J. (2007). Conducting research on LGBL issues: Leading the field all over again! *Human Resource Development Quarterly*, 18(2), 153–158; Gray, R. (2007). Bite-sized generation. *Human Resources*, March, 37–38; Patterson, C. K. (2007). The impact of generational diversity in the workplace. *Diversity Factor*, 15(3), 17–22; Shore, L. M., Chung-Herrera, B. G., Dean, M. A., Ehrhart, K. H., Jung, D. I., Randel, A. E., & Singh, G. (2009). Diversity in organizations: Where are we now and where are we going? *Human Resource Management Review*, 19(2), 117–133; Wittmer, J. L. S., & Wilson, L. (2010). Turning diversity into $: A business case for hiring people with disabilities. *T&D*, 64(2), 58–62; Billett, S., Dymock, D., Johnson, G., & Martin, G. (2011). Last resort employees: Older workers' perceptions of workplace discrimination. *Human Resource Development International*, 14(4), 375–389; Kunze, F., Boehm, S. A., & Bruch, H. (2011). Age diversity, age discrimination climate and performance consequences—A cross organizational study. *Journal of Organizational Behavior*, 32(2), 264–290; Ghumman, S., & Ryan, A. M. (2013). Not welcome here: Discrimination towards women who wear the Muslim headscarf. *Human Relations*, 66(5), 671–698; Kulkarni, M., & Lengnick-Hall, M. L. (2014). Obstacles to success in the workplace for people with disabilities: A review and research agenda. *Human Resource Development Review*, 13(2), 158–180; Milligan, P. A., & Sung, P. P. (2014). Older just means older. *Chief Learning Officer*, 13(6), 62; Schur, L., Nishii, L., Adya, M., Kruse, D., Bruyère, S. M., & Blanck, P. (2014). Accommodating employees with and without disabilities. *Human Resource Management*, 53(4), 593–621; McFadden, C. (2015). Lesbian, gay, bisexual, and transgender careers and human resource development: A systematic literature review. *Human Resource Development Review*, 14(2), 125–162.

6. Williamson, D. (2011). Mining for hidden human potential. *Human Resource Management International Digest*, 19(7), 3–8.

7. Russ-Eft, D., & Hatcher, T. (2003). The issue of international values and beliefs: The debate for a global RHD code of ethics. *Advances in Developing Human Resources*, 5(3), 296–307; McLean, G. N. (2004). National human resource development: What in the world is it? *Advances in Developing Human Resources*, 6(3), 269–275; Malveaux, J. (2005). The planet's "chief" diversity officer—Ted Childs. *Focus on Diversity&Inclusion*, 1(2), 1–2; Lucas, J., & Rivera, R. (2006). Global integration of learning evolves. *T&D*, 60(12), 36–39; Wang, X., & McLean, G. N. (2007). The dilemma of defining international human resource development. *Human Resource Development Review*, 6, 96–108; Garavan, T. N., & Carbery, R. (2012). A review of international HRD: Incorporating a global HRD construct. *European Journal of Training and Development*, 36(2/3), 129–157.

8. Fischer, R. (2008). Cultural differences in academic motivation goals: A meta-analysis across 13 societies. *Journal of Educational Research*, 102(2), 99–110.

9. Amoroso, L.M., Loyd, D. L., & Hoobler, J. M. (2010). The diversity education dilemma: Exposing status hierarchies without reinforcing them. *Journal of Management Education*, 34(6), 795–822; Byrd, M. Y. (2014). Diversity issues: Exploring "critical" through multiple lenses. *Advances in DevelopingHumanResources*, 16(4), 515–528; Rocco, T. S., Bernier, J. D., & Bowman, L. (2014). Critical race theory and HRD: Moving race front and center. *Advances in DevelopingHumanResources*, 16(4), 457–470.

10. Ott, J. S. (1989). *The organizational culture perspective*. Pacific Grove, CA: Brooks/Cole.

11. Schein, E. H. (1987). *Process consultation* (Vol. 1, p. 264). Reading, MA: Addison-Wesley.

12. Ott (1989), *The organizational culture perspective*. Pacific Grove, CA: Brooks/Cole, p. 24.

13. *Ibid*.

14. Kossek & Lobel (1996), *supra* note 5; Espinoza, M. (2007). Turning diversity into a competitive advantage. *Financial Executive*, 23(3), 43–45; Yang, Y., & Konrad, A. M. (2011). Understanding diversity management practices: Implications of institutional theory and resource-based theory. *Group & Organization Management*, 36(1), 6–38; Bernardin, H. J., Konopaske, R., & Hagan, C. M. (2012). A comparison of adverse impact levels based on top-down, multisource, and assessment center data: Promoting diversity and reducing legal challenges. *Human Resource Management*, 51(3), 313–341; Walker, H. J., Feild, H. S., Bernerth, J. B., & Becton, J. B. (2012). Diversity cues on recruitment websites: Investigating the effects on job seekers' information processing. *Journal of Applied Psychology*, 97(1), 214–224; Casper, W. J., Wayne, J. H., & Manegold, J. G. (2013). Who will we recruit? Targeting deep- and surface-level diversity with human resource policy advertising. *Human Resource Management*, 52(3), 311–332; Cook, A., & Glass, C. (2014), Do diversity reputation signals increase share value? *Human Resource Development Quarterly*, 25, 471–491.

15. Ragins, B. R., Gonzalez, J. A., Ehrhardt, K., & Singh, R. (2012). Crossing the threshold: The spillover of community racial diversity and diversity climate to the workplace. *Personnel Psychology*, 65(4), 755–787; Wang, H., & Wong, K. F. E. (2012). The effect of managerial bias on employees' specific human capital investments. *Journal of Management Studies*, 49(8), 1435–1458; Boehm, S. A., Dwertmann, D. J. G., Kunze, F., Michaelis, B., Parks, K. M., & McDonald, D. P. (2014). Expanding insights on the diversity climate-performance link: The role of workgroup discrimination and group size. *Human Resource Management*, 53(3), 379–402.

16. Ilgen, D. R., & Youtz, M. A. (1986). Factors affecting the evaluation and development of minorities in organizations. *Research in Personnel and Human Resource Management*, 4, 307–337; Sole, C., & Parella, S. (2003). The labor market and racial discrimination in Spain. *Journal of Ethnic and Migration Studies*, 29(1), 121–140; Drydakis, N. (2009). Sexual orientation discrimination in the labour market. *Labour Economics*, 16(4), 364–372.

17. Roberson, Q. M., & Stevens C. K. (2006). Making sense of diversity in the workplace: Organizational justice and language abstraction in employees' accounts of diversityrelated incidents. *Journal of Applied Psychology*, 91(2), 379–391; Harcourt, M., Lam, H., Harcourt, S., & Flynn, M. (2008). Discrimination in hiring against immigrants and ethnic minorities: The effect of unionization. *International Journal of Human Resource Management*, 19, 98–115; Cojuharenco, I., & Patient, D. (2013). Workplace fairness versus unfairness: Examining the differential salience of facets of organizational justice. *Journal of Occupational and Organizational Psychology*, 86(3), 371–393.

18. Martinez, M. (1997). Prepared for the future. *HR Magazine*, 42(4), 80–87; Hewlett, S. A., & Rashid, R. (2010). The battle for female talent in emerging markets. *Harvard Business Review*, 88, 101–106; Joshi, A., Son, J., & Roh, H. (2015). When can women close the gap? A meta-analytic test of sex differences in performance and rewards. *Academy of Management Journal*, doi:10.5465/amj.2013.0721.

19. Equal Employment Opportunity Commission (2013). 2013 Job patterns for minorities and women in private industry (EEO-1), National aggregate report. Accessed on May 1, 2015 at http://www1.eeoc.gov/eeoc/statistics/employment/jobpat-eeo1/2013/index.cfm#select_label.

20. Equal Employment Opportunity Commission (2015). Sexbased charges, FY 1997–FY 2014. Accessed on May 1, 2015 at http://www.eeoc.gov/eeoc/statistics/enforcement/sex.cfm.

21. Morrison, A. M., & Von Glinow, M. A. (1990). Women and minorities in management. *American Psychologist*, 45, 200–208; Blum, T. C., Fields, D. L., & Goodman, J. S. (1994). Organizational-level determinants of women in management. *Academy of Management Review*, 37, 241–268; Groysberg, B., & Bell, D. (2013). Dysfunction in the boardroom. *Harvard Business Review*, 91(6), 88–95; Ibarra, H., Ely, R., & Kolb, D. (2013). Women rising: The unseen barriers. *Harvard Business Review*, 91(9), 60–67.

22. Fortune 500 2014 (2014). Accessed on May 1, 2015 at http://fortune.com/fortune500/; Newell, A. (2014). Female-led business beat the stock market, but their number remain low. July 16. Accessed on May 1, 2015 at http://www.triplepundit.com/2014/07/female-ceo-led-businessesconsistently-post-solid-financial-returns/.

23. Blau, F. D.,&Kahn, L. M. (2000). Gender differences in pay. *Journal of Economic Perspectives*, 14(4), 75–99; Manning, A., & Saidi, F. (2010). Understanding the gender pay gap: What's competition got to do with it? *Industrial & Labor Relations Review*, 63(4), 681–698; Gender-based wage gap persists, experts agree at EEOC forum (2011). EEOC Press Release. April 28. Accessed on May 1, 2015 at http://www.eeoc.gov/eeoc/newsroom/release/4-28-11a.cfm; Patten, E. (2015). On Equal Pay Day, key facts about the gender pay gap. April 14. Pew Research Center. Accessed on May 1, 2015 at http://www.pewresearch.org/fact-tank/2015/04/14/on-equal-pay-day-everything-you-need-to-know-about-thegender-pay-gap/.

24. Usual weekly earnings of wage and salary workers, Fourth Quarter 2014 (2015). Table 3. Median usual weekly earnings of full-time wage and salary workers by age, race, Hispanic or Latino ethnicity, and sex, 4th quarter 2014 averages, not seasonally adjusted. January 21. Accessed on May 1, 2015 at http://www.bls.gov/news.release/archives/wkyeng_01212015.pdf.

25. Guidelines on discrimination because of sex, 29 C. F.R. Sec. 1604.11(a) (1995).

26. Burlington Industries, Inc. v. Ellerth, No. 97-569 (1998).

27. International Profit Associates to pay $8 million for sexual harassment of eighty-two women. (2011). EEOC. March

28. Accessed on May 2, 2015 at http://www.eeoc.gov/eeoc/newsroom/release/3-28-11a.cfm.

28. Red Lobster restaurants will pay $160,000 to settle EEOC sexual harassment lawsuit (2015). EEOC Press Release. April 29. Accessed on May 4, 2015 at http://www.eeoc.gov/eeoc/newsroom/release/4-29-15a.cfm.

29. Goldberg, C. B. (2007). The impact of training and conflict avoidance on responses to sexual harassment. *Psychology of*

Women Quarterly, 31, 62–72; Berdahl, J. L. (2007). The sexual harassment of uppity women. *Journal of Applied Psychology*, 92(2), 425–437; Kath, L. M., Bulger, C. A., Holzworth, R. J., & Galleta, J. A. (2014). Judgments of sexual harassment court case summaries. *Journal of Business and Psychology*, 29(4), 705–723.

30. Zall, M. (1992). What to expect from the Civil Rights Act. *Personnel Journal*, 72(3), 46–50.

31. Equal Employment Opportunity Commission (2015). Charges alleging sexual harassment: FY 2010–FY 2014. Accessed on May 1, 2015 at http://www.eeoc.gov/eeoc/statistics/enforcement/sexual_harassment.cfm.

32. Equal Employment Opportunity Commission (2015). Charge statistics, FY 1997–FY 2014. Accessed on May 1, 2015 at http://www.eeoc.gov/eeoc/statistics/enforcement/charges.cfm.

33. Leo, J. (1997). Jelly bean: The sequel. *U.S. News & World Report*, 122(5), February 10, p. 20.

34. Caudron, S. (1997). Don't make Texaco's $175 million mistake. *Workforce*, 76(3), 58–66.

35. EEOC (2013), *supra* note 19.

36. Powell, G. N., & Butterfield, D. A. (1997). Effect of race on promotions to top management in a federal department. *Academy of Management Journal*, 40, 112–128.

37. Greenhaus, J. H., Parasuraman, S., & Warmley, W. M. (1990). Effects of race on organizational experiences, job performance evaluations, and career outcomes. *Academy of Management Journal*, 33, 64–86, quote from p. 80.

38. Ilgen & Youtz (1986), *supra* note 16; Buttner, E. H., Loew, K. B., & Billings-Harris, L. (2009). The challenge of increasing minority-group professional representation in the United States: Intriguing findings. *International Journal of Human Resource Management*, 20(4), 771–789.

39. Ilgen & Youtz (1986), *supra* note 16, p. 326.

40. Shoobridge, G. E. (2006). Multi-ethnic workforce and business performance: Review and synthesis of the empirical literature. *Human Resource Development Review*, 5(1), 92–137.

41. Walmart to pay $440,000 to settle suit for harassment of Latinos. (2011). EEOC Press Release. April 14. Accessed on May 1, 2015 at http://www.eeoc.gov/eeoc/newsroom/release/4-14-11.cfm.

42. Hauenstein, N. M. A., Holmes, J. T., & Tison, E. B. (2013). Detecting adverse impact: The four-fifths rule versus significance testing. *Public Personnel Management*, 42(3), 403–420; Richard, O. C., Roh, H., & Pieper, J. R. (2013). The link between diversity and equality management practice bundles and racial diversity in the managerial ranks: Does firm size matter? *Human Resource Management*, 52(2), 215–242; Nkomo, S., & Hoobler, J. M. (2014). A historical perspective on diversity ideologies in the United States: Reflections on human resource management research and practice. *Human Resource Management Review*, 24(3), 245–257; Winters, M. F. (2014). From diversity to inclusion: An inclusion equation. In F. M. Ferdman & B. R. Deane (Eds), Diversity at work: The practice of inclusion. San Francisco, CA: Jossey-Bass, pp. 205–228.

43. Solomon, C. M. (1990). Careers under glass. *Personnel Journal*, 69(4), 96–105; Mize, S. (1992). Shattering the glass ceiling. *Training&Development*, 46(1), 60–62; Morrison& Von Glinow (1990), *supra* note 21; Weidenfeller, N. K. (2012). Breaking through the glass wall: The experience of being a woman enterprise leader. *Human Resource Development International*, 15(3), 365–374.

44. U. S. Department of Labor (1991). *A report of the glass ceiling initiative* (DHHS Publication No. 1992 312–411/64761). Washington, DC: U.S. Government Printing Office, p. 21.

45. Solomon, C. M. (2000). Cracks in the glass ceiling. *Workforce*, September, 86–94; Blau, F. D., & Devaro, J. (2007). New evidence on gender differences in promotion rates: An empirical analysis of a sample of new hires. *Industrial Relations*, 46(3), 511–550; McDonald, K. S., & Hite, L. M. (2014). Challenges and considerations. In R. F. Poell, T. S. Rocco, & G. L. Roth, *The Routledge companion to human resource development*. New York: Routledge, pp. 67–77.

46. Maume, D. J., Jr. (1999). Glass ceilings and glass elevators. *Work & Occupations*, 26(4), 483–509.

47. Baxter, J., & Wright, E. O. (2000). The glass ceiling hypothesis. *Gender & Society*, 14(2), 275–294; Kee, H. J. (2006). Glass ceiling or sticky floor? Exploring the Australian gender pay gap. *Economic Record*, 82(259), 408–427.

48. Meyerson, D. E., & Fletcher, J. K. (2000). A modest manifesto for shattering the glass ceiling. *Harvard Business Review*, 78(1), 126–136; Reinhold, B. (2005). Smashing glass ceilings: Why women still find it tough to advance to the executive suite. *Journal of Organizational Excellence*, 24(3), 43–55; Lyness, K. S., & Heilman, M. E. (2006). When fit is fundamental: Performance evaluations and promotions of upper-level female and male managers. *Journal of Applied Psychology*, 91(4), 777–785; Barreto, M., Ryan, M. K., & Schmitt, M. T. (Eds) (2009). *Increasing the representation and status of women in employment: The effectiveness of affirmative action. The glass ceiling in the 21st century: Understanding barriers to gender equality*. Washington, DC: APA; Smith, P., Caputi, P., & Crittenden, N. (2012). How are women's glass ceiling beliefs related to career success? *Career Development International*, 17(5), 458–474; Virick, M., & Greer, C. R. (2012). Gender diversity in leadership succession: Preparing for the future. *Human Resource Management*, 51(4), 575–600; Choi, S., & Park, C. O. (2014). Glass ceiling in Korean civil service: Analyzing barriers to women's career advancement in the Korean government. *Public Personnel Management*, 43(1), 118–139.

49. Nutley, S., & Mudd, J. (2005). Has the glass cliff replaced the glass ceiling for women employed in the public sector? *Public Money & Management*, 25(1), 3–4; Ryan, M. K., Haslam, S. A., & Postmes, T. (2007). Reactions to the glass cliff. *Journal of Organizational Change Management*, 20(2), 182–197; Bruckmüller, S., & Branscombe, N. R. (2011). How women end up on the "glass cliff." *Harvard Business Review*, 89(1/2), 26; Fitzsimmons, T. W., Callan, V. J., & Paulsen, N. (2014). Gender disparity in the C-suite: Do male and female CEOs differ in how they reached the top? *Leadership Quarterly*, 25(2), 245–266.

50. 2013 American community survey (2013). Migration Policy Institute. Accessed on May 1, 2015 at http://www.migrationpolicy.org/data/state-profiles/state/demographics/US.

51. Rosenfeld, M. (1991). *Affirmative action and justice*. New Haven, CT: Yale University Press, p. 42.

52. Harrison, D. A., Kravitz, D. A., Mayer, D. M., Leslie, L. M., & Lev-Arey, D. (2006). Understanding attitudes toward affirmative action programs in employment: Summary and meta-analysis of 35 years of research. *Journal of Applied Psychology*, 91(5), 1013–1036; Levi, A. S., & Fried, Y. (2008). Differences between African Americans and Whites in reactions to affirmative action programs in hiring, promotion, training, and layoffs. *Journal of Applied Psychology*, 93(5), 1118–1129; Byrd, M. Y. (2014). Race and diversity in the workforce. In M. Y. Byrd & C. L. Scott (Eds),

Diversity in the workforce: Current issues and emerging trends. New York: Routledge, pp. 75–92.

53. 415 F. Supp. 761 (1976).

54. Milkovich, G. T., & Boudreau, J. W. (1994). *Human resource management* (7th ed.). Burr Ridge, IL: Richard D. Irwin.

55. Myers, C. K. (2007). A cure for discrimination? Affirmative action and the case of California's Proposition 209. *Industrial and Labor Relations Review*, 60(3), 379–396.

56. After affirmative action (2000). *New York Times*, 149 (51394), May 20, p. A14; Charleston, L. J. (2009). The dilemma of higher education reform in a post-affirmative action society: A review of anti-affirmative action legislation to inform policy modification. *Annuals of the Next Generation*, 2(1), 10–26; Cortes, K. E. (2010). Do bans on affirmative action hurt minority students? Evidence from the Texas Top 10% plan. *Economics of Education Review*, 29(6), 1110–1124; Thompson Dorsey, D. N. (2010). Accessing the legal playing field: Examining the raceconscious affirmative action legal debate through the eyes of the Council of Legal Education Opportunity (CLEO) program. *16 Texas Wesleyan Law Review* 645; Hinrichs, P. (2012). The effects of affirmative action bans on college enrollment, educational attainment, and the demographic composition of universities. *Review of Economics and Statistics*, 94(3), 712–722.

57. *Grutter v. Bollinger et al.* (2003). 539 U.S. 306; Riccucci, N. M. (2007). Moving away from a strict scrutiny standard for affirmative action. *American Review of Public Administration*, 37(2), 123–141.

58. Thomas, R. R., Jr. (1990). From affirmative action to affirming diversity. *Harvard Business Review*, 68(2), 107–117, p. 109.

59. Taylor, R. A. (1996). After Hopwood. *Black Issues in Higher Education*, 13(4), 12.

60. Crosby, F. J. (2004). *Affirmative action is dead: Long live affirmative action*. New Haven, CT: Yale University Press; Harrison et al. (2006), *supra* note 51; Martins, L. L., & Parsons, C. K. (2007). Effects of gender diversity management on perceptions of organizational attractiveness: The role of individual differences in attitudes and beliefs. *Journal of Applied Psychology*, 92(3), 865–875; Weathers, V. M., & Truxillo, D. M. (2008). Whites' and Asian Americans' perceptions of Asian Americans as targets of affirmative action. *Journal of Applied Social Psychology*, 38(11), 2737–2758; White, F. A., Charles, M. A., & Nelson, J. K. (2008). The role of persuasive arguments in changing affirmative action attitudes and expressed behavior in higher education. *Journal of Applied Psychology*, 93(6), 1271–1286; McMillan-Capehart, A., Grubb, W. L., & Herdman, A. (2009). Affirmative action decisions: When ignorance is bliss. *Equal Opportunities International*, 28(5), 415–431; Leslie, L. M., Mayer, D. M., & Kravitz, D. A. (2014). The stigma of affirmative action: A stereotyping-based theory and meta-analytic test of the consequences for performance. *Academy of Management Journal*, 57(4), 964–989.

61. Judy & D'Amico (1997), *supra* note 2; Dahm, M. J., Willems, E. P., Ivancevich, J. M., & Graves, D. E. (2009). Development of an organizational diversity needs analysis (ODNA) instrument. *Journal of Applied Social Psychology*, 39(2), 283–318.

62. Judy & D'Amico (1997), *supra* note 2.

63. Allen, R., Dawson, G., Wheatley, K., & White, C. S. (2004). Diversity practices. *Development and Learning in Organizations*, 18(6), 13–15; Hite, L. M., & McDonald, K. S. (2006). Diversity training pitfalls and possibilities: An exploration of small and mid-size US organizations. *Human Resource Development International*, 9(3), 365–377; Pendry, L. F., Driscoll, D. M., & Field, S. C. T. (2007). Diversity training: Putting theory into practice. *Journal of Occupational and Organizational Psychology*, 80, 27–50; Bell, M. P., Özbilgin, M. F., & Karatas¸-Özkan, M. (2008). Diversity in the context of lifelong learning. In S. J. Armstrong & C. V. Fukami (Eds), *Sage handbook of management learning, education and development*. Thousand Oaks, CA: Sage, pp. 288–300; Ehrke, F., Berthold, A., & Steffens, M. C. (2014). How diversity training can change attitudes: Increasing perceived complexity of superordinate groups to improve intergroup relations. *Journal of Experimental Social Psychology*, 53, 193–206.

64. Caudron, S. (1992). US WEST finds strength in diversity. *Personnel Journal*, 71(3), 40–44.

65. Johnson, R. B., & O'Mara, J. (1992). Shedding new light on diversity training. *Training & Development*, 43(5), 45–52.

66. Lynch, F. R. (1997). *The diversity machine: The drive to change the "white male workplace."* New York: Free Press.

67. Tan, D. L., Morris, L., & Romero, J. (1996). Changes in attitude after diversity training. *Training & Development*, 50(9), 54–55.

68. Mueller, N. (1996). Wisconsin Power and Light's model diversity program. *Training & Development*, 50(3), 57–60.

69. Beaubien, G. (2008). Most diversity training backfires, study finds. *Public Relations Tactics*, 15(3), 6; Wigham, R. (2008). Get the right mix. *Training & Coaching Today*, February, 9; McGuire, D., & Bagher, M. (2010). Diversity training in organisations: An introduction. *Journal of European Industrial Training*, 34(6), 493–505; Davidson, M. N. (2011). *The end of diversity as we know it: Why diversity efforts fail and how leveraging difference can succeed.*San Francisco, CA: Berrett-Koehler.

70. Beekie, R. (1997). Diversity training's big lie. *Training*, 34(2), 122.

71. Paskoff, S. M. (1996). Ending the workplace diversity wars. *Training*, 33(8), 43–47; Hite & McDonald (2006), *supra* note 62; Pendry et al. (2007), *supra* note 62; Cocchiara, F. K., Connerley, M. L., & Bell, M. P. (2010). "A GEM" for increasing the effectiveness of diversity training. *Human Resource Management*, 49(6), 1089–1106.

72. Nemetz, P. L., & Christensen, S. L. (1996). The challenge of cultural diversity: Harnessing a diversity of views to understand multiculturalism. *Academy of Management Review*, 21(2), 434–462; Chavez, C. I., & Weisinger, J. Y. (2008). Beyond diversity training: A social infusion for cultural inclusion. *Human Resource Management*, 47(2), 331–350; Oswick, C., & Noon, M. (2014). Discourses of diversity, equality and inclusion: Trenchant formulations or transient fashions? *British Journal of Management*, 25(1), 23–39.

73. Leo (1997), *supra* note 32.

74. Judy & D'Amico (1997), *supra* note 2; Flynn, G. (1998). The harsh reality of diversity programs. *Workforce*, 77(12), 26–33; Grensing-Pophal, L. (2001). A balancing act on diversity audits. *HR Magazine*, 46(11), 87–91; Ricaud, J. S. (2006). Auditing cultural diversity. *Internal Auditor*, 63(6), 57–62; Marshall, D. (2008). How can HR measure the success of diversity initiatives? *Strategic HR Review*, 7(5), 42; Reynolds, D., Rahman, I., & Bradetich, S. (2014). Hotel managers' perceptions of the value of diversity training: An empirical investigation. *International Journal of Contemporary Hospitality Management*, 26(3), 426–446.

75. *2010 Diversity Primer* (2010). New York: Diversity Best Practices; EEOC (2015), *supra* notes 19 and 31.

76. Ivancevich, J. M., & Gilbert, J. A. (2000). Diversity

management: Time for a new approach. *Public Personnel Management*, 29(1), 75–92.

77. Holladay, C. L., & Quiñones, M. A. (2005). Reactions to diversity training: An international comparison. *Human Resource Development Quarterly*, 16(4), 529–545; Kalev, A., Dobbin, F., & Kelly, E. (2006). Best practices or best guesses? Assessing the efficacy of corporate affirmative action and diversity policies. *American Sociological Review*, 71, 589–617; Kulik, C. T., Pepper, M. B., Roberson, L., & Parker, S. K. (2007). The rich get richer: Predicting participation in voluntary diversity training. *Journal of Organizational Behavior*, 28, 753–769; Allen, R. S., Dawson, G., Wheatley, K., & White, C. S. (2008). Perceived diversity and organizational performance. *Employee Relations*, 30(1), 20–33; Nancherla, A. (2008). Nobody's perfect: Diversity training study finds common flaws. *T&D*, 62(5), 20; Winston, M. (2008). Diversity: The research and the lack of progress. *New Library World*, 109(3/4), 130–149; Khan, T. M., Clear, F., Al-Kaabi, A., & Pezeshki, V. (2010). An exploratory study of the effects of diversity dimensions and intervening variables on attitudes to diversity. *Team Performance Management*, 16, 289–308; Bezrukova, K., Jehn, K. A., & Spell, C. S. (2012). Reviewing diversity training: Where we have been and where we should go. *Academy of Management Learning & Education*, 11(2), 207–227.

78. Rynes, S., & Rosen, B. (1995). A field survey of factors affecting the adoption and perceived success of diversity training. *Personnel Psychology*, 48, 247–271.

79. Galagan, P. A. (1991). Tapping the power of a diverse workforce. *Training and Development Journal*, 45(3), 38–44; Johnson, C. D. (2008). It's more than the five to do's: Insights on diversity education and training from Roosevelt Thomas, a pioneer and thought leader in the field. *Academy of Management Learning & Education*, 7(3), 406–417; Pace, A. (2011). Diversity is driving the bus. *T&D*, 65(2), 18.

80. Thomas, R. R., Jr. (1991). *Beyond race and gender*. New York: AMACOM, p. 10.

81. Day, R. (2007). Developing the multi-cultural organization: Managing diversity or understanding differences? *Industrial and Commercial Training*, 39(4), 214–217; Sippola, A. (2007). Developing culturally diverse organizations: A participative and empowerment-based method. *Women in Management Review*, 22(4), 253–273; Gotsis, G., & Kortezi, Z. (2013). Ethical paradigms as potential foundations of diversity management initiatives in business organizations. *Journal of Organizational Change Management*, 26(6), 948–976.

82. Kubicek, M., & Kartara, S. (2006). Open up and prosper. *Personnel Today*, October 10, pp. 39–41; Roberson, Q. M. (2006). Disentangling the meanings of diversity and inclusion in organizations. *Group & Organization Management*, 31(2), 212–236; DeMaria, R. (2009). The 10 biggest mistakes in diversity management—Why best practices in diversity aren't enough! *Diversity Factor*, 17(2), 1–4; Woodruffe, C. (2009). What about me? *Training Journal*, October, 50–54; Guillaume, Y. R., Dawson, J. F., Priola, V., Sacramento, C. A., Woods, S. A., Higson, H. E., Budhwar, P. S., & West, M. A. (2014). Managing diversity in organizations: An integrative model and agenda for future research. *European Journal of Work and Organizational Psychology*, 23(5), 783–802.

83. Wellner, A. (2000). How do you spell diversity? *Training*, 37(4), 34–36; Carrell, M. R., Mann, E. E., & Sigler, T. H. (2006). Defining workforce diversity programs and practices in organizations: A longitudinal study. *Labor Law Journal*, 57(1), 5–12; Mor Barak, M. E. (2013). *Managing diversity: Toward a globally inclusive workplace* (3rd ed.). Thousand Oaks, CA: Sage.

84. Ivancevich & Gilbert (2000), *supra* note 75.

85. *Ibid*.

86. Byers, T. D. (2008). Building support for diversity programs among senior management in organizations. *Diversity Factor*, 16(2), 16–25.

87. Greenslade, M. (1991). Managing diversity: Lessons from the United States. *Personnel Management*, 23(12), 28–33.

88. McMillan-Capehart, A. (2005). A configurational framework for diversity: Socialization and culture. *Personnel Review*, 34(4), 488–503.

89. Moore, F. (2015). An unsuitable job for a woman: A 'native category' approach to gender, diversity and cross-cultural management. *International Journal of Human Resource Management*, 26(2), 216–230.

90. Swanson, D. R. (2002). Diversity programs: Attitude and realities in the contemporary corporate environment. *Corporate Communications*, 7(4), 257–268; De Meuse, K. P., Hostager, T. J., & O'Neill, K. S. (2007). A longitudinal evaluation of senior managers' perceptions and attitudes of a workplace diversity training program. *Human Resource Planning*, 30(2), 38–46; Groysberg, B., & Connolly, K. (2013). Great leaders who make the mix work. *Harvard Business Review*, 91(9), 68–76.

91. McMillan-Capehart (2005), *supra* note 84.

92. Leonard, J. S., & Levine, D. I. (2006). The effects of diversity on turnover: A large case study. *Industrial and Labor Relations Review*, 59(4), 547–572; Williams, B. (2007). Creating a successful corporate diversity program. *Tactics*, 14(7), 14; Bell, M. P., & Kravitz, D. A. (2008). From the guest editors: What do we know and need to learn about diversity education and training? *Academy of Management Learning & Education*, 7(3), 301–308; Johnson, C. D., & Kravitz, D. A. (2008). A typical diversity teaching and training conference yields unique blend of offerings. *Equal Opportunities International*, 27(6), 559–565; Davidson, M. N., Reinemund, S., Borst, G.,&Veihmeyer, J. B. (2012). How hard should you push diversity? *Harvard Business Review*, 90(11), 139–143; Hewlett, S. A., Marshall, M., & Sherbin, L. (2013). How diversity can drive innovation. *Harvard Business Review*, 91(12), 30.

93. Diversity practices that work: The American worker speaks II. (2009). National Urban League. Accessed on May 1, 2015 at http://nul.iamempowered.com/sites/nul.iamempowered.com/files/attachments/Diversity_Practices_That_work_2009.pdf; Yap, M., Holmes, M. R., Hannan, C.-A., & Cukier, W. (2010). The relationship between diversity training, organizational commitment, and career satisfaction. *Journal of European Industrial Training*, 34(6), 519–538; Scott, K. A., Heathcote, J. M., & Gruman, J. A. (2011). The diverse organization: Finding gold at the end of the rainbow. *Human Resource Management*, 50(6), 735–755; Kaplan, M., & Donovan, M. (2013). *The inclusion dividend: Why investing in diversity & inclusion pays off*. Boston, MA: Bibliomotion; Nichii, L. H. (2013). The benefits of climate for inclusion for gender-diverse groups. *Academy of Management Journal*, 56(6), 1754–1774.

94. Roberson, L., Kulik, C. T., & Pepper, M. B. (2009). Individual and environmental factors influencing the use of transfer strategies after diversity training. *Group & Organization Management*, 34(1), 67–89.

95. Mobley, M., & Payne, T. (1992). Backlash: The challenge to diversity training. *Training & Development*, 43(12), 45–52; Terry, J. (2007). Motivating a multicultural workforce. *Industrial and Commercial Training*, 39(1), 59–64; Terry, J. (2007). New techniques for training and motivating your company's multicultural

management team. *Employment Relations Today*, 34(1), 37–45; Pitts, D. W., Hicklin, A. K., Hawes, D. P., & Melton, E. (2010). What drives the implementation of diversity management programs? Evidence from public organizations. *Journal of Public Administration Research and Theory*, 20(4), 867–886.

96. Karp, H. B., & Sammour, H. Y. (2000). Workforce diversity: Choices in diversity training programs and dealing with resistance to diversity. *College Student Journal*, 34(3), 451–458; Oh, E., Choi, C.-C., Neville, H. A., Anderson, C. J., & Landrum-Brown, J. (2010). Beliefs about affirmative action: A test of the group self-interest and racism beliefs. *Journal of Diversity in Higher Education*, 3(3), 163–176; Shteynberg, G., Leslie, L. M., Knight, A. P., & Mayer, D. M. (2011). But affirmative action hurts us Race-related beliefs shape perceptions of White disadvantage and policy unfairness. *Organizational Behavior and Human Decision Processes*, 115(1), 1–12.

97. Kuehner-Hebert, K. (2014). Not your grandfather's diversity training. *Chief Learning Officer*, 13(2), 42–48.

98. Olson, K. J., Huffman, A. H., Leiva, P. I., & Culbertson, S. S. (2013). Acculturation and individualism as predictors of work-family conflict in a diverse workforce. *Human Resource Management*, 52(5), 741–769; Kulik, C. T. (2014). Working below and above the line: The research-practice gap in diversity management. *Human Resource Management Journal*, 24(2), 129–144; Nguyen, S. (2014). The critical role of research in diversity training: How research contributes to an evidence-based approach to diversity training. *Development and Learning in Organizations: An International Journal*, 28(4), 15–17; Riccò, R., & Guerci, M. (2014). Diversity challenge: An integrated process to bridge the 'implementation gap'. *Business Horizons*, 57(2), 235–245; Williams, J., & Mavin, S. (2014). Guest editorial: Progressing diversity in HRD theory and practice. *Human Resource Development Review*, 13(2), 127–132.

99. Dass, P., & Parker, B. (1999). Strategies for managing human resource diversity: From resistance to learning. *Academy of Management Executive*, 13(2), 68–80; Gilbert, J. A. (2000). An empirical examination of resources in a diverse environment. *Public Personnel Management*, 29(2), 175–184; Gilbert, J. A., & Ivancevich, J. M. (2000). Valuing diversity: A tale of two organizations. *Academy of Management Executive*, 14(1), 93–105; Jayne, M. E. A., & Dipboye, R. L. (2004). Leveraging diversity to improve business performance: Research findings and recommendations for organizations. *Human Resource Management*, 43(4), 409–424; Thomas, D. A. (2004). Diversity as strategy. *Harvard Business Review*, 82(9), 98–108; Wentling, R. M. (2004). Factors that assist and barriers that hinder the success of diversity initiatives in multinational corporations. *Human Resource Development International*, 7(2), 165–180; Avery, D. R., & McKay, P. F. (2010). Doing diversity right: An empirically based approach to effective diversity management. In G. P. Hodgkinson & J. K. Ford (Eds), *International review of industrial and organizational psychology* (Vol. 25, pp. 227–252). Oxford, UK: Wiley-Blackwell.

100. Ivancevich & Gilbert (2000), *supra* note 75.

101. Hickman, G. R., & Creighton-Zollar, A. (1998). Diverse self-directed work teams: Developing strategic initiatives for 21st century organizations. *Public Personnel Management*, 27(2), 187–200; Christian, J., Porter, L. W., & Moffitt, G. (2006). Workplace diversity and group relations: An overview. *Group Processes & Intergroup Relations*, 9(4), 459–466; Qin, J., O'Meara, B., & McEachern, S. (2009). The need for an integrated theoretical framework for researching the influence of group diversity on performance. *Management Research News*, 32(8), 739–750; Shore, L. M., Randel, A. E., Chung, B. G., Dean, M. A., Holcombe Ehrhart, K., & Singh, G. (2011). Inclusion and diversity in work groups: A review and model for future research. *Journal of Management*, 37(4), 1262–1289; Singh, G. (2011). Inclusion and diversity in work groups: A review and model for future research. *Journal of Management*, 37(4), 1262–1289.

102. Bezrukova et al. (2012), *supra* note 76.

103. See also King, E. B., Gulick, L. M. V., & Avery, D. R. (2010). The divide between diversity training and diversity education: Integrating best practices. *Journal of Management Education*, 34(6), 891–906.

104. Wentling, R. M., & Palma-Rivas, N. (2000). Current status of diversity initiatives in selected multinational corporations. *Human Resource Development Quarterly*, 11(1), 35–60; Weaver, V. J., & Coker, S. (2001). Globalization and diversity. *Mosaics*, 7(1), 1–5; Burke, R. J., & Ng, E. (2006). The changing nature of work and organizations: Implications for human resource management. *Human Resource Management Review*, 16(2), 86–94; Solomon, C. M., & Schell, M. S. (2009); Goodman, N. R. (2013). Taking diversity and inclusion initiatives global. *Industrial and Commercial Training*, 45(3), 180–183; Hong, H.-J., & Doz, Y. (2013). L'Oréal masters multiculturalism. *Harvard Business Review*, 91(6), 114–119; Peretz, H., Levi, A., & Fried, Y. (2015). Organizational diversity programs across cultures: Effects on absenteeism, turnover, performance and innovation. *International Journal of Human Resource Management*, 26(6), doi: 10.1080/09585192.2014.991344.

105. Hassi, A., & Storti, G. (2011). Organizational training across cultures: Variations in practices and attitudes. *Journal of European Industrial Training*, 35(1), 45–70.

106. Bhatti, M. A., Kaur, S., & Battour, M. M. (2013). Effects of individual characteristics on expatriates' adjustment and job performance. *European Journal of Training and Development*, 37(6), 544–563; Solomon, C. (2014). The passport to better expatriate experiences. *Chief Learning Officer*, 13(3), 26–32; Shortland, S. (2015). The purpose of expatriation: Why women undertake international assignments. *Human Resource Management*, doi: 10.1002/hrm.21686.

107. 6.3 million Americans live in 160-plus countries (2015). AARO. Accessed on May 1, 2015 at https://www.aaro.org/who-we-are/7m-americans-abroad.

108. Expatriates from developed OECD countries living abroad, by education level (2005). United Nations Secretariat, Population Division of the Department of Economic and Social Affairs. Accessed on May 1, 2015 at http://www.justlanded.com/english/Common/Footer/Expatriates/How-many-expats-are-there.

109. Neyer, A.-K., & Harzing, A.-W. (2008). The impact of culture on interactions: Five lessons learned from the European Commission. *European Management Journal*, 26(5), 325–334; 2015 Global Mobility Trends Survey (2015). Brookfield Global Relocation Services. Accessed on May 2, 2015 at http://www.brookfieldgrs.com/.

110. Hurn, B. J. (2007). Pre-departure training for international business managers. *Industrial and Commercial Training*, 39(1), 9–17; Antal, A. B., & Friedman, V. J. (2008). Learning to negotiate reality: A strategy for teaching intercultural competencies. *Journal of Management Education*, 32(3), 363–386; Selmer, J. (2009). Expatriate cross-cultural training for China: Views and experience of "China Hands." *Management Research Review*, 33(1), 41–53; Molinsky, A. (2010). A situational approach for assessing and teaching acculturation. *Journal of Management Education*, 34(5), 723–745; de Figueiredo, J. N., & Mauri, A. J. (2013). Developing international managerial skills through the cross-cultural assignment:

Experiential learning by matching US-based and international students. *Journal of Management Education*, 37(3), 367–399.

111. Oddou, G. R. (2005). A cross-cultural exercise: Expat in the marketplace. *Journal of Management Education*, 29(5), 758–768.

112. Ozcelik, H., & Paprika, Z. Z. (2010). Developing emotional awareness in cross-cultural communication: A videoconferencing approach. *Journal of Management Education*, 34(5), 671–699.

113. Mulkeen, D. (2008). Bringing the international dream team to life. *Training Journal*, January, 46–49.

114. Callahan, M. R. (1989). Preparing the new global manager. *Training & Development*, 43(3), 28–32; Littrell, L. N., & Salas, E. (2005). A review of crosscultural training: Best practices, guidelines, and research needs. *Human Resource Development Review*, 4(3), 305–334; Fan, J., & Wanous, J. P. (2008). Organizational and cultural entry: A new type of orientation program for multiple boundary crossings. *Journal of Applied Psychology*, 93(6), 1390–1400; Little, B. (2013). Mind your language training. *Industrial and Commercial Training*, 45(4), 230–235; Neeley, T., & Kaplan, R. S. (2014). What's your language strategy? *Harvard Business Review*, 92(9), 70–76; Chebium, R. (2015). A common language: Training across borders. *HR Magazine*, 60(1), 52–58.

115. Chang, W.-W. (2007). The negative can be positive for cultural competence. *Human Resource Development International*, 10(2), 225–231; Mazur, B. (2010). Cultural diversity in organisational theory and practice. *Journal of Intercultural Management*, 2(2), 5–15.

116. Cox, T., Jr. (1991). The multicultural organization. *The Executive*, 5(2), 34–47.

117. Gordon, J. (1992). Rethinking diversity. *Training*, 29(1), 23–30; Armstrong, C., Flood, P. C., Guthrie, J. P., Liu, W., MacCurtain, S., & Mkamwa, T. (2010). The impact of diversity and equality management on firm performance: Beyond high performance work systems. *Human Resource Management*, 49(6), 977–998.

118. Puck, J. F., Kittler, M. G., & Wright, C. (2008). Does it really work? Re-assessing the impact of pre-departure crosscultural training on expatriate adjustment. *International Journal of Human Resource Management*, 19(12), 2182–2197; Chetty, D. (2009). Speaking the same language. *Training Journal*, February, 39–42; Khan, A., Khan, R., & Rahman, M. H. (2011). Developing international executives: The capacity building approach. *Development and Learning in Organizations*, 25(2), 10–14.

119. Black, J. S., Gregersen, H. B., Mendenhall, M. E., & Stroh, L. K. (1999). *Globalizing people through international assignments*. Reading, MA: Addison-Wesley; 2015 Global Mobility Trends Survey Report (2015), *supra* note 108.

120. Dowling, P. J., & Welch, D. E. (2005). *International human resource management: Managing people in a multinational context*. Mason, OH: Cengage Learning.

121. Black, J. S., & Mendenhall, M. (1990). Cross-cultural training effectiveness: A review and theoretical framework for future research. *Academy of Management Review*, 15, 113–136; Bennett, R., Aston, A., & Colquhoun, T. (2000). Cross-cultural training: A critical step in ensuring the success of international assignments. *Human Resource Management*, 39(2/3), 239–250; Littrell, L. N., Salas, E., Hess, K. P., Paley, M., & Riedel, S. (2006). Expatriate preparation: A critical analysis of 25 years of cross-cultural training research. *Human Resource Development Review*, 5(3), 355–388; Shen, J., & Lang, B. (2009). Cross-cultural training and its impact on expatriate performance in Australian MNEs. *Human Resource Development International*, 12(4), 371–386; Moon, H. K., Choi, B. K., & Jung, J. S. (2012). Previous international experience, crosscultural training, and expatriates' cross-cultural adjustment: Effects of cultural intelligence and goal orientation. *Human Resource Development Quarterly*, 23(3), 285–330; Lenartowicz, T., Johnson, J. P., & Konopaske, R. (2014). The application of learning theories to improve cross-cultural training programs in MNCs. *International Journal of Human Resource Management*, 25(12), 1697–1719.

122. Graf, A., & Mertesacker, M. (2009). Intercultural training: Six measures assessing training needs. *Journal of European Industrial Training*, 33(6), 539–558; Haslberger, A., Brewster, C., & Hippler, T. (2013). The dimensions of expatriate adjustment. *Human Resource Management*, 52(3), 333–351; Zhang, Y. (2013). Expatriate development for cross-cultural adjustment: Effects of cultural distance and cultural intelligence. *Human Resource Development Review*, 12(2), 177–199; Firth, B. M., Chen, G., Kirkman, B. L., & Kim, K. (2014). Newcomers abroad: Expatriate adaptation during early phases of international assignments. *Academy of Management Journal*, 57(1), 280–300; Nam, K.-A., Cho, Y., & Lee, M. (2014). West meets east? Identifying the gap in current cross-cultural training research. *Human Resource Development Review*, 13(1), 36–57; Wurtz, O. (2014). An empirical investigation of the effectiveness of pre-departure and in-country cross-cultural training. *International Journal of Human Resource Management*, 25(14), 2088–2101.

123. Nery-Kjerfve, T., & McLean, G. N. (2012). Repatriation of expatriate employees, knowledge transfer, and organizational learning. *European Journal of Training and Development*, 36(6), 614–629; Lazarova, M. (2014). Taking stock of repatriation research. In D. G. Collings, G. T. Vood, & Caligiuri, P. (Eds), *Routledge companion to international human resource management*. New York: Routledge, pp. 378–398.

124. Kanter, R. M. (1977). *Men and women of the corporation*. New York: Basic Books; Shore et al. (2009), *supra* note 5.

125. Cox, T. H., Lobel, S. A., & McLeod, P. L. (1991). Effects of ethnic group cultural differences on cooperative and competitive behavior on a group task. *Academy of Management Journal*, 34, 827–847.

126. Fernandez, J. P. (1988). Human resources and the extraordinary problems minorities face. In M. London & E. M. Mone (Eds), *Career growth and human resource strategies: The role of the human resource professional in employee development*. New York: Quorum Books, 227–239; Solomon (1990), *supra* note 42.

127. Pickard, J. (1991). Steel partners. *Personnel Management*, 23(12), 32.

128. McMillan-Capehart (2005), *supra* note 87; Fan & Wanous (2008), *supra* note 113.

129. Morrison & Von Glinow (1990), *supra* note 21.

130. *Ibid*., p. 204.

131. Hoobler, J., Basadur, T., & Lemmon, G. (2007). Management of a diverse workforce: Meanings and practices. *Journal of Equipment Lease Financing*, 25(1), B1–B8; Hernandez, S. R., & O'Conner, S. J. (2010). Future challenges in human resources management. In S. R. Hernandez & S. J. O'Conner (Eds), *Strategic human resources management in health services organizations* (3rd ed.). Clifton Park, NY: Delmar/Cengage, pp. 299–310.

132. Guichard, J., & Lenz, J. (2005). Career theory from an international perspective. *Career Development Quarterly*, 54(1), 17–28; Greer, C. R., & Virick, M. (2008). Diverse succession planning:

Lessons from the industry leaders. *Human Resource Management*, 47(2), 351–367.

133. Thomas (1991), *supra* note 79, p. 164.

134. Cocchiara, F. K., Kwesiga, E., Bell, M. P., & Baruch, Y. (2010). Influences on perceived career success: Findings from U.S. graduate business degree alumni. *Career Development International*, 15(1), 39–58.

135. Kormanik, M. B., & Rajan, H. C. (2010). Implications for diversity in the HRD curriculum drawn from current organizational practices on addressing workforce diversity in management training. *Advances in Developing Human Resources*, 12(3), 367–384.

136. Chugh, S., & Sahgal, P. (2007). Why do few women advance to leadership positions? *Global Business Review*, 8(2), 351–365; Oyler, J. D., & Pryor, M. G. (2009). Workplace diversity in the United States: The perspective of Peter Drucker. *Journal of Management History*, 15(4), 420–451.

137. Hu, C., Baranik, L. E., & Wu, T.-Y. (2014). Antidotes to dissimilar mentor–protégé dyads. *Journal of Vocational Behavior*, 85(2), 219–227.

138. Ragins, B. R., & Cotton, J. L. (1993). Gender and willingness to mentor in organizations. *Journal of Management*, 19, 97–111; Crampton, S. M., & Mishra, J. M. (1999). Women in management. *Public PersonnelManagement*, 28(1), 87–106; Linehan, M., & Scullion, H. (2008). The development of female global managers: The role of mentoring and networking. *Journal of Business Ethics*, 83(1), 29–40.

139. Young, A. M., Cady, S., & Foxon, M. J. (2006). Demystifying gender differences in mentoring: Theoretical perspectives and challenges for future research on gender and mentoring. *Human Resource Development Review*, 5(2), 148–75.

140. Ilgen & Youtz (1986), *supra* note 16, p. 326.

141. Thomas (1990), *supra* note 57; Thomas, D. A. (1993). Racial dynamics in cross-race developmental relationships. *Administrative Science Quarterly*, 38, 169–194; Ragins, B. R. (1997). Diversified mentoring relationships in organizations: A power perspective. *Academy of Management Review*, 22, 482–521; Murrell, A. J., Crosby, F. J., & Ely, R. J. (Eds) (1999). *Mentoring dilemmas: Developmental relationships within multicultural organizations*. Mahwah, NJ: Lawrence Erlbaum Associates; Brown, B. P., Zableh, A. R., & Bellenger, D. N. (2008). The role of mentoring in promoting organizational commitment among black managers: An evaluation of the indirect effects of racial similarity and shared racial perspectives. *Journal of Business Research*, 61(7), 732–738.

142. Ragins (1997), *supra* note 140; Ragins, B. R. (2008). Diversity and workplace mentoring relationships: A review and positive social capital approach. In T. D. Allen & L. T. Eby (Eds), *Blackwell handbook of mentoring: A multiple perspectives approach*. Oxford, UK: Blackwell Publishing, pp. 281–300.

143. Drazga, B. M. (1998). Mentoring helps break glass ceiling. *Denver Business Journal*, 49(46), July 17, 21A–22A; Kilian et al. (2005), *supra* note 4; Krishman, H. A., & Park, D. (2005). A few good women—On top management teams. *Journal of Business Research*, 58(12), 1712–1720; Allen, T. D., Eby, L. T., & Lentz, E. (2006). Mentorship behaviors and mentorship quality associated with formal mentoring programs: Closing the gap between research and practice. *Journal of Applied Psychology*, 91(3), 567–578; Eby, L. T., Durley, J. R., Evans, S. C., & Ragins, B. R. (2008). Mentors' perceptions of negative mentoring experiences: Scale development and nomological validation. *Journal of Applied Psychology*, 93(2), 358–373; Murrell, A. J., Blake-Beard, S., Porter, D. M., Jr., & Perkins-Williamson, A. (2008). Interorganizational formal mentoring: Breaking the concrete ceiling sometimes requires support from the outside. *Human Resource Management*, 47(2), 275–294; Passmore, J. (Ed.) (2009). *Diversity in coaching: Working with gender, culture, race, and age*. London, UK: Kogan Page; Syed, J., & Kramer, R. (2009). Socially responsible diversity management. *Journal of Management & Organisation*, 15(5), 639–651.

144. Perry, E. L., Kulik, C. T., & Field, M. P. (2009). Sexual harassment training: Recommendations to address gaps between the practitioner and research literatures. *Human Resource Management*, 48(5), 817–837; Perry, E. L., Kulik, C. T., Bustamante, J., & Golom, F. D. (2010). The impact of reason for training on the relationship between "best practices" and sexual harassment training effectiveness. *Human Resource Development Quarterly*, 21(2), 187–208.

145. Segal, J. A. (1998). Sexual harassment prevention: Cement for the glass ceiling? *HR Magazine*, 43(12), 129–134; Posthuma, R. A., Roehling, M. V., & Campion, M. A. (2006). Applying U.S. employment discrimination laws to international employers: Advice for scientists and practitioners. *Personnel Psychology*, 59(3), 705–739; French, P. E. (2009). Employment laws and the public sector employer: Lessons to be learned from a review of lawsuits filed against local governments. *Public Administration Review*, 69(1), 92–103.

146. Sample harassment policy (2015). State of Wisconsin. Accessed on May 1, 2015 at http://dwd.wisconsin.gov/er/discrimination_civil_rights/publication_erd_10449_p.htm

147. Perry, E. L., Kulik, C. T., & Bustamante, J. (2012). Factors impacting the knowing-doing gap in sexual harassment training. *Human Resource Development International*, 15(5), 589–608; Walsh, B. M., Bauerle, T. J., & Magley, V. J. (2013). Individual and contextual inhibitors of sexual harassment training motivation. *Human Resource Development Quarterly*, 24(2), 215–237.

148. Verespej, M. A. (1997). Zero tolerance. *Industry Week*, 246(1), 24–28; Pate, J., & Beaumont, P. (2010). Bullying and harassment: A case of success? *Employee Relations*, 32(2), 171–183.

149. Tepper, B. J. (2010). When managers pressure employees to behave badly: Toward a comprehensive response. *Business Horizons*, 53, 591–598.

150. James, E. H., & Wooten, L. P. (2006). Diversity crises: How firms manage discrimination lawsuits. *Academy of Management Journal*, 49(6), 1103–1118; Bagley, C. E. (2010). What's law got to do with it? Integrating law and strategy. *American Business Law Journal*, 47(4), 587–639; Ng, E. S., & Sears, G. J. (2012). CEO leadership styles and the implementation of organizational diversity practices: Moderating effects of social values and age. *Journal of Business Ethics*, 105(1), 41–52.

151. Mathews, A. (1998). Diversity: A principle of human resource management. *Public Personnel Management*, 27(2), 175–185; Kellough, J. E., & Naff, K. C. (2004). Responding to a wake-up call: An examination of federal agency diversity management programs. *Administration & Society*, 36(1), 62–90; Shen, J., Chanda, A., D'Netto, B., & Monga, M. (2009). Managing diversity through human resource management: An international perspective and conceptual framework. *International Journal of Human Resource Management*, 20(2), 235–251.

152. Digh, P. (1999). Getting people in the pool: Diversity recruitment that works. *HR Magazine*, 44(10), 94–98; Sagan,

L. (2008). Recruiting & retaining diversity. *Firehouse*, 33(9), 84–87; Avery, D. R., Volpone, S. D., Stewart, R. W., Luksyte, A., Hernandez, M., McKay, P. F., & Hebl, M. R. (2013). Examining the draw of diversity: How diversity climate perceptions affect job-pursuit intentions. *Human Resource Management*, 52(2), 175–193.

153. Digh, P. (1998). The next challenge: Holding people accountable. *HR Magazine*, 43(11), 63–68; Slater, S. F., Weigand, R. A., & Zwirlein, T. J. (2008). The business case for commitment to diversity. *Business Horizons*, 51(3), 201–209; Avery, D. R. (2011). Support for diversity in organizations A theoretical exploration of its origins and offshoots. *Organizational Psychology Review*, 1(3), 239–256.

154. Barney, C. E.,&Elias, S. M. (2010). Flex-time as a moderator of the job stress-work motivation relationship: A three nation investigation. *Personnel Review*, 39(4), 487–502.

155. Sourentian, J. (1989). Four by four. *Training and Development Journal*, 43(11), 21–30; Childs (2005), *supra* note 4; Morris, M. L. (2008). Combating workplace stressors: Using work-life initiatives as an OD intervention. *Human Resource Development Quarterly*, 19(2), 95–105.

156. Metcalf, R. (2002). Tap into a new workforce. *Nursing Management*, 33(6), 24–25; Owens, D. M. (2005). Multilingual workforces. *HR Magazine*, 50(9), 125–128; Thompson, C. (2006). Using a language that's not your own: Experiences of multilingual employees. *Diversity Factor*, 14(2), 30–36.

157. Heskin, A. D., & Heffner, R. A. (1987). Learning about bilingual, multicultural organizing. *Journal of Applied Behavioral Science*, 23, 525–541.

158. Weinstein, M. (2008). Warming trends. *Training*, 45(3), 32–33.

159. Kuczynski, S. (1999). If diversity, then higher profits? *HR Magazine*, 44(13), 66–71; Auh, S., & Menguc, B. (2006). Diversity at the executive suite: A resource-based approach to the customer orientation-organizational performance relationship. *Journal of Business Research*, 59(5), 564–572; Shoobridge (2006), *supra* note 39; Espinoza, M. (2007), *supra* note 14; Slater et al. (2008), *supra* note 152; Armstrong et al. (2010), *supra* note 116; Richard, O. C., & Charles, C. D. (2013). Considering diversity as a source of competitive advantage in organizations. In Q. M. Roberson (Ed.), *Oxford handbook of diversity and work*. Oxford, UK: Oxford University Press, pp. 239–249.

160. Loescher, K. J. (2006). Before you train, reframe: Elements of effective ethics training programs. *Employment Relations Today*, 33(3), 1–11; Metz, I., & Kulik, C. T. (2008). Making public organizations more inclusive: A case study of the Victoria Police Force. *Human Resource Management*, 47(2), 369–387; Garavan, T. N. (2011). Human resource development and society: Human resource development's role in embedding corporate social responsibility, sustainability, and ethics in organizations. *Advances in Developing Human Resources*, 12(5), 487–507; Siegel, J., Pyun, L., & Cheon, B. Y. (2011). *Multinational firms, labor market discrimination, and the capture of competitive advantage by exploiting the social divide.* Harvard Business School Working Paper 11–011; Jones, K. P., King, E. B., Nelson, J., Geller, D. S., & Bowes-Sperry, L. (2013). Beyond the business case: An ethical perspective of diversity training. *Human Resource Management*, 52(1), 55–74; Qin, J., Muenjohn, N., & Chhetri, P. (2014). A review of diversity conceptualizations: Variety, trends, and a framework. *Human Resource Development Review*, 13(2), 133–157; Sabharwal, M. (2014). Is diversity management sufficient? Organizational inclusion to further performance. *Public Personnel Management*, 43(2), 197–217.

161. Adams, M. (1998). Building a rainbow, one stripe at a time. *HR Magazine*, 43(9), 72–79; Dobbs, M. F. (1998). Managing diversity: The Department of Energy initiative. *Public Personnel Management*, 27(2), 161–175; Thomas (2004), *supra* note 98; Chavez & Weisinger (2008), *supra* note 71; Lee, F.-H., Lee, T.-Z., & Wu, W.-Y. (2010). The relationship between human resource management practices, business strategy and firm performance: Evidence from steel industry in Taiwan. *International Journal of Human Resource Management*, 21(9), 1351–1372; Ewoh, A. I. E. (2013). Managing and valuing diversity: Challenges to public managers in the 21st century. *Public Personnel Management*, 42(2), 107–122.

162. Flynn, G. (1998), *supra* note 73; Crockett, J. (1999). Diversity as a business strategy. *Management Review*, 88(5), 62; Hymowitz, C. (2005, November 14). The new diversity. *Wall Street Journal*, p. R1; Anand, R., & Winters, M.-F. (2008). A retrospective view of corporate diversity training from 1964 to the present. *Academy of Management Learning & Education*, 7(3), 356–372; Johnson & Kravitz (2008), *supra* note 91.

163. Cunningham, G. B., & Sartore, M. L. (2010). Championing diversity: The influence of personal and organizational antecedents. *Journal of Applied Social Psychology*, 40(4), 788–810.

164. Wiethoff, C. (2004). Motivation to learn and diversity training: Application of the theory of planned behavior. *Human Resource Development Quarterly*, 15(3), 263–278; Stewart, M. M., Crary, M., & Humberd, B. K. (2008). Teaching value in diversity: On the folly of espousing inclusion, while practicing exclusion. *Academy of Management Learning & Education*, 7(3), 374–386; Bierema, L. L. (2010). Resisting HRD's resistance to diversity. *Journal of European Industrial Training*, 34(6), 566–576; Kravitz, D. A. (2010). The research-practice gap in diversity management. *Diversity Factor*, 18(1), 1–7; Thomas (2010), *supra* note 3; Jonsen, K., Maznevski, M. L., & Schneider, S. C. (2011). Diversity and its not so diverse literature: An international perspective. *International Journal of Cross Cultural Management*, 11(1), 35–62; Wyatt-Nichol, H., & Badu Antwi-Boasiako, K. (2012). Diversity management: Development, practices, and perceptions among state and local government agencies. *Public Personnel Management*, 41(4), 749–772.

165. Konrad, A. M., & Linnehan, F. (1995). Formalized HRM structures: Coordinating equal opportunity or concealing organizational practices? *Academy of Management Journal*, 38, 787–820.

166. Kelly, E., & Dobbin, F. (1998). How affirmative action became diversity management. *American Behavioral Scientist*, 41(7), 960–984.

167. Marques, J. F. (2010). Colorful window dressing: A critical review of workplace diversity in three major American corporations. *Human Resource Development Quarterly*, 21(4), 435–446.

168. Gay, W., & Bamford, D. (2007). A case study into the management of racial diversity within an NHS teaching hospital. *International Journal of Public Sector Management*, 20(4), 257–271.

169. Ruona, & Gibson (2004). The making of twenty-firstcentury HR: An analysis of the convergence of HRM, HRD, and OD. *Human Resource Management*, 43(1), 49–66; Bell et al. (2008), *supra* note 62; Dahm et al. (2009), *supra* note 60; Bierema, L. L. (2010). Diversity education: Competencies and strategies for educators. *Advances in Developing Human Resources*, 12(3), 312–331.

찾아보기

가

나

다

라

마

바

사

차

카

타

파

하

번호 및 기타

D

E

K

L

M

Q

R

S

T

U

V

W

Z

Numbers

역자소개

차종석(車鍾碩)

한성대학교 경영학부 교수(jscha@hansung.ac.kr)

한국과학기술원(KAIST)에서 경영공학(인사/조직 분야) 박사학위를 받았으며, 삼성종합기술원에서 기술전략 및 인사 업무를 경험하고, Accenture에서 전략 및 인사/조직 컨설턴트로 활동하였다. 2008년 캔자스 대학(University of Kansas)에 방문교수로 다녀온 후 지금까지 국내 공공기관 및 민간기업 대상으로 다수의 프로젝트를 수행하고, HRD 관련 강의 및 심사위원으로 활동하고 있다. 학문적으로 국내외 학술지에 다수의 논문을 게재하였으며, 최근에는 경력개발, 워라밸(WLB), 리더십 등의 주제에 관심을 갖고 연구를 진행하고 있다.

류종현(柳宗鉉)

한화생명 고문(rjh6104@naver.com)

경희대학교 문리과대학에서 문학사, 연세대학교 교육대학원에서 교육학 석사를 받았으며, 한성대학교 대학원에서 경영학 박사과정 중이다. 한화생명 인재육성팀장, 교수, 영업교육담당임원, 한화63시티 경영지원실장, 마케팅본부장, 한화호텔앤드리조트 사업지원담당임원, 한화그룹 고객만족추진팀장, 한화그룹 인재경영원 부원장 등을 역임하였다. 최근 주요 관심분야는 HRD 평가, 역량, 경력성공 등으로 보험설계사의 역량모델 타당성 연구 등을 주제로 학술지에 논문을 게재하였다. 한성대학교에서 조직행동론과 기업윤리를 강의하고 있다.

류충렬(柳忠烈)

행복마당연구소 대표(charesliu717@gmail.com)

2017년 한성대학교에서 일-가정 충실화(Work-Family Enrichment) 관한 논문으로 경영학(인사·조직전공) 박사학위를 받았다. KT에서 30년 근무하면서, 교육 및 인사, 홍보, 정책, 글로벌사업, 신사업(3G, 와이브로, 스마트시티)등 다양한 분야를 경험하였고, 글로벌사업담당 임원 및 자회사 본부장을 역임하였다. KT연수원에서는 개발도상국 IT직원을 위한 과정개발 및 교수활동을 5년간 한 바 있다. 2000년에는 미시간주립대학(Michigan State University)의 방문 교수로 글로벌 정보통신정책을 연구하였다. 2013년 경영지도사(인적자원분야) 자격을 취득하였고, 2016년부터는 대중소농협협력재단의 시장전문가(Market Specialist)로 활동하면서 글로벌 스타트업의 해외진출 자문과 사업계획서 평가 및 강의를 하고 있다. 최근에는 스타트업 성공전략, 워라벨(WLB), 생애 경력관리, 감정노동과 소진, 글로벌 리더십 등의 주제에 관심을 갖고 있다.

박형근(朴炯根)

(주)인더스트리미디어 부사장(hkpark@ubob.com)

고려대학교에서 경제학사, 고려대학교 대학원에서 경영학 석사학위를 받았으며, LG경제연구원 경영컨설팅센터 연구원, 액센츄어 서울사무소 시니어컨설턴트, 휴먼컨설팅그룹 상무, 네모파트너즈 조직인사컨설팅 부문 대표를 역임하면서, 20년 여간 다양한 산업의 250여 개 기업들에게 전략, 인사조직, 교육분야의 경영 컨설팅 서비스를 제공하였다. 현재는 국내 스마트러닝 선도업체인 ㈜인더스트리미디어 영업총괄 부사장으로 근무하면서 HRD 분야에 ICT 기술을 접목한 혁신적인 학습 플랫폼 구축과 운영에 깊이 간여하고 있다.

인적자원개발론

— 인재 육성을 위한 HRD 이론과 실제

역　　자　차종석, 류종현, 류충렬, 박형근

발 행 일　2019년 2월 28일 1쇄

발 행 처　**한경사**

발 행 인　이계남

등록사항　제10-1951호 2000년 4월 14일

주　　소　서울시 마포구 신수로 59-1 3층

전화번호　02_717_7264~5

팩스번호　02_717_7226

홈페이지　hankyungsa.co.kr

전자우편　hankyungsa@hanmail.net

I S B N　978-89-6844-183-7　(93320)

가　　격　35,000원